DICTIONNAIRE MANUEL

DE

DIPLOMATIE

ET DE

DROIT INTERNATIONAL

PUBLIC ET PRIVÉ

PAR

CHARLES CALVO

ENVOYÉ EXTRAORDINAIRE ET MINISTRE PLÉNIPOTENTIAIRE DE LA RÉPUBLIQUE ARGENTINE
AUPRÈS DE S. M. L'EMPEREUR D'ALLEMAGNE, MEMBRE FONDATEUR DE L'INSTITUT
DE DROIT INTERNATIONAL, CORRESPONDANT DE L'ACADÉMIE DES SCIENCES MORALES
ET POLITIQUES DE L'INSTITUT DE FRANCE, DE L'ACADÉMIE ROYALE
D'HISTOIRE DE MADRID, ETC.

THE LAWBOOK EXCHANGE, LTD.
Clark, New Jersey

ISBN 978-1-58477-949-0 (hardcover)
ISBN 978-1-61619-462-8 (paperback)

Lawbook Exchange edition 2009, 2015

The quality of this reprint is equivalent to the quality of the original work.

THE LAWBOOK EXCHANGE, LTD.
33 Terminal Avenue
Clark, New Jersey 07066-1321

*Please see our website for a selection of our other publications
and fine facsimile reprints of classic works of legal history:*
www.lawbookexchange.com

Library of Congress Cataloging-in-Publication Data

Calvo, Carlos, 1822-1906.
 Dictionnaire manuel de diplomatie et de droit international public et privé /
by Charles Calvo.
    p. cm.
 Originally published: Berlin : Puttkammer & Mühlbrecht; [etc., etc.], 1885.
 ISBN-13: 978-1-58477-949-0 (cloth : alk. paper)
 ISBN-10: 1-58477-949-7 (cloth : alk. paper)
 1. International law--Dictionaries. 2. Conflict of laws--Dictionaries. 3.
Foreign relations--Dictionaries. I. Title.
 KZ1161.C35 2009
 341.03--dc22
                             2008043987

Printed in the United States of America on acid-free paper

DICTIONNAIRE MANUEL

DE

DIPLOMATIE

ET DE

DROIT INTERNATIONAL

PUBLIC ET PRIVÉ

PAR

CHARLES CALVO

ENVOYÉ EXTRAORDINAIRE ET MINISTRE PLÉNIPOTENTIAIRE DE LA RÉPUBLIQUE ARGENTINE
AUPRÈS DE S. M. L'EMPEREUR D'ALLEMAGNE, MEMBRE FONDATEUR DE L'INSTITUT
DE DROIT INTERNATIONAL, CORRESPONDANT DE L'ACADÉMIE DES SCIENCES MORALES
ET POLITIQUES DE L'INSTITUT DE FRANCE, DE L'ACADÉMIE ROYALE
D'HISTOIRE DE MADRID, ETC.

BERLIN
PUTTKAMMER & MÜHLBRECHT, EDITEURS
64 UNTER DEN LINDEN

PARIS
G. PEDONE-LAURIEL, EDITEUR
13 RUE SOUFFLOT

PARIS
GUILLAUMIN & Cie, EDITEURS
14 RUE RICHELIEU

PARIS
A. ROUSSEAU, EDITEUR
14 RUE SOUFFLOT

1885

BERLIN. — IMPRIMERIE G. BERNSTEIN.

AVANT-PROPOS

A la demande des éditeurs, qui désiraient une encyclopédie portative, plus particulièrement destinée aux diplomates, l'auteur s'est décidé à préparer lui-même le présent *Dictionnaire manuel de diplomatie et de droit international public et privé*, qui est, en majeure partie, un abrégé de son *Dictionnaire de Droit international public et privé*.

Voici les points sur lesquels il diffère de ce dernier ouvrage : L'auteur a supprimé les articles concernant les traités de paix, ainsi que la bibliographie; puis il a condensé la partie doctrinale, de manière à faciliter encore davantage les recherches, d'arriver à un manuel, dans l'acception la plus stricte de ce terme.

Le *Dictionnaire manuel de diplomatie* embrasse, sous une forme aussi succinte que possible, le droit international sous ses diverses formes, dans chacune de ses branches, dans ses rapports directs ou indirects avec les autres sciences, avec les institutions intérieures des Etats ou des sociétés humaines, dans sa mise en pratique aussi bien en temps de paix que pendant la guerre : droit public, droit international privé, droit naturel, droit positif, droit conventionel, droit diplomatique, droit maritime, droit coutumier, droit juridique etc., en un mot les principes et les règles qui régissent non seulement la conduite des nations ou des Etats à l'égard les uns des autres ou leurs relations mutuelles, mais aussi les rapports de leurs sujets respectifs avec les gouvernements ou les sujets des autres Etats.

Afin de ne rien laisser de vague, de défectueux, d'insuffisant ou d'obscur dans les définitions, les interprétations ou les développements des différentes matières et des différents termes, force a été à l'auteur de ne pas se limiter aux mots et aux locutions se rapportant exclusivement et immédiatement au droit international; il lui a fallu faire de nombreuses excursions dans les domaines limitrophes de la jurisprudence civile, pénale et commerciale, de l'administration, des coutumes locales; puis avoir de fréquents recours aux usages des cours, des parlements, des tribunaux, des chancelleries, avec lesquels le droit des gens a tant de relations et de points de contact, et dont il emprunte même souvent les formules et le langage.

L'auteur n'a point non plus négligé l'histoire, cette source inépuisable d'informations, de preuves et notamment de renseignements précieux pour l'intelligence de certaines dénominations, d'une foule de règles, de maximes, de pratiques internationales. Sous ce rapport on peut dire que son travail a été mis au courant des événements les plus récents, des faits et des actes acquis dans ces derniers temps à la pratique du droit des gens, des enseignements que la science y a recueillis.

Quant au mode de procéder, l'auteur commence généralement par donner la définition du mot ou du sujet qu'il aborde; ensuite il en expose la portée ou la valeur, et il en indique l'emploi ou l'application aux cas qu'il convient — le tout dans la forme la plus claire et la plus concise, en se bornant aux explications, aux détails nécessaires, de manière que chaque article soit utile à la fois à ceux pour qui c'est une spécialité, et à ceux qui ont besoin de s'instruire. L'auteur s'abstient également d'émettre aucun jugement, de se faire l'écho ou l'organe d'aucune opinion personelle, d'aucune école particulière; il a voulu au contraire que le *Dictionnaire manuel*, marchant droit au but, pût servir de guide à travers le dédale des doctrines diverses, parfois même contradictoires, qui se sont produites sur bien des matières.

Le travail est résumé dans une table générale, qui embrasse la totalité des termes et des sujets traités dans le corps de l'ouvrage.

Le *Dictionnaire manuel*, dont les matériaux ont été réunis dès 1862, comprend tout ce qui peut intéresser plus particulièrement les diplomates, les consuls et les jeunes gens qui se consacrent à l'étude du droit international. Il comble une véritable lacune, car cette branche de la science était seule jusqu'ici, que nous sachions, à ne pas posséder son dictionnaire, son encyclopédie rangée dans l'ordre alphabétique, c'est-à-dire dans l'ordre le plus propre à éviter de longues et fastidieuses recherches.

BERLIN, le 26 février 1885.

DICTIONNAIRE ABRÉGÉ

DE

DROIT INTERNATIONAL

PUBLIC ET PRIVÉ.

A

A. La lettre A employée seule et précédée de **S** est une abréviation du mot Altesse : S. A. est pour Son Altesse; LL. A., Leurs Altesses.

A. D., qui se trouve au bas de plusieurs traités, conventions ou actes publics, veut dire *Anno Domini*, l'an du Seigneur.

A. D., à la suite du titre de fonctionnaires allemands, signifie *Ausser Dienst*, en retraite.

ABANDON ou **ABANDONNEMENT.** C'est la renonciation au profit d'autrui d'une chose, d'un bien qu'on possède, par cession volontaire ou forcée.

Ainsi, en droit international, le vaincu abandonne une portion de son territoire au vainqueur, celle que celui-ci a conquise ou qu'il occupe au moment de la conclusion du traité de paix. Cet abandon est ordinairement stipulé par ce traité ou par un acte spécial.

ABANDON DE POSTE. Lorsqu'un agent des relations extérieures abandonne le poste qui lui a été confié, cet abandon est assimilé à une démission (Circulaire du ministre des affaires étrangères de France, 6 nivôse an V).

Aux termes de la loi française, les consuls généraux, les consuls, les élèves-consuls et les drogmans, ainsi que les chanceliers nommés par le gouvernement, sont tenus de résider constamment dans le lieu qui leur est assigné. Celui qui quitte son poste sans autorisation ou sans motif légitime est considéré comme démissionnaire. (Ordonnance du 20 août 1833, article 35; Circulaire du Ministre des affaires étrangères du 16. mai 1849).

ABDICATION. Dans un sens général c'est la renonciation à une dignité, à des fonctions importantes, dans un sens plus restreint, qui est le sens ordinaire, c'est l'abandon par un prince ou un chef d'Etat de l'exercice du pouvoir suprême : Cet abandon a généralement lieu par un acte formel.

L'abdication véritable doit être volontaire, autrement le mot ne dissimule qu'un acte de violence, dont la dénomination propre est celle de *déchéance* (Voir ce mot).

L'abdication, qu'elle soit spontanée ou forcée, n'engage pas le droit de succession. Si la souveraineté est héréditaire ou que la loi ait pourvu d'avance aux éventualités de la vacance, le successeur désigné en est saisi de plein droit.

Si le chef d'Etat tenait la souveraineté de l'élection, le pacte qui existait entre lui et la nation est rompu par le fait même de son abdication, et la nation rentre dans le droit de lui donner un successeur.

L'abdication entraîne nécessairement la cessation des prérogatives attachées à la souveraineté. Le souverain qui a abdiqué n'a plus aucun titre légal aux faveurs et aux droits internationaux. Toutefois les autres souverains restant libres, au gré de leurs convenances, de continuer à lui accorder les distinctions et les honneurs personnels auxquels il avait droit avant son abdication. L'histoire fournit de nombreux exemples de souverains auxquels des honneurs royaux ont continué d'être rendus après leur abdication. Nous mentionnerons notamment celui de la reine Christine de Suède, qui, pendant son séjour en France, réclama non seulement le droit d'exterritorialité, mais encore celui de faire juger et exécuter elle-même à Fontainebleau, en 1657, son chambellan Monadelschi. D'autres souverains, au contraire, par exemple le roi Charles IV d'Espagne (depuis 1808), Gustave IV de

Suède (1809) et Louis de Hollande (1810), se retirèrent complètement dans la vie privée et ne conservèrent que par pure courtoisie le titre de Majesté.

Après les abdications que nous venons de mentionner, on cite parmi les plus célèbres celle de Sylla renonçant volontairement à la dictature l'an 75 avant J.-C., des empereurs Dioclétien et Maximien déposant la pourpre 305 après J.-C., de Charles-Quint échangeant, en 1556, la couronne pour la bure du moine.

Quelque fois l'abdication n'est que temporaire : ainsi le roi d'Espagne Philippe V, qui avait abdiqué en 1724, remonte sur le trône sept mois après, à la mort de son fils Louis; le duc de Savoie et roi de Sardaigne Victor-Amédée II abdique en 1730, et peu de temps après tente, mais en vain, de reprendre la couronne.

C'est que l'abdication n'est pas toujours un acte spontané, mais le plus souvent une nécessité imposée aux souverains par des circonstances impérieuses, la force des évènements.

Le terme d'*abdication* caractérise justement, par exemple, l'acte par lequel le parlement anglais, en 1688, déclara que „le roi Jacques II, ayant entrepris la subversion de la constitution du royaume en brisant le contrat primitif qui existait entre le roi et son peuple, en violant, conformément aux conseils des jésuites et d'autres personnes mal intentionnées, les lois fondamentales du royaume, il a *abdiqué* le gouvernement et que par conséquent le trône est vacant.“ D'ailleurs il y eut alors une vive discussion sur le point de savoir s'il fallait employer le mot *déserter* ou *abdiquer.*

La même remarque peut s'appliquer à la situation de Napoléon I, signant à Fontainebleau, le 11 avril 1814, sous la pression des armées ennemies, son abdication de la puissance souveraine en faveur de son fils, et débarquant l'année suivante en France pour la ressaisir; de Charles X, en 1830 et de Louis Philippe, en 1848, s'enfuyant des Tuileries devant le peuple de Paris insurgé et abdiquant chacun en faveur de leurs petits-fils.

(*Voir* DÉCHÉANCE, SOUVERAIN).

ABJURATION. Action d'abjurer, c'est-à-dire de renoncer publiquement à quelque opinion ou à quelque parti. On pourrait citer comme exemple le savant Galilée contraint, en 1633, par le tribunal de l'Inquisition de Rome, d'abjurer à genoux, contre le témoignage de sa propre conscience, des vérités qu'on dénonçait alors comme des erreurs contraires au texte de la Bible. Mais on applique ce mot plus particulièrement à l'action de quitter une religion pour en embrasser une autre: c'est ainsi qu'en 1792 plusieurs prêtres catholiques fient abjuration de leur culte devant la Convention nationale.

En Angleterre, l'abjuration est le serment par lequel tout sujet du souverain de l'Angleterre s'engage à ne prêter aucune hommage à autre personne prétendant avoir des droits à la Couronne britannique. Comme ce serment renferme les mots: „sur la foi de vrai chrétien“, il avait pour effet d'exclure les juifs du parlement anglais; mais la formule du serment a été modifiée en 1858, a l'occasion de l'élection du baron Lionel de Rothschild comme membre de la chambre des communes par la cité de Londres.

ABLÉGAT. Titre donné à un envoyé de second ordre du Saint-Siège apostolique.

On nomme aussi ablégat le vicaire d'un légat ou envoyé du Pape; à un légat peuvent être attachés plusieurs ablégats, qui relèvent de lui. (*Voir* LÉGAT.)

L'ablégat est encore un commissaire chargé de porter à un cardinal qui vient d'être promu, la barrette et le petit bonnet carré.

ABOLITION. Action d'abolir, de supprimer, de mettre à néant, de mettre hors d'usage; il se dit principalement des institutions, des coutumes, des usages, des lois. Ainsi une loi est abolie, quand on en promulgue une nouvelle qui annule ou révoque, expressément ou tacitement, la loi antérieure, ou lorsque prévaut un usage légitime qui lui est contraire. Il ne faut pas confondre l'abolition avec l'abrogation, qui, comme nous le verrons, a un caractère plus restrictif. (*Voir* ABROGATION.)

ABOLITIONNISTES. C'est sous cette dénomination qu'on désignait aux Etats-Unis les partisans de l'abolition de l'esclavage, avant que cette institution des Etats du sud eût été entièrement supprimée en 1863.

ABORDAGE. Choc d'un navire contre un autre.

En principe, l'abordage est censé fortuit, provenant soit de cause inconnue, soit de force majeure, comme lorsque deux navires, en pleine mer, ou à l'ancre dans un port, sont portés l'un contre l'autre par la violence des flots ou des vents.

L'abordage peut aussi résulter de la négligence ou de l'imprudence de ceux qui dirigent les navires.

La circulation maritime est astreinte à certaines règles dans le but d'éviter les abordages. Les abordages résultant du défaut d'observation de ces règles par un navire sont censés occasionnés par la faute de ce navire.

En pareilles circonstances l'abordage peut donner lieu à des demandes de dommages et intérêts contre l'armateur du navire qui, par ses défectuosités, par la mauvaise direction qui lui a été imprimée, par les actes des personnes qui le montent, a contribué à causer l'abordage: dans ces cas le bâtiment même et le fret qui pourrait être dû, répondent également du dommage; mais il n'en est pas de même du chargement et de ses propriétaires.

Lorsque le navire est sous la direction d'un *pilote* (voir ce mot) et que l'équipage a fait ce qu'on a exigé de lui, l'armateur et le navire ne sont pas responsables de l'abordage occasionné par la faute du pilote; mais il est du devoir de l'Etat par lequel le pilotage a été imposé d'indemniser les parties lésées.

Dans tous les cas d'abordage en pleine mer, les navires qui s'abordent doivent demeurer à proximité l'un de l'autre aussi longtemps que possible, jusqu'à ce que l'entière étendue du dommage soit constatée et que le navire le moins endommagé ait prêté à l'autre toute l'assistance qu'il pourra.

La partie lésée par un abordage peut toujours, avec l'autorisation et au nom de son gouvernement, introduire une instance criminelle contre tout armateur, capitaine, matelot ou tout autre individu par la faute duquel l'abordage a été occasionné.

ABRÉVIATION. Retranchement de lettres dans un mot, ou emploi de signes destinés à remplacer des lettres ou le mot même, soit pour écrire plus vite, soit pour tenir moins de place.

On trouve peu d'abréviations dans les anciens écrits; les abréviations devinrent plus nombreuses à dater du 7ème siècle jusqu'au 9ème et se multiplièrent considérablement dans les siècles suivants. Elles portent principalement sur les dates, les nombres et les numéros d'ordre ou de classement, qu'on indique par des chiffres au lieu de les écrire en toutes lettres; sur les titres des personnes, les noms des mesures ou des poids, des points cardinaux et de leurs variations, qu'on énonce par de simples initiales ou quelque lettres, comme, par exemple, *M.* pour *Monsieur*, *S. M.* pour *Sa Majesté*; *m* ou *mt* pour mètre, *Kg* ou *kilog.* pour *kilogramme*; *N* pour *Nord*, *S.-E.* pour *Sud-est*; etc.

Les abréviations de ce genre sont à peu près les seules qui soient, sinon admises, du moins tolérées dans la rédaction des actes publics de législation intérieure ou d'un caractère international. Il est même des documents notamment les actes notariés et de l'état civil, où toute sorte d'abréviation est interdite sous peine d'amende.

ABROGATION. L'annulation d'une loi ou d'une disposition de loi par la publication postérieure d'une loi ou d'une disposition contraire.

Littré établit cette distinction entre l'abrogation et l'abolition: „*Abolir* est plus général que *abroger:* tout ce qui met hors d'usage abolit: mais tout ce qui abolit n'abroge pas. La désuétude, l'oubli l'indifférence abolissent une loi, mais ne l'abrogent pas: pour qu'elle soit abrogée, il faut un acte solennel et régulier de la puissance publique. C'est pour cela qu'une loi seule, un édit, un règlement sont abrogés, tandis qu'une coutume, une tradition, un usage sont abolis".

D'où il s'ensuit que des lois, des traités, bien que regardés comme tombés en désuétude ou abolis par l'effet d'évènements ultérieurs, peuvent être encore invoqués avec quelque droit tant qu'ils n'ont pas été abrogés, c'est-à-dire régulièrement annulés par d'autres actes de même nature et d'une égale valeur.

ABSENCE. Dans son sens absolu l'absence signifie la non-présence dans un endroit.

En jurisprudence le mot a une signification plus restreinte : l'absence est l'état de l'homme dont on ignore la résidence, dont on n'a pas de nouvelles et sur la continuation d'existence duquel on peut par conséquent avoir des doutes.

La loi française par exemple renferme des dispositions précises relativement à l'absence des citoyens : la présomption de simple absence dure quatre ans, pendant lesquels l'individu est supposé vivant; au bout de ces quatre ans, il est pourvu à une enquête et après un delai d'un an, un jugement est rendu qui déclare l'absence, trente ans après cette déclaration la mort est présumée.

Les législation des autres pays règlent également la situation des absents par rapport à leurs intérêts, à ceux de leurs familles et à ceux même de la société, mais parfois d'une façon moins formelle et moins complète.

En fait d'administration, l'absence d'un fonctionnaire public se dit de l'éloignement momentané du siège de ses fonctions. Cet éloignement ne peut avoir lieu sans une autorisation supérieure, ou, dans des circonstances extraordinaires, sans une justification ultérieure de l'urgence qui a contraint le fonctionnaire d'abandonner ses travaux. On ne considère pas comme cessation de résidence d'un fonctionnaire les absences qu'il fait, quelle qu'en soit la durée, lorsqu'elles sont autorisées par le pouvoir compétent.

ABSOLU. (Pouvoir ou gouvernement absolu). Le pouvoir absolu est une autorité sans restriction, ni limite. En politique on appelle pouvoir absolu le pouvoir royal lorsqu'il n'est pas limité par une constitution et que le prince peut faire ou abroger des lois à son gré, lever des impôts, sans avoir à consulter les représentents du pays. Ce pouvoir est irresponsable de ses actes. Cependant dans un gouvernement absolu il existe des limites morales à l'autorité du souverain: ce sont les usages, les précédents, les traditions nationales, sans lesquelles le gouvernement absolu serait un régime arbitraire.

En France, avant 1789, le pouvoir du roi était absolu, parce qu'il n'existait ni chambres législatives ni ministres responsables. La Révolution remit le pouvoir entre les mains de la nation, à qui Napoléon 1er l'enleva pour résumer en lui seul les trois éléments de la souveraineté : le pouvoir exécutif, le pouvoir législatif et le pouvoir judiciaire.

Puis survint la restauration, qui établit la monarchie dite *représentative*, différant de la monarchie des anciens rois en ce que pour faire ce qu'autrefois le roi pouvait faire tout seul il fallait le concours des chambres législatives, de la magistrature et du pouvoir souverain. Depuis, le système constitutionnel, quoique sous des formes et des noms différents, n'a pas cessé de prévaloir en France. Il est établi également avec diverses modifications dans le reste de l'Europe, la Russie et la Turquie exceptées.

ABSOLUTISME. Système de gouvernement où le pouvoir est absolu.

Doctrine de ce système : elle a pour principe fondamental que la puissance procède directement de Dieu et devient inaliénable dans la personne du souverain, d'après l'ordre régulier de succession au trône.

ABSOLUTISTE. Partisan de l'absolutisme.

ABSTENTION. En langage politique l'abstention est la renonciation à l'exercice de ses droits : C'est un procédé auquel on a recours dans les cas où il y a conflit de devoirs, de sentiments ou d'intérêts. Ainsi un membre d'une assemblée législative s'abstient de voter, lorsque, à propos d'un projet de loi, il a des raisons pour ne pas se prononcer dans un sens ou dans un autre, ou lorsqu'il est indécis, ou lorsqu'il n'entend prendre aucune part à l'adoption ou au rejet du projet, soit pour sauvegarder certains intérêts, soit pour ne pas engager sa propre responsabilité.

En jurisprudence l'abstention c'est l'acte par lequel un juge déclare ne pas vouloir connaître d'une affaire, parce qu'il trouve, selon sa conscience, un motif de se récuser. *L'abstention* diffère de la *récusation*, en ce que celle-ci émane du justiciable, qui refuse tel ou tel juge, tandis que l'autre est le fait du juge, qui s'abstient de lui-même.

ABUS, abus de pouvoir, abus de confiance. Un peuple abuse de sa force en agissant injustement contre un autre peuple plus faible que lui.

Un fonctionnaire public commet un abus d'autorité ou de pouvoir, quand il outrepasse les pouvoirs inhérents à ses fonctions, fait des actes qui ne lui sont pas permis, et généralement agit d'une façon préjudiciable pour les particuliers ou pour la chose publique.

L'abus de confiance est le délit de celui qui abuse de la confiance qu'on lui accorde. En jurisprudence on range dans cette catégorie l'acte de profiter de la faiblesse ou des passions d'un mineur pour en obtenir des engagements usuraires, d'abuser d'un blanc-seing ou de toute antre pièce de nature à porter préjudice à la personne ou à la signature du signataire, de détourner ou de soustraire des titres ou d'autres papiers qui lui ont été remis en dépôt.

Abus se dit aussi d'un mauvais usage toléré dans une certaine mesure par l'opinion publique, et par suite invétéré, passé à l'état de contume.

ACCEPTATION. Dans son acception politique ce mot exprime l'action d'accepter une fonction, une commission, une constitution ou une couronne, ou bien encore des conditions stipulées par un traité ou une convention ; dans le dernier cas l'acceptation prend différentes formes. (*Voir* ACCESSION, ADHÉSION.)

Toute garantie, toute renonciation,

toute cession faite en faveur d'une puissance doit, pour acquérir pleine validité, être suivie d'un acte d'acceptation signé par cette puissance. Ces acte peut être rédigé sous forme de lettres patentes, comme la garantie, la renonciation ou la cession qui la précède, ou bien sous le forme d'un acte public signé par un plénipotentiaire.

Dans son acception commerciale il signifie l'acte par lequel un commerçant ou toute autre personne s'engage à payer un effet de commerce à l'échéance. L'acceptation s'inscrit sur le titre même.

ACCESSION. C'est l'acte par lequel un Etat s'approprie les stipulations arrêtées entre deux ou plusieurs autres Etats, avec ou sans concours direct, et en assume à la fois le bénéfice et les charges.

L'accession s'applique à toute espèce d'accord international, mais plus particulièrement aux traités qui embrassent des matières d'intérêt général et commun à plusieurs Etats et qui sont par cela même susceptibles d'une application plus étendue. Ces traités renferment d'ordinaire une clause spéciale fixant les conditions dans lesquelles sera provoquée ou reçue l'accession des autres suissances disposées à s'en approprier les avantages.

Quoique fort diverse dans la forme sous laquelle elle se produit, elle doit invariablement être libellée par écrit et acceptée en termes exprès soit par toutes les parties contractantes, soit, en leur nom, par celle qui a reçu des pouvoirs spéciaux à cet effet. Il est même des cas où l'accession donne lieu à un échange de ratifications; c'est notamment lorsque l'Etat accédant est appelé à apposer sa signature à la suite des plénipotentiaires qui ont négocié et conclu le traité objet de l'accession.

L'accession place la pays qui la donne sur la même ligne que les parties principales qui ont conclu et signé le traité, et lui confère les mêmes droits, comme elle lui impose les mêmes obligations réciproques envers tous les Etats intéressés.

Les exemples d'accession sont nombreux.

L'Espagne, les deux Siciles et la Sardagne ont accédé à la paix signée à Vienne en 1738. La paix d'Aix-la-Chapelle en 1748, celle de Teschen en 1779, l'acte pour la confédération du Rhin de 1806 à 1808, l'acte final du congrès de Vienne en 1815, le traité de la Sainte Alliance de la même année ont reçu l'accession de diverses puissances.

De nos jours presque tout les Etats ont accédé aux conventions relatives à l'abolition de la traite des noirs, aux soins à donner aux blessés sur le champ de bataille, aux télégraphes internationaux, à l'union postale.

ACCESSOIRE. On entend par *accessoire* ce qui accompagne la chose principale comme sa dépendance ou son produit, par exemple les produits par rapport au fonds, les frais par rapport à un procès, les intérêts par rapport à une rente.

Axiome de droit: *L'accessoire suit le principal.*

ACCLAMATION. Grammaticalement parlant on appelle *acclamation un cri d'enthousiasme en faveur de quelqu'un ou de quelque chose.* Cette définition suffit pour indiquer les différentes applications qu'on peut donner à ce mot dans le langage politique. Chez les Romains, les Empereurs étaient généralement élus par voie d'acclamation. En Portugal, le mot *acclamation* a une signification spéciale au point de vue historique. Les Portugais appellent ainsi l'élection en qualité de roi faite par eux le 1er décembre 1640 du duc de Braganee, lorsqu'ils s'affranchirent de la domination espagnole.

Dans une assemblée délibérative on dit qu'une proposition est adoptée par acclamation, quand elle l'est d'une commune voix et sans qu'il soit besoin de voter.

ACCORD. L'accord est un accommodement conclu pour terminer un différend; c'est aussi un arrangement par lequel on prévient une contestation. On entend par accords internationaux les stipulations qui interviennent entre les divers pays; ces stipulations reçoivent des dénominations différentes selon les formes sous lesquelles on les libelle et les coordonne. (*Voir* CONVENTION, DÉCLARATION, RÈGLEMENT TRAITÉ.)

ACCRÉDITER. En langage diplomatique accréditer un ambassadeur, un ministre plénipotentiaire, un chargé d'affaires, un envoyé, à quelque rang qu'il appartienne, auprès d'un gouvernement étranger, c'est le munir des moyens de justifier de sa mission, de faire reconnaître le caractère spécial dont il est revêtu. Ces moyens consistent ordinairement dans des lettres, dites *lettres de créance*, délivrées à l'envoyé par le chef de l'État qu'il est chargé de représenter. (*Voir* LETTRE DE CRÉANCE.)

Les agents diplomatiques doivent nécessairement être investis d'un caractère public qui puisse servir en même temps de sauvegarde pour eux-mêmes et de garantie pour la nation auprès de laquelle ils sont envoyés. Cette nécessité était surtout impérieuse autrefois, lorsque les relations entre les différents pays étaient encore peu fréquentes et souvent difficiles.

Le précédent historique qui suit en fera comprendre la portée relativement à la personne même de l'envoyé. Le roi François Ier, voulant établir des intelligences en Italie, envoya auprès du duc de Milan un de ses écuyers nommé Merveille. Celui-ci était porteur de lettres de créance et d'instructions d'ambassadeur, mais les unes et les autres étaient secrètes; il ne devait produire que des lettres de recommandation personelle. Dans la pensée du roi, cet homme était un ambassadeur, mais dans celle du prince italien ce n'était qu'un simple particulier. Désirant s'attirer la faveur de l'Empereur Charles-Quint, à qui la présence de Merveille causait de l'inquiétude, le duc fit arrêter cet homme comme coupable du crime d'assassinat, et lui fit trancher la tête. — Si cet ambassadeur secret eût été revêtu d'un caractère public reconnu officiellement, il est à croire que le duc n'eût pas osé le faire périr.

En ce qui regarde la sécurité de l'État étranger, l'absence d'un titre propre à faire reconnaître le véritable envoyé pourrait faciliter la fraude et certains personnages, de notoriété du reste, pourraient dans des circonstances données s'attribuer un caractère, une mission dont ils ne sont point investis.

ACCROISSEMENT DE PUISSANCE. Cet accroissement peut avoir lieu par l'agrandissement territorial d'un État, l'extension de sa domination, l'augmentation de ses forces militaires et navales.

Dans ce dernier cas, il faudrait que cette augmentation fût poussée au delà de certaines proportions pour qu'elle pût avec juste raison éveiller l'attention des autres États et devenir une cause légitime de guerre.

Quant à l'agrandissement d'un État, il ne suffit pas à lui seul pour légitimer de la part des États limitrophes la rupture de la paix, à moins que celui qui s'agrandit ne manifeste l'intention de s'étendre à l'infini à leurs dépens et à leur préjudice. Plusieurs auteurs, au nombre desquels nous citerons Grotius, Vattel, Kent, sont d'avis qu'en semblable occurrence les nations voisines doivent se confédérer et unir leurs forces pour éviter par ce moyen indirect le danger commun qui les menace.

En principe, aucun État n'a le droit de s'opposer à l'acroissement de puissance non injuste d'un autre État, si ce n'est lorsqu'il y a lésion de ses propres droits ou crainte motivée qu'ils puissent être lésés.

ACHAT. Se dit, dans le langage usuel, de toute acquisition faite à prix d'argent, et s'entend aussi bien d'acquisitions d'objets mobiliers que de biens-fonds et autres propriétés.

Les États acquièrent la propriété de la même manière que les individus : l'achat est donc aussi un de leurs moyens d'acquérir.

L'histoire est pleine d'aliénations de territoires par ce mode de transmission d'un État à un autre.

Sans remonter plus haut que le moyen âge, nous voyons, en 1311, le grand-maître de l'ordre Teutonique acheter au margrave de Brandenbourg trois villes pour la somme de 10,000 marcs d'or. En 1333, le comte de Flandre prend possession de la ville et du territoire de Malines moyennant le paiement de 100,000 réaux d'or. Vers la même époque Jean de Luxembourg vend au roi de France, Philippe de Valois, la ville et le pays de Lucques pour le prix de 180,000 florins. En 1348 la souveraineté des Pays-Bas sur le comtat d'Avignon est achetée par le pape Clément VI moyennant 80,000 florins à Jeanne, reine de Naples et comtesse de Provence.

Les États-Unis achètent, en 1803, la Louisiane à la France pour une somme de 80 millions de francs, en 1867, à la Russie ses possessions du nord de l'Amérique pour 7,200,000 dollars.

L'exemple le plus récent d'acquisition de territoire par achat est celui d'une des Antilles, l'île de Saint-Barthélémy, cédée par la Suède à la France en 1878.

ACQUIESCEMENT. Action de se soumettre, de consentir à quelque chose, à une demande, à une décision, à une transaction, de se conformer au sentiment, à la volonté d'autrui.

L'acquiescement implique l'abandon du droit de discuter ou de contester, d'empêcher l'exécution de la décision à laquelle il est donné.

L'acquiscement est exprès ou tacite: il est exprès lorsqu'il résulte d'un acte authentique ou privé; il est tacite, quand il ressort d'actes non positifs, mais de nature à ne laisser aucune doute sur l'intention de satisfaire à la décision, tels que déclarations renferment un consentement implicite, silence pendant un certain temps et surtout assez prolongé pour laisser passer les délais accordés par la loi pour attaquer la décision. L'acquiescement tacite à la même valeur que l'acquiescement exprès.

L'acquiescement peut être aussi partiel ou général. Quand il est donné seulement à une ou plusieurs dispositions d'une décision, il n'empêche pas le recours contre les autres.

L'acquiescement peut être pur et simple, ou fait avec condition ou réserves, dans ce dernier cas les conditions ou réserves sont obligatoires pour les parties qui les font ou les acceptent.

ACQUISITION DE TERRITOIRE. Au nombre des droits que possèdent les Etats, figure celui d'acquérir des propriétés et d'en jouir.

Les Etats acquièrent la propriété par les mêmes moyens et de la même manière que les individus, c'est à dire par *achat, cession, échange, héritage, usucaption* et *prescription* (voir ces mots). Ils ont de plus un mode d'acquisition à eux propre, consistant dans l'appropriation d'un territoire par droit de conquête, lequel devient un titre translatif de propriété des plus réguliers et des plus légitimes dès qu'il a reçu la sanction d'un traité formel d'abandon.

Ce qui distingue les droits des Etats à acquérir de celui qu'ont les individus, c'est que le droit des Etats prime celui des particuliers, échappe à toute immixtion étrangère et implique la faculté de disposer librement de la chose acquise.

ACQUIT à caution ou de précaution. Autorisation délivrée par les employés des douanes, ou des contributions indirectes pour qu'une marchandise qui n'a pas encore payé les droits d'entrée ou de consommation, puisse circuler librement jusqu'à sa destination, sans être assujettie à la visite des bureaux placés sur la route qu'elle a à parcourir, mais sous l'engagement, de la part du chargeur, de justifier, dans un temps déterminé, de l'arrivée de la marchandise au lieu qu'il a indiqué, comme aussi de payer les droits qui seront dûs et pour lesquels on exige parfois une caution.

Au lieu d'arrivée l'acte d'acquit à caution doit recevoir une décharge, c'est à dire être visé par les autorités locales, ou par les consuls du pays de provénience dans les lieux où il s'en trouve, et être retourné dans le délai fixé au port d'où la marchandise a été expédiée.

ACTE. En droit, le mot *acte* s'emploie pour l'écrit constatant un fait ou destiné à former la preuve d'une convention.

Dans cette signification la dénominatioa d'*acte* embrasse tout ce qui se fait dans l'ordre du droit des gens, du droit public, du droit naturel et privé.

I. Les *actes du droit des gens* sont ceux qui touchant aux relations des nations entre elles, aux intérêts internationaux, *traités* de toute sorte, *déclarations de guerre* &c. (voir ces termes).

II. Les *actes du droit public* sont ceux qui concernent le gouvernement d'un Etat, ou l'administration d'une ville &c. Ils peuvent être rangés en quatre catégories:

1º. Les actes *législatifs* — ceux qui émanent du pouvoir exécutif ou gouvernement, comme en Angleterre et aux Etats-Unis.

2¹. Les actes *judiciaires*, — décisions des tribunaux de tous les degrés, procédures nécessaires à l'instruction des causes et à l'exécution des jugements.

3º. Les actes *administratifs* — décisions des autorités de l'administration publique ayant rapport à leurs fonctions.

4º. Les actes de *l'état civil*, — constatations par des fonctionnaires publics des qualités qui déterminent la position de chaque individu dans la société et la famille, et des accidents qui créent, modifient ou détruisent ces qualités, tels que la naissance, le mariage, le décès &c.

III. Les *actes du droit privé* comprennent les nombreuses conventions qui interviennent entre les particuliers.

On peut diviser ces actes en deux grandes catégories: les actes *authentiques* (voir ce mot), et les actes *sous seing privé*.

On appelle *authentiques* les actes qui ont un auteur certain, qui émanent de divers fonctionnaires publics, tels que les actes législatifs, administratifs et judiciaires et notariés.

Les actes *sous seing privé* sont ceux que passent les parties sans le concours d'un officier public et sans l'accomplissement des formalités nécessaires pour leur conférer l'authenticité. Ils ont la même valeur que les actes authentiques, mais seulement lorsque l'écriture ou les signatures sont reconnues, ou ont été vérifiées en justice, dons le cas où elles sont déniées. Un acte sous seing privé peut devenir authentique, si les parties en font le dépôt dans l'étude d'un notaire, et à l'étranger dans les chancelleries diplomatiques ou consulaires.

Envisageant les actes selon les personnes

diverses desquelles ils émanent ou les fins auxquelles ils tendent, aux catégories que nous venons d'énumérer, nous pouvons ajouter les actes de *Commerce* (voir ce mot) proprement dits ou les engagements contractés entre commerçants, verbaux ou écrits, — les actes notariés, qui sont passés par ou devant les notaires, ou à l'étranger par ou devant les agents diplomatiques ou consulaires agissant comme notaires, ou qui sont déposés dans les études de notaires; — les actes de *Chancellerie* (voir ce mot), comprenant ceux qui sont de la compétence des agents diplomatiques ou consulaires, ou ceux qui sont déposés dans les chancelleries des légations ou des consulats.

Les actes reçoivent aussi différentes qualifications d'après les circonstances dans lesquelles ils sont passés ou les relations où ils se trouvent par rapport à d'autres actes.

L'acte *public* est en général celui qui émane d'une autorité publique, ou est reçu par un fonctionnaire ayant qualité à cet effet.

On qualifie en général d'*ancien* l'acte qui a plus de trente ans de date.

Un acte est dit *antérieur* par rapport à ceux qui ont été passés après sa date et qui lui sont *postérieurs*.

L'acte *additionnel* ou *complémentaire* ajoute à un acte antérieur quelques clauses que les parties jugent utiles à son existence ou au règlement de leurs intérêts.

Par l'acte *confirmatif* on ratifie un acte précédent qui était dépourvu de formes essentielles.

L'acte *conservatoire* a pour objet de conserver les droits des parties, de leur en assurer l'action, mais non de l'exercer; cet exercice découle plus directement de l'acte *exécutoire*, revêtu de la formule qui confère l'*exécution parée*.

L'acte est *synallagmatique*, lorsqu'il oblige deux ou plusieurs personnes; et *unilatéral*, lorsqu'il n'y a qu'une partie qui s'oblige envers l'autre.

On appelle actes *simples* ceux dont les notaires ou les chanceliers ne gardent pas minute et qu'ils délivrent sans y mettre la formule exécutoire; chez les notaires on leur donne aussi le nom d'*actes de brevet*.

On désigne comme acte *double* tout acte public ou privé dont on fait deux originaux semblables.

Est réputé *arbitraire* tout acte ordonné par un fonctionnaire ou un agent de l'autorité en dehors des pouvoirs qu'il

tient de la loi, ou des formes prescrites; — *illicite*, tout acte défendu par la loi ou contraire à l'ordre public et aux bonnes mœurs: ces actes peuvent être dits aussi *illégaux*, c'est-à-dire contraires à la loi.

Un acte est imparfait quand il manque de quelques-unes des conditions ou des formalités exigées pour sa validité.

Enfin un acte est tenu pour *nul* lorsqu'il est contraire aux lois pour le fond ou pour la forme. Il est nul au fond, s'il est contraire aux lois et aux mœurs, s'il stipule une chose impossible, s'il est sans cause ou repose sur une cause fausse. Il est nul en la forme, quand pour sa conclusion on n'a pas rempli les formalités prescrites, véritablement substantielles, et quand la nullité est dans l'espèce prononcée formellement par la loi.

Dans ces divers cas l'acte nul peut être refait, c'est-à-dire remplacé par un autre acte corrigeant le vice, l'irrégularité ou l'omison qui entraînait la nullité.

ACTE ADDITIONNEL. En France, on appelle ainsi les articles supplémentaires que Napoléon I, en 1815, après son retour de l'île d'Elbe, ajouta aux Constitutions de l'Empire, et par lesquels il essaya de donner à la France un gouvernement représentatif.

Cet acte fut soumis à l'acceptation du peuple, admis à voter par oui ou par non sur des registres ouverts à cet effet: il y eut 1,300,000 votes affirmatifs et seulement 4,206 négatifs. Le relevé des votes fut proclamé en présence de l'Empereur, dans une assemblée du champ de mai, composée des membres de tous les collèges électoraux de départements et d'arrondissements, et de députations des armées de terre et de mer; mais cet acte ne fut pas accepté par la Chambre des représentants; celle-ci rédigea un projet de constitution, que la seconde restauration rendit sans effet.

ACTES DE COMMERCE. *Voiv* COMMERÇANT.

ACTE DE NAVIGATION. On appelle ainsi des lois générales ou des règlements déterminant la nationalité des navires, et régissant les relations, maritimes des nations. Chaque puissance maritime a son acte de Navigation. (*Voir* NAVIGATION)

ACTE FINAL. *V. Congrès.*

ACTOR SEQUITUR FORUM REI. Formule de droit romain: „le demandeur suit le tribunal du défendeur", C'est à dire que la personne qui intente une action judiciaire contre une autre doit l'assigner devant la juridiction de laquelle cette dernière dépend et reconnaître la compétence du tribunal de cette juridiction. (*Voir* STATUT, JURIDICTION.)

ADHÉSION. En droit, c'est l'approbation et par suite l'acceptation d'un acte dans lequel on n'a pas été partie; en langage diplomatique c'est l'acte par lequel une puissance acquiesce, soit spontanément, soit sur l'invitation des parties contractantes, à un traité conclu sans sa participation.

L'adhésion équivaut à une intervention formelle et se manifeste par un acte spécial et explicite. Les circonstances dans lequelles elle se produit varient à l'infini: une tierce puissance peut, par exemple, avoir intérêt soit à adhérer à l'ensemble d'un traité renfermant des stipulations qui la concernent, ou sont de nature à modifier ses rapports internationaux, soit à n'en accepter que certaines clauses, en renonçant à certaines réserves ou exceptions stipulées conditionnellement. On peut encore admettre qu'un tiers veuille intervenir ou soit appelé par les parties contractantes, afin de garantir la stricte observation d'un traité. Pour que l'adhésion produise cet effet, il faut nécessairement que la garantie soit formulée en termes explicites dans des stipulations *ad hoc*, car elle comporte des devoirs et une responsabilité placées en dehors de toute présomption légale.

Lorsqu'un Etat adhère à un traité conclu entre d'autres Etats, il devient en quelque sorte partie contractante; son adhésion entraîne pour lui l'obligution de se conformer à toutes les stipulations consignées dans ce traité.

ADMINISTRATEUR. En général c'est celui qui gouverne ou régit; en droit civil, c'est celui qui régit les biens d'une personne, d'une communauté, d'un établissement; en droit public, c'est le fonctionnaire chargé de la gestion des affaires publiques ou de quelques parties de l'administration gouvernementale.

En ce qui regarde plus particulièrement le droit international, nous ferons observer que certains agents consulaires sont autorisés par le ministre de la marine à remplir les fonctions conférées aux consuls comme suppléant à l'étranger les administrateurs de la marine.

ADMINISTRATION. Ce mot dans l'acception générale se dit de la fonction d'un administrateur; il signifie gouvernement, direction, gestion des affaires particulières ou publiques.

Dans le langage politique l'administration est la partie du pouvoir exécutif à lequelle est confié le soin de tous les intérêts généraux du pays, et par suite la direction et la distributien de tous les services publics, pour lesquels il a fallu organiser autant de corps administratifs distincts qu'il y a de fonctions spéciales à remplir. (*Voir* MINISTÈRES.)

On appelle administration publique l'ensemble des diverses autorités entre lesquelles sont réparties, sous la direction des ministres, les différents branches du service public ou de chacune des directions générales.

L'administration publique est extérieure et intérieure. A l'extérieur, elle règle les rapports de l'Etat avec les autres nations, propose et accepte les traités, détermine et règle la représentation diplomatique, applique à ses actes le droit international; à l'intérieur, elle veille aux nécessités des divers services publics, à la police générale, en un mot, à l'exécution des lois.

On désigne aussi sous la dénomination d'administration le lieu où s'assemblent et travaillent les administrateurs.

ADMIS, admission, admissible, admissibilité. On dit d'une coutume qu'elle est admise, lorsqu'elle est reçue ou acceptée, pratiquée ou tolérée; d'une doctrine, d'une version, d'un fait, lorsqu'ils sont reconnus parfaits.

Un postulant, un aspirant est admis, c'est-à-dire reçu, accepté comme membre dans une corporation, une réunion savante ou autre, une administration etc.

L'admission est le fait ou le résultat de cette acceptation.

Une proposition, une interprétation est admissible, c'est-à-dire qu'elle peut être admise, parceque des motifs ou des arguments militent en sa faveur.

Un homme est admissible à un emploi, s'il a les qualités ou les capacités requises pour y être admis.

L'admissibilité est l'état de la personne admissible, l'aptitude à être admis.

Toutefois l'admission se règle par des conditions spéciales, qui varient selon la nature, l'importance et la classe des emplois: par exemple, dans la plupart des pays, il faut avoir rempli certaines conditions scholastiques et de stage et avoir passé certains examens pour être apte à aspirer aux fonctions diplomatiques. (*Voir* AGENTS DIPLOMATIQUES.)

Dans les usages diplomatiques, le mot *admission* s'applique dans un sens spécial à l'acceptation des consuls étrangers par les pays où ils doivent exercer leurs fonctions. Cette admission est soumise à des règles qui diffèrent selon les Etats : tandis que quelques-uns admettent chez eux autant de consuls qu'il plaît aux gouvernements étrangers d'en instituer, d'autres consentent à n'en recevoir que dans certaines résidences; d'autres refusent d'admettre des consuls généraux dans les localités où ils admettent sans difficulté de simples consuls. Dans tous les cas l'admission demeure subordonnée à l'agrément du gouvernement local en ce qui regarde la personne de l'agent désigné pour une résidence étrangère. (*Voir* CONSUL.)

ADMONITION. Avertissement, remontrance.

Les agents diplomatiques doivent faire des admonitions à ceux de leurs nationaux qui pourraient compromettre par leur conduite l'honneur du pays auquel ils appartiennent.

ADOPTION. En droit, l'adoption est un acte par lequel une personne en choisit une autre pour fils, ou pour fille, et lui confère les droits civils de cette qualité, en remplissant certaines formalités légales.

L'adoption n'est par admise par toutes les nations civilisées: elle n'existe notamment ni aux Etats-Unis, ni en Angleterre, ni aux Pays-Bas.

La jurisprudence française, qui considère l'adoption comme une institution de droit civil, décide quelle ne peut pas être contractée en France par un étranger, alors même qu'elle serait autorisée par sa loi nationale, ce qui exclut toute possibilité de conflit.

Mais le conflit peut surgir au sujet d'adoptions faites par des Français à l'étranger, d'adoptions de Français faites par des étrangers dans leur pays, d'adoptions faites par des étrangers en France.

Dans ces différents cas, c'est la loi personelle qu'il faut suivre.

AD REFERENDUM. Terme, latin qui signifie *pour en référer.* Lorsqu'un agent diplomatique chargé d'une négociation trouve que les instructions dont il est muni, ne portent point ou ne portent pas avec assez de précision sur l'objet qu'il s'agit de régler, ou lorsqu'il est mis en demeure de répondre sur un sujet qui n'est pas compris dans ses instructions, il prend seulement *ad referendum* les propositions qui lui sont soumises ou la question qui lui est faite, c'est-à-dire qu'avant de répondre il demande à en référer à son gouvernement, ou il ne les accueille que sous réserve de l'approbation expresse de celui-ci.

ADRESSE. On nomme ainsi un écrit ayant pour objet une demande, une adhésion, des félicitations, et présenté par un *corps* constitué, par une réunion de *citoyens.*

Dans les monarchies l'adresse est un acte par lequel les corps délibérants adressent au souverain l'expression de leurs sentiments ou de leurs, voeux, lui font connaître *l*eurs résolutions, ou répondent aux *discours* ou aux communications qu'ils reçoivent de lui; mais le nom d'adresse est principalement réservé à la *réponse* faite par les chambres législatives *au* discours que d'ordinaire le souverain *ou* ses ministres spécialement délégués prononcent à l'ouverture de chaque session devant le parlement réuni dans une séance royale.

En Angleterre, aussitôt après avoir entendu le discours de la couronne, chacune des chambres se retire dans la salle de ses délibérations et statue sur la proposition d'un projet d'adresse, dont la rédaction, convenue d'avance dans des réunions extra-parlementaires, est à peu-près la paraphrase du discours royal. Les débats s'ouvrent immédiatement, se prolongent pendant quelques jours, ou bien l'adresse est votée presque sans discussions et quelquefois dans la même séance.

Depuis que le régime républicain prévaut en France, il n'y a plus d'adresse ou de réponse solennelle de la part des chambres au discours d'ouverture du Président de la République.

Voici comment on procédait sous les monarchies de la restauration et de juillet 1830, de 1814 à 1848:

Après la lecture du discours de la couronne, la chambre des pairs et la chambre des députés nommaient chacune une commission pour préparer un projet d'adresse, dans lequel était exprimée une approbation ou une désapprobation des propositions, des tendances du gouvernement ou de la politique exposée par le discours. Le projet était imprimé, distribué aux membres de la chambre, puis à un jour fixé il devenait le sujet de débats, qui prenaient le plus souvent un large développement et une grande importance parcequ'ils embrassaient toutes les questions d'administration intérieure et de politique extérieure, et ils préoccupaient alors l'opinion publique. Les adresses des chambres étaient portées au roi, selon le bon plaisir de Sa Majesté par une grande ou par une simple députation, c'est-àdir par 25 membres, ou seulement par le président et deux secrétaires.

La constitution de 1848 imposa au Président de la République l'obligation d'adresser périodiquement à l'assemblée nationale un message, qui n'était qu'un compte-rendu des actes du gouvernement, accompagné parfois de simples suggestion; mais ces suggestions n'obligeaient l'assemblée à aucune décision, même à aucun examen.

Sous le second Empire l'adresse ne fut rétablie qu'à la fin de 1860, par le décret du 24 novembre; mais en 1867, le décret du 19 juin vint remplacer le droit d'adresse par le droit d'interpellation sous des conditions déterminées.

Le droit de faire des adresses au souverain appartenait exclusivement aux chambres; mais ni l'une ni l'autre n'avait en aucun cas la faculté de faire des adresses au peuple.

En Prusse les adresses en réponse au discours du trône sont tombées en désuétude; dans l'Empire d'Allemagne, le Reichstag n'en a jamais voté.

AD STATUM LEGENDI, en état d'être lu. Lorsqu'un agent diplomatique a à faire au gouvernement près lequel il est accrédité une communication exigeant une précision plus grande que celle dont est susceptible une simple communication verbale, qui peut d'ailleurs s'effacer plus ou moins de la mémoire, il est autorisé à remettre une note, dite alors *ad statum legendi*, exposant l'objet de la communication; d'ordinaire cette note n'est pas signée et partant n'a pas de caractère expressément officiel.

AD VALOREM. Location latine, signifiant *d'après* ou *selon* la *valeur*, employée dans les tarifs de douane et les traités de commerce.

Dans plusieurs pays, certains marchandises sont frappées, à leur entrée, de droits perçus à raison de leur *valeur déclarée*, et non pas en raison de leur poids ou du nombre ou de la quantité des objets de même nombre.

Les marchandises ainsi admises aux droits *ad valorem* doivent être accompagnée des factures originales des fabricants on des marchands. (*Voir* CONNAISSEMENT, DOUANE, COMMERCE, MARCHANDISES.)

ADULTÈRE, ADULTÉRIN. Violation de la foi conjugale : l'adultère est simple, lorsqu'il est commis par une personne mariée avec une personne non mariée, il est double, lorsque le commettent ensemble un homme marié et une femme mariée.

La plupart des législations considèrent l'adultère comme un crime et édictent des peines pour le punir.

Le mot adultère s'emploie aussi pour désigner la personne qui le commet.

L'enfant qui naît de cette union illicite est dit *adultérin*. C'est lui qui est, à proprement parler victime, au point de vue social, de la fausse position dans laquelle se sont mis ceux qui lui ont donné l'existence, car il ne peut être reconnu ni par l'un ni par l'autre, et par conséquent ne recevoir d'eux directement ni donation ni héritage.

AFFIRMATION. C'est l'action d'affirmer, d'attester, d'assurer qu'une chose est vraie.

En justice l'affirmation peut être faite sous serment ou sans serment.

On nomme affirmation de procès-verbal la formalité à laquelle certains procès-verbaux sont soumis.

AFFRANCHI. C'est le nom qu'on donnait chez les anciens aux esclaves qui recevaient de leurs maîtres la liberté. Les affranchis tenaient le milieu entre les citoyens et les esclaves. Dans les premiers temps de la République romaine, ils avaient la tête rasée, l'oreille percée et portaient un bonnet pour marque de leur état; ils ne jouissaient d'aucun droit politique.

AFFRANCHISSEMENT. (*Voir* ÉMANCIPATION.)

AFFRANCHISSEMENT. Acquittement préalable des frais de port ou de poste de lettres, de papiers, et de colis postaux.

AGENT. Celui qui agit pour autrui ou au nom d'autrui; celui qui est chargé d'une mission soit publique, soit particulière.

En diplomatie on appelle simplement *agent* l'envoyé qui est chargé, sans caractère public officiel, de poursuivre la solution ou le règlement d'une affaire privée ou particulière intéressant un souverain, un prince médiatisé, une corporation, un État dont l'indépendance n'est pas reconnue, ou un Etat qui n'est pas en possession des honneurs royaux ou de la souveraineté réelle, ou un Etat avec lequel toutes relations diplomatiques sont depuis longtemps interrompues, ou un souverain déchu ou ayant abdiqué.

N'étant point en position de revêtir un caractère public, un agent de cette nature n'est point porteur de lettres de créance, mais seulement de lettres de provision ou de recommandation. Iln'est pas mêmbre du corps diplomatique, et par conséquent ne prétendra à aucun cérémoniel ni à aucune prérogative et immunité diplomatique.

AGENT ADMINISTRATIF. On dénomme ainsi les agents que l'autorité administrative emploie pour certaines missions ou certains services.

AGENT CONSULAIRE. De même qu'on désigne sous le titre général *d'agent diplomatique* toute personne investie d'une représentation diplomatique à un degré quelconque, le terme *d'agent consulaire* sert à dénommer toute personne chargée d'une mission ou de fonctions consulaires , à quelque degré que cette mission ou ces fonctions se rattachent à la hiérarchie qui régit les consulats. Cependant le titre *d'agent consulaire* s'applique aussi particulièrement aux fonctionaires de l'ordre consulaire qui forment précisément le dernier degré de cette hiérarchie.

L'agent consulaire proprement dit est classé immédiatement après le vice-consul.

Les agents consulaires sont établis dans les localités jugées trop peu importantes pour exiger la présence d'un consul ou d'un vice-consul. Ils sont généralement nommés, lorsque leur création est jugée utile au service, par le consul de l'arrondissement, qui les choisit, sous sa propre responsabilité, parmi ses nationaux notables établis dans le pays de sa résidence, et, à leur défaut, parmi les négociants ou les habitants les plus recommandables de la localité.

Bien que les agents consulaires recoivent généralement un titre d'admission de la part de l'autorité locale, les immunités et les prérogatives attachées à la qualité de consul ne leur appertiennent pas. Ils n'ont aucun caractère public, aucune juridiction ; ils agissent sous la responsabilité du chef qui les a nommés, sous la surveillance absolue duquel ils sont placés, et aux recommandations duquel ils doivent entièrement se conformer. Ils ne correspondent avec le ministre que quand il les y a spécialement autorisés.

Les attributions des agents consulaires consistent à rendre aux nationaux du consul qui les a choisis, tous les bons offices qui dépendent d'eux, à viser les pièces de bord, et à veiller, dans les limites tracées par les règlements qui les concernent, à l'exécution des conventions internationales, conclues entre les deux pays.

Les agents consulaires n'ont point de chancellerie. Leurs services sont gratuits. Cependant pour les actes qu'ils sont autorisés à délivrer ou à viser, ils perçoivent les droits indiqués par le tarif du consulat duquel ils dépendent; et ils conservent pour leux frais de bureau la totalité des droits qu'ils ont perçus. Ils ne font aucun des actes qui par leur essence sont destinés à être produits en justice, lesquels sont exclusivement de la compétence des consuls. Quant aux actes qu'ils peuvent être autorisés à délivrer par exception, ils doivent être légalisés par le consul qui a nommé l'agent consulaire ; les expéditions délivrées aux navires de la nation au nom de laquelle ces agents exercent sont seules exceptées de cette obligation.

Les fontions d'agent consulaire ne donnent lieu à aucun traitement et ne confèrent aucun droit à concourir aux emplois de la carrière des consulats. Toutefois les agents consulaires peuvent obtenir, après de longs et bons travaux, le titre honorifique de vice-consul, ce qui leur donne droit à concourir aux emplois de deuxième classe. Il est défendu aux agents consulaires de nommer des sous-agents et de déléguer leurs pouvoirs sous quelque titre que ce soit. Lorsqu'ils ont besoin de s'absenter ils doivent prévenir le consul duquel ils relèvent et soumettre à son agrément la choix de leur remplacant intérimaire. Ils ne peuvent non plus accepter le titre d'agent consulaire d'une autre puissance, à moins que le consul dont ils relèvent, n'en ait obtenu pour eux l'autorisation du ministre des affaires étrangères. (*Voir* CONSUL, CONSULAT.)

AGENT DE L'AUTORITÉ se dit de toute personne que l'autorité charge d'une mission, ordinairement coërcitive.

AGENT DE LA FORCE PUBLIQUE. — C'est toute personne qui exécute en vertu de la loi une mesure coërcitive.

AGENT DE POLICE. Employé subalterne, avec ou sans caractère public, préposé au maintien de l'ordre et de la tranquillité. A ce titre les agents de police peuvent être considérés comme des agents de l'autorité et de la force publique.

AGENTS DIPLOMATIQUES, MINISTRES PUBLICS. *Définition et classification.* On désigne sous ces noms toute personne chargée de représenter une puissance auprès d'une autre puissance.

D'après un règlement général, adopté par le Congrès de Vienne le 19 mars 1815 et complété par le Congrès réuni à Aix la Chapelle en 1818, les agents diplomatiques sont classés légalement en quatre groupes ou catégories:

1°. Ambassadeurs et légats ou nonces du Pape;

2°. Envoyés, ministres plénipotentiaires, ou autres personnes accréditées auprès des souverains;

3°. Ministres résidents accrédités de la même manière;

4°. Chargés d'affaires accrédités auprès des ministres des relations extérieures. (Voir AMBASSADEUR, LÉGAT, NONCE, ENVOYÉ, MINISTRE PLÉNIPOTENTIAIRE, MINISTRE RÉSIDENT, CHARGÉS D'AFFAIRES.

Les ministres de première classe sont seuls considérés comme représentant la personne du souverain.

La diversité de rang n'établit aucune différence entre les agents relativement à l'exercice de leurs fonctions, à leur capacité pour négocier, et à la validité de leurs actes.

Devoirs et fonctions des agents diplomatiques. Les principales fonctions des agents diplomatiques consistent dans la négociation des affaires d'Etat, la protection et la défense de leurs nationaux pour tout ce qui se rattache au droit des gens.

Tout chef d'ambassade ou de légation exerce sur ses nationaux un droit de surveillance, qui se traduit au besoin par des admonestations à ceux qui par leur conduite privée compromettraient l'intérêt ou l'honneur de leur patrie ou troubleraient la tranquillité du pays où ils se trouvent.

L'agent diplomatique a qualité pour recevoir ou dresser, sur la demande de ses nationaux, différents actes de la compétence des notaires, tels que contrats de mariage, testaments, donations, procurations, actes de l'état civil, légalisation de pièces administratives. Il a aussi la faculté de délivrer des passeports à ses nationaux, ainsi qu'aux étrangers qui veulent se rendre dans le pays qu'il représente.

L'agent envoyé en mission dans un pays étranger est tenu d'adresser à son gouvernement des rapports réguliers sur les négociations dont il est chargé et sur toutes les choses d'intérêt public dont la surveillance lui est confiée.

Pour être régulièrement admis à l'étranger, les ministres publics ont besoin d'être munis de *lettres de créance.* (Voir ce terme.)

Outre les titres officiels destinés à les accréditer, ils reçoivent de leur gouvernement des instructions, dont la forme, la nature et l'étendue varient suivant les circonstances, et qui, en principe, à moins d'ordres contraires, doivent rester secrètes. (Voir INSTRUCTIONS.) Dans les questions importantes, le ministre devra avoir recours à sa ressource ordinaire de l'*ad referendum.* (Voir ce terme.)

Le premier devoir d'un ministre étranger, dès qu'il arrive dans le lieu où il doit résider, est de notifier son arrivée au ministre des affaires étrangères du pays, en le priant de solliciter pour lui une audience du chef de l'Etat pour la présentation de ses lettres de créance; c'est par la date de cette notification qu'est fixé le rang d'ancienneté diplomatique.

Cérémonial. Tout ministre étranger, après avoir été reçu par le chef de l'Etat, fait aux autres membres du corps diplomatique des visites d'étiquette, qui ont pour objet de se faire reconnaître en sa qualité officielle.

Le cérémonial à observer dans les visites d'étiquette que se font mutuellement les ministres étrangers et les hauts fonctionnaires de l'Etat, dépend des usages particuliers établis dans chaque pays.

Pour la classification des agents entre eux, le rang se règle de la manière suivante: entre ministres d'une même puissance, d'après les instructions de leur souverain et l'ordre établi dans la lettre commune de créance; — entre les ministres de puissances différentes, d'après la classe à laquelle ils appartiennent, sans égard au rang des souverains qu'ils représentent, et à égalité de grade d'après la priorité d'admission ou l'ordre alphabétique des puissances.

Dans les cérémonies auxquelles le corps diplomatique prend une part *active*, les membres qui le composent se placent à droite du centre ou *point honorable* de la cérémonie, chacun selon son rang. Si le corps diplomatique ne prend à la cérémonie qu'une part *passive*, c'est-à-dire qu'il n'y assiste que comme spectateur, ou lui réserve des places particulières, réparties dans le même ordre.

Dans l'intérieur de son hôtel, tout ministre accorde la préséance et la main d'honneur (laquelle est toujours à droite, sauf chez les Turcs) aux ministres de la même classe que lui.

Hors de la cour les ambassadeurs cèdent le pas aux ministres des affaires étrangères et le conservent, dans quelque lieu qu'ils se trouvent, sur tous les autres fonctionnaires du pays où ils résident.

Des honneurs particuliers sont accordés aux ambassadeurs comme représentant la personne même de leur souverain. Quand un ambassadeur arrive par mer, il est toujours salué par l'artillerie des forts.

Certaines prérogatives sont réservées exclusivement aux ambassadeurs et aux nonces du Pape; de ce nombre sont les suivantes: avoir un attelage de six chevaux, recevoir les honneurs militaires, avoir dans leur salle de cérémonie un dais sous lequel est placé le portrait en pied du souverain qu'ils représentent; se couvrir pendant la cérémonie de leur présentation au souverain, mais seulement après que celui-ci s'est couvert.

Les agents étrangers ont le droit de faire placer les armes de leur gouvernement au-dessus de la porte d'entrée de leur hôtel.

Les missions diplomatiques sont permanentes ou non permanentes.

On reconnait aussi des envoyés accrédités par *interim* pour le cas d'une vacance, ou pour celui de l'absence ou de l'empêchement du ministre ordinaire. La personne chargée ainsi par *interim* des affaires d'une mission permanente est considérée comme un envoyé non permanent.

Fin des missions diplomatiques. Les missions diplomatiques prennent fin: 1°. par la mort ou la démission de ceux qui les remplissent;

2°. par la mort du souverain qui a accrédité l'agent, ou par une modification radicale de la forme de son gouvernement;

3°. par l'expiration ou la révocation des lettres de créance;

4°. par la réalisation de l'objet en vue duquel la mission a été donné;

5°. par le rappel spontané ou formellement demandé du ministre;

6°. par une déclaration de guerre, ou par une simple interruption des relations d'amitié.

Malgré la cessation de sa mission pour l'une ou l'autre de ces causes, le ministre conserve jusqu'au retour dans son pays tous les droits inhérents à son caractère public.

Lorsqu'un ministre étranger meurt dans l'exercice de ses fonctions, le secrétaire de la mission, ou, à son défaut, le représentant de quelque puissance alliée ou amie, appose les scellés sur les effets et les archives de la légation et prépare tout ce qui est nécessaire pour les funérailles. Quant aux actes de dernière volonté, comme tout ce qui concerne la succession *ab intestat* d'un agent diplomatique, ils sont régis par les lois de son propre pays.

En cas de démission, de rappel ou de remplacement, l'agent diplomatique commence par en donner avis au ministre des relations extérieures du pays où il réside, et sollicite en même temps une audience, du chef du pouvoir exécutif pour présenter ses lettres du rappel.

Quand le gouvernement auprès duquel réside un agent diplomatique juge à propos de le renvoyer pour cause de conduite jugée inconvenante, il est d'usage de notifier au gouvernement qui l'a accrédité que son représentant n'est plus acceptable et de demander son rappel; l'agent peut être renvoyé sans attendre le rappel de son propre gouvernement.

Le renvoi d'un ministre peut également avoir lieu lorsque la conduite tenue par l'Etat qu'il représente amène une rupture subite des relations entre les deux pays; dans ce cas il est d'usage d'adresser à l'agent, avec ses passeports, une note dans laquelle sont exposés les faits qui motivent sa sortie du territoire, et est fixé un délai pour son départ.

Le ministre public, lorsqu'il juge qu'il a été porté gravement atteinte aux droits ou à l'honneur de son pays, peut, sans attendre son rappel, demander ses passeports et rompre les relations diplomatiques entre les deux Etats; mais en pareil cas le ministre est responsable de sa conduite envers son gouvernement.

Lorsqu'une ambassade extraordinaire a atteint le but ou le terme fixé pour sa mission, elle expire *de plano* sans qu'il soit nécessaire de produire des lettres spéciales de rappel; les formalités de congé sont les même qu'à la fin d'une mission ordinaire. Toutes les fois, au contraire, que l'agent diplomatique change de grade ou passe d'une situation temporaire à un poste permanent, il y a lieu à l'envoi et à la remise officielle de nouvelles lettres de créance.

Immunités. L'importance de la mission dont les ministres publics sont investis et les exigences de leur situation à l'étranger ne permettant pas de les placer sur la même ligne que de simples particuliers, on leur a reconnu certains privilèges et certaines immunités dites diplomatiques. (Voir EXTERRITORIALITÉ.)

La personne du ministre étranger est sacrée; tout acte qui a porté atteinte à son *inviolabilité* (voir ce mot) est une injure au caractère dont il est revêtu.

L'inviolabilité est accordée non seulement à tout agent diplomatique régulièrement accrédité, mais aussi aux personnes attachées à sa mission, ainsi qu'à son épouse, à ses enfants et aux gens composant sa suite. Elle s'applique en outre aux choses qui se rapportent directement à sa personne et à sa dignité, notamment à son hôtel, à son mobilier, à ses équipages &c., dont l'ensemble ne peut faire l'objet d'aucune poursuite de la part du gouvernement ou des particuliers.

Le privilège de l'inviolabilité s'étend à tous les actes de l'agent étranger, principalement à ceux qui dérivent de ses fonctions: ainsi l'agent a la liberté absolue de correspondre avec son gouvernement, d'envoyer et de recevoir des lettres et des dépêches, soit par des courriers particuliers pourvus de papiers justifiant de leur qualité, soit par l'intermédiaire des postes et des télégraphes du pays.

L'inviolabilité n'entraîne pas l'impunité: lors donc qu'un ministre public oublie sa dignité, se permet des actes arbitraires, trouble l'ordre public, manque au souverain, aux habitants ou aux fonctionnaires du pays de sa résidence, sa conduite tombe sous l'action des lois pénales; mais cette répression n'incombe qu'au gouvernement qui l'a nommé. Le souverain près lequel l'agent réside peut seulement interrompre ses rapports avec lui et le renvoyer de ses Etats.

Lorsque par exception, un ministre est sujet du pays où il représente une nation étrangère, il reste soumis, tant qu'il conserve sa nationalité d'origine, aux lois territoriales pour tous les actes qui ne se rattachent pas à son emploi.

Le ministre public ne peut être condamné à l'arrestation personnelle: ses biens ne peuvent être séquestrés pour dettes contractées avant ou pendant sa mission.

L'immunité du ministre s'étend à tout ce qui lui est nécessaire pour remplir ses fonctions: ainsi aucune loi locale ne peut autoriser la saisie de ses meubles ou d'objets servant à son usage, à son entretien et à celui de sa maison.

L'immunité cesse lorsque le ministre étranger se trouve impliqué dans un procès à titre privé, ou qu'il se soumet volontairement à la juridiction territoriale en matière civile.

Le ministre public est également exempt de la juridiction criminelle; cependant cette immunité comporte certaines restrictions. Il y a d'abord le cas où le ministre, étant directement mis en cause comme accusé, accepte volontairement la compétence; en second lieu, celui où il se présente soit comme dénonciateur d'un délit dont il aurait été victime, soit comme accusateur privé et partie lésée ou civile.

Quant à l'exécution des actes judiciaires dans l'intérieur d'une légation, on a adopté des usages spéciaux, qui, sans amoindrir le caractère du diplomate, laissent à l'autorité judiciaire la latitude nécessaire pour accomplir son mandat. Ainsi, en cas de crime commis dans l'intérieur d'une maison habitée par un chef de légation et lorsque le témoignage de ce dernier devient nécessaire pour l'instruction et la poursuite de l'affaire, son témoignage oral ou écrit est réclamé par la voie diplomatique et reçu par une personne déléguée spécialement à cet effet.

La demeure d'un ministre publie est inviolable en tant qu'il s'agit des besoins indispensables de son service officiel et de l'exercice libre et régulier de ses fonctions; mais si la conduite de l'agent met en péril la paix de l'Etat, en convertissant, par exemple, la légation en refuge pour les criminels ou en foyer de conspiration contre le gouvernement établi, l'Etat offensé est pleinement fondé en droit à refuser désormais à la demeure de l'agent le bénéfice d'une immunité que la saine raison et la justice cessent de légitimer.

Un ministre étranger ne saurait non plus se soustraire, dans son hôtel ou au dehors, à l'observation des règlements de police municipale qui ont pour but la sûreté et l'ordre publics; il doit veiller à ce que dans son hôtel rien ne se fasse qui puisse y porter atteinte; seulement, en cas de contravention, il n'y a pas lieu de procéder contre lui par voie de poursuites et de contrainte; on procède comme s'il s'agissait de faits relevant de la juridiction civile ou criminelle.

Plusieurs gouvernements permettent aux agents diplomatiques étrangers d'introduire en franchise les objets destinés à leur usage personnel et à celui de leur famille; d'autre fixent les quantités admissibles en exemption de taxe; quelques-uns, sans l'accorder directement, remboursent, sur fonds de chancellerie ou de cabinet, le montant des droits acquittés.

Les ministres publics sont partout exemptés du paiement des impôts purement personnels et directs; par contre, à moins de conventions spéciales fondées sur le principe de la réciprocité, ils restent soumis aux impôts indirects, aux taxes d'octroi et aux autres charges analogues.

Quant à l'impôt foncier, les ministres publics ne peuvent s'en affranchir pour les immeubles qu'ils possèdent, lors même que ces immeubles sont affectés uniquement à leur logement personnel. Il en est tout autrement, si l'hôtel de la légation est la propriété de leur gouvernement: car les convenances internationales ne permettent pas d'assujettir un gouvernement étranger à des impositions territoriales et directes.

Les ministres publics jouissent dans l'intérieur de leur maison du droit de pratiquer leur religion; mais ce droit ne saurait s'exercer qu'à la condition d'observer les règlements municipaux et de police concernant le maintien de l'ordre public. On a même autorisé l'établissement, comme annexes des hôtels des ambassades étrangères, de chapelles publiques où toutes les personnes professant le même culte sont librement admises à célébrer leurs cérémonies religieuses; ces chapelles sont toutefois tenues de renfermer l'accomplissement de leur rite dans l'intérieur de leur enceinte.

Il est d'usage que lorsque les ministres publics traversent le territoire des Etats amis et particulièrement pour se rendre à leur destination, les autorités de ces Etats aient pour eux les égards dus à leur caractère officiel.

En temps de guerre, comme en cas de danger pour le maintien de l'ordre public, il est de règle de tracer aux ministres étrangers et à leurs agents où a leurs courriers l'itinéraire qu'ils doivant suivre.

En temps de guerre, le ministre d'un gouvernement ennemi ne peut toucher le territoire de l'autre belligérant, s'il n'est muni d'un sauf-conduit. Cependant aucune raison de droit n'autorise un belligérant à enlever l'agent diplomatique de son adversoire sur le territoire ou sur un navire d'une nation neutre.

Le ministre public n'a, à proprement parler, aucun droit de juridiction sur les personnes composant le personnel officiel de la mission; cependant il peut en exercer une par délégation spéciale de son souverain.

En cas de crime ou de délit commis dans l'hôtel de la légation ou au dehors par une personne attachée à la mission, le ministre doit faire arrêter le prévenu, s'il se trouve dans l'hôtel, ou demander son extradition, s'il a été arrêté au dehors par les autorités locales, procéder aux actes d'instruction, à l'interrogatoire des témoins appartenant au personnel officiel ou non officiel de la mission, livrer le prévenu aux autorités de l'Etat que représente le ministre. Mais dans aucun cas le ministre ne peut livrer une personne appartenant à sa mission aux autorités du pays où il réside.

La juridiction accordée au ministre public à l'égard de sa suite est celle qu'on désigne sous le nom de *volontaire* ou *gracieuse*. Ainsi il peut recevoir des testaments, légaliser les contrats et les actes de l'état civil, faire apposer les scellés &c.

Le ministre peut également exercer cette juridiction gracieuse par rapport aux sujets de son gouvernement dans le pays où il réside; mais alors il faut qu'il ait reçu un mandat spécial.

Dans aucun cas les ministres publics n'ont le droit de statuer sur des contestations entre leurs nationaux, ni même entre les personnes de leur suite.

AGITATEUR, agitation. Celui qui exite des troubles de la fermentation dans le publie ou dans une assemblée.

L'agitation est l'acte d'exciter et d'entretenir cette fermentation, ou le fait même de la surexcitation des sentiments populaires.

En Angleterre et aux Etats-Unis il se pratique un genre spécial d'agitation politique, qui consiste, sous l'impulsion de certaines personnalités influentes, à imprimer à l'opinion publique un mouvement de manifestation accentuée dans le but de parvenir, par les voies légales autant que possible, à l'obtention de quelque réforme, de quelque concession gouvernementale, de quelque mesure d'ordre politique ou social.

AGNAT ET COGNAT. Ces termes, qui dérivent du droit romain, s'emploient pour désigner les membres d'une même famille, avec cette différence que le titre *d'agnats* s'applique particulièrement aux collateraux descendant de la même souche par les mâles, et que les *cognats* sont les parents par les femmes. Ainsi, à Rome, *l'agnation*, ou lien de consanguinité entre les agnats, représentait à la fois la parenté naturelle et civile; la *cognation* ou lien de parenté entre les cognats, ne représentait que la parenté nouvelle.

Cette distinction avait surtout une grande importance par rapport aux règlements d'hérédité; mais depuis que les lois sur les successions, dans la plupart des pays civilisés, ne reconnaissent aucune différence entre les agnats et les cognats, l'intérêt que peut avoir la distinction entre la descendance par les mâles (agnats) et celle par les femmes (cognats) est restreint soit aux familles souveraines régies par la loi salique, soit aux possesseurs de fiefs ou de majorats et aux membres de la chambre des lords en Angleterre, soit à quelque autres catégories de personnes privilégiées ou se trouvant dans des positions exceptionelles.

Un fait sert à reconnaître les agnats d'avec les cognats, c'est qu'en général les premiers portent tous le même nom, tandisque les seconds ont des noms différents de celui de la ligne principale.

AGRAIRE. Ce mot qui signifie, relatif à la terre considérée comme propriété cultivable ou exploitable, ne s'emploie guère que dans ces deux locutions: *lois agraires, mesures agraires.*

Dans la législation romaine on donnait le nom de lois agraires à toutes les lois qui statuaient sur la distribution entre les citoyens des terres conquises.

Dans l'histoire moderne on dénomme ainsi les lois qui tendent à changer soit le mode de distribution, soit le mode de possession de la terre, comme, par exemple, celle que le Parlement anglais a votée récemment, et qui a pour objet de régler les rapports entre les propriétaires et les fermiers ou tenanciers en Irlande.

Quant aux mesures agraires, ce sont celles qui servent à mesurer la surface de la terre, telles que le mètre carré, l'are et ses divisions, en France.

AGRESSION, agresseur, attaque. *L'agression* est l'action de celui qui attaque le premier., lequel est dit l'agresseur.

L'attaque est l'action d'attaquer, d'engager le combat.

Littré établit cette distinction entre l'agression et l'attaque.

„*Attaque* porte simplement l'idée sur un combat, une lutte qui commence d'un côté; mais *l'agression* porte l'idée sur l'acte premier qui est la cause du conflit. Il est possible que celui qui attaque ne soit pas l'agresseur, l'agression pouvant consister en toute autre chose qu'une attaque. Attaque est l'acte, le fait; agression est l'acte, le fait considéré moralement et pour savoir à qui est le premier tort."

AJOURNEMENT. Ajourner une affaire signifie différer, remettre à une époque plus éloignée le règlement d'une affaire

dont l'instruction est insuffisante, ou dans laquelle il est survenu des incidents qui nécessitent un complément d'information.

On ajourne pareillement une délibération, des négociations, l'exécution d'un projet, d'un travail, faute d'études ou de préparatifs suffisants, ou pour toute autre raison, ou même sans motif.

L'époque de l'ajournement peut être fixe ou indéterminée.

ALIEN. Alien bill. On appelle ainsi l'étranger non domicilié dans le royaume uni de la Grande-Bretagne (Angleterre, Écosse et Irlande.)

La situation de ces étrangers est régie par une série d'ordonnances et d'actes du Parlement, dont le plus important est connu sous le nom d'*Alien bill* (loi des étrangers), qui a été voté par le Parlement en 1793, puis renouvelé en 1802, en 1803, en 1816 et en 1818, mais toujours pour un temps limité : cette loi renferme des dispositions particulières concernant les réfugiés.

La nouvelle loi du 12 mai 1870 sur la naturalisation y a apporté de sérieuses modifications. (*Voir* ÉTRANGER.)

ALIÉNATION. C'est en général l'action de vendre ou de céder une chose, la transmission à autrui de la propriété d'un objet mobilier ou immobilier.

Le droit d'acquérir implique naturellement, logiquement, comme conséquence ou comme corrélatif, le droit d'aliéner. L'État, à qui est reconnu le premier de ces droits, possède donc aussi le second.

En principe, un État souverain a incontestablement pour aliéner un droit égal à celui qu'il possède pour acquérir; seulement l'exercice du droit d'aliénation est subordonné à des règles, à des conditions particulières établies par les lois constitutives de chaque État : c'est ainsi que les constitutions des États européens subordonnent la validité des aliénations de territoire consenties par le pouvoir exécutif soit à un vote de la nation tout entière, soit à une approbation formelle du pouvoir législatif.

En thèse générale on peut dire que le domaine public s'aliène par les mêmes moyens que le domaine privé, et comporte dès lors la translation de propriété par voie de constitution de *rente* ou d'*hypothèque*, et par contrats de *vente*, de *cession*, d'*échange*, de *donation*, etc. (Voir ces mots.)

ALLÉGATION. C'est la citation d'un livre, d'un écrit ou d'une opinion faisant autorité, d'un document authentique, d'un fait duquel on tire un argument, un moyen de droit ou de raison.

C'est aussi une proposition avancée ; il s'emploie en ce sens surtout dans le langage législatif et juridique.

ALLÉGEANCE. C'est le nom qu'on donne en Angleterre à l'obéissance que tout sujet doit à son prince et à son pays. Tout individu né sujet de la couronne d'Angleterre ne peut jamais, par le simple acte de sa volonté, se dégager de cette obligation, rompre le lien d'allégeance qui l'attache au souverain de la Grande-Bretagne.

Cette doctrine de l'allégeance est ainsi résumée par Blackstone et Stephen :

„L'allégeance est le lien qui attache le sujet au roi en raison de la protection que le roi donne au sujet. L'Anglais qui se rend en France ou en Chine, doit au roi d'Angleterre, en France ou en Chine, la même allégeance que s'il était resté dans sa patrie : car c'est un principe de la loi universelle que le sujet d'origine (*natural born subject*) ne peut, ni par son fait personnel, ni même en jurant allégeance à un autre souverain, se décharger de l'allégeance naturelle qu'il devait à son premier souverain : cette allégeace naturelle, intrinsèque, primitive et antérieure à toute autre, ne peut disparaître sans le consentement du prince auquel elle est originairement due.“

La nouvelle législation sur la naturalisation votée par le Parlement le 12 mai 1870 a modifié sensiblement les liens de l'allégeance, qui peuvent être relâchés, sinon complétement rompus, dans certains cas : ainsi la loi nouvelle reconnaît aux sujets anglais le droit de renoncer à cette qualité par leur naturalisation à l'étranger.

ALLEU, terres Allodiales. Terme de droit féodal, signifiant la possession par droit héréditaire.

L'*alleu* ou plutôt le *franc-alleu* désignait toute terre libre, exempte de tout obligation seigneuriale, par opposition au *fief* ou propréité foncière tenue d'un seigneur féodal et par conséquent obligée envers lui à certaines charges : il y avait encore cette différence que l'alleu était perpétuel, tandisque le fief n'était qu'à vie.

On distinguait les alleus en nobles et en roturiers ; quoiqu'ils fussent égaux en franchise, ils différaient en ce que le franc-alleu noble possédait le droit de justice et avait des fiefs sous sa dépendance, et que le franc-alleu roturier n'avait ni droit de justice ni suprématie seigneuriale, mais il ne devait rien à aucun seigneur.

Les terres *allodiales* sont celles qui sont tenues en franc-alleu.

Les premiers alleus paraissent avoir été les terres prises, occupées ou reçues en partage par les Francs au moment de la conquête ; on retrouve aussi la trace d'un pareil partage des terres aux vaiqueurs chez les Bourguignons, les Wisigoths, les Lombards, etc.

Sous le régime féodal en France, dans les contestations sur la nature de la propriété, la présomption légale était toujours en faveur du fief, d'après la règle générale : „Nulle terre sans seigneur“ : c'était au propriétaire à prouver que sa terre était allodiale ; en Allemagne, au contraire, la présomption était en faveur de l'alleu. Quant à l'Angleterre, où le roi, selon la loi, est le seigneur suprême de toutes les terres, de tous les domaines, il ne pouvait existér de propriété allodiale. (*Voir* FÉODALITÉ, FIEF.)

ALLIANCE. Union de deux ou de plusieurs nations pour la poursuite d'un but politique commun.

En général les alliances ont en vue la guerre, soit éventuelle, soit déjà déclarée ; elles tendent à la participation aux hostilités contre de tierces puissances, ou à la prestation de secours à une puissance belligérante.

Les alliances sont ou *offensives* ou *défensives* ; ou bien elles ont ce double caractère à la fois.

Dans les alliances *offensives*, les nations signataires s'engagent en général à se prêter mutuellement secours et assistance pour agir hostilement soit contre toute nation quelconque, soit contre un pays nettement déterminé d'avance.

Dans les alliances *défensives*, l'allié promet sa protection et son appui matériel contre toute agression injuste dirigée contre son co-associé ou co-contractant.

La troisième classe d'alliances, qui réunit en elle les conditions des deux autres, est désignée en conséquence sous le nom d'alliance *offensive et défensive* ; elle se produit le plus habituellement à titre permanent entre États souverains attachés les uns aux autres par des liens fédératifs.

L'alliance, de quelque nature qu'elle soit, constitue une obligation rigoureuse, à laquelle celui qui l'a volontairement contracté ne peut se soustraire à moins de se trouver en face d'un empêchement de force majeure. D'autre part, la bonne foi exige que, si l'alliance ne peut plus se concilier avec l'intérêt de l'État qui l'a acceptée, celui-ci puisse la dénoncer à l'amiable avant l'heure à laquelle se produit le *casus fœderis* (voir ce terme), c'est-à-dire un des cas prévus dans lesquels les engagements pris par le fait de l'alliance ou en découlant doivent être mis à exécution selon leur nature et leur portée.

Il est évident que l'alliance cesse, ou est dénoncée ou rompue, dans le cas d'une alliance spéciale ou déterminée, lorsque le but en a été atteint, lorsque la cause pour laquelle elle a été conclue n'existe plus, ou lorsque le terme stipulé est expiré. Pour l'alliance en général, on admet qu'elle puisse être rompue, même pendant qu'elle court, dans les cas suivants, savoir: 1^0. les cas de nécessité; 2^0. ceux où l'allié aurait manqué le premier à son co-allié; 3^0. ceux où l'objet de l'alliance ne pourrait plus s'accomplir; 4^0. ceux où l'allié refuserait une paix convenable qui lui serait offerte.

Le droit de conclure des alliances est un des attributs de la souveraineté. La mort de l'un des chefs d'Etat contractants ne change rien en droit aux engagements de substance du traité qu'il a signé; le gouvernement qui succède est tenu de les remplir dans les conditions et pour le terme prescrits.

ALLOCATION. Action d'allouer une somme pour dépense, d'accorder, d'admettre ou d'approuver une demande de crédit, une dépense faite ou à faire.

ALLOCUTION. En général discours d'une personne qui est en droit de parler; mais ce mot se dit particulièrement d'un discours bref, le plus souvent prononcé à l'improviste, sinon improvisé: ainsi un prince adresse une allocution aux ministres étrangers dont il reçoit les lettres de créance, un haut fonctionnaire à ses subordonnés dans certaines circonstances ou solennités, un général à ses soldats au moment d'une action, etc.

ALLUVIONS. *Voir* FLEUVES.

ALTERNAT. Il arrive assez souvent que le rang des États soit égal ou ne soit pas nettement déterminé; dans ce cas on a recours à divers moyens pour éviter les conflits que les prétentions respectives des parties en présence pourraient susciter. Un de ces moyens consiste dans ce qu'on appelle l'alternat, en vertu duquel on change, tantôt d'après un ordre régulier, tantôt d'après la voie du sort, le rang et la place des puissances : c'est ce qui a lieu notamment lors de la signature de traités ou de conventions entre deux ou plusieurs États.

On peut donc définir l'alternat le droit qu'a chaque souverain ou chef d'État d'être nommé le premier dans le texte d'un traité auquel il est partie; et le plénipotentiaire de ce souverain, d'occuper la première place dans l'énumération des négociateurs figurant en tête du traité, ainsi que la place d'honneur pour la signature de l'exemplaire sur lequel son souverain occupe le premier rang.

Ce droit appartient à chacune des puissances contractantes; qui tant dans l'introduction ou le préambule d'un traité que dans l'ordre des signatures, se fait inscrire la première sur l'exemplaire qui lui est destiné et doit être conservé dans les archives de sa chancellerie.

Aux temps où l'on admettait uniquement l'égalité de dignité entre les rois et non l'égalité du rang, l'usage de l'alternat était une exception. Ainsi les rois de France cédaient le premier rang à l'empereur d'Allemagne, sans penser déroger ni à leur dignité ni à l'égalité; l'empereur était toujours nommé le premier dans les exemplaires des traités qu'il concluait avec la France; mais avec les autres princes ils prenaient la préséance qu'ils cédaient à l'empereur, et ne leur accordaient l'alternat que lorsqu'une conjoncture favorable à la France les poussait à faire cette concession.

Aujourd'hui que l'égalité de dignité et de rang est reconnue entre toutes les puissances, l'alternat est d'un usage fréquent dans la rédaction des traités pour lesquels on convient, soit de réserver alternativement dans chaque exemplaire la première place à une des puissances signataires, soit de suivre l'ordre alphabétique pour l'intitulé et la signature des plénipotentiaires, abstraction faite du rang: c'est ce dernier mode de procéder qui prévaut généralement.

La question de l'alternat, facile à régler lorsqu'il s'agit d'actes ou de traités entre deux États seulement, peut présenter quelques complications entre plusieurs puissances : c'est ce qu'a prévu le règlement du congrès de Vienne du 19 mars 1815, disposant par son article 7 qu'entre plusieurs puissances qui admettent l'alternat, le sort décidera entre les ministres de l'ordre qui devra être suivi dans les signatures"; sous réserve, bien entendu, du droit de chacune des puissances de s'attribuer à elle-même la première place dans les exemplaires du traité expédiés dans sa propre chancellerie; le tirage au sort n'a lieu que

2*

pour l'ordre à observer dans les signatures des autres puissances.

ALTESSE. C'est un titre d'honneur qu'on donne à différents princes en parlant et en écrivant.

Lorsque ce titre est suivi du terme *impérial*, il s'applique aux princes et aux princesses issus en ligne directe des familles des souverains portant le titre d'empereur, avec le mot *royal*, aux fils et aux filles des rois; cependant quelques princes, tels que les grands-ducs d'Allemagne, ont le privilège de porter la qualification d'Altesse royale, quoiqu'ils ne descendent pas d'un roi. Les membres collatéraux des familles impériales ou royales reçoivent le titre d'Altesse sérénissime, qui est également donné aux ducs et aux princes souverains d'un ordre inférieur. Le baron Ch. de Martens fait observer que lorsqu'une princesse à laquelle la qualification d'Altesse impériale ou royale est due par sa naissance, épouse un prince à qui ce titre n'appartient pas, elle continue de le porter; mais que, ce seul cas excepté, les princesses portent les titres et les dénominations du prince leur époux, à moins qu'il ne soit dérogé à la règle par convention.

En Allemagne, indépendamment des maisons régnantes, 50 familles des anciens princes de l'Empire médiatisés ont été autorisées, par un décret de la diète en 1825, à porter le titre d'Altesse sérénissime, qui est du reste donné par courtoisie à tous ceux qui portent le titre de duc ou de prince.

Dans l'origine le titre d'Altesse avait été attribué aux évêques, qui, en France, le portèrent sous les rois des deux premières races; il fut ensuite adopté par les principaux souverains de l'Europe, jusqu'à l'époque où ils prirent celui de Majesté; ce furent les rois de France Louis XI et François Ier qui les premiers se donnèrent ce dernier titre, et leur exemple fut bientôt suivi par les autres rois, qui jusque là étaient considérés, dans la hiérarchie des jurisconsultes du moyen-âge, comme les vassaux de l'Empereur du Saint Empire romain, à qui appartenait exclusivement la qualification de Majesté.

Le titre d'Altesse Sérénissime a été pour la première fois assumé en 1633 par le prince de Condé, qui voulut ainsi se distinguer des princes naturalisés, auxquels il laissa l'Altesse seule.

AMARINER UN VAISSEAU. C'est envoyer à bord d'un navire pris sur l'ennemi des gens pour en remplacer l'équipage.

AMBASSADE. Fonction de l'ambassadeur. (*Voir ce mot.*)

On comprend aussi sous cette dénomination la suite de l'ambassadeur et l'hôtel où il réside.

Se dit encore d'une députation spéciale envoyée à un souverain, à un prince.

AMBASSADEUR. Dans le langage diplomatique, le titre d'ambassadeur est donné exclusivement aux personnes qui appartiennent à la première classe des agents diplomatiques.

Un ambassadeur n'est pas seulement le principal agent de l'État qui l'a envoyé; il est, de plus, censé représenter la personne même de son souverain: la représentation n'est pas complète, car, quelque honneur qu'on rende à un ambassadeur, on ne peut jamais le traiter comme on traiterait un souverain en personne. En principe les ambassadeurs ont droit aux mêmes honneurs que ceux qui seraient accordés au pouvoir qui les a accrédités. Cependant sur ce dernier point, qui n'est que de pur cérémonial, il n'existe pas de règle fixe et générale; chaque cour, chaque pays a ses usages, auxquels les ambassadeurs sont tenus de se conformer, autant qu'ils n'impliquent ni inégalité ni distinction blessante.

En raison de ce caractère représentatif, les ambassadeurs sont seuls autorisés à traiter directement avec le souverain lui-même, auprès duquel ils ont toujours accès.

Les ambassadeurs se distinguent en *ordinaires* et en *extraordinaires*. La première dénomination s'applique à ceux qui sont nommés pour remplir une mission diplomatique permanente, la seconde à ceux qui sont chargés d'une mission accidentelle extemporaire, d'une négociation particulière, d'une mission d'étiquette ou de cérémonie. On accorde aussi le caractère d'ambassadeur ou d'envoyé extraordinaire à l'agent appelé pour un temps indéterminé à exercer certaines fonctions diplomatiques; c'est alors une qualification purement honorifique, donnée pour assurer à celui qui la reçoit les honneurs exceptionnels et la supériorité de rang que, malgré l'article 3 du règlement de Vienne, on serait disposé à accorder aux ambassadeurs extraordinaires sur les ambassadeurs ordinaires.

Ainsi les ambassadeurs ont droit au salut des forteresses et des navires de guerre, lorsqu'ils arrivent par mer; et dans les pays où le salut est accordé aux ministres plénipotentiaires, les ambassadeurs sont salués par un plus grand nombre de coups de canon. Les ambassadeurs peuvent avoir dans leur salle de réception un dais, sous lequel sont placés un trône et le portrait de leur souverain; lorsqu'ils reçoivent les premières visites d'étiquette ou celles qui sont faites à l'occasion de la fête de leur souverain; ils se tiennent de bout sous le dais, en évitant de masquer de leur corps la vue du portrait du prince. Ils peuvent, dans leur audience de réception, se couvrir quand le souverain se couvre. Ils peuvent, enfin, se présenter dans les cérémonies publiques avec un attelage à six chevaux. (*Voir* AGENT DIPLOMATIQUE.)

AMBASSADRICE. Femme chargée d'une mission internationale.

L'histoire offre quelques exemples de femmes investies des fonctions diplomatiques. L'emploi de femmes dans des missions de ce caractère constitue du reste un cas tout-à-fait exceptionnel, et il est douteux que de nos jours, dans l'état actuel des mœurs, on le voie se reproduire.

Ambassadrice est aussi le titre qu'on donne à la femme d'un ambassadeur.

L'épouse du ministre public participe à ses immunités, non en vertu d'un droit qui lui soit personnel, puisqu'elle n'appartient point officiellement à la mission, mais par convention tacite établie par l'usage et fondée sur l'extension naturelle des privilèges du ministre aux personnes qui lui sont attachés par les liens étroits.

L'ambassadrice ne jouit de droits honorifiques particuliers: ce n'est que par courtoisie qu'on lui accorde parmi les dames de la cour la place d'honneur à laquelle son mari est en droit de prétendre sur les maris de ces dames. Elle est aussi traitée avec plus de distinction que les femmes des autres ministres publics, qui lui doivent la première visite. Par contre l'ambassadrice doit faire la première visite à la femme du ministre des affaires étrangères et aux ambassadrices arrivées avant elle, et celles-ci s'empressent de la lui rendre.

AMBULANCE. Espèce d'hôpital militaire temporaire et mobile, formé près des divisions d'armée pour en suivre les mouvements et destiné à administrer les premiers secours aux blessés et aux malades.

Une ambulance peut être établie dans un bâtiment particulier dans le voisinage du champ de bataille, ou dans une tente, ou même en pleine campagne, derrière les rangs de l'armée.

Les ambulances sont reconnues neutres, pourvu qu'elles ne soient point gardées par une force militaire.

Le personnel des ambulances, comprenant l'intendance, les services de santé, d'administration, de transport des blessés, ainsi que les aumôniers participe au bénéfice de la neutralité, tant qu'il reste des blessés à relever et à secourir.

Ce personnel peut, après l'occupation par l'ennemi, continuer de donner ses soins aux malades et aux blessés de l'ambulance qu'il dessert; il a, par contre, la liberté de se retirer pour rejoindre le corps auquel il appartient; dans ce cas les personnes qui en font partie doivent être remises aux avant-postes ennemis par les soins de l'armée occupante; mais le commandant des troupes occupantes a le droit de retarder le départ en cas de nécessités militaires, toutefois pour une courte durée.

En tout état de choses, l'ambulance conserve son matériel.

(*Voir* HOPITAL MILITAIRE, BLESSÉS ET MALADES MILITAIRES, CONVENTION DE GENÈVE.)

AMENDEMENT. En langage parlementaire c'est une modification proposée ou faite à une loi, pour en changer le texte, en réduire ou étendre la portée.

L'amendement peut être modifié à son tour par des sous-amendements.

AMI. En parlant des États ce mot est pris pour synonyme d'allié: il se dit des nations, des maisons souveraines qui sont unies par des traités d'alliance, et qui vivent en bonne intelligence.

AMIABLE, à l'amiable. L'arrangement *amiable* ou *à l'amiable* s'opère par voie de conciliation, de gré à gré, sans l'intervention de la justice.

Les différends entre les États sont quelquefois réglés par des arrangements de ce genre.

Par l'arrangement amiable l'une des parties, pour éviter les discussions ou un conflit plus sérieux, abandonne ses prétentions ou renonce à la chose à laquelle elle croit avoir droit. Les circonstances de chaque différend peuvent seules déterminer dans ce cas s'il est préférable de sacrifier ses droits par un abandon implicite, ou, tout en renonçant à les faire valoir, d'en sauve-garder le principe par un acte bilatéral qui en reconnaisse au moins l'existence.

Les publicistes ne sont pas d'accord sur la signification et la portée véritable de l'arrangement amiable: les uns l'envisagent comme une renonciation de la part de l'une des parties intéressées; d'autres, comme un désistement de tous les droits douteux ou imaginaires, de toutes les prétentions qui ne sont pas complètement justifiées, quelquefois aussi comme une solution de fait sur un point accessoire, la question principale ou de droit demeurant réservée. Mais, quel que soit le sens qu'on veuille y attacher, l'arrangement amiable n'en est pas moins une preuve évidente de l'esprit de modération et de bonne foi dont sont animés les États qui y ont recours.

On peut citer comme exemple le traité signé à Washington en 1842 par les États-Unis et l'Angleterre au sujet de la prétention soutenue par cette dernière puissance de visiter en mer les navires américains soupçonnés de se livrer à la traite des noirs.

AMIABLE COMPOSITEUR. Celui qui est chargé d'accommoder un différend.

AMIRAL. Chef suprême des forces navales; c'est le titre du grade le plus élevé dans la marine militaire. Il se donne aussi à l'officier qui commande une flotte, quoiqu'il n'ait pas le grade d'amiral.

Il y a trois degrés parmi les amiraux: l'amiral, dont la dignité équivaut à celle de maréchal des armées de terre; le vice-amiral, dont le grade correspond à celui de général de division; et le contre-amiral, correspondant au général de brigade.

On nomme *vaisseau amiral* le bâtiment de guerre monté par un amiral ou le commandant d'une flotte ou d'une escadre.

On donne aussi ce nom à un bâtiment de guerre disposé dans un port pour servir de corps de garde principal, et sur lequel se font les inspections, siègent les conseils de guerre et s'exécutent les sentences qu'ils prononcent.

AMIRAUTÉ. Ce mot s'applique à l'état et à la dignité d'amiral.

En France on désignait autrefois sous cette dénomination certains tribunaux qui connaissaient des délits et des crimes commis par les marins, ainsi que de toutes les affaires contentieuses relatives à la marine et à la navigation, et notamment des prises maritimes. Ces tribunaux ont été abolis en 1791.

Aujourd'hui on appelle en France amirauté l'administration supérieure de la marine; auprès du ministre de la marine et des colonies on a créé depuis 1824 un conseil d'amirauté, composé de huit membres, chargés de donner leur avis sur les mesures concernant la législation et l'organisation maritime des colonies.

En Angleterre la direction suprême de tout ce qui regarde la marine et les expéditions navales est confiée à une commission, dont les membres portent le titre de Lord de l'Amirauté.

L'empire d'Allemagne a aussi une Amirauté dont les attributions sont à peu près celles d'un ministère et qui ressort au chancelier. Son chef a en même temps le titre de ministre prussien et comme tel siège et voix au conseil des ministres.

AMITIÉ. Elle se dit de l'accord, de l'union qui règne entre des nations; elle est l'objet de traités particuliers, qu'il ne faut pas confondre avec les traités d'alliance: ils en diffèrent en ce qu'ils ne sont qu'un témoignage de la bonne intelligence existant entre deux peuples, et qu'ils ne les obligent pas à se prêter mutuellement un appui effectif à un moment donné; il est rare toutefois que les traités d'amitié ne soient pas un acheminement vers des liens plus étroits, et même qu'ils ne renferment pas à cet égard quelque stipulation secrète.

AMNISTIE. Acte par lequel le chef de l'État ou le pouvoir législatif efface ou met en oubli certains crimes ou délits, défend de faire ou de continuer des poursuites contre leurs auteurs et abolit les condamnations qui peuvent avoir déjà été prononcées contre eux.

L'amnistie est *générale*, lorsqu'elle comprend un genre tout entier de délits et ne fait aucune exception des personnes; *particulière*, lorsqu'elle exclut certains individus; *conditionnelle*, lorsqu'elle soumet à quelques mesures, à quelques conditions ceux qui en sont l'objet; *absolue*, lorsqu'elle n'impose aucune condition.

Dans la diplomatie on donne le nom d'amnistie à une clause des traités de paix, par laquelle on entend que les parties contractantes regardent leurs inimitiés comme entièrement terminées. Cette amnistie entraîne l'absolution pleine et entière en faveur des personnes compromises à l'occasion des événements de la guerre; toutefois le bénéfice n'en est pas applicable aux actes que n'excusent point les usages de la guerre, lorsque l'État duquel dépendent les coupables considère ces actes comme des crimes de droit commun et autorise les poursuites contre ses sujets. Dans tous les cas les peines prononcées par les conseils de guerre ne sont pas supprimées par la conclusion de la paix.

La clause d'amnistie est sous-entendue dans certains traités, et formulée dans d'autres en termes exprès.

Lorsqu'il y a cession de territoire, la clause d'amnistie stipule généralement que „aucun habitant du territoire cédé ne pourra être poursuivi ou recherché dans sa personne ou dans ses biens à raison de ses actes politiques ou militaires pendant la guerre."

AMOVIBLE; — inamovible. Le fonctionnaire amovible est celui qui peut être destitué ou révoqué, l'inamovible ne le peut pas; par suite on dit aussi que l'emploi est amovible ou inamovible.

Les juges sont en général inamovibles.

AMPHICTYONS (Conseil des) ou Amphictyonies. On appelait ainsi, dans l'ancienne Grèce, des confédérations religieuses formées par des peuples voisins, possesseurs en commun d'un même temple, d'un même sanctuaire, ils confiaient la garde, l'entretien, ainsi que l'administration de ses richesses et la mission de faire respecter ses privilèges, à un conseil dont les membres portaient le nom d'Amphictyons.

De ces Amphictyonies, qui étaient en assez grand nombre chez les Grecs de l'Europe et chez ceux de l'Asie, la plus célèbre est celle qui siégeait au printemps à Delphes dans le temple d'Apollon Pythien, et en automne dans le temple de Cérès à Anthela, près des Thermopyles. Le rôle du conseil des Amphictyons, qui dans le principe paraît avoir été purement religieux, finit par devenir aussi politique. C'était, à proprement parler, l'assemblée générale des députés représentant les peuples confédérés de la Grèce; elle avait pour mission d'examiner les affaires du pays, de prévenir les guerres, de juger toute espèce de différends, mais principalement les attentats contre le droit des gens et la sainteté du temple de Delphes.

Le serment du conseil des Amphictyons contient dans sa forme condensée tout un traité d'alliance défensive et offensive. „Je jure, disait chaque député, de ne jamais détruire aucune des villes du corps des Amphictyons, de ne pas détourner le lit des fleuves et de ne pas empêcher l'usage de leurs eaux courantes ni en temps de paix ni en temps de guerre. Et si quelque peuple enfreint cette loi, je lui déclarerai la guerre et je détruirai ses villes. Que si quelqu'un pille les richesses du dieu, ou se rend complice en quelque manière de ceux qui toucheront aux choses sacrées, ou les aide de ses conseils, je m'emploierai à en tirer vengeance de mes pieds, de mes mains de ma voix et de toutes mes forces."

On n'est pas d'accord sur l'époque de la fondation ni sur le fondateur de cette institution: les uns en attribuent l'établissement, vers l'an 1520 avant J. C., à Amphictyon, troisième roi d'Athènes, qui aurait donné son nom aux membres du conseil, d'autres à Acrisius, roi d'Argos, vers 1320 avant J. C. mais on croit plus généralement que celui-ci modifia seulement l'institution, en y faisant admettre le Péloponèse.

Dans l'origine les peuples qui avaient le droit d'envoyer des députés à cette assemblée n'étaient qu'au nombre de 12: c'étaient, suivant Eschine, les Thessaliens, les Béotiens, les Doriens, les Ioniens, les Perrhœbes, les Magnètes, les Delphiens, les Locriens, les Oetéens, les Phthiotes, les Maliens et les Phocéens; plus tard d'autres peuples obtinrent le même droit.

Le conseil amphictyonique ne se composait que de 24 membres, 2 pour chaque peuple, qui n'avait pourtant qu'une voix à donner.

A partir du règne de Philippe roi de Macédoine, après la guerre sacrée causée par les irruptions des Phocéens sur le territoire de Delphes, l'importance des Amphictyons alla sans cesse en décroissance. Après la conquête de la Grèce par les Romains, qui conservèrent l'institution, ses attributions ne furent plus qu'honorifiques, réduites à l'administration du temple de Delphes et à la présidence des jeux pythiques, comme à l'origine.

AMPLIATION. C'est le double d'un acte, une sorte de duplicata signé des parties et formant un second original.

Dans le notariat, c'est une seconde grosse délivrée sur une grosse originale qui a été déposée chez le notaire. Les chanceliers des consulats ne doivent en délivrer qu'en vertu d'une ordonnance consulaire ou d'une décision judiciaire, mentionnée par extrait en marge de l'acte et transcrite également à la suite de la grosse délivrée par ampliation.

AN, ANNÉE. Nombre déterminé de jours formant une certaine période, solaire ou lunaire, selon qu'on mesure le temps par les révolutions du soleil ou de la lune, généralement d'une durée de 12 mois.

Littré est d'avis que les mots *an* et *année* peuvent s'employer indifféremment ainsi l'on peut dire aussi bien l'*an prochain* ou l'*année prochaine*. Il nous paraît plus exact d'établir entre ces deux terme: cette différence que l'*an* exprime une durée indivisible, une unité de temps, abstraction faite des divisions qu'on a établies dans l'*année*, tandis qu'on se sert de ce dernier mot, quand on considère la période annuelle relativement à ses divisions, aux événements qui se sont succédé dans l'espace de temps qu'elle comprend.

Envisagée au point de vue astronomique l'année est ou *solaire* ou *lunaire;* elle pourrait recevoir d'autres dénominations, si elle était calculée d'après les rapports de la terre avec des astres autres que le soleil et la lune; mais ces derniers sont les seuls astres sur la marche desquels les hommes aient basé la mesure du temps.

L'année solaire ou tropique comprend le temps que la terre met à faire sa révolution autour du soleil; elle est de 365 jours et un quart, ou exactement de 365 jours, 5 heures, 48 minutes, 49 secondes.

L'année lunaire embrasse un espace de temps de 12 mois lunaires, c'est-à-dire 12 révolutions de la lune autour de la terre; elle n'est que de 354 jours avec un léger excédant; prise sans fractions, elle compte 11 jours de moins que l'année solaire.

On appelle *synodique* l'année qui ramène la terre à une même longitude avec une planète; il y a donc autant d'années synodiques différentes qu'il y a de planètes circulant, comme la terre, autour du soleil.

Chez les nations européennes ou d'origine européenne, l'année *civile* ou politique a pour base l'année solaire; elle diffère de l'année astronomique en ce que celle-ci commence au solstice d'hiver le 21 décembre et l'année civile au 1er janvier qui suit, et que, comme l'année astronomique vaut à peu de chose près 365 jours et un quart, pour éviter cette fraction de jour on compte trois années successives de 365 jours et l'on donne 366 jours à la quatrième, nommée *bissextile*, en ajoutant tous les quatre ans un jour au mois de février, qui alors a 29 jours.

L'année des Romains eut d'abord, sous Romulus, 340 jours seulement, divisés en 10 mois; Numa, prenant pour base les révolutions lunaires, lui donna 355 jours,

qu'il divisa en 12 mois. L'an 45 avant J. C. Jules César établit l'année *julienne* de 365 jours, avec un jour intercalaire tous les quatres ans, laquelle commençait 12 jours après la nôtre.

Mais l'année julienne excède l'année solaire d'environ 11 minutes 10 secondes: ce qui produit à peu près un jour en 134 ans ou 3 jours en 400 ans. Au bout de quelques siècles cette différence devint très-sensible par suite de la rétrogradation constante des équinoxes et des solstices vers le commencement de l'année. Pour remédier aux inconvénients qui en résultaient, le pape Grégoire XIII. en 1581, abrogea l'ancien calendrier et lui substitua, l'année suivante, le nouveau, qui de son nom fut appelé calendrier *grégorien*. Comme, en cette même année 1582, l'équinoxe du printemps se trouvait avoir rétrogradé jusqu'au 11 mars, on retrancha 10 jours à l'année civile, et le 5 du mois d'octobre fut compté pour le 15 de façon que l'équinoxe du printemps revint l'année suivante le 21 mars. Afin qu'une semblable confusion ne se renouvelât plus, il fut décidé qu'on retrancherait ce qu'il y avait de trop dans l'année julienne, c'est-à-dire un jour sur 134 ans environ."

La réforme grégorienne a été généralement adoptée, quoiqu'à des époques diverses, car l'Angleterre notamment ne l'admit que deux cents ans plus tard, en 1752.

Les Grecs et les Russes ont conservé le calendrier julien, en maintenant les 10 jours retranchés par la bulle de Grégoire XIII du 26 avril 1581 et les bissextiles séculaires supprimées: leur année est en retard de 12 jours sur la nôtre. La méthode julienne est dans les chronologies qualifiée de *vieux style* par opposition à la méthode *grégorienne*, qui constitue le *nouveau style*. On exprime cette divergence en écrivant les dates correspondantes sous forme de fraction 31 décembre —12 janvier, 16—28. janvier, par exemple.

En 1792, on imagina en France une réforme du calendrier, en empruntant aux anciens Égyptiens la division de l'année en 12 mois de 30 jours chacun avec l'addition de jours *complémentaires*, au nombre de 5 ou de 6 suivant que l'année était commune ou bissextile; l'année commençait à l'équinoxe d'automne. On indiquait les années par la mention: An I, an II, etc. de la République. Ce calendrier, dit républicain, n'a été en usage qu'environ 13 ans, du 22 septembre 1792 au 4 septembre 1805.

L'année, chez les Turcs et en général chez les peuples musulmans, est l'année lunaire de 354 jours divisés en 12 mois alternativement de 30 et de 29 jours, à partir du 16 juillet 622 après J. C., date de *l'hégire* ou fuite de Mahomet de la Mecque à Médine.

Les expressions *l'an du monde, l'an de la création, l'an de Rome, l'an de J. C., l'an de l'hégire*, signifient l'année où l'on est depuis la création du monde, depuis la fondation de Rome, depuis la naissance de Jésus-Christ, depuis l'établissement de l'Islamisme, suivant le point de départ duquel on commence à supputer les années.

La supputation la plus ordinaire consiste à prendre pour base la naissance de Jésus-Christ, en adoptant la progression ascendante pour les années antérieures et la progression descendante pour les postérieures, avec la mention respective d'années avant ou après J. C.: ces dernières sont marquées aussi comme années de N. S. (Notre Seigneur.)

Chaque fois que le mot *année* est employé dans un acte quelconque public ou privé, dans une loi, un traité, un contrat etc., on entend spécifier l'année de trois cent soixante-cinq jours.

La *demi-année* est de cent quatre-vingt deux jours, le *quart d'année*, de quatre-vingt-onze jours. Si le jour supplémentaire d'une année bissextile vient à tomber dans une période de temps ainsi calculée, il ne compte point pour augmenter le nombre des jours de la période.

ANACHRONISME. Faute contre la chronologie, erreur dans la supputation des temps, et par extension, toute erreur qui consiste à attribuer aux personnages d'une époque les idées, les usages, les costumes d'une autre époque.

Dans l'origine, *anachronisme* se disait d'une erreur consistant à placer un fait avant sa date, et l'on désignait l'erreur contraire sous la dénomination de *parachronisme*; mais ce dernier mot est devenu peu usité, et anachronisme a pris une acception générale.

ANALOGIE. Rapport de similitude plus ou moins parfaite entre deux ou plusieurs choses différentes.

Il s'applique également aux idées et aux principes.

Raisonner, juger conclure par analogie c'est former un raisonnement un jugement, une décision fondée sur les rapports ou sur les ressemblances autant qu'elles indiquent les rapports.

On dit *analogue* d'une chose qui a de l'analogie, de la ressemblance avec une ou plusieurs autres.

L'analogie est une source féconde de décisions dans les affaires des nations : c'est l'application de ce qui a été pour certains cas à l'égard d'autres cas semblables et qui n'ont pas encore été déterminés (Martens). On procède alors par une argumentation *a simili* ou *a contrario*; mais elle n'est admise que subsidiairement, c'est à dire à défaut d'une disposition conventionnelle claire et expresse; mais dans ce cas elle supplée non seulement aux dispositions conventionelles incomplètes ou imparfaites; elle peut même en établir de nouvelles (Kluber).

ANALYSE. Extrait, examen, résumé d'un discours, d'un document, d'une dépêche.

Les agents des ministères sont tenus de mettre en marge de chaque dépêche adressée au ministère, et à *l'encre rouge*, l'analyse du sujet auquel elle a rapport.

ANARCHIE. Absence de gouvernement; situation d'un État sans chef, sans gouvernement; par extensions le mot s'applique aux troubles, aux désordres politiques.

Prenant l'expression dans sa stricte acception étymologique et l'écrivant *anarchie*, Proudhon en a fait un système d'économie politique dans lequel serait supprimée toute intervention gouvernementale.

ANATHÈME. Malédiction religieuse, retranchement de la communion de l'Église; cette séparation est prononcée par un concile, par le pape ou par un évêque.

Ce terme, pris adjectivement, s'applique aux personnes frappées par la sentence d'anathème.

ANCIENNETÉ. L'ancienneté constitue un droit, celui de priorité d'admission ou celui d'avancement dans une compagnie, dans un corps, dans une administration; ainsi, par exemple, dans l'armée française les deux tiers des grades, jusqu'à celui de chef de bataillon ou de chef d'escadron, se donnent à l'ancienneté.

Certains privilèges de préséance sont attachés à l'ancienneté en service, notamment dans le monde diplomatique : là le rang d'ancienneté est fixé par la date à laquelle l'envoyé diplomatique quel que soit son titre, avant la remise de ses lettres de créance, notifie son arrivée au ministre des affaires étrangères du pays où il vient d'être accrédité.

ANGARIE. On appelle ainsi, en droit maritime, les prestations et les obligations qu'un souverain impose aux navires arrêtés dans ses ports ou sur ses plages, comme de transporter pour lui, en temps de guerre, des soldats, des armes, des munitions, mais moyennant indemnité; en résumé, l'angarie est la mise en réquisition d'un navire marchand pour un service quelconque.

Le droit d'angarie fait partie des prérogatives de la souveraineté; aucun navire ne peut se soustraire à l'obligation des angaries; mais l'exercice de ce droit, en raison des risques et des charges qu'il impose au navire qui le subit, engage la responsabilité, matérielle et financière de l'Etat qu'une nécessité d'ordre supérieur entraîne à y recourir. La règle universellement consacrée en cette matière est que le gouvernement de cet État ne soit pas seulement responsable des conséquences matérielles de l'angarie, pour le navire qui en est l'objet, mais encore qu'il soit tenu, avant d'imposer la réquisition, de débattre avec les ayant-droit et de solder l'indemnité due pour le service réclamé.

Du reste le droit d'angarie appartient par sa nature aux droits imparfaits, et un grand nombre de traités en ont formellement interdit l'exercice ou subordonné l'emploi au paiement préalable d'une juste compensation judiciaire. (Voir les traités conclus par la France avec le Chili en 1851, avec le Guatémala et le Vénézuela en 1854, avec la Nouvelle Grenade en 1856, avec le San Salvador en 1858, avec le Nicaragua en 1859, avec le Pérou en 1861.)

ANNALES. Récits des événements année par année, ou, en général, dans un ordre chronologique.

Les annales servent à la formation des histoires.

Le mot *annales,* qui n'est usité qu'au pluriel, se prend souvent pour *histoire.*

On l'a étendu à des histoires suivies : Tacite a donné ce titre à la partie de ses écrits où il fait l'histoire des événements qui eurent lieu depuis la mort d'Auguste jusqu'à celle de Néron.

Aujourd'hui les ouvrages historiques ne se produisent que rarement sous forme d'*annales;* ce terme ne se rencontre guère qu'en tête de certains receuils périodiques dans lesquels on enregistre, à mesure qu'ils surviennent, les faits, les découvertes qui intéressent un art ou une science; telles sont les *Annales d'hygiène publique et de médecine légale,* les *Annales de chimie et de physique,* etc.

ANNATES. C'est ainsi qu'on appelle les revenus ou émoluments produits dans l'espace d'une année par un bénéfice ou une charge quelconque. Chez quelques nations, on paye au Pape le droit d'*annate* pour les bulles des évêchés et des abbayes consistoriales.

Les annates ont été définitivement abolies, en France, par un décret de l'Assemblée constituante en 1789. Cependant, depuis le concordat du 15 juillet 1801, les archevêques et les évêques français payent encore une légère redevance à la cour de Rome pour l'expédition des bulles relatives à leur nomination.

ANNEXE. Dans le sens général ce mot signifie accessoire, ce qui est uni à une chose principale.

En droit féodal, c'était le domaine attaché à une seigneurie sans en dépendre.

Dans le langage judiciaire, c'est toute pièce jointe à un acte, à l'appui d'un rapport, d'un procès-verbal.

En chancellerie, c'est une clause ajoutée à un traité, un document joint à une dépêche, à un mémoire : au-dessous des analyses marginales, les agents doivent indiquer le nombre des pièces annexées à leur dépêche.

On appelle aussi *annexes* les acquisitions ajoutées à une propriété possédée précédemment et qu'on a augmentée.

Dans l'ancienne jurisprudence, le droit d'annexe était celui par lequel le gouvernement vérifiait, admettait ou rejetait les bulles, les brefs, toutes les expéditions venant de la cour de Rome.

ANNEXION. En droit international, c'est l'action d'annexer, c'est-à-dire de joindre un territoire à un autre.

Certains publicistes appliquent ce mot exclusivement à l'acquisition de territoire sans guerre, réservant celui de *conquête* pour les adjonctions obtenues par les armes. Pour nous l'annexion est le fait de l'adjonction, quelle qu'en soient la cause, le mode ou la forme.

L'annexion est parfois volontaire; ainsi en 1845 c'est le Texas qui demande lui-même à être annexé aux États-Unis; mais parfois aussi l'annexion n'est pas expréssement consentie par le pays annexé; c'est le cas de l'incorporation de la ville de Cracovie à l'Autriche en 1846, malgré les protestations des habitants, appuyées par celles de la France et de l'Angleterre; il en a été à peu près de même des États allemands que la Prusse, après la guerre de 1866, s'est annexé sans avoir consulté les habitants; de la Savoie et de Nice que la France s'est annexés en 1860, etc.

Le sort des pays annexés se confond avec celui de l'État dont ils viennent faire partie; à proprement dire, ils cessent d'exister comme États souverains et indépendants; néanmoins leur anéantissement n'entraîne pas nécessairement l'extinction de leurs droits et de leurs obligations à l'égard des autres États, parce que leur peuple et leur territoire continuent d'exister en substance et n'ont fait que passer dans l'autre État; ces droits et ces obligations passent même à celui-ci, si leur maintien est possible et compatible avec le nouvel ordre de choses.

ANNIVERSAIRE. C'est le retour annuel de quelque jour digne de remarque, d'une fête ou solennité soit civile soit religieuse.

On l'emploie aussi en parlant des grands événements qui font époque dans l'histoire d'un peuple.

Il se dit aussi spécialement du jour de l'année qui correspond au décès d'une personne et des cérémonies religieuses qui reviennent annuellement à cette occasion.

Ce mot s'emploie comme substantif ou comme adjectif en s'ajoutant principalement aux mots jour, fête, cérémonie, etc.

ANNOTATION. Ce qui est mis en note dans un écrit quelconque, notes explicatives faites sur un texte.

Les annotations ou notes ajoutées à un ouvrage par une autre personne que l'auteur de cet ouvrage, constituent une propriété particulière, distincte de celle de cet auteur. Une convention spéciale peut intervenir entre l'auteur de ces notes et l'éditeur ou le propriétaire du livre; mais lorsqu'une pareille convention n'a pas été conclue, les travaux d'annotation confèrent un droit exclusif à celui qui les a exécutés.

En France il a été jugé plusieurs fois que les notes mises à un ouvrage tombé dans le domaine public sont la propriété de leur auteur et peuvent donner lieu à une action de sa part en contrefaçon.

ANNULATION. Action d'annuler ou de rendre nul un acte, un contrat, une convention, un traité, ou déclaration qu'on fait de leur nullité.

ANOBLISSEMENT. Elévation d'un simple sujet au rang de la noblesse, par la collation d'un titre.

Dans les Etats monarchiques le souverain a le droit de créer des nobles; cependant dans quelques pays il existe des fonctions, des décorations qui confèrent la noblesse personnelle aux individus qui en sont pourvus.

ANONYME, qui est sans nom, ou dont le nom n'est pas connu. Se dit des auteurs dont on ne sait pas le nom, des écrits dont on ne connaît pas l'auteur.

Garder l'anonyme, faire un secret de son nom, ne pas mettre son nom à ce qu'on écrit.

En terme de commerce société anonyme, société dont la raison n'est pas connue de public.

L'anonymat ne prive pas un ouvrage du droit de propriété qui s'attache à toute œuvre littéraire ou artistique; lorsque l'auteur véritable d'une œuvre sans nom ne s'est pas fait connaître, l'éditeur en est censé l'auteur et peut seul exercer les droits de propriété littéraire.

(*Voir* PROPRIÉTÉ LITTÉRAIRE.)

ANTAGONISME. Opposition d'idées, de doctrines.

ANTÉCÉDENT, qui précède dans l'ordre des temps.

Pris substantivement, se dit d'un fait passé par rapport à un fait actuel, comme dans ces phrases: „les antécédents permettent de décider la question.“ — „Cet arrêt constitue un antécédent favorable pour son procès.“

ANTÉRIORITÉ; priorité de temps: c'est la primauté de date, et non de rang ou d'ordre; c'est le droit que donne la priorité d'un acte ou d'un titre.

ANTIDATE, apposition d'une date antérieure à l'époque où un acte est passé.

L'antidate est souvent une cause de nullité des actes, elle suppose intention ou volonté de la part de celui qui la fait. Dans un acte public elle constitue le crime de faux, surtout lorsqu'elle tend à porter préjudice à autrui.

ANTINOMIE. Contradiction, apparente ou réelle, entre deux lois, ou les dispositions d'une même loi, entre deux principes.

ANTIQUITÉ. Ancienneté très-reculée. — Les temps fort éloignés de nons; — Les hommes qui ont vécu dans ces temps; — monuments, œuvres d'art, qui nous restent de l'antiquité.

ANTISOCIAL. Contraire aux lois de la société; qui tend à la subversion de l'ordre social.

On dit : doctrine antisociale, principes antisociaux.

APANAGE. S'emploie plus particulièrement pour désigner les terres que les souverains donnaient à leurs puînés, frères ou fils, ou des revenus qu'ils leur assignaient pour leur entretien, sous condition de retour au domaine de la couronne soit à leur mort, soit à l'extinction de leur descendance masculine.

Le système des apanages est tombé en désuétude ou a été aboli, si ce n'est en Russie; encore les apanages ne consistent-ils qu'en des domaines privés ou en revenus reposant sur un fonds de terre.

APOCRYPHE. Ce qui est inconnu, caché, supposé. On le dit des écrits dont les auteurs sont anonymes ou inconnus. Par extension, on dit aussi qu'une nouvelle est apocryphe, pour signifier que l'authenticité en est douteuse et qu'on ne peut y ajouter foi.

APOSTASIE. — APOSTAT. Renonciation au culte dans lequel on est né ou qu'on avait embrassé. Particulièrement de l'abandon de la religion chrétienne : il en résultait autrefois certaines incapacités civiles. On le dit également d'un religieux qui rompt ses voeux et renonce à son habit.

Par extension, abandon d'une doctrine, d'une opinion, désertion d'un parti.

L'apostat est celui qui a apostasié.

APOSTILLE. Annotation en marge ou au bas d'un écrit, d'un acte, d'un livre.

Dans les actes authentiques, l'apostille est une addition, un supplément, et ses termes sont obligatoires comme les clauses de l'acte même; elle doit par conséquent porter les mêmes signatures que l'acte; seulement ces signatures peuvent être abrégées : les initiales et le paraphe suffisent.

Dans une autre acception, l'apostille est la recommandation faite au bas d'une pétition par une personne influente pour l'appuyer.

APOSTOLIQUE. Parmi les titres royaux et souverains que porte l'empereur d'Autriche-Hongrie figure celui de Majesté Royale Apostolique, en sa qualité de roi de Hongrie.

APPARTENANCES et DÉPENDANCES. S'emploie principalement pour indiquer les parties intégrantes et dépendantes d'une propriété. Ce sont les parties intégrantes d'une chose et qui forment avec elle un tout. Se dit aussi de tout ce qui se rattache à une affaire, sans la constituer essentiellement : ainsi on peut évoquer une affaire avec toutes ses circonstances et dépendances.

Ces deux mots sont ordinairement joints ensemble, cependant chacun d'eux a une signification particulière, distincte : le terme *appartenances* désigne les divers objets qui forment les parties intégrantes de l'immeuble dont on parle, tels que les différentes pièces de terre qui le composent, les constructions élevées dessus; le terme *dépendances* désigne les divers droits attachés à la propriété, comme par exemple les servitudes actives, les droits de pacage, de passage, de puisage et autres.

APPEL. Action de dénommer à haute voix, pour vérifier leur présence, les personnes qui doivent se trouver à une assemblée, à une revue.

L'appel nominal, dans les assemblées délibérantes, consiste à lire les noms de tous les membres pour s'assurer de leur présence, ou pour que chacun d'eux vienne successivement déposer son vote dans l'urne du scrutin.

En finances, l'appel de fonds est la demande faite à des actionnaires ou à des associés du versement de nouveaux fonds.

En jurisprudence, l'appel ou l'appellation est le recours à une juridiction supérieure pour obtenir la réformation ou l'infirmation d'une sentence rendue par un tribunal inférieur. L'appel est, avec l'opposition, une des voies ordinaires pour attaquer les jugements. L'individu qui forme recours est nommé *appelant*.

En matière administrative, c'est le recours porté devant l'autorité supérieure contre une décision rendue par les juges du premier degré en matière de contentieux administratif.

APPEL comme d'abus. Législation française. Appel interjeté d'une sentence rendue par un juge ou supérieur ecclésiastique, qu'on prétend avoir excédé ses pouvoirs ou contrevenu aux lois. L'appel comme d'abus entre dans les attributions du conseil d'État. Les cas d'abus sont ainsi déterminés par la loi du 18 germinal an X; article 6 : 1⁰ l'usurpation ou l'excès du pouvoir, 2⁰ la contravention aux lois et aux règlements de l'État, 3⁰ l'infraction aux règles consacrées par les canons reçus en France; 4⁰ l'attentat aux libertés, aux franchises et aux coutumes de l'église gallicane; 5⁰ tout procédé qui dans l'exercice du culte peut compromettre l'honneur des citoyens, troubler arbitrairement leur conscience, dégénérer contre eux en oppression, en injure et en scandale public. — L'article 7 ajoute : „Il y aura également recours au conseil d'État, s'il est porté atteinte à l'exercice public du culte et à la liberté que les lois et les règlements garantissent à des ministres".

APPORT. Tout ce que l'une des parties apporte avec elle dans une association d'intérêts.

Ce qu'un associé apporte dans une société commerciale; mise de fonds de chaque associé.

Part de biens meubles ou immeubles qu'un époux apporte dans la communanté conjugale.

APPROBATION DES TRAITÉS. L'approbation est l'assentiment ou le consentement qu'on donne à une chose, à un projet, à un acte.

Lors de la conclusion d'une convention ou d'un traité, quelquefois des raisons de convenance engagent les parties contractantes, afin de donner plus d'éclat et de solennité à leur accord, à réclamer l'approbation d'un Etat plus puissant ou envers lequel l'une ou l'autre de ces parties, si non toutes les deux, sont tenues à des égards particuliers.

Il va sans dire que cette approbation, qui n'a, comme nous l'avons dit, que le caractère d'un acte de courtoisie internationale, ne lie que moralement l'État tiers qui la donne, et ne lui fait contracter aucun engagement direct envers les parties intéressées.

A PRIORI. A POSTÉRIORI. Termes de logique. Ce sont deux expressions latines qui signifient proprement *d'après ce qui est antérieur* et *d'après ce qui est postérieur.*

Le raisonnement *a priori* est celui dans lequel on procède par l'induction allant de la cause à l'effet, de la nature d'une chose à ses propriétés. Dans le raisonnement *a postériori* ou par déduction, on va, au contraire, de l'effet à la cause, des propriétés d'une chose à son essence.

ARBITRAGE, ARBITRE. *Définition.* Dans le droit international, l'arbitrage est l'acte par lequel deux ou plusieurs États, ne pouvant s'entendre entre eux pour vider un différend, délèguent d'un commun accord à un ou à plusieurs arbitres le soin de décider ou de statuer comme juge en dernier ressort.

Avant de recourir à l'arbitrage et pour mieux assurer le but définitif qu'on poursuit, il est d'usage que les parties en présence signent ce qu'en langage de droit on appelle un *compromis* (voir ce mot), c'est-à-dire une convention spéciale, précisant nettement la question à débattre, traçant les limites du rôle dévolu à l'arbitre, et, sauf les cas d'erreur matérielle ou d'injustice flagrante, impliquant l'engagement de se soumettre de bonne foi à la décision qui pourra intervenir.

Choix des arbitres. Les parties ont le droit de choisir librement celui ou ceux à qui elles veulent confier les fonctions d'arbitre. Parfois le compromis désigne la personne de l'arbitre ou des arbitres, ou prescrit tout au moins le mode de leur élection.

Le règlement des différends internationaux peut être aussi bien déféré à des princes ou à des gouvernements qu'à de simples particuliers, publicistes, jurisconsultes ou autres.

Le plus fréquemment l'arbitrage est confié au chef ou à des particuliers d'une tierce nation; cela n'empêche pas qu'il puisse l'être à des sujets de l'un ou de l'autre des États contestants.

Si les parties ne peuvent s'accorder sur le choix des arbitres, chacune d'elles en choisis en nombre égal, et, comme alors l'éventualité peut se présenter qu'il y ait partage égal de voix des arbitres sur la sentence à prononcer, il est opportun de nommer un *surarbitre* (voir ce mot), ayant voté prépondérant, qu'elles désignent elles-mêmes ou dont elles remettent le choix à un tiers.

Souvent aussi le choix du tribunal arbitral tout entier, qu'il se compose d'une ou de plusieurs personnes, est, aussi bien que le choix d'un surarbitre, confié dès le principe à un tiers ou à plusieurs. La désignation de ce tiers chargé de composer le tribunal arbitral indépendamment de la volonté des parties selon des règles convenues d'autre part, suffit pour la validité du compromis.

Le choix de l'endroit où le tribunal arbitral doit siéger est fixé ordinairement dans le compromis ou par convention ultérieure entre les parties.

Droits des arbitres. Les arbitres, bien qu'ils ne tiennent leurs pouvoirs que des parties, forment un corps indépendant, un véritable tribunal judiciaire. A défaut d'obligations nettement tracées dans l'acte de compromis, ils se guident pour l'exécution de leur mandat d'après les règles tracées par le droit civil.

Les arbitres constitués ont seuls le droit de prononcer, sauf toutefois le cas où un chef d'État a été choisi pour arbitre. Dans ce cas l'usage accorde aux chefs d'Etat la faculté de faire prononcer la sentence par un tribunal de leur pays ou par des commissaires; mais il n'y a pas là, au point de vue juridique, d'exception à la règle, par la raison qu'en droit la sentence du tribunal ou des commissaires est rendue comme sentence du chef d'État au nom duquel elle est prononcée.

Sentences arbitrales. Le tribunal arbitral peut, avant de rendre sa sentence, faire aux parties des propositions équitables dans le but d'arriver à une transaction; mais alors il agit en dehors de ses fonctions proprement dites. Si les parties repoussent ces propositions, le tribunal doit se prononcer sur la contestation soumise à sa décision.

Le jugement doit être rendu à la majorité des voix. Lorsque les voix sont également divisées, c'est alors, comme nous l'avons déjà signalé, qu'il y a lieu de nommer un surarbitre, dont le vote prépondérant fait pencher la balance du côté où il se range.

La majorité, quelle qu'elle soit, lie le tribunal tout entier et revêt la sentence qu'il prononce d'un caractère obligatoire pour les parties. Toutefois, quoique la sentence soit sans appel, les arbitres ne peuvent disposer d'aucun moyen pour contraindre les parties à s'y conformer; car il ne leur appartient pas d'ajouter à la sentence une clause pénale en cas de non-exécution.

L'arbitrage prend fin soit à l'expiration du délai stipulé dans le compromis; soit par le décès ou l'empêchement de l'arbitre ou d'un des arbitres quand il y en a plusieurs, si pour ces cas il n'existe pas dans le compromis de clause prescrivant de passer outre; soit par le partage des opinions, s'il n'y a pas eu de surarbitre nommé dans le cas où les parties ont désigné deux ou plusieurs arbitres en nombre pair; soit par l'extinction de l'obligation que les parties ont soumise à l'arbitrage; soit par la perte de la chose qui faisait l'objet du compromis; soit par la conclusion entre les parties en cause d'un arrangement direct; soit enfin par le prononcé de la sentence.

Une sentence arbitrale ne peut devenir exécutoire que moyennant le concours formel du pouvoir législatif et du pouvoir exécutif de l'État contre lequel la sentence a décidé. Ce n'est pas, à proprement parler, une ratification du jugement arbitral que le gouvernement de l'État condamné a à demander à son pouvoir législatif, mais plutôt le vote des moyens d'accomplir les engagements que ce jugement lui impose; et la tâche du pouvoir exécutif se borne à l'emploi de ces moyens dans le sens prescrit par le jugement.

Il est certains cas dans lesquels les parties sont autorisées à refuser d'accepter et d'exécuter la sentence arbitrale. Ces cas peuvent se résumer ainsi:

1^0. Si la sentence a été prononcée sans que les arbitres y aient été suffisamment autorisés, ou lorsqu'elle a statué en dehors ou au-delà des termes du compromis.

2^0. Lorsqu'il est prouvé que ceux qui ont rendu la sentence se trouvaient dans une situation d'incapacité légale ou morale absolue ou relative, par exemple s'ils étaient liés par des engagements antérieurs ou avaient dans les conclusions formulées un intérêt ignoré des parties qui les avaient choisis.

3^0. Lorsque les arbitres ou l'une des parties n'ont pas agi de bonne foi, si l'on peut prouver, par exemple, que les arbitres se sont laissé corrompre par l'une des parties.

4^0. Lorsque l'un ou l'autre des Etats intéressés dans la question n'a pas été entendu ou mis à même de justifier de ses droits.

5^0. Lorsque la sentence porte sur des questions n'ayant pas trait au litige, ou sur des choses qui n'ont pas été demandées.

6^0. Lorsque la teneur de la sentence est contraire aux règles de la justice et ne peut dès lors faire l'objet d'une transaction.

La décision des arbitres ne saurait être attaquée pour un simple vice de forme; néanmoins les erreurs de calcul et, du reste, toutes les erreurs de fait constatées peuvent toujours être rectifiées.

Il ne faut pas confondre l'arbitrage avec la *médiation* (voir ce mot).

La médiation implique simplement de bons offices tendant à une conciliation amiable, tandisque l'arbitrage comporte un jugement auquel les parties qui en font la demande se soumettent moralement d'avance et dont elles sont tenues d'exécuter les dispositions.

ARBITRAIRE. En matiere politique, on appelle *arbitraire* la volonté de l'homme mise à la place de l'autorité de la loi, ce qui est despotique, qui n'a d'autre règle que la volonté, du prince ou de ses agents.

En jurisprudence, on dit *arbitraire* ce qui est laissé à la discrétion du juge.

L'arbitraire légal est celui qui résulte de la trop grande latitude que laisse aux administrateurs et aux juges l'interprétation de la loi.

ARBITRES, CHOIX DES, v. ARBITRAGE.

ARCHIDUC. On désigne par ce titre celui dont l'autorité est immédiatement au dessus de celle des autres ducs.

Ce titre qui, comme on le voit, est fort ancien et qui donnait quelques privilèges particuliers que le temps a annulés, n'est plus en usage que chez les princes de la maison impériale d'Autriche, où il avait pour but de donner une prééminence sur les autres maison ducales de l'empire. D'ailleurs l'Autriche proprement dite a porté le titre d'archiduché jusqu'en 1804 ; ce n'est que le 10 août de cette année que François II, empereur d'Allemagne, archiduc d'Autriche, prit le titre d'empereur d'Autriche sous le nom de François I.

Le titre d'Archiduc avait été pris par les chefs de la maison d'Autriche vers le milieu du 12me siècle (1156) ; mais il ne devint héréditaire dans leur maison qu'après la promulgation de la bulle d'or en 1355 et ne fut reconnu par les électeurs de l'empire qu'en 1453, sur l'ordre de Frédéric III, empereur d'Allemagne.

ARCHIVES. Anciens titres et documents, tous papiers importants d'un Etat, d'une ville, d'une administration, d'une communauté, d'une maison. Ce mot s'emploie aussi pour désigner le lieu où ces titres sont déposés et gardés. On nomme *archiviste* celui qui est préposé à la conservation de ces actes et qui d'ordinaire a le droit d'en délivrer des copies ou des expéditions.

On peut diviser les archives en deux catégories : les archives *publiques* proprement dites, formées de l'autorité du chef de l'Etat et gardées sous cette autorité, et les archives *particulières*, formées par des particuliers, tels que des princes, des ducs etc., ou par des provinces, des villes, des communautés, etc.

En France, par exemple, chaque ministère a ses archives : celles du ministère des affaires étrangères contiennent la collection des traités, des conventions, des ratifications, des pleins-pouvoirs et autres documents de même nature ; les correspondances diplomatiques et consulaires ; une collection de cartes géographiques ; une collection des documents topographiques, composée de rapports relatifs à la démarcation des limites de la France avec les États circonvoisins aux différentes époques de son histoire. Un dépôt spécial attaché à la section des chancelleries renferme les titres et les renseignements relatifs à l'état civil des Français à l'étranger et des étrangers en France, aux successions et aux recouvrements que les Français ont à poursuivre dans tous les pays où la France a des agents diplomatiques et consulaires ; les renseignements, les commissions rogatoires, les actes judiciaires, les certificats, etc. Chaque jour on peut consulter ce dépôt pour des partages de successions et pour des contestations de droits.

Les archives et en général tous les papiers des chancelleries diplomatiques et consulaires sont inviolables et ne peuvent être sous aucun prétexte saisies ni visitées par les autorités locales ; le droit international reconnaît aujourd'hui partout ce principe.

On admet aussi universellement qu'en temps de guerre, en cas d'occupation d'une contrée, les archives publiques sont affranchies de capture et de confiscation ; seulement l'envahisseur est autorisé à faire usage des papiers ou des documents qu'elles contiennent pour la bonne administration du territoire qu'il occupe.

ARCHONTE. C'était le titre des principaux magistrats de la ville d'Athènes.

Après la mort de Codrus (1045 av. J.-C.), les Athéniens abolirent la royauté et substituèrent au roi héréditaire un magistrat, nommé à vie, choisi parmi un nombre restreint de familles, investi de l'autorité royale, mais responsable devant ses électeurs.

En l'an 752 av. J.-C. la durée de l'archontat fut limitée à dix années, et plus tard, vers l'an 684, le nombre des archontes fut porté à 9, élus tous les ans parmi les familles nobles.

Le premier archonte s'appelait archonte *éponyme*, parceque son nom servait à désigner l'année ; il était spécialement chargé de représenter l'Etat, de maintenir la hiérarchie sociale, de veiller à la sûreté des citoyens et de les protéger ; le deuxième, l'archonte roi (*basileus*), présidait aux affaires de la religion ; tout ce qui concernait la guerre et la surveillance des étrangers établis à Athènes rentrait dans les attributions du troisième archonte, nommé archonte *polémarque* ; enfin les six derniers, nommés *thesmothètes* (législateurs), étaient particulièrement préposés à l'administration de la justice, au maintien de l'ordre et de la tranquillité publique, ils recevaient les plaintes des citoyens, parcouraient la ville pendant la nuit et fixaient les jours où devaient s'assembler les tribunaux supérieurs. La personne des archontes était sacrée.

Peu à peu les réformes démocratiques dépouillèrent les archontes de la plupart de leurs prérogatives ; leurs décisions, qui dans l'origine étaient définitives, devinrent susceptible d'appel devant l'aréodage ; leur pouvoir judiciaire finit même par être limité à la répression de délits punissables d'une légère amende.

Aristide présenta une loi qui rendit l'archontat accessible à toutes les classes de citoyens ; et Périclès substitua le tirage au sort à l'élection. Du temps de

Philippe et d'Alexandre de Macédoine il y eut dix archontes au lieu de 9.

Cette dignité fut abolie à partir de la fin du 4e siècle av. J.-C. (308), lorsque Athènes tomba au pouvoir de Démétrius Poliorcète; ou du moins elle ne se conserva plus que de nom.

ARÉOPAGE. Nom d'un célèbre tribunal d'Athènes, qui primitivement tenait ses séances dans un lieu appelé *colline de Mars* (*Areos pagos*).

L'époque de sa fondation remonte à la fin du règne de Cécrops. L'aréopage ne connut dans l'origine que des crimes capitaux; Solon en fit une sorte de sénat conservateur et un tribunal de cassation; il fut dès lors appelé à punir le vol, l'impiété, l'immoralité, à prononcer sur les questions religieuses, à réprimer le luxe, la paresse, la mendicité, à veiller à l'éducation des enfants et aux intérêts des orphelins.

Les membres de l'Aréopage avaient même le droit de pénétrer dans le foyer domestique pour en bannir la discorde et s'assurer de la légitimité des moyens d'existence des citoyens. Ils pouvaient aussi réviser et casser les décisions du peuple.

En 461 av. J.-C. Périclès enleva à l'Aréopage cette censure des mœurs, qui faisait sa principale puissance, et ce tribunal subsista comme une institution purement honorifique, sans rôle actif dans l'État.

Le nombre des aréopagites paraît n'avoir pas été limité; suivant les divers auteurs, il variait de 9 à 50. Les archontes, au sortir de leurs fonctions, étaient appelés à faire partie de l'Aréopage, mais après un examen sévère de leur administration.

L'Aréopage siégeait en plein air et seulement la nuit. Dans l'origine les intéressés plaidaient eux-mêmes leur cause; mais par la suite il leur fut permis de prendre des défenseurs, qui toutefois devaient se borner à exposer les faits, sans entreprendre d'exciter la commisération des juges.

Les sentences de l'Aréopage étaient définitives; dans certaines causes cependant le condamné avait le droit d'appel au peuple ou devant le tribunal du Palladium; l'accusé pouvait aussi se soustraire par un exil volontaire à la sentence qui l'attendait.

La réputation de l'Aréopage était si grande qu'on venait de toutes les parties de la Grèce lui soumettre des différends; cette renommée d'intégrité se maintint jusque dans les derniers temps de la décadence de la Grèce.

On ne sait exactement l'époque à laquelle l'institution cessa d'être en vigueur à Athènes; il n'en est plus question à partir du règne de Vespasien vers l'an 74 après J.-C. lorsque la Grèce fut rangée au nombre des provinces romaines.

Par extension on donne la qualification d'aréopage à une assemblée de magistrats, d'hommes d'États, de savants etc.

ARISTOCRATIE. Aristocrate. Ce mot, pris dans son sens étymologique, signifie gouvernement des meilleurs; en fait il se dit de la forme de gouvernement où le pouvoir appartient à une classe composée des personnes les plus considérables par leur puissance, ou par la naissance, ou par leurs richesses. Tels furent dans l'antiquité les gouvernements d'Athènes, de Rome et de Carthage, et dans les temps modernes ceux de Venise, de Gènes et de Berne, mais ce genre du gouvernement n'existe plus nulle part en Europe.

Aujourd'hui on désigne sous le nom d'aristocratie la classe noble ou privilégiée dans un État.

On nomme aristocrate celui qui est partisan d'un système de gouvernement où dominerait l'aristocratie, ou la noblesse.

ARMATEUR. Celui qui arme un navire, c'est-à-dire qui le fournit de tout ce qui est nécessaire pour aller en mer, et qui le donne à diriger à un capitaine et à un équipage de son choix.

L'armateur est souvent le propriétaire du navire, quelquefois aussi il n'en est que le fréteur ou le locataire.

Dans ce dernier cas l'armateur fréteur est directement responsable à l'égard du capitaine qu'il nomme, tandis que le propriétaire du navire ne répond ni des obligations de l'armateur, ni de celles du capitaine, mais son navire y demeure affecté, sauf son recours contre l'armateur.

L'armateur est responsable des fautes que le capitaine commet dans l'exercice de ses fonctions, des emprunts qu'il contracte, des ventes de marchandises qu'il opère dans le cours de son voyage, etc.

ARMÉE. Dans un sens général, c'est l'ensemble des forces militaires d'un État; dans un sens plus restreint, c'est un corps de troupes sous le commandement d'un chef unique.

Dans les pays dont une partie est baignée par la mer, l'armée se divise en général en armée de terre et en armée de mer ou navale: la première comprend toutes les tronpes organisées pour combattre sur terre; la seconde est la réunion plus ou moins considérable de vaisseaux de guerre portant des troupes destinées à agir contre les vaisseaux ennemis.

Quand la guerre est déclarée, l'armée peut se diviser en armée d'invasion ou d'envahissement, destinée à porter la guerre sur le territoire ennemi; en armée d'opération, principalement appelée à agir sur un point déterminé, en armée d'observation, prête à protéger ou à paralyser les opérations d'une autre corps; en armée de siège, dont la destination est de contraindre une place à se rendre; en armée de réserve, rassemblée en arrière-ligne dans le but d'appuyer les autres troupes.

Chez la plupart des peuples anciens et dans les premiers de l''histoire moderne, sous le régime féodal, les armées étaient purement temporaires et se dissolvaient le plus souvent au terme d'une campagne. Ce n'est guère qu'à la fin du 15me siècle qu'on peut faire remonter la création des armées permanentes ou régulières, maintenues et entretenues pendant la paix comme en temps de guerre. Le système s'est introduit en France sous Charles VII et François 1er. Fortifiée sous le règne de Louis XIV grâce aux efforts de Louvois et de Colbert, l'institution périclita sous Louis XV, qui ne sut en éloigner ni l'élément mercenaire étranger, ni le dissolvant des privilèges nobiliaires. En réalité les armées européennes n'ont acquis la constitution solide, vraiment nationale, qui fait aujourd'hui leur force que par suite des réformes inaugurées par le Grand Frédéric et portées à un haut degré de perfection durant les guerres de la République française et du premier Empire français, pris surtout durant la guerre de l'indépendance allemande (1813—1815).

Chaque pays a son mode´ de recrutement et d'organisation militaires particulier.

ARMES. Instruments d'attaque ou de défense.

Les lois de la guerre autorisent, il est vrai, à faire à l'ennemi tout le mal possible pour l'amener à composition; mais elles interdisent le recours aux armes dont les saines notions d'humanité et de charité chrétiennes ne sanctionnent pas l'emploi. Ainsi, pour n'être écrite nulle part, la prohibition des armes empoisonnées n'en est pas moins absolue et universellement acceptée. Sont également interdites les armes qui causent des douleurs inutiles, telles que les flèches barbelées, le petit plomb ou le verre pilé au lieu de balles. Il est permis de se servir de cartouches et, au cas de besoin, de balles mal arrondies, mais on regarde comme contraire aux lois de la guerre de charger les fusils à deux balles, à moitiés de balles, ou avec des balles crénelées ou fondues avec des morceaux de verre ou de chaux; de charger le canon de morceaux de fer, de verre, de clous; cependant l'usage de la mitraille, dans l'acception générale, et, même en cas de nécessité, de morceaux de plomb non entièrement ronds, ne passe pas pour illicite. Enfin l'emploi des boulets ramés, des boulets à chaîne ou à bras dans les guerres sur terre et de boulets rouges ou de couronnes foudroyantes dans les guerres maritimes est généralement interdit.

Par un accord conclu à Saint-Pétersbourg le 11 decembre 1868 entre toutes les puissances européennes l'emploi de balles explosibles a été absolument proscrit. Voici le texte de ce document, qui caractérise les idées de notre époque sur les véritables conditions de la guerre:

„Considérant que les progrès de la civilisation doivent avoir pour effet d'atténuer autant que possible les calamités de la guerre; que le seul but légitime que les États doivent se proposer durant la guerre est l'affaiblissement des forces militaires de l'ennemi; qu'à cet effet il suffit de mettre hors de combat le plus grand nombre d'hommes possible; que le but serait dépassé par l'emploi d'armes qui aggraveraient inutilement les souffrances des hommes hors de combat ou rendraient leur mort inévitable; que l'emploi de pareilles armes serait dès lors contraire aux lois de l'humanité:

„Les parties contractantes s'engagent à renoncer mutuellement, en cas de guerre entre elles, à l'emploi par leurs troupes de terre et de mer de tout projectile d'un poids inférieur à 400 grammes, qui serait ou explosible ou chargé de matières fulminantes ou inflammables."

Ces dispositions s'appliquent seulement aux balles de fusil, et non aux projectiles de l'artillerie (bombes, obus etc.), qui font également explosion, mais paraissent sans doute indispensables pour faire avancer les opérations de la guerre.

Les armes et les munitions de guerre ont toujours été regardées comme étant des objets de contre-bande et par conséquent de commerce illicite.

ARMISTICE. Suspension des actes d'hostilité entre deux armées.

Les armistices sont *généraux* ou *partiels.*

Les armistices *généraux* sont conclus par rapport à toute sorte d'hostilités et s'étendent à l'ensemble des forces des belligérants; ils ne pendent être ordonnés que par le souverain ou le chef de l'Etat, directement ou par l'entremise d'un délégué choisi *ad hoc.*

Les armistices *partiels* ne font cesser qu'une partie des hostilités; ils sont limités aux lieux et aux troupes qui y sont spécifiés; ils peuvent être contractés par les chefs ou les officiers commandants des forces respectives de terre et de mer.

L'armistice se conclut soit pour une durée déterminée, jusqu'à un terme fixé; soit pour une durée indéterminée jusqu'à dénomination de la suspension d'armes.

Lorsque l'armistice est conclu, les belligérants doivent le notifier aux autorités compétentes; il est nécessaire de le promulguer pour qu'il soit obligatoire aux autres sujets des Etats en lutte; l'ignorance de la conclusion d'une suspension d'armes rend excusables les actes qui y portent atteinte. En vue de prévenir toute difficulté à cet égard, il est d'usage de stipuler que la suspension entrera en vigueur à partir d'une date variable calculée en raison des distances et des moyens de communication avec les différents points où elle doit recevoir son exécution.

Pendant la durée d'un armistice général, les belligérants ont le droit de faire tout ce qu'ils auraient pu exécuter, si la guerre n'était pas suspendue, par exemple, lancer des navires, recruter des troupes, fabriquer des armes, recevoir des munitions, mais non pas exécuter des travaux et opérer des mouvements que l'ennemi aurait été en mesure d'empêcher. Quant au ravitaillement des places investies, il est le plus ordinairement l'objet de stipulations spéciales portées dans la convention d'armistice.

Le délai assigné à l'armistice une fois expiré, il n'est pas nécessaire de faire précéder la reprise des hostilités d'une déclaration formelle; mais lorsque la suspension d'armes est indéterminée, la bonne foi et la logique exigent qu'elle ne soit rompue qu'après dénomination.

Très fréquemment les armistices généraux se prolongent indéfiniment et conduisent à la conclusion de la paix.

ARMOIRIES *ou* **ARMES HÉRALDIQUES.** Signes symboliques qui distinguent les personnes, les peuples, les villes, les corporations, etc.; c'étaient généralement des titres d'honneur, des emblèmes de noblesse et de dignité, que les souverains régnants accordaient aux personnes et aux familles qui avaient rendu des services au prince ou à l'État.

Les armoiries se composent de figures diverses et de différentes couleurs ou émaux, disposées méthodiquement et représentées sur un fond, auquel on donne le nom de *champ.* La dénomination d'*armoiries* provient de ce que ces marques se portaient principalement sur le bouclier, la cuirasse ou la cotte d'armes, et sur les bannières.

Les armoiries sont, comme les noms, une véritable propriété de famille, que peuvent seules porter les personnes à qui elles appartiennent.

Les ministres publics et les consuls peuvent faire placer généralement les armes de leur souverain ou de leur pays au-dessus de la porte de leur hôtel.

ARMORIAL. On appelle armorial le livre contenant les armoiries de la noblesse d'un pays, le registre ou sont dessinées et décrites les armoiries des familles, des villes, des États.

ARRÊT. Désision d'une cour souveraine, d'un tribunal supérieur, ainsi nommée par ce qu'elle arrête le procès; elle se distingue du *jugement,* qui est la décision des tribunaux inférieurs, en ce qu'elle est définitive et exécutoire sans appel; toutefois on peut se pourvoir contre elle en cassation pour vice de forme.

Arrêt se dit aussi de la saisie d'une chose ou d'une personne; dans ce dernier cas il est synonyme d'arrestation.

ARRÊT DE PRINCE. L'arrêt de prince, qu'il ne faut confondre ni avec l'embargo ni avec l'angarie, consiste dans la défense faite aux navires marchands ancrés dans un port bloqué ou placés par suite de circonstances politiques dans une position exceptionelle, de quitter momentanément leur mouillage.

Quant aux personnes, marins ou autres embarqués sur ces navires, la justice et l'humanité font au gouvernement qui les arrête un devoir de les considérer comme des hôtes et de subvenir à leurs besoins pendant tout le temps que dure la paralysation de leur industrie.

L'arrêt de prince peut venir du gouvernement des navires arrêtés ou d'un gouvernement étranger.

ARRÊTÉ. Résolution prise par une assemblée délibérante, une compagnie, une autorité administrative ou judiciaire.

La qualification *d'arrêté* semble réservée aux actes administratifs et quelque fois aux actes du gouvernement. Ainsi en France, les maires, les préfets, les ministres prennent des arrêtés.

Arrêté de compte. Règlement définitif d'un compte.

ARRONDISSEMENT. Circonscription administrative, partie du territoire soumise à une autorité ou comprise dans ses attributions.

En France, c'est le nom donné à la subdivision du département, à la tête de laquelle est préposé un préfet ou un sous-préfet.

Chaque département est divisé en plusieurs arrondissements communaux renfermant plusieurs justices de paix ou cantons, qui eux-mêmes contiennent des communes administrées par des maires. Chaque arrondissement est le siège d'une administrations secondaire, nommé sous-préfecture, et d'un tribunal de première instance.

On nomme aussi arrondissement une fraction d'une grande ville qui a ses fonctionnaires civils distincts de ceux des autres fractions de la cité. Paris, par exemple, a 20 arrondissements.

Il y a aussi les arrondissements électoraux, forestiers, maritimes.

ARRONDISSEMENTS CONSULAIRES. D'après l'organisation actuelle des consulats, on nomme *arrondissement consulaire* une étendue de territoire déterminée afin de prévenir des conflits de juridiction et de compétence administrative entre les agents du gouvernement à l'étranger. Suivant les instructions du ministère des affaires étrangères de France, les consuls doivent se renfermer strictement dans les limites de leur circonscription et ne rien négliger pour que chacun des établissements placés sous leur surveillance et leur protection profitent de la sollicitude du gouvernement.

Le consul général est le chef de l'arrondissement consulaire.

Quand il n'y a pas de consul général placé à la tête des arrondissements consulaires du pays, la légation accréditée auprès du souverain territorial en remplit les fonctions. Les consuls de première et seconde classe sont les chefs des départements ou arrondissements. Ils sont subordonnés au consul général, mais dans des limites assez restreintes, conformément à des instructions ministérielles ; car le consul général n'a aucune action directe sur les consuls qui résident dans le même pays que lui et qui, quelque soit leur grade, sont indépendants dans leur fonctions administratives, judiciaires et de police, et correspondent aussi bien que lui, directement avec le ministre, à moins que la mesure ne requière un recours à l'autorité centrale du pays. Les consuls généraux n'ont donc pas à diriger les consuls ou les vice-consuls compris dans leurs départements, mais seulement à les surveiller.

Le vice-consul est préposé à un arrondissement, il est subordonné au consul, chef du département, duquel dépend son arrondissement, comme le consul l'est au consul général ; il peut être suspendu de ses fonctions par le consul ; mais sa révocation et son remplacement ne peuvent avoir lieu qu'avec l'autorisation du ministre.

Les consuls sont autorisés à nommer des délégués dans les lieux de leur arrondissement où ils le jugent utile au service ; ces délégués ont le titre d'agents consulaires ; celui de vice-consul peut leur être conféré, lorsque leur position sociale, l'importance de la localité ou un autre motif l'exige. Ils n'ont point de caractère public et agissent sous la responsabilité du chef qui les a nommés et aux recommandations duquel ils doivent entièrement se conformer.

ARTICLE. Passage d'un écrit quelconque.

On donne le nom d'*articles* aux dissertations politiques, littéraires scientifiques, etc., et même aux nouvelles que renferme un journal ou une revue.

En langage diplomatique le mot *article* désigne chaque partie ou section d'une loi, d'un contrat, d'un traité, qui établit une disposition, une stipulation.

Article de foi signifie un point de croyance, une vérité admise. Croire une chose comme un article de foi, c'est la croire fermement.

Dans le commerce, on donne le nom d'*articles* aux différentes espèces de marchandises qu'un commerçant a dans ses magasins.

ARUSPICE. Ministres de la religion chez les Romains, qui consultaient les entrailles des victimes. Leur art consistait à interpréter la volonté des dieux d'après les apparences que présentaient les entrailles des animaux offerts en sacrifice et aussi d'après les phénomènes extraordinaires dont la nature était le théâtre, tels que tremblements de terre, orages, coups de foudres etc. Ils ne formaient pas une corporation sacerdotale et ne remplissaient aucun rôle politique dans l'Etat. Si le sénat les consultait, c'était au même titre que le faisaient les simples particuliers.

ASCENDANTS. En terme de généralogie, ce sont tous les parents qui nous sont précédés en ligne directe ou indirecte.

En jurisprudence, la série est limitée aux personnes desquelles un individu descend en ligne directe et légitime: il y a les ascendants paternels et les ascendants maternels.

ASILE. On appelait ainsi, chez les peuples anciens, des lieux où les débiteurs et les criminels, aussi bien que les opprimés, lorsqu'ils parvenaient à s'y retirer, étaient à l'abri des poursuites de la justice; mais aujourd'hui il n'existe plus d'asile inviolable pour ceux que la société poursuit et qu'une peine méritée doit frapper; car on ne doit pas confondre avec l'ancien droit d'asile le privilège *d'enterritorialité* (voir ce mot) attaché à la demeure des agents diplomatiques à l'étranger. Tout au plus est-il admis qu'au milieu des troubles civils qui surviennent dans un pays, l'hôtel d'une légation puisse offrir un abri aux hommes politiques qu'un danger de vie force à s'y réfugier temporairement, à condition que le réfugié ne convertisse pas la légation qui le protège en un foyer de conspiration.

Lorsqu'un individu poursuivi ou condamné pour crime se réfugie dans un pays étranger, il est d'usage de le livrer à la justice du pays qui le réclame (voir EXTRADITION); toutefois une exception est faite en faveur des accusés de crimes politiques, qu'un gouvernement n'est pas tenu d'extrader, mais qu'il doit en tout cas empêcher d'abuser de l'asile pour menacer l'ordre public et la sécurité des autres Etats.

Souvent l'asile est réclamé par les réfugiés à bord de vaisseaux appartenant à un Etat, et même de navires marchands qui portent son pavillon. Les nations renoncent au droit de rechercher, de poursuivre et de réclamer les personnes qui, après avoir enfreint les lois du pays, sont parvenues à s'abriter sous un pavillon de guerre étranger; mais si pareille personne s'est réfugiée sur un navire de commerce, l'autorité locale a le droit de se transporter à bord de ce navire pour la rechercher et l'arrêter. Si l'embarquement d'un réfugié a eu lieu en pleine mer, les capitaines de bâtiments de guerre ou de commerce ne sont responsables de leur conduite qu'envers leur gouvernement; quant au gouvernement auquel appartient le réfugié, il ne peut faire de réclamations que d'Etat à Etat par la voie diplomatique.

On nomme aussi droit d'asile le droit d'un Etat neutre, en temps de guerre, d'accueillir sur son territoire des détachements de troupes poursuivis par l'ennemi, ou dans ses ports les navires de guerre en détresse; mais les troupes doivent être désarmées et éloignées le plus possible du théâtre des hostilités. L'État neutre n'est pas tenu de désarmer ni de retenir le navire de guerre qui se réfugie dans un de ses ports ou s'y rend pour réparer des avaries, se procurer des vivres ou faire soigner ses malades; mais le séjour de ces navires est restreint à certaines conditions: il doivent entretenir des relations pacifiques avec les autres navires mouillés dans le port, surtout avec ceux appartenant à leurs ennemis; ils ne peuvent embarquer des armes et des munitions de guerre, renforcer leur équipage et faire des enrôlements; enfin il leur est défendu de sortir du port moins de 24 heures après le navire ennemi qui l'a quitté avant eux.

ASSASSINAT. L'assassinat est un meurtre commis avec violence et préméditation ou guet-apens.

L'individu coupable d'assassinat est puni de mort, sauf le cas de circonstances atténuantes.

L'assassinat est au nombre des crimes donnant lieu à extradition.

ASSEMBLÉE. Dans le sens politique ce mot indique la réunion des membres d'un corps délibérant. Les assemblées reçoivent des dénominations différentes d'après leur composition : ainsi on distingue les assemblées provinciales communales, cantonales, provinciales ou nationales selon qu'elles sont formées des représentants des communes, des cantons, des provinces ou de la nation tout entière.

Les assemblées tirent aussi leur nom du caractère ou de la nature de leurs délibérations, de leurs travaux: l'assemblée constituante est celle qui a pour mission d'élaborer spécialement la constitution d'un pays; l'assemblée législative est celle qui est chargée d'en discuter et d'en rédiger les lois.

On donne en général la qualification d'assemblées délibérantes aux parlements, diètes, congrès, cortès, sénats et chambres des députés ou des représentants, dans les gouvernements représentatifs.

On nomme *assemblée de la nation* la réunion qui a lieu dans les échelles du

Levant et de Barbarie, des Français qui y résident, sur la convocation des ambassadeurs ou des consuls, toutes les fois que ceux-ci le jugent à propos pour le bien général et particulier, ou lorsqu'ils en sont requis par les résidents eux-mêmes.

ASSERMENTÉ. Se dit de tout fonctionnaire public qui a prêté serment avant d'entrer en exercice, ou de certains délégués appelés par les tribunaux et qui prêtent serment avant de remplir leur office : ces derniers sont ordinairement des experts, des traducteurs ou des interprètes.

Pendant la Révolution Française ou nommait *prêtres assermentés* les ecclésiastiques qui avaient prêté serment à la constitution civile du clergé, par opposition à ceux qui s'y étaient refusés et qu'on appelait par conséquent *prêtres non assermentés.*

ASSOCIATION. Réunion d'individus en vue de la réalisation d'une idée commune, mais spéciale quant à son objet.

Il y a des associations d'Etats comme il y a des associations d'individus : il peut se former entre deux ou un plus grand nombre de nations différentes des associations, qui, sans avoir une tendance politique marquée, sans constituer un véritable Etat dans toute l'acception du mot, assument cependant un caractère international et modifient dans une certaine mesure la manière d'être et les relations naturelles de ceux qui en font partie. Elles sont généralement conclues en vue d'atteindre en commun un but déterminé d'une nature pacifique, de partager, par exemple, certains avantages commerciaux, financiers, juridiques ou autres; d'établir entre les Etats contractants des règles uniformes pour l'exploitation d'un service public, tel que celui des postes et des télégraphes; de simplifier la perception des impôts, de confondre leurs lois économiques, leurs systèmes de poids et de mesures et de monnaies, etc.

Ces associations, en raison de leur caractère international, sont régies par des règles différentes de celles du contrat civil de société. Elles diffèrent des *alliances* en ce que la sphère et la durée en sont plus restreintes; lorsque cette sphère s'élargit, l'association devient alors une véritable *union*. (*Voir* UNION, ALLIANCE.)

ATTACHÉS D'AMBASSADE ET DE LÉGATION. On appelle ainsi des employés dépendant du ministère des affaires étrangères et placés dans les ambassades et les légations, où ils participent ordinairement aux travaux des secrétaires.

Il y a des attachés payés et des attachés libres; ces derniers ne sont à proprement parler que des aspirants ou surnuméraires; mais les uns et les autres ne sont admis qu'après avoir passé un examen et justifié de certaines aptitudes; on leur demande notamment une connaissance générale du droit des gens, de l'histoire moderne, de l'économie politique, et la faculté de parler au moins une langue étrangère; on exige même parfois un diplôme de licencié en droit.

ATTACHÉS MILITAIRES. Ce sont des agents spéciaux dont un usage récent autorise l'adjonction aux légations diplomatiques. Ils sont plus particulièrement chargés d'observer dans le pays où ils sont envoyés tout ce qui se rapporte aux affaires militaires, d'assister aux revues et manœuvres, auxquelles ils sont ordinairement invités, et d'en rendre compte à leur gouvernement. Ces attachés sont généralement des officiers de l'armée d'un grade plus ou moins élevé.

Ces agents font partie de la légation; s'ils ne représentent pas directement leur gouvernement, ils sont les auxiliaires de son représentant pour tout ce qui concerne l'étude et la solution des questions militaires, leur fonction n'est qu'un démembrement des fonctions plus générales du chef de la mission.

Comme ils sont aussi commissionnés et accrédités par le gouvernement même, revêtus d'un caractère public et officiel, il y a pour eux les mêmes raisons que pour les agents diplomatiques proprement dits de ne pas être troublés dans leurs fonctions par des poursuites judiciaires et par des actes d'exécution; ils puisent donc à la fois dans leur titre personnel et leur situation de dépendance d'une légation diplomatique le droit de participer au privilège d'exterritorialité et aux prérogatives qui en découlent.

ATTACHÉS TECHNIQUES. L'empire d'Allemagne a attaché depuis quelques années, à la représentation diplomatique de Paris, de Londres et de Washington, des ingénieurs qui portent ce titre et qui sont chargés de renseigner leur gouvernement sur les progrès de l'art de l'ingénieur et des arts techniques en France, en Angleterre et aux Etats-Unis. Leur situation est analogue à celle des attachés militaires.

ATTENTAT. Entreprise criminelle ou illégale contre les personnes ou contre les choses.

Cette dénomination s'applique plus spécialement à une tentative contre la vie du chef de l'Etat, ou à toute entreprise criminelle contre la chose publique, c'est-à-dire ayant pour objet de détruire ou de changer le gouvernement. Cette catégorie de crimes ne donne pas lieu à l'extradition, lorsqu'il est constaté qu'ils ont eu un mobile politique.

En termes de droit, l'attentat aux mœurs, à la pudeur comprend les tentatives violentes contre la personne d'une femme ou d'un enfant, l'excitation à la débauche et la corruption de mineurs. Le plus grand nombre des législations et des conventions internationales autorisent l'extradition contre les coupables de pareils crimes qui se réfugient à l'étranger.

ATTESTATION. Acte ou témoignage écrit ou verbal par lequel on atteste la vérité d'un fait.

ATTORNEY. Mot anglais, qui correspond à peu près à la qualification d'*avoué* ou d'*avocat*.

Dans son acception propre, ce terme signifie une personne agissant à la place d'une autre.

En Angleterre on distingue les *attorneys privés* et les *attorneys publics* ou *légaux* (*at law*). Les premiers sont simplement des hommes d'affaires, agissant pour le compte de leurs clients, sans pouvoir cependant ester en justice pour eux; les seconds, au contraire, sont des officiers publics, qui ont qualité légale pour poursuivre ou défendre en justice.

L'attorney *at law* remplit auprès des tribunaux anglais des fonctions analogues à celles de l'avoué, auprès des tribunaux en France; il est l'intermédiaire entre le plaideur et son avocat.

On appelle „pouvoir d'attorney" l'écrit par lequel une personne en constitue une autre pour son attorney ou son fondé de pouvoir.

L'*attorney général* est un officier judiciaire de l'Etat en Angleterre et aux Etats-Unis.

En Angleterre, il est nommé par lettres patentes du souverain. Il est chargé d'intenter ou de suivre les poursuites judiciaires au nom de la couronne, d'informer d'office dans les procès criminels qui l'intéressent, de libeller les bills en cour de l'Echiquier pour tout ce qui concerne les domaines ou les revenus du souverain.

Aux Etats-Unis, l'attorney général, nommé par le Président avec l'assentiment du Sénat fédéral, conduit devant la cour suprême tous les procès dans lesquels le gouvernement a quelque intérêt; il doit donner son opinion sur des questions de droit, lorsqu'il en est requis par le président ou par les chefs de départements relativement à des sujets concernant leur branche d'administration.

Chacun des Etats de l'Union a aussi son attorney général, dont les attributions se rapportent à celles du gouvernement de l'Etat.

ATTRIBUTIONS. Partie d'administration et portion d'autorité assignées à une fonction publique, et par conséquent aux personnes qui sont chargées de l'exercer. Les attributions varient selon la nature des fonctions.

Dans un sens plus général, ce terme embrasse tout droit de gérer, d'administrer, de connaître ou juger, etc.

En jurisprudence on appelle *attribution de juridiction* l'action d'étendre la compétence d'un juge.

Autrefois on désignait sous le nom de *lettres d'attribution* le pouvoir que le roi donnait à des commissaires d'une juridiction subalterne pour juger une affaire en dernier ressort.

AUBAIN. Terme ancien de jurisprudence. Etranger qui n'est pas naturalisé dans le pays où il demeure et qui est sujet au droit d'*aubaine*. (Voir ce mot.)

D'après l'ancien droit, les aubains, en France, étaient soumis aux droits de *chevage* et de *formariage* (voir ces mots), incapables de transmettre après décès soit par succession *ab intestat* (voir ce mot), soit par disposition testamentaire, les biens qu'ils délaissaient, comme de recueillir une succession soit testamentaire, soit *ab intestat*. Ils ne pouvaient ester en justice comme demandeurs qu'à la charge de fournir la caution *judicatum solvi* (voir ce terme) pour la garantie des frais et des dommages et intérêts résultant du procès; ils étaient privés du bénéfice de la cession de biens, et soumis indéfiniment à la *contrainte par corps* (voir ce terme).

AUBAINE (Droit d'). Ce terme vient de celui d'*aubains*, qui servait à désigner les étrangers.

Quant à l'étymologie du mot *aubains*, des auteurs la déduisent de ce que les étrangers étaient enregistrés sur un *album*; d'autres la considèrent comme une contraction de *alibi nati*, ou prétendent que le nom d'*aubains*, qui était propre aux Ecossais, fut étendu à tous les étrangers.

Quoi qu'il en soit, en Espagne, sous le régime féodal les étrangers étaient considérés comme en dehors du droit commun. Ils étaient astreints à des charges exceptionnelles, parmi lesquelles on doit mentionner en première ligne le *droit d'aubaine*, en vertu duquel l'étranger qui avait acquis des biens-fonds dans un pays ne pouvait en disposer ni en faveur de ses héritiers légitimes ni en faveur d'un étranger; à sa mort ses biens revenaient de droit au souverain territorial, le domaine éminent de l'Etat prévalant dans ce cas sur l'intérêt de l'étranger et de sa famille.

Dans le principe le droit d'aubaine n'avait pas le caractère qu'il prit par la suite : c'était une des conséquences du servage, dont l'individu né serf, ne pouvait s'affranchir en passant sur un territoire étranger; serf de naissance, il restait serf et était dit *aubain*; si le seigneur s'emparait de ses biens, c'était parce qu'il était serf et non parce qu'il était étranger.

Après l'extinction de la féodalité la royauté s'en attribua les prérogatives; et alors le droit d'aubaine changea de nature : c'est bien aux étrangers qu'il s'appliqua, aux étrangers qui étaient déclarés incapables de jouir des droits civils. Dès la fin du XIVe siècle il était admis que le roi succédait aux aubains „qui trépassaient sans convenable héritier". Les étrangers continuèrent néanmoins de payer des redevances considérables; s'ils se mariaient sans l'autorisation du roi, ils étaient frappés d'une amende; ils ne pouvaient épouser des régnicoles sans déposer le tiers ou la moitié de leurs biens.

Cependant, en France par exemple, les rois avaient consenti certains atténuations à l'exercice du droit d'aubaine, et de nombreuses exceptions, tantôt en faveur des commerçants étrangers qui venaient trafiquer dans le pays, tantôt par des traités qui stipulaient la réciprocité du droit de succéder en faveur des sujets des parties contractantes.

En 1790 l'Assemblée constituante française abolit le droit d'aubaine, en invitant les autres Etats à l'abolir aussi; mais aucun des gouvernements européens ne répondit à cet appel; c'est pourquoi les rédacteurs du Code civil décidèrent que l'étranger résidant en France y jouirait des mêmes droits que ceux qui seraient accordés aux Français par la nation à laquelle cet étranger appartiendrait; ainsi dans le principe l'article 726 du Code civil portait que : „un étranger n'est admis à succéder aux biens que son parent, étranger ou Français, possède dans le territoire du royaume que dans les cas et de la manière dont un Français suc-

cède à son parent possédant des biens dans le pays de cet étranger"; et d'après l'article 926, le Français ne pouvait disposer au profit d'un étranger que dans le cas où cet étranger pourrait disposer au profit d'un Français. Mais ces prescriptions ont été abolies par la loi du 14 juillet 1829, qui accorde aux étrangers de succéder, de disposer et de recevoir de la même manière que les Français dans toute l'étendue de la France.

AUDIENCE. Dans le langage diplomatique, c'est la réception accordée par les souverains ou les chefs d'Etat aux envoyés étrangers pour la remise des *lettres de créance et de rappel*. (Voir ces mots.)

Ces audiences, dites solennelles, sont publiques ou privées.

Les nonces du Saint-Siège et les ambassadeurs obtiennent en général des audiences solennelles au commencement et à la fin de leur mission. Alors les voitures de la cour vont les chercher, puis les reconduisent à leur hôtel à l'issue de l'audience. Les honneurs militaires leur sont rendus à leur arrivée au palais, où ils se font d'ordinaire accompagner par les personnes de leur suite. L'ambassadeur est reçu dans la salle du trône par le souverain assis ou debout, entouré des princes du sang, des grands-officiers de la couronne et des hauts fonctionnaires de l'Etat. Ensuite, après avoir pris place sur un siège qui lui est désigné, il présente au souverain ses lettres de créance, en prononçant une allocution, dans laquelle il fait allusion à l'objet de sa mission et aux relations d'amitié qui existent entre son pays et celui où il vient résider. L'usage veut que la teneur de cette allocution soit officieusement communiquée à l'avance, afin que le souverain auquel elle sera adressée de vive voix, puisse y préparer sa réponse.

D'ordinaire, au sortir de l'audience, l'ambassadeur est reçu par l'épouse du souverain, par l'héritier présomptif de la couronne et par les autres princes ou princesses du sang.

Après la présentation le ministre des affaires étrangères fait à l'ambassadeur une première visite officielle, tant au nom du souverain qu'en son nom personnel.

A Constantinople les ambassadeurs et les ministres de seconde classe remettent leurs lettres de créance en audience solennelle entre les mains du grand-vizir, mais en présence du sultan. Les chargés d'affaires ne les présentent qu'au grand-vizir dans une visite de cérémonie.

Les ministres autres que les ambassadeurs peuvent obtenir des audiences publiques, qui ont lieu avec moins de cérémonial dans la salle consacrée aux cercles diplomatiques (réceptions des représentants étrangers en corps) et non dans la salle du trône. Le souverain, entouré également des grands-officiers de sa cour, les reçoit debout, et ils lui remettent leurs lettres de créance, après avoir prononcé un discours. Le plus souvent ils sont admis à de simples audiences privées, dans le cabinet du souverain seul, ou en présence d'un ou de deux ministres et parfois de quelques personnes de la cour, généralement du grand-maréchal du palais ou du grand-chambellan. (*Voir* AGENTS DIPLOMATIQUES.)

Indépendamment des audiences qui leur sont ainsi accordées à leur arrivée ou à leur départ, les ministres étrangers, pendant le cours de leur mission, obtiennent du souverain des audiences, motivées par des circonstances particulières : c'est ce qui arrive lorsqu'ils ont à remettre en mains propres au chef d'Etat auprès duquel ils sont accrédités une lettre de celui qu'ils représentent, des décorations, ou bien à l'entretenir d'affaires de famille ou tout-à-fait personnelles.

Quelques souverains ont introduit l'usage de donner régulièrement audience au corps diplomatique à des jours fixes, notamment à l'occasion du premier jour de l'année : ce sont ces réceptions auxquelles on donne le nom de *cercles diplomatiques.*

AUDITEUR. Qualification de certains emplois, donnée tantôt à des fonctionnaires en titre, tantôt à des fonctionnaires faisant un noviciat.

Juge ou conseiller auditeur, officier de judicature qui assiste aux audiences, mais n'a pas voix délibérative.

En France l'auditeur au conseil d'Etat est une sorte de surnuméraire admis auprès du conseil d'Etat pour y acquérir la connaissance des affaires; l'auditeur est au-dessous du maître des requêtes.

Auditeur des comptes, fonctionnaire chargé autrefois d'examiner les finances du roi, fonctions analogues à celles des référendaires à la cour des comptes actuelle.

Auditeur de nonciature, secrétaire de légation d'une nonciature papale.

Auditeur de la *rote*, membre du tribunal ecclésiastique de ce nom, établi à Rome par la curie pontificale.

Auditeur se dit aussi des juges chargés d'instruire les causes qui relèvent des cours martiales.

AUGURE, terme d'antiquité romaine, signifiant présage tiré du vol ou du chant des oiseaux ou de certains phénomènes de l'air, tels qu'éclairs, orages, tonnerre, — par extension tout ce qui présage quelquechose.

C'était aussi le nom des ministres de la religion qui étaient chargés d'observer les oiseaux et l'état de l'atmosphère pour en tirer des présages. Les prêtres chargés de ce soin formaient un collège, qui a joué un rôle considérable dans l'histoire romaine; car rien d'important ne se faisait sans qu'on eût pris préalablement leur avis.

AUGUSTE, imposant, digne de respect ou de vénération.

Titre déféré par le sénat romain à Octave, et porté après lui par les empereurs ses successeurs. Adopté par l'empereur d'Allemagne Othon II vers 973, ce titre était devenu, depuis le règne de Henri VI, en 1190, tout-à-fait officiel et inséparable de celui d'empereur d'Allemagne.

AULIQUE. Ce terme, dérivé du mot latin *aula* (cour), s'emploie dans ces deux locutions *conseil aulique, conseiller aulique.*

Le *conseil aulique,* dans l'ancien empire Germanique, constituait un tribunal suprême jugeant en dernier ressort et sans appel les causes attribuées à l'empereur; c'était l'autorité administrative la plus élevée, ou du moins la seule qui existât. Il avait été créé par l'empereur Maximilien en 1501; il siégea successivement à Francfort sur le Mein, à Spire, à Wetzlar et à Vienne. Il se composait d'un président, d'un vice-président et d'un nombre illimité de conseillers distribués sur deux bancs, dont l'un était occupé par des assesseurs comtes ou barons et l'autre par des assesseurs jurisconsultes; tous étaient nommés par l'Empereur. Le conseil aulique a été supprimé en 1806, lors de la fondation de la confédération du Rhin, par Napoléon. Toutefois dans l'empire d'Autriche le titre de *conseiller aulique* continue d'être donné à des chefs de départements administratifs comme une distinction en quelque sorte honorifique. En Allemagne il se confère, à titre honorifique, à certaines personnes en récompense de services rendus à la cour.

AUSPICES. Divination de l'avenir, surtout d'après le vol des oiseaux.

Il y avait cette différence entre les auspices et les augures que les premiers se tiraient plus particulièrement du vol des oiseaux, et les seconds de leur chocs et de leurs mouvements; mais les deux mots ont fini par se confondre.

Métaphoriquement on emploie le mot auspices dans le sens de présage en général appliqué aux choses: heureux ou malheureux, favorable ou fâcheux, et appliqué aux personnes dans celui d'influence ou de direction: sous les auspices de quelqu'un, c'est-à-dire par son influence ou sous sa direction.

AUSTRÉGAL (tribunal.) Ce tribunal, créé par décision de la diète germanique du 3 août 1820, avait pour attributions de prononcer sur les différends entre deux ou plusieurs souverains membres de la confédération. L'acte final de Vienne étendait aux particuliers le bénéfice de cette juridiction austrégale, lorsqu'il s'agissait de prétention, pour lesquelles les membres de la confédération se renvoient l'affaire les uns aux autres, sans issue possible par les voies judiciaires ordinaires.

Cette dénomination vient du mot allemand *austrag,* au pluriel *austraege* qui signifie décision sur un point de droit. Dans le droit public allemand, on donnait le titre d'*austraege* à des commissions d'arbitrage, chargées de décider des points en litige soit entre plusieurs Etats, soit entre le gouvernement d'un des Etats de la confédération germanique et la diète du même Etat, soit entre un gouvernement et un particulier. Il y avait trois sortes d'*austraege*: ceux de *plein droit,* pour les princes et les Etats immédiats de l'empire; ceux qu'on nommait par *compromis,* et ceux que les empereurs accordaient à des villes impériales ou à d'autres membres du Saint-Empire.

L'institution austrégalienne a cessé avec la dissolution de la diète germanique depuis 1866. Aujourd'hui les gouvernements réunis du nouvel empire allemand vident leurs différends particuliers au sein du Conseil fédéral (*Bundesrath*).

AUTEUR. Se dit de la personne qui crée ou produit, et plus particulièrement de celui ou de celle qui a fait un ouvrage de littérature, de science ou d'art; auteur d'un livre, de poésies, d'un tableau, d'une statue etc.; dans ce sens on le prend aussi comme synonyme d'écrivain, de publiciste: les auteurs grecs et latins, les auteurs anciens, etc.

Il se dit aussi de celui qui a inventé ou conçu quelque chose: l'inventeur ou l'auteur d'un procédé.

Le titre d'auteur constitue des droits spéciaux de propriété résumés sous la dénomination de *propriété littéraire ou artistique,* suivant la nature de la chose créée, ou produite. (*Voir* PROPRIÉTÉ LITTÉRAIRE ET ARTISTIQUE)

En termes de jurisprudence, on qualifie d'auteur d'un délit ou d'un crime, etc., celui qui l'a commis, par opposition à celui ou à ceux qui en sont complices; on nomme auteur principal celui qui en a consommé l'exécution.

On applique aussi la qualification d'*auteur* à la personne de qui on tient quelque droit, comme dans cette phrases: „On lui disputait la possession de cette terre; il fit appeler ses auteurs en garantie.“

AUTHENTIQUE. Qui fait autorité: se dit des actes reçus ou dressés par des fonctionnaires publics revêtus des pouvoirs nécessaires pour donner force exécutoire aux actes qu'ils certifient de leur signature. Contrat, titre, déclaration authentique, copie authentique, émanée de l'officier public qui a reçu l'acte, certifiée et légalisée.

L'acte authentique est défini par l'article 1317 du code civil français comme „celui qui a été reçu par officiers publics ayant le droit d'instrumenter dans le lieu où il a été rédigé et avec les solennités requises“. Cette définition s'applique aux actes notariés et, en général, aux actes de juridiction volontaire.

En France, par exemple, un acte passé à l'étranger devant les autorités compétentes peut être considéré comme authentique et faisant preuve suffisante des faits qu'il contient; cependant il n'aura pas en France la force exécutoire que la législation française attribue aux actes authentiques passés en France; par contre l'acte passé en France, quoique expédié en forme exécutoire, n'a dans les autres pays d'autre effet que la force probante.

Un usage, que son observation universelle a élevé à la hauteur d'un principe de droit international, fait considérer comme authentique tout original muni du grand sceau de l'Etat, toute copie autorisée et légalement certifiée conforme au texte par l'autorité compétente, tout acte, tout certificat, toute déclaration ou tout procès-verbal émanant soit d'un magistrat ou d'un autre fonctionnaire public, soit d'un notaire investi à cet effet d'un pouvoir spécial par la loi territoriale. Le juge qui a exigé la production de ces documents étrangers reste d'ailleurs absolument maître d'apprécier les circonstances de force majeure par suite desquelles les parties ne pourraient faire leurs justifications dans la forme authentique, et de se contenter alors de telle ou telle preuve équivalente ou supplétive.

Dans son sens général, le mot *authentique* équivaut à *certain*, dont la vérité ou l'autorité ne peut être contestée: histoire, témoignage, tradition authentique.

Autrefois, en diplomatie, on donnait le nom d'*authentiques* aux manuscrits originaux par opposition aux copies.

On nomme livres *authentiques* ceux qui sont réellement de l'auteur auquel le titre les attribue et de l'époque à laquelle la tradition les rapporte: on oppose dans ce sens *authentique* au mot *apocryphe*.

Dans l'histoire du droit romain, on appelle *authentiques* des extraits que les glossateurs ont faits des *novelles* de Justinien, et insérés aux endroits du code du même empereur auxquels ces extraits se rapportent. Cette dénomination vient de l'inscription *in authentica* qu'on lisait en tête de chacun de ces extraits.

AUTOCRATIE, AUTOCRATE, gouvernement d'un seul, exercé avec une autorité illimitée, absolue.

L'autocrate est celui qui exerce cette autorité, celui dont la puissance ne relève d'aucune autre, n'est soumis à aucun contrôle légal.

Ce terme est synonyme de souverain en Russie.

Dans le reste de l'Europe, le mot *autocrate* est pris en mauvaise part, parce qu'on en fait l'équivalent de prince absolu, et que le sentiment des peuples répugne à un régime qui subordonne les destinées, tous les pouvoirs d'un Etat à la volonté d'un seul.

AUTO-DA-FÉ, mot espagnol qui signifie en français *acte de foi*.

C'était, en Espagne et en Portugal, ainsi que dans leurs dépendances, l'acte par lequel avait lieu l'exécution des sentences prononcées par l'inquisition contre les personnes qui lui étaient déférées, et comme le plus souvent la sentence concluait au bûcher, l'*auto-da-fé* était devenu synonyme du supplice par le feu.

Non seulement des personnes étaient condamnées à périr dans les flammes; mais on faisait aussi brûler publiquement les objets ou les livres dont la destruction était jugée nécessaire par le Saint Tribunal.

AUTOGRAPHE. Lettres autographes. En diplomatie, on appelle *lettres autographes* celles qui sont écrites de la main du souverain. Ces lettres excluent tout cérémonial quant aux titres et aux formules d'usage; le style en est plus familier que celui des *lettres de chancellerie* et *de cabinet* (*voir* CORRESPONDANCE DES SOUVERAINS), sans pourtant que la différence des rangs s'y fasse moins sentir. En général les *lettres autographes* sont à l'égard des supérieurs une marque de respect, entre égaux une marque d'amitié et envers les inférieurs un témoignage particulier d'affection et d'estime.

AUTONOMIE. Littéralement ce mot, d'origine grecque, signifie législation indépendante; même, dans le principe il était synonyme de souveraineté. Ainsi les Grecs donnaient le nom d'*autonomes* aux Etats qui se gouvernaient par leurs propres lois et n'étaient soumis à aucune puissance étrangère.

Après que Rome eut fait de la Grèce une province romaine, le consul Flaminius, vainqueur de la ligue archaïque, proclama, aux jeux isthmiques, la liberté de la Grèce; mais le sénat romain régla ce simulacre de liberté en donnant aux villes grecques l'*autonomie*, c'est-à-dire le droit de se gouverner par leurs propres lois et de conserver leurs magistrats: ce qui n'était en réalité que le *municipe*. (Voir ce mot).

Dans les temps modernes, l'autonomie s'étend à des parties entières d'Etats, ou à des Etats faisant partie d'une confédération, lesquels jouissent à l'intérieur d'une plus ou moins grande indépendance, mais n'en possèdent aucune relativement à l'extérieur, sauf pourtant quelques exceptions.

Parmi les pays qui ont l'autonomie la plus large, on peut citer ceux qui font partie de l'Empire Allemand, les vassaux de la Turquie, les cantons suisses, les Etats de l'Union de l'Amérique du nord. Ils ont à leur tête un gouvernement particulier, ayant quelques-uns des attributs de la souveraineté. Certains d'entre eux peuvent se faire représenter officiellement à l'étranger.

On peut encore considérer comme autonomes les deux royaumes scandinaves — Suède et Norvége, — les deux fractions de l'Empire Austro-Hongrois, le Luxembourg et les Pays-Bas, réunis sous le sceptre du même prince par le lien qu'on appelle *union personelle* (voir ce mot); les îles anglo-normandes de la Manche, les colonies anglaises, presque indépendantes pour leur administration intérieure, mais représentées à l'étranger par la mère-patrie.

AUTORISATION. En terme de droit, c'est l'acte par lequel certaines personnes soit réelles (femmes, enfants, mineurs), soit morales (communes, établissements publiques, sociétés etc.) sont relevées de l'incapacité dans laquelle les tient la loi, et sont rendues habiles à contracter et à plaider. Par exemple, les mineurs et les femmes mariées ne peuvent faire du commerce sans une autorisation formelle donnée pour les uns par leur père ou leur mère ou un tuteur et pour les autres par leur mari. Les communes, les hospices, les fabriques des églises, étant considérés comme en état de minorité perpétuelle et placés sous la surveillance de l'administration, ne peuvent plaider ni faire certains actes sans l'autorisation des sous-préfets, des préfets et, dans quelques cas, du gouvernement même.

Les agents du gouvernement ne peuvent être poursuivi qu'en vertu d'une autorisation spéciale. Il faut aussi une autorisation des assemblées législatives pour qu'un de leurs membres puisse être jugé pendant le cours de la session législative, sauf le cas de flagrant délit. Toutefois dans ces diverses circonstances cette disposition préalable n'empêche que de recevoir la plainte, car son refus entraînerait un déni de justice.

AUTORITÉ. Ce mot signifie, en général, une puissance (force publique, fonctionnaire, corps constitué) à laquelle on est soumis; en ce sens il se dit de l'ensemble des individus qui forment le pouvoir civil ou politique auquel on doit obéir, du gouvernement considéré principalement dans les rapports avec les citoyens.

L'autorité peut donc se diviser en diverses branches.

On entend par autorité *constituée* l'ensemble des pouvoirs que chaque peuple a établis pour le gouvernement de ses intérêts ou pour le maintien des lois; elle est ainsi appelée par opposition à l'autorité *constituante*, qui l'établit.

L'autorité administrative est l'administration publique considérée dans son ensemble; elle réside soit dans le caractère d'un seul fonctionnaire de l'ordre ou du pouvoir administratif.

L'autorité judiciaire comprend l'ensemble des fonctionnaires ou des corps qui sont investis de l'application ou de l'exécution des lois.

L'autorité civile ou municipale est celle qui est chargée de rendre des arrêtés ou des règlements pour la gestion des biens et pour la police des communes et des villes.

L'autorité militaire veille à la sûreté publique et assure le maintien et l'exécution des lois.

L'autorité souveraine, suprême, impériale ou royale etc. est représentée par le chef de l'Etat quel que soit son titre.

L'autorité spirituelle se dit de l'autorité religieuse ou ecclésiastique par opposition à l'autorité temporelle c'est-à-dire civile, ou de tout individu revêtu d'une puissance légale quelconque : ainsi l'autorité ou puissance paternelle que le père ou la mère ont sur leurs enfants, sur leur famille, l'autorité ou la puissances conjugale, celle que le mari a légalement sur la femme.

L'autorité signifie aussi le droit ou le pouvoir de commander et de se faire obéir qu'exercent les differentes *autorités* que nous venons de mentionner. Autorité se dit aussi du crédit, de la considération, de la valeur qui s'attache à une personne ou à une chose, du degré de créance qu'elle inspire. Homme, parole, raisonnements d'une grande autorité.

On l'applique également au sentiment d'un ou plusieurs personnages importants que l'on rapporte à l'appui de ce qu'on dit : produire des autorités avancer des faits historiques ou des opinions pour soutenir une allégation ou un argumentation; en jurisprudence il se dit des documents, tels que lois, arrêts ou décisions cités à l'appui d'un point de droit ou d'un usage.

AUXILIAIRE. Qui aide, qui donne ou dont on tire des secours : se dit surtout des troupes qu'un Etat envoie au secours d'un autre; s'applique aussi à celui qui aide de ses armes.

L'auxiliaire prend part à la guerre et encourt les hostilités de la puissance contre laquelle il fournit des secours; c'est le cas de l'allié qui a contracté une alliance offensive et fournit les moyens de la rendre effective.

Certains publicistes sont d'avis que l'allié ne devient l'auxiliaire de l'ennemi que lorsqu'il lui fournit, des secours illimités en dehors de ceux stipulés par le traité d'alliance. Ainsi Vattel, parlant du principe qu'un souverain a le droit de venir en aide à ses alliés sans que pour cela il soit censé prendre part à la guerre, prétend que dans des cas semblables la neutralité ne se perd ni ne s'altère. Wheaton admet également que la neutralité puisse être modifiée par des engagements antérieurs liant le neutre à l'une des parties en guerre. Ainsi, dit-il, le neutre peut être obligé, par traité antérieur à la guerre, de fournir à l'une des parties belligérantes un secours limité d'argent, de troupes, de vaisseaux, de munitions de guerre, ou d'ouvrir ses ports aux vaisseaux de guerre de son allié avec leurs prises; l'accomplissement de cette obligation ne détruit pas sa neutralité et ne le rend pas l'ennemi de l'autre nation belligérante, parce qu'il ne le rend pas l'associé général de son ennemi etc. Bello, invoquant les maximes du droit naturel, combat avec raison cette doctrine quelque peu subtile. A ses yeux, le secours qui constitue intrinsèquement une violation de la neutralité, ne saurait perdre son caractère illégitime pour avoir été prêté en vertu d'un accord préalable contraire à tous les principes sur la matière.

Que le secours soit apporté en vertu d'arrangements antérieurs ou non, quel que soit le caractère de ces arrangements, le secours fait de l'allié un véritable auxiliaire prenant part à la guerre; or il ne saurait être à la fois belligérant et neutre.

AVARIE. *Définition.* Se dit en général du dommage que souffre une chose, et plus particulièrement des accidents qui causent des dommages aux navires ou aux objets qui en forment le chargement.

Les avaries sont occasionnées soit par une faute quelconque, soit par le vice propre des choses, soit par force majeure.

Le code de commerce français définit l'avarie: „Toutes dépenses extraordinaires faites pour le navire ou les marchandises, conjointement ou séparément; tout dommage qui arrive du navire ou aux marchandises depuis leur chargement et leur départ jusqu'à leur retour et leur débarquement.

Classification. On distingue les avaries en *grosses* ou *communes*, c'est-à-dire celles qui sont supportées par l'ensemble du navire et du chargement; et en *simples* on *particulières*, c'est-à-dire celles qui atteignent seulement des choses prises isolément parmi celles mises en risque, et qui sont supportées particulièrement par le propriétaire de ces choses.

Toutes les pertes et tous les dommages causés un à navire ou au chargement, ou à l'un ou à l'autre, par le capitaine ou par ses ordres, lorsque cela était nécessaire pour le salut du navire ou du chargement, ainsi que le dommage qui en résulte par voie de conséquence, et les frais faits dans le même but constituent des avaries communes.

Tout dommage considéré comme avaries communes doit être supporté proportionnellement par toutes les parties du navire, de ses appartenances, du fret et de la cargaison pour l'avantage desquelles le dommage a été occasionné et qui ont été réellement sauvées, ainsi que par le propriétaire des choses sacrifiées.

Le dommage causé par les eaux pénétrant dans le navire, sans qu'on puisse l'empêcher, par les écoutilles ou par une autre ouverture, donne lieu à indemnité comme avarie commune.

Le dommage causé à un navire, aux marchandises par l'emploi de l'eau ou de tout autre moyen pour éteindre un incendie à bord, constitue aussi une avarie commune.

Lorsqu'on fait échouer un navire, parce qu'il coule ou qu'il est entraîné vers le rivage ou des rochers, le dommage subi par le navire, le chargement et le fret par suite de l'échouage volontaire ne donne pas lieu à une avarie commune.

Réparation. Dans les cas d'échouage, de naufrage ou de relâche forcée, les navires étrangers ont en général la faculté de faire réparer leurs avaries; les traités de commerce en font quelquefois l'objet de stipulations spéciales.

Répartition. La contribution aux avaries communes se fait sur le base de la valeur actuelle des choses sauvées, au lieu où le voyage doit se terminer; il faut y ajouter le montant de l'indemnité allouée comme avaries communes pour les choses sacrifiées.

Selon les stipulations consenties entre les gouvernements, les consuls sont le plus souvent chargés de régler les avaries, à moins que les clauses du contrat entre les armateurs et les assureurs ne l'aient arrêté autrement à l'avance.

En tout état de cause, chaque nation peut conférer à ses consuls le pouvoir de répartir les avaries et d'apprécier les réparations nécessaires dans le cas où navires de sa nation arrivent dans le pays où il réside, lorsqu'il en est requis par une partie n'ayant pas de domicile dans ce pays, à moins de conventions contraires entre les intéressés sur la manière de répartir les avaries et d'apprécier les réparations nécessaires. Mais une répartition ou un règlement d'avaries on de réparations ne lie les personnes domiciliées dans le pays ou les étrangers que s'ils ont consenti à soumettre la question au consul; si alors les parties intéressées ne s'accordent pas, ce sont les autorités locales qui prononcent.

AVÉNEMENT. Venue ou arrivée; se dit particulièrement de l'élévation à une dignité supérieure, du moment où un prince ou souverain prend possession du trône.

L'avénement au trône est un des événements concernant leurs personnes que les souverains ont coutume de se notifier réciproquement. L'usage particulier de chaque cour décide de la forme dans laquelle ces notifications doivent être rédigées sous forme de lettres de conseil ou de cabinet, qui sont remises aux souverains par les ministres accrédités auprès d'eux.

On appelait *droit de joyeux avénement* certains droits qu'avait le roi ou le seigneur à son avénement; ainsi les rois de France, en montant sur le trône, levaient sur leurs sujets un impôt spécial. Louis XIV renonça à ce droit.

AVOCANDI JUS (droit de rappel). C'est le droit qu'a chaque Etat, pour des motifs d'ordre public dont lui seul est juge, notamment à l'occasion du service militaire, de rappeler ceux de ses ressortissants qui se trouvent à l'étranger. Les lois de tous les peuples civilisés reconnaissent comme une règle de droit public ce rappel dans certaines circonstances solennelles, en cas de guerre, par exemple, des nationaux résidant à l'étranger. Il y a par conséquent un intérêt de réciprocité à respecter ce droit de gouvernement à gouvernement.

En rappelant ainsi ses nationaux et en chargeant ses agents de pourvoir à leur rapatriement, le pays d'origine ne porte nulle atteinte à la neutralité du pays tiers. Mais, pour obtenir leur retour, il ne peut réclamer l'assistance des autorités étrangères, qui n'ont point à seconder l'exécution de ses ordres, puisqu'il s'agit de rapports entre un citoyen et son gouvernement et que l'Etat étranger n'a aucun intérêt à porter atteinte à la liberté personelle des voyageurs ou des autres étrangers qui séjournent sur son territoire.

AVOCATOIRES (lettres). Lettres par lesquelles un souverain rappelle ses sujets d'un pays étranger contre lequel il est en guerre.

Avocatoria edicta (édits avocatoires). Décrets de rappel qu'un souverain édicte au moment d'une guerre pour faire rentrer ceux de ses sujets qui sont au service militaire d'une autre puissance.

AVOYÉ ou AVOYER. On appelait ainsi en Suisse le premier et quelquefois les deux premiers magistrats de certains cantons, notamment dans ceux de Berne, de Lucerne et de Soleure. Dans les autres cantons ces mêmes magistrats portent parfois le titre de *Landammann*.

Autrefois, lorsque la Suisse était province de l'Empire, les empereurs envoyèrent dans les cantons des officiers appelés *avoyers*, qui exerçaient en leur nom le droit de glaive. Leurs exactions causèrent le soulèvement de la Suisse; les avoyers impériaux furent chassés; mais le nom resta et les avoyers devinrent des chefs élus.

L'origine de ce mot paraît la même que celle d'avoué.

AXIOME. Vérité évidente par elle-même et n'ayant pas besoin de démonstration; par exemple, le tout est plus grand que sa partie.

Les axiomes sont le point de départ de toute démonstration.

Toutes les sciences partent d'axiomes qui leur servent de fondements.

C'est sur certains axiomes que repose tout l'édifice des sciences mathématiques; mais les sciences autres que les mathématiques ont aussi leurs axiomes : axiome de morale, de philosophie; toutefois, dans ces sciences, ce terme se prend dans le sens de principe général admis et reconnu plutôt que dans la signification rigoureuse des axiomes mathématiques.

Littré fait observer, à propos de la synonymie qu'on pourrait établir avec certains autres mots d'un sens analogue, tels que maxime, sentence, aphorisme, apophthegme, que „*axiome* exprime une proposition évidente de soi, échappant à toute démonstration et s'imposant par un principe d'évidence ou, autrement, de certitude qui entre dans la constitution de l'esprit humain".

AYANT CAUSE. AYANT DROIT. Personne subrogée aux droits ou aux intérêts d'un autre. Termes à peu près équivalents; pourtant *ayant cause* se dit plus particulièrement de celui qui en représente un autre à titre universel ou particulier; et *ayant droit* de celui qui a et exerce les droits d'un autre : ainsi l'héritier est l'ayant cause de son ascendant, et l'acquéreur est l'ayant droit de son vendeur.

B

BAIE. En géographie on donne le nom de *baie* à un espace de mer enfermé entre deux terres qui s'avancent, mais laissent entre elles une grande ouverture: la baie proprement dite est un renfoncement dans la côte, ou l'embouchure d'un bras de mer propre à servir d'asile aux navires à défaut de port.

Les baies, défendues soit naturellement par des îles, des bancs de sable ou des roches, soit par le feu croisé de canons placés à leurs deux ouvertures, se rattachent à la souveraineté territoriale contiguë, dont elles sont regardées comme les accessoires, toutefois jusqu'à certaines limites, dans lesquelles elles sont, quant à la liberté d'accès et au droit juridictionnel, régis par les mêmes principes que ceux établis pour les ports et les rades intérieures.

BAILLI, BAILLIAGE. Dans l'ancienne organisation judiciaire et administrative de la France, le *bailli* était un officier royal d'épée rendant la justice dans une certaine étendue du territoire, soumise à sa juridiction.

Il y avait aussi des baillis seigneuriaux qui, dans les grands fiefs, rendaient la justice au nom de leurs seigneurs.

Outre les baillis royaux et ceux des seigneurs hauts-justiciers, ce nom était encore adopté par les officiers et les juges subalternes dans les bourgs et les villages; ce ne fut même qu'à eux seuls qu'il finit par être donné.

En Suisse et en Allemagne il y avait autrefois aussi des baillis (*Vogte*, *Landvogte*) dont les attributions étaient à peu près les mêmes.

Le *bailliage* était la partie du territoire placée sous la juridiction d'un bailli; se disait aussi d'un tribunal composé de juges qui rendaient la justice avec le bailli ou en son nom; — et du lieu ou de la maison où se tenait ce tribunal.

BAIRAM ou **BEIRAM.** On désigne ainsi les deux seules fêtes solennelles de la religion musulmane. Il y a le grand baïram, qui se célèbre le dixième jour du dernier mois de l'année, en commémoration du pèlerinage de la Mecque que tout musulman doit faire dans ce mois, et pendant toute la durée duquel le jeûne est obligatoire pour les musulmans.

L'autre fête est appelée petit baïram, ou *Kourban baïram*, c'est-à-dire fête des sacrifices, parce que ce jour-là les musulmans sont dans l'usage d'offrir un sacrifice sanglant, en imitation de la pâque juive: le petit baïram a lieu 60 jours après le grand baïram, il dure quatre jours; il met fin au jeûne du ramadan.

Chez les Turcs et les Arabes, dont l'année est lunaire, ces deux fêtes sont mobiles et parcourent successivement toutes les valeurs dans une période de trente-trois ans.

BAISE-MAIN. Terme de féodalité: hommage que le vassal rendait à son seigneur en lui baisant la main; ce n'est plus qu'une cérémonie d'étiquette usitée dans quelques cours, particulièrement en Espagne et en Russie, et qui consiste à baiser la main du souverain: cette cérémonie a lieu à certaines époques, où les personnages qui doivent être présentés se rendent exprès au palais.

On nomme aussi baise-main l'audience que le Sultan donne aux ambassadeurs, parce que autrefois ceux-ci lui baisaient la main.

BALANCE POLITIQUE. Espèce d'équilibre qui résulte entre les Etats de leurs forces, de leurs territoires, de leurs alliances, etc., de manière qu'aucun d'eux ne soit assez prépondérant pour détruire ou opprimer les autres (*V.* EQUILIBRE.)

BALLONS ou **AÉROSTATS.** Dès la fin du siècle dernier on avait, en guerre, employé les ballons soit comme pour observer les mouvements des troupes ennemies, soit pour jeter sur elles des projectiles incendiaires; mais les tentatives n'ont donné que des résultats insignifiants.

Il en a été autrement pendant la guerre de 1870—1871 entre l'Allemagne et la France. Paris assiégé a eu recours aux aérostats pour se mettre en communication avec la province; pendant les cinq mois d'investissement, 64 ballons, partis de la capitale, ont enlevé avec eux 155 personnes; plusieurs sont tombés entre les mains des ennemis, qui tiraient dessus et avaient même combiné un canon de forme spéciale pour les atteindre et les arrêter au passage.

Cet emploi des ballons a soulevé quelques questions internationales nouvelles.

Nous regardons comme oiseuse celle de savoir jusqu'à quelle hauteur dans l'air l'aérostat est de droit sujet aux attaques de l'armée occupante; car non seulement il nous paraît souvent difficile de déterminer à quelle hauteur le ballon passe; mais de plus ceux qui montent en ballon ne se rendent, à nos yeux, coupables d'aucun délit de guerre.

Le seul point vraiment important, c'est la manière dont doivent être traitées les personnes qui se trouvent dans les ballons pris à l'ennemi.

Faut-il, ainsi que l'avait commandé le chancelier de la Confédération du Nord pendant la campagne de France en 1870 — 1871, les traiter comme des individus franchissant les lignes d'une armée sans autorisation, entretenant des correspondances au préjudice des troupes occupantes, et les faire juger par des conseils de guerre?

Nous demanderons d'abord quelles lois de la guerre sont applicables à une situation nouvelle; ensuite nous pensons que l'assimilation à l'aide de laquelle le prince de Bismarck a cherché à justifier les mesures de rigueur employées contre les aéronautes naufragés est tout soit peu arbitraire. En effet un voyageur aérien accomplit assez ouvertement son message pour qu'il ne puisse être regardé comme une espion se glissant clandestinement, au moyen d'un déguisement, à travers les lignes ennemies. S'il tombe dans l'enceinte de ces lignes ou les dépasse, ce n'est certes pas toujours volontairement; il ne saurait donc être de toute justice traité en criminel pour un fait accidentel et dont il n'est pas toujours coupable. Il nous paraît plus équitable de le mettre sur le même rang que le messager qui tente de franchir les lignes ennemies et de le traiter comme prisonnier de guerre.

On pourrait encore assimiler le personnel d'un aérostat à l'équipage d'un navire qui rompt un blocus, car une ville assiégée est précisément dans la position d'un port bloqué : si ces marins sont neutres, on les laisse s'en aller librement; s'ils sont ennemis, on les retient captifs, mais sans les soumettre à aucune pénalité.

Quant au droit de l'armée qui s'empare d'un ballon de s'emparer aussi des lettres, des dépêches que les aéronautes s'étaient chargés de porter, si tel est le cas, il ne saurait être contesté : c'est une mesure de sûreté autorisée par les nécessités de la guerre.

BALLOTTAGE. Se disait d'un mode d'élection auquel on procédait au moyen de petites boules ou *ballottes*. Aujourd'hui le terme ne s'emploie plus que pour exprimer l'opération de *ballotter* deux candidats, c'est-à-dire décider par le scrutin lequel l'emportera de deux candidats qui ont obtenu le plus grand nombre de suffrages dans un scrutin antérieur, sans atteindre au minimum prescrit par la loi, tous les autres étant exclus. Cependant à ce scrutin décisif de nouveaux candidats peuvent quelquefois être mis en présence, pourvu, en tout cas, que la lutte soit limitée à deux candidats seulement.

La loi règle si c'est au deuxième ou au troisième tour de scrutin que le ballottage doit avoir lieu; mais tous les électeurs ayant droit de voter peuvent y prendre part, lors même qu'ils n'ont pas participé aux scrutins précédents.

BAN, ARRIÈRE-BAN. Se mot *ban* signifie d'abord étendard, puis proclamation publique, parce que sans doute ce genre de proclamation se faisait en déployant un étendard : c'est le mandement de l'autorité pour ordonner ou défendre quelque chose.

En féodalité, c'était le mandement public adressé par un souverain à ses vassaux, lorsqu'il les convoquait pour le service militaire.

On désignait sous la dénomination de *ban et arrière-ban*, ou simplement *arrière-ban*, le corps de la noblesse ainsi convoqué.

Dans le langage actuel, en parlant de milice ou de garde nationale, le ban est la partie la plus valide de la population, et l'arrière-ban la réserve composée des citoyens plus âgés et qui ne doivent prendre les armes que dans les moments de péril.

Au figuré, on dit convoquer le ban et l'arrière-ban, c'est-à-dire s'adresser à tous ceux dont on peut espérer du secours.

Ban signifie aussi sentence qui exclut, et, en particulier, bannissement : garder son ban, c'est ne pas revenir aux lieux d'où l'on a été exilé; rompre son ban, c'est revenir au lieu où l'on n'a pas la permission de résider. Dans l'ancienne constitution de l'empire Germanique, ban était synonyme de proscription : mettre un prince, une ville au ban de l'empire, c'était les déclarer déchus de leurs droits et de leurs privilèges.

BAN, BANAT. Chef de banat titre donné autrefois aux gouverneurs militaires de certaines provinces limitrophes de la Hongrie et de la Turquie. On dit encore aujourd'hui le ban de Croatie.

Banat est synonyme de province frontière; — dignité de ban, — province gouvernée par un ban.

BAN DE MARIAGE. On appelle *ban* la publication des promesses de mariage. Cette publication a lieu, en général, dans les mairies et dans les églises en même temps par trois dimanches consécutifs.

BANC du roi ou de la reine. Cour souveraine d'Angleterre, composée d'un juge suprême ou président et de trois juges.

Ces quatre juges forment, avec les membres des deux autres cours de haute justice, la cour des plaidoyers communs (*Court of common pleas*) et la cour de l'échiquier, le collège des douze juges supérieurs d'Angleterre qui administrent la justice tantôt collectivement, tantôt séparément. Leur juridiction s'étend sur tout le royaume, à l'exception du Pays de Galles, du duché de Lancastre, de l'évêché de Durham et de quelques autres districts.

La cour du banc du roi connaît des crimes de haute trahison, des attentats contre le gouvernement et la sûreté publique, et, du moins autrefois, de toutes les causes entre le souverain et ses sujets. Par extension on y juge aussi des causes civiles entre particuliers, pourvu qu'elles aient quelque rapport réel ou fictif à la sûreté publique, et toutes les autres causes en dernier ressort. Les avocats admis au barreau ont droit de plaider devant cette cour.

Au service de la cour du banc du roi est affectée une prison où les détenus jouissent d'une entière liberté; on y enferme aussi les prisonniers pour dettes.

La cour du banc du roi est ainsi appelée parcequ'autrefois le roi la présidait en personne, assis sur un banc placé au-dessus de ceux des autres juges; lorsque le roi ne présidait pas, un banc figurait toujours à la même place, et les juges étaient censés rendre leurs décisions sous les yeux du roi.

BANDITS, FORBANS. Dans son sens le plus étendu, le mot *bandit* signifie malfaiteur. Dans l'origine, il désignait un banni (en italien *bandito*), puis un meur-trier à gages; maintenant il s'applique à tous assassins et aux voleurs de grands chemins.

En droit international, les malfaiteurs isolés, qui, pour vivre de pillage et de déprédations, attaquent à main armée les gouvernements établis ou les propriétés privées, prennent le nom de *bandits* quand ils opèrent sur la terre ferme, et celui de *forbans* quand ils opèrent par mer sur les côtes. Leur champ d'action est généralement limité; il ne s'étend guère au-delà des frontières d'une nation; lorsqu'il les franchissent, ils sont justement considérés comme placés en dehors du droit commun, indignes d'asile, et leurs embarcations peuvent être traitées comme pirates par tout bâtiment de guerre, garde-côte ou autre, qui parvient à s'en emparer.

BANNERET, seigneur banneret. Titre qu'au moyen âge on donnait à tout chevalier qui avait droit de porter bannière.

Ce droit appartenait à celui qui pouvait armer 50 lances et un nombre proportionné de gens de pied. Il y avait des fiefs auxquels était attaché le droit de porter bannière.

BANNIÈRE. C'était dans l'origine l'étendard de tout grand feudataire ou seigneur banneret. La bannière était en forme carrée et se portait un bord d'une lance, fixée au-dessous du fer au moyen d'un bâton transversal.

La bannière de France, celle des anciens rois, était ou entièrement blanche, ou bleue et parsemée de fleurs de lis.

Les autres bannières variaient suivant les armoiries ou le gré des possesseurs.

BANNISSEMENT. Peine qui consiste dans l'expulsion du territoire avec interdiction d'y rentrer.

Autrefois, en France, le bannissement était ou perpétuel ou temporaire: perpétuel, il entraînait la confiscation des biens et la mort civile. Aujourdhui il entraîne toujours la dégradation civique; mais il ne peut être prononcé que pour un temps limité, 5 ans au moins et 10 ans au plus; toutefois le banni qui rentre sur le territoire de la France avant l'expiration de sa peine, encourt la déportation (voir ce mot).

Bien que le bannissement soit encore au nombre des peines applicables par les tribunaux ordinaires, il est rarement appliqué et ne frappe guère que les délits politiques; le plus souvent c'est une mesure de circonstances, à laquelle ont recours les gouvernements dans l'intérêt de leur propre sûreté. (*Voir EXIL.*)

Le bannissement existait chez les anciens: l'ostracisme et le pétalisme étaient chez les Grecs des bannissements temporaires sans jugement: c'étaient des mesures purement politiques et n'impliquant aucune idée de déshonneur (*Voir* OSTRACISME).

BANQUEROUTE. État du négociant insolvable ou failli, qui a été déclaré coupable de négligence ou d'imprudence dans la gestion de ses affaires, ou de fraude envers ses créanciers.

Dans le premier cas, il y a banqueroute simple, punissable par la loi comme délit, dans le second, la banqueroute est dite frauduleuse et réputée crime. En matière de banqueroute frauduleuse, la tentative est assimilée au fait lui-même, et les complices sont punis de même que l'auteur principal.

La banqueroute frauduleuse est généralement passible de l'extradition (*Voir* FAILLITE).

BARAT ou **BÉRAT.** On appelle ainsi en Turquie les lettres d'*exequatur* par lesquelles le sultan autorise les consuls à exercer leurs fonctions; et le diplôme d'investiture que le sultan délivre au patriarche du Constantinople.

C'est aussi la patente ou le brevet de drogman que les agents diplomatiques ou les consuls des puissances européennes dans le Levant délivrent à des sujets ottomans pour les autoriser à servir d'interprètes auprès des ambassadeurs.

Le barat soustrait le sujet ottoman à sa juridiction propre pour le placer sous celle de la puissance européenne de laquelle il émane, et lui confère certains privilèges, entre autres celui de porter un costume particulier.

Cette sorte de protection se vend plus ou moins cher, selon les pays qui l'accordent.

BARATERIE. Dans le droit maritime on nomme ainsi toute prévarication ou faute dont se rend coupable le capitaine, le patron, le pilote chargé de la conduite d'un navire, telle que naufrage volontaire, soustraction de marchandises, fraude au détriment des armateurs, des assureurs ou des associés. Les simples fautes ne constituent pas le crime de baraterie; elles ne donnent lieu qu'à une reponsabilité civile.

La baraterie est justiciable des tribunaux criminels et entraîne les peines les plus graves: le capitaine ou le patron est puni de mort s'il a volontairement fait périr son bâtiment; des travaux forcés à perpétuité, s'il l'a détourné à

son profit; des travaux forcés à temps, s'il a détruit tout ou partie de son chargement. Il s'ensuit que le coupable de baraterie est passible d'extradition.

Dans le Levant et dans les Etats barbaresques, en Chine et dans l'imanat de Mascate, les consuls sont compétents pour *instruire*, s'il y a crime, et pour *juger*, s'il n'y a que délit; mais en pays de chrétienté, les consuls, n'ayant aucune juridiction, se bornent à une enquête afin de constater la vérité. Ils peuvent et doivent même ordonner l'arrestation des prévenus et les renvoyer dans leur pays avec toutes les pièces de conviction saisies à bord ou à terre.

Dans tous les cas le consul doit adresser aux ministres de la marine et des affaires étrangères un rapport détaillé de tous les faits de baraterie contre lesquels il pourrait avoir été instruit à l'étranger.

BARBARES. Dans l'antiquité les Grecs et les Romains donnaient le nom de *Barbares* aux peuples étrangers et particulièrement à ceux qui ne parlaient point leur langue.

Dans l'histoire moderne on nomme plus spécialement *Barbares* les peuples mongols, slaves ou germains, qui ont envahi l'empire romain. Les plus connus sont les Huns, les Alains et les Bulgares, de la famille asiatique, les Goths, les Wisigoths, de la famille cythico-germanique, les Francs, les Vandales, les Suèves, les Lombards, les Burgundes, les Saxons, de la famille germanique, les Normands, de la famille scandinave.

Pris dans un sens général *barbare* se dit des peuples sauvages ou dépourvus de civilisation.

BARBARIE, BARBARESQUES. En géographie on désigne ainsi le pays du nord de l'Afrique correspondant à la régence de Tripoli, à la Tunisie, à l'Algérie et au Maroc, et dont les habitants se livraient jadis à la piraterie. Ce nom lui vient sans doute des Berbères, peuples qui l'habitent conjointement avec les Maures.

On appelle *Etats barbaresques* les contrées que nous venons de mentionner, ainsi que les peuples qui les habitent.

Pris substantivement, on emploie le mot *barbarie* pour signifier le manque de civilisation, l'état d'un peuple sauvage. La barbarie tient à l'état des mœurs et implique l'ignorance et la grossièreté.

BARON, BARONNE, BARONNIE. Titre de noblesse.

Originairement ce mot était synonyme d'*homme*.

Les premiers barons étaient les guerriers de race libres, possesseurs de fiefs, qui accompagnaient le roi à la guerre, suivis de leurs vassaux.

Les barons formaient la plus haute noblesse. Peu à peu ce mot perdit de son sens élevé, et au 13e siècle la dignité de baron était déjà inférieure à celles de comte et de marquis.

Dans les derniers temps ce n'était plus, en France, qu'un titre de noblesse honorifique et héréditaire, conféré par le souverain : il était supérieur au titre de chevalier, mais inférieur à celui de vicomte ; mais il subsiste dans la plupart des pays monarchiques.

Baronne, la femme d'un baron, ou femme noble possédant une baronnie.

Baronnie, terre seigneuriale donnant à celui qui la possède le titre de baron ; à l'époque féodale, tout grand fief relevant de la couronne.

BARONET. Dignité nobiliaire, appartenant exclusivement à l'Angleterre : elle a été créée par le roi Jaques Ier en 1611.

Le baronet ne doit pas être confondu avec le baron, qui tient de son titre le droit de faire partie de la chambre des lords ; le baronet n'est pas de droit membre du parlement et n'a aucun privilège. Seulement son nom de famille est toujours précédé du mot *sir* et d'un prénom, et sa femme a droit à la désignation de *lady* (dame) au lieu de *mistress* qui est l'équivalent de *madame* pour les personnes qui ne sont pas nobles.

Le titre de *baronet* est héréditaire ; il est plus élevé que celui de *Knight* (Chevalier) ; c'est l'échelon inférieur de la haute noblesse.

BARREAU. L'enceinte réservée dans un tribunal où se mettent les avocats pour plaider, de là désignation sous le même nom de l'ordre des avocats, de la profession d'avocat.

On dit l'éloquence du barreau pour indiquer l'éloquence propre aux plaidoyers, ce qu'on appelait anciennement judiciaire.

BARRETTE. On donne plus particulièrement ce nom à un petit bonnet carré de couleur rouge que portent les cardinaux.

La barrette est remise aux cardinaux par un envoyé du pape qui prend le titre d'ablégat.

On emploie le terme „recevoir la barrette" comme synonyme d'„être nommé cardinal."

BAS EMPIRE. Les historiens comprennent généralement sous cette vague dénomination la longue période pendant laquelle l'empire romain, incessamment harcelé par les barbares, tomba en décadence, depuis son partage par Constantin en 396 jusqu'à la prise de Constantinople par les Turcs en 1453.

BATARD. Enfant né hors mariage. L'expression légale est *enfant naturel* ; on dit aussi *illégitime*.

Au point de vue du droit international, nous avons à nous occuper uniquement de la nationalité des enfants naturels.

Lorsque la paternité n'est ni connue ni reconnue, l'enfant naturel acquiert par sa naissance la nationalité de sa mère, qui seule constitue sa famille, par conséquent sa filiation, abstraction faite du lieu de sa naissance.

La législation anglaise, qui fait dépendre la nationalité du lieu de naissance, exclut du bénéfice de l'allégeance comme sujets anglais les enfants naturels issus de mères anglaises et nés à l'étranger, tandis qu'elle admet comme Anglais, en raison du sol sur lequel ils sont nés, les enfants naturels de mères étrangères, mais nés sur le territoire anglais.

Néanmoins l'enfant naturel non reconnu par son père ne suit pas le *status* de sa mère, lorsque celle-ci vient plus tard à acquérir par mariage une autre nationalité.

Mais si l'enfant né hors mariage est reconnu par son père naturel, il semble logique qu'il suive la nationalité paternelle ; car dans ce cas la famille de l'enfant n'est plus limitée à la mère seule et la filiation est établie par l'acte de reconnaissance.

La jurisprudence française admet en principe que les enfants naturels reconnus par leur père suivent la condition de leur père, Français ou étranger, et la mort de celui-ci ne modifie point la nationalité des enfants naturels qu'il a reconnus, quoique la mère soit d'une nationalité différente.

BEGLERBEY. Prince des Princes, Seigneur des Seigneurs : c'est le titre des gouverneurs des grandes provinces de l'empire ottoman. Le nombre de ces hauts fonctionnaires a varié de 26 à 36 suivant les circonstances.

Le titre de beglerbey n'est guère aujourd'hui, comme celui de *Bey*, qu'une simple formule de politesse.

À la cour du Grand-Seigneur, les

Beglerbeys reçoivent une dénomination équivalente à celle des plénipotentiaires.

BELLIGÉRANT. Qui est en guerre, en parlant des nations.

La qualité de belligérants n'est pas reconnue à tous ceux qui se battent; il n'y a pas de doute à l'admettre lorsque les Etats en guerre jouissent de leur entière souveraineté. On la reconnaît aussi aux membres d'une confédération qui entrent en conflit les uns contre les autres; mais le plus souvent, dans les cas de guerre civile, on la refuse aux insurgés tant que le gouvernement paraît capable de les vaincre.

Le belligérant est tenu de se restreindre aux mesures nécessitées par les opérations militaires ou par la politique de l'Etat. Aucun Etat n'a le droit de priver de la vie des sujets ennemis qui n'opposent pas de résistance ou ne se défendent pas les armes à la main. Les lois modernes de la guerre réprouvent aussi les dévastations inutiles, les armes déloyales, les balles explosibles, &c.

L'*occupation* (voir ce mot) donne lieu à l'exercice de certains droits; mais cet exercice ne doit dans aucun cas dégénérer en exactions ou déprédations abusives.

En ce qui concerne la propriété privée de l'ennemi, elle doit être sauvegardée lorsque les opérations militaires n'en nécessitent pas l'occupation ou l'emploi; et relativement aux objets mobiliers, on peut considérer comme virtuellement abrogé le droit de faire du *butin* (voir ce mot).

BÉNÉFICE. En politique, ce mot désignait les terres conquises que les premiers rois francs distribuaient à leurs compagnons d'armes; le bénéfice était donné à vie; étant devenu héréditaire, il se transforma en fief.

Plus tard on nomma bénéfices certaines dignités ecclésiastiques accompagnées d'un revenu qui n'en pouvait être séparé.

BEY. Qualification équivalente à celle de seigneur, en usage dans l'empire turc et chez les peuples musulmans qui reconnaissent la suzeraineté du Sultan, ou chez les peuples de race tartare.

Ce titre n'a pas une signification bien précise; dans la Turquie il est donné au gouverneur d'une ville ou d'un district, subordonné au gouvernement supérieur d'un pacha.

En Afrique le bey est, au contraire, le chef, le fonctionnaire suprême à Tripoli, et même le souverain à Tunis.

Enfin le titre de bey est conféré comme une simple distinction honorifique à des étrangers qui ont rendu des services à la Turquie.

BIBLIOTHÈQUE. Collection de livres réunis ou pour un usage public, ou pour l'usage d'un simple particulier.

Les bibliothèques publiques, en temps de guerre, sont généralement affranchies de capture et de confiscation; en tous les cas la destruction en serait injustifiable.

BIENS. La loi appelle biens toutes les choses qui peuvent servir à la satisfaction des besoins de l'homme et qui sont en même temps susceptibles d'appropriations. (*Voir* PROPRIÉTÉ.)

Les biens se distinguent en *meubles* et *immeubles, corporels* et *incorporels, personnels* et *réels.* (Voir ces mots et ENNEMI.)

BIENS-FONDS ou FONCIERS. Immeubles, terres ou maisons; s'emploie le plus ordinairement au pluriel.

(*Voir* IMMEUBLES.)

BIGAMIE. Acte de celui qui, étant marié, contracte un autre mariage avant que le précédent soit dissous.

Chez les peuples qui n'admettent point la polygamie, cet acte est considéré comme un crime très grave, frappé de peines plus ou moins sévères, selon les diverses législations.

La bigamie donne lieu à l'extradition.

BILL. Mot anglais, qui, dans le langage parlementaire, s'applique à tout projet d'acte ou de loi présenté par écrit à l'une des deux chambres.

La présentation par écrit distingue le bill de la motion, qui n'est que la proposition préparatoire du bill. Chaque bill subit trois lectures et trois votations successives; lorsqu'il a reçu l'approbation des deux chambres et la sanction du souverain, il devient acte du parlement, statut du royaume. (*Voir* ACTE).

BILL DE RÉFORME. Nom qui est resté à la loi anglaise du 7 janvier 1832, qui a eu pour objet la réforme du suffrage parlementaire. Cette réforme a consisté à retirer le droit de suffrage à certaines localités sans importance et à l'accorder à d'autres qui ont pris un développement assez considérable, enfin à le concéder à certaines capacités.

BILL DES DROITS (*Bill of rights*). C'est la déclaration adressée par les deux chambres du parlement anglais, le 13 février 1689, au prince et à la princesse d'Orange, lors de leur avénement au trône de la Grande-Bretagne.

Cette déclaration, après avoir protesté contre divers actes du règne de Jacques II

4*

qui y étaient qualifiés d'illégaux, en in-
férait les droits, les privilèges et les
franchises réclamés par le peuple anglais
et regardés par lui comme les principes
fondamentaux de la liberté politique.

BILL D'INDEMNITÉ. Résolution par
laquelle le parlement anglais déclare
qu'un acte d'un ministre, quoique irrégu-
lier, ne donnera lieu à aucune poursuite.

Cette expression a passé dans le langage
parlementaire des autres États.

BLAME. Expression de l'opinion par
laquelle on trouve quelque chose de
mauvais dans les personnes ou dans les
choses, sentimens ou discours par lequel
ou réprouve ou condamne une personne
une action, une opinion.

En jurisprudence, c'est la réprimande
adressée par le juge à une personne reconnue coupable de quelque contravention aux lois ou aux ordonnances.

Le blâme infligé par un tribunal était
autrefois une peine infamante; ce n'est
plus aujourd'hui qu'un moyen de discipline, à l'égard des officiers ministériels,
des avoués et autres professions ou fonctionnaires soumis à des conseils de discipline: c'est un simple avertissement sans
publicité directe.

Dans les assemblées législatives, le
rappel à l'ordre peut être considéré
comme un blâme public infligé à l'orateur
ou à l'interrupteur qui s'écarte des convenances parlementaires ou constitutionnelles.

BLASON. Science qui s'occupe de la
connaissance et de l'explication des armoiries; on désigne aussi cette science
sous la dénomination d'art héraldique.

On donne également le nom de blason à
la réunion de toutes les pièces qui composent un écu héraldique ou les armoiries.

BLESSÉS et malades militaires. Il ne
s'agit ici que des soldats ayant reçu des
blessures en combattant ou en prenant
part à quelque opération militaire, ou de
ceux que la maladie empêche de résister
et qui tombent ainsi au pouvoir de l'ennemi.

Il est contraire aux lois de la guerre
de permettre le pillage des blessés sur
le champ du bataille.

Les militaires blessés ou malades sont
recueillis et soignés, à quelque nation qu'ils
appartiennent.

C'est au belligérant qui est maître du
champ de bataille à prendre soin des
blessés.

Les commandants en chef ont la faculté, lorsque les circonstances le permettent, de remettre aux avant-postes

ennemis les militaires blessés pendant le
combat. Ceux qui, après guérison, sont reconnus incapables de servir, sont renvoyés
dans leur pays; les autres peuvent l'être
également, mais à la condition qu'ils ne
reprendront pas les armes pendant la
durée de la guerre, ou bien ils peuvent
être retenus prisonniers.

Les secours à porter aux blessés sont
depuis 1864 réglementés par un pacte
international, connu sous le nom *convention de Genève* (voir ce mot).

BLOCUS. Terme de guerre, indiquant
l'action d'investir une ville ou un port,
de manière à couper entièrement les relations et la correspondance au dehors.

Le droit de bloquer les places fortes,
les ports ou une partie du littoral d'un
peuple avec lequel on est en guerre est
reconnu par toutes les nations civilisées.

La déclaration d'un blocus doit émaner
du gouvernement lui-même ou de l'autorité à laquelle cette faculté est expressément déléguée.

Le droit des gens interdit aux neutres
d'entretenir des communications ou de
faire du commerce avec une place bloquée. Mais pour que le blocus puisse
produire ses effets, pour qu'il soit obligatoire à l'égard des neutres, il faut
qu'il soit effectif ou réel, c'est-à-dire que
le belligérant qui veut déclarer le blocus
ait une force suffisante pour le faire respecter et dispose ses forces de mer, à
l'entrée du détroit ou du port bloqué, de
manière à pouvoir interdire à tout navire étranger l'accès de la mer territoriale qu'il occupe.

Pour que le blocus acquière un caractère sérieux de légitimité, il faut que la
résolution prise de bloquer un port reçoive de la publicité par voie de notification.

Il y a trois espèces de notifications:
la première est celle que le commandant
des forces bloquantes, afin de marquer
le commencement du blocus et d'en cir-
conscrire l'action, signifie aux autorités
des lieux dont il est chargé d'intercepter
les communications avec le dehors par
la voie de mer; la seconde est celle
qu'on qualifie de *générale* ou *diplomatique* et qui est communiquée aux gouvernements neutres; la troisième, qui
prend le nom de *spéciale*, est celle que
le commandant croiseur fait aux navires
qui se dirigent sur la ligne du blocus ou
qui s'y trouvent. Pour que le blocus devienne légalement obligatoire avec toutes
ses conséquences, il faut que la notification diplomatiques soit dans chaque cas

particulier complétée par une notification spéciale aux neutres qui se présentent sur la ligne du blocus.

La majorité des auteurs est d'opinion que le droit de blocus peut s'appliquer non seulement aux places et aux ports fortifiés, mais aussi aux villes et aux ports de commerce qui ne le sont pas. Il est également applicable à l'embouchure d'une rivière et à un détroit; seulement, si les deux rivages de la rivière ou du détroit n'appartiennent pas à l'ennemi, le bloquant peut empêcher le passage de côté de l'ennemi, mais il est tenu de le laisser libre de l'autre; et si la rivière conduit à des pays avec lesquels le belligérant n'est pas en guerre, celui-ci ne peut en interdire le passage aux navires neutres en destination pour ces pays.

Le blocus cesse du moment qu'il n'est plus effectif, c'est-à-dire du moment où les vaisseaux croiseurs abandonnent la station ou n'y sont plus en force suffisante.

Lorsqu'un blocus est levé, une notification du fait de la part de la puissance bloquante n'est pas obligatoire; le fait matériel établit suffisamment le changement survenu dans l'état des choses.

Dès qu'un lieu est bloqué, tout navire neutre qui tente d'enfreindre la prohibition de commerce avec ce lieu commet une infraction au droit des gens.

Le navire neutre peut être capturé et confisqué pendant qu'il cherche à forcer le blocus; mais aucune peine ne peut être infligée à l'équipage, qui ne peut être fait prisonnier par la raison qu'il n'a pas prêté aide et assistance à l'ennemi.

Le blocus n'est pas toujours une mesure de guerre; il est devenu, pendant la paix, tantôt une mesure de représailles, tantôt un moyen de contrainte pour prévenir de nouvelles violations du droit des gens ou pour arriver au relèvement de griefs et de difficultés internationales dont la réparation n'avait pu être obtenue par la voie diplomatique. On donne le nom de *blocus pacifiques* à ces actes agressifs, qui se manifestent par le stationnement de forces navales plus ou moins considérables et l'interdiction temporaire du commerce devant certains ports.

La pratique des blocus pacifiques n'est pas soumise à des règles uniformes et n'a pas non plus reçu la sanction du droit conventionnel.

(Voir FLEUVES.)

BLOCUS CONTINENTAL. On a appelé ainsi le blocus qui fut établi par le décret du 21 novembre 1806 et ne cessa que par suite des conventions internationales du 23 avril 1812.

Ce blocus embrassait tous les pays alors sous la domination ou l'influence de la France et tous ses alliés et leur défendait non seulement tout commerce, mais encore toute autre communication avec l'Angleterre.

L'Angleterre répondit au blocus continental, par un ordre du conseil, en date du 7 janvier 1807, qui mettait en état de blocus tous les ports de la France et de ses colonies, et le 11 novembre suivant trois nouveaux ordres du conseil étendirent le blocus non seulement à toutes les côtes, places et ports de la France, mais en général à tous ceux dont le pavillon britannique était exclu; il y était dit que „ces ports et places seraient soumis aux mêmes restrictions relativement au commerce et à la navigation que s'ils étaient bloqués effectivement de la manière la plus rigoureuse par les forces navales de Sa Majesté.“

Compris de cette manière, le droit de blocus prenait une extension que le droit des gens ne saurait admettre et que l'abus de la force pouvait seul établir et maintenir.

BLUE BOOK (livre bleu). Recueil de documents officiels anglais, distribué par le gouvernement aux deux chambres du parlement.

C'est la couleur de la couverture qui lui a fait donner ce nom; cette couleur est uniformément adoptée et maintenue pour certaines catégories de documents, notamment les pièces diplomatiques concernant les questions de politique étrangère et internationale dans lesquelles le pays a été engagé.

BOMBARDEMENT. Action de bombarder, de lancer des bombes, des obus, des boulets rouges et d'autres projectiles incendiaires. C'est une mesure de guerre, à laquelle on recourt soit contre les places fortes pour les détruire, soit contre les villes entières pour en châtier les habitants.

Le bombardement des places de guerre ou des autres lieux fortifiés est une mesure extrême de rigueur, justifiable seulement dans le cas où il y a impossibilité absolue d'atteindre par d'autres moyens le but qu'on poursuit, c'est-à-dire la reddition du point attaqué et l'expulsion ou la capture des soldats ennemis préposés à la défense des fortifications.

Mais dans aucun cas, sous aucun prétexte, il n'est permis de bombarder les villes ouvertes non-fortifiées et qui ne sont pas militairement défendues : agir contre elles comme les nécessités de la guerre autorisent à le faire contre des forteresses, c'est violer tous les principes du droit des gens et se placer hors la loi des nations qui marchent à la tête de la civilisation.

On pourrait cependant admettre une exception à cette règle pour le cas où l'armée que l'on combat se renferme dans une ville ouverte, et pour celui où à l'approche de l'ennemi les habitants d'un endroit se rassemblent en armes et se retranchent au moyen d'ouvrages ou de barricades. L'ennemi, qui les considère comme combattants, cesse de regarder la place comme une ville ouverte et prend les mesures militaires qui lui semblent nécessaires pour vaincre la résistance qu'on lui oppose.

Lorsqu'on assiège une place, la pratique le plus généralement usitée consiste à prendre pour objectif des projectiles non pas la ville elle-même, mais les fortifications, les citadelles, les forts et les murs qui en forment l'enceinte, de manière à les détruire ou à y ouvrir une brèche par laquelle on puisse tenter l'assaut; par contre, l'intérieur de la ville et les parties habitées par la population civile doivent être ménagées autant que possible.

L'assiégeant doit autant que possible prendre les mesures nécessaires pour que les églises, les hôpitaux, les collections artistiques, etc. d'une place assiégée soient épargnés par le bombardement. De son côté l'assiégé est tenu de désigner ces édifices d'une manière visible et de ne pas les utiliser pour la lutte.

Il est d'usage que le commandant des assiégeants, toutes les fois qu'il le peut, informe les assiégés de son intention de bombarder la place : c'est une mesure dictée par l'humanité et qui a pour but de mettre les non-combattants, surtout les femmes et les enfants, à même de s'éloigner ou de pourvoir à leur sûreté. Assurément la notification du bombardement n'est pas strictement obligatoire et la non-dénonciation ne constitue pas à proprement parler une infraction aux lois de la guerre; toutefois l'omission de cette formalité n'est guère justifiable que dans le cas où il devient nécessaire de surprendre l'ennemi afin d'enlever rapidement la position.

BONNE VILLE. Titre honorifique donné en France par les anciens rois à un certain nombre de villes importantes.

Accordée d'abord pour quelque service rendu à la couronne, cette distinction finit par être octroyée à toutes les villes que leur importance ou tout autre titre recommandait à la sollicitude du souverain. Le nombre des bonnes villes n'était pas limité; le roi pouvait l'augmenter suivant son bon plaisir.

Ce titre est aujourd'hui tombée à peu près dans l'oubli.

BONS OFFICES. Les puissances rassemblées au congrès de Paris le 14 avril 1856 ont exprimé le vœu que les Etats entre lesquels s'élèverait un conflit, fissent, avant de recourir aux armes, appel aux bons offices d'une puissance amie pour aplanir le différend.

Les bons offices sont les démarches ou les actes au moyen desquels une tierce puissance essaie d'ouvrir la voie aux négociations des parties intéressées, ou de renouer les négociations quand elles sont interrompues.

Les bons offices peuvent être offerts spontanément, ou accordés à la suite d'une demande directe ; ils peuvent aussi résulter d'engagements souscrits à titre éventuel. En général ils n'impliquent aucune responsabilité à moins d'une stipulation expresse.

La puissance qui prête les bons offices fait usage de son influence et de son autorité morales en donnant des conseils pour apaiser les ressentiments et amener la concorde, et propose des moyens pour arriver à une transaction, afin d'empêcher de prendre les armes ou d'obtenir qu'on les dépose.

Les bons offices se transforment en médiation lorsque la puissance amie ne se borne pas à donner des conseils, mais que, d'accord avec les parties, elle prend une part régulière aux négociations ouvertes, jusqu'à leur conclusion ou à leur rupture. (*Voir* MÉDIATION.) Il peut se faire que l'une des parties accepte les bon offices d'une tierce puissance, mais en rejette la médiation.

On donne encore le nom de bons offices à l'offre que fait une puissance neutre à un belligérant de se charger de le représenter diplomatiquement et de protéger ses ressortissants auprès de l'autre belligérant ; mais elle ne peut, dans ce cas, agir qu'avec le consentement des belligérants.

Dans un autre ordre d'idées, les bons offices consistent dans l'intervention officieuse ou confidentielle des agents diplomatiques et consulaires auprès des autorités en faveur de leurs nationaux.

BOURG POURRI *(rotten borough)*. On a donné en Angleterre le nom de bourgs pourris, c'est-à-dire tombés en dissolution, à certaines localités autrefois bien habitées, mais devenues sans importance avec le temps, et qui toutefois avaient conservé le droit que leur ancienne population ou étendue leur avait acquis lors de l'établissement du gouvernement constitutionnel, d'envoyer un ou deux députés au parlement. Dans la plupart des cas ces localités n'usaient de ce droit que sous le bon plaisir de l'aristocratie, qui seule en profitait. Par contre, des villes entièrement nouvelles et d'une importance considérable étaient privées du droit de se faire représenter. Le bill de réforme de 1832 a fait cesser cette iniquité, en enlevant aux petites localités déchues pour le conférer aux villes le droit d'élire un député.

BOURGEOIS, BOURGEOISIE. Le bourgeois est le citoyen d'une ville, jouissant des droits attachés à ce titre.

Ce mot sert aussi à désigner une personne appartenant à la classe moyenne d'une ville; et se dit par opposition à noble, à militaire; on l'employait autrefois collectivement pour mentionner tout le corps des citoyens ou bourgeois d'une ville.

Dans l'origine le mot *bourgeoisie* s'appliqua au territoire dont les habitants, appelés bourgeois, possédaient des privilèges communs; il signifiait aussi le droit même accordé aux habitants d'un certain lieu. Plus tard il servit à désigner une classe particulière d'individus, intermédiaire entre la noblesse et le peuple, laquelle se composait, sous l'ancienne monarchie, de tous ceux qui étaient appelés à participer aux devoirs et aux charges du *bourg* où ils avaient leur domicile; dans les actes officiels on les distinguait avec soin des manants et des artisans; on les nommait aussi *francs-bourgeois* par opposition aux *serfs*, et *bourgeois du roi* ceux qui étaient exemptés par le roi de toute servitude.

Le bourgeois pouvait posséder certains fiefs, et il y avait des pairs bourgeois pour juger les bourgeois. Le titre de bourgeois ne dérogeait pas à la noblesse; les nobles qui étaient bourgeois de certaines villes étaient dispensés de l'arrière-ban.

Dans la société moderne, on applique la dénomination de bourgeoisie aux classes moyennes, c'est-à-dire à l'ensemble des habitants qui vivent de leur revenu ou exercent une des professions dites libérales : d'ailleurs sous l'empire du droit commun aujourd'hui en vigueur ce terme n'a plus aucune signification légale dans la plupart des pays.

On appelle droit de bourgeoisie le droit de faire partie de la bourgeoisie ou des corporations de la cité et d'être considéré comme citoyen du pays pour les privilèges et les immunités. Le droit de bourgeoisie comprend ordinairement le droit de nommer les magistrats de la cité et de pouvoir être élu aux fonctions municipales, le droit de posséder des immeubles dans le territoire de la ville, d'y faire le commerce, d'y exercer sa profession ou son métier, le droit de jouir des biens appartenant à la commune.

Le droit de bourgeoisie s'acquiert par la naissance et par la résidence pendant un certain temps, les nationaux peuvent seuls l'obtenir; anciennement les personnes appartenant à certains cultes ne le pouvaient pas.

Dans certains pays les villes délivrent des brevets ou diplômes de bourgeoisie à des hommes distingués, nationaux ou étrangers, comme une témoignage d'honneur ou de respect.

BOURGMESTRE. C'est le nom donné au premier magistrat municipal dans les villes de Belgique, des Pays-Bas, de la Suisse et de l'Allemagne; il remplit des fonctions analogues à celles des maires en France : il est chargé de la police, de l'administration des deniers de la ville, quelquefois même de la justice.

Dans les grandes villes l'administration est confiée à un premier bourgmestre, auquel sont adjoints plusieurs bourgmestres, qui président les assemblées des désignés municipaux appelés en Prusse *Stadtverordneten*.

BRANCHE. En terme de généalogie, se dit des familles différentes qui proviennent d'une même souche, ou sortent d'un ascendant commun.

En parlant des familles souveraines, on dit : branche aînée, branche cadette; branche masculine, branche féminine.

BREF. Lettre écrite par le Pape pour des affaires particulières aux souverains ou à d'autres personnes auxquelles il accorde cette marque de distinction.

Le bref est ainsi appelé à cause de sa brièveté; il ne contient ni préface ni préambule; mais seulement le nom de Pape, puis ce que Sa Sainteté accorde. Il est scellé en cire rouge de l'anneau du pêcheur, c'est-à-dire du cachet sur lequel Saint-Pierre est représenté en pêcheur, et qui doit être apposé en présence du Pape.

Le bref est, à proprement parler, le brevet délivré par le Pape comme souverain temporel. Il ne faut pas le confondre avec la *bulle*. (Voir ce mot.)

BREVET. Titre ou diplôme délivré au nom d'un gouvernement, d'un prince souverain.

Espèce de patente ou de diplôme délivré par le gouvernement à ceux qu'il permet d'exercer certaines professions ou industries.

Acte qui attribue un grade dans l'armée ou dans un ordre de chevalerie : brevet d'officier, brevet de la Légion d'honneur.

Certificat attestant qu'une personne a certaine aptitude : brevet de capacité, brevet d'apprentissage.

Autrefois acte sur parchemin non scellé, qu'expédiait un secrétaire d'Etat et par lequel le roi accordait une grâce, un don, une pension, un bénéfice, un titre, une dignité.

BREVET *(acte en).* On appelle ainsi l'acte notarié tel que *obligation, transaction, procuration,* dont le notaire ne garde pas minute et qu'il délivre sans y apposer la formule exécutoire.

Ce sont aussi les actes dont les consuls ne sont pas tenus de garder minute, comme les certificats de vie, les procurations, les actes de notoriété, etc.

BREVET D'INVENTION. Acte par lequel l'autorité publique garantit à celui qui se dit l'auteur d'une découverte ou d'une invention nouvelle le droit privatif de faire usage de cette découverte pendant un temps déterminé.

Toutes inventions, tous procédés et tous produits sont brevetables à l'exception des inventions contraires à l'ordre public et aux mœurs, des combinaisons de finances et de crédit. Dans certains pays on n'accorde pas de brevets aux produits chimiques, alimentaires ou pharmaceutiques, qui dans ce cas sont soumis à une législation spéciale.

Pour qu'une invention ou un produit puissant être valablement brevetés, il faut qu'ils soient nouveaux. Les publications et les dessins d'une invention faits antérieurement à la demande de brevet par une autre personne suffisent pour enlever à l'invention son caractère de nouveauté et infirmer le brevet.

La législation qui protège les inventeurs, varie suivant chaque pays et repose sur des principes différents.

Dans presque tous les pays les étrangers sont admis au bénéfice des brevets sur un pied d'égalité avec les nationaux, en se conformant aux prescriptions de la législation locale.

Les Etats ont conclu entre eux des stipulations spéciales pour garantir aux propriétaires des brevets la jouissance de leurs droits dans les pays y dénommés.

(Voir UNION DE LA PROPRIÉTÉ INDUSTRIELLE.)

Les droits résultant des brevets dans les différents pays sont indépendants et non solidaires les uns des autres. Il s'ensuit que l'étranger non breveté dans un pays ne peut y prétendre à aucun droit, alors même qu'il a été breveté dans d'autres; il faut donc qu'il prenne un nouveau brevet dans le pays où il veut exercer ses droits.

On reconnaît généralement aux gouvernements le droit d'utiliser à leur profit les inventions pour lesquelles ils délivrent des brevets; toutefois ce droit ne peut être exercé que par les employés directs du gouvernement.

Indépendamment des brevets d'invention, la loi reconnaît des certificats d'*addition* ou de *perfectionnement* pour les changements, les additions ou les perfectionnements apportés à une invention déjà brevetée. Ces certificats sont soumis aux conditions des brevets ordinaires, dont ils deviennent partie intégrante.

L'inventeur ou ses ayant droit peut seul obtenir un pareil certificat pendant la première année de son brevet; passé ce délai les certificats d'addition ou de perfectionnement peuvent être délivrés à des tiers étrangers au brevet; mais ceux-ci n'acquièrent pas par là le droit d'exploiter l'invention antérieurement brevetée; mais le propriétaire de cette invention n'a pas non plus le droit d'exploiter l'addition objet du certificat.

Dans certains pays on délivre aussi des brevets d'*importation* pour les inventions introduites des autres pays.

Tous les brevets, quelle qu'en soit la nature, sont transmissibles comme les autres propriétés et de la même manière.

BUDGET. Etat général présentant la balance des recettes et des dépenses annuelles d'un pays, d'une administration, etc.

C'est le nom que l'on donne au tableau des dépenses présumées de l'Etat, dressé à l'avance pour le cours de l'année qui doit suivre et présenté par le gouvernement à l'examen et à l'approbation des chambres législatives.

Tout budget se divise en deux parties principales: dépenses et recettes.

La portion relative aux services généraux des ministères est subdivisée en autant de parties qu'il y a de départements ministériels, et l'on donne à chacune de ces parties le nom spécial de budget de tel ministère.

Le budget de chaque ministère est divisé par chapitres et par articles; les chapitres correspondent aux différentes natures de services.

Dans les Etats constitutionnels les budgets sont librement discutés et votés par le pouvoir représentatif.

BULLE. C'est le sceau de plomb de forme ronde, portant d'un côté les images de Saint-Pierre et de Saint-Paul et de l'autre le nom du pape, avec lequel la chancellerie apostolique scelle les rescrits du Souverain Pontife et qu'elle imprime sur les actes solennels concernant les affaires de l'Eglise et de la religion: de là le nom de *bulles* donné à ces actes.

La bulle est désignée par les premiers mots du texte: par exemple, la bulle *Unigenitus.*

Les bulles pontificales se divisent en grandes ou générales et en petites ou spéciales; les premières sont celles qui renferment des dispositions dont l'effet doit rester *ferme et à toujours,* c'est-à-dire dont la durée doit être perpétuelle; elles ont pour objet d'établir des points de dogme, de doctrine ou de discipline; les secondes se rapportent aux nominations d'évêques ou aux dispenses.

On appelle bulles d'excommunication celles qui fulminent des sentences d'excommunication.

Quand la bulle est en forme gracieuse, le plomb y est suspendu avec un fil de soie, tandis qu'il est attaché à une cordelle de chanvre, quand la bulle est en forme rigoureuse.

La bulle diffère du bref en ce qu'elle est plus ample: elle renferme en plusieurs parties distinctes l'exposé du fait, la conception, les clauses et la date. Le bref est écrit sur papier et en italique, et scellé de cire rouge avec l'empreinte de l'anneau du pêcheur; la bulle est écrite en ronde sur parchemin, et scellée de cire verte avec empreinte des images de Saint-Pierre et de Saint-Paul.

La réception des bulles est dans la plupart des pays soumise à une autorisation spéciale du gouvernement. En France, elles ne peuvent avoir aucun effet, ni même être publiées ou imprimées sans une autorisation préalable du gouvernement donnée sur l'avis du Conseil d'Etat.

Les légats ou les nonces du Pape présentent, au lieu de lettres de créance et de pouvoirs, la bulle qui les nomme.

BULLE D'OR. Le titre de bulle a été donné également aux rescrits des empereurs d'Allemagne, aux chartes ou constitutions émanant d'eux; mais on les désignait plus particulièrement sous la dénomination de bulles d'or parce qu'elles étaient revêtues du sceau d'or de l'Empire germanique.

Quand on parle de la *bulle d'or* sans désignation, il s'agit de celle qui fut promulguée en 1356 par l'empereur Charles IV à Nuremberg: c'est une véritable constitution de l'empire germanique, renfermant les règlements les plus précis sur l'élection et le couronnement des rois des Romains, futurs empereurs germaniques, et déterminant le rang, les droits et la succession des électeurs: en un mot elle réglait le droit politique qui a régi les pays allemands jusqu'aux premières années du 19e siècle. L'empereur avait fait attacher le grand sceau d'or à chacun des exemplaires de la bulle remis aux électeurs.

BULLETIN DES LOIS. Recueil officiel des lois et des actes du gouvernement.

En France le *Bulletin des lois* est la seule collection officielle et authentique des actes législatifs, le seul moyen légal de promulgation de ces actes. Une date placée au bas de chaque cahier du Bulletin indique le jour de cette promulgation et par suite l'époque à laquelle les lois sont exécutoires soit à Paris, soit dans les départements.

Le Bulletin est envoyé gratuitement, jour par jour, à toutes les autorités constituées et à tous les fonctionnaires chargés d'appliquer les lois ou d'en surveiller l'exécution. Il est transmis aux agents diplomatiques et consulaires par les soins de la chancellerie de l'administration centrale; il doit être conservé dans les archives de chaque ambassade ou légation et de chaque consulat.

BUREAU. On appelle ainsi tout endroit où travaillent des commis, des employés etc. On nomme aussi *bureaux* certains établissements qui dépendent de l'administration publique ou sont destinés à quelque service public. En parlant des assemblées législatives, académiques, électorales etc., le *bureau* consiste dans la réunion du Président, du Vice-Président et des secrétaires; les bureaux ou comités sont des fractions de l'assemblée, composées d'un certain nombre de membres chargés de s'occuper spécialement d'une ou de plusieurs affaires, dont ils doivent ensuite rendre compte à l'assemblée générale.

BUREAUCRATIE. Ensemble des employés de tous grades ou personnel d'une administration. Ce nom, dans une autre acception, signifie le pouvoir des bureaux, l'influence des chefs et des commis des bureaux dans une administration; il se prend presque toujours en mauvaise part.

BURGRAVE. Ancien titre de dignité en Allemagne, qui signifiait *comte du château*, seigneur d'une ville. On le donnait au commandant militaire d'une ville ou d'une place forte lorsqu'il exerçait en même temps le droit de juridiction sur les bourgeois. Les fonctions des burgraves étaient viagères ou seulement à temps. Le titre était cependant héréditaire dans certains villes, notamment Anvers, Magdebourg, Nuremberg.

BUTIN. On entend par butin l'ensemble des objets, meubles ou corporels, arrachés à l'armée ennemie ou aux non-combattants, soit sur le champ de bataille, soit lors du sac d'une ville prise d'assaut. Cette dernière idée de dépouiller les non-combattants de leurs biens pour enrichir et récompenser les soldats a fait généralement placer le butin sur la même ligne que le pillage; c'est pourquoi, d'après le droit international actuel qui a consacré le principe qu'on doit en toute circonstance respecter la propriété privée, peu importe quels propriétaires aient ou n'aient pas pris part aux hostilités, on peut considérer comme virtuellement abrogé le droit de faire du butin, à part quelques rares exceptions, dont les principales consistent dans la fortune de l'Etat avec lequel on est en guerre, les armes et les équipements des soldats vaincus, la contrebande de guerre, le droit de prise maritime. (*Voir* PRISE MARITIME, ENNEMI).

C

CABINET. Conseil ou réunion des ministres, où se traitent les affaires générales de l'Etat, et particulièrement celles qui concernent les relations internationales.

En Angleterre on entend par *cabinet (cabinet's council)* un comité plus intime des ministres et des membres du conseil privé de la Reine.

Dans quelque pays on nomme *ministres de cabinet* ceux qui assistent aux conférences en présence du souverain.

Le mot *cabinet* est devenu par extension synonyme de ministère ou de gouvernement. Ainsi le Cabinet de l'Elysée signifie le ministère ou le gouvernement français, le Cabinet de St. James, celui de Londres.

CABOTAGE. Ce terme, qui vient du mot espagnol *Cabo*, cap, signifie rigoureusement la navigation qui se fait de cap à cap, c'est-à-dire le long des côtes, pour le transport des marchandises d'un port à un autre d'un même pays, sans toucher aucune terre étrangère, si ce n'est en cas de relâche forcée; cependant ce terme se prend aujourd'hui dans une acception bien moins limitée, car plus généralement c'est la navigation marchande d'un pays à un autre sans quitter la même mer.

En France le code de commerce divise la navigation maritime en navigation de long cours et en navigation côtière ou de cabotage.

D'après la loi du 14 juin 1854 sont réputés voyages au long cours ceux qui se font au delà des limites ci-après déterminées: au sud le 30e degré de latitude sud; au nord le 72e degré de latitude nord; à l'ouest le 15e degré de longitude du méridien de Paris; à l'est le 44e degré du même méridien.

Les voyages compris dans l'intérieur de ces limites ne constituent que des voyages de cabotage. La navigation côtière est dite de grand ou de petit cabotage suivant que les côtes qu'elle atteint sont plus ou moins éloignées des côtes de France.

Les privilèges de la navigation de cabotage sont dans tous les pays réservés aux seuls bâtiments nationaux, cependant cette exclusion des étrangers a subi depuis quelques années de nombreuses exceptions.

Ainsi en temps de guerre, il arrive que les belligérants accordent à des neutres, pour la durée de la guerre, l'autorisation de faire le cabotage ou du commerce entre leurs différents ports respectifs; or dans ce cas les navires neutres qui profitent de cette autorisation ne violent pas les devoirs de la neutralité et ne peuvent être capturés sous le prétexte qu'ils se livrent à un commerce prohibé. Le commerce des neutre étant libre, ce genre de commerce doit l'être également du moment qu'il est permis par l'Etat qui a le droit de l'autoriser sur son territoire.

CACHET. Se dit soit de l'enduit par l'application duquel le contenu d'une lettre ou d'une correspondance est tenu secret, soit de l'empreinte apposée sur des actes, soit de l'instrument à l'aide duquel cette empreinte est apposée. Dans ce sens le mot *cachet* est synonyme de *sceau;* cependant le cachet diffère du sceau en ce que celui-ci en général appartient au souverain ou aux représentants de l'autorité publique, tandis que le cachet est usité par les particuliers.

CACHET (lettre de). En France sous l'ancienne monarchie on donnait ce nom à toute lettre du roi revêtue de son cachet particulier et contenant un ordre émané de lui.

Dans un sens plus restreint, cette dénomination s'attribuait aux lettres d'exil ou d'emprisonnement, parce que ces missives royales avaient généralement pour objet une injonction de par le roi d'aller en exil ou de se rendre dans une prison qui y était désignée.

On donnait aussi aux lettres de cachet le nom de *lettres closes* ou fermées, pour les distinguer des *lettres patentes* ou ouvertes, qui étaient délivrées ouvertes ou scellées par le chancelier du grand sceau de l'Etat.

L'abus qu'on fit de ces lettres, employées souvent pour des détentions arbitraires, en provoqua l'abolition, qui fut enfin décrétée par une loi de l'Assemblée constituante du 15 janvier 1790.

CADI. C'est le nom qu'on donne en Turquie à un magistrat de quatrième ordre qui cumule les fonctions de commissaire de police, de juge de paix, de notaire, de président des tribunaux civils et criminels; même, à défaut d'*Iman,* il supplée ce ministre de la religion mahométane. Le premier des cadis, le *cadi-el-asker,* assiste au divan ou conseil d'Etat et remplit l'office de garde des sceaux. Lorsqu'un Chrétien a un différend avec un Turc, et qu'il se rend chez le *cadi,* celui-ci ne doit les entendre que si le drogman ou interprète ne se trouve présent pour défendre la cause du Chrétien.

En Algérie, les différends entre indigènes peuvent être soumis aux *cadis* nommés par le gouvernement français.

CAHIERS. Autrefois mémoires adressés au souverain par un corps d'Etat.

On appelait en France *cahiers des états* ou simplement *cahiers* les mémoires contenant les demandes, les propositions, les doléances ou les remontrances adressées au roi par les députés du clergé, de la noblesse et du tiers, réunis en Etats-Généraux. C'était un résumé des cahiers des baillages, instructions écrites que chacun des ordres remettait à ses mandataires dans chaque bailliage, ville ou sénéchaussée, en les envoyant aux Etats.

Les cahiers de 1789, qui contenaient l'expression des vœux et des besoins de la France, à la veille de la révolution, demeureront à jamais mémorables dans l'histoire.

CAID ou KAID. Nom donné dans les Etats barbaresques à un officier public qui cumule les fonctions de juge ou *cadi,* de chef militaire, de receveur des contributions.

La France a maintenu en Algérie l'institution des caïds; mais elle s'en est réservé la nomination.

CALENDRIER. Indication des divisions de l'année en jours, mois et saisons. Tableau ou registre qui contient ces divisions.

Le calendrier a varié chez chaque peuple selon les diverses formes données à l'*année*.. (Voir ce mot,)

CALIFE ou KHALIFE. Ce mot qui signifie *vicaire, lieutenant,* est le titre donné par les Arabes aux premiers souverains qui exercèrent après Mahomet le pouvoir temporel et spirituel.

Dans la suite il a été étendu à presque tous les princes souverains de l'Orient.

Les Sultans de Constantinople ont gardé le titre et les prérogatives de Califes, qui leur donnent la suprématie religieuse partout où se trouvent des populations musulmanes orthodoxes, les Persans sont les seuls mahométans qui ne la reconnaissent pas.

CAMARILLA. Mot espagnol, qui, dans son acception propre, signifie *petits appartements*: c'est l'endroit particulier de l'intérieur du palais des rois d'Espagne dans lequel ces princes n'admettent que leurs favoris; par dérivation on l'emploie pour désigner les familiers du souverain, et dans un sens figuré pour dénoncer l'influence occulte qu'ils exercent parfois dans le gouvernement.

L'usage de ce mot, limité d'abord à la cour d'Espagne, a été généralement adopté dans le langage politique des autres pays, mais toujours en mauvaise part.

CAMÉRIER. Prélat de la cour de Rome attaché à la personne du pape et chargé de ses aumônes, du soin de l'argenterie, des joyaux, des reliquaires, etc.

Les camériers portent une soutane violette avec des mouches pendant jusqu'à terre.

CAMERLINGUE. Titre du cardinal qui préside la chambre apostolique.

Quand le Pape était souverain des Etats Romains, le camerlingue était chargé de l'administration de la justice et exerçait l'autorité temporelle dans l'intervalle entre la mort d'un pape et l'élection d'un autre; pendant cette vacance du Saint-Siège le camerlingue faisait battre monnaie à son nom.

CANCELLER. Terme de jurisprudence : annuller une écriture, un acte, en le biffant, en le barrant par des traits de plume, ou en le déchirant.

Pris dans une acception étendue, ce mot est synonyme d'annuler.

CANDIDAT. Celui qui postule une place, une fonction un titre, une dignité, qu'ils soient conférés par voie d'élection ou de concours.

Se dit aussi de celui qui se fait inscrire pour quelque examen.

CANDIDATURE. Etat de candidat, la poursuite que fait un candidat.

CANON. En liturgie, ce mot signifie règle, décret.

Les *canons de l'Eglise* ou les *saints canons* sont les lois ou les règles de la discipline ecclésiastique, les décrets et les décisions des conciles en matière de dogme et de discipline: ces canons sont les règles auxquelles les catholiques doivent conformer leur croyance et leur conduite.

On nomme spécialement *canons des apôtres* ou *canons apostoliques* la collection des lois ecclésiastiques attribuées au Pape Saint-Clément, disciple de Saint-Pierre.

Le *canon des livres saints* ou *des écritures* est le catalogue des livres de l'Ecriture que l'Eglise regarde comme authentiques, par opposition aux livres appelés apocryphes.

Le mot canon est pris adjectivement dans ce terme *droit canon*.

Le *droit canon* ou *canonique* est la science du droit ecclésiastique fondée sur les canons de l'Eglise et les décrétales des Papes.

CANONS. Dans quelques traités remontant à plusieurs siècles, conclus entre les puissances chrétiennes et les Etats musulmans, on trouve le mot *canons* employé pour indiquer les règlements et les ordonnances qui, avec les capitulations, forment la base des droits et des privilèges concernant les relations commerciales.

CANTINIER, CANTINIÈRE. Celui qui tient une cantine, un débit de boissons dans une caserne, ou une cantine ambulante qui suit les troupes en marche.

Le *cantinier* se distingue du *viuandier*, en ce que le premier se tient à la caserne et le second au quartier général. L'un et l'autre sont soumis à des règlements par le code militaire. *(Voir VIVANDIER.)*

En guerre, les cantiniers sont rangés dans la catégorie des non-combattants et traités comme tels. *(Voir COMBAT, NON-COMBATTANT.)*

CANTON. Dénomination géographique qui dans plusieurs pays sert à désigner une certaine portion du territoire.

En France, les cantons sont des subdivisions des arrondissements, ils embrassent la circonscription qui répond au ressort d'un juge de paix, qui réside ordinairement au chef-lieu; ils sont partagés en communes.

En Suisse on donne le nom de canton aux divers Etats qui forment la confédération; quelques-uns des cantons sont divisés en demi-cantons, qui n'élisent qu'un membre, au lieu de deux, au Conseil des Etats.

CAPACITÉ DES PERSONNES. Qualité inhérente à une personne qui la rend apte à remplir un emploi, une fonction quelconque, ou à faire certains actes de la vie civile.

Par *capacité personnelle* on entend plus

particulièrement l'habileté à contracter, à disposer, à donner ou à recevoir etc.

La capacité d'une personne est régie par la loi de la nation à laquelle elle appartient, excepté lorsqu'elle réside en pays étranger; mais dans ce cas la capacité ou l'incapacité de la personne est régie par la loi de son domicile. Toutefois, en ce qui concerne les propriétés immobilières, la capacité ou l'incapacité personnelle sont déterminées par la loi du lieu où les immeubles sont situées. (*Voir* PERSONNE, BIENS, IMMEUBLES, STATUT, DOMICILE, RÉSIDENCE.)

Les personnes morales, les corporations, les associations, etc., n'ont point d'existence au-delà de la juridiction du pouvoir par le fait duquel elles existent; elles n'ont pas d'autre capacité que celle qui leur est conférée par ce pouvoir. (*Voir* PERSONNE MORALE.)

CAPITULAIRES. Réunion des édits et des ordonnances des rois de France de la première et de la seconde race, classés en chapitres; ou plus spécialement le corps du lois que les rois faisaient dans les assemblées des évêques et des comtes ou dans les conciles.

Le mot *capitulaire* en général désignait à cette époque tout ouvrage divisé par chapitres (*capitula*); de là l'étymologie de *capitulaires* ou lois divisées par sections et par chapitres.

Les capitulaires de Charlemagne sont les plus célèbres.

Il ne faut pas confondre les capitulaires des rois avec les *capitules* publiés au 8e siècle et dans les siècles suivants par les évêques, qui les appelaient aussi capitulaires : c'étaient des règlements rédigés dans les assemblées synodales ou tirés des canons des conciles et des ouvrages des saints-pères : ils traitaient de la discipline ecclésiastique.

CAPITULATION. On entend par capitulation l'arrangement qui a pour objet la reddition ou la soumission entre les mains de l'ennemi soit d'un corps de troupes, soit d'une ville, d'une forteresse ou d'un district, soit d'un navire de guerre, afin d'éviter l'effusion du sang lorsque la résistance est devenue inutile.

On indique à l'ennemi l'intention de capituler en arborant un drapeau blanc; les négociations commencent aussitôt par l'entremise de parlementaires.

Dans ces sortes de conventions on stipule généralement des garanties pour la sécurité des personnes, la sauve-garde des habitants, des lieux et des objets matériels auxquels elles s'appliquent,

ainsi que pour le respect du culte, des usages et des coutumes du pays.

La capitulation, même sans conditions, ne donne pas au vainqueur le droit de mettre à mort ceux qui ont capitulé; il doit se borner à faire les soldats prisonniers.

Suivant le mérite et la durée de la résistance opposée, les capitulations militaires renferment souvent des stipulations spéciales, telles que la sortie des troupes avec les honneurs de la guerre, c'est-à-dire avec drapeaux déployés et au son des trompettes, ou la mise en liberté avec engagement de ne pas reprendre les armes jusqu'à la fin de la guerre.

Le commandant des troupes qui menacent ou assiégent une ville a le droit de faire insérer dans la capitulation des conditions concernant les opérations militaires, la personne ou les biens des soldats de la garnison ou des habitants, mais aucune stipulation se rapportant à la constitution politique et à l'administration qui capitule.

La faculté de conclure des capitulations appartient en principe aux chefs d'armées et d'escadres, aux commandants de places et de corps isolés, ou aux autres personnes ayant le droit de s'engager par voie de trève ou d'armistice.

En tout cas les capitulations doivent être considérées comme de simples conventions particulières, nées des circonstances individuelles où se trouve l'ennemi. Elles diffèrent des traités non seulement par la forme dans laquelle elles se concluent, mais parce qu'elles sont obligatoires sans ratification ultérieure des souverains, à moins que l'accomplissement de cette formalité n'ait été expressément réservé, ou que celui qui les a signées n'ait outre-passé les bornes du pouvoir qui lui était confié.

Une fois que la capitulation est signée, celui qui capitule n'a pas le droit, pendant le temps qui s'écoule entre la signature et l'exécution de la capitulation, de détruire ou d'endommager les ouvrages de défense, les armes, les approvisionnements, les munitions qui sont en sa possession, à moins qu'il n'en ait été autrement convenu.

Il est bien entendu que nous n'envisageons ici les capitulations qu'au point de vue du droit des gens; quant à la responsabilité de l'acte de capituler en lui-même, c'est affaire de discipline intérieure, une question à régler entre l'officier militaire qui livre à l'ennemi une forteresse et le gouvernement qui lui en avait confié la garde; dans la plupart des pays la décision de ces questions est fixée par des dispositions expresses, le code militaire ou par des décrets spéciaux.

CAPITULATIONS. On comprend sous ce titre l'ensemble des immunités et des privilèges concédés anciennement par la Porte à la France, ainsi que la série des traités d'alliance et de commerce conclus entre les deux puissances à des époques postérieures, et dont la teneur constitue l'état et garantit la prérogative des ressortissants français dans les Etats du Sultan.

Ces prérogatives qui, dans l'origine, étaient l'apanage exclusif de la nation française, se sont peu à peu étendues à la plupart des autres Etats, et la dénomination de capitulation s'est appliquée à tous les actes sur lesquels sont basées les relations entre la Turquie et des autres puissances européennes représentées à Constantinople, de sorte qu'on peut dire que les capitulations sont la loi qui régit les sujets étrangers dans la Turquie et les Echelles du Levant.

Les capitulations, sous le rapport des immunités et des privilèges qu'elles consacrent, se résument en quatre catégories ou titres.

La première est relative aux ambassadeurs, aux consuls et aux drogmans de France, et au droit de protection et de juridiction exercé par eux „à l'effet d'assurer la tranquillité des Français dans les Etats du Grand-Seigneur".

La seconde catégorie comprend les négociants et les artisans, et règle en général tout ce qui a rapport au commerce.

La troisième concerne les capitaines et les équipages des navires marchands, et la navigation en général.

La quatrième a trait aux évêques et aux religieux des différents ordres, ainsi qu'aux églises du rite latin en Turquie. Certaines dispositions de cette catégorie conservent aux religieux français, établis dans l'Eglise du Saint-sépulcre à Jérusalem, les lieux de visitation qui se trouvaient alors entre leurs mains et placent sous la protection et la sauve-garde de la France les pèlerins des nations qui n'ont point de traités avec la Porte.

Les capitulations sont exécutables dans toutes les parties de l'empire turc; elles s'appliquaient même aux provinces tributaires comme la Valachie, la Moldavie et la Serbie.

CAPITULATIONS MILITAIRES. On donne aussi le nom de *capitulations* aux traités par lesquels certains pays autorisent sur leur territoire le recrutement des soldats destinés à servir d'autres Etats. (*Voir* MERCENAIRES.)

CAPTIF. Se dit proprement des guerres de l'antiquité. Chez les anciens ce mot était employé comme l'équivalent de prisonnier de guerre, si ce n'est qu'il entraînait de plus l'idée de servitude ou d'esclavage; car généralement l'homme pris en guerre était ou pouvait être réduit à la *servitude* ou à l'*esclavage*.

Dans les temps modernes, le prisonnier peut être détenu, privé de sa liberté dans une certaine mesure; mais il n'est pas esclave.

S'est dit aussi des chrétiens que les Mahométans réduisaient en esclavage. (*Voir* PRISONNIER, ESCLAVE, SERVITUDE, ESCLAVAGE).

CAPTIVITÉ. Etat de captivité, privation de la liberté, *servitude, esclavage* (voir ces derniers mots).

Dans l'antiquité des peuples entiers ont été emmenés en captivité, transportés hors de leur pays, et réduits à l'esclavage. On cite notamment les captivités des Juifs en Egypte sous les Pharaons, à Ninive sous Salmanasar, et à Babylone sous Nabuchodonosor.

CAPTURE de navires (*Voir* BLOCUS.)

CAPTURE de la contrebande. (*Voir* CONTREBANDE.)

CARDINAL. Grand dignitaire de l'Eglise romaine, un des prélats qui composent le Sacré collège ou conseil du Pape et concourent dans le conclave à l'élection du chef de l'Eglise.

Les cardinaux sont au nombre de 70; ils sont nommés par le Pape, qui a le droit exclusif de choisir celui qu'il en juge digne parmi tous les prêtres de la chrétienté; ils appartiennent donc à toute les parties du monde catholique; mais certains pays en comptent un plus ou moins grand nombre, selon le temps et les circonstances.

Les cardinaux peuvent être envoyés comme ambassadeurs extraordinaires, chargés de missions spéciales, auprès des princes souverains; ils prennent alors le titre de *légats a later*, parce que le Saint-Père est censé les détacher de ses côtés pour les envoyer en mission.

Les cardinaux sont les princes de l'Eglise; on leur donne ordinairement le titre d'*Eminence*.

CARTEL. En langage diplomatique on se sert de ce mot pour désigner les accords internationaux revêtus d'un caractère moins solennel que les traités et les conventions, dispensés le plus souvent de la formalité des ratifications, et négociés par des agents d'un rang secondaire appartenant à l'ordre administratif plutôt qu'à la hiérarchie diplomatique.

Les arrangements auxquels s'appliquent les cartels sont beaucoup plus restreints, plus spéciaux encore que les conventions; les stipulations en sont tantôt mutuelles, tantôt unilatérales et souvent même constituent en un simple échange de promesses.

Cette dénomination n'est plus guère usitée que pour les pactes entre belligérants concernant la rançon ou l'échange des prisonniers et des déserteurs militaires, ainsi que pour certains accords relatifs au service des douanes ou des postes.

CARTEL (navire de). Sous le nom de *navire de cartel* on désigne le bâtiment qui, muni d'un pavillon parlementaire ou de trève, est chargé d'effectuer un échange de prisonniers ou de porter à l'ennemi des propositions ayant un caractère pacifique.

Le droit de recourir à ce genre de communication avec l'ennemi peut dans certains cas être dévolu à un officier en sous-ordre, sans que pour cela les navires employés cessent d'être traités comme agissant au nom et sous la responsabilité de l'autorité suprême de l'Etat dont ils portent le pavillon et qui les a investis de la mission qu'ils remplissent.

Ces navires et leurs équipages, qu'ils appartiennent à la marine militaire ou à la marine marchande, ont droit à des égards particuliers et à toutes les facilités nécessaires pour remplir convenablement leur mandat; ils sont pour l'aller et le retour placés sous la protection du droit international, et considérés comme neutres à la condition de n'avoir à bord ni marchandises, ni munitions, ni autres armes qu'un canon pour faire les signaux, auxquels ils doivent recourir pour indiquer leur mission ; ils doivent aussi hisser un pavillon spécial.

Par cela même qu'ils sont investis d'un mandat de confiance, les commandants des navires de cartel, ainsi que les marins placés sous leurs ordres, doivent se renfermer strictement dans les limites de leur mission, s'abstenir de tout acte d'hostilité, n'entretenir avec qui que ce soit des relations prohibées par les lois de la guerre, éviter avec un soin extrême tout ce qui pourrait faire depouiller leur personne ou leur bâti-

ment des prérogatives consacrées par l'usage ou par les principes du droit des gens.

On admet l'emploi de navires étrangers pour le transport de cartels; dans ces cas la question de nationalité du pavillon est primée par celle de la mission poli-au navire.

Le pays dans les ports duquel abordent les navires porteurs de cartel peuvent, suivant les exigences militaires ou stratégiques, leur interdire l'accès des ports de guerre et des arsenaux maritimes.

CARTULAIRE. Livre ou registre sur lequel on transcrivait autrefois les chartes, les actes d'achat, de vente, d'échange, de donation, etc. concernant une église, un monastère, une seignerie, par conséquent les cartulaires renfermaient leurs titres, leurs droit, leurs immunités et leurs privilèges respectifs.

CAS. Ce qui est advenu ou peut advenir: événement, fait, circonstance.

Le fait ou l'événement considéré relativement à sa nature, à ses causes, à ses circonstances et à ses conséquences.

Situation d'une personne par rapport à un événement, à un fait, qui a ou doit avoir des conséquences pour elle.

Les cas *fortuits* ou *accidentels* sont ceux qui sont dûs au hasard seuls et n'ont par conséquent pus être prévus.

Les cas de *force majeure* sont ceux que rien ne pouvait empêcher.

En jurisprudence, cas est synonyme de cause ou procès, c'est l'espèce d'une loi, le délit ou le crime en cause.

En général, espèce particulière de fait, qu'il ressorte de l'histoire ou qu'il soit purement du domaine de l'hypothèse: c'est dans ce sens qu'il est le plus ordinairement employé dans le droit international, comme citation, preuve ou assertion à l'appui d'une opinion ou d'une appréciation.

CASSATION. Acte juridique par lequel on casse, c'est-à-dire annule des jugements, des actes, des procédures.

Ce pouvoir d'annulation appartient à un tribunal spécial, qui porte le nom de Cour de cassation.

La Cour de cassation est une juridiction suprême, chargée de maintenir l'unité de la législation et de la jurisprudence et de prononcer sur les demandes en cassation contre les arrêts et les jugements en dernier ressort rendu par les cours et les tribunaux.

La cour de cassation ne connaît pas du fond des affaires; elle juge seulement de la forme: c'est en quoi elle diffère des cours d'appel. Dans l'appel l'affaire est jugée de nouveau; dans la cassation il ne s'agit pas autant d'un jugement que d'une vérification; le juge de cassation a pour mission seulement de rechercher si la décision qui lui est déférée ne contient aucune violation de la loi; lorsqu'il a prononcé, la loi considère la sentence comme définitive.

CASUS BELLI. Cas ou cause de guerre: tout événement ou fait qui peut causer la guerre; tout acte d'une puissance de nature à la mettre en guerre avec une autre. *(Voir* GUERRE.

CASUS FŒDERIS. Ce terme interprété mot à mot signifie *cause de l'alliance* : c'est le cas dont la prévision est expressément stipulée dans le contrat d'alliance pour rendre obligatoires les engagements pris réciproquement par les alliés à l'égard l'un de l'autre ou les uns des autres. Ces engagements ne s'appliquent qu'à des cas stipulés d'une façon toute spéciale. Ces stipulations portent le plus ordinairement sur les circonstances où l'allié doit prendre part à une guerre, soit directement par une action commune avec son co-contractant, soit indirectement en lui envoyant des subsides ou des secours en argent, en munitions ou en troupes. *(Voir* ALLIANCE).

CATHOLIQUE. Autrefois les Papes qualifiaient de *rois catholiques* les monarques de France et de Jérusalem; depuis 1492 ce titre est porté exclusivement par les rois d'Espagne.

CAUCUS. Nom donné aux Etats-Unis à certaines réunions préparatoires dans lesquelles on s'entend sur le choix d'un candidat, ou bien on soutient une opinion quelconque dans le but de la faire accepter par le parti auquel on appartient.

Quoique l'autorité des *caucus* soit dénuée d'une sanction légale, elle se maintient par la force de l'esprit de parti, surtout dans les temps de vive agitation électorale, l'adhésion à des choix réguliers étant considérée comme une condition indispensable du succès et comme le plus saint des devoirs politiques.

Ce mot a passé dans le langage politique de certains peuples européens.

CAUSE. La *cause* est ce qui fait qu'une chose est ou se produit: le fait produit prend le nom d'*effet*; on nomme *cause* tout ce qui contribue d'une manière quelconque à la production de l'effet.

Parmi les causes on distingue les causes *efficientes*, ou les agents qui produisent, et parmi celles-ci les causes *premières*, qui produisent par elles seules, et les causes *secondes*, qui ne font que transmettre une puissance ou une action reçue d'une cause supérieure; les causes *matérielles*, ou les manières employée pour produire; les causes *finales*, ou le but qu'on se propose, les fins en vue desquelles on agit.

Il y a encore les causes *principales*, *accessoires*, *concurrentes*, *concomitantes*, *prédisposantes*; les causes *éloignées* ou *prochaines*, *médiates* ou *immédiates*, c'est-à-dire celles qui amènent le fait soit par l'intermédiaire d'une cause différente ou plus prochaine, soit par l'action insaisissable d'une propriété spéciale, ou celles qui déterminent la production d'un fait directement et par leur action propre: les causes *physiques* ou *morales*, suivant qu'elles produisent par elles-mêmes une action matérielle, ou qu'elles la déterminent seulement d'une manière indirecte.

Dans un sens général, le mot cause signifie tout sujet ou motif d'une action, et, par extension, parti, intérêt: ainsi l'on dit la cause ou le parti de quelqu'un. En jurisprudence, c'est le motif pour lequel une personne se détermine à contracter. Il se prend aussi comme synonyme de toute affaire contentieuse, de tout procès qui se plaide: c'est l'action exercée par l'une des parties par devant un tribunal.

La *mise en cause* est l'acte par lequel une partie contestante appelle un tiers à intervenir dans le procès, comme dans les cas de garantie, de solidarité etc., *mettre hors de cause* signifie que la mise en cause n'était pas fondée.

En style de chancellerie cette locution: „*à ces causes* nous déclarons…" équivaut à: „nous déclarons, en considération de ce qui vient d'être exposé…"

„En tout état de cause", quoi qu'il en soit.

CAUTION, CAUTIONNEMENT. En droit la *caution* est la personne qui garantit l'accomplissement d'une obligation contractée par une autre et s'engage à y satisfaire dans le cas où celle-ci ne l'exécuterait pas.

Ce mot signifie aussi les sommes ou les valeurs fournies comme garantie: dans ce sens *caution* est souvent synonyme de *cautionnement*.

Le cautionnement est le contrat par lequel la caution s'oblige pour une autre personne; cet acte énonce la garantie donnée par la caution.

Le cautionnement est conventionnel, légal ou judiciaire.

Le cautionnement conventionnel est celui qui résulte uniquement de la volonté des contractants.

Le cautionnement légal est celui que la loi impose à certaines personnes, par exemple, à l'usufruitier, au créancier surenchérisseur, etc.

Le cautionnement judiciaire est celui qui est ordonné par jugement.

On entend aussi par cautionnement la somme déposée par un fonctionnaire public ou par un comptable pour répondre de sa bonne gestion. Les adjudicataires de marchés avec l'Etat doivent également verser un cautionnement comme garantie de la fidèle exécution de leurs engagements. L'importance du cautionnement varie selon la nature des fonctions ou la valeur des marchés *(voir* GARANTIE).

CAUTION JUDICATUM SOLVI. Garantie du paiement des frais du jugement.

C'est la caution qu'un étranger qui ne possède pas d'immeubles dans le pays, lorsqu'il est demandeur principal ou partie intervenante dans une action civile devant les tribunaux, est obligé de donner pour assurer le paiement des frais et des dommages et intérêts, résultant du procès auxquels il pourrait être condamné.

Des traités entre certaines puissances dispensent leurs ressortissants de fournir cette caution; mais c'est à titre de réciprocité.

CÉDULE. On donne le nom de *cédules* et de *contre-cédules* à certains actes employés dans les dispositions consistoriales émanées de la cour pontificals.

CENS. Chez les Grecs et les Romains, ce mot signifiait proprement la liste ou le registre qui contenait les noms de tous les citoyens avec l'indication de leurs biens et de leur résidence. Ce dénombrement avait pour objet l'établissement de l'impôt, le service militaire et l'organisation politique de l'Etat.

Le *cens* signifiait aussi la quantite d'impositions à payer par un citoyen romain, d'après ce dénombrement.

Selon la jurisprudence féodale, c'était la redevance que le possesseur d'une terre payait au seigneur.

Dans plusieurs pays de forme de gouvernement constitutionnelle, notamment en Belgique, le cens est la quotité d'impôts nécessaire pour être électeur ou éligible: on dit dans cette acception: le cens électoral, le cens d'éligibilité.

CENSEUR. Dans l'ancienne Rome, on donnait ce titre à deux magistrats chargés de dénombrer les citoyens, d'estimer les biens et de veiller au maintien des mœurs.

En politique, on nomme *censeur* le fonctionnaire préposé par le gouvernement à l'examen des livres, des journaux, des pièces de théâtre, etc., avant la publication ou la représentation.

CENSURE. Dans l'ancienne Rome, fonction et dignité de censeur.

En politique ce mot désigne l'examen que certains gouvernements font faire soit de tous les écrits, soit d'une catégorie particulière d'écrits, ainsi que des pièces de théâtre, avant d'en permettre la publication ou la représentation.

On entend aussi par censure une peine disciplinaire que les corps de magistrature, certaines corporations de fonctionnaires, les assemblées délibérantes prononcent contre ceux de leurs membres qui manquent aux devoirs de leur profession.

On appelle *censure ecclésiastique* des peines publiques prononcées par l'Eglise ou par un supérieur ecclésiastique : c'était l'excommunication, la suspension, l'interdit. Le droit de censure appartient au Pape dans toute l'Eglise et aux évêques dans les diocèses.

CENT JOURS (les.) Dénomination sous laquelle on mentionne l'espace de temps compris entre le retour de Napoléon I de l'île d'Elbe et son abdication. L'empereur débarqua à Cannes le 1er mars 1815, et se vit forcé d'abdiquer pour la seconde fois le 22 mai suivant.

CENTRE. Dans le langage des assemblées délibérantes, on donne le nom de *centre* à la partie qui siège au milieu de la salle: c'est là que se placent ordinairement ceux dont les opinions modérées tiennent le milieu entre les représentants du passé, qui siègent à droite, et les promoteurs du progrès, qui siègent à gauche.

On subdivise le centre en centre droit et en centre gauche, pour désigner les parties du centre qui inclinent vers les opinions de la droite ou de la gauche et qui s'en rapprochent par la place qu'elle occupent.

Dans les parlements allemand et prussien le centre, c'est le parti catholique.

CERCLE. Division territoriale dans l'Empire d'Allemagne.

L'empire germanique avait été divisé en 1387 par l'empereur Wenceslas en quatre grands cercles politiques; en 1438, l'empereur Albert établit six cercles; enfin en 1512. Maximilien I porta ce nombre à dix, formant les cercles d'Autriche, de Bavière, de Souabe, de Franconie, de Haute-Saxe, de Basse-Saxe, de Westphalie, de Haut - Rhin, de Bas-Rhin et de Bourgogne.

Chaque cercle était gouverné par un directeur, qui présidait en même temps l'assemblée des Etats du cercle.

Cette division a subsisté jusqu'à la formation de la confédération du Rhin en 1806.

Cependant les Allemands donnent encore le nom de cercle (*Kreis*) à certaines circonscriptions, qui correspondent dans quelques pays aux départements, et dans d'autres aux arrondissements français.

CÉRÉMONIAL. L'ensemble des usages observés dans certaines occasions solennelles, surtout dans les cérémonies politiques et religieuses.

Le cérémonial politique peut se diviser en cérémonial *d'Etat et de cour,* qui a pour objet les souverains et leur famille et se rapporte notamment au *Couronnement,* au *baise-main,* &c. (voir ces mots), et en cérémonial *diplomatique* ou *d'Etat à Etat,* lequel comprend le cérémonial *maritime.*

Le *cérémonial des cours* consiste dans les règles que des conventions écrites ou tacites ont établies touchant les honneurs que les Etats ou les souverains s'accordent mutuellement suivant la hiérarchie reconnue, et qui varient, pour la forme et le fond, selon les personnes, les lieux, les pays et les circonstances.

Le *cérémonial diplomatique* ou d'ambassade règle les honneurs et les distinctions qui s'accordent aux *agents diplomatiques* (voir ce terme) en fonctions, suivant le rang que leur assigne la classe à laquelle ils appartiennent; c'est l'ensemble des formalités observées entre les Etats relativement à la réception des agents diplomatiques de chaque classe, aux qualifications honorifiques qui peuvent leur être données, à l'étiquette à suivre dans les audiences qui leur sont données, aux solennités publiques auxquelles ils assistent, aux honneurs militaires et aux autres distinctions dont ils sont l'objet, &c. Il appartient au souverain de déterminer le cérémonial concernant les distinctions qu'il veut accorder aux ministres publics accrédités auprès de sa personne.

Le cérémonial diplomatique comprend le *cérémonial de chancellerie* ou *protocole,* lequel règle le cérémonial à observer dans les pièces diplomatiques, indique les titres à donner aux Etats, à leurs chefs et à leurs ministres, la mesure des honneurs et le rang auxquels ils ont droit, les formules de courtoisie d'usage dans la rédaction des actes diplomatiques de toute nature. (Voir CHANCELLERIE, PROTOCOLE.)

Le *cérémonial militaire* et *maritime* fixe les honneurs à rendre par les corps de troupes ou les bâtiments de la marine de l'Etat aux souverains ou aux personnes de leur famille, aux agents diplomatiques ou consulaires en mission.

Le pouvoir de régler ce cérémonial appartient à chaque Etat en particulier dans les limites de son territoire juridictionnel; mais son application aux autres nations est réglée dans la plupart des cas par des conventions spéciales ou par les usages consacrés en la matière. Voici les règles générales qu'on peut en déduire:

A défaut de stipulations expresses, les *saluts* (voir ce mot), ne sont pas obligatoires et ne constituent qu'un acte de courtoisie et d'étiquette.

Lorsque des navires de guerre se rencontrent en pleine mer, la courtoisie exige que le commandant qui a le grade le moins élevé, salue le premier et que le salut lui soit rendu coup pour coup.

Si un navire de guerre isolé rencontre une escadre, il est tenue de saluer le premier.

Les navires de guerre ayant à leur bord des chefs d'Etat ou des ambassadeurs, reçoivent le premier salut.

Les navires marchands ne se doivent aucun salut; c'est un acte absolument volontaire et gracieux.

A l'entrée ou à la sortie des ports étrangers, comme au passage devant des forteresses ou des garnisons d'un autre Etat, les navires de guerre doivent saluer les premiers, abstraction faite du rang de leurs commandants. Ces saluts sont toujours rendus coup pour coup. Entre les navires et la terre le salut cesse d'être personnel, il revêt un caractère international, et l'initiative appartient au navire qui mouille dans les eaux étrangères.

Les ministres publics qui arrivent dans un port de la nation près laquelle ils sont accrédités, à moins que ce port ne soit la capitale, doivent recevoir la visite des autorités locales.

En principe la courtoisie internationale veut que les navires étrangers s'associent aux fêtes et aux démonstrations publiques qui se célèbrent dans les ports où ils se trouvent; cependant, si ces cérémonies se rattachent à des faits de nature à blesser les sentiments nationaux du pays auquel ils appartiennent, ces navires ont le droit de s'éloigner du port ou de garder une attitude passive. L'ordre dans lequel doivent être placés les pavillons à bord des navires pavoisés dans ces occasions, est un point que chaque Etat règle selon ses convenances particulières.

CÉRÉMONIES (grand-maître des). Dans les monarchies, grand-officier chargé de veiller au cérémonial de la cour et à toutes les prescriptions de l'étiquette, d'ordonner les cérémonies et d'y présider.

Maître, aide des cérémonies — officiers subordonnés au grand-maître, qu'ils assistent dans la préparation et la direction des cérémonies dans les solennités officielles.

CÉRÉMONIES PUBLIQUES. Manifestations extérieures et solennelles qui ont lieu par l'ordre et sous la direction du gouvernement, soit pour la commémoration d'un anniversaire, soit à l'occasion de quelque événement.

Les cérémonies publiques sont civiles, militaires ou religieuses.

Les agents diplomatiques étrangers doivent dans une cérémonie publique observer les règles de l'étiquette et de la courtoisie internationales.

(*Voir* AGENT DIPLOMATIQUE, AMBASSADEUR, CÉRÉMONIAL, PRÉSÉANCE.)

CERTIFICAT. Acte par lequel un individu, un fonctionnaire, un corps constitué rendent témoignage d'un fait qui est à leur connaissance.

Lorsque la personne qui délivre le certificat y est intéressée, le certificat devient une *déclaration* (Voir ce mot.

Les certificats, d'après leur origine, se distinguent en *privés* et en *publics* ou *authentiques*.

Les certificats *privés* émanent de simples particuliers; ils ont le plus souvent et plus spécialement pour objet d'attester la bonne conduite, les services, la condition des personnes auxquelles ils sont remis.

Les certificats *publics* sont délivrés par les autorités en forme d'actes authentiques et d'après les formalités prescrites par la loi. Il y a un grand nombre de circonstances où la production d'un certificat est une formalité nécessaire; par conséquent il y a beaucoup d'espèces de certificats.

Les plus usités sont:

Le *certificat de vie,* destiné à constater l'existence de quelqu'un, notamment d'un rentier ou d'un pensionnaire de l'Etat. Il doit indiquer avec précision l'âge, le lieu de naissance, le nom et les prénoms de la personne qui le réclame, et quelquefois aussi le motif pour lequel il est délivré. Il peut être délivré par une autorité judiciaire, ou administrative, ou municipale, ainsi que par un notaire.

Le comparant doit y opposer sa signature ou sa marque.

Le *certificat d'individualité,* qui a pour objet d'attester, d'une façon authentique, le nom, les prénoms, l'âge, la qualité et la demeure d'une personne. Il est ordinairement délivré par un notaire.

Le *certificat de bonne vie et mœurs,* qui sert à attester la moralité de la personne à laquelle il est délivré; il émane le plus souvent des autorités municipales.

Les *certificats de capacité* sont des diplômes délivrés à des élèves ou à des aspirants à un emploi pour justifier qu'ils ont fait les études et acquis les connaissances déterminées par les règlements.

Les *certificats de stage* sont délivrés par les conseils ou chambres de discipline aux avocats, aux officiers ministériels pour attester qu'ils ont rempli certaines obligations prescrites par les règlements; ou par des chefs d'administration à des aspirants à une fonction pour constater qu'ils ont passé le temps de préparation exigé par la loi dans un établissement du genre de celui où ils désirent être employés définitivement.

Le *certificat d'indigence* est délivré par les autorités municipales, les bureaux de bienfaisances, les commissaires de police dans le but d'attester qu'un individu ne possède rien.

Le *certificat de résidence* sert à constater qu'une personne a fixé sa résidence, son domicile dans un endroit, et depuis ou pour combien de temps, comme aussi dans quel but.

Les *certificats de propriété* attestent le droit d'une ou de plusieurs personnes à la propriété ou simplement à la jouissance d'un immeuble ou d'un rente. Ils peuvent être dressés par des notaires,

5*

des juges de paix, des greffiers des tribunaux, etc. selon les circonstances.

Le *certificat d'origine* a pour objet de faire connaître l'origine d'une inscription de rente sur l'Etat.

Dans le commerce maritime, le *certificat d'origine* se dit de celui que les autorités locales ou les consuls délivrent afin de constater l'origine des marchandises qu'on embarque sur un navire dans le port où ils résident, c'est-à-dire le pays de production ou de fabrication. Ces certificats ne doivent être délivrés qu'après certitude dûment acquise de la véritable origine des produits dont il s'agit.

En pays étranger, ces différents certificats peuvent être délivrés par les ministres envoyés et les consuls à ceux de leurs nationaux qui sont dans le cas de produire dans leur pays des documents de cette nature.

En général les certificats doivent être revêtus du sceau officiel des fonctionnaires qui les délivrent, lorsqu'il existe un sceau officiel.

CESSION. En jurisprudence, c'est l'action par laquelle on cède, transporte ou abandonne à un autre la chose dont on est propriétaire. Ce mot se dit surtout du transport des droits.

Celui qui cède, transfère ou abandonne la chose est le cédant: celui qui accepte la cession ou le transport est le cessionnaire; l'acte qui constate cette mutation est nommé *transport, transfert* ou *cession.*

CESSION DE TERRITOIRE. La *cession* est un des moyens de transmettre la possession du territoire national à un autre Etat.

Elle peut être *volontaire,* pour des motifs d'utilité publique; ou *forcée,* par suite d'une guerre, comme condition de paix.

La cession volontaire peut être stipulée moyennant le paiement d'un prix ou d'une indemnité: dans ce cas elle est assimilée à une véritable *vente* (voir ce mot).

D'autres fois les Etats, pour rectifier leurs frontières ou simplifier l'action administrative, se cèdent mutuellement des portions équivalentes de territoire: l'acte qui cimente ces concessions prend le nom de traité *d'échange* (voir ce mot).

Les autres cessions s'opèrent tantôt par un traité spécial, tantôt par une clause d'un traité de *paix* (voir ce mot).

La cession par suite de *conquête* (voir ce mot) n'est définitive et valable que lorsqu'elle est consacrée par le traité de paix, qui contient ordinairement une re-nonciation formelle de l'ancien souverain au territoire que lui arrache le sort des armes.

Pour qu'une cession de territoire soit valable, il faut l'accord de l'Etat cédant et de l'Etat cessionnaire, et une prise de possession effective par l'Etat acquéreur.

Lors de l'accomplissement d'une cession, on laisse ordinairement aux habitants du territoire cédé la faculté d'opter pour leur ancienne nationalité ou pour l'acceptation de la nouvelle que la cession leur impose.

La cession transfère au nouveau souverain la propriété du domaine public de son cédant; mais la propriété privée demeure incommutable entre les mains de ses légitimes possesseurs.

Les droits qui appartenaient à l'Etat cédant à l'égard d'autres Etats et les obligations qui lui incombaient par rapport au territoire cédé, cessent de le concerner et sont transmis à l'Etat cessionnaire.

La cession d'un territoire entier n'est pas une cession dans le sens strict du mot, mais une véritable *incorporation* (voir ce mot), laquelle entraîne l'absorption de l'Etat cédé intégralement dans l'Etat acquéreur.

CHAMBELLAN. Officier chargé de veiller à tout ce qui regarde le service intérieur de la chambre du souverain.

Le grand-chambellan est le premier de ces officiers.

On donne aux chambellans le nom de gentilshommes de la chambre.

Il y a des chambellans dans presque toutes les cours; le plus souvent, c'est un simple titre.

CHAMBRE. Ce mot, qui vient du latin *camera,* désignait d'abord l'autorité qui administrait les biens particuliers du prince; la chambre, dans un sens absolu, signifiait la chambre du roi, et, par extention, les officiers de la chambre.

Puis le nom a été étendu à différentes juridictions religieuses, civiles, commerciales, et enfin aux grandes divisions des corps politiques, administratifs et judiciaires.

Assemblée qui entre en partage de la puissance législative : en France, sous la monarchie constitutionelle, la chambre des députés et la chambre des pairs, et sous la république actuelle, la chambre des députés et le sénat; en Angleterre, chambre des communs ou chambre basse, assemblée des députés des comtés et des bourgs, représentant la petite noblesse et le corps du peuple; et la chambre haute, chambre des pairs ou des lords, représentant la noblesse héréditaire.

Dans d'autres pays, il y a la chambre des représentants et la chambre des seigneurs, etc.

Nom de diverses juridictions spécifiées par une seconde désignation.

Chambre apostolique, tribunal établi à Rome pour traiter les affaires qui regardaient le trésor et le domaine du Pape;

Chambre ardente, commission nommée pour connaître des malversations de deniers publics; plus anciennement on nommait chambre ardente deux tribunaux, chargé de poursuivre l'un les cas d'hérésie, l'autre les crimes d'empoisonnement, et qui prononçaient la peine du feu contre les coupables;

Chambre des comptes, remplacée aujourd'hui par la cour des comptes;

Chambre ecclésiastique, qui connaissait des affaires qu'avaient rapport aux dîmes;

Chambres de l'édit, tribunaux institués par l'édit de Nantes pour juger les causes dans lesquelles les huguenots ou protestants français étaient parties principales: ces tribunaux étaient composés par moitié de catholiques et de protestants;

Chambre impériale, cour de justice, qui se tenait à Wezlar, et où l'on jugeait par appel les différends des princes et des villes de l'empire germanique;

Chambre étoilée, en Angleterre, juridiction tirée de la chambre des lords, pour connaître des accusations politiques;

Nom des sections de certains tribunaux : chambres de la cour de cassation, des cours d'appel : chambre des mises en accusation, chambre civile, chambre correctionnelle;

Chambres réunies, réunion de toutes les sections ou de plusieurs sections d'une cour;

Chambre des vacations, chambre formée de juges tirée des différentes chambres ou d'une section d'une cour pour administrer la justice pendant les vacances que la la cour prend chaque année;

Lieu où se réunit une assemblée qui porte le nom de chambre : chambre du conseil, pièce où les juges se retirent pour délibérer; et, par suite, l'assemblée du tribunal qui statue sans publicité sur certaines affaires;

Nom d'assemblées chargées de la discipline d'un corps, ou réunies en vue de certains intérêts : chambre des notaires, des avoués, etc.;

Chambres de commerce, réunion de notables commerçants instituées sous l'autorité du gouvernement (*Voir* COMMERCE).

CHAMP DE MARS, CHAMP DE MAI.

Dans l'origine on a donné ce nom aux assemblées des Francs, qui, depuis la conquête des Gaules au 5e siècle, se réunissaient en armes aux premiers jours du printemps, et délibéraient avec leur chef sur les affaires de l'Etat. Tout guerrier, tout homme libre devait y prendre part.

Le roi Pepin, premier de la seconde race, changea l'époque de la convocation de ces assemblées, qui se réunirent dès lors aux calendes de mai et prirent par conséquent le nom de *champ de mai*.

Ces réunions, régularisées et devenues périodiques, se transformèrent par la suite en Etats-Généraux.

Ce fut dans une assemblée dite du champ de mai, qu'en 1815, pendant les cent jours, convoquée par Napoléon Ier à Paris sur le vaste terrain connu sous le nom de champ de Mars, et composée des membres de tous les collèges électoraux des départements et des arrondissements et de députations des armées de terre et de mer, fut proclamé le résultat des votes du peuple relativement à l'acceptation de l'acte additionnel aux constitutions de l'Empire.

CHANCELIER.

Dans la diplomatie on donne le nom de *chanceliers* aux fonctionnaires chargés de la partie administrative et contentieuse des *ambassades,* des *légations* et des *consulats* (voir ces mots).

En général les chanceliers des ambassades ou des légations sont nommés par le chef de l'Etat, font partie de la suite des ministres publics et jouissent, comme tels, des immunités diplomatiques; mais ils n'ont aucun rang à prétendre; ils peuvent toutefois porter une uniforme dans les cérémonies auxquelles ils assistent en leur qualité officielle.

Les chanceliers ne reçoivent pas *d'exequatur* (voir ce mot) quand ils arrivent à leur poste; ils sont seulement reconnus par les autorités locales, sur l'avis donné à celles-ci de leur nomination par les chef de la mission sous les ordres duquel ils sont placés.

A la plupart des consulats est attaché un chancelier, qui est, à proprement parler, le chef des bureaux du consul. En matière politique, administrative et commerciale, ils remplissent les fonctions de secrétaires. Quand le consul exerce les fonctions judiciaires, comme dans le Levant et l'extrême Orient, les chanceliers remplissent celles de greffiers et même d'huissiers pour les assignations à donner, pour les significations et pour les actes de contrainte.

Les chanceliers ont la qualité de notaires, et, en cette qualité, dressent les actes qui intéressent leurs nationaux, reçoivent des dépôts, apposent les scellés en cas de décès, font les inventaires &c. A défaut de chancelier, la compétence notariale appartient au consul, qui instrumente en présence des témoins exigés par les lois sur la matière.

Les chanceliers ont en outre une compétence exclusive pour la réception des contrats maritimes. Ils sont agents comptables des recettes et des dépenses qu'ils effectuent en leur qualité officielle et, en raison de leur responsabilité comme tels, ils sont généralement assujettis à un cautionnement.

Dans tous les cas les actes reçus ou délivrés par les chanceliers doivent être visés et légalisés par le consul sous les ordre duquel ils sont placés.

Tous les actes originaux émanant du consulat, tous les registres d'ordre et de comptabilité qui en dépendent, sont placés sous la garde du chancelier, qui doit tenir à jour les différents registres prescrits par les règlements.

Quand les fonctions de chancelier ont été comprises dans l'exequatur du consul, le chancelier, à défaut de la présence sur les lieux d'un fonctionnaire d'un grade plus élevé, supplée le consul absent ou empêché et agit auprès des autorités locales comme gérant intérimaire du poste auquel il est attaché.

Les chanceliers sont soumis directement aux ordres de leur chefs, et tout acte d'insubordination de leur part peut entraîner leur révocation, qui n'est cependant définitive qu'en vertu d'un décret du chef du pouvoir exécutif.

Dans certains consulats généraux comme dans les missions diplomatiques, les chanceliers reçoivent le titre de vice-consuls, de consuls honoraires ou de directeurs de chancellerie, qualifications qui, bien que considérées comme purement honorifiques, les font plus ou moins directement rentrer dans le cadre consulaire.

Chancelier est aussi un titre conféré au premier fonctionnaire d'un Etat, ou au premier ministre. Aussi dans l'Empire d'Allemagne, le chancelier est le chef suprême de tous les services administratifs; il est seul responsable vis-à-vis de l'Empereur. En Russie le ministre des affaires étrangères porte le titre de chancelier; en Angleterre le grand-chancelier est président de la chambre des lords, ministre de la justice et président de la cour d'appel.

CHANCELLERIE. Lieu où l'on scelle du sceau du souverain ou de l'Etat les actes pour lesquels est requise cette formalité. — Corps des fonctionnaires employés à cet office.

Autrefois on appelait *grande chancellerie* celle où l'on scellait avec le grand sceau du roi gardé par le chancelier et qui avait autorité dans toute la France; et *petite chancellerie* celle qui était tenue par un maître des requêtes ou par un autre fonctionnaire, où l'on scellait avec un petit sceau, et qui n'avait autorité que dans le ressort du parlement où elle était établie.

On désigne encore par chancellerie les bureaux, l'administration que dirige un chancelier et, par extention, l'hôtel même où réside un chancelier.

Il existe une chancellerie auprès de la plupart des missions diplomatiques et auprès de chaque consulat.

La chancellerie est le lieu où sont reçus les actes qui sont de la compétence de l'agent diplomatique ou du consul et où sont déposées et conservées les minutes de ces actes, ainsi que la caisse, les registres et les archives de la mission ou du consulat, c'est, à proprement parler, à la fois un secrétariat, un greffe, une étude de notaire et une caisse.

Dans les chancelleries doivent être gardés tous les actes originaux et tous les registres d'ordre et de comptabilité, ainsi que les bulletins des lois, le journal de la marine, les circulaires et les autres documents officiels transmis à la mission ou au consulat.

Une des principales fonctions des chanceliers consiste dans la tenue et la conservation des registres de chancellerie. Quelques-uns de ces registres sont facultatifs, d'autres obligatoires et prescrits par des ordonnances.

Parmi les registres obligatoires nous mentionnerons ceux destinés à l'enregistrement des correspondances, aux quittances à souche pour les perceptions de chancellerie, aux actes notariés passés en chancellerie, à l'inscription des actes de l'état civil, à la délivrance ou au visa des passe-ports, aux mouvements de la navigation, et à l'immatriculation des nationaux résidant à l'étranger: sur ce dernier registre peuvent se faire inscrire tous ceux des nationaux du consul qui veulent s'assurer sa protection et s'établir à l'étranger sans perdre leur nationalité, en y jouissant des droits qui leur sont accordés par les traités.

Dans l'intérêt des nationaux qui peuvent avoir à tout instant des actes à passer dans les chancelleries, il convient que la maison consulaire, où ces chancelleries doivent être placées, soit située en ville et, autant que possible, à proximité du port ou du quartier des affaires.

Les chancelleries doivent être ouvertes tous les jours, excepté les dimanches et les jours fériés. Le consul fixe les heures d'ouverture et de clôture des bureaux; en cas d'urgence, l'expédition des actes de l'état civil et de ceux relatifs à l'arrivée et au départ des voyageurs ou des navires, doit se faire même les dimanches et les jours fériés,

La fixation des heures pendant lesquelles dure la tenue des bureaux, est affichée à l'entrée de la chancellerie, ainsi que le tarif des droits afférents à chaque nature d'actes.

Les perceptions effectuées en vertu de ce tarif servent en général à couvrir les dépenses de chancellerie, et les excédents entrent dans les coffres du trésor ou servent, dans des proportions variables suivant les pays, à constituer des rémunérations personnelles pour les agents qui y ont concouru.

Les recettes des chancelleries diplomatiques et consulaires se composent des droits perçus au profit du budget de l'Etat conformément aux tarifs en vigueur, des bénéfices sur le change résultant de la conversion en traites des recettes des chancelleries et des dépôts de numéraire.

En droit canonique on désigne sous la dénomination de Chancellerie romaine la réunion des fonctionnaires chargés d'expédier et de revêtir du sceau qui en garantit l'authenticité les actes faits par le Pape dans le consistoire tels que, par exemple, la nomination des cardinaux, la préconisation des évêques.

Style de chancellerie, style consacré dans les actes qui émanent des chancelleries (*Voir* CORRESPONDANCE DIPLOMATIQUE).

CHANGEMENTS survenus dans les Etats. Les changements qui surviennent dans la constitution d'un Etat sont, en principe, sans portée pour le droit international. Ils peuvent altérer les relations particulières des gouvernements entre eux; mais ils n'atteignent ni ne modifient les rapports réciproques des

Etats en ce qui concerne le droit international.

Pour que l'identité extérieure de l'Etat change, il faut que la société éprouve un changement fondamental de nature à altérer non seulement les conditions de la société, mais encore celles de l'Etat lui-même; les effets peuvent s'en faire sentir sur les traités, sur les dettes d'Etat, sur ce qui touche au domaine public et aux droits de propriété privée, sur les préjudices causés au gouvernement et aux sujets d'un autre Etat.

Pour les traités tout dépend des circonstances, de la nature et de la portée des traités, autant que du caractère des transformations politiques.

Quant aux dettes antérieures, le gouvernement qui succède à un autre recueille, avec l'héritage de celui qui l'a précédé, l'obligation d'acquitter les emprunts, les dettes et les charges analogues placées sous la garantie de la foi publique.

Relativement aux questions de domanialité et de propriété privée, les actes d'un gouvernement intermédiaire doivent être reconnus par le gouvernement qui lui succède, si celui-ci a reconnu le gouvernement intermédiaire par un traité antérieur ou postérieur, ou s'il a accédé à un ou à plusieurs de ces actes.

La responsabilité des actes de violence commis par un gouvernement, bien qu'illégitime, retombe sur celui qui lui succède, au point que le changement même de dynastie ne saurait l'exempter.

CHARGÉ D'AFFAIRES. Nom donné à l'agent diplomatique qui, à défaut d'ambassadeur ou de ministre plénipotentiaire, est chargé de veiller aux intérêts de son gouvernement dans une cour étrangère.

Suivant la classification établie par les protocoles du congrès de Vienne du 19 mars 1815 et du congrès d'Aix-la-Chapelle du 21 novembre 1818, les chargés d'affaires appartiennent à la quatrième catégorie des agents diplomatiques.

Ils sont accrédités seulement auprès des ministres des affaires étrangères.

On distingue deux sortes de chargés d'affaires : ceux qui sont chefs d'une mission à titre permanent, et ceux qui ne sont chargés de la gestion d'une mission que par intérim.

Les premiers sont accrédités par lettres du ministère des affaires étrangères de leur pays remises au ministre du pays où ils doivent remplir leurs fonctions.

Les seconds ne remplissent qu'un service intérimaire, pour remplacer, par exemple, provisoirement ou temporairement, un ministre absent : ils sont ou envoyés *ad hoc* pour gérer les affaires de la mission ; ou, appartenant au personnel de la légation comme conseiller ou secrétaire, ils sont présentés en qualité de chargés d'affaires par l'ambassadeur ou le ministre au moment où il se dispose à quitter son poste temporairement ou définitivement.

Le rang se règle entre les chargés d'affaires par la date de la lettre officielle et régulière de leur ministre des affaires étrangères qui les légitime ; ceux à qui est confiée une mission permanente ont le pas sur ceux qui ne remplissent qu'un service intérimaire.

Cependant plusieurs Etats, par exemple l'Angleterre et la France, confèrent parfois à leurs premiers secrétaires d'ambassade quand ils remplissent par interim les fonctions de chargés d'affaires, le titre et le rang de ministres : ces agents sont alors classés, dans la cour où ils résident et pendant la durée de leur intérim, à la suite des chefs de légation.

Il peut arriver que ce soit un consul qui soit chargé provisoirement de la gestion des affaires d'un poste diplomatique ; dans ce cas il est accrédité en sa qualité diplomatique soit par une lettre du ministre des affaires étrangères de son pays au ministre du pays où il doit résider, soit par une lettre de l'agent diplomatique qu'il doit remplacer, soit par la présentation personnelle par cet agent au ministre des affaires étrangères du pays. Au retour de l'agent qu'il remplace, ses fonctions diplomatiques cessent sans qu'il soit besoin de lettre de rappel.

Le titre de chargé d'affaires est donné à un grand nombre de consuls généraux, notamment dans les pays d'Orient et les Etats secondaires de l'Amérique. Les consuls revêtus de ce titre sont considérés comme appartenant au corps diplomatique. Ils sont accrédités comme les autres chargés d'affaires ; à cet effet ils sont munis à la fois d'une commission pour les accréditer en leur qualité consulaire et d'une lettre de créance pour les accréditer en leur qualité diplomatique.

Ils signent les conventions et correspondent pour tout ce qui concerne la politique avec la direction compétente du ministère des affaires étrangères. Ils occupent en réalité une position intermédiaire entre le corps diplomatique et le corps consulaire : un consul général

chargé d'affaires est le dernier parmi les chargés d'affaires et a le pas sur les consuls généraux.

(*Voir* AGENT DIPLOMATIQUE.)

CHARTE. Terme générique employé pour désigner un ancien titre de quelque nature qu'il soit, et plus particulièrement de vieux papiers, actes, documents relatifs à l'histoire, au droit public, et appartenant à une ville, à une communauté, etc.

On donnait aussi ce nom aux lettres et aux rescrits des rois ou des seigneurs contenant des concessions de franchises, de privilèges à des provinces, à des villes, ou à des particuliers, ainsi :

Charte normande, lettres patentes accordées aux Normands le 19 mars 1313 par le roi de France Louis X, dit le Hutin, corroborant les privilèges que la province de Normandie tenait de ses ducs.

Chartes générales du Hainaut, ordonnance d'un archiduc, en 1619, contenant le recueil des anciennes lois du Hainaut.

La Grande-Charte d'Angleterre, par laquelle le roi Jean-sans-terre, en 1215, accorda à la nation certains privilèges qui sont regardés comme la base des libertés anglaises.

En France, la charte constitutionnelle, ou simplement la *charte,* celle que Louis XVIII octroya en 1814, laquelle fut modifiée après la révolution de 1830 et abolie par celle de 1848.

Par suite on a fait du mot *charte* à peu près le synonyme de *constitution.* (Voir ce mot.)

Acte législatif constituant une corporation.

CHARTISTES. Parti anglais formé il y a 50 ans environ et réclamant l'adoption d'une charte démocratique, contenant des réformes sociales.

En 1839 et en 1841, ce parti présenta dans ce but au Parlement une pétition, revêtue d'un grand nombre de signatures ; mais cette pétition fut repoussée, à une forte majorité par la chambre des communes.

Les chartistes paraissent, depuis cette époque, n'avoir fait aucune manifestation publique.

CHARTRE PRIVÉE. Le mot *chartre,* qui n'est plus usité aujourd'hui dans ce sens, signifiait autrefois *prison*.

La *chartre privée* désignait tout lieu, autre que la prison publique, où une personne était retenue sans l'autorité de la justice ; ce terme servait aussi à dénommer cet acte de détention illégale.

CHEF-LIEU. Lieu principal, se dit de l'endroit dont d'autres dépendent.

C'était autrefois le principal lieu ou manoir d'un bénéfice qui avait d'autres bénéfices ou annexes dans sa dépendance; aujourd'hui c'est la ville ou le bourg siège d'une division administrative; chef-lieu de département ou de préfecture; d'arrondissement, de canton.

CHEIK ou SCHEIKH. Mot arabe qui veut dire *ancien* ou *vieillard*: de là vient que ce titre est spécialement réservé aux chefs des tribus arabes, parceque le commandement est généralement déféré au plus âgé.

On donne aussi ce titre aux savants, aux desservants des mosquées et aux gens de loi.

CHEMINS DE FER. L'exploitation des chemins de fer qui relient entre eux deux ou plusieurs Etats voisins et aboutissent à leurs frontières respectives sans solution de continuité, a occasionné des conventions ayant pour objet l'organisation du transit international pour les voyageurs et les marchandises, la construction de travaux en commun &c.

Le travail le plus urgent qui s'offre au premier abord, est celui du raccordement des lignes frontières, lequel doit être combiné de manière que les locomotives et les wagons des deux pays puissent circuler sans entraves sur les différentes lignes.

Voici les arrangements qui sont généralement adoptés.

On confie autant que possible à une seule compagnie ou administration l'exploitation de la section comprise entre les stations frontières des deux chemins à relier. Les deux gouvernements intéressés s'accordent pour que dans ces stations il y ait correspondance entre les départs et les arrivées des trains les plus directs. Sur tout le parcours il n'est point fait de différence entre les sujets des deux Etats quant au mode et au prix du transport et au temps de l'expédition.

Les administrations des postes des deux Etats s'entendent relativement à l'emploi du chemin de fer pour le service postal entre les stations frontières. Des télégraphes électro-magnétiques peuvent être installés le long de la voie ferrée par les soins des deux gouvernements, chacun sur son territoire.

Tantôt les trains venant de l'étranger aboutissent à une gare commune; tantôt ils sont obligés de changer de locomotives dans une station spéciale établie à cet effet.

Une des clauses les plus essentielles des conventions relatives aux chemins de fer est celle qui règlemente le service de la douane au passage des trains dans la zone frontière.

Les voyageurs qui ne s'arrêtent pas à la première station ont le choix de faire visiter leur bagages soit sur place, soit dans la ville de l'intérieur qui doit être le terme de leur voyage.

Chaque convoi de marchandises en transit est placé sous l'escorte d'employés des douanes, qui doivent l'accompagner sur le territoire du pays voisin jusqu'à la première station où il y a un bureau de douane; là les marchandises sont déposées dans des bâtiments fermés, sous la surveillance d'employés de douane.

Les compagnies sont tenues de prendre des dispositions pour que deux convois allant en sens contraire ne se rencontrent jamais lors de la visite dans les gares communes, et pour qu'on maintienne un intervalle de dix minutes au moins entre le départ d'un train et l'arrivée de l'autre.

CHÉRIF ou SCHÉRIF. Mot arabe signifiant noble, prince ou seigneur.

C'est le titre que prennent les descendants de Mahomet par sa fille Fatime et son gendre Ali.

Il se donne spécialement aussi aux chefs de divers Etats, notamment aux princes qui gouvernent la Mecque, qu'on nomme grands chérifs, et aux souverains de Fez, de Maroc et de Tafilet.

CHEVALERIE. Au moyen-âge la chevalerie formait une classe particulière de personnes, un corps régulièrement constitué, auquel étaient attachés certains privilèges, dans lequel on était admis en remplissant certaines cérémonies et d'où l'on était exclu suivant certaines formes. — On a longtemps confondu la chevalerie avec la noblesse féodale.

On donnait aussi le nom d'ordres chevaleresques à des institutions particulières, créées pour la plupart à l'époque des croisades, qui, outre les règlements spéciaux de la chevalerie, avaient encore des règlements spéciaux en rapport avec l'objet de leur établissement: ces ordres avaient surtout pour mission la défense du Saint-Sépulcre et des pèlerins dans la Terre-Sainte; les principaux étaient ceux du *Temple, de Saint-Jean de Jérusalem, des Chevaliers Teutoniques,* etc.

Aujourd'hui on appelle ordres de chevalerie des distinctions honorifiques instituées par les gouvernements modernes pour récompenser le mérite.

Chaque Etat monarchique de l'Europe possède plusieurs de ces ordres, dont les décorations sont conférées par le souverain. Il en existe un seul en France: l'ordre national de la Légion d'honneur.

CHEVALIER. Citoyen du deuxième des trois ordres dans la république romaine.

Au moyen-âge, celui qui avait reçu l'ordre de la chevalerie.

Membre d'un ordre religieux ou militaire; celui qui a obtenu la décoration d'un des ordres institués par un souverain, et spécialement celui qui a le dernier grade dans les ordres qui en comptent plusieurs.

Simple titre de noblesse, au-dessous de baron en France et de baronnet en Angleterre, donné à des personnes qui n'appartiennent à aucun ordre de chevalerie religieux ou militaire.

Anciennement on nommait chevaliers ès-lois ceux qui avaient obtenu le titre de chevalier à cause de leur capacité dans la jurisprudence.

On donnait le titre de chevalier d'honneur à un conseiller d'épée, qui avait séance et voix délibérative dans les cours souveraines.

CHIFFRE. On entend par *chiffres* les caractères ou signes conventionnels dont on se sert pour écrire des lettres inintelligibles pour les personnes qui n'en connaissent pas la valeur, qui, en d'autres termes, n'en ont pas la clef.

On désigne aussi sous le nom général de *chiffre* l'ensemble des caractères employés, le système de chiffrage lui-même.

Les gouvernements se servent d'un chiffrage qui leur est spécial pour mettre à l'abri de toute indiscrétion la correspondance postale et télégraphique avec leurs agents à l'étranger.

Le plus ordinairement on a recours à des caractères inconnus, à des nombres arbitraires, dont les correspondants ont à l'avance fixé entre eux la valeur et au moyen desquels ils marquent les lettres de l'alphabet, même des mots, des phrases entières. Ces caractères, signes ou nombres, sont disposés dans un certain ordre sur deux tables spéciales, dont l'une, dite chiffrante, sert à la transformation en chiffres du texte original, et la seconde, dite déchiffrante, sert à la reconstitution en clair du texte chiffré.

Les systèmes de chiffres les plus en usage sont les chiffres arabes, les lettres de l'alphabet et les signes sténographiques détournés de leur acception ordinaire et employés tantôt seuls, tantôt combinés les uns avec les autres. Ce genre de chiffre s'appelle à simple clef ou à double clef, suivant que chaque signe, lettre ou figure, conserve invariablement la même valeur ou comporte des acceptions différentes subordonnées à telle ou telle combinaison alphabétique, à tel ou tel mot conventionnellement détourné de son sens propre.

Il y a aussi le système du ruban ou de la grille, méthode qui consiste à disposer une série de mots de manière qu'ils paraissent entremêlés au hasard et ne puissent avoir de sens exact et complet que pour le correspondant qui en a la clef. Son nom lui vient de cette clef, qui n'est autre chose qu'un ruban numéroté ou un carton découpé à jour, qu'on pose sur la dépêche à certains points de repère, et qui alternativement laisse apparaître ou recouvre les mots indispensables pour fournir un sens intelligible.

Il est un autre expédient, moins compliqué, lequel consiste à choisir un livre quelconque ayant eu plusieurs éditions; la clef se borne alors à trois chiffres: le premier indiquant la page du livre, le second la ligne, et le troisième le mot dont on doit se servir. Cette manière d'écrire et de lire, ne pouvant être comprise que par ceux qui connaissent le titre et l'édition du livre, offre d'assez nombreuses combinaisons, puisque le même mot se trouve à diverses pages et peut dès lors s'exprimer par des chiffres infiniment variés; mais elle a l'inconvénient d'être d'un emploi très lent.

Tous les postes diplomatiques et la plupart des postes consulaires sont munis d'une série de chiffres destinés à la correspondance secrète avec le ministre des affaires étrangères et aux rapports réservés et confidentiels avec les agents du département établis dans le même pays ou dans les Etats voisins.

Comme chaque cabinet fait à l'égard de la correspondance avec ses agents usage de procédés différents, tout diplomate ou consul, entrant en fonction, doit nécessairement y être initié.

L'agent consulaire qui vient à quitter son poste pour une cause quelconque, est tenu de sceller son chiffre jusqu'à son retour ou jusqu'à l'arrivée de son successeur, s'il confie l'*interim* à un agent n'appartenant pas à la carrière consulaire.

CHOSE JUGÉE. C'est en général un point de contestation qui a été décidé par les tribunaux; mais dans le langage juridique ce mot exprime ce qui a été décidé par un jugement en dernier ressort ou devenu inattaquable par les voies ordinaires de recours, c'est-à-dire par opposition ou appel.

L'autorité de la chose jugée n'a lieu qu'entre les mêmes parties, agissant dans les mêmes qualités et pour ce qui concerne le même objet; elle ne peut pas être opposée aux tiers.

CHRESTOMATHIE. Nom donné à certains recueils publiés sur divers sujets d'instruction; — se dit plus particulièrement d'un choix de morceaux d'auteurs réputés classiques dans une langue morte ou étrangère.

En droit international, on ne considère pas comme contre-façon la reproduction littérale de passages isolés ou de petites parties d'un ouvrage déjà publié, ni l'insertion d'ouvrages publiés de petite étendue dans un ouvrage plus considérable, à condition que ce dernier ait un caractère scientifique qui lui soit propre, ou qu'il s'agisse de collections composées d'écrits de divers auteurs à l'usage des églises et des écoles, ou dans un but littéraire spécial, pourvu que les recueils de fragments ou d'extraits soient spécialement appropriés et adoptés à l'enseignements ou à l'étude, et qu'ils soient accompagnés de notes explicatives ou de traductions dans la langue du pays où ils sont imprimés. Cette dernière condition devient naturellement sans objet entre deux pays faisant usage de la même langue.

Dans tous les cas les auteurs et les sources mises à profit doivent être indiqués.

CHRISTIANISME, CHRÉTIEN, CHRÉTIENTÉ. Christianisme — doctrine religion et culte du Christ.

Chrétien — qui professe la religion du Christ, quelle que soit la secte à laquelle il appartienne.

Chrétienté — les peuples, les pays chrétiens. Les pays de chrétienté sont tous ceux où domine la religion du Christ : catholiques, romains, grecs, luthériens, calvinistes, anglicans, presbytériens, unitaires, congrégationalistes, mennonites, anabaptistes, moraves, méthodistes, quakers, etc. etc.

CIRCONSCRIPTION. Division d'un territoire.

Le territoire peut être divisé à différents points de vue pour différents besoins : administratif, militaire, judiciaire, ecclésiastique.

CIRCULAIRE. Ecrit destiné à circuler, c'est-à-dire à répandre dans un certain classe, un certain groupe ou nombre de personnes, la connaissance de faits, d'opinions, d'avis, d'instructions.

Les ministres, les chefs d'administration, les préfets, les gouverneurs des provinces, les évêques adressent des circulaires à leurs subordonnés, pour leur servir de règle de conduite : ces actes n'obligent les fonctionnaires que dans le sphère de leurs fonctions, ils n'ont l'autorité de l'ordonnance que dans le cas où le chef de l'Etat les a revêtus de son approbation.

On nomme aussi *circulaire* ou *note circulaire* la note ou la dépêche qu'un ministre des affaires étrangères adresse aux agents diplomatiques de son pays avec recommandation d'en donner ou de n'en pas donner communication ou copie au gouvernement près lequel ils sont accrédités, ou que ce même ministre envoie directement aux ministres des affaires étrangères des autres pays.

CITÉ. Autrefois territoire dont les habitants se gouvernaient par leurs propres lois; dans ce sens une cité pouvait ne renfermer que des bourgades ou des lieux fortifiés.

Quoi qu'il en soit, la cité est l'aggrégation des individus qui habitent dans une même enceinte, soumis aux mêmes lois et jouissant des mêmes droits.

Dans l'ancien empire romain, le mot cité désignait surtout les municipes ou villes principales des provinces qui avaient une curie, un forum etc.

On établit entre la *cité* et la *ville* cette distinction que la ville est l'ensemble des maisons et des édifices dans lesquels les citoyens résident, tandis que la cité est la réunion des citoyens, des habitants de la ville. Cependant le plus ordinairement l'un est employé comme synonyme de l'autre.

Droit de cité, aptitude à jouir des droits politiques attachés à la résidence dans la cité et communs aux citoyens, aux membres d'un Etat libre. Dans le droit moderne, le droit de cité, qu'on appelle aussi droit de bourgeoisie, est tantôt un titre d'adoption, tantôt un titre purement honorifique : dans le premier cas il confère une sorte de naturalisation et donne à celui qui l'a obtenu les privilèges politiques ou municipaux attribués aux habitants indigènes de la ville.

(Voir BOURGEOISIE, CITOYEN, IN-
DIGÉNAT, NATURALISATION.)

CITOYEN. Celui ou celle qui jouit du
droit de cité dans un Etat ; — membre
d'une cité, habitant d'un Etat libre, qui
participe au pouvoir souverain par son
suffrage, ou qui jouit de certains droits
refusés à l'étranger.

Dans l'ancienne Rome, le titre de citoyen romain n'appartint d'abord qu'à
ceux qui étaient nés à Rome ; par la
suite il fut étendu à tout individu né en
Italie ou ailleurs, qui avait acquis le
droit de cité romaine.

D'après le code français, est citoyen
l'individu qui jouit en France des droits
politiques, tels que le droit de concourir
à l'élection des corps législatifs, celui de
siéger comme juré etc. Tout Français de
naissance, c'est-à-dire né en France ou à
l'étranger d'un père français est citoyen
de plein droit à l'âge de 21 ans ; mais
un étranger peut le devenir par la naturalisation.

La qualité de citoyen se perd par la
naturalisation en pays étranger ; par l'acceptation, non autorisée par le chef du
pouvoir exécutif, de fonctions ou de
pensions offertes par un gouvernement
étranger ; par l'acceptation, non autorisée, du service militaire à l'étranger, ou
par l'affiliation à une corporation militaire étrangère ; par tout établissement
fait en pays étranger sans esprit de retour ; par la condamnation à des peines
afflictives ou infamantes.

Lorsqu'un individu a perdu ses droits
de citoyen, il lui suffit de recouvrer cette
qualité pour rentrer dans ses droits.

Le mot citoyen est aussi employé
comme synonyme d'habitant d'une ville,
d'une cité, de sujet d'un Etat ; mais dans
cette dernière application l'usage en est
limité aux ressortissants des républiques
et des monarchies constitutionnelles.

CIVIL. Qui concerne les citoyens, qui
appartient aux citoyens.

Droit civil, l'ensemble des lois qui règlent
l'état des personnes, les biens et les divers manières d'acquérir la propriété —
se dit par opposition à droit politique ;
droits civils, ceux dont la jouissance est
garantie par la loi civile *(Voir* DROIT.) ;

En jurisprudence *civil* se dit par opposition à criminel : le civil, la voie civile ;
code, procès civil ; tribunal civil ; matière,
procédure civile ;

Partie civile, celui qui agit en son nom
et dans son propre intérêt contre un
accusé ;

Intérêts civils, dédommagement dû sur
les biens d'un criminel à celui qui a
souffert du crime ;

Requête civile, voie extraordinaire admise par la loi en certains cas pour faire
retraiter un jugement ou un arrêt rendu
en dernier ressort ;

Etat civil, la condition d'une personne
résultant de sa filiation, de ses alliances,
de ses droits de famille. *(Voir* ETAT) ;

Actes civils, actes qui constatent l'état
civil des personnes ;

Officier de l'état civil, fonctionnaire
chargé d'enregistrer les mariages, les nais-
sances et les décès ;

Liste civile, somme allouée au souverain sur le budget de l'Etat. *(Voir*
LISTE) ;

Civil se dit aussi par opposition à politique, à militaire, à religieux : les autorités civiles, militaires, ecclésiastiques ; bâtiments civils ;

Guerre civile, guerre entre les citoyens.
(Voir GUERRE) ;

Civil signifie qui appartient à la société, à un état policé, par opposition à
sauvage.

CIVILISATION. Dans le sens le plus
général, la civilisation, telle qu'on la
comprend aujourd'hui, consiste dans l'ensemble des progrès matériels et moraux
que l'humanité a accomplis et qu'elle
continue d'accomplir tous les jours.

Dans un sens plus restreint, la civilisation se dit du développement progressif
des facultés de l'homme, dans le but
d'améliorer sa condition morale et physique ; — se dit de l'état de l'homme en
société, par opposition à *barbarie. (Voir*
BARBARES).

La civilisation est la résultante de
l'action réciproque de l'industrie, des arts,
des sciences, des lettres, des mœurs, de
la religion, en un mot de tout ce qui peut
avoir une influence sur l'esprit de l'homme,
contribuer à l'exercice et au développement de ses facultés, à la satisfaction de
ses besoins, à son bien-être en général.

Le droit international est un des fruits
les plus précieux de la civilisation : car
il est devenu une des bases de l'organisation des sociétés, et par suite un élément essentiel de la marche harmonique
de l'humanité.

CIVILISÉ. Doté de *civilisation,* qui jouit
des avantages de la *civilisation.* (Voir ce
mot.)

Société, nation civilisée, qui a des
mœurs policées, des coutumes, des usages
dénotant une certaine éducation morale,
politique et économique, qui est organisée

sur des bases stables et rationnelles, sur des principes d'ordre, de justice et d'humanité.

Les nations *civilisées,* par opposition aux nations *barbares,* ou *sauvages* (voir ces mots).

On peut admettre qu'il est du devoir des nations civilisées d'entreprendre l'éducation, la direction, en un mot, la civilisation des peuples sauvages, d'étendre de plus en plus le territoire des Etats civilisés, de constituer des autorités civilisées dans le plus grand nombre possible de contrées barbares; mais pour atteindre ce but, les nations civilisées n'ont pas le droit de refouler les races sauvages ou barbares, de les détruire, d'anéantir leur race, ou d'usurper les terres sur lesquelles elles vivent.

CIVIQUE. Ce mot, qui peut remplacer celui de *civil* dans presque toutes ses acceptions, s'emploie exclusivement dans les phrases suivantes :

Serment civique, serment d'attachement à un nouvel ordre de choses, qu'on demandait pendant la révolution française;

Garde civique, garde composée de citoyens, garde nationale;

Vertus civiques, vertus qui distinguent le bon citoyen;

Couronne civique, couronne de chêne qu'on décernait chez les Romains à celui qui dans une bataille avait sauvé la vie à un citoyen.

CLAN. Synonyme de tribu ou de famille dans la langue poétique.

En Ecosse et en Irlande ce mot sert à désigner des agglomérations de familles qui portent des dénominations communes, parceque, selon la tradition, elles descendent de la même souche. Chaque clan avait un chef, dont le pouvoir se transmettait régulièrement à ses descendants mâles, les membres du clan lui obéissaient comme à un père; ils se soutenaient entre eux avec un grand dévouement; les offenses reçues par l'un d'eux étaient ressenties et au besoin punies, ou plutôt vengées, par tous.

CLASSE. L'ordre suivant lequel on range ou distribue diverses personnes ou diverses choses; se dit des personnes ou des choses qui sont de même nature ou ont entre elles une certaine conformité, ainsi que des rangs établis parmi les hommes par la diversité et l'inégalité de leurs conditions.

Ainsi le peuple romain était divisé en plusieurs classes suivant certaines conditions sociales et politiques.

Au moyen-âge, il y avait trois classes de personnes: les nobles, les vilains et les serfs.

Dans les sociétés modernes on distingue les hautes et les basses classes, les classes gouvernantes, les classes industrielles, les classes agricoles, les classes ouvrières ou laborieuses, etc.

Classe a aussi la simple acception de division: les classes de l'Institut, classe de fonctionnaires, correspondant à des différences d'attributions ou de traitement.

Ensemble d'objets de même nature ou de même qualité: classe de marchandises; marchandises de première ou de seconde classe.

CLAUSE. Disposition particulière ou accessoire insérée dans un traité, un contrat, un acte, soit public, soit particulier.

Clause expresse, dont l'objet est exprimé de manière à ne laisser aucun doute possible.

Clause tacite, qui n'est pas formellement exprimée, mais qui est sous-entendue ou peut se sous-entendre.

Clause conditionnelle, dont l'exécution dépend de certaines conditions, ou qui impose certaines conditions.

Clause résolutoire, qui entraîne l'annulation d'un acte et remet les choses au même état que s'il n'y avait pas eu de convention, soit dans le cas où l'une des parties n'exécute pas ses obligations, soit dans le cas d'un événement imprévu.

Clause pénale, qui, pour assurer l'exécution d'une obligation, impose une peine à quelqu'un au cas où il ne ferait pas la chose à laquelle il s'est obligé ou ne la ferait pas dans le temps voulu.

Clause de style, celle qu'on sous-entend dans un acte, ou celle, conclue en termes généraux, qu'y est insérée d'après l'usage plutôt que d'après une convention positivement arrêtée; les clauses de style s'insèrent habituellement dans les contrats de même genre.

CLERC. Nom donné à tous les ecclésiastiques en général, depuis le simple tonsuré jusqu'au prélat. Par opposition à laïque toute personne qui étudie pour entrer dans l'état ecclésiastique.

Dans les anciens parlements on appelait conseiller clerc celui qui était pourvu d'une charge affectée aux ecclésiastiques.

Au moyen âge le mot *clerc* était synonyme de lettré ou savant, parce qu'il n'y avait guère que les ecclésiastiques qui possédassent quelque instruction.

CLERGÉ. Dans son sens le plus étendu ce mot désigne tous les clercs ou ecclésiastiques dont se compose l'église universelle. Dans un sens plus restreint il désigne le corps des ecclésiastiques attachés à une religion, à une église, à un pays, à une ville: ainsi on dit le clergé catholique, le clergé protestant; le clergé français, le clergé espagnol; le clergé de Paris, de Bordeaux etc.

Le clergé catholique se divise en clergé régulier, qui comprend les religieux et les religieuses astreints à une règle monastique, et en clergé séculier, composé des ecclésiastiques qui vivent dans le monde (*in seculo*), tels que les évêques, les curés etc., et qui sont spécialement chargés de dispenser aux fidèles les secours et les sacrements de la religion.

COADJUTEUR. Ecclésiastique qui est nommé pour aider un évêque ou un archevêque dans ses fonctions, et qui est ordinairement destiné à lui succéder après sa mort.

Le coadjuteur jouit des mêmes prérogatives que le titulaire.

COALITION. Réunion de personnes, de partis, de puissances pour poursuivre un but commun.

Dans l'histoire, ligue de plusieurs Etats réunis pour faire la guerre à un seul.

En politique, rapprochement d'hommes qui, bien qu'appartenant à des partis différents, se concertent pour renverser un ministère.

Dans l'ordre économique, association formée par des hommes d'une même profession, maîtres ou ouvriers, dans le but d'imposer certaines conditions de travail ou de salaire; ou par les producteurs ou les consommateurs pour modifier les prix et en général les conditions de l'échange.

CODE. Recueil de lois, de rescrits, de constitutions, &c. émanant de l'autorité souveraine.

Corps de lois renfermant un système complet de législation sur une matière déterminée : code civil, code de commerce, &c.; par extension on a donné le titre de code à des ouvrages de droit traitant d'une matière spéciale : code des propriétaires, code des chasses.

Se dit aussi d'un ouvrage renfermant un corps de doctrine, un ensemble de préceptes relatifs à une matière quelconque.

CODIFICATION. Rédaction d'un corps de lois d'après un plan systématique.

Travail à l'effet de réunir des lois éparses en un code ou corps de législation.

COERCION, COERCITION. Terme de jurisprudence : action, droit, pouvoir de contraindre : c'est un des attributs de la justice.

(*Coercition* est plus usité que *coercion*).

COÉTAT. Etat ou prince qui partage avec un autre la souveraineté d'un pays.

Autrefois Etat faisant partie de l'empire germanique.

COGNAT, COGNATION. Cognat se dit d'une personne qui est unie à une autre par un lien de parenté.

Dans la législation romaine, on appelait en général *cognats* tout ceux qui descendaient d'une souche commune.

Opposé au mot *agnat*, le terme *cognat* désigne plus particulièrement les parents qui tiennent les uns aux autres par un ou plusieurs ascendants de la ligne féminine, sans unité de famille; tandisque les *agnats* sont ceux qui tiennent les uns aux autres par des personnes de la ligne masculine et forment une même famille. (*Voir* AGNAT.)

La *cognation* est le lien de parenté qui unit les cognats; en droit romain ce terme signifiait parenté naturelle.

COLLABORATEUR, COLLABORATION. Le *collaborateur* est celui qui travaille avec un autre à un même ouvrage. Se dit le plus souvent en parlant des oeuvres ou des publications littéraires.

La collaboration est l'action de travailler en commun à une même oeuvre, ou la participation à un travail.

Lorsqu'un ouvrage est ainsi le fruit de la collaboration de plusieurs auteurs, la propriété, à moins de conventions particulières, en appartient, soit par parts égales, soit collectivement, à tous ceux qui ont concouru à sa rédaction; mais le seul fait d'avoir coopéré à une oeuvre par des recherches, par des travaux accessoires, par une collaboration rétribuée, ne donne pas le droit de s'en prétendre l'auteur et d'en revendiquer la co-propriété.

COLLATION. Terme de jurisprudence: droit de nommer à un bénéfice ecclésiastique, action de conférer ce bénéfice.

Action de conférer un titre, une dignité, un droit, une faveur.

Action de conférer un grade par faveur et indépendamment des examens, dans des circonstances exceptionnelles.

On nomme *collateur* celui qui confère le bénéfice, le titre, etc., et *collataire* celui en faveur de qui le droit de collation est exercé.

COLLATION DE PIÈCES. Action de collationner, de confronter ou de comparer la copie d'un écrit avec l'original, ou deux écrits ensemble, afin d'en constater l'exactitude, de vérifier s'il y a quelque chose de plus ou de moins dans l'un que dans l'autre.

On appelle copie collationnée la copie d'une pièce représentée et rendue, au bas de laquelle l'officier public qui la délivre a placé un certificat attestant sa conformité avec la pièce sur laquelle elle a été faite.

COLLÈGE. Corps de personnes revêtues de la même dignité, comme dans l'ancienne Rome le collège des augures, le collège des pontifes.

On appelle le *sacré collège* le corps des cardinaux, qui forment le conseil du Pape.

C'est aussi une réunion de personnes légalement constituée dans un intérêt de corporation, ou pour l'accomplissement de certains actes déterminés : ainsi collège électoral ou assemblée d'électeurs à l'effet d'élire des députés, et spécialement la réunion des électeurs appelés à voter pour une même élection.

Ce terme de collège électoral est applicable plus particulièrement aux pays où le droit de suffrage est subordonné à un certain cens, ou bien où l'élection a lieu à deux degrés, ou encore où les collèges électoraux ne sont pas identiques avec les circonscriptions territoriales.

COLLUSION. Intelligence secrète entre deux ou plusieurs parties pour porter préjudice à un tiers, ou simplement pour le tromper.

C'est aussi l'intention ou le fait d'éluder une obligation.

COLONIE. Etablissement fondé par une nation dans un pays étranger, et plus particulièrement possession d'une nation européenne dans une autre partie du monde.

Les colonies, situées en général à de plus ou moins grandes distances de la métropole, restent sous sa dépendance; elles sont même considérées comme partie intégrante de l'Etat que constitue la nation à laquelle elles appartiennent. A cet égard la règle formulée par Vattel est généralement admise, savoir: „Toutes les fois que les lois politiques ou les traités n'ont pas établi de distinctions contraires, ce que l'on dit du territoire d'une nation s'applique en même temps à ses colonies.“

C'est pourquoi, à moins de stipulations expresses en sens contraire, les traités que concluent des puissances qui possèdent des colonies, notamment les traités de commerce, de navigation, les conventions relatives à la propriété des œuvres littéraires et artistiques, s'étendent à ces colonies.

COLONISATION. Une nation a le droit d'explorer et de coloniser par elle-même et par ses nationaux tout territoire non compris dans le domaine d'une nation civilisée; mais ce droit n'entraîne pas celui de s'emparer de force de la terre ou d'en usurper la propriété, si la contrée est occupée par des indigènes plus ou moins barbares encore, et surtout si ceux-ci possèdent un gouvernement établi. L'équité prescrit de respecter ce gouvernement quel qu'il soit, et de traiter avec lui de l'acquisition ou de l'occupation du territoire qu'on convoite.

La nation qui exerce la première le droit de colonisation acquiert ainsi le droit d'acheter la première aux indigènes la terre sur laquelle elle projette de s'établir.

COMBAT, combattant, non-combattant. C'est en général l'action soit d'attaquer un ennemi, soit d'en soutenir ou d'en repousser l'attaque.

On appelle combat naval le combat qui se livre sur mer entre plusieurs navires.

On considère comme *combattant* quiconque prend une part active à un combat. Les combattants sont ceux qui prennent personnellement part à la guerre, font régulièrement partie de l'armée et sont placés sous les ordres d'une puissance ennemie. (*Voir* BELLIGÉRANT, ENNEMI.)

Les corps libres autorisés par l'Etat, bien qu'opérant sans se joindre à l'armée régulière, sont assimilés aux troupes qui composent cette armée, ainsi que les corps francs non-autorisés, lorsqu'ils sont organisés militairement et combattent pour un but politique. (*Voir* MILICE, FRANC-TIREURS.)

Les combattants sont assujettis aux lois de la guerre; exposés aux dangers des batailles, ils peuvent être blessés, mutilés ou tués. Les militaires non-combattants (officiers et employés d'administration, de l'intendance, musiciens, chirurgiens, aumôniers, cantiniers) sont soumis aux mêmes vicissitudes que le corps auquel ils appartiennent; toutefois il est contraire aux usages de la guerre de les attaquer isolément; mais lorsque dans la chaleur du combat l'attaque s'étend par cas imprévu jusqu'à eux, il est naturellement permis au non-combattant de se défendre et de tuer son adversaire.

Quant aux habitants d'un pays envahi, paisibles et non combattants, il ne doit être pris contre eux d'autres mesures que celles qu'exigent la sûreté et les besoins de l'armée, telles que fourniture de vivres, paiement de contributions, etc.; mais leur personne, leurs propriétés, leur commerce avec les Etats neutres doivent être respectés.

Mais lorsque la population entière se lève pour la défense du territoire, tous les citoyens qui prennent les armes peuvent être traités comme les combattants. Le fait de la levée en masse transforme tout citoyen valide d'ennemi passif en ennemi actif; dès lors l'armée envahissante est avertie qu'elle n'a plus affaire qu'à des soldats, et la distinction entre les militaires et les non-militaires devient superflue. En droit strict, on peut dire que la levée en masse confère à la population qui y a recours le caractère de combattant et la place en cas de défaite sous le régime réservé aux prisonniers de guerre.

COMICES. Nom que les Romains donnaient à leurs assemblées pour élire les magistrats ou pour traiter des affaires importantes de la république.

Dans le langage politique moderne ce mot est synonyme d'assemblée électorale ou de réunion d'électeurs primaires.

COMITAT. Nom donné synonyme de comté par la cour de Vienne aux divisions civiles et administratives de la Hongrie, que les Hongrois appellent *vármegye* (territoire du château).

Ces circonscriptions sont d'une étendue très-différente, mais elles ont toutes la même égalité devant le droit politique.

COMITÉ. Réunion de personnes commises par une autorité quelconque, par une assemblée etc., pour examiner une question, une affaire et en faire un rapport, donner un avis, préparer une délibération.

Un comité est quelquefois une partie d'un corps plus nombreux; souvent aussi il est unique et chargé d'exécuter les décisions d'une assemblée ou de veiller à leur exécution; dans ce cas on le qualifie de *comité exécutif.*

Comité secret se dit des assemblées légis-latives lorsqu'elles excluent le public de la salle de leurs séances pour délibérer en secret sur des questions particulières, sur des affaires qui n'admettent pas la publicité, ou dont la publicité serait momentanément inopportune.

En Angleterre, chaque chambre du parlement, dans certains cas prévus, se forme tout entière en comité: c'est ce qu'on appelle *comité général;* alors elle abandonne la solennité ordinaire des débats et remplace son *speaker* par un président temporaire.

Chaque administration, chaque branche de service public peut avoir ses comités spéciaux: ainsi au ministère de la guerre, il y a des comités consultatifs pour les différentes armes; et dans les autres ministères des comités attachés à différentes sections.

COMMANDEUR. Dans les anciens ordres militaires, chevalier pourvu d'une commanderie (espèce de bénéfice).

Le Grand-Commandeur était la première dignité de l'ordre de Malte après celle de grand-maître.

Aujourd'hui le titre de commandeur désigne, dans plusieurs ordres civils ou militaires, un grade plus ou moins élevé, mais purement honorifique. Dans l'ordre de la Légion d'honneur, ce grade est le troisième, immédiatement au-dessus de celui d'officier.

Chez les musulmans, les califes se donnaient le titre de *commandeur des croyants.*

COMMENTAIRE. Eclaircissements, notes et explications sur un livre, un texte, pour en faciliter l'intelligence.

Il y a des commentaires critiques ou philologiques, qui portent sur la vraie manière de lire un auteur, des commentaires exégétiques, destinés à expliquer le texte; des commentaires littéraires, qui en font apprécier les beautés ou les défauts.

Les livres saints ont donné lieu à un grand nombre de commentaires; cette branche prend les noms d'*exégèse* et *herméneutique* (voir ces mots).

En législation, on nomme *le commentaire* l'explication d'une matière en suivant l'ordre du texte législatif, par opposition au traité où l'on suit l'ordre logique.

Le nom de *commentaires,* au pluriel, a été donné à des mémoires historiques, écrits par ceux qui ont eu la plus grande part aux événements qui y sont rapportés : tels les commentaires de César, les commentaires de Montluc.

COMMENTATEUR. Celui ou celle qui commente, qui explique par un commentaire, qui écrit des commentaires.

On dit les commentateurs de la Bible, d'un auteur, d'un livre.

On nomme particulièrement *commentateurs* les juristes qui, à la fin du moyen-âge, ont commenté les textes du droit romain.

COMMERÇANT. Ce mot, dans sa signification légale, désigne ceux qui exercent des actes de commerce et en font leur profession habituelle.

La loi répute actes de commerce tout achat de marchandises pour les revendre, toute entreprise de manufacture, de commission, de transport, toute opération de change, de banque et de courtage, toutes expéditions maritimes.

Le commerçant a son *domicile* (voir ce mot) commercial au siège principal de ses affaires, au point où se concentrent ses opérations.

Les commerçants établis dans un pays étranger demeurent dans ce pays sous la protection de leur gouvernement d'origine, par l'entremise des *consuls* (voir ce mot) qui représentent ce gouvernement comme en étant les délégués directs auprès des autorités territoriales.

COMMERCE. Rigoureusement ce mot signifie échange de marchandises, et, dans un sens plus restreint, fonction industrielle ayant pour objet de transporter les produits de tout genre et de les mettre à la disposition du producteur et du consommateur ; mais dans sa signification la plus usuelle il embrasse l'ensemble des industries manufacturière, commerciale et voiturière.

Le commerce se fait par terre ou par mer ; il est intérieur ou extérieur.

Le commerce intérieur se fait entre les habitants d'un même pays, par terre, par les fleuves et les canaux, de ville à ville, d'un port de mer à l'autre sans changer de pays.

Le commerce extérieur est celui qui se fait par terre ou par mer, hors des limites d'un même Etat.

On nomme commerce *étranger,* par opposition au commerce intérieur, celui qui se fait de nation à nation.

Le droit public des nations commerçantes autorise chacune d'elles à ne pas admettre chez elle le commerce étranger, à prohiber l'importation ou l'exportation de certaines marchandises, à mettre des impôts sur les marchandises étrangères qui passent la frontière.

Les rapports commerciaux des différents pays sont généralement réglés par des conventions spéciales, qui portent la dénomination de traités de commerce et de navigation.

Ces traités contiennent d'ordinaire une clause par laquelle les parties contractantes se confèrent mutuellement le régime de *la nation la plus favorisée* (voir ce terme), c'est-à-dire la participation aux avantages les plus considérables qu'elles ont déjà accordés ou qu'elles accorderaient par la suite à une tierce puissance.

Quoique le droit des gens conventionnel sanctionne toujours en principe la faculté de faire librement le commerce, les nations ont le devoir de respecter les règlements commerciaux ou fiscaux que chacune d'elles a édictés pour sauvegarder ses propres intérêts, pour élargir ou restreindre les limites du trafic dans lequel il lui convient de s'engager avec les pays étrangers.

L'état de guerre survenant entre deux pays modifie essentiellement leurs relations commerciales, dont l'ouverture des hostilités entraîne la cessation immédiate, sauf les exceptions que l'un ou l'autre des gouvernements intéressés a pu autoriser. Certains belligérants accordent, en effet, à leurs nationaux, aux neutres, aux ennemis même des licences (voir ce mot) ou sauf-conduits pour continuer licitement, sans crainte de capture, des opérations mercantiles prohibées par les lois générales de la guerre.

Les neutres ont le droit, pendant la guerre, comme ils l'avaient pendant la paix, de faire du commerce avec les sujets des belligérants ; mais ceux-ci ont le droit d'empêcher la fourniture et le transport de la *contrebande de guerre* (voir ce terme), même quand elle se trouve à bord des navires neutres ou est fournie par des neutres.

COMMISSAIRE. Titre donné à tout membre d'une commission, à celui qui est commis pour remplir des fonctions ordinairement temporaires et relatives à un objet particulier.

En diplomatie, ce titre est employé pour désigner des agents spéciaux ou des fonctionnaires envoyés à l'étranger pour régler certaines affaires particulières de l'Etat ou d'un souverain, telles qu'une délimitation de frontières, la solution amiable d'un litige, l'exécution de quelque article d'un traité, la négocation d'un emprunt, une liquidation, la conclusion d'arrangements pour le service des postes et des télégraphes, l'administration et la surveillance des domaines privés du souverains situés en pays étranger, etc.

En général ces délégués ne sont pas considérés comme faisant partie du corps diplomatique; ils ne communiquent directement ni avec le souverain étranger ni avec ses ministres; ils ne jouissent pas des immunités attachées aux missions proprement dites, lors même qu'ils sont revêtus du titre de résident ou de conseiller de légation; on leur reconnaît seulement les droits et les facilités qui leur sont nécessaires pour remplir leur mandat spécial; ils accomplissent leur mandat à l'abri de toute violence, sous la protection du droit des gens.

Toutefois un ministre public peut être investi des fonctions de commissaire sans qu'elles lui enlèvent son caractère diplomatique; ils importe donc au gouvernement qui envoie des agents de ce genre de préciser le caractère officiel dont il entend les revêtir.

Le commissaire extraordinaire est le délégué à qui le gouvernement confie certaines fonctions à titre provisoire.

Commissaire du roi, du gouvernement, se dit de celui qui est chargé de soutenir la discussion d'un projet de loi devant une assemblée législative.

COMMISSION. On nomme commission le mandement de l'autorité, le brevet ou le titre qui confère une fonction ou un grade. Ce document officiel est, selon les dénominations admises dans les différents pays, nommé commission, patente, brevet, diplôme, lettre de service, provisions etc.

On donne le nom de commission à une réunion d'individus chargés de quelque fonction spéciale, de quelque travail, de l'examen de quelque affaire; les réunions à qui sont attribuées des missions soit consultatives, soit gracieuses, soit juri-juridictionnelles, permanentes ou temporaires: aux premières se réfèrent les commissions chargées de donner des avis aux ministres, de préparer les projets de lois, de règlements, tels que les comités consultatifs, ceux établis près les chemins de fer, la commission des hospices, des monnaies, etc.; aux secondes se rapportent la commission des sceaux, la commission mixte, etc; aux troisièmes les commissions militaires, celle des prises, etc.

Dans ces acceptions le mot *commission* est à peu près synonyme de *comité;* cependant on désigne plus particulièrement

sous le nom de commission la réunion d'hommes spéciaux, supposés compétents pour étudier une question déterminée ou remplir une mission limitée; le comité implique une tâche plus durable que la commission; le comité est le plus souvent permanent, tandis que les commissions sont plutôt temporaires.

Commission se dit aussi de l'emploi qu'on exerce comme y ayant été commis pour un certain temps.

En terme de marine, on appelle commission la permission que donne le souverain pour aller en course sur les ennemis. (*Voir* COURSE, LETTRES DE-MARQUE.)

COMMISSION ROGATOIRE. En droit international, c'est la lettre par laquelle un tribunal ou un magistrat demande le concours d'un tribunal ou d'un magistrat étranger, lorsqu'il devient nécessaire de faire procéder à un acte quelconque *d'instruction* (voir ce mot), de diriger une *enquête* (voir ce mot), de faire subir un interrogatoire, de recevoir un serment ou une déclaration, d'obtenir la remise de pièces, de donner une assignation, d'exécuter une décision dans un lieu situé hors du pays où siège le tribunal saisi de la cause.

Les commissions rogatoires en général ne se transmettent pas aux tribunaux ou aux magistrats étrangers directement, mais par la voie diplomatique, de manière que le gouvernement puisse les examiner avant d'en autoriser l'exécution, pour s'assurer qu'elles ne contiennent rien de contraire aux lois de l'Etat.

La forme de procéder est régie par la loi du pays où la demande est introduite; mais ou peut aussi observer les formes indiquées dans la Commission rogatoire, pourvu qu'elles né soient pas en contradiction avec les lois locales.

Les frais qui résultent de l'exécution des commissions rogatoires sont en général à la charge de l'Etat requis.

Souvent, notamment lorsqu'il ne s'agit d'aucun acte de juridiction extérieure. les tribunaux, au lieu de s'adresser à des magistrats étrangers, s'adressent aux consuls de leur propre pays, auxquels ces missions spéciales imposent certains devoirs.

Les agents consulaires sont aussi autorisés à déférer aux commissions rogatoires qui peuvent leur être adressées par des juges étrangers, pour entendre quelque-un de leurs nationaux établi dans l'étendue de leurs arrondissements.

COMMON LAW. C'est la dénomination anglaise du *droit commun* ou *communier* (voir ces mots).

Ce droit en Angleterre dérive des coutumes saxonnes et normandes, et des lois des anciens rois anglo-saxons et danois. Il est tempéré par l'*équité* (voir ce mot) et modifié par les *statuts* (voir ce mot) émanés de l'autorité royale conformément à la constitution.

COMMUNE. Dans le régime féodal, on nommait *commune* le corps de bourgeois d'une ville ou d'un bourg ayant reçu charte qui leur donnait droit de se gouverner eux-mêmes; et l'on désignait sous la dénomination d'*affranchissement* des communes l'acte par lequel le roi, en France par exemple Louis le Gros (1108—1137), et en général tout seigneur octroya la liberté aux serfs sous certaines conditions.

Aujourd'hui on appelle *commune* l'agrégation de familles rassemblées dans une certaine circonscription de territoire et unies par des relations de voisinage et des intérêts communs que gère une administration commune.

En France c'est la division territoriale administrée par un maire et un conseil municipal, — la dernière fraction du territoire, divisé, sous le rapport administratif et judiciaire, en départements, en arrondissements, en cantons et en communes; par suite, la *commune* se dit de l'être collectif représentant les habitants d'une commune. Dans l'histoire de la révolution française, quand on dit la *commune,* on entend par là la municipalité de Paris, qui s'organisa en 1789 sous la présidence du prévôt des marchands, et pour la seconde fois en 1871.

COMMUNES (Chambre des). L'une des deux chambres dont se compose le parlement anglais : la chambre basse, formée de l'assemblée des députés, élus par les cités et les bourgs du royaume uni (Angleterre, Ecosse et Irlande).

Le président de la chambre des communes porte le nom de *speaker* (orateur).

COMMUNICATION. L'agent envoyé en mission dans un pays étranger est tenu d'adresser au gouvernement qu'il représente des communications sur la marche des négociations dont il est chargé et en général sur toutes les choses d'intérêt public dont l'appréciation ou la surveillance sont confiées à ses soins.

Ces communications peuvent être quelquefois verbales; mais elles ont lieu particulièrement par écrit; alors elles consistent dans l'envoi de *rapports* ou de *dépêches* (voir ces mots).

Lorsque les agents diplomatiques et consulaires ont des communications ou des réclamations directes et officielles à adresser aux gouvernements étrangers et aux autorités territoriales, ils les font de vive voix ou par écrit selon la nature de ces communications.

Quant aux communications que deux Etats ont à se faire entre eux concernant un intérêt quelconque, elles s'effectuent d'ordinaire par écrit au moyen de dépêches, de notes ou de circulaires, que le ministre des affaires étrangères adresse aux agents diplomatiques de son pays auprès des gouvernements étrangers pour en remettre copie aux ministres des affaires étrangères de ces gouvernements. *(Voir* DÉPÊCHE, NOTE, CIRCULAIRE.)

COMMUNIQUÉ. Avis, information donnée par l'autorité supérieure : par exemple, dans les journaux le mot *communiqué* mis en France entre parenthèse, en tête ou à la fin d'un article, indique que telle est la source de cet article.

COMPENSATION. Mode de libération réciproque entre des personnes qui ont contracté des obligations mutuelles, notamment entre des parties débitrices l'une de l'autre : chacune d'elles retient en paiement de la somme qui lui est due celle qu'elle doit à l'autre. *(Voir* CONFUSION.)

Un grand nombre de traités publics renferment des clauses établissant des compensations de ce genre.

En terme de pratique, il y a *compensation de dépens* lorsque le juge ordonne que chaque partie supportera les frais qu'elle a fait, dans le procès.

COMPÉTENCE. Ce mot désigne en général la mesure du pouvoir départi par la loi à chaque fonctionnaire public, et, dans un sens plus restreint, le pouvoir que la loi défère au juge d'exercer ses fonctions dans les limites qu'elle détermine.

Appliquée à un fonctionnaire public, la compétence est le droit de rédiger ou d'expédier les actes authentiques pour lesquels il a été institué; appliquée à un tribunal, la compétence est le droit de juger toute affaire contentieuse dont la connaissance lui est expressément dévolue par une loi formelle.

Dans ce dernier cas on emploie souvent le mot *compétence* pour celui de *juridiction;* mais ces deux mots ne sont pas synonymes: la *juridiction* est le pouvoir de juger, et la *compétence* est la

6*

mesure de la juridiction. *(Voir* JURI-DICTION.)

COMPLICE, COMPLICITÉ. La *complicité* est en général la participation directe ou indirecte, avec connaissance de cause, à un fait coupable dont un autre est l'auteur principal.

Le terme *complice* est également une expression générale qui embrasse tous ceux qui concourent à une action défendue par une loi spéciale, soit qu'ils l'aient provoquée, soit qu'ils l'aient sciemment préparée ou facilitée, soit qu'ils aient coopéré à la perpétration de l'action même et que par là ils s'en soient rendus co-auteurs.

La complicité peut être morale ou matérielle. Elle est morale, quand elle consiste dans des provocations à l'action coupable, dans des instructions données pour son accomplissement, dans le fait de fournir habituellement un lieu de retraite ou de réunion aux malfaiteurs dont on connaît la conduite criminelle. Elle est matérielle, quand elle consiste dans l'aide ou l'assistance données à l'auteur principal de l'action, soit dans les faits qui l'ont préparée ou facilitée, soit dans ceux qui l'ont consommée; elle consiste aussi dans le recel du corps du délit.

Les complices d'un crime ou d'un délit sont punis de la même peine que les auteurs mêmes de ce crime ou de ce délit, sauf les cas où la loi en a disposé autrement.

En général les stipulations des traités internationaux d'extradition atteignent aussi les complices des crimes ou des délits passibles de cette mesure à la seule et formelle exception des nationaux respectifs, qui sont jugés dans leurs propres pays.

COMPLOT. Résolution concertée et arrêtée entre deux ou plusieurs personnes dans un but, le plus souvent coupable.

La loi pénale applique plus spécialement la dénomination de complot aux attentats politiques, et alors elle le définit comme crime ayant pour but de détruire ou de changer la forme du gouvernement, soit d'exciter les citoyens à s'armer contre l'autorité du souverain, soit d'attenter à sa vie; mais elle établit une distinction entre le complot et l'attentat: le complot n'est que la résolution concertée, tandis que l'attentat est la résolution exécutée ou ayant reçu un commencement d'exécution. *(Voir* AT-TENTAT.)

Limité ainsi au terrain politique, le complot se confond avec la *conjuration* et la *conspiration*. (Voir ces mots)

COMPOSITEUR AMIABLE. Celui qui fait composer des parties constantes sur leur litige, qui décide sur la contestation sans s'astreindre aux règles du droit.

COMPOSITION. Accord entre deux parties qui transigent sur leurs prétentions respectives; accommodement résultant de l'abandon que les deux parties ou une seule font de tout ou partie de leurs prétentions.

En terme de guerre, on nomme *composition* la convention que fait une place qui se rend; dans cette acception ce mot est synonyme de *capitulation*, qui est plus usité. *(Voir* CAPITULATION.) Ainsi l'on dit „recevoir à composition"; „la place s'est rendue par composition".

Autrefois on donnait le nom de *composition* ou de *prix du sang* à une sorte d'indemnité ou de dommages et intérêts que, chez les Arabes et chez les Germains, l'auteur d'un meurtre ou d'une blessure était astreint à payer aux parents de la victime ou à la victime, si elle survivait aux violences dont elle avait été l'objet.

COMPROMIS. Accord ou transaction, par laquelle des adversaires se font des concessions.

Dans le langage juridique on entend par *compromis* la convention par laquelle des parties soumettent à des *arbitres* (voir ce mot) les contestations qui les divisent.

Cette convention préliminaire doit préciser nettement la question à débattre et tracer les limites du rôle dévolu à l'arbitre, ou aux arbitres, s'ils sont plusieurs.

Le compromis implique l'engagement de se soumettre à la décision qui pourra intervenir et de la reconnaître comme obligatoire sans recours; le plus souvent cet engagement fait le texte d'une clause expresse.

Le compromis est indivisible, c'est-à-dire que toutes ses parties se tiennent, et que, dès que la nullité existe pour l'une de ces parties, elle doit s'étendre à toutes les autres.

Le compromis finit par le décès, le refus ou l'empêchement d'un des arbitres; par l'expiration du délai stipulé; par le partage, s'il n'y a pas eu de tiers arbitre nommé; par l'extinction de l'obligation que les parties ont mise en arbitrage; par la perte de la chose qui fait l'objet de la compromission.

Il ne faut pas confondre le compromis avec la *transaction* (voir ce mot), de laquelle il diffère en ce que dans le compromis les parties s'en remettent à des arbitres, tandis que dans la transaction elles sont leurs propres juges, et que par le fait la transaction met fin à la contestation.

(Voir ARBITRAGE.)

COMTE. Titre de noblesse.

Dans les derniers temps de l'empire romain, c'était le nom de certains dignitaires, principalement des commandants militaires, des gouverneurs de villes et de diocèses.

Dans les Etats fondés par les Barbares on nommait comte le fonctionnaire qui gouvernait une division du territoire sous l'autorité du roi.

Sous le régime féodal, c'est le titre que prenait le souverain d'une seigneurie du premier degré.

Aujourd'hui le titre de comte n'est plus en général qu'une distinction honorifique ne conférant aucun privilège: il vient généralement après celui de duc et quelquefois après celui de marquis.

COMTÉ. Titre d'une terre, en vertu duquel celui qui est seigneur de la terre prend la qualité du comte.

La terre elle-même possédée par un comte.

Division territoriale ou seigneurie possédée par un comte.

On appelait comté-pairie, le domaine auquel était attachés à la fois le titre de comte et celui de pair du royaume

COMTESSE. La femme ou la veuve d'un comte, ou la femme qui par elle-même ou de son chef possède un comté.

CONCERT. Action de se concerter, c'est-à-dire de s'entendre pour agir ensemble ou d'accord; — intelligence entre des personnes ou des gouvernements pour arriver à une fin.

C'est dans ce sens que l'on dit le concert européen, lorsque les différentes puissances de l'Europe se mettent d'accord pour faire prévaloir certains principes, adopter et faire exécuter certaines mesures,

CONCILE. Assemblée de prélats catholiques réunis pour régler les affaires ecclésiastiques concernant la foi, la discipline ou les mœurs.

Les conciles sont généraux ou particuliers.

Les conciles généraux, nommés aussi *œcuméniques* (concernant toute la terre), sont ceux qui représentent l'Eglise universelle, et où sont appelés tous les évê-

ques du monde catholique. Primitivement ils ont été convoqués par le prince temporel, l'empereur; mais depuis la division de l'empire romain en nationalités diverses, ils sont cités par les papes, à qui seuls ce droit de convocation a été reconnu. Les princes sont invités à y assister en personne ou par ambassadeurs. La présidence est naturellement déférée au pape, comme chef de toutes les églises. L'autorité suprême des conciles généraux ne concerne que la foi et non la discipline.

Les conciles particuliers sont de trois sortes: les nationaux, les provinciaux et les diocésains.

Les conciles nationaux ou pléniers sont convoqués par le prince, par le patriarche ou le primat, et réunissent les évêques de tous les provinces du pays.

Les conciles provinciaux sont ceux dans lesquels le métropolitain ou l'archevêque rassemble les évêques et les autres clercs de sa province.

Les conciles diocésains, qui prennent aussi le nom de synodes, sont convoqués par chaque évêque, et composés des prêtres, des diacres et des autres clercs de son diocèse.

CONCILIABULE. On a donné ce nom à des conciles irréguliers que des évêques ont tenus contre la volonté de la papauté, ainsi qu'à des assemblées convoquées hors du sein de l'Eglise, dans un but d'opposition, par les hérétiques ou des schismatiques.

Aujourd'hui ce mot se dit de toute réunion secrète de gens à qui l'on suppose des desseins coupables, notamment en politique.

CONCILIATION. Action de concilier ou de faire disparaître les causes des différends.

Le droit international prescrit aux Etats le devoir moral d'épuiser toutes les voies possibles et honorables pour arriver à un arrangement amiable et pacifique des différends qui surgissent entre eux, avant d'en confier la solution au sort des armes.

Les voies ou moyens de conciliation qui s'offrent aux nations sont les *arrangements amiables*, les *transactions*, les *médiations*, les *arbitrages* et les *conférences*. (Voir ces mots.)

CONCLAVE. On appelle ainsi le lieu où s'assemblent les cardinaux pour l'élection d'un pape, et la réunion même des cardinaux procédant à cette élection. Cette dénomination tire son origine du fait que les cardinaux sont tenus fermés sous clef dans une chambre jusqu'au moment où ils parviennent à se mettre d'accord.

Les cardinaux font seuls l'élection des papes. Toutefois les trois principales puissances catholiques, la France, l'Autriche et l'Espagne, peuvent chacune demander l'exclusion d'*un* cardinal; mais elles ne peuvent faire usage de leur droit de véto qu'autant que la majorité n'est pas encore acquise à l'un des cardinaux.

CONCLUSION. Décision prise à la suite d'une délibération.

Conséquence, déduction qu'on tire d'un raisonnement.

Dans la pratique, on appelle *conclusions* le résumé des demandes qu'une partie forme contre la partie adverse et qu'elle se propose de justifier.

Pris dans une autre acception, le mot *conclusion* signifie l'arrangement final d'une affaire, d'une convention, d'un traité. *(Voir* TRAITÉ.)

CONCLUSUM. Note diplomatique, résumant des débats, posant des conclusions et les demandes de la puissance qui la signifie.

Le *conclusum* admet la discussion; c'est souvent le point de départ pour des négociations. Il diffère en cela de l'*ultimatum,* qui n'admet pas de réplique. *(Voir* ULTIMATUM.)

CONCORDAT. Dans les premiers temps du christianisme, on appelait *concordats* les conventions destinées à régler les différends des évêques, des supérieurs de monastères et des communautés religieuses. Aujourd'hui cette qualification n'appartient plus qu'aux traités par lesquels le Saint-Siège règle avec les gouvernements étrangers les rapports de l'Eglise catholique et de l'Etat, et détermine les attributions ou les droits de l'une et de l'autre en ce qui concerne non pas les questions de foi, qui ne peuvent devenir l'objet d'un compromis, mais seulement les questions de discipline ecclésiastique, l'organisation du clergé, les circonscriptions diocésaines et la nomination aux sièges épiscopanx.

Les concordats ne sont pas à proprement parler des traités internationaux, attendu que l'Eglise ne saurait être considérée comme une nation; il est difficile toutefois de ne pas les ranger dans la catégorie des accords diplomatiques ordinaires, puisque, d'une part, ils sont conclus entre deux autorités souveraines étrangères, qui combinent leur action et

stipulent sur un terrain mixte dans le but de prévenir les causes de froissement, et que, d'autre part, il passent par toutes les formalités consacrées pour les autres traités depuis la négociation jusqu'à l'échange des ratifications.

Dans les concordats le Pape stipule uniquement comme souverain pontife, chef et représentant de la catholicité.

En France les règlements établis entre le souverain et la cour de Rome pour le gouvernement de l'Eglise avaient jusqu'à François Ier porté le nom de *pragmatique sanction.* (Voir ce mot.)

On nomme plus particulièrement *Concordat* le traité fait le 10 septembre 1801 (23 fructidor an IX) entre Napoléon premier consul et le Pape Pie VII pour le rétablissement des rapports entre le gouvernement français et le Saint-Siège, rompu par la révolution de 1789; tout ce qui regarde l'état actuel de l'Eglise de France repose sur ce concordat, qui est devenu une loi civile de l'Etat par la promulgation qui en a été faite, conjointement avec les *articles* dits *organiques,* le 8 avril 1802 (18 germinal an X).

Dans la Confédération suisse on donne le nom de *concordats* aux traités ou arrangements particuliers conclus entre les cantons sur des questions mixtes de droit ou de juridiction intéressant les citoyens respectifs.

Le caractère intercantonal des concordats est analogue au caractère international des traités entre Etats étrangers; seulement il est modifié en ce sens que, les cantons formant entre eux un Etat fédératif, le pouvoir central exerce une surveillance sur les concordats et en garantit l'exécution.

CONCORDAT COMMERCIAL. Contrat par lequel les créanciers d'un commerçant failli lui accordent des délais pour se libérer et lui font remise d'une partie de leurs créances. Le concordat rend au failli l'administration de ses biens; mais il ne détruit pas définitivement les autres effets de la faillite.

Par le concordat une majorité des créanciers peut obliger la minorité à accorder un sursis ou un abandon partiel de ses créances.

Si nous examinons la question au point de vue international, nous voyons que dans certains pays, il existe des lois sur les faillites qui, après paiement d'un tant pour cent déterminé ou après abandon de leurs biens aux créanciers, libèrent des faillis spécialement qualifiés du surplus non acquitté de leurs dettes. Or çes lois territoriales, qui imposent ainsi un concordat ou une remise, dérogent au droit commun et au droit contractuel, lesquels autorisent le créancier à exiger de son débiteur satisfaction complète et par conséquent à le poursuivre en paiement aussi longtemps qu'il peut payer. Elle obligent donc seulement le créancier qui est sujet à ces lois ou qui s'y est soumis volontairement, tandis que les créanciers étrangers qui n'ont pas adhéré au concordat ne sont pas liés par cet acte.

C'est pourquoi, par exemple, un concordat obtenu par un étranger et homologué en pays étranger ne peut être opposé, en France par exemple, aux créanciers français qui n'y ont pas adhéré, et les tribunaux français ne peuvent utilement le rendre exécutoire. Il en est de même du concordat obtenu par un Français en pays étranger et homologué par les juges de ce pays. Le défaut d'efficacité de ces jugements ne tient pas à la nationalité de celui qui les obtient, mais à la compétence et à la juridiction du magistrat de qui ils émanent. La conséquence est différente, si les créanciers français ont adhéré au concordat obtenu en pays étranger ; dans ce cas le jugement d'homologation n'a pas besoin d'être rendu exécutoire en France.

Cette question peut être réglée entre les divers pays par le traitement de réciprocité ou par des accords spéciaux. (*Voir* FAILLITE.)

CONCUSSION. Selon le code pénal, la concussion est le crime commis par tous fonctionnaires, tous officiers publics, leurs commis ou préposés, en ordonnant de percevoir, ou en exigeant, ou en recevant ce qu'ils savent n'être pas dû ou excéder ce qui est dû pour droits, taxes, contributions, deniers ou revenus, ou pour salaires ou traitements.

Dans l'acception générale on qualifie de concussion toute exaction, toute malversation dans l'administration des deniers publics.

Le concussionnaire est celui qui se rend coupable de concussion; il est possible d'extradition, s'il se réfugie à l'étranger.

CONDAMNÉS. Aucune nation n'a le droit d'introduire dans un autre pays, par fraude ou par violence, des condamnés étrangers, ou de les aider à y émigrer.

Non seulement les individus de cette catégorie, qui entrent dans un pays contrairement à son autorisation, peuvent être renvoyés à la nation de laquelle ils dépendent aux frais de cette dernière ; mais la nation lésée a droit à une réparation du fait de cet acte de malveillance.

On peut ranger dans la même catégorie les indigents, les personnes souffrant d'aliénation mentale ou de maladies qui leur donnent droit à l'assistance publique.

CONFÉDÉRATION, FÉDÉRATION. On entend le plus généralement par *Confédération* la réunion de plusieurs Etats souverains en vertu d'un pacte ou d'un traité, par lequel chacun consent aux mesures prises ou à prendre par des délégués dans l'intérêt commun.

Dans les unions de ce genre chaque Etat conserve l'exercice de sa souveraineté intérieure et extérieure ; la seule obligation qui le lie aux autres Etats associés, est celle de faire exécuter sur son territoire les décisions délibérées en commun.

Dans la Confédération d'Etats, le droit de représentation diplomatique appartient à chacun des Etats confédérés; mais, d'autre part, comme la Confédération constitue, elle aussi, une entité juridique distincte des autres personnalités qui ont concouru à sa formation, le droit de représentation à l'étranger doit aussi être accordé à l'autorité qui la représente pour les affaires concernant l'intérêt commun des confédérés, tout en laissant chacun de ceux-ci exercer ce droit pour les affaires qui le concernent particulièrement.

Il ne faut pas confondre le terme de *Confédération* avec celui de *fédération*. L'Etat *fédératif* a une forme plus unitaire que la confédération d'Etats : le pouvoir central s'y distingue plus nettement des Etats particuliers, dont la souveraineté l'emporte encore complétement dans la simple confédération.

Dans les Etats *confédérés* comme dans les Etats *fédératifs*, la constitution fédérale spécifie les cas dans lesquels le pouvoir central peut intervenir dans les Etats particuliers.

Les difficultés qui surgissent entre les divers Etats ou entre ces Etats et le pouvoir central sont déférées soit aux tribunaux ordinaires de la confédération, soit à un tribunal arbitral. Lorsque les difficultés aboutissent à une déclaration de guerre entre le pouvoir central et les Etats, cette guerre prend le caractère d'une exécution fédérale et non celui d'hostilités internationale proprement dites; cependant il est d'usage que le droit des gens accorde la qualité de belligérants aux deux parties.

CONFÉRENCE. En droit international, on nomme ainsi toute réunion diplomatique destinée à terminer une affaire en litige ou à discuter une question, le plus généralement pour préparer un traité de paix, d'alliance ou de commerce.

Ces réunions sont composées d'ambassadeurs ou d'agents diplomatiques délégués *ad hoc.*

Les conférences diffèrent dans leur compétence, selon qu'elles ont le pouvoir de décider les questions ou qu'elles n'ont que voix consultative. Dans la plupart des cas les conférences ne font que préparer la solution des questions sans les décider; alors elles sont seulement les préliminaires des congrès; souvent aussi des conférences de ce genre ont lieu dans le même temps et à l'endroit même où se tient le congrès proprement dit, duquel elles se rapprochent beaucoup par leur mode de délibération et la nature des questions qui leur sont déférées et ne se distinguent guère au fond que par la situation des personnes qui y prennent part.

Le mode de convocation et de tenue est à peu près le même; il diffère seulement par l'appareil de solennité donné à la réunion et par l'importance des débats. (*Voir* CONGRÈS.)

CONFESSION. Confession de foi, ou simplement confession, déclaration publique de la croyance religieuse qu'on professe.

Se dit surtout des différentes expositions de leur croyance faites par les Eglises protestantes.

La plus célèbre de ces confessions est celle d'Augsbourg, ainsi appelée par ce que c'est dans cette ville qu'elle fut présentée à l'empereur Charles - Quint, le 22 juin 1530, par les protestants d'Allemagne. Elle avait été rédigée par Luther, et était revêtue de la signature et de l'adhésion de tous les princes de l'empire qui avaient embrassé la réforme.

CONFIRMATION. Action de confirmer, de garantir, d'approuver ou de sanctionner.

Confirmer un traité, c'est déclarer qu'on le reconnaît et promet de l'observer : cette déclaration, qui se fait ordinairement par une clause introduite dans un traité nouveau, a lieu lorsque, pour une raison ou une autre, des doutes s'élèvent sur la validité ou la durée du traité. Ainsi, par exemple, un Etat qui change son gouvernement ou la forme de ses institutions intérieures, proclame d'ordinaire les traités conclus par le pouvoir déchu. Ou bien ce sont des souverains qui à leur avènement au trône donnent une adhésion formelle aux traités existants, quoique en principe une semblable confirmation n'ajoute rien à la validité intrinsèque d'engagements conclus au nom de la nation entière et dès lors obligatoires, abstraction faite des princes sous le règne desquels ils ont pu être signés.

Souvent en annulant certains traités on en confirme explicitement d'autres plus ou moins connexes pour les soustraire aux effets de l'abrogation des premiers.

Dans d'autres cas on confirme un ancien traité en le mentionnant ou en l'incorporant intégralement ou en partie dans une convention nouvelle; de là cette clause, qui se rencontre fréquemment dans les actes internationaux : „que le traité (de date antérieure) sera considéré comme faisant partie du présent traité, comme s'il s'y trouvait inséré mot à mot.“

CONFISCATION. Action d'adjuger des bien au fisc pour cause de crime, de contravention ou de délit; elle dessaisit le propriétaire de sa propriété pour l'attribuer à l'Etat.

Cette peine existe dans plusieurs pays, même en ce qui concerne les propriétés foncières. En France elle a été abolie définitivement par la charte de 1814; néanmoins il existe encore une confiscation spéciale pour cause de contravention en matière d'impôt ou de police; elle porte alors sur le corps du délit ou sur les choses qui étaient destinées à commettre le délit.

La confiscation s'opère aussi sur les navires dans certains cas, notamment pour transport de contrebande. (*Voir* CONTREBANDE.)

CONFLIT. On nomme ainsi le dissentiment qui se manifeste entre deux autorités relativement aux attributions respectives de leur compétence pour statuer sur une même affaire.

Il y a conflit de juridiction quand la difficulté naît des prétentions ou du refus d'autorités de même ordre : lorsque deux autorités s'attribuent la connaissance d'une même affaire, le conflit est dit *positif,* tandis qu'on le qualifie de *négatif,* lorsqu'elles se déclarent l'une et l'autre incompétentes, et que cependant l'une ou l'autre doit nécessairement en connaître.

Il y a conflit d'attribution, quand la difficulté s'élève entre deux autorités d'ordres différents, par exemple, l'une appartenant à l'ordre judiciaire, l'autre à l'ordre administratif.

Au point de vue du droit international, ces conflits sont envisagés uniquement à propos des différences des lois qui existent dans les divers pays et de leur application aux étrangers.

Ces conflits se résolvent suivant des règles d'un caractère spécial, qui servent de fondement à ce qu'on appelle le *droit international privé*. (Voir ce mot.)

CONFUSION. En jurisprudence, *confusion de droit et d'actions,* ou simplement *confusion,* signifie la réunion en une même personne de droits concernant un même objet — des droits actifs et passifs — de qualités qui s'entre-détruisent. Ainsi, par exemple, il y a confusion de droits lorsque le débiteur hérite du créancier: alors les qualités de créancier et de débiteur se réunissent, se confondent dans la même personne.

La confusion est un mode d'extinction des obligations.

Selon qu'il s'agit de l'étendue et des effets de l'obligation, ou seulement du mode et des formes de l'extinction, on applique la loi du lieu de l'acte ou celle du lieu où s'éteint l'obligation.

CONGÉ. Permission de s'absenter accordée à certains fonctionnaires par leurs supérieurs. *(Voir* ABSENCE.)

Les agents diplomatiques et consulaires ne peuvent s'absenter ou quitter leur poste sans autorisation ou sans motif légitime, sous peine d'être considérés comme démissionnaires, il faut donc qu'ils demandent et obtiennent un congé, qui leur est accordé par le ministre des affaires étrangères; mais eux-mêmes peuvent accorder des congés à leurs subordonnés (secrétaires, chanceliers, drogmans, interprètes, etc.), en en informant la direction de laquelle ils dépendent.

Le ministre nomme un agent intérimaire pour remplacer le titulaire d'un poste diplomatique ou consulaire pendant toute la durée des son congé.

Le temps du voyage d'aller et du voyage de retour ne compte pas dans le calcul de la durée du congé réglementaire.

(Voir AGENTS DIPLOMATIQUES, AMBASSADEURS, MINISTRES, CONSULS.)

CONGÉ maritime. Permission ou *passeport de mer,* délivré par l'autorité compétente, à un navire pour sortir d'un port et se mettre en mer.

Le *congé* est un document indispensable pour tout capitaine de navire; car il est admis par les nations maritimes que tout navire rencontré en mer sans congé peut être arrêté comme *pirate* (Voir ce mot).

Le congé doit mentionner le nom du navire et du propriétaire, le lieu de construction, le numéro, la date et les autres indications de la *patente de nationalité* (Voir ce terme et *francisation),* de manière qu'on puisse constater à chaque voyage l'identité du navire.

(Voir PAPIERS DE BORD.)

CONGRÉGATION. Ce terme est appliqué par la loi civile à toutes les associations religieuses, tant ecclésiastiques, que laïques, soit qu'elles vivent en communauté sous une même règle soit que les membres en vivent dispersés, tout en relevant d'une autorité particulière.

Le nom de congrégation est plus spécialement appliqué aux sociétés de prêtres séculiers, qui, sans faire des vœux, se réunissent pour s'employer à des œuvres d'utilité publique et religieuse, telles que le soin des séminaires et des collèges, les missions, etc.

Dans les pays protestants, les congrégations correspondent à certaines divisions ecclésiastiques.

Dans l'organisation du Saint-Siège, on nomme *congrégations* les différents comités, composés de cardinaux et présidés par des cardinaux, commis par le Pape pour décider les affaires qui regardent l'Eglise. Ces congrégations sont au nombre de 17. Les principales sont la congrégation de l'*inquisition,* chargée de juger toutes les affaires relatives à l'hérésie ou considérées comme telles; la congrégation des *rites,* qui a pour mission, de régler tout ce qui concerne les cérémonies de l'Eglise; d'examiner les pièces produites pour la canonisation des saints et de décider les contestations au sujet des droits honorifiques de l'Eglise; la congrégation de l'*index,* chargée de dresser, après examen, la liste des livres dont la lecture et l'usage sont interdits; la congrégation de la *propagande,* qui s'occupe de tout ce qui intéresse l'extension de la foi, la direction des missionnaires envoyés pour convertir les infidèles.

CONGRÈS. On nomme ainsi une réunion de souverains, de ministres ou de plénipotentiaires de différents Etats ayant mission et pouvoir soit de régler pacifiquement les différends entre leurs gouvernements respectifs, soit de conclure un traité de paix, soit de déterminer les conséquences d'un traité conclus soit de fixer des points indécis de droit international.

Quelquefois les souverains assistent en personne au congrès; mais le plus souvent ils s'y font représenter par des plénipotentiaires spéciaux, qui sont leurs ministres des affaires étrangères ou des personnages investis particulièrement de leur confiance.

Les congrès sont plus solennels que les *conférences* (voir ce mot), possèdent une plus grande autorité politique et ont pour objet des questions plus importantes, tandis que les conférences traitent généralement, sous des formes plus modestes, des affaires ordinaires ou techniques, et se bornent à poser les bases des décisions.

Chaque Etat a le droit de prendre l'initiative d'une proposition de réunir un congrès ou une conférence.

Pour qu'un congrès puisse avoir lieu, il est essentiel que les Etats qui doivent y participer, soient d'accord sur les principes dirigeants des négociations.

Le choix de la ville où doit siéger le congrès, la question de savoir si l'on y admettra des puissances étrangères, le cérémonial à suivre dans les conférences, la manière dont les affaires seront traitées, la sûreté personnelles des plénipotentiaires, des personnes attachées aux légations et des courriers, ainsi que d'autres dispositions analogues, font quelquefois l'objet d'une convention préliminaire.

Lorsqu'on est convenu de l'endroit où doit siéger le congrès ou la conférence, les puissances y envoient leurs plénipotentiaires, munis de pleins-pouvoirs. La première chose que ceux-ci aient à faire, c'est d'échanger et de vérifier entre eux ces pleins-pouvoirs, afin de s'assurer s'ils ont qualité pour engager leurs gouvernements.

On détermine ensuite — si ces points n'ont pas été l'objet de dispositions préliminaires, — la manière de délibérer, les détails du cérémonial, le rang et la préséance entre les plénipotentiaires.

La coutume est d'attribuer la présidence des séances au ministre des affaires étrangères ou au premier représentant du pays où se tient le congrès ou la conférence; le droit de présider ne donne d'ailleurs d'autre privilège que celui de diriger les débats.

Chacun des gouvernements représentés a l'initiative des propositions, lesquelles se font par écrit et donnent lieu à des délibérations orales, sur un pied d'entière égalité pour tout les Etats.

L'unanimité est la règle pour l'adoption des décisions. Cependant les questions secondaires peuvent être réglées à la majorité absolue des voix. Chacun des membres du congrès a le droit d'opposer aux décisions un *véto* (voir ce mot) individuel absolu au nom du gouvernement qu'il représente; mais ce véto n'empêche pas les autres plénipotentiaires de continuer leurs délibérations. Les dissidents peuvent récuser le vote et se retirer, ou protester contre la décision.

Il est d'usage de dresser, à la fin de chaque séance, un procès-verbal de ce qui s'y est passé et des affaires qui y ont été traitées. Ce procès-verbal, qu'on désigne sous le nom de *protocole* (voir ce mot), est signé par les plénipotentiaires, après en avoir approuvé le contenu.

Les résolutions du congrès sont consignées dans un document qu'on appelle *acte final*.

Le terme de *congrès*, dans plusieurs Etats, sert à désigner la réunion des mandataires de la nation, les chambres qui constituent la représentation nationale.

Ce titre a été aussi adopté par des réunions libres de personnes qui se rassemblent pour échanger leurs idées sur un objet pour lequel elles sont compétentes : tels sont le congrès de la paix, le congrès de la propriété littéraire, &c. en général tous les congrès scientifiques.

CONJURATION, CONSPIRATION. Dessein formé secrètement par plusieurs personnes contre l'Etat, ou le souverain, ou l'ordre social, ou même contre un simple particulier.

La conjuration et la conspiration se confondent avec le complot (voir ce mot), et ne diffèrent que faiblement entre elles. La première paraît plutôt s'attaquer aux choses, et la seconde aux personnes.

La conjuration exprime plus manifestement l'idée du lien secret, du serment par lequel les conjurés s'engagent les uns envers les autres. Les conjurés semblent, en quelque sorte, plus près de l'attentat que les conspirateurs : ceux-ci sont encore à délibérer sur le dessein qu'ils veulent accomplir et sur les moyens d'exécution, que ceux-là sont déjà armés pour agir; on peut dire que de conspirateurs ils sont devenus conjurés.

Les complots, conjurations ou conspirations ayant pour objet une tentative de bouleverser ou de renverser un gouvernement, un Etat, rentrent naturellement dans la catégorie des crimes politiques, et comme tels ils se trouvent en dehors de ceux qu'atteignent les traités d'extradition.

CONNAISSANCE. Information, notion qu'on a d'une chose.

En droit, la connaissance est formelle ou présumée.

Il y a connaissance formelle quand on a été expressément informé d'un fait.

La connaissance présumée est celle que la loi attribue à une personne qui n'a pas reçu d'avis formel.

Dans un autre sens, il est synonyme de compétence; il signifie, en jurisprudence, le droit de connaître et de juger, de statuer sur une affaire, comme dans ces phrases : „la connaissance de cette cause, du crime appartient à tel tribunal" ; — „attribuer à un tribunal la connaissance de certaines affaires."

CONNAISSEMENT. Acte par lequel le capitaine et le chargeur constatent le chargement des marchandises sur un navire et les conditions du transport.

Il ne faut pas confondre le connaissement avec la charte-partie ; celle-ci a pour objet le loyer d'un navire, en tout ou partie, pour un chargement de marchandises, tandis que le connaissement prouve que le chargement convenu a été effectué.

Le connaissement doit être daté et exprimer la nature, la quantité et l'espèce des marchandises; le nom de l'expéditeur; le nom et l'adresse de la personne à laquelle les marchandises sont destinées; le nom et le domicile du capitaine; le nom, l'espèce et le tonnage du navire; le lieu du départ et celui de la destination; enfin le prix du fret. Le capitaine est tenu de présenter son connaissement à la chancellerie consulaire de la nationalité de son navire dans les vingt-quatre heures qui suivent son arrivée dans un port étranger; il lui est rendu après examen.

Le connaissement, pouvant ainsi renseigner sur la nature, la propriété et la destination de la cargaison, est compris au nombre des papiers de bord, que le capitaine est tenu de produire chaque fois qu'il en est légitimement requis, notamment pour justifier de la nationalité de son navire, ou en temps de guerre, de la neutralité, ainsi que de celle des marchandises qu'il a à son bord.

Dans ce dernier cas, voici les règles consacrées par la jurisprudence française en matière de validité ou de nullité des connaissements.

1^0 Pour faire foi il n'est pas de rigueur que les connaissements trouvés à bord soient revêtus de la signature du capitaine.

2^0 Le contrat d'affrétement qui n'exprime pas pour le compte et le risque de qui est fait le chargement, doit être complété par les énonciations du connaissement.

3^0 Un relevé général, détaillée et exact des marchandises chargées, quand il est revêtu des mêmes formalités que le connaissement, peut tenir lieu et avoir la même valeur.

4^0 Les pacotilles du capitaine et de l'équipage n'ont pas besoin, pour être respectées, d'être accompagnées d'un connaissement.

5^0 Le connaissement doit prouver le caractère neutre des propriétaires de la marchandise.

CONNÉTABLE, CONNÉTABLIE. Le titre de *connétable*, ou mieux de *comte de l'étable*, était celui du principal officier dans la maison des premiers rois de France et des grands feudataires. Les fonctions de cet officier correspondaient à peu près à celles du grand-écuyer ou intendant des écuries; il présidait aussi tantôt au service des tables, tantôt à celui des meubles. A l'armée il était quelquefois chargé du commandement de la cavalerie.

Depuis le commencement du 13e siècle jusqu'au 17e, le connétable était en France le commandant-général des armées : le roi lui-même, lorsqu'il se trouvait au milieu des troupes, ne pouvait arrêter aucune mesure importante sans avoir pris l'avis du connétable.

En Espagne, le titre de connétable était conféré aux gouverneurs de certaines provinces.

On appelait connétablie la juridiction du connétable et des maréchaux de France sur les gens de guerre et sur ce qui concernait la guerre, tant au civil qu'au criminel, et le tribunal devant lequel étaient appelées les affaires regardant le point d'honneur entre gentilshommes et officiers des armées du roi.

CONNEXE, CONNEXITÉ. Dans le sens général on dit *connexes* les choses qui ont des rapports intimes entre elles; en droit, ce sont des affaires tellement liées qu' elles sont susceptibles d'être décidées par un seul et même jugement.

La connexité, ou qualité de ce qui est

connexe est la liaison existant entre les choses ou les affaires.

La règle de la connexité, en ce qui concerne l'extradition, s'applique aux faits *connexes*, aux crimes ou aux délits politiques: comme il n'existe pas d'extradition pour les crimes politiques, il suffit qu'un crime commun se rattache à un fait politique, qu'il en soit la suite et l'exécution, pour être couvert par le privilège qui sauve-garde celui-ci.

CONNIVENCE. Complaisance coupable qu'on a pour une action mauvaise qu'on devrait empêcher et qu'on laisse commettre en feignant de ne pas s'en apercevoir,

Un Etat peut justifier des présomptions de connivence de sa part, lorsqu'il tolère ceux de ses nationaux qui compromettent les relations amicales entre leur gouvernement et les puissances étrangères, ou lorsque par son inaction il paraît protéger ou favoriser l'injustice, ou si l'on constate que, dans une accusation contre le sujet d'un autre Etat ou contre un de ses propres ressortissants coupable d'une offense envers un autre Etat, les juges ou les jurés se sont laissé entraîner par la passion politique ou par la haine des étrangers.

Dans ces cas l'Etat est tenu responsable des conséquences des actes de ses nationaux ou des décisions de ses tribunaux; car il est de son devoir de veiller au respet des lois et au châtiment de ceux qui les violent.

CONQUÊTE. Action de soumettre par les armes; se dit aussi du résultat de la conquête.

La paix seule donne la sanction du droit à la conquête ou à l'annexion violente.

Lorsque la conquête est devenue, par les conditions stipulées au traité de paix, complète et définitive, le territoire occupé passe aux mains du vainqueur avec un titre exactement égal à celui de l'ancien propriétaire.

Le souverain qui acquiert ainsi une nouvelle possession, reste libre de placer sa conquête pendant un temps plus ou moins long sous le régime militaire, ou de lui octroyer tout de suite une administration civile. Il peut aussi accorder aux habitants des institutions, des droits différents de ceux dont jouissent ses autres sujets.

Il est de droit naturel que la conquête d'un territoire délie les habitants de tout serment de soumission envers l'ancien souverain et entraîne fidélité de leur part envers le nouveau. Toutefois l'usage veut que le sujet qui entend conserver sa nationalité d'origine et rester fidèle à son ancien souverain, ait le droit d'abandonner le territoire sur lequel ce souverain a cessé de régner.

La consécration définitive donnée à la conquête rend définitifs et parfaits les contrats et les actes translatifs de propriété accomplis pendant *l'occupation militaire* (voir ce terme).

Une fois la conquête revêtue de son caractère complet, le conquérant entre en pleine jouissances pour en disposer en toute liberté et sous réserve, non seulement des biens meubles et immeubles de l'Etat conquis, mais aussi de ses contrats, obligations, dettes actives, &c.; et c'est un principe reconnu de droit international qu'une part proportionnelle, si non l'intégralités des dettes publique, demeure à la charge du conquérant.

Mais la conquête ne transfère pas au nouveau souverain la propriété privée, qui demeure incommutable entre les moins de ses légitimes possesseurs.

La souveraineté de fait sur un territoire conquis devient une souveraineté de droit à l'égard des Etats étrangers, lorsque les Etats jugent que cette souveraineté est suffisamment établie et que la réunion de ce territoire à l'Etat conquérant ne présente aucun danger pour la sécurité générale.

La *reconnaissance* (voir ce mot) de la conquête s'opère comme celle des Etats pouveaux.

CONSEIL. Assemblées permanente ou temporaire, ayant pour mission de donner son avis ou de statuer sur certaines affaires publiques ou privées.

Nom de différents corps chargés de délibérer sur des matières gouvernementales ou administratives.

En France, *Conseil d'Etat,* réunion de magistrats chargés de préparer les lois, rédiger les décrets et les règlements d'administration &c.; — *Conseil de préfecture,* sorte de tribunal institué dans chaque département pour la justice administrative; — *Conseil général de département,* assemblée élective chargée de vérifier les dépenses départementales, de répartir les contributions entre les arrondissements et d'exprimer son opinion sur les besoins des départements; — *Conseil d'arrondissement,* assemblée également élective, chargée de la sous-répartition des impositions entre les communes des arrondissements; — *Conseil municipal,* dont la mission est de prendre les mesures propres à satisfaire aux besoins de la commune; — *Conseil de guerre,* tribunal particulier chargé de juger les militaires, et dont la juridiction, en temps d'état de siège, s'étend sur tous les citoyens; — *Conseil des prises,* commission extraordinaire établie en temps de guerre pour juger les prises de navires capturés sur l'ennemi.

En général on appelle *Conseil des ministres* la réunion des ministres assemblés pour délibérer sur les affaires publiques.

Le *Conseil privé* est le conseil particulier du souverain.

En Suisse les différentes assemblées qui concernent les *cantons* et la *confédération* (voir ces mots) sont désignées sous les dénominations de *Conseil fédéral,* de *Conseil national,* et de *Conseil des Etats.*

Il y a aussi dans l'Empire d'Allemagne un *Conseil fédéral,* composé de représentants des divers Etats allemands, formant à la fois une deuxième chambre et une réunion de commissaires du gouvernement. Il a aussi une certaine compétence administrative.

CONSEILLER. Ce mot, applicable à tout membre d'un conseil quelconque, est plus particulièrement donné, dans l'usage, aux membres des hautes cours de justice, telle que la cour de cassation, la cour des comptes, les cours d'appel.

Conseiller du roi, titre d'honneur attaché autrefois à certains offices, et que prenaient aussi les évêques.

Conseiller du roi, titre des ministres, des secrétaires d'Etat, des contrôleurs généraux des finances et des conseillers d'Etat ordinaires.

Dans les cours de l'Allemagne, on donne le titre de conseillers à certains magistrats et fonctionnaires.

Conseiller aulique, titre particulier autrefois aux membres du conseil ou cour aulique, tribunal supérieur de l'Empire germanique, mais qui n'est plus donné aujourd'hui à des chefs de département administratif que comme une distinction honorifique.

Conseiller de cour, distinction d'un degré encore moindre accordé par les souverains allemands.

Conseiller intime actuel, autre distinction qui entraîne la qualification d'Excellence.

Conseiller intime de régence, titre des hauts fonctionnaires de l'ordre administratif, etc.

CONSEILLER D'AMBASSADE ou DE LÉGATION. Les conseillers d'ambassade ou de légation sont des agents que les gouvernements attachent quelquefois aux missions diplomatiques pour assister de leurs avis le ministre public dans les affaires d'une certaine importance ou qui exigent des connaissances spéciales que le ministre n'est pas censé posséder.

Aucun usage diplomatique n'a fixé les attributions des conseillers de légation; elles sont ordinairement déterminées par leur gouvernement et se confondent avec celles des secrétaires de légation.

Quelques publicistes assignent aux conseillers un rang d'infériorité relativement aux secrétaires; cependant il est de règle aujourd'hui, à moins d'ordres formels contraires, que c'est le conseiller qui supplée le chef de la mission empêché ou absent, et ce n'est qu'après lui ou à son défaut que cette tâche est dévolue au premier secrétaire; en pareil cas, l'un ou l'autre est présenté en due forme au ministre des affaires étrangères du pays comme chargé par intérim des affaires de l'ambassade ou de la légation.

Quoi qu'il en soit, les conseillers d'ambassade ou de légation partagent les privilèges et les immunités reconnues aux secrétaires. Comme ceux-ci ils sont nommés et appointés par le gouvernement lui-même, qui fait notifier leur nomination au ministre des affaires étrangères du pays où ils doivent résider; ils sont présentés au souverain de ce pays par le chef du poste auquel ils sont attachés; ils appartiennent à la fois au poste et à la carrière diplomatique et sont à ce titre revêtus d'un certain caractère de représentation; en outre du privilège de l'inviolabilité, qui s'étend à toutes les personnes attachées à la mission, ils jouissent d'immunités propres, indépendantes de celles de l'ambassadeur ou du chef de légation, aux ordres duquel ils ne sont soumis que dans la mesure prévue par les instructions du gouvernement qui les a nommés; mais ils n'ont droit à aucun cérémonial.

En Allemagne le titre de conseiller de légation est conféré aux conseillers du département des affaires étrangères.

CONSENSUS GENTIUM (le consentement des nations). C'est l'acceptation unanime et la mise en pratique réciproque d'un principe par les nations, notamment par celles qui sont placées au même niveau de civilisation. Ce consentement dérive d'une nécessité intérieure et partant n'a besoin d'aucune sanction formelle; il a pour base la mutualité. Il existe en effet certains principes qu'aucun État qui veut participer d'une manière régulière et permanente au commerce international, ne saurait renier et dont il suppose la reconnaissance chez les autres.

Toutefois ce consentement général doit être envisagé plutôt comme l'expression des convictions de l'humanité que comme manifestation de la volonté des divers Etats; néanmoins la portée en est considérable, car l'Etat qui chercherait à s'y soustraire, romprait par le fait ses relations avec les autres; mais cet isolément ou cette résistance ne le libérerait pas de l'obligation de respecter ses devoirs envers eux.

CONSENTEMENT. Adhésion donnée à un fait ou à un acte, acceptation d'une chose proposée.

Le consentement est dit *exprés,* lorsqu'il est exprimé de manière à ne laisser aucun doute; et *tacite,* lorsqu'il n'est que sous-entendu ou peut se sous-entendre.

En ce qui concerne les traités publics, le consentement, pour être valide, doit être à la fois *déclaré* ou verbalement ou par écrit, *libre* et *mutuel;* et il faut que le consentement mutuel porte sur le même objet; car toute erreur à l'égard de l'objet essentiel du traité a pour effet de rendre le traité invalide et d'en exclure le consentement.

Le simple *acquiescement* (voir ce mot) d'une partie à des actes faits par une autre n'équivant en aucun cas à un consentement contractuel.

CONSERVATION DES ETATS. Le droit de se conserver soi-même, de se préserver de la destruction est un des droits essentiels inhérents à la souveraineté et à l'indépendance des Etats. C'est le premier de tous les droits absolus ou permanents; il constitue, on peut le dire, la loi suprême des nations ainsi que le devoir le plus impérieux des citoyens.

Le droit de conservation sert de base à un grand nombre de droits accessoires, secondaires ou occasionnels; il doit être considéré sous deux rapports différents: le régime intérieur, qui comprend le gouvernement, les lois, la sûreté, la prospérité du pays; les relations extérieures, que constitue le droit des gens.

Le besoin ou le sentiment de sa propre conservation doit porter nécessairement tout Etat, qui se trouve placé entre une obligation quelconque envers un autre Etat et l'obligation que lui impose sa propre conservation, à donner la préférence à cette dernière. Le droit de nécessité, autrement dit la raison d'Etat, l'emporte dans ce cas sur toute autre considération étrangère; mais l'Etat qui se trouve dans cette position à l'égard d'un autre Etat doit non seulement agir avec ménagement, mais même dédommager l'autre Etat, s'il a été dans la nécessité de le léser.

Le droit de conservation comprend l'accomplissement de tous les actes indispensables pour repousser une agression et pour éviter un danger imminent.

Ainsi un Etat a le droit d'élever des forteresses dans l'intérieur de son territoire ou sur ses frontières extérieures, d'augmenter selon qu'il le juge convenable son armée et sa flotte, et de conclure des traités d'alliance et de subsides. Dans la pratique toutefois, et par suite des relations de plus en plus intimes qui se sont établies entre les Etats, l'exercice de ce droit subit certaines restrictions, qui ne permettent pas d'ériger en principe inflexible de droit international la liberté absolue pour un Etat d'accroître indéfiniment des moyens de défense trop facilement transformés en moyens d'agression.

Les droits qui dérivent de celui de conservation trouvent une limite dans les droits réciproques des autres Etats. Une nation qui sans nécessité évidente se livre à des préparatifs de guerre dans des propositions alarmantes pour la paix et l'indépendance des autres nations, autorise pleinement celles-ci à lui demander des explications et à la mettre en demeure de cesser des armements dont elle ne pourrait prouver le caractère inoffensif.

CONSERVE. On appelle ainsi une convention par laquelle plusieurs capitaines de navires s'engagent réciproquement à ne pas s'abandonner, soit pendant toute la durée de leur voyage, soit depuis un point jusqu'à un autre, afin de se prêter mutuellement secours et défense contre les ennemis communs ou contre l'ennemi de l'un d'eux, qui viendrait l'attaquer.

Un capitaine ne peut refuser de marcher de conserve ou de compagnie, si les armateurs le lui ont ordonné.

Le plus considérable des navires, ou, en cas d'égalité, celui que monte le plus ancien capitaine, est désigné pour commander et porte le nom de navire directeur.

CONSISTOIRE. Nom donné à des assemblées religieuses chargées d'une certaine surveillance concernant le dogme et la discipline.

Dans la religion catholique c'est l'assemblée des cardinaux convoquée et présidée par le Pape.

On distingue deux espèces de consistoires : le consistoire public, qui se tient dans la grande salle du palais de Saint-Pierre; on y traite spécialement des affaires d'intérêt général, de la canonisation des saints, etc.; le consistoire secret, qui a lieu dans une salle particulière nommée la chambre du Pape gai, les cardinaux seuls y sont admis; c'est dans cette assemblée que les évêques sont préconisés pour les divers sièges du monde catholique, et qu'il est pourvu à la nomination des cardinaux et des fonctionnaires de la cour pontificale; les décisions prises en consistoire secret sont ensuite, suivant leur nature ou leur importance, proclamées dans le consistoire public.

Dans la religion protestante, en France on nomme consistoires les assemblées instituées pour régler les affaires, la police et la discipline des différents églises; elles sont composées de ministres ou pasteurs et des anciens des églises. Un consistoire central a la suprématie sur tous les consistoires locaux.

En Allemagne on appelle consistoire l'autorité chargée par le souverain du gouvernement de l'Eglise, dans chaque circonscription ecclésiastique.

Il y a aussi des consistoires israélites, qui dirigent les affaires de la religion judaïque.

Les consistoires protestants et israélites sont pour ainsi dire l'administration ecclésiastique qui sert de lien entre ces cultes et l'Etat.

CONSOLIDATION. Terme de finances: opération financière par laquelle un gouvernement assigne un fonds spécial pour assurer le paiement d'une dette publique, ou établit des contributions suffisantes pour acquitter régulièrement, à des périodes convenues, les arrérages des rentes ou d'un certain montant des rentes dues par l'Etat, ou simplement convertit des dettes remboursables et exigibles à terme en dette perpétuelle.

En droit, le mot *consolidation* signifie la réunion en une même personne de différents droits qui avaient été séparés, et spécialement la réunion des qualités d'usufruitier et de nu-propriétaire.

L'usufruit s'éteint par la consolidation.

(*Voir* NUE-PROPRIÉTÉ, USUFRUIT.)

CONSOLIDÉ. En finances, on appelle *consolidée* une dette dont le paiement est garanti et régularisé par la création d'un fonds expressément à cet effet.

Rentes consolidées, rentes pour lesquelles on a assigné un fonds qui permet de les payer régulièrement : ce sont ces rentes qui forment la portion de la dette publique appelée dette *consolidée*. (*Voir* DETTE.)

En général on désigne sous la dénomination de *consolidés* les fonds publics non-remboursables, et dont le gouvernement ne paie que l'intérêt. C'est le nom qu'on donne plus particulièrement aux fonds publics de la dette d'Angleterre.

CONSTITUANT, CONSTITUANTE. Le pouvoir *constituant* est le pouvoir qui seul a droit d'établir ou de changer la constitution d'un Etat. (*Voir* CONSTITUTION.)

L'assemblée constituante est celle qui a mission d'établir une constitution politique.

En France on donne particulièrement ce nom à deux grandes assemblées politiques qui, à près de soixante ans d'intervalles, ont donné une constitution au pays.

La première de ces assemblées est celle des Etats-Généraux en 1789, qui rédigea la consitution dite de 1791; la seconde est celle qui fut convoquée à la suite de la révolution de février 1818 et siégea jusqu'au 28 mai 1849, après avoir voté la constitution dite de 1848.

On désigne sous le titre de *constituant* le membre d'une assemblée constituante.

Les autorités légalement établies en vertu de la constitution ou des lois qui en découlent sont dites *autorités constitués*.

CONSTITUTION. On désigne par ce mot la loi fondamentale du droit politique et public d'un Etat, et aussi la nature du gouvernement qui résulte de cette loi.

La constitution est accordée par le souverain, ou votée par les représentants de la nation.

La constitution règle les droits et les devoirs réciproques des pouvoirs politiques, ainsi que les rapports légaux de ceux qui gouvernent avec ceux qui sont gouvernés.

Tout Etat est libre de se donner la constitution, la forme de gouvernement qu'il juge la plus convenable à ses intérêts, et d'y apporter des modifications, sans qu'aucun autre Etat ait le droit d'y intervenir.

CONSTITUTION, CHANGEMENT DE. (*Voir* CHANGEMENT.)

CONSTRUCTION de navires à l'étranger. L'obligation de la construction dans le pays n'est pas une condition de rigueur de la *nationalité* (voir ce mot) du navire, qui peut indifféremment avoir été construit dans un chantier national ou étranger : il faut avant tout qu'il appartienne en totalité à un ou à plusieurs sujets du pays.

Il est de règle générale qu'en temps de guerre les neutres ne doivent fournir à aucun des belligérants rien de ce qui puisse accroître ses forces : les navires sont compris parmi les objets dont la livraison est interdite comme *contrebande de guerre* (voir CONTREBANDE, NEUTRE). Cependant certains traités, au nombre des avantages stipulés en faveur du commerce neutre en temps de guerre, renferment la clause qu'il sera libre aux sujets ou à l'Etat de l'un des souverains contractants non seulement de fréter des bâtiments et d'acheter des munitions, mais aussi de faire construire des navires chez la puissance qui serait en guerre avec l'autre partie contractante.

CONSUL, VICE-CONSUL. En diplomatie on désigne sous le nom de *consuls* des agents qu'un gouvernement entretient en pays étrangers pour protéger les opérations commerciales et les personnes de ses nationaux.

Il est d'usage général que les consuls soient nommés par le souverain ou par le chef du pouvoir exécutif. Dans la plupart des pays, ils dépendent du ministère des affaires étrangères; dans quelques autres ils relèvent directement du ministère du commerce : suivant cette différence, ils sont par rapport à leurs instructions et à leurs correspondances sous la direction du département auquel ils se rattachent.

Chaque consul est muni d'une commission ou patente, signée par le chef suprême de l'Etat auquel il appartient, et exprimant le titre et les attributions qui lui sont conférés.

L'original de ce document officiel doit être communiqué par la voie diplomatique au gouvernement du pays sur le territoire duquel le consul est appelé à résider, afin que ce gouvernemet le revête de *l'exéquatur* (voir ce mot), que le souverain territorial est absolument maître d'accorder ou de refuser.

Dès qu'il a obtenu son *exéquatur* et s'est fait reconnaître par les autorités compétentes de sa résidence, le consul a le droit d'entrer en fonctions.

Un gouvernement peut choisir pour son consul dans un pays étranger un citoyen de ce même pays; de son côté, le gouvernement duquel dépend ce citoyen, est libre de lui refuser l'autorisation d'exercer ses fonctions ou d'en subordonner l'exercice à certaines conditions spéciales; mais une fois que le consul nommé dans de parailles circonstances a reçu son *exéquatur,* il est placé sur la même ligne que tous les autre consuls.

En cas de changement de gouvernement d'un pays, en cas même de sa conquête, les consuls en place continuent d'exercer leurs fonctions sans avoir besoin d'une nouvelle nomination ni d'un nouvel *exéquatur.*

Si une cause quelconque vient à rompre les relations officielles entre le pays auquel appartient le consul et celui où il réside, comme cette rupture n'entraîne pas nécessairement celle des rapports commerciaux, les consuls, qui sont chargés plus spécialement de protéger ces rapports, continuent d'exercer leurs fonctions même après le départ du personnel de la légation de leur pays, à moins de décision contraire des autorités locales ou de leur propre gouvernement. Il est d'usage qu'en se retirant le consul confie à celui d'une nation amie le soin des intérêts qu'il avait mission de protéger.

En général les Etats s'assurent le droit de créer des consulats, soit par des traités formels, soit par des conventions verbales; mais en tout état de cause l'exercice de ce droit demeure subordonné à l'agrément du gouvernement local en ce qui regarde la personne de l'agent désigné.

Tout gouvernement est maître de fixer les lieux où il lui convient de recevoir des consuls étrangers, par conséquent d'excepter certains localités, comme, par exemple, des forteresses ou des arsenaux.

Tous les consulats d'une nation institués dans une même contrée étrangère forment ce qu'on appelle un établissement consulaire, placé sous l'autorité supérieure de l'agent diplomatique qui s'y trouve accrédité, ou, à défaut de légation permanente, sous les ordres immédiats d'un consul général, voire même d'un simple consul chargé de centraliser le service et les affaires d'intérêt général.

Cet établissement se subdivise en départements et en arrondissements, à chacun desquels est attribuée une étendue de territoire calculée de manière qu'aucune partie du pays ne soit privée de la surveillance et de la protection d'un agent commercial.

Dans la plupart des Etats la hiérarchie consulaire comporte les grades suivants: *consuls généraux, consuls de 1ère et de 2e classe, vice-consuls, et agents consulaires* ou commerciaux (voir ces divers termes).

Le consul général est le chef de l'établissement consulaire. Quand il n'y a pas de consul général placé à la tête des établissements consulaires du pays, la légation accréditée auprès du souverain territorial en remplit les fonctions.

Les consuls de première et de seconde classe sont les chefs des départements et des arrondissements. Ils sont subordonnés au consul général, mais dans des limites très restreintes; car les consuls résidant dans le même pays que le consul général, sont indépendants dans leurs fonctions administratives, judiciaires et de police, et correspondent directement avec le ministre. Le consul général n'a qu'à les surveiller et à leur donner les avis qu'ils croit utiles au bien du service. Cependant les consuls, dans les affaires qui exigent un recours à l'autorité centrale du pays, ne sauraient agir avant d'y avoir été autorisés par le chef de l'établissement consulaire.

Le vice-consul est préposé à un arrondissement. Il est subordonné au consul, chef du département duquel dépend son arrondissement. Il peut être suspendu de ses fonctions par le consul; mais sa révocation et son remplacement ne peuvent avoir lieu qu'avec l'autorisation du ministre.

Les consuls sont autorisés à nommer des délégués dans les lieux de leur arrondissement où ils le jugent utile au service. Ces délégués ont le titre *d'agents consulaires* (voir ce mot); celui de vice-consul peut leur être conféré lorsque l'importance de la localité ou un autre motif l'exige. Ils n'ont point de caractère public et agissent sous la responsabilité du chef qui les a nommés.

En général tous les consuls étrangers qui résident dans un pays ont droit à une égalité parfaite de traitement, à moins que les traités ne renferment à cet égard des dispositions spéciales fondées sur le principe de la réciprocité.

Les agents de la carrière consulaire sont à l'étranger placés en dehors de ce qu'on nomme le cérémonial diplomatique. Les convenances internationales veulent toutefois que les consuls, à certaines époques de l'année, rendent aux autorités supérieures des visites officielles et accomplissent auprès d'elles certains devoirs de courtoisie; ils ne peuvent non plus se refuser aux actes extérieurs que commandent les usages nationaux; mais en toute circonstance ils ne peuvent prétendre à aucune autre préséance que celle qui appartient à l'Etat dont ils font partie.

Le rang des consuls entre eux se détermine dans le pratique d'après le grade dont ils sont revêtus, et, à égalité de grade, d'après l'antériorité de date de leur *exéquatur*.

En ce qui regarde les prérogatives honorifiques, plusieurs gouvernements ont établi pour les diverses classes de leurs agents de la carrière consulaires un rang d'assimilation aux grades de la marine militaire.

Il leur est prescrit de porter un uniforme dans toutes les occasions où la tenue officielle est convenable.

Lorsqu'un navire de l'Etat arrive dans le port de la résidence consulaire, il est de règle que le consul, à moins que l'officier commandant ne soit un amiral ou un chef d'escadre, envoie son chancelier à bord pour offrir ses services et attende la première visite du commandant; c'est l'inverse qui a lieu dans le cas contraire. Des honneurs militaires sont rendus aux consuls lors de leur réception à bord des vaisseaux de l'Etat; ils sont, selon leur rang, salués par un certain nombre de coups de canon. Les navires marchands hissent le pavillon national, à l'arrivée du consul à bord.

Les consuls ont pour attributions de protéger le commerce et la navigation des nationaux, de veiller à l'exécution des conventions, de prêter secours et appui à leurs compatriotes, de recevoir les contrats d'affrétement et d'assurances, de délivrer ou de viser les papiers de bord des navires marchands, de dresser les procès-verbaux d'avaries, de diriger le sauvetage des navires de leur nation, de rapatrier les marins naufragés ou délaissés, d'assister et de ramener dans leur pays les indigents de l'ordre civil &c.; d'administrer et de liquider les successions des nationaux qui décèdent dans la résidence consulaire; de recevoir les actes de l'état civil de leurs nationaux; de délivrer et de viser les passeports, les patentes de santé, les certificats de vie et d'origine, de dresser les actes de notoriété et d'immatriculation, les procès-verbaux d'enquête, les déclarations authentiques dont les lois ou les usages locaux imposent la production aux étrangers.

Les principes du droit des gens, même en dehors de toute stipulation conventionnelle, reconnaissent aux consuls à l'égard de leurs nationaux quelques-uns des attributs du véritable magistrat. Ainsi ils ont compétence pour régler à l'amiable, administrativement ou par la voie d'arbitrage volontaire, les différends qui surviennent entre négociants, navigateurs ou autres particuliers appartenant à leur pays, les démêlés entre capitaine et subrécargue ou entre capitaine et matelots pour raison de salaires, de nourriture ou autres; ils ont encore un droit de police intérieure sur les navires et les gens de mer de leur nation.

Il est aussi du devoir des consuls de fournir à leur gouvernement les informations nécessaires pour assurer la prospérité de l'industrie, du commerce et de la navigation, particulièrement tous les renseignements qui ont trait à la situation commerciale, politique, financière et économique du pays de leur résidence, et, par contre, de répandre à l'étranger la connaissance des faits d'intérêt général ou particulier qui sont du ressort des lois financières, commerciales ou de police du pays auquel ils appartiennent.

Les consuls ont le droit d'élever des réclamations et même d'intenter une action dans les cas où il est porté atteinte aux intérêts de leurs nationaux et sans qu'ils aient besoin d'y être autorisés par les personnes pour le bénéfice desquelles ils agissent; mais ils ne peuvent recevoir aucune restitution sans une autorisation expresse des parties intéressées.

En général les consuls n'entretiennent de correspondance suivie qu'avec les autorités administratives et judiciaires de leur arrondissement. Cependant, lorsque ces autorités refusent de faire droit à leurs réclamations et que l'absence d'une légation permanente de leur pays rend impossible le recours à la voie diplomatique, les consuls sont pleinement autorisés à s'adresser directement au gouvernement central de la contrée où ils résident.

Les attributions et les prérogatives des consuls étrangers en Orient sont beaucoup plus étendues que celles qu'ils ont dans les pays chrétiens. Les *capitulations* (voir ce mot) conclues à diverses époques avec la Porte ottomane conservent aux consuls un droit absolu de juridiction sur leurs nationaux, qui au civil comme au criminel restent soumis aux lois de leur pays.

Lorsqu'une personne appartenant à la nationalité du consul a un différend avec un sujet du pays, l'autorité locale appelée pour en connaître ne peut néanmoins procéder ni prononcer un jugement sans la participation du consul et la coopération de son interprète, qui doit assister à la procédure pour défendre les intérêts de l'ayant-droit étranger.

Il en est de même en cas de crime commis par un des nationaux du consul sur un sujet du souverain territorial; mais si le crime a été commis par une personne de la nation du consul sur un autre de ses nationaux ou sur un étranger, le consul est seul appelé à en connaître sans l'intervention des autorités locales.

L'hôtel du consul est regardé par les Turcs comme un asile inviolable, où peuvent se réfugier, en cas de poursuite, non seulement les nationaux du consul, mais encore tout autre étranger.

Les mêmes privilèges judiciaires sont accordés aux consuls étrangers en Perse, dans l'imanat de Mascate, en Chine et au Japon, où les puissances chrétiennes ont conclu des traités qui posent le droit conféré aux consuls en termes généraux, en suite des lois intérieures ou des règlements particuliers pour chaque pays, et ont fixé les mesures de détail et d'application pratique, c'est-à-dire tout ce qui touche à la procédure.

En sus des droits et des privilèges dont jouissent les consuls conformément aux prescriptions générales du droit des gens, l'usage dans quelques pays en a ajouté d'autres analogues; mais ces privilèges n'ont aucun effet au delà des limites de l'Etat qui les octroie, à moins qu'ils ne soient adoptés ou permis par les autres Etats.

Plusieurs puissances revêtent leurs consuls dans certaines contrées d'un véritable caractère diplomatique : elles les accréditent en même temps, par lettres spéciales, en qualité d'agents politiques, comme dans le Levant, ou de chargés d'affaires, comme dans quelques pays de la chrétienté : on élargit par ce fait le cercle de leurs immunités.

En tout état de choses, qu'on leur reconnaisse ou non un caractère public, il est positif que les consuls ont un droit absolu à certaines immunités, sans lesquelles il leur serait très difficile de remplir leur mandat.

Leur archives sont insaisissables et échappent à toute perquisition de la part des autorités territoriales. Partout ils ont le droit de hisser le pavillon national et de placer ou dessus de leur porte un écusson aux armes de leur pays. Ils sont exempts de toute contribution directe et personnelle.

Lorsqu'une insurrection ou la guerre civile éclate dans le pays où ils résident, les consuls se trouvent souvent dans la nécessité de faire certaines démonstrations politiques, comme, par exemple, d'arborer le pavillon de leur nation, afin d'indiquer leur demeure et d'en écarter l'outrage, ou de transmettre aux autorités supérieures de leur résidence les protestations de leurs nationaux contre les dommages que leur fait éprouver la prolongation des troubles; mais l'intervention consulaire ne saurait aller jusqu'à une intimation adressée aux autorités locales de les rendre responsables des suites que pourraient avoir les évènements.

En règle générale, les consuls sont soumis à la juridiction civile et criminelle de l'Etat où ils résident. Leurs biens peuvent être saisis et vendus par leurs créanciers en vertu de sentences judiciaires. Les consuls restant également soumis au paiement de tous les impôts dont ils ne sont pas affranchis par les privilèges inhérents à leur charge ou stipulés conventionnellement.

L'importance qu'a acquise l'institution consulaire a donné naissance à une espèce particulière de traités, dits *consulaires,* qui règlent les droits et les immunités des consuls, ainsi que leur pouvoir juridictionnel à l'égard de leurs nationaux.

La situation exceptionnelle que les traités ou les usages ont créée aux consuls dans le Levant et dans l'extrême Orient, ne concerne par seulement leurs pouvoirs administratifs et judiciaires; elle embrasse encore un ensemble d'immunités personnelles analogues à celles dont le principe d'exterritorialité couvre ailleurs, c'est-à-dire en pays de chrétienté, les agents diplomatiques *(Voir* EXTERRITORIALITÉ, AGENT DIPLOMATIQUE). Ainsi leur personne est aussi inviolable que leur domicile, ils ont pour les protéger des hommes armés (*cavas* ou janissaires)*;* ils sont absolument à l'abri de l'action de la justice territoriale et exempts de toute espèce de taxe, d'impôt ou de contribution. Ces mêmes immunités sont acquises à tous les agents, à tous les serviteurs placés sous leur dépendance immédiate.

Les fonctions consulaires sont suspendues par l'absence ou l'empêchement du consul en cas de congé ou de maladie; elles cessent par décès, changement de résidence, destitution, mise à la retraite, ou retrait de *l'exéquatur.*

Le consul ne peut dans aucun cas et sous aucun prétexte s'absenter de son poste ou suspendre l'exercice de ses fonctions avant d'en avoir obtenu la permission de son gouvernement : l'ordre de l'autorité dont il relève ou le retrait de son *exéquatur* par le gouvernement territorial peuvent seuls mettre légalement fin à son mandat. En cas d'absence du titulaire, le consulat est géré, à titre intérimaire, par le vice-consul, et à défaut de celui-ci, soit par le chancelier, soit par l'agent spécialement désigné à cet effet.

Le consul qui quitte définitivement son poste, n'ayant pas été, à proprement parler, accrédité auprès du souverain, n'a aucune lettre de rappel à lui remettre; le gouvernement territorial est prévenu de son changement par l'agent diplomatique du pays auquel il appartient et au moment où il réclame *l'exéquatur* de son successeur. Toutefois il est d'usage que le consul donne lui-même avis de son départ aux autorités supérieures de la résidence.

Avant de partir, le consul dresse, en s'en faisant donner décharge, un inventaire des archives et du mobilier dont il fait la remise à la personne chargée de le remplacer à titre provisoire ou définitif.

En cas de mort du consul, les officiers du consulat procèdent à l'apposition des scellés, ainsi qu'à l'inventaire de la succession; l'officier le plus élevé en grade de la résidence prend le service et s'empresse de prévenir à la fois les autorités supérieures de la résidence, la légation de son pays accréditée auprès du gouvernement territorial, et le ministre dont il relève, et dont il doit attendre les ordres.

CONSULAT. Ce mot a plusieurs acceptions.

On l'emploie pour désigner :

L'institution des consuls ;

Le titre de l'emploi de l'agent nommé consul, ou la dignité de consul;

Le temps pendant lequel un consul exerce sa charge ;

Le lieu où le consul est établi;

La maison où il réside;

Le corps des consuls ;

En France le gouvernement consulaire et le temps pendant lequel ce gouvernement a existé.

On désigne encore sous ce nom les rapports de mer et autres déclarations

7*

que les capitaines de navire sont obligés de faire par devant les consuls de leur nation, à leur arrivée dans un port étranger : c'est principalement sur les côtes de la Méditerranée que le rapport de mer prend ce nom.

C'est aussi le nom que portent encore les tribunaux de commerce dans quelques pays, notamment en Espagne; en France les juges des tribunaux de commerce sont qualifiés de magistrats *consulaires*.

CONSULAT DE LA MER *(Consolato del mar)*. On nomme ainsi une compilation d'anciennes dispositions qui ont servi de base aux lois maritimes actuelles de l'Europe; on lui donne aussi le nom de *Bons usages de la mer*, parce que le livre débute en ces termes : „Ils commencent les bonnes coutumes de la mer.“

La *date* et le lieu de la composition sont incertains. Pardessus, qui l'attribue aux Catalans, est d'avis que le *consulat de la mer* ne doit pas être considéré comme un code de lois maritimes, promulgué par le pouvoir législatif d'un seul peuple, mais plutôt comme le résumé des us et coutumes observés dans le bassin de la Méditerranée.

Ce recueil contient des règles applicables à la solution des questions commerciales et maritimes aussi bien en temps de guerre qu'en temps de paix, et détermine en outre les droits respectifs des nations belligérantes et des nations neutres. Entre autres principes on y trouve établi que les marchandises ennemies transportées par un navire neutre sont de bonne prise, que les marchandises neutres chargées sous pavillon ennemi ne peuvent être capturées.

CONSULTATIF. Se dit d'une assemblée, d'une commission que l'on consulte, qui est instituée pour donner son avis sur certaines matières spéciales : le comité consultatif se borne à exprimer son opinion, sans prononcer une décision.

La voix consultative comporte le droit d'opiner, mais non de voter.

CONSULTE. On donne ce nom en Italie et dans quelques cantons de la Suisse à certains conseils, soit permanents, soit temporaires.

La *consulte sacrée* est une sorte de conseil administratif et judiciaire auprès du Saint-Siège : elle se tient devant le Pape ou chez un cardinal désigné; tous ceux qui ont été nonces apostoliques y assistent.

CONTENDANT, CONTENDANTE. Concurrent, compétiteur, qui débat ou dispute avec un autre.

S'emploie surtout dans ces locutions: *les parties contendantes, les puissances contendantes, les princes contendants, etc.*

CONTENTIEUX. Se dit de tout sujet de litige ou de contestation, susceptible d'être mis en discussion devant des juges.

Les tribunaux connaissent du contentieux judiciaire; la juridiction administrative, des procès ou des affaires qui sont du ressort de l'administration par opposition à ce qui est soumis à l'autorité judiciaire.

On désigne sous le nom de *contentieux*, ou *contentieux administratif*, l'ensemble des affaires contentieuses d'une administration publique ou privée. En général, dans chaque administration publique, chaque ministère, il y a un bureau du contentieux où se traitent toutes les affaires susceptibles d'être portées devant les tribunaux civils ou les tribunaux administratifs.

On appelle *juridiction contentieuse* celle où le juge administratif décide selon les règles du droit, par opposition à la *juridiction gracieuse,* où le juge prononce suivant l'*équité.*

(Voir JURIDICTION GRACIEUSE, ÉQUITÉ.)

CONTESTATION. Ce mot est à peu près synonyme de litige ou de procès, différend entre parties.

Débat politique entre des puissances, comme aussi débat entre des particuliers, entre deux ou plusieurs personnes qui ont des prétentions à une même chose, ou qui soutiennent des opinions contraires.

(Voir DÉBAT, DIFFÉREND, JURIDICTION.)

CONTESTATIONS entre étrangers. Relativement aux contestations qui ont lieu entre des nationaux et des étrangers, certaines législations mettent ces derniers sur la même ligne que les premiers; d'autre posent en principe que, de même qu'entre nationaux, le demandeur doit s'adresser au tribunal du défendeur; d'autres prennent la réciprocité pour base de la compétence judiciaire internationale; enfin pour d'autres pays la question est réglée par des traités diplomatiques.

CONTEXTE. Le texte d'un acte envisagé comme formant un tout complet.

L'ensemble des clauses, des dispositions d'un acte, considérées relativement au sens qui en résulte.

L'enchaînement d'idées qu'un texte présente.

L'unité de contexte est exigée dans certains actes, par exemple dans les testaments, c'est-à-dire que les dispositions doivent être rédigées d'une manière complète, avec suite, sans interruption, ni lacune, ni intervalle.

CONTRADICTOIRE. Terme de droit: qui a subi contradiction, ou discussion, c'est-à-dire auquel il a été fait des objections, des arguments contraires.

Se dit en général de tout acte de procédure, de toute décision judiciaire rendue en présence des parties.

Jugement, arrêt, condamnation contradictoires, c'est-à-dire prononcés après débat ou conclusions, par opposition à ceux rendus par défaut ou par *contumace*. (Voir ce mot.)

CONTRAT. La loi définit le contrat une convention par laquelle une ou plusieurs personnes s'obligent envers une ou plusieurs autres à faire ou à ne pas faire quelque chose.

Le contrat est dit *bilatéral* ou *synallagmatique*, lorsqu'il engendre des obligations des deux côtés, lorsque les contractants s'obligent réciproquement les uns envers les autres. Il est *unilatéral*, lorsque l'obligation n'est contractée que d'un seul côté, lorsqu'une ou plusieurs personnes sont obligées envers une ou plusieurs autres, sans que celles-ci contractent pour leur part aucun engagement.

En droit strict, les contrats doivent être régis, quant à la valeur légale de leur forme et aux effets découlant de leurs stipulations, par la loi du lieu où ils sont conclus. (Voir LEX LOCI CONTRACTUS). Cette règle comporte toutefois les exceptions suivantes:

1º. Lorsque l'acte doit recevoir son exécution dans un autre lieu que celui où il a été rédigé, ce sont les lois de cet autre lieu qui déterminent, par exemple, les formalités de la remise ou de la réception de la chose convenue, la monnaie dans laquelle devra s'effectuer le paiement stipulé, le délai accordé ou refusé au débiteur &c. (Voir LOCUS REGIT ACTUM.)

2º. Lorsque le contrat est contraire aux institutions du pays où il doit être exécuté, ou lorsqu'il entraîne un préjudice pour les intérêts publics ou privés d'une autre nation, on cesse de lui appliquer la loi étrangère.

3º. Lorsqu'il il s'agit d'apprécier les fins de non-recevoir ou les exceptions opposées à l'un des contractants, on applique généralement la loi du lieu où siége le tribunal appelé à vider le différend.

4º. Lorsque les personnes qui contractent dans un pays sont étrangères, mais appartiennent à la même nationalité, elles doivent s'en rapporter à leur propre législation, et non à celle du pays où elle se trouvent accidentellement.

5º. Lorsque les contractants manifestent par leurs engagements l'intention d'éluder les lois de leurs patries, il est évident, d'après les règles de l'équité, que l'obligation contractée dans un pareil but en pays étranger est entachée de vice et qu'on ne peut lui reconnaître un caractère de validité.

Les jugements définitifs des tribunaux étrangers compétents qui statuent en matière de contrats et d'obligations sont, en règle générale, acceptés et respectés, sous certaines conditions, par les tribunaux des autres Etats comme ayant force de chose jugée.

Il est généralement admis entre les nations que l'acte considéré comme authentique par les lois du lieu de sa rédaction, l'est aussi dans les pays étrangers et qu'il y fait également preuve complète.

L'état de guerre exerce un influence inévitable sur les contrats passés entre les ressortissants des Etats belligérants. Tout contrat privé fait avec les sujets de l'Etat ennemi est illégal; mais les contrats existants sont seulement suspendus; ils recouvrent leur force obligatoire dès que la paix est rétablie.

CONTRAT à la grosse. Forme de prêt propre au droit maritime, et d'après laquelle l'emprunteur ne s'engage à rembourser la somme prêtée sur le corps du navire que si celui-ci arrive à bon port; dans le cas contraire il est libéré de toute obligation. Le crédit n'est accordé que pour un voyage. Le contrat à la grosse rappelle donc le *fœnus nauticum* des Romains. On peut distinguer trois espèces de prêt à la grosse : 1º Les avances consenties à l'armateur moyennant hypothèque sur le corps et le gréement du navire, ou pour les réparations à faire au dit. 2º Les emprunts contractés par l'affréteur, nommés aussi prêts à la grosse aventure, dont répond le fret. 3º Enfin les emprunts contractés par le capitaine, durant le voyage, pour pouvoir continuer celui-ci ou pour conserver la cargaison. Dans le premier cas le capitaine peut hypothéquer le navire, la cargaison et le fret; dans le second, où sont en jeu uniquement les intérêts des propriétaires de la cargaison, celle-ci seulement. — L'emprunt n'est licite qu'en cas d'absolue nécessité. Cette nécessité est constatée en général, sauf preuve du contraire, par un certificat du consul, ou, à son défaut, des tribunaux compétents, soit au besoin par le témoignage des principaux de l'équipage.

L'équivalent des risques assurés par le bailleur est représenté par la prime, dont le taux dépasse en général celui des intérêts légaux ou usuels. L'opération n'est valable en droit que si elle est constatée par écrit dans une lettre ou contrat signé par le capitaine et dont le bailleur peut se faire délivrer plusieurs doubles. Cette lettre est endossable, si elle est à ordre. En général le prêt à la grosse est remboursable aussitôt après l'arrivée à bon port des objets hypothéqués. En cas de non-remboursement, le bailleur peut faire vendre aux enchères les objets hypothéqués ou se faire attribuer le fret. Si le voyage est interrompu, le bailleur n'a droit, au lieu de la prime, qu'à un dédommagement proportionnel. Dans le cas de contrats à la grosse successifs, concernant les mêmes objets, le dernier prime les précédents, à moins que les emprunts n'aient été contractés en suite des mêmes avaries.

CONTRAT SOCIAL. Convention expresse ou tacite par laquelle sont réglés les droits respectifs d'un peuple et de son gouvernement, ou les rapports entre les membres de la société; les chartes, les constitutions qui régissent les Etats sont les actes qui consacrent les conventions de cette catégorie.

On connaît sous le nom de *contrat social* un ouvrage de Jean-Jacques Rousseau, dans lequel ce philosophe imagine un contrat qui aurait été fait à l'origine des sociétés.

CONTRAVENTION. Ce mot, dans l'usage vulgaire, s'applique à toute infraction à une loi, à un règlement, même à une simple convention; en droit, il exprime le fait, qui, bien que pouvant n'être pas blâmable en lui-même, devient répréhensible et punissable à cause des prohibitions de la loi.

Le code pénal français définit la contravention „toute infraction que les lois punissent des peines de police", et il oppose la contravention au *délit,* puni de peines correctionnelles, et au *crime,* puni de peines afflictives ou infamantes.

Toute une catégorie de contraventions qui se commettent particulièrement sur la frontière des Etats, donnent lieu à des conventions spéciales conclues par les gouvernements des pays limitrophes pour en faciliter la poursuite commune et réciproque.

Dans cette catégorie rentrent notamment les contraventions en matière forestière, rurale, de chasse et de pêche; ainsi qu'en matière de douanes.

Dans les conventions dont il s'agit, qui sont souvent désignées sous le nom de *cartels* (Voir ce mot), les parties contractantes s'engagent à poursuivre ceux de leurs ressortissants qui auraient commis des contraventions rurales, forestières ou autres de même espèce sur le territoire de l'Etat limitrophe, en leur appliquant les mêmes lois que s'ils s'en étaient rendus coupables dans le pays auquel ils appartiennent.

Les poursuites sont intentées sur le vu des procès-verbaux dressés par les gardes-forestiers, les gardes-pêche, les gardes-champêtres ou les gendarmes du pays où l'infraction a été commise, ces pièces devant faire foi jusqu'à preuve du contraire devant les tribunaux étrangers,

Les agents de chaque pays qui constatent une contravention dans la circonscription confiée à leur surveillance, peuvent suivre les objets enlevés, même de l'autre côté de la frontière, sur le territoire de l'Etat voisin, jusque dans les lieux où ils auraient été transportés et en opérer la saisie; toutefois pour s'introduire dans les maisons, les cours ou les enclos, ils doivent être assistés d'un fonctionnaire public désigné à cet effet par les lois du pays où la perquisition a lieu.

Le montant des amendes et des frais est perçu par l'Etat où sa condamnation est prononcée; mais les dommages et intérêts civils sont versés dans les caisses de l'Etat où l'infraction a été commise.

Les arrangements relatifs aux contraventions, que nous venons de signaler, ne doivent pas être confondus avec les traités d'extradition; car ordinairement la remise des coupables fugitifs n'y est pas comprise : ce sont, à proprement parler, de simples règlements internationaux sur la police de frontières, ayant pour base le double principe de la réciprocité et de l'assimilation ou de la substitution mutuelle des législations respectives entre Etats contigus.

CONTRE-AMIRAL. Officier de la marine militaire.

Dans la marine d'Angleterre et de Hollande, le contre-amiral a le troisième rang dans le commandement d'une flotte: il commande l'arrière-garde ou la troisième division.

Dans la marine française, le contre-amiral a le troisième grade parmi les officiers généraux; il vient immédiatement après le vice-amiral.

Les contre-amiraux commandent les divisions des armées navales et les escadres; ils remplissent les fonctions de chefs d'état-major auprès des amiraux, celles de préfets maritimes, d'inspecteurs généraux, de majors généraux de la marine, de gouverneurs des colonies etc.

On nomme aussi contre-amiral le vaisseau que monte l'officier revêtu de ce grade.

CONTREBANDE. Ce mot signifie tout commerce qui se fait contre les lois fiscales d'un État, et plus particulièrement en contravention aux droits de douane. On donne aussi le nom de contrebande aux marchandises ainsi introduites.

Le droit international s'occupe plus spécialement de la contrebande de guerre: on désigne en général sous cette dénomination les choses qui sont d'un usage particulier pour la guerre et dont, par conséquent, le transport à l'un des belligérants par le neutre est considéré comme un acte illicite.

Les armes et les munitions de guerre ont toujours été regardées comme étant de commerce illicite, ainsi que les matières premières pour leur fabrication. On ne pourrait dire autant des navires, des machines à vapeur et de tout ce qui peut servir aux constructions navales.

La prohibition pèse également sur le commerce des bêtes de somme et de trait.

Le transport sur des navires neutres de militaires ou de marins engagés au service d'un belligérant est assimilé au transport de matériel de guerre : le navire qui y est employé est passible de confiscation, et les hommes qu'il transporte sont exposés à être faits prisonniers.

On range aussi parmi les objets de contrebande de guerre les dépêches adressées aux belligérants et relatives à la guerre.

D'après la jurisprudence généralement admise, le fait de contrebande remonte au moment même où le navire neutre entreprend son voyage pour transporter des articles illicites à destination d'un port belligérant; il n'est pas nécessaire d'attendre que le débarquement ait eu lieu.

Pour la punition du fait de contre-bande, deux principes paraissent guider la pratique des nations maritimes : les unes limitent la confiscation à la portion illicite du chargement du navire neutre, tandis que d'autres l'étendent au chargement tout entier et un navire même, lorsque la contrebande forme la partie principale de la cargaison.

Le navire porteur de contrebande de guerre ne peut être retenu qu'autant que cela est nécessaire pour pratiquer la saisie des marchandises de contrebande; et il ne pourra être déclaré de bonne prise par le capteur que lorsque son armateur a su que le navire transportait de la contrebande et a autorisé ce transport.

La pratique de la plupart des nations maritimes substitue parfois à la confiscation une simple *préemption* ou préférence d'achat, c'est-à-dire que les capteurs retiennent par devers eux les articles de commerce illicite en payant la valeur aux neutres. (*Voir* PRÉEMPTION.).

Comme preuve de leur bonne foi, les navires neutres qui portent de la contrebande de guerre ont la ressource d'abandonner immédiatement au croiseur belligérant qui les arrête, les marchandises illicites qu'ils ont à bord, et d'acheter ainsi le droit de continuer leur route, au lieu d'être conduits dans un des ports du capteur pour y être adjugés. Cette faculté leur est accordée non seulement par les règlements particuliers de plusieurs pays; elle a même été consacrée par des stipulations conventionnelles.

CONTRE-ÉDIT. Édit contraire à un autre.

CONTREFAÇON. Se dit soit de l'atteinte portée par la reproduction à la propriété des brevets d'invention et des œuvres industrielles, littéraires et artistiques, soit du fait de contrefaire ou falsifier les effets publics: dans ce dernier cas la jurisprudence emploie plus particulièrement le terme de *contrefaction*. (Voir ce mot.)

Dans le domaine des lettres et des arts, toute violation des lois et des règlements concernant la propriété littéraire ou artistique, toute atteinte portée aux droits de l'écrivain sur son écrit, du musicien sur sa composition, du peintre sur sa peinture, du dessinateur sur son dessin constitue une contrefaçon. D'une manière générale on peut définir la contrefaçon l'action de copier, de rééditer, d'imiter ou de faire une chose sans l'autorisation de celui qui a le droit exclusif de la faire.

La contrefaçon suppose une reproduction totale ou partielle de l'œuvre sans le consentement de l'auteur, un préjudice possible, la mauvaise foi du reproducteur.

Les caractères constitutifs de la contrefaçon rentrent dans la compétence de la législation intérieure de chaque Etat, par conséquent dans l'appréciation souveraine des tribunaux.

On comprend que pour un délit de cette espèce il ne puisse exister de règle absolue, uniforme, la portée plus ou moins préjudiciable d'un empiètement en matière de propriété littéraire ou artistique dépendant forcément des circonstances et des droits respectifs des parties autant que de la nature même de l'objet contrefait, livre, dessin, œuvre dramatique ou morceau de musique.

D'après les lois françaises, toute atteinte portée aux droits des auteurs ou de leurs cessionnaires est une contrefaçon et donne lieu à une saisie et une action correctionnelle. Les mêmes garanties sont acquises de plein droit aux ouvrages étrangers dont la contrefaçon sur le territoire français est passible des peines portées par le code pénal.

Dans le domaine industriel et commercial, sont considérés comme contrefacteurs ceux qui usurpent les marques et les dessins de fabrique ou qui les contrefont; ceux qui par des altérations quelconques à leurs propres marques ou dessins leur donnent l'apparence de ceux d'un autre; ceux qui sciemment mettent en vente ou achètent des marchandises revêtues d'une fausse marque; ceux qui se servent d'emballages ou d'enveloppes portant la marque d'autrui pour les apposer sur leurs propres marchandises.

Selon certaines jurisprudences, la contrefaçon est étendue jusqu'à l'emprunt du nom d'un inventeur sans son autorisation, alors même que le produit est tombé dans le domaine public; et dans ce cas il y a lieu d'interdire l'emploi de ce nom aux tiers, quand même ils sont de bonne foi.

La contrefaçon en matière d'industrie est atteinte par des lois spéciales; mais, pour pouvoir en invoquer le bénéfice, il faut que le plaignant ait préalablement constaté son droit, soit par obtention d'un brevet d'invention, soit par le dépôt, au bureau désigné par les lois locales, de ses dessins de fabrique, soit par l'adoption d'une marque de commerce, pareillement déposée.

CONTREFACTION. Mot que la loi emploie pour désigner le fait de contrefaire ou de falsifier les effets publics et les billets de banque, les marques des autorités constituées et du commerce, les monnaies, les poinçons, les sceaux et les timbres de l'Etat: il se dit aussi du faux en écriture privée.

La contrefaction est assimilée au faux, et ceux qui s'en sont rendus coupables sont passibles d'extradition.

CONTRE-LETTRE. Acte secret, ou destiné à rester secret au moins pour un certain temps, et par lequel on fait quelque pacte ou déclaration de nature à détruire ou à modifier une stipulation qui est insérée dans un acte précédent et ostensible, mais qui n'a point d'existence réelle et ne doit pas être exécutée.

Les contre-lettres ne produisent d'effet qu'entre les parties contractantes, et n'en ont aucun contre les tiers.

CONTRE-MISSION. Mission, ou politique ou religieuse, contraire à une mission antécédente.

CONTRE-PROJET. Projet formé pour en déjouer un autre.

Projet différent d'un autre, comme dans cette phrase: le ministère propose un projet de loi, et l'opposition un contre-projet.

CONTRE-RÉVOLUTION. Révolution qui tend à détruire les résultats politiques d'une révolution antécédente, c'est un terme synonyme de *réaction*. (Voir ce mot.)

Contre-révolutionnaire, qui est favorable, qui tend à la contre-révolution: doctrines, mesures contre-révolutionnaires.

Substantivement: un contre-révolutionnaire, des contre-révolutionnaires: personnes hostiles à la révolution: — s'est dit, dans un sens plus étroit, des ennemis de la Révolution française.

CONTRE-SCEL. Petit sceau apposé sur le titre du parchemin qui attache les lettres scellées en chancellerie.

Figure imprimée au revers d'un sceau principal.

CONTRE-SEING. Signature de celui qui contre-signe, c'est-à-dire qui, en vertu des fonctions qu'il exerce, signe une pièce après que celui dont elle émane y a lui-même opposé sa signature: ainsi un ministre contre-signe les ordonnances du chef de l'Etat. Ce contre-seing a pour but d'attester l'authenticité du document. Dans les Etats constitutionnels le contre-seing ministériel est indispensable, mais comme il engage la responsabilité de celui qui l'appose, le ministre peut le refuser; dans ce cas l'acte politique ou administratif ne peut s'accomplir.

Dans la plupart des pays le contreseing ou la signature de certains fonctionnaires portée sur l'enveloppe d'une lettre ou sur la bande d'un imprimé a pour objet en effet de faire circuler francs de port les envois officiels d'autorité à autorité et même d'autorité à individu.

CONTRIBUTION. En matière d'impôt, la contribution est ce que chacun paie pour sa part des charges publiques.

Les mots *contribution* et *impôt* ou *imposition* s'emploient indifféremment l'un pour l'autre, sans être positivement synonymes, pour désigner les différentes sources du revenu public. Néanmoins l'*impôt* se dit plus exactement par rapport au législateur qui impose les charges, et la *contribution* par rapport à l'imposé qui doit contribuer pour une part quelconque à l'acquittement des taxes publiques.

On distingue deux catégories principales de contributions: les contributions directes, ainsi nommées parce qu'elles atteignent directement les personnes ou leurs biens, telles que la contribution foncière perçue sur les propriétés immobilières, la contribution personnelle et mobilière sur les personnes et les habitations, et les contributions indirectes assises sur la fabrication, la vente, le transport et l'introduction des objets de consommation et de commerce, sur certaines choses d'un besoin éventuel, sur les transactions, etc. et dont le produit n'est payé par le contribuable qu'indirectement et qu'autant qu'il use des choses.

La contribution personnelle et mobilière est due par chaque habitant de tout sexe, jouissant de ses droits et non réputé indigent. Elle est également due par chaque résident étranger; toutefois une exception est faite en faveur des représentants ambassadeurs, ministres, consuls des puissances étrangères, laquelle s'étend même aux personnes de leur suite et de leur maison.

Les ministres publics sont exceptés du paiement des impôts purement personnels et directs. Par contre à moins de conventions spéciales, fondées sur le principe de la réciprocité, ils restent soumis aux impôts indirects, aux taxes d'octroi et aux autres charges analogues, telles que péages de ponts et de chaussées, frais de poste, etc.

Quant à l'impôt foncier, les ministres publics ne peuvent s'en affranchir pour les immeubles qu'ils possèdent, alors même que ces immeubles sont affectés uniquement à leur logement personnel. Il en serait tout autrement, si l'hôtel de la légation etait la propriété de leur gouvernement: car les convenances internationales ne permettent pas évidemment de traiter un gouvernement étranger comme un contribuable ordinaire et partant de l'assujettir à des impositions territoriales et directes.

En ce qui concerne les droits de douane, plusieurs gouvernements permettent aux agents diplomatiques étrangers d'introduire en franchise les objets destinés à leur usage personnel et à celui de leur famille; d'autres fixent les quantités admissibles en exemption de taxe et ne soumettent que l'excédant aux droits ordinaires d'entrée, quelques-unes enfin, sans accorder directement la franchise, la consacrent indirectement en remboursant sur fonds de chancellerie ou de cabinet le montant des droits acqittés.

Le privilège de franchise diplomatique, n'étant pas rigoureusement indispensable au libre exercice des fonctions d'un ministre public, a été de nos jours renfermé dans des limites assez étroites, par suite des abus qu'il avait parfois engendré. C'est ainsi, par exemple, qu'à moins d'ordres certains expédiés par anticipation à la frontière les bagages de tout agent diplomatique sont devenus passibles des recherches de douane, et que l'exemption de taxe doit invariablement être sollicitée par des notes écrites spécifiant avec précision la nature, les qualités et la destination des objets qui doivent en être favorisés.

Les consuls sont également exempts de toute contribution directe et personnelle.

CONTRIBUTIONS de guerre ou militaires. Les contributions de guerre consistent en ce qu'un pays envahi ou occupé donne à l'ennemi pour se garantir des exécutions militaires.

Lorsqu'une armée envahit une contrée, il faut qu'elle y subsiste; or, comme elle ne peut être tenue de payer les frais de la guerre ou d'en faire l'avance, la loi de nécessité permet d'imposer des contributions ou des réquisitions en nature ou en argent et d'appliquer à l'entretien des troupes le produit d'une portion de l'usufruit des terres, dont la libre jouissance et l'exploitation sont laissées aux habitants du pays.

Il y a lieu d'établir une distinction

entre les *contributions* et les *réquisitions :* la *contribution,* ainsi que nous l'avons dit, comprend ce que les habitants d'un pays occupé sont contraints de payer ou de donner pour se garantir du pillage; la *réquisition* est la demande faite par l'autorité de mettre à sa disposition des choses, même des personnes. *(Voir* RÉQUISITION.)

Le paiement des contributions n'affranchit pas les habitants des réquisitions du vainqueur, auquel ils sont tenus de fournir, entre autres choses, les voitures, les chevaux, les fourrages, etc; mais le paiement de la contribution oblige l'ennemi à acheter tout ce qu'il se fait livrer dans la suite, ce qui en définitive assimile la contribution à la réquisition, de laquelle seule d'ailleurs l'exercice a encore quelque fondement. En effet, comme de notre temps le pillage ou la dévastation non seulement n'est plus considéré comme un droit de la guerre, mais est même réprouvé par la pratique générale des nations, il ne saurait plus être question de racheter ce prétendu droit; l'imposition des contributions de guerre n'a donc plus de raison d'être.

Quoi qu'il en soit, par la conclusion de la paix, le vainqueur perd tout droit de lever des contributions de guerre sur le territoire ennemi encore occupé, ou d'exiger les arrérages de celles qu'il n'a pas eu le temps d'encaisser pendant le cours de la guerre, quand même elles auraient été ordonnées régulièrement conformément aux usages.

Si même une contribution avait été ordonnée avant que les chefs de l'armée d'occupation eussent eu connaissance de la paix, les sommes perçues devront être restituées et la valeur des objets livrés en nature devra être remboursée.

CONTUMACE. Terme de droit criminel. Non-comparution d'un accusé devant le tribunal auquel son jugement est déféré. Etat d'une personne qui, mise en accusation pour un crime, ne se présente pas dans le délai qui lui est fixé, ou qui s'est évadée avant le jugement.

L'accusé qui est dans cet état est dit *contumax* ou *contumace;* il est admis à purger sa contumace, c'est-à-dire à se présenter et à se faire juger, tant que la peine à laquelle il a été condamné n'est pas prescrite.

Les condamnations par contumace cessent de produire leur effet du moment que le condamné se présente.

C'est surtout aux contumaces que s'applique l'*extradition.* (Voir ce mot.)

La procédure et les jugements par contumace, c'est-à-dire en l'absence du prévenu, n'ont lieu qu'en matière criminelle. Il n'y a point contumace en matière de police correctionnelle ou de simple police; là les prévenus qui ne comparaissent pas, sont appelés défaillants et jugés par *défaut.* (Voir ce mot.)

CONVENTION. Accord de deux ou plusieurs volontés sur une mêmes chose; pacte entre deux ou plusieurs personnes.

Les conventions sont écrites; ou elles sont verbales, c'est-à-dire qu'elles ne sont point rédigées par écrit. ·

On appelle convention tacite celle que la loi supplée dans le silence des parties.

En droit international, on donne le nom de conventions à des actes qui règlent les engagements que prennent les Etats entre eux ou les personnes qui les représentent,

Dans la pratique on emploie indistinctement le mot de convention pour celui de traité et réciproquement. De fait les deux termes ne comportent aucune différence essentielle. Cependant la *convention* indique le plus généralement un engagement ayant une valeur et une portée moins grandes que le *traité,* et s'appliquant à un seul objet nettement déterminé : c'est ainsi, par exemple, qu'on dit une convention de poste, une convention télégraphique, une convention littéraire, etc.

En réalité les conventions ne sont que des traités de moindre importance, et tout ce qui se dit des traités peut s'appliquer aux conventions. *(Voir* TRAITÉ.)

On qualifie de stipulations ou dispositions *conventionnelles* celles qui résultent de la signature d'une convention. *(Voir* ARMISTICE.)

CONVENTION NATIONALE. Assemblée exceptionnelle des représentants d'un peuple, ayant pour objet d'établir une constitution ou de la modifier.

On a nommé en particulier Convention nationale ou simplement Convention l'assemblée qui en France proclama la République en 1792 et exerça tous les pouvoirs jusqu'en 1795.

Dans l'histoire d'Angleterre, on donne également le nom de convention à l'assemblée extraordinaire du parlement en 1688.

CONVOI. Terme de guerre par lequel on désigne un certain nombre de chariots portant des vivres ou des munitions sous la protection d'une escorte, ou transportant des malades ou des prisonniers.

Appliqué à la marine, il signifie la réunion de plusieurs navires marchands naviguant en temps de guerre sous la protection d'un ou de plusieurs navires de la marine militaire.

L'inviolabilité des navires marchands convoyés est devenue une loi indiscutable pour les puissances maritimes, dont la plupart l'ont consacrée par des traités.

Il est généralement admis que le navire convoyeur doit être de la même nation que les navires convoyés.

Lorsqu'un Etat neutre fait accompagner ses navires de commerce par des bâtiments de guerre et donne aux belligérants l'assurance que le convoi ne transporte pas de contrebande, il ne doit pas être procédé à la visite, à moins que l'examen des papiers de bord ne fasse naître des soupçons fondés. (Voir VISITE.)

Les navires qui font partie du convoi, sont seuls exempts de la visite, mais non ceux qui sont venus s'y joindre volontairement, pas plus que les navires qui ont quitté le convoi en route ou qui en ont été séparés.

Les croiseurs ont le droit de procéder à la vérification de l'état d'un convoi, afin de s'assurer si des navires étrangers ne se trouvent pas en faire partie.

En tout cas le droit de visiter les navires sous convoi d'un vaisseau de guerre ne peut être exercé que par les bâtiments de la marine militaire des belligérants, et non par les corsaires ou des bâtiments armés en guerre par des particuliers.

Les navires convoyeurs peuvent être admis aux bénéfices des prises, pourvu qu'ils soient munis de l'autorisation nécessaire et que la capture n'ait pas lieu à une distance assez grande pour les empêcher de protéger le convoi confié à leur garde.

COPIE. Ecrit fait d'après un autre.

La copie peut être conforme à l'écrit original simplement pour la substance ou sa teneur; mais elle peut l'être aussi pour sa forme matérielle, pour la disposition des mots, des lignes, des pages, des signatures; dans ce dernier cas on la qualifie de *figurée*.

La copie *figurée* diffère donc de la simple *expédition* (voir ce mot), qui n'est qu'une copie fidèle et littérale de tout ce qui est porté sur l'écrit original ou la minute d'un acte.

La copie figurée d'une minute doit en être la reproduction exacte, matérielle,

de tout point : ainsi elle doit faire connaître toutes les particularités, même les imperfections de l'original, les ratures, les surcharges, les interlignes, les fautes d'orthographe, l'indication des blancs, les lacunes, les renvois et tous autres détails.

On appelle *copie collationnée* celle qui a été conférée avec l'original; c'est généralement la copie faite d'une pièce par un fonctionnaire public, à l'étranger le chancelier d'une ambassade, d'une légation ou d'un consulat, lequel constate par un certificat au bas de cette copie qu'elle est conforme avec la pièce produite, qu'il rend dès qu'elle a été copiée. (*Voir* COLLATION DE PIÈCES.)

Copie signifie aussi la reproduction d'un ouvrage d'art, la simple imitation d'une œuvre littéraire. En général de semblables copies ne peuvent être faites sans le consentement des auteurs, sauf des exceptions spéciales, sans encourir l'imputation ou la présomption de *contrefaçon*. (Voir ce mot). (*Voir* PROPRIÉTÉ ARTISTIQUE, LITTÉRAIRE.)

CORAN. Livre sacré des musulmans, pour qui il est à la fois le recueil des dogmes de leur religion, et un code civil, criminel, politique et militaire.

Le Coran a été rédigé par Mahomet, qui déclare que ce livre est l'œuvre de Dieu à lui révélée par l'ange Gabriel. Il a été mis en ordre et publié par Aboubekr, successeur de Mahomet, 2 ans après la mort de l'auteur, l'an 634.

Le Coran (ou *livre* par excellence, d'après la véritable signification du mot) est écrit dans le dialecte de l'Hedjaz, c'est-à-dire dans l'Arabe le plus pur.

CO-RÉGENT. Prince qui partage avec un autre les fonctions de régent d'un Etat.

Quelquefois un monarque s'adjoint un prince pour le gouvernement de ses Etats, lorsqu'il sent avoir besoin d'aide à cause de son âge avancé ou de l'état de sa santé. Le plus souvent c'est le prince héritier qui est nommé co-régent.

La nomination d'un co-régent est un fait qui a besoin d'être porté à la connaissance des autres Etats; la notification en est faite par le souverain qui nomme le co-régent, et c'est à lui que s'adresse la réponse; mais les notifications officielles ultérieures sont faites par le co-régent, auquel les autres Etats adressent dès lors leurs communications comme s'il régnait seul.

CORPORATION. Réunion de personnes qui forment un corps ayant des règle-

ments, des droits ou des privilèges particuliers.

La corporation peut être une institution civile, ou bien un corps politique.

Elle constitue ce qu'on appelle une
personnalité morale, ayant une existence
légale, et agissant sous un nom qui lui
est propre, en vertu d'une charte expresse qui lui est octroyée par l'autorité
législative, ou d'une disposition spéciale
de cette autorité.

Un nombre déterminé de personnes
n'est pas nécessaire pour constituer une
corporation; il y a même des corporations qui ne se composent que d'une
seule personne. Les éléments constitutifs
essentiels consistent dans la propriété du
nom et la perpétuité.

Dans les corporations composées de
plusieurs membres, les vacances qui se
produisent se comblent successivement
par l'adjonction de nouveaux membres.

La véritable origine des corporations
remonte au moyen-âge, à l'époque où
les villes, les confréries d'arts et métiers
et autres associations analogues obtinrent
des souverains féodaux des chartes leur
accordant certaines prérogatives ou immunités, se rapportant à la protection
de la liberté individuelle, ou à l'avantage de l'industrie et du commerce.

De notre temps, dans plusieurs pays,
le gouvernement municipal des villes ou
des communes, l'ensemble des habitants
d'une localité forment des corporations,
ayant des droits et des devoirs propres
et nettement définis.

Mais en outre des corporations municipales ou communales, les sociétés formées en vue d'affaires purement privées,
telles que banques, assurances, entreprises
industrielles ou commerciales, reçoivent
des chartes qui leur confèrent le caractère de véritables corporations dans des
conditions spécialement déterminées.

CORPS. En politique le mot corps
signifie une réunion de personnes vivant
sous les mêmes lois, les mêmes croyances;
ainsi l'Etat est un corps politique, dont
le souverain est le chef; l'Eglise est un
corps mystique, dont Jésus-Christ est le
chef.

C'est aussi la réunion d'individus qui,
par suite de leur naissance, de leurs
fonctions, de leurs occupations, de leur
industrie, etc., sont groupés ensemble et
constituent une compagnie particulière,
réunie par un certain lien, dans l'Etat
ou dans l'Eglise: ainsi le corps de la
noblesse, le corps du clergé, les grands

corps de l'Etat, le corps législatif; les
corps constitués, ou les divers tribunaux
et les différentes administrations, par
opposition soit au corps de la nation,
soit au corps législatif ou constituant;
le corps diplomatique, ou les ambassadeurs et les ministres étrangers.

En droit, c'est une collection d'individus ayant une existence légale et
exerçant des droits propres (*Voir* COR-
PORATION): corps municipal, ou les magistrats de la municipalité.

On emploie encore ce terme pour exprimer la réunion des personnes d'une
même profession, des ouvriers d'un même
état: corps de métier, corps d'état.

En langage militaire, un corps d'armée
est une des grandes divisions d'une armée;
il exprime aussi l'ensemble de ceux qui
appartiennent à une arme spéciale: corps
d'état-major, corps du génie, corps d'artillerie, etc. Corps d'un acte: c'est ce
qui constitue l'acte, abstraction faite des
signatures, des additions, des renvois, etc.
Dans les actes internationaux on entend
plus spécialement par le corps de l'acte
la partie qui comprend les clauses, les
conventions etc., par rapport au préambule et à la clôture.

CORPS FRANCS. Corps de troupes
qui n'appartiennent pas à la ligne, se
recrutent au moyen d'enrôlements volontaires, ne reçoivent pas de solde et
qui ont souvent un caractère insurrec-
tionnel.

Les corps francs sont soumis à des
règles spéciales de discipline, et destinés
d'ordinaire à la guerre de partisans.

Dans la pratique ordinaire, les corps
francs ne doivent agir que sur leur propre territoire, le motif de leur création
provenant surtout des nécessités de la
défense.

Le cas d'invasion d'un pays est celui
qui favorise et justifie le mieux l'emploi
des corps francs et des individus prenant
part isolément aux hostilités.

Les corps francs sont soumis aux lois
communes de la guerre, assimilés aux
troupes régulières, en un mot considérés
comme belligérants, lorsqu'ils sont organisés militairement, lorsqu'ils agissent sur
l'ordre ou avec le consentement du gouvernement, ou lorsque, agissant de bonne
foi et dans la conviction de la justice
politique de leur cause, ils entreprennent
une expédition militaire.

Pour que les hommes armés qui font
partie des corps francs puissent prétendre à être traités en ennemis et non en
criminels, il ne suffit pas d'une autori-

sation générale accordée par l'Etat qui fait appel à des volontaires pour la défense du pays; il faut encore qu'ils aient à leur tête une personne responsable des actes de ses subordonnés, qu'ils portent les armes ouvertement et aient un signe fixe et reconnaissable à distance, enfin qu'ils se conforment dans leurs opérations aux usages de la guerre.

CORPS LÉGISLATIF. Assemblée établie en France par la constitution de l'an VIII, remplacée en 1814 par la Chambre des députés, rétablie en 1852 et abolie derechef en 1870.

CORPUS JURIS. Ces deux mots latins, qui signifient *corps de droit*, servent à désigner le recueil des lois romaines, composé par les ordres de l'empereur Justinien et publié en 534: il renferme les *Pandectes* ou le *Digeste*, les *Institutes*, le *Code*, les *Nouvelles* ou *Authentiques*.

On nomme aussi ce recueil *corpus juris civilis*, ou simplement *corpus*.

CORRESPONDANCE des souverains. La correspondance officielle des chefs d'Etat comprend différents écrits qui sont astreints à certaines formes d'un usage généralement admis.

On peut ranger les lettres qu'écrivent les souverains en trois catégories : *lettres de conseil* ou *de chancellerie, lettres de cabinet* et *lettres autographes*.

Les souverains d'un rang élevé s'adressent réciproquement aussi bien des lettres de l'une que de l'autre espèce; toutefois, dans le cas où le cérémonial est de rigueur, ce sont des *lettres de conseil* qu'ils écrivent, sans avoir égard au rang qu'ils s'accordent.

Les *lettres de chancellerie* ne s'emploient qu'entre égaux et à l'égard d'inférieurs, tandis que ceux-ci ne peuvent écrire dans cette forme aux souverains d'un rang plus élevé que sous certaines modifications.

Dans la rédaction des lettres de conseil et de chancellerie le cérémonial doit être observé en tout point. Ces lettres sont ordinairement contresignées par le secrétaire d'Etat chargé de la direction du département des affaires étrangères; elles sont expédiées par les chancelleries d'Etat sous couvert et scellées du grand sceau de l'Etat.

Les *lettres de cabinet* paraissent être la forme employée de préférence pour la correspondance des souverains; elles exigent un cérémonial moins rigoureux que les lettres de chancellerie ; elles s'expédient sous un petit couvert en revêtues seulement du petit sceau de l'Etat.

Les *lettres autographes* appartiennent plutôt à la correspondance privée des souverains, qui en font usage pour traiter des affaires secrètes, pour faire connaître leurs idées sur quelque point déterminé, ou pour témoigner d'une affection particulière. Elles sont écrites de la main du souverain et excluent tout cérémonial quant aux titres et aux formules d'usage.

Rien en général n'impose aux souverains l'obligation d'employer pour leur correspondance une des formes susindiquées plutôt qu'une autre : c'est le plus souvent coutume de cour ou affaire d'usage.

CORRESPONDANCE DIPLOMATIQUE. La correspondance diplomatique embrasse les communications officielles de toute nature que les gouvernements échangent entre eux par l'intermédiaire de leurs agents au dehors, ou que ces agents entretiennent soit avec leurs collègues dans les différents pays, soit avec le gouvernement qu'ils représentent.

Les pièces diplomatiques qui sont l'expression écrite de ces communications diffèrent de forme selon leur nature et leur importance : elles peuvent se diviser en deux grandes classes : celles au moyen desquelles l'agent diplomatique s'acquitte de ses fonctions officielles auprès de la cour où il réside; et celles par lesquelles il entretient ses relations avec le cabinet qui l'a accrédité.

Dans la première classe on range les *mémoires,* ou *memorandum,* spécialement destinés à l'exposition des faits importants et à la discussion des questions que ces faits soulèvent; les *notes,* par lesquelles les agents diplomatiques suivent les affaires qui leur sont confiées, développent des principes ou protestent contre ceux qui leur sont opposés, justifient les mesures prises, etc.; les *lettres,* qui ont le plus souvent le même objet que les notes, dont elles ne diffèrent que par la forme, mais qui servent à un bien plus grand nombre de fins, telles que demandes d'audience, de passe-ports, etc. (*Voir* MÉMOIRES, NOTES, LETTRES DIPLOMATIQUES).

Dans la seconde classe sont compris les *rapports* ou lettres officielles que le diplomate en fonction adresse au gouvernement dont il est agent, ainsi que celles qu'il en reçoit; et les *dépêches,* par lesquelles l'agent transmet ces rapports, ainsi que toutes les informations à sa portée. (*Voir* RAPPORTS, DÉPÊCHES.)

La correspondance diplomatique embrasse aussi les relations officielles du ministère des affaires étrangères avec les membres du corps diplomatique et du corps consulaire, avec le chef de l'Etat, ses ministres et les fonctionnaires de tout rang; avec les chefs d'autres Etats et leurs ministres des affaires étrangères; enfin avec de simples particuliers.

On ne saurait établir des règles fixes pour la rédaction des différentes pièces que nous venons de mentionner. Que l'écrivain s'exprime à la première ou à la troisième personne, qu'il emploie certaines locutions propres au genre de composition qu'il rédige, certaines formules convenues plutôt que d'autres, le fond reste invariablement le même, c'est-à-dire que dans tous les cas il s'agit de transmettre les communications d'un gouvernement à un autre; c'est donc là le but qu'il ne faut pas perdre de vue et qu'on doit s'attacher à atteindre le plus exactement possible.

Néanmoins, comme il y a des rapports de supériorité, d'égalité ou d'infériorité à ménager, des principes usuels de courtoisie à observer, certaines formes sont presque indispensables.

Pour exprimer la considération dans la forme de la correspondance épistolaire, plusieurs points existent dont on a à tenir compte, savoir l'inscription, le traitement, la courtoisie, la souscription, la date, la réclame, et la suscription.

L'inscription sert à désigner le titre de la personne à laquelle on écrit, si elle en a un, comme *Sire, Monseigneur, Monsieur le ministre, Monsieur le comte*, etc.; et simplement *Monsieur*, s'il n'y a aucune qualité à ajouter. Elle se met en vedette, c'est-à-dire détachée du corps de la lettre; en ligne, c'est-à-dire au commencement de la première ligne; dans la ligne, c'est-à-dire placée après quelques mots commençant la lettre.

L'inscription en vedette est la seule forme respectueuse : elle a toujours lieu ainsi dans la correspondance ordinaire. Lorsqu'un chef d'Etat écrit à d'autres chefs d'Etat, l'inscription est toujours en ligne; quand il écrit à des princes non-souverains ou à des personnages importants, l'inscription est souvent dans la ligne.

Le traitement consiste à donner à la personne à laquelle on écrit la qualité qui convient à son rang, à sa dignité, à sa naissance : ainsi on donne la *Majesté* aux empereurs et aux rois, l'*Altesse* aux princes, la *Sainteté* au Pape, l'*Eminence*

aux cardinaux, l'*Excellence* à de hauts fonctionnaires, etc.

La courtoisie est le compliment, contenant l'expression des assurances de considération, de respect, d'attachement, de reconnaissance, etc., qui se met à la fin des lettres. Il n'y a pas de formule absolue sur ce point.

La souscription, c'est la signature. Quand on place la souscription au-dessous de la formule : *Votre très-humble et obéissant serviteur,* on dit qu'on écrit en dépêche; la souscription en dépêche a lieu dans les circonstances d'apparat, ou lorsqu'on s'adresse à des personnes auxquelles les convenances hiérarchiques ou sociales ne permettent pas d'écrire autrement.

Lorsqu'on place la souscription au-dessous de la formule : *Veuillez agréer l'assurance de ma considération,* ou d'une autre formule analogue, ou lorsqu'on adresse un simple avis sans signature, à la troisième personne, on dit qu'on écrit en billet. La souscription en billet a lieu dans la correspondance courante.

La date est l'énonciation indiquant le temps et le lieu où la lettre a été écrite. Elle peut se placer au haut de la lettre, ou bien à la fin, vis-à-vis de la signature; dans cette dernière position elle marque plus de déférence.

On appelle réclame l'indication, placée au bas de la première page, du nom et de la qualité de la personne à laquelle on écrit. Elle a pour but de faire éviter les méprises dans les expéditions.

La suscription est l'énonciation de l'adresse : c'est la reproduction de la réclame sur l'enveloppe de la lettre : elle doit être conforme à la réclame pour les titres et les qualités.

La correspondance diplomatique doit demeurer confidentielle et secrète, tout au moins entre les mains des ministres ou des agents diplomatiques entre lesquels elle a eu lieu, si ce n'est lorsqu'ils sont autorisés par leur gouvernement à y donner de la publicité en tout ou en partie.

CORRESPONDANCE ENTRE ENNEMIS. Comme, par le fait de la guerre, toute correspondance directe entre les belligérants est interrompue, il a fallu cependant se ménager des moyens pour pouvoir se rapprocher et négocier en sûreté, en vue, par exemple, de trêves ou d'armistices, d'échange de prisonniers, ou de conclusion de la paix.

Dans ce but on a introduit l'usage de certains signaux reconnus comme équivalant à une déclaration expresse qu'on désire parlementer, qu'on offre et demande la cessation des hostilités : ainsi une forteresse assiégée, en arborant un drapeau blanc, fait savoir qu'elle désire capituler, et l'ennemi, en répondant du tambour à ce signal, accorde une suspension momentanée des hostilités ; de même, dans un combat naval, le vaisseau qui remplace son pavillon par un pavillon blanc, déclare par ce signal qu'il a l'intention de se rendre. (*Voir* CAPITULATION.)

On reconnaît l'inviolabilité des trompettes, substitués aux anciens hérauts d'armes et reconnus comme messagers de paix, lorsqu'ils s'annoncent et se conduisent comme tels.

On reconnaît également, dans les guerres maritimes, comme exempts de toute hostilité les vaisseaux parlementaires ou vaisseaux de cartel (*Voir* PARLEMENTAIRE, NAVIRE DE CARTEL).

On accorde des passe-ports et des saufconduits à ceux qu'on consent à recevoir chez soi pour entamer des négociations. (*Voir* PASSE-PORT, SAUF-CONDUIT.)

On a recours à l'intervention de puissances neutres pour faire parvenir des propositions à l'ennemi.

CORRESPONDANTS DE JOURNAUX.
En temps de guerre, lorsque des correspondants de journaux étrangers se rendent sur le théâtre des hostilités dans le but d'envoyer des rapports sur ce qui se passe, les chefs militaires des armées qu'ils suivent, peuvent leur interdire de divulguer certains faits et faire, au besoin, contrôler leurs correspondances, les expulser en cas de non-observation des ordres reçus, ou même, dans les cas graves, les traduire devant un conseil de guerre.

Ces correspondants peuvent être arrêtés, lorsque le corps d'armée auquel ils se sont joints, est fait prisonnier, ou lorsqu'on s'empare d'eux pendant une poursuite ; mais ils ne peuvent être détenus qu'aussi longtemps que les nécessités militaires l'exigent.

CORSAIRE. On a donné le nom de *corsaires* aux navires armés par des particuliers en temps de guerre et destinés à courir sur aux bâtiments ennemis, avec l'autorisation du gouvernement dont ils portent le pavillon.

Cette autorisation se constate par un titre légal, qui porte le nom de *commission de guerre* ou de *lettre de marque*. L'étendue des droits, conférés par la lettre de marque dépend de la législation intérieure de chaque pays.

L'autorisation conférée par la lettre de marque est toujours personnelle et au nom du capitaine du bâtiment corsaire.

L'équipage doit être composé pour un tiers au moins de nationaux.

Le corsaire est tenu de justifier de sa nationalité (voir NATIONALITÉ DES NAVIRES) toutes les fois qu'il en est requis, et de se soumettre à la juridiction des tribunaux de prises du pays sous les couleurs duquel il combat.

Un cautionnement est ordinairement imposé à l'armateur pour garantie de la bonne conduite du capitaine et de l'équipage.

Les corsaires obéissent aux ordres de l'amirauté et font partie de la marine militaire ; l'ennemi doit les traiter en adversaires légitimes.

Les puissances belligérantes ont seules le droit de délivrer des lettres de marque, même à des étrangers, à des sujets neutres, pourvu que les traités ne s'y opposent pas, ainsi qu'à des navires marchands, qui obtiennent par là la faculté de capturer des navires ennemis.

Les lettres de marque ne s'accordent que pour un délai déterminé, à l'expiration duquel elles perdent toute valeur.

Les corsaires ne doivent pas être confondus avec les *pirates* (voir ce mot), qui courent la mer en tout temps sans commission d'aucun gouvernement. La responsabilité des actes des corsaires incombe à l'État qui les emploie, sauf à celui-ci à réprimer leurs écarts dans la mesure prévue par sa propre législation.

Mais doit être punis comme pirates, tant par l'ennemi que par leur propre souverain, celui qui sans lettre de marque commettrait des hostilités sur mer ; celui qui reçoit des lettres de marque de plusieurs gouvernements à la fois et surtout des deux parties belligérantes ; le capitaine d'un navire armé qui a reçu des lettres de marque d'un État étranger sans la permission de son propre gouvernement ; et celui qui se livre à des actes d'hostilité sous un pavillon autre que celui de l'État dont il a reçu commission. (Voir COURSE.)

CORTÈS. On nomme ainsi le *parlement* (voir ce mot) en Espagne et en Portugal. Il est composé de deux chambres.

En Espagne les cortès sont composés de deux corps législatifs : le sénat et la chambre de députés.

Le sénat est formé de sénateurs de droit, comprenant les princes de la famille royale, les grands d'Espagne, les prélats et les premiers fonctionnaires de l'Etat; d'un certain nombre de sénateurs nommés à vie par la couronne et de sénateurs élus par les corporations et les citoyens les plus imposés.

La chambre des députés se compose de membres élus pour 5 ans par les collèges électoraux dans la proportion de un député par 50,000 habitants.

Les lois financières doivent être d'abord soumises à la chambre des députés.

Les cortès se réunissent tous les ans.

En Portugal, les cortès ou l'assemblée représentative se compose de deux chambres : celle des pairs, nommés à vie par le roi au nombre de 150, et celle des députés choisis par voie d'élection.

COSEIGNEUR. Celui qui possédait une terre, un fief avec une autre personne.

COSEIGNEURIE. Seigneurie possédée en commun par plusieurs.

CO-SUJET. Celui qui est, avec d'autres, sujet d'un gouvernement.

CÔTE. En terme de marine, ce mot est synonyme de rivage de la mer; il se dit, par extension, des approches de la terre jusqu'à une certaine distance du large.

D'après le droit international, on comprend sous la dénomination de côtes et de rivages toutes les terres qui s'élèvent le long de la mer, quoique n'offrant pas assez de solidité pour être habitées, mais non celles qui sont constamment couvertes d'eau.

Les portions de la côte soumises au flux et au reflux sont considérées comme faisant partie du territoire des Etats riverains, qui ont le droit, tant pour la défense de leurs territoires respectifs contre les attaques imprévues que pour la protection de leurs intérêts de commerce et de douanes, d'y établir une surveillance et une police comme ils l'entendent, à moins qu'ils ne soient liés par des traités. Ils peuvent, selon les conditions particulières des côtes et des eaux, fixer la distance en commun; mais un usage commun a établi une distance de trois milles marins ou la portée du canon comme la limite jusqu'à laquelle les Etats riverains ont le droit d'exercer leur juridiction territoriale.

(*Voir* MER TERRITORIALE, FRONTIÈRES MARITIMES, JURIDICTION TERRITORIALE MARITIME.)

COULEURS. Employé au pluriel, le mot *couleurs* est usité comme synonyme de drapeau.

Couleurs nationales, c'est-à-dire la couleur ou les couleurs adoptées par chaque nation comme marques distinctives, et reproduites ordinairement sur les drapeaux, les cocardes et les pavillons.

Par extension, le drapeau ; et pour la marine, le pavillon.

Les *trois couleurs* (bleu, blanc et rouge), couleurs qui caractérisent le drapeau ou le pavillon français, qu'elles servent à dénommer.

(*Voir* PAVILLON).

COUP D'ÉTAT. Mesure extraordinaire, presque toujours violente, à laquelle un gouvernement a recours lorsque les moyens légaux lui paraissent insuffisants, ou par laquelle il change violemment et en dehors des lois la constitution : tel le coup d'Etat tenté par le roi de France Charles X en 1830.

Entreprise violente par laquelle un personnage s'empare du pouvoir : par exemple, le coup d'Etat du 18 brumaire par lequel Bonaparte devint maître du pouvoir en France.

COUR. Ce mot exprime le lieu, le palais, où réside un souverain, ainsi que la société particulière qui vit autour du souverain et qui est formée par sa famille et par les grands personnages et les principaux officiers de l'Etat.

Il se dit aussi du souverain et de son conseil, du gouvernement du prince dans ses rapports diplomatiques : ainsi la cour d'Espagne, la cour d'Autriche, etc.

Se prend aussi pour le souverain comme chef du pouvoir exécutif.

Par extension, se dit quelquefois de la suite d'un grand seigneur, d'un prince, quoiqu'il ne soit pas prince souverain.

Cour plénière, grande assemblée de vassaux que convoquaient les anciens rois de France.

Dans une autre acception, le mot cour signifie siège de justice. Il s'appliquait autrefois à presque tous les tribunaux; il ne se dit maintenant que des tribunaux supérieurs.

Cours d'appel, instituées pour statuer sur les appels des jugements des tribunaux civils de première instance et de commerce.

Cours d'assises, juridiction chargée de l'administration de la justice criminelle.

Cour de cassation, dite aussi cour suprême, qui casse et annule en dernier ressort, pour vice de formes ou violation de lois, les arrêts et les jugements rendus par les autres cours et les tribunaux.

Cour des comptes, juridiction supérieure

chargée d'examiner et de juger les comptes des comptables de deniers publics et de surveiller l'exécution des lois de finances.

Cour des Pairs, nom que prenait en France l'ancienne Chambre des Pairs, quand elle siégait comme tribunal, connaissant des crimes de haute trahison et des attentats contre la sûreté de l'Etat. Sous la forme actuelle du gouvernement de la France, cette juridiction exceptionnelle est attribuée à une *haute cour de justice*, jugeant sans appel ni recours en cassation.

COURONNE. La couronne, dans le principe simple ornement de tête fait de feuillage ou de fleurs, a été prise de très-bonne heure comme un signe de distinction, de mérite supérieur ou d'autorité.

Dans l'antiquité romaine, la couronne *triomphale* appartenait aux généraux qui obtenaient les honneurs du triomphe : d'abord de laurier, elle fut d'or dans la suite.

La couronne *obsidionale* était d'épine et se donnait à un général qui avait fait lever un siège.

La couronne *civique,* couronne de chêne, était la récompense de celui qui avait sauvé la vie à un citoyen.

La couronne *murale,* dont les fleurons avaient la forme de créneaux, se décernait à celui qui était entré le premier dans une ville assiégée.

La couronne *navale* était donnée à celui qui, dans un combat naval, sautait le premier dans un vaisseau ennemi.

Ensuite la couronne est devenue l'insigne de la puissance royale et de diverses dignités féodales : couronnes de duc, de comte, de baron.

Pris un sens absolu, le terme *couronne* signifie la puissance royale ou impériale, un Etat gouverné par un monarque, le souverain même : les prérogatives, le domaine, les officiers de la couronne; discours de la couronne ou discours prononcé par le souverain à l'ouverture d'une session législative.

La couronne représente parfois la personne du prince, dont par déférence on évite de prodiguer le nom, mais bien plus souvent c'est son autorité qu'on veut désigner. Généralement, quand pour varier l'expression, au lieu de s'adresser aux ministres, on s'adresse au pouvoir, ce sont les ministres qui répondent; et c'est seulement quand on veut faire intervenir directement le prince qu'on emploie l'expression la *couronne.*

COURONNEMENT. La cérémonie dans laquelle on couronne solennellement un souverain.

COURRIER. On appelle *courriers* des messagers que les gouvernements, les ministres publics, les généraux ou d'autres autorités envoient pour porter officiellement une nouvelle ou une dépêche.

Pour de pareilles missions on emploie le plus généralement des courriers qui exercent leurs fonctions d'une manière permanente; mais souvent aussi d'autres fonctionnaires publics, soit militaires, soit civils, des serviteurs particuliers, et même des personnes qui ne sont pas au service de l'Etat. Les employés du ministère des affaires étrangères sont quelquefois expédiés en courriers pour porter des lettres ministérielles aux envoyés de leur gouvernement.

Les courriers proprement dits ou les employés aux fonctions de courriers sont nommés *courriers de cabinet;* les autres *courriers porteurs de dépêches.* Les courriers proprement dits portent ordinairement un costume particulier, un écusson sur la poitrine ou tout autre signe qui les fait reconnaître. Lorsque des personnes sont accidentellement chargées d'une dépêche, un passe-port spécial leur confère les immunités nécessaires.

Les immunités dont jouissent les ministres publics s'étendent aux courriers de cabinet, aux porteurs de dépêches et généralement à tous ceux qui remplissent une mission pour le compte d'un agent diplomatique; l'inviolabilité est attachée à leur personne et à leurs dépêches, à la condition qu'ils prouvent leur qualité: de sorte que toute violence contre eux est considérée comme une violation du droit des gens, qu'elle soit commise sur le territoire de l'Etat pour lequel le courrier a une commission, ou sur celui d'une autre puissance où il passe.

Dans quelques pays, pour ne pas retarder leur course, on dispense les courriers de payer les impôts auxquels les autres voyageurs sont sujets, tels que péages, droits de pontonnage, de barrières, etc.; toutefois l'exemption de la visite des douanes ne leur est pas toujours accordée; les paquets portant un cachet officiel sont seuls légalement exempts de toute visite.

En temps de guerre les belligérants se croient en droit d'arrêter et de dépouiller les courriers de l'ennemi et de ses alliés, tant qu'on n'est pas convenu réciproquement de la sûreté des courriers; les courriers demeurent inviolables sur les territoires neutres; mais ils ne peuvent traverser les territoires qui sont le théâtre des hostilités qu'à l'aide de sauf-conduits délivrés par les quartiers belligérants.

S'ils ne sont point garantis par les conventions ou ne sont point munis d'un sauf-conduit et qu'ils tombent au pouvoir de l'ennemi, ils peuvent être traités selon les circonstances qui accompagnent leur capture. Ils sont traités comme prisonniers de guerre, s'ils sont soldats et n'ont pas dépouillé l'uniforme, ou si, n'étant pas militaires, ils voyagent ouvertement en leur qualité, mais s'ils cherchent à se glisser secrètement et sans être reconnaissables comme soldats, bien qu'on ne doive pas les considérer comme espions, ils peuvent être punis pour infraction au droit de la guerre. Le secret ou le déguisement est donc l'élément principal dont il y ait à tenir compte pour déterminer le mode d'agir dans ces cas.

Il est de toute évidence que l'exception est favorable aux messagers par voie de ballon; car alors le caractère de la mission n'est ni dissimulé, ni contestable. (*Voir* AGENTS DIPLOMATIQUES, BALLONS.)

COURSE. Expédition de corsaires ou de bâtiments armés, faite par de simples particuliers, avec l'autorisation du gouvernement, dans le but d'opérer la capture en mer des bâtiments de commerce et des marchandises appartenant aux ressortissants d'une nation ennemie. (*Voir* CORSAIRE.)

Les dangers sérieux auxquels l'usage des corsaires expose le commerce, les abus graves commis par des combattants faisant jusqu'à un certain point la guerre pour leur propre compte et n'offrant pas toujours les garanties désirables de la discipline militaire, avaient depuis longtemps inspiré des tentatives de faire abolir la course, soit de la part d'écrivains qui s'accordèrent à démontrer que les armements en course nuisaient aux particuliers et surtout aux neutres plus qu'ils ne servaient les intérêts publics et ne causaient de préjudice réel à l'ennemi; soit de la part de certains gouvernements, qui invitèrent les autres à négocier avec eux en vue d'assurer la libre navigation sur mer.

C'est seulement au congrès de Paris de 1856 que les puissances européennes sont parvenues à se mettre d'accord sur ce point. Le 15 avril elles ont signé une déclaration commune proclamant que, „la course est et demeure abolie".

Cette déclaration signée à l'origine par les cinq grandes puissances de l'Europe, la France, l'Angleterre, l'Autriche, la Prusse et la Russie, ainsi que par la Sardaigne et la Turquie, a été ultérieurement ratifiée par tous les Etats de l'Europe et par quelques Etats de l'Amérique; malheureusement le refus des Etats-Unis d'accéder à la déclaration du 15 avril 1856 empêche de donner au principe une valeur pratique universelle.

Ce refus n'est pas toutefois un rejet du principe lui-même, encore moins une approbation de la course; le gouvernement de Washington objecte que, tant que le droit de saisir les biens des particuliers en temps de guerre maritime n'aura pas été abrogé, tant que la marine de guerre aurait encore le droit le capturer les navires de commerce, l'abolition de la course sera une mesure insuffisante, même dangereuse, surtout pour les puissances dont la marine marchande est nombreuse et la marine de guerre faible.

Plusieurs puissances se sont déclarées prêtes à accéder à la réforme proposée par les Etats-Unis, à abolir les prises maritimes aussi bien que les courses; mais jusqu'à ce jour l'Angleterre n'a pas voulu y consentir. (*Voir* BELLIGÉRANT.)

COURTOISIE. Dans les rapports entre les Etats, la courtoisie consiste dans la considération et le respect qu'ils se doivent mutuellement pour tout ce qui touche à leur dignité, à leur pavillon, ainsi qu'à leurs représentants et à leurs délégués de toute classe.

Cependant le manque de respect envers ces personnes ne doit être regardé comme remontant jusqu'au pays même duquel elles tiennent leurs pouvoirs et leur caractère public, qu'autant que l'écart ou l'offense dont elles ont eu à se plaindre, implique de blesser en eux la dignité de l'Etat et la souveraineté nationale. Autrement on ne saurait y voir qu'un indice regrettable de refroidissement des relations de bonne harmonie, et d'inspirations aussi contraires à la saine politique qu'aux devoirs internationaux; toutefois les conséquences pratiques qui peuvent en découler, sont en général moins graves que celles qui résultent des insultes faites au pavillon national.

De nation à nation un simple manque de courtoisie, à moins d'être le résultat d'une intention d'offense préméditée, ne saurait jamais être considérée comme une insulte. Celle-ci découle d'un acte positif contraire à ce que commandent le droit, le respect et la considération, tandis que le manque d'égards n'implique qu'un oubli des convenances sociales, le non-accomplissement de formes extérieures, de déférences consacrées par l'usage. L'une comporte une réparation plus ou moins éclatante, qui peut au besoin être revendiquée par la force des armes; l'autre affecte sans doute l'intimité des rapports entre les Etats, mais ne saurait aller au-delà d'un échange d'explications et de plaintes contre le caractère blessant de tel ou tel procédé.

Dans le langage diplomatique, en matière de convenances épistolaires, on appelle *courtoisie* le compliment qui se met à la fin des lettres et qui contient les assurances de respect, de considération, de reconnaissance, etc.

Il n'y a pas de formule absolue sur ce point; tout dépend des sentiments qui animent le signataire de la lettre. *(Voir* CORRESPONDANCE DIPLOMATIQUE.)

On donne le nom de *titres de courtoisie* aux qualifications qui sont accordées aux diplomates dans leurs relations réciproques, verbales ou par écrit. *(Voir* TITRES.)

COUSIN. Dans le style de cour, le titre de cousin ne spécifie pas uniquement un lien de parenté; c'est aussi une marque gracieuse de familiarité, d'affection particulière ou simplement de considération de la part des souverains entre eux ou à l'égard de certaines personnes.

Ainsi autrefois le roi de France, dans ses lettres, traitait de cousins non seulement les princes de son sang, mais encore plusieurs princes étrangers, les cardinaux, les pairs, les ducs, les maréchaux de France et quelques seigneurs du royaume.

Les empereurs et les impératrices, les rois et les reines s'accordent réciproquement les titres de frère et de sœur; mais l'étiquette ne permet point aux souverains qui ne jouissent pas des honneurs royaux, de donner aux rois ces mêmes titres; ils leur donnent celui de cousin, qu'ils accompagnent ordinairement de quelques termes respectueux, et plus souvent de celui de Sire, bien que le souverain auquel ces princes ont à écrire n'emploie à leur égard que le titre de cousin.

COUTUME. En jurisprudence le mot *coutume* se dit d'une législation introduite dans certains pays par l'usage et la tradition, du consentement tacite de ceux qui s'y sont soumis volontairement; l'usage, ainsi observé pendant un long espace de temps, acquiert force de loi.

La coutume diffère de la loi proprement dite, en ce que la loi émane ordinairement de l'autorité publique et est rédigée par écrit dans le temps qu'on la publie, tandis que la plupart des coutumes n'ont été formées que par le consentement des peuples et par l'usage, et n'ont été rédigées par écrit que longtemps après.

On dit aussi les *us et coutumes* d'un pays — le terme *us* est synonyme d'usage; cependant par le terme d'usage on entend ce qui n'a pas encore été rédigé par écrit, et par coutume un usage qui était d'abord non écrit, mais qui l'a été dans la suite.

Le mot *coutume* désigne encore certain droit ou privilège municipal, qui, s'étant établi par l'usage et la commune pratique d'une ville, d'une province, etc. y tient lieu de loi.

On appelle *coutume* le recueil des coutumes particulières à un pays: ainsi la coutume de Normandie, la coutume de Bretagne, etc.

COUTUMIER. Qui appartient à la coutume. Droit *coutumier* ou droit non-écrit. *(Voir* DROIT.)

Régi par la coutume: pays coutumier. Etabli par la coutume: douaire coutumier, réserves coutumières.

Dans l'ancienne législation on appelait homme coutumier ou coutumier le roturier, celui qui n'était pas noble.

Dans une autre acception, le coutumier est le recueil des coutumes, c'est-à-dire des articles qui forment le droit particulier de quelque pays ou de quelque juridiction.

CRÉANCE. En diplomatie, instruction secrète qui, remise à un agent diplomatique, lui permet de conférer avec le souverain auprès duquel il est envoyé.

Lettres ou lettre de créance, lettre par laquelle l'agent diplomatique justifie de sa mission; elle est écrite par le chef de l'Etat qui accrédite et adressée au chef de l'Etat auprès duquel l'agent diplomatique est accrédité.

Cette lettre indique le nom de l'agent, spécifie le caractère dont il est revêtu ainsi que l'objet général de sa mission et demande qu'on ajoute foi pleine et entière à ce qu'il pourra dire comme représentant de l'Etat qui l'envoie.

La forme et l'étendue de ces documents varient naturellement selon le rang du souverain qui écrit et celui du souverain auquel ils sont adressés, selon la catégorie du poste pour lequel les ministres sont désignés et selon les règles protocoliques, en vigueur dans chaque pays. Ainsi les lettres de créance destinées aux agents diplomatiques des trois premières classes sont signées par le chef suprême de l'Etat et adressées au souverain du pays où les agents doivent résider; les lettres dont sont munis les agents de la quatrième classe, c'est-à-dire les chargés d'affaires, qui ne sont pas chefs de mission, portent seulement la signature du ministre des affaires étrangères et sont adressées au ministre correspondant de l'autre pays.

La lettre de créance des ambassadeurs est quelquefois expédiée sous forme de lettre de chancellerie, mais le plus souvent sous forme de lettre de cabinet. Le plus ordinairement c'est la forme de lettres de cabinet qui est donnée aux lettres de créance des envoyés et des résidents.

D'après l'usage le plus répandu, il n'est pas fait de réponse à la lettre de créance: l'admission de l'agent diplomatique en tient lieu. Cependant on déroge à cette règle dans certains cas, lorsque, par exemple, le chef de l'Etat auprès duquel l'agent diplomatique est envoyé, a des raisons particulières pour répondre, ou lorsqu'il considère la mission comme une marque d'estime et d'amitié envers sa personne.

Les légats et les nonces du pape, au lieu de lettres de créance proprement dites, sont porteurs de bulles qui leur servent à la fois de lettres de créance et de pouvoir général.

Lorsque le Pape accrédite un nonce dans un pays catholique, il écrit ordinairement au chef du gouvernement de ce pays; et si ce chef est un monarque, il écrit à son épouse. Le cardinal-secrétaire d'Etat, de son côté, écrit au chef de l'Etat étranger et au ministre des affaires étrangères. Quelquefois même un bref spécial est adressé à ce ministre pour recommander le nonce apostolique à son bienveillant accueil. Il est répondu à ces lettres ou à ces brefs dans le plus court délai.

Les ministres publics envoyés en Turquie, indépendamment de la lettre de créance pour le Sultan, sont habituellement munis de deux autres lettres, l'une pour le grand-vizir, l'autre pour le reïs effendi ou chef du département des affaires étrangères. La lettre pour le grand-vizir lui est remise dans une audience solennelle, qui précède celle accordée par le Sultan; celle pour le reïs effendi lui est transmise par un des secrétaires ou des drogmans de la mission. La let-

tre pour le grand-vizir n'est pas ordinairement écrite par le souverain, ni même signée par lui, mais par le ministre des affaires étrangères, ainsi que celle adressée au reïs effendi.

Une seule lettre de créance suffit pour deux ministres envoyés conjointement pour une même mission; mais un ministre peut avoir besoin de plusieurs lettres de créance à la fois, soit quand il représente son gouvernement auprès de plusieurs cours, soit quand il est investi d'une double mission ou d'un double caractère officiel, l'une temporaire, l'autre permanent, soit même lorsqu'il ne doit représenter son gouvernement que dans un seul pays, mais sous des qualités différentes.

Les lettres de créance ne sont reçues qu'après qu'il en a été donné au ministre des affaires étrangères une copie textuelle authentique reconnue conforme aux usages établis.

Leur présentation a lieu dans une audience que l'agent diplomatique, dès son arrivée dans le lieu où il doit résider, sollicite du souverain ou du chef de l'Etat par l'entremise du ministre des affaires étrangères. (Voir AUDIENCE.)

Les lettres de créance cessent d'être valables en cas de mort du souverain qui les a données ou de celui qui les a reçues; alors elles doivent être renouvelées. En droit la mission de l'agent diplomatique est terminée par cet évènement et ne reprend son action qu'au moment de la remise des nouvelles lettres de créance; mais l'usage prévaut sur le droit strict et la suspension de la mission n'est que fictive.

Dans le premier cas, la mort du souverain qui a accrédité le ministre public, la validité des anciennes lettres de créance pourrait être censée confirmée par la simple notification de l'avènement du nouveau chef de l'Etat; mais dans la pratique le successeur renouvelle les lettres de créance de ses agents. Toutefois le changement des premiers magistrats des républiques n'entraîne pas le renouvellement du pouvoir des représentants de ces républiques à l'étranger. Il en est de même à l'égard du Saint-Siège. Mais dans les cas de changement de gouvernement dans l'un ou l'autre pays par suite d'une révolution, comme l'Etat étranger peut mettre en doute la validité des anciennes lettres de créance, attendu qu'il est peu probable que le ministre public choisi par le gouvernement renversé, possède la confiance du nouveau gouvernement, l'agent accrédité peut bien être autorisé officieusement à continuer l'exercice de ses fonctions; mais il a absolument besoin de nouvelles lettres de créance pour régulariser définitivement sa position. Néanmoins si le gouvernement se borne à confirmer par une simple notification les anciennes lettres de créance de l'envoyé et que l'autre Etat s'en contente, rien ne s'oppose, en droit international, à la validité de cet acte.

Il y a lieu aussi à l'envoi et à la remise de nouvelles lettres de créance, toutes les fois qu'un agent diplomatique change de grade, est appelé à un rang plus élevé ou passe d'une situation temporaire à un poste permanent.

Rien n'empêche pourtant l'Etat auprès duquel l'agent diplomatique est accrédité, de se contenter d'une simple notification de la modification apportée au rang du ministre. Dans l'intervalle celui-ci conserve, en vertu de ses anciennes lettres de créance, le droit de représenter son gouvernement.

Dès que le ministre a reçu ses nouvelles lettres de créance, il reprend son caractère public et ses fonctions sans autre cérémonie qu'une nouvelle présentation de ces lettres au souverain, avec l'allocution d'usage.

La nomination d'un nouveau ministre des affaires étrangères n'exerce aucune influence sur la validité des lettres de créance, même dans le cas où ces lettres auraient été adressées au ministre des affaires étrangères seulement; tel est le cas des lettres de créance des chargés d'affaires.

CRÉANCES et dettes de l'ennemi. Par le fait de la guerre, les créances dues à des particuliers ne s'éteignent pas; elles demeurent en suspens jusqu'à ce qu'elles soient révalidées par la conclusion de la paix. Si l'un des belligérants prononçait la déchéance des dettes passives de ses nationaux, l'autre belligérant serait légitimement fondé à suivre la même ligne de conduite.

Lorsque l'occupation militaire est circonscrite à un point donné, l'occupant ne peut légalement se substituer au gouvernement territorial pour tout ce qui constitue les créances actives de celui-ci; mais toutes les fois que l'occupation s'est convertie en conquête réelle, l'occupant acquiert l'entière propriété non seulement des biens corporels, c'est-à-dire meubles et immeubles de l'Etat conquis, mais aussi de ses biens incorporels, dans lesquels sont compris ses obligations, ses dettes actives, &c. Toutefois,

bien qu'on admette le droit du vainqueur d'acquérir les titres de créances ou de dettes de l'Etat auquel il se substitue, cette acquisition ne lui confère pas la faculté d'éteindre les droits que ces titres représentent.

Quant à la part possédée par un gouvernement ou ses citoyens dans les fonds publics d'un autre Etat, on s'accorde à reconnaître qu'elle doit être à l'abri de toute atteinte.

CRIMES et DÉLITS. Le *crime* et le *délit* sont des infractions à la morale ou à la loi; mais le crime implique une violation dont la gravité est manifeste.

Les crimes et les délits se divisent en deux classes principales : contre la chose publique et contre les particuliers. Chacune de ces classes se subdivise ensuite, la première en crimes d'Etat ou politiques, contre la sûreté intérieure ou extérieure de l'Etat, contre la constitution, contre la paix publique; — la seconde, en crimes contre les personnes et contre les propriétés.

Les faits qualifiés crimes sont déférés aux cours d'assises et passibles de peines afflictives ou infamantes (Voir PÉNALITÉ); les délits sont jugés par les tribunaux correctionnels et punissables d'emprisonnement et d'amende.

Chaque Etat a le droit de juger et de punir selon ses lois les crimes ou les délits commis sur son territoire. Tout étranger peut être poursuivi dans l'Etat de sa résidence momentanée à raison de crime ou de délit commis par lui sur le territoire de cet Etat. C'est une circonstance indifférente que le crime ou le délit ait été commis au préjudice d'un sujet ou d'un étranger et que la victime soit présente sur les lieux ou absente du territoire.

Mais un Etat n'est pas dans l'obligation de punir une personne résidant sur son territoire sans être son sujet, qui est accusée d'avoir commis un crime hors de sa juridiction contre le sujet d'un autre Etat; toutefois certains Etats étendent l'application de leurs lois jusqu'à atteindre des crimes commis sur le territoire étranger, mais seulement dans le cas où le crime a été commis par leurs nationaux.

La loi du lieu de la poursuite règle la compétence des autorités et détermine seule la forme de procéder.

C'est un principe admis qu'aucun Etat n'autorise l'exécution sur son territoire des jugements rendus en matière criminelle par les tribunaux étrangers contre la personne ou les biens d'un individu; par suite les incapacités résultant de ces jugements ne peuvent avoir leurs effets en pays étranger; mais ces jugements y ont au moins l'autorité de la chose jugée.

Des accords existent entre les divers Etats pour la livraison réciproque des criminels qui se réfugient sur le territoire étranger à la justice de leur pays ou du pays où ils se sont rendus coupables de faits entraînant des poursuites contre eux. (Voir EXTRADITION.)

CRIMINALISTE. Juriste qui écrit sur le droit criminel ou qui est très-versé dans les matières criminelles.

CRIMINALITÉ. Qualité de ce qui est criminel.

CRIMINEL. Qui est coupable d'un crime : un homme criminel. Le mot criminel, dans ce sens, pris substantivement se dit de tout individu convaincu de crime, et quelquefois, mais abusivement, de celui qui en est simplement accusé. Criminel d'Etat, celui qui a commis un crime d'Etat.

Qui est condamnable ou mauvais au point de vue moral : une action criminelle, une passion criminelle.

Terme de droit qui a rapport au jugement des crimes : tribunal, juge criminel, procédure criminelle; pris substantivement, signifie juridiction pénale ou criminelle.

Qui a rapport au crime par opposition à délit : une affaire criminelle.

CULTE. Honneur qu'on rend à la divinité par des actes de religion.

Se dit pour la religion considérée dans ses manifestations extérieures, c'est-à-dire les rites, les cérémonies et en général la pratique publique ou privée des actes prescrits par les lois de telle ou telle croyance religieuse.

Un usage général, en partie fondé sur les traités, accorde aux agents diplomatiques de toute classe le droit de pratiquer leur religion dans l'intérieur de leur maison. Ce droit ne peut cependant s'exercer qu'à la condition d'observer les règlements municipaux et de police concernant le maintien de l'ordre public.

Ce privilège a été étendu jusqu'au point d'autoriser l'établissement, comme annexes des hôtels des ambassades étrangères, de chapelles publiques, dans lesquelles toutes les personnes professant le même culte, étrangers ou nationaux, sont librement admises à célébrer leurs cérémonies religieuses. Ces chapelles sont tenues toutefois de renfermer l'accomplissement de leur rite dans l'intérieur de leur enceinte, et, à moins d'autorisations exceptionnelles, de s'interdire toute procession publique aussi que l'usage des cloches.

Quant aux baptêmes, aux mariages et, en général, à tous les actes célébrés régulièrement dans la chapelle du ministre public par l'ecclésiastique qui y est attaché, il est peu de pays qui ne reconnaissent à ces actes la même valeur que s'ils avaient été accomplis dans les églises paroissiales. En tout cas ces actes produisent tous leurs effets civils par rapport aux personnes qui font partie du personnel de l'ambassade ou de la légation; mais lorsque ces actes s'appliquent à des personnes étrangères à la mission ou à des indigènes, la solution de la question dépend des lois intérieures de chaque Etat et de la tolérance de son gouvernement.

Dans la règle, l'exercice du culte dans l'intérieur de l'hôtel de l'agent diplomatique doit cesser lorsque l'agent quitte son poste. Cependant, s'il n'est absent que par congé et s'il conserve son hôtel en y laissant quelques-uns de ses gens, on y tolère la continuation du culte. Mais lorsque la mission est terminée par le départ du ministre, le culte cesse, excepté le cas où c'est le décès d'un souverain qui termine la mission et où l'agent diplomatique attend de nouvelles lettres de créance. *(Voir* AGENTS DIPLOMATIQUES.)

CUMUL. Jouissance simultanée de plusieurs emplois ou de plusieurs traitements.

CURIALE. Terme d'histoire romaine : membre de la Curie, de la classe appelée aux honneurs et aux charges des cités sous l'Empire romain.

La seconde classe des citoyens était celle des curiales ou décurions, c'est-à-dire des propriétaires aisés, membres non du sénat romain, mais de la curie ou corps municipal de leur cité.

Les curiales administraient les affaires du municipe, ses dépenses et ses revenus, soit en délibérant dans la curie, soit en occupant les magistratures municipales; dans cette double situation, ils répondaient non seulement de leur gestion individuelle, mais des besoins de la ville, auxquels ils étaient tenus de pourvoir eux-mêmes en cas d'insuffisance des revenus.

Aucun curiale ne pouvait, par un acte personnel et volontaire, sortir de sa condition; il leur était interdit d'habiter la campagne, d'entrer dans l'armée, d'occuper des emplois qui les auraient affranchis des fonctions municipales, avant d'avoir passé par toutes ces fonctions depuis celle de simple membre de la curie jusqu'aux premières magistratures de la cité.

CURIATE. Qui se compose de la réunion des curies : comices curiates.

Ou encore : qui est voté par les curies assemblées : loi curiate.

CURIE. Terme d'antiquité romaine : division de la tribu chez les Romains.

Romulus partagea le peuple romain en trois tribus, et chaque tribu en dix curies; mais il n'y avait de curies que pour le peuple de l'enceinte de Rome : voter par curies, c'était voter en appelant au vote seulement les gens de la ville. Chaque curie avait une voix qui exprimait l'opinion de la majorité de ses membres.

Les curies n'étaient composées que de *gentes* (familles) patriciennes; elles s'assemblaient dans le *comitium,* d'où les comices par curie servaient à désigner l'assemblée des patriciens.

On appelait aussi curie le lieu où s'assemblait le sénat; et par extension on a ainsi nommé le sénat des villes municipales.

C'est sans doute de cet emploi du mot qu'est venu l'usage de désigner par *curie romaine* l'ensemble des autorités supérieures de l'église catholique.

Le mot a été aussi employé en Allemagne dans le sens de cour ou tribunal, et l'adjectif *curial* y est pris souvent comme synonyme de collectif : ainsi à la diète de Francfort, certains Etats de la Confédération Germanique avaient des voix viriles ou individuelles, tandis que d'autres n'avaient ensemble qu'une voix curiale ou collective.

CURION. chef de la curie.

CURULE. Terme d'antiquité romaine.

Chaise curule, siège d'ivoire, plus élevé que les sièges ordinaires, sur lequel s'asseyaient dans l'origine les rois et dans la suite les premiers magistrats de Rome, dictateurs, consuls, préteurs, censeurs, grands-édiles.

Ce siège se plaçait sur les chars de triomphe : c'est sans doute de là que lui vint son nom de *curule (curulis),* dérivé de *currus,* char.

Magistrats curules, ceux qui siègeaient sur une chaise curule.

Dignité curule, qui donnait droit à s'asseoir sur une chaise curule.

CZAR ou TZAR. Titre qui répond à celui d'empereur, et que porte le souverain de la Russie depuis 1547. Le premier qui le porta fut Ivan IV, fils de Vasili IV, qui secoua le joug des Tartares et avait pris le titre d'*autocrate,* et ajouta celui d'*empereur,* qui ne fut reconnu aux princes de la Russie que sur le règne de Catherine II.

Quant à l'origine du mot, les uns le font dériver de *César,* ancien titre des Empereurs romains, les autres d'un mot chaldéen ou hébreu signifiant chef ou commandant.

Dans les documents officiels, le souverain russe prend plus particulièrement le titre d'Empereur de toutes les Russes.

Tzarine ou *Czarine* est le titre de l'Impératrice de la Russie.

Czarewitz ou *Czarowitz* (fils de Czar) est le titre du fils aîné de l'Empereur héritier présomptif de la couronne de Russie. Son épouse prend le titre de *Czarevna* (ou fille de Czar).

D

DAIRI. Titre que les Japonais donnent au successeur de l'ancienne famille impériale du Japon, lequel paraît avoir fait place définitivement au titre de Mikado.

Les Japonais regardent le daïri comme le souverain pontife de leur religion nationale et le considèrent comme un dieu sur la terre.

DATE. En droit la date est nécessaire pour la validité des actes: elle doit indiquer le lieu, l'année, le mois et le jour du mois où l'acte est fait ou passé.

Les actes authentiques ou publics font foi par eux mêmes de la date qui y est énoncée.

En diplomatie, on désigne sous le nom de date l'indication du temps où les diplômes, les actes, les lettres, etc. ont été donnés ou écrits.

On distingue quatre espèces de dates, savoir :

1⁰ Dates de temps, indiquant le temps, ou d'une manière vague, énonçant une suite indéfinie d'années, comme, par exemple, „sous le règne de tel prince", „sous le pontificat de tel pape", etc.; ou d'une façon précise, énonçant l'année, le mois, le jour et quelquefois même l'heure de la rédaction des actes.

2⁰ Dates de lieu, indiquant le pays, la ville, le château, l'endroit où l'acte est passé.

3⁰ Dates de personnes, mentionnant le nom d'un roi, d'un pape, d'un évêque, etc. en prenant pour point de départ chronologique le commencement de leur règne ou de leur épiscopat.

4⁰ Dates historiques, consistant dans la seule énonciation d'un fait historique.

Dans la correspondance l'indication de la date est de règle presque générale; son absence n'est guère qu'affaire d'omission, d'oubli ou de négligence.

Dans les lettres ordinaires la place où l'on écrit la date est assez indifférente; il n'en est pas de même pour les correspondances officielles ou diplomatiques, dans lesquelles la place qu'on assigne à la date a une certaine valeur ou signification au point de vue de l'étiquette et du cérémonial. (*Voir* CORRESPONDANCE DIPLOMATIQUE, CORRESPONDANCE DES SOUVERAINS.)

DAUPHIN, DAUPHINE. Titre attaché à certaines seigneuries : Dauphin d'Auvergne, Dauphin du Viennois.

Ce titre a été pris plus particulièrement, vers le milieu du neuvième siècle, par le seigneur suzerain de la province appelée Dauphiné. A partir de Philippe de Valois, il a été donné au fils aîné des rois de France, par suite de la réunion du Dauphiné à la couronne, le dernier seigneur de cette province, Humbert III, ayant mis pour condition à la cession de sa seigneurie, en 1343, que le fils aîné du roi serait ainsi nommé.

L'épouse du fils aîné du roi de France prenait le titre de Dauphine et le conservait même à la mort de son mari.

DÉBAT. En jurisprudence, tout examen contradictoire; la partie de l'instruction judiciaire qui est publique.

Au pluriel, discussions des assemblées politiques : les débats du parlement.

DÉCEMVIR. Dans l'ancienne Rome le titre des décemvirs était attribué à divers corps de magistrats ou de fonctionnaires publics qui se composaient de dix membres; mais on désigne plus particulièrement sous ce nom les dix citoyens qui, au 5e siècle avant J.-C., furent chargés de rédiger un code de lois, dit „Lois des douze tables", et auxquels on remit pendant ce temps le gouvernement de la république.

DÉCÈS. Lorsqu'un ministre étranger meurt dans l'exercice de ses fonctions, le secrétaire de l'ambassade ou de la légation, et, à son défaut, le représentant de quelque puissance alliée ou amie, prend soin du corps et prépare ce qui est nécessaire pour les funérailles. Quant au cérémonial à observer, les pompes funèbres doivent se régler, à moins de dispositions testamentaires qui s'y opposent, sur le rang qu'occupait le défunt, les restes mortels ont droit aux honneurs militaires consacrés pour les agents de son rang; les cérémonies religieuses extérieures dépendent des lois et des usages du pays. La famille a le droit de faire transporter le corps dans sa patrie ou ailleurs, sans que l'autorité locale y puisse mettre aucune empêchement.

Il est passé en usage de conserver pendant un certain temps à la veuve, à la famille, ainsi qu'aux serviteurs du décédé, les privilèges, les droits et les immunités dont ils jouissaient du vivant du chef de la mission.

Dès que le décès a lieu, il importe avant tout d'apposer les scellés sur les papiers et les archives de l'ambassade ou de la légation, et, s'il en est besoin, sur les effets personnels du ministre défunt, puis de faire dresser un inventaire des biens meubles et immeubles de la succession : c'est au secrétaire de la mission qu'incombe cette tâche et, à son défaut, au ministre d'un gouvernement ami.

L'autorité locale n'a aucun droit d'intervention; c'est seulement en cas de nécessité et lorsqu'aucun envoyé étranger ne peut procéder à ces actes; mais elle doit s'abstenir d'examiner les papiers de l'envoyé et se borner à les mettre en sûreté.

Les actes de dernière volonté, comme tout ce qui concerne la succession *ab intestat* d'un agent diplomatique, sont naturellement régis par les lois de son propre pays; cependant, en ce qui regarde les biens immobiliers, comme ils sont toujours assujettis aux lois du pays où ils sont situés, la succession à ceux de ces biens que le ministre étranger possédait dans le pays de sa résidence doit se régir d'après les lois de ce pays. Les biens meubles dépendant de la succession restent libres, pour les héritiers, de droits de mutation et d'autres charges.

Lorsqu'un agent diplomatique meurt dans son pays, soit qu'il eût été placé dans le cadre de disponibilité, soit qu'il eût atteint l'âge de la retraite, il est d'usage dans plusieurs pays, notamment en France, que le ministère des affaires étrangères délègue un de ses employés pour assister au triage des papiers du décédé, ainsi qu'à l'apposition et à la levée des scellés, s'il y a lieu. Si parmi les papiers, il s'en trouve qui soient de nature à être déposés aux archives de l'Etat, ils sont remis par les héritiers, et contre son reçu, à l'employé délégué par le ministre.

Le décès du souverain qui a accrédité l'agent diplomatique, de même que le décès du chef d'Etat auprès duquel l'agent est accrédité, mettent ordinairement fin à la mission, ou du moins rendent indispensable la présentation de nouvelles lettres de créance. (*Voir* AGENT DIPLOMATIQUE, AMBASSADEUR.)

En cas de mort d'un consul, les officiers du consulat procèdent à l'apposition des scellés, ainsi qu'à l'inventaire de la succession, et le gérant intérimaire prévient à la fois les autorités supérieures de sa résidence, la légation de son pays accréditée auprès du gouvernement territorial et le ministre duquel il relève.

En cas de vacance d'un consulat général par décès, l'employé le plus élevé en grade de la résidence, c'est-à-dire l'élève-consul s'il y en a un, et, à son défaut, le chancelier remplit provisoirement le poste jusqu'à décision du ministre des affaires étrangères, auquel il doit en référer sans retard.

Lorsque la vacance survient dans un simple consulat, pour la même cause il est procédé provisoirement de la même manière, jusqu'à ce que le consul général ou autre chef de l'établissement consulaire y ait pourvu de la façon qu'il juge la plus conforme au bien du service. (*Voir* CONSUL.)

DÉCHÉANCE. Perte d'un droit, à défaut d'exercice ou d'accomplissement d'une condition ou d'une formalité dans un temps donné.

Le mot *déchéance* s'applique aux fonctionnaires qui sont privés de leurs fonctions pour omission de quelques obligations.

En droit constitutionnel la déchéance s'applique aussi au chef du pouvoir exécutif, lorsqu'il est privé de ses droits.

DÉCHIFFREMENT. Action de déchiffrer, c'est-à-dire d'expliquer ce qui est écrit en chiffres, de déterminer la valeur des lettres et des mots dans les écritures secrètes.

En diplomatie, c'est l'acte ou la science d'expliquer le *chiffre*, c'est-à-dire les caractères ou les signes conventionnels employés pour la correspondance entre les gouvernements et leurs agents offciels.

DÉCHIFFREUR. C'est l'employé dans une agence diplomatique ou dans un ministère qui à la *clef du chiffre*, et qui est chargé d'expliquer les pièces de la correspondance chiffrée.

DÉCISION. Action de décider, résultat de cette action : jugement prononcé, opinion exprimée.

Résolution prise par une assemblée, par un corps constitué sur un point ordinairement litigieux, décision administrative, décision ministérielle.

DÉCLARATION. C'est, dans une acception générale, la manifestation par un individu de sa volonté ou d'un fait qui est à sa connaissance; dans le sens juridique, la déclaration est la manifestation de ce fait ou de cette volonté d'une manière déterminée; généralement on entend par ce mot ce qui est déclaré par quelqu'un dans un acte, soit judiciaire, soit extra-judiciaire.

On appelait en France déclaration du roi tout acte de la puissance royale qui expliquait, réformait ou révoquait un édit ou une ordonnance.

On a nommé „Déclaration des droits de l'homme et du citoyen" l'énonciation de certains droits énumérés en tête des constitutions françaises de 1791 et de 1793.

En droit international, on donne le nom de *déclaration* à des actes officiels par lesquels les Etats constatent qu'ils se sont entendus sur certains faits, sur certains points généraux ou particuliers, ou sur certains principes, et par lesquels ils déterminent la ligne de conduite que chacun d'eux a résolu de suivre. Ces actes peuvent être signés par les souverains des Etats entre lesquels les négociations ont eu lieu; mais cela n'arrive que rarement. La plupart des déclarations sont signées par les agents diplomatiques qui ont conduit la négociation; mais dans ce cas elles doivent être sanctionnées et promulguées par le souverain dans les formes consacrées par la constitution de l'Etat. *(Voir* TRAITÉ, CONVENTION.)

Les actes de ratification des traités renferment quelquefois des déclarations, qui modifient ou expliquent une expression ou une clause du traité; dans ce cas, si les déclarations sont unilatérales, elles donnent lieu à des contre-déclarations, ayant pour but l'acceptation de la modification réclamée ou de l'explication donnée.

On donne aussi le nom de *déclaration* aux mémoires qu'un gouvernement adresse ou fait adresser au public par l'intermédiaire de ses agents diplomatiques à l'étranger, ou qu'il fait remettre aux différents cabinets, dans le but de réfuter des bruits mal-fondés, de justifier des mesures déjà prises, ou d'instruire le public de démarches faites ou à faire.

Quelquefois encore le mot déclaration est employé comme synonyme de *manifeste,* de *protestation,* etc. (Voir ces mots.)

DÉCLARATION DE GUERRE. *(Voir* GUERRE.) Acte par lequel un Etat déclare la guerre à un autre.

De notre temps la formalité de la déclaration expresse de guerre est à peu près tombée en désuétude.

On se borne à rompre les relations diplomatiques avec le gouvernement qu'on veut combattre, en rappelant les agents qu'on a accrédités auprès de lui, et à notifier aux puissances neutres par un manifeste l'intention de faire la guerre *(Voir* MANIFESTE).

Lorsqu'un Etat déclare par anticipation qu'il considérera comme un *casus belli* certains actes d'un autre Etat, cette déclaration constitue une déclaration *éventuelle* de guerre, qui devient une déclaration *effective,* si les actes auxquels il a fait allusion viennent à se réaliser.

L'ouverture de la guerre date du moment de la déclaration, à moins que les opérations militaires n'aient déjà commencé. La guerre commencée de fait, interompt les relations pacifiques entre les belligérants, sans qu'une déclaration de guerre ultérieure soit nécessaire.

Par contre la déclaration de guerre détermine l'époque du commencement de la guerre, quand même les hostilités n'auraient pas encore commencé.

Lorsqu'une seule des parties a, de fait ou par déclaration formelle, commencé la guerre, la partie adverse a le droit, à partir de ce moment, d'appliquer elle-même les lois de la guerre.

Une des conséquences immédiates et les plus importantes de la déclaration de guerre, c'est l'interdiction de toutes relations commerciales entre les sujets des Etats qui sont en guerre, à moins d'exceptions spécialement autorisées.

La déclaration de guerre entraîne aussi la rupture définitive des traités conclus expressément en vue de l'état de paix, et la suspension jusqu'à la fin des hostilités des arrangements douaniers, postaux, des conventions de navigation ou de commerce, des accords relatifs à des intérêts privés.

Par une conséquence forcée il est de principe que les stipulations souscrites en prévision de la guerre, ainsi que toutes les clauses qualifiées de perpétuelles, conservent, malgré l'ouverture des hostilités, leur force obligatoire aussi longtemps que les belligérants, agissant d'un commun accord, ne les ont pas annulées ou remplacées par d'autres.

Il est de règle que la déclaration de guerre faite entre les parties principales produit également ses effets à l'égard des alliés, dès qu'ils sont appelés à remplir les engagements qu'ils ont contractés par le traité d'alliance (*Voir* GUERRE).

DÉCORATION. Insigne ou marque extérieure qu'on porte comme récompense ou distinction honorifique, soit dans l'ordre civil, soit dans l'ordre militaire, tels que croix, rubans, colliers, médailles, armes, vêtements d'honneur, etc.

Chaque décoration porte le nom d'un ordre de chevalerie, dont elle indique que celui qui la reçoit est désormais membre ou dignitaire d'un grade plus ou moins élevé.

Les décorations se confèrent non seulement à des particuliers, sujets ou étrangers, comme rémunération de services ou témoignage d'estime; mais encore à des princes étrangers, même sans distinction de sexe, pour servir de gages d'amitié. Le plus souvent les chefs d'Etat s'envoient leurs ordres de chevalerie par un échange mutuel.

Les envois de décoration à des princes régnants ou à des princes de maisons régnantes donnent occasion à des lettres d'envoi et à des lettres de remerciement.

Lorsqu'un agent diplomatique a séjourné longtemps dans une cour, ou lorsqu'il a été chargé d'une négociation importante qu'il a su conduire heureusement, ou lorsqu'il a été en mission de cérémonie, il est assez généralement d'usage qu'au moment de son départ il reçoive une décoration comme témoignage particulier de la satisfaction du chef de l'Etat.

Pour pouvoir porter cet ordre étranger, l'agent diplomatique a besoin de l'autorisation de son gouvernement. Les gouvernements républicains n'accordent pas toujours cette autorisation à leurs envoyés. *(Voir* AGENT DIPLOMATIQUE.)

DÉCOUVERTE. Action de découvrir, de trouver ce qui n'était pas, comme la découverte d'un trésor, d'un pays; la découverte de l'Amérique.

La priorité de découverte d'un territoire inconnu peut être considérée comme un moyen d'acquisition, comme un droit de propriété; mais elle ne constitue pas à elle seule un titre suffisant pour s'arroger la souveraineté sur ce territoire. Il faut que la découverte soit suivie d'une prise de possession effective, c'est-à-dire accompagnée d'un commencement d'organisation administrative, ou d'exploitation commerciale ou industrielle dans le pays.

Le simple fait de planter un drapeau, des poteaux avec inscription, une croix ou d'autres emblèmes ne suffit pas pour donner ou soutenir un titre exclusif à un pays dont on a point fait un usage actuel; il peut tout au plus servir à indiquer l'intention d'en prendre possession: mais il ne saurait avoir la souveraineté pour conséquence.

DÉCRET. Décision par laquelle on ordonne ou règle quelque chose.

Se dit des règlements ou des arrêtés émanés du législateur ou du pouvoir exécutif.

L'emploi de ce mot a varié suivant les temps.

Dans la République romaine on désignait sous ce nom les résolutions des consuls et certaines résolutions du sénat. Plus tard, le mot fut appliqué aux sentences rendues par les empereurs dans les affaires litigieuses.

En France, le nom de décret a été donné aux actes des assemblées législatives jusqu'à la Convention, en attendant que ces actes fussent convertis en lois par la sanction royale. La Convention, après avoir aboli la royauté, conserva cette dénomination à ses résolutions, quoiqu'elles fussent de véritables lois. Sous l'Empire, on nomma ainsi les règlements généraux ou particuliers émanés du souverain, soit pour l'exécution des lois, soit pour tenir lieu de lois.

Sous la Restauration et pendant le règne de Louis Philippe la dénomination d'*ordonnance* remplaça celle de *décret* pour les règlements rendus par le roi relativement à l'exécution des lois. En 1848, le terme de décret fut repris pour désigner les actes de la Constituante, puis, après le 2 décembre 1851, ceux de l'Empereur. Sous la forme de gouvernement actuel, on l'applique particulièrement aux actes par lesquels le chef de l'Etat rend exécutoires les lois votées par les assemblées législatives ou les décisions concernant la nomination à des fonctions publiques.

DÉCRÉTALE. On appelle ainsi une lettre écrite par le pape pour résoudre certaines questions de discipline ou d'administration ecclésiastique soumise à son examen, à la différence de la constitution que le souverain pontife rend de son propre mouvement et qu'on nomme décret.

Au pluriel, les décrétales forment le recueil de ces lettres; elle font partie de la collection appelé *Corpus juris canonici*, corps du droit canon.

DÉFAUT. Terme de procédure.

Manquement à un ordre de comparation régulièrement donné; refus de comparaître.

On appelle *jugement par défaut* la décision d'un tribunal rendue en l'absence d'une des parties intéressées qui n'a pas comparu à l'audience ou n'y était représentée par personne. Cette décision n'est pas définitive; la partie condamnée par défaut peut revenir par voie d'opposition; alors le second jugement du tribunal est définitif et équivaut à un jugement *contradictoire*. (Voir ce mot.)

En cour d'assises (matière criminelle), le jugement rendu par défaut contre un coupable qui n'a pu être arrêté ou qui s'est évadé, prend le nom d'arrêt par *contumace*. (Voir ce mot.)

DÉFENSE. Le droit naturel, en dehors de toute loi écrite, permet, prescrit même à tous les Etats la protection, la défense de leur existence politique contre tous les dangers qui les menacent et l'adoption de mesures propres à prévenir et à repousser toute attaque extérieure.

Le droit de légitime défense est reconnu par toutes les législations.

Ainsi un Etat a le droit d'élever des forteresses dans l'intérieur de son territoire ou sur ses frontières, d'augmenter selon qu'il le juge convenable son armée et sa flotte, de conclure des traités d'alliances et de subsides.

Toutefois, dans la pratique, l'exercice

de ce droit subit certaines restrictions, qui ne permettent pas d'ériger en principe inflexible de droit international la liberté absolue pour un Etat d'accroître indéfiniment ses moyens de défense, qui peuvent trop facilement se transformer en moyens d'agression.

Quoiqu'il soit généralement admis que le souverain a seul le droit de faire et par conséquent de déclarer la guerre, on ne saurait contester que, dans le cas où l'ennemi s'empare inopinément d'une forteresse ou envahit une province, le chef militaire qui y commande ou même les habitants ont le droit de repousser l'agresseur par les armes. Dans ces cas les citoyens cessent d'avoir droit aux immunités dont jouissent ceux qui n'ont pas pris les armes; mais ils doivent être traités en *belligérants* (Voir ce mot), suivant les lois de la guerre.

Il en est de même lorsque le souverain juge nécessaire de commander *une levée en masse* (Voir ce terme) pour la défense du pays : tous les habitants armés doivent être traités par l'ennemi à l'égal des soldats composant l'*armée* (Voir ce mot).

DÉFENSIF, DÉFENSIVE. On dit qu'une guerre est défensive lorsqu'elle est entreprise pour repousser un ennemi agresseur; par opposition à la guerre offensive, c'est-à-dire celle faite par un Etat qui prend les armes le premier et attaque un autre Etat qui vivait en paix avec lui.

L'objet de la guerre défensive est simple : c'est la défense de soi-même. *(Voir* GUERRE.)

Les alliances contractées entre les Etats peuvent être aussi offensives ou défensives, ou avoir ce double caractère à la fois.

L'alliance défensive est celle dans laquelle l'allié promet sa protection et son appui matériel contre toute agression dirigée contre son co-associé ou co-contractant. *(Voir* ALLIANCE.)

Pris substantivement, le mot *défensive* signifie l'ensemble de la défense, l'attitude de défense, et quelquefois la disposition à ne faire que se défendre : être sur la défensive, se tenir sur la défensive, soutenir la défensive.

DÉFI. Provocation à une lutte, à un combat.

On appelait autrefois *lettres de défi* des missives, revêtues du sceau d'un souverain, par lesquelles celui-ci déclarait la guerre, et qui étaient remises par un messager spécial entre les mains de l'autre chef d'Etat contre lequelle la guerre était déclarée.

Ce mode de déclarer la guerre était en usage vers le 12me siècle de notre ère.

DÉLAI. Certain espace de temps accordé pour faire quelque chose, pour remplir un engagement; remise d'un terme à une époque plus éloignée.

En procédure, temps fixé par la loi, donné par le juge ou convenu entre les parties pour faire un acte quelconque ou pour s'en abstenir. Le délais de ce genre se comptent ordinairement par jours et non par heures. Tous les jours compris dans un délai comptent utilement, sans distinguer les dimanches et les jours de fêtes; seulement on ne fait entrer dans le nombre ni le jour qui sert de point de départ ni celui de l'échéance. Les délais fixés par mois se comptent du quantième au quantième correspondant, sans distinguer si l'espace entre les deux quantièmes est de 28, de 30 ou de 31 jours.

Les délais légaux et judiciaires varient beaucoup, selon les cas, les lieux et les circonstances.

On en peut dire autant de ceux qui sont stipulés dans les traités internationaux. Nous ne saurions indiquer ici les diverses et multiples éventualités auxquels ils se rapportent : on les trouvera sous les titres spéciaux ou les rubriques respectives, comme *guerre, paix, acte, contrat, exécution, convention, traité,* etc. (Voir ces mots.)

DÉLÉGATION, DÉLÉGAT. Commission qui donne à quelqu'un le droit d'agir au nom d'un autre; c'est spécialement l'acte par lequel un fonctionnaire investit une autre personne de la faculté de le représenter dans ses fonctions : ainsi un adjoint au maire peut remplir les fonctions d'officier de l'état civil par délégation du maire.

On nomme *délégations* l'assemblée parlementaire qui, en vertu de la loi du 21 décembre 1867, forme le lien d'union entre l'Autriche et la Hongrie.

En Italie, le nom de *délégation* est donné aux juridictions ou aux provinces dont les chefs ou les présidents portent le titre de *délégat;* ce titre était en usage particulièrement dans le royaume Lombard-Vénitien et dans les Etats du Saint-Siège.

DÉLIBÉRATIF, DÉLIBÉRATIVE. Qui touche ou se rapporte à la délibération. Ce mot n'est employé que dans quelques locutions, par exemple :

Voix délibérative ou droit de suffrage

dans une assemblée; il se dit par opposition à voix consultative, qui n'est que le droit d'opiner et non de voter.

Assemblée délibérative, dont les membres ont le droit de résoudre les questions qui leur sont soumises, de prendre des décisions.

Genre délibératif, terme de rhétorique; on rapporte à ce genre tous les discours dans lesquels on délibère sur ce qu'on fera ou ne fera pas; les discours politiques, ceux prononcés dans les assemblées administratives ou les réunions de corporations sont en général des discours délibératifs, tandis que les plaidoyers des avocats appartiennent au genre judiciaire.

DÉLIBÉRATION. Discussion entre plusieurs personnes sur une résolution à prendre, sur une question à résoudre. Le résultat de cette discussion et dès lors décision, résolution.

Lorsqu'on parle des tribunaux, le mot *délibération* est quelquefois synonyme de *jugement*.

DÉLIMITATION. Action de tracer et de fixer les limites ou les frontières d'un Etat, d'un Etat.

La délimitation des frontières des Etats est souvent déterminée par des traités spéciaux, communément désignés sous la dénomination de traités de limites. En général, pour l'éclaircissement des clauses, des cartes géographiques frontières sont annexées au texte de la convention.

Lorsqu'un traité de paix porte une cession du territoire, ce fait donne nécessairement lieu à une nouvelle délimitation de frontières entre les parties; et dans ce cas des commissaires sont nommés de part et d'autre à l'effet de procéder à cette rectification, qui est constatée et consacrée par une convention expresse.

DÉLIT. Ce terme, dans son acception générique, exprime tout manquement à une obligation.

En droit, le délit est en général toute espèce d'infraction à la loi. Dans son sens le plus large il s'appliquait, dans le droit ancien, à tous les actes punissables. Aujourd'hui la loi envisage les actes suivant la nature des peines qu'elle prononce : l'infraction que les lois punissent de peines de police est une *contravention* (voir ce mot); l'infraction que les lois punissent d'une peine correctionnelle est un *délit;* l'infraction que les lois punissent d'une peine afflictive ou infamante est un *crime* (voir ce mot).

Ou appelle *flagrant délit* le délit aperçu au moment où il se commet, l'état dans lequel se trouve un coupable surpris sur le fait.

Le *corps du délit* est ce qui constate la perpétration du délit ou du crime, comme un meuble brisé dans le cas d'un vol, un cadavre en cas d'homicide.

La qualification des délits varie selon l'ordre de choses auquel ils portent atteinte, le caractère des personnes qui les commettent, la nature des tribunaux qui doivent en connaître.

Ainsi le délit de presse est celui qui est commis par la voie de la presse ou un autre moyen de publication.

Le délit militaire est l'infraction commise par des militaires ou des attachés à l'armée pendant qu'ils sont sous les drapeaux.

Le délit maritime est celui qui est déféré aux tribunaux maritimes.

On donne le nom de délit politique à tout délit et même à tout crime dont la politique est le but et le mobile.

On nomme délits forestiers, ruraux, de chasse, de pêche, etc., ceux qui enfreignent les lois relatives à la police des eaux et forêts.

Les délits en général échappent à l'extradition, qui est limitée aux faits qualifiés de crimes. On comprend toutefois que cette distinction ne puisse reposer sur une règle absolue, puis qu'elle est subordonnée à la divergence des législations particulières, qui pour classer les crimes et les délits se sont inspirées, tantôt de la gravité intrinsèque des actes, tantôt du principe de compétence, tantôt du système des pénalités ou de l'utilité pratique que pouvait offrir telle ou telle qualification juridique attribuée aux faits. C'est ainsi que des faits considérés comme de simples délits dans certains pays, l'escroquerie par exemple, sont réputés crimes dans d'autres, qu'ils sont conséquemment compris dans leurs conventions d'extradition.

Les délits — et même les crimes — politiques sont l'objet d'une immunité formelle.

Mais il est fait une exception pour toute une catégorie de délits dont la contiguité des frontières garantirait l'impunité et qui partant tendraient à devenir de plus en plus graves et fréquents, si des mesures spéciales et exceptionnelles n'étaient prises pour en assurer la répression. De ce nombre sont les délits et les contraventions en matière forestière, rurales, de chasse, de pêche, de douanes et de contrebande, dont des accords particuliers entre Etats limitrophes, souvent désignés sous le nom de *cartels*, sont destinés à faciliter la poursuite commune et réciproque. (*Voir* CARTELS.)

DÉMEMBREMENT. Partage ou séparation; division d'un pays en plusieurs territoires, d'un territoire en plusieurs portions.

Ainsi l'on dit: plusieurs monarchies se sont formées du démembrement de l'empire romain.

Les partages entre l'Autriche, la Russie et la Prusse de divers territoires polonais ont été appelés les démembrements de la Pologne.

Le démembrement se dit plus particulièrement d'un partage ou d'une division violente ou forcée; et dans ces cas, il entraîne ou modifie essentiellement la souveraineté de l'Etat démembré. (*Voir* INDÉPENDANCE, SOUVERAINETÉ DES ÉTATS.)

DEMEURE. Habitation, lieu où l'on habite, ou réside, ou demeure.

Le mot *demeure* n'est synonyme ni de domicile ni de résidence.

La *demeure* est le lieu où l'on est établi dans le dessein d'y rester, ou même le lieu où on loge; la *résidence* est la demeure habituelle ou fixe; le *domicile* est la demeure légale: on peut avoir plusieurs demeures, on n'a qu'un domicile légale.

Les gens en place, attachés par une charge, un emploi à un lieu déterminé ont une résidence nécessaire. (*Voir* DOMICILE, RÉSIDENCE.)

La demeure d'un agent diplomatique est inviolable en tant qu'il s'agit des besoins indispensables de son service officiel et de l'exercice libre et régulier de ses fonctions; mais cette inviolabilité ne donne pas le droit à l'envoyé étranger de faire servir sa demeure de refuge aux individus poursuivis par les autorités locales. (*Voir* EXTERRITORIALITÉ, INVIOLABILITÉ')

DÉMISSION. Se disait autrefois de l'acte par lequel on ôtait un emploi à quelqu'un; aujourd'hui c'est l'acte par lequel on renonce à une dignité.

La démission d'un emploi donnée par le titulaire n'est définitive que lorsqu'elle a été acceptée.

Pour que la démission de ses fonctions donnée par un agent diplomatique fasse cesser sa mission, il faut qu'elle ait été acceptée par son souverain.

Lorsque cette démission a été acceptée par son gouvernement, l'ambassadeur ou le chef de légation peut continuer ses fonctions jusqu'à l'arrivée de son successeur, ou remettre la direction de la légation à un agent intérimaire. (*Voir* AGENTS DIPLOMATIQUES, AMBASSADEUR.)

DÉMISSIONNAIRE. Celui ou celle qui donne sa démission.

Les consuls généraux, les consuls, les élèves-consuls, les drogmans et les chanceliers ne peuvent quitter leurs postes sans autorisation ou sans motif légitime; autrement ils sont considérés comme démissionnaires.

DÉMOCRATIE, DÉMOCRATE. Forme du gouvernement où le peuple exerce la souveraineté.

La masse des citoyens délègue une autorité temporaire à des magistrats chargés de veiller à l'exécution des lois et de maintenir l'ordre public.

On nomme *démocrate* celui qui est attaché aux principes et aux institutions de la démocratie.

DÉNATIONALISATION. Action de changer de nation, perte du caractère national; — aussi action de dénationaliser, de dépouiller du caractère national.

Cette perte peut être éprouvée par l'individu privé, ou par un peuple entier, auquel un conquérant peut chercher à enlever les caractères particuliers qui le distinguent comme nation.

(*Voir* EMIGRATION, EXPATRIATION, NATIONALITÉ, NATURALISATION.)

DÉNATURALISATION. Perte ou cessation de l'état de naturalisation. (*Voir* NATIONALITÉ, NATURALISATION.)

DÉNI DE JUSTICE. En jurisprudence, c'est le manquement par un juge de rendre la justice qu'on lui demande, ou d'une autorité quelconque de prononcer sa décision, que ce manquement provienne de négligence ou d'un refus volontaire.

En pays étranger, lorsqu'il s'agit d'un déni de justice par les juges locaux, l'intervention des consuls est acquise à leurs nationaux lésés.

De même l'agent diplomatique ou consulaire qui refuserait son appui à ses nationaux qui le réclament, commettrait un déni de justice à leur égard.

Dans le langage général, *déni de justice* se dit de tout refus d'accorder à quelqu'un ce qui lui est dû.

Le déni de justice de la part d'un gouvernement à l'égard d'un ressortissant d'un autre gouvernement, c'est-à-dire la réparation d'une injure ou d'un préjudice évident, peut justifier le recours à des représailles par le gouvernement de l'étranger qui réclame cette réparation. (*Voir* REPRÉSAILLES, RÉTORSION.)

DÉNIZATION. Sorte de naturalisation accordée en Angleterre.

La dénization accorde à l'étranger qui a formé le dessein de résider dans le Royaume-Uni certains droits civils, notamment la faculté de posséder par achat ou par succession et de transmettre de la même manière des propriétés foncières.

Ces droits peuvent être accordés pour la vie durant, ou pour un temps limité, ou pour une circonstance particulière, ou pendant la résidence du denizen, c'est-à-dire la personne qui a obtenu la dénization, et celle de sa postérité en Angleterre ou dans les possesssions anglaises.

Les droits que donne la dénization ne rendent pas l'étranger apte à être membre de l'une ou de l'autre chambre du parlement, ni à remplir aucune fonction civile ou militaire, ni à recevoir aucune dotation de la couronne.

La dénization s'accorde par des lettres patentes du souverain, dans lesquelles sont spécifiés les droits et les privilèges octroyés au *denizen*.

La *dénization* est, pour ainsi dire, une demi-naturalisation, qui place l'étranger *denizen* dans un état intermédiaire entre l'étranger proprement dit et l'étranger naturalisé. Elle n'enlève pas la propre nationalité; en effet bien que les jurisconsultes anglais soutiennent que la dénization fait de l'étranger un sujet anglais, la jurisprudence française a jugé qu'elle ne fait pas perdre la nationalité d'origine.

DÉNONCIATION. Ce terme équivaut, sauf des nuances presque insensibles, à ceux de déclaration, de publication, de notification.

Ainsi on pourrait dire *dénonciation* au lieu de *déclaration* de la guerre.

Parmi les actes de guerre, on dénonce un bombardement, c'est-à-dire que le commandant des assiégeants, toutes les fois qu'il le peut, informe les assiégés de son intention de bombarder la place: c'est une mesure dictée par l'humanité et qui a pour but de mettre les non-combattants, surtout les femmes et les enfants, à même de s'éloigner ou de pourvoir à leur sûreté.

On dénonce également un armistice, mais dans ce cas la dénonciation, au lieu d'annoncer le commencement de la suspension d'armes, en marque la rupture ou la fin. Cette dénonciation n'est pas nécessaire lorsqu'un délai a été assigné d'avance à l'armistice ou à la trève et que ce délai est expiré; mais quand la trève est indéterminée, la bonne foi et la saine logique exigent qu'elle ne soit rompue qu'après dénonciation.

C'est dans le même sens que la dénonciation s'applique aux traités et aux conventions. La dénonciation d'un traité est l'acte par lequel un Etat notifie, verbalement ou par écrit, à l'autre Etat qui a contracté avec lui, son intention de faire cesser le traité.

La dénomination est justifiée, lorsqu'elle est faite conformément à une des clauses du traité qui en donne le droit aux parties contractantes ou qui a déterminé l'expiration du traité, lorsque ce droit a été expressément réservé, lorsque les circonstances seront modifiées et que les parties cessent d'être d'accord.

Lorsqu'elle repose sur des raisons sérieuses, la dénonciation ne saurait être considérée comme un procédé injurieux pour la partie qui la reçoit.

En tout état de choses, la dénomination d'un traité accomplie par l'un des contractants sans le consentement de l'autre équivaudrait à une violation du traité.

Lorsqu'un Etat a des griefs contre un autre, la dénonciation des traités existant entre eux peut devenir un moyen de représailles. ((*Voir* TRAITÉS.)

DÉPARTEMENT. Ce mot désigne une division territoriale.

Le département est la base de la division du territoire et de la circonscription administrative de la France. Chaque département est administré par un préfet; il se subdivise en arrondissements, à chacun desquels est préposé un sous-préfet.

On entend aussi par département une division administrative, et plus particulièrement chaque partie de l'administration des affaires d'Etat, dont la connaissance est attribué à un ministre. Le département des affaires étrangères, le dèpartement de la justice etc.

DÉPÊCHE. Lettre envoyée par un courrier; nouvelle envoyée par le télégraphe; en général lettre concernant les affaires publiques.

Dans le langage diplomatique le mot *dépêche* désigne la correspondance importante d'un gouvernement avec ses agents à l'étranger, les notes ou les informations que ceux-ci lui transmettent, et

les instructions ou les ordres qu'ils reçoivent; mais la qualification de dépêche
ne s'applique pas aux communications
entre un gouvernement et les agents é-
trangers accrédités auprès de lui, ou à
celles de ces agents entre eux.

Les dépêches diplomatiques dont l'intérêt exige un secret particulier, peuvent
être écrites en chiffres. *(Voir* CHIFFRE.)

Les dépêches sont expédiées par la
poste ou par des courriers, ou par des
personnes de confiance. *(Voir* COURRIER,
DOUANE.)

Quand un gouvernement a une communication à faire à un autre, le mode
le plus usité est que le ministre des affaires étrangères adresse au chef de mission dépendant de lui une dépêche en le
chargeant de la communiquer et d'en
laisser copie au ministre des affaires étrangères du pays où il est accrédité. Ce
dernier répond de la même façon par
une dépêche à son agent près le gouvernement étranger.

Quelquefois l'agent diplomatique donne
seulement lecture de la dépêche; mais le
ministre des affaires étrangères peut refuser de recevoir communication d'une
dépêche, à moins qu'on ne lui en laisse
copie. Aussi les agents étrangers laissent-
ils généralement copie de leurs communications officielles. Cette copie est signée
comme conforme à l'original quand il est
dit que „copie sera laissée"; elle n'est
pas certifiée quand il est dit „sans laisser copie".

D'autre part, lorsqu'une dépêche est
blessante dans la forme, le ministre du
gouvernement auquel elle est destinée,
peut refuser d'en prendre connaissance;
alors aucune copie n'en est prise, et l'on
dit, en langage diplomatique, que le gouvernement destinataire n'en a pas connaissance; on y supplée d'ordinaire par
un entretien officieux sur les matières
qui faisaient l'objet de la dépêche refusée.

Les dépêches des gouvernements et de
leurs agents à l'étranger sont inviolables.

En temps de guerre, les dépêches qui
n'ont pas trait aux hostilités et spécialement la correspondance diplomatique
peuvent être expédiées en toute sûreté
par les navires neutres, qui doivent être
respectés par la nation qui est en guerre
avec celle que les agents représentent,
tant en raison de leur pavillon que du
privilège diplomatique dont les couvre
la mission postale qu'ils remplissent.

Par contre les dépêches relatives à la
guerre et transportées dans l'intention de
favoriser l'un des belligérants sont considérées comme contrebande de guerre.

DÉPÊCHE D'ÉTAT. On range parmi
les *dépêches d'Etat* celle qui émanent du
chef du pouvoir exécutif d'une nation, des ministres, des commandants
des forces de terre et de mer, des
agents publics par l'intermédiaire desquels sont entretenus les rapports internationaux, ainsi que les réponses à ces
messages; toutefois les dépêches des consuls ou des agents commerciaux ne sont
pas considérées comme dépêches d'Etat,
si elles ne sont adressées à des personnes
revêtues d'un caractère officiel et si elles
n'ont pas trait à des affaires de service.

Les dépêches d'Etat ne sont reconnues
et reçues comme telles que si elles portent le sceau de l'Etat ou toute autre
marque de l'autorité qui les expédie.
Elles peuvent être rédigées et transmises
en *chiffres* (Voir ce mot) ou en lettres
secrètes, en totalité ou en partie.

Pour la transmission les dépêches
d'Etat ont la préférence sur les autres
dépêches.

DÉPENS. Terme de procédure: frais ou
dépenses qu'entraîne un procès, en dehors des *frais* proprement dits, qui consistent dans les débours és et les émoluments dus aux officiers ministériels.

Dans une instance la partie qui perd
est condamnée à payer les dépens.

Néanmoins il est des cas où le tribunal peut *compenser* les dépens en tout ou
par portion, c'est-à-dire en ordonner le
paiement par l'une et l'autre des parties, en faisant le plus souvent supporter
à chacune les frais qu'elle a respectivement faits. *(Voir* COMPENSATION.)

DÉPENDANCE. Se dit d'une contrée,
d'une terre qui relève d'une autre : telle
province est une des dépendances de la
Couronne — tel pays est une dépendance
de tel royaume ou empire.

Se dit aussi, surtout au pluriel, de tout
ce qui tient comme accessoire à une
chose principale : ainsi ce jardin est une
dépendance de la propriété, une terre
avec toutes ses appartenances et dépendances.

Sujétion, subordination, état d'une
personne qui dépend d'une autre.

DÉPLACEMENT. Action d'ôter un emploi, une fonction, ou simplement de faire
changer un fonctionnaire de résidence.

DÉPOSITION. Acte par lequel on prive
quelqu'un d'une fonction, d'une dignité.
(Voir DESTITUTION.)

Ce terme s'emploie surtout lorsqu'il s'agit des souverains et des papes. (*Voir* DÉCHÉANCE, ABDICATION, AGENTS DIPLOMATIQUES.)

DÉPOSITION DE TÉMOIN. Terme de procédure. Action de déposer, de remettre un témoignage.

Ce qu'un témoin déclare et affirme devant un juge ou une autorité compétente. (*Voir* TÉMOIGNAGE, TÉMOIN.)

DÉPOSSESSION. Action de déposséder quelqu'un.

La dépossession peut s'étendre à un Etat, à une nation, à laquelle on enlève une partie de son territoire : c'est un des effets de la conquête.

DÉPUTÉ. Toute personne chargée d'une mission.

Se dit plus particulièrement de celui qui est envoyé par une nation, une province, une ville, un corps, une assemblée pour remplir une mission spéciale soit seul, soit avec d'autres, auprès de quelqu'un, notamment auprès d'un prince ou d'une puissance, auprès du chef de l'Etat ou des autorités constituées dans l'intérieur, ou même, dans des circonstances extraordinaires, auprès de chefs d'Etat étrangers ou d'autorités étrangères. — Ces députés ou envoyés spéciaux ne peuvent prétendre aux droits et aux prérogatives des agents diplomatiques et encore moins aux honneurs du cérémonial.

Lorsqu'un agent diplomatique est, en outre de sa qualité de ministre public, revêtu du titre de député, ce titre ne lui enlève pas son caractère diplomatique et il en conserve les droits et les prérogatives.

Dans un sens plus spécial le titre de député s'applique à celui qui est nommé, élu ou envoyé pour faire partie d'une assemblée où l'on doit s'occuper des intérêts d'un pays, d'une province, d'une confédération, etc.; particulièrement, celui qui fait partie de ce qu'on appelle ordinairement seconde chambre, chambre des députés, par opposition à la chambre des pairs ou sénat.

On donne aussi le nom de députés aux délégués de la nation dans les Echelles du Levant ou de Barbarie ; ces députés sont des notables parmi les résidents de leur nationalité, investis de la confiance de leurs compatriotes pour les représenter dans certaines circonstances auprès de l'agent diplomatique et des consuls de leur nation, et quelquefois aussi, par exemple, dans des cérémonies ou des solennités publiques, vis-à-vis de la nation chez laquelle ils résident : ce sont principalement des commerçants immatriculés au consulat et nommés par leurs co-résidents dans une assemblée annuelle des nationaux.

DÉROGATION. Acte par lequel on déroge à un acte antérieur, c'est-à-dire par lequel on le tient pour non avenu dans toutes ses parties ou seulement dans quelques-unes.

On déroge à une loi lorsqu'on ne se conforme pas à ses prescriptions : il y a également dérogation quand on fait une convention contraire à certaines dispositions légales.

Il existe cette différence entre la dérogation et l'abrogation que la première laisse subsister la loi antérieure, tandis que la seconde l'annule absolument. La loi dérogeante ne porte à l'ancienne qu'une atteinte indirecte et incomplète; la loi abrogeante est directement et pleinement contraire à l'ancienne.

La dérogation est ou expresse, ou tacite.

On dit dérogatoire l'acte ou la clause qui en modifie ou révoque d'autres.

DÉROGEANCE. Action par laquelle on perdait les droits et les privilèges attachés à la noblesse.

Ce mot signifie aussi simplement diminution de ces droits ou de ces privilèges.

Ainsi autrefois un noble dérogeait en se mettant dans le commerce; de sorte qu'on disait que, „le commerce dérogeait," c'est-à-dire qu'il faisait que le noble qui commerçait n'était plus noble.

DÉSARMEMENT. Action de faire rendre ou d'enlever les armes à une troupe.

En temps de guerre, l'Etat neutre ne compromet pas sa situation en accueillant les soldats de l'une ou l'autre armée belligérante qui se réfugient sur son territoire, lorsqu'ils sont obligés de renoncer à la continuation des mouvements stratégiques qu'ils opéraient. La première précaution qu'il ait à prendre, c'est de les désarmer, afin de leur retirer en quelque sorte tout caractère militaire. Il doit ensuite, par prudence, les interner, c'est-à-dire les éloigner le plus possible du théâtre des hostilités.

A plus forte raison, l'Etat neutre a-t-il ce droit de désarmer et de faire prisonniers les corps de troupes qui envahissent son territoire.

Mais l'Etat neutre n'est tenu ni de retenir ni de désarmer le navire de guerre qui se réfugie dans un de ses ports ou qui y vient pour réparer des avaries, se procurer des vivres ou faire soigner ses malades.

La raison de cette différence de traitement entre les troupes de terre et les navires de guerre ne repose pas seulement sur les dangers inhérents à la vie maritime et auxquels le soldat n'est pas exposé, mais plutôt sur ce que les navires sont respectés comme faisant partie du territoire de la nation dont ils portent le pavillon et comme ne cessant jamais à ce titre d'être soumis pour leur régime intérieur à la juridiction de leur souverain.

DÉSAVEU. Acte par lequel on déclare n'avoir point autorisé quelqu'un à faire ce qu'il a fait ou à dire ce qu'il a dit.

Un gouvernement peut décliner la responsabilité des actes de ses agents, lorsqu'il les désavoue expressément en prouvant qu'il ne les a pas autorisés ou que ces agents ont outre-passé leurs pouvoirs. Toutefois, même en pareils cas, le gouvernement est tenu de réparer le tort que ces actes ont causé et de punir celui qui les a commis; car un simple désaveu ne satisfait pas toujours la partie lésée.

Cette règle s'applique particulièrement aux actes des personnes faisant partie des forces militaires et navales d'un Etat.

La rigueur des lois et de la discipline militaires imprime aux actes d'un officier de l'armée une plus large responsabilité que n'en ont les actes d'un simple fonctionnaire civil. Ce dernier, quoique censé régi par les lois de l'Etat, ne se trouve pas toujours sous la direction immédiate du pouvoir exécutif ou passible de punition, tandis que l'officier de l'armée ou de la marine est sous les ordres et la direction immédiate du chef de l'Etat, de sorte que, lorsqu'il agit dans sa capacité officielle, chacun de ses actes est *prima facie* l'acte de son gouvernement et doit être considéré comme tel, tant qu'il n'est pas désavoué par ce gouvernement. Le brevet de l'officier est généralement regardé comme une preuve suffisante de son autorité. Dans le cas où il désavoue l'acte de l'officier, le gouvernement est obligé de punir celui-ci ou de le livrer à la partie lésée, pour qu'elle le punisse.

DÉSERTEUR. *Définition.* Militaire ou marin qui déserte, abandonne son poste et son drapeau.

La désertion, qui en temps ordinaire a le caractère d'un simple délit, devient un crime lorsqu'elle a lieu en temps de guerre, en présence de l'ennemi, ou lorsqu'elle est suivie de service militaire pris à l'étranger.

La désertion ou l'action de déserter est punie des peines les plus sévères, qui varient selon les lois des diverses nations; en général le déserteur qui passe à l'ennemi est condamné à mort.

Les déserteurs qui se sont rendus coupables du crime de porter les armes contre leur patrie, lorsqu'ils sont repris par des troupes de l'armée à laquelle ils appartenaient avant leur désertion, perdent tout droit d'être traités comme prisonniers de guerre et d'invoquer le bénéfice des lois de la guerre.

Les déserteurs des armées de terre et de mer et ceux de la marine marchande sont passibles d'*extradition* (v. ce mot); mais dans ces cas l'extradition prend un caractère particulier, celui d'un acte de pure courtoisie internationale, basé sur les convenances des Etats et sur les besoins du commerce maritime.

L'extradition des déserteurs est ordinairement l'objet d'accords spéciaux entre les différents Etats, qui en ce qui concerne les soldats, concluent des *cartels* (voir ce mot) ou des conventions séparées, et, lorsqu'il s'agit des *matelots* (voir ce mot), insèrent le plus souvent des clauses expresses dans leurs traités de commerce et de navigation et dans leurs traités consulaires.

La règlementation de ce genre d'extradition est des plus sommaires, et sa mise en pratique n'exige aucune des formalités requises pour l'extradition des criminels ordinaires.

Ainsi, par exemple, les matelots déserteurs sont recherchés et arrêtés pour être reconduits à leur bord ou renvoyés dans leur pays sur la seule demande des consuls et des vice-consuls de leur nation, ou, à défaut de ceux-ci, sur celle des commandants ou des capitaines intéressés.

Dès que le déserteur a atteint un territoire étranger, il ne peut y être poursuivi par les agents de son gouvernement, le droit de l'arrêter n'appartenant qu'aux autorités locales compétentes.

Il est d'usage de restituer au gouvernement, à l'armée ou à la marine auxquels appartient le déserteur, les effets d'équipement et d'habillement, les chevaux et les harnachements, en un mot tous les objets dont le déserteur se trouve pourvu au moment de son arrestation ou qu'il vient à abandonner.

La remise des déserteurs s'opère habituellement dans les places frontières désignées à cet effet.

Les frais d'entretien des prisonniers militaires ou marins jusqu'au moment de leur extradition restent à la charge du gouvernement requérant ou de ses agents consulaires.

Les déserteurs des bâtiments de l'Etat et des armées de terre qui se trouvent à l'étranger, doivent faire leur soumission au consulat de leur résidence, s'ils veulent profiter des amnisties générales ; les matelots déserteurs de la marine marchande ne sont pas admis au bénéfice des *amnisties* (voir ce mot).

On excepte généralement de l'extradition les individus nés sur le territoire de l'Etat où ils ont cherché un asile et que le fait de désertion ramène dans leur pays natal.

DÉSHÉRENCE. Terme de jurisprudence.

Etat d'une succession vacante par l'absence constatée d'héritiers légitimes ou autres.

Droit de déshérence, droit qu'a l'Etat de recueillir la succession des individus morts sans héritiers.

Les biens acquis après sa condamnations par un condamné mort civilement appartiennent à l'Etat par droit de déshérence.

Lorsque des biens mobiliers sont laissés dans un pays par un étranger qui n'y avait pas son domicile et qu'il ne se présente aucun héritier auquel ces biens doivent être attribués, la déshérence se produit ; mais la question se présente de savoir au profit de quel Etat, de celui sur le territoire duquel les biens sont situés, ou bien de celui du domicile du défunt ; la majorité des publicistes se prononcent en faveur du premier, par la raison qu'il s'agit de biens sans possesseur et que la question n'en est plus une de succession, mais plutôt de souveraineté territoriale, de *domaine éminent*. (Voir ce terme.)

DESSIN DE FABRIQUE. On entend par *dessins de fabrique* les dessins qui sont destinés à être appliqués sur des étoffes, des papiers de tenture, même des cartes à jouer au moyen du tissage, de l'impression ou d'autres procédés industriels. Dans cette catégorie on range également les dessins en relief, qui par le fait tiennent plus de la sculpture que du dessin proprement dit et qu'on désigne plus spécialement sous le nom de *modèles industriels*. Tous ces dessins et ces modèles constituent une propriété artistique assimilée aux marques de fabrique et placée, comme celles-ci, sous la double garantie de la loi intérieure et des stipulations internationales. (*Voir* MARQUE DE FABRIQUE.)

DESTITUTION. Action d'ôter à un fonctionnaire sa place.

Les agents diplomatiques et consulaires peuvent être destitués ou révoqués, mis en retraite ou inactivité par leur gouvernement.

DESTRUCTION. Action de détruire, de ruiner, d'anéantir ; et tant qu'il s'agit d'une construction, la renverser de manière qu'il n'en reste plus d'apparence.

Lorsqu'une guerre est engagée, la destruction est presque inévitable sur le territoire qui en est le théâtre ; mais le droit international, d'accord avec les lois de l'humanité, y apporte les limites et les remèdes possibles selon les lieux et les circonstances.

Ainsi la destruction intentionnelle ou la dégradation des monuments d'art, des instruments et des collections scientifiques par les troupes envahissant ou occupant le territoire ennemi sont réprouvées comme des actes de barbarie.

Il en est de même des voies de communication, des ports, des phares, des câbles télégraphiques dont la destruction est considérée comme contraire au droit des gens, à moins qu'elle ne soit nécessitée par les opérations militaires, comme, par exemple, quand une armée a besoin de rendre les communications difficiles pour faciliter la retraite des troupes et empêcher l'ennemi de poursuivre les vaincus, ou de commencer l'attaque.

Les lois de l'humanité proscrivent aussi l'usage des moyens de destruction qui, d'un seul coup et par des moyens mécaniques, abattraient des masses entières de troupes et qui, en réduisant l'homme au rôle d'un être inerte, augmenteraient inutilement l'effusion du sang.

DÉSUÉTUDE. Cassation par laps de temps, ou simplement discontinuation d'une coutume, d'un usage, d'une pratique.

Se dit surtout de l'abrogation d'une loi par non-usage.

DÉTRACTION (droit de). Ce droit remonte au régime féodal ; il consistait dans un prélèvement de tant pour cent opéré par le gouvernement soit sur les biens meubles exportés hors de son territoire, et dans ce cas il était qualifié de droit de *retraite*, de *sortie* de *gabelle d'émigration*, soit sur le produit net des successions transférées à l'étranger, soit sur les donations testamentaires.

9*

Ces droits ne sont pas encore abolis dans tous les pays; mais ils ont été supprimés ou modifiés par la plupart des gouvernements; à l'égard d'autres Etats ils ne s'exercent que par voie de rétorsion et fort exceptionnellement.

DÉTRESSE. Dénûment extrême, danger pressant, la situation même qui cause ce danger.

Signal de détresses, signal par lequel un navire annonce qu'il est en péril et qu'il a besoin de secours.

Canon de détresse, coup de canon tiré en signal de détresse.

On doit accorder aux navires en détresse et à leurs équipages tous les secours nécessaires et leur laisser le libre usage des établissements de secours.

Dans l'état actuel du droit des gens, les navires de guerre chassés par la tempête ou autre fortune de mer sont, comme les navires marchands, reçus et secourus dans les ports neutres et même dans les ports ennemis.

On ne peut refuser aux navires neutres en détresse le droit de se réfugier dans un port bloqué; mais ils se doivent se mettre aux prescriptions de l'autorité maritime qui leur accorde l'autorisation de passer malgré le blocus.

DÉTROIT. Proprement espace resserré; il ne se dit dans ce sens qu'en termes de géographie.

Bras de mer resserré entre deux continents, entre une île et le continent, entre deux îles peu éloignées l'une de l'autre.

Canal naturel par lequel deux mers ou deux parties d'une même mer communiquent ensemble.

Au point de vue du droit international, on distingue deux sortes de détroits: ceux qui aboutissent à des mers fermées ou enclavées, et dont par conséquent la souveraineté peut être revendiquée exclusivement par l'Etat dont elles baignent les côtes; et ceux qui servent de communication entre des mers libres. Les premiers, constituant un domaine propre et réservé, sont régis par les lois ou les règlements particuliers de chaque pays; les seconds, affectant nécessairement les intérêts des divers Etats dont ils sont destinés à faciliter l'accès, ne peuvent jamais devenir la propriété souveraine d'un seul et doivent rester absolument libres pour toutes les marines, comme les mers auxquels ils conduisent.

Cette liberté d'accès et de transit admet toutefois les restrictions inhérentes au droit de conservation des Etats sur les côtes desquels sont situés les détroits; et lorsque la configuration des détroits oblige les navires qui les traversent à passer sous le feu des forts placés sur l'un ou l'autre bord, le souverain qui est maître de la côte, a le droit incontestable d'en surveiller la navigation et de prendre, surtout en temps de guerre, les précautions que la prudence et le soin de sa sûreté peuvent rendre nécessaires.

Il peut arriver aussi que la navigation d'un détroit soit tellement difficile et dangereuse qu'elle ne puisse se faire sans l'assistance d'hommes pratiques et expérimentés, ni sans le secours de phares et de signaux convenables. Nul doute que dans ce cas l'Etat qui, dans l'intérêt même de la navigation, entretient les feux ou les stations de pilotes, n'ait le droit de se faire indemniser des dépenses qu'il supporte et d'imposer certaines charges fiscales aux marines qui en profitent. Strictement renfermées dans ce qui constitue alors, non un péage, mais la rétribution de services rendus, les taxes de ce genre n'ont rien que de légitime et de conforme aux vrais principes sur la matière.

Le droit de blocus peut s'appliquer à un détroit. Seulement il est à l'exercice de ce droit en pareil cas une restriction fondée en équité comme en fait: le blocus rigoureux d'un détroit ne peut être établi que lorsque ce détroit est tout entier compris sous la souveraineté de l'Etat ennemi; mais si le détroit conduit à des pays avec lesquels le belligérant n'est pas en guerre, celui-ci ne peut en interdire le passage aux navires neutres en destination pour ces pays. Lorsque les deux rivages du détroit n'appartiennent pas à l'ennemi, un blocus effectif devient presque impraticable; car si le bloquant peut empêcher le passage du côté de l'ennemi, il est tenu de le laisser libre de l'autre.

DETTE. Ce qu'on doit à quelqu'un, engagement pris par un débiteur à l'égard d'un créancier.

Par rapport à la personne, les dettes sont *actives* ou *passives:* les premières sont celles qu'on nous doit, dont nous avons le droit d'exiger le paiement : ce sont les *créances* (voir ce mot) à recouvrer; les secondes sont celles que nous devons, que nous sommes obligés de payer : ce sont les *dettes* proprement dites.

Relativement à leur nature, aux motifs

qui les ont créées, aux objets sur lesquels elles portent, on distingue plusieurs sortes de dettes, notamment:

Dettes *mobilières*, qui ont pour objet quelque chose de mobilier.

Dettes *immobilières*, qui portent sur un immeuble; dans cette catégorie rentrent l'usufruit, les rentes foncières.

Dettes *réelles*, auxquelles on est tenu qu'à raison d'un immeuble qu'on détient, et qui peuvent être libérées par le délaissement.

Dettes *hypothécaires*, garanties par hypothèque sur des immeubles.

Dettes *privilégiées*, pour lesquelles on a un privilège, de sorte qu'elles doivent être payées avant toutes les autres.

Dettes *chirographaires*, qui résultent d'une obligation écrite, sans hypothèque ni privilège.

Dettes *commerciales*, qui se rapportent à des faits de commerce.

Dettes *liquides*, qui ont pour objet des sommes ou des choses déterminées.

DETTES D'AGENTS DIPLOMATIQUES. De l'inviolabilité dont jouissent les agents diplomatiques découle nécessairement leur exemption de la juridiction civile de l'Etat où ils résident. Il s'ensuit que des dettes contractées par un ministre public avant ou pendant sa mission ne peuvent autoriser aucun acte de juridiction quelconque contre sa personne.

Aucune loi locale ne peut autoriser son arrestation ou contrainte par corps, ni la saisie des meubles lui appartenant. Si un ministre public refuse de payer ses dettes, les créanciers doivent s'adresser ou, par l'entremise du ministère des affaires étrangères, au gouvernement qui l'a envoyé, ou aux tribunaux de son pays, auxquels il est resté sujet en vertu du privilège d'exterritorialité.

Mais, comme cette immunité a été établie dans le but de protéger la dignité du représentant et l'exercice libre de ses fonctions, elle n'existe que pour les choses qui intéressent réellement son caractère; aussi la protection internationale ne s'étend-elle pas aux biens qui appartiennent manifestement au ministre sous une autre relation que celle de sa qualité; excepté l'hôtel de la légation, tous les immeubles qui peuvent lui appartenir dans le pays où il est accrédité, relèvent uniquement de la juridiction territoriale; car ils n'ont aucun rapport à la qualité diplomatique.

DETTES PUBLIQUES. Sommes résultant des emprunts que font les gouvernements, dont les revenus ne peuvent suffire à leurs dépenses.

L'ensemble de ces emprunts, contractés par le gouvernement envers les particuliers, forme la dette publique ou nationale.

En général les emprunts faits par un Etat ne sont pas remboursables : les intérêts sont payés aux porteurs du titre, que ce titre se trouve encore entre les mains du premier preneur, ou qu'il soit passé en d'autres mains par la vente. Les dettes de cette catégorie forment ce qu'on nomme la dette *consolidée*. (*Voir* CONSOLIDÉ.)

Le capital, inscrit au grand livre de la dette publique, est, au moyen du système d'amortissement, racheté successivement par l'Etat, à qui la faculté est laissée, si la situation de ses finances le permet, d'annuler les titres qui lui sont revenus par l'action continuelle de l'amortissement.

Il est aussi une portion de la dette publique qui n'est pas consolidée; elle se compose d'engagements ·à terme, de créances non-réglées entièrement : c'est la *dette flottante*, ainsi nommée parce qu'elle varie sans cesse et est susceptible d'augmentation et de diminution. La dette *flottante* peut être *consolidée* par la conversion des dettes qui la composent en dette perpétuelle.

Un peuple libre qui change sa forme de gouvernement, ne s'exempte pas par ce fait seul de l'obligation de payer ses dettes antérieures. En effet, le peuple étant resté le même, la charge de pourvoir aux dettes publiques contractées au nom de la nation tout entière et par des agents suffisamment autorisés, incombe de plein droit au gouvernement, quelle que soit sa forme ou sa dénomination. Or, par cela même qu'il concentre entre ses mains et absorbe le domaine de l'Etat, le nouveau gouvernement recueille à la fois, avec l'héritage de celui qui l'a précédé, le bénéfice de ses droits fiscaux et l'obligation d'acquitter religieusement les emprunts, les dettes et les autres charges analogues placées sous la garantie de la foi publique.

Presque toujours la question des dettes publiques, dans le cas de changement de nationalité ou de gouvernement, est résolue par des clauses conventionnelles et d'après le principe de l'obligation pour le nouvel Etat de conserver à sa charge une portion de la dette contractée par l'ancien, correspondant soit au chiffre de sa population, soit au gage hypothécaire resté entre ses mains, soit au montant des revenus du territoire qui lui échoit.

C'est la règle qui prévaut aussi dans le cas de conquête, d'annexion ou d'érection en Etat souverain d'un territoire quelconque.

La simple occupation militaire ne donne pas droit à l'occupant de se substituer au gouvernement territorial pour tout ce qui regarde le domaine national et notamment les créances actives de ce gouvernement, ni de contracter des dettes au nom du pays occupé; mais lorsque l'occupation s'est convertie en conquête réelle et complète, l'occupant acquiert la pleine et entière propriété de tout ce qui appartenait à celui qu'il a dépossédé de son domaine, à la charge toutefois d'acquitter les dettes de l'État auquel il se substitue.

Si le gouvernement dépossédé vient à être restauré avant la conclusion de la paix définitive, et à moins de stipulations expresses, il n'est pas tenu de reconnaître les dettes contractées par le gouvernement intérimaire pour le compte du pays occupé, et pourra en refuser le remboursement.

DÉVASTATION. Action de dévaster, de rendre une terre déserte par le ravage.

La dévastation du pays ennemi par les troupes d'envahissement ou d'occupation est considérée comme un acte de barbarie et par conséquent reprouvée par le droit international, à moins qu'elle ne soit justifiée dans une certaine mesure par des nécessités impérieuses ou par des circonstances exceptionnelles. Lorsque, par exemple, il s'agit de biens dont la possession est nécessaire au but de la guerre et qu'on ne peut enlever à l'ennemi que par la destruction; ou de biens dont on ne peut maintenir la possession ni abandonner à l'ennemi sans le renforcer : ainsi il serait permis de raser ou de faire sauter les fortifications, de couler à fond des navires, d'enclouer les canons, de brûler les magasins militaires, etc.; ou encore de biens qu'on ne peut épargner sans nuire aux opérations militaires : c'est ainsi que dans la règle on doit épargner les jardins, les vignobles, les maisons, les forêts; mais on est en droit de les détruire, s'il le faut, pour se fortifier; — lorsqu'on ne peut autrement arrêter la marche de l'ennemi, ou l'obliger à sortir de sa retraite afin de couvrir le pays; — lorsque la destruction des récoltes, des approvisionnements est urgente pour faire manquer l'ennemi de subsistances à son passage; enfin en cas de représailles.

DEVOIR. Ce à quoi on est obligé par la raison, par la morale, par la religion ou par la loi, par son état ou par les bienséances, par un engagement.

Aucun Etat ne peut se soustraire aux devoirs que l'humanité lui impose. De plus le droit des gens établit de nation à nation la solidarité morale que le droit naturel ou les contrats créent entre les hommes pris individuellement, de sorte que les Etats ne jouissent respectivement des droits qui leur appartiennent en propre qu'à la condition de remplir eux-mêmes les uns à l'égard des autres les obligations ou les devoirs correspondant à ces *droits* (voir ce mot).

Ces devoirs peuvent se distinguer en devoirs *parfaits*, nettement déterminés, constituant une obligation stricte, dont on peut exiger l'accomplissement, et en devoirs *imparfaits*, qui, restant indéterminés, et, bien qu'obligatoires pour la conscience, ne peuvent entraîner la coërcition.

A la première classe appartiennent les devoirs qui se rapportent à l'obligation d'observer la justice, de respecter l'indépendance, la propriété et la juridiction des autres Etats; dans la seconde classe on range ceux qui proviennent de relations volontaires, diplomatiques, commerciales et autres analogues, ou qui ne découlent que des préceptes d'humanité, d'équité, de bonne harmonie qu'enseigne la loi naturelle.

Les devoirs imparfaits, pour acquérir la valeur d'un lien international, ont besoin d'être consacrés par des stipulations conventionnelles, dont la forme et la nature varient à l'infini (voir TRAITÉ).

La guerre dénoue forcément les liens naturels, fait cesser les devoirs mutuels des belligérants et peut dès lors légitimer l'atteinte plus ou moins sérieuse que ses conséquences portent à l'indépendance des Etats qui y sont engagés; néanmoins la guerre même impose aux belligérants certains devoirs à l'égard de leurs ennemis, comme à l'égard de la personne et des propriétés des sujets les uns des autres, à l'égard des Etats neutres et de leurs sujets, lesquels ont aussi des devoirs à remplir envers les belligérants pour continuer de jouir des bienfaits de la paix.

(*Voir* BELLIGÉRANT, ENNEMI, GUERRE, NEUTRALITÉ.)

DÉVOLUTION. Terme de jurisprudence. Transmission d'un bien ou d'un droit d'une personne à une autre, en vertu de la loi.

Attribution des biens d'un défunt à une ligne successorale par suite de l'extinction ou de la renonciation de l'autre ligne.

La dévolution d'une ligne à l'autre n'a lieu que lorsqu'il n'existe aucun ascendant ni collatéral de l'une des deux lignes, paternelle ou maternelle.

A défaut d'héritiers tout l'héritage d'un défunt revient à l'Etat par *dévolution*.

Les biens mobiliers ou immobiliers d'un étranger mort sans testament et ne laissant aucun héritier au degré successoral, reviennent à l'Etat sur le territoire duquel ces biens sont situés, sous déduction des dettes et sauf application des règles de répartition admises par cet Etat.

On nomme *dévolus* les biens qui, dans une succession, passent ainsi d'une personne à une autre, et spécialement ceux qui sont attribués à l'une des deux lignes de la famille d'un décédé, quand l'autre branche a cessé d'exister.

DÉVOLUTION. On nommait autrefois *droit de dévolution* un usage, prévalant surtout en Alsace et dans les Pays-Bas, en vertu duquel, lorsqu'un veuf ou une veuve, ayant des enfants, convolait en secondes noces, la *propriété* de ses biens immeubles apportés en mariage ou acquis postérieurement par héritage, donation ou autrement, était *dévolue*, attribuée exclusivement, par le fait, aux enfants du premier lit, de sorte que le père ou la mère dans ce cas n'en conservait que la *jouissance* sa vie durant, sans pouvoir en disposer en faveur des enfants du second lit.

C'est en s'appuyant sur ce droit qu'en 1665, à la mort de Philippe IV, roi d'Espagne, Louis XIV, mari de Marie-Thérèse, fille du premier mariage de ce prince, disputa les Pays-Bas espagnols à son beau-frère Charles II, qui était né d'un second mariage. Les Espagnols répliquèrent que le droit de dévolution, dérivant de la coutume, ne réglait que les successions des particuliers, et qu'il ne pouvait point déroger aux lois fondamentales de l'Espagne, qui établissaient l'indivisibilité de la monarchie, et partant déféraient toute la succession à Charles II, frère de Marie-Thérèse, sans le moindre partage.

Ce démêlé amena en 1667 entre la France et l'Espagne la guerre dite de *dévolution*, qui fut terminée l'année suivante par la paix d'Aix-la-Chapelle. (*Voir* TRAITÉ D'AIX-LA-CHAPELLE.)

DEY. C'était le titre du chef barbaresque qui gouvernait la régence d'Alger avant la conquête du pays par la France en 1830.

DICTATEUR. On nommait ainsi à Rome un magistrat extraordinaire que dans les moments difficiles on investissait temporairement de l'autorité suprême et de pouvoirs illimités. La durée légale de son commandement était de six mois; mais d'ordinaire le dictateur abdiquait avant ce terme, quand le danger était passé.

Dans les temps modernes, ce nom est donné à quelques chefs qui réunissent temporairement tous les pouvoirs en leurs mains.

DICTATURE. Dignité, pouvoir de dictateur. A Rome la dictature fut créée l'an 498 avant J.-Chr., sur la proposition de T. Lartius Flavus, qui en fut le premier revêtu. Primitivement les patriciens seuls exercèrent cette magistrature; mais plus tard les plébéiens l'obtinrent aussi. Sylla, en 82, et César, de 48 à 44, furent les derniers dictateurs; ils s'étaient fait nommer dictateurs perpétuels. La dictature fut abolie avec la république.

Dans les temps modernes on qualifie de dictature le pouvoir absolu remis temporairement entre les mains d'un homme ou d'une assemblée.

On donnait le nom de dictature à l'assemblée des secrétaires de légation réunis dans la ville où se tenait la Diète germanique.

DIÈTE. C'est le nom qu'on donne en France aux assemblées nationales de quelques pays de l'Europe, notamment l'Allemagne, l'Autriche, la Suisse, la Suède, les Pays-Bas.

La plus célèbre de ces assemblées a été la Diète germanique, chargée de veiller sur les affaires générales de l'Allemagne, dont les différents Etats composaient une union politique connue sous le nom de Confédération Germanique. La diète, qui siégeait à Francfort-sur-le-Mein, était formée de représentants divers Etats, ayant dans la votation d'ensemble une part proportionnelle à l'importance relative de chaque Etat.

La Confédération et la Diète germanique ont cessé d'exister en 1866.

DIFFÉREND. Contestation sur quelque point déterminé: cette spécification de l'objet ou du sujet sur lequel porte le débat constitue la différence qu'il y a entre le *différend* et le *démêlé*, ce dernier portant sur quelque chose de compliqué.

Lorsqu'un différend surgit entre des Etats, et qu'ils ne peuvent, dans l'état actuel des sociétés et du droit, trouver sur terre un tribunal suprême devant lequel il leur soit donné de comparaître pour le faire vider ils n'ont que deux moyens de les aplanir et de les résoudre, savoir: les négociations amiables et les voies de fait, des actes plus ou moins violents.

Dans la première catégorie on classe généralement les *arrangements amiables,* les *transactions* écrites, les *médiations,* les *arbitrages* et les *conférences;* dans la seconde les *rétorsions,* les *représailles,* les *séquestres* et les *embargos.* (Voir ces mots.)

Avant de confier la solution de leurs différends au sort des armes, les Etats sont moralement tenus d'épuiser toutes les voies possibles et honorables pour arriver à un arrangement amiable et pacifique.

Les voies de conciliation auxquelles les peuples doivent recourir, constituent, par leur nature même comme par la fin qu'ils se proposent, une des parties les plus importantes du droit international. Relevant avant tout des usages reçus ou des traités conclus entre les nations, elles rentrent directement dans le domaine du droit des gens positif.

DIGESTE. Nom du recueil, réunissant en un seul corps les décisions diverses rendues par les jurisconsultes romains jusqu'à Justinien. Il fut composé en l'an 533 de l'ère chrétienne par ordre de cet empereur, qui lui donna force de loi.

Le digeste, qui est divisé en 50 livres, forme la première partie du droit romain; il a été traduit en grec, du temps même de Justinien, sous le titre de Pandectes.

Dans les anciens livres de jurisprudence, on trouve le digeste désigné par la formule abréviative D, et les citations qui en sont tirées marquées par ce signe ff.

DIGNITAIRE. Personnage revêtu d'une dignité.

Nom donné aux personnes qui jouissent d'une prééminence de pouvoir ou d'honneur, soit dans l'Etat, soit dans l'Eglise.

Les grands dignitaires de l'Etat sont ceux qui sont pourvus des premières ou des plus hautes charges de l'Etat.

DIGNITÉ. Poste ou grade élevé; fonction éminente dans l'Etat ou dans l'Eglise.

La dignité se désigne par le titre; ces deux mots ne sont donc pas absolument synonymes: le *titre* est le nom de la dignité; la *dignité* est la fonction même. Les titres sont aussi nombreux qu'il y a

de dignités ou de hautes fonctions. (*Voir* TITRE.)

Le mot *dignité,* dans une autre acception, se dit des choses où l'on sent éminence et noblesse, et, en parlant des personnes, du sentiment qu'elles ont de ces choses, du respect qu'elles en ont ainsi que de soi-même.

Un Etat a sa dignité comme un citoyen privé, et lorsqu'on y porte atteinte, il se sent offensé; aussi a-t-il le droit d'exiger satisfaction. Cette satisfaction peut être accordée; mais elle peut aussi être prise; toutefois l'Etat offensé ne peut rien demander d'incompatible avec la dignité et l'indépendance de l'Etat duquel il exige satisfaction. La nature de la satisfaction est en général déterminée par l'usage.

DILATOIRE. On appelle ainsi, en jurisprudence, tout ce qui peut entraîner un délai, faire gagner du temps.

Moyens, raisons, exception *dilatoires.* (*Voir* EXCEPTION.)

DILIGENCE. Dans le droit international ce terme a acquis une importance particulière par son application aux devoirs des neutres, à l'égard des belligérants, dans la définition qui en a été faite en 1871, lors de l'arbitrage à propos des réclamations des Etats-Unis contre l'Angleterre pour les dommages causés par le corsaire confédéré *Alabama.*

Dans un accord préalable, les parties contestantes étaient convenues que les décisions des arbitres seraient guidées par les trois règles suivantes:

Un gouvernement neutre est tenu 1° d'user de toute *diligence* pour empêcher dans sa juridiction l'équipement et l'armement de tout vaisseau qu'il a des motifs raisonnables de croire destiné à croiser ou à concourir à des opérations hostiles contre une puissance avec laquelle il est en paix, et aussi d'user de la même *diligence* pour empêcher le départ hors de sa juridiction de tout navire destiné à croiser ou à concourir à des opérations hostiles, ce navire ayant été dans la dite juridiction adapté en tout ou en partie à des usages de guerre;

„2° de ne permettre à aucun des belligérants de faire de ses ports ou de ses eaux la base d'opérations, ni de s'en servir pour augmenter ou renouveler des approvisionnements militaires et des armements, ou pour recruter des hommes;

„3° D'exercer toute *diligence* nécessaire dans ses propres ports et dans ses eaux, et à l'égard de toutes personnes dans sa juridiction, pour empêcher toute violation des obligations et des devoirs susmentionnés .. " .

Quand un gouvernement a eu connaissance du fait duquel un dommage a résulté, et n'a pas déployé la diligence suffisante pour le prévenir ou pour en arrêter les conséquences, soit à l'aide des moyens à sa disposition, soit avec ceux qu'il pouvait demander au pouvoir législatif, l'Etat est responsable pour négligence volontaire de diligence. Dans ce cas le degré de responsabilité a pour base le plus ou le moins de facilités qu'il avait de prévoir le fait, le plus ou moins de précautions qu'il était à même de prendre pour l'empêcher.

DIMANCHE. L'observation du dimanche comme jour de repos est, dans presque tous les pays chrétiens, confirmée par les lois civiles, qui suspendent ce jour-là les travaux publics et ferment les bureaux des administrations.

Les chancelleries des légations et des consulats doivent être ouvertes tous les jours, excepté le dimanche; toutefois en cas d'urgence, les actes de l'état civil et ceux relatifs à l'expédition des navires doivent être faits même les dimanches et les jours fériés.

DIMINUTION DE TERRITOIRE. La diminution de la population d'un Etat et la diminution de son territoire n'ont pas pour conséquence la chute de cet Etat, tant que le peuple et le pays demeurent les mêmes dans leurs caractères essentiels.

La diminution du territoire national s'opère par les divers modes d'aliénation, cession, donation, vente, conquête, etc. (Voir les mots.)

DIOCÈSE. Nom de circonscriptions administratives établies par les Romains dans l'Asie mineure.

Plus tard nom donné aux subdivisions des préfectures dans l'organisation de l'empire romain qui eut lieu depuis Constantin jusqu'au IVe siècle.

Le diocèse se divisait en provinces, et était régi par un vicaire du préfet.

Aujourd'hui on appelle *diocèse* une division ecclésiastique, désignant tout le territoire soumis à la juridiction d'un même évêque.

DIPLOMATE. Celui qui est chargé d'une fonction diplomatique; — celui qui est verte dans la diplomatie.

(*Voir* AGENT DIPLOMATIQUE, AMBASSADEUR, MINISTRE, etc.)

DIPLOMATIE. *Définition.* La diplomatie est la science des relations qui existent entre les divers Etats, telles qu'elles résultent de leurs intérêts réciproques, des principes du droit international et des stipulations des traités ou des conventions.

La connaissance des règles et des usages qui en découlent est indispensable pour bien conduire les affaires publiques et pour suivre les négociations politiques: c'est ce qui a fait dire, en termes plus concis encore, que la diplomatie est la science des relations, ou simplement l'art des négociations, — l'art d'ordonner, de diriger et de suivre avec connaissance de cause les négociations politiques.

On applique le terme de diplomatie aux relations mêmes des Etats, entretenues au moyen d'agents auxquels on donne le nom *d'agents diplomatiques* (Voir ce mot) et par suite à la profession d'agent diplomatique, et, dans un sens plus général, au personnel des ambassades ou des légations.

Origine. C'est au moyen-âge, en Italie, que la diplomatie a commencé à être pratiquée et enseignée par des diplomates proprement dits; elle était le patrimoine du haut clergé. Au XVème siècle, les gouvernements de l'Europe se virent engagés dans des négociations continuelles, la plupart du temps trop compliquées pour être suivies par voie de correspondance et rendant par conséquent indispensable l'envoi de délégués ou de ministres spéciaux.

Dans le siècle suivant les rois de France instituèrent les fonctions du ministre des affaires extérieures. On attribue au cardinal de Richelieu l'inauguration du système, universellement adopté aujourd'hui, d'entretenir des légations permanentes auprès des cours étrangères; système consacré par la paix de Westphalie en 1648, et auquel il n'a plus été dérogé depuis.

Science diplomatique. La science diplomatique, ou, pour parler plus exactement, les connaissances que doivent posséder les agents diplomatiques, embrasse: 1⁰ le droit des gens, qui règle les rapports mutuels des Etats, en temps de paix comme en temps de guerre; 2⁰ le droit public des principaux Etats, fondé sur les lois de chaque Etat, et qu'il s'agit de concilier avec le droit des gens; 3⁰ la connaissance des privilèges et des devoirs des agents diplomatiques; 4⁰ la conduite des négociations ou la marche à suivre dans la discussion des intérêts entre les Etats; 5° la géographie et la statistique de chaque nation; 6° l'histoire politique et militaire des peuples avec lesquels on est en rapport fréquent; la marche et la tendance des différents cabinets; 7° les divers systèmes qui peuvent être mis en œuvre, tels que ceux de domination, de suprématie, de convenance, de conservation, d'équilibre, de centralisation, de confédération, etc.; 8° l'art de la composition diplomatique, c'est-à-dire de composer et de rédiger les actes auxquels donnent lieu les rapports entre les États.

But de la diplomatie. Le but essentiel de la diplomatie est d'assurer le bien-être des peuples, de maintenir entre eux la paix et la bonne harmonie, tout en garantissant la sûreté, la tranquillité et la dignité de chacun d'eux. Le rôle des agents diplomatiques consiste principalement à conduire les négociations relatives à ces objets importants, à surveiller l'exécution des traités ou des conventions qui en sont la suite, à empêcher ce qui pourrait nuire aux intérêts de leurs nationaux dans les pays où ils résident et à protéger ceux de leurs concitoyens qui se trouvent dans la nécessité de réclamer leur assistance.

Pour traiter les intérêts des Etats et faire exécuter les règles du droit international, les gouvernements sont obligés de recourir à des formes convenues entre les différentes puissances.

Règles de la diplomatie. La diplomatie, considérée comme science, ne peut être assujettie à des règles fixes, mais ses procédés ont des formes que le diplomate doit connaître dans toutes leurs variétés; ces formes sont les notes, les actes qui sous diverses dénominations servent à la correspondance et aux communications établies entre les gouvernements et leurs agents à l'étranger, et qui sont en même temps les instruments de leurs relations et les titres de leurs engagements respectifs.

Traitement des affaires diplomatiques. Suivant leur nature et la gravité ou la complication des intérêts auxquels elles se rapportent, les affaires diplomatiques ou internationales donnent lieu à de véritables négociations, à des débats contradictoires, ou à une échange de simples communications tantôt verbales, tantôt écrites. *(Voir* COMMUNICATION, NÉGOCIATION.

Comme enseignement pratique la correspondance diplomatique a une impor-

tance hors ligne; elle met en effet à même d'apprécier non seulement chaque cas ou conflit particulier, mais encore la manière dont la solution en a été obtenue, la tendance et la valeur des prétentions restrictivement débattues, l'attitude des divers gouvernements et jusqu'aux manœuvres, aux expédients mis en jeu pour atteindre le but qu'on se proposait.

Ces documents officiels ont également une grande portée comme sources de droit international, en ce qu'ils constituent des précédents inappréciables alors même qu'ils ne sont pas absolument conformes à la stricte justice.

DIPLOMATIQUE. La diplomatique est la science qui a pour objet de déterminer les caractères de toute nature à l'aide desquels il est possible d'établir la fausseté ou l'authenticité et la date d'anciens documents, diplômes, chartes, actes publics.

L'étude en est recommandée aux diplomates.

DIPLOME. Acte public, charte, titre, revêtu d'une autorité convenable, par lequel un droit ou un privilège est accordé à quelqu'un : — diplôme impérial, royal; pontifical etc.

Titre qu'un corps, une faculté, une société littéraire ou autre délivre à chacun de ses membres, à chacun de ceux qu'elle s'agrège, pour qu'il puisse justifier de son grade, de la qualité qui lui a été conférée : diplôme de docteur en médecine, de bachelier, de licencié; d'instituteur etc.

DIRECTION. Nom donné, dans plusieurs ministères, à certaines divisions administratives.

Ainsi, dans les ministères des affaires étrangères, il y a entre autres une direction des archives et de la chancellerie, une direction des consulats et des affaires commerciales; une direction politique, chargée de la rédaction des instructions à adresser aux représentants du pays à l'étranger et de la conduite des négociations diplomatiques.

DIRECTOIRE. Conseil chargé d'une direction publique.

Le Directoire exécutif ou, plus ordinairement, le Directoire était le nom qu'on avait donné en France à un corps composé de cinq membres, auquel la constitution de l'an III avait délégué le pouvoir exécutif.

Le Directoire, établi par la Convention le 4 novembre 1795 (13 brumaire an IV), fut renversé par le coup d'Etat du 18 brumaire (18 novembre 1799), et remplacé par le gouvernement consulaire.

DIRIMANT. Terme de droit, — signifie „qui rend nul",

Se joint plus particulièrement au mot *empêchement*: les *empêchements dirimants* sont ceux qui reposent sur des causes de nullité radicale.

Les empêchements, en droit, s'appliquent surtout aux obstacles qui s'opposent à l'exécution d'un mariage; dans ce cas l'empêchement dirimant est celui qui emporte la nullité du mariage contracté au mépris de cet empêchement. (*Voir* MARIAGE.)

DISCOURS. Discours du trône ou de la Couronne; harangue par laquelle le souverain, dans les monarchies plus ou moins constitutionnelles, explique sa conduite et plus souvent fait connaître ses intentions aux représentants de la nation, à l'ouverture et à la clôture d'une session législative. Ce discours est prononcé ou lu par le souverain lui-même devant le parlement assemblé, ou il en est donné lecture par un des ministres ou par un haut dignitaire de l'Etat, délégué à cet effet.

Les agents diplomatiques accrédités auprès d'un chef d'Etat lui adressent ordinairement un discours en lui remettant leurs lettres de créance, de congé ou de rappel. (*Voir* AGENTS DIPLOMATIQUES, AMBASSADEURS.)

Il est d'usage que les discours que les agents diplomatiques se proposent de prononcer en remettant leurs lettres de créance, soient communiqués d'avance à la chancellerie du gouvernement auquel ils s'adressent. Cet usage se justifie par la double raison que le chef d'Etat, qui doit lui aussi préparer sa réponse, a besoin pour cela de savoir ce qui lui sera dit, et qu'il pourrait arriver que le ministre public, lors de la cérémonie de réception, commît quelque écart imprévu de langage et brouillât par une phrase imprudente les deux nations entre lesquelles il a le devoir de maintenir le bon accord.

Lorsqu'un agent étranger est envoyé en mission spéciale, son discours d'audience consiste principalement à énoncer le but déterminé de sa mission.

Si cette mission est étrangère à la politique, si elle a uniquement pour objet de porter au chef de l'Etat des compliments de félicitation sur quelque événement heureux ou des condoléances sur quelque malheur de famille, l'envoyé doit se borner à exprimer la part qu'y prend le chef de l'Etat qui l'envoie.

Les pratiques observées pour les discours diplomatiques dans les relations entre les Etats monarchiques sont les mêmes dans les rapports entre Etats républicains, et entre Etats républicains et Etats monarchiques.

DISCRÉTIONNAIRE. Cette épithète s'applique au pouvoir illimité qu'un gouvernement prend ou reçoit en certaines circonstances.

La dictature est un pouvoir discrétionnaire.

DISPENSE. Exemption d'une règle ordinaire, par laquelle on permet dans de certaines circonstances ce qui est généralement défendu; exception à la rigueur de la loi ou d'un règlement en faveur d'une personne qui se trouve dans un cas particulier.

Ainsi le Pape a le droit de dispenser, pour motifs graves, de ce qui est défendu par les canons.

Dans beaucoup de pays une dispense est nécessaire pour les mariages à certains degrés de parenté; chez les catholiques cette dispense doit être en outre accordée par le Pape.

Dans divers cas aussi, pour la célébration des mariages une dispense d'âge ou une dispense de publication peut être nécessaire; ces dispenses sont données par l'autorité civile.

A l'étranger les consuls généraux, notamment dans les pays au-delà de l'Océan Atlantique, sont autorisés à délivrer des dispenses d'âge à leurs nationaux, ainsi qu'à les dispenser de la seconde publication des bans de mariage, lorsqu'il n'y a pas eu d'opposition à la première; mais cette dernière faculté est limitée à des cas exceptionnels ou d'urgence constatée.

DISPONIBILITÉ. Dans les administrations, c'est l'état des employés qui sont écartés provisoirement de leur emploi.

Les agents diplomatiques ou consulaires peuvent être mis en disponibilité, c'est-à-dire en inactivité, par le gouvernement; mais, quand par des raisons politiques les agents diplomatiques sont mis en disponibilité, on leur conserve un traitement en rapport avec leur grade jusqu'à ce qu'on les ait rétablis dans le service d'activité.

DISPONIBLE. Que l'on a à sa disposition, dont on peut disposer : somme, revenu disponible.

En droit, biens disponibles, biens dont

on a la faculté de disposer à titre gratuit.

Portion, qualité disponible, la portion de biens dont la loi permet à une personne ayant des héritiers à réserve de disposer à titre gratuit, soit par testament, soit par donation.

Les meubles et les acquêts sont des biens disponibles.

DISPOSITION. En droit, action de disposer de son bien, ou acte par lequel on en dispose ; toute attribution de biens, soit à titre gratuit soit à titre onéreux : d'où dispositions gratuites et dispositions onéreuses.

Les dispositions entre vifs sont celles par lesquelles on se dépouille irrévocablement de son bien, de quelque chose en faveur de quelqu'un : c'est proprement la *donation* (voir ce mot).

On appelle disposition *testamentaire* l'action de régler par testament, par volonté dernière. Ces dispositions ne doivent recevoir leur effet, qu'après la mort du testateur ; elles sont toujours révocables. *(Voir* TESTAMENT).

Disposition signifie aussi règlement, décret ; ainsi on dit : „les juges ne peuvent prononcer par voie de *disposition* générale et règlementaire.“

Chacun des points que règle ou décide une loi, un traité, un jugement, une ordonnance.

Absolument, la disposition de la loi, ce que la loi ordonne, prescrit. Les *dispositions* d'un jugement, la partie qui contient la décision, du juge ou des juges. Prises à part, elles forment ce qu'on appelle le *dispositif* du jugement, par opposition au préambule et aux motifs : c'est le prononcé du jugement dégagé de la *procédure* et des motifs qui l'ont fait rendre.

DISSOLUTION. Anéantissement, cessation.

Les traités s'éteignent ou cessent d'être en vigueur :

Lorsque, ne comportant pas des engagements permanents, toutes les obligations instantanées ou successives qu'ils renferment ont été remplies intégralement ;

Par l'expiration du terme pour lequel ils ont été conclus ;

Par l'accomplissement de la condition résolutoire qu'ils ont prévue ;

Par une renonciation expresse de la partie intéressée à leur maintien ;

Par l'anéantissement complet, fortuit et non prémédité, de la chose qui forme l'objet de la convention ;

Par résiliation mutuelle et de commun accord entre les contractants, pourvu qu'un tiers n'ait pas acquis le droit de s'y opposer ;

Par une déclaration de guerre, qui, à moins de stipulation formellement contraire, en suspend les effets, quand elle ne les détruit pas entièrement.

Terme de jurisprudence : anéantissement d'un état juridique ; la dissolution d'une société, d'une communauté, d'un mariage signifie que la société, la communauté, le mariage n'existe plus.

Séparation des personnes qui composent une réunion quelconque : dissolution d'une confrérie.

Retrait à une assemblée de ses pouvoirs : dissolution d'une chambre législative, d'une corporation municipale.

Le droit de dissolution est le droit qu'a le pouvoir exécutif de dissoudre une assemblée, législative ou autre.

DISTANCE *(limite maritime).* La limite naturelle d'un Etat du côté de la mer, d'après la pratique générale des nations sanctionnée par de nombreux traités, est marquée par une ligne imaginaire tracée à une certaine distance de terre, que l'on considère comme la limite des frontières maritimes de chaque pays. Tout l'espace situé en dedans de cette ligne rentre *ipso facto* sous l'action de la juridiction de l'Etat qui le domine, et la mer comprise entre la ligne et la côte prend nom de *mer territoriale* (voir ce mot).

La distance de trois milles marins de la côte, à marée basse, est généralement reconnue comme l'étendue de mer, dans la zone de laquelle l'exercice de la juridiction territoriale est absolu, incontesté et exclut les droits de toute autre nation.

Deux ou plusieurs nations sont libres de modifier conventionnellement cette distance, de l'étendre ou de la restreindre ; mais ce sont là des dispositions qui les lient entre elles dans leurs relations réciproques, sans qu'elles puissent les appliquer, et, bien moins encore, les imposer à d'autres Etats.

Un intérêt maritime de premier ordre, l'exploitation des pêches côtières et des bancs d'huîtres ou d'autres coquillages, a, dans certains parages maritimes, fait étendre au-delà de la zone de trois milles le rayon de la mer dite territoriale. De pareilles dérogations aux principes universellement reconnus doivent strictement se renfermer dans la limite de l'objet spécial qui les a fait adopter ; elles ont besoin d'ailleurs pour devenir obligatoires d'être sanctionnées par des conventions expresses et écrites.

DISTINCTION. Marque particulière de préférences d'estime, d'égard, qu'on accorde à quelqu'un; les distinctions honorifiques sont celles qui confèrent un titre, une dignité, ou auxquelles sont attachés certains honneurs.

Ainsi dans les solennités publiques, telles que celles qui ont lieu à l'occasion de couronnements, d'entrées publiques, de funérailles, d'ouvertures de parlement, etc. — une place distinguée est toujours réservée au corps diplomatique étranger.

A la cour, ou chez le chef de l'Etat, les agents diplomatiques sont admis avec des honneurs particuliers; mais en général aucun ministre public ne peut prétendre à des honneurs supérieurs à ceux que les usages de la cour auprès de laquelle il est accrédité accordent à ceux de ses collègues qui appartiennent à la même classe, à moins de conventions spéciales. (*Voir* CÉRÉMONIAL.)

DISTRICT. Terme de pratique : étendue d'une juridiction — judiciaire ou administrative.

Par extension, un territoire quelconque d'une étendue limitée.

Autrefois, en France, chacune des divisions principales d'un département; les districts sont appelés maintenant arrondissements.

Aux Etats-Unis la division en districts s'applique à la juridiction judiciaire, à l'administration municipale, et à la répartition électorale.

DIVAN. Ce mot désigne, dans l'Orient, les assemblées dans lesquelles les souverains et leurs ministres tiennent conseil et donnent audience; et plus particulièrement le ministère ottoman ou la Chancellerie de la Sublime Porte.

DIVISION. Dans les administrations publiques, réunion d'un certain nombre de bureaux placés sous la direction d'un employé principal, qu'on nomme chef de division.

Mode de voter dans le parlement anglais, en faisant passer d'un côté de la salle tous les membres de la chambre qui adoptent la mesure proposée, et de l'autre tous ceux qui la rejettent. On y a recours lorsque l'épreuve par assis et levé a paru douteuse.

Scrutin par division, vote individuel, par opposition au vote par assis et levé.

DIVORCE. Dissolution ou rupture du mariage pour les causes et dans les formes déterminées par la loi.

Le divorce a pour effet de rompre le lien conjugal d'une façon complète, absolue, définitive, de sorte que les divorcés peuvent, chacun de son côté, contracter un nouveau mariage.

Le divorce est régi par les mêmes principes de jurisprudence que la célébration des mariages, Il n'est pas admis dans tous les pays : il y a des législations qui le permettent et d'autres qui l'interdisent : différence qui entraîne d'inévitables conflits juridiques, d'autant plus que les lois mêmes des Etats qui le permettent offrent de notables divergences entre elles, soit par rapport aux causes pour lesquelles il peut être accordé, soit par rapport au magistrat compétent pour en connaître.

C'est pourquoi nous ne nous attarderons pas ici à traiter ces questions, nous bornant à examiner le divorce dans ses conséquences au point de vue du droit international.

La dissolution d'un mariage, judiciairement prononcée par voie de divorce conformément aux lois du pays où le mariage avait été célébré et où les conjoints avaient leur domicile, produit ses effets dans toute autre contrée.

Mais d'après quelle règle se guider et quel principe doit-on appliquer quand la rupture du lien conjugal est poursuivie dans un autre pays que celui de la célébration du mariage et du domicile, ou dans un pays dont la législation diffère de celle de la patrie des conjoints? C'est là une question délicate de droit international privé, qui a suscité plus d'un conflit. Pour la résoudre, il faut tenir compte de la nationalité et du statut personnel des époux. Si les conjoints appartiennent à un pays et à une communion chrétienne qui repoussent le divorce et admettent seulement la séparation de corps et de biens, ils ne peuvent légitimement, tant qu'ils conservent la même nationalité, la même croyance religieuse, faire dissoudre leur union matrimoniale en se transportant dans un pays où prévaut le divorce avec faculté de conclure un autre mariage; car s'ils agissaient ainsi, ils s'exposeraient, quand ils retourneraient dans leur patrie, à y être judiciairement poursuivis et condamnés comme bigames.

La jurisprudence des pays qui repoussent le divorce ne reconnaît pas les effets d'une naturalisation qu'on prouve avoir été recherchée dans le but spécial d'obtenir la rupture d'un premier mariage.

Lorsque, au contraire, les époux appartiennent à un pays dont les lois intérieures sanctionnent le divorce, et qu'au bénéfice des lois qui régissent leur statut personnel, ils ont régulièrement fait prononcer la dissolution complète de leur mariage, ils doivent partout ailleurs être considérés comme célibataires et libres de contracter une nouvelle union matrimoniale.

DIX *(conseil des)*. Le conseil des dix à Venise était un tribunal secret, composé de 10 membres pris dans le grand conseil de la république. Il était chargé de veiller à la sûreté de l'Etat, d'en poursuivre et d'en punir les ennemis secrets. Pour cela il était armé de pouvoirs illimités, avait droit sur toutes les têtes et était affranchi de toute responsabilité.

Ce tribunal, institué vers le commencement du XIVᵉ siècle, dura jusqu'à la destruction de la république vénitienne à la suite du traité de Campo-Formio, le 17 octobre 1797.

DOCTRINE. Ensemble des opinions qu'on adopte ou professe sur quelque matière; se dit surtout en matière de religion, de philosophie, de science, de politique.

Théorie relative à un point particulier, par exemple, la doctrine des causes finales, de l'immortalité de l'âme, de la métempsycose, etc

Les règles ou les principes adoptés ou enseignés par un auteur on par une école scientifique ou philosophique, pris dans leur ensemble, ou limités seulement à quelques points de controverse. En philosophie la doctrine de Platon, d'Aristote etc., en économie politique la doctrine de Turgot, de Malthus etc.; en droit international, la doctrine de Grotius, de Wolf, de Vattel etc. *(Voir* ECOLE).

Doctrine se dit aussi purement et simplement des décisions et des commentaires des auteurs sur divers sujets d'une science: on appelle interprétation par doctrine l'argumentation qui s'appuie sur ces commentaires.

Doctrine s'emploie encore pour dénommer seulement une façon de penser, doctrine politique, doctrine juridique: le mot est alors un synonyme d'opinion.

DOCUMENT. Toute pièce écrite pouvant servir à renseigner sur un fait ou sur une chose: acte, titre, preuve.

Les traités, les papiers d'Etat, la correspondance diplomatique sont des documents officiels d'une importance hors ligne comme en seignement pratique et comme sources du droit international.

DOGE. Autrefois on appelait ainsi le premier magistrat de plusieurs républiques italiennes, notamment de Venise et de Gênes.

On donnait le titre de *dogaresse* à la femme du doge.

On désignait la dignité du doge sous la dénomination de *dogat,* qui signifiait aussi la durée de cette dignité.

A Venise, le doge avait pour attributions principales de décider la paix ou la guerre, de commander les armées, de nommer aux fonctions civiles et eclésiastiques, de présider le sénat; mais il ne pouvait prendre aucune résolution sans l'assentiment du Conseil des Dix.

L'institution du dogat remontait jusqu'à la fin du VIIᵉ siècle; elle était élective; mais l'élection en fut bientôt concentrée entre les mains de quelques familles. Le dogat fut supprimé par le traité de Campo-Formio en 1797.

A Gênes le doge était chargé d'exercer le pouvoir erécutif conjointement avec deux comités particuliers, l'un de 12 et l'autre de 8 membres. Il y avait la présidence des deux conseils de la république, aux décisions desquels il pouvait opposer son véto.

L'institution du dogat à Gênes datait seulement du 14ᵉ siècle. Dans le principe les doges étaient nommés à vie et choisis exclusivement dans les familles plébéiennes; mais à partir de 1528 ils étaient choisis dans l'ordre de la noblesse et la durée de leurs fonctions était de deux ans.

Aboli par les Français en 1797 le dogat fut rétabli en 1802 avec la République ligurienne, puis définitivement aboli en 1804 avec cette forme de gouvernement.

DOM. Titre d'honneur particulier à la langue portugaise; comme *don* l'est à la langue espagnole.

Depuis longtemps ce n'est plus qu'un titre de courtoisie, s'appliquant aussi bien à la bourgeoisie qu'à la noblesse.

Titre d'honneur qu'on donnait à certains religieux, entre autres aux Bénédictins.

DOMAINE. Lorsqu'il s'agit de particuliers, le *domaine* s'entend de toute propriété foncière, composée de terres, de bois ou de bâtiments.

S'il s'agit de l'Etat ou d'un souverain, on distingue le *domaine public,* le *domaine de l'Etat,* le *domaine de la Couronne,* le *domaine privé.*

Le *domaine public* se compose généralement de toutes les parties du territoire national qui ne sont pas susceptibles de propriété privée: chemins, routes, rues, places, fleuves et rivières navigables ou flottables; rivages, lais et relais de la mer; ports, havres, rades; portes, murs, fossés, remparts des places de guerre. On peut aussi ranger parmi les dépendances du domaine public les chemins de fer et les canaux de navigation affermés ou concédés à des compagnies particulières; car ces voies ne sont pas la propriété de ces compagnies; l'exploitation seule en est distraite en leur faveur du domaine public.

Les biens qui forment le domaine public n'ont pas dans les mains de l'Etat la qualité de propriété; l'Etat les détient non comme propriétaire, mais comme représentant de la collection des citoyens.

Le *domaine de l'Etat* se compose de tous les biens mobiliers ou immobiliers et de tous les droits qui appartiennent à la nation : c'est un vrai domaine de propriété, avec toutes ses conséquences, constitué au profit d'une nation.

Le domaine de l'Etat est *corporel* ou *incorporel*.

Le domaine *corporel* comprend des biens immobiliers : édifices affectés aux services publics, forêts, haras, salines, eaux minérales &c.; et des biens mobiliers : archives nationales, musées, armes de la force publique, navires de l'Etat, mobilier des administrations publiques.

Le domaine *incorporel* comprend divers droits productifs, dont les uns peuvent être affermés, tels que les droits de chasse dans les forêts de l'Etat, les droits de pêche fluviale, les droits de péage pour les ponts entretenus par l'Etat; et dont les autres ne sont pas susceptibles d'être affermés, comme, entre autres, le droit de percevoir les amendes, le droit de confiscation mobilière, le droit de *déshérence* (Voir ce mot), etc.

Le *domaine de la Couronne* consiste dans l'ensemble des biens et des valeurs de toute espèce, meubles et immeubles, affectés par la nation dans les Etats monarchiques à la jouissance du chef de l'Etat.

Ces biens, ces objets sont inaliénables et imprescriptibles; toutefois les objets susceptibles de se détériorer par l'usage peuvent être vendus et remplacés; ou des échanges peuvent être consentis avec l'approbation de la législature compétente.

Le *domaine privé* est l'ensemble des biens qui appartenaient personnellement au souverain avant son avènement au trône et de ceux qu'il acquiert à titre gratuit ou onéreux pendant son règne.

L'Etat, en tant qu'institution, n'existe qu'à la condition de pouvoir disposer dans une certaine mesure de tous les biens soumis à son empire. Cette nécessité a créé le droit connu sous le nom de *domaine éminent de l'Etat*.

Le domaine *éminent* ne s'applique qu'au droit de l'Etat de disposer, en cas de nécessité ou pour cause d'utilité publique, de tous les biens privés situés dans l'étendue de son territoire. Quant aux biens publics, on ne peut dire qu'il possède à leur égard un droit incommutable de propriété, puisque sa qualité de simple usufruitier exclut la possibilité d'une appropriation privée ou personnelle.

Au nombre des droits que l'Etat possède naturellement figure celui d'acquérir des propriétés et d'en jouir.

Les Etats acquièrent la propriété par les mêmes moyens et de la même manière que les individus, c'est-à-dire par achat, cession, échange, héritage ou prescription. (*Voir* ACHAT, ACQUISITION, DE TERRITOIRE, ANNEXION, CESSION, ÉCHANGE, HÉRITAGE, PRESCRIPTION, USUCAPTION.)

Ils ont de plus un mode d'acquisition qui leur est propre et consiste dans l'appropriation d'un territoire par droit de *conquête* (*Voir* CONQUÊTE); on peut y joindre les droits de *découverte*, de première *occupation*, d'occupation ou de *possession* prolongée. (*Voir* DÉCOUVERTE, OCCUPATION, POSSESSION.)

En principe un Etat souverain a incontestablement, pour aliéner un territoire, un droit égal à celui qu'il possède pour acquérir; seulement l'exercice du droit d'*aliénation* est subordonné aux règles et aux conditions particulières établies par les lois constituées de chaque Etat. (*Voir* ALIÉNATION.) On peut dire, en thèse générale, que le domaine public s'aliène par les mêmes moyens que les biens des particuliers.

(*Voir* HYPOTHÈQUE, ÉCHANGE, VENTE, DONATION.)

Lorsqu'un Etat cesse d'exister, son domaine passe activement et passivement à celui qui lui succède.

Lorsque plusieurs Etats en remplacent un autre et que le mode de partage du domaine national n'a pas été déterminé, il n'y a pas lieu d'appliquer simplement les principes du droit civil sur le partage des successions; il faut tenir compte de la nature publique du domaine de l'Etat. Ce domaine se rattache par sa nature même au peuple et au territoire et sert aux besoins de l'un et de l'autre; le partage doit donc avoir lieu d'après les principes du droit public. En conséquence les biens immeubles destinés à des buts publics, tels que les édifices et les établissements publics ou passent à l'Etat sur le territoire duquel ils sont situés ou dans lequel se trouve leur centre principal.

Les rivières, les routes, les places, les côtes, les ports etc. faisant partie du domaine public, échoient sans dédommagement aucun en partage à l'Etat avec lequel ils sont réunis par la nature.

Les biens domaniaux proprement dits, les caisses publiques, et en général les propriétés privées de l'Etat, ne contribuant qu'indirectement à subvenir à des services d'utilité publique, forment une masse commune, et, à moins de motif spécial de dérogation, ils doivent être partagés proportionnellement à la population, avec cette réserve cependant que les immeubles soient attribués à l'Etat sur le territoire duquel ils sont situés et que leur valeur seule soit l'objet du partage.

Chaque Etat a le droit de souveraineté jusqu'à sa frontière (voir ce mot); et le devoir de ne pas empiéter sur le territoire voisin. La *délimitation* (voir ce mot) des frontières repose sur les mêmes bases et les mêmes titres que la propriété du territoire national; souvent aussi elle est déterminée par des traités spéciaux.

DOMESTIQUE. Personne payée pour le service de la maison.

Le domestique a le même domicile que son maître.

L'article 109 du Code civil français porte que „les majeurs qui servent ou travaillent habituellement chez autrui, ont le même domicile que la personne qu'ils servent ou chez laquelle ils travaillent, lorsqu'ils demeurent avec elle dans la même maison ou dans les dépendances de cette maison."

Les domestiques d'un agent diplomatique sont sous la protection du droit des gens et participent dans une certaine mesure aux prérogatives accordées à l'agent lui-même : ainsi ils sont exempts de la juridiction civile et de la juridiction pénale du pays où ils résident, et ils dépendent, comme la suite de l'agent, de la justice criminelle de l'Etat que ce dernier représente. On va jusqu'à prétendre qu'il n'y a pas de distinction à établir quand ces domestiques n'appartiennent pas à la nationalité de l'envoyé, et sont citoyens de l'Etat auprès duquel celui-ci est accrédité; on en donne pour raison qu'un souverain, qui permet à son sujet de servir un ministre étranger, le dégage par là tacitement de ses liens et de ses devoirs comme sujet, et est censé consentir qu'il jouisse de l'indépendance que lui donne ce service étranger.

Mais, comme les personnes de la suite de l'envoyé ne sont affranchies de la juridiction civile du pays où elles résident, que parce qu'elles font partie de la mission diplomatique, l'envoyé peut permettre qu'elles soient poursuivies devant les tribunaux de ce pays, lesquels peuvent sous cette condition prononcer sur la demande sans porter atteinte aux principes du droit international.

La mesure dans laquelle les domestiques de l'agent diplomatique jouissent de l'exemption de la juridiction civile n'est ni nettement définie, ni établie dans des limites précises. En général les autorités locales les traitent comme des simples particuliers pour tout ce qui ne concerne pas les affaires de leur maître; mais quand ils agissent comme mandataires du ministre, ils doivent être exempts de toute poursuite personnelle. C'est au chef de la mission que doit remonter la responsabilité des ordres exécutés par le serviteur. Mais lorsqu'il agit pour son propre compte, la position est différente; ainsi un domestique du ministre peut être arrêté pour dettes et ses effets saisis, mais seulement hors de l'hôtel de la légation.

Quand un délit ou un crime a été commis par un domestique d'un agent diplomatique, l'usage moderne autorise simplement le ministre à faire arrêter le délinquant et à l'envoyer dans son propre pays pour y être jugé. Les autorités de l'Etat étranger, en arrêtant une personne de la suite pour la livrer au ministre ou à l'Etat donc celui-ci dépend, ne violent pas le principe d'exterritorialité, puisque l'arrestation n'a pour but que de venir en aide à l'agent diplomatique dans l'exercice de la justice.

L'agent diplomatique peut aussi, à son gré, renvoyer les délinquants de son service ou les livrer aux tribunaux du pays où il réside, et dans ce cas ces tribunaux n'ont plus à tenir compte de la question d'exterritorialité : c'est ce qui a lieu surtout lorsque les individus faisant partie de la maison de l'agent diplomatique comme domestiques, sont citoyens de l'Etat où l'agent est accrédité.

Toutefois les autorités d'un pays ont toujours le droit de faire arrêter provisoirement les personnes appartenant à une mission, prises en flagrant délit ; seulement elles doivent sans retard porter ce fait à la connaissance de l'agent diplomatique et mettre la personne arrêtée à sa disposition.

DOMICILE. Le domicile, dans son acception juridique, est le siège légal où une personne est présumée être au point de vue du droit et pour l'application de ce droit ; dans l'acception usuelle et pratique, c'est le lieu même où une personne a établi le siège de ses affaires et le centre de ses intérêts.

Le domicile réel ou légal est le lieu où la loi présume qu'une personne réside d'une façon permanente pour l'exercice de ses droits et l'accomplissement de ses engagements. C'est aussi celui que la loi assigne à certaines personnes n'ayant point de domicile qui leur soit propre, et n'exerçant leurs droits que sous l'autorisation ou par l'entremise d'un administrateur légal, telles que, par exemple, les femmes mariées et les enfants mineurs.

Le domicile de la femme mariée est celui de son mari, et le domicile de l'enfant est celui de ses parents ou des personnes qui les remplacent suivant la loi.

Le domestique a le même domicile que son maître.

Les fonctionnaires publics ont de plein droit leur domicile dans le lieu de l'exercice de leurs fonctions, si ces fonctions sont stables ; mais si elles sont purement temporaires, ils conservent le domicile qu'ils avaient antérieurement.

Les agents diplomatiques et les consuls conservent le domicile du pays qu'ils représentent.

Le négociant a son domicile commercial au siège principal de ses affaires, au point où se concentrent ses opérations.

Un être collectif peut avoir un domicile. Généralement on considère comme le domicile d'une société le lieu où est le siège de son établissement ; il est bien entendu que le domicile d'une corporation est entièrement distinct du domicile des personnes qui la composent et qui, dans bien des cas, demeurent dans différents pays.

Ce qu'on appelle *domicile élu* est un domicile d'exception, que la loi permet ou prescrit même aux particuliers de choisir pour une certaine affaire déterminée, afin d'écarter tout obstacle au mouvement de la vie civile. Le domicile élu ne remplace le domicile réel qu'à l'égard des objets pour lequel il est élu.

Toute personne a un domicile, et aucune n'est regardée comme étant sans domicile. Il est cependant une classe d'individus, désignés sous la qualification de vagabonds, qui, sans être en voyage, n'ont pas en réalité de domicile certain ; or la loi leur attribue leur domicile d'origine.

Parmi les indices qui servent à déterminer la réalité et le caractère du domicile, on peut citer en premier lieu la résidence (voir ce mot), c'est-à-dire le lieu où l'on est ; mais pour que la résidence produise quelque effet pour la détermination du domicile, il faut que sa durée autorise à en inférer l'intention d'acquérir un domicile fixe dans le pays.

Toute personne maîtresse de ses droits peut changer de domicile à son gré et transporter où bon lui semble son principal établissement ; toutefois le changement est soumis à certaines conditions déterminées par la loi. Pour qu'un changement de domicile soit accompli, il faut que les deux circonstances de la résidence réelle et de la résidence intentionnelle se réunissent.

Un séjour forcé ne change pas le domicile. Toutes les législations de l'Europe s'accordent à reconnaître que le prisonnier conserve son domicile d'origine.

La fixation du domicile entraîne avec elle des effets de natures diverses.

Comme il est généralement admis que les personnes établies dans un pays sont soumises à la juridiction et à la législation du lieu de leur domicile, en ce qui concerne les rapports du droit civil, c'est au domicile que se rattache la compétence de la juridiction devant laquelle une personne peut être assignée. Il est aussi de principe que les actions mobilières doivent être portées devant le tribunal du domicile du défendeur ; au contraire, c'est devant le tribunal de la situation de l'objet litigieux que les actions immobilières doivent être portées.

Dans l'ordre politique l'exercice des droits constitutionnels dépend essentiellement du domicile, qui sert en général de base aux lois électorales.

Lorsque tous les biens d'un individu, tant meubles qu'immeubles, se trouvent dans le même territoire où il a son domicile et que cet individu ne passe pas d'actes hors de ce territoire, la législation du lieu de son domicile régit tous ses rapports.

L'état de guerre exerce une influence particulière sur les conséquences naturelles et légales du domicile, notamment en ce qui concerne les propriétés des personnes.

Lorsqu'un négociant a son domicile commercial à l'étranger, et que la guerre éclate entre le pays où il a ce domicile et le pays où il est né, s'il n'a pas rompu son établissement avant l'ouverture des hostilités, ce négociant est placé sur la même ligne que les sujets belligérants, et ses propriétés peuvent être assimilées à celles de l'ennemi.

Si le négociant étranger possède un domicile commercial dans un pays neutre, son séjour dans ce pays lui confère les mêmes droits, les mêmes immunités qu'aux nationaux.

Lorsque la résidence n'est qu'accidentelle, motivée par une affaire particulière, le commerçant reste, en cas de guerre, dans la position d'un étranger de passage. Ce n'est que dans le cas où la prolongation indéfinie de son séjour, ou sa conduite privée, serait de nature à éveiller de légitimes soupçons, qu'il pourrait éventuellement être traité comme ennemi. (Voir AGENTS DIPLOMATIQUES, ENFANTS.)

DOMINATION. Autorité qui, acceptée ou non des subordonnés, s'exerce pleinement; puissance souveraine.

DOMMAGE. Préjudice ou dégât causé à quelqu'un, à quelque chose; détriment causé à autrui, soit dans sa personne, soit dans sa propriété.

Un principe d'équité universellement admis oblige la personne par la faute de qui un dommage quelconque est survenu à le réparer.

Les États sont dans certaines circonstances et dans une certaine mesure responsables des dommages éprouvés par des étrangers sur leur territoire, surtout par suite d'actes de leurs agents ou de leurs employés. (Voir RESPONSABILITÉ).

DOMMAGES et INTÉRÊTS, ou dommages-intérêts. Somme allouée à quelqu'un pour l'indemniser d'un préjudice.

En principe, les *dommages et intérêts* doivent représenter la valeur principale dont un individu a été lésé, ce qui constitue le *dommage,* et les *intérêts* que cette valeur principale aurait pu produire depuis qu'il est privé de sa jouissance.

Les Etats doivent dans une certaine mesure des dommages et intérêts pour les dommages causés à des étrangers sur leur territoire dans certaines circonstances. *(Voir* INDEMNITÉ, RESPONSABILITÉ.)

Lorsqu'un Etat ne remplit pas ses engagements envers un autre, celui-ci peut à son choix en exiger l'exécution, réclamer des dommages et intérêts pour cause de non-exécution, ou regarder comme nul le traité dont les dispositions n'ont pas été exécutées.

La nature et l'étendue des dédommagements se règlent d'après la nature et la gravité de l'infraction au droit.

DON. Titre d'honneur particulier aux nobles d'Espagne; mais depuis longtemps devenu simple titre de courtoisie, qu'on applique à toutes les personnes qu'on veut distinguer; il se joint toujours au nom de baptême et jamais au nom de famille seul. Il est aussi commun que le titre de *Monsieur* en France.

DONATION. Acte par lequel une personne donne une chose à une autre.

Autrefois on pouvait ranger parmi les moyens d'aliénation de territoire la donation volontaire par un souverain à un autre.

DOUANE. Le droit des gens donne à chaque Etat la faculté d'établir, d'augmenter ou de diminuer les tarifs des droits de douane, et même de prohiber l'importation ou la sortie de certaines marchandises.

Les droits de douane sont fixés par l'administration supérieure de chaque pays, et inscrits dans un tarif public par le bulletin des lois de l'Etat.

Conventions douanières. La plupart des traités de commerce et de navigation contiennent des dispositions concernant les tarifs de douanes, les visites, les dépôts des marchandises dans les magasins des douanes, les formalités relatives aux chargements et aux déchargements, au transit, à la réexportation, aux relâches forcées, etc.

Les conventions spéciales que concluent des Etats limitrophes par suite du raccordement de chemins de fer internationaux, renferment des clauses particulières pour la règlementation à l'égard des voyageurs et des marchandises, de la visite et du service de la douane au passage des trains dans la zone frontière de jour et de nuit.

Il va sans dire que ces conventions laissent subsister intactes les lois de chaque pays sur les pénalités encourues dans les cas de fraude ou de contravention, ainsi que les règlements généraux sur les prohibitions ou les restrictions en matière d'importation, d'exportation ou de transit.

La répression de la contrebande et des autres contraventions en matière de douane sur les frontières donne lieu aussi à des conventions d'un caractère particulier.

Les parties contractantes s'engagent à poursuivre ceux de leurs ressortissants qui auraient commis des contraventions aux règlements de douane sur le territoire de l'Etat limitrophe, en leur appliquant les mêmes lois que s'ils s'en étaient rendus coupables dans le pays auquel ils appartiennent; les poursuites sont intentées sur le vu des procès-verbaux dressés par les douaniers ou les gendarmes du pays où la contravention a été commise, ces pièces devant faire foi jusqu'à preuve contraire devant les tribunaux.

Le plus généralement les agents diplomatiques accrédités dans un pays étranger ne paient pas les droits de douane pour les effets et les marchandises qu'ils emportent avec eux ou font venir pour leur usage, ou pour celui des personnes de leur suite.

Les dépêches, les paquets cachetés du sceau d'un cabinet étranger et adressés, par la voie d'un courrier de cabinet ou d'un agent diplomatique, soit à l'un des agents accrédités dans le pays, soit à l'un des ministres du gouvernement, doivent être admis sans retard et en exemption de visite, quand même les cachets seraient apposés de façon que le colis pût être ouvert sans le rompre. Quant aux paquets non-revêtus du sceau du cabinet, ils sont soumis à la loi commune et par conséquent visités.

Si des objets prohibés ou passibles de droits sont découverts dans les paquets ou les portefeuilles, ils sont envoyés avec les acquits à caution à l'administration des douanes, qui requiert devant la justice ce que de droit.

(*Voir* AGENTS DIPLOMATIQUES, CHEMINS DE FER.)

DOYEN. Titre de dignité ecclésiastique: le doyen du Sacré Collège, celui qui préside la réunion des Cardinaux; le doyen d'une église collégiale, le chef du chapitre: le doyen d'une église cathédrale, la seconde personne du chapitre.

Titre du directeur d'une faculté universitaire: le doyen de la Faculté de droit, de la Faculté de médecine.

Le plus ancien membre d'un corps, d'une assemblée.

Le doyen d'âge, celui qui dans un corps est le plus âgé. Dans les assemblées législatives, avant que le bureau soit formé, le doyen d'âge est président du bureau provisoire.

DRAPEAU. Sorte de bannière, consistant en une pièce d'étoffe attachée par l'un de ses côtés à une lance et qui sert à distinguer par ses couleurs les nations, les troupes ou les partis, pour lesquels elle est un emblème, une enseigne ou un signe de ralliement.

Les agents diplomatiques, presque dans tous les pays, font placer au-dessus de la porte de leur hôtel un écusson portant les armes de leur souverain ou de leur pays; cet écusson est parfois accompagné du déploiement de leur drapeau national.

Les consuls ont également le droit de placer sur leur habitation le drapeau et les armoiries de leur pays, afin d'indiquer au public le caractère international dont ils sont revêtus.

En guerre, il n'est pas contraire au droit international de tromper l'ennemi, en faisant usage de son drapeau ou de son pavillon; cependant chaque corps d'armée ou chaque navire, avant d'en venir aux mains, doit arborer ses couleurs réelles et déclarer sa nationalité.

Le drapeau s'emploie quelquefois pour faire des *signaux* (voir SIGNAL MILITAIRE), ou pour distinguer une mission spéciale (voir PARLEMENTAIRE, CONVENTION DE GENÈVE).

DRAWBACK. Terme de commerce: remboursement partiel ou total, opéré à la sortie de certains produits fabriqués, d'une somme équivalente aux droits d'entrée qu'a payés, sous forme de matière première, le produit qu'on exporte. Cette restitution a pour objet de favoriser la fabrication et l'exportation de certains produits de l'industrie nationale: c'est une espèce de *prime* (voir ce mot) accordée au commerce et à la marine.

DROGMAN. Nom donné dans le Levant à certains fonctionnaires chargés de servir d'interprètes entre les indigènes et étrangers, dans les procès, les audiences, les cérémonies publiques, et de traduire les actes officiels, les documents diplomatiques.

Le Sultan, les gouvernements orientaux et les ministres étrangers accrédités auprès d'eux ont leurs drogmans particuliers.

10*

Les drogmans ne sont guère en usage que dans les ambassades, les légations et les consulats établis auprès de la Porte ottomane et des gouvernements asiatiques ou africains, et dans ceux de ces gouvernements auprès des gouvernements européens.

Les drogmans des ambassades, des légations et des consulats forment un corps spécial d'employés diplomatiques et consulaires, choisi par leur gouvernement parmi les personnes familiarisées avec les langues orientales.

Le nombre des drogmans est illimité et fixé ainsi que leur résidence, selon les besoins du service. Dans les ambassades ou les légations l'un d'eux est drogman-chancelier.

Dans les consulats de première et de seconde classe, les chancelleries sont le plus souvent confiées aux drogmans.

La situation de ces employés est essentiellement subordonnée : ils doivent, sous peine de révocation, exécuter les ordres qui leur sont donnés par les ministres et les consuls. Le caractère tout spécial de leurs fonctions les oblige à leur rendre exactement compte des affaires qu'ils ont traitées auprès des autorités du pays, des propositions et des réponses qui leur ont été faites; ils doivent rendre fidèlement les paroles qu'ils ont été chargés de porter de part et d'autre et mettre, sous peine de punition, la plus grande exactitude dans les traductions qu'ils font.

Quand, par ordre des ambassadeurs, des consuls, ou des élèves-consuls, ils ont fait quelque traduction pour le service, ils déposent exactement à la chancellerie les minutes avec les pièces originales, afin qu'on puisse y avoir recours au besoin. Ces traductions doivent toujours être certifiées conformes et signées par le premier drogman.

Il est interdit aux drogmans de faire aucun commerce, de visiter les autorités du pays sans la permission de leurs chefs, de prêter leur ministère dans les affaires des particuliers, sans en avoir été requis par eux et sans avoir été autorisés par l'ambassadeur ou le consul.

Les drogmans font partie du personnel officiel de la mission ou du consulat; mais ils n'ont droit à aucun rang dans les cérémonies publiques. Ils doivent précéder leurs chefs et marcher entre eux et les janissaires, et pendant la visite se placer derrière eux pour être à leurs ordres.

Lorsque le drogman est chancelier d'un consulat dans le Levant, ses devoirs sont les mêmes que ceux des chanceliers en pays de chrétienté; sans toutefois que le service de chancelier le dispense de celui de drogman.

DROIT (faculté). Faculté reconnue, naturelle ou légale, d'accomplir ou de ne pas accomplir un acte, de jouir et de disposer d'une chose, d'y prétendre, de l'exiger d'une autre personne.

Le droit, considéré dans son principe, est un attribut de la personne humaine; chaque homme, par la seule raison qu'il est libre et responsable, possède certains droits.

Ces droits procèdent soit de la nature des êtres sociaux et des rapports qui existent nécessairement entre eux, soit des lois écrites ou des conventions particulières.

Les premiers sont dits *droits naturels :* ils sont tellement inhérents à l'homme même qu'ils subsistent indépendamment de leur reconnaissance par la loi positive. Les seconds sont dits *droits positifs,* parce qu'ils dérivent uniquement de la loi positive, ou parce que leur service est réglé par cette loi; ainsi les droits naturels deviennent des droits positifs lorsqu'ils ont été reconnus, affirmés et formulés par la loi positive.

Tout droit suppose la notion corrélative d'un devoir : l'un n'existe pas sans l'autre. (*Voir* DEVOIR.)

Comme les devoirs, les droits sont *parfaits* ou *imparfaits :* parfaits, quand on peut en exiger le respect par la contrainte; imparfaits, quand on ne le peut pas.

Les droits positifs se divisent en droits *politiques* ou *civiques,* qui confèrent une participation plus ou moins directe à la gestion des affaires de l'Etat; en droits *privés,* qui appartiennent aux personnes prises individuellement; et en droits *civils* qui sont ceux des droits privés dont la jouissance est réservée aux nationaux, à l'exclusion des étrangers.

Les droits privés se subdivisent en droits des personnes, en droits *personnels,* en droits *réels* et en droits *mixtes.*

Les droits des personnes sont ceux qui dérivent de leur état, de leur capacité actuelle, comme père ou fils, époux, majeur ou mineur, etc.

Les droits sont dits *personnels,* lorsque quelqu'un est obligé envers nous à faire ou à donner quelque chose.

Les droits *réels* sont ceux qu'on a sur une chose, indépendamment de l'obligation personnelle du détenteur de cette chose; on les appelle ainsi parce qu'ils sont en quelque sorte inhérents à la chose et la suivent en quelques mains qu'elle passe.

Les droits *mixtes* participent à la fois de la nature des droits personnels et de droits réels, concernent en même temps en partie les personnes et les choses.

A cette énumération on peut ajouter encore les droits *acquis,* c'est-à-dire ceux qui sont entrés dans le patrimoine de la personne et ne peuvent lui être enlevés par le fait d'un tiers.

DROIT. Dans une autre acception, le mot droit signifie ce qui est droit, juste, fondé sur l'équité, ce qui est conforme ou a rapport à la loi; et par suite l'ensemble des règles qui régissent la conduite de l'homme en société, les rapports sociaux; l'ensemble des lois et des coutumes qui régissent les peuples : ainsi l'on dit „le droit français“, „le droit romain“; ou seulement l'ensemble des règles propres à une partie de la législation : ainsi droit *administratif,* droit *ancien,* droit *canon* ou *canonique,* droit *civil,* droit *commercial,* droit *commun,* droit *constitutionnel* ou *politique,* droit *conventionnel,* droit *coutumier,* droit *criminel,* droit *écrit* et droit *non-écrit,* droit *extérieur,* droit des *gens* ou *international,* droit de la *guerre,* droit *domestique,* droit *féodal,* droit *humain,* droit *intérieur,* droit *judiciaire,* droit *maritime,* droit *militaire,* droit *naturel,* droit *pénal,* droit *positif,* droit *privé,* droit *public,* droit *religieux,* droit *romain,* droit *social.*

DROIT (*taxe*). Le mot *droit* signifie encore taxe ou impôt.

En finances, on nomme *droits* certaines taxes imposées sur diverses espèces de marchandises et perçues soit à l'entrée ou à la sortie des frontières, tels que les droits de douane, soit à l'entrée dans les villes : droits d'octroi; soit au moment de la consommation, comme, par exemple, pour le tabac ou le sel; soit au moment où s'accomplissent certains actes (enregistrement, mutations, successions, etc.).

On dit le droit *proportionnel,* lorsqu'il est calculé selon la valeur des objets sur lesquels il doit être perçu directement ou dont traitent les actes d'après lesquels a lieu la perception.

On appelle *différentielle* la taxe douanière, qui varie selon la provenance des marchandises.

DROIT ADMINISTRATIF. Partie du droit public qui a pour objet les règles qui régissent les rapports des citoyens avec l'administrations, c'est-à-dire avec les agents de diverses classes, répartis sur tout le territoire national pour y représenter le gouvernement et en faire exécuter les ordres.

Les lois administratives se rapportent soit à l'organisation du personnel de l'administration, soit aux matières qui sont de son ressort, soit au contentieux administratif. Elles embrassent les différentes branches de revenus publics et tout ce qui s'y rapporte, la police, la voirie, l'assistance publique, etc. etc.

DROIT ANCIEN et DROIT NOUVEAU. En France on emploie la première de ces dénominations pour désigner le droit antérieur à 1789; la seconde s'applique au droit postérieur à cette date.

DROIT CANON ou CANONIQUE. Droit ecclésiastique, fondé sur les canons de l'Eglise, les décrétales, etc., — ensemble des lois de l'Eglise.

Le *droit canon* a pour objet les règles de la foi et la discipline de l'Eglise; il règle non seulement la hiérarchie ecclésiastique, les attributions de chacun de ses ministres etc.; mais aussi les rapports du gouvernement de l'Eglise avec les différentes puissances temporelles.

Le droit canon repose sur les bases suivantes : 1⁰ l'Ecriture sainte, principalement; 2⁰ l'autorité des conciles généraux, et celle des conciles particuliers dont la discipline a été admise par toute l'Eglise; 3⁰ les constitutions des papes; 4⁰ la coutume, qui a aussi une grande autorité quand elle est établie par une longue pratique, du consentement des pasteurs de l'Eglise.

Le corps du droit canon proprement dit se compose de six parties, qui ont chacune un nom spécial et sont autant de compilations de canons, de décrets et de décrétales rédigées à différentes époques et successivement insérées.

DROIT CIVIL. L'ensemble des lois qui règlent l'état des personnes, les rapports que les hommes ont entre eux comme membres d'une même société, tout ce qui est relatif à leurs intérêts privés, aux biens, et aux diverses manières d'acquérir la propriété.

Le droit civil est propre au peuple pour lequel il est fait; il varie selon la nature du gouvernement.

DROIT COMMERCIAL. Ce droit consiste 1⁰ dans les lois spécialement destinées à régler la forme et l'effet des transactions dont le commerce se compose, et à déterminer les obligations particulières auxquelles sont assujetties ceux qui en font leur profession; 2⁰ dans les principes du droit commun appliqué à ces transactions autant que le permet la nature des choses, lorsque des lois spéciales n'y ont rien changé; 3⁰ dans les usages du commerce pour les cas que les lois ou les règlements n'ont point prévus.

Les lois commerciales étant des lois d'exception, il a été généralement créé pour les appliquer des tribunaux spéciaux, dont la juridiction a été distraite de la juridiction ordinaire. *(Voir* COMMERCE, COMMERÇANT.)

DROIT COMMUN. La loi admise dans un Etat, l'usage qui y est généralement établi, le droit qu'on observe généralement, dit *commun* par opposition aux dispositions qui l'abrogent en certains cas et que par ces motifs on nomme exceptionnelles.

Dans la jurisprudence anglaise on désige sous ce nom la partie de la législation anglaise dérivant de l'usage, pour la distinguer des actes du parlement. Elle comprend non seulement les coutumes nationales du peuple anglais, mais aussi un grand nombre de lois romaines ou de lois canoniques introduites dans les cours d'amirautés et dans les tribunaux ecclésiastiques, ainsi que les règles et les maximes empruntées par des juges anglais et des jurisconsultes à l'un ou à l'autre de ces régimes.

Quelquefois on se sert aussi du terme *droit commun* pour signifier l'ensemble des lois, qu'elles proviennent de décrets royaux et de décisions parlementaires ou des coutumes, telles qu'elles sont appliquées dans les cours établies anciennement et appelées cours de droit commun, pour les distinguer de la juridiction d'équité pratiquée par la cour de chancellerie, qui est de création plus récente et a pour tâche de trancher les questions pour la solution desquelles les règles strictes des cours de droit commun étaient insuffisantes.

Enfin, en lui donnant une acception plus large, on désigne sous cette dénomination l'ensemble des lois anglaises, ou du droit anglais en y comprenant même les éléments exotiques qui s'y sont mêlés, par opposition au droit tel qu'il est établi généralement chez les autres nations de l'Europe. C'est dans ce dernier sens que la dénomination de *droit commun* s'applique également à la jurisprudence des Etats-Unis, où, sauf dans l'Etat de la Louisiane, prévalent les lois qu'avait reconnues la législation coloniale ou l'usage général.

DROIT CONSTITUTIONNEL ou POLITIQUE. Ensemble des lois fondamentales qui constituent le gouvernement de la nation, c'est-à-dire la manière dont la souveraineté est exercée dans un Etat, et qui ont pour objet l'organisation des différents pouvoirs et l'administration des diverses branches des services publics.

DROIT CONVENTIONNEL. Ce droit consiste dans les engagements que les Etats contractent entre eux, dans les obligations qui les lient les uns aux autres, par suite des traités ou des conventions qu'ils ont conclus; dans les règles consenties par les parties contractantes.

Comme un tel consentement n'oblige que les parties contractantes, il est évident que le droit conventionnel n'est pas un droit universel, mais un droit privé. Néanmoins, comme ces arrangements ne sont pas toujours limités aux rapports des parties contractantes les unes avec les autres, mais s'étendent à leurs rapports avec les autres nations, et que de plus ils ont souvent pour objet d'exprimer des opinions ou d'établir des règles d'action relativement à des questions ou à des points particuliers du droit des gens, ils ont une influence importante pour régler les rapports généraux des Etats, modifier et déterminer les principes du droit international.

En résumé les droit conventionnel peut être considéré comme applicable à toutes les nations, lorsque la majorité des Etats ont participé aux traités sur lequel il est basé, ou bien ont conclu des traités identiques à ceux-ci; de même que lorsque le nombre des contractants est limité, il n'engage que les deux ou plusieurs Etats que ces accords concernent.

DROIT COUTUMIER. Ensemble des règles de droit qui avec le temps sont entrées dans les mœurs d'une nation, se sont développées avec elle et perpétuées par la tradition, par la pratique des tribunaux ou par des rédactions privées; coutumes ou usages locaux passés en force de loi.

Au moyen-âge chaque pays avait son droit particulier ou coutumier *(Voir* COUTUME).

Un droit coutumier, de même qu'il prévaut dans l'intérieur d'un Etat, peut exister entre deux ou plusieurs nations; il comprend alors les usages que la coutume continue des nations a consacrés pour leur convenance et leur intérêt mutuels. Comme ce droit est fondé sur le consentement tacite ou implicite des nations, tel qu'il ressort de leurs rapports les unes avec les autres, pour déterminer si un acte particulier est sanctionné ou prohibé par ce droit, il faut rechercher s'il a été approuvé ou désapprouvé par les nations civilisées en général, ou au moins par celles des nations que cet acte concerne d'une façon quelconque.

DROIT CRIMINEL. C'est la partie de la législation qui a pour objet la poursuite et la répression des crimes; l'ensemble des lois qui définissent les infractions contre l'ordre et la tranquillité du pays et des habitants et prescivent les peines attachées à chacune de ces infractions (*Voir* CRIME, DÉLIT).

Le droit criminel de chaque nation participe à la fois du droit public et du droit privé de cette nation.

Pour ce qui regarde l'action de l'Etat ou des autorités instituées à l'effet de poursuivre et de punir les auteurs des crimes et des délits, le droit criminel est du ressort du droit public; il n'appartient au droit privé qu'en ce qu'il a également pour objet la réparation des intérêts privés qui ont été lésés par ceux des actes de l'homme que la loi qualifie de crimes ou de délits.

Le droit criminel international traite donc, comme le droit civil international, des personnes et des choses.

Sous le rapport des personnes il distingue entre les citoyens ou sujets de l'Etat et les étrangers.

Les choses sur lesquelles les infractions sont commises peuvent se trouver soit sur le territoire de l'Etat dont les tribunaux sont appelés à instruire sur l'infraction et à la punir, soit hors de ce territoire.

Aucun doute ne peut s'élever sur le droit qu'a chaque Etat de juger et de punir selon ses lois les crimes ou les délits commis sur son territoire. Dans ces cas la loi pénale de l'Etat, comme toutes les lois d'ordre public, s'applique indistinctement aux nationaux et aux étrangers. Tout étranger peut être poursuivi dans l'Etat de sa résidence momentanée à raison de crime ou de délit commis par lui sur le territoire de cet Etat.

Mais un Etat n'est pas dans l'obligation, et il n'est pas de sa compétence morale de punir une personne résidant sur son territoire sans être son sujet, qui est accusée d'avoir commis un crime hors de sa juridiction contre le sujet d'un autre Etat. Toutefois certains Etats étendent l'application de leurs lois jusqu'à atteindre des crimes commis sur le territoire étranger, mais seulement dans le cas où le crime a été commis par leurs nationaux.

C'est aussi un principe admis qu'aucun Etat n'autorise l'exécution sur son territoire des jugements rendus en matière criminelle par les tribunaux étrangers contre la personne ou contre les biens d'un individu.

Cependant des stipulations de traités spéciaux peuvent en tout état de choses modifier les règles admises et attribuer aux lois pénales étrangères, ainsi qu'aux sentences rendues à l'étranger en s'y conformant, certains effets hors du pays que ces lois régissent et où ces sentences ont été prononcées.

DROIT D'AÎNESSE. Droit qui fait passer l'héritage entre les mains de l'aîné d'une famille.

Créé à l'origine par les institutions féodales, dont il était un élément fondamental, le droit d'aînesse avait passé dans la loi civile et s'étendait à presque toutes les successions; mais il a été aboli presque partout et l'on a posé en principe l'égalité de partage entre tous les héritiers de même degré.

Le droit d'aînesse a cependant continué de subsister notamment en Angleterre, en Espagne, en Italie.

DROIT DE CITÉ, DE BOURGEOISIE. Les droits qui appartiennent à un citoyen, à un bourgeois. (*Voir* CITÉ, CITOYEN, BOURGEOIS, BOURGEOSIE.)

Chez les peuples modernes le droit de cité, plus souvent appelé droit de bourgeoisie, est tantôt un titre d'adoption, tantôt un titre purement honorifique. Dans le premier cas il confère une sorte de naturalisation et donne à celui qui l'a obtenu les privilèges politiques ou municipaux attribués aux habitants indigènes de la ville.

DROIT DE LA GUERRE. Certaines règles qu'on doit observer en faisant la guerre. (*Voir* GUERRE.)

DROIT DES GENS ou INTERNATIONAL. *Définition, principe.* On doit entendre par *droit des gens* ou *droit international* la réunion des règles de conduite observées par les diverses nations dans leurs relations entre elles: en d'autres termes l'ensemble des obligations mutuelles des Etats, c'est-à-dire des devoirs qu'ils ont à remplir et des droits qu'ils ont à défendre les uns à l'égard des autres; soit en paix, soit en guerre.

Le droit international règle en outre les rapports entre les simples citoyens en ce qui concerne les droits qui leur sont universellement reconnus et sont placés sous la protection du monde civilisé, comme la liberté individuelle, la liberté de conscience, etc.

Tous les peuples, par le fait même qu'ils existent et entretiennent des relations avec les autres, possèdent un droit international.

Le domaine du droit international s'étend aussi loin que les droits de l'humanité; mais le droit international n'anéantit point l'indépendance et la liberté des Etats; il les respecte; il ne peut contraindre un Etat à abroger ou à modifier son droit particulier que dans la mesure où ce dernier paraît incompatible avec les principes nécessaires du droit international.

Les lois internationales ne sont pas seulement obligatoires moralement; elles le sont encore matériellement : quelle nation en effet oserait dans ses relations extérieures violer les principes de droit reconnus et respectés par les autres peuples et méconnaître les obligations qui en découlent?

Un autre droit découle du caractère général des lois internationales; c'est le droit international particulier, qui s'appuie sur les actes volontaires des Etats, sur les principes admis dans certaines circonstances, sur tout ce qui donne lieu à un rapport international spécial ou transitoire.

Les sources principales du droit international sont les traités, par lesquels les Etats déterminent leurs relations en temps de guerre et en temps de paix; l'histoire des guerres, des traités de paix et de commerce, des négociations de toute espèce entre les Etats; les papiers d'Etat et la correspondance diplomatique; les sentences des tribunaux locaux en matière de droit public extérieur; les décisions des arbitres nommés par les Etats pour régler leurs différends; les opinions des jurisconsultes consultés par les divers Etats; les œuvres des publicistes.

En résumé, le droit international embrasse toutes les branches du droit public sous ses différentes formes, du moment que ce droit sort du domaine particulier des Etats pour aborder celui des rapports réciproques de nation à nation : ainsi la qualification d'international peut s'appliquer au droit commercial, au droit maritime, par exemple, lorsqu'il ne s'agit pas seulement de transactions restreintes à l'intérieur ou aux limites d'un pays déterminé, mais qui ont lieu avec les nationaux d'autres Etats.

DROIT DIPLOMATIQUE. Ensemble de tous les rapports qui peuvent s'établir entre les diverses nations par suite de contrats formels; — réunion de toutes les stipulations faites de peuple à peuple.

DROIT DIVIN. Droit considéré comme établi par Dieu.

Il comprend les règles de conduite prescrites par Dieu à ses créatures raisonnables et révélées par la lumière de la raison ou par les Saintes Écritures.

Mais, comme ce droit divin est évidemment destiné à servir de règle de conduite aux individus vivant ensemble en état de société, il a nécessairement besoin d'être modifié lorsqu'il est appliqué à la conduite de communautés indépendantes. De là une distinction est à établir entre le droit naturel ou divin et le droit des gens, qui comprend les règles de l'application du droit naturel aux Etats indépendants — règles qui ont été créées par le grand corps de ces communautés pour leur utilité générale plutôt que pour celle d'un Etat particulier.

Par abus de mot, on a qualifié de *droit divin* un droit fictif en vertu duquel les princes tiendraient leur autorité de Dieu et non de la volonté des peuples qu'ils gouvernent: c'est ainsi qu'on a fait une distinction entre les monarchies de droit divin et les monarchies constitutionnelles ou représentatives.

DROIT DOMESTIQUE ou DROIT DE FAMILLE. Partie du droit civil réglant tout ce qui se rapporte aux intérêts des époux, des enfants, en un mot de la famille.

DROIT ÉCRIT et DROIT NON-ÉCRIT. Le premier consiste dans les lois et les décisions rédigées et promulguées par le législateur; le second, dans les règles établies par l'usage et la coutume.

Le terme de *droit écrit* était consacré autrefois pour désigner plus spécialement le droit romain, parce que ce droit était établi sur des textes, par opposition au droit coutumier, qui reposait sur de simples usages et n'était pas écrit ou ne le fut que plus tard.

DROIT EXTÉRIEUR ou EXTERNE. C'est une qualification qu'on donne au droit des gens ou international, quand on l'oppose au droit particulier de chaque peuple, qu'on désigne alors sous la dénomination de droit intérieur ou interne (*Voir* DROIT DES GENS OU INTERNATIONAL).

DROIT FÉODAL. Partie de la science du droit qui avait pour objet de régler les rapports des seigneurs féodaux soit avec le suzerain, soit entre eux, soit avec leurs vassaux.

DROIT HUMAIN. Se dit, par opposition à droit divin, du droit fondé uniquement sur la nature des hommes et sur leurs conventions, sans intervention divine ou religieuse.

DROIT INTÉRIEUR ou INTERNE. C'est le droit particulier de chaque peuple : il se compose en partie du droit naturel, en partie des lois qui lui sont propres et en partie des coutumes ou usages qui sont le supplément des lois ; il comprend le droit *public*, le droit *privé*, le droit *criminel* ou *pénal*. (Voir ces mots.)

DROIT INTERNATIONAL PRIVÉ. Cette dénomination toute moderne s'applique à l'ensemble des règles d'après lesquelles se jugent les conflits entre le droit privé des diverses nations ; en d'autres termes, le droit international privé se compose des règles relatives à l'application des lois civiles ou criminelles d'un Etat sur le territoire d'un Etat étranger, — règles générales dont la force obligatoire est également reconnues et qui sont également appliquées chez tous les peuples. (*Voir* CONFLIT.)

Cette branche spéciale du droit participe à la fois du droit civil, qui règle les rapports privés des individus entre eux, à l'intérieur de l'Etat, et du droit international public, qui règle les rapports des Etats entre eux. On ne saurait contester que l'application des lois étrangères sur le territoire d'une nation appartienne non au droit privé, mais au droit des gens ; car, quoiqu'il s'agisse au fond d'appliquer des dispositions du droit privé, cette application n'a lieu que par suite de rapports de nation à nation.

La force obligatoire que la législation d'un Etat peut avoir sur le territoire d'un autre dépend du consentement exprès ou tacite des Etats intéressés. Ce consentement peut porter sur la totalité des lois étrangères ou sur quelques-unes seulement, ainsi que sur leurs effets en tout ou partie. Le consentement exprès se manifeste soit par des lois formelles, soit par des engagements internationaux ; le consentement tacite se déduit de sentences émanées des autorités judiciaires et administratives compétentes, ou des doctrines soutenues par les publicistes.

Pour l'action ou la validité externe de leurs lois civiles respectives, quelques Etats ont adopté le principe d'une complète réciprocité, en traitant chez eux les étrangers comme leurs propres sujets sont traités au dehors. D'autres regardent certains droits comme inhérents à la qualité de citoyen et en refusent le bénéfice aux étrangers ; ou bien ils donnent à leur droit public interne une importance telle qu'ils repoussent l'application de toute loi étrangère incompatible avec l'esprit de leurs propres institutions. Ce qui est certain, c'est que de nos jours toutes les nations acceptent en principe l'application sur leur territoire des lois civiles étrangères, sauf les restrictions que le droit de souveraineté et l'intérêt de leurs sujets peuvent commander.

DROIT JUDICIAIRE. Collection des lois concernant l'organisation de la justice et les formes de la procédure.

DROIT MARITIME. Ensemble des lois, des règlements et des usages observés pour la navigation, le commerce par mer, et dans les rapports soit de paix, soit d'hostilité des puissances maritimes entre elles.

DROIT MILITAIRE. Ensemble des règles qui établissent les devoirs de l'homme de guerre et punissent les infractions à ces devoirs.

DROIT NATUREL. Ensemble des règles communes à tous les hommes ; elles ont leur source dans la nature même de l'homme.

La science du droit naturel considère successivement les droits primitifs de chaque individu envisagé comme personne ; — les droits qui naissent des rapports nécessaires de l'homme avec les choses et avec les autres hommes ; — les droits auxquels donnent lieu les rapports existant entre chaque individu et l'Etat ; enfin les droits qui subsistent entre les différents Etats.

DROIT PÉNAL. C'est une dénomination à peu près synonyme de celle de droit *criminel* (Voir ce mot) ; on pourrait cependant l'appliquer plus particulièrement à la partie de ce dernier qui concerne la définition, l'énumération et l'infliction des peines.

DROIT POSITIF. C'est le droit que formule le législateur ; il embrasse donc tout ce qui dérive de la législation, sous des noms différents selon la nature des rapports qu'il a pour objet de régler.

DROIT PRIVÉ. C'est le droit qui a pour objet l'intérêt privé des individus. On le confond avec le *droit civil*, dont il n'est à proprement dire qu'une dénomination différente. *(Voir* DROIT CIVIL.)

DROIT PUBLIC. Partie du droit qui a pour objet de régler l'organisation de l'Etat et les rapports entre le gouvernement et les membres de l'Etat.

On pourrait aussi, en prenant ces mots dans leur plus large acception, appeler droit public les règles qui déterminent les rapports entre les différentes nations; mais l'usage moderne comprend ces dernières sous la dénomination de *droit international* (voir ce mot), en réservant le le terme *droit public* pour désigner le droit public intérieur de chaque Etat. Nous dirons donc que le droit public est cette partie du droit qui règle les rapports réciproques entre les gouvernants et les gouvernés et étudie les principes par lesquels a été déterminée la forme du gouvernement et de l'administration; aussi subdivise-t-on le droit public en trois branches: le droit *constitutionnel*, le droit *administratif* (voir ces mots), et le *droit public proprement dit* : celui-ci comprend tout ce qui ne fait pas partie du droit constitutionnel ou du droit administratif et qui a pour objet direct et principal l'intérèt de la masse.

DROIT RELIGIEUX. Partie de la législation qui règle la célébration extérieure du culte.

DROIT ROMAIN. Règles prescrites dans la république romaine et dans l'empire romain par les lois proprement dites, par les plébiscites, les senatus-consultes, les édits des magistrats, etc.

Se dit particulièrement des lois qui nous ont été transmises de l'empire romain, telles que le Digeste, les Pandectes, etc.

DROIT SOCIAL. Droit positif et conventionnel de l'homme en société, par opposition au droit naturel.

DROITE et GAUCHE. Dans les assemblées parlementaires on appelle la *droite* les membres de la même opinion qui siégent à la droite du président, et la *gauche* ceux qui se placent à sa gauche. Généralement les conservateurs ou les opposés aux idées avancées ou révolutionnaires ont adopté la droite, tandis que les libéraux se groupent à gauche, mais comme il existe plus d'une nuance intermédiaire entre l'extrême droite et l'extrême gauche ces nuances sont désignées par la place occupée par les membres qui les représentent dans l'un ou l'autre groupe : on distingue donc une extrême droite ou une extrême gauche, une droite ou une gauche, un centre droit ou un centre gauche : la nuance de l'opinion est d'autant plus tranchée que les bancs s'éloignent plus du centre.

En Angleterre les deux partis changent de place à chaque changement de ministère : le parti qui gouverne prend la droite, et les bancs de la gauche sont occupés par les membres de l'opposition.

DROITS DE L'HOMME (déclaration des). Manifeste publié par l'assemblée constituante de France en 1789, et exposant les droits qu'on regardait alors comme devant appartenir à tous les hommes, à tous les citoyens. On y lisait:

„La nature a fait les hommes libres et égaux; les distinctions nécessaires à l'ordre social ne sont fondées que sur l'utilité générale.

„Tout homme naît avec des droits inaliénables et imprescriptibles : tels sont la liberté de toutes ses opinions, le soin de son bonheur et de sa vie, le droit de propriété, la disposition entière de sa personne, de son industrie, de toutes ses facultés, la communication de ses pensées par tous les moyens possibles, la recherche du bien-être et la résistance à l'oppression.

„L'exercice des droits naturels n'a de bornes que celles qui en assurent la jouissance aux autres membres de la société.

„Nul homme ne peut être soumis qu'à des lois consenties par lui ou ses représentants."

Cette déclaration devint le premier chapitre de la Constitution française de 1791; elle est restée la base du droit public des Français.

On a donné également le titre de *déclaration des droits* à tout exposé analogue qui précède une constitution. Au premier rang on doit mentionner le manifeste qui a accompagné la déclaration de l'indépendance des Etats-Unis de l'Amérique du nord par le Congrès de Philadelphie en 1776. C'est du reste ce manifeste qui a inspiré le projet de déclaration présenté par le général Lafayette à l'Assemblée constituante française et adopté par elle en 1789.

DROITS DES ÉTATS. Les Etats, en tant que personnalités morales, possèdent, comme les individus, des droits qui leur sont propres.

On partage ces droits en deux grands groupes distincts : les droits *absolus*, primitifs ou éthiques, et les droits *relatifs,* conditionnels ou hypothétiques.

Les droits *absolus* sont ceux qui sont inhérents à la vie même de l'Etat et sans lesquels aucune société ne saurait subsister.

Les droits *relatifs* ou conditionnels sont ceux qui naissent de circonstances particulières, qui sont comme accidentels dans la vie d'un Etat, et qui ne sont pas absolument nécessaires à son existence : de ce nombre sont, par exemple, les droits qui dérivent des guerres et ceux qui résultent de relations plus ou moins intimes d'amitié entre les Etats.

Parmi les droits absolus, communs à toutes les nations, figurent en première ligne le droit d'existence indépendante dans toute l'étendue du territoire acquis, et le droit d'être respecté comme personnalité politique souveraine. Il s'en suit, comme conséquence logique, que les Etats ont sans réserve le droit de se gouverner et de s'administrer eux-mêmes, lequel entraîne naturellement la libre nomination aux emplois publics, soit par le chef de l'Etat, soit par une autorité compétente déléguée.

La souveraineté absolue d'un Etat a pour corollaire naturel et forcé l'indépendance dans le domaine législatif et judiciaire.

La conséquence générale qui découle directement de l'indépendance du pouvoir législatif et du pouvoir judiciaire reconnue à tous les Etats souverains, c'est que ceux-ci ont le droit, sans ingérence étrangère d'aucune sorte, de punir comme de récompenser, en d'autres termes de placer sous l'action de leurs lois et de leurs tribunaux les sujets nationaux qui se trouvent dans les limites de leur territoire juridictionnel. *(Voir* JURIDICTION, LÉGISLATION.)

Un des droits essentiels inhérents à la souveraineté et à l'indépendance des Etats est celui de conservation (*Voir* CONSERVATION DES ETATS), sans lequel les autres droits ne seraient que lettres mortes, illusoires, caducs et sans portée.

Ce droit comporte la protection et la défense de l'existence politique et de l'intégrité du territoire national contre tous les dangers qui les menacent.

Les États ont le droit non seulement de conserver ce qu'ils possèdent, mais aussi de se développer physiquement et moralement, et dans ce but ils ont notamment le droit d'acquérir des propriétés et d'en jouir. *(Voir* ACQUISITION DE TERRITOIRE, CESSION, CONQUÊTE)

Vient ensuite une autre classe de droits qui rentrent, à proprement dire, dans la seconde catégorie, celle des droits relatifs ou conditionnels : on pourrait aussi les qualifier de droits mutuels des Etats, car ils ont surtout pour fondement le principe de la mutualité de traitement et d'égards entre les divers Etats, et n'existent pour la plupart qu'en vertu d'usages constants, de convenances réciproques, même de conventions formelles ou tacites.

Ainsi toute nation possède, en vertu de sa liberté naturelle, le droit de faire du commerce avec celles qui voudront bien s'y prêter. Mais en vertu de ce même principe de l'indépendance mutuelle des nations, on ne saurait refuser à aucun peuple le droit de ne point admettre chez lui le commerce étranger, d'interdire l'exportation de ses produits ou de ses trésors et de s'opposer à l'émigration. *(Voir* COMMERCE.)

Un autre attribut essentiel de la souveraineté des nations consiste dans le droit de *légation* ou de *représentation,* c'est-à-dire la faculté de se faire représenter au dehors par des agents diplomatiques ou consulaires chargés de cultiver avec les autres nations des relations de bonne harmonie. (Voir DIPLOMATIE, AGENT DIPLOMATIQUE, CONSUL, LÉGATION, REPRÉSENTATION.)

Enfin on doit ranger parmi les attributs de la souveraineté nationale le droit de conclure des traités : ce droit subsiste intact, bien que l'exercice puisse en être paralysé par l'existence d'engagements antérieurs ou par des circonstances de force majeure. (Voir NÉGOCIATION, TRAITÉ, CONVENTION.)

Il est bien entendu que les Etats ne jouissent respectivement des droits qui leur appartiennent en propre qu'à la condition de remplir eux-mêmes les uns à l'égard des autres les obligations correspondant à ces droits. (Voir DEVOIR.)

DROITS DE NAVIGATION. On comprend dans cette catégorie les frais que l'on impose aux navires à leur entrée dans les ports.

La possession souveraine des ports et des rades donne à l'Etat qui en jouit la faculté de les déclarer fermés, ouverts ou francs, et d'y soumettre librement, sans avoir égard aux autres nations, les navires et les marchandises qui y arrivent du dehors à tels règlements intérieurs, à tels droits fiscaux, qu'il juge convenables à ses intérêts : au nombre de ces droits nous citerons notamment celui d'ancrage, payé par le navire qui jette l'ancre dans un port ou sur une rade, et celle de douane perçus sur le chargement de ce navire.

De plus l'Etat qui, dans l'intérêt de la navigation, entretient des feux ou des phares sur le littoral et des stations de pilotes, a le droit de se faire indemniser des dépenses qu'il supporte et d'imposer certains charges fiscales aux marines qui en profitent.

Le droit d'ancrage et celui d'éclairage par les phares, ainsi que les autres frais analogues, imposés aux navires dans les ports, sont ordinairement perçus sur un pied d'égalité avec les navires nationaux, aux termes des conventions de commerce et de navigation.

Le droit de pilotage est payé aux pilotes pour conduire les navires dans les ports; il y a des tarifs qui règlent ces droits dans les différents pays, suivant le tonnage des navires et suivant leur éloignement en mer.

DROITS DIFFÉRENTIELS. Supplément de taxe que les tarifs français, espagnols et portugais imposent aux navires étrangers dans l'intérêt de la marine nationale.

DROITS FÉODAUX. Droits qui appartenaient aux seigneurs sur leurs vassaux et leurs serfs.
(*Voir* FÉODALITE, FIEF, SERF, VASSAL, SEIGNEUR.)

DROITS FISCAUX. Ce mot exprime en général les droits exigés par l'Etat et, en particulier, par les administrations de l'enregistrement, des contributions indirectes et des douanes, par les chancelleries diplomatiques et consulaires.

DROITS ROYAUX ou RÉGALIENS. On appelle ainsi les droits dépendant de la souveraineté, tels que ceux de faire les lois, de rendre la justice, de faire la paix ou la guerre, de battre monnaie, d'établir des impôts, de donner des lettres de grâce, d'anoblir, etc. (*Voir* RÉGALIE.)

DUC, DUCHESSE. Terme de féodalité, titre de noblesse.

En France, c'est le titre le plus élevé après celui de prince; le fils aîné du duc prend le titre de marquis.

Titre de quelques princes souverains; même alors ce titre ne donne pas droit aux honneurs royaux.

Grand-duc est le titre que portent en Russie les princes du sang.

On appelle duchesse l'épouse d'un duc, ou la femme qui possède un duché; et grande-duchesse l'épouse d'un grand-duc et aussi la femme qui a le même rang qu'un grand-duc ou qui possède un grand-duché.

Les filles de l'Empereur de Russie prennent le titre de grandes-duchesses.

DUCHÉ. Terre, Seigneurie ou principauté à laquelle est attaché le titre de duc.

Duché-pairie, duché auquel la pairie était attachée.

Duché femelle, duché que les femmes peuvent posséder et transmettre par succession.

Grand-duché, Etat dont le souverain a le titre de grand-duc.

DUPLICATA. Double d'un acte, d'un écrit quelconque. La correspondance des agents diplomatiques et consulaires se fait par duplicata, et même par triplicata, lorsqu'il s'agit de dépêches contenant des renseignements importants. Il faut avoir soin que ces duplicata portent les mêmes indications de direction, de numéros et les mêmes analyses marginales que leurs originaux.

DUUMVIR. Terme d'antiquité romaine: nom de certains magistrats ou fonctionnaires qui, ordinairement au nombre de deux, étaient établis temporairement à Rome, ou dans les colonies et les municipes.

Les duumvirs, coloniaux ou municipaux, étaient les premiers magistrats des colonies ou des municipes; leurs fonctions étaient à peu près analogues à celles des anciens consuls; l'administration de la justice était une de leurs principales attributions; ils étaient élus pour une année seulement.

Les censeurs des villes municipales, étaient appelés duumvirs quinquennaux à cause de la durée de leurs fonctions, qui était de cinq ans.

Il y avait aussi les duumvirs capitaux, qui étaient des juges extraordinaires chargés de connaître des crimes de félonie ou de lèse-majesté; — les duumvirs navals, commissaires extraordinaires institués dans certaines circonstances pour présider aux réparations d'une flotte ou à l'équipement d'une nouvelle; — les duumvirs fromentaires, qui présidaient à la distribution du blé au peuple. — On créait encore des duumvirs pour surveiller la construction d'un temple ou en célébrer la dédicace.

DYNASTIE. Suite des souverains de la même race qui ont régné dans un pays. Une dynastie se divise souvent en plusieurs branches, qu'on désigne soit par aînée et cadette, etc., soit par des propriétés ou des territoires (Hohenzollern-Hechingen, Hohenzollern-Sigmaringen), soit d'après les princes qui les ont formées (ligne Albertine, ligne Ernestine).

E

E. E majuscule se met par abréviation pour *Eminence* ou *Excellence:* mais ordinairement on écrit, en ajoutant plusieurs lettres, *Em.* ou *Exc.*, de manière à empêcher la confusion et marquer nettement la différence entre les deux titres, dont l'un s'applique particulièrement aux dignitaires ecclésiastiques, et l'autre aux hauts fonctionnaires de l'ordre politique ou diplomatique.

ÉCHANGE. Acte par lequel on transfère à quelqu'un la propriété d'une chose et acquiert comme équivalent la propriété d'une autre chose; contrat par lequel les parties se donnent respectivement une chose pour une autre.

L'échange s'opérant par le seul consentement, de la même manière que la vente. toutes les règles prescrites pour le contrat de vente s'appliquent à l'échange.

Dans le langage diplomatique l'*échange* est synonyme de communication, d'envoi réciproque : il se dit des notes, des pièces etc., qu'on se communique, des courriers qu'on s'envoie réciproquement.

Dans le langage ordinaire, on dit de même un échange de bons offices, de civilités, ou d'injures, etc.

ÉCHANGE DE PRISONNIERS. Opération entre deux puissances belligérantes, qui consiste à rendre les prisonniers qu'on a faits pour ceux faits par l'ennemi.

Cet échange rentrant par sa nature dans le domaine du droit des gens volontaire et n'ayant pas pour base une obligation stricte, sa mise en pratique est naturellement subordonnée aux convenances des parties belligérantes, aux formes et aux conditions qu'elles ont librement débattues et arrêtées entre elles.

La règle la plus habituellement observée à cet égard consiste à opérer l'échange homme pour homme, grade pour grade, sauf assimilation lorsque les dénominations diffèrent ou que la corrélation exacte n'existe pas. On peut aussi, à défaut de prisonniers d'un grade égal, échanger les prisonniers de rang supérieur contre un certain nombre de prisonniers de grade inférieur.

On met généralement pour condition à l'échange des prisonniers que les hommes échangés ne participeront plus comme soldats à la guerre engagée; ou bien on fixe un délai pendant lequel ils ne devront pas prendre part aux hostilités.

L'échange des prisonniers pendant le cours des hostilités se règle par des conventions spéciales appelées *cartels*.

En dehors des mesures exceptionnelles prises en faveur de tel ou tel prisonnier et qui se justifient d'elles-mêmes dans des circonstances données, le mode d'échange se débat et se règle le plus ordinairement par l'entremise d'un Etat neutre, tantôt par des délégués, que les commandants en chef choisissent dans les rangs de l'armée, avec ou sans l'approbation des gouvernements belligérants au nom desquels ils stipulent: tantôt par des commissaires *ad hoc*, que l'un des belligérants envoie à l'autre.

ÉCHANGE DE RATIFICATIONS. La ratification des traités n'est réellement consommée que lorsque l'échange en a eu lieu.

Cette formalité consiste en la remise réciproque par les parties l'une à l'autre de l'instrument du traité dûment signé, confirmé et approuvé par l'autorité souveraine qui en a le droit, ou simplement d'un acte de ratification du traité succinctement énoncé dans ses dispositions essentielles.

Pour l'échange on prépare autant d'exemplaires de ratification qu'il y a de puissances contractantes; ces ratifications sont échangées mutuellement contre les ratifications des chefs des Etats avec lesquels le traité a été conclu.

Les traités déterminent en général le lieu et le délai dans lesquels les ratifications devront être échangées. Or il peut arriver que l'échange des ratifications soit retardé par un motif indépendant de la volonté des parties, dans le cas, par exemple, où la législature, dans un pays constitutionnel, n'a pu examiner en temps utile le traité qui doit être soumis à son approbation. Alors le terme fixé par le traité pour l'échange des ratifications est d'ordinaire reculé par correspondance. Cependant quelquefois un acte spécial, dressé en forme de procès-verbal proroge simplement le délai ou en assigne un nouveau.

Quand le délai est expiré, les instruments se produisent de part et d'autre; ils sont minutieusement collationnés; et s'ils sont reconnus exacts, on procède à leur échange en dressant procès-verbal de l'accomplissement de cette formalité en autant d'expéditions qu'il y a eu de parties au traité.

L'échange des ratifications n'exige pas, comme la signature des traités, la production de pleins pouvoirs souverains : c'est une de ces missions ordinaires qui peuvent être confiées à n'importe quel délégué du gouvernement intéressé, et qui, lorsqu'elles ne découlent pas d'un mandat spécial et direct, rentrent *de plano* dans les attributions générales de l'agent diplomatique accrédité dans le pays. (*Voir* RATIFICATION.)

ÉCHANGE DE TERRITOIRE. Quelque fois les Etats, pour arrondir ou rectifier leurs frontières, prévenir des conflits ou simplifier l'action administrative, conviennent de se céder mutuellement des portions équivalentes de territoire; l'acte qui cimente ces concessions prend alors le nom de traité d'échange.

L'échange est ainsi un mode d'aliénation ou d'acquisiton de territoire.

ÉCHELLES DU LEVANT. On comprend sous ce nom les ports et les places de commerce de la Turquie et de ce qu'on appelait autrefois les Etats Barbaresques (Maroc, Tunis, Tripoli), où plusieurs nations de l'Europe entretiennent des consuls et ont des bureaux qui se nomment comptoirs.

Cette dénomination s'applique aussi à d'autres localités de l'Orient, notamment dans l'Inde, la Chine, le Japon, les îles de la mer de Chine et de l'Océan Pacifique.

Dans les pays non-chrétiens, chacune des échelles est le siège d'un tribunal consulaire, dont la juridiction s'étend à toutes les places de moindre importance formant la circonscription du consulat.

Les prérogatives et les immunités des consuls étrangers en Orient sont beaucoup plus importantes et plus étendues que celles des agents établis dans les pays chrétiens; elles constituent un régime tout-à-fait exceptionnel, reposant à la fois sur des stipulations conventionnelles et sur des usages ayant acquis force de lois : ce qui s'explique par le système politique et religieux des contrées musulmanes, par la position particulière qu'y font aux chrétiens, rayas (sujets ottomans) ou autres, les lois du Coran et la différence des mœurs.

Pour caractériser la situation il suffit de dire que les capitulations conclues à diverses époques avec la Porte ottomane conservent aux consuls un droit absolu de juridiction sur leurs nationaux, qui au civil comme au criminel restent soumis aux lois de leur pays. Lorsqu'une personne appartenant à la nationalité du consul a un différend avec un sujet du pays, l'autorité locale appelée pour en connaître, ne peut néanmoins procéder ni prononcer un jugement sans la participation du consul et la co-opération de son interprète, qui doit assister à la procédure pour défendre les intérêts de l'ayant-droit étranger. Il en est de même en cas de crime commis par un des nationaux du consul sur un sujet du souverain territorial; mais si le crime a été commis par une personne de la nationalité du consul sur un autre de ses nationaux ou sur un étranger, le consul est seul appelé à en connaître sans l'intervention des autorités locales. Dans tous les cas d'arrestation d'un étranger, le consul peut réclamer le détenu en s'en rendant caution.

L'hôtel du consul est regardé par les Turcs comme un asile inviolable, où peuvent se réfugier, en cas de poursuite, non seulement les nationaux des consuls, mais encore tout autre étranger.

Quant à l'étendue intrinsèque de cette juridiction consulaire, elle n'est pas la même pour tous les agents, certains gouvernement ayant par des lois spéciales réservé à leurs propres tribunaux l'appel des sentences civiles rendues en Orient et le jugement définitif des affaires criminelles, dont l'instruction seule appartient à leurs consuls.

La situation exceptionnelle que les traités ou les usages ont créée aux consuls du Levant et de l'extrême Orient ne concerne pas seulement leurs pouvoirs administratifs et judiciaires; elle embrasse encore un ensemble d'immunités personnelles analogue à celui dont le principe de l'exterritorialité couvre ailleurs, c'est-à-dire en pays de chrétienté, les agents diplomatiques; ainsi leur personne est aussi inviolable que leur domicile; ils ont pour les protéger des hommes armés (cavas ou janissaires); ils sont absolument à l'abri de l'action de la justice territoriale et exempts de toute espèce de taxe, d'impôt ou de contribution. Les mêmes immunités sont acquises à tous les agents, à tous les serviteurs placés sous leur dépendance immédiate.

(Voir CONSUL, CAPITULATIONS.)

ÉCHEVIN. En France les échevins étaient, avant 1789, des magistrats municipaux, élus par les habitants d'une ville pour avoir soin de leurs affaires communes et de l'entretien de la cité. Ils étaient soumis à des usages et à des lois variant selon les provinces où ils exerçaient leur juridiction. Ils ont été remplacés dans chaque commune par les maires et les adjoints.

Dans les Pays-Bas, c'étaient des magistrats adjoints aux bourgmestres.

En Allemagne les échevins (*Schöffen*) sont des citoyens chargés de fonctions analogues à celles des jurés, mais pour les délits passibles de peines correctionnelles.

On nommait aussi échevins des hommes de loi chargés par le Seigneur de rendre la justice aux vassaux.

ÉCHIQUIER. Dénomination qui s'applique à deux cours de justice en Angleterre: la *chambre* et la *cour de l'échiquier.*

La chambre de l'Échiquier est après la cour des Pairs, le principal tribunal d'appel du royaume.

La Cour de l'Échiquier se divise en deux sections distinctes, dont l'une est chargée de l'administration des revenus royaux, et l'autre est une véritable cour judiciaire.

Dans la pratique elle constitue une seule et même administration chargée du contrôle de la trésorerie; elle est placée sous la haute direction de six commissaires, dont la réunion forme le Conseil supérieur des finances, qui statue souverainement en matière de recettes et de dépenses publiques.

Un de ces commissaires a le titre de premier lord de la Trésorerie, il est toujours le chef du ministère; un autre porte le titre de lord-chancelier de l'échiquier, et est membre du ministère et de la Chambre des Communes : c'est lui qui est le véritable ministre des finances.

ÉCOLE. Se dit de toute secte philosophique ou savante, qui adopte les opinions d'un philosophe, d'un docteur célèbre, ou fait profession des mêmes principes.

Se dit aussi de la doctrine de cette secte : L'école d'Aristote, d'Epicure; l'école cartésienne, éclectique, etc.

Par suite le mot *école* s'applique au caractère qui distingue collectivement les œuvres de la secte, ainsi qu'au caractère commun qu'ont généralement les œuvres de science, de littérature ou d'art.

On appelle *école historique* une manière d'écrire l'histoire en s'attachant de préférence à déduire les causes et l'enchaînement des évènemeuts, le développement des institutions et l'état des mœurs; par opposition à l'*école descriptive,* qui s'occupe plus particulièrement de raconter les faits.

Il y a aussi une *école historique* qui en politique prétend faire prévaloir les enseignements de l'histoire: par opposition à l'école rationaliste ou philosophique.

On range sous le nom d'*écoles juridiques* certaines doctrines professées par des jurisconsultes dont les opinions ont eu ou ont encore de l'autorité, ou par des réunions de juristes et de publicistes qui ont fixé telle ou telle doctrine de droit public ou international.

ECONOMIE POLITIQUE. Science qui traite de la production, de la distribution et de la consommation des richesses,

ECONOMIE SOCIALE. L'ensemble des conditions morales et matérielles des sociétés.

ECONOMISTE. Celui qui s'occupe spécialemenf d'économie politique.

ECRITS DIPLOMAITQUES. Tous les écrits en usage entre les Etats, ainsi qu'entre leurs agents politiques.

Il y en a différents espèces; nous mentionnerons les lettres, les dépêches, les offices, les notes, les notes verbales, les notes *ad referendum*, les protocoles, les mémorandums, les manifestes, les ultimatums, etc. (Voir ces mots.)

Tous ces écrits sont soumis à des formes établies par l'usage, auxquelles on doit se conformer et que le protocole diplomatique a consacrées.

ECRITURE (L.) ou les Écritures, ou l'Écriture Sainte, ou les Saintes Écrirures.

L'ancien et le nouveau testament.

ÉCUSSON. Presque partout les ministres publics et les consuls font placer au-dessus de la porte de la maison où ils résident un écusson portant les armes de leur souverain ou de leur pays; mais il n'y a pas de règle absolue à cet égard; c'est l'usage particulier de chaque gouvernement, de chaque cour, qui décide.

ÉCUYER. Au temps de la chevalerie, le titre d'écuyer avait une grande importance : il précédait immédiatement celui de chevalier. Dans la suite il servit à désigner plusieurs des principaux officiers de la maison du roi.

En Angleterre, le titre d'écuyer *(esquire* ou *squire)* est le titre le plus inférieur de la noblesse. Il appartient par droit de naissance aux fils des plus jeunes fils des ducs et des marquis, à tous les fils de comtes, de vicomtes et de barons; aux fils aînés de baronets et de chevaliers de tous ordres.

Ce titre est donné également aux officiers de la cour et de la maison du roi ou de la reine; aux officiers de l'armée et de la marine depuis les plus hauts grades jusqu'à celui de capitaine inclusivement; aux docteurs en droit, aux membres du barreau, aux juges de paix, aux shérifs des comtés, en vertu de leurs fonctions ou de leur grade. Les chefs de beaucoup d'anciennes familles sont aussi qualifiés d'écuyers par prescription.

Aujourd'hui cependant on peut dire que le titre d'écuyer n'est plus qu'une formule de courtoisie, qu'on ajoute au nom de certains personnes sur la suscription des lettres qu'on leur adresse.

ÉDILE, ÉDILITÉ. Nom de magistrats qui à Rome étaient chargés de la surveillance et de l'entretien des édifices publics des routes, de la police, des jeux et des marchés.

Ils étaient au nombre de quatre : deux plébéiens et deux patriciens; ces derniers avaient droit à la chaise curule.

Les édiles subsistèrent jusqu'au temps de l'Empereur Constantin.

Aujourd'hui, dans le style d'apparat, on se sert du mot *édiles*, pour désigner les magistrats municipaux d'une grande ville.

L'édilité était soit le temps, soit l'exercice même des fonctions d'édile.

Dans les temps modernes, l'édilité comprend les constructions urbaines, les bâtiments civils.

On désigne sous ce mot les magistratures municipales, et encore les décisions ou les actes de l'autorité municipale.

ÉDIT. Ce mot, dans son sens propre, veut dire notification, ordonnance.

Chez les Romains, il signifiait la citation qui appelait les citoyens devant la justice, et les règlements faits par certains magistrats pour être observés pendant la durée de leur magistrature.

L'édit perpétuel ou l'édit du préteur était une compilation de tous les édits rendu par les préteurs et les édiles curules, faite d'après les ordres de l'Empereur Adrien.

Sous les Empereurs, on donna le nom d'*édits* aux lois et aux constitutions faites par ces princes, lois nouvelles émanant de leur propre mouvement; et différant des rescrits et des décrets en ce qu'elles décidaient les cas qui n'avaient pas été prévus, ou abolissaient ou changeaient les lois anciennes.

Au moyen-âge et jusqu'en 1789, on donna en France le nom d'édits aux constitutions faites par les rois pour créer quelque établissement, organiser quelque grande affaire, notifier quelque prohibition, — enfin à toute ordonnance faite par le souverain.

Les édits étaient datés du mois et de l'année, signés du roi, visés par le chancelier et scellés du grand-sceau en cire verte sur des lacets de soie rouge et verte; ils étaient ensuite vérifiés et enregistrés par les parlements.

Les édits, de même que les ordonnances et les déclarations, n'étaient observés que du jour de leur enregistrement au parlement.

Les édits différaient des ordonnances en ce que celles-ci embrassaient ordinairement plusieurs matières, tandis que les édits n'avaient qu'un seul point pour objet.

EFFENDI. Titre d'honneur et de dignité chez les Ottomans.

Ce mot signifie proprement maître, seigneur.

Dans l'usage ordinaire, c'est le titre

qu'on donne aux fonctionnaires de l'ordre civil et religieux, par opposition à celui d'*aga* qui se donne aux militaires ; par extension on l'attribue aux écrivains, aux gens de lettres. Il se place à la suite d'un nom propre ou même du nom de la profession : c'est ainsi que le premier médecin du sultan est appelé *yakim effendi*, le chef de la justice *reis effendi*; mais alors la qualification d'effendi ainsi ajoutée au titre d'une charge désigne la prééminence de rang.

EFFETS DU BLOCUS. *(Voir* BLOCUS.)

ÉGALITÉ DES ETATS. L'égalité est un des droit naturels et primitifs des nations: c'est le droit en vertu duquel chaque Etat souverain peut exiger qu'aucun autre Etat ne s'arroge dans leurs rapports mutuels des droits plus étendus que ceux dont il jouit lui-même et ne s'affranchisse d'aucune des obligations imposées à tous.

L'égalité des Etats souverains est un principe du droit public généralement reconnu. Elle a pour double conséquence d'attribuer à tous les Etats les mêmes droits et de leur imposer mutuellement les mêmes devoirs.

Ce qui est licite ou injuste pour un Etat l'est également pour tous les autres, sans distinction des nations qui sont puissantes ou de celles qui n'occupent qu'un rang secondaire sur la carte des peuples. De l'égalité se déduit la règle que chaque Etat a droit au respect de son indépendance, de sa personnalité morale et juridique, de son honneur.

Cependant chaque Etat a le droit de prendre un titre correspondant à la position que sa puissance lui donne; mais cette faculté ne va pas jusqu'à obliger les autres à reconnaître ce *titre* ou cette *dignité* (voir ces mots).

Toutefois, comme un Etat puissant et vaste est beaucoup plus considérable dans la société universelle qu'un petit Etat, il est raisonnable que celui-ci lui cède dans les occasions où il faut que l'un cède à l'autre et lui témoigne ces déférences de pur *cérémonial* (voir ce mot), qui ne détruisent pas au fond l'égalité et ne marquent qu'une première place entre égaux.

ÉGLISE. L'assemblée des chrétiens en général; et dans un sens plus restreint, toute communion de personnes unies par une même foi chrétienne.

Absolument se dit de l'église catholique, apostolique et romaine. Les théologiens catholiques définissent l'église „la société de tous les fidèles qui professent la même foi, participent aux mêmes sacrements et sont soumis aux mêmes pasteurs, principalement au Pape, qui en est le chef.

En dehors de l'église catholique on reconnaît les nombreuses communions issues de la Réforme, appelées généralement *protestantes* : l'église luthérienne, l'église calviniste, l'église anglicane, l'église évangélique, l'église méthodiste, etc.; l'église grecque, c'est-à-dire cette partie de l'église d'Orient que du 9e au 11e siècle s'est séparée de la communion de l'église romaine. Dans l'église grecque les uns reconnaissent pour chef de la religion le patriarche de Constantinople, les autres le patriarche d'Antioche ou le patriarche de Jérusalem; d'autres enfin, comme les Russes, ne dépendent que des souverains.

Le mot église s'emploie aussi pour désigner l'autorité ecclésiastique.

ÉLECTEUR. Celui qui élit, qui a le droit de concourir à une élection.

Se dit principalement des citoyens qui nomment les membres des législatures, des corporation municipales etc.

Autrefois le titre d'électeur s'appliquait particulièrement aux princes d'Allemagne qui avaient le droit d'élire l'Empereur, et jusqu'en 1866 ce titre a été porté par le prince qui régnait sur la Hesse électorale. La postérité a décerné l'épithète de Grand à l'électeur de Brandebourg qui régna de 1640 à 1688 et qui est regardé comme le fondateur de la monarchie prussienne.

ÉLECTIF, ÉLECTIVE. Qui est nommé par élection: ainsi le Pape est électif.

Il se dit aussi des dignités, des fonctions qui se donnent à l'élection: une magistrature élective.

Chambre élective, dans les gouvernements constitutionnels, chambre nommée par l'élection: chambre des députés, chambre des communes, par opposition aux chambres des lords ou des pairs héréditaires, ou des pairs ou des sénateurs nommés par le souverain.

On appelle gouvernement électif, par opposition au gouvernement héréditaire, celui où le chef de l'Etat est nommé par l'élection notamment dans les Etats républicains.

Le mot électif signifie aussi qui élit, qui choisit; il s'applique donc à l'ensemble des électeurs, lequel constitue le pouvoir électif, et dont chaque électeur est un élément électif.

ELECTION. Choix qui est fait de quelqu'un en assemblée et par voie de suffrage; action d'élire, de procéder à ce choix.

Envisagée au point de vue de sa portée, l'élection est directe, lorsqu'elle confère directement, immédiatement les fonctions auxquelles il s'agit de pourvoir; elle est indirecte ou à deux degrés, lorsqu'elle désigne soit d'autres électeurs qui doivent faire eux-mêmes le choix, soit des candidats parmi lesquels un autre pouvoir doit choisir.

Quant à ses formes, l'élection peut être publique, secrète, au scrutin, à la majorité absolue ou à la majorité relative, c'est-à-dire à la majorité des suffrages etc., en cas d'égalité de voix, ou quand aucun candidat n'a obtenu la majorité voulue, on recourt au ballottage (voir ce mot). Enfin l'élection peut être restreinte, réservée à certaines catégories de citoyens, ou être faite par le suffrage universel.

ÉLECTION DE DOMICILE. (*Voir* DOMICILE).

ÉLECTORAL. Qui est relatif au droit d'élire, aux élections.

Loi électorale, qui règle le mode d'élection.

Cens électoral, quotité d'impositions nécessaire pour être électeur ou éligible.

Collège électoral, assemblée d'électeurs d'une circonscription fixée par la loi.

Réunion électorale, assemblée d'électeurs qui se fait pour discuter les titres des candidats.

Droit électoral, les droits des électeurs.

Ce qui appartenait à un prince portant le titre d'électeur : la dignité électorale, le palais électoral.

Altesse électorale, titre des électeurs de l'Empire d'Allemagne.

Prince électoral, titre que l'on donnait au fils aîné d'un électeur de l'Empire.

ÉLECTORAL. Dignité des princes électeurs de l'Empire.

Le pays auquel était attaché le titre d'électeur.

En général, droit d'élire, de contribuer à une élection.

ÉLÈVE-CONSUL. Ce sont des jeunes gens — car pour être nommé élève-consul il faut en général être âgé de 20 ans au moins et de 25 au plus — qui sont adjoints aux consulats pour faire en quelque sorte l'apprentissage des fonctions qu'ils seront ultérieurement appelés à remplir, pour continuer et compléter leurs études, et qui sont destinés au bout d'un stage plus ou moins long, à concourir pour les divers emplois de la carrière.

Les élèves sont placés sous l'autorité et la direction immédiate du titulaire

auprès duquel ils résident. Ils assistent leurs chefs dans l'exercice de leurs fonctions, toutes les fois que ceux-ci le jugent convenable; ils peuvent remplir quelques-unes de ces fonctions d'après leurs ordres et sous leur direction, ou même être délégués pour suppléer les chanceliers en cas d'absence. Ils sont généralement employés à la transcription de la correspondance, des mémoires, à la rédaction des états de commerce et de navigation.

Ils doivent apprendre la langue du pays de leur résidence, ou s'y perfectionner, s'ils la savent déjà.

Lorsqu'ils accompagnent leur chef dans des cérémonies publiques où se trouvent des officiers de la marine militaire, et dans tous les cas où les consuls étrangers se trouvent assemblés avec leur chef, les élèves-consuls ne prennent aucun rang, excepté quand ils sont par intérim gérants de consulat; mais ils ont dans tous les cas, en leur qualité de membres du corps consulaire, le pas sur les chanceliers et les drogmans.

Les consulats généraux ou les simples consulats auxquels doivent être attachés des élèves-consuls sont désignés par le ministre des affaires étrangères et répartis dans les divers pays du monde. Leur installation a lieu par la simple notification au chef auprès duquel ils sont attachés, de la décision du ministre des affaires étrangères, et ils sont reconnus par l'autorité locale sur l'avis que donnent de leur nomination les agents sous les ordres desquels ils sont placés.

Lorsqu'ils sont gérants intérimaires, ils sont simplement présentés à l'autorité locale supérieure par le chef qui s'absente.

ÉLÈVE-DROGMAN. Les élèves-drogmans sont des aspirants aux fonctions de drogman.

Les élèves-drogmans, nommés par le ministre des affaires étrangères, sont placés sous la protection des consuls, à la bienveillance desquels ils sont recommandés pour terminer leur éducation sous la direction du premier drogman de l'échelle.

Après deux ans de séjour dans le Levant, les élèves-drogmans peuvent être nommés drogmans sans résidence fixe, et, comme tels, placés alternativement en pays de langue arabe ou turque, pour s'y perfectionner dans leurs études linguistiques; mais le titre de drogman sans résidence fixe ne confère aucune fonction personnelle et n'implique qu'un avancement de grade par rapport aux jeunes de langues; leurs fonctions restent les mêmes que celles des simples élèves et subordonnées aux décisions des consuls.

ÉMANCIPATION. En jurisprudence, c'est l'acte par lequel un mineur acquiert le droit de se gouverner lui-même et d'administrer ses biens; mais l'émancipation ne dispense pas le mineur d'avoir un curateur.

Les consuls, quoiqu'ils ne possèdent pas en général le droit de juridiction, peuvent exceptionnellement, et en vertu de pouvoirs spéciaux de leur gouvernement, procéder à l'émancipation des mineurs, enfants de leurs nationaux.

En droit romain, c'était l'acte par lequel le fils de famille était affranchi de la puissance paternelle.

Émancipation est aussi synonyme d'affranchissement dans ce sens : l'émancipation des esclaves. (*Voir* AFFRANCHISSEMENT.)

EMBARGO. L'embargo consiste dans la main mise, à titre de gage ou comme mesure de précaution, sur les propriétés publiques ou privées d'une autre nation, notamment sur les navires marchands qui portent son pavillon et se trouvent mouillés dans les ports, les rades ou les baies de la juridiction territoriale. L'embargo ne se met point sur les navires de guerre.

On distingue l'embargo civil, qui peut être une mesure de simple police, de l'embargo proprement dit, ordonné par un Etat dans la prévision d'une guerre prochaine et qui peut éventuellement être considéré comme un acte d'hostilité, sinon comme une déclaration formelle de guerre. Si la guerre n'a pas lieu, les navires retenus doivent être relâchés et peuvent réclamer une indemnité; si la guerre éclate, les navires mis provisoirement sous séquestre seront jugés conformément aux lois de la guerre.

L'embargo ne peut être décrété que par l'autorité que la constitution de chaque Etat investit du droit de déclarer la guerre.

Quand un souverain met l'embargo sur les navires qui se trouvent dans ses ports, c'est le plus souvent pour les employer à son service ou pour les empêcher de communiquer avec ses ennemis.

Quant aux personnes, marins ou autres, embarquées sur les navires frappés d'embargo, la justice et l'humanité font aux gouvernements un devoir de les considérer comme des hôtes et de subvenir à leurs besoins pendant tout le temps que dure la paralysation de leur industrie.

L'embargo mis sur les navires étrangers, dans la prévision d'une ouverture prochaine des hostilités, n'est autorisé qu'en cas de nécessité absolue et dans les limites fixées par les lois de la guerre. En général l'embargo ne peut se justifier que comme un moyen de caution pour amener le redressement de griefs sérieux, un changement d'attitude politique ou la réparation d'une violation flagrante du droit des gens.

Dans tous les cas il ne faut pas confondre le véritable embargo avec ce qu'on appelle l'*arrêt de prince*, c'est-à-dire la défense faite aux navires marchands ancrés dans un port bloqué ou placés par suite de circonstances politiques dans une position exceptionnelle, de quitter momentanément leur mouillage. (*Voir* ARRÊT DE PRINCE.)

L'embargo diffère aussi du séquestre dont une puissance, qui déclare la guerre à une autre, frappe la marine marchande de cette dernière. (*Voir* SÉQUESTRE.)

ÉMIGRATION. Action de quitter son pays pour aller résider ou s'établir dans un autre.

Le citoyen d'un Etat libre peut toujours quitter le territoire de l'Etat, cependant quelques Etats admettent encore qu'un citoyen ne perd son indigénat qu'en vertu d'une autorisation de l'État qu'il quitte; mais le plus grand nombre trouvent qu'il est plus digne de la civilisation et plus conforme au développement des relations internationales d'admettre entièrement la liberté d'émigrer.

Le droit d'émigration est basé sur des principes qui découlent de la nature même de la société politique. Qui oserait en effet soutenir qu'un individu qui ne peut se procurer sa subsistance dans son pays d'origine, n'a pas le droit, de la chercher ailleurs? Eh! quoi! si la société dont il est membre ne remplit pas ses obligations envers lui, il n'aurait pas le droit de s'en retirer! Est-ce que, dans le cas où la majorité de la nation ou le souverain qui la représente vient à édicter des lois sur des objets à l'égard desquels le pacte social n'a pas les pouvoirs d'enchaîner la liberté individuelle, de commander et d'imposer la soumission, comme, par exemple, en matière de religion, ceux dont ces lois blessent les croyances ou les intérêts n'ont pas le droit imprescriptible de s'y soustraire en émigrant dans un autre pays. On peut donc poser en principe que dans ces di-

11*

verses circonstances, et surtout lorsque l'émigration a lieu sans esprit de retour, le droit des gens reconnaît à l'émigrant le droit de tenter d'acquérir une nationalité nouvelle, et à l'Etat où il s'est réfugié, celui de la lui conférer.

Toutefois la liberté d'émigration n'est pas absolue; elle est encore subordonnée à l'accomplissement préalable de certaines obligations envers l'Etat, notamment, dans certains pays, celle du service militaire.

Les liens qui unissent un émigrant à l'Etat dont il était précédemment citoyen, sont rompus lorsqu'il quitte son pays sans esprit de retour et qu'il est naturalisé dans un autre Etat, sauf pourtant en Suisse, où les émigrés conservent leur droit de bourgeoisie, bien que naturalisés ailleurs.

(*Voir* NATIONALITÉ, NATURALISATION, DÉNATIONALISATION, DÉNATURALISATION.)

ÉMINENCE. Titre d'honneur réservé uniquement aux cardinaux, qui auparavant étaient traités de révérendissimes, d'illustrissimes; on en rapporte la création au pape Urbain VIII en 1630.

On dit son Éminence le cardinal; et en s'adressant à sa personne on le qualifie d'Altesse éminentissime.

ÉMIR. Ce mot arabe, qui signifie *commandant,* est un titre honorifique très-commun en Orient. Il est surtout porté par les nombreux musulmans qui prétendent descendre de Mahomet par les femmes : ces émirs sont répandus dans toutes les classes de la nation, sans jouir d'aucun privilège, si ce n'est qu'ils constituent avec les oulémas un des quatre ordres de l'Etat, et se distinguent des autres musulmans par le turban vert qu'eux seuls ont le droit de porter, à l'exclusion même du sultan, qui n'appartient pas à la famille du Prophète.

Depuis longtemps le titre d'émir entre dans la composition de beaucoup de noms de dignités pour la jouissance desquelles il n'est pas nécessaire de descendre de Mahomet.

Émir se dit aussi de toute personne revêtue d'une autorité quelconque, comme des gouverneurs de province et des chefs de tribu.

ÉMISSAIRE. Agent chargé d'une mission secrète, envoyé secrètement pour porter un avis ou pour surprendre ce qui se passe, pour sonder la disposition des esprits en vue de la conception ou de l'exécution de quelque projet.

Les émissaires cachés ou secrets envoyés par un gouvernement sur un territoire étranger, n'y déploient aucun caractère public, puisque leur mission et leur but ne doivent pas être connus.

EMPEREUR. Dans le principe titre donné par les légions romaines au chef qui avait remporté une victoire signalée (*imperator*), et devenu, depuis Auguste, la qualification du chef de l'Etat.

Plus tard ce titre a été pris par l'Empereur d'Allemagne, qui par Charlemagne se disait héritier des empereurs romains.

De notre temps, ce titre est porté par plusieurs souverains d'Etats, généralement d'une grande étendue territoriale.

En général le pouvoir impérial est moins limité que le pouvoir royal; cependant dans certains empires, la constitution parlementaire y a imposé des restrictions comme dans les simples royautés.

Le titre d'empereur a été longtemps regardé comme désignant la dignité la plus éminente, partant comme supérieur à celui de roi; aujourd'hui toute différence a cessé à cet égard et les deux titres obtiennent une considération égale. Il faut cependant observer que l'Empereur d'Allemagne, qui est en même temps Roi de Prusse, fait toujours précéder le titre d'empereur, celui-ci exerçant, dans certaines matières, une sorte de suzeraineté sur les quatre rois et les autres princes qui font partie de la Confédération nommée Empire d'Allemagne.

EMPIRE. Etat gouverné par un Empereur, le territoire de cet Etat.

Le gouvernement d'un Etat par un chef ayant le titre d'Empereur.

Le règne d'un Empereur — en France se dit particulièrement du règne de Napoléon Ier; on donne le nom de second empire au règne de Napoléon III.

Empire se dit aussi d'un Etat vaste et puissant, quel que soit le titre qu'en porte le souverain, et même quelle qu'en soit la forme de gouvernement; ainsi l'Empire des Mèdes, des Assyriens, des Perses, des Romains, etc.

En général empire s'applique à une domination d'une vaste étendue, tandis qu'un royaume peut être très petit; un Etat petit qui s'arrogerait le nom d'empire serait ridicule.

ENCLAVE. Ce mot sert à désigner la situation d'un territoire entièrement renfermé dans un autre, de telle sorte qu'il en soit entouré de toutes parts. Se dit aussi du pays enclavé.

Ainsi la république de Saint-Marin est une enclave du royaume d'Italie; les duchés d'Anhalt sont des enclaves de la Prusse.

On donne encore le nom d'enclaves à des portions de territoires appartenant à un souverain autre que celui du territoire d'alentour; ainsi en Allemagne plusieurs Etats ont juridiction sur des pays n'attenant pas immédiatemment à leur domaine principal.

On désigne aussi sous cette dénomination un territoire par rapport à la juridiction à laquelle il ressortit.

ENCLAVÉ. Qui a la situation d'une enclave; se dit d'un pays contenu entièrement dans un autre qui l'entoure de toutes côtés.

En diplomatie on qualifie d'*enclavées* des lettres renfermées dans d'autres lettres plus grandes.

ENCYCLIQUE. Lettre circulaire que le Pape envoie aux évêques de toute la chrétienté, ainsi qu'aux fidèles, pour leur faire connaître son opinion sur quelque point de dogme, de morale ou de discipline.

On donne ce nom spécialement aux lettres contenant des exhortations pastorales, à l'occasion de circonstances particulières, et traitant de questions qui intéressent toute la catholicité.

Les encycliques ont un titre, se datent et finissent comme les *bulles*. (Voir ce mot.)

ENFANT. Se dit de l'individu — fils ou fille, quel que soit son âge — considéré dans ses rapports avec son père et sa mère, ou avec l'un d'eux seulement.

On nomme *enfant légitime* celui qui est né d'un mariage légitime; enfant *légitimé,* celui qui est né hors mariage, mais qui obtient par un mariage subséquent les avantages de la légitimité; enfant *adoptif,* celui au profit duquel un étranger fait une déclaration d'adoption et qui est mis alors sur la même ligne que l'enfant légitime; enfant *naturel,* celui qui est né hors mariage, mais qui a été légalement reconnu par son père, par sa mère, ou par tous deux; enfant *adultérin,* celui qui est né pendant le mariage d'un commerce illégitime.

Les *enfants trouvés* sont ceux qui, nés de père et de mère inconnus, ont été trouvés exposés dans un endroit quelconque, ou portés dans les hospices ou autres établissements destinés à les recevoir.

Sous le rapport de l'âge, l'enfant est dit *mineur,* tant qu'il n'a pas atteint l'âge prescrit par les lois pour disposer de sa personne et de ses biens; *majeur,* après qu'il a cet âge et est par conséquent apte à user de ses droits et à contracter valablement, et *émancipé,* lorsqu'un acte d'émancipation lui a permis de devancer l'âge fixé par la loi.

Les enfants légitimes sont régulièrement membres de l'Etat dont leurs pères font partie ou de celui où ils sont domiciliés au moment de leur naissance.

L'enfant illégitime qui n'a pas été reconnu par son père, acquiert par sa naissance la nationalité de sa mère, qui seule constitue sa famille, par conséquent sa filiation, abstraction faite du lieu de sa naissance; cependant il ne suit pas le *status* de sa mère, lorsque celle-ci vient à acquérir plus tard par mariage une autre nationalité.

Mais si l'enfant né hors mariage est reconnu par son père naturel, il semble logique qu'il suive la nationalité paternelle.

Lorsque non seulement la paternité, mais aussi la maternité restent inconnues, comme dans le cas des enfants trouvés, les enfants sont sujets ou citoyens de l'Etat sur le territoire duquel on les trouve après leur naissance; mais si plus tard on vient à découvrir la filiation de l'enfant, on lui attribuera la nationalité de sa mère.

En général le domicile de l'enfant est celui de ses parents ou de ceux qui les remplacent suivant la loi.

Les enfants des agents diplomatiques à l'étranger jouissent nécessairement des immunités diplomatiques, ainsi que les autres personnes de la famille du ministre public, tant qu'ils résident auprès de lui; mais par rapport au cérémonial, ils sont traités comme des étrangers.

ENNEMI. L'ennemi ou les ennemis se dit de la nation avec laquelle on est en guerre, de l'armée qu'on combat.

Les ennemis se divisent en *actifs* et en *passifs* ou *innocents,* en *forcés* et en *volontaires.*

Sont ennemis dans le sens propre et *actif* du mot en première ligne les chefs de l'Etat ennemi et ceux qui dirigent sa politique, et ensuite toutes les personnes qui, prenant individuellement part à la lutte, font régulièrement partie de l'armée et sont placées sous les ordres d'un Etat ennemi. (*Voir* ARMÉE.)

Sous la dénomination de *passifs* ou *innocents* on désigne tous les ennemis qui n'appartiennent pas aux deux autres classes et qui, sans se désintéresser de la lutte dans laquelle leur patrie est engagée, n'y prennent cependant aucune part active et armée. Indépendamment des employés civils, des commerçants, des hommes de lettres, etc., on range dans cette catégorie les aumôniers et les médecins militaires, ainsi que les personnes qui accompagnent les armées en qualité d'auxiliaires passifs sans prendre aucune part aux combats, tels que domestiques, cantiniers et agents administratifs.

Les ennemis *forcés* sont ceux qui appartiennent aux troupes régulières de terre et de mer, et que les prescriptions impératives de la loi nationale obligent à prendre les armes pour défendre le territoire ou l'honneur et les intérêts de la patrie; ils sont complètement soumis aux lois de la guerre.

Par ennemis *volontaires* on entend ceux qui, n'étant pas légalement astreints au service militaire, s'enrôlent de leur plein gré dans des corps irréguliers (voir CORPS FRANCS) : faits prisonniers, ils jouissent des mêmes droits que les ennemis forcés.

Dans la règle tous les ennemis peuvent être faits prisonniers; mais on considère plus spécialement comme prisonnier de guerre l'ennemi armé ou attaché à l'armée adverse par un service actif, après qu'il est tombé au pouvoir de l'autre armée soit en combattant, soit blessé, soit en se rendant personnellement, soit à la suite d'une capitulation collective. *(Voir* PRISONNIERS.)

Les citoyens des Etats belligérants ne sont ennemis ni entre eux ni à l'égard de l'Etat ennemi; néanmoins ils sont indirectement considérés et traités comme ennemis dans la mesure de leurs devoirs publics comme sujets de l'Etat et pour la part qu'ils prennent personnellement à la lutte que soutient l'Etat auquel ils appartiennent.

Aucun Etat n'a le droit de priver de la vie des sujets ennemis qui n'opposent pas de résistance ou ne se défendent pas les armes à la main. Il est interdit de tuer inutilement même l'ennemi armé. Les ennemis qui mettent bas les armes et se rendent au vainqueur doivent être désarmés et faits prisonniers.

Lorsque l'un des belligérants est parvenu à occuper le territoire de son adversaire, la sujétion volontaire ou forcée du vaincu et le maintien de son attitude pacifique impliquent en fait de la part du vainqueur l'obligation stricte de protéger les personnes et de respecter les principes du droit naturel, par conséquent de mettre fin à tout acte hostile, à toute mesure violente. *(Voir* OCCUPATION.)

Généralement la destruction des biens ennemis n'est sanctionnée par les lois de la guerre que dans des cas exceptionnels : ainsi il serait permis de raser ou de faire sauter des fortifications, de couler à fond des vaisseaux, d'enclouer des canons, de brûler des magasins militaires, de détruire des jardins, des maisons de plaisance s'il le faut pour se fortifier. (Voir DESTRUCTION, DÉVASTATION.)

Propriété privée. Quant à la propriété privée, les codes modernes de la guerre ont consacré en sa faveur l'exemption de capture ou de confiscation, du moins dans les guerres sur terre. (Voir PROPRIÉTÉ PRIVÉE.)

On peut considérer comme virtuellement abrogé le droit de faire du *butin* (voir ce mot), si ce n'est lorsqu'il s'agit de la fortune de l'Etat avec lequel on est en guerre, des *armes* et des *équipements* des soldats vaincus, de la *contrebande de guerre* et de *prises maritimes* (voir ces mots).

Dans les guerres maritimes, contrairement au principe qui prévaut dans les guerres sur terre, les navires marchands, ainsi que leurs cargaisons, quoique constituant essentiellement une propriété particulière, sont passibles de capture et de confiscation, et leurs équipages en cas de prise considérés et traités comme prisonniers de guerre.

ENQUÊTE. Recherche faite, au moyen du témoignage des hommes, pour vérifier l'existence et les circonstances de faits allégués en justice, ou dont la connaissance est indispensable pour éclairer l'autorité.

Dans le premier cas, l'enquête est dite *judiciaire :* elle est ordonnée par un tribunal dans un procès civil pour obtenir la constatation des faits avancés par une partie et méconnus par l'autre; elle se fait verbalement ou par écrit; on appelle enquête directe celle qui se fait dans l'intérêt du demandeur; et enquête contraire ou contr'enquête, celle qui se fait dans l'intérêt du défendeur.

En France, sous l'ancienne monarchie, on désignait sous le nom de Chambre des Enquêtes les chambres des parlements qui étaient spécialement chargées de juger les appels des sentences rendues sur procès instruits par écrit.

Dans le second cas l'enquête prend le

nom d'administrative : elle a lieu par ordre d'une des autorités auxquelles la loi confie la direction ou la surveillance d'une des branches de l'administration publique ; elle peut avoir pour sujet une multitude de questions différentes; souvent on la désigne par un nom particulier qui en indique l'objet : enquête commerciale, enquête douanière, etc.

On appelle enquête parlementaire celle qui est ordonnée par une assemblée législative et faite en son nom par une commission spéciale composée de membres choisis dans son sein, dans le but de constater des faits et de recueillir des renseignements propres à éclairer sur des matières d'intérêt public.

ENREGISTREMENT. Inscription d'actes sur un registre dans le but d'en assurer la conservation et l'authenticité.

On entend plus particulièrement par enregistrement l'inscription faite, par les employés de l'Etat et sur des registres durables, des actes juridiques, ainsi que des actes ou des déclarations établissant, pour quelque cause que ce soit, les mutations dans la propriété mobilière ou immobilière. Cette formalité a pour objet de contrôler les opérations des officiers publics, de compléter les garanties destinées à assurer la sincérité des actes authentiques, de suppléer dans quelques cas à la perte des actes, et de donner une date certaine aux actes sous seing privé.

En France, avant la révolution de 1789, on appelait enregistrement un acte par lequel les parlements, après avoir examiné les ordonnances, les édits, les arrêts, etc. rendus par les rois, les faisaient transcrire sur leurs registres, afin qu'ils pussent être publiés et exécutés dans le royaume. Quand la loi ou l'ordonnance présentée à l'enregistrement leur paraissait contraire aux lois fondamentales de la monarchie, les magistrats avaient le droit de faire des remontrances, c'est-à-dire des observations avant de l'enregistrer; néanmoins, si le prince croyait devoir passer outre, il ordonnait, dans une assemblée spéciale dite *lit de justice*, que la transcription aurait lieu nonobstant toute opposition.

L'enregistrement par le Parlement etc. est remplacé aujourd'hui en France par l'insertion des décrets et des lois dans le *Journal Officiel* et dans le *Bulletin des Lois*.

Dans les administrations publiques on donne le nom d'enregistrement à une mesure d'ordre qui consiste à inscrire sur un registre spécial, sous un numéro d'or-dre, tous les papiers de quelque importance, tant à l'arrivée qu'au départ.

Enfin le terme d'enregistrement s'applique à l'inscription, à la mention faite sur un registre *ad hoc* ou sur la pièce elle-même pour faire foi, que cette pièce a été enregistrée.

ENROLEMENT MILITAIRE. Action d'enrôler ou de s'enroler volontairement, c'est-à-dire d'inscrire ou de se faire inscrire comme soldat sur les rôles de l'armée.

Le droit de décréter des conscriptions, des levées d'hommes et des enrôlements volontaires pour le service de l'armée appartient naturellement au pouvoir qui a la faculté de déclarer la guerre. Ce droit est rangé en principe parmi les prérogatives du souverain; mais l'étendue et l'exercice en sont légalement régis par la constitution de chaque Etat.

Chaque Etat a le droit de prendre à sa solde des troupes étrangères, qui par le fait de leur incorporation dans l'armée sont complètement assimilées aux troupes nationales, dont elles reçoivent dès lors tous les droits et contractent toutes les obligations.

Aucun Etat et à plus forte raison, aucun belligérant n'a le droit de lever de force des troupes sur le territoire d'un Etat neutre; il y aurait là atteinte portée à la souveraineté nationale, dont l'enrôlement des troupes est un attribut essentiel. Ces levées ne sauraient dont se faire sans le consentement de l'Etat sur le territoire duquel elles ont lieu; mais cet Etat, en autorisant l'un des belligérants à recruter des troupes chez lui, prend indirectement part à la guerre et viole les devoirs de la neutralité.

L'Etat neutre non seulement ne doit pas envoyer des troupes à l'un des belligérants; il doit aussi empêcher que ses sujets ne prennent part aux hostilités en s'enrôlant dans l'une ou l'autre armée. Mais lorsque des citoyens d'un Etat neutre entrent de leur propre initiative, sans autorisation de leur gouvernement, au service de l'un des belligérants, ces citoyens perdent dès lors les droits de sujets neutres et s'exposent à être traités comme ennemis. Ce fait cependant n'engage en rien l'Etat auxquel ils appartiennent par leur origine, et partant ne constitue pas de sa part une violation des devoirs de la neutralité; car les citoyens isolés ne représentent pas l'Etat. Toutefois il pourrait encourir le reproche fondé d'enfreindre la neutralité, s'il tolérait sciemment sur son territoire la formation de corps francs ou de volontaires destinés à seconder l'un des belligérants au détriment de l'autre.

Lorsqu'un Etat neutre autorise les deux belligérants à lever des troupes sur son territoire et ne favorise aucun d'eux, il ne manque point aux obligations de la neutralité.

Lorsqu'un Etat s'est engagé par des traités antérieurs, et alors qu'il ne pouvait prévoir l'explosion de la guerre, à fournir des secours en hommes à l'Etat qui est devenu l'un des belligérants, la présence de ces troupes sur le territoire ennemi et leur participation aux hostilités ne sont point regardées comme contraires à la neutralité de l'Etat qui les a fournies, pourvu que cet Etat manifeste d'une manière évidente son intention de rester neutre.

ENTENTE. Accord, bonne intelligence. Entente cordiale, témoignages de bon vouloir que les chefs de deux Etats échangent entre eux.

ENTÉRINEMENT. Sorte d'homologation d'un acte ou d'attestation que les clauses sont véritables, par suite ratification juridique d'un acte pour le rendre valable.

Ce mot s'applique particulièrement à l'enregistrement par les cours de justice des lettres de grâce ou de commutation de peine délivrées par le chef de l'Etat.

ENVAHISSEMENT. Occupation par force du territoire d'autrui. (*Voir* INVASION, OCCUPATION.)

ENVOYÉ. En langage diplomatique, ministre envoyé par un souverain ou par une République auprès d'un chef d'Etat.

Le mot envoyé est le terme générique pour désigner d'une manière générale les diplomates chargés de représenter les Etats. Il y a plusieurs sortes d'envoyés au point de vue du qualificatif ; particulièrement l'envoyé est l'agent diplomatique du second ordre. L'*envoyé* est dit *ordinaire*, lorsqu'il est en mission permanente : on ne dit pas habituellement *envoyé ordinaire*, mais simplement *envoyé* ; ainsi quand on trouve le mot *envoyé* sans épithète, cela signifie *envoyé en mission permanente, envoyé ordinaire*. La personne chargée par intérim de la gestion d'une mission permanente en cas d'absence ou d'empêchement du chef de la mission, est considérée comme un envoyé non-permanent.

L'envoyé est dit extraordinaire, lorsque sa mission n'est que temporaire.

Or comme les envoyés extraordinaires sont généralement traités avec des égards particuliers et comme les membres des corps diplomatiques ont coutume par courtoisie de leur donner le pas, la plupart des ministres en mission permanente ont pris, eux aussi, le titre d'envoyés extraordinaires.

(*Voir* AGENTS DIPLOMATIQUES, MINISTRES PUBLICS, AMBASSADEURS.)

Il y a encore des envoyés confidentiels, ou négociateurs secrets, envoyés et accrédités secrètement auprès d'un gouvernement étranger pour traiter d'affaires importantes, mais secrètes, sans attribution de caractère officiel de ministres, ou ne pouvant déployer ce caractère que lorsque l'exige le succès de leur mission. Ces envoyés confidentiels doivent jouir de la même sécurité que les ministres publics ; mais ils ne peuvent prétendre au cérémonial de ces ministres, et en public ils sont traités comme de simples étrangers.

Souvent aussi les chefs d'Etat envoient auprès d'un souverain étranger des représentants ou agents pour remplir une simple mission d'étiquette, annoncer un avènement, un mariage, une naissance, un décès, porter une invitation, ou pour assister à une cérémonie, couronnement, baptême, funérailles, etc. Ces envoyés d'étiquette et de cérémonie ne représentent que la personne du chef d'Etat qui les envoie ; ils ne peuvent s'occuper officiellement des affaires d'Etat qu'en vertu de pouvoirs spéciaux et ils cessent dans ce cas d'être de simples envoyés de cérémonie.

ÉPARQUE. Terme d'histoire ancienne : nom du préfet de Constantinople.

ÉPAVE, DROIT D'ÉPAVE. On entend généralement par *épaves* toutes choses mobilières égarées ou perdues, qui n'ont point de maître connu.

Les épaves maritimes sont les choses que la mer jette sur la côte, tels que les débris des navires naufragés. Un navire, abandonné de son équipage, poussé en dérive par les courants ou le mouvement des vagues, rencontré au large ou jeté sur les côtes, est réputé épave.

Au moyen-âge les naufragés et leurs biens pouvaient être pris par les habitants des côtes. De nos jours le droit d'épave ou de naufrage est regardé comme un usage contraire au droit international. Nul ne peut s'emparer de la personne ou des biens des naufragés.

Les débris du navire et les marchandises naufragées n'appartiennent pas au premier occupant, à moins que les propri étaires n'aient expressément renoncé à leurs droits. S'il n'y a pas de réclamation de la paie des propriétaires dans le délai prescrit par la loi, l'épave est vendue au profit des sauveteurs, ou s'il n'y a pas eu de sauveteurs, au profit du gouvernement. *(Voir* NAUFRAGE.)

ÉPHORE. Terme d'antiquité grecque. Magistrats de Lacédémone, au nombre de cinq, créés pour contrebalancer l'autorité des rois et du sénat.

Ils pouvaient condamner les rois à l'amende, les arrêter, les déposer et les faire mettre à mort.

Ils dissolvaient à leur gré les assemblées du sénat, disposaient du trésor, envoyaient des armées en campagne. Mais leurs décisions, pour être valables et exécutoires, devaient être émises à l'unanimité.

Ils étaient élus tous les ans par le peuple. Le premier d'entre eux donnait son nom à l'année.

ÉPIDÉMIE. Lorsque les habitants d'un pays sont menacés par une épidémie venant du territoire d'un autre pays, les autres Etats sont en droit de réclamer de l'Etat sur le territoire duquel se trouve la source de la maladie, les mesures nécessaires pour faire cesser le mal ou pour en diminuer l'extention.

Les mesures sanitaires prises contre les épidémies peuvent être préventives: c'est dans cette catégorie que rentrent les quarantaines. Toutes les nations sont tenues de respecter les mesures prises par un Etat dans l'intérêt de la salubrité publique.

ÉPONYME. Mot grec qui signifiait: donnant son nom à l'année.

A Athènes l'éponyme était le premier des neuf archontes, lequel donnait son nom à l'année; à Lacédémone, c'était le premier des cinq éphores.

ÉPOUX, ÉPOUSE. Celui, celle qui a épousé, qui est conjoint ou conjointe par mariage.

Les époux, personnes unies entre elles par les liens du mariage: le mari et la femme. *(Voir* MARIAGE.)

ÉQUILIBRE EUROPÉEN. L'équilibre des États, des pouvoirs politiques existe, lorsqu'aucun d'eux n'a une telle prépondérance qu'il puisse mettre les autres en péril.

L'équilibre européen, cette expression qu'on invoque si fréquemment dans le langage diplomatique, signifie, à proprement dire, la balance des possessions territoriales telle que les traités l'ont établie entre les puissances européennes, non pas qu'il existe égalité d'étendue et de valeur entre les possessions respectives de chacun; l'équilibre se maintient plutôt par les engagements mutuels qui lient les différents Etats à des obligations communes parfois solidaires.

ÉQUIPAGE. Dans la marine, on entend par *équipage* l'ensemble des hommes embarqués sur un bâtiment pour en faire le service et la manœuvre, et inscrits à cet effet sur un registre spécial appelé rôle d'équipage. On n'y comprend ni le capitaine, ni les autres officiers, qui forment ce qu'on nomme l'état-major du bâtiment, non plus que les passagers.

La composition de l'équipage est, assez généralement, une des conditions fondamentales du maintien de la nationalité du navire, qui est astreint à compter un certain nombre de nationaux parmi les matelots de son bord. Ce nombre varie suivant la législation des divers pays. Ainsi la loi française et la loi anglaise exigent que le capitaine et les trois quarts de l'équipage soient citoyens de l'Etat dont le navire porte le pavillon; les Etats-Unis exigent les deux tiers, et la Russie seulement le quart. L'Allemagne ne prescrit rien concernant la composition des équipages.

Lorsque des difficultés s'élèvent entre le capitaine, l'équipage et les passagers du navire, les consuls remplissent le rôle d'intermédiaires, toutefois ils ne deviennent arbitres que si les deux parties en sont d'accord.

En cas d'insubordination des matelots, l'intervention du consul peut devenir importante; mais l'étendue de son pouvoir disciplinaire varie suivant les circonstances et les usages spéciaux du pays; car il est de règle que les navires étrangers sont soumis aux lois et à la juridiction de l'Etat où ils abordent. Cependant dans toutes les difficultés relatives au navire lui-même et aux personnes du bord, tant que l'ordre public du pays et du port étranger n'en sont pas troublés et que l'intervention des autorités locales n'a pas été requise, le consul a le droit de prendre les mesures disciplinaires et de faire les démarches nécessaires au maintien de la paix et du bon ordre. *(Voir* CONSUL, JURIDICTION TERRITORIALE, MARITIME.)

En cas de désertion parmi les équipages, les consuls ou les vice-consuls, et, à leur défaut, les commandants ou les capitaines intéressés ont le droit de demander que les autorités locales fassent arrêter les matelotsdéserteurs et les conduisent à leur navire ou les renvoient dans leur pays. (*Voir* CORSAIRES, DÉSERTEURS.)

EQUIPEMENT MILITAIRE. C'est l'ensemble des objets à l'usage des soldats, l'habillement, l'armement, l'enharnachement.

Comme ces objets peuvent être considérés comme des moyens de faire la guerre, et comme, du reste, leur caractère de propriété privée est jusqu'à un certain point discutable, ils peuvent, malgré l'interdiction généralement admise de faire du butin, être saisis sur l'ennemi vaincu, et il est permis aux soldats qui s'en emparent de se les approprier, ainsi que les armes et les chevaux.

Dans le cas d'arrestation de déserteurs, il est d'usage de restituer au gouvernement, à l'armée ou à la marine auquel appartient le déserteur, les effets d'équipement et d'habillement, les armes, les chevaux et les harnachements.

ÉQUITÉ. Ce que la conscience regarde comme conforme à la justice; par suite; la justice naturelle, par opposition à la justice légale ou au droit positif.

Les arbitres jugent plutôt selon l'équité que selon les textes, indépendamment de toute loi, de toute convention.

En Angleterre, on appelle *cours d'équité* des tribunaux établis à côté des Cours de droit coutumier (*common law*), pour juger des questions d'une autre nature; mais les unes et les autres procèdent d'après les mêmes principes et sont assujetties au même formalisme. Cette juridiction d'équité prend, dit-on, son nom de ce que les cours se règlent sur ce que la conscience du plaideur doit lui inspirer. La Cour de Chancellerie est le principal tribunal de cette catégorie.

ERLAUCHT. Qualification honorifique usitée en Allemagne. Une décision de la Diète germanique en date du 15 février 1829 l'a accordée aux comtes souverains, qui ont été médiatisés depuis la dissolution de l'Empire.

Erlaucht, qui signifie *illustre, magnifique,* équivaut à peu près au titre d'*Altesse sérénissime* ou *Durchlaucht.*

ESCHEUT (droit d'). Le droit appelé *escheut* (du vieux français *eschoir* ou échoir) était en vigueur au temps de la féodalité. En vertu de ce droit tous les biens d'un étranger décédé dans un pays sans laisser d'héritier reconnu par les lois du pays, passaient par une sorte de ré-

version à la famille féodale à laquelle ils auraient dû appartenir; et lorsqu'il n'existait pas de dépendances féodales, ni aucune personne apte à succéder à ces biens par *escheut,* l'Etat prenait la place du seigneur féodal, en vertu de sa souveraineté et en qualité de propriétaire éminent de toutes les terres et de tous les biens qui sont sous sa juridiction.

Ce droit était pratiqué surtout en Angleterre; ce n'est que depuis l'acte du 12 mai 1870 que les étrangers, qui jusque-là ne pouvaient posséder à aucun titre un droit immobilier quelconque dans le royaume, sont assimilés aux sujets anglais pour la possession, la jouissance, l'acquisition et la transmission par toutes les voies légales de la propriété mobilière ou immobilière.

ESCLAVE, ESCLAVAGE. Le droit international ne reconnaît nulle part l'esclavage comme un droit; par conséquent il ne reconnaît à aucun Etat et à aucun particulier le droit d'avoir des esclaves. Cependant l'esclavage est encore maintenu de fait dans plusieurs pays.

Les esclaves étrangers deviennent libres de plein droit dès qu'ils mettent le pied sur le sol d'un Etat libre, et l'Etat qui les reçoit est tenu de faire respecter leur liberté, sans que l'Etat où l'esclavage est admis puisse se plaindre d'une violation de ses droits.

L'action transitoire et suspensive que l'occupation exerce sur la possession sol se fait également sentir à l'égard de l'esclave. Lorsque, par exemple, les institutions politiques qui régissent l'Etat occupant n'admettent pas la possession de l'homme par l'homme, l'esclave peut bénéficier d'une sorte d'émancipation implicite, qui ne deviendra pourtant définitive et réelle pour lui qu'avec la transformation de caractère de la prise de possession du territoire. Si, au contraire, l'envahisseur reconnaît et pratique lui-même l'institution de l'esclavage; les droits du maître sur son esclave, sur sa chose, continuent de subsister intacts.

ESCORTE MARITIME. Vaisseaux de guerre qui accompagnent des bâtiments de transport, des navires marchands, etc. (*Voir* CONVOI.)

ESPÈCE. En jurisprudence, comme en diplomatie, c'est le cas particulier sur lequel il s'agit de prononcer, c'est l'affaire qui est en discussion.

Ainsi l'on dit : il s'agit dans l'espèce, cet argument n'est pas admissible dans l'espèce.

Espèces. Toujours au pluriel. On nomme *espèces* ou *espèces sonnantes* les différentes pièces de monnaie ou d'argent : payer en espèces. (*Voir* MONNAIE.)

ESPION. On entend par *espions* ceux qui, à leurs riques et périls, s'introduisent secrètement ou sous de faux prétextes dans les lignes de l'armée ennemie pour surprendre ses plans et ses mouvements, s'informer de ses ressources, s'assurer de ses forces numériques, etc., en un mot pour recueillir des renseignements utiles à l'adversaire et les lui communiquer.

Celui qui se rend ouvertement chez l'ennemi pour y recueillir des renseignements n'est pas un espion : ce qui constitue l'espionage, ce sont les manœuvres secrètes et les prétextes mensongers.

Il n'est pas contraire aux lois de la guerre de se servir d'espions; mais aussi il importe de se garantir contre ceux qu'emploie l'ennemi; c'est pourquoi les lois de la guerre autorisent à sévir contre eux par les peines les plus sévères, à infliger même la peine de mort aux espions découverts et arrêtés en flagrant délit. Lorsqu'un espion est retourné sans encombre auprès de l'armée qui l'avait envoyé et que plus tard il vient à être fait prisonnier, il ne peut pas être puni pour ses actes antérieurs. Les lois de l'Etat ennemi ne sauraient avoir d'effet rétroactif; elles ne sont applicables qu'aux actes d'espionnage actuels ou qui viendraient à être commis ultérieurement. Les antécédents du prisonnier sont seulement un motif pour le soumettre à une surveillance plus rigoureuse.

Lorsque l'espion est arrêté, c'est en vain qu'il prétend s'abriter derrière un ordre formel de son gouvernement ou derrière les devoirs militaires d'une obéissance aveugle, pour échapper à l'application de la peine.

ESTAMPILLE. Empreinte appliquée, au lieu de signature, ou avec la signature, sur des lettres, des brevets, des diplômes, etc., pour en constater ou mieux en assurer l'authenticité.

ÉTABLISSEMENT CONSULAIRE. Les consulats en général, et notamment les consulats français, institués dans l'étendue d'un pays étranger, forment ce qui on appelle un *établissement consulaire.*

Chaque établissement est subdivisé en arrondissements, à chacun desquels est assignée une certaine circonscription territoriale en vertu de décrets ou d'ordonnances, dans le but de prévenir les conflits de juridiction. (*Voir* CONSULAT, CONSUL.)

ÉTABLISSEMENT A L'ÉTRANGER. Lieu où une personne fixe sa résidence, le siège de ses affaires.

Le fait de s'établir à l'étranger et d'y exercer une profession repose sur des motifs tout-à-fait privés, et l'intention de changer de nationalité n'en découle en aucune façon, de sorte que l'étranger établi dans un pays comme fabricant, négociant ou dans toute autre situation, n'est pas citoyen de l'Etat où il a son domicile et conserve l'indigénat qu'il possédait avant de venir s'établir dans le pays étranger.

Les étrangers, qui sont établis dans un pays ou qui y possèdent des immeubles, sont soumis au même titre que les nationaux aux impôts ainsi qu'aux contributions foncières. (*Voir* DOMICILE, RÉSIDENCE.)

ÉTALON. Modèle-type de poids ou de mesures, déterminé par la loi, et auquel les poids et les mesures employés par les marchands doivent être conformes et d'après lequel ils doivent être rectifiés.

En administration, c'est l'instrument officiel, au moyen duquel les préposés de l'administration publique peuvent procéder à cette rectification, vérifier l'exactitude des instruments de même nature à l'usage des particuliers.

En ce qui regarde spécialement la monnaie, l'étalon consiste surtout dans la règle du poids, de la quantité, de la qualité ou du titre du métal qui entre dans la composition de chaque pièce. Deux étalons sont généralement en usage : l'étalon d'or et l'étalon d'argent, selon qu'on emploie l'un ou l'autre de ces métaux pour la frappe de la *monnaie* (voir ce mot), et qu'on a adopté l'un et l'autre pour le prototype monétaire du pays.

ÉTAT (situation). Manière d'être fixe et durable.

L'état de nature, par opposition à l'état de société, se dit de la vie des hommes sauvages, ou des hommes supposés dans l'état d'isolement.

En droit, c'est en général la position où se trouve une personne ou une chose.

L'état des personnes est la qualité à raison de laquelle les personnes exercent un droit ou accomplissent un devoir ou une obligation. Ces droits ou ces devoirs sont relatifs soit à la société, soit à la famille; par suite l'état des personnes est politique ou civil.

L'état politique se compose des qualités requises pour être admis à l'exercice des droits politiques.

L'état civil est la conditon de la personne, par rapport à sa filiation, à sa parenté, au mariage et aux autres faits de la vie civile, *(Voir* STATUTS.)

On appelle actes de l'état civil les pièces ou actes qui établissent cette position d'une manière légale et authentique. Les fonctionnaires chargés de tenir les actes et les registres de l'état civil sont dits officiers civils.

En Allemagne le mot *état* s'emploie fréquemment dans le sens de *budget.*

ÉTAT. *Définitions.* L'Etat, au point de vue du droit international, c'est la réunion des forces particulières sous une direction commune, l'établissement d'une puissance publique pour faire exécuter les lois; en d'autres termes, c'est l'ensemble des pouvoirs et des droits d'une société d'hommes, l'être moral dans lequel se résument tous les droits et les intérêts généraux d'une société d'hommes réunis sous un même gouvernement, c'est la nation organisée.

On appelle *pouvoirs de l'Etat* les autorités ou les corps constitués auxquels appartiennent l'exercice de ces droits et la gestion de ces intérêts.

Dans les gouvernements absolus l'Etat se personnifie dans le souverain.

Dans les gouvernements constitutionnels, l'Etat, considéré en principe comme fondé et régi par la volonté de tous, ne peut être représenté que par les autorités auxquelles la masse de la nation est réputée avoir délégué ses pouvoirs au moyen de la constitution.

Attributs. Les attributs essentiels de l'Etat, sans lesquels d'ailleurs il n'existerait pas, consistent dans sa *souveraineté* et son *indépendance.* (Voir ces mots.) Cependant la possession et l'exercice de ces attributs ne présentent pas partout le même caractère unitaire et exclusif, ni légalement ni de fait.

On distingue en effet l'Etat *simple* et l'Etat *composé.*

L'Etat *simple* est celui qui, indivisé et en possession de la souveraineté complète dans son intérieur, n'est lié, en dehors des rapports internationaux ordinaires, à aucun corps politique externe d'une manière permanente.

L'Etat *composé* comprend l'Etat mi-souverain soumis à la suzeraineté d'un autre Etat qui est parfaitement souverain *(Voir* SUZERAIN); et la réunion de plusieurs Etats souverains sous un gouvernement commun.

(Voir CONFÉDÉRATION, FÉDÉRATION, UNION D'ETATS.)

Personalité. La personnalité est une qualité nécessaire des Etats : l'Etat, réglant et protégeant le droit sur son territoire, est chez lui la personne par excellence; et à mesure qu'il entre en relations avec les autres Etats, il acquiert la qualité de *personne internationale.* (Voir ce terme.)

Le gouvernement d'un Etat, en tant que produit et instrument de la souveraineté du pays, veut entretenir deux sortes de relations fondamentales : les unes de droit interne, c'est-à-dire celles qu'il entretient au point de vue politique avec les citoyens ou sujets placés sous son action; les autres de droit public externe ou de droit international, qui embrassent tout ce qui concerne ses rapports avec les autres Etats. Les relations de droit international s'étendent depuis les représentants ou dépositaires du pouvoir suprême d'une nation jusqu'aux corporations, aux sociétés publiques et aux simples particuliers.

Pour le droit international, un Etat commence à exister et existe de fait dès qu'il possède les éléments nécessaires à son maintien et à sa permanence, en un mot dès qu'il devient souverain; or la souveraineté commence au moment même où la société dont elle est l'organe prend naissance, en d'autres termes dès qu'une société s'est constituée avec un organe suprême de droit, c'est-à-dire avec un gouvernement et s'est séparée d'une autre société dans laquelle elle se trouvait comme englobée ou confondue.

Conditions d'existence. L'existence d'un Etat exige certaines conditions indispensables : elle suppose comme base une société stable, en mesure de soutenir son indépendance au moyen de ses propres ressources, et une autorité chargée de la diriger vers le but qu'elle se propose.

Pour qu'un Etat existe, il n'est pas indispensable que son territoire soit continu ou situé sur un seul et même continent. On doit donc entendre par Etat toutes les possessions d'une nation en quel que lieu qu'elles soient situées et quelle que soit la distance qui les sépare, de sorte que, toutes les fois que les lois politiques ou les traités n'ont pas établi de distinctions contraires, ce qu'on dit du territoire d'une nation s'applique en mêmes temps à ses colonies, lesquelles peuvent parfois être envisagées comme l'Etat lui-même. *(Voir* COLONIE.)

L'entrée de l'Etat nouveau sur la scène politique ne dépend pas absolument d'une reconnaissance expresse et préalable des puissances étrangères; elle s'accomplit de plein droit le jour où il commence à exister : la reconnaissance ne fait que confirmer ce qui existe par soi-même. (*Voir* RECONNAISSANCE.)

Identité. L'Etat subsiste aussi longtemps qu'il a le pouvoir de conserver son caractère de corps politique indépendant. Son identité n'est donc assujettie ni aux changements ni aux altérations intérieurs qu'éprouvent ses institutions. (*Voir* IDENTITÉ.)

L'Etat reste la même personne en droit international, lors même que sa constitution est tantôt monarchique, tantôt républicaine, ou qu'il est pendant une période gouverné constitutionnellement et ensuite autocratiquement : ses droits et ses obligations à l'égard des autres nations n'en subsistent pas moins. Il s'en suit que, de même qu'un Etat existant ne peut arbitrairement s'affranchir des liens internationaux qui le rattachent à d'autres Etats, de même les autres puissances ne peuvent exclure arbitrairement un Etat existant du concert des nations.

La souveraineté extérieure d'un Etat s'altère par la séparation d'une province ou d'une colonie; toutefois cette séparation ne peut être regardée comme effective que lorsqu'elle a été reconnue par les autres Etats.

Tout changement fondamental qu'un Etat éprouve dans sa manière d'être affecte également ses relations internationales. Ces effets peuvent porter soit sur ses traités avec d'autres pays, soit sur les dettes d'Etat, sur ce qui touche au domaine public, etc. (*Voir* DETTES PUBLIQUES, DOMAINE, CESSIONS DE TERRITOIRE, DIMINUTION DE TERRITOIRE, TRAITÉS.)

Extinction. Un Etat peut cesser d'exister; soit entièrement, soit en partie seulement. Il est considéré comme entièrement éteint lorsque tous les membres de la nation dont il se composait ont péri d'une manière naturelle ou violente; lorsqu'ils ont cessé de former une association politique par suite de subjugation, d'émigration ou d'expulsion de leur sol natal; lorsqu'une association politique se fond avec une autre, de sorte que chacune perd son caractère individuel ou que l'une devient subordonnée à l'autre; lorsqu'il y a incorporation pure et simple de l'Etat dans un autre; lorsque l'Etat est démembré, divisé en plusiers Etats distincts et séparés. (*Voir* DÉMEMBREMENT.)

Effets de l'extinction. Les effets de l'extinction totale de la souveraineté d'un Etat sont absolus en ce qui concerne les relations de droit public, c'est-à-dire qu'ils dénouent de plein droit et font cesser complètement les liens ainsi que les obligations qui n'avaient d'autre fondement que la souveraineté dont le terme est arrivé.

Quant aux relations et aux droits privés, ils conservent intégralement leur ancienne force obligatoire, parce qu'en principe la disparition d'un Etat est sans action sur les droits et les devoirs des particuliers.

Un Etat cesse d'exister en partie seulement par suite de la perte d'une partie de son territoire qui a été réunie au territoire d'un autre Etat; ou bien par suite de sa réduction à la condition d'Etat mi-souverain.

Dans ce dernier cas l'Etat conserve à peu près sa souveraineté intérieure, c'est-à-dire le droit de s'administrer comme par le passé, tandis que pour les rapports extérieurs, ses relations avec les autres Etats, il devient soumis à une puissance supérieure.

La diminution de l'étendue du territoire d'un Etat n'entraîne pas l'extinction de cet Etat, tant que le peuple et le pays restent les mêmes avec leurs caractères essentiels. La portion annexée à un autre Etat cesse seule d'exister; cependant ses droits et ses obligations vis-à-vis des autres nations subsistent encore et passent même à l'Etat acquéreur toutes les fois que leur maintien est possible et conciliable avec le nouvel ordre de choses.

Fortune des Etats. La fortune des Etats qui cessent d'exister, passe activement et passivement aux successeurs de ces Etats.

Lorsque plusieurs Etats en remplacent un autre et que le mode de partage de la fortune de ce dernier n'a pas été déterminé, ce partage doit avoir lieu d'après les principes du droit public, en tenant compte avant tout de la nature publique de la fortune de l'Etat.

Dans les cas de démembrement, les partages s'opèrent proportionnellement à la part de chacun. Les immeubles du domaine national sont considérés comme faisant partie du territoire où ils sont situés. (*Voir* DOMAINE.)

Acceptions diverses du terme d'Etat. Le mot Etat se prend aussi pour signifier le gouvernement, l'administration suprême d'un pays.

Les *affaires d'Etat* sont les affaires qui sont du ressort du gouvernement.

On donne le nom de *raison d'Etat* à certaines considérations d'intérêt public par lesquelles on se conduit dans le gouvernement d'un Etat.

On désigne encore sous la dénomination d'*Etat* une étendue de pays soumise à une seule souveraineté politique : c'est alors dans une certaine mesure le synonyme d'*empire* ou de *royaume*. (Voir ce mot.)

ÉTAT DE GUERRE. *(Voir* COMMERCE.)

ÉTAT LIBRE. Il faut entendre par cette dénomination une communauté exerçant les droits de souveraineté sur un territoire, mais qui a été fondée et qui est gouvernée par des particuliers, sans la participation officielle d'aucun gouvernement existant.

L'histoire offre de nombreux exemples d'Etats libres. Citons en premier lieu l'Ordre teutonique qui colonisa la Prusse et gouverna ce pays jusqu'au jour où il fut réuni au Brandebourg. Puis l'Ordre analogue des Porte-glaive qui colonisa la Livonie et finit par se fondre dans l'Ordre teutonique; l'Ordre de St. Jean de Jérusalem qui s'établit à Rhode, puis à Malte où il demeura souverain jusqu'en 1798.

De même dans l'origine les territoires de la Compagnie des Indes anglaises, de la Compagnie des Indes néerlandaises, puis les colonies anglaises d'Amérique furent des Etats libres.

Enfin de nos jours nous avons vu se créer l'Etat libre de Libéria sous les auspices de la Société de colonisation américaine, et l'Etat libre du Congo, sous celles de l'Association internationale africaine. *(Voir* CONGO, LIBÉRIA.)

ÉTATS. Le mot Etat s'employait anciennement pour désigner les différents ordres ou classes de la société.

On appelait particulièrement en France *tiers Etat* la partie de la nation qui n'était comprise ni dans le clergé, ni dans la noblesse, et qui formait le tiers ou troisième ordre dans les Etats, c'est-à-dire dans la réunion des députés des divers ordres représentant soit le pays tout entier, soit seulement une province : dans le premier cas les *Etats* étaient dits *généraux*, et dans le second *provinciaux*.

On appelait *pays d'Etats* les provinces qui avaient le droit de s'administrer elles-mêmes, de réunir les *assemblées d'Etat* dites par conséquent *Etats provinciaux*. Les Pays d'Etats se gardaient eux-mêmes par leurs milices bourgeoises, élisaient leurs magistrats et étaient régis par des coutumes locales.

Les *Etats généraux* sont aussi le nom qu'on donne aux chambres législatives du royaume des Pays-Bas ; et par suite, au 17e siècle, on désignait sous ce titre la Hollande elle-même, qui avait alors un gouvernement de forme républicaine, dont les Etats-généraux étaient l'élément prépondérant.

ÉTATS FÉDÉRÉS, ÉTATS CONFÉDÉRÉS *(Voir* CONFÉDÉRATION.)

ÉTATS-GÉNÉRAUX. C'est le titre que portait autrefois le gouvernement des provinces unies des Pays-Bas; depuis que ces provinces forment le royaume du même nom, les chambres législatives l'ont conservé.

La première chambre se compose de 39 membres élus, pour une durée de neuf ans, par les conseils provinciaux parmi les habitants qui paient les plus fortes contributions directes, et tout au plus dans la proportion d'un habitant sur 3,000.

La seconde chambre se compose de députés, dans la proportion d'un sur 45,000 habitants, élus pour quatre ans par tous les Néerlandais domiciliés, majeurs et payant une certaine somme de contributions directes.

ETHNARQUE. Terme d'antiquité : Chef qui commandait dans une province.

Titre de dignité donné particulièrement par les Empereurs romains à quelques princes juifs: c'est sous ce titre que Hérode et Archelaüs gouvernèrent la Judée.

ÉTIQUETTE. L'étiquette ou l'étiquette des Etats, c'est, à proprement dire, le cérémonial usité à la cour d'un souverain, dans la maison d'un prince, etc. On y comprend les égards que les gouvernements et leurs chefs s'accordent réciproquement par courtoisie ou par amitié, et qui se manifestent dans les notifications d'évènements heureux ou tristes, les compliments de félicitation ou de condoléance, etc. *(Voir* CÉRÉMONIAL.)

Il se dit aussi des différentes formules dont on se sert dans les lettres, dans les placets, selon les personnes auxquelles on les adresse. *(Voir* CORRESPONDANCE DES SOUVERAINS et C. DIPLOMATIQUE.)

ÉTRANGER. Se dit d'une personne qui n'est pas du pays où elle se trouve, ou qui n'en a pas acquis la nationalité.

L'usage généralement suivi par les gouvernements permet, en temps de paix, aux étrangers le passage, le séjour, l'établissement sur leur territoire, la liberté d'y faire du commerce.

L'étranger dans tous les pays est sous la loi locale, soit pour poursuivre son droit, soit pour être poursuivi. Il a droit à la protection des lois et des coutumes du pays pour sa personne, sa famille et ses biens; mais relativement à sa capacité civile, il demeure régi par la loi de son pays, son statut personnel le suivant partout.

Les étrangers qui voyagent ou qui ne séjournent que temporairement dans un pays ne sont pas imposables. Cependant ils doivent payer, comme les nationaux, les droits prélevés à l'occasion de certains services publics.

Mais les étrangers qui se sont établis dans le pays ou qui y possèdent des immeubles, sont dans la règle soumis au même titre que les nationaux aux impôts ainsi qu'aux contributions foncières.

Les biens faisant partie de la fortune ou de la succession d'un étranger peuvent être librement sortis du territoire; l'État n'en peut retenir une partie ni les grever d'impôts spéciaux.

L'étranger, tant qu'il conserve cette qualité, et qu'il n'a contracté aucune dette ni commis aucun crime pour lequel on puisse le retenir, conserve aussi le droit de quitter librement le pays où il a fait quelque séjour.

Mais lorsque l'étranger a été naturalisé, soit expressément, soit par un séjour prolongé auquel les lois territoriales attribuent cet effet, il n'a pas plus le droit d'émigrer que les nationaux eux-mêmes, à moins que cette liberté ne lui ait été réservée ou que les conditions de sa naturalisation aient été enfreintes. (*Voir* NATIONALITÉ, DOMICILE, RÉSIDENCE, STATUTS, JURIDICTION.)

ÉVACUATION. Terme de guerre : action de sortir d'un pays, d'une place qu'on occupait.

L'évacuation a pour effet immédiat de faire cesser l'occupation et partant le régime exceptionnel auquel les autorités militaires avaient soumis la localité ou le territoire occupé, lequel rentre dès lors sous la souveraineté entière du gouvernement national. (*Voir* OCCUPATION.)

L'évacuation peut être immédiate ou successive.

Lorsqu'une armée se trouve en pays ennemi au moment de la conclusion de la paix, le retrait des troupes exige un certain temps; il y a donc des mesures transitoires à prendre pour la sécurité de ces troupes jusqu'à ce que l'évacuation du pays occupé soit définitivement consommée. (*Voir* PAIX.)

Cependant la conclusion de la paix ne met pas toujours fin à l'occupation : lorsque, par exemple, par les préliminaires ou le traité de paix, il a été stipulé le paiement d'une indemnité de guerre d'une telle importance que ce paiement ne peut s'effectuer intégralement que dans un certain délai et par des acomptes successifs, dont la qualité et les époques sont déterminées dans les conventions relatives à la paix, les troupes victorieuses, en garantie de l'exécution de ces arrangements, continuent d'occuper une partie du territoire ennemi jusqu'à l'acquittement total de l'indemnité stipulée, et elles doivent l'évacuer soit entièrement lors du paiement intégral, soit progressivement à mesure du versement des acomptes.

ÉVASION. Action de s'échapper furtivement d'un lieu où l'on est détenu — s'applique plus particulièrement aux prisonniers.

Les prisonniers de guerre qui prennent la fuite, peuvent être poursuivis les armes à la main, et même tués pendant la poursuite.

Si un prisonnier en fuite est repris avant d'avoir pu quitter le territoire occupé par le capteur, il ne saurait être puni pour le seul fait de sa tentative d'évasion, car les lois de la guerre ne considèrent pas un pareil acte comme un crime; il pourra être pris à son égard des mesures plus rigoureuses pour l'empêcher de renouveler sa tentative.

Si, après avoir réussi à s'échapper, le prisonnier, qui a repris les armes, tombe de nouveau au pouvoir de l'ennemi, il n'est passible d'aucune peine pour son évasion antérieure : on peut le soumettre à une surveillance plus sévère. Mais si le prisonnier ressaisi ou capturé de nouveau avait donné sa parole de ne pas s'évader, il peut être privé des droits de prisonnier de guerre.

Quand une conspiration ayant pour but une évasion générale est découverte, les conspirateurs peuvent être punis sévèrement, et, même dans des cas graves, mis à mort.

Si les prisonniers évadés se réfugient sur le territoire d'un État neutre, il n'appartient pas aux autorités de cet État de les arrêter ou de les interner; car en les arrêtant et, à plus forte raison, en les rendant à l'État qui les retenait, le neutre aiderait cet État à garder ces prisonniers et par conséquent manquerait à la neutralité. Mais si les prisonniers qui se sont échappés sur un territoire neutre, avaient commis quelque crime ou délit de droit commun dans le pays de leur captivité, l'État qui les retenait pourrait demander leur extradition, fondée non sur ce qu'ils sont des prisonniers, mais sur ce qu'ils sont des criminels.

ÉVENTUALITÉ, ÉVENTUEL. L'*évènement* est le fait qui arrive ou qui est arrivé; l'*éventualité* est l'évènement futur ou à venir, encore incertain.

Éventualité signifie aussi le caractère de ce qui est *éventuel*.

Éventuel se dit de ce qui a rapport ou est subordonné à quelque évènement incertain :

Ainsi un traité est *éventuel*, lorsqu'il est fait ou qu'il contient des clauses faites en prévision d'évènements non encore accomplis, qui pourront se réaliser ou bien qui ne le pourront pas.

On dit que le traitement ou le salaire d'un employé est *éventuel*, lorsqu'il est basé sur des profits accidentels, qui ne sont pas fixes et réguliers.

Éventuel, pris substantivement, désigne une portion du traitement d'un fonctionnaire qui dépend de recettes accidentelles.

EXACTION. Acte d'un percepteur des deniers publics, et en général d'un administrateur quelconque, qui exige ce qui n'est pas dû ou plus qu'il n'est dû.

Pris dans une acception plus générale, le mot *exaction* s'emploie aussi dans le sens de *malversation* et désigne tout crime ou délit commis par un fonctionnaire public dans l'exercice de ses fonctions.

Contribution exigée d'une population comme amende et punition.

EXAMEN. Épreuve, orale ou écrite, que subit un étudiant en vue d'acquérir certains grades universitaires, ou une personne qui aspire à obtenir un emploi.

Se dit aussi de l'action de faire subir cette épreuve, d'interroger quelqu'un pour s'assurer de son degré d'instruction, pour savoir s'il est capable de l'emploi, du grade qu'il veut obtenir.

Dans la plupart des pays il faut passer un examen, dont le programme est fixé d'avance par le ministère des affaires étrangères, pour être admis aux fonctions diplomatiques et consulaires.

(*Voir* DIPLOMATIE, AGENTS DIPLOMATIQUES, AMBASSADEURS, ATTACHÉS, MINISTRES, CONSULS.)

EXARCHAT, EXARQUE. *Exarque* est un mot grec qui signifie *prince*. Il désignait dans l'empire d'Orient plusieurs grands dignitaires ecclésiastiques et civils, investis d'une autorité extraordinaire.

Les exarques civils étaient de véritables vice-rois, auxquels l'Empereur confiait le gouvernement d'une ou de plusieurs provinces. On appliqua cette dénomination surtout aux préfets qui du 7e au 8e siècle gouvernèrent la partie de l'Italie qui dépendait encore de l'Empire d'Orient, et qui dans les derniers temps résidaient à Ravenne.

Les exarques ecclésiastiques étaient des délégués du patriarche de Constantinople ou du Saint-Synode, chargés de visiter les diocèses et de surveiller la discipline et les mœurs du clergé. Le titre d'exarque existe encore dans l'Église grecque.

On employait le mot *exarchat* pour désigner à la fois la charge et la dignité des exarques, la durée de leur administration et l'étendue de territoire soumise à leur autorité.

EXCELLENCE. Titre honorifique, attribué autrefois aux empereurs, aux rois et aux autres princes régnants, s'accorde aujourd'hui aux ambassadeurs; toutefois le chef d'État auprès duquel ils sont accrédités ne les appelle jamais que „Monsieur l'ambassadeur“.

Par courtoisie, on traite aussi d'Excellence les ministres publics de seconde classe.

Dans plusieurs pays ce titre est étendu à certains dignités ou fonctions élevées, aux ministres de cabinet, aux conseillers privés, intimes et actuels, aux généraux et aux maréchaux, aux présidents et aux premiers magistrats des républiques, etc. etc.

EXCEPTION. Terme de jurisprudence. En droit, toute dérogation légale au droit commun est une mesure *d'exception*. Ainsi on appelle *lois d'exception* les lois qu'on décrète en vue de conjonctures d'une nature grave et exceptionnelle, et qui privent les citoyens de droits qui leur sont garantis par la constitution : elles sont ou permanentes, comme celles qui soumettent les militaires et les commerçants à des juridictions spéciales; ou temporaires, comme celles qui déclarent la mise en état de siège, qui, dans un état constitutionnel, suspendent ou restreignent la liberté individuelle, la liberté de la presse etc.

Dans un sens analogue, on nomme

tribunaux d'exception, des juridictions particulières en dehors de la règle de la constitution du pouvoir judiciaire, instituées pour l'expédition d'affaires spéciales, tels que les tribunaux de commerce, dont la compétence est limitée aux affaires commerciales; les conseils de guerre, qui jugent exclusivement les délits et les crimes commis par les militaires; mais le plus souvent la dénomination de tribunaux d'exception s'applique à des tribunaux créés extraordinairement dans les temps de troubles civils, lesquels jugent sommairement, sans s'assujettir aux formalités de la justice régulière, les prévenus qui leur sont déférés.

En procédure le mot *exception* sert à désigner tous les moyens de défense que l'une ou l'autre des parties invoque ou discute, avant d'aborder les moyens de fond, pour empêcher qu'une demande soit accueillie.

Les exceptions sont dites *déclinatoires*, lorsqu'elles ont pour but de décliner, de repousser la compétence du tribunal ou du juge devant laquelle l'affaire est portée; — *dilatoires*, quand elles tendent à différer la procédure et à retarder le jugement sur le fond; — *péremptoires*, lorsqu'elles font écarter la demande définitivement sans qu'il soit nécessaire de passer au jugement du fond; telles sont notamment celles qui se fondent, sur la prescription, sur le défaut de qualité de la personne qui agit, etc.

Les exceptions se distinguent aussi en *personnelles*, c'est-à-dire se rapportant à la personne même du demandeur ou défendeur, comme, par exemple, celle que nous venons de mentionner; et en *réelles*, ou reposant sur des moyens inhérents à la chose en litige.

Elles sont *temporaires* ou *perpétuelles*, selon qu'elles doivent être présentées dans un délai déterminé, ou qu'elles peuvent toujours être opposées.

EXCÈS DE POUVOIR. Acte par lequel une autorité sort du cercle de ses attributions pour empiéter sur les droits d'une autre autorité; — fait d'agir en dehors des attributions légales.

Le juge et le fonctionnaire sortent de leur attributions de trois manières: ou ils troublent l'ordre établi par la loi dans la division des attributions entre les agents d'un même pouvoir : on dit alors qu'il y a *incompétence;* ou ils empiètent sur un pouvoir différent du leur : on dit alors qu'il y a *usurpation* de pouvoir; ou ils dénaturent sans empiètement les pouvoirs que leur sont confiés : c'est plus

particulièrement à cette sorte d'infraction qu'on applique communément le terme d'*excès de pouvoir.*

Il ne faut pas confondre l'*excès de pouvoir* avec l'*abus de pouvoir*. Ainsi, par exemple, il y aurait *excès de pouvoir* si un juge, usurpant la puissance législative, rendait des arrêts de règlement, ou s'il se permettait des actes de pure administration, exclusivement du ressort des maires ou des préfets; — il y aurait *abus de pouvoir*, s'il violait la loi ou prévariquait dans l'exercice de ses fonctions. *(Voir* ABUS.)

EXCOMMUNICATION. Terme de droit canon.

Censure par laquelle l'autorité ecclésiastique sépare quelqu'un de la communion extérieure d'une église, c'est-à-dire du corps des fidèles qui la composent, et le prive, en tout ou en partie, des biens spirituels dont cette église dispose.

On distingue : l'excommunication *majeure*, celle qui retranche entièrement de la communion de l'Eglise, prive l'excommunié de la participation au culte ou aux offices divins, des prières publiques, de la réception des sacrements, de la sépulture ecclésiastique, de toute communication avec les fidèles, de l'exercice de toute juridiction ecclésiastique, etc.

L'excommunication *mineure*, entraîne seulement la privation des sacrements, et l'inéligibilité aux bénéfices ecclésiastiques; elle est encourue pour avoir communiqué avec des individus frappés d'excommunication majeure.

L'excommunication *de droit*, celle qui est ordonnée par les conciles, sous le nom d'*anathème*. (Voir ce mot.)

L'excommunication de *fait*, celle qu'on encourt immédiatement en faisant une chose défendue sous peine d'excommunication.

L'excommunication est prononcée, suivant les cas, par le Pape ou par les évêques; elle ne peut être levée que par l'absolution donnée par l'évêque; dans certains cas elle ne peut être levée que par le Souverain Pontife.

Dans la religion protestante c'est le Consistoire (voir ce mot) qui prononce l'excommunication. Elle n'est du reste guère en usage.

EXÉCUTEUR, EXÉCUTRICE TESTAMENTAIRE. Celui ou celle que le testateur charge d'exécuter ses dispositions testamentaires ou de veiller à leur accomplissement. *(Voir* TESTAMENT.)

EXÉCUTIF. Le pouvoir *exécutif*, ou simplement l'*exécutif*, est dans un Etat le pouvoir chargé d'exécuter les lois, de tracer les règles nécessaires à leur exécution, ainsi que de gouverner et d'administrer le pays.

Dans les Etats représentatifs, le pouvoir exécutif se trouve en présence du pouvoir législatif, plus particulièrement chargé de discuter et de voter les lois, et du pouvoir judiciaire, qui a pour mission de les interpréter et d'en surveiller l'application. La tâche de l'exécutif est de faire exécuter les lois rendues par le pouvoir législatif. Lorsque la forme de l'Etat représentif est monarchique, c'est l'empereur ou le roi qui a en mains le pouvoir exécutif; dans les républiques c'est le président.

Dans les Etats absolus, le pouvoir exécutif et le pouvoir législatif sont réunis dans la personne du souverain.

EXÉCUTION. Terme de jurisprudence.

En matière civile, on entend par *exécution* le fait d'accomplir ce qu'un acte ou un jugement prescrit, l'accomplissement d'une obligation, d'un engagement, d'un contrat, d'un jugement.

Dans ces cas, l'*exécution* a lieu en vertu d'un titre que la loi déclare *exécutoire* (voir ce mot), portant le même titre que les lois et terminé par un mandement aux officiers de justice, à ceux notamment qui ont caractère pour procéder à l'exécution et pouvant réclamer l'assistance de la force publique. Toutefois certains actes contiennent la stipulation d'*exécution parée* ou consentie d'avance ou anticipée, c'est-à-dire que les dispositions de l'acte peuvent être exécutées sans qu'il soit besoin d'observer les formalités et les délais exigés par la procédure ordinaire. On dit qu'un titre est *paré*, lorsqu'il revêt ainsi la forme exécutoire, et qu'il suffit de ce titre pour contraindre la partie obligée à remplir ses engagements.

Quant aux jugements, l'exemption peut être provisoire, c'est-à-dire qu'elle a lieu nonobstant tout recours ou appel, ou définitive, c'est-à-dire sans appel.

En procédure, on appelle *exécution* d'un débiteur, la vente de ses biens par autorité de justice, après *saisie-exécution,* c'est-à-dire de leur saisie afin de les faire vendre.

En droit criminel, l'*exécution* se dit du supplice infligé au condamné, et spécialement de l'application de la peine de mort.

En terme de guerre, l'*exécution* ou l'*exécution militaire* signifie la mise à mort d'un condamné par un conseil de guerre.

Exécution militaire se dit aussi de l'action d'employer les rigueurs militaires pour contraindre les habitants d'un pays occupé à ce qu'on exige d'eux.

EXÉCUTION FÉDÉRALE. (*Voir* CONFÉDÉRATION.)

EXÉCUTOIRE. Terme de jurisprudence.

Il signifie : „qui doit être mis à exécution". Ainsi les lois sont exécutoires en vertu de leur promulgation.

Il signifie aussi : „qui donne le pouvoir d'exécuter"; un jugement exécutoire nonobstant appel.

On donne le nom d'*exécutoire de dépens* au mandement du juge qui taxe le chiffre des frais et en vertu duquel on en poursuit le paiement.

EXÉGÈSE. Dans l'acception générale, c'est une explication grammaticale et mot par mot.

Dans un sens plus particulier, c'est l'interprétation grammaticale et historique de la Bible.

Se dit aussi de l'explication des lois et des textes de droit, et de toute interprétation en matière d'histoire.

EXÉQUATUR. Terme de pratique judiciaire : Ordonnance qu'un juge met au bas d'une sentence émanée d'un autre tribunal pour en autoriser la mise à exécution dans son ressort.

Cette dénomination s'applique aussi à l'ordonnance par laquelle les présidents des tribunaux civils ou de commerce donnent la force d'exécution aux sentences arbitrales.

C'est enfin la formule par laquelle les tribunaux rendent exécutoires en France les arrêts ou les jugements prononcés en pays étranger.

EXÉQUATUR CONSULAIRE. *Définition.* On donne le nom d'*exéquatur* à l'acte qui reconnaît l'agent consulaire, a quelque classe qu'il appartienne, en sa qualité officielle, l'admet au libre exercice de ses fonctions, lui garantit les prérogatives et les droits inhérents à sa charge, en prescrivant aux autorités judiciaires et administratives territoriales de lui prêter en tout ce qu'il pourra avoir besoin.

En résumé on peut définir l'*exéquatur* l'acte qui confère à un consul, reconnu dans un pays, le droit d'y exercer ses fonctions; c'est l'acte qui lui confère sa juridiction et son autorité.

Dans les pays musulmans l'*exéquatur* est remplacé par le *barat* ou *bérat* (voir ce mot), ou lettre patente de la Porte spécifiant les immunités et les prérogatives attachées aux fonctions consulaires.

Obtention. L'*exéquatur* s'obtient sur la production d'une provision ou commission consulaire, c'est-à-dire d'un titre solennel, signé par le chef du pouvoir exécutif, contresigné par le ministre des affaires étrangères et constatant le titre et les pouvoirs conférés à l'agent.

L'*exéquatur* s'accorde tantôt, comme en Belgique, par une ordonnance du souverain, communiquée au consul en copie certifiée par le ministre des affaires étrangères; tantôt, comme en Angleterre, par une ordonnance signée du souverain, contresignée par le ministre et transmise en original; tantôt par la transcription de l'acte (signée du ministre) au verso des provisions consulaires; tantôt par un simple avis qu'en donne le gouvernement local à la légation du pays auquel appartient le consul.

Les agents consulaires nommés par les consuls, qui leur délivrent une commission en forme analogue à celle qu'ils reçoivent eux-mêmes, doivent également être pourvus d'un *exéquatur* du gouvernement du pays où ils résident. En France cette pièce leur est remise par le ministre des affaires étrangères; dans d'autres pays, notamment en Espagne, en Allemagne, en Russie, aux États-Unis, l'*exéquatur* des simples agents consulaires est, comme celui des consuls, délivré au nom du souverain.

Nécessité de l'exéquatur. L'*exéquatur* n'est nécessaire ni aux élèves-consuls, ni aux chanceliers, aux drogmans, aux commis et aux autres employés secondaires attachés aux consulats; ils sont reconnus, sur l'avis donné par les consuls aux autorités locales.

Quant aux gérants intérimaires, ils sont reconnus de la même manière, sur la présentation du consul qui s'absente, ou par demande expresse présentée par voie diplomatique.

Quand un consul est revêtu d'un titre diplomatique, tel que, par exemple, celui d'agent politique ou de chargé d'affaires, ce caractère diplomatique ne le dispense pas d'obtenir son *exéquatur* dans les formes ordinaires.

Forme de l'exéquatur. La forme de l'*exéquatur* varie suivant chaque pays: c'est ordinairement celle d'une lettre patente signée par le souverain et contresignée par le ministre des affaires étrangères,

et par laquelle le gouvernement donne l'ordre aux autorités inférieures de reconnaître le consul étranger et d'agir envers lui en toute circonstance conformément à sa qualité.

Dans quelques pays le consul reçoit simplement avis qu'il a été reconnu et que les ordres nécessaires ont été donnés aux autorités de sa résidence; dans d'autres on se borne à écrire sur l'original de la commission: *exéquatur*, et le souverain y appose son contre-seing.

Conséquences de l'exéquatur. Le consul ne peut faire aucun acte officiel avant d'avoir reçu l'*exéquatur;* il doit donc s'abstenir de l'exercice public de ses fonctions tant qu'il n'a pas son *exéquatur*.

Cependant dans quelques pays les consuls sont reçus dans leur résidence et autorisés à entrer dans l'exercice provisoire de leurs fonctions, sur la seule justification de leur nomination; mais cette tolérance est un acte de pure courtoisie.

Du moment que le consul a obtenu son *exéquatur* et qu'il s'est fait reconnaître par les autorités compétentes de sa résidence, il a le droit d'entrer en fonctions et de revendiquer les prérogatives et les immunités correspondant à son emploi.

Par cela même que l'admission des consuls est subordonnée à une demande d'*exéquatur*, il est évident que le souverain territorial est absolument maître de refuser cet *exéquatur*, si sa présence dans le pays ou les antécédents de l'agent pour lequel il est sollicité, lui paraissent offrir certains inconvénients.

D'ailleurs le refus d'accorder l'*exéquatur* à une personne déterminée n'a pas besoin d'être motivé.

Retrait de l'exéquatur. Le droit de retirer l'*exéquatur* n'est pas moins illimité, lorsque le consul, manquant aux devoirs de sa charge, a compromis sa position en s'immisçant indûment dans les affaires du pays, en prenant part aux intrigues des partis politiques, en un mot en sortant du rôle qui lui est prescrit. Pareille extrémité se produit du reste rarement; car il est d'usage, avant d'y recourir, de mettre tout d'abord, par un exposé complet des motifs de plainte qu'a fournis le consul, l'État intéressé en demeure de rappeler son agent.

Plusieurs pays ont spécifié dans leurs traités consulaires les cas où l'*exéquatur* peut être retiré à leurs consuls; il y est stipulé généralement que pour qu'un consul cesse d'être reconnu comme tel dans le pays où il est accrédité, il faut

12*

que sa conduite ait été illégale et criminelle, et que le gouvernement qui se juge offensé fasse agréer les motifs de son détermination par celui auquel appartient le consul.

Les effets de l'*exéquatur* cessent de plein droit par le fait du retrait, comme par le fait de la révocation du consul par le gouvernement qui l'avait nommé.

En temps de guerre, quand un pays est occupé par une armée étrangère, on admet que l'*exéquatur* accordé par l'Etat vaincu conserve ses effets jusqu'à ce que les autorités d'occupation déclarent expressément le contraire.

Renouvellement de l'exéquatur. Bien que la patente délivrée par le gouvernement du pays où un consul réside soit l'acte duquel résulte pour lui le droit d'exercer les fonctions de sa charge, l'usage s'est établi de ne pas exiger le renouvellement de l'*exéquatur,* quand des changements politiques surviennent dans le pays de sa résidence.

Les *exéquatur* des consuls sont généralement délivrés sans frais ; il est pourtant quelques pays qui exigent le paiement d'un droit dont la somme varie selon le titre de l'agent consulaire. (*Voir* CONSUL.)

EXPATRIATION. Action de s'expatrier ou de quitter sa patrie, d'aller s'établir à l'étranger. (*Voir* ÉMIGRATION.)

EXPÉDITION. Terme de pratique : copie authentique d'un contrat, d'un titre, d'un acte ou d'un document quelconque. (*Voir* COPIE.)

Quand il s'agit d'un jugement ou d'un acte notarié, l'expédition, délivrée en bonne forme par l'officier public dépositaire de l'original, ne revêt par la forme exécutoire.

EXPÉDITION DE MARCHANDISES. Dans le commerce on appelle *expédition* d'une marchandise son envoi, soit par terre, soit par mer, à une destination indiquée. On donne alors le nom d'*expéditeur* ou *expéditionnaire* à la personne qui se charge de faire cet envoi, et celui de *consignataire* à la personne à qui la marchandise est adressée.

On appelle *commerce d'expédition* un genre de commerce qui consiste à envoyer à une destination ultérieure des marchandises arrivant de l'étranger.

EXPÉDITION DES NAVIRES. L'expédition d'un navire de commerce comprend toutes les formalités et tous les actes ordinaires qui peuvent dans un port

être requis du consulat à l'arrivée et au départ du bâtiment, savoir : rapport à l'arrivée ; certificat d'arrivée et de départ ; rapport concernant l'état sanitaire ; visa du journal ou du registre de bord, du congé, du rôle d'équipage ; visa et enregistrement des manifestes d'entrée et de sortie ; déclaration de simple relâche ; dépôt de tout acte dressé par le capitaine pour cause de désertion, à l'occasion de crimes ou de délits commis à son bord, de naissance ou de décès ; délivrance ou visa de patente de santé ; certificat quelconque exigé par l'autorité locale pour permettre la sortie du navire.

Un droit d'expédition est dû par un navire par le seul fait de son entrée dans un port. Ce droit d'expédition affecte exclusivement le corps du navire. (*Voir* NAVIRE.)

EXPÉDITION MILITAIRE ou simplement expédition. Entreprise à main armée contre un pays (*Voir* GUERRE) : l'expédition d'Egypte, l'expédition de Xercès, etc.

Expédition navale, expédition entreprise pour la guerre de mer.

Expédition maritime, voyage que font ensemble des navires de guerre ou marchands pour quelque entreprise commerciale ou autre, pour des découvertes, pour une mission pacifique ou hostile.

EXPÉDITIONNAIRE. Ce mot suit les différents sens d'*expédition.*

En pratique, en administration c'est le commis chargé de faire des expéditions, ou des copies.

En commerce, c'est la personne chargée par une autre des envois de marchandises.

En guerre, se dit des troupes ou de corps d'armée chargés d'une expédition militaire.

EXPROPRIATION. (*Voir* DOMAINE.)

EXPLOSIBLES (balles). On qualifie d'*explosible* toute matière ou tout mélange de matières capable de faire explosion, d'éclater avec un bruit instantané. Par un accord conclu à Saint-Pétersbourg le 11 décembre 1868 entre toutes les puissances européennes, l'emploi de balles explosibles par les troupes armées est absolument interdit.

Ce document est ainsi conçu : „Considérant que les progrès de la civilisation doivent avoir pour effet d'atténuer autant que possible les calamités de la guerre ; que le seul but légitime que les

Etats doivent se proposer durant la guerre est l'affaiblissement des forces militaires de l'ennemi; qu'à cet effet il suffit de mettre hors de combat le plus grand nombre d'hommes possible ; que le but serait dépassé par l'emploi d'armes qui aggraveraient inutilement les souffrances des hommes hors de combat ou rendraient leur mort inévitable, que l'emploi de pareilles armes serait dès lors contraire aux lois de l'humanité :

„Les parties contractantes s'engagent à renoncer mutuellement, en cas de guerre entre elles, à l'emploi par leurs troupes de terre et de mer de tout projectile d'un poids inférieur à 400 grammes, qui serait ou explosible ou chargé de matières fulminantes ou inflammables."

Il est utile de faire observer que ces dispositions s'appliquent uniquement aux balles de fusil et non aux projectiles de l'artillerie, qui font également explosion, mais dont l'emploi paraît indispensable pour la réussite des opérations de la guerre.

EXPULSION. Action d'expulser, c'est-à-dire de chasser quelqu'un du lieu où il est établi.

Lorsque l'expulsion s'applique à un agent diplomatique, elle consiste en ce que le gouvernement près lequel l'agent est accrédité lui remet ses passe-ports avec ordre de quitter le pays dans le plus bref délai: c'est ce qui a lieu dans les cas où l'agent diplomatique a commis quelque offense grave envers l'Etat étranger, ou lorsqu'il s'élève un conflit entre cet Etat et celui qui a envoyé l'agent.

En temps de guerre, les employés diplomatiques encourent l'expulsion immédiate, s'ils sont pris à envoyer sur la position et les forces des troupes des rapports dont l'autre belligérant pourrait tirer parti.

Il en est de même des visiteurs et des correspondants de journaux étrangers: les chefs militaires peuvent leur interdire de divulguer certains faits, faire au besoin contrôler leurs correspondances, et les expulser en cas de non-observation des ordres reçus.

Chaque Etat est autorisé à expulser pour motifs d'ordre public les étrangers qui résident temporairement sur son territoire. Mais lorsqu'un gouvernement expulse un étranger sans cause et avec des formes blessantes, l'Etat dont cet étranger est citoyen, a le droit de réclamer contre cette violation du droit international et de demander au besoin satisfaction.

Lorsqu'un Etat a accordé un asile à un prévenu ou condamné politique étranger, il a le droit dans les cas graves de retirer au réfugié la permission de séjourner sur son territoire, de l'expulser en lui donnant l'ordre de se rendre dans un pays déterminé.

EXTERRITORIALITÉ. L'exterritorialité, en langage diplomatique, est l'ensemble des immunités dont jouissent hors de leur pays les représentants d'une souveraineté étrangère; et principalement le privilège en vertu duquel ces personnes sont généralement regardées comme n'ayant pas quitté le territoire de leur nation et comme devant, à ce titre, échapper à la juridiction du pays où elles se trouvent, pour rester exclusivement soumises aux lois de leur propre pays.

L'exterritorialité, telle qu'elle est reconnue par le droit international, a pour effet direct l'inviolabilité personnelle, c'est-à-dire l'exemption de ceux qui y ont droit de toute espèce de juridiction territoriale, de toute action judiciaire ou de police indiquant contrainte ou mesure d'exécution.

L'immunité acquise à la personne privilégiée s'étend à la suite, ainsi qu'aux effets et aux biens meubles qui lui appartiennent; elle s'étend aussi à l'habitation qu'occupe cette personne; mais non aux propriétés foncières qu'elle exploite dans son intérêt privé.

L'immunité cesse naturellement d'exister, et les lois du pays de la résidence reprennent leur empire pour tous les actes que la personne privilégiée accomplit comme simple particulier et non plus en vertu de son caractère représentatif.

En première ligne des personnes qui jouissent du privilège de l'exterritorialité il faut mentionner les souverains, quand ils voyagent ou séjournent temporairement sur le territoire d'une autre puissance; mais lorsque le souverain voyage incognito, on considère l'incognito comme l'indice de sa volonté expresse de se soustraire aux obligations de son titre et de renoncer en même temps aux honneurs et au cérémonial officiel qui y sont attachés.

Le souverain étranger perd encore son droit aux immunités internationales lorsqu'il se soumet lui-même à la juridiction d'un autre pays, soit en entrant au service militaire de l'Etat, soit en accomplissant quelque acte équivalent de soumission implicite à l'autorité territoriale.

Enfin le souverain est privé des prérogatives attachées à l'exterritorialité, quand il est dépouillé de l'autorité suprême, soit qu'il ait abdiqué, soit qu'il ait été déposé. (Voir SOUVERAIN INCOGNITO.)

Le privilège d'exterritorialité est aussi accordé aux agents revêtus d'un caractère diplomatique, et, dans une mesure plus restreinte, aux consuls, aux vice-consuls et aux agents consulaires, ainsi qu'aux chefs de forces militaires ou navales, lorsqu'ils sont admis sur un territoire étranger. (Voir AGENT DIPLOMATIQUE, CONSUL.)

Par suite de cette fiction qui suppose que, quoique résidant dans un autre pays, il demeure sur le territoire de son propre souverain, l'agent ou le ministre public reste toujours soumis aux lois de sa patrie, lesquelles continuent de régir l'état de sa personne et ses droits de propriété; conséquemment il est exempt de la juridiction locale du pays où il est envoyé; aucune action ne peut être formée contre lui devant les tribunaux du lieu de sa résidence; aucune contrainte par corps, aucune saisie de ses biens ne peut y être exercée contre lui; sa maison, considérée comme étant hors du territoire aussi bien que sa personne, n'est pas accessible aux officiers de justice du pays. Le personnel de la mission, l'épouse et la famille de l'agent participent à ces prérogatives, et ses enfants, bien que nés à l'étranger, sont regardés comme originaires du pays de leur père.

Un Etat est autorisé en tout temps à refuser pour motifs graves le séjour de son territoire à la personne qui jouit de l'exterritorialité; mais il doit lui accorder un délai suffisant pour quitter le pays en toute sûreté.

Navires de guerre. Les navires de guerre, étant regardés comme une partie du territoire de la nation dont ils portent le pavillon, ont droit, ainsi que les personnes qui sont à leur bord, au privilège d'exterritorialité, avec toutes les immunités qui s'y rattachent.

Une des conséquences de cette prérogative, c'est qu'aucune autorité autre que celle du gouvernement auquel il appartient, n'a le droit de s'immiscer dans ce qui se passe à bord d'un navire de guerre.

L'inviolabilité reconnue en tout lieu aux navires de guerre et étendue aux personnes qui les montent, n'entraîne pas l'irresponsabilité de celles-ci; seulement les actions à diriger contre elles doivent être poursuivies par voie diplomatique.

L'unique exception apportée au principe d'immunité juridictionnelle est celle qui a trait à l'obligation d'observer les règlements sanitaires du pays où le bâtiment de guerre veut aborder.

L'immunité découlant de l'exterritorialité couvre les embarcations et les autres accessoires ou dépendances du bâtiment de guerre; mais elle ne s'étend ni aux marchandises, ni aux navires capturés en violation de la neutralité du pays où les prises sont amenées.

L'exterritorialité est accordée aussi, mais exceptionnellement, aux navires étrangers, qui ont à leur bord des souverains ou des envoyés étrangers et qui sont mis exclusivement à la disposition de ces personnages; mais lorsqu'un souverain ou un ministre étrager voyage sur un navire à bord duquel se trouvent d'autres passagers, les immunités ne portent que sur l'espace qu'il a retenu pour lui, sa suite et ses bagages.

Troupes en passage. Lorsqu'un Etat indépendant accorde à une armée étrangère la permission de passer ou de séjourner sur son territoire, les personnes qui composent cette armée ou se trouvent dans ses rangs ont droit aux prérogatives de l'exterritorialité.

Il est à peine besoin de faire remarquer que pour, que dans l'espèce, il y ait matière à immunité, le passage et le séjour de ces troupes doit avoir été régulièrement sollicité et accordé; s'il n'en avait pas été ainsi, ce serait un cas de violation de territoire, un acte d'hostilité, qui ne saurait créer aucun droit, aucun privilège en dehors de ceux que confère à l'ennemi une guerre ouvertement déclarée.

Lorsque le passage de la frontière est le résultat de circonstances de force majeure et conserve un caractère innocent, l'Etat offensé rentre aussitôt dans le plein exercice de sa souveraineté et de sa juridiction; il ne manque donc à aucun devoir international en faisant arrêter et désarmer les troupes étrangères qui fondent indûment sur son territoire, et en réclamant du chef de cet envahissement une légitime réparation.

EXTINCTION. Abolition, cessation. Trait ou acte, qui met fin à l'existence d'une obligation, d'un traité, d'une dette.

Les principaux modes d'extinction d'une dette consistent dans le paiement, la *compensation* et la *novation.* (Voir ces mots.)

Les traités s'*éteignent* ou cessent soit naturellement, soit violemment.

L'extinction naturelle a lieu lorsque tous les engagements du traité sont intégralement remplis; lorsque le terme pour lequel le traité a été conclu est expiré; lorsque l'une des parties contractantes renonce au maintien du traité; lorsque la chose qui formait l'objet du traité n'existe plus.

L'extinction violente provient de la *rupture*, de la *dénonciation* avant l'échéance stipulée pour la cessation des obligations contractées. (Voir ces mots) (*Voir* TRAITÉ.)

EXTRADITION. L'extradition est l'acte par lequel un gouvernement livre un individu prévenu d'un crime ou d'un délit commis hors de son territoire à un autre gouvernement, qui le réclame pour le faire juger et punir.

Les gouvernements ne sont pas tenus de demander ou d'accorder l'extradition de tous les délinquants en fuite : c'est une faculté dont ils usent quand ils le croient nécessaire. La pratique en est généralement consacrée par des traités internationaux, soumis à certaines règles uniformes.

L'extradition, étant le résultat d'un accord diplomatique, d'une convention internationale, rentre dans le domaine exclusif du gouvernement, qui a seul qualité pour la demander ou pour l'accorder.

L'instruction criminelle qui précède d'ordinaire la concession ou le refus de l'extradition et le mode de remise des inculpés varient sans doute selon les législations intérieures des différents pays; mais dans tous les cas les négociations relatives à la demande d'extradition ont lieu de gouvernement à gouvernement. L'extradition peut avoir lieu entre deux pays, même quand ils ne sont liés par aucune convention spéciale; seulement dans ce cas elle est une concession de pure courtoisie internationale et ne saurait être légalement exigée.

En principe, tout accusé est susceptible d'être extradé; cependant cette règle comporte des réserves, qui sont devenues elles-mêmes des règles généralement adoptées : nous citerons notamment celle qui admet que l'extradition ne s'applique pas aux criminels qui sont parvenus à se réfugier dans leur pays d'origine.

Dans l'état actuel des choses, chaque Etat ne peut se faire livrer que ses propres nationaux et les étrangers réfugiés dans un autre pays que celui auquel ils appartiennent.

Lorsque le condamné ou le prévenu est étranger aux deux Etats contractants, le gouvernement qui doit accorder l'extradition n'est pas forcé d'informer de la demande d'extradition le gouvernement du pays auquel appartient l'individu réclamé.

L'exception en faveur des crimes et des délits politiques est devenue une règle invariable pour tous les Etats civilisés.

L'exception s'étend même aux faits connexes aux crimes ou aux délits politiques, et il suffit qu'un crime commun se rattache à un fait politique, qu'il en soit la suite et l'exécution, pour être couvert par le privilège qui sauve-garde celui-ci. Toutefois dans certains traités une réserve spéciale autorise l'extradition des individus conpables d'attentats contre le chef d'un gouvernement étranger, les princes et les membres de leur famille, ces crimes ne pouvant pas être regardés comme ayant un caractère politique, mais bien comme constituant des crimes communs.

Il est aussi de principe général que, pour que l'extradition soit accordée, il faut, à moins de stipulation conventionnelle, que le fait en raison duquel l'extradition est demandée, soit considéré comme crime tant par l'Etat demandeur que par celui auquel la demande est adressée et soit également punissable par les deux législations. Il s'ensuit que si l'individu extradé est accusé d'un crime et d'un délit, il ne doit être jugé que sur le fait criminel.

On n'est pas encore parvenu à une énumération générale et uniforme des crimes passibles d'extradition, certains Etats comprenant dans leur nomenclature des faits délictueux, des actes ou des attentats que d'autres négligent ou passent intentionnellement sous silence.

Au surplus la nomenclature insérée au traité d'extradition est regardée par les légistes, dont l'esprit n'enchaîne pas la liberté d'action au texte littéral et judaïque des stipulations conventionnelles, comme purement énonciative et non comme limitative, c'est-à-dire qu'elle laisse de part et d'autre subsister le droit de demander aussi bien que d'accorder l'extradition pour des faits autres que ceux mentionnés dans les conventions, toutes les fois que ces faits ont une gravité suffisante pour commander une répression pénale ou pour rendre l'impunité dangereuse.

L'extradition s'applique également aux tentatives des crimes et au recèlement des objets obtenus à l'aide des crimes prévus dans les traités; et elle atteint non seulement les auteurs, mais encore les complices des crimes, à la seule et formelle exception des nationaux respectifs.

Les actes d'extradition sont personnels au fugitif réclamé et énoncent ou définissent en termes généraux le fait qui les provoque. Ce n'est que sur le fait ainsi articulé que l'individu extradé peut être jugé.

Les autorités appelées à statuer sur une demande d'extradition n'ont pas à réclamer la preuve du fait incriminé pour lequel l'extradition est demandée. Il suffit pour accorder l'extradition que les faits incriminés puissent rentrer sous l'application de la loi.

Il est admis généralement que l'extradition ne peut plus avoir lieu, si postérieurement aux faits qui l'ont motivée, à la poursuite ou à la condamnation qui en a été la suite, la prescription de l'action ou de la peine est acquise d'après les lois du pays dans lequel le prévenu s'est réfugié.

Dans le cas où le même individu a commis des crimes dans des pays différents, dont les autorités compétentes adressent simultanément une demande au même gouvernement pour l'extradition du même individu, les convenances internationales et les exigences de l'équité paraissent admettre que l'Etat qui a le premier formulé une demande d'extradition, est fondé à exiger que sa demande soit accueillie avant celles qui ont pu la suivre.

Si l'étranger dont l'extradition est accordée est sous le coup d'une prévention ou d'une condamnation antérieure dans le pays où il s'est réfugié, il ne peut être livré qu'après que toutes les poursuites commencées sont closes, ou après que la peine prononcée a été subie.

La plupart des traités renferment une disposition expresse pour la remise à la puissance qui réclame l'extradition, des objets saisis comme provenant de vol et de tout ce qui peut servir à la constatation du crime; cette remise a toujours lieu, soit que l'extradition devienne effective, soit qu'il ait été impossible de retrouver les traces du coupable.

En règle générale, les frais d'arrestation, de détention et de translation des fugitifs sont à la charge du gouvernement qui a requis l'extradition.

Les demandes d'extradition doivent être jugées d'après le traité en vigueur au moment où elles sont faites, et non d'après celui qui était en vigueur à l'époque de la condamnation de la personne dont l'extradition est demandée.

L'individu qu'on a livré ne peut être jugé que pour le fait qui a motivé l'extradition, de sorte que si pendant qu'on procède à l'instruction du crime pour lequel il est livré, surgissent des preuves d'un nouveau crime pour lequel l'extradition pourrait être également accordée, il faut que ce crime devienne l'objet d'une nouvelle demande d'extradition.

En principe général, le gouvernement seul est juge de la validité d'une extradition : c'est à lui qu'il appartient d'en fixer la portée et d'en interpréter les termes; les tribunaux doivent surseoir jusqu'à la décision.

Les demandes d'extradition ne pouvant être présentées et instruites que par la voie diplomatique, c'est exclusivement au gouvernement qu'il appartient de les formuler et de les apprécier; les chefs du parquet peuvent seulement, dans l'intérêt de la justice, correspondre avec les magistrats étrangers pour avoir des renseignements.

EXTRAJUDICIAIRE. Se dit de ce qui est fait hors de la présence de la justice.

En procédure, on donne ce nom aux actes, aux significations, aux sommations qui ne concernent pas un procès actuellement pendant en justice, ou qui ne font point partie de la procédure ou de l'instruction du procès. Le juge n'a pas à se prononcer sur ces actes, faits en dehors d'une instance.

EXTRAORDINAIRE. Qui n'est pas selon l'usage ordinaire, selon l'ordre.

Dépense *extraordinaire,* dépense qui excède celle qu'on fait ordinairement, ou dépense imprévue qu'on fait en sus de celle qu'on s'était proposé de faire. C'est encore, dans les comptes, ce qui est en outre de la dépense ordinaire, et l'on taxe d'*extraordinaires* les fonds destinés à y faire face.

On appelle conseiller d'Etat en service extraordinaire, un conseiller qui n'a pas de traitement et qui ne remplit pas de fonctions au conseil d'Etat.

La qualification *extraordinaire* ajoutée au titre d'ambassadeur, d'envoyé, indique que la mission de l'envoyé est toute spéciale et par conséquent temporaire, qu'elle a pour objet, par exemple, de négocier une paix, une alliance ou tout autre traité, de complimenter un prince à l'occasion de son avènement au trône ou dans d'autres circonstances solennelles. Cependant l'usage a prévalu de revêtir du titre d'extraordinaire, des envoyés dont la mission n'est qu'ordinaire, embrasse tous les devoirs d'une mission diplomatique proprement dite et est permanente. C'est sans doute afin d'étendre aux ministres publics le bénéfice des égards particuliers avec lesquels sont le plus souvent traités les envoyés extraordinaires, et de leur conserver notamment le privilège d'une certaine préséance sur d'autres représentants diplomatiques.

Généralement la qualification d'envoyé extraordinaire accolée à celle de ministre plénipotentiaire sert à désigner un poste plus relevé que celui d'envoyé ordinaire, mais au-dessous, de celui d'ambassadeur. (*Voir* ENVOYÉ.)

ÉYALET. Division administrative de l'empire ottoman, gouvernée par un pacha: c'est pourquoi on le nomme aussi *pachalick.*

L'éyalet se subdivise en *livahs* ou *sandjakats.*

F

FAILLITE. Cessation des paiements d'un commerçant, fait ou action de cette cessation, état du négociant qui en est la conséquence.

Quoiqu'on les emploie assez généralement l'un pour l'autre, les deux termes *faillite* et *banqueroute* ne sont pas synonymes. Si la cessation de paiement est causée uniquement par des circonstances malheureuses, elle prend le nom de *faillite,* si elle est accompagnée de négligence ou de mauvaise foi et de fraude, il y a *banqueroute, simple* ou *frauduleuse.*

La déclaration de faillite, considérée dans sa véritable raison d'être, a pour objet plutôt les biens que la personne du failli, plutôt la garantie des intérêts des créanciers que l'intérêt du débiteur.

La faillite, pour atteindre facilement et complètement son but, n'est possible qu'en *un seul* endroit, par conséquent devant *un seul* tribunal compétent, et pour le même motif elle doit attirer à elle la totalité de la fortune du failli.

L'état de faillite est régi par le statut personnel quant aux actes dont le failli devient personnellement incapable; mais il est régi par le statut réel quant aux actes qui ne sont interdits au failli que par rapport à ses biens et dans l'intérêt de ses créanciers. (*Voir* STATUTS).

Un des premiers effets du jugement déclaratif de faillite est de dessaisir le failli de l'administration personnelle de ses biens et de lui substituer un mandataire légal chargé de le représenter dans toutes les actions actives et passives qui peuvent l'intéresser. Par suite toute action doit, à partir du jugement déclarant la faillite, être intentée non contre le failli, mais contre celui qui le représente légalement.

En principe le jugement étranger qui nomme un syndic à une faillite, produit ses effets dans les autres pays sans y avoir été préalablement rendu exécutoire; mais l'*exequatur* est exigé, s'il y a contestation sur le fait de la déclaration de faillite et sur la nomination du syndic, ou bien encore sur les conditions de report ou de fixation de l'ouverture de la faillite.

L'effet des jugements étrangers déclaratifs de faillite n'est pas immédiat; il faut que l'autorité judiciaire locale les ait rendus exécutoires dans la forme prescrite par la législation du pays.

Toutefois le jugement de déclaration de faillite, considéré uniquement comme constatation du fait, est valable partout.

Il s'ensuit donc que l'individu déclaré failli dans son pays doit être réputé comme tel en pays étranger.

Le créancier étranger qui s'est soumis au droit étranger sur les faillites, doit accepter d'être régi par ce droit-là.

Le juge du pays où la faillite a été déclarée, doit traiter d'après le droit de ce pays *tous* les créanciers, tant indigènes qu'étrangers, le même devoir existe par conséquent pour le juge étranger.

Si une faillite est déclarée à la fois dans plusieurs pays, l'état de faillite sera réglé, relativement aux biens situés dans chaque pays, par la loi locale.

Le tribunal qui a prononcé la mise en

faillite d'un négociant, est seul compétent pour ordonner la vente des marchandises composant son actif et mises sous les scellés.

La doctrine a admis que lorsqu'un même négociant a deux maisons dans deux Etats différents, la déclaration de faillite de l'une ne peut avoir d'effet sur l'autre.

En règle générale, dans l'ordre ou la distribution du prix des biens du débiteur commun, on ne fait aucune différence entre les créanciers nationaux et les créanciers étrangers.

Le droit international privé a consacré comme règle générale que le certificat de libération obtenu par un commerçant failli est obligatoire pour tous les créanciers, nationaux ou étrangers, pourvu que la libération ait été prononcée dans le pays même où les dettes ont été contractées.

Les lois territoriales qui imposent un *concordat* (voir ce mot) ou une remise, obligent seulement le créancier qui est sujet à ces lois ou qui s'y est soumis volontairement, tandis que les créanciers étrangers qui n'ont pas adhéré au concordat ne sont pas liés par cet acte.

Le jugement qui prononce la réhabilitation d'un failli a effet en pays étranger, s'il est rendu par le même tribunal qui a déclaré la faillite; mais si le jugement a été rendu dans un autre pays que celui où la faillite a été déclarée, il ne peut avoir aucun effet dans le pays où a eu lieu la déclaration.

FAMILLE. Toutes les personnes d'un même sang, comme père, mère, enfants, frères, oncles, neveux, cousins, etc.

Lorsqu'on parle des grandes et anciennes races souveraines on emploie plutôt le mot *maison* (voir ce mot) que celui de famille.

Dans un sens plus restreint, se dit du père, de la mère et des enfants.

Généralement les immunités acquises à une personne privilégiée s'étendent à sa famille.

Ainsi l'inviolabilité et l'indépendance accordée à tout agent diplomatique, à tout ministre public régulièrement accrédité l'est également à sa femme et à ses enfants.

On ne saurait, sans manquer aux égards dûs au ministre public, refuser à sa femme certaines distinctions particulières à la cour et dans les cérémonies publiques.

Si le ministre public vient à décéder pendant l'exercice de ses fonctions, sa veuve, les membres de sa famille continuent jusqu'à leur sortie du pays étranger, de profiter des prérogatives qui leur étaient attribuées du vivant du ministre.

FAUSSES NOUVELLES. Les capitaines les plus illustres n'ont pas hésité à recourir à la propagation de fausses nouvelles pour tromper l'ennemi et préparer sa déroute.

Ce but se poursuit tantôt au moyen de dépêches supposées, qu'on fait tomber entre les mains de l'ennemi, tantôt par l'entremise d'une ou de plusieurs personnes qui, feignant d'être des transfuges, entretiennent ce qu'on appelle des *intelligences doubles*. (*Voir* TRANSFUGES.)

FÉCIAL. Terme d'antiquité romaine.

Nom donné à des prêtres, dont la fonction principale était d'intervenir dans les déclarations de guerre et dans les traités de paix ou d'alliance, et de consacrer ces actes publics par des cérémonies religieuses; ils faisaient aussi fonctions de hérauts d'armes.

Le Collège des féciaux, au nombre de 20, était chargé spécialement de déterminer les conditions et de régler les formalités suivant lesquelles le peuple romain pouvait conclure des traités et déclarer la guerre sans encourir le courroux des dieux.

L'intervention des féciaux était indispensable pour la conclusion des traités. Le *père patrat*, chef des féciaux, tenant d'une main l'herbe sacrée (cultivée dans l'enceinte du Capitole en vue des cérémonies religieuses) et un caillou (ramassé au même endroit), proclamait l'observation fidèle des conventions et déclarait que le peuple qui les violerait le premier, serait frappé par Jupiter comme lui-même allait frapper le porc destiné au sacrifice qui devait sanctionner la conclusion du traité; au même instant il lançait le caillou au loin, comme symbole de la foudre qui ne manquerait pas d'atteindre le parjure; ensuite le roi ou les consuls prêtaient serment. Les traités étaient signés par les féciaux et déposés dans le temple du Jupiter.

Lorsque les Romains se disposaient à entrer en lutte contre une autre nation, ils lui envoyaient le *pater patratus,* qui avait pour mission de demander réparation de l'injure commise. Si après trois jours l'offenseur n'accordait point cette réparation, le héraut invoquait le témoignage des dieux et s'en retournait en déclarant que Rome allait prendre les mesures nécessaires pour obtenir justice. La question était alors soumise au sénat;

et si la guerre était résolue, on envoyait de nouveau un héraut à la frontière pour en faire la déclaration en due forme, selon l'usage consacré. Tant que ces conditions n'avaient pas été remplies, aucune nation n'était considérée comme ennemie du peuple romain.

Ces formalités cessèrent d'être observées lorsque les Romains firent la guerre à des pays éloignés. Ils imaginèrent alors de considérer fictivement un champ situé dans Rome même, près du temple de Bellone, comme la contrée où leurs armées devaient opérer et c'est au pied d'une colonne élevée dans ce champ que le *père patrat* enfonçait dans le sol son javelot ensanglanté.

L'institution des féciaux date du roi Numa, et il en est encore question sous l'empereur Trajan.

Les règles et les procédures suivies par les féciaux dans l'exercice de leurs fonctions et la pratique de leurs messages, paraissent avoir constitué comme un corps de législation spéciale, auquel on a appliqué la dénomination de *droit fécial* ou droit appartenant aux féciaux : c'était la base des coutumes et des formalités adoptées par les Romains pour la conclusion de leurs traités ou le règlement de leurs différends avec les autres nations.

FÉDÉRALISME. Système politique d'après lequel l'organisation fédérative est considérée comme la forme préférable de gouvernement; or cette organisation consiste à associer, mais uniquement sous le rapport de leurs intérêts généraux, les diverses provinces d'un même Etat, en laissant à chacune d'elles son autonomie.

(Voir CONFÉDÉRATION, FÉDÉRATION.)

FÉDÉRATIF. Qui a rapport à une fédération, à une confédération, à une union ou alliance politique de plusieurs Etats :

Système fédératif, le mode ou l'ensemble des principes et des règles de ce genre d'union ou d'alliance.

Gouvernement fédératif, la manière ou la constitution d'après laquelle la fédération est régie.

Pacte fédératif, l'acte par lequel la fédération est constituée; les bases sur lesquelles elle est établie.

FÉDÉRATION. Union politique d'Etats.

(Voir CONFÉDÉRATION.)

FEMME. Pour la femme la nationalité peut dériver du mariage, en ce sens que la femme suit de plein droit la condition nationale de son mari.

La femme mariée ne peut changer de nationalité qu'avec l'autorisation de son mari ou de la justice.

Le domicile de la femme mariée est celui de son mari.

Seulement, dans le cas où elle intente un procès en séparation de corps ou en divorce, selon le pays, on prend pour base de la juridiction le lieu où elle réside, même hors de chez son mari; autrement la loi qu'elle invoque pour obtenir justice pourrait être sans force.

Quand la séparation ou le divorce a été prononcé, ou bien quand le mari est mort, la femme recouvre la faculté de changer de domicile; mais elle conserve le dernier domicile conjugal jusqu'à ce qu'elle en ait changé effectivement *animo et facto*, d'intention et de fait. Les immunités accordées aux agents diplomatiques en pays étranger s'étendent à la femme du ministre public; toutefois celle-ci ne jouit pas de droits honorifiques particuliers.

(Voir AGENTS DIPLOMATIQUES, AMBASSADEURS, MINISTRES, EXTERRITORIALITÉ, INVIOLABILITÉ, CÉRÉMONIAL.)

FÉODAL. Qui appartient à un fief ou à la féodalité.

Seigneur féodal, seigneur d'un fief.

Bien féodal, bien tenu en fief.

Droits féodaux, droits auxquels les vassaux étaient soumis envers leur seigneurs.

Droit féodal, le droit ou la législation qui traite des fiefs et des rapports de seigneur à vassal.

Gouvernement féodal, celui d'un pays partagé en fiefs, c'est-à-dire en domaines possédés par des vassaux et des arrière-vassaux. On dit dans le même sens, régime féodal, système féodal, monarchie féodale.

Temps féodaux, les temps où le gouvernement féodal était en vigueur.

FÉODALITÉ ou RÉGIME FÉODAL.

On nomme ainsi un état de choses issu de la conquête de l'Empire romain par les Barbares, et consistant dans une espèce de confédération de seigneurs investis d'un pouvoir souverain chacun dans ses propres domaines, mais subordonnés entre eux et ayant des devoirs et des droits réciproques : de là une distinction entre les *seigneurs suzerains* et les *vassaux* ou *feudataires*. (Voir ces mots.)

Après l'envahissement des provinces romaines, les terres conquises furent divisées en *alleux* ou terres libres dévolues par le sort à des chefs indépendants (*Voir* ALLEU, TERRES ALLODIALES), et en *bénéfices* ou *fiefs* (voir ces mots), terres concédées par un chef à ses compagnons d'armes en récompense des services qui lui avaient rendus à la guerre ; les *fiefs*, dans l'origine amovibles ou viagers, devinrent bientôt héréditaires, ce qui accrut considérablement la puissance de leurs possesseurs, au point que le roi n'était plus souverain, mais suzerain, la souveraineté étant répartie entre les seigneurs ; c'est alors, vers le milieu du 7e siècle, que commence la véritable époque féodale, qui s'est continuée en France jusqu'au temps de Richelieu et dont la révolution de 1789 a effacé les dernières traces.

En Allemagne, la féodalité a été cause de la division du pays en cette multiplicité de petits Etats, dont une partie existent encore aujourd'hui.

Le nom de *féodalité* s'emploie encore dans d'autres acceptions : il exprime la qualité de ce qui est féodal, ainsi l'on dit la féodalité d'une rente, qui se paie à titre de redevance feudataire ; la tenue d'un héritage, d'un domaine à titre de fief ; la foi et l'hommage que le vassal doit au suzerain.

FEUDATAIRE. Celui qui possède un fief avec foi et hommage au seigneur suzerain. (*Voir* FIEF, VASSAL.)

FIDÉLITÉ. Attachement à ses devoirs, à ses engagements.

En politique, c'est la foi gardée au souverain, au chef de l'Etat.

C'est un principe universellement reconnu, tant par la jurisprudence internationale que par les codes de tous les pays, que l'individu doit obéissance et fidélité à la souveraineté politique sous laquelle il est né ; mais il n'existe pas de règle générale qui détermine avec précision quand et comment cette obéissance cesse ou se transforme définitivement.

Sous ce rapport, qui appartient plutôt au domaine de la loi intérieure ou municipale qu'à celui du droit des gens externe, chaque nation a ses principes et ses usages qui lient les individus dont elle se compose à la fois pour leur status personnel et pour leur situation internationale, c'est-à-dire quant au droit d'expatriation et de naturalisation. Le seul axiome de droit qui trouve son application en cette matière, c'est que la nationalité d'origine, quelque indélébile qu'elle soit par elle-même, doit être prouvée par celui qui la revendique, s'il veut détruire la portée légale de faits propres à en altérer l'intégrité. (*Voir* ALLÉGEANCE, ÉMIGRATION, EXPATRIATION.)

FIEF. Ce mot, dans le droit du moyen-âge, servait à désigner un terre, un office, même une simple rente concédée par une personne à une autre, sous la condition que le preneur reconnaîtrait le bailleur pour son seigneur, lui garderait fidélité, lui rendrait certains services ou lui paierait certains droits.

Suivant le point de vue sous lequel on les considérait, les fiefs formaient plusieurs catégories.

Sous le rapport de la nature des propriétés qui les constituaient, ils se divisaient en fiefs *corporels* et en fiefs *incorporels.*

Le fief *corporel* se composait d'un domaine utile et d'un domaine direct, c'est-à-dire de terres ou de maisons, dont le seigneur jouissait par lui-même ou par ses fermiers, et de rentes et d'autres droits que le seigneur s'était réservés en concédant à titre de fief différentes parties de son domaine.

Le fief *incorporel,* qu'on appelait aussi *fief en l'air,* consistait soit en mouvances et en censives (redevances en argent ou en denrées), à la fois, soit en mouvances ou en censives seulement. Ce fief était dit *continu,* quand les mouvances ou les censives portaient sur des propriétés contiguës ; et il était dit *volant,* quand ces mouvances ou ces censives étaient situées en divers lieux.

Sous le rapport du rang qu'ils occupaient dans la hiérarchie féodale, les fiefs se distinguaient en *suzerains,* en *dominants* et en *servants.*

Le fief *suzerain,* dans les derniers temps, ne relevait que du roi ; le fief *dominant* relevait directement du fief *suzerain,* et le fief *servant* du fief *dominant.* Cependant le même fief pouvait être dominant à l'égard d'un autre et servant à l'égard d'un troisième, de sorte que le seigneur suzerain était le seigneur *inmédiat* du seigneur dominant et le seigneur *médiat* du possesseur du fief *servant.*

Dans les premiers siècles du régime féodal, on donnait le nom de *grands fiefs* ou *fiefs capitaux* à ceux qui relevaient immédiatement de la couronne.

On distinguait aussi les fiefs en fiefs *dignitaires* ou de *dignité,* qui conféraient un titre nobiliaire à leurs possesseurs, tels que les duchés, les comtés, les baronies, etc., et en fiefs *simples,* auxquels aucune qualification de dignité n'était attachée. Les fiefs de dignité étaient quelquefois nommés royaux, parceque la concession en était exclusivement réservée au roi; il y avait aussi le *fief pairie*, auquel la dignité de pair était attachée.

L'arrière-fief était le fief montant ou servant d'un autre fief.

On appelait *franc fief* le fief possédé par un roturier, avec concession et dispense du roi, contre la règle qui ne permettait pas aux roturiers de tenir des fiefs. Sur les roturiers ainsi possesseurs de terres nobles on levait de temps en temps un droit domanial, sous la dénomination de droit, ou de taxe de francs fiefs.

FILIATION. Descendance de l'enfant à l'égard du père et de la mère.

Se dit aussi de la descendance de père en fils en ligne directe, par une suite non interrompue de générations, ou d'une suite non interrompue de générations dans une même famille.

La filiation peut être *légitime* ou *naturelle*.

La filiation *légitime* est celle des enfants nés d'un mariage légitimement contracté. Dans cet état la présomption légale attribue la paternité au mari, et la qualité d'enfants légitimes s'applique aux enfants conçus et même à ceux qui sont seulement nés depuis le mariage. La filiation des enfants légitimes se prouve par les actes de naissance inscrits sur les registres de l'état civil, ou, à leur défaut, par la possession d'état, ou encore par témoins, ou par des titres ou des papiers émanés du père et de la mère décédés.

La loi applicable en cas de conflit, lorsque le mariage a été contracté en pays étranger, est la loi nationale des époux.

La filiation *naturelle* est la situation, par rapport à leurs parents, des enfants, qui ne sont pas issus d'une union légitime.

La filiation *naturelle* s'établit en général par la *reconnaissance*, c'est-à-dire par l'aveu que le père ou la mère fait de sa qualité, et dans certains cas par une recherche judiciaire. Les enfants naturels peuvent même devenir légitimes, si les parents venant à se marier ensemble les reconnaissent dans l'acte même de la célébration du mariage. Lorsque les enfants naturels ont été déjà reconnus légalement par le père et la mère et que ceux-ci viennent plus tard à se marier, leur légitimation est de droit.

La filiation naturelle se prouve par la reconnaissance volontaire ou forcée du père ou de la mère.

Lorsqu'il y a conflit avec une législation étrangère, la filiation naturelle est régie par la loi nationale des personnes.

On appelle filiation *adultérine* la position d'un enfant dont l'un des deux parents était à l'époque de la conception engagé par mariage avec une autre personne, et filiation *incestueuse*, celle d'enfants nés de deux personnes parentes ou alliées à un degré prohibé. La reconnaissance ne peut en aucun cas avoir lieu au profit des enfants adultérins ou incestueux.

En matière de filiation adultérine ou incestueuse, la loi française interdit non seulement la recherche de la paternité et même de la maternité, mais aussi la constatation d'une semblable parenté; la même interdiction est édictée par le code italien, tandis qu'au contraire la législation prussienne admet la recherche de la filiation adultérine.

Il s'ensuit que, si une filiation adultérine ou incestueuse a été constatée à l'étranger contre des étrangers, elle sera non avenue en France, où l'on n'en fera pas sortir les effets qui en sortiraient d'après la loi étrangère, notamment le droit à la légitimation et le droit de succession; mais il faudrait lui appliquer les effets, tels, entre autres, que le droit à des aliments, que la loi française reconnaît à cette filiation quand elle est indirectement la conséquence d'un jugement que l'a établie, comme quand elle résulte de l'action en désaveu, de la nullité d'un mariage entre parents au degré prohibé.

Quant à la filiation qui résulte du fait de l'adoption, elle n'est que fictive et purement légale. (*Voir* ADOPTION.)

FIN DE NON-RECEVOIR. Cette locution, en usage dans les tribunaux français, embrasse les moyens ou exceptions diverses qui tendent à faire écarter une action sans examiner si elle est fondée.

La fin de non-recevoir est un moyen de droit préjudiciel par lequel on repousse une action, sans qu'il soit nécessaire d'examiner le fond de la contestation.

Dans le langage général, c'est un refus fondé sur des raisons extrinsèques, ne ressortant pas du fait même, mais plutôt de circonstances accessoires ou même étrangères.

FINALE. C'est la disposition qui termine un traité, et dans laquelle est constaté le concours des volontés des négociateurs sur l'ensemble des articles qui ont été l'objet des négociations. Elle indique aussi la date, le lieu de conclusion, les nombres des expéditions, et l'apposition des sceaux et des signatures des plénipotentiaires.

Voici la formule généralement usitée :

En foi de quoi les plénipotentiaires des hautes parties contractantes ont signé le présent traité et y ont apposé leurs sceaux et signatures, etc. *Fait en double à ... le ... jour du mois de l'an ....* (suivent les signatures.)

FINANCES. Ce sont les ressources pécuniaires que possède un gouvernement pour faire face aux dépenses publiques.

Surintendant, intendant, contrôleur général des finances, noms donnés autrefois, en France, à des employés supérieurs des finances.

Aujourd'hui, dans ce pays, la gestion de la fortune de l'Etat est confiée à un *ministre des finances,* qui a pour attributions l'administration des revenus publics provenant de la perception des contributions directes et indirectes, de l'exploitation des domaines de l'Etat, de toutes les régies et entreprises donnant un produit au trésor; l'acquittement de toutes les dépenses publiques ordonnancées par les divers ministres conformément aux crédits votés par les chambres législatives; le paiement des dettes de l'Etat; la surveillance des caisses publiques et des comptables, le contrôle de la recette et de l'emploi des deniers publics; la rédaction annuelle du budget général de l'Etat.

Dans les autres pays, le système de gestion financière est à peu de chose près analogue; seulement le haut fonctionnaire qui est à la tête porte parfois un titre différent de celui de ministre : chancelier de l'Echiquier, secrétaire de la Trésorerie, etc. (voir ces mots).

FIRMAN. Nom donné aux édits, aux ordonnances, aux décrets émanés de la Porte ottomane, soit du Sultan directement, soit des ministres ou membres du divan, en ce qui concerne les affaires de leur ressort respectif.

On donne particulièrement le nom de *Hatti schérif* au firman qui est revêtu de la signature autographe du Sultan, ou sur lequel il a écrit de sa propre main, au-dessus du chiffre entrelacé représentant son nom : „Qu'il soit fait comme il est dit ci-dessous.“

On donne aussi le nom de *firman* au passe-port ou à la permission de trafiquer accordée aux marchands étrangers qui font le commerce dans le Levant.

FISC. Le trésor; les finances de l'Etat.

Les administrations financières en général.

(*Voir* FINANCES.)

FLEUVES, RIVIÈRES. Les fleuves et les rivières font partie du territoire de l'Etat qu'ils traversent.

Lorsqu'un fleuve est situé tout entier sur le territoire d'un seul Etat, il est considéré comme se trouvant sous la souveraineté exclusive de ce même Etat, qui alors a seul autorité et pouvoir pour en règlementer la navigation.

Quand, au contraire, un fleuve sert de limite à deux ou à plusieurs Etats, il constitue pour ces Etats une propriété commune, à moins que par première occupation, achat, cession ou autre titre valide et légitime, l'un de ces Etats n'en ait acquis le domaine exclusif et privilégié.

Enfin, lorsqu'un fleuve non seulement traverse plusieurs Etats, mais encore sert à marquer entre eux la frontière politique ou de souveraineté, la ligne de partage qui indique la limite de juridiction est supposée fictivement passer par la partie la plus profonde du courant des eaux, connue sous le nom de *thalweg.* (Voir ce mot.)

Les Etats riverains sont tenus de veiller à l'entretien des rivages et du lit des rivières, des chemins de hâlage, etc.

Il n'est point permis de faire dans le fleuve des constructions qui pourraient gêner la navigation commune, ou rejeter le courant du côté opposé, ou amener une altération de thalweg.

Les fleuves et les rivières navigables qui sont en communication avec une mer libre sont, en temps de paix, ouverts aux navires de toutes les nations; et le droit de libre navigation ne peut être ni abrogé ni restreint au détriment d'aucune nation.

Les Etats riverains peuvent prélever des droits, mais seulement certains droits imposés à titre d'entretien des établissements, des constructions, des travaux faits dans l'intérêt de la navigation.

Les frontières formées par des rivières

peuvent varier lorsque le lit ou le *thalweg* vient à changer.

Lorsque la rivière abandonne complètement son lit pour suivre une nouvelle direction, l'ancien lit continue à servir de ligne de démarcation.

Le droit de blocus peut s'appliquer aussi à l'embouchure d'un fleuve ou d'une rivière. Seulement le blocus rigoureux de l'embouchure d'une rivière ne peut être établi légalement que lorsque le cours de cette rivière est tout entier dans le pays ennemi; mais si la rivière conduit à des pays avec lesquels le belligérant n'est pas en guerre, celui-ci ne peut en interdire le passage aux navires neutres en destination pour ces pays.

FLIBUSTIER. Aventurier appartenant à une association d'hommes établis dans quelques-unes des Antilles au 17e et au 18e siècle et en guerre continuelle avec les Espagnols, dont ils capturaient les navires et inquiétaient le commerce. Il ne manquait à cette association, pour rassembler complètement à celle des pirates des Régences barbaresques, que de reposer sur un gouvernement constitué et reconnu par toutes les nations. (*Voir* BARBARIE.).

Les flibustiers entretinrent des relations suivies avec les autorités de Saint-Domingue, qui ne mirent aucun obstacle à leurs expéditions ni au partage ou à la distribution de leur butin.

Les excès qu'ils commettaient avaient fini par prendre un tel caractère de gravité et parfois de férocité que les grandes puissances maritimes s'unirent pour les combattre en commun, et parvinrent à les faire disparaître dans la seconde moitié du 18e siècle.

Les flibustiers, s'il s'en présentait de nouveau, seraient assimilés aux pirates et condamnés au même traitement. (*Voir* PIRATES.)

Par extension, on donne au terme *flibustier* l'acception de brigand ou bandit, voleur à main armée. (*Voir* BANDIT.)

FLOTTE. Ce mot, qui dans le principe servait à désigner la réunion d'un certain nombre de bâtiments marchands ou de vaisseaux de guerre naviguant ensemble, ne s'emploie plus généralement que pour désigner un nombre plus ou moins considérable de navires de guerre placés sous les ordres d'un même chef et destinés à agir de concert. Dans ce sens *flotte* est synonyme d'armée navale, il est pris aussi pour la totalité des bâtiments de guerre qu'un Etat possède, pour l'ensemble de la force navale d'une nation.

En vertu du droit qu'a tout Etat souverain d'interdire aux navires étrangers la navigation de sa mer territoriale, l'admission de flottes entières des autres nations dans les ports, n'est en principe ni demandée ni accordée; il est d'usage de régler le nombre des vaisseaux de guerre étrangers qui peuvent être admis.

FOI, BONNE FOI. La foi est la fidélité à remplir ses engagements; c'est aussi l'assurance donnée de tenir fidèlement ce qu'on a promis : c'est dans ce sens qu'on dit la foi du serment, des engagements, des traités, etc.

La bonne foi est à peu près synonyme de sincérité, de franchise, de loyauté : c'est la qualité de celui pour qui la foi est sacrée.

Sans respect de la foi jurée, il n'y a pas de relations possibles entre les Etats.

La plus entière bonne foi doit présider aux rapports entre belligérants.

Le droit des gens réprouve la violation des promesses faites à l'ennemi : ainsi ce serait un crime odieux que d'attenter à la liberté de ceux à qui l'on a accordé un sauf-conduit, que de ne pas ménager la garnison d'une ville ou d'une forteresse qui se rend, ou de ne pas la laisser se retirer librement, si l'on en est convenu antérieurement.

Au temps de la féodalité, les mots *foi et hommage* signifiaient le serment de fidélité que le vassal prêtait entre les mains du suzerain; et l'on appelait *homme de foi* le vassal qui devait *foi et hommage*.

FONCTIONNAIRE. Les fonctionnaires publics sont ceux à qui sont confiés les emplois dépendants des diverses administrations de l'Etat; on appelle *hauts fonctionnaires* ceux qui occupent les postes supérieurs, les plus élevés, tels que les ministres, les magistrats, etc.

Les employés diplomatiques et les consuls sont des fonctionnaires publics. (*Voir* AGENTS DIPLOMATIQUES, AMBASSADEURS, MINISTRES, CONSULS.)

Les fonctionnaires publics ont de plein droit leur domicile dans le lieu de l'exercice de leurs fonctions, si ces fonctions sont stables, non simplement provisoires ou périodiques; mais quand ils sont appelés à une fonction publique purement temporaire ou révocable, ils conservent le domicile qu'ils avaient antérieurement, s'ils n'ont pas manifesté d'intention contraire.

Pour parler d'une manière plus précise, il est généralement admis qu'un emploi qui rend la résidence indispensable, confère le domicile dans l'endroit où le fonctionnaire est tenu de résider. Ainsi les prêtres ont leur domicile au siège de leurs cures; le domicile réel d'un évêque est au chef-lieu de son diocèse.

Les ambassadeurs, les ministres ou envoyés à l'étranger et les consuls conservent le domicile du pays qu'ils servent ou qu'ils représentent. (*Voir* DOMICILE.)

En cas de guerre, lorsque le pays vient à être occupé par une armée étrangère, les fonctionnaires locaux doivent se soumettre au pouvoir de fait de l'occupant, sans que celui-ci puisse exiger de leur part d'autre serment que de suivre les ordres que l'autorité militaire leur donnera et de ne rien entreprendre contre les troupes d'occupation. Ce serment ne peut être que provisoire, les obligations qui en résultent cessent en même temps que l'occupation militaire. Toutefois les fonctionnaires qui refusent de le prêter, peuvent être suspendus dans l'exercice de leurs fonctions, ou destitués, même expulsés; mais dans tous les cas l'occupant ne peut obliger les fonctionnaires à remplir leurs fonctions, s'ils en jugent l'exercice incompatible avec leurs devoirs.

Lorsque des fonctionnaires du pays occupé refusent de se soumettre au pouvoir de l'occupant ou qu'ils se sont retirés à son approche, l'autorité militaire doit, en s'entendant autant que possible avec les représentants de la population, instituer des fonctionnaires provisoires pour remplacer les réfractaires ou les absents.

FONDS. Dans son sens général, *fonds* signifie toute sorte de biens, meubles, immeubles, et espèces monnayées.

Fonds de terre, c'est l'immeuble considéré dans son ensemble. (*Voir* BIEN-FONDS.)

Fonds de commerce, c'est tout ce qui compose un établissement commercial, marchandises, ustensiles, achalandage, &c.

Le *fonds social* est formé par la réunion des apports de chaque associé dans une compagnie commerciale ou industrielle; le fonds social doit être sans réserve affecté à tous les engagements de la société.

Dans un sens moins étendu, *fonds* se dit d'une somme d'argent plus ou moins

considérable destinée à quelque usage; il est alors synonyme d'argent.

Les fonds du Trésor, de la Banque, dépôts d'argent accumulés dans les caisses de ces établissements pour les services publics.

Les fonds de la guerre, de la marine, &c., sommes, réglées par les budgets pour le service et les dépenses des ministères de la guerre, de la marine, &c.

Fonds se dit aussi d'un bien, d'un capital quelconque, par opposition aux revenus qu'il produit.

FONDS DE CHANCELLERIE. Se dit des sommes qui forment les recettes des chancelleries d'ambassade, de légation et de consulat, provenant des actes qui s'y rédigent; ils sont taxés d'après un tarif affiché dans les bureaux.

Les perceptions effectuées en vertu de ce tarif servent en général à couvrir les dépenses de chancellerie; et les excédants entrent dans les coffres du trésor de l'Etat, ou servent, dans des proportions variables suivant les pays, à constituer des rémunérations personnelles pour les agents qui y ont concouru. (*Voir* CHANCELLERIE.)

FONDS PUBLICS. Toutes les valeurs appartenant à l'Etat, et particulièrement les titres qui représentent le capital de la *dette publique* (voir ce terme), les fonds destinés à servir les intérêts des emprunts faits par l'Etat.

FONDS SECRETS. Fonds dont un gouvernement use sans être tenu à en rendre compte; ils sont généralement destinés à un service de diplomatie, ou au paiement de certaines dépenses de police. L'emploi n'en est pas soumis au contrôle des chambres législatives.

FOR. Ce mot, dans la jurisprudence ancienne, se disait dans le sens de *juridiction* (voir ce mot); il ne s'emploie plus que dans les locutions suivantes :

Le *for extérieur*, l'autorité de la justice humaine, qui s'exerce sur les personnes, par opposition au *for intérieur* ou *for de la conscience*, le jugement de la conscience de chacun sur les choses purement morales.

For intérieur se dit aussi de l'autorité que l'Eglise exerce sur les âmes et sur les choses spirituelles.

Le *for ecclésiastique* est la juridiction temporelle de l'Eglise.

Employé au pluriel, le mot *for* signifiait anciennement, dans certaines contrées, coutumes, privilèges : c'est le même mot que l'espagnol *fueros*, statuts, lois, prérogatives d'un Etat, d'une province, d'une localité.

FORBANS. On nomme *forbans* les malfaiteurs isolés qui, pour vivre de pillage et de déprédations, attaquent à main armée les navires sur mer et pillent les propriétés privées sur les côtes; on range dans cette catégorie les corsaires qui se livrent à la piraterie sans lettre de marque; la dénomination s'applique aussi aux bâtiments qui portent ces corsaires. Les forbans sont considérés comme placés en dehors du droit commun, indignes d'asile et traités comme pirates. (*Voir* BANDITS, PIRATES.)

FORCE. Se dit de la puissance d'une nation, d'un Etat, de ses ressources; de tout ce qui contribue à le rendre puissant.

Au pluriel s'emploie absolument pour désigner les troupes d'un Etat, d'un souverain : il y a les forces de terre et de mer.

Les *forces navales* consistent en une réunion indéterminée de navires de guerre.

Au singulier, la *force armée* se dit de tout corps de troupes requis pour faire exécuter la loi, ou les mesures des agents de l'autorité, lorsqu'il y a résistance. Ce terme est pris parfois comme synonyme de *force publique*; mais ce dernier terme exprime non seulement les ressources militaires, mais plutôt la réunion des forces individuelles établies par la constitution pour maintenir la tranquillité et protéger les droits de tous.

Enfin *force* signifie contrainte, *violence*. (Voir ce mot.)

FORCE MAJEURE, CAS FORTUIT. La force majeure est toute force à laquelle on ne peut résister soit de droit, soit de fait. Un cas ou un évènement de force majeure est un accident que la vigilance et l'industrie de l'homme n'ont pu ni prévoir ni empêcher.

Lorsque la force majeure est l'effet d'un accident naturel, tels que tremblements de terre, tempêtes, maladies, mort, etc., sans aucun concours de la volonté de l'homme, elle prend le nom de *cas fortuit*; toutefois on considère souvent comme cas fortuits des évènements produits par le fait de l'homme, tels que la guerre, les incendies, l'invasion de pirates, l'attaque par des voleurs, des violences exercées par un plus puissant, les actes émanés de l'autorité d'un souverain, etc.

Que la force majeure provienne de la nature ou du fait de l'homme, elle opère les mêmes effets : en général elle ne donne aucun recours pour les dommages qui en résultent.

Les cas de force majeure peuvent être invoqués pour justifier la non-exécution de contrats ou d'obligations; mais il faut que celui des contractants qui se trouve dans l'impossibilité de remplir ses engagements par suite de cas fortuits ou de force majeure, puisse les prouver ou les constater.

FORFAITURE. Dans le droit français, c'est tout crime commis par un fonctionnaire public dans l'exercice de ses fonctions. (*Voir* PRÉVARICATION.)

Les simples délits ne constituent pas la *forfaiture*.

La loi édicte des peines déterminées contre la forfaiture, qui, dans tous les cas, entraîne la dégradation civique.

Selon d'autres législations, on entend par *forfaiture* toute pénalité prononcée à raison d'un fait préjudiciable sans rapport nécessaire avec le dommage effectif: ce serait le cas, par exemple, d'une loi qui rendrait les administrateurs d'une société responsable de ses dettes, parce qu'ils seraient en défaut de présenter un rapport sur la situation de la société.

Une action en *forfaiture* ne peut être portée que devant un tribunal de la nation qui reconnaît cette pénalité.

FORMALITÉ. Manière formelle, expresse, ordinaire de procéder dans certains actes civils, judiciaires, administratifs, religieux.

Certaines formalités sont nécessaires à la validité d'un contrat.

Ces formalités peuvent se classer en deux catégories : les formalités *intrinsèques*, qui constituent l'essence même d'un acte, sans lesquelles l'acte ne saurait exister, comme, par exemple, le consentement des parties dans un contrat; les formalités *extrinsèques*, qui ont pour objet de constater l'existence de l'acte, son authenticité, son caractère, comme, entre autres, la signature des parties.

Formalités de justice, la manière de procéder qu'impose la justice.

Formalités d'exécution, celles qu'exige la loi pour l'exécution des actes, telles que l'*enregistrement*, la *légalisation*, etc. (voir ces mots).

FORMARIAGE. Terme de droit féodal. On appelait ainsi autrefois un mariage contracté contrairement à la loi ou à la coutume, ou au droit des seigneurs : tel était le mariage contracté par un serf, sans le consentement de son seigneur, soit avec une femme de condition franche, soit avec une femme serve, mais d'une autre seigneurie.

On appelait *droit de formariage* le droit que le serf devait payer à son seigneur pour obtenir la permission de se *formarier*, et l'amende que le seigneur le condamnait à payer lorsqu'il s'était formarié sans l'autorisation de celui-ci.

FORME. Manière dont on fait, présente ou traite une chose. Se dit par opposition à ce qui constitue essentiellement cette chose, à ce qui en fait le fond.

Se dit, — le plus souvent au pluriel — pour désigner les règles établies, le mode de procéder, la façon dont on doit se conduire dans une affaire particulière : formes légales, administratives, requises etc. En droit on appelle *formes judiciaires* l'ensemble des formalités, des conditions à observer dans l'instruction d'un procès.

Se dit aussi de la formule usitée dans certains actes, de la manière dont on les rédige.

En principe les actes sont assujettis aux formes usitées dans le pays où ils ont été conclus, d'après la règle *locus regit actum* (voir ce terme). Dans la pratique, pour que cette règle soit applicable, il faut qu'il y ait conflit entre la loi nationale des parties et la loi du lieu où l'acte a été passé, et c'est cette dernière qui doit prévaloir. *(Voir* JURIDICTION, ÉTRANGER, ACTE.)

On appelle *forme exécutoire* un intitulé qu'on donne aux actes ou aux jugements, pour les revêtir d'une autorité légale et rendre l'exécution exigible au même titre que celle de la loi. *(Voir* EXÉCUTOIRE, EXÉCUTION.)

FORMULAIRE. Livre, recueil de *formules* (voir ce mot), officielles ou autres.

Formulaire des actes de procédure, des consuls, des notaires, etc.

FORMULE. Forme d'expression contenant la substance et les principaux termes dans lesquels un acte doit être conçu.

En droit, c'est la règle et la forme de rédaction d'après laquelle un acte doit être exprimé pour être conforme aux lois d'un pays : formule de testament, formule de serment, formule des actes judiciaires.

Les actes diplomatiques sont astreints à des formules prescrites ou d'usage : il y a les formules *initiales* (placés au commencement), qui consistent dans l'*invocation*, la *suscription* et le *préambule;* et les formules *finales* (placées à la fin), qui sont la *salutation*, l'annonce du *sceau*, la *date* et les *signatures.* (Voir ces mots.)

Formule exécutoire se dit de l'intitulé au nom du chef de l'Etat, avec mandement aux officiers de justice de prêter main forte, en vertu duquel un acte peut être mis à exécution. *(Voir* EXÉCUTOIRE, EXÉCUTION.)

FORUM. Place où le peuple romain discutait les affaires publiques, et où les magistrats rendaient la justice; mais plus tard, par suite de l'accroissement de la population, on destina divers emplacements à ce dernier usage.

Comme Rome, toutes les villes importantes de l'Empire romain avaient leurs forums, qui étaient en général regardés comme le point central de l'administration territoriale, le lieu où le magistrat tenait ses assises.

Par suite, dans le langage juridique, on a désigné sous le nom de *forum* le tribunal à la juridiction duquel une personne est soumise : dans ce cas *forum* est à peu près synonyme de tribunal territorial ou situé dans le pays où un acte est passé, un engagement contracté, on procès entamé et jugé. *(Voir* LEX FORI.)

FRANC. Nom générique que les Turcs et la plupart des peuples de l'Orient donnnent aux Européens, aux peuples de l'Occident, quelle que soit leur origine ou leur nationalité.

Dans la plupart des villes du Levant il y a le quartier réservé aux Francs.

Cette dénomination date du temps des Croisades; on en attribue l'origine au rôle prépondérant que les Français jouèrent dans ces expéditions religieuses.

FRANCHISE. Etat de celui qui n'est assujetti à aucun maître; l'état de *liberté* (voir ce mot), par opposition à l'état de *servitude* (voir ce mot).

Autrefois droit d'asile attaché à certains lieux, particulièrement aux églises *(Voir* ASILE, REFUGE).

En termes de commerce et de douane, la *franchise* est une sorte de privilège dont jouit un port de mer, où il est permis de débarquer, de rembarquer, de vendre et de remporter toute espèce de marchandises sans payer de droits, *(Voir* PORT).

Dans l'administration des postes, la *franchise* est le droit qu'ont certaines personnes de recevoir leurs lettres franches de port. Ce droit est accordé aux fonctionnaires publics pour les lettres relatives aux affaires de service (*Voir* LETTRES, POSTES).

Franchise est aussi synonyme d'exemption, d'*immunité* (voir ce mot).

Les *franchises* d'une ville, d'une commune consistent dans des privilèges particuliers dont jouit cette ville ou cette commune (*Voir* PRIVILÈGES).

FRANCHISES DIPLOMATIQUES. Se dit des immunités attachées à la situation, aux fonctions et au caractère d'*agent diplomatique*, de *ministre public*, d'*envoyé*. (Voir ces mots.)

Au premier rang de ces immunités figurent l'*indépendance*, l'*inviolabilité* et l'*exterritorialité* (voir ces mots), d'où en découlent, comme conséquences, d'autres de moindre importance. Nous mentionnerons ici la *franchise douanière*, qui permet aux agents diplomatiques étrangers d'introduire en franchise, c'est-à-dire sans payer de droits de douanes, les objets destinés à leur usage personnel et à celui de leur famille.

Plusieurs gouvernements accordent cette franchise pour la totalité des objets; d'autres en fixent les quantités admissibles en exemption de taxe et ne soumettent que l'excédant aux droits ordinaires d'entrée; quelques-uns, sans accorder directement la franchise, la consacrent indirectement en remboursant sur fonds de chancellerie ou de cabinet le montant des droits acquittés.

Quoi qu'il en soit, les bagages des agents diplomatiques, à moins d'ordres contraires expédiés par anticipation à la frontière, sont passibles des visites de douane; et l'exemption de taxe doit être sollicitée par des notes écrites spécifiant la nature, les quantités et la destination des objets.

FRANCISATION. Terme de droit commercial français.

L'acte de *francisation* est un acte qui constate la nationalité d'un navire français.

Cet acte est dressé par le commissaire de marine de port duquel le navire dépend, et sur la déclaration du propriétaire. Les consuls de France à l'étranger peuvent délivrer des actes de francisation pour des navires vendus ou réarmés dans leurs résidences; mais ces actes ne sont que provisoires et ne peuvent servir que jusqu'à l'arrivée des navires dans un port de France.

Les actes de francisation sont exclusivement accordés aux navires construits en France ou dans une possession française, et à ceux pris sur l'ennemi et déclarés de bonne prise.

Pour obtenir un acte de francisation, il faut justifier des titres de propriété, du certificat de tonnage et de jaugeage, et prouver que les trois quarts de l'équipage sont Français.

La francisation est attachée au navire et non à la personne, de sorte que l'acte qui la confère passe du propriétaire d'origine à la personne qui fait altérieurement l'acquisition du navire, pourvu qu'elle justifie des conditions requises.

L'acte de *francisation* correspond à ce que dans les autres pays on nomme *patente de nationalité*. (Voir ce terme, PAPIERS DE BORD.)

FRANCS-JUGES. Membres des cours vehmiques ou de la Sainte-Vehme, tribunaux secrets établis autrefois en Allee- et plus particulièrement dans la Westphalie. (*Voir* VEHME.)

FRANCS-TIREURS. Combattants volontaires dans un pays envahi, et organisés d'eux-mêmes en dehors de l'armée régulière.

Pour qu'ils puissent prétendre à être traités comme ennemis et non comme criminels, les francs-tireurs en sus de l'autorisation générale accordée par l'Etat qui fait appel aux volontaires pour la défense du pays, doivent être commandés par un chef responsable, porter les armes ouvertement, avoir un signe distinctif reconnaissable à distance, se conformer dans leurs opérations aux lois et aux coutumes de la guerre. (*Voir* CORPS FRANCS.)

FRANQUE (LANGUE.) Sorte de jargon, mêlé de français, de provençal, d'italien, d'espagnol, de grec et d'arabe, en usage entre les Européens et les indigènes dans les *Echelles du Levant*. (Voir ce terme.)

Ce langage prit sans doute naissance pendant les croisades.

FRAUDE. Dans une acception spéciale, la *fraude* est l'action de soustraire des marchandises aux droits de douane, d'octroi ou autres.

On y comprend aussi l'introduction de marchandises en *contrebande*. (Voir ce mot.)

Le devoir des consuls est de ne rien négliger pour arriver à la découverte des fraudes de cette nature qui se produisent dans les ports de leur arrondissement. Pour déjouer la fraude, les

13*

règlements leur prescrivent de veiller à ce que les navires de leurs nationaux qui arrivent dans les ports de leur résidence avec des marchandises prises dans les entrepôts de leur pays, opèrent réellement et intégralement le débarquement de leur chargement, qui peut sans doute être réexpédié dans leur pays par un navire quelconque de leur nationalité, mais qui doit être alors muni d'un certificat attestant à la fois la provenance des marchandises et le fait de la mise à terre ou du réembarquement.

FRONTIÈRE. Limites qui séparent un Etat d'un autre Etat.

On distingue les limites internationales ou frontières d'un territoire en limites *naturelles* et en limites *artificielles*.

Les limites *artificielles* consistent en général dans les lignes purement conventionnelles, qu'on indique par des signes extérieurs placés à certaines distances et qui sont ordinairement sur terre des poteaux, des barrières, des fossés, des monceaux de terre, des murs, des édifices, des routes, des arbres ou des rochers marqués; sur mer des phares, des bouées flottantes arrêtées par des ancres, etc. Ces frontières reposent tantôt sur une possession non contestée depuis longtemps, tantôt sur des traités formels.

Les limites *naturelles* sont la mer, les lacs, les fleuves ou les rivières, les montagnes, des terrains incultes ou inoccupés.

Lorsqu'un fleuve ou une rivière coule entre deux Etats, si l'un des Etats riverains n'a pas un droit consacré à la propriété exclusive du cours d'eau tout entier, il est admis que la frontière passe par le milieu du lit du fleuve ou de la rivière, y compris les îles que traverse la ligne du milieu ou le *thalweg* (chemin d'aval).

Lorsque le bord d'un fleuve a été fixé expressément comme limite d'un territoire, il n'est pas permis d'étendre cette limite sur le fleuve même; et quand un fleuve appartient entièrement à un pays, le rivage opposé forme la limite territoriale.

Le milieu d'un lac sert également de ligne de démarcation entre deux Etats riverains.

Lorsque deux Etats sont séparés par une chaîne de montagnes, on prend pour limite la plus haute arête et la ligne de partage des eaux.

La limite naturelle d'un Etat du côté de la mer est marquée par le contour des côtes à l'endroit où elles sont baignées par le flot et où commence le domaine maritime.

Lorsque deux Etats sont situés au bord d'une mer si étroite que la bande de mer faisant partie du territoire de l'un empiète sur la bande de mer qui dépend du territoire de l'autre, ces deux Etats sont tenus de s'accorder réciproquement les droits de souveraineté sur l'espace commun ou de fixer ensemble une ligne de démarcation.

Cette démarcation fait le plus souvent l'objet de conventions spéciales communément désignées sous la dénomination de traités de limites, et auxquelles sont généralement annexées des cartes géographiques.

FULMINATION. En droit canon, acte par lequel le pape, un évêque ou tout autre ecclésiastique commis par le pape publient, avec certains formalités, des sentences portant quelque condamnation ou simplement comminatoire, ou ordonnant l'exécution des bulles ou des rescrits pontificaux.

Ce mot s'applique surtout aux sentences d'*anathème* et d'*excommunication*. (Voir ces mots.)

G

GAGE. Dépôt qu'on fait de quelque objet entre les mains d'autrui pour sûreté d'une obligation, d'une promesse, d'un paiement ultérieur.

Dans un sens plus général, se dit de tout ce qui peut servir de garantie, d'assurance ou de preuve.

En droit international le *gage* est la sûreté effective, réelle, consistant dans la remise par la partie qui promet à la partie qui stipule, d'un dépôt destiné à garantir le paiement d'une somme convenue ou l'exécution d'une clause particulière de traité.

Si le dépôt se compose de choses mobilières, c'est le *gage* proprement dit.

Si le *gage* porte sur un immeuble, par exemple une ville, une province, il prend le nom d'*hypothèque* (voir ce mot), et l'on dit que les immeubles qui servent alors de gage sont *en engagement* ou *engagés*.

L'engagement ne confère pas la possession réelle, absolue et définitive, bien moins encore le droit de souveraineté. La puissance qui détient le territoire engagé doit le conserver en bon état. Une fois la dette payée ou le traité accompli, l'engagement cesse ; mais si le temps fixé s'est écoulé sans que les conditions du traité aient été remplies, le détenteur devient définitivement propriétaire incommutable et souverain.

GARANT, GARANTIE. Le *garant* est celui qui répond de son propre fait ou du fait d'autrui, qui se porte caution de l'obligation d'un autre.

La *garantie* est l'engagement pris à cet effet par le garant.

La garantie peut être contractée par deux ou plusieurs garants à la fois, de façon qu'elle les engage tous solidairement et non chacun d'eux séparément : dans ces cas la garantie est dite *collective*.

Dans les rapports entre Etats souverains, il arrive fréquemment qu'une tierce puissance garantisse l'exécution d'un traité conclu entre deux ou plusieurs Etats.

Dans ce cas le garant ne doit intervenir que s'il en est requis par l'une des parties intéressées et si les conditions auxquelles l'intervention a été autorisée se présentent dans l'espèce.

Mais lorsque la garantie a été stipulée non comme mesure accessoire, mais comme l'objet spécial d'un traité et a pour but d'assurer l'exécution d'une mesure générale prescrite par le droit international ou le droit public, les garants sont autorisés à prendre l'initiative de l'intervention, si leurs propres intérêts sont lésés ou compromis.

La garantie a encore d'autres objets en vue que l'exécution d'autres traités ; une des formes les plus usitées sous laquelle nous la rencontrons dans l'état actuel des relations internationales consiste dans le *traité de garantie*, par lequel un Etat promet à un autre de lui porter secours chaque fois qu'il sera lésé ou menacé par une tierce puissance dans son indépendance ou dans l'exercice d'un de ses droits souverains. On voit fréquemment deux ou plusieurs Etats se garantir mutuellement la possession et la souveraineté de leurs territoires, la protection réciproque contre toute agression quelconque du dedans ou du dehors ; la garantie peut en pareil cas se confondre avec l'*alliance* ou la *coalition* (Voir ces mots).

Souvent encore plusieurs Etats donnent leur garantie collective au maintien d'un autre Etat dans une situation de *neutralité* (Voir ce dernier mot).

L'Etat en faveur duquel un tiers a consenti à garantir l'exécution d'un traité, peut toujours délier le garant des engagemeuts qu'il a contractés.

Lorsque deux ou plusieurs Etats ont garanti l'exécution d'un traité, chacun de ces Etats peut être requis par les parties intéressées de leur venir en aide ; mais le garant, ainsi requis, a, de son côté, le droit, avant d'agir individuellement, de s'entendre avec les autres garants.

S'ils ne peuvent se mettre d'accord, chacun d'eux est autorisé et obligé à faire exécuter le traité conformément à l'interprétation qu'il croit devoir lui donner de bonne foi.

Il faut se garder de confondre la *garantie* avec la *caution;* en effet les obligations qu'importe l'une et l'autre sont bien distinctes ; celles de la caution sont plus absolues et plus rigoureuses : ainsi tandis que le garant s'engage simplement à user de son influence pour assurer l'exécution d'un traité et à appuyer au besoin celui pour lequel il s'en porte garant, la caution s'engage à satisfaire subsidiairement aux engagements souscrits par celui qu'il cautionne et, au besoin, à les exécuter elle-même, si le cautionné ne le fait pas. (*Voir plus haut et l'article* CAUTION.)

GARDE-CÔTES. On appelle ainsi des navires chargés de garder les côtes, de les défendre, et d'y faire la police dans l'intérêt de la douane ou du service des douanes.

Ces bâtiments, ordinairement de construction légère, battent flamme et sont bien la propriété de l'Etat ; mais ce ne sont pas à proprement parler des navires faisant partie de la flotte militaire ; partant ils ne sont pas comme ceux-ci obligés de chasser partout les navires ennemis.

En temps de guerre, ou accorde quelquefois aux garde-côtes des lettres de marque, afin qu'ils puissent croiser en dehors des limites ordinaires de leur circonscription et courir sus aux navires marchands ennemis ; mais ils ne sont pas admis au bénéfice de la présomption de *l'animus capiendi.*

Cependant les cours d'amirauté anglaises leur appliquent, relativement aux captures faites en commun, la jurisprudence consacrée pour les corsaires.

GARDE DES SCEAUX. Titre joint à celui de ministre de la justice, dans les pays où les sceaux de l'Etat sont confiés à ce haut fonctionnaire.

GARDE NATIONALE. Corps de citoyens armés pour le maintien de l'ordre et ne recevant point de solde.

En temps de guerre, les gardes nationales peuvent prendre part aux hostilités, et dès lors elles sont assimilées aux soldats de l'armée régulière pour l'exercice des droits de belligérants.

GARES INTERNATIONALES. *Voir* CHEMINS DE FER.

GAUCHE (la). Se dit, dans une assemblée délibérante, de la partie qui est à gauche du président.

La *gauche* ou le côté gauche, en langage parlementaire, s'emploie pour désigner l'opposition dans les chambres législatives françaises, parce que ce parti siège à la gauche du président.

L'extrême gauche est la partie de la gauche dont l'opposition est la plus vive.

Le centre gauche comprend plus particulièrement le côté ou le parti de l'opposition modérée. *(Voir* DROITE ET GAUCHE.)

GENS. *Les gens,* dans un sens absolu, signifie les hommes en général, et conserve son acception latine de *nations.*

C'est ainsi qu'on dit le *droit des gens,* droit des nations ou droit *international.* (Voir ces mots.)

GLOSE. Explication de quelques mots obscurs d'une langue par d'autres mots de la même langue plus intelligibles; par extension, note explicative sur les mots ou sur le sens d'un texte, dans la même langue que le texte, et mise d'ordinaire à la marge. La glose peut être aussi interlinéaire, c'est-à-dire placée entre les lignes du texte.

Glose s'emploie aussi pour *commentaire* (voir ce mot), série de notes servant à éclaircir les endroits obscurs d'un texte.

La *glose* se dit spécialement des commentaires des *glossateurs* (voir ce mot) qui accompagnent d'anciennes éditions du *corpus juris* (**voir** ce mot).

GLOSSATEUR. Celui qui recueille ou qui rédige des *gloses* sur un livre, ou sur un texte quelconque. *(Voir* GLOSE.)

Le titre de *glossateurs* à été donné particulièrement aux commentateurs du *Corpus juris* (voir ce terme) au moyen-âge : On les appelait ainsi parce qu'ils écrivaient en marge du *Corpus juris* de courtes notes explicatives du texte.

C'est aux glossateurs qu'on peut faire remonter la théorie des *statuts* (voir ce mot).

GOLFE. Partie de mer qui rentre dans les terres et dont l'ouverture du côté de la mer est ordinairement fort large.

Le golfe diffère de la baie en ce qu'il est plus considérable. *(Voir* BAIE.)

Les golfes défendus soit naturellement par des îles, des bancs de sable ou des roches, soit par le feu croisé de canons placés à leurs deux ouvertures, se rattachent à la souveraineté territoriale contiguë.

Ils sont, quant à la liberté d'accès et au droit juridictionnel, régis par les mêmes principes que les ports et les rades intérieurs. *(Voir* PORTS ET RADES.)

GONFALONIER. Titre d'un magistrat dans plusieurs villes d'Italie.

C'était dans l'origine celui qui était chargé de porter le *gonfalon* ou la bannière de l'Etat.

Le *gonfalonier,* qui était génréalement choisi parmi le peuple, était en outre un officier de justice et avait sous ses ordres un corps de troupes chargé de protéger l'exécution des lois.

Dans plusieurs républiques italiennes, notamment à Florence, le gonfalonier devint le chef de l'Etat.

Ce titre est encore usité dans quelques contrées de l'Italie; mais il désigne simplement un officier municipal remplissant des fonctions à peu près analogues à celles des maires.

GOUVERNEMENT. Autorité qui régit un Etat; ensemble des pouvoirs auxquels, dans chaque Etat, appartient l'exercice de la souveraineté effective.

La manière dont s'exerce cette autorité varie selon la constitution de l'Etat *(Voir* CONSTITUTION, ÉTAT.)

On nomme *démocratique* l'Etat qui n'admet aucune distinction, aucun privilège entre les diverses classes de la société et reconnaît à tous les citoyens un droit égal à concourir à la gestion des affaires publiques *(Voir* DÉMOCRATIE); *représentatif,* l'Etat où le pouvoir est concentré par délégation élective universelle ou partielle, entre les mains d'un nombre déterminé de personnes formant groupe ou corporation gouvernementale (*Voir* REPRÉSENTATIF); et *monarchique*, l'Etat qui a pour organe suprême un seul chef centralisant le pouvoir exécutif (*Voir* MONARCHIE). Cette dernière forme de gouvernement se combine parfois dans les constitutions avec tel ou tel élément des deux autres et donne naissance, entre autres, aux gouvernements représentatifs.

La personne qui arrive au gouvernement d'un pays devient par ce fait l'organe et le représentant de l'Etat. La représentation de l'Etat à l'extérieur appartient au gouvernement qui a de fait la direction des affaires.

La question de la reconnaissance d'un gouvernement étranger est tranchée par les gouvernements des divers pays.

La personnalité internationale d'un Etat ne subit aucune modification par suite du changement de son gouvernement, même par le fait d'une révolution violente, pourvu que le peuple et le territoire conservent leur individualité.

Les actes d'un gouvernement intermédiaire demeurent valables et doivent être reconnus par le gouvernement qui lui succède, si celui-ci a reconnu le gouvernement intermédiaire par un traité de paix antérieur ou postérieur.

La responsabilité des actes de violence commis par un gouvernement, bien qu'illégitime, retombe sur celui qui lui succède, à tel point que le changement même de dynastie ne saurait l'en exempter (*Voir* RESPONSABILITÉ).

Le mot *gouvernement* a encore différentes acceptions. Il s'emploie pour désigner ceux qui gouvernent un Etat, la charge de gouverneur dans une province, dans une ville, dans une place forte, dans une maison royale; le territoire, la ville placée sous l'autorité d'un gouverneur; l'hôtel, la résidence du gouverneur; une division territoriale. Certains pays, par exemple la Russie, sont divisés en *gouvernements*, comme d'autres le sont en provinces, en districts, en départements, etc.

GOUVERNEUR. Fonctionnaire chargé du commandement dans une province, dans une place forte, dans une maison royale.

GRACE. Titre d'honneur qu'on donne, en Angleterre, aux ducs et aux évêques anglicans.

GRACIEUX, JURIDICTION GRACIEUSE. Qui est de grâce, de bienveillance, de faveur. Ainsi l'on dit *à titre*

gracieux, d'une chose qu'on accorde par pure grâce, sans qu'on y soit obligé par aucune considération.

On qualifiait de *gracieuse* la juridiction que les évêques exerçaient autrefois par eux-mêmes, par opposition à la juridiction contentieuse qu'ils exerçaient par leurs officiaux.

On nomme encore aujourd'hui juridiction *gracieuse* ou *volontaire* celle qui est accordée au ministre public à l'égard des personnes de sa suite. En vertu de cette juridiction le ministre peut recevoir des testaments, légaliser les contrats et les actes de l'état civil, faire apposer les scellés, etc.

Le ministre étranger peut également exercer cette juridiction gracieuse par rapport aux sujets de son gouvernement dans le pays où il réside; mais alors il faut qu'il ait un mandat spécial. Toutefois le gouvernement près lequel il est accrédité, n'est pas plus obligé de reconnaître ces actes comme valables qu'il ne l'est de reconnaître tous autres actes émanant des autorités de l'Etat que le ministre représente; ces actes de juridiction gracieuse ne peuvent avoir de valeur auprès des tribunaux locaux que dans les limites prévues par les traités ou consacrées par les règles générales sur les contrats faits en pays étranger; le gouvernement étranger peut n'en pas admettre la validité toutes les fois que le litige est regardé par lui comme étant du ressort de ses tribunaux.

Dans aucun cas les ministres étrangers n'ont le droit de statuer sur des contestations entre leurs nationaux ni même entre les personnes de leur suite.

GRAND. Titre des dignitaires les plus élevés de leur ordre : grand-maître de l'université, grand-chancelier de la légion d'honneur, grand-référendaire, grand-chambellan, grand-maître des cérémonies, grand-vizir, grand-prêtre, etc.

Titre donné aux officiers principaux de certains ordres de chevalerie : grand-officier, grand-cordon, grand-croix de la légion d'honneur.

Titre de certains princes souverains : le Grand-Seigneur ou le Grand-Turc, c'est-à-dire le Sultan ou empereur de Turquie; le Grand-Khan de Tartarie; le Grand-Mogol.

GRAND D'ESPAGNE, GRANDESSE. Le plus haut titre honorifique de la noblesse en Espagne.

La *Grandesse* est la dignité attachée à ce titre; elle peut être accordée à des étrangers.

Les grands d'Espagne se divisent en trois classes : Ceux de la première classe parlent au roi et l'écoutent la tête couverte; ceux de la seconde ne se couvrent qu'après avoir parlé et écoutent couverts la réponse du roi; ceux de la troisième ne se couvrent qu'après y avoir été invités par le roi.

GRAND-DUC, GRAND-DUCHÉ, GRANDE-DUCHESSE. Titre porté par quelques princes régnants de l'Allemagne. Leurs femmes et leurs filles prennent le titre de grande-duchesse. Les grands-ducs et les grandes-duchesses ont droit aux honneurs royaux.

Le grand-duché est l'Etat dont le souverain a le titre de grand-duc.

Plusieurs grands-duchés sont des Etats indépendants, d'autres sont placés sous la souveraineté d'un monarque, en conservant une administration distincte, ou sont réunis définitivement à un plus grand Etat, dont ils sont devenus autant de provinces.

Grand-duc est aussi le titre que prennent, en français, les princes de la famille impériale de Russie,

GRANDEUR. Titre d'honneur qu'on donnait autrefois aux Grands-Seigneurs, qui ne prenaient point celui d'Altesse ou d'Excellence; il ne s'adresse plus guère qu'aux évêques.

GREFFIER, fonctionnaire chargé de tenir la plume aux audiences d'un tribunal ou d'une cour, de tenir note et de dresser procès-verbal de tous les actes qui s'y accomplissent, d'écrire les minutes des jugements ou des arrêts, d'en délivrer des expéditions ou des extraits, et d'assister les juges dans certaines occasions.

Quand le consul exerce les fonctions judiciaires, dans les contrées du Levant et de l'extrême Orient, par exemple, les chanceliers remplissent celles du greffier (*Voir* CHANCELIER, CONSUL).

Cependant, dans certains localités, ces dernières fonctions sont attribuées à un des drogmans de la légation ou de l'ambassade, désigné à cet effet par le ministre ou l'ambassadeur (*Voir* DROGMAN, AMBASSADEUR, MINISTRE).

GRILLE. En langage de chancellerie, c'est le parafe, en forme de grilles ou de barreaux se traversant les uns les autres, que les secrétaires du roi, quand ils signaient officiellement, mettaient au devant des parafes dont ils ornaient leur signature particulière.

On donne aussi le nom de *grille* à un des systèmes de *chiffres* employés dans la diplomatie pour le secret des correspondances.

La *grille* consiste à disposer une série de mots de manière qu'ils paraissent entremêlés au hasard et ne puissent avoir de sens exact et complet que pour le correspondant qui en a la clef. Son nom lui vient de cette clef, qui n'est autre chose qu'un carton découpé à jour, qu'on pose sur la dépêche à certains points de repère, et qui alternativement laisse apparaître ou recouvre les mots indispensables pour fournir un sens intelligible.

Le procédé de la grille ne peut s'appliquer qu'à des correspondances de peu d'étendue. (*Voir* CHIFFRE.)

GROSSE. Copie d'un acte authentique revêtu de la *forme exécutoire* (voir ce terme), laquelle consiste dans l'emploi, en tête et à la fin de la grosse, des formes solennelles consacrées pour les jugements des tribunaux; l'intitulé des grosses et le mandement qui les termine sont libellés au nom du chef de l'Etat.

Il y a cette différence entre une *grosse* et une *expédition* (voir ce mot), que celle-ci ne comporte pas la forme exécutoire et que par conséquent elle ne confère à la personne qui en est porteur que le simple droit d'action, c'est-à-dire le droit d'agir en justice, tandis que la *grosse* autorise à poursuivre directement l'exécution d'un acte au même titre que celle d'un jugement.

Les chanceliers des consulats, remplissant à l'étranger les fonctions de notaires pour leurs nationaux, sont chargés de délivrer les grosses des actes et des contrats de leur ministère.

La forme exécutoire ne peut être donnée qu'aux actes dont la minute reste en chancellerie.

La première grosse d'un acte ne peut être délivrée qu'aux parties qui ont caractère pour en poursuivre l'exécution : or, comme chacune des parties a le droit d'exiger la grosse dont elle a besoin, il peut être délivré plusieurs premières grosses d'un même acte; en pareil cas le chancelier est tenu de mentionner sur chaque grosse à qui il la délivre, en faisant la même mention sur la minute.

Un chancelier ne peut délivrer de secoonde grosse qu'en vertu d'une ordonnance consulaire ou d'une décision judiciaire, que pour sa décharge il transcrit sur le registre des actes de chancellerie et, par extrait, en marge de l'acte. (*Voir*

CHANCELIER, CHANCELLERIE, CONSULS, CONSULAT.)

GUERRE. C'est la voie des armes employée de peuple à peuple, pour vider un différend. C'est une lutte armée entre divers Etats, et, par suite, c'est cet état anormal d'hostilité qui se substitue aux relations de bonne harmonie de nation à nation, ou entre concitoyens appartenant à des partis politiques différents, et qui a pour objet de conquérir par la force des armes ce qu'on n'a pu obtenir par les voies pacifiques et amiables.

La guerre est *défensive* ou *offensive*. Celui qui prend les armes pour repousser un ennemi qui l'attaque fait une guerre *défensive*; celui qui recourt le premier aux armes et attaque une nation qui vivait en paix avec lui, fait une guerre *offensive*.

La guerre est dite *auxiliaire* par rapport à un allié qui prend fait et cause pour l'un des belligérants, auquel il fournit des secours ou qu'il aide secrètement en participant lui-même aux hostilités. Les devoirs et les droits de ce genre de guerre découlent naturellement des conditions particulières des alliances cimentées par traités spéciaux ou par des actes de compromission *(Voir* ALLIANCE).

Les guerres *civiles* sont celles qui surgissent entre concitoyens dans l'intérieur même d'un Etat: c'est pourquoi on les nomme aussi *guerres intestines*.

Les guerres civiles proprement dites donnent à chacune des parties engagées le caractère et le droit de belligérants, non seulement à l'égard de son ennemi, mais encore à l'égard des Etats tiers qui veulent rester neutres. Seulement, pour qu'il en soit ainsi, il faut que ces guerres ne puissent se confondre avec de simples rébellions, dont les fauteurs sont accusés avec raison de violer les lois intérieures du pays, en même temps que leurs actes sont regardés et punis comme des crimes ou des délits de droit commun.

On qualifie aussi la guerre selon le théâtre de ses opérations; ainsi l'on désigne sous sa dénomination de *guerre de terre* celle qui est faite par des armées de terre, par opposition à la *guerre maritime*, c'est-à-dire celle qui est faite par des flottes sur la mer.

Les principes du droit des gens sont les mêmes pour la guerre maritime que pour la guerre de terre; mais la guerre maritime suit d'autres règles et a d'autres effets à l'égard des puissances neu-

tres et des particuliers. *(Voir* PROPRIÉTÉ PRIVÉE, NAVIRES, NAVIGATION, BLOCUS, CONTREBANDE, CORSAIRE, COURSE, LETTRES DE MARQUE, NEUTRALITÉ, NEUTRES, PRISES, VISITE.)

La formalité préalable d'une déclaration formelle de guerre n'est plus reconnue comme indispensable. Le rappel ou le renvoi des envoyés que les Etats accréditent les uns auprès des autres est considéré généralement comme équivalant à une déclaration de guerre. En tout état de choses, l'ouverture de la guerre date du moment de la déclaration sous quelque forme que ce soit, à moins que les opérations militaires n'aient déjà commencé antérieurement. (Voir DÉCLARATION, ULTIMATUM, MANIFESTE.)

Lorsque l'une des parties a, de fait ou par déclaration formelle, commencé les hostilités, son adversaire a le droit, à partir de ce moment, d'invoquer et d'appliquer les lois de la guerre.

Chez les nations civilisées, le droit de faire la guerre appartient au chef du pouvoir exécutif, agissant tantôt seul, tantôt avec le concours ou l'agrément des autres corps de l'Etat.

L'exercice du droit de faire la guerre est réglé par les lois fondamentales ou la constitution de chaque pays.

La guerre a lieu entre les Etats et non entre les particuliers. Cependant les ressortissants d'un Etat belligérant sont indirectement considérés et traités comme ennemis dans la mesure de leurs devoirs publics comme sujets ou citoyens de l'Etat et pour autant qu'ils prennent une part personnelle à la lutte que l'Etat soutient. *(Voir* COMBATTANT ET NON-COMBATTANT, CORPS FRANCS, ARMÉE.)

Les lois de la guerre réprouvent la violation de la parole donnée à l'ennemi, les cruautés inutiles, les dévastations, les actes de cupidité défendus et punis comme crimes communs. *(Voir* DÉVASTATATIONS, DESTRUCTION, PILLAGE, BUTIN.)

Mais lorsque l'ennemi ne respecte pas les usages de la guerre, ou recourt à des moyens interdits par le droit international, les représailles sont autorisées, dans la mesure du respect des lois de l'humanité. *(Voir* REPRÉSAILLES.)

Les traités conclus entre les Etats belligérants ne sont pas nécessairement suspendus ou rompus par la déclaration de guerre; ils ne perdent leur efficacité en temps de guerre que si l'exécution de leurs dispositions est incompatible avec la guerre elle-même.

D'autre part, les traités conclus spécialement en vue ou à l'occasion de la guerre n'acquièrent de valeur que par la guerre. *(Voir* TRAITÉ.)

La guerre prend fin soit par la cessation de fait des hostilités de la part des belligérants et de la reprise entre eux des relations qui existaient avant la guerre; soit par la soumission absolue de l'un des Etats belligérants à l'autre par suite de conquête et d'absorption; soit par la conclusion d'un traité général et formel de paix, *(Voir* PAIX, SOUMISSION, CONQUÊTE, TRAITÉ, DÉPOSSESSION.)

(Voir BELLIGÉRANT, OCCUPATION, ENNEMI, PRISONNIER, BLESSÉ, ARMES, STRATAGÈME.)

GUERILLA. Mot espagnol qui signifie *petite guerre;* on en a fait le nom des corps-francs et des bandes de partisans. (*Voir* CORPS FRANCS, MILICES, FRANCS-TIREURS.)

GUIDE. En terme de guerre, personne du pays qui connaît les routes et dirige la marche d'un détachement.

Les armées, surtout lorsqu'elles mettent le pied sur le territoire ennemi, ont besoin d'hommes pour les guider; et lorsqu'elles ne peuvent le faire autrement, elles usent de menaces ou de contrainte pour se procurer des guides.

Celui qui est contraint par les troupes ennemies à leur montrer le chemin, n'est pas punissable d'après les lois de la guerre.

Les guides en général doivent être traités comme le seraient les autres combattants dans les mêmes circonstances;

si l'ennemi juge qu'un guide a fait acte d'hostilité envers lui, il ne peut que le faire prisonnier de guerre.

Si les guides trompent intentionnellement les troupes qu'ils sont chargés de conduire, ils sont responsables de leur conduite et peuvent encourir une condamnation à mort.

Par rapport à son propre pays, l'homme qui s'offre librement pour guider l'armée ennemie, est réputé traître et peut être puni comme tel.

Il y a toutefois une distinction à faire entre celui qui en indiquant les chemins à l'ennemi trahit sa patrie, et l'habitant d'un endroit occupé par l'ennemi qui offre de montrer aux soldats de son pays un chemin par lequel ils pourront surprendre leurs adversaires et est pris avant d'avoir réalisé son projet; ce dernier pourra être traduit par l'ennemi devant un conseil de guerre et condamné comme traître à l'égard de l'armée occupante.

GUIDON DE LA MER. C'est le titre d'un ancien recueil de règlements maritimes, dont la rédaction est fixée généralement à la fin du 16e siècle et dont l'auteur est resté inconnu.

Le *Guidon de la mer* traite principalement du contrat d'assurance maritime; cependant il s'occupe aussi d'autres questions, notamment des prises, des représailles, des lettres de marque.

Presque toutes ses décisions ont été insérées dans l'ordonnance française de 1681, et elles ont été depuis transportées entre autres dans le code de commerce promulgué en France sous le premier empire.

H

HABEAS CORPUS. Terme de législation anglaise, il signifie mot à mot: „Que tu aies ton corps, ta personne."

Le *bill* ou acte d'*habeas corpus* est une décision d'un magistrat accordant à une personne arrêtée sa mise provisoire en liberté moyennant caution.

Ce mode de procéder remonte au règne de Charles II, en mai 1679, époque à laquelle fut rendue une loi qui permettait à tout prisonnier de s'adresser directement, ou par l'entremise de ses amis, au lord chancelier ou à l'un des douze grands juges d'Angleterre pour réclamer un *writ* ou ordonnance d'*habeas corpus*. Cette ordonnance enjoint au geôlier de prison où le postulant est enfermé, d'amener le prisonnier devant le juge et de justifier par qui et pour quel motif il a été mis en prison.

Le *writ d'habeas corpus* doit être délivré dans les trois jours après la demande.

Le prisonnier au profit duquel a été délivré un *writ d'habeas corpus* est, dans le délai de la loi, conduit devant le magistrat qui a lancé le *writ*. Celui-ci, après avoir interrogé le prisonnier, peut le mettre en liberté immédiatement sans condition ou en exigeant caution, ou le maintenir en état d'arrestation.

La personne ainsi relâchée ou retenue doit être jugée aux assises prochaines dans le lieu où s'est passé le fait cause de sa mise en accusation.

Le prisonnier remis en liberté soit par suite d'un verdict d'un jury, soit sur la délivrance d'un *writ d'habeas corpus* par un magistrat, ne peut être arrêté de nouveau pour le même chef d'accusation.

Un individu arrêté ne peut être transféré d'une prison dans une autre qu'en vertu d'un *writ d'habeas corpus* ou d'une ordonnance expresse d'un magistrat.

Dans tous les cas, le bénéfice de l'*habeas corpus* n'est pas accordé au prisonnier qui est détenu pour fait de trahison ou de félonie, spécialement exprimé dans le mandat d'arrêt.

La suspension de l'*habeus corpus* peut être ordonnée lorsqu'on soupçonne l'existence d'une conspiration contre le souverain ou contre l'Etat, il peut être aussi suspendu en temps de guerre, de dissentions civiles, de troubles politiques ou d'agitation dangereuse parmi certains groupes de la population; mais cette suspension doit être décrétée par une loi et pour une durée limitée et déterminée.

La suspension de l'*habeas corpus* n'autorise pas l'emprisonnement arbitraire; elle a seulement par effet d'autoriser les magistrats à passer outre à certaines formalités et procédures, à agir plus promptement, plus sommairement, mais toujours sous leur responsabilité personnelle.

HABITANTS du territoire ennemi. En temps de guerre, les habitants du territoire ennemi, quand ils ne prennent point part aux hostilités, ne sont pas des ennemis proprement dits et ne doivent pas être traités comme tels. Toutefois ils sont astreints à subir les nécessités de la guerre et à se soumettre aux décisions de l'autorité militaire qui occupe le pays. (*Voir* BELLIGÉRANT, ENNEMI, GUERRE.)

HABITATION d'un souverain, d'un agent diplomatique étranger. Les privilèges de l'exterritorialité s'étendent à l'habitation des personnes qui y ont droit, mais non aux propriétés qu'elles possèdent comme simples particuliers. (*Voir* EXTERRITORIALITÉ.)

Ainsi, si un souverain achète dans un pays étranger un domaine pour y vivre comme un particulier et non pour y faire représenter l'Etat, ce domaine n'a aucun caractère exceptionnel qui lui donne droit aux immunités de l'exterritorialité. (*Voir* SOUVERAIN.)

De même, pour le ministre public à l'étranger, à l'hôtel seul, qui lui sert d'habitation et en même temps de siège de l'ambassade ou de la légation sont attachés les privilèges exterritoriaux; les autorités de l'Etat étranger ne peuvent y pénétrer, ni y faire des perquisitions sans le consentement du ministre. (*Voir* AGENTS DIPLOMATIQUES, AMBASSADEURS.)

En aucun cas l'habitation de la personne jouissant de l'exterritorialité ne doit servir d'asile à des individus poursuivis par les autorités judiciaires. (*Voir* ASILE.)

HATTI-CHÉRIF ou KHATTI-CHÉRIF. Ordre ou commandement impérial du Sultan, sur lequel est apposé son seing ou qui renferme quelques mots de son écriture, notamment ceux-ci : „Qu'il soit fait conformément au contenu!"

C'est, à proprement parler, cette formule qui constitue la *hatti-chérif*; mais par extension on a appliqué le mot à l'acte lui-même.

Le hatti-chérif est réservé aux actes politiques d'une haute importance. Il diffère du firman ordinaire par le fait même de la mention de la formule exécutoire; les firmans émanent la plupart du temps du grand-vizir et non directement du Sultan, dont ils portent seulement le chiffre; cependant il est certains firmans qui par exception sont aussi revêtus de la formule du hatti-chérif (*Voir* FIRMAN).

Le *hatti-chérif* est parfois désigné sous la dénomination de *hatti-humaioun*.

HAUTESSE. Synonyme d'Altesse. Titre qu'on a donné pendant longtemps au Sultan.

Aujourd'hui l'usage a prévalu de lui donner, comme aux autres souverains, le titre de Majesté.

HÉGÉMONIE. Mot grec qui signifie autorité supérieure, suprématie.

C'était dans les fédérations de l'antiquité, le droit de diriger les affaires communes de la Confédération, conféré alternativement à l'un des principales villes qui en faisaient partie.

On finit par entendre par *hégémonie* la prééminence, la supériorité politique d'un État sur les autres.

Dans les temps modernes c'est simplement la prépondérance d'un système politique sur un autre ; ainsi la Prusse prétend à l'hégémonie sur l'Allemagne, la Russie sur les pays slaves, etc.

HÉGIRE. L'ère des Mahométans, qui commence à l'époque où Mahomet s'enfuit de la Mecque, dans la nuit du 15 au 16 juillet 622 de l'ère chrétienne.

Les années mahométanes sont lunaires, c'est-à-dire qu'elles sont seulement 354 jours et 5 heures.

Pour traduire une date formulée d'après l'hégire en année de l'ère chrétienne, il faut ajouter le nombre 622 à l'année musulmane, puis retrancher de la somme environ 3 ans par siècle.

Tous les peuples musulmans datent leurs actes et leurs traités publics de l'*hégire*.

HÉRAUT, HÉRAUT D'ARMES. Officier chargé de certaines fonctions dans les cérémonies publiques et des proclamations solennelles.

Chez les Romains il existait un ordre spécial de hérauts chargés de déclarer la guerre ou d'annoncer la paix ; ils portaient le nom de *féciaux*. (Voir ce mot.)

Au moyen-âge, dans les États formés des débris de l'Empire romain, les hérauts avaient des fonctions à peu près analogues : c'étaient à la fois des officiers de guerre et de cérémonies.

Du 15e au 17e siècle, ce sont des hérauts qui portent aux princes étrangers les lettres de défi, les déclarations de guerre. Quand les armées étaient en campagne, les hérauts traitaient de l'échange des prisonniers, réglaient les contestations relatives au partage du butin, sommaient les places de se rendre, etc. Ils assistaient à toutes les cérémonies de la cour, aux sacres, aux mariages des souverains. Ils étaient en outre chargés de dresser les généalogies, de composer les armoiries, de vérifier les titres de noblesse, etc.

HÉRÉDITAIRE, HÉRITIER. Prince héréditaire ou héritier, celui qui doit hériter du pouvoir.

L'*héritier présomptif* est le prince que l'ordre de sa naissance destine à régner, lorsqu'il n'existe pas d'héritier direct du souverain.

Dans les pays où les femmes héritent de la couronne, on dit la princesse héritière, l'héritière présomptive. (*Voir* TITRES, CÉRÉMONIAL.)

HÉRÉDITÉ, HÉRITAGE. Terme de jurisprudence : qualité d'*héritier* (voir ce mot) ; droit de recueillir la totalité ou une partie des biens qu'une personne laisse à son décès. La transmission continue de la propriété constitue l'*hérédité*.

Se dit aussi de l'ensemble des biens qu'une personne laisse en mourant : c'est ce qui constitue l'*héritage*.

On nomme *hérédité jacente* l'héritage qui n'a pas encore été accepté. (*Voir* SUCCESSION.)

Dans le langage politique, se dit absolument de la successibilité au trône. Le principe d'hérédité ; le droit d'hérédité. (*Voir* SUCCESSIBILITÉ, SUCCESSION AU TRÔNE).

HETMAN. C'était autrefois le titre du chef suprême des Cosaques : qui était élu par le peuple. Ce n'est plus qu'une dignité honorifique, dont, depuis 1814, le titre est porté par le grand-duc héritier de la couronne de Russie.

Il y avait aussi des hetmans en Pologne : c'étaient les commandants en chef de l'armée : l'un commandait l'armée polonaise proprement dite et portait le titre de grand-hetman de la couronne ; l'autre avait le commandement des troupes lithuaniennes, avec le titre de grand-hetman de Lithuanie. Tous les deux étaient nommés à vie.

Cette dignité a cessé depuis le partage de la Pologne.

HIDALGO. Titre que prennent en Espagne les nobles qui prétendent descendre d'une souche chrétienne ancienne sans mélange de sang juif ou Maure.

Les hidalgos jouissaient autrefois des certaines prérogatives, qui ont été abolies depuis l'introduction du système constitutionnel.

HIÉRARCHIE. Ce mot, qui dans l'origine signifiait l'autorité du chef des prêtres (commandement sacré), puis l'ordre des divers degrés de l'état ecclésiastique, s'applique aujourd'hui à tout ensemble gradué de pouvoirs, d'autorités, de rangs, qu'ils soient religieux, civils ou militaires, à toute superposition ou subordination de fonctionnaires les uns aux autres.

On avait prétendu établir une hiérarchie parmi les diverses nations comme il en existe dans les administrations; mais toutes les tentatives ont échoué devant le principe définitivement admis par tous de l'égalité des Etats, entre lesquels subsistent seulement des règlements de *cérémonial* et de *préséance*. (Voir ces mots.)

HISTOIRE. Ce mot, dans sa plus large acception, signifie le récit de tous les faits dignes de mémoire, de quelque nature qu'ils soient, des événements relatifs à l'humanité en général, aussi bien qu'à chaque peuple en particulier.

Quand le récit embrasse les faits qui intéressent l'universalité des peuples, toute la race humaine, on la qualifie d'*histoire universelle*; ses dénominations varient à l'infini, lorsque le récit est restreint à un ou à plusieurs peuples en particulier, suivant les noms sous lesquels ces peuples sont connus.

L'histoire universelle se divise ordinairement en quatre périodes : 1^0 l'histoire ancienne, comprenant l'histoire sainte (l'ancien et le nouveau testament), l'histoire des anciennes monarchies d'Asie, l'histoire grecque et l'histoire romaine; 2^0 l'histoire du moyen-âge, de 375 après J.-C. jusqu'à 1453; 3^0 l'histoire moderne, depuis cette dernière date jusqu'aux temps les plus rapprochés de nous; 4^0 enfin l'histoire contemporaine ou celle du temps présent.

L'histoire a reçu encore différents noms selon les sujets qu'elle traite, la préférence qu'elle attribue à une certaine série de faits, le point de vue sous lequel elle les envisage, le but dans lequel elle en fait l'étude, etc. Ces détails sont oiseux pour l'objet que nous nous proposons.

C'est l'examen de l'histoire dans son ensemble, qui est surtout utile pour l'étude et le développement du droit international dont elle est une des sources les plus fécondes.

Il est vrai que l'histoire, n'étant en soi que la manifestation dans le temps et l'espace des lois de l'esprit humain, présente un caractère d'instabilité et d'incertitude de nature à conduire aux conclusions et aux principes les plus divers. Cependant il faut reconnaître que la solution donnée à d'autres époques à certaines questions internationales ne laisse pas que d'avoir son utilité.

D'autre part, si l'on parvenait à obtenir une uniformité complète de solutions pratiques à propos de questions de même nature — ce qui serait sans doute d'une réalisation difficile dans l'histoire universelle, mais facile pour une période déterminée —, ce serait pour tel ou tel cas donné un argument d'une portée considérable. En effet de l'histoire des guerres, des traités de paix, de commerce et autres, en un mot, des négociations de toute espèce entre les Etats, on peut sans beaucoup d'efforts déduire la tendance du droit international au milieu des diverses phases qu'il a eu à traverser.

Au surplus, comme le droit international repose en grande partie sur la coutume, sur les pratiques généralement suivies et sur une sorte de jurisprudence traditionnelle, l'histoire est devenue d'une nécessité incontestable, et ses résultats peuvent être considérés comme concluants, au moins au point de vue théorique.

HOHEIT. Mot allemand signifiant Altesse. Ce titre, considéré comme supérieur à celui de *Durchlaucht,* qui signifie également Altesse, est intermédiaire entre celui d'Altesse royale et d'Altesse sérénissime. Il est porté exclusivement par les princes souverains d'anciennes maisons ducales de l'Allemagne.

HOMMAGE. En terme de féodalité, l'hommage était la promesse que le vassal faisait au seigneur de lui être fidèle et de remplir certains devoirs à son égard.

L'hommage *plein* ou *lige* impliquait la promesse de défendre le seigneur envers et contre tous, à la différence de l'hommage *simple,* qui ne comportait pas des engagements si étroits.

HOMOLOGATION. Approbation ou confirmation donnée par un tribunal ou une cour juridiciaire à un acte passé entre des particuliers; cette formalité revêt cet acte de la force d'un acte fait en justice et le rend exécutoire.

L'homologation se donne aussi par l'autorité compétente aux actes ou aux décisions d'une autorité inférieure.

En France on nommait autrefois *homologation* l'inscription des édits royaux sur les registres des anciens parlements.

HONNEUR. Les gentilshommes attachés au service des souverains, pour les accompagner ou remplir auprès d'eux d'autres devoirs, portent dans quelques cours le titre de *chevaliers d'honneur.*

Les dames et les demoiselles attachées aux princesses portent le titre de *dames d'honneur* et de *demoiselles d'honneur.*

Le mot honneur sert aussi comme titre ou marque de respect envers certaines personnes de qualité, auxquelles on s'adresse en leur disant ou en leur écrivant : „*Votre honneur*".

HONNEURS DIPLOMATIQUES. Des honneurs particuliers sont accordés aux agents diplomatiques ou ministres publics dans le pays où ils résident.

Les souverains ou chefs d'Etat ont coutume d'accorder les mêmes honneurs à chaque nation, sans mesurer les égards qu'on a pour son représentant sur le degré de sa prépondérance politique. Les Etats qui entretiennent des missions réciproques observent à cet égard l'égalité entre le caractère des représentants qu'elles envoient et de ceux qu'elles reçoivent.

Dans les résidences souveraines tous les membres du corps diplomatique jouissent de distinctions particulières : ainsi dans les solennités publiques des places d'honneur leur sont réservées, à côté de celles destinées aux princes et aux princesses du sang; les honneurs militaires leur sont rendus, quand ils vont au palais du prince près lequel ils sont accrédités. Ils sont invités à toutes les fêtes de la cour, et presque partout les secrétaires d'ambassade et de légation partagent cette distinction.

Aucun ministre ne peut prétendre à des honneurs supérieurs à ceux que les usages de la cour près laquelle il est accrédité, accordent aux autres membres du corps diplomatique de la même classe.

Les honneurs *militaires* sont ceux qui sont rendus à certains personnages par un détachement de troupes plus ou moins nombreux : ils consistent le plus souvent en escorte, ou dans le rangement en ligne sur le passage de la personne qu'on veut distinguer, la présentation des armes devant elle, &c.

Dans les ports de mer les honneurs militaires consistent en pavoisement des navires, et en saluts tirés du bord, &c. (*Voir* CÉRÉMONIAL, SALUT.)

Les ministres publics et les consuls ont droit aux honneurs militaires et aux honneurs maritimes dans des occasions déterminées et selon des règles de cérémonial établies par les usages ou les lois de chaque pays. (*voir* AMBASSADEURS, AGENTS DIPLOMATIQUES, CONSULS.)

HONNEURS ROYAUX. On appelle *honneurs royaux* des honneurs conventionnels que la courtoisie internationale a fait accorder à certains Etats et que l'on estime les plus distingués qu'on puisse rendre à un Etat, aussi bien aux républiques qu'aux empires et aux royaumes.

Le qualificatif de royaux provient de ce que dans les relations politiques de l'Europe, les rois ont toujours joui d'un plus haut degré de considération que les autres chefs non revêtus de la dignité royale.

Les honneurs royaux sont, en principe, attribués aux Etats dont l'étendue et l'importance pour les relations internationales sont regardées comme suffisantes, c'est-à-dire aux Etats dont les chefs ont le titre de roi ou d'empereur, les grandes républiques, les grands-duchés &c.

Les prérogatives attachées aux honneurs royaux consistent à donner à l'Etat qui en jouit un rang au dessus de tous les Etats souverains qui n'en jouissent pas; à conférer l'usage du titre royal, des armes et de la couronne royale au chef de l'Etat, dont la constitution est monarchique; à donner le droit exclusif d'envoyer des ministres publics de première classe; enfin à conférer aux chefs d'Etats monarchiques le droit d'user du titre de *frère*, à l'égard des autres souverains ayant le rang royal. (*Voir* DIGNITÉ, RANG, PRÉSÉANCE, CÉRÉMONIAL.)

HONORABLE. Qualification courtoise donnée à certains personnages, tels que ministres, membres des chambres parlementaires, magistrats, &c.

Elle est en usage surtout en Angleterre, où les ducs et les marquis sont traités de *most honorable* (les *plus* honorables), et les comtes (*counts* et *earls*) de *right honorable* (*très*-honorables).

HONORAIRE. Se dit du fonctionnaire qui, après avoir exercé une charge, en conserve le titre et les prérogatives honorifiques : président honoraire, conseiller honoraire.

Se dit aussi des personnes qui portent un titre honorifique sans fonctions : académicien honoraire, membre honoraire d'une société scientifique, littéraire ou artistique.

HONORIFIQUE. Qui procure des honneurs, qui confère une distinction honorable. (*Voir* TITRE, DIGNITÉ, CÉRÉMONIAL, ÉTIQUETTE.)

HOPITAL MILITAIRE. Etablissement où sont reçus et traités les militaires malades.

En temps de guerre, on organise près

des champs de bataille des hôpitaux ambulants ou ambulances : ce sont des groupes de personnes, pourvus du matériel nécessaire, qui suivent une armée dans ses mouvements afin de porter les premiers secours aux malades et aux blessés, en attendant qu'on puisse les transporter dans les hôpitaux fixes.

Aux termes de la *Convention de Genève* (voir ce mot), les ambulances et les hôpitaux militaires sont reconnus comme neutres, à la seule condition qu'ils ne soient point gardés par des troupes armées. Ils sont protégés et respectés par les belligérants aussi longtemps qu'il s'y trouve des malades ou des blessés. L'immunité de capture s'applique non seulement aux blessés et à tout le personnel hospitalier, mais encore aux habitants du pays qui se dévouent aux soins des malades. Sa neutralité cesserait, si les ambulances ou les hôpitaux étaient gardés par une force militaire.

HOSPODAR. Titre de dignité donné à certains princes vassaux du Sultan de Turquie.

Avant l'union des deux principautés, c'était le titre que portaient les princes régnants de la Moldavie et de la Valachie.

La dignité d'hospodar était élective ; les hospodars, choisis par les boyards ou nobles du pays, recevaient l'investiture de la Porte.

HOSTILITÉ, Acte d'ennemi que des puissances en guerre commettent ou font commettre les unes contre les autres.

L'ouverture des hostilités a lieu du moment que commencent les opérations militaires, et elles doivent cesser dès que les belligérants entament des pourparlers de paix ; elles sont suspendues par les armistices ou trèves. (*Voir* GUERRE, BELLIGÉRANT, ENNEMI, DÉCLARATION DE GUERRE, ARMISTICE, TRÈVE.)

HYPOTHÈQUE. Terme de jurisprudence. C'est un droit réel qui grève des immeubles affectés à la sûreté ou à la garantie de l'accomplissement d'une obligation, ou de l'acquittement d'une dette.

L'hypothèque confère au créancier hypothécaire un *droit de préférence*, c'est-à-dire le droit d'être payé sur le prix de l'immeuble avant les autres créanciers, et un *droit de suite*, c'est-à-dire le droit de contraindre le détenteur de l'immeuble à l'abandonner ou à subir l'expropriation, s'il ne préfère acquitter le montant intégral de la dette.

L'hypothèque générale frappe tous les biens présents et à venir du débiteur.

L'hypothèque se distingue en *légale* ; en *conventionnelle* et en *judiciaire*.

L'hypothèque légale est celle qui résulte directement et immédiatement de la loi même ; elle existe indépendamment de toute inscription et frapppe la généralité des biens.

L'hypothèque conventionnelle résulte de conventions authentiques et dépend de la forme extérieure des actes et des contrats ; elle est limitée aux termes de l'obligation.

L'hypothèque judiciaire résulte d'un jugement ; elle ne peut assurer un droit que par l'inscription.

Plusieurs hypothèques peuvent grever un même immeuble ; la règle donne la préférence à celle qui a reçu la première la publicité légale par une inscription régulière sur les registres du conservateur ; ainsi l'hypothèque ne prend rang que du jour de l'inscription.

On nomme *première hypothèque* celle qui prime les autres.

L'hypothèque s'éteint, ou se *purge*, comme on dit juridiquement, par l'extinction de l'obligation principale, par l'accomplissement par le détenteur du bien hypothéqué des formalités et des conditions prescrites pour la purge, par la renonciation du créancier, et par la prescription.

Au point de vue du droit international, l'hypothèque se distingue en hypothèque de droit privé : c'est celle qui affecte les propriétés foncières de particuliers, et en hypothèque de droit public : c'est celle qui affecte spécialement le domaine national, le territoire d'un Etat.

Un Etat peut aliéner son territoire ; et le domaine public s'aliène, se cède, se transfère, s'engage par les mêmes moyens que le domaine privé, et au nombre de ces moyens figure la constitution de rente ou d'hypothèque.

Mais l'hypothèque de droit public diffère de celle de droit privé d'abord par la forme : l'une s'opère par un traité international, l'autre par une simple inscription sur les registres hypothécaires ; ensuite par le fond même de l'obligation : l'une peut entraîner le droit d'exercer la souveraineté territoriale, l'autre se borne à la possession d'un immeuble ; enfin par les effets : l'une peut avoir pour résultat l'annexion d'un territoire, l'autre est astreinte aux chances d'une adjudication, aux enchères publiques.

Parfois, afin de mieux assurer l'exécution d'un traité, un Etat constitue au profit d'un autre une garantie sous forme d'hypothèque, en lui accordant l'autorisation d'occuper une place forte ou une certaine partie de son territoire. Dans ce cas, l'hypothèque, ou, plus exactement, le droit d'occupation dure jusqu'à l'exécution du traité ou jusqu'à ce que des garanties suffisantes d'autre nature aient été fournies pour assurer cette exécution.

Lorsque le traité n'est pas exécuté au terme convenu ou que l'exécution n'en devient plus possible ultérieurement, l'occupation provisoire du lieu ou du territoire hypothéqué peut devenir permanente et définitive et par suite transmettre la souveraineté territoriale au détenteur.

I

IDENTITÉ. En jurisprudence, c'est la reconnaissance d'une personne; c'est la certitude, qu'elle est bien ce qu'on présume ou ce qu'elle dit être.

La constatation de l'identité peut avoir lieu en matière criminelle, comme lorsqu'il s'agit de reconnaître un individu en état d'arrestation, ou un condamné évadé et repris, ou une personne morte, particulièrement quand il y a lieu de présumer qu'elle a été victime d'un crime; — en matière civile, quand il s'agit de vérifier si un individu, auquel s'adresse une question judiciaire, est bien celui qu'on croit reconnaître, ou celui qu'il prétend être, comme lorsqu'un absent reparaît et réclame ses droits de famille.

Les chanceliers des consulats ne doivent recevoir d'actes que pour les personnes dont l'identité leur est suffisamment connue : quand ils ne connaissent pas cette identité, ils doivent la faire attester par deux de leurs nationaux, ou, en cas d'impossibilité, par deux sujets étrangers, domiciliés dans l'arrondissement consulaire, et connus d'eux, lesquels attestent l'identité de la personne qui le présente.

IDENTITÉ DE L'ÉTAT. L'identité est la propriété qu'ont les êtres, les objets mêmes de persister dans leur existence.

Un être, une chose est identique, sans qu'elle demeure la même. Les choses conservent leur identité aussi longtemps qu'elles n'éprouvent aucun changement soit dans leur composition, soit dans leur forme.

L'identité des êtres, au contraire, est compatible avec les changements matériels les plus apparents.

Or les Etats sont, à vrai dire, des entités morales, qui naissent, se développent et périssent comme les êtres particuliers. Sous ce rapport ce sont de grandes individualités auxquelles s'appliquent également les lois générales de l'existence.

L'Etat subsiste aussi longtemps qu'il conserve et a le pouvoir de conserver son caractère de corps politique indépendant. Son identité n'est donc assujettie ni aux changements ni aux altérations intérieures qu'éprouvent ses institutions.

L'Etat peut subir des transformations infinies dans sa sphère interne, dans ses relations de droit public : c'est ce qui fait dire que l'Etat est variable par rapport aux membres qui constituent la société; mais par rapport à la société elle-même il est permanent.

Pour que l'Etat se modifie ou que son identité extérieure change, il est indispensable que la société éprouve dans sa manière d'être un changement fondamental et de nature à altérer non seulement les conditions de la société qui le subit, mais encore celles de l'Etat lui-même.

En général les changements et les altérations intérieurs d'un Etat n'ont pas une influence décisive sur sa considération internationale, ne l'exemptent d'aucune obligation, ni ne le privent d'aucun de ses droits dans la sphère de ses relations extérieures.

L'incorporation d'un Etat dans un autre, la division d'un Etat en plusieurs Etats indépendants font cesser l'identité de l'Etat incorporé et de l'Etat divisé. (*Voir* ANNEXION, CONQUÊTE, CESSION, CHANGEMENTS SURVENUS DANS LES ÉTATS, DÉMEMBREMENT, INDÉPENDANCE.)

ILE. Espace de terre entouré d'eau de tous les côtés.

Il y a des îles dans les rivières, dans les lacs, et dans les mers.

Les îles qui se forment dans les fleuves ou les rivières rentrent, à moins de traités spéciaux, dans le domaine de l'Etat riverain dont elles sont le plus rapprochées. Si elles se forment au milieu de la rivière, elles doivent être partagées proportionnellement entre les deux Etats riverains.

La possession et l'occupation de la terre ferme entraînent celles des îles adjacentes, alors même qu'on n'y aurait exercé aucun acte positif de propriété. En ce qui concerne ces îles, on peut dire que si un Etat étranger quelconque essayait de les coloniser, il donnerait à celui dont elles dépendent un juste sujet de plainte et même de guerre en persistant dans l'intention de s'en emparer.

Lorsque les îles sont situées près de la terre ferme, on les considère comme ses dépendances naturelles, à moins qu'un Etat étranger n'ait acquis des titres à leur propriété.

Le domaine souverain sur les îles formées par alluvion appartient incontestablement à l'Etat dont les terres et les eaux ont contribué à les former.

La possession des îles situées à une certaine distance de la terre ferme s'acquiert aux mêmes titres que celle de tout autre territoire.

ILLÉGITIME (enfant.) La loi qualifie d'*illégitime* l'enfant né hors du mariage.

L'enfant illégitime acquiert par sa naissance la nationalité de sa mère, qui seule constitue sa famille, par conséquent sa filiation, abstraction faite du lieu de sa naissance.

Cependant si l'enfant né hors mariage est reconnu par son père naturel, il semble logique qu'il suive la nationalité paternelle; car dans ce cas la famille de l'enfant n'est plus limitée à la mère seule et la filiation est établie par l'acte de reconnaissance.

La jurisprudence française paraît constante à cet égard : elle admet en principe que les enfants naturels suivent la condition de leur père, français ou étranger, et que la mort de celui-ci ne modifie pas la nationalité des enfants naturels qu'il a reconnus, bien que la mère soit d'une nationalité différente. (*Voir* ENFANT.)

L'enfant illégitime non reconnu par son père ne suit pas le *statut* de sa mère lorsque celle-ci vient à acquérir plus tard par mariage une autre nationalité.

IMAN ou IMAM. Mot arabe qui veut dire celui qui préside. Les musulmans lui donnent diverses significations.

A l'origine ce fut un titre que se donnèrent les califes comme chefs suprêmes des musulmans au spirituel et au temporel; aujourd'hui ce titre appartient au Sultan.

Dans la partie méridionale de l'Arabie, on appelle encore imans certains chefs indépendants, qui réunissent en leur personne le pouvoir politique et le pouvoir religieux, tels que l'iman de Mascate, l'iman de Sassa.

Enfin on nomme *imans* les prêtres mahométans qui font le service divin dans les mosquées.

IMANAT ou IMAMAT. On désigne ainsi le pays gouverné par un iman, ou l'endroit de sa résidence, ainsi que la dignité d'iman, sous quelque caractère qu'elle soit envisagée.

IMMATRICULATION. Enregistrement sur un registre matricule, c'est-à-dire un registre ou rôle sur lesquels sont inscrits les noms des membres d'une société ou les noms des personnes qui se présentent devant une autorité ou dans les bureaux d'une administration.

Le profit de la protection due par l'Etat à ses nationaux à l'étranger est subordonné à la condition que la qualité du national soit justifiée. Cette justification se fait d'ordinaire par l'immatriculation dans les chancelleries diplomatiques ou consulaires.

Voici les règles admises en ce qui concerne l'immatriculation de ceux qui vont s'établir à l'étranger et tiennent à faire constater que leur établissement est fait avec esprit de retour.

La seule condition imposée aux Français pour obtenir leur immatriculation est la preuve de leur nationalité. Or, comme la loi ne prive pas de la qualité de Français les individus auxquels ont été retirés les droits civils ou politiques, l'inscription sur le registre matricule ne peut être refusée aux Français privés de ces droits en tout ou partie par suite de condamnations judiciaires; mais autant que possible il doit être fait mention de cette circonstance dans leur acte d'immatriculation.

L'immatriculation se constate par l'inscription sur un registre spécial dûment ouvert, coté et paraphé et clos par les consuls, et dont la tenue est oligatoire dans tous les consulats. Les pièces produites au moment de l'immatriculation par ceux qui la demandent, sont conservées en chancellerie après avoir été paraphées par le consul et le déposant.

Quand un étranger non-immatriculé vient à décéder laissant des enfants mineurs, le consul peut procéder d'office à l'immatriculation des enfants, en rappelant dans l'acte cette circonstance exceptionnelle.

Il n'est perçu aucun droit pour l'inscription sur le registre matricule ; la délivrance de certificat d'immatriculation à ceux qui le réclament est seule soumise à l'application du tarif des chancelleries.

L'immatriculation est purement facultative. Le consul qui refuserait son appui à un de ses nationaux par la seule raison qu'il aurait négligé de se faire inscrire sur le registre matricule tenu dans sa chancellerie, se rendrait coupable d'un véritable déni de justice.

Quelques privilèges sont attachés à l'immatriculation.

L'instruction concernant la réception des actes et des contrats dans les chancelleries consulaires, réserve, à moins d'impossibilité absolue, aux seuls nationaux immatriculés le droit de servir de témoins instrumentaires devant les chanceliers.

Les lois sur la navigation marchande en France disposent que, pour devenir propriétaire unique d'un bâtiment portant le pavillon de la France, le Français résidant à l'étranger doit fournir la preuve qu'il est immatriculé dans une chancellerie diplomatique ou consulaire.

Le Français qui a encouru la perte de sa nationalité, doit être rayé du régistre matricule ; mais il doit être préalablement entendu par l'agent diplomatique ou consulaire, qui surseoit, si la position du Français soulève des doutes dans l'appréciation et du domaine des tribunaux.

IMMÉDIAT. Dans la féodalité, se disait des nobles et des fiefs qui relevaient directement d'un roi ou d'un empereur, sans reconnaître d'autre souverain que lui.

IMMÉDIATETÉ. Qualité ou privilège d'un noble, d'un fief immédiat de l'Empire.

IMMEUBLE, IMMOBILIER. Se dit des bien-fonds et de certaines autres choses qui leur sont assimilées par une fiction de la loi.

Les biens sont *immeubles* par leur nature, comme, les fonds de terre et les bâtiments ; — ou par leur destination, tels que les objets que le propriétaire y a placés pour le service et l'exploitation des fonds ; — ou par l'objet auquel ils s'appliquent, comme *l'usufruit* (voir ce mot) des choses immobilières, les *servitudes* (voir ce mot) ou services fonciers, les actions qui tendent à revendiquer un immeuble.

Les immeubles de toute espèce font partie intégrante du domaine propre de chaque nation, et chaque Etat a le droit absolu de régler législativement la possession, l'acquisition et l'aliénation des immeubles situés sur son territoire : telle est la règle générale, qu'exprime l'axiome du droit romain *lex loci rei sitæ* (loi du lieu où la chose est située).

Les immeubles sont régis par le *statut réel,* lequel oblige le possesseur, qu'il soit national ou étranger. *(Voir* STATUT RÉEL.)

Le droit de posséder des immeubles n'est pas limité au pays duquel l'individu ressort par son origine ; l'individu, régi par la loi de son domicile, peut d'une façon quelconque acquérir des immeubles dans un pays étranger gouverné par une autre loi.

Lorsque tous les biens que possède un individu sont compris dans le territoire de la nation à laquelle il appartient, ou dans le territoire où il a son domicile, et que cet individu ne passe pas d'actes hors de ce territoire, les lois de son pays régissent tous ses rapports, sans qu'il y ait lieu de faire une distiction entre les statuts personnels et les statuts réels ; il n'y aurait lieu d'en tenir compte que dans le cas où l'individu posséderait des biens situés dans un autre pays ou passerait des actes les concernant hors du territoire de sa nation.

Les immeubles ne peuvent être *imposés* que dans le lieu où ils sont situés, et les étrangers qui les possèdent sont soumis comme les nationaux au paiement des contributions foncières. (Voir IMPOSITION, CONTRIBUTION.)

En temps de guerre, l'occupation militaire ne produit d'effet sur la propriété privée que dans les cas exceptionnels qui donnent ouverture au droit de confiscation ; elle laisse dès lors subsister intact le droit de transfert par voie de ventes, d'échanges, de successions, etc. Il en résulte que les dispositions prises par le vainqueur au sujet de la propriété immobilière d'un territoire occupé ne produisent que des conséquences de fait, qui deviennent caduques par l'application du droit de *postliminie* (voir ce mot), lors de la conclusion de la *paix*. (Voir ce mot et AGENTS DIPLOMATIQUES.)

IMMORAL. Ce qui est contraire ou nuisible à la morale, aux bonnes mœurs. Un acte ou un contrat peut être immoral. On considère comme tels tous ceux qui de leur nature sont fondés sur une turpitude morale et incompatibles avec le bon ordre et les intérêts stables de la société, tels, par exemple, que ceux qui ont pour objet l'impression ou la mise en circulation de publications obscènes, ceux qui tendent à encourager ou à récompenser la perpétration de crimes, à corrompre la justice ou à se soustraire à ses atteintes, à tromper le gouvernement ou à violer le droit public.

Ces contrats ne sont point susceptibles d'exécution; la tentative d'exécution doit même être punie.

IMMUNITÉ. Exemption, privilège ou faveur accordé à certaines personnes,

Au nombre de ces personnes on doit citer, en première ligne, les agents diplomatiques ou les ministres publics à l'étranger, auxquels des immunités particulières et assez étendues sont accordées en raison du caractère et des exigence de leur mission.

Ces immunités consistent dans l'exemption de la juridiction civile et de la juridiction criminelle de l'Etat où ils résident, dans l'inviolabilité de leurs domiciles; dans l'exemption des règlements de police, si ce n'est de ceux qui ont pour but la sûreté et l'ordre publics; dans la franchise des droits de douane, dans une certaine mesure, pour l'introduction des objets destinés à leur usage personnel et à celui de leur famille; dans l'exemption du paiement des impôts purement personnels et directs.

(*Voir* AGENT DIPLOMATIQUE, EXTER-RITORIALILÉ, INVIOLABILITÉ.)

IMPARFAIT. En droit international, cet adjectif appliqué aux devoirs réciproques des États entre eux indique ceux de ces devoirs qui ne découlent pas d'un droit positif absolu, ne sont que moralement obligatoires de nation à nation. Pour acquérir la force qui leur manque intrinsèquement et revêtir la valeur d'un lien international, ils ont besoin d'être consacrés par des stipulations conventionnelles, dont la forme et la nature varient à l'infini.

C'est notamment à la voie des traités spéciaux que les diverses nations civilisées ont eu recours pour régler entre elles les droits et les devoirs mutuels découlant de l'échange de leurs produits et des relations qu'entretient le commerce maritime.

IMPÉRATRICE. C'est le titre qu'on donne à la femme d'un empereur, ou à la princesse qui de son chef possède un empire.

IMPÉTRANT. Terme employé en justice et dans les chancelleries pour désigner celui ou celle qui a obtenu ce qu'il poursuivait par enquête ou par pétition; et dans les administrations, celui qui a obtenu un titre, un diplôme, une charge, etc.

Sur les diplômes et autres papiers délivrés, en France, par certaines administrations, les Universités, les Académies, etc., on lit au bas : „Signature de l'*impétrant*".

IMPOSITION, IMPOT. Taxe ou droit imposé sur les personnes ou sur les choses par un gouvernement, ou une administration, ou une autorité compétente pour subvenir aux dépenses publiques ou locales.

Selon le mode d'après lequel ils sont établis et perçus, les impôts sont *directs* ou *indirects*.

L'impôt direct est demandé nominativement aux contribuables de telle ou telle catégorie et directement établi sur les personnes; l'impôt indirect est celui qui est perçu sur la chose, sans préoccupation de sa provenance, de la personne à qu'elle appartient. Ainsi l'impôt foncier, l'impôt des patentes, par exemple, sont des impôts directs, tandis que les droits de douane et ceux d'octroi sont des impôts indirects.

Les impôts reçoivent aussi des dénominations diverses, spéciales d'après les choses ou les personnes sur lesquelles ils portent; nous n'avons point à entrer ici dans ces détails.

Il est de règle générale que les biens fonds ou immeubles sont imposés au lieu où ils sont situés, quelle que soit la nationalité du possesseur. Les étrangers établis et possédant des propriétés dans un pays étranger sont soumis comme les nationaux aux contributions imposées sur ces biens. De même les professions ne paient des droits de patente ou autres redevances qu'au lieu où elles sont exercées, quoique ceux qui les exercent soient d'origine étrangère.

Le paiement de l'impôt est obligatoire au profit de l'Etat où la personne est domiciliée, et non de l'Etat de son origine.

14*

Nous terminerons par faire observer que les personnes qui jouissent des privilèges attachés à l'exterritorialité, ne sont soumises au paiement d'aucun impôt dans le pays étranger où elles résident, sauf toutefois de certains droits établis pour l'entretien de services publics particuliers, lorsque ces personnes font usage de ces services, tels, par exemple, de droits de péage sur des routes ou sur des ponts.

IMPRESCRIPTIBLE. Terme de droit signifiant qui n'est pas susceptible de *prescription* (voir ce mot), c'est-à-dire que n'atteint ni n'altère aucune condition de temps ou de lieu.

Se dit de certains droits, de certaines propriétés.

Ainsi les lois de la nature ou de l'humanité, le domaine de l'Etat sont *imprescriptibles*. (*Voir* DROITS, DOMAINE.)

INACTIVITÉ (mise en). Un agent diplomatique ou consulaire peut être mis en inactivité par son gouvernement.

La mise en inactivité ne doit pas toujours être regardée comme une mesure personnelle à l'agent; elle dépend souvent de considérations exceptionnelles qui obligent le gouvernement à rappeler les agents qu'il a accrédités dans certains Etats, ou à les remplacer par d'autres plus aptes pour des raisons quelconques à réussir dans telle ou telle négociation. Dans ces cas, l'agent est simplement mis en *disponibilité* (voir ce mot), sans perdre par le fait de la cessation de ses fonctions, ni son grade, ni son droit à l'avancement, ni ses titres à être employé ultérieurement.

INALIÉNABILITÉ. Qualité de ce qui est inaliénable, c'est-à-dire de ce qui ne peut être aliéné, vendu ou donné.

En principe le domaine de l'Etat est inaliénable.

Autrefois, lorsque le territoire était considéré comme la propriété du souverain, celui-ci en disposait à son gré, le vendait, cédait, échangeait en tout ou en partie, selon les convenances ou les nécessités de ses intérêts ou ceux de sa famille; mais dans les constitutions modernes l'aliénabilité du territoire national est devenue une règle fondamentale, et ce n'est que par suite de circonstances exceptionnelles et de force majeure, sous la pression de l'adversité, qu'un Etat consent à aliéner une partie de ce territoire.

Généralement la validité des aliénations consenties par le pouvoir exécutif est subordonnée soit à un vote de la nation tout entière, soit à une approbation formelle du pouvoir législatif. (*Voir* ALIÉNATION, DOMAINE.)

INAMOVIBILITÉ. Caractère de ce qui ne peut être changé.

Se dit particulièrement des fonctionnaires publics qui ne peuvent être destitués de leur place, de leur emploi. (*Voir* AMOVIBLE.)

INAUGURATION. L'inauguration était, chez les Romains, une cérémonie qui avait pour objet l'installation solennelle des citoyens élus aux magistratures supérieures; ce nom lui était donné parce qu'à cette occasion les augures étaient consultés sur le mérite du choix.

Après la disparition du paganisme, et quoique l'institution des augures eût disparu également, on a continué par coutume d'appliquer le nom d'inauguration aux cérémonies religieuses ou nationales ayant pour objet la consécration de monuments publics, et même à la consécration des souverains.

Dans ce dernier cas, l'usage a prévalu de se servir des termes de *sacre* ou de *couronnement* (voir ces mots), et de *dédicace* pour les édifices religieux; le terme d'*inauguration* est réservé pour les monuments publics : cette cérémonie donne lieu ordinairement à des fêtes, dites fêtes *inaugurales,* et à un discours de circonstance, dit *inaugural* ou *d'inauguration,* prononcé par un orateur désigné à cet effet ou par un des premiers magistrats de la cité.

INCAPACITÉ. En jurisprudence, c'est l'état d'une personne que la loi prive de certains droits.

On comprend que l'individu frappé d'incapacité par un jugement, notamment par une sentence criminelle, en subisse toutes les conséquences dans le pays où la sentence ou le jugement a été prononcé; mais l'incapacité suit-elle le condamné dans le pays étranger où il parvient à se réfugier après sa condamnation?

Les publicistes ne sont pas d'accord sur ce point; l'usage prévaut que l'incapacité dont est frappé un individu, n'a plus à l'étranger ses effets absolus de droit en tant que peine, mais seulement ses conséquences morales et de fait.

Ainsi le bannissement prononcé contre un individu n'empêche pas les autres Etats de recevoir ou de tolérer le banni sur leur territoire; la confiscation de ses biens situés dans le pays de sa condamnation n'entraîne pas la confiscation des biens qu'il possède ou acquiert dans un autre pays; la privation des droits civiques n'empêche pas celui qui en est privé dans un pays d'être admis dans un autre à l'exercice de ces droits. *(Voir* INFAMIE).

INCOGNITO. Mot italien qui signifie *sans être connu.*

Il se dit de personnes de qualité qui, voyageant ou séjournant en pays étranger et ne voulant pas être connues ou traitées suivant leur rang, n'ont ni leur train ordinaire, ni autres marques distinctives, et prennent souvent un autre nom et un autre titre que les leurs.

Ce secret de convention est rarement ignoré; mais, bien que connu, on le respecte.

Lorsqu'un souverain voyage *incognito,* on est censé ignorer sa qualité et on le traite comme un simple particulier; mais il peut toujours faire cesser l'incognito, et connaître sa qualité de souverain; dès ce moment il a droit à toutes les prérogatives attachées à la souveraineté.

Cependant, en tout état de choses, le souverain, même voyageant sous l'*incognito,* jouit du droit d'exterritorialité, qui est inhérent au caractère même de la souveraineté. *(Voir* EXTERRITORIALITÉ, SOUVERAINETE.)

INCOLAT, DROIT D'INCOLAT. Terme de droit, dérivé du mot latin *incola,* habitant.

C'est, à proprement parler, l'établissement de la part des étrangers de leur domicile dans l'Etat, où ils obtiennent dès lors certains droits civils appartenant aux habitants d'origine.

La naturalisation dans plusieurs pays implique l'acquisition du droit d'*incolat.*

L'*incolat* concerne donc plus particulièrement l'individu qui demeure dans un pays qui n'est pas le sien. *(Voir* DOMICILE.)

INCOMPÉTENCE. En jurisprudence, c'est l'état du juge qui n'a pas le pouvoir de connaître une contestation.

L'incompétence est dite *matérielle,* lorsque le juge connaît d'une matière dont la connaissance est attribuée à un autre juge.

On la dit *personnelle,* lorsque le juge prononce entre des personnes qui ne sont pas ses justiciables.

On a, en tout état de cause, le droit de décliner la compétence d'un juge, dont on prétend n'être pas justiciable.

En administration, l'incompétence est l'impossibilité où se trouve un fonctionnaire public de faire tel ou tel acte qui n'est pas de son ressort. *(Voir* COMPÉTENCE.)

INCORPORATION D'UN TERRITOIRE A UN ÉTAT. Réunion d'une province, d'un territoire à un Etat. *(Voir* ANNEXION, CESSION, DOMAINE PUBLIC, TERRITOIRE.)

L'union des Etats opérée par incorporation produit à l'égard de la souveraineté les mêmes résultats que l'*union réelle,* (Voir ce mot.)

Dans les deux cas, la souveraineté particulière de chacun demeure confondue dans la souveraineté générale ou dans celle de l'Etat incorporant; aussi une nation qui s'incorpore à une autre, abdique-t-elle le droit qu'elle possédait de régler ses relations extérieures, de déclarer la guerre, de conclure des traités; en un mot, cette nation perd sa nationalité.

Un Etat peut prendre possession du territoire d'un autre Etat et se l'incorporer légalement, lorsque l'Etat étranger renonce aux droits de souveraineté qu'il exerçait précédemment, lorsque la population a renversé son gouvernement pour se joindre librement à un autre Etat; mais dans ces cas la reconnaissance du nouvel état de choses par les populations est nécessaire.

INCORPOREL. En jurisprudence, se dit des choses qui, ne tombant pas sous nos sens, n'ont qu'une existence morale.

Tous les droits sont incorporels : ce ne sont pas des choses palpables et manifestes, mais n'ayant rien de matériel, ils n'existent que par une conception de l'esprit.

Les droits incorporels peuvent dériver d'une chose, tels que les privilèges attachés à la possession d'un bien ou d'un objet; ou ils peuvent tenir à une personne, comme les créances, les actions, les contrats auxquels une personne est partie.

En cas d'occupation militaire les choses incorporelles ne peuvent être saisies par le vainqueur, de même que le vaincu ou le prisonnier ne peut lui transférer aucun droit sur la portion incorporelle de son avoir, par exemple sur ses créances actives, le titre en fût-il tombé entre les mains de l'occupant. *(Voir* CRÉANCES, DETTES, OBLIGATIONS.)

INCURSION. Course de gens de guerre dans un pays ennemi, le plus souvent dans un but de *pillage* ou de *dévastation* (Voir ces mots) : c'est un coup de main après lequel on se retire, une invasion passagère. *(Voir* INVASION.)

INDEMNITÉ. Dédommagement, compensation, pécuniaire ou d'une autre nature, accordée à celui qui a éprouvé une perte ou un tort, pour réparer le tort causé, ou pour tenir lieu de la valeur de la chose perdue ou détruite.

C'est notamment en cas de guerre et de troubles intérieurs qu'il y a lieu à des demandes d'indemnité de la part des habitants du pays qui est le théâtre des hostilités ou de la guerre civile.

En ce qui regarde les préjudices soufferts dans les cas de guerre civile, le principe d'indemnité à accorder soit aux nationaux, soit aux étrangers, n'est admis par aucune nation.

Cependant la législation de plusieurs pays d'Europe a consacré, dans la mesure des ressources propres à chacun d'eux, le système de *secours* pécuniaires en faveur des victimes de semblables désastres; mais partout on remarque qu'en entrant dans cette voie les gouvernements, pour aller au-devant de toute fausse interprétation, ont eu soin de déclarer explicitement qu'ils entendaient faire acte de libéralité spontanée et non point s'acquitter d'une obligation que la loi aurait mise à leur charge.

Lorsqu'un pays est envahi par une armée ennemie, si cet ennemi recourt à des contributions forcées pour se procurer les provisions et les munitions nécessaires aux troupes d'occupation, ces contributions donnent, suivant les circonstances, à ceux qui y satisfont, droit à des dédommagements et c'est l'Etat au nom duquel se font les réquisitions qui est tenu d'indemniser les particuliers.

Relativement aux dommages causés aux propriétés privées par les opérations militaires, ces dommages sont considérés comme des accidents inévitables et de force majeure, et ne donnent droit à aucune demande d'indemnité.

S'il s'agit de navires neutres séquestrés, avariés, ou détruits par suite des nécessités des opérations militaires, le belligérant qui cause le dommage est tenu d'en indemniser les personnes intéressées.

Quant à l'Etat neutre, bien qu'on puisse le rendre responsable des actes contraires à la neutralité commis pas ses nationaux ou les habitants de son territoire, il ne peut échapper à cette responsabilité, s'il est constaté qu'il n'a pas pris les mesures en son pouvoir pour prévenir ou empêcher la perpétration de ces actes, et en pareil cas il peut être tenu d'indemniser le belligérant auquel ces actes ont causé un préjudice, non pour *tous* les dommages indirects, mais pour le dommage qui aurait été évité, si l'Etat neutre eût rempli ponctuellement les obligations imposées par la neutralité.

INDEMNITÉ DE GUERRE. C'est le paiement d'un somme d'argent que, à l'occasion de trèves ou de préliminaires de paix, le vainqueur impose au vaincu, pour suspendre ou cesser les hostilités, restituer, en tout ou partie, le territoire occupé par les armées.

On colore ces exigences du prétexte de dédommagement pour couvrir les frais occasionnés par la guerre, ou d'indemnité pour venir en aide aux blessés, aux invalides, aux familles des victimes qu'elle a faites; mais dans la plupart des cas il serait facile de constater que les sommes ainsi réclamées étaient exorbitantes, excédaient même les dépenses auxquelles on les prétendait destinées à subvenir.

Comme le plus souvent le paiement de ces indemnités demande un certain laps de temps pour s'effectuer intégralement, l'occupation militaire se prolonge après la conclusion de la paix, comme une garantie jugée nécessaire pour assurer la régularité des versements; alors les territoires occupés demeurent en quelque sorte comme un gage entre les mains du vainqueur jusqu'à l'acquittement partiel ou intégral, selon les conventions.

INDÉPENDANCE. Condition d'un Etat qui ne relève pas, ne dépend pas d'un autre.

Les Etats possèdent, en vertu de la loi même de leur organisation et de leur souveraineté, une sphère d'action propre, exclusive et particulière à chacun d'eux. Sous ce rapport ils ne dépendent de personne et sont tenus de pourvoir seuls au maintien des droits et à l'observation des devoirs qui servent de base primordiale et nécessaire à toute société libre. La souveraineté absolue implique forcément une indépendance complète. *(Voir* ETAT, SOUVERAINETÉ.)

De cette indépendance découle comme conséquence logique le droit illimité et sans réserve pour chaque Etat de déterminer et d'organiser sa constitution intérieure, sans qu'un autre Etat puisse abolir, changer ou établir ce qui constitue le droit interne de ces Etats, quelles que soient d'ailleurs les institutions politiques et le mode de gouvernement qu'il convienne à celui-ci d'adopter et d'organiser, mais à la condition que chaque Etat n'opère pas dans sa manière d'être des changements de nature à engager sa responsabilité internationale, à affecter plus ou moins sérieusement la sécurité ou les droits souverains des autres nations. *(Voir* GOUVERNEMENT, REPRÉSENTATION, DIPLOMATIE.)

La souveraineté de l'Etat a aussi pour corollaire naturel et forcé l'indépendance dans le domaine législatif et judiciaire, mais cette indépendance absolue dans la sphère des rapports de droit qui s'établissent entre le gouvernement et ses propres citoyens, n'est que relative et limitée à certains égards dans l'action de ces rapports sur les sujets des autres Etats.

La conséquence générale qui découle directement de l'indépendance du pouvoir législatif et du pouvoir judiciaire reconnue à tous les Etats souverains, c'est que ces Etats ont le droit, sans ingérence étrangère d'aucune sorte, de punir comme de récompenser, en d'autres termes de placer sous l'action de leurs lois et de leurs tribunaux les sujets nationaux qui se trouvent dans les limites de leur territoire juridictionnel. *(Voir* LÉGISLATION, JURIDICTION.)

Enfin l'indépendance de l'Etat implique le droit essentiel de conservation, d'accomplir tous les actes nécessaires pour se défendre et repousser une agression. *(Voir* CONSERVATION, AGRESSION.)

Aucun Etat n'a le droit de porter atteinte à l'indépendance d'un autre Etat; et à l'exercice des droits qui y sont inhérents; l'Etat lésé dans son indépendance a le droit de recourir à la voie des armes pour obtenir justice ou réparation. (*Voir* GUERRE.) Les autres Etats ont également le droit d'intervenir lorsqu'un Etat, sous le prétexte d'exercer ses droits d'indépendance, viole le droit international.

L'histoire nous présente des cas nombreux de nations, qui, placées sous la domination d'une autre, se soulèvent pour s'en affranchir.

Si la nation ainsi soulevée sort victorieuse de la lutte armée qu'elle a entreprise pour secouer le joug, et réussit à se séparer de l'Etat qui la dominait, elle forme à son tour un nouvel Etat souverain et indépendant. Toutefois il est de règle, au point de vue du droit inter-

national, que cette indépendance n'est regardée comme effective que lorsqu'elle a été reconnue par les autres Etats; or cette reconnaissance n'a lieu que lorsque l'existence de fait du nouvel Etat ne soulève plus de doute. *(Voir* RECONNAISSANCE.)

INDEX ou INDICE. La *Congrégation de l'Index ou de l'Indice* est une commission de cardinaux, nommée par la Curie apostolique, pour examiner les livres nouveaux et en prohiber, s'il y a lieu, la lecture et la vente.

Son nom lui vient de ce que, après l'examen, elle est chargée de dresser le catalogue des livres dont l'usage est interdit.

La Congrégation de l'index ne condamne pas seulement les ouvrages hérétiques, mais aussi ceux qui attaquent plus ou moins directement la religion, et ceux qui sont contraires aux bonnes mœurs. Il est des cas où la condamnation n'est que temporaire; elle peut être levée, lorsque les auteurs ont fait à leurs écrits les corrections convenables.

L'*Index* proprement dit, c'est-à-dire le catalogue des livres ou écrits interdits, est divisé en trois parties : la première contient les noms des auteurs, la seconde la liste des livres, la troisième les ouvrages anonymes.

INDICTION. Convocation d'une grande assemblée à certain jour.

Se dit plus particulièrement d'un concile et d'un synode (voir ces mots).

Se dit encore d'une prescription émanant d'une autorité ecclésiastique supérieure : par exemple, l'indiction d'un jeûne, d'un jubilé.

L'indiction est aussi un terme de chronologie, indiquant une révolution de 15 années, qu'on recommence toujours par une lorsque le nombre de quinze est fini : c'est un des trois cycles de la période Julienne.

Ce mode de supputation des années est en usage dans les bulles du Saint-Siège.

INDIGÉNAT. Ce mot sert à indiquer qu'on appartient à un pays, qu'on en est *indigène*, qu'on est citoyen de l'Etat. L'indigénat s'acquiert par la naissance ou par la naturalisation.

On comprend aussi sous la dénomination d'indigénat une somme de droits inhérents à la qualité d'indigène ou d'originaire du pays; ces droits peuvent être accordés à des étrangers, qui sont dits en ce cas obtenir l'*indigénat*.

Il ne faut cependant confondre l'indigénat ni avec le simple droit de domicile, ni avec la dénization, car les prérogatives qu'il confère sont généralement plus étendues ; ni avec la naturalisation, qui a des conséquences plus larges et plus absolues.

Toutefois dans certains Etats l'indigénat peut être tenu comme synonyme ou équivalent de la naturalisation: dans ce cas ce n'est qu'une expression pour une autre.

Chaque Etat a le droit de déterminer les conditions auxquelles il confère et retire l'indigénat.

INDIRECT PERTES OU DOMMAGES INDIRECTS. Les dommages, quels qu'en soient la cause et l'objet, sont *directs* ou *indirects*, et le plus souvent directs et indirects à la fois.

Sous le premier point de vue, le dommage direct consiste dans le fait actuel du préjudice causé, effectif et manifeste, présentant des résultats susceptibles d'une appréciation ou d'une évaluation immédiate ou positive, sinon absolue, basée sur des réalités d'un caractère ou matériel ou moral.

Le dommage indirect n'est qu'une contingence, il n'existe que par induction, découlant à titre de simple conséquence éventuelle, plus ou moins rationnelle, d'un préjudice primordial, dont il est en quelque sorte le corollaire.

Le dommage indirect peut atteindre une personne, un objet différents de ceux atteints par le dommage direct ou en outre d'eux.

Ainsi, dans les relations internationales, les griefs résultant des actes et de la conduite d'un gouvernement à l'égard d'un autre ne se traduissent d'ordinaire en demandes d'indemnités que suivant la mesure du préjudice occasionné à des particuliers. Lorsque le dommage a été causé non par l'Etat lui-même, mais par des individus isolés, ces demandes ne sont justifiées contre l'Etat que s'il est prouvé qu'il aurait pu empêcher les individus de se rendre coupables d'une violation du droit et qu'il ne l'a pas fait, et en pareil cas l'Etat qui a négligé de remplir ce devoir, est tenu de payer non seulement les dommages directs, mais aussi des dommages indirects, notamment pour le préjudice qui aurait été évité, si l'Etat eût rempli convenablement ses obligations. ((*Voir* DILIGENCE.)

Lorsqu'un Etat se trouve ou s'estime *indirectement* atteint par les dommages *directement* causés à ses nationaux, ou offensé, par la négligence d'un autre Etat à remplir les devoirs conventionnels ou de neutralité, il est en droit, comme nous l'avons déjà dit, de réclamer le paiement de dommages *indirects* pour ses ressortissants lésés dans leurs intérêts personnels.

INDIVISIBILITÉ. Caractère de ce qui ne peut être divisé. partagé, séparé.

Au moyen-âge, un prince pouvait partager le territoire d'une nation entre ses enfants ou ses héritiers. Dans les temps modernes les principes de l'inaliénabilité et de l'indivisibilité du domaine public sont de règle dans la constitution des Etats. (*Voir* DOMAINE.)

INDULT. Délai accordé aux navires de commerce stationnés dans les ports d'un Etat ennemi pour quitter ces ports et se mettre en sûreté avec leurs chargements.

Ce délai est ordinairement de six .semaines; mais il peut être étendu, selon les circonstances.

INEXÉCUTION, non-exécution d'engagements internationaux. L'inexécution de la part des Etats des engagements qu'ils ont contractés envers les autres, entraîne des conséquences plus ou moins graves selon le tort que cause à autrui le manque d'accomplissement d'une stipulation sur les avantages de laquelle il était en droit de compter. La partie lésée peut réclamer soit des dommages et intérêts ou une indemnité (Voir ces mots), soit, dans le cas où il existe un traité qui consacrait l'engagement (*Voir* TRAITÉ, CONVENTION), elle peut enfin être autorisée à se livrer à des représailles, ou même à recourir à la guerre. (*Voir* REPRÉSSAILLES.)

INFAMIE, PEINE INFAMANTE. L'infamie, flétrissure imprimée à l'honneur, à la réputation soit par l'opinion publique, soit par la loi.

L'infamie, considérée comme peine proprement dite, n'existe pas.

On appelle infamante la peine qui frappe le condamné d'infamie, d'une flétrissure morale. Les peines infamantes sont le bannissement, la dégradation civique, et le carcan (aujourd'hui aboli dans la plupart des pays civilisés).

Comme l'effet des sentences criminelles ne s'étend pas hors des limites du territoire juridictionnel sur la personne du condamné, il s'ensuit que celui qui a été déclaré infame dans un pays, n'encourt chez l'étranger qu'une infamie de fait et non de droit, de même que le bannissement décrété dans un pays n'empêche pas un autre pays de tolérer le banni : ce serait le punir de nouveau que de le priver de son honneur dans un autre pays; cela d'ailleurs, au point de vue de l'équité, exigerait une nouvelle procédure.

INFANT, INFANTE. Titre que portent les enfants puînés des rois d'Espagne et de Portugal : on les désigne entre eux par leurs prénoms.

Ce titre n'est usité que depuis le 10e siècle.

INFÉODATION. C'était au moyen-âge le contrat en vertu duquel la concession d'un bien fonds, d'un droit quelconque s'opérait à titre de fief; l'acte par lequel le seigneur mettait le vassal en possession d'un fief et le recevait *à foi et hommage.*

INFIRMATION. ACTION D'INFIRMER. Infirmer, c'est, mot à mot, affaiblir, ôter la force ou la créance.

Infirmer un jugement, c'est l'annuler ou le réformer; se dit d'une cour d'appel qui annule ou réforme la sentence rendue par un juge inférieur; la décision du juge supérieur est dit infirmative de l'autre sentence.

Infirmer un acte, un document, c'est en attaquer la force ou la créance.

Infirmer un témoignage, une preuve, c'est en démontrer le faible, le manque de fondement.

INFRACTION. Atteinte portée à une loi, à un ordre, à un traité, en le violant ou en le transgressant.

L'infraction des lois ou aux lois se dit surtout de la contravention à celles qui ont un caractère pénal. (*Voir* CONTRAVENTION),

INHIBITION. Terme de jurisprudence: défense prononcée par la loi ou par un jugement.

L'inhibition signifie aussi l'empêchement résultant de cette défense.

Il y a cette différence entre l'*inhibition* et la *prohibition*, que la première s'applique aux actes qu'on veut empêcher, et la seconde aux choses dont on veut interdire l'introduction dans un pays.

INHIBITOIRE. Qui défend, qui interdit.

Un jugement est dit inhibitoire, lorsqu'il porte une défense, une interdiction ou une exclusion.

On appelle *lettres inhibitoires* les documents, édits, décrets ou rescrits, par lesquels, en temps de guerre, le chef d'un Etat interdit aux citoyens en général toute sorte de rapport avec le pays ennemi, notamment la correspondance et le commerce, l'exportation de marchandises sur le territoire ennemi, l'importation de celles en provenant, si ce n'est en vertu d'une permission ou d'une licence expresse (*Voir* COMMERCE, LICENCE), et les assurances pour le compte d'individus appartenant à la nation avec laquelle on est en guerre,

INITIATIVE. Action de celui qui propose ou commence le premier quelque chose.

En législation l'initiative ou droit d'initiative est le droit de faire, de proposer de nouvelles lois.

Dans les Etats constitutionnels ou représentatifs, ce droit appartient à la fois au gouvernement et au parlement ou aux chambres législatives.

INQUISITION. Ce mot dans sa véritable acception signifie recherche, perquisition rigoureuse; mais on l'applique plus particulièrement aux enquêtes où se mêle de l'arbitraire.

On a donné le nom de tribunal de l'Inquisition ou simplement l'Inquisition à une juridiction ecclésiastique instituée par le Saint-Siège en Italie, en Espagne et en Portugal et plus tard aux Indes, dans le but de rechercher et de poursuivre l'hérésie, d'extirper les hérétiques, les Juifs et les infidèles.

On donnait aussi le nom de Saint-Office à ce tribunal, dont les juges portaient le titre d'Inquisiteurs.

On fait remonter la création de l'Inquisition à la fin du douzième siècle; elle a été abolie définitivement en 1820, en Espagne, le seul pays où elle se fût maintenue.

L'unique vestige qui en reste, se trouve dans une congrégation qui subsiste encore à Rome et qui est chargée de juger souverainement toutes les affaires relatives à l'hérésie ou considérées comme telles; sa tâche consiste principalement à examiner les livres ainsi que les actes et les paroles des personnes suspectes; de mettre à l'*index* tous les écrits qui lui semblent porter une atteinte quelconque à la religion ou aux mœurs. (*Voir* INDEX.)

A Venise, de religieuse qu'elle était dans l'origine, l'Inquisition était, dès le 16e siècle, devenue une institution politique; elle avait pour mission de veiller au maintien de la constitution. Elle se composait de trois inquisiteurs d'Etat, dont le pouvoir était supérieur à celui du doge; ils avaient droit de vie et de mort sur tous les citoyens sans exception. Cette inquisition d'Etat disparut en 1797, lorsque l'occupation française mit fin à la République de Venise.

INSCRIPTION. Dans la correspondance diplomatique, l'*inscription* consiste dans la désignation du titre de la personne à laquelle on écrit, si cette personne en a un; par exemple : Sire, Excellence, Altesse, Monsieur le ministre, Monsieur le duc, etc; ou simplement Monsieur, si la personne ne possède aucun titre ou aucune qualité.

Suivant la personne avec laquelle on correspond, ou la nature des égards qu'on veut lui témoigner, on place l'inscription ou *en vedette*, c'est-à-dire en dehors du corps de la lettre; ou *en ligne*, au commencement de la première ligne; ou *dans la ligne,* après quelques mots commençant la lettre.

L'inscription *en vedette* est la forme respectueuse; cela *dans la ligne* indique plus de liberté entre les correspondants.

Lorsqu'un souverain ou un chef d'Etat écrit à d'autres chefs d'Etat, l'inscription est toujours en ligne; lorsqu'il écrit à des princes non-souverains ou à des personnages de distinction, l'inscription est le plus ordinairement dans la ligne.

Ce sont là de purs détails d'étiquette et d'usage, auxquels il est souvent dérogé et dont la négligence est sans portée.

INSCRIPTION DE FAUX. on dit aussi inscription en faux. Déclaration par laquelle on prétend qu'une pièce produite est fausse ou falsifiée.

INSIGNE. Marque ou signe qui distingue une fonction, une dignité. Ce mot s'emploie le plus souvent au pluriel.

On dit : les insignes royaux, les insignes d'un ordre de chevalerie, d'un rang dans la noblesse, etc.

INSTANCE. Procédure engagée devant un tribunal ou une cour judiciaire au sujet d'un procès.

La poursuite d'une action devant le premier juge est dite *première instance,* par opposition à l'*instance* d'appel ou de dernier ressort.

Le tribunal de première instance est le tribunal inférieur, qui connaît des contestations en matière civile.

INSTITUTES ou INSTITUTS. Titre que les jurisconsultes romains donnaient à leurs traités élémentaires de droit, particulièrement à ceux destinés à l'enseignement : telles étaient les *institutes* de Gaïus, de Florentinus, de Callistrate, de Paul, d'Ulpien, de Morcien, de Tribonien et enfin les Institutes dites de Justinien. Le premier et le dernier de ces ouvrages sont seuls parvenus jusqu'à nous.

Les Institutes de Gaïus remontent au règne de l'Empereur Antonin.

Les Institutes de Justinien, qu'on nomme simplement les *institutes,* publiées en l'an 533 de notre ère, sont un recueil d'extraits des œuvres de jurisprudence qui les avaient précédées et principalement du livre de Gaïus. Elles servent en quelque sorte de manuel pour l'étude du droit romain.

INSTITUTION. Action par laquelle on institue, on établit.

L'institution d'un ordre de chevalerie, d'une dignité, d'une fonction; l'établissement ou l'envoi d'une personne dans une charge ou un emploi : ainsi l'institution d'un juge, d'une autorité, d'un jury, etc.

Dans le droit canonique, on nomme institution la mission que les supérieurs ecclésiastiques donnent à ceux qui sont pourvus de bénéfices ou de titres ecclésiastiques, en leur accordant les provisions qui forment le titre du bénéfice : les évêques doivent obtenir l'*institution* du pape pour exercer leurs fonctions.

Institution se dit aussi de la chose instituée : ainsi les hôpitaux, les banques sont des établissements ou des institutions fondées dans un intérêt public.

En jurisprudence, institution s'emploie comme synonyme de nomination : institution ou nomination d'un héritier, d'un tuteur, d'un curateur, etc.

Didactiquement, tout ce qui est créé et établi par les hommes, en opposition à ce qui est de nature; comme dans cette phrase : ce qui est d'institution est sujet à changement.

INSTITUTIONS. Dans le langage politique, les institutions d'un pays sont l'ensemble des lois qui le régissent.

INSTRUCTION. Terme de jurisprudence qui comprend les recherches, les informations, toute la procédure nécessaire pour mettre une affaire, soit civile, soit criminelle en état d'être jugée.

Le code d'instruction criminelle est l'ensemble des lois et des règles de procédure à observer pour la poursuite des crimes.

Le juge d'instruction est un magistrat établi pour rechercher les délits et les crimes, en recueillir les preuves, faire arrêter les prévenus, procéder à leur interrogatoire, etc.

INSTRUCTIONS. Les agents diplomatiques, outre les titres officiels destinés à les accréditer, reçoivent de leur gouvernement, tant au moment de leur départ que pendant la durée de leur mission, des instructions, qui ont pour but de leur faire connaître les intentions du gouvernement à l'égard de la mission ou de la négociation dont ils sont chargés, et de les guider dans la conduite qu'ils ont à suivre.

La forme, la nature et l'étendue de ces instructions varient selon les circonstances.

Les unes embrassent l'ensemble de la mission du ministre public, résument les vues politiques de son gouvernement à l'égard du pays où il réside, en un mot lui trace des règles générales de conduite; les autres, beaucoup plus spéciales, se rattachent à des objets particuliers et portent sur des négociations à ouvrir, des débats contentieux à suivre, ou des démarches à faire; elles peuvent être modifiées ou changées, augmentées ou restreintes dans le cour des négociations.

En traçant à l'agent diplomatique ses devoirs et la ligne qu'il doit suivre pour l'exécution de son mandat, les instructions circonscrivent les limites du plein pouvoir dont il est muni originairement.

Tandis que les pleins pouvoirs doivent être présentés au gouvernement auprès duquel on se fait représenter, les instructions d'un agent diplomatique ne sont destinées qu'à sa direction personnelle, et l'on ne pourrait, sans violer le droit des gens, le contraindre à les communiquer.

En principe, à moins d'ordres contraires, les instructions doivent rester secrètes. Lorsque l'agent qui les reçoit est laissé maître d'en révéler le texte, c'est à lui, avant d'user de son pouvoir discrétionnaire, de peser mûrement les avantages et les inconvénients d'une publicité plus ou moins complète.

Dans certains cas l'agent diplomatique est muni d'une double instruction, dont l'une est rédigée pour être tenue secrète, à l'usage unique de l'agent, l'autre pour être produite au besoin; dans celle-ci se trouve retranché ce que la personne à laquelle communication doit en être faite n'a aucun droit de connaître. de façon toutefois que les réticences ne soient pas de nature à l'induire en erreur. (*Voir* AGENTS DIPLOMATIQUES).

Dans toute négociation, l'agent diplomatique ou tout autre négociateur doit se conformer à l'étendue de ses pouvoirs et au sens des instructions qu'il a reçues. S'il n'a pas reçu d'instructions, ou si celles qu'il a lui semblent insuffisantes, ou s'il lui est soumis une proposition qui lui paraît s'écarter de la pensée de son gouvernement, la prudence, afin de se donner le temps de consulter celui-ci et d'en recevoir de nouvelles ou de plus amples instructions, lui conseille de n'admettre la proposition qu'*ad referendum* (voir ce mot), c'est-à-dire sauf à en référer à son gouvernement; et en cas d'urgence, et en raison de l'éloignement, lorsqu'un retard pourrait entraîner de graves inconvénients, de rejeter ou d'accepter la proposition *sub spe rati* (voir ce terme), c'est-à-dire sous la réserve de ratification.

Dans la sphère administrative, les autorités supérieures adressent aussi des instructions à leurs subordonnés. En général les ministres donnent des instructions aux différents chefs de corps placés dans leurs attributions respectives, le plus ordinairement à l'occasion de l'envoi des lois, des décrets ou d'arrêtés nouveaux, pour en réglementer la mise à exécution. (*Voir* AGENTS DIPLOMATIQUES.)

INSTRUMENT. En droit, se dit d'un titre par écrit établissant des droits.

Autrefois ce mot s'appliquait à toute espèce d'acte; plus tard il servit à désigner seulement les contrats et les actes authentiques.

Aujourd'hui on ne l'emploie plus que dans le langage diplomatique pour désigner l'original d'un traité ou d'une convention, et plus particulièrement encore des traités de paix.

INSURRECTION. L'insurrection est un soulèvement général ou du moins dans des propostions redoutables contre un gouvernement dans le but de le renverser.

On nomme *insurgé* celui qui prend part à l'insurrection.

On donne communément comme synonyme, au mot *insurrection* d'autres mots qui n'en ont ni le vrai sens ni la portée complète, tels que *rébellion, révolte, sédition, soulèvement*.

Ces différents termes constituent, il est vrai, des éléments essentiels de l'*insurrection*, qui les implique tous dans son acception plus large et plus compréhensive, et dont ils ne sont que les degrés progressifs, dont ils ne servent qu'à exprimer les phases, les étapes différents.

Ainsi la *sédition* est l'agitation d'un parti, d'une faction, qui combine son action pour résister à un gouvernement, contre lequel il manifeste son hostilité par la *révolte* ou la *rébellion*.

La *rébellion* est le refus d'obéir à l'autorité, appuyé au besoin par la force; elle peut être le fait d'un seul individu aussi bien que de plusieurs.

Il en est de même de la *révolte*, qui a un caractère plus agressif, plus accentué que la *rébellion*, en ce qu'elle tend plus ouvertement à une tentative de changer l'ordre de choses établi; elle devient *soulèvement*, lorsque le nombre des individus qui y participent et se lèvent en armes prend des proportions considérables; cependant le soulèvement peut se manifester, sans qu'il y ait encore eu d'actes de révolte ou de rébellion ou même de symptômes séditieux : il peut être soudain, spontané; il prend le caractère d'insurrection, lorsque le mouvement s'organise et recourt aux hostilités ouvertes.

L'insurrection peut avoir pour cause le renversement d'un souverain ou d'un gouvernement, et pour résultat une révolution purement intérieure : c'est affaire entre le gouvernant et les gouvernés, le souverain et les sujets, le chef de l'Etat et les concitoyens; dans ces cas les autres Etats n'ont rien à y voir et par conséquent aucun droit d'y intervenir. (*Voir* INTERVENTION.)

Ainsi restreinte, l'insurrection mène à la guerre civile ou intestine, et en produit toutes les conséquences.

Mais un peuple peut se soulever pour secouer un joug étranger, s'armer pour repousser la domination d'une autre nation, reconquérir sa nationalité subjuguée; pour rompre un pacte fédéral onéreux ou imposé par la force, déchirer des traités qui l'oppriment; alors nous n'assistons plus seulement à un mouvement de révolte, à un soulèvement circonscrit dans les limites d'un Etat; il y a deux adversaires en face, en lutte l'un contre l'autre, et deux adversaires de nationalités différentes, d'intérêts contraires : c'est réellement la guerre; les insurgés ne sont plus de simples sujets rebelles, mais bien des combattants, des belligérants, ayant des titres à tous les droits comme aussi à tous les devoirs de l'état de guerre. (*Voir* GUERRE, BELLIGÉRANT.)

INTÉGRALITÉ, intégrité. Etat d'une chose qui est entière, complète, qui a toutes ses parties.

En Etat, un territoire conserve son intégralité tant qu'il demeure dans toute sa contexture originaire, et qu'aucune portion n'en est détachée ou séparée.

Les Etats doivent respecter mutuellement l'intégralité de leur territoire respectif.

Un gouvernement ne doit faire aucun acte qui soit de nature à porter une atteinte directe ou indirecte à l'intégrité des autres Etats dans leurs éléments naturels et constitutifs. Ainsi il doit s'abstenir de tout ce qui tendrait à en détacher une portion de territoire, à les dépeupler en provoquant ou en encourageant l'émigration; il ne doit non plus s'approprier arbitrairement les enclaves de son propre territoire qui appartiennent à un Etat étranger.

Les Etats concluent fréquemment avec d'autres des traités qui ont pour but spécial de se garantir réciproquement l'intégralité des possessions de chacun d'eux.

La conquête altère ou détruit l'intégralité d'un Etat, ainsi que les différents modes d'acquisition de territoire, puisqu'ils diminuent le domaine de l'État qui cède, vend, aliène une partie de lui-même d'une façon quelconque.

INTENDANCE. Direction, administration d'affaires.

Se dit aussi de certaines fonctions publiques d'ordre administratif : l'intendance des bâtiments, l'intendance des vivres, etc.

L'intendance militaire, partie de l'état-major qui veille aux besoins de l'armée.

Anciennement charge d'intendant, le territoire qui formait son district.

L'intendance générale se dit d'une division ecclésiastique dans les certains pays protestants.

On se sert aussi du mot *intendance* pour exprimer le temps qu'a duré l'administration d'un intendant, ou l'hôtel où il a ses bureaux.

INTENDANT. Celui qui est chargé de l'administration de quelque affaire, notamment de régir les biens, de surveiller la maison d'un prince, d'un riche particulier.

Se dit aussi de fonctionnaires qui dirigent un service public ou un grand établissement : intendant de la marine, intendant des bâtiments.

Les intendants militaires sont des fonctionnaires délégués du ministère de la guerre pour tout ce qui concerne l'administration de l'armée.

Autrefois on nommait en France l'*intendant* un fonctionnaire qui était à la tête de l'administration d'une province. Il y avait en outre des intendants d'armée; des intendants de la marine qui administraient un des départements maritimes; des intendants de commerce, chargés de l'instruction des affaires commerciales; des intendants des revenus et des biens de la couronne,

INTERCOURSE. Ensemble des communications commerciales entre deux pays.

Se dit plus particulièrement de la libre navigation des navires de deux nations entre les ports l'une de l'autre.

Cette navigation établit généralement un droit de réciprocité, dont l'exercice est réglé par l'usage, quelquefois aussi par des traités : c'est ce qui avait lieu jadis ; mais on peut dire qu'aujourd'hui l'intercourse existe entre toutes les nations.

Lorsque l'intercourse est établi par un traité, il ne cesse qu'à l'expiration du traité, ou par suite d'une interdiction expresse, motivée par des circonstances exceptionnelles ou de force majeure.

En tout cas, le droit d'intercourse avec un pays peut être suspendu par suite d'une déclaration de guerre, soit à cause d'un blocus, soit pour des raisons sanitaires, par exemple pour empêcher les communications par crainte de maladies contagieuses ou épidémiques.

Cette suspension peut se prononcer sans entraîner un état d'hostilité ouverte. (*Voir* DÉCLARATION DE GUERRE, BLOCUS, ÉPIDÉMIE.)

INTERDICTION. Prohibition, empêchement, défense de faire quelque chose.

L'interdiction frappe à la fois les personnes et les choses, car elle consiste en un état de prohibition dans lequel on place certaines personnes par rapport à certains actes ou à certaines choses. Elle varie selon les objets sur lesquels elle porte.

En droit international, nous mentionnerons l'interdiction de commerce, ou défense de faire le commerce avec une nation contre laquelle l'Etat est en guerre. (*Voir* INTERCOURSE, GUERRE.)

Dans la sphère administrative ou gouvernementale l'interdiction est l'ordre portant défense à un fonctionnaire, ou à un corps civil ou ecclésiastique, d'exercer ses fonctions ou son ministère.

En jurisprudence, nous trouvons l'interdiction, par suite d'une condamnation criminelle, qui prive l'individu reconnu coupable de la totalité ou d'une partie des droits civiques civils et de famille; et l'interdiction, dans l'ordre purement civil, qui enlève à quelqu'un la libre disposition de ses biens, même de sa personne, quand on reconnaît qu'il est incapable de se conduire.

Enfin il existe une interdiction *légale*, prononcée par la loi criminelle, qui frappe les condamnés, pendant la durée de leur peine, de la même incapacité qu'inflige l'interdiction civile, en ce qui concerne l'administration de leur personne et de leurs biens.

On qualifie d'*interdit* la personne que frappe l'interdiction quelle qu'elle soit.

INTERDIT. C'est le nom donné à l'interdiction ecclésiastique : elle consiste en une sentence d'une autorité ecclésiastique supérieure défendant l'administration des sacrements, la célébration des offices, et la sépulture ecclésiastique en certains lieux ou à certaines personnes.

L'interdit est dit *personnel,* lorsqu'il atteint directement un individu; *local,* lorsqu'il frappe les habitants d'un lieu.

Personnel ou local, l'interdit est *général,* quand il tombe sur toute une communauté ou sur plusieurs personnes qui ne sont pas désignées nominativement, et quand il frappe une ville, un diocèse, un royaume, etc. ; il est *particulier,* quand il atteint seulement une ou quelques personnes désignées par leurs noms, et quand il porte exclusivement sur un lieu déterminé, comme une église, une chapelle, un cimetière, etc.

Par extension de sens du mot, on appelle aussi *interdit* la défense faite à un ecclésiastique par son supérieur légitime d'exercer les fonctions attachées à son titre ou à son ordre.

INTÉRIM. Le mot latin *interim,* qui signifie entre-temps, s'emploie pour désigner le temps pendant lequel une fonction est vacante, et, par suite, l'action de remplir cette fonction pendant l'entre-temps, c'est à dire dans le temps où le titulaire est absent ou empêché.

Le fonctionnaire qui exerce ainsi provisoirement la fonction vacante est dit gérer par *intérim :* ainsi l'on dit ministre par intérim, directeur par intérim.

C'est presque toujours un ministre qui est chargé par intérim de la gestion d'un ministère dont le chef est absent;

dans les administrations, c'est un subordonné qui est chargé de l'intérim.

Pendant l'absence ou l'empêchement d'un agent diplomatique, le premier secrétaire de la mission en prend la gestion par intérim comme chargé d'affaires.

La personne chargée par intérim des affaires d'une mission permanente, est considérée comme un envoyé non permanent. *(Voir* AGENTS DIPLOMATIQUES, AMBASSADEUR, LÉGATION, MISSION.)

INTÉRIMAIRE. En parlant des choses, qui n'existe que par intérim : un ministère, des fonctions intérimaires.

En parlant des personnes, qui exercent par intérim : un chargé d'affaires intérimaire : l'intérimaire d'un emploi par opposition au titulaire.

INTERLOPE. Se dit d'un commerce clandestin, qui se fait en fraude et, par contrebande, par conséquent contrairement aux lois.

Le mot s'applique aussi à un navire qui se livre à ce trafic, dans les pays de la concession d'une compagnie de commerce, ou sur les côtes, ou dans les colonies d'une autre nation que la sienne.

Le but du commerce interlope est surtout de soustraire les marchandises les plus chargées de droits ou d'importation interdite à la vigilance de la douane, à la saisie et à la confiscation par le fisc. *(Voir* CONTREBANDE.)

INTERNATIONAL. Qui a lieu de nation à nation, ou entre les nations, entre plusieurs nations seulement ou entre toutes.

Ainsi le commerce international peut n'avoir lieu qu'entre deux nations, tandis que le droit international s'entend du droit qui régit les rapports de toutes les nations les unes avec les autres. *(Voir* DROIT.)

INTERNE. Qui est en dedans, qui appartient au dedans; est synonyme d'intérieur, mais a un sens plus direct, plus concis, une signification plus scientifique, plus didactique.

S'emploie dans ces termes : droit interne d'un Etat, régime interne d'un pays. *(Voir* DROIT INTÉRIEUR.)

INTERNEMENT. Action d'interner, de confiner dans une certaine localité dans l'intérieur d'un pays, avec obligation d'y résider et sans permission d'en sortir.

C'est une mesure à laquelle recourent parfois les gouvernements sur le territoire desquels se réfugient des hommes poursuivis pour délits ou crimes politiques dans un pays voisin : afin d'éviter des conflits avec ce pays, ou d'empêcher ces réfugiés d'y porter de nouveau la perturbation, ils ne les laissent pas séjourner sur la frontière et leur fixent une résidence dans un endroit qui en est éloigné. *(Voir* ASILE, REFUGE.)

Les prisonniers de guerre peuvent être internés dans une forteresse, une ville ou un autre lieu, s'il est jugé nécessaire pour empêcher leur évasion, ou si la sécurité de l'Etat qui les retient l'exige; cet internement peut varier pendant leur captivité selon que le réclament les mesures de sûreté à prendre contre eux. *(Voir* PRISONNIERS.)

Lorsqu'en temps de guerre, des troupes en retraite ou en fuite, pour éviter l'ennemi, cherchent refuge sur un territoire neutre, l'Etat neutre doit veiller à ce que ces soldats à qui il ne peut refuser asile par humanité, n'abusent pas de son territoire pour recommencer ou continuer les hostilités avec plus d'avantage; de là l'obilgation pour lui de les interner, à cause des dangers que leur proximité de la frontière pourrait présenter.

Dans ce cas, à moins de convention contraire, l'Etat neutre doit fournir aux troupes internées les vêtements, les logements, la nourriture, en un mot les subsides nécessaires à leur entretien, dans les limites commandées par l'humanité, sauf à en réclamer ultérieurement le remboursement à l'Etat auquel ces troupes appartiennent. *(Voir* NEUTRE.)

INTERNONCE. On désigne sous ce nom les ministres de deuxième classe du Pape, qui dans certains pays ne se fait représenter que par cette classe d'agents d'un grade inférieur aux nonces.

Le titre d'internonce désigne aussi les auditeurs de nonciature ou les secrétaires de légation attachés aux missions du Saint-Siège, lorsqu'ils remplissent par intérim les fonctions de nonce.

Les internonces apostoliques n'ont pas, comme les nonces, droit à la préséance sur les ministres publics des autres puissances à la même résidence.

Autrefois on appelait également internonce le ministre chargé des affaires d'Autriche auprès du gouvernement ottoman; il avait le rang et les prérogatives d'un envoyé extraordinaire et ministre plénipotentiaire; aujourd'hui le représentant de l'Autriche-Hongrie près la Porte ottomane prend le titre d'ambassadeur.

INTERNONCIATURE. Charge ou dignité d'un internonce.

INTERPELLATION. En langage parlementaire c'est l'acte par un membre d'un chambre législative de demander à un ministre, à un des représentants du pouvoir exécutif une réponse ou des explications sur des affaires ressortissant plus directement au gouvernement.

Il y a cette différence entre poser une question et interpeller, que dans le premier cas le membre du parlement se borne à demander un renseignement à un ministre, qui répond le plus souvent sur le champ; interpeller, c'est bien aussi poser une question, mais une question importante; généralement d'un caractère politique et impliquant la responsabilité ministérielle.

L'interpellation peut donner lieu à de longs et graves débats; aussi d'ordinaire les ministres en sont-ils avertis d'avance et le jour est-li fixé d'un commun accord, afin qu'ils aient le temps de préparer la réponse; toutefois les ministres ne sont pas toujours obligés de répondre; ils ont le droit d'ajourner la discussion.

En général les débats que soulève l'interpellation se closent par un ordre du jour, qui dans certains pays peut mettre en question le maintien du ministère.

INTERPRÉTATION DES TRAITÉS.
Interpréter, c'est expliquer ce qu'il y a d'obscur ou d'ambigu dans un texte.

Parfois aussi l'application littérale de certaines clauses fait ressortir des difficultés insurmontables, des contradictions inconciliables, ou conduit à des résultats que ni l'une ni l'autre des parties contractantes n'avaient en vue.

Il peut également surgir des cas qui rentrent bien dans l'esprit du traité, mais qui n'ont pas été prévus lors de sa rédaction et par conséquent ne s'y trouvent pas compris.

Enfin la réalisation de certains engagements peut soulever entre les parties de nombreux conflits, dont l'aplanissements exige la révision partielle du traité qui les a suscités.

Les traités, étant essentiellement des contrats de bonne foi, doivent avant tout s'interpréter dans le sens de l'équité et du droit strict.

Il est également de règle de s'attacher plutôt à l'esprit qu'à la lettre des conventions, de n'attacher qu'une valeur secondaire au sens littéral des mots.

Dans tous les cas d'amphibologie ou d'équivoque les mots doivent en général être pris dans leur acception ordinaire, dans leur signification usuelle et non dans celle que leur donnent les savants ou les grammairiens : toutefois les mots empruntés aux arts et aux sciences doivent s'interpréter suivant leur sens technique et conformément aux définitions données par les hommes compétents.

Si l'ambiguïté ou l'obscurité, au lieu de porter seulement sur les mots, s'étend à une ou à plusieurs clauses, il faut interpréter ces clauses dans le sens qui peuvent leur faire sortir leur effet utile, et en faveur de celui au profit de qui l'obligation a été souscrite.

On peut encore, pour arriver à la conciliation, rechercher les faits, les circonstances qui ont précédé immédiatement la signature de l'accord, examiner les protocoles, les procès-verbaux ou les autres écrits dressés par les négociateurs, étudier les mobiles ou les causes qui ont provoqué le traité, en 'un mot la raison d'être de l'acte, comparer les textes à interpréter à d'autres traités antérieurs, postérieurs ou contemporains, qui ont été conclus par les mêmes parties sur des matières analogues.

Il y a aussi lieu de recourir à l'usage pour suppléer au manque de clarté des conventions.

En principe l'interprétation des traités appartient en propre et exclusivement au pouvoir exécutif de chaque Etat; mais si l'on se place au point de vue des intérêts privés et de l'application aux espèces particulières qui peuvent se présenter, il faut reconnaître que l'interprétation des traités rentre dans la compétence de l'autorité judiciaire.

Lorsqu'un traité présente un sens douteux, les parties intéressées peuvent à l'amiable en faire l'interprétation au moyen d'une convention explicative, ou simplement d'articles explicatifs, ajoutés au traité et devant être soumis à la même ratification.

Si les négociateurs ne peuvent s'accorder, les Etats contractants peuvent alors avoir recours à des arbitres ou aux bons offices d'une tierce puissance. (*Voir* ARBITRAGE.)

INTERPRÈTE. Celui qui explique les mots d'une langue par les mots d'une autre langue; celui qui traduit à une personne dans la langue qu'elle parle ce qui est dit ou écrit par une autre dans une langue différente.

Le titre d'interprète est plus souvent joint à celui de drogman, avec lequel il se confond (*Voir* DROGMAN); mais le second titre est attribué plus particulièrement aux interprètes qui sont attachés aux missions et aux consulats dans les pays de l'Orient.

Lorsqu'un interprète est attaché à une légation, on ajoute à sa qualité celle de secrétaire. Les secrétaires interprètes ont, dans la hiérarchie administrative, rang au-dessus des simples drogmans, parmi lesquels ils sont choisis.

Des secrétaires interprètes sont aussi attachés au ministère des affaires étrangères et auprès du chef d'Etat.

(*Voir* AGENT DIPLOMATIQUE, AMBASSADE, LÉGATION, CONSULAT.)

INTERRÈGNE. Intervalle de temps pendant lequel l'Etat se trouve sans souverain, héréditaire ou électif; c'est l'intervalle d'un règne à un autre; par extension, se dit aussi des Etats qui ne sont pas gouvernés par un roi, un empereur ou un prince.

Dans les monarchies où le trône est héréditaire, il n'y a pas d'interrègne tant que la dynastie subsiste; l'interrègne ne peut se produire que lorsque la dynastie est éteinte et que le dernier prince n'est remplacé qu'après un certain intervalle de temps.

Si la monarchie est élective, la mort du prince occasionne nécessairement un interrègne, qui dure le temps indispensable pour procéder à l'élection de son successeur.

Dans les républiques il n'y a pas à proprement parler d'interrègne, car le chef d'Etat est électif; et comme le terme de son gouvernement est prévu, on peut procéder d'avance à l'élection de son successeur, qui entre en fonction, au moment même où le premier en sort, de manière qu'il n'y a pas de solution de continuité dans l'exercice du pouvoir.

INTERROI, ENTRE-ROI. C'était, pendant les premiers temps de Rome, un magistrat auquel était confié le gouvernement de l'Etat après la mort du roi, en attendant l'élection de son successeur. L'interroi était toujours un sénateur, qui exerçait le pouvoir royal seulement pendant cinq jours, au bout desquels on en nommait un autre.

Sous la république on conserva le nom d'*interroi* à un magistrat chargé du gouvernement lorsque les deux consuls étaient absents ou morts, ou lorsque, le terme des fonctions des consuls étant échu, l'élection de leurs successeurs était retardée. Comme sous la royauté, l'interroi était un sénateur et ses fonctions ne duraient que cinq jours.

INTERVENTION. En droit international, l'intervention signifie l'entremise d'un Etat dans les affaires d'autres Etats.

On distingue différentes espèces d'interventions, selon les formes sous lesquelles elles se produisent :

1º L'intervention *officieuse* ou *diplomatique,* qui s'exerce par des représentations orales ou écrites, par des notes dites verbales remises par l'ambassadeur de la puissance intervenante;

2º l'intervention *officielle,* qui s'exerce par notes livrées à la publicité;

3º l'intervention *pacifique* ou à titre arbitral, qui donne presque toujours lieu à des conférences internationales;

4º l'intervention *armée,* qui se produit par une simple menace appuyée d'un déploiement de forces militaires de nature à empêcher une nation d'agir librement, ou par l'envoi de troupes qui occupent effectivement le territoire étranger.

L'intervention peut être considérée rigoureusement comme une atteinte portée à l'autonomie d'un Etat; aussi le principe de nationalité implique-t-il comme conséquence le principe de la non-intervention absolue; mais ce second principe n'exclut pas chez les nations le droit d'appeler l'aide d'autrui; mais ce n'est plus là une intervention, c'est, à proprement parler, une *alliance* (voir ce mot) contractée entre deux nations amies.

Si, dans une guerre civile, les deux partis aux prises demandent l'intervention d'une puissance étrangère, cette démarche peut être regardée comme émanant de l'Etat tout entier et donner par suite un caractère régulier à l'intervention, qui devient plutôt une *médiation.*

D'autre part, la pratique des nations autorise un Etat à proposer ses bons offices ou sa médiation pour apaiser soit les différeets survenus entre deux ou plusieurs Etats, soit les dissensions intestines d'un pays.

Quelquefois un Etat s'interpose entre deux pays ou se joint à eux pour faciliter l'issue de négociations pendantes, ou pour s'associer à l'accord qu'elles ont conclu: c'est ce qu'on appelle la *tierce intervention.*

Ce mode d'intervenir est tantôt purement bénévole et officieux, tantôt formel et nettement caractérisé.

L'intervention bénévole se manifeste par des *bons offices* ou par une véritable *médiation* (voir ces mots).

L'intervention formelle se produit par *l'adhésion* ou *l'accession* de la part de l'Etat tiers à un traité conclu sans sa participation, ou par une simple *approbation* qu'il donne à ce traité. *(Voir* ADHÉSION, ACCESSION, APPROBATION) ou par l'engagement qu'il prend de se porter garant ou caution de l'observation fidèle du traité. *(Voir* CAUTION, GARANTIE.)

INTESTAT. Terme de jurisprudence : se dit de la personne qui n'a pas testé, qui n'a pas fait de testament; — s'emploie dans ces phrases : mourir intestat, c'est-à-dire sans avoir fait de testament; hériter abintestat, hériter d'une personne qui n'a pas fait de testament. (*Voir* TESTAMENT.)

Lorsque la volonté du défunt n'est constatée par aucun document authentique, la loi présume quelles ont pu être les intentions du défunt, et il y a lieu à une succession *ab intestat. (Voir* SUCCESSION.)

INTITULÉ. Formule d'usage qui se met en tête d'un acte, d'un traité, qui en indique le titre et les qualités.

INTRODUCTEUR DES AMBASSADEURS. Fonctionnaire chargé de conduire les ambassadeurs et les autres ministres, ainsi que les princes étrangers, à l'audience d'un souverain ou d'un chef d'Etat.

Dans les pays où il n'y a pas d'introducteur des ambassadeurs, c'est le grand-maître des cérémonies ou le grand chambellan qui introduit.

(Voir AGENT DIPLOMATIQUE, AMBASSADEUR, AUDIENCE, LETTRES DE CRÉANCE, CÉRÉMONIAL, GRAND-MAITRE DES CÉRÉMONIES, CHAMBELLAN, RÉCEPTION).

INVASION. Irruption faite par une armée ou une grande multitude de peuple dans un autre pays pour s'en emparer : c'est ce qu'on peut dire de l'invasion de l'Empire romain par les Barbares.

Dans un sens plus moderne, c'est l'action d'envahir une contrée à main armée, d'y pénétrer militairement. *(Voir* ENVAHISSEMENT, OCCUPATION.)

Toute guerre continentale débute par une invasion; car l'un des belligérants envahit le territoire de l'autre (*Voir* GUERRE, BELLIGÉRANT); et l'invasion, si elle n'est pas repoussée et si elle se continue, aboutit à l'*occupation* ou à la *conquête.* (Voir ces mots.)

INVENTAIRE. Etat détaillé, énumération et description, article par article, des biens meubles et des titres d'une per-

sonne, d'une société, d'une administration.

Dans chaque poste diplomatique ou consulaire, à la fin de l'année, il doit être fait un inventaire général des papiers, des registres, des livres, des correspondances, etc. composant les archives. Cet état, dressé par les chanceliers, doit être signé par le chef du poste.

Tout agent diplomatique ou consulaire doit, lorsqu'il est remplacé, ou à l'expiration de ses fonctions, faire dresser un inventaire des archives de son poste au moment où il le remet à son successeur.

INVENTION. On considère comme inventions ou découvertes nouvelles l'invention de nouveaux produits industriels ou de nouveaux moyens de production ou de fabrication, ainsi que l'application nouvelle de moyens déjà connus pour l'obtention d'un résultat ou la fabrication d'un produit industriel.

Malgré toutes les controverses qu'a soulevées le droit que l'inventeur revendique à la propriété de son invention, il est généralement accepté que l'inventeur a droit tout au moins à une rémunération pour le fait même de son invention. Ce principe admis, on a cherché, en le sanctionnant et en le réglant par des dispositions législatives, à garantir à la fois les droits de l'inventeur et ceux de la société. On n'a pas reconnu à l'inventeur la propriété absolue et perpétuelle, qui eût pu dépouiller la société des bénéfices de l'invention selon le gré de l'inventeur ou empêcher tout perfectionnement, tout progrès ultérieur dans la même direction par une autre personne; on lui a concédé seulement une exploitation limitée, temporaire, qui lui permet de rentrer dans ses avances et de réaliser un profit plus ou moins considérable : c'est le système qui prévaut aujourd'hui dans la législation de la plupart des peuples; mais l'application n'en est pas la même chez tous. D'abord la durée du privilège varie suivant les pays; ensuite dans quelques Etats le droit de l'inventeur n'est reconnu qu'à la suite d'un examen préalable destiné à constater la réalité et le mérite de l'invention, tandis que dans d'autres on se borne à certifier que tel individu à telle époque a présenté un procédé qu'il a déclaré être nouveau et provenir de ses recherches ou de ses études particulières, sauf à lui à faire respecter sa propriété devant les tribunaux compétents, si quelqu'un lui conteste son invention.

Une fois établi, le droit de propriété

de l'inventeur se constate à l'aide d'un titre qui en attestant le fait et la date de l'invention, fournit le moyen de décider entre les prétentions adverses de ceux qui aspireraient à l'avantage ou à la priorité de la même découverte. Ce titre consiste dans le brevet d'*invention*, acte par lequel l'autorité publique garantit à celui qui se dit l'auteur d'une découverte ou d'une invention nouvelle le droit privatif de faire usage de cette découverte pendant un temps déterminé. (*Voir* BREVET D'INVENTION.)

INVESTITURE. Dans l'ancien droit féodal l'*investiture* se disait du droit et de l'acte d'investir quelqu'un d'un fief ou d'un bien-fonds.

C'était la réception à foi et hommage par laquelle le vassal était mis en possession d'un fief par le seigneur; c'était aussi la concession d'une terre ou d'une dignité faite par le suzerain au vassal.

L'investiture s'opérait en général au moyen d'une cérémonie symbolique, qui consistait à mettre à la main de celui qu'on investissait un insigne de sa dignité : l'épée ou le sceptre pour les royaumes, l'étendard pour les principautés, le bâton ou la verge pour les fiefs inférieurs.

On appelait aussi *investiture* le droit que dans le principe se donnaient les princes d'investir les prélats du temporel des évêchés et des abbayes situés sur leur domaine territorial, de les mettre en possession des titres et des bénéfices ecclésiastiques. On distinguait l'investiture *spirituelle*, ou celle des dignités ecclésiastiques, qui se faisait par la crosse et l'anneau, et l'investiture *temporelle*, ou celle des bénéfices ou biensfonds, qui se faisait par le sceptre.

La prétention des Empereurs d'Allemagne de conférer la double investiture suscita entre eux et les Papes la *querelle des investitures*, qui dura plus d'un siècle (de 1015 à 1122), et finit par un compromis aux termes duquel les empereurs se bornèrent désormais à donner l'investiture temporelle.

INVIOLABILITÉ. Dans le langage diplomatique, l'inviolabilité est une qualité, un caractère qui place la personne qui en est investie au-dessus de toute atteinte, de toute poursuite.

Au premier rang de ces personnes nous devons placer les agents diplomatiques ou ministres publics, à quelque classe qu'ils appartiennent.

Dès qu'un souverain a reconnu un envoyé étranger comme mandataire d'un autre souverain, il a le devoir non seulement de s'abstenir lui-même de tout acte contraire à l'inviolabilité de cet envoyé, mais encore de réprimer toute atteinte matérielle ou morale qui lui serait portée par un de ses sujets.

Du caractère d'inviolabilité découle une série de prérogatives et d'immunités dont jouit exclusivement la personne qui est revêtue. L'agent diplomatique est notamment exempt de certaines juridictions, de certaines charges locales : sa demeure est inviolable en tant qu'il s'agit des besoins de son service officiel et de l'exercice libre et régulier de ses fonctions.

Cependant l'inviolabilité attribuée aux ministres publics ne doit pas s'entendre en ce sens qu'elle mette ces ministres hors de l'atteinte des lois et qu'il leur soit permis d'outre-passer leur sphère juridique. Seulement lorsqu'un représentant étranger fait quelque acte qui pourrait le soumettre à l'action des lois du pays où il réside, il est certaines convenances auxquelles le gouvernement qui a lieu de se plaindre, ne manque pas de se conformer, et la plupart du temps le rappel de l'agent compromis écarte le scandale qu'occasionneraient des poursuites directes.

L'inviolabilité n'est pas exclusive à l'agent lui-même; elle s'étend aux personnes qui sont attachées à sa mission, ainsi qu'à son épouse, à ses enfants et aux gens composant sa suite.

Il ne faut pas confondre l'inviolabilité avec l'*exterritorialité.* (Voir ce mot).

L'inviolabilité s'attache aussi aux choses, aux propriétés, comme nous l'avons vue du reste en définissant les privilèges qui en découlent pour les agents diplomatiques, dont la demeure, les meubles et autres objets leur appartenant sont tenus pour inviolables et par suite se trouvent sous le bénéfice d'immunités particulières.

Ainsi, pendant la guerre, la propriété sur terre est exemptée de capture et de confiscation. (*Voir* PROPRIÉTÉ PRIVÉE, BELLIGÉRANT, ENNEMI, CONFISCATION, GUERRE.)

L'application de ce principe à la propriété privée sur mer n'est pas encore passée dans les usages de la guerre, malgré les efforts fait par quelques Etats pour le faire adopter d'une façon générale et définitive. (*Voir* NAVIRE, MARCHANDISES, PROPRIÉTÉ MARITIME.)

En temps de guerre encore, le territoire, tant continental que maritime, d'un Etat neutre est inviolable; on ne peut, par exemple, y faire passer des troupes, des prisonniers, y opérer des captures, y faire la course, etc. *(Voir* NEUTRE, NEUTRALITÉ, PRISE.)

INVOCATION. Dans le langage diplomatique, l'*invocation* est la formule par laquelle le copiste ou les témoins d'un diplôme, d'une charte implorent la bénédiction divine sur l'acte.

Pour les traités, l'usage prévaut encore — mais il n'est pas général — de faire précéder le préambule d'une invocation à Dieu, conçue dans des termes divers.

Le plus ordinairement l'invocation ne se trouve pas dans les conventions; on pourrait citer cependant de nombreuses exceptions, de même que bien des traités ne sont placés sous aucune invocation.

En résumé, l'invocation n'est pas de rigueur; c'est une simple formalité de convenance qui n'entraîne aucune conséquence relativement à la validité de la convention ou du traité, sur la portée duquel elle n'a aucune influence.

IRADÉ. Ordre impérial du Sultan de la Turquie.

IRRUPTION. Entrée soudaine des ennemis dans un pays.

L'irruption a un caractère plus grave et peut avoir des conséquences plus profondes, plus durables que l'incursion qui n'est qu'un mouvemement momentané, et avec laquelle il ne faut donc pas la confondre. *(Voir* INCURSION.)

L'irruption est souvent le début d'un envahissement, d'une invasion permanente. *(Voir* INVASION.)

ISLAM, ISLAMISME. La religion des Mahométans. *(Voir* MAHOMÉTISME.)

L'ensemble des pays où domine cette religion, dans le même sens que chrétienté relativement aux pays chrétiens.

J

JACOBIN. Religieux de l'ordre de Saint-Dominique, nommé *Jacobin*, parce que le couvent de la communauté était voisin de l'Église Saint-Jacques à Paris.

Plus tard, en 1789, ce nom fut donné aux membres d'une société politique établie dans l'ancien couvent des Jacobins.

Comme cette société soutenait les principes d'une démocratie très avancée, on a par suite donné le titre de jacobins aux partisans les plus ardents de ces principes.

JET A LA MER. En marine, c'est l'action de précipiter à la mer une partie des objets dont un navire est chargé : c'est ordinairement lorsqu'on se trouve obligé d'alléger le navire en danger de périr par les vents ou les flots, ou lorsque le navire est en danger d'être pris par l'ennemi.

Dans ces cas le jet est considéré comme une avarie commune, de sorte que le navire et les marchandises doivent contribuer à réparer le dommage qui en est résulté.

Si les objets jetés sont recouvrés, ils sont restitués à leur propriétaire, sauf les droits et les frais que celui-ci a à payer pour le sauvetage.

Lorsqu'il y a eu jet à la mer, le capitaine du navire, au premier port où il aborde, doit, dans les vingt-quatre heures, affirmer devant le consul de son pays, et, à son défaut, devant un magistrat de la localité, les faits de l'opération relatés sur le registre du bord.

Lorsque, par suite de réparations devenues indispensables au navire, il est procédé au débarquement du chargement, le chancelier du consulat doit y assister et dresser un procès-verbal indiquant la partie de ce chargement encore existante; le capitaine est tenu de signer ce procès-verbal, qui lui sert en quelque sorte de décharge.

Un navire ne doit jamais, si ce n'est que par force majeure et à la dernière extrémité, se détacher de ses *papiers de bord* (voir ce mot), c'est-à-dire des documents servant à justifier sa nationalité, sa provenance, sa destination et la propriété de tout ce qui se trouve à son bord.

Aussi regarde-t-on comme un acte illicite et coupable le jet à la mer de quelqu'une de ces pièces, et, encore pis, de toutes à la fois dans le but de tromper sur la situation vraie du navire et d'empêcher l'exercice de la police maritime. En cas de prise, c'est une circonstance aggravante au plus haut degré.

JEUNE DE LANGUE. On donne en France ce titre à des jeunes gens entretenus par l'Etat pour apprendre les langues orientales et devenir *drogmans*. (Voir ce mot.)

D'après les règlements français, les *jeunes de langue*, à la sortie de l'école spéciale, sont envoyés à l'étranger sous la protection du consul.

Quoiqu'ils ne doivent pas être détournés de leurs études, ils ne peuvent refuser aucun des travaux que le consul juge à propos de leur commander, et de nature à les initier aux fonctions de drogman chancelier. Ils sont aussi tenus d'accompagner le drogman titulaire, lorsqu'il les requiert, auprès des autorités locales.

Après deux ans de séjour dans le Levant, le jeune de langue peut être nommé drogman sans résidence fixe, titre qui implique simplement un avancement de grade, sans conférer aucune fonction personnelle.

Au bout de cette sorte de stage, le jeune de langue devenu élève drogman ou interprète, peut être nommé drogman-interprète adjoint, s'il obtient le diplôme spécial des langues orientales vivantes.

JOUR. Le jour civil est de vingt-quatre heures.

Dans le but d'éviter la confusion des dates qui pourrait résulter de la différence des heures locales, il est admis que le jour civil commence en tout lieu douze heures de temps solaire moyen avant le passage de soleil de midi sur le méridien du lieu, et finit douze heures de temps solaire moyen après le passage du soleil au-dessus de ce méridien.

JOURNAL. Écrit périodique qui fait connaître les nouvelles de toute sorte — politiques, littéraires, scientifiques, commerciales, etc.

Le journal officiel est celui qui est publié directement par une administration de l'Etat sous ses auspices. En France c'est le titre de l'organe immédiat du gouvernement.

En diplomatie, et en droit international, les actes du gouvernement n'ont de valeur qu'après leur publication dans le journal officiel : ordinairement les audiences officielles données par le chef de l'Etat aux ministres étrangers y sont annoncées, ainsi que l'objet de ces audiences; le journal officiel fait aussi connaître les lettres de notification que le chef de l'Etat a reçu de souverains étrangers.

JOURNAL DE BORD. C'est un livre sur lequel sont consignés tous les faits du voyage d'un navire, les recettes et les dépenses, les délibérations tenues à bord, en un mot toutes les circonstances relatives à la conduite et à l'administration du navire pendant la traversée.

Le journal de bord doit être déposé à la chancellerie du consulat du port où aborde le navire, 24 heures après l'arrivée; et il est visé par le chancelier ou le consul, qui le rend au capitaine au moment de la délivrance de l'expédition du navire. (*Voir* PAPIERS DE BORD.)

JUDAISME. La religion des Juifs.

JUGE. Magistrat chargé de rendre la justice.

Juges inférieurs, juges qui prononcent en premier ressort et des décisions desquels on peut appeler devant des juges d'un rang supérieur.

Les juges qui font partie des différents juridictions reçoivent des qualifications particulières, en raison de la juridiction à laquelle ils appartiennent ou des fonctions spéciales dont ils sont chargés.

Juge commissaire ou *délégué,* juges désignés par le tribunal dont il fait partie pour procéder à certaines opérations et en faire son rapport, s'il y a lieu; dans ce cas, le juge commis est dit *juge rapporteur.*

Le juge d'instruction est celui qui est plus particulièrement chargé de rechercher les crimes et les délits, d'en recueillir les preuves, de faire arrêter et d'interroger les prévenus.

Juges civils, juges *criminels,* juges *de commerce,* de *police* selon la nature des causes sur lesquelles ils ont à se prononcer.

Le juge de paix, juge sommairement, sans intervention d'avoués, les contestations de peu d'importance entre les individus de sa circonscription en matière personnelle et mobilière; il a le droit de concilier, s'il le peut, les différends, dont le jugement est réservé aux tribunaux civils ordinaires.

On donne en France le titre de *juges-consuls* ou *juges consulaires* aux juges pour les affaires commerciales, juges au tribunal de commerce.

On nomme juges suppléants ceux qui sont désignés pour remplacer les juges en exercice lorsqu'ils sont empêchés ou absents, et qui remplissent l'office de juges uniquement dans ce cas ; cependant ils ont droit assister aux audiences du tribunal auquel ils sont attachés.

Sont qualifiés de *juges naturels* les juges que la loi assigne aux accusés, aux parties contestantes, suivant leur qualité et l'espèce de la cause.

Grand juge, titre donné dans certains pays au président d'une cour suprême ou de cassation, ainsi qu'au ministre de la justice.

Les Juifs, avant l'établissement de la royauté, donnaient le titre de *juges* à leurs magistrats suprêmes.

Le *livre des juges,* ou simplement les *juges,* septième livre de l'Ancien Testament, est celui qui contient l'histoire des Juifs pendant la domination des juges.

JUGEMENT. Décision prononcée par un juge sur une contestation portée devant lui ou le tribunal dont il fait partie.

Les jugements reçoivent différentes qualifications selon leur objet, les circonstances dans lesquels ils sont rendus, la position et la qualité du juge qui a prononcé.

Ainsi les jugements sont *en premier* ou *en dernier ressort :* ceux en premier ressort ou en première instance sont susceptibles d'appel, c'est-à-dire qu'ils peuvent être portés devant un tribunal supérieur.

Le jugement est dit *contradictoire,* lorsqu'il est rendu après que les parties ont fait valoir leurs moyens de défense ; et par *défaut,* s'il est rendu après l'audition d'une seule des parties.

En matière criminelle le jugement par défaut est appelé jugement par *contumace.*

On nomme jugement *préparatoire* celui qui ordonne quelque opération destinée à éclairer le juge, telle qu'une enquête, un rapport d'experts, etc., — sans que cette opération puisse préjuger le fond de la cause ; — jugement *interlocutoire,* celui qui porte que l'opération préparatoire pourra préjuger le fond ; — jugement *provisoire* ou *provisionnel,* celui qui prescrit les mesures à prendre pour prévenir les inconvénients qui pourraient

résulter des délais nécessaires pour l'instruction du procès ; — enfin, jugement *définitif,* celui qui termine la contestation.

L'autorité d'un jugement dérive exclusivement de la loi civile du territoire où il a été rendu ; il ne peut donc, en principe, avoir effet ou recevoir exécution sur un territoire étranger ; mais les convenances internationales en ont décidé autrement, et les jugements définitifs des tribunaux étrangers compétents qui statuent en matière de contrats et d'obligations, sont en règle générale acceptés et respectés par les tribunaux des autres Etats, comme ayant force de chose jugée.

Les législations des divers pays à l'égard de l'exécution des jugements étrangers sont basées sur l'un des trois systèmes suivants :

1⁰ Le jugement étranger n'a aucune autorité sans révision préalable par un tribunal national ; ou il ne peut être rendu exécutoire même après révision.

2⁰ Le jugement étranger n'est sujet à révision que quand il s'agit de l'exécuter contre un régnicole.

3⁰ Le jugement étranger est déclaré exécutoire et a force de chose jugée même sans révision, mais sous certaines conditions dont voici les principales :

Il faut que le jugement ait été rendu par un tribunal compétent, d'après les lois de l'Etat auquel il appartenait.

Il faut que le tribunal ait été dûment saisi de la cause et que la juridiction ait été fondée en droit.

Il faut que l'étranger qui est partie au procès, ait été entendu devant le tribunal conformément aux lois de l'Etat.

Il faut que le tribunal se soit prononcé sur le fond de l'affaire qui lui a été soumise, d'une façon définitive et en dernier ressort.

Lorsque ces conditions se trouvent réunies, l'*exceptio rei judicatæ* est admise dans la plupart des Etats et prévient une nouvelle procédure sur le fond de la cause.

A ces conditions, quelques Etats en ajoutent encore une, celle de la réciprocité. Cette condition de réciprocité fait le plus ordinairement l'objet de stipulations spéciales dans les traités internationaux.

La forme et le mode d'après lesquels ce jugement étranger doit être exécuté dépendent exclusivement des lois de l'Etat qui en ordonne l'exécution. Mais pour ce qui regarde les immeubles la règle de droit en vertu de laquelle ils sont régis par la loi de leur situation des biens *(lex juridictionis ubi sita sunt)* est absolue quant à ses effets extraterritoriaux et s'applique avec les mêmes conséquences aux meubles placés directement sous l'action juridictionnelle du tribunal appelé à statuer à leur égard.

C'est un principe admis qu'aucun Etat n'autorise l'exécution sur son territoire des jugements rendus en matière criminelle par les tribunaux étrangers contre la personne ou contre les biens d'un individu. Par suite les incapacités résultant de ces jugements ne peuvent avoir leurs effets en pays étranger.

(*Voir* DROIT PÉNAL, CRIMINEL, CONFISCATION, INCAPACITÉ, INFAMIE.)

JUGEMENT DE DAMME. C'est le titre d'un ancien recueil qui contient les us maritimes établis dans quelque villes des Pays-Bas.

On le désigne aussi par la dénomination de *Lois de Westcappel*, sans doute d'après le nom d'une de ces villes, située dans la province de Zélande.

Cette compilation remonte à la fin du 16e siècle.

JUNTE. Nom qu'on donne en Espagne en Portugal, et en Italie à diverses assemblées politiques et à divers conseils administratifs.

Primitivement ce nom n'était donné en Espagne qu'au conseil royal du commerce et des mines et au conseil d'administration des tabacs. Plus tard, en 1808, une junte fut formée des notables du royaume, au nombre de 150, dont 100 députés civils et 50 ecclésiastiques; puis, en outre de cette junte *centrale,* il s'établit dans toutes les provinces des juntes *provinciales,* qui lui étaient subordonnées.

JURÉ, JURY. On nomme *juré* un citoyen appelé à prendre part au jugement de quelque affaire, soit civile, soit criminelle.

Le *juri* ou *jury,* est la réunion des jurés assemblés.

La mission des jurés se borne à juger le fait; l'application de la loi est réservée aux magistrats.

En Angleterre les étrangers peuvent faire partie du jury dans les affaires concernant les étrangers.

Par extension, on applique la dénomination de *jury* à des commissions chargées d'un travail particulier : jury de l'exposition, des Beaux-arts, des produits de l'industrie, etc. — Jury d'expropriation, qui statue sur les indemnités à accorder en cas d'expropriation.

Il se dit aussi d'une commission chargée de prononcer sur le mérite des concurrents dans un concours : jury d'examen, d'agrégation, etc.

Dans quelques cas *juré* se dit pour *assermenté :* expert juré, interprète juré.

JURIDICTION. On entend par juridiction le droit et le pouvoir de juger, d'appliquer la loi aux cas particuliers; le droit d'exercer le *pouvoir judiciaire* (voir ce terme). Ce terme désigne aussi le *ressort* ou l'étendue de territoire où le juge exerce ce pouvoir, ainsi que le tribunal qui rend la justice.

Selon qu'on considère la nature de l'autorité qui rend la justice et la matière des affaires en cause, la juridiction est dite civile, administrative, ecclésiastique, militaire, consulaire, criminelle, commerciale, etc.

On distingue aussi la juridiction en *contentieuse* et en *gracieuse* ou *volontaire :* la première est celle qui a pour but de décider les différends entre les parties qui recourent au juge pour faire statuer sur ce qui les divise, et elle aboutit à un jugement en faveur de l'une et au désavantage de l'autre; la seconde est celle qu'exerce le juge entre des parties qui sont d'accord et pour des questions dont la nature n'offre rien de contentieux

Le droit de juridiction, est un des attributs essentiels de la souveraineté et de l'indépendance des Etats, qui n'admettent ni délégation en dehors des pouvoirs établis par la constitution politique, ni exercice au delà des frontières de chaque Etat.

On peut établir comme principe général du droit des gens que le pouvoir juridictionnel d'un Etat embrasse toute l'étendue de son territoire et exclut complètement celui de toute autre nation.

Souvent les Etats règlent d'avance par des traités spéciaux les questions ou les conflits de juridiction qui pourraient s'élever entre eux. Ces arrangements, dits *traités de juridiction,* pourvoient au jugement de certaines affaires d'une nature particulière ou d'un caractère mixte en raison de la différence de nationalité des personnes qu'elles intéressent; ils créent des tribunaux spéciaux pour le règlement des litiges entre les négociants étrangers ou entre ceux-ci et les habitants du pays sur le territoire duquel s'opèrent les échanges commerciaux.

On a fréquemment recours à ces sortes de traités pour assurer l'observation de règlements internationaux concernant la police de la navigation sur les fleuves qui traversent plusieurs Etats.

Juridiction civile. C'est la juridiction qui s'applique aux lois réglant l'état des personnes et leurs biens. (Voir CIVIL, STATUTS.)

S'il est un principe universellement admis, c'est assurément celui qui donne à la juridiction locale le droit de connaître toutes les questions relatives aux droits réels et personnels qui surgissent entre individus résidant dans le pays temporairement ou à titre permanent, alors même que ces questions ont pris naissance dans d'autres pays.

Tout Etat possède un droit incontestable et absolu de juridiction sur ses citoyens aussi longtemps qu'ils se trouvent sur son territoire; mais la juridiction d'un Etat ne conserve pas son caractère absolu sur ses nationaux résidant à l'étranger.

La règle du droit commun adoptée à cet égard par toutes les nations prescrit que les actions réelles soient soumises à la loi de la situation des biens, et les actions personnelles à la loi du domicile du défendeur.

Quant aux biens meubles, ils sont, par suite d'une fiction légale, considérés comme situés dans le lieu où réside leur propriétaire, et partout assujettis aux lois qui y sont en vigueur.

Juridiction criminelle. Aucun doute ne peut s'élever sur le droit qu'a chaque Etat de juger et de punir les crimes ou les délits commis sur son territoire.

La loi pénale de l'Etat, comme toutes les lois d'ordre public, s'applique indistinctement aux nationaux et aux étrangers.

Mais un Etat n'est pas dans l'obligation de punir une personne résidant sur son territoire sans être son sujet, qui est accusée d'avoir commis un crime hors de sa juridiction contre le sujet d'un autre Etat.

La loi du lieu de la poursuite règle la compétence des autorités et détermine seule la forme de procéder.

Juridiction diplomatique et consulaire. Le droit de juridiction est reconnu par le droit des gens, mais dans certaines limites, dans des circonstances particulières et pour des cas définis, aux agents diplomatiques et aux consuls à l'étranger. (*Voir* AGENT DIPLOMATIQUE, CONSULS.)

Juridiction maritime. Les limites juridictionnelles d'un Etat embrassent non seulement son territoire, mais encore les eaux qui le traversent ou l'entourent, les ports, les golfes, les embouchures de fleuves et les mers enclavées dans son territoire. (*Voir* TERRITOIRE MARITIME, FRONTIÈRE, BAIE, GOLFE, PORT, RADE, CÔTE, RIVAGE.)

JURISCONSULTE. Celui qui est versé dans la science du droit et des lois, et qui fait profession de donner son avis sur des questions de droit.

JURISPRUDENCE. Ce terme signifie la science du droit et des lois, l'art de les appliquer.

Il signifie aussi la manière dont le droit et les lois ont été appliqués constamment, l'ensemble des principes de droit qu'on suit dans chaque pays ou dans chaque matière, ou simplement la manière dont un tribunal juge habituellement telle ou telle question.

Il désigne encore une série d'actes judiciaires ou de décisions émanés d'une juridiction, et leur uniformité sur certains points de droit : c'est dans cette acception qu'on dit la jurisprudence de la cour d'appel, du conseil d'Etat, etc.

JURISTE. Celui qui écrit sur les matières de droit.

A la différence du jurisconsulte, le juriste s'occupe plutôt de théorie que de pratique.

JUSTICE. Règle de ce qui est conforme au droit de chacun.

Sentiment du juste, tendance à rendre à chacun ce qui lui appartient, à respecter les droits d'autrui comme aussi à conformer nos actions à la loi; dans ce sens *justice* est synonyme de *droit*, d'*équité* (Voir ces mots.)

Justice distributive, celle par laquelle on adjuge à chacun ce qui lui appartient, par laquelle on distribue selon les mérites de chacun les récompenses et les peines.

Justice commutative, celle qui concerne le commerce, les neutres, etc., et qui dans l'échange d'une chose contre une autre oblige à rendre autant qu'on reçoit.

Justice signifie aussi le pouvoir de faire droit à chacun, de récompenser et de punir; l'exercice de ce pouvoir : la justice divine, la justice humaine.

Dans ce sens par extension, le mot *justice* sert à désigner la *juridiction* (Voir ce mot) ou le droit de juger, c'est-à-dire d'appliquer la loi aux cas particuliers.

La *justice*, dans cette acception, se distingue en civile, en criminelle, en commerciale, consulaire, etc. Selon que la loi qu'il s'agit d'appliquer a trait à des faits civils, criminels, commerciaux, administratifs, militaires ressortissant à la compétence des consuls etc.

Par suite on donne encore le nom de *justice* au pouvoir institué pour faire respecter la *justice*, l'administrer à tous les degrés ; ainsi la *justice* comprend les tribunaux de toute sorte, les magistrats revêtus de fonctions judiciaires et même certains fonctionnaires ayant mission d'exécuter les jugements ou de contraindre à l'acquittement d'une obligation. C'est pourquoi *rendre la justice* signifie exercer le pouvoir judiciaire.

On distingue la justice *ordinaire,* rendue par un tribunal constitué suivant les règles du droit commun, et la justice *exceptionnelle,* rendue par un tribunal constitué en dehors de ces règles.

Chez presque toutes les nations la justice s'administre au nom du chef de l'Etat.

Tout ce qui se rapporte à l'administration de la justice forme, dans l'organisation générale du gouvernement, un département ministériel à part, connu sous le nom de *ministère de la justice.* (*Voir* MINISTÈRE.)

JUSTICIER. Celui qui a droit de justice en quelque lieu.

Autrefois on appelait *seigneur justicier* le seigneur qui avait le droit de rendre la justice sur ses terres.

Dans l'ancien royaume d'Aragon, le président des Etats portait le titre de justicier ; il avait le droit de citer le roi lui-même devant les Etats.

JUVEIGNEUR. Terme de féodalité, formé par corruption du mot latin *juvenior* (plus jeune).

C'était le titre qu'on donnait au cadet apanagé d'une famille princière. Il était usité surtout dans les maisons nobles de Bretagne.

K

KAN, KHAN. Mot qui signifie seigneur, commandant.

C'est le titre de l'autorité souveraine en Tartarie et Mongolie.

Il est porté par les chefs de tribus qui habitent la Russie d'Asie, le Nord de la Perse, le Caucase, etc.

En Perse le titre de Khan est donné aux gouverneurs de provinces.

Kanat, khanat. Du nom de Khan est dérivé celui qui de *khanat,* qui sert à désigner la dignité de celui qui porte ce titre, et aussi le territoire qui reconnaît son autorité.

KHÉDIVE. Titre que le vice-roi d'Egypte, vassal de sultan de constantinople, porte depuis 1866.

KING. Nom commun de tous les livres des philosophes chinois, et particulièrement des livres sacrés, contenant la doctrine et la morale de Confucius.

Ces livres sont au nombre de cinq.

L

LAC. Grand espace ou amas d'eau enclavé dans les terres.

Les lacs et leurs rivages rentrent *de plano* dans le domaine propre de la nation sur le territoire de laquelle ils sont situés.

Si leurs rivages appartiennent à deux ou à plusieurs nations, ces lacs sont traités, au point de vue du droit international, comme les *fleuves* et les *rivières* (voir ces mots) : à moins de conventions particulières, chaque Etat riverain étend sa souveraineté jusqu'au milieu du lac, lequel sert également de ligne de démarcation entre les riverains, à moins qu'une autre limite n'ait été établie par des traités ou par l'usage. Toutefois on reconnaît à tous les habitants des rives le droit de naviguer librement sur le lac.

Mais lorsqu'un lac, que ses eaux soient douces ou salées, est en communication immédiate avec la mer, il est considéré comme en faisant partie et par suite ouvert au commerce de toutes les nations. (*Voir* MER.)

LADY. Titre donné en Angleterre aux femmes des lords et de tout pair au-dessus du rang de baronnet; mais par courtoisie on l'étend aux femmes de chevaliers de tout rang.

On le donne aussi aux filles de ducs et de comtes, même quand elles ne sont pas mariées.

Lorsqu'on énonce le titre, il faut y joindre le nom de baptême. Ainsi l'on dit Lady Mary ou Jane, en faisant suivre le nom de famille.

LAI, LAIQUE. Qui n'est ni ecclésiastique ni religieux.

LAMA. Nom des prêtres du bouddhisme au Thibet et dans la Mongolie, lesquels prétendent représenter la divinité.

Le grand lama ou dalaï-lama est le chef de la religion bouddhiste.

Il réside au Thibet, où il est vénéré comme s'il était le dieu même. Comme il se tient toujours renfermé au fond d'un temple d'où il ne sort jamais pour se montrer, et comme le peuple ne voit ni ses derniers moments, ni l'installation de son successeur, il croit le grand lama immortel.

LAMAISME. Nom du bouddhisme au Thibet.

LANDGRAVE. Titre de quelques princes de l'Allemagne.

Les *landgraves* étaient d'abord des juges qui rendaient la justice au nom de l'Empereur dans l'intérieur du pays, tandis que les *margraves* la rendaient dans les *marches* ou pays frontières.

Après avoir obtenu l'hérédité de leurs charges, les uns et les autres se rendaient bientôt indépendants.

Les rois, l'Empereur lui-même prirent les titres de landgrave et de margrave en prenant possession de territoires auxquels ils étaient attachés.

LANDGRAVIAT. Etat ou territoire soumis à un landgrave.

LANDSTURM. Levée en masse de toute la population lorsque la patrie est en danger.

En outre de l'armée permanente et de la landwehr, Allemagne possède la res-source de la *Landsturm* ou levée en masse, appelant en général sous les armes tous ceux qui, n'ayant pas atteint 50 ans, ont cependant dépassé l'âge requis pour servir dans la landwehr. Elle ne se rassemble que dans les cas extrêmes, tels que l'invasion du territoire national par une armée étrangère. Un décret du roi de Prusse Frédéric-Guillaume III daté de 1813, dans lequel ce prince traçait ainsi la ligne de conduite que devait suivre la *Landsturm* dans la guerre contre la France, nous explique quel est le véritable rôle de cette milice extraordinaire dans la défense du pays:

„Art. 1er. Chaque citoyen est tenu de repousser l'ennemi avec les armes dont il peut disposer, quelles qu'elles soient; de s'opposer à ses ordres et à leur exécution, de quelque nature qu'ils soient; de braver ses défenses, et de nuire à ses projets par tous les moyens possibles.

„Art. 3. En cas d'invasion la *Landsturm* est tenue ou de combattre l'ennemi en bataille, ou d'inquiéter ses derrières et de couper ses communications.

„Art. 4. La *Landsturm* est levée partout où l'ennemi essaiera de pénétrer sur le territoire allemand.

„Art. 5. Chaque citoyen qui n'est pas en face de l'ennemi ou n'appartient pas à la landwehr, doit se considérer comme faisant partie de la *Landsturm* quand l'occasion s'en présente.

„Art. 7. En cas de convocation de la *Landsturm*, le combat est une nécessité, une défense légitime qui autorise et sanctionne tous les moyens. Les plus décisifs sont les meilleurs, car ce sont ceux qui servent de la façon la plus efficace une cause juste et sacrée.

„Art. 8. La *Landsturm* a donc pour destination spéciale de couper à l'ennemi ses chemins ou sa retraite; de le tenir sans cesse en éveil; d'intercepter ses munitions, ses approvisionnements, ses couriers, ses recrues; d'enlever ses ambulances; d'exécuter des coups de main pendant la nuit; en un mot de l'inquiéter, de le fatiguer, de le harceler sans relâche, de l'anéantir par troupes ou en détail, de quelque façon que ce soit. L'ennemi s'avance-t-il dans le pays, même à une distance de cinquante milles, sa situation sera précaire, si sa ligne d'investissement manque de largeur, s'il ne peut plus envoyer de petits détachements soit pour fourrager, soit pour faire des reconnaissances, sans savoir par expérience qu'ils seront anéantis, enfin s'il ne peut avancer que par masses profondes et sur les chemins tout tracés. L'Espagne et la Russie en ont fourni l'exemple."

La *Landsturm* étant placée sous les ordres du gouvernement et des autorités militaires, les hommes qui en font partie sont considérés comme de véritables soldats, et doivent être traités en ennemis au même titre que les soldats des armées régulières : on doit donc leur appliquer les droits de la guerre.

LANDWEHR. Nom donné en Allemagne à une milice, armée et exercée pour servir en cas de besoin d'auxiliaire à l'armée permanente.

LANGUE. L'idiome, le parler d'une nation.

On appelle langue mère celle qui a servi à en former d'autres, et, par opposition, langue *dérivée,* celle qui est formée d'une autre;

Langue primitive ou originelle, celle qui ne s'est formée d'aucune autre;

Langue morte, celle qui n'existe plus que dans les livres; et, par opposition, langue vivante, celle qu'un peuple parle encore.

Langues orientales, celles qui sont parlées en Asie et surtout dans la partie la plus proche de l'Europe; les langues du nord, plus particulièrement du nord de l'Europe (slaves, germaniques, scandinaves) par opposition à celles du midi de source latine (français, italien, espagnol, portugais). Langue naturelle ou maternelle, celle du pays où l'on est né, par opposition à langue étrangère :

Langue nationale, celle qu'une nation parle en général, aussi par opposition à langue étrangère ou langue d'une autre nation.

Langue écrite, langue littéraire, la partie la plus cultivée d'une langue, celle qui figure seule dans les bons écrivains.

La langue reçoit encore des dénominations particulières et diverses selon les matières qu'on l'emploie à traiter : ainsi il y a la langue judiciaire, la langue scientifique, etc.

La langue diplomatique est celle qui est employée dans les relations internationales.

On ne saurait contester à aucun Etat le droit de se servir dans ses rapports politiques de sa propre langue ou d'une langue étrangère quelconque; par contre, tout Etat doit réciproquement accorder aux autres la faculté de rédiger leurs communications dans la langue qui leur convient le mieux ou qui leur est la plus familière.

Les inconvénients résultant de la diversité des idiomes ont fait sentir le besoin d'adopter une langue en quelque sorte neutre et intelligible pour toutes les parties engagées. Les usages ont souvent varié à cet égard. Ainsi, au moyen-âge on se servait généralement du latin pour la rédaction des actes diplomatiques et des traités; l'emploi de la langue latine s'est même conservé dans certains cas jusque dans des temps plus rapprochés de nous.

Ainsi la cour de Rome a continué de se servir du latin dans ses bulles et dans ses actes internationaux.

Vers la fin du XVe siècle, l'Espagne parvint à faire prévaloir l'emploi de la langue castillane.

Sous le règne de Louis XIV, c'est le français qui devint la langue diplomatique par excellence. Toutefois on ne peut pas dire que le français ait jaimais été adopté comme langue officielle entre les Etats en vertu d'nne loi internationale expresse; au contraire. dans les traités rédigés en français, les puissances contractantes ont souvent fait insérer à cet égard des réserves formelles, ainsi qu'on le voit notamment dans l'article 20 de l'Acte du congrès de Vienne, ainsi conçu : „La langue française ayant été exclusivement employée dans toutes les copies du présent traité, il est reconnu par les puissances qui ont concuru à cet acte, que l'emploi de cette langue ne tirera point à conséquence pour l'avenir, de sorte que chaque puissance se réserve d'adopter dans les négociations et les conventions futures la langue dont elle s'est servie jusqu'ici dans ses relations diplomatiques, sans que le traité actuel puisse être cité comme exemple contraire aux usages établis."

De nos jours, malgré la prépondérance qu'a conservée le français, il est de règle que chaque nation fasse usage de sa propre langue pour traiter avec les autres; chaque Etat écrit dans sa langue et traduit l'acte dans celle du pays auques il l'envoie.

Les instruments des traités sont dressés dans la langue de chacune des parties contractantes; lorsque celles-ci ne sont que deux, on peut placer les deux idiomes parallèlement en regard l'un de l'autre; quand elles sont en plus grand nombre, on dresse autant d'originaux des traités qu'il y a d'idiomes. Aucun des originaux ne devant dans ce dernier cas avoir un droit de préférence, des dissentiments peuvent se produire sur la portée véritable d'un mot ou d'une phrase rendue d'une manière différente dans les diverses langues employées. Pour éviter de semblables difficultés, lorsque les engagements souscrits doivent s'appliquer à plus de deux Etats ne parlant pas la même langue, il est rare qu'on ne se borne pas à l'emploi d'une seule, et de préférence à celui du français, comme cela a eu lieu pour la plupart des traités signés depuis le commencement du XIXe siècle.

Les règles consacrées pour les rapports écrits s'appliquent de tout point aux communications verbales, aux discours prononcés dans les audiences solennelles. Le ministre étranger peut donc prononcer son discours dans sa propre langue en chargeant un interprète de le traduire mot à mot, et le souverain répond dans la sienne; mais le plus ordinairement le ministre qui possède l'idiome du pays, s'en sert en traitant avec le gouvernement près lequel il est accrédité, ou se concerte pour l'emploi d'une langue familière aux deux parties.

LATIN. Nom d'un ancien peuple de l'Italie qui habitait le Latium, et que Rome conquit et s'associa.

Plus tard ce nom est devenu celui de tous les peuples de l'Italie et au moyen-âge on l'étendit à tous les peuples de l'Europe occidentale dont le pays avait fait partie de l'ancien empire romain d'Occident; on les appelait ainsi par opposition aux peuples de l'empire grec ou d'Orient.

Enfin on désigne sous la dénomination de race latine les peuples dont la langue s'est formée en grande partie du latin, qui était devenu la langue de Rome et par suite de l'empire romain. On comprend dans la race latine les Italiens, les Français, les Espagnols, les Portugais et les Roumains.

LATIN, langue latine. Dialecte des habitants du Latium, que les Romains s'approprièrent et qui devint la langue usitée dans l'empire.

Quoiqu'il ne fût plus parlé dans aucun pays, le latin a été pendant longtemps la langue savante de l'Europe; c'était dans cette langue que les auteurs continuèrent pendant longtemps d'écrire leurs ouvrages. Le latin est demeuré une langue classique.

Au moyen-âge on se servait généralement du latin pour la rédaction des actes diplomatiques et des traités; l'emploi s'en est même conservé jusque dans les temps les plus rapprochés de nous.

La Cour de Rome a continué de se servir du latin dans ses bulles et dans ses actes internationaux. (*Voir* LANGUE.)

LÉGALISATION. Déclaration par laquelle un fonctionnaire compétent atteste ou certifie la vérité et l'authenticité d'une ou de plusieurs signatures apposées au bas d'un acte, et quelquefois aussi la qualité des signataires, pour que foi y soit ajoutée.

Action de faire cette attestation.

En général la signature des fonctionnaires est légalisée par leur supérieur immédiat.

La légalisation n'affecte en rien l'essence de l'acte, dont elle ne confirme ni la sincérité ni la légalité; elle a pour effet unique de rendre les signatures incontestables, sauf inscription en faux.

Tout document destiné à être produit devant les autorités ou les tribunaux d'un autre pays, doit être légalisé par un agent diplomatique ou consulaire du dernier pays résidant dans la localité ou la contrée où le document a été rédigé.

LÉGAT. On appelait *légats* sous la république romaine les ambassadeurs envoyés auprès des gouvernements étrangers, et les personnes qui accompagnaient les généraux en guerre ou les proconsuls et les préteurs dans les provinces.

Sous l'empire, c'étaient les officiers envoyés par l'empereur pour exercer une juridiction en son nom dans certaines provinces : leurs attributions pouvaient être civiles, militaires, administratives et judiciaires.

Aujourd'hui le titre de légat n'est usité qu'à la cour pontificale; il s'applique à tout ecclésiastique qui fait les fonctions de vicaire du Pape et exerce sa juridiction où le Pape ne peut être présent.

Lorsque le Pape possédait encore le pouvoir temporel sur la partie de l'Italie qu'on appelait les Etats de l'Eglise, on donnait le titre de légats aux gouverneurs des provinces, qui prenaient de là le nom de *légations*.

Maintenant les légats sont spécialement employés aux missions que le souverain Pontife décide d'envoyer dans divers pays; ils ne sont envoyés que dans les pays catholiques qui reconnaissent la suprématie spirituelle du Pape; ils sont dits *à latere*, parceque le saint Père est censé les détacher de ses côtés pour les envoyer en mission. Ils sont à la nomination exclusive du Pape; néanmoins lorsqu'il s'agit de nommer un légat *à latere,* le consistoire est ordinairement consulté.

Les légats en mission diplomatique à l'étranger ont le rang d'envoyés extraordinaires et d'ambassadeurs; ils sont porteurs de bulles qui leur servent à la fois de lettres de créance et de pouvoir général.

Il y a une distinction à établir entre les légats et les nonces du Pape : les premiers sont des ambassadeurs extraordinaires, chargés de missions spéciales, plutôt ecclésiastiques que politiques, et représentent avant tout le Pape comme chef de l'Eglise catholique romaine, tandis que les seconds sont les ambassadeurs ordinaires ou résidents du Vatican, qu'ils représentent à l'étranger pour la transaction de toutes affaires. Les légats sont toujours pris parmi les cardinaux; les nonces ne sont jamais des cardinaux et ont des missions permanents.

Légat né du Saint-Siège, titre des vicaires perpétuels qui représentent le Pape dans les pays éloignés de Rome. C'est une qualité habituellement attribuée à certains sièges épiscopaux en vertu d'un ancien privilège; mais c'est un titre purement honorifique.

LÉGATION. Fonctions de légat; le temps que durent ces fonctions.

On donnait aussi ce nom aux territoires des Etats de l'Eglise gouvernés par des légats, notamment au Boulonnais et au Ferrarais.

En diplomatie, légation signifie mission en général, et plus particulièrement la commission que quelques puissances donnent à une ou à plusieurs personnes pour aller négocier auprès d'une puissance étrangère. (*Voir* MISSION.)

Ordinairement le titre de *légation* est donné plus particulièrement à la mission de second ordre, à celle à la tête de laquelle est placé un ministre plénipotentiaire, un ministre résident ou même un simple chargé d'affaires. Celle de l'ordre supérieur, qui est remplie par un agent diplomatique ayant rang d'ambassadeur, est désignée plus spécialement sous la dénomination d'*ambassade.* (*Voir* AMBASSADE.)

Légation s'emploie aussi dans un sens collectif pour désigner non seulement le ministre public d'un pays étranger, mais en outre tout le personnel attaché à la mission : ainsi légation de France, d'Angleterre, etc.

C'est encore l'hôtel occupé par le ministre et le personnel de la mission étrangère.

On appelle droit de légation la faculté qu'ont les nations de se faire représenter au dehors par des agents diplomatiques et consulaires chargés de cultiver avec les autres nations des relations d'amitié et de bonne harmonie.

Ce droit est un des attributs essentiels de la souveraineté et de l'indépendances des Etats; il est considéré comme un droit parfait en principe, mais imparfait dans la pratique, attendu qu'aucun Etat n'est obligé d'entretenir des missions politiques à l'étranger ou de recevoir chez lui les représentants des autres nations.

Toutefois l'usage et les règles de la courtoisie internationale ont établi à cet égard une sorte de devoir réciproque; et de même que l'existence de rapports diplomatiques entretenus par des agents en résidence permanente est un signe évident de paix et d'amitié, de même on peut regarder comme un indice de désaccord ou d'hostilité le rappel ou l'absence absolue des légations politiques. Il convient cependant de ne pas perdre de vue que l'établissement même de légations et le rang des agents appelés à les occuper sont avant tout subordonnés à la nature et à l'importance des relations qui existent entre les divers Etats, et aux ressources qu'ils peuvent consacrer à leur représentation extérieure.

L'exercice du droit de légation est dévolu au chef suprême de l'Etat, prince souverain ou président, agissant tantôt seul, tantôt de concert avec les représentants du pouvoir législatif.

Le droit de légation étant inhérent à celui de souveraineté, on comprend qu'il ne puisse être exercé par un Etat dépendant ou mi-souverain qu'autant qu'il y est spécialement autorisé par l'Etat ou les Etats dont il relève. Ainsi la constitution des Etats-Unis d'Amérique a enlevé à chaque Etat particulier le droit de représentation et lui défend de conclure sans le consentement du congrès fédéral aucun arrangement ou aucune convention avec une nation étrangère. Le même principe a prévalu parmi les Etats qui forment les fédérations de l'Amérique méridionale.

Les cantons suisses ne jouissent pas non plus d'un droit de représentation isolé. Quant aux Etats dont se compose l'empire d'Allemagne, ils ont conservé jusqu'ici le droit d'entretenir des légations à l'étranger.

On peut se demander quelle conduite doivent tenir les Etats étrangers lorsque surgit une révolution ou une guerre civile dans un pays après duquel ils sont représentés par une mission diplomatique permanente. Peuvent-ils continuer leurs relations avec l'ancien gouvernement, ou doivent-ils en nouer tout de suite de nouvelles avec le gouvernement révolutionnaire? Sont-ils, au contraire, tenus de les suivre avec tous les deux à la fois?

En principe on peut dire que les Etats étrangers n'ont pas à tenir compte de faits insurrectionnels. Lorsque des luttes intestines viennent à ébranler les pouvoirs publics d'un Etat, le premier devoir des autres gouvernements est donc d'observer une neutralité absolue et de s'abstenir complètement de tous rapports diplomatiques. Les agents étrangers continuent jusqu'à nouvel ordre leurs anciennes relations avec le gouvernement près lequel ils sont accrédités, ou ils n'ouvrent que des rapports purement officieux avec les autorités, qui le remplacent de fait. Les convenances internationales commandent une réserve bien plus grande encore quand il s'agit de guerres civiles au sein de confédérations, mettant en question la souveraineté même de l'Etat. Dans ce cas, en effet, l'envoi et l'admission d'agents revêtus d'un caractère diplomatique implique la reconnaissance du gouvernement révolutionnaire.

De ce que le droit de légation est dans la pratique un droit imparfait, il s'ensuit que tout Etat peut refuser de recevoir des agents diplomatiques, en se basant sur le caractère personnel de l'agent qui lui est envoyé, sur la nature et l'étendue des pouvoirs qu'il doit être appelé à exercer. C'est ce qui a eu lieu en mainte occasion, notamment par rapport aux légats pontificaux, auxquels la cour de Rome avait conféré des pouvoirs jugés incompatibles avec la constitution et les lois civiles des Etats où ils devaient résider. (*Voir* AGENT DIPLOMATIQUE.)

LÉGISLATEUR. Celui qui fait des lois, qui donne des lois à une nation: ainsi Lycurgue fut le législateur de Lacédémone.

Se dit absolument du pouvoir qui fait les lois, comme dans cette phrase: „c'est au législateur qu'il appartient d'expliquer la loi,"

Législateur était le titre des membres du Corps législatif établi en France par la constitution de l'an VIII et sous le second empire de 1852 à 1870.

LÉGISLATIF. Qui fait les lois: *Corps législatif, Assemblée législative.* (Voir ces mots.)

Qui a rapport à la loi; qui a le caractère des lois: mesures, dispositions législatives.

Pouvoir législatif, l'autorité dans un Etat qui est investie de la faculté de faire et de voter les lois: on l'oppose soit au pouvoir exécutif, soit au pouvoir judiciaire.

LÉGISLATION. Droit de faire les lois.

Tout Etat souverain et indépendant a le droit et le pouvoir, le devoir même d'édicter, au gré de ses besoins et de ses intérêts, sa législation civile et criminelle.

Cette œuvre de législation consiste principalement à fixer les conditions générales de l'acquisition et de la perte de la propriété des biens meubles et des biens immeubles; à régler l'état et la capacité des personnes, les conditions nécessaires pour la validité des contrats, les droits et les obligations qui en découlent, enfin tout ce qui touche à la procédure et à l'administration de la justice. Tout Etat est justifié à exercer ce droit de législation sur toutes les personnes, sur toutes les choses qui se trouvent dans les limites de son territoire et sur tous les actes qui s'y accomplissent; non seulement les natifs du pays sont naturellement assujettis à cette juridiction, mais aussi les étrangers qui y résident. A ceux-ci l'Etat, par le seul fait qu'il leur a permis l'accès chez lui, doit l'assurance qu'ils ne seront ni lésés ni maltraités tant qu'ils y séjourneront; ils conservent du reste la faculté d'invoquer la protection de l'Etat auquel ils appartiennent, et qui, de son côté, n'ayant aliéné aucun des droits qu'il possède sur eux, peut encore réclamer d'eux, quoiqu'ils soient hors de son territoire, l'observation de certaines lois de leur pays natal ou l'accomplissement de certains devoirs. En effet le principe de la souveraineté de chaque Etat n'a pas un caractère tellement absolu, qu'on doive considérer comme dépourvus de toute autorité hors du territoire national des lois ou des actes émanés de souverains étrangers. Une pareille exclusion ne s'accorderait guère avec le respect mutuel que les nations se doivent les unes aux autres; au surplus il est des causes qui les obligent à avoir égard aux rapports nés sous l'influence des lois étrangères.

Il est vrai en droit strict que les lois de chaque Etat ou de chaque souverain n'ont d'autorité que dans les limites de son territoire, et qu'aucun Etat ou aucun souverain n'est tenu d'autoriser sur son territoire l'exécution des actes et des jugements étrangers; mais il est vrai aussi, selon les principes du droit primitif, que l'application des lois ne doit pas être entravée, même au delà des limites du territoire de chaque Etat, lorsqu'il n'en résulte point d'offense aux droits et aux intérêts du souverain territorial. Toutefois l'exercice de ce pouvoir de législation et de juridiction des Etats comporte certaines restrictions quant à sa portée extérieure. (*Voir* JURIDICTION.)

Législation se dit aussi du corps même des lois, et particulièrement de l'ensemble des lois qui règlent une matière.

C'est encore la science ou la connaissance des lois. (Pour ces deux acceptions *voir* JURISPRUDENCE.)

LÉGISLATIVEMENT. En se conformant à la loi, en suivant la marche législative.

LÉGISLATURE. Se dit de l'ensemble des pouvoirs qui font les lois, ou particulièrement d'un corps chargé de faire ou de voter les lois, d'une assemblée législative.

C'est aussi la période de temps pendant laquelle une assemblée législative est réunie, celle qui s'écoule depuis l'installation de l'assemblée jusqu'à l'expiration de ses pouvoirs.

LÉGISTE. Celui qui connait ou qui étudie les lois.

LÉGITIMATION. Action de légitimer un enfant né hors du mariage, de lui conférer l'état et les droits de sa légitimité.

Reconnaissance ou vérification authentique et juridique des pouvoirs d'un envoyé, d'un député, etc.

LÉGITIME. Ce mot peut s'appliquer aux choses et aux personnes.

Il se dit des choses qui ont un caractère de loi : l'autorité légitime, les pouvoirs légitimes; des choses qui ont les conditions requises par la loi : mariage légitime; des choses conformes à la loi : intérêt légitime, intérêt de l'argent au taux fixé par la loi.

Il se dit des personnes qui tiennent un droit de la loi : la femme, l'épouse légitime est celle dont l'union a été accomplie conformément aux lois.

Un enfant est dit légitime lorsqu'il est né durant le mariage ou après le décès du père dans le délai fixé par la loi, de sorte qu'il possède les conditions requises pour l'hérédité directe. (*Voir* ENFANT.)

Le mot légitime reçoit une acception particulière dans ces termes : Souverain légitime, dynastie légitime, c'est-à-dire qui règne en vertu d'un droit traditionnel, par opposition aux princes qui ont obtenu le pouvoir par suite de coups d'Etat ou de révolutions, ou par le choix de la volonté nationale.

On qualifie de légitime la défense que la loi excuse.

LÉGITIMISTE. Partisan des princes dits *légitimes* : Opinions légitimistes, parti légitimiste.

LÉGITIMITÉ. Qualité de ce qui est légitime. L'état de l'enfant légitime.

Le droit des princes qu'on appelle spécialement *légitimes,* tels que la branche aînée des Bourbons en France.

LÈSE-MAJESTÉ. Ce mot s'applique à toute une série de crimes qui offensent le souverain ou le chef de l'Etat.

Dans l'ancienne législation on distinguait le crime de lèse-majesté *divine,* qui consistait dans une offense commise envers Dieu ou la religion, et le crime de lèse-majesté humaine, ou attentat contre le souverain ou contre l'Etat.

On désigne plus généralement ces crimes sous la dénomination de crimes contre la personne du souverain et contre la sûreté intérieure de l'Etat : ce sont les attentats et les complots dirigés contre le souverain et sa famille, et, dans les républiques, contre le chef de l'Etat et l'assemblée nationale, et les tentatives de troubler l'Etat par la guerre civile, l'emploi illégal de la force armée, la dévastation, etc.

LÈSE-NATION. Ce terme est applicable aux actes de quiconque compromet ou lèse l'honneur ou les intérêts de son pays.

La haute-trahison, la forfaiture sont des crimes de lèse-nation; on pourrait classer dans la même catégorie les crimes contre la sûreté de l'Etat.

LETTRE. Epitre, missive, dépêche.

En droit public, on donne le nom de lettres à toute sorte d'actes ou d'écritures, dont la signification est le plus souvent déterminée par le mot qui suit : telles que lettres de naturalisation, d'amnistie, de grâce, etc., par lesquelles la naturalisation est accordée à un étranger, la grâce à un criminel, une amnistie est proclamée après une guerre, une révolution, etc.

Lettre *autographe*, lettre de *conseil* ou de *chancellerie*, lettre de *cabinet*, lettre de *notification* ou *de faire part*, lettre *revers*, etc. (Voir ces divers mots, CORRESPONDANCE DES SOUVERAINS.)

Lettre en chiffres, lettre écrite en caractères de convention, dont la signification n'est connue que des correspondants.

Ces lettres sont d'un usage constant pour la correspondance diplomatique. (*Voir* CHIFFRE.)

LETTRE APOSTOLIQUE, pastorale. Sous le nom de lettres apostoliques on désigne les actes émanés du Saint-Siège : *rescrits, bulles, brefs, encycliques*, etc. (Voir ces mots.)

Les lettres *pastorales* consistent dans les écrits que les évêques adressent au clergé de leur diocèse.

LETTRE CIRCULAIRE. Lettre circulaire ou, substantivement, une circulaire, lettre qu'on écrit dans des termes identiques à plusieurs personnes sur le même sujet.

Un gouvernement y a recours lorsqu'il veut faire connaître un fait, un événement ou communiquer un acte à plusieurs ou à tous les autres gouvernements à la fois, ou lorsqu'il envoie les mêmes instructions à ses représentants à l'étranger, souvent avec prescription d'en donner lecture ou communication au gouvernement auprès duquel chacun d'eux est accrédité.

LETTRE DE CACHET. Lettre close, scellée du cachet du roi, au moyen de laquelle on pouvait autrefois envoyer sans jugement un particulier dans une prison d'Etat ou en exil. (*Voir* CACHET.)

LETTRE DE CHANGE. Effet de commerce par lequel une personne en requiert une autre, demeurant dans un endroit différent, de payer soit à celui qui est désigné dans l'écrit, soit à celui qui en est simplement porteur, une somme d'argent déterminée, à vue ou dans un certain délai.

En style de commerce on appelle *tireur* celui qui donne l'ordre de payer et par conséquent signe la lettre de change; *tiré*, celui à qui elle est adressée et qui doit en payer le montant, et *porteur* ou *preneur*, celui au profit de qui elle est souscrite. Enfin on nomme *endosseur* toute personne qui inscrit son nom sur la lettre de change à un autre titre que celui de tireur ou de tiré et la remet revêtue de sa signature à une autre personne, envers qui il assume ainsi la responsabilité de la transaction. Le tiré est dit *accepteur* une fois qu'il a pris l'engagement de payer la lettre de change à l'échéance, engagement qui d'ordinaire s'exprime sur la même par le mot *accepté* que le tiré y appose avec sa signature.

Une lettre de change peut être tirée par un individu sur un habitant du même pays, comme aussi sur une personne résidant dans un autre pays.

C'est de ce dernier cas que nous avons uniquement à nous occuper ici.

La lettre de change est un véritable contrat; on ne peut donc lui appliquer une autre législation que celle qui régit les obligations et les contrats : et ici c'est la loi du lieu de l'engagement (*lex loci contractus*) qui doit être observée.

Les obligations respectivement contractées par le tireur, le tiré ou l'accepteur et l'endosseur doivent être régies par les lois du pays où ont eu lieu le tirage, l'acceptation et l'endossement de la lettre de change, selon la phase de la transaction où un litige ou des poursuites peuvent devenir nécessaires. (*Voir* CONTRAT, OBLIGATION, ENGAGEMENT, LEX LOCI CONTRACTUS.)

LETTRE DE CRÉANCE, de récréance, de rappel, d'adresses, de recommandation, de provision, lettre qui porte qu'on peut, qu'on doit accorder confiance à la personne qui la remet.

Tout agent diplomatique chargé de représenter un gouvernement ou un chef d'Etat près un autre gouvernement ou un autre chef d'Etat, tout envoyé chargé d'une mission de gouvernement à gouvernement, de souverain à souverain, doit être muni d'une lettre de créance qui établisse son caractère public et indique l'objet de la mission, en demandant qu'on ajoute créance, c'est-à-dire foi pleine et entière, à ce qu'ils pourront dire comme représentants de l'Etat qui les envoie. (*Voir* CRÉANCE.)

Lorsque la mission de l'envoyé ou de l'agent diplomatique est terminée, son rappel lui est notifié par une lettre de *rappel*, qui fait connaître au chef de l'Etat près lequel l'agent était accrédité que la mission de cet agent doit cesser. (*Voir* RAPPEL.) Il reçoit en outre une lettre de *récréance*, qu'il doit remettre au chef de l'Etat qu'il quitte pour l'informer de ce changement. (*Voir* RÉCRÉANCE.)

Les ministres publics peuvent être

en outre munis de lettre d'*adresse* ou de *recommandation*. (Voir ces mots.)

Les consuls, n'étant pas investis du droit de représenter l'Etat à l'étranger, ne sont pas porteurs de lettres de créances mais de lettres de *provision*, qui servent à constater auprès de l'Etat étranger la commission dont les charge leur gouvernement.

LETTRE DE DÉFI, portant déclaration de la guerre. (*Voir* DÉFI, DÉCLARATION DE GUERRE, GUERRE.)

LETTRES DE MARQUE. Commission en course, autorisation qu'un gouvernement en guerre contre un autre donne à ses nationaux d'armer des navires pour faire la course maritime contre les navires appartenant à des nationaux de son ennemi. (*Voir* MARQUE, COURSE, CORSAIRE).

LETTRE MINISTÉRIELLE. On appelle ainsi la lettre par laquelle un ministre fait connaître à un individu ou à une corporation la décision qu'il a prise sur telle ou telle question soumise ou réservée à son appréciation.

LETTRES. Lettres au pluriel, s'applique à certains actes expédiés en chancellerie au nom du souverain ou du chef de l'Etat, telles que lettres de noblesses qui conféraient la noblesse, lettres de grâce, qui remettaient une peine, etc. etc.

LETTRES D'ÉTAT. Lettres délivrées en faveur de personnes employées au service de l'Etat; elles avaient pour effet de suspendre pendant un certain laps de temps, six mois le plus ordinairement, les procédures civiles dans les quelles ces employés étaient impliqués. Ces lettres s'expédiaient au grand sceau de l'Etat : c'est de là que leur vient leur dénomination.

Autrefois, alors que les ambassadeurs ne jouissaient pas aussi complètement qu'aujourd'hui des prérogatives, notamment d'inviolabilité et d'exterritorialité, qui leur sont reconnues, ils n'étaient pas exempts de toute espèce de juridiction dans les pays où ils se rendaient; néanmoins les princes leur accordaient des *lettres d'Etat,* ou les cours de justice rendaient en leur faveur des *arrêts de surséance,* qui suspendaient toute poursuite contre le ministre absent; mais cette commission n'existait que pour les missions extraordinaires et d'une durée illimitée.

LETTRES DE REPRÉSAILLES. Pouvoir écrit qu'un gouvernement donnait autrefois, même en temps de paix, à un armateur, à un capitaine de navire pour se venger d'actes commis à son préjudice par une nation étrangère. (*Voir* REPRÉSAILLES.)

LETTRES PATENTES, lettres closes. On appelle *lettres patentes*, c'est-à-dire ouvertes au public certains actes signés du chef de l'Etat et portés officiellement à la connaissance du public : c'est sous cette forme que sont publiés, par exemple, les manifestes, les proclamations, les actes de prise de possession, de cession, etc. Les lettres patentes sont scellées du grand sceau de l'Etat et contresignées par un ministre secrétaire d'Etat.

On oppose les lettres patentes aux lettres *closes,* c'est-à-dire fermées, qui sont également des actes officiels, mais ne concernant que des objets d'administration intérieure et ne s'adressant qu'à des fonctionnaires ou à des corps constitués.

LETTRES ROYAUX, (le mot *royal* étant originairement à la fois masculin et féminin), lettres émanés de l'autorité royale, scellées du grand ou du petit sceau, et adressées aux juges royaux : telles étaient les lettres de grâce, d'abolition, de rémission, de noblesse, de représailles, etc.

LEUDE. Dans l'origine, ce mot désignait chez les Germains les compagnons du chef d'une bande guerrière, ceux qu'il attachait à sa personne par des présents.

Quand les Barbares se furent établis dans les provinces de l'empire romain, on appela *leudes* les compagnons ou les fidèles du roi, à la table duquel ils avaient le privilège de s'asseoir.

Au lieu de présent, d'armes ou de chevaux, ces fidèles reçurent alors des présents de terres ou des fiefs, de sorte que les leudes devinrent les feudataires, les vassaux des rois.

LEVANT. Dans l'acception géographique ce terme sert à désigner les pays situés au levant de l'Europe.

Levant ne doit pas être employé invariablement pour *Orient*, avec lequel il peut être en certains cas considéré comme synonyme. Il y a cette différence entre ces deux termes pris géographiquement que le Levant désigne plus particulièrement la côte occidentale de l'Asie sur la Méditerranée, la Turquie asiatique, la Grèce, les îles de Chypre et de Crète, l'Egypte et les régences barbaresques de Tripoli et de Tunis; l'Orient désigne la partie de l'Asie située au delà des dépendances de la Turquie, la Perse, l'Inde, la Chine, le Japon. (*Voir* ÉCHELLES DU LEVANT.)

LEVÉE EN MASSE. Appel sous les drapeaux de tous les hommes capables de porter les armes.

Il ne faut pas mettre la levée en masse d'une nation pour s'opposer à une invasion étrangère, sur la même ligne que la formation de corps de partisans ou de *guérillas* (voir ce mot). En effet lorsqu'un peuple court aux armes afin de repousser l'ennemi qui envahit son territoire, ce sont en général les autorités qui dirigent le mouvement et engagent ainsi la responsabilité du pays tout entier, qui peut fort bien demeurer étranger aux actes de partisans, qu'il n'a pas appelés sous les drapeaux.

Le fait de la levée en masse transforme tout citoyen valide d'ennemi passif\en ennemi actif; dès lors l'armée envahissante est avertie qu'elle n'a plus affaire qu'à des soldats, et la distinction entre les militaires et les non militaires devient superflue.

En droit strict on peut donc dire que la levée en masse confère à la population qui y a recours le caractère de belligérant et la place en cas de défaite sous le régime réservé aux prisonniers de guerre. (*Voir* LANDSTURM, GUERRE.)

LEX DOMICILII, lex loci domicilii. Locution de droit latin, qui signifie la „loi du domicile“, la „loi du lieu du domicile“. (*Voir* DOMICILE, JURIDICTION, STATUTS.)

LEX FORI. Cette locution signifie, traduite mot à mot, *loi du tribunal local.*

Il est admis comme exception que toute demande ou tout différend qui est du ressort des tribunaux, doit être jugé dans chaque pays selon la loi territoriale. Toutes les fois qu'il s'agit de réclamer en justice l'exécution d'un contrat, la *lex fori* devient seule applicable.

C'est d'après le principe de la *lex fori*, précisé dans les lois judiciaires de chaque État, qu'on apprécie si les questions soulevées doivent être portées devant un tribunal ordinaire ou devant un tribunal d'exception; si la citation des parties doit se faire de telle ou telle manière; si les délais de comparution doivent être plus ou moins rapprochés; si les preuves à fournir seront reçues dans une forme ou dans une autre, etc.

Tout ce qu'on peut demander sous ce rapport, c'est que les nations n'établissent pas de privilèges et qu'elles ouvrent librement aux étrangers, comme à leurs propres citoyens, l'accès des tribunaux, en garantissant à tous une égalité absolue et la même impartialité dans l'administration de la justice.

(*Voir* JURIDICTION, POUVOIR JUDICIAIRE, LÉGISLATION.

LEX LOCI CONTRACTUS. Loi du lieu de l'engagement.

En droit strict les contrats doivent être régis, quant à la valeur légale de leur forme et aux effets découlant de leurs stipulations, par la loi du lieu où ils sont conclus.

La règle est fondée non seulement sur la convenance mutuelle des individus, mais encore sur la nécessité morale pour les nations de vivre en relations intimes les unes avec les autres.

La *lex loci contractus* ne s'applique ni au statut personnel ou à la capacité propre des contractants, ni aux cas dans lesquels son application entraînerait la violation formelle des lois du pays où le contrat doit se dénouer ou recevoir son exécution. Le devoir réciproque des nations ne va pas en effet jusqu'à laisser enfreindre leurs lois particulières, jusqu'à prêter leur sanction à des engagements contraires à l'ordre public ou à sa morale et dont rien ne peut effacer le vice et la nullité radicale : de là découle une série d'exceptions auxquelles la loi du lieu du contrat n'est pas applicable. (*Voir* CONTRAT, ENGAGEMENT, OBLIGATION.)

LEX REI SITÆ, lex juridictionis, ubi sita sunt.

Locution de droit latin, la „loi du lieu où la chose est située“, la „loi de la juridiction où les biens sont situés.“ (*Voir* BIENS FONDS, IMMEUBLES, MEUBLES, JURIDICTION, STATUTS.)

LIBÉRAL. Ce mot, entré dans le langage politique de notre époque, signifie ce qui est favorable à la liberté civile et politique, au progrès dans les institutions constitutionnelles et sociales, et, en France particulièrement, à la défense des droits conquis par la Révolution : ainsi dit-on opinions libérales, institutions libérales, le parti libéral.

On qualifie de libéral l'homme qui professe des idées libérales. En France, sous la Restauration, de 1815 à 1830, les membres de l'opposition qui combattaient les propositions du gouvernement, étaient appelés les *libéraux.*

LIBÉRALISME. L'ensemble des doctrines professées par les libéraux.

LIBERTÉ. Faculté et pouvoir d'exercer sa volonté, aussi bien en n'agissant pas qu'en agissant; se dit par opposition à contrainte.

Condition de l'homme qui jouit de cette faculté, et par suite de celui qui n'appartient à aucun maître, qui n'a aucun assujettissement, qui n'est retenu ni en servitude ni en captivité.

En parlant d'un peuple, *liberté* signifie indépendance, autonomie (voir ces mots): il se dit par opposition à asservissement.

LIBERTÉ CIVILE. Faculté de faire tout ce qui n'est pas défendu par les lois, dans la sphère des rapports des citoyens entre eux; jouissance de certains droits accordés aux habitants d'un pays relativement à la vie civile.

LIBERTÉ DE COMMERCE. Faculté qu'ont les commerçants d'acheter, de vendre, d'échanger, tant dans l'intérieur du pays qu'au dehors, sans être soumis à des prohibitions, soit au paiement de taxes ou de droits restrictifs.

La liberté de commerce est aussi désignée sous la dénomination de *liberté des échanges*, ou *libre-échange* (voir ce dernier terme).

Cependant dans la plupart des pays, la liberté du commerce est régie ou limitée par des règlements spéciaux d'un ordre général; mais on admet que la liberté subsiste tant qu'elle n'est assujettie qu'à l'observation de règlements, et non à des mesures d'exception, à des interdictions absolues, à des impôts abusifs. (*Voir* COMMERCE.

Ainsi aujourd'hui le commerce est libre entre les différentes nations, en ce sens qu'aucune n'est exclue du commerce avec les autres et qu'il n'est pas besoin de traités pour en assurer la jouissance. Mais cette liberté, qu'on pourrait appeler la liberté naturelle de commerce, n'empêche pas chaque nation de prendre les arrangements, de mettre au commerce étranger les restrictions qu'elle juge conforme à ses intérêts, et même de refuser ou d'accorder à telle nation des avantages sur telle autre; dans ce dernier cas, la nation qui agit ainsi, use asurément de sa liberté mais entrave néanmoins jusqu'à un certain point, la liberté du commerce d'autrui, sans que la partie qui se juge lésée ait, en droit strict, à s'y opposer autrement que par la réciprocité ou par des négociations en vue de changer l'état de choses.

LIBERTÉ DE CONSCIENCE. Droit de professer les opinions religieuses qu'on croit vraies, sans être inquiété par l'autorité, sans encourir l'application d'aucune loi pénale.

A cette liberté se rattache la liberté des cultes ou liberté religieuse, qui consiste dans le droit qu'ont les adeptes des différentes religions de professer leur culte et d'enseigner leur doctrine. (*Voir* CULTE, RÉLIGION.)

LIBERTÉ DE LA PRESSE. Droit de manifester sa pensée par la voie de la presse, c'est-à-dire au moyen de l'impression, principalement par les journaux.

Cette liberté a pour corollaire, ou plutôt pour fondements, la liberté de penser, c'est-à-dire de manifester sa pensée sans contrainte, et la liberté d'écrire, ou de manifester sa pensée par écrit.

LIBERTÉ DES ÉTATS. La liberté d'un Etat consiste dans le droit qu'il a de manifester sa volonté par des actes, sans qu'un autre ait le droit de s'y opposer, à moins toutefois que celui-ci ne trouve que l'exercice de cette liberté lui porte préjudice et dépasse certaines bornes que le droit international reconnaît comme nécessaires pour maintenir les relations des peuples entre eux; par là le droit international n'a pas pour objet d'entraver la liberté des Etats; il a au contraire pour but d'en assurer le respect et la défense réciproque.

(*Voir* INDÉPENDANCE, AUTONOMIE, SOUVERAINETÉ.)

LIBERTÉ DES MERS. Droit que toutes les nations ont de naviguer librement sur les mers.

Le principe de la liberté de la pleine mer est de droit naturel.

Il n'y a pas à démontrer que les mers ne sauraient constituer un domaine privé; elles sont ouvertes à toutes les nations et leur libre usage constitue le patrimoine commun de tous les peuples. Cependant on peut se demander si elles sont susceptibles de devenir la propriété d'une nation particulière.

En fait les mers ne sont pas infinies, puisque les côtes en marquent les contours; et, s'il était vrai qu'on ne sait où elles s'arrêtent, la terre, perdant ses limites naturelles, échapperait, elle aussi, à toute notion de propriété.

On ne saurait prétendre que le domaine des eaux ne comporte ni limites ni frontières; car la science nautique fournit à l'homme des lignes et des points de repère tout aussi exacts que les mesures qui servent de démarcation sur la terre ferme. Enfin, au point de vue pratique, celui de la pêche, par exemple, l'argument tiré de la prétendue immensité des mers n'a qu'une valeur relative, et conduirait, contrairement à la pensée de ceux qui le mettent en avant, à soutenir que l'Océan est susceptible d'appropriation dans certains cas et qu'il ne l'est pas dans d'autres, qu'il peut à la fois constituer un domaine collectif ou national et une propriété individuelle.

Pour trancher la question de principe il faut se placer à d'autres points de vue.

Une première raison, purement matérielle et physique, s'oppose à l'appropriation des mers. En droit comme en fait, la propriété n'existe qu'à la condition de reposer sur une chose tangible, susceptible de possession et de détention exclusives. Or quel peuple pourrait se dire en situation de rendre effectives la possession et la détention des mers?

Un argument autrement décisif contre tout droit de propriété de la pleine mer se déduit des considérations de l'ordre moral et philosophique.

Les mers sont un élément nécessaire au développement des nations, aux progrès de la civilisation; elles constituent une voie de communication naturelle, mise à la portée de tous; leur appliquer l'idée d'une appropriation réservée et exclusive, c'est méconnaître ce que commandent à la fois la situation et les besoins des peuples, la diversité et l'égalité réciproque des Etats.

Reconnaître à une nation la souveraineté des mers revient à lui attribuer un domaine universel, même sur terre : ce qui n'est pas moins contraire aux enseignements de l'histoire qu'aux règles de la saine raison, qui, l'une et l'autre, dans la sphère du droit comme dans celle des faits, repoussent également l'unité absolue et la liberté illimitée.

Etant ainsi démontré que les mers ouvertes ne comportent pas d'appropriation exclusive, et l'égalité réciproque des Etats étant un principe de droit naturel qui ne saurait souffrir d'atteinte, on est logiquement, nécessairement conduit à admettre que ces mers échappent à la domination, à l'empire, aussi bien qu'à la propriété réservée d'une seule nation.

La pleine mer est ouverte à la navigation de toutes les nations et de tous les individus.

Le droit international ne tolère plus qu'une mer soit fermée à la navigation universelle, lorsqu'elle est navigable et reliée à la mer libre, lors même que son littoral tout entier ferait partie du territoire d'un Etat.

Une mer ne peut être fermée aux autres nations que s'il est impossible aux navires venant de la pleine mer d'y pénétrer.

(*Voir* MER, DOMAINE, JURIDICTION, COMMERCE, NAVIGATION, GOLFE, BAIE, DÉTROIT.)

En résumé, le droit public externe des nations civilisées reconnaît qu'aucun peuple ne possède de droit exclusif à la propriété et à la domination de la haute mer; que les pavillons de toutes les nations souveraines jouissent des mêmes droits, de la même liberté, à condition de respecter les principes généraux du droit des gens; que la supériorité relative des forces navales ne donne à aucun Etat un titre de prééminence par rapport aux autres; que la violation de ces règles, de quelque part qu'elle vienne, est toujours illégitime et blâmable; qu'enfin les mesures exceptionnelles de surveillance ou de police, consacrées par des traités spéciaux à l'égard des navires de deux ou de plusieurs nations, ne peuvent être obligatioires que pour les parties contractantes.

LIBERTÉ INDIVIDUELLE ou PERSONELLE. Droit qu'a chaque citoyen de n'être privé de la liberté de sa personne que dans les cas et dans les formes déterminés par la lois.

La liberté individuelle comporte en soi le droit d'obtenir protection contre toute atteinte portée à la sûreté dont chaque citoyen doit jouir dans la société; la constitution de la société et ses lois ont en effet pour but le maintien de la liberté et de la sûrete individuelle de chacun.

La privation de la liberté individuelle constitue l'*esclavage,* si elle est entière, et le *servage,* si elle est partielle. (Voir ces mots.)

Le droit international ne reconnaît à aucun Etat ni à aucun particulier le droit d'avoir des esclaves.

LIBERTÉ NATURELLE. Pouvoir que l'homme a naturellement d'employer ses facultés comme il lui convient; ce pouvoir, l'apanage égal de tous les hommes : c'est la loi générale.

Les libertés naturelles sont celles que l'homme tient de sa nature, celles dont il a besoin pour accomplir ses fins morales, et dont il ne peut être dépouillé sans perdre sa dignité; c'est pourquoi ces libertés sont considérées comme imprescriptibles, inaliénables.

Toutefois, comme l'homme vit en société, il est obligé, sans abdiquer ses libertés naturelles, d'en plier, d'en subordonner l'exercice aux besoins, à la sauvegarde de la société dont il fait partie. Delà naît la liberté sociale, qui est la faculté de faire ce que les lois de la société n'interdisent ni ne condamnent; la liberté sociale implique donc naturellement la liberté civile et la liberté politique.

LIBERTÉ POLITIQUE ou PUBLIQUE. Jouissance des droits politiques et `civiques que dans certains pays la constitution accorde aux citoyens. *(Voir* CONSTITUTION.) Dans ce sens la liberté politique indique la participation plus ou moins grande que chaque citoyen, suivant la constitution de son pays, peut avoir aux affaires publiques.

Le terme *liberté politique* se prend encore dans une autre acception : il s'applique aux relations d'un Etat avec les autres Etats et sert à signifier son autonomie, son indépendance à l'égard de ces derniers.

LIBERTÉS. Employé au pluriel, ce mot signifie privilèges, droits et aussi immunités, franchises, appartenant notamment à des corporations, à des institutions.

Ainsi libertés des communes, libertés de l'Eglise, etc.

Il y a lieu toutefois d'établir une distinction entre les libertés et les franchises; le premier terme implique une idée positive et le second une idée négative : ainsi les *libertés* d'une commune, d'une ville consistent dans le pouvoir qu'elle a de s'administrer, de s'imposer elle-même comme ses habitants en décident; ses *franchises* consistent dans les exemptions de charge, d'impôts, de servitude, qui grèvent d'autres communes et ne l'atteignent pas par exception.

LIBRE ÉCHANGE. Doctrine économique portant que les relations commerciales, entre les nations, doivent être affranchies de prohibitions ou du moins de taxes élevées.

Pratique de cette doctrine. *(Voir* ÉCHANGE, COMMERCE, LIBERTÉ DU COMMERCE.)

LICENCE. Liberté de faire donnée par permission; en commerce, permission spéciale pour vendre, importer ou exporter certaines marchandises.

L'acte ou le papier qui contient cette permission.

En temps de guerre, certains belligérants accordent à leurs nationaux, aux ennemis ou aux neutres des *licences de*

commerce, qui ne sont qu'un sauf-conduit pour continuer sans crainte de capture des opérations mercantiles prohibées par les lois générales de la guerre. Ces licences ne lient que les autorités constituées et les tribunaux de l'Etat qui les a délivrées; elles sont sans force ni valeur à l'égard de la partie adverse.

Dans certains pays on accorde parfois des *licences générales,* qui équivalent alors à une suspension complète ou partielle de l'exercice du droit de guerre.

En dehors de ces permissions générales, il est aussi d'usage de délivrer des *licences spéciales,* individuelles, soit pour voyager, soit pour importer ou exporter certaines marchandises déterminées.

Pour qu'une licence soit valable, il ne suffit pas qu'elle ait été expédiée en due forme; il faut encore que la personne à qui elle a été accordée, ne l'invalide ou ne l'annule pas par des actes antérieurs ou postérieurs à sa délivrance.

Toutes les fois que la licence est rigoureusement individuelle et nominative sans réserve d'endossement ou de partage avec des tiers, celui qui l'a obtenue est sans droit pour en faire profiter ses commettants.

Du moment qu'une licence est accordée à un ennemi, toutes les incapacités personnelles de celui-ci cessent, et il est, de plein droit, placé sur la même ligne que le sujet de l'Etat qui la lui accorde.

Au moment d'en faire usage le propriétaire d'une licence est strictement obligé de se renfermer dans les limites qui ont été assignées pour la qualité et la quantité des marchandises à embarquer.

Ainsi tout produit non expressément désigné dans la licence est passible de confiscation.

On exige rigoureusement que le navire muni d'une licence n'accomplisse que le voyage autorisé et ne s'écarte en rien de la route qui lui a été tracée.

La protection qui résulte de la licence couvre le navire pendant son voyage entier, c'est-à-dire pendant l'aller et la rentrée au point de départ, pourvu qu'il revienne sur lest; autrement, et si au retour il embarquait une nouvelle cargaison, celle-ci et le navire lui-même deviendraient passibles de confiscation.

Les licences varient, quant à la portée pratique de l'opération mercantile qu'elles sont destinées à garantir. Les unes n'embrassent que l'exportation; d'autres sont limitées à l'importation; il en est aussi qui autorisent à la fois l'entrée et la sortie de certains produits.

Lorsqu'il s'agit d'exportation, les délais fixés pour l'achèvement de l'opération sont de rigueur et ne peuvent pas être dépassés. La licence s'applique-t-elle, au contraire, à un fait d'importation, alors on est forcément amené à prendre en considération les circonstances de mer qui peuvent avoir empêché le navire d'accomplir son voyage dans le terme qui lui avait été assigné.

Une dernière condition exigée pour la validité de la licence, c'est que la pièce figure parmi les papiers de bord du navire.

Quand même la réserve expresse n'en aurait pas été faite, les licences pour trafiquer avec les ports ennemis ne confèrent jamais le droit de violer des blocus régulièrement établis ou de transporter des articles dits de contrebande de guerre. Les défenses générales qui existent à cet égard sont considérées comme étant d'ordre public, comme maintenues de plein droit et comme ne pouvant devenir l'objet de dérogations tacites. (*Voir* COMMERCE, NAVIGATION, MARCHANDISES, CONVOI, PAPIERS DE BORD, ENNEMI, PRISES MARITIMES.)

LICTEUR. Nom donné, dans l'ancienne Rome, à des gardes attachés à la personne de certains magistrats. Lorsqu'ils les accompagnaient, ils portaient sur l'épaule un faisceau de verges liées autour d'une hache, toujours prêts à délier le faisceau pour fouetter les criminels ou pour leur trancher la tête.

Le dictateur avait 24 licteurs, le consul douze, les préteurs six. Ils marchaient devant le magistrat, frappaient à la porte des personnes chez qui il se rendait, et exécutaient les sentences.

LIDES. Nom donné, à l'époque barbare, à des hommes dont l'état était intermédiaire entre la servitude et la liberté.

LIEUTENANT. Dans le sens propre, celui qui tient la place d'un chef et commande en son absence.

Nom donné à divers fonctionnaires dans certaines carrières, et particulièrement à différents grades dans l'armée et la marine militaire.

Autrefois on appelait *lieutenant du roi* celui qui commendait dans une place de guerre, en absence du gouverneur.

A différentes époques, en France, il a été créé, dans des circonstances extraordinaires, un lieutenant général du royaume, dont la dignité équivalait à celle de régent, pour remplir les fonctions royales, soit quand le roi était prisonnier, soit quand il n'était pas reconnu pour quelque cause que ce fût. Cette dignité, qui était essentiellement temporaire, a été quelque fois aussi confiée par les rois eux-mêmes à un prince de leur famille pour exercer en leur nom tout ou partie de l'autorité royale.

Dans l'ordre civil et judiciaire, on nommait jadis *lieutenant civil* le lieutenant du prévôt de Paris qui connaissait des causes civiles; *lieutenant criminel*, magistrat qui connaissait des causes criminelles; *lieutenant géneral*, celui qui présidait le tribunal d'une sénéchaussée, d'un bailliage; *lieutenant général de police*, magistrat qui avait la direction de la police à Paris.

LIGE. Terme de féodalité.

On appelait *homme lige* ou *vassal lige* celui qui était obligé de servir son seigneur contre qui que ce fût, sans restriction, excepté contre son père.

Ainsi, lorsqu'un homme était vassal de deux seigneurs, si la guerre était déclarée entre ces deux seigneurs, il était tenu de secourir celui dont il était vassal lige contre l'autre dont il était vassal simple.

On appelait *terre lige, fief lige* ou *ligeance* la terre possédée sans la charge de l'hommage lige et des obligations qu'il imposait.

LIGUE. Union de plusieurs princes ou Etats pour se défendre ou pour attaquer : delà la distinction entre ligues défensives et ligues offensives. (*Voir* UNION, CONFÉDÉRATION, COALITION, ASSOCIATION, ALLIANCE.)

LIMITE. Ligne de démarcation entre des territoires contigus ou voisins. (*Voir* FRONTIÈRE.)

Le droit de souveraineté de chaque Etat s'étend jusqu'à la limite qui le sépare des Etats qui lui sont adjacents; par contre chaque Etat a le devoir de ne pas empiéter sur le territoire voisin; il importe donc aux Etats limitrophes de déterminer clairement les limites entre eux.

C'est pourquoi la démarcation de ces limites fait souvent l'objet de conventions spéciales communément dites *traités de limites.*

La rédaction de ces arrangements réclame des soins extrêmes et une très grande précision, afin de prévenir les usurpations de territoire et les conflits entre frontaliers. (*Voir* TRAITÉ.)

LIMITROPHE. Qui est sur les limites.

On dit : ces pays sont limitrophes, c'est-à-dire qu'ils forment la frontière entre eux, ou que la frontière de l'un touche à celle de l'autre.

Un pays est limitrophe d'un autre, lorsqu'il en est le voisin immédiat.

LISTE CIVILE. Dans les pays constitutionnels, somme allouée pour les dépenses annuelles du chef de l'Etat ; elle est votée par les chambres législatives.

LIT DE JUSTICE. En France, sous l'ancienne monarchie, on donnait ce nom au trône sur lequel le roi se plaçait pour rendre la justice, ou au siège qu'il occupait au parlement de Paris, lorsqu'il tenait une séance solennelle. Ce mot s'appliqua ensuite aux séances elles-mêmes qui avaient lieu principalement pour faire enregistrer certaines lois, des édits, ou pour créer de nouvelles charges, et aussi pour juger les pairs du royaume.

La tenue des lits de justice remplaçait les anciennes assemblées des *champs de mars* et des *champs de mai*. (Voir ces mots.)

LIVRE. Assemblage de plusieurs feuilles ou cahiers de papier imprimé ou écrit à la main, réunies de manière à former un volume.

De notre temps on donne le titre de *livre*, en l'accompagnant d'une épithète qui désigne la couleur de la couverture, à un recueil de documents, rapports, correspondances, etc., que les cabinets soumettent aux chambres législatives ou au pays pour leur faire connaître la politique du gouvernement, et plus particulièrement sa conduite relativement aux affaires extérieures.

En France, ce recueil a une couverture jaune et est en conséquence appelé *livre jaune;* en Angleterre, c'est le *libre bleu (blue book);* en Autriche-Hongrie, il est *rouge, vert* en Italie, *blanc* en Allemagne.

LOCO CITATO. Mots latins, signifiant dans le lieu cité, à l'endroit cité précédemment ou plus haut, et qu'on emploie pour indiquer, dans un écrit ou dans un livre, un passage qui précède celui où la citation redevient nécessaire.

LOCUS REGIT ACTUM. Formule de droit latin, qui signifie que „le lieu régit l'acte", c'est-à-dire que les actes sont soumis aux lois en vigueur et aux formes usitées dans les pays où ils sont conclus.

Cette règle est impérative pour les actes publics, et purement facultative pour les actes sous seing privé.

(Voir ACTE, STATUTS, JURIDICTION.)

LOGOTHÈTE. Fonctionnaire de l'Empire d'Orient, sorte de chancelier ou de garde des sceaux :

Il y avait deux logothètes, l'un pour l'église, l'autre pour le palais : la principale fonction de ce dernier consistait à répondre pour l'empereur aux ambassadeurs étrangers et même aux demandes ou placets des sujets.

Aujourd'hui on donne le titre de logothète à un interprète attaché à la Porte ottomane.

LOI. Dans un Etat considéré individuellement, on appelle *loi* toute prescription émanant de l'autorité souveraine. La loi de l'Etat se dit de l'ensemble des lois qui régissent un Etat.

Au pluriel, les *lois* signifient l'ensemble des prescriptions qui régissent chaque matière de législation. *(Voir* BIENS, MEUBLES, IMMEUBLES, CONTRATS, COMMERCE, NAVIGATION, MARIAGES, NATIONALITÉ).

La loi *fondamentale* ou *constitutionnelle* est celle qui règle la nature, la forme, et l'exercice des pouvoirs du gouvernement.

Les lois *organiques* règlent le mode et l'action des institutions dont le principe est consacrée par la loi constitutionnelle.

Les lois *politiques* ont pour objet la conservation de l'Etat en tant que corps politique, abstraction faite des individus et des sociétés qu'il renferme.

Les lois *civites* sont celles qui règlent les rapports des citoyens entre eux.

On nomme lois *criminelles* celles qui définissent les infractions aux lois, et déterminent le mode de les poursuivre et les peines à infliger.

La loi *pénale* est celle qui prononce quelque peine. *(Voir* CRIME, EXTRADITION.)

Dans sa signification de loi positive d'un Etat, le terme loi est souvent accompagné d'un qualificatif qui désigne l'objet spécial de cette loi : ainsi loi municipale qui règle l'administration des communes, fiscale qui règle l'impôt, martiale qui autorise l'emploi de la force armée en certains cas, etc.

Les lois prennent aussi le nom des pays où elles sont en vigueur : les lois françaises, romaines, anglaises, etc.

Loi *écrite* se disait autrefois en France du droit romain, par opposition aux *coutumes* qui ne furent rédigées par écrit que plus tard. (*Voir* COUTUMES.)

Les *lois de la nature*, et plus ordinairement *la loi naturelle*, dans le sens moral, comprennent les sentiments et les principes d'équité et de charité qui régnent entre les hommes indépendamment de toute loi écrite.

Le loi ou les *lois divines* se dit des préceptes positifs que Dieu a donnés aux hommes par la révélation.

On oppose les lois divines aux lois *humaines* ou celles qui viennent des hommes.

Les lois humaines sont établies par les hommes pour le maintien et la protection des sociétés.

La loi des nations ou le droit des gens, c'est l'ensemble des lois qui règlent les rapports des peuples entre eux. (*Voir* DROIT DES GENS ou INTERNATIONAL.)

On donne la dénomination de *lois de la guerre* à certaines maximes, à certains usages respectés même entre ennemis qui se font la guerre. (*Voir* DROIT DE LA GUERRE, GUERRE, BELLIGÉRANT, ENNEMI, DROIT, JURISPRUDENCE, JURIDICTION, LÉGISLATION.)

LOIS D'ANVERS. Recueil de lois et de règlements maritimes se rattachant principalement aux usages suivis dans les ports du nord des Pays-Bas, de la Baltique et du Sund.

LOIS RHODIENNES. Titre donné à une compilation, à un groupe de lois maritimes attribuées aux anciens Rhodiens, publiées à Bâle par Simon Schard en 1591 et insérées en 1596 dans une collection d'ouvrages sur le droit gréco-romain par Lœwenklau, qui les annonçait comme extraites des manuscrits de François Pichou, savant magistrat, mort en 1621.

Les publicistes ont contesté l'authenticité de ces documents comme étant les véritables lois rhodiennes; en tout cas, les lois trouvées parmi les manuscrits de François Pichou sont au moins ou un nouveau corps de lois rhodiennes à défaut des primitives, ou des fragments du droit maritime tirés du texte authentique de celles qui existaient encore sous les empereurs grecs, ou des commentaires de jurisconsultes romains sur les lois rhodiennes, ou le recueil de celles qu'on retrouve dans le Digeste et que les empereurs avaient successivement réunies pour en faire une jurisprudence maritime.

Ces lois peuvent se diviser en deux classes principales : lois pénales et lois de police.

Les lois pénales des Rhodiens concernaient les crimes commis par les matelots entre eux, et les crimes commis à l'égard des marchandises et du vaisseau par l'équipage, les passagers ou des étrangers. Des amendes punissaient les premiers; la mort seule était expiée par la mort; des tourments corporels, au contraire, étaient réservés à ceux qui volaient dans le navire.

Les lois de police réglaient les conditions à observer avant le départ d'un navire, les obligations imposées par les sociétés et par les cautionnements pour fret ou marchandises, ou pour la sûreté des trésors des voyageurs, le paiement du fret, les compensations qui devaient avoir lieu en cas de jet, de naufrage ou de tout autre événement sinistre.

On ne saurait préciser l'époque à laquelle remontent ces lois. Toutefois il est incontestable qu'elles furent la source de la jurisprudence maritime, servirent presque de règles du droit des gens dans toute l'étendue de la Mer méditerranée, exercèrent une influence considérable et propice sur la marine et la navigation des Grecs, et que les Romains se les approprièrent.

En résumé, cet ensemble de lois, quelle qu'en soit la source, marque un grand pas dans le commerce maritime; et, ne fût-ce qu'à ce point de vue, elles méritent l'attention des jurisconsultes.

LORD. Mot anglais qui signifie *seigneur*.

Ce titre n'appartient de droit qu'aux nobles de naissance ou de création, comme les membres de la chambre haute du Parlement, qu'on appelle à cause de cette composition *Chambre des Lords..* Il est aussi porté par quelques nobles qui en jouissent héréditairement sans avoir un siège dans cette chambre; par courtoisie on l'accorde aux fils aînés des comtes, et à tous les fils de ducs et de marquis.

Enfin certaines fonctions comportent le titre de lord : ainsi l'on dit : Lord Chambellan, lord Chancelier, lord de la Trésorerie, lord de l'Amirauté, lord Grand-Juge, lords-Maires, etc.

LUTHÉRANISME. Religion des luthériens, c'est-à-dire de ceux qui suivent la doctrine de Luther, laquelle rompt les liens de l'Eglise avec le Pape et proclame que l'Écriture est la seule règle des fidèles.

LYNCH ou LOI DE LYNCH. Aux Etats-Unis, justice sommaire que le peuple exerce contre des individus coupables de méfaits que l'insuffisance des lois pénales laisse impunis.

On en fait remonter l'origine à un colon de la Caroline ou de la Virginie au 17e siècle, nommé John Lynch, que ses concitoyens avaient investi d'un pouvoir discrétionnaire pour juger et réprimer sommairement et incontinent les désordres commis dans la colonie.

L'application de ce mode de se faire justice par soi-même va jusqu'à la peine capitale; dans la plupart des cas, la foule, sans aucune formalité légale et sans appel, saisit l'accusé, le condamne et l'exécute séance tenante.

La loi de Lynch est à peu près tombée en désuétude, réprouvée qu'elle est à la fois par l'humanité et l'équité; l'application en est devenue très peu fréquente; et nous devons ajouter que d'ailleurs on n'y a recouru et on n'y recourt encore que dans des localités éloignées, le plus souvent en l'absence de juges, et toujours pour punir des crimes flagrants, immédiats, d'une évidence irréfragable.

M

MACHIAVÉLISME. Système politique, qui se trouve développé dans le livre de Machiavel *le Prince*.

Sans examiner ici le fondement des controverses auxquelles a donné lieu l'appréciation de l'œuvre du célèbre publiciste florentin, nous nous bornerons à constater que le machiavélisme sert à désigner tout système de gouvernement et toute politique ayant pour base le despotisme, le pouvoir absolu sans frein, et pour moyens d'action le mensonge, l'hypocrisie et les procédés les plus contraires à l'équité.

MADAME. Ce titre, qui aujourd'hui se donne aux femmes mariées de toute condition, soit en parlant d'elles, soit en leur adressant la parole ou en leur écrivant, était autrefois réservé aux seules femmes de chevaliers; les princesses dont les maris n'avaient pas encore reçu l'ordre de chevalerie n'avaient que le titre de mademoiselle.

Ce titre était donné en France à toutes les filles de maison souveraine, quand même elles n'étaient pas mariées, mais en y ajoutant leur nom de baptême, comme madame Elisabeth, Madame Louise; mais il était plus particulièrement attribué à la fille aînée du roi ou de l'héritier présomptif du trône.

Sous Louis XIV, Madame se disait de la femme de Monsieur, frère unique du roi.

En parlant d'une reine, d'une impératrice, on ne dit pas Madame la Reine, Madame l'Impératrice; on dit seulement la Reine, l'Impératrice. On ne se sert du titre de Madame qu'en leur parlant ou en leur écrivant.

MADEMOISELLE. Ce titre, qu'on donne aujourd'hui à toutes les femmes non mariées, autrefois, employé absolument, désignait en France la première princesse du sang tant qu'elle n'était pas mariée.

C'était aussi le nom donné à la fille de Monsieur, frère du roi.

MAGISTRAT. Ce mot, dans son acception générale, désigne les personnes investies de l'autorité publique.

Dans ce sens le chef de l'Etat est le premier magistrat d'un pays; le maire, le bourgmestre, les adjoints etc. sont les magistrats d'une ville.

Dans une acception moins étendues *magistrat* s'entend de tout fonctionnaire délégué par le pouvoir suprême pour exercer l'autorité, qu'il appartienne à l'ordre administratif ou à l'ordre judiciaire.

Dans le langage ordinaire, ce mot désigne en France plus particulièrement les membres de l'ordre judiciaire. (*Voir* JUGE).

MAGISTRATURE. La dignité, la charge de magistrat; en général toute haute dignité qui confère le gouvernement de l'Etat.

Le temps durant lequel un magistrat reste en fonction.

Magistrature s'entend aussi de l'ensemble des magistrats, mais s'applique plus spécialement, en France, au corps entier des présidents et des juges des cours de justice.

Dans ce pays la magistrature se divisait jusque dans ces derniers temps, en *magistrature assise*, comprenant tous ceux qui prononcent des arrêts ou des jugements et étaient inamovibles : juges des tribunaux civils et conseillers des cours d'appel et de la cour de cassation; non compris les juges de paix, qui sont amovibles; et en *magistrature debout*, composée des membres des tribunaux et des cours qui ne peuvent que requérir et sont amovibles : procureurs et advocats généraux, procureurs de la république et substituts : ces magistrats constituent ce qu'on appelle le *parquet*.

(Voir JUGE, CONSEILLER, PROCUREUR, COUR, TRIBUNAL, MAGISTRAT.)

MAGNAT. Titre donné en Pologne et en Hongrie aux membres de la haute noblesse.

En Pologne, il appartenait principalement aux conseillers du royaume, aux sénateurs temporels et ecclésiastiques.

En Hongrie, ce titre était réservé aux barons du Saint-Empire ou comtes palatins, aux conseillers auliques, aux gouverneurs de Croatie, de Dalmatie et d'Esclavonie, au trésorier et aux principaux fonctionnaires de la cour. Il s'appliquait aussi à tous les chefs des familles nobles, qui, en vertu de l'ancienne constitution représentaient la nation à la diète, où ils formaient une sorte de Chambre haute sous le nom de *Table des magnats.*

La dignité de magnat, qui représentait autrefois une puissance réelle, n'est plus aujourd'hui qu'une distinction honorifique.

MAHOMÉTANS. Celui qui professe la religion de Mahomet.

Pris adjectivement, le mot a la même signification : les pays *mahométans,* c'est-à-dire où la religion de Mahomet est professé; — ou il signifie : qui tient ou se rattache à cette religion : la doctrine mahométane, le fanatisme mahométan etc.

L'année mahométane, année lunaire qui commence à l'anniversaire de l'hégire, et est tantôt de 354 et tantôt de 355 jours. Les mahométants supputent le nombre de leurs années à partir de la date de *l'hégire* ou fuite de Mahomet à Médine, l'an 622 de notre ère.

MAHOMÉTANISME. Religion de Mahomet ou fondée par Mahomet.

Elle a pour base la croyance à un dieu unique, créateur de toutes choses, avec Mahomet pour prophète et le Coran pour livre.
(Voir CORAN, ISLAM.)

MAIN DE JUSTICE. Terme de jurisprudence française, qui exprime l'autorité de la justice et la puissance qu'elle a de faire exécuter ce qu'elle ordonne en contraignant les personnes et en procédant sur leurs biens : c'est l'attribut de la souveraineté.

En France, sous l'ancienne royauté, on appelait *main de justice* une espèce de sceptre terminé par la figure d'une main d'ivoire, emblème de la puissance, que le roi portait le jour de son sacre.

C'était l'emblème des sceaux des rois de France de la troisième race : il se trouve pour la première fois sur le sceau de Louis X.

MAIN LEVÉE. Terme de jurisprudence acte par lequel on restreint ou anéantit les effets d'un acte quelconque; par lequel on lève notamment l'empêchement résultant d'une saisie, d'une opposition, d'une hypothèque, d'un ordre administratif, d'une excommunication, etc.

MAIN MISE. Terme de jurisprudence féodale, à peu près synonyme de saisie : c'était l'action de mettre la main, de saisir; il y avait main mise pour défaut de foi et d'hommage.

MAIN MORTE. Mot à mot puissance morte ou incapable.

Etat des gens qui, sous le régime de féodalité, étaient réduits à la servitude personnelle et réelle, aussi état des vassaux, qui, en vertu d'anciens droits féodaux, ne pouvaient disposer de leurs biens par testament; leur succession revenait au seigneur lorsqu'ils ne laissaient pas d'enfants légitimes.

Le droit de main morte territoriale était celui en vertu duquel le seigneur du fief héritait de ceux qui mouraient sur son territoire après un séjour d'un an et un jour.

Le droit de main morte personnelle était celui que certains seigneurs possédaient sur l'héritage d'un nommé né leur vassal, quand même cet homme avait son domaine dans un lieu franc.

La main morte et les droits de main morte ont été abolis en France par un décret de l'Assemblée constituante en date du 28 mars 1790.

Cependant il subsiste encore dans ce pays une sorte de main morte, qui s'applique notamment aux corporations : départements, communes, hospices, congrégations religieuses, établissements publics légalement autorisés, etc., qui par une subrogation successive, pour ainsi dire, perpétuelle de personnes, étant censées ne pas mourir, ne produisent aucune mutation par décès; mais ne peuvent aliéner leurs biens sans l'autorisation du chef de l'Etat.

Les communautés qui sont dans cette situation sont dites gens de main morte, et les immeubles qu'elles possèdent sont dits biens de main morte.

MAIRE. C'est aujourd'hui le premier officier municipal d'une ville, d'une commune.

En France il n'y a qu'un maire par commune, Paris excepté.

Selon l'importance des communes, les maires ont un ou plusieurs adjoints, qui les assistent et les remplacent au besoin.

MAIRE DU PALAIS. En France, sous les rois de la première race (mérovingiens), c'était un grand officier ou intendant, chargé dans l'origine d'administrer les affaires privées du roi; mais les maires du palais ne tardèrent pas à s'arroger aussi l'administration des affaires du royaume et à devenir en réalité les maîtres de l'Etat; en effet la race des maires du palais finit par se substituer à celle des rois de naissance : c'est ainsi que les Carlovingiens succédèrent aux Mérovingiens.

MAISON. Ce mot, pris dans un sens collectif, sert à désigner les gens employés au service des grands personnages, des princes, des ambassadeurs, etc.

La *maison du souverain* se dit des officiers de la chambre, de la bouche et autres qui servent un roi ou un empereur.

La *maison militaire* comprend les troupes destinées à la garde de la personne du souverain.

Le mot *maison* s'emploie aussi dans l'acception de race, de famille, en parlant des familles nobles et illustres : maison souveraine, maison royale, la maison de France, la maison d'Autriche.

MAJESTÉ. Titre d'honneur qu'on donne aux empereurs, aux rois et à leurs épouses.

Pour les empereurs il est d'usage d'ajouter l'épithète d'*impériale* à la qualification de Majesté, et de *royale* pour les rois, enfin les deux épithètes à la fois d'*impériale* et de *royale* lorsque le même souverain a le double titre d'empereur et de roi, comme, par exemple, l'Empereur d'Autriche et Roi de Hongrie, la Reine de la Grande-Bretagne et Impératrice des Indes, l'Empereur d'Allemagne et Roi de Russe.

Votre Majesté se dit quand on adresse la parole au souverain ou à la souveraine;

Sa Majesté, lorsqu'on parle du souverain ou de la souveraine;

Vos Majestés, quand on parle à plusieurs souverains ou à plusieurs souveraines;

Leurs Majestés, quand on parle de plusieurs têtes couronnées.

Par abréviation on écrit V. M. pour Votre Majesté, VV. MM. pour Vos Majestés, S. M. pour Sa Majesté, LL. MM. pour Leurs Majestés.

Autrefois le roi de France avait le titre de Sa Majesté Très-Chrétienne; le roi d'Espagne porte celui de Sa Majesté Catholique, et le roi de Portugal celui de Sa Majesté Très-Fidèle.

Le sceau des empereurs d'Allemagne était qualifié de *sceau de Majesté.*

MAJEUR, MAJORITÉ. On dit *majeur* celui qui a atteint l'âge de *majorité,* c'est-à-dire l'âge prescrit par les lois pour qu'une personne puisse user et jouir de ses droits civils et contracter valablement.

Chez les Romains l'âge de majorité était 25 ans : chez les Germains la majorité commençait à 15 ans. En France elle est fixée à 21 ans pour tous les individus des deux sexes; il n'y a d'exception que relativement au mariage et à l'adoption.

MAJORAT. Bien immobilier, attaché à la possession et au soutien d'un titre de noblesse. Le majorat est inaliénable et passe, avec le titre, d'héritier en héritier, naturel ou adoptif, de ligne masculine, selon l'ordre de primogéniture, c'est une substitution perpétuelle, qui ne cesse que par la défaillance d'héritiers habiles à la recueillir.

Le majorat peut se composer de biens donnés par le chef de l'Etat; dans ce cas on le qualifie de *majorat de pur mouvement;* ou bien il peut être formé par un chef de famille de ses propres biens, en vertu d'une autorisation légale; alors il est dit *majorat sur demande.*

L'institution des majorats n'est plus reconnue par la législation française; mais elle existe encore dans la plus grande partie de l'Europe.

MAJORDOME. Ce mot signifie intendant supérieur de la maison, maître d'hôtel, maire du palais : c'est le titre que portent les officiers qui remplissent cette charge auprès du Pape, dans les cours d'Espagne, d'Italie, etc.

MAJORITÉ. Pluralité des votants, des suffrages dans un corps politique, dans une assemblée délibérante, et des individus dans un pays, dans une nation.

La majorité est dite *absolue* lorsqu'elle comprend plus de la moitié des voix; et l'on appelle majorité *relative* celle qui se forme simplement de la supériorité du nombre des voix obtenues par un des concurrents, ou par une proposition.

On désigne aussi sous la dénomination de *majorité* le parti qui dans une assemblée réunit ordinairement le plus grand nombre de suffrages.

La loi de la majorité, généralement applicable aux assemblées délibérantes, ne l'est pas dans les congrès internationaux, si ce n'est lorsqu'il s'agit du règlement d'intérêts ou de questions secondaires en vertu de principes préalablement arrêtés. La pluralité des voix ne suffit pas pour imposer les décisions du congrès à tous les Etats qui y prennent part; il faut qu'il y ait accord parfait pour chaque décision à prendre, et cette règle est basée sur l'indépendance réciproque des Etats : chaque Etat étant souverain et libre dans ses déterminations, on ne saurait lui imposer celles des autres contre son gré.

Quoi qu'il en soit, et bien qu'un Etat maintienne, même avec raison, son opinion dissidente, il faut reconnaître que dans un congrès international, quand la majorité proclame un principe comme étant de droit nécessaire, la décision de cette majorité est un témoignage de la conviction générale des nations civilisées de l'époque; de sorte que, quoique la majorité n'ait effectivement aucune autorité sur la minorité, il est dangereux pour un Etat d'enfreindre un principe déclaré obligatoire pour tous.

MANDARIN. Dénomination générique sous laquelle les Européens désignent les fonctionnaires publics de la Chine.

Ce titre qui signifie conseiller, est étranger à la langue Chinoise; le vrai nom est *khan* (chef) que les Chinois prononcent *quouan*.

A proprement dire, les mandarins forment en Chine la classe des lettrés, et c'est parmi eux que l'Empereur choisit les fonctionnaires qui forment deux classes principales : les mandarins civils et les mandarins militaires, dans lesquelles sont rangés, suivant l'ordre ou l'importance de l'emploi, les conseillers de l'Empereur, les ministres, les gouverneurs des provinces, les juges, les commandants militaires, etc., formant divers tribunaux hiérarchiques d'administration et de justice qui se contrôlent et dont les plus élevés contrôlent les actes de l'Empereur.

On divise aussi les mandarins en grands mandarins, dont le mombre est de 9000, et en simples mandarins, dont on ne compte pas moins de 80,000.

Les mandarins se recrutent dans toutes les classes de la société ; mais il ne parcourent les degrés de leur hiérarchie qu'après avoir passé des examens très difficiles.

MANDAT. Terme de jurisprudence acte par lequel une personne donne à une autre pouvoir ou procuration de faire quelque chose pour elle et en son nom. On appelle *mandant* celui qui donne le mandat, et *mandataire* celui qui le reçoit.

Il faut distinguer le mandat du contrat : la procuration, qui libelle le mandat, est un acte unilatéral tant qu'elle n'est pas revêtue de l'acceptation du mandataire, et elle n'est jusque là que l'expression de la volonté d'une seule des parties contractantes; mais elle devient contrat du moment où le mandataire accepte le mandat; alors l'acte devient bilatéral et crée un lien réciproque.

En somme le mandat peut être défini un contrat par lequel une personne confie la gestion d'une ou plusieurs affaires, pour les faire à ses propres risques, à une autre personne, qui s'en charge et s'oblige à lui en rendre compte.

Dans ce sens on peut assimiler au mandat les missions dont les gouvernements ou les chefs d'Etat chargent, temporairement, provisoirement ou d'une façon permanente leur représentants ou envoyés à l'étranger, agents diplomatiques, ambassadeurs, ministres, consuls etc., etc.

Dans une acception spéciale, on nomme *mandat* les instructions particulières que les électeurs donnent à ceux qu'ils choisissent pour les représenter dans les assemblées parlementaires.

Ce mandat est dit *impératif*, lorsqu'il comprend l'injonction de voter de telle ou telle façon sur des questions déterminées.

MANIFESTE. Déclaration publique par laquelle un souverain, un gouvernement, un parti, une personne marquante rend compte de sa conduite dans une affaire importante.

D'après les principes du droit des gens et l'usage suivi entre les nations civilisées, les manifestes sont indispensables surtout dans le cas où la guerre vient à éclater.

Par ces documents les belligérants, avant d'engager les hostilités, annoncent aux autres nations qu'ils ont pris les armes. Les manifestes contiennent toujours implicitement, sinon en termes exprès, une déclaration de guerre et l'exposé des causes ou des motifs propres à la justifier. Ils ont principalement pour objet d'enlever aux sujets des puissances neutres le prétexte d'arguer de l'ignorance de l'état de guerre entre les parties intéressées — prétexte qui n'a plus de fondement du moment où le manifeste a été remis par les agents diplomatiques des puissances belligérantes aux divers gouvernements neutres.

MARCHANDISE. Toute chose qui peut être l'objet d'un trafic ou d'un commerce.

En temps de paix, les marchandises étrangères peuvent être confisquées dans les ports où elles se présentent, par les préposés des douanes, lorsqu'elles sont prohibées par le gouvernement du pays.

En temps de guerre, on considère comme violation des lois de la guerre toute tentative d'introduire des marchandises dans un pays ennemi sans autorisation formelle de son gouvernement, et l'on reconnaît à ce gouvernement le droit de confisquer les marchandises ainsi introduites sur son territoire contre son gré. (*Voir* COMMERCE, CONFISCATION, LICENCE.)

Le droit de capturer les cargaisons se détermine avant tout d'après la nationalité ennemie ou neutre de leurs propriétaires; il est aussi des cas où la légitimité de la prise doit être appréciée en raison de la nature, de la provenance ou de la destination de la marchandise.

Ces divers points se constatent ou se justifient généralement par le pavillon et les papiers de mer, dont la sincérité absolue et la parfaite régularité ou la production en temps utile peuvent seules mettre les propriétaires à l'abri de la capture.

Les marchandises et les effets embarqués, en vertu d'un contrat ou d'un ordre régulier, pour le compte et aux risques du destinataire, sont considérés comme n'appartenant plus à l'expéditeur. Le capitaine qui les reçoit à son bord, est dans ce cas censé agir comme l'agent (*negotiorum gestor*) du consignataire, et la livraison faite entre ses mains est assimilée à une prise de possession effective par le propriétaire lui-même.

La marchandise est essentiellement confiscable depuis le commencement jusqu'à la fin du voyage, malgré les transports indirects par voie détournée, qui ne sont dans ce cas qu'une infraction dissimulée aux lois de la guerre interdisant tout commerce avec l'ennemi.

Il est également de principe que lorsque les marchandises sont expédiées par un ennemi à un neutre qui n'en a pas fait la commande, mais qui les a acceptées *in transitu* avant la capture, le destinataire neutre en devient possesseur légitime et peut en empêcher la confiscation, à charge de fournir la preuve que l'acceptation de l'envoi a été faite par lui d'une manière absolue et sans réserve d'aucune sorte.

La guerre venant à éclater entre deux peuples, les marchandises de l'un des belligérants peuvent être ainsi transportées par des navires appartenant à des nations neutres. Dans ce cas, ces marchandises se trouvent sous la protection du principe consacré par la déclaration du congrès de Paris du 16 avril 1856 : que „le pavillon neutre couvre la marchandise ennemie".

Il peut se faire aussi que des marchandises appartenant à des neutres soient transportées par des navires, propriété de l'un ou l'autre des belligérants; la déclaration que nous venons de citer s'étend également à ce cas, car elle reconnaît que „la marchandise neutre n'est pas saisissable sous pavillon ennemi". (*Voir* NEUTRALITÉ.)

Mais dans l'un comme dans l'autre cas ces garanties ne s'appliquent pas aux marchandises dites de contrebande de guerre : car la contrebande est en toute circonstance passible de saisie ou de confiscation. (*Voir* CONTREBANDE.)

On peut considérer comme une exception aux règles qui précèdent la délivrance des licences de commerce, que certains belligérants sont dans l'usage d'accorder à leurs nationaux, aux neutres ou même aux ennemis.

MARCHE. Nom donné, dans le moyen-âge, aux provinces frontières d'un État.

La plupart de ces provinces ont reçu par la suite d'autres dénominations, telles que celles de duché, de comté, etc.

Cependant le nom de *marche* a été

conservé pour quelques unes jusqu'à notre époque ; on dit, par exemple, en France la marche (ancienne province, département de la Creuse); en Italie, la marche d'Ancone ; en Allemagne, le marche de Brandebourg.

MARÉCHAL. Ce terme, employé absolument désigne, dans la plupart des Etats, la première dignité de l'armée.

Le titre de maréchal s'attribut aussi, dans 'plusieurs pays, à certains grands officiers de la cour : grand-maréchal du palais, maréchal des cérémonies, etc.

Dans quelques Etats allemands et en Russie il y a des maréchaux de la noblesse, qui président les assemblées de la noblesse.

MARE CLAUSUM. Ces deux mots latins, qui signifient „la mer fermée“, forment le titre d'un ouvrage d'un publiciste anglais, Jean Selden.

Dans ce livre, qu'il publia en 1635, Selden s'applique à démontrer que, suivant le droit naturel et le droit des gens, la mer est, tout autant que la terre, susceptible d'appropriation et que le roi d'Angleterre a un droit incontestable au domaine exclusif de la mer nommée Océan britannique.

La première partie n'est à proprement dire qu'une réfutation de l'ouvrage de Grotius, *Mare liberum* (la mer libre), qui avait paru en 1609. (*Voir* MARE LIBERUM.)

MARE LIBERUM. Deux mots latins signifiant : „la mer libre“.

C'est le titre d'un livre du célèbre Grotius, publié pour la première fois en 1609.

L'objet principal de ce travail était de combattre les prétentions des Portugais à la domination exclusive de la mer des Indes et de celles qui baignent les côtes occidentales de l'Afrique. Son argumentation l'amène à discuter la question de la liberté des mers en général.

Quelques années plus tard, en 1635, le livre du *Mare liberum* fut réfuté par le publiciste anglais Selden, qui dans son *Mare clausum* (voir ce terme) s'est attaché à rétorquer les arguments de Grotius.

MARGRAVE. Titre donné autrefois par les Empereurs aux Seigneurs qu'ils chargeaient plus spécialement de la défense des *marches* ou provinces frontières.

Ce titre qui est dérivé de l'allemand *Markgraf* (comte de marche) a été conservé jusqu'au commencement du siècle par plusieurs princes de l'Allemagne, dont les principautés faisaient originairement partie des marches.

MARGRAVIAT. Dignité de margrave, aussi le territoire sous sa dépendance.

MARIAGE. Union légitime d'un homme et d'une femme.

La règle qui domine en cette matière, c'est que la validité d'un mariage se détermine d'après la loi du pays où il a été célébré, de sorte que, quand une personne se marie dans un autre pays que le sien en accomplissant les formalités locales, la légitimité de son mariage ne peut être contestée qu'en cas d'inobservation de la loi étrangère, sans autre exception que celle résultant de l'intention évidente de se soustraire aux règles de son statut personnel ou de faire fraude à la loi de son pays d'origine.

Une exception à la *lex loci* est généralement admise chez les nations chrétiennes par rapport à la polygamie, qui y est réprouvée et même condamnée comme une violation des lois ; aussi n'y consent-on pas à la polygamie d'un étranger, quand même elle est admise par la loi de son pays. (*Voir* POLYGAMIE.)

Une autre exception se trouve établie par toutes les législations, comme étant en quelque sorte de droit naturel : c'est la prohibition du mariage entre parents en ligne directe.

Cependant le Pape, dans les pays catholiques, et le gouvernement, dans les pays protestants ou les pays qui ont adopté le mariage civil, exercent dans le plus grand nombre de cas, le droit d'annuler toutes les prohibitions dans la ligne collatérale, sauf celles relatives aux mariages entre frères et sœurs.

Les conjoints dont la législation propre voit avant tout dans le mariage un contrat purement civil, doivent, dans tout pays qui ne reconnaît pour ses nationaux que le mariage religieux, être acceptés et traités comme légitimement unis par le lien conjugal, bien que leur alliance matrimoniale n'ait pas été célébrée ou bénie dans une église.

Cependant, dans les pays où la loi a établi la séparation du mariage civil et du mariage religieux, ce dernier mode d'union n'a pas d'existence légale et ne peut par conséquent produire aucun effet civil : par exemple, il ne saurait conférer à la femme la qualité de veuve et les droits de succession que les lois du pays attachent à cette qualité.

La célébration dans l'hôtel d'une

ambassade ou d'une légation du mariage contracté par un sujet ou citoyen du pays auprès duquel l'ambassadeur ou le ministre est accrédité, avec une étrangère appartenant à la nationalité que le même ambassadeur ou ministre représente, ne suffit pas pour rendre valable une pareille union, si elle n'est pas accompagnée des formalités prescrites par les lois locales, c'est-à-dire si elle n'a pas été célébrée par l'officier de l'état civil du domicile de l'une des parties, à la suite des publications d'usage et de l'accomplissement des autres conditions prescrites par la loi du lieu.

Dans la plupart des pays, lorsque les époux sont unis sans contrat, leurs biens sont régis par la communauté légale, c'est-à-dire la possession en commun des biens meubles possédés par l'un et l'autre à l'époque du mariage ou qui leur échoient après, et des immeubles acquis pendant le mariage.

Lorsqu'il y a entre les parties un contrat de mariage exprès, ce contrat fournit la règle qui décide de la disposition des biens.

On peut dire en général qu'à défaut de stipulations formelles énoncées dans le contrat de mariage, les immeubles doivent être soumis à la loi de la situation des biens, et les meubles à la loi du domicile.

Le statut matrimonial se détermine par le domicile du mari au moment du mariage.

En cas de changement de domicile, le régime des immeubles n'est point altéré, et la loi du nouveau domicile ne s'applique qu'aux acquisitions futures.

Les diverses législations présentent deux moyens de dissoudre le mariage : la séparation de corps et le divorce.

La séparation de corps entraîne celle des biens ; mais elle ne rompt pas le mariage : elle se borne à en relâcher les liens civils. Par le divorce, au contraire, la rupture est complète, absolue, définitive, et les divorcés peuvent, chacun de son côté, contracter un nouveau mariage. (Voir SÉPARATION, DIVORCE.)

En outre le mariage se dissout par la condamnation de l'un des conjoints à une peine entraînant mort civile, et par le décès de l'un ou de l'autre.

MARIN. Le marin, ou l'homme de mer, est celui qui exerce la profession de la navigation sur mer.

On comprend sous la dénomination générique de marins tous les individus chargés du service d'un bâtiment, depuis le capitaine jusqu'au mousse. (Voir ÉQUIPAGE.)

Quoique éloigné de son pays, le marin n'en est jamais séparé entièrement tant qu'il demeure à bord du navire sur lequel il s'est embarqué : ce navire porte partout la patrie et jouit de privilèges inhérents à ce titre. (Voir NATIONALITÉ DES NAVIRES, EXTERRITORIALITÉ, PAVILLON.)

Le capitaine d'un navire ne peut congédier un homme de son équipage en pays étranger ; toutefois il peut livrer à l'agent diplomatique ou au consul le marin dont la mauvaise conduite ou l'insubordination rendrait sa présence dangereuse à bord ; tout congé, devenu ainsi obligatoire ou justifié par des motifs suffisants, doit être mentionné par le consul sur le rôle d'équipage.

Quant aux marins laissés malades, à ceux sauvés d'un navire naufrage (Voir NAUFRAGE), aux déserteurs (voir ce mot), les consuls doivent pourvoir à leur rapatriement (voir ce mot) le plus promptement possible, les capitaines des navires de leur nation ne peuvent refuser de les embarquer sur l'injonction que leur en fait le consul.

MARINE. On comprend sous ce nom tout ce qui fait le service de la mer.

C'est la puissance navale d'une nation, le matériel et le personnel du service de mer. Elle se divise en marine militaire ; et en marine marchande ou commerciale. (Voir MARINE MARCHANDE, MARINE MILITAIRE.)

MARINE MARCHANDE. La marine marchande ou commerciale a pour objet d'entretenir les relations internationales en ce qui concerne les échanges de commerce.

Elle se compose des navires et des équipages employés par le commerce ; frétés par des particuliers. Elle comprend une grande variété de bâtiments de diverses formes et de divers tonnages, employés les uns aux voyages de long cours soit pour le transport des passagers ou des marchandises, soit pour les pêches lointaines ; les autres servant au grand et au petit cabotage (voir ce mot), et aux pêcheries le long des côtes. (Voir NAVIRE, NAVIGATION.)

Les agents consulaires consuls, vice-consuls ou simples agents ont des rapports fréquents avec la marine marchande : on peut même dire que ces rapports forment la partie la plus importante de leurs attributions ; ils sont en général réglés par des ordonnances émanant des gouvernements respectifs.

Ce sont les agents consulaires qui visent les papiers de bord des navires de leurs nationaux arrivés dans les ports de leur résidence, délivrent s'il y a lieu, les manifestes d'entrée et de sortie.

Ils doivent prêter leurs bons offices aux capitaines auprès des administrations locales et les appuyer pour assurer le maintien de l'ordre et de la discipline à bord de leurs navires.

Ils reçoivent les plaintes que les passagers peuvent avoir à faire contre les capitaines ou les équipages.

En cas de contestation entre les capitaines et leurs équipages, ils doivent essayer de les concilier.

Au moment du départ des navires, ils doivent se faire remettre par les capitaines un état exact des marchandises composant le chargement; et ils doivent sous leur responsabilité, délivrer les expéditions aux bâtiments prêts à faire voile, dans les vingt-quatre heures qui suivent la remise des manifestes, ou plus tôt, s'il est possible. *(Voir* CONSUL.)

MARINE MILITAIRE. La *marine militaire* est la marine armée pour la défense de l'Etat et la protection du pavillon national.

Les navires qui la composent appartiennent à l'Etat, c'est pourquoi on la nomme aussi *marine de l'Etat.* L'ensemble de ces navires forme ce qu'on appelle la *flotte.* (Voir ce mot.)

Les fonctions des agents consulaires (consuls, vice-consuls, ou simples agents), les mettent en rapport avec les bâtiments de la marine militaire qui arrivent dans les forts de leur résidence ou de leur circonscription. Ces rapports ont trait aux honneurs qu'ils doivent aux officiers de la marine de l'Etat et que ceux-ci leur doivent à leur tour, aux informations qu'ils sont tenus de leur donner, aux services qu'ils ont à leur rendre pendant leur séjour. *(Voir* CONSUL.)

MARITIME. Qui est relatif à la mer, à la navigation sur mer.

Le commerce maritime est celui qui se fait par transport sur mer. (Voir commerce.)

Les forces maritimes ou navales d'un Etat consistent dans sa flotte, c'est-à-dire l'ensemble de ses navires de guerre. *(Voir* FLOTTE, NAVIRES).

La législation maritime, le code maritime, c'est le recueil des lois, des ordonnances, des règlements qui régissent le service de la marine, la navigation sur mer et le commerce par mer. *(Voir* LÉGISLATION, DROIT).

Le territoire maritime d'une nation comprend un certain espace de la mer sur lequel cette nation a un droit de juridiction. *(Voir* TERRITOIRE.)

MARQUE (lettres de). C'est la commission donnée par l'Etat à des navires particuliers de s'armer en guerre et de faire la course; elle a pour objet de les autoriser à s'emparer des bâtiments marchands ennemis, d'arrêter et de visiter les navires neutres et même de les saisir, s'ils ont à bord des marchandises de contrebande.

Tout commandant d'un navire armé en course doit être pourvu d'une lettre de marque, sous peine d'être réputé pirate ou forban et puni comme tel. *(Voir* CORSAIRE, FORBAN, PIRATE.)

Les lettres de marque ne peuvent être accordées que par le chef de l'Etat; elles ne sont délivrées que lorsqu'un pays est en guerre avec un autre, ou lorsqu'il existe quelque sujet de plainte qui justifie le recours aux représailles; dans ce dernier cas la lettre est dite lettre de *représailles.* (Voir ce mot.)

Dans l'origine la lettre de marque était un acte du gouvernement autorisant celui qui en était porteur à franchir les frontières de l'Etat avec lequel on était en guerre pour s'y livrer à des actes d'hostilité : c'est de là que dérive la dénomination de lettre de *marque,* le mot *marque* se confondant anciennement avec celui de *marche,* synonyme de *frontière.*

De notre temps la lettre de marque ne se délivre que pour la course en mer.

MARQUE DE FABRIQUE. On désigne sous ce nom les signes extérieurs qu'un fabricant applique sur ses produits pour les distinguer de ceux des autres fabricants de la même industrie.

On considère généralement comme marques de fabrique et de commerce les noms sous une forme distinctive, les dénominations, emblêmes, empreintes, timbres, cachets, vignettes, lettres, devises, chiffres, enveloppes, emballages et tous autres signes plus ou moins apparents et plus ou moins inhérents aux produits.

En général la représentation d'un animal, par exemple d'un bœuf ou d'un mouton, ou le nom désignant communément le produit ne sont point considérés en soi comme marques da fabrique et comme susceptibles d'appropriation privée. La loi et les tribunaux ne protégent que les mentions indiquant l'origine et le fabricant du produit.

Il est généralement admis que la propriété d'un nom de localité n'appartient pas exclusivement au producteur qui a le premier donné ce nom à ses produits.

La législation qui régit les marques de commerce varie suivant l'organisation du commerce et de l'industrie qui prévaut dans chaque pays; en général cependant le droit exclusif d'exploiter une marque de fabrique ou de commerce est limité à une durée fixe, susceptible d'être prorogée moyennant l'accomplissement de certaines formalités.

La plupart des États ont conclu des stipulations internationales pour la protection des marques de fabrique et de commerce, tantôt par voie de traités spéciaux, tantôt à l'aide de clauses ajoutées à leurs traités de commerce ou à leurs conventions littéraires et artistiques.

Dans la plupart des cas la reproduction de marques d'un pays dans l'autre est assimilée à la contrefaçon des œuvres d'art, et les dispositions relatives à la répression de ce délit y sont déclarées applicables.

MARQUIS, MARQUISE. Dans l'origine on appelait ainsi des officiers chargés de la garde des *Marches* ou provinces frontières; c'est à peu près le même titre que celui de *Margrave,* usité en Allemagne pour désigner les mêmes fonctions.

Plus tard ce titre fut donné aux possesseurs de certains fiefs en vertu de lettres patentes.

Aujourd'hui ce n'est plus qu'un titre de noblesse, conféré ou confirmé par les souverains; il est purement honorifique.

Les marquis ont rang après les princes et les ducs et avant les comtes.

On donne le titre de marquise à la femme d'un marquis.

MARQUISAT. Dignité de marquis, de celui qui commandait une marche ou province frontière.

Plus tard, titre attaché à une terre dont la seigneurie embrassait plusieurs paroisses.

La terre même qui portait ce titre.

MARSHAL. Envisagé au point de vue militaire, ce mot anglais n'est que la traduction de *Maréchal* et en a les mêmes signification.

Mais en Angleterre et aux Etats-Unis le mot *Marshal* assume encore d'autres acceptions et sert à désigner différents fonctionnaires de l'ordre administratif ou judiciaire.

En Angleterre, le *Marshal de la maison du roi,* appelé le Chevalier Marshal, exerce son autorité dans le palais royal, est chargé spécialement de connaître des procès de la couronne, de juger les contestations entre les gens de la maison du roi et autres personnes du ressort, de punir les délits commis dans le palais, etc.

Le *Marshal du banc du roi* a la garde de la prison du banc du roi à Southwark.

Au *Marshal de l'Echiquier* est confiée par la cour de l'Echiquier la garde des débiteurs du roi détenus en garantie de leurs dettes.

Le *marshal* ou *prévôt Marshal* de l'Amirauté a pour fonctions d'exécuter comme officier ministériel les ordres de la Cour d'Amirauté, notamment de séquestrer les prises, de mettre à exécution les mandats de saisie et autres, d'arrêter les criminels, de veiller à leur exécution, etc.

Aux Etats-Unis le *marshal* est un fonctionnaire de l'ordre judiciaire : c'est un officier des districts judiciaires fédéraux, ayant des attributions analogues à celles du shérif dans les tribunaux et les cours des Etats.

MARTIAL qui se rapporte à la guerre. Cour martiale, sorte de tribunal militaire; conseil de guerre établi pour juger les officiers de terre et de mer.

Loi martiale, loi qui autorise l'emploi de la force armée dans certains cas, dans les temps de révolte et de sédition : elle arme l'autorité d'un pouvoir discrétionnaire momentané, suspend, dans les endroits où elle est proclamée, l'action des lois et des autorités administratives pour investir d'un pouvoir absolu l'autorité militaire, qui se trouve alors chargée de rétablir l'ordre par les moyens coërcitifs. (*Voir* SIÈGE (ÉTAT), CONSEIL (DE GUERRE.)

Une ville, une contrée occupée par l'ennemi est, par le seul fait de l'occupation, placée sous l'empire de la loi martiale de l'armée envahissante ou occupante. (*Voir* OCCUPATION.)

En Angleterre, on désigne sous la dénomination de *loi martiale* l'ensemble des dispositions légales qui régissent la discipline militaire, et auxquelles on soumet aussi, en cas de troubles graves, les habitants d'une ville ou d'une province.

MASLAHAT-GUZAR. Titre diplomatique, correspondant, dans la hiérarchie ottomane, à celui de chargé d'affaires.

Les *Maslahat-Guzar* sont rangés, d'après le réglement du Congrès de Vienne de 1815, parmi les ministres publics de 4e classe.

MATELOT. Ce mot est pris généralement comme synonyme de celui de *marin* (voir ce mot): mais il désigne plus spécialement le marin qui sert à la manœuvre du navire et s'engage pour le service d'un bâtiment de guerre pour un temps déterminé ou seulement pour un voyage.

Les conditions d'engagement sont constatées par le *rôle d'équipage* (voir ce terme) et par un livret dont tout marin ou matelot doit être porteur, ou par un acte dressé exprès.

L'ensemble des matelots forme ce qu'on appelle l'*équipage* du bâtiment (voir équipage). Les armateurs et les capitaines peuvent engager pour ce service des hommes de leur propre pays ou des étrangers.

Cependant pour le recrutement des équipages de la marine de quelques Etats, il faut qu'un nombre déterminé de matelots appartiennent à la nationalité de cet Etat.

Le matelot qui quitte le navire avant l'expiration de son engagement est considéré comme *déserteur* (voir ce mot), et passible de la justice sommaire et exceptionnelle à laquelle les déserteurs en général sont soumis.

Ainsi ils sont recherchés et arrêtés, puis reconduits à leur bord ou renvoyés dans leur pays, ou, pour parler plus exactement, dans le pays dont le navire porte le pavillon, sur la seule demande des consuls et des vice-consuls de ce pays ou, à défaut de ceux-ci, sur celle des commandants ou des capitaines intéressés. (*Voir* EXTRADITION.)

L'extradition des matelots déserteurs est quelquefois l'objet d'accords spéciaux séparés; mais le plus souvent elle fait partie des clauses maritimes insérées dans les traités de commerce et de navigation et dans les traités consulaires.

MATÉRIEL DE GUERRE. Le matériel de guerre comprend les bagages d'une armée en campagne, les munitions, les armes des soldats, les pièces d'artillerie, en un mot tous les objets, tous les instruments qui peuvent servir à l'attaque ou à la défense, etc. (*Voir* ARMES).

Le but principal des opérations militaires étant de tacher d'affaiblir son adversaire, de le rendre incapable de continuer la lutte ou de la soutenir avec avantage, il importe de chercher à le désarmer; aussi le matériel de guerre est-il des biens de l'ennemi celui dont il est le plus naturel de s'emparer.

C'est pourquoi, lorsqu'une armée se rend, parmi les conditions de la capitulation figure généralement celle de la remise de son matériel de guerre au vainqueur.

Tous les objets composant le matériel de guerre sont considérés comme contrebande de guerre, et peuvent par conséquent être saisis ou capturés par le belligérant qui en surprend et arrête le transport à son ennemi. (*Voir* CONTREBANDE.)

D'où il s'ensuit que le fait par un Etat neutre de fournir ou d'aider à fournir à l'un des belligérants du matériel de guerre constitue une violation de la neutralité et des devoirs des neutres. (*Voir* NEUTRALITÉ.)

MATERNITÉ. Qualité de mère, relation entre la mère et l'enfant. (*Voir* FILIATION.)

Dans cette dernière acception, la maternité est dite *légitime,* lorsqu'elle résulte du mariage; *naturelle,* lorsqu'elle a lieu hors de mariage; elle peut être aussi purement *civile,* lorsqu'elle est consacrée par un acte d'*adoption.* (Voir ce mot.)

Même dans les pays où la recherche de la *paternité* (voir ce mot) est interdite, la recherche de la maternité est admise par la loi : ce qui est fondé en raison, attendu qu'en se trouve en face de faits apparents, faciles généralement à constater : la grossesse et l'accouchement. L'enfant qui veut réclamer sa mère doit prouver qu'il est identiquement le même que l'enfant dont est accouchée la femme contre laquelle est faite sa réclamation.

Toutefois la recherche de la maternité est interdite, aussi bien que celle de la paternité, lorsqu'elle tendrait à prouver l'inceste ou l'adultére de la mère; mais cette exception n'est pas générale, car il est des pays, entre autres la Prusse, où la recherche de la maternité ou de la paternité adultérine est admise par la loi. (*Voir* PATERNITÉ.)

MAXIMUM. Le plus haut point auquel une chose puisse être portée.

En droit criminel, c'est la plus forte des peines prononcéés par la loi contre un crime ou un délit.

Dans le calcul de plusieurs sommes, le *maximum* est la somme la plus élevée : ainsi le *maximum* de la dépense indique la limite qu'on ne peut dépasser dans l'emploi de fonds.

On appelle aussi *maximum* le taux au

dessus duquel il est défendu de vendre une marchandise.

La loi du *maximum* est le nom donné à une loi rendue en France par la convention en 1793, laquelle obligeait les marchands à ne pas dépasser certains prix dans la vente des denrées de première nécessité : cette loi, que tous s'ingéniaient à éluder, n'eut qu'une durée éphémère ; elle fut abrogée l'année suivante.

MÉDECIN. Nous rangeons ici sous ce titre tous ceux qui s'occupent du traitement des blessés, des infirmes et des malades, quel que soit le grade qu'ils aient acquis dans les écoles : médecins proprement dits, chirurgiens, docteurs, officiers de santé, médecins militaires, médecins de la marine, etc.

En temps de guerre, les médecins jouissent des privilèges de la neutralité. Pendant les marches ils doivent être protégés contre les attaques de l'ennemi et ne pas être réduits en captivité, même lorsqu'ils portent simplement des secours sur les champs de bataille.

Lorsque les ambulances sont évacuées, les médecins peuvent se retirer librement et rejoindre l'armée à laquelle ils appartiennent.

Ils ont droit de se défendre contre les attaques dirigées contre eux soit par des soldats, soit par des pillards ; cet acte de légitime défense ne leur fait point perdre le caractère de personnes placées sous la protection spéciale du droit international. (*Voir* AMBULANCES, BLESSÉS ET MALADES MILITAIRES, CONVENTION DE GENÈVE, HOPITAL MILITAIRE.)

MÉDIAT. En langage féodal, se disait d'un prince ou d'un noble qui ne tenait pas son fief directement du souverain, mais d'un vassal de celui-ci : ainsi étaient qualifiés en Allemagne de *princes médiats* ceux qui ne tenaient point leurs fiefs directement de l'Empereur.

On désignait aussi sous les dénominations de *territoires médiats,* de *villes médiates,* les territoires et les villes qui n'étaient pas sous la souveraineté directe du suzerain, mais étaient sujets de grands vassaux, auxquels ils appartenaient.

MÉDIATION. La médiation se produit quand un Etat ami prête ses bons offices pour résoudre et régler des questions internationales pendantes entre deux ou plusieurs autres Etats.

La médiation ne saurait être imposée ; elle doit être réclamée au moins par l'un des deux Etats contestants, et acceptée par l'autre. Néanmoins elle peut être offerte spontanément, et c'est alors aux intéressés à décider si et dans quelles conditions il leur convient de l'accepter.

La médiation peut embrasser toute espèce de questions internationales, même celles dans lesquelles l'une des parties revendique contre l'autre un droit d'une évidence incontestable et lutte contre des actes de mauvaise foi caractérisée.

La médiation n'a aucun caractère obligatoire : on peut accepter ou refuser la solution proposée par l'Etat médiateur, aussi bien que son interposition.

C'est en quoi, comme nous l'avons déjà dit, la médiation diffère de l'arbitrage.

Mais le cas peut se présenter qu'un État intervenant comme médiateur prétende non seulement donner des conseils, mais les faire prévaloir, en laissant entendre, en déclarant même explicitement qu'il est décidé à imposer par la force les conditions qu'il propose : c'est ce qu'on appelle la médiation armée.

En pareilles circonstances la médiation devient une véritable *intervention.* (Voir ce mot).

MÉDIATISATION. Acte par lequel de petites souverainetés sont réunis à des Etats plus puissants, de manière que le prince médiatisé, dans l'Empire d'Allemagne par exemple, cesse de dépendre immédiatement du chef de l'Empire pour n'en plus dépendre que médiatement.

Le prince qu'on médiatise tombe sous l'autorité immédiate du prince territorial dans les Etats duquel il est enclavé et voit ainsi sa souveraineté disparaître.

En 1806 un grand nombre de familles souveraines de petits Etats ont été médiatisées, et leurs possessions réunies à celles d'autres Etats plus considérables.

L'acte signé à Vienne pour la constitution de la Confédération germanique, le 8 juin 1815, a réglé la situation politique de ces princes. Cet acte stipule, entre autres dispositions, que les maisons des princes et des comtes médiatisés conservent les droits d'égalité de naissance avec les maisons souveraines ; que les membres de ces familles auront le privilège de n'être justiciables que des tribunaux supérieurs ; qu'ils seront exempts de la conscription militaire ; qu'ils auront l'exercice de la juridiction civile et criminelle en première, et même en seconde instance, si leurs possessions sont assez importantes.

De ces prérogatives il résulte que les maisons souveraines peuvent s'allier avec les maisons médiatisées sans déroger.

Plusieurs décisions de la diète fédérale allemande ont reconnu aux princes médiatisés la qualification de *Durchlaucht* ou Altesse sérénissime, et aux comtes celle d'*Erlaucht* (ce titre n'a pas d'équivalent en français).

MEETING. Mot anglais qui signifie assemblée, réunion.

Se dit plus particulièrement d'une réunion populaire ayant pour objet de discuter une question politique ou autre et de manifester l'opinion des assistants sur cette question.

MÉMOIRE. Ecrit sommaire contenant l'exposé ou les faits principaux d'une affaire, ou résumant les instructions données à quelqu'un.

En diplomatie les mémoires sont des documents dans lesquels, à propos d'une question, sont posés des principes dont on discute l'application, et développées les conséquences probables de l'adoption ou du rejet d'une mesure.

Ces mémoires sont destinés à la publicité, ou purement *confidentiels :* dans ce dernier cas on leur donne plutôt le nom de *memorandum.* (Voir ce mot.)

Les mémoires diplomatiques, selon leur destination, sont signés ou restent sans signature en général : ceux qui sont destinés aux gouvernements étrangers ne sont pas signés ; ils sont communiqués soit par une note officielle, soit simplement dans une conversation.

La réponse à un mémoire est appelée *contre-mémoire;* les mêmes formalités s'appliquent à la rédaction et à la présentation des contre-mémoires.

MEMORANDUM. Note diplomatique contenant l'exposé sommaire de l'état d'une question; il y est joint le plus souvent une justification prise par un cabinet ou des actes émanés de lui par rapport à cette question.

Le terme de *memorandum*, pour plusieurs gouvernements, est équivalent à celui de *mémoire* (voir ce mot) ; néanmoins on peut dire que généralement le *memorandum* revêt un caractère confidentiel plus marqué et dont le mémoire et dépourvu dans la plupart des cas.

MÉMORIAL. Nom donné aux mémoires ou aux documents qui, à la cour d'Espagne, ainsi qu'à celle du Pape, servent à instruire une affaire.

MENIN, MENINE. Titre de Cour donné en Espagne et en Portugal à des enfants nobles attachés aux jeunes princes du sang pour être élevés avec eux.

Plus tard, lorsqu'on composa la maison des fils de Louis XIV en 1680, on a donné ce nom en France à des gentilshommes attachés particulièrement à la personne du Dauphin. Ils étaient au nombre de six. On les appelait aussi *gentilshommes de la Manche,* parce que, comme l'étiquette ne leur permettait pas de tenir le prince par la main, ils ne le touchaient qu'à la manche.

Le mot s'est aussi employé au féminin — *menine* — pour désigner des jeunes filles nobles attachées à la personne des *Infantes* en Espagne et en Portugal.

MER. Selon le droit international, les mers ne constituent pas un domaine privé ; la pleine mer ne peut être soumise en aucune de ces parties à la propriété ou à l'empire d'aucun peuple ; tous les pavillons, à quelque nation qu'ils appartiennent, y sont libres et égaux en droits, sauf l'obligation imposée à tous de se conformer aux règles du droit des gens universel. (*Voir* LIBERTÉ DES MERS.)

En résumé, une mer ne peut être fermée aux autres navires, que s'il est impossible aux navires venant de la pleine mer d'y pénétrer.

Quelques parties de la mer rapprochées des terres participent dans une certaine mesure de la condition de celles-ci, et par conséquent les droits de propriété et de juridiction peuvent y exister en tout ou en partie : tels sont les ports et les rades, les golfes et les baies, certains détroits, certaines mers enclavées, enfin les portions de la mer voisines des côtes.

Ces dernières forment ce qu'on appelle la mer territoriale d'un pays, bornée par une ligne imaginaire tracée à une certaine distance de terre et considérée comme la limite extrême des frontières maritimes de chaque pays : tout l'espace situé en dedans de cette ligne rentre *ipso facto* sous l'action de la juridiction de l'Etat qui le domine. On a généralement donné à cet espace une étendue de trois milles marins à marée basse. (Voir JURIDICTION MARITIME.)

L'Etat riverain de la mer peut prendre, à l'égard de la partie qui forme sa mer territoriale, les mesures de sûreté et d'ordre public qu'il juge nécessaires et y réglementer la pêche et la navigation ; mais il n'est pas autorisé en temps de paix à y interdire la navigation où en entraver la liberté par des impôts.

Lorsque deux Etats sont situés sur le bord d'une mer libre, mais tellement resserrée entre les côtes respectives que l'espace de mer faisant partie de la mer territoriale de l'un empiète sur la mer territoriale de l'autre ou, pour parler plus exactement, se confond avec elle, ces deux Etats sont tenus de s'accorder réciproquement les droits de juridiction sur l'espace commun ou de fixer d'accord une ligne de démarcation.

En ce qui regarde les mers enclavées, elles font, comme les lacs, partie du territoire propre des Etats situés sur leurs bords; et si ces Etats sont plusieurs, ils ont à s'entendre entre eux pour l'exercice de la juridiction, sa délimitation, etc. (*Voir* LACS.)

MERCENAIRE. On appelle troupes, soldats *mercenaires* des étrangers dont on achète le service.

Chaque Etat a le droit de prendre à sa solde des troupes étrangères, et celles-ci sont complètement assimilées aux troupes nationales; par le fait de leur incorporation dans l'armée, elles reçoivent tous les droits et contractent toutes les obligations que les lois de la guerre accordent et imposent aux soldats des armées belligérentes.

Pour les pays où a lieu l'enrôlement, il est admis en principe que les mercenaires sont régis par les lois générales de la guerre et assimilés en tout aux troupes indigènes. On comprend seulement que, lorsque les mercenaires sont engagés dans un conflit armé contre leur pays d'origine, ils ne peuvent, en cas de capture, échapper aux rigueurs qui atteignent les individus coupables de s'être battus contre leur patrie sous un drapeau ennemi.

Sauf cette réserve, il faut reconnaître que les enrôlements d'étrangers, pour être valables, doivent être essentiellement libres, constituer des contrats souscrits de bonne foi.

MESSAGE. On nomme ainsi, dans le langage parlementaire, les communications officielles que le chef du pouvoir exécutif adresse au pouvoir législatif, ou que l'une des chambres du parlement adresse à l'autre.

MESSAGER D'ETAT. Fonctionnaire chargé de porter les messages d'un des grands pouvoirs de l'Etat, d'une assemblée politique, ainsi que des agents diplomatiques.

Ces messagers sont assimilés aux *courriers de cabinet,* dont ils partagent les immunités. (*Voir* COURRIERS, AGENTS DIPLOMATIQUES.)

MESSIRE. Titre qui au moyen-âge était réservé aux seigneurs de la plus haute noblesse.

Plus tard ce titre, purement honorifique, était ajouté, dans des actes publics, aux titres particuliers des personnes de qualité; puis il ne s'est plus donné qu'au chancelier de France.

MESURE. Le mot *mesure,* pris dans un sens moral, se dit des moyens, des précautions qu'on emploie pour atteindre le but qu'on se propose.

Mesure *administrative,* celle qui est adoptée par une administration.

Mesure *sanitaire,* celle qui est prise par l'autorité dans le but de garantir, de préserver la santé publique. (*Voir* SANITAIRE.)

MÉTROPOLE. Ce mot, dont le sens est analogue à celui de capitale, s'emploie pour désigner la ville principale d'un Etat ou d'une province.

Il sert plus particulièrement à dénommer les villes où siège un archevêque, et dont l'église est alors dite église métropole, métropolitaine ou archiépiscopale.

Le terme métropole dans son sens propre et primitif signifie la *ville-mère*: chez les Grecs, il dénommait la mère-patrie, la ville d'où sortaient les colones qui allaient habiter d'autres contrées. Il s'emploie encore dans cette acception pour qualifier l'Etat considéré relativement aux colonies qu'il a fondées ou qu'il possède. (*Voir* COLONIE.)

MEUBLES, biens meubles ou mobiliers. Le mot *meuble,* dans son sens absolu, s'applique à tout ce qui est *mobile,* c'est-à-dire susceptible de déplacement.

En jurisprudence, il a une double acception : il exprime la qualité d'un objet en tant qu'il est mobile, et on l'oppose alors à immeuble, et il s'applique à certains objets meubles d'une nature particulière.

Il y a des objets qui sont meubles par leur nature, et d'autres qui le sont par la détermination de la loi.

Les meubles par leur nature sont ceux qui peuvent se transporter d'un lieu à un autre; de ce nombre sont les *meubles meublants* destinés à l'usage et à l'ornement des maisons, et qu'on désigne généralement par le mot *meubles* employé seul; toutefois par ce terme on n'entend pas l'argent comptant, les bijoux, les armes, les chevaux, les équipages, ni même les denrées ou ce qui fait l'objet d'un commerce : ces divers objets et quelques autres sont rangés (en y comprenant les meubles meublants eux-mêmes) sous la dénomination de *biens meubles* ou *mobiliers* ou *effets mobiliers,* sous laquelle on comprend aussi les *meubles par la détermination de la loi.*

Les meubles de cette dernière catégorie consistent dans les créances, les actions ou les obligations donnant droit à recevoir des sommes d'argent, ou des effets mobiliers, les rentes, et même l'argent comptant; on les désigne aussi sous le nom de *biens incorporels* (voir ce mot); nous devons en outre faire observer que certaines législations leur attribuent parfois le caractère d'immeubles tantôt à titre fixe et permanent, tantôt à titre transitoire en raison de la destination à laquelle ils sont affectés. (*Voir* IMMEUBLE.)

C'est la loi du lieu du domicile ((*lex loci domicilii*) qui régit les biens meubles, lesquels sont censés suivre la personne à qui ils appartiennent et n'avoir pas d'autre situation que celle de son domicile. (*Voir* DOMICILE); d'où il s'ensuit qu'ils sont assujettis aux lois en vigueur dans le pays où le domicile est situé.

MEURTRE. Homicide commis avec violence.

Le meurtre est un crime qui rend celui qui s'en est rendu coupable passible d'*extradition* (voir ce mot). Dans les traités spéciaux le meurtre figure invariablement dans la liste des crimes qui tombent sous le coup de cette procédure internationale.

MICADO, MIKADO. Titre de l'Empereur du Japon.

MILICE. Corps de troupes, armée. Se dit plus particulièrement de levées temporaires d'habitants d'un pays faites dans quelque circonstance particulière, comme pour repousser un envahissement, réprimer un soulèvement.

Se dit aussi des corps d'hommes armés qui ne font pas partie des troupes régulières et qui sont parfois destinés à un service particulier : la garde nationale mobile, la landwehr en Allemagne sont des espèces de milices.

Les corps ainsi formés en vertu d'autorisations de l'Etat représentent une force constituée par la loi, et à ce titre ils sont assimilés aux autres troupes qui font partie de l'armée nationale, et doivent en partager les droits comme les devoirs. (*Voir* GUERRE, BELLIGÉRANT.)

MILITAIRE. Qui concerne la guerre. Art militaire, l'art de la guerre.

Confins militaires, assignés dans certains Etats à une population formée d'anciens soldats, qui ne sont plus astreints à un service actif, tout en étant encore enrégimentés : telle était notamment dans la monarchie austro-hongroise une certaine région sur la frontière de la Croatie. (*Voir* FRONTIÈRE, MARCHE.)

Exécution militaire, la peine de mort infligée aux soldats en punition de délits militaires, se dit aussi des violences qu'une armée exerce dans un pays envahi ou occupé pour contraindre les habitants à quelque chose. (*Voir* OCCUPATION.)

Honneurs militaires, honneurs qu'on rend en certaines circonstances aux commandants des troupes; ces mêmes honneurs sont aussi accordés à des personnages de distinction, aux souverains, aux ambassadeurs, etc. (*Voir* CÉRÉMONIAL.)

Justice militaire, celle qui s'exerce à l'égard des troupes, d'après des lois spéciales ou le code militaire. Service militaire état du soldat incorporé dans l'armée ou au corps de milice.

Le terme militaire s'emploie par opposition à civil : les autorités civiles et les autorités militaires, les emplois civils et les emplois militaires.

MILITAIRE (substantif). Homme de guerre, soldat.

Les militaires sont des *belligérants;* ils ont donc les droits et les obligations que cette condition confère. (*Voir* BELLIGÉRANT, GUERRE, ENNEMI, BLESSÉS ET MALADES MILITAIRES.)

MINEUR, MINORITÉ. Terme de jurisprudence, qui sert à qualifier l'individu qui n'a pas encore atteint l'âge prescrit par les lois pour disposer de sa personne et de ses biens.

Le mineur est incapable de contracter. Il est soumis à l'autorité paternelle, ou, à défaut de celle-ci, placé sous la protection d'un tuteur; toutefois lorsqu'il est arrivé à un certain âge, il peut être émancipé, c'est-à-dire investi, en vertu de la loi, de certaines capacités qui le rapprochent du majeur; cependant il est encore des actes qu'il ne peut accomplir qu'avec l'assistance d'un curateur. (*Voir* ÉMANCIPATION, MAJEUR.)

Naturellement la minorité, ou état de celui qui est mineur, cesse lorsque l'individu atteint sa majorité, c'est-à-dire l'âge qui le met en possession de ses droits personnels et civils : cet âge, fixé par la loi française à 25 ans, l'est dans d'autres pays à un autre nombre d'années au dessous ou au dessus de cette limite; il est fait aussi quelques exceptions pour la minorité et la majorité des souverains et des membres de leur famille.

Il est généralement admis en principe en Europe que les enfants mineurs suivent la nationalité de leur parents. (*Voir* ENFANT, NATIONALITÉ.)

Il en est de même de leur domicile, qui est celui de leurs parents ou des personnes qui les remplacent selon la loi. Jusqu'à ce que l'enfant ait atteint sa majorité, ou tant qu'il n'est pas émancipé, son domicile passe par tous les changements de celui de l'auteur duquel il a reçu son domicile d'origine; il suit aussi celui de la mère ou du tuteur, après la mort du père, et celui du tuteur après la mort du père et de la mère. (*Voir* DOMICILE.)

MINIMUM. Ce mot est employé en jurisprudence pour exprimer la peine la plus faible que la loi autorise à infliger pour un délit ou un crime spécifié.

MINISTÈRE. Ce mot, dans son sens le plus étendu, signifie fonction, emploi, office, mais, dans un sens plus restreint et plus ordinaire, il sert à désigner une partie de l'administration confiée à un haut fonctionnaire agissant au nom du chef de l'Etat.

L'administration générale des grands services de l'Etat constitue ce que chez les nations civilisées on appelle un *ministère* ou un *département ministériel*.

Le nombre de ces départements varie dans les divers pays, soit sous le rapport de la spécialité des fonctions ou de leur multiplicité, soit parce que les attributions dévolues à l'Etat diffèrent selon la constitution ou les coutumes des peuples.

Le plus généralement il y a dans chaque Etat des ministères séparés pour l'*intérieur* ou l'administration des affaires intérieures ou domestiques, la *justice*, les *cultes*, l'*instruction publique*, le *commerce*, l'*agriculture*, les *travaux publics*, les *finances*, la *marine*, les *colonies*, la *guerre* et les *affaires étrangères*, ou *relations extérieures*. Dans quelques pays deux ou même un plus grand nombre de ces branches principales de l'administration se trouvent réunies sous une seule et même direction.

Le corps de hauts fonctionnaires placés à la tête de chacun de ces départements est désigné sous le nom de *ministère*, pris dans une acception absolue,

qui lui donne une signification analogue à celle attribuée au terme de *cabinet*. (Voir ce mot).

Le *ministère* ou la réunion des ministres est présidé par l'un d'eux, qui prend alors le titre soit de premier ministre, soit de président du ministère, ou du conseil des ministres ou simplement du conseil.

MINISTÈRE DES AFFAIRES ÉTRANGÈRES. Parmi les ministères qui dans chaque pays se partagent les différentes branches de la haute administration, il en est un qui a une importance relative, toute particulière au point de vue du droit international : c'est celui auquel se rattache spécialement la direction des relations de l'Etat avec les gouvernements des nations étrangères : autrement dit le *Ministère des affaires étrangères* ou *des relations extérieures*. Dans quelques pays il est désigné sous la dénomination de *Ministère d'Etat* ou *d'Office extérieur*.

C'est vers ce ministère que convergent toutes les affaires du dehors, qui viennent s'y centraliser pour être en suite réparties dans des bureaux spéciaux, reliés ensemble par la direction supérieure d'un ministre unique mis à la tête de ce département administratif.

Voici quelles sont les attributions principales du ministre des affaires étrangères, du moins dans les pays où est en pratique le régime parlementaire ou constitutionnel.

Former et entretenir les relations avec les autres nations; négocier et conclure avec elles des traités et des conventions, en échanger la ratification, et veiller à leur exécution; envoyer des agents — ministres publics, consuls ou autres — à l'étranger, les munir des instructions nécessaires, selon les besoins des affaires ou des circonstances; notifier aux gouvernements étrangers la nomination ou le rappel de ces agents; recevoir et présenter au chef de l'Etat les envoyés des autres gouvernements; veiller à la conservation des documents diplomatiques et internationaux de tout genre, pourvoir à la protection des nationaux et à la sauvegarde des intérêts du pays et de l'Etat à l'étranger.

C'est donc du ministère des affaires étrangères que dépendent et ressortissent les représentants diplomatiques et les consuls d'un pays à l'étranger. (*Voir* AGENT DIPLOMATIQUE, CONSUL.)

L'organisation du ministère varie suivant les différents gouvernements; d'ailleurs c'est un sujet qui sort de notre cadre et que partant nous n'avons pas à traiter.

MINISTÈRE PUBLIC. On nomme ainsi, dans l'ordre judiciaire, certains magistrats amovibles établis près les tribunaux et les cours de justice, à quelque degré que ce soit, pour y représenter l'État ou le gouvernement, requérir l'application des lois et veiller à leur exécution, sauvegarder l'ordre public.

La poursuite des crimes et des délits est réservée au ministère public : c'est lui qui soutient l'accusation.

MINISTÉRIEL. Qui a rapport, qui est propre à un ministère ou au ministre : fonctions, devoirs ministériels.

Signifie aussi : partisan du ministère existant, ou de tel ou tel ministre en fonctions ; se dit dans les gouvernements parlementaires, où le ministère est soutenu par un parti et combattu par un autre ou plusieurs autres : parti ministériel, députés, journaux ministériels.

Dans le monde judiciaire français, on appelle *officiers ministériels,* des officiers publics ayant qualité pour faire certains actes authentiques, tels que les notaires, les huissiers, les greffiers, etc.

MINISTRE. Dans le sens général, celui qui est chargé d'une fonction, d'un office ; dans un sens plus particulier, haut fonctionnaire chargé de la direction ou gestion d'un ministère ou département ministériel, c'est-à-dire d'une des branches de l'administration de l'État. (*Voir* MINISTÈRE.)

En outre des ministres qui sont ainsi placés à la tête des ministères, dont le nombre et les attributions varient selon les divers pays, le titre de ministre est donné à d'autres fonctionnaires d'un ordre élevé qui n'ont aucun département spécial à administrer et sont dits pour cela ministres sans *portefeuille* (voir ce mot).

MINISTRE PUBLIC. On donne aussi le titre de ministres aux personnes qu'un souverain ou un gouvernement envoie en mission auprès d'un souverain ou d'un gouvernement étranger ; mais alors au titre de *ministre* on ajoute généralement l'épithète *public,* qui sert à désigner plus particulièrement les personnes envoyées dans un pays étranger pour y représenter une nation.

Mais ce titre de *ministre public* n'est qu'un titre générique qui s'attribue indistinctement à tous les agents diplomatiques chargés de représenter un État à l'étranger, appartenant aux quatre classes déterminées par l'acte du congrès d'Aix-la-Chapelle de 1818, quel que soit d'ailleurs le rang que chacun d'eux occupe dans la hiérarchie diplomatique ; aussi bien aux ambassadeurs ou chefs d'ambassade qu'aux chefs de simples légations, entre lesquels il existe des gradations hiérarchiques.

Ainsi après les *ambassadeurs* (voir ce mot), viennent les *ministres plénipotentiaires,* qui ont rang au-dessus des *ministres résidents.* (*Voir* PLÉNIPOTENTIAIRE, RÉSIDENT, LÉGATION, AGENT DIPLOMATIQUE, DIPLOMATIE.)

MINORITÉ. Le petit nombre, par opposition à *majorité* (voir ce mot).

Se dit du parti qui dans une assemblée est le moins nombreux et combat habituellement les opinions et les mesures de la partie la plus nombreuse.

MINUTE. En terme de pratique, la *minute,* c'est l'*original* (voir ce mot) d'un acte, des actes judiciaires, des actes notariés, des actes de l'état civil.

Les minutes sont ordinairement écrites d'une écriture *menue* : c'est sans doute de là que leur vient ce nom, tandis que les *grosses* et les *expéditions* (voir ces mots) sont grossoyées, c'est-à-dire écrits d'une écriture large.

C'est sur les minutes que ce copient les grosses et les expéditions.

La minute des jugements ou des actes judiciaires reste déposée au greffe de la cour ou du tribunal ; celle des actes notariés, dans l'étude des notaires ; celle des actes civils dans les archives de l'administration de laquelle ils émanent.

A l'étranger les minutes sont déposées dans les chancelleries des ambassades, des légations et des consulats.

MIRZA. Titre d'honneur chez les Persans ; il équivaut à celui de prince.

Dans cette acception il se place après le nom propre de la personne à laquelle on l'attribue.

Placé devant, il n'est plus qu'une formule de politesse, correspondante à peu près à *Monsieur.*

MI-SOUVERAIN. Se dit d'un État soumis à la suzeraineté d'un État complètement souverain.

Les États mi-souverains manquent de quelques-uns des droits essentiels de la souveraineté ; ils sont notamment soumis pour leurs rapports avec l'étranger à une puissance supérieure. Ils rentrent cependant dans le droit international en tant qu'ils peuvent entretenir des relations diplomatiques avec les autres peuples.

En temps de guerre, ils subissent généralement les conséquences de la situation faite à la nation dont ils dépendent; en temps de paix, ils doivent obtenir l'autorisation de l'Etat supérieur pour conclure des traités.

On peut ranger parmi les Etats mi-souverains, à des titres et des degrés différents, ceux qui sont vassaux d'un autre (*Voir* VASSAL), à l'égard duquel ils se trouvent dans une situation de subordination, plus ou moins étendue; ceux qui font partie d'une confédération, dont le pouvoir central assume, ou plutôt exerce pour eux, une partie de leurs droits internationaux (*Voir* CONFÉDÉRATION, FÉDÉRATION, UNION); ceux qui ont mis leur existence sous la sauvegarde d'un Etat plus puissant, dont ils ont accepté la protection (*Voir* PROTECTORAT); ceux qui sont réunis avec d'autres Etats sous le sceptre d'un même souverain, selon les conditions de ce pacte d'Union. (*Voir* UNION.)

MI-SOUVERAINETÉ. C'est la situation de l'Etat mi-souverain, se dit de la part limitée de souveraineté qu'il peut exercer.

Ce mot en lui-même présente de prime abord une sorte de contre-sens, puisque le terme de souveraineté exclut l'idée de dépendance, et partant toute dépendance d'une puissance étrangère (*Voir* SOUVERAINETÉ). Toutefois, comme la souveraineté des Etats a une double signification, extérieure et intérieure, il a fallu trouver une expression pour indiquer la position d'un corps politique soumis pour ses rapports extérieurs au contrôle d'une puissance supérieure. La mi-souveraineté ne limite et ne restreint que les droits internationaux, la considération extérieure de l'Etat qui vit sous ce régime, et qui dans le domaine de ses affaires intérieures exerce une autorité entière et indépendante, comportant tous les caractères de la *souveraineté*. (*Voir* AUTONOMIE.)

MISSION. Pouvoir donné à quelqu'un pour aller faire quelque chose; et, par suite, fonction temporaire dont un gouvernement charge des agents spéciaux pour des tâches déterminées : dans cette catégorie rentrent principalement les *missions diplomatiques*. (*Voir* DIPLOMATIE, AMBASSADE, LÉGATION, AGENT DIPLOMATIQUE, AMBASSADEUR, ENVOYÉ.)

MIXTE. Adjectif qui signifie „composé de plusieurs choses, de divers éléments de nature différente".

Appliqué au gouvernement, il signifie que ce gouvernement participe de la nature de plusieurs autres, réunit à la fois dans son organisation des institutions inhérentes à d'autres formes, combinant ensemble l'aristocratie, la démocratie et même l'absolutisme.

C'est l'exemple que présente le gouvernement de l'Angleterre, dans lequel le souverain exerce seul et d'une manière presque absolu le pouvoir *exécutif*, tandis qu'il ne prend part au pouvoir *législatif* qu'avec le concours du parlement, qui lui-même est formé d'une haute chambre, celle des Lords, composée exclusivement de la noblesse du royaume, et de la Chambre des Communes, qui peut être considérée comme représentant plus particulièrement l'élément démocratique, ou tout au moins la bourgeoisie du pays.

On appelle *mixte* une commission composé d'hommes représentant des intérêts différents, ou pris dans deux ou plusieurs compagnies dans les deux chambres d'un parlement ou d'une législature par exemple — ou dans deux ou plusieurs nations, lorsqu'il s'agit du règlement de questions internationales.

MOBILIA SEQUUNTUR PERSONAM. Formule de droit latin : „les meubles suivent la personne", en d'autres termes la loi personnelle du propriétaire et non la loi du lieu où ils sont situés, s'applique aux meubles, considérés en quelque sorte comme un accessoire de la personne. (*Voir* MEUBLES, JURIDICTION, STATUTS.)

MODIFICATION DES TRAITÉS. En terme général, on nomme *modification* tout changement qu'on opère dans une chose.

Les traités sont susceptibles de modifications, soit que leur application soulève des difficultés, soit que leur interprétation laisse des doutes sur le mode d'exécution. Alors pour aplanir ces difficultés et en prévenir le retour ou pour empêcher des complications plus graves, on recourt à une modification des textes, ou à la rédaction de clauses nouvelles destinées à fixer nettement et irrévocablement l'interprétation sur laquelle les parties contractantes sont parvenues à se mettre d'accord.

Suivant les circonstances, la nature et le nombre des clauses sur lesquelles ils portent, les changements dans la teneur des traités se consacrent tantôt sous forme de procès-verbaux ou de déclaration interprétatives, tantôt sous celle d'articles additionnels au texte original, tantôt sous celle de conventions supplémentaires destinées non seulement à résoudre les doutes qui ont pu surgir sur la portée réelle de certaines stipulations, mais encore à réparer les erreurs ou à combler les lacunes qui ont pu échapper aux négociateurs.

MODUS VIVENDI. Location latine qui signifie *mode* ou *manière de vivre*. C'est un terme introduit de date récente dans la diplomatie pour exprimer l'ensemble des conditions auxquelles deux ou plusieurs Etats établissent les rapports réciproques entre eux et d'après lesquelles ils entendent vivre, agir et négocier dorénavant entre eux.

MOGOL ou GRAND-MOGOL. Titre de l'Empereur du Mogol ou de la Mongolie.

MOIS. Toutes les fois que le mot *mois* est employé dans un acte public ou privé quelconque, ce mot désigne, quant à la durée, c'est-à-dire au nombre de jours, dont chaque mois se compose, un mois du calendrier adopté chez les nations chrétiennes, conformément à cette répartition :

janvier 31 jours
février 28 „ dans les années ordinaires, et 29 dans les années bissensiles,

mars	31	jours
avril	30	„
mai	31	„
juin	30	„
juillet	31	„
août	31	„
septembre	30	„
octobre	31	„
novembre	30	„
décembre	31	„

Les différences qui existent entre le calendrier grec ou russe et le calendrier grégorien portent exclusivement sur les dates par rapport au commencement et à la fin de chaque mois.

MOLLAH. Prêtre mahométan du premier rang; c'est parmi eux que se choisit le *mufti*, chef de la religion (*Voir* MUFTI).

MONARCHIE. Gouvernement d'un Etat régi par un seul chef, qui porte ordinairement le titre d'Empereur ou de Roi.

La monarchie est généralement héréditaire, c'est-à-dire que la succession du trône s'y transmet par droit de primogéniture dans l'ordre masculin ou féminin.

Autrefois comme à Rome dans l'antiquité, en Pologne dans les temps modernes, la monarchie était élective et le roi était élu par les nobles du pays ou des électeurs déterminés.

On appelle monarchie *absolue*, celle où la puissance souveraine réside tout entière dans la personne du monarque, sans d'autres limites que les lois fondamentales de l'Etat.

La monarchie est dite *constitutionnelle*, lorsque le pouvoir souverain est partagé entre le chef de l'Etat et les représentants de la nation et que l'exercice en est réglé par une constitution : à une telle forme de gouvernement s'appliquent aussi les qualifications de *représentative* et de *tempérée*.

La monarchie se dit encore du territoire, de l'Etat gouverné par un monarque, roi ou empereur.

MONARCHISTE. Celui qui est partisan de la monarchie, c'est-à-dire des institutions monarchiques, inhérentes à l'exercice de l'autorité souveraine par un prince unique, roi, empereur ou autre.

MONARQUE. Chef d'une monarchie; celui qui exerce l'autorité souveraine dans une *monarchie* (voir ce mot), quel que soit d'ailleurs le titre attribué à la souveraineté dont il est revêtu, (*Voir* SOUVERAIN, SOUVERAINETÉ.)

MONNAIE. On entend aujourd'hui par monnaie une pièce de métal, frappée par une autorité souveraine et marquée au coin de cette autorité; elle a le plus généralement la forme d'un disque, se compose d'or, d'argent ou de cuivre et porte une empreinte légale qui en certifie la valeur intrinsèque.

On appelle *fausse monnaie* la monnaie qui, imitant celle de bon aloi, ne contient pas le métal qu'indique l'empreinte ou en contient une quantité moindre qu'il ne faudrait pour compléter la valeur qu'on lui attribue; la fabrication de fausse monnaie est un crime, qui est puni des peines les plus sévères et rend le coupable passible d'*extradition*. (Voir ce mot.)

On donne le nom de *monnaie fiduciaire* à une monnaie de papier à laquelle est accordée la même confiance qu'à la monnaie métallique : elle consiste dans les billets de banque et autres. (*Voir* PAPIER-MONNAIE.)

On appelle *titre* d'une monnaie la quantité de métal fin qu'elle renferme.

L'*unité monétaire* se dit de la monnaie type, celle qui sert de base à tout le système des monnaies en usage dans un pays, et de mesure pour toutes les fractions de ce système.

Non seulement chaque pays, suivant ses convenances propres et les nécessités de son commerce ou de son système de poids et de mesures, a adopté des bases différentes pour le titre, la valeur, la subdivision et le mode de fabrication de ses monnaies; mais encore la préférence est accordée tantôt à l'étalon d'or, tantôt à l'étalon d'argent; tantôt aussi les deux étalons sont adoptés simultanément par certaines contrées.

Ces divergences, qui entraînent, entre autres difficultés, des complications de calcul et des dépréciations réciproques des monnaies passant d'un pays à un autre, causent de graves embarras aux transactions commerciales et financières, surtout lorsqu'elles embrassent une sphère internationale.

On a eu recours à des conférences internationales, où ont été étudiées les bases sur lesquelles il serait possible d'établir un système général de l'unification des monnaies; malheureusement ces délibérations en commun des représentants des diverses nations n'ont encore produit aucun résultat pratique d'un caractère à la fois général et définitif, si ce n'est une union partielle entre ceux des pays de l'Europe qui avaient déjà depuis longtemps adopté, pour leurs poids, leurs mesures et leurs monnaies, un système métrique analogue à celui de la France.

MONOPOLE. En économie politique on appelle *monopole* le privilège qu'un individu, une compagnie, un gouvernement possède de vendre ou d'exploiter seul, à l'exclusion de tous les autres, une chose déterminée.

Le monopole devient légal, lorsqu'il est exercé en vertu d'une loi, soit par l'Etat, soit par des particuliers.

Dans presque tous les Etats le gouvernement s'est réservé certains monopoles : nous citerons notamment ceux de la fabrication des monnaies, du service des postes; dans l'un la fabrication du tabac, dans d'autres le débit du sel, la vente des alcools, etc. Dans ces derniers cas le monopole ainsi exercé par l'Etat sur certaines denrées ou marchandises peut être considéré comme une forme de l'impôt qu'on prélève sur ces marchandises et qui y sont soumises en vertu d'une loi.

On peut aussi regarder comme une sorte de *monopole* le privilège accordé à des personnes pourvues du droit exclusif d'occuper certaines places, comme les notaires, les agents de change, etc., aux compagnies concessionnaires de mines, de chemins de fer, de canaux, etc.

C'est également une sorte de monopole momentané que confèrent les brevets d'industrie en général. (*Voir* BREVET D'INVENTION et autres).

MONROE (DOCTRINE DE). On appelle ainsi certains principes de droit international émis par James Monroe, qui fut président des Etats-Unis de 1817 à 1825, dans son message du 2 décembre 1823, à l'époque où les colonies espagnoles du continent américain se détachaient de leur métropole.

M. Monroe déclare dans le message que la politique du cabinet de Washington consiste à ne jamais s'interposer dans les affaires intérieures d'aucune des puissances de l'ancien monde, à considérer le gouvernement de fait comme gouvernement légitime relativement aux Etats-Unis, à établir avec ce gouvernement des relations amicales et à les conserver par une politique franche, ferme et courageuse, en admettant sans distinction les justes réclamations de toutes les puissances et en ne souffrant les injures d'aucune. „Mais, dit-il, lorsqu'il s'agit du continent américain, les choses changent tout-à-fait de face, car si les puissances alliées voulaient faire prévaloir leur système politique dans l'une ou l'autre partie de l'Amérique, elles ne le pourraient pas sans qu'il en résultât un danger imminent pour le bonheur et la tranquillité des Etats-Unis . . . . Il leur serait également impossible de demeurer spectateurs indifférents de cette intervention sous quelque forme qu'elle eût lieu . . . La véritable politique des Etats-Unis est toujours de laisser à elles-mêmes les parties contendantes, dans l'espoir que les autres puissances suivront le même exemple."

La partie pratique de la Doctrine Monroe peut se résumer ainsi:

Le système colonial européen est inapplicable à la situation nouvelle de l'Amérique, parceque toutes les parties de ce continent sont habitées par des nations qui ont absolument le même titre que les nations européennes au respect de leur indépendance et de leur souveraineté par autrui.

Les questions de limites entre les anciens établissements européens et les nouveaux Etats américains ne peuvent être résolues que d'après les principes généraux du droit international.

Le fait de première occupation ou de première exploration ne crée plus aujourd'hui de droit souverain sur les territoires américains, dont la possession de droit ne saurait résulter à l'avenir que d'un traité ou d'une guerre.

MONSEIGNEUR. Titre d'honneur, qu'on donne, en parlant ou en écrivant, aux personnes distinguées par leur naissance ou par leur dignité; et plus particulièrement aux princes de famille souveraine, aux princes de l'Eglise et aux évêques catholiques.

En France, sous Louis XIV, ce titre pris absolument, désignait le Dauphin, héritier présomptif de la Couronne.

On dit *Messeigneurs* lorsqu'on s'adresse collectivement à plusieurs personnes qui ont droit à ce titre.

MONSIEUR. Titre qui en France, avant la révolution, était synonyme de Monseigneur et ne se donnait qu'aux gens appartenant à certaines classes de la société, et en particulier, pris absolument, à l'aîné des frères du roi.

Ce n'est plus aujourd'hui qu'un titre de civilité qu'on donne par bienséance à toute personne à qui l'on parle ou à qui l'on écrit.

MONTAGNE. Suite de monts ou de grandes masses de terre et de roche, qui tiennent les uns aux autres; l'on appelle chaîne de montagnes une réunion de montagnes qui s'étendent en longueur, en s'enchaînant en quelque sorte entre elles.

Une chaîne de montagnes peut former la frontière de deux ou de plusieurs Etats limitrophes. Dans ces cas on prend pour limite entre eux la plus haute arête de sa chaîne et la ligne de partage des eaux qui en découlent, laquelle est naturellement indiquée par cette arête supérieure.

MONUMENT PUBLIC. La dénomination de *monument,* qui dans l'origine désignait particulièrement des ouvrages d'architecture ou de sculpture destinés à perpétuer un souvenir, a été étendue à tout édifice de quelque importance et surtout à ceux qui ont une destination publique, civile ou religieuse.

En temps de guerre, le respect des monuments publics s'impose moralement aux belligérants : celui qui violerait cette règle universellement admise s'attirerait la réprobation du monde entier.

(*Voir* BIENS, BELLIGÉRANTS, GUERRE, OCCUPATION.)

MORGANATIQUE, Terme de droit germanique, qui s'applique au mariage contracté par un prince avec une femme de rang inférieur, à laquelle il ne donne pas son nom et qu'il ne reconnaît pas officiellement comme son épouse.

On appelle aussi ce genre d'union *mariage de la main gauche,* parce que le mari donne à sa femme la main gauche au lieu de la main droite dans la cérémonie nuptiale.

Les enfants qui proviennent de ces mariages, quoique légitimes en réalité, sont réputés bâtards à l'égard de certains effets civils et politiques; en général ils n'héritent ni des dignités ni des fiefs de leur père.

MORT. En jurisprudence, le mot *mort* s'emploie pour signifier la *peine capitale* : condamner à mort, voter la mort.

MORT CIVILE. Terme de droit : cessation de participer aux droits civils et politiques; elle est la conséquence d'une condamnation à une peine qui prive le condamné de la jouissance et de l'exercice de ces droits, telle que la peine de mort, la déportation, les travaux forcés à perpétuité; elle a pour résultat de faire perdre au condamné la propriété de ses biens, et, s'il est marié, de rompre son mariage quant à tous ses effets civils.

La mort civile a été abolie en France par une loi en date du 31 mai 1854. Il s'ensuit que si les effets en sont réclamés devant un tribunal français pour des étrangers, ils seront écartés : un tribunal français ne saurait sanctionner la mort civile prononcée contre un étranger par un tribunal étranger.

MORTIER. Espèce de bonnet rond en forme de *mortier* renversé, fait de velours noir et bordé de galon d'or, que les présidents des parlements français portaient dans l'exercice de leurs fonctions : c'est pourquoi on les appelait *présidents à mortier.* C'était aussi la coiffure du chancelier de France, dont le *mortier* était en étoffe d'or avec une bordure d'hermine.

Les présidents des cours de justice portent encore une coiffure analogue.

MOTION. Acte par lequel un membre d'une assemblée délibérante propose un projet de loi, une résolution, une mesure quelconque.

On appelle *motion d'ordre* une motion qui a pour objet de régler l'ordre des délibérations, lorsqu'il se présente en même temps plusieurs propositions à discuter et qu'il faut décider laquelle doit avoir la priorité.

La motion d'ordre a elle-même toujours la priorité sur toutes les autres. (*Voir* PROPOSITION.)

MOTU PROPRIO ou PROPRIO MOTU. Expression latine qui signifie „de *propre mouvement.*"

Elle est employée plus particulièrement dans les bulles et d'autres actes du Pape, dans le but d'indiquer que la résolution que l'acte sert à faire connaître, a été prise par le souverain Pontife de son propre mouvement, en dehors de toute influence étrangère.

MOUVANCE. Ce terme de jurisprudence féodale s'employait pour désigner la dépendance d'un domaine qui relevait d'un fief, ou d'un fief qui relevait d'un autre fief supérieur.

Un fief était mouvant d'un autre, lorsqu'il lui devait foi, hommage et autres devoirs.

Si le fief relevait d'un fief supérieur, la mouvance était dite *passive*; et elle était dite *active* par rapport à ce fief supérieur.

La mouvance *noble* ou *féodale* était celle dans laquelle le possesseur du fief devait foi et hommage ou au moins fidélité au possesseur du fief dominant.

La mouvance *roturière* était celle dans laquelle le fief servant était tenu simplement à des redevances.

MUFTI. Grand pontife de la religion de Mahomet.

Il est le souverain interprète du texte du Coran, à la fois chef suprême des gens de loi et des prêtres (*ulémas*, voir ce mot). Ses réponses nommées *fetvass* sont des consultations plutôt judiciaires que théologiques; elle sont en général exécutées aveuglément. C'est le mufti qui lors de l'avénement du Sultan lui ceint l'épée, insigne de la toute-puissance.

Dans les Etats du Sultan le mufti porte aussi le titre de *Scheik-el-Islam.*

MUNICIPALITÉ. Circonscription municipale ou commune, territoire administré par des magistrats municipaux. (*Voir* COMMUNE, MAIRE.)

Les municipalités ont pris leur origine dans les *municipes* romains (voir ce mot).

MUNICIPE. Les Romains donnèrent dans l'origine le nom de *municipes* ou *villes municipales* aux villes du Latium, puis de l'Italie, qui vivaient d'après leurs propres lois et coutumes et dont les habitants jouissaient des mêmes droits et des mêmes privilèges que ceux de Rome.

Plutard le titre de *municipes* fut étendu à des villes situées dans les autres provinces de l'empire.

Le municipe différait de la colonie en ce que celle-ci avait les lois de la mère-patrie.

MUNITIONS. Provisions des choses nécessaires dans une place de guerre.

On appelle les vivres *munitions de bouche;* et le matériel des troupes ou de la défense, *munitions de guerre :* ce matériel comprend les armes, l'artillerie, les outils du génie, la poudre, etc.

En temps de guerre, les munitions sont, comme les armes, réputées contrebande de guerre et subissent les conséquences de cette qualification. (*Voir* GUERRES, CONTREBANDE, ARMES, BELLIGÉRANT.)

MUSÉE. Nom donné à toute collection considérable d'objets d'art, de science et d'industrie, ainsi qu'au lieu où est exposée cette collection.

En temps de guerre et d'occupation les musées doivent être respectés; et leur dégradation ou leur destruction intentionnelle serait considérée, comme des actes de barbarie.

L'enlèvement d'objets en faisant partie ne peut se justifier par l'état de guerre, car il ne saurait être le résultat nécessaire des opérations militaires; aussi la restitution au pays dépouillé doit-elle être regardée comme une obligation stricte et impérative.

MUSULMAN. Nom que se donnent les Mahométans.

MUTATION. Remplacement d'une personne, et notamment d'un fonctionnaire, d'un employé, par un autre.

C'est aussi un terme de jurisprudence qui signifie la transmission de la propriété d'un bien par vente, donation, échange, succession ou toute autre voie légale; se dit en général de tout changement dans les droits de propriété.

N

NABAB. Nom que les Indiens donnent au gouverneur d'une province ou à un général d'armée.

C'est aussi le titre que prennent les princes de l'Inde musulmane.

Les nababs sont subordonnés aux soububs, espèce de vice-roi. Aujourd'hui les uns et les autres sont presque tous soumis à l'Angleterre.

On appelle *Nababie* le territoire dont un nabab est le gouverneur.

On nomme aussi Nababs les Anglais qui reviennent des Indes avec de grandes richesses, après avoir rempli de hauts emplois ou fait le commerce.

NAISSANCE. Dans plusieurs pays le lieu de la *naissance* sert de base pour déterminer la *nationalité* de l'individu. (*Voir* NATIONALITÉ.)

NANTISSEMENT. En droit le nantissement est un contrat par lequel un créancier, pour sûreté de sa créance, reçoit de son débiteur remise temporaire d'une chose mobilière ou immobilière. Le créancier reste uniquement détenteur de l'objet dont il est nanti, et si, lorsque le moment de l'exigibilité de la dette est arrivé, le débiteur ne s'acquitte pas, le créancier peut provoquer la vente de l'objet en nantissement, afin de prélever sur le prix le montant de sa créance.

De même un Etat, dans le but d'assurer l'exécution d'un traité, se fait donner un nantissement en obtenant l'autorisation d'occuper une place forte ou toute autre partie du territoire d'un autre Etat. Ce droit d'occupation dure jusqu'à ce que le traité soit exécuté ou que des garanties suffisantes de son exécution aient été fournies.

Si l'exécution du traité ne devient plus possible ou même probable, le droit d'occupation provisoire peut se transformer en possession définitive du territoire offert en nantissement.

NATION. En droit international la nation peut être définie l'ensemble de tous les individus régis par un même gouvernement, bien qu'ils ne soient pas compris dans le même territoire. Car une colonie, le plus souvent éloignée, située au-delà des mers fait partie du domaine national, lorsque cet ensemble est considéré relativement aux autres nations. De même que la nation comprend des territoires divers et séparés les uns des autres, de même elle peut embrasser des peuples de mœurs, de législations et de langues différentes. (*Voir* PEUPLE.)

Il ne faut pas confondre la *nation* avec l'*Etat*, qui n'est qu'un élément constitutif de la nation.

Tous les individus qui dépendent d'une même nation, sont unis par un lien naturel qu'on nomme *nationalité*. (Voir ce mot.)

On donne aussi le nom de *nation* au groupe des individus d'une même nation qui vivent dans un pays étranger, et plus particulièrement dans les pays du Levant ; c'est dans ce sens qu'on dit : toute la nation se rendit chez l'ambassadeur, etc.

Ces groupes peuvent être convoqués par les agents diplomatiques ou les consuls toutes les fois qu'ils le jugent à propos pour le bien général ou particulier, ou lorsqu'ils en sont requis par la nation elle-même.

Dans le Levant la nation élit parmi ses membres des députés, qui ont mission d'assister les consuls dans l'administration de la justice, de veiller, sous le contrôle des ministres publics ou des consuls, aux intérêts du commerce et de la colonie (voir ce mot), et de solliciter des assemblées, lorsqu'ils les jugent nécessaires.

Chaque fois qu'un consul fait des visites officielles ou assiste à des cérémonies publiques accompagné de la nation, les députés prennent rang immédiatement après lui.

NATION (la) la plus **favorisée.** Les traités de commerce et de navigation contiennent d'ordinaire une clause par laquelle les parties contractantes se confèrent mutuellement le régime de la nation la plus favorisée, c'est-à-dire la participation aux avantages les plus considérables qu'elles ont déjà ou qu'elles viendraient par la suite à accorder à une tierce puissance. Ces avantages consistent notamment dans une diminution des droits de douane et de navigation, ou même dans l'assimilation au pavillon national lui-même, ou le traitement national.

Cette stipulation du traitement de la nation la plus favorisée, suivant les termes dans lesquels elle est libellée, est tantôt gratuite, tantôt conditionnelle et subordonnée à des concessions égales ou équivalentes à celles qui ont été faites pour le pays dont elle généralise la situation privilégiée.

Plusieurs traités renferment la clause que les parties contractantes, en accordant plus tard à d'autres puissances le traitement de la nation la plus favorisée, feront exception formelle du traitement qu'elles se sont mutuellement accordé.

NATIONAL. Pris substantivement, ce mot s'applique à tout individu considéré au point de vue de sa nationalité, c'est-à-dire de la nation de laquelle il fait partie.

Les *nationaux* se dit de la totalité des personnes qui composent une nation, par opposition aux étrangers ou ceux qui appartiennent aux autres nations.

NATIONALITÉ DES PERSONNES. La nationalité est la condition de l'individu qui fait partie d'une nation soit par la naissance, soit par la naturalisation, et le bénéfice qui en résulte pour lui de jouir de tous les droits civils et politiques attribués aux membres de cette nation.

Le caractère national de l'individu se détermine par la nation à laquelle il appartient.

Il est de règle générale que la première loi personnelle à laquelle il puisse être soumis est celle du pays où il est né ou bien auquel il est rattaché par ses liens de filiation : c'est ce qui constitue sa *nationalité d'origine*.

Mais l'individu peut perdre cette nationalité primitive et en acquérir une autre, notamment au moyen de la naturalisation dans un autre pays, laquelle crée la *nationalité acquise*.

Pour reconnaître le caractère de l'enfant qui vient au monde, il importe donc de rechercher de quelle nation il est membre. Or, comme chaque Etat a le droit incontestable de déterminer les conditions auxquelles les individus commencent ou cessent d'appartenir au peuple ou au pays que cet Etat représente, les législations des divers Etats ne résolvent pas la question dans le même sens : les unes ont surtout égard au rapport territorial et dans le doute se fondent sur le lieu de la naissance; les autres, prenant plutôt en considération les rapports personnels de l'enfant avec ses parents, font dériver la nationalité de la filiation. (Voir ce mot).

La nationalité peut aussi dériver du mariage, en ce sens que les femmes suivent de plein droit la condition nationale de leurs maris.

Dans certains Etats le mariage suffit pour conférer aussi la nationalité aux hommes qui épousent une femme du pays.

La nationalité d'origine prime la nationalité acquise et suit la personne partout où il lui plaît de s'établir.

Le droit de changer de nationalité est généralement reconnu à l'individu, et aux autres Etats celui de conférer leur nationalité aux étrangers qui viennent s'établir sur leur territoire.

Il y a deux causes déterminantes du changement de nationalité : la loi et un acte volontaire de l'individu. La cession d'un territoire par traité, vente ou autrement constitue un mode légal de changement de nationalité. Le mariage d'une femme avec un étranger, la naturalisation acquise dans un autre pays, et, pour certains Etats, l'acceptation de fonctions publiques conférées par un autre gouvernement, ainsi que le service militaire à l'étranger sans autorisation préalable, peuvent servir d'exemples de changements de nationalité amenés par la volonté libre de l'individu.

L'état de guerre, les conjonctures exceptionnelles qu'il fait naître et les conséquences qu'il peut entraîner sont de nature à altérer le caractère national des personnes, soit temporairement, soit d'une façon définitive.

Il est de droit naturel que la cession régulière ou la conquête d'un territoire délie les habitants de tout serment de soumission envers l'ancien souverain et entraîne fidélité absolue de leur part envers le nouveau. Cependant l'usage veut que dans ces cas le sujet qui entend conserver sa nationalité d'origine et rester fidèle à son ancien souverain, ait le droit d'abandonner le territoire sur lequel ce souverain a cessé de régner.

La nationalité d'origine ou autrement acquise, qu'une personne a perdue, peut se récupérer par l'accomplissement de certaines formalités prescrites par les diverses législations. Elles consistent généralement dans une demande adressée au gouvernement de l'Etat dont on désire recouvrer la nationalité; — dans une permission obtenue de ce gouvernement de rentrer sur le territoire national; — dans la déclaration d'intention ou le fait d'y fixer son domicile; — dans la renonciation, s'il y a lieu, à l'emploi ou au service militaire accepté en pays étranger.

Dans quelques pays la législation ne prohibe point le cumul de deux, même de plusieurs nationalités par une même personne, pourvu toutefois que sa qualité d'étranger ne porte aucune atteinte à l'accomplissement des devoirs auxquels elle est astreinte par sa nationalité primitive; mais la doctrine contraire est mise en pratique par la plupart des législations.

NATIONALITÉ DES NAVIRES. Ce terme s'entend du caractère national inhérent à un navire, lequel fait qu'il appartient à une nationalité déterminée, dépend d'une nation plutôt que d'une autre.

Il y a lieu de distinguer entre les bâtiments de l'Etat et les bâtiments appartenant aux particuliers : les premiers sont regardés comme une portion des forces militaires de la nation dont ils arborent le pavillon, et ils ont des droits et des devoirs exceptionnels, tandis que les seconds sont assimilés à de simples particuliers et, comme tels, soumis aux lois qui règlent à l'étranger les relations des personnes privées.

Pour reconnaître à des navires frétés par des particuliers, le caractère national et les faire jouir des avantages qui en découlent, les Etats exigent certaines conditions que chaque Etat est libre de fixer et qui pèsent à la fois sur le navire, sur les personnes auxquelles il appartient et sur celles qui le montent. (Voir ACTE DE NAVIGATION.)

En ce qui concerne le navire, l'Etat, pour le considérer comme national, peut exiger qu'il ait été construit dans le pays même, ou qu'il ait été acquis par des nationaux.

Quant aux personnes, l'Etat peut reconnaître comme national le navire dont la totalité ou seulement une partie des propriétaires, des officiers et de l'équipage sont des nationaux.

De même qu'une personne peut se faire naturaliser dans un autre pays, de même un navire peut changer de nationalité.

En temps de paix un Etat est libre de conférer sa nationalité à des navires étrangers en leur accordant provisoirement le droit de porter son pavillon et en les faisant jouir de la protection qui s'y rattache, pourvu que cet acte ne soit guidé par aucune intention frauduleuse ni ne porte préjudice à des droits déjà existants.

En temps de guerre le navire acheté de sujets de belligérants acquiert la nationalité de l'acheteur, dès qu'il est régulièrement inscrit sur le registre des navires de l'Etat duquel l'acheteur dépend.

Les preuves de la nationalité et du caractère d'un navire de guerre résident tout d'abord dans le pavillon et la flamme; en second lieu dans l'attestation de son commandant, donnée au besoin sur sa parole d'honneur, et dans la commission dont il est muni.

NATURALISATION. La naturalisation est l'acte par lequel un étranger est admis au nombre des naturels d'un Etat et par suite obtient les mêmes droits et les mêmes privilèges que s'il était né dans le pays.

Toute nation indépendante a le droit de conférer le titre de citoyen à un étranger, sans consulter l'Etat auquel cet étranger appartient par sa naissance.

La nature des droits découlant de la naturalisation varie suivant les divers pays où ils sont sollicités, suivant les différences de forme de gouvernement et de législation.

Le premier des effets de la naturalisation est de rompre les liens qui attachaient le naturalisé au pays dont il abandonne volontairement la nationalité, et surtout de mettre un terme à l'allégeance qu'il devait au gouvernement de ce pays.

La naturalisation n'a point d'effet rétroactif; il s'ensuit que les contrats passés par le naturalisé avant sa naturalisation conservent toute leur valeur, et peuvent être invoqués utilement devant les tribunaux, quand ils ont été faits suivant les formes dont le naturalisé reconnaissait antérieurement la souveraineté, à moins que ces contrats n'aient un objet regardé comme illicite dans le pays dont le naturalisé adopte la nationalité.

Le naturalisé reste tenu des délits de toute nature dont il a pu se rendre coupable dans son pays d'origine, ainsi que des obligations qu'il a pu y contracter, de sorte que s'il retourne dans son pays d'origine, il pourra y être arrêté, poursuivi, jugé sans que sa nouvelle patrie intervienne en sa faveur.

La naturalisation est personnelle, en ce sens qu'elle ne concerne directement que celui qui l'obtient. Cependant ses effets s'étendent en plusieurs cas à sa famille, l'épouse et les enfants mineurs légitimes qui vivent encore avec leur père le suivent lorsqu'il devient membre d'un autre Etat.

La naturalisation est dite *collective* lorsqu'elle s'étend à des populations, à une ville entière, comme par suite d'une *cession de territoire* ou de *conquête* (voir ces termes). Dans ces cas on réserve ordinairement aux habitants qui veulent conserver leur nationalité primitive le droit d'opter pour cette nationalité ou pour celle qui vient en quelque sorte les saisir. (Voir OPTION.)

NATUREL. (*Voir* ENFANT.)

NAUFRAGE. Submersion ou bris d'un navire par un accident de mer, qui entraîne la perte totale ou partielle du bâtiment ou de son chargement.

Le naufrage peut avoir lieu en pleine mer, sur une côte, sur un banc de sable avec ou sans bris, avec ou sans échouement.

Le naufrage proprement dit survient par un fait de force majeure, contraire à la volonté de l'homme; s'il était occasionné par la faute volontaire d'une personne à bord, il constituerait un acte de *baraterie* (voir ce mot).

Tout capitaine d'un navire qui a fait naufrage et qui s'est sauvé seul ou avec partie de son équipage, est tenu de faire ou d'adresser à l'agent du service extérieur le plus proche du lieu du sinistre un rapport sur l'évènement.

Les consuls, lorsqu'un naufrage a lieu dans leur circonscription consulaire ou dans le voisinage, sont autorisés à prendre les mesures nécessaires pour le sauvetage ou la conservation du navire et de son chargement. Ils peuvent même procéder à la vente des objets sauvés, à condition d'en rendre compte aux parties intéressées, par l'intermédiaire de leur gouvernement.

Personne n'a le droit de s'emparer de la personne des naufragés ni des objets qui leur appartiennent. Toutefois le droit de recueillir les objets naufragés ou jetés à la mer existe, mais seulement dans le cas où l'on suppose que le propriétaire en est inconnu, ou bien si ce propriétaire a renoncé expressément à ses droits.

Les personnes qui ont aidé au sauvetage et recueilli les naufragés et leurs biens ont droit à un dédommagement, dont la valeur est généralement déterminée par des règlements ou les codes de commerce de chaque pays.

Il est du devoir des Etats situés sur le bord de la mer d'employer tous les moyens dont ils disposent pour porter secours aux navires en détresse, et accueillir les naufragés sans distinction de nationalité; ce devoir n'enlève pas à ces Etats le droit d'exiger le remboursement des dépenses faites par eux pour le sauvetage et l'entretien des naufragés étrangers et d'en réclamer le montant au gouvernement duquel dépendent ces naufragés.

L'application des règles que nous venons d'exposer ne rencontre aucune difficulté ni objection en temps de paix; elles sont admises et observées par toutes les nations; par contre, en temps de guerre, certains pays considèrent comme de bonne prise le navire naufragé ou ce qu'on peut en sauver.

Quoi qu'il en soit, on peut regarder comme la règle la plus généralement admise, dans l'état actuel du droit des gens, que les navires de guerre chassés par la tempête ou autre fortune de mer et courant un danger imminent de naufrage ou d'échouement sont, comme les navires marchands, reçus et secourus dans les ports neutres aussi bien que dans les ports ennemis.

NAVIGATION. Action de naviguer, c'est-à-dire de voyager sur mer, sur les lacs, sur les grandes rivières.

Suivant la nature de ces voyages, la navigation se divise en deux grandes catégories : la navigation fluviale ou intérieure, et la navigation maritime ou extérieure; et celle-ci se subdivise en navigation côtière ou de *cabotage* (voir ce mot), qui se fait sur les côtes d'un pays, de cap en cap, et en navigation hauturière ou de long cours, qui se fait en pleine mer.

De plus, si l'on considère les moteurs qui font marcher le navire, on distingue la navigation à la rame, la navigation à voile, et la navigation à vapeur.

La navigation, tant intérieure qu'extérieure, a créé des relations entre les diverses nations, créé des obligations et des devoirs mutuels d'un caractère particulier, qui ont fait naître, selon les circonstances, les lieux et les besoins spéciaux, soit un consentement unanime, soit des usages et des coutumes isolés, soit des règlements ou des traités séparés.

Les traités de navigation ont pour objet principal d'assurer la sécurité et la facilité du transit maritime. Ils comprennent l'importation, l'exportation, le transit, le transbordement et l'entrepôt des marchandises; les tarifs de douanes; les droits de navigation (phares, ancrage, pilotage, balises, etc.); les quarantaines; le péage sur les cours d'eau et les canaux; le séjour des bâtiments dans les ports, les rades et les bassins; le cabotage, la pêche, etc.

La forme de ces traités varie selon la nature des stipulations qu'ils embrassent; tantôt ils forment des actes séparés, tantôt ils n'en font qu'un avec les traités de commerce; ils sont conclus pour une période indéfinie, ou limités quant à leur durée à un nombre d'années déterminé. Leurs dispositions s'appliquent aussi bien au présent qu'à l'avenir; elles prévoient, par exemple, certaines éventualités pour les cas de guerre : elles règlent notamment par anticipation la conduite que les contractants auront à suivre, soit entre eux, soit avec les autres pays, relativement à la contrebande de guerre, à la recherche, à la visite et à la saisie des navires neutres ou ennemis, à l'embargo, etc. (*Voir* ACTE DE NAVIGATION, ARRÊT DE PRINCE, ANGARIE, EMBARGO, BAIE, DÉTROIT, GOLFE, LAC, FLEUVE, RIVIÈRE, PORT, RADE, CABOTAGE, DROIT MARITIME, JURIDICTION, DROITS DE NAVIGATION, INTERCOURSE, MER, LIBERTÉ DES MERS, MARE CLAUSUM, MARE LIBERUM, NAVIRE.)

NAVIRE. Bâtiment ou embarcation servant sur mer au transport des hommes et des choses.

Les navires sont regardés comme des portions flottantes du territoires de l'Etat duquel ils dépendent et dont ils sont autorisés à porter le pavillon; tant qu'ils se trouvent en pleine mer, la souveraineté de cet Etat s'étend au navire tout entier.

Tout bâtiment qui navigue sur mer doit être muni de certains documents, dits *papiers de bord* (voir ce mot), destinés à justifier en due forme de sa *nationalité* (voir ce mot).

On distingue les navires en navires marchands ou de commerce et en navires de guerre.

Les navires marchands équipés par des particuliers pour des intérêts commerciaux et personnels, sont placés sous la juridiction de la nation à laquelle ils appartiennent, mais aucune personne de leur bord ne représente le gouvernement de cette nation.

Les navires de guerre, au contraire, armés par l'Etat lui-même et pour sa défense, en sont les représentants à l'étranger, et leurs commandants, leurs officiers et leurs équipages sont de véritables fonctionnaires de ce même Etat, des délégués ou des agents d'une force publique étrangère; il s'ensuit naturellement que les navires de guerre, comme propriété d'un gouvernement, ont droit à l'indépendance et au respect dû au pouvoir souverain dont ils sont les représentants armés.

Par rapport au droit de *juridiction* (voir ce mot), les navires marchands sont placé sur le même pied que les navires de guerre. Cependant, en ce qui concerne les navires de commerce, l'Etat étranger exerce la police sur tous ceux qui sont mouillés dans ses ports.

Les ports sont considérés comme libres et ouverts pour les navires de guerre et les corsaires des nations avec lesquelles on est en paix. Ils y sont toutefois astreints à l'accomplissement de certaines conditions : ils ne peuvent notamment y renforcer leur armement et leur équipage, sortir du port moins de 24 heures après le navire ennemi qui l'a quitté avant eux, employer la force ou la ruse pour recousser les prises faites sur leurs concitoyens ou pour délivrer les prisonniers de leur nation.

Par conséquent tout bâtiment de la marine militaire et l'ensemble du personnel qu'il renferme, sont couverts par la fiction de l'exterritorialité, avec toutes les prérogatives et les immunités qui s'y rattachent.

Les navires employés au service de la malle-poste ne sont pas assimilés aux navires de guerre; par conséquent ils sont assujettis aux règlements de police ou de juridiction territoriale, à moins de nécessités impérieuses.

NÉGOCIATEUR. Celui qui est employé pour négocier quelque affaire auprès d'un prince, d'un Etat, notamment des traités ou des arrangements internationaux.

Se dit surtout des agents diplomatiques, publics ou secrets.

Ces derniers sont envoyés en mission confidentielle ou accrédités secrètement auprès d'un gouvernement étranger pour traiter d'affaires importantes, mais secrètes. Ils n'y ont point le caractère officiel de ministres; ou, s'il leur est attribué, il ne leur est permis de le déployer qu'autant que l'exige le succès de leur mission. Toutefois ils jouissent de la même sécurité que les ministres publics, mais sans prétendre au cérémonial de ces ministres, et en public ils sont traités comme de simples étrangers. (Voir AGENT DIPLOMATIQUE, ENVOYÉ,)

NÉGOCIATION. Action de négocier les affaires publiques ou internationales, d'arranger les différends, de préparer les traités ou les conventions entre un pays et un autre ou plusieurs autres.

Le droit de négocier est un des attributs essentiels de la souveraineté nationale. Il est rare que les souverains ou les chefs d'Etat traitent directement entre eux les accords internationaux par lesquels ils entendent se lier; le plus habituellement ils confient à leurs ministres, à leurs agents diplomatiques, et, à leur défaut, à des délégués spéciaux appartenant à un service public quelconque le soin de les représenter, de négocier et de débattre en leur nom les clauses des traités qu'ils veulent conclure. (Voir NÉGOCIATEUR, TRAITÉ.) Ainsi les négociations constituent une des fonctions principales des ministres publics. (Voir DIPLOMATIE).

Le mode de négocier varie suivant les usages et les circonstances, suivant l'importance de la question qu'on traite et du but qu'on se propose d'atteindre.

Les négociations sont *directes* ou *indirectes*.

Les négociations directes sont celles qui ont lieu directement, immédiatement, entre le ministre étranger et le chef du gouvernement près lequel il est accrédité.

Les négociations sont indirectes lorsqu'elles sont suivies entre l'agent étranger et le ministre des affaires étrangères du pays, ou des commissaires spéciaux délégués par lui à cet effet.

Les négociations sont orales ou écrites.

Les négociations orales sont tantôt des conversations non officielles, dans lesquelles les négociateurs échangent leurs vues sans donner à leurs paroles le caractère d'engagement d'Etat; tantôt la conversation revêt le caractère officiel, dès lors elle peut être considérée comme un engagement d'Etat.

Les négociations écrites consistent dans la lecture ou la communication de pièces écrites se rapportant à certains points de la question en discussion, ou formées de notes résumant l'objet des communications faits oralement.

Les communications diplomatiques écrites s'échangent au moyen de mémoires, de notes, de dépêches ou de simples lettres. Les notes sont de deux sortes : celles qui sont signées par celui de qui elles émanent, et celles qui ne portent pas de signatures et sont appelées *verbales*. Les premières ont un caractère plus directement obligatoire et sont en général réservées pour les actes ou les déclarations impliquant un engagement. Quant aux secondes, elles ont une portée plus restreinte et servent surtout à élucider des points de détail, à résumer des conversations, à servir de *memento* ou à suggérer des transactions dont on n'entend poser que les bases, les points extrêmes; sous ce rapport elles ont une grande analogie avec les protocoles et les *memorandum*. Le plus habituellement l'affaire s'entame de vive voix par un exposé verbal des points de fait et de droit qui s'y rattachent, et se continue ou se termine par la remise de notes écrites impliquant une discussion plus approfondie.

Lorsqu'un Etat désire présenter à un autre des observations sur telle ou telle mesure politique, ou se trouve dans le cas d'éveiller son attention sur un fait qui touche à ses intérêts particuliers, il est rare qu'il ne le fasse pas par une communication écrite, dont son envoyé donne lecture et est autorisé à laisser copie. Le ministre des affaires étrangères qui a reçu la communication, répond, tantôt directement, de vive voix ou par une contre-note, tantôt indirectement, par une dépêche adressée à l'agent accrédité dans le pays qui a pris l'initiative de la démarche.

En principe, chaque gouvernement est sans doute maître de régler comme il l'entend la forme des communications qu'il veut faire parvenir à d'autres pays. Il y a néanmoins des Etats qui refusent d'accueillir ou de donner suite à des observations qui ne leur sont pas présentées par écrit.

L'agent diplomatique qui donne communication de ses dépêches, est ordinairement chargé de les interpréter, d'en développer les différents points et de fournir au ministre des affaires étrangères les explications de détail jugées nécessaires; puis il rend compte de ses démarches ou de ses conversations à son propre gouvernement, en lui faisant part de ses impressions, de ses vues personnelles ou en lui demandant des éclaircissements, de nouvelles instructions.

Il est des cas dans lesquels les instructions n'ont pas prévu ou ont mal précisé le point qu'il s'agit de régler; l'agent diplomatique peut alors se contenter de prendre *ad referendum* les propositions qui lui sont faites, c'est-à-dire les accueillir sous réserve de l'approbation expresse de son gouvernement.

Il peut aussi se présenter des circonstances où une décision prompte devienne urgente et la distance des lieux soit trop considérable pour que le négociateur attende et reçoive à temps des instructions nouvelles de son gouvernement; le négociateur, placé dans une pareille position, doit accepter ou rejeter la proposition qui lui est soumise, mais seulement *sub spe rati.*

Dans les négociations qui se suivent par voie de conférences, particulièrement lorsque les débats doivent aboutir à la conclusion d'accords internationaux, les résultats de la discussion se consignent toujours dans des procès-verbaux dressés à la fin de chaque réunion et signés par tous ceux qui y ont pris part. (*Voir* PROTOCOLE, TRAITÉ.)

Mais dans les négociations entre les ministres des affaires étrangères et les chefs de mission, on rédige rarement des procès-verbaux ou des protocoles. En tout état de cause l'agent diplomatique, dans le but de s'assurer d'avoir exactement rendu compte à son gouvernement de l'état des négociations, est autorisé à demander de lire sa dépêche au ministre des affaires étrangères avec lequel il a négocié, afin qu'au besoin des rectifications puissent y être faites.

NEUTRALISATION. Action de rendre neutre un territoire, une ville, un navire.

Neutraliser un pays, c'est reconnaître que ce pays doit rester neutre, en tout état de cause, dans les différends, même les hostilités, qui surgissent entre les Etats, et veiller à ce que cette neutralité soit respectée non seulement par les Etats qui ont sanctionné cette neutralité, mais aussi par tous les Etats sans exception, et en particulier par les belligérants.

Lorsque plusiers puissances se réunissent entre elles pour reconnaître à un certain pays cette neutralité et la lui garantir, elles fixent par un traité spécial les droits du neutre et précisent pour elles-mêmes l'obligation qu'elles contractent de respecter et de faire respecter cette neutralité.

La protection spéciale qui surgit dans ce cas diffère du protectorat proprement dit; d'une part, en effet, elle n'incombe pas à un seul Etat, et d'autre part elle impose des obligations, des restrictions ou des abstentions mutuelles à tous les protecteurs plutôt qu'elle n'établit des charges directes pour l'Etat neutralisé, lequel conserve l'intégralité de son indépendance souveraine, sauf en cas de contestation au dehors ou de difficultés internationales son recours contre les garants de sa neutralité.

La neutralisation implique pour l'Etat neutralisé la renonciation à toute part active aux guerres des autres Etats.

Nous citerons comme exemples de cette neutralisation la situation dans laquelle sont placées la Suisse et la Belgique dont la neutralité absolue a été assurée par des traités auxquels ont participé toutes les grandes puissances de l'Europe.

Neutraliser un navire, c'est l'autoriser à naviguer sous pavillon neutre; mais en pareil cas l'équipage doit en être composé de telle sorte que le navire ne se trouve pas dans une situation contraire au texte des traités.

NEUTRE, NEUTRALITÉ. *Définition.* Le *neutre* est celui qui ne prend fait et cause ni pour l'une ni pour l'autre des parties dans une contestation quelconque; se dit, en droit international, des Etats qui ne prennent aucune part à une guerre soutenue par d'autres Etats.

La *neutralité* est la situation de ces Etats, en d'autres termes la non-participation à une lutte engagée entre deux ou plusieurs nations, l'abstention de tout acte de guerre.

On peut établir deux sortes de neutralité : celle qui est naturelle ou parfaite, et celle qui découle d'engagements conventionnels.

La neutralité *parfaite,* stricte ou complète, exige qu'un Etat se tienne tout-à-fait à l'écart des opérations militaires de la guerre et ne donne aide et appui à aucun des belligérants, du moins en ce qui peut leur être utile ou nécessaire en vue de la guerre, et qu'il se conduise impartialement. Tant qu'un Etat reste fidèle à ces devoirs, il a le droit de demander d'être traité comme ami par chacun des belligérants et de jouir de cette indépendance que la loi naturelle lui assure et qu'il n'est pas obligé de sacrifier aux intérêts des puissances en guerre.

La neutralité *imparfaite* peut être de deux sortes : elle peut être *impartiale,* en tant que les deux belligérants ont liberté

18*

égale de poursuivre les opérations de la guerre ou certaines opérations, telles que le passage de troupes, l'achat de provisions militaires, l'enrôlement de soldats ou de marins sur le territoire du neutre; ou elle peut être *modifiée* par un engagement antérieur envers l'une des parties, celui, par exemple, de lui fournir un contingent de troupes ou de mettre un certain nombre de navires à sa disposition. (Voir ALLIANCE.)

La neutralité *conventionnelle* est celle dont les conditions et les limites sont spécifiées dans des engagements internationaux.

La neutralité d'un Etat peut aussi reposer sur la configuration topographique de son territoire et être la conséquence durable, permanente, de ses relations avec les autres puissances : cette neutralité est dite *perpétuelle*.

Pendant la guerre l'Etat neutralisé et les belligérants acquièrent respectivement tous les droits et sont tenus de remplir les uns à l'égard des autres tous les devoirs résultant de la neutralité. L'Etat neutralisé a le droit d'armer pour défendre sa neutralité; il est même obligé de le faire; et si sa neutralité est menacée ou violée, il peut invoquer la clause de garantie.

La garantie fournie par les Etats garants les oblige à agir tous en commun, et chacun d'eux isolément, pour assurer l'exécution de la clause qui les engage, que la neutralité soit violée par un Etat étranger au traité, ou par un des garants, ou par l'Etat neutralisé lui-même.

Déclaration de neutralité. Pour rester neutre il n'est pas besoin d'une déclaration; la neutralité va de soi.

Cependant depuis le commencement du siècle la guerre a rarement éclaté sans être précédée d'une déclaration. Cette déclaration est de deux sortes : l'une émanant des belligérants et indiquant aux neutres les immunités qui leur seront réservées, ainsi que les devoirs qu'ils auront à remplir; l'autre provenant des neutres eux-mêmes et faisant connaître le rôle qu'ils entendent jouer au milieu de la lutte et les droits qu'ils sont décidés à revendiquer.

Le premier devoir imposé à l'Etat neutre est celui d'observer une complète impartialité dans ses relations avec les belligérants, de s'abstenir de tout acte ayant le caractère d'une faveur, d'un secours accordé à l'un pour nuire à l'autre.

L'Etat neutre ne doit ni envoyer des troupes à l'un des belligérants ni mettre des vaisseaux de guerre à sa disposition; il doit aussi empêcher que ses sujets ne prennent part aux hostilités en s'enrôlant dans l'une ou l'autre armée, en un mot en coopérant à l'accroissement des forces de l'un d'eux.

Aucun Etat, et, à plus forte raison, aucun belligérant n'a le droit de lever de force des troupes sur le territoire d'un neutre, ni de faire construire ou équiper dans un port neutre des vaisseaux armés en guerre.

Toutes les restrictions que met au commerce du neutre l'usage moderne des nations, se bornent à la saisie et à la confiscation du chargement, parfois même du navire, si le neutre transporte de la contrebande de guerre pour le compte de l'ennemi, à la perte du navire et de la cargaison, s'il tente de forcer un blocus.

Dans son propre pays, sur ses propres marchés, dans ses propres fabriques, l'usage ne défend pas au neutre de vendre au belligérant des denrées qui, expédiées par la voie maritime, deviendront contrebande de guerre.

L'Etat neutre ne doit point fournir de subsides pécuniaires à l'un des belligérants.

Toutefois un gouvernement ne saurait être rendu responsable ni se trouver compromis parce que quelques-uns de ses sujets feraient pour leur compte privé des prêts ou expédieraient des valeurs à l'un des belligérants.

La fourniture de vivres aux belligérants ou l'autorisation d'en acheter sur le territoire neutre pour leur approvisionnement n'est pas non plus regardée comme un acte illicite, pourvu qu'elle s'étende aux deux adversaires indistinctement.

Un des principes constants du droit international est qu'une nation neutre ne saurait permettre à un corps de troupes belligérantes de trouver chez elle une base d'attaque qui lui facilite la poursuite de ses opérations militaires. Mais les soldats qui pénètrent en pays neutre, s'ils sont dès ce moment obligés de renoncer à la continuation des mouvements stratégiques qu'ils opéraient, doivent être accueillis et traités individuellement avec bienveillance et charité. L'Etat neutre ne compromet pas sa situation en les accueillant, en leur donnant les vivres, les secours et les soins dont ils peuvent avoir besoin. La première précaution qu'il ait à prendre à l'égard de ces réfugiés, c'est de les désarmer. Il doit ensuite, par prudence, les interner, c'est-à-dire les éloigner le plus possible du théâtre des hostilités.

On s'exposerait à perdre la qualité de neutre en permettant, en tolérant même le passage de corps d'armée sur le territoire neutre.

Il faut toutefois faire une exception pour l'admission et le transport sur le territoire neutre de blessés et de malades appartenant aux armées belligérantes, ou la réception et la protection dans les ports neutres des navires de guerre belligérants en détresse.

Lorsque la neutralité vient à être violée et qu'il est constaté que la violation est imputable à l'Etat neutre lui-même, le belligérant dont les droits ou les intérêts se trouvent lésés peut soit exiger des dédommagements ou une satisfaction quelconque, et même, dans des circonstances données, en faire un *casus belli*, soit se borner à déclarer qu'à l'avenir il ne respectera plus la neutralité de l'Etat qui y a le premier porté atteinte.

Mais, en principe, aucun gouvernement ne saurait être rendu responsable de ce qu'une ou plusieurs personnes placées sous sa juridiction enfreignent les lois et prennent une part active à la guerre, à moins toutefois qu'elles n'y aient participé avec son assentiment, ou qu'il ne s'agisse d'un enrôlement en masse.

Réciproquement l'Etat neutre ne serait pas justifié de réclamer contre les violations de sa neutralité commises individuellement par des soldats ou des sujets des belligérants, à moins qu'il n'y ait abus ou tolérance de la part du gouvernement ou des chefs militaires.

Neutralité armée. L'Etat neutre a pour devoir non seulement d'observer la neutralité, mais encore de faire respecter cette situation par les tiers. Il peut au besoin mettre sur pied des forces de terre ou de mer, afin de sauvegarder ses droits contre toute attaque et d'empêcher les belligérants de pénétrer sur son territoire : c'est ce qu'on appelle une *neutralité armée*.

Le neutre qui ne se sent pas assez fort pour se défendre seul, est en droit de s'allier à d'autres pour combiner une action et des secours contre les atteintes que les belligérants pourraient porter à leur commune neutralité.

Le transit maritime est régi par des principes analogues, sauf certaines modifications que comporte naturellement le caractère distinct de l'élément sur lequel ils reçoivent alors leur application:

Ainsi une escadre, un navire de guerre qui se dirige vers les côtes ennemies, peut traverser les eaux neutres sans en violer la neutralité.

La liberté accordée aux navires des belligérants de traverser les mers territoriales ne s'étend pas non plus jusqu'à l'accès dans l'intérieur des ports, des rades et des baies, duquel chaque Etat fixe les conditions au gré de ses convenances.

Commerce des neutres. Les hostilités survenues entre deux nations ne peuvent avoir d'influence sur la liberté du commerce et de la navigation des peuples restés neutres, laquelle doit être respectée par ceux qui ont les armes à la main. Les neutres peuvent librement commercer en temps de guerre comme ils le faisaient en temps de paix, et même avec l'une ou l'autre des parties belligérantes, ou avec toutes les deux.

Mais comme il n'existe pas de droit sans devoir corrélatif, la liberté de commerce du neutre en temps de guerre repose sur trois conditions essentielles, savoir : 1^0 l'abstention de prendre aucune part aux hostilités et partant de rien porter aux belligérants qui puisse avoir un rapport direct et immédiat avec la guerre; 2^0 l'observation à l'égard des belligérants d'une entière impartialité, sans chercher à favoriser l'un ou l'autre par son commerce; 3^0 le respect des blocus en ne forçant point l'entrée dans les lieux bloqués. (*Voir* BLOCUS, CONTREBANDE.)

NISANI-CHÉRIF. Ordre ou commandement émanant directement du Sultan empereur de Turquie, et sur lequel est apposé ordinairement son *hatti-chérif* ou sa signature. (*Voir* HATTI-CHÉRIF)

NOBILIAIRE. Qui appartient à la noblesse : un titre nobiliaire; la classe nobiliaire.

On appelle particule nobiliaire, la préposition qui précède le nom des nobles.

En France et en Espagne c'est la préposition *de;* en Allemagne *von;* en Hollande *van;* en Danemark *af,* etc.

La particule *de* ne se place jamais seule devant le nom; elle doit être accompagnée du prénom, ou du titre de la personne : ainsi l'on ne dit pas de Montmorency, de Noailles, mais Charles de Montmorency ou le duc de Montmorency, ou bien encore Monsieur ou Monseigneur de Montmorency.

On fait exception pour les noms qui commencent par une voyelle ou une *h* muette et devant lesquels l'*e* s'élide; ainsi que pour ceux d'une seule syllabe: de Thou, de Sèze.

Employé substantivement le *nobiliaire* signifie le registre dans lequel sont inscrits les noms des familles nobles d'un pays, d'une province, avec leurs titres, et leurs armoiries.

NOBLE. Qui appartient à une classe distinguée ou privilégiée dans l'Etat, par droit de naissance, ou par une concession du souverain.

Dans l'ancienne Rome, noble se disait de ceux qui avaient une longue série d'aïeux célèbres ou connus, qu'ils fissent ou non partie de la classe privilégiée des patriciens; il y avait en effet des familles très nobles parmi les plébéiens.

Chez les nations modernes, on range parmi les nobles les personnes de naissance ancienne et illustre, dont les ancêtres ont possédé une seigneurie, porté un titre, ou reçu de princes souverains des lettres d'anoblissement. Dans l'origine les nobles jouissaient de privilèges plus ou moins étendus, que le temps a diminués dans presque tous les pays et même détruits tout à fait dans plusieurs.

Noble homme, qualité que prenaient quelquefois non seulement ceux qui étaient nobles de fait et de droit, mais même quelques bourgeois dans les actes qu'ils passaient.

NOBLESSE. Etat légal attribué à certaines personnes ou aux membres de certaines familles pour les distinguer des autres citoyens d'un pays.

Il y avait autrefois en France la noblesse d'épée et la noblesse de robe, selon que ceux qui en faisaient partie se consacraient spécialement au service militaire ou exerçaient certaines magistratures.

Les princes du sang formaient ce qu'on appelait la noblesse couronnée.

On distinguait aussi : la noblesse de race ou de parage, transmise héréditairement en ligne paternelle;

La noblesse par lettres, conférée par le roi pour services rendus : la noblesse d'office, conférée par la possession de certaines fonctions ou de certaines décorations.

La *noblesse*, dans un sens collectif, se dit de tout le corps des hommes qualifiés nobles.

NOM. Mot qui désigne une personne.

Les Romains avaient trois noms : le *prénom* (prænomen), qui désignait l'individu; le *nom* (nomen), qui distinguait la *gens* ou race à laquelle l'individu appartenait; et le *cognomen*, qui marquait la branche, la famille; quelquefois à ces trois noms s'en joignait un quatrième : le surnom *(agnomen)*, tiré d'une action remarquable ou de quelque circonstance extraordinaire : ainsi Publius Cornelius Scipio Africanus.

Chez les nations modernes, l'individu porte généralement deux noms : le nom de famille et le nom de baptême; ce dernier est le nom ou prénom donné à l'enfant soit lorsqu'il est présenté aux fonts baptismaux, soit lorsqu'est dressé son acte de naissance. Pendant longtemps, au moyen-âge, on désigna les individus seulement par leur nom de baptême, auquel on ajoutait celui du père : ainsi l'on disait „Jean fils de Pierre", ou „Jean-Pierre"; beaucoup de noms ainsi formés sont devenus des noms de famille.

De ces manières de nommer les personnes résultait une grande confusion, car un nombre considérable de personnes se trouvaient avoir les mêmes noms : afin d'y remédier on a adopté l'usage des noms de famille héréditaires, qui furent introduits en Europe du 10e au 12e siècle.

Quelques nobles se bornèrent à prendre leur prénom pour nom de famille; mais la plupart ajoutèrent à leur prénom le nom de leur fief ou de leur principal manoir : c'est ainsi que se formèrent les noms composés comme Jacques de Bourbon, Godefroy de Bouillon, Jean d'Armagnac, etc.

Les gens qui ne possédaient ni fiefs ni domaines, tirèrent leur nom de leur profession, de leur pays d'origine, de quelque caractère physique ou moral, de quelque circonstance de localité, d'un sobriquet transmis de père en fils, enfin d'une variété infinie de particularités, dont il serait difficile de retrouver l'origine.

Le nom de famille ou patronymique est une propriété de la famille qui le porte; et la preuve de cette propriété se fait au moyen des actes de l'état civil et de la généalogie des personnes. La perpétuité et l'invariabilité des noms de famille sont devenues d'une importance essentielle pour la stabilité et la régularité de l'ordre civil dans les Etats modernes; car ces noms sont le moyen le plus sûr non seulement pour constater l'identité des individus, mais pour déterminer leur filiation et leur état civil. Aussi des lois établissent-elles des règles spéciales pour les changements ou même les rectifications de noms. En général, il faut un décret du gouvernement pour être autorisé à changer de nom, et un arrêt de l'autorité judiciaire pour rectifier un nom inexact; tout changement, toute modification de nom faite sans autorisation est passible de peines édictées par la loi.

Les noms de famille sont encore inconnus dans les pays musulmans, où les individus dont désignés uniquement par le nom d'un des héros de l'islamisme; le nom s'éteint et disparaît avec la personne.

En style de pratique, *nom* se dit de la qualité qu'a une personne pour faire une chose, du titre en vertu duquel elle agit, ou prétend à quelque chose, comme dans ces locutions : procéder *au nom* et comme tuteur ; — céder ses droits, *noms* et raisons, c'est-à-dire transférer ses droits et ses titres en vertu desquels on prétend à une chose; — répondre d'une chose en son propre *nom*, c'est-à-dire s'en faire personnellement responsable etc.

Nom de guerre, nom que chaque soldat prenait autrefois en entrant au service.

Nom de religion, nom que les religieux ou les religieuses prennent en entrant au couvent.

Nom social. Terme de commerce.

Le *nom social* ou raison sociale consiste dans le nom sous lequel des négociants associés font connaître au public leur association, et celui que les associés doivent signer pour représenter leur maison de commerce.

La signature est ordinairement dévolue à l'un des associés; mais cette signature du nom social lie non seulement celui qui la donne, mais encore tous les autres associés. *(Voir* SOCIÉTÉ, COMMERCE, COMMERÇANT.)

NOMADE. Se dit des peuples qui n'ont point d'habitation fixe.

Ces peuples, n'ayant ni territoire propre ni domicile stable, ne sont point considérés comme des Etats; cependant on les traite sur le même pied: on conclut même avec eux des traités internationaux, lorsqu'ils jouissent d'une organisation politique et expriment, par l'intermédiaire de leurs chefs ou de leurs assemblées, une volonté commune.

Dans tous les cas les Etats sur le territoire desquels ils se meuvent, sont bien forcés de les contraindre à respecter les obligations imposées par le droit international, et partant de régler avec eux certaines conditions au moyen de traités qui, comme tous les autres, revêtent le caractère international.

Ou peut classer dans cette catégorie les Arabes dits Bédouins, répandus dans les déserts de l'Arabie, de la Syrie, de l'Égypte et de l'Afrique barbaresque, où ils vivent en familles gouvernées par des cheikhs, ou en grandes tribus obéissant à des émirs ; les Turcomans et les Tartares, qui parcourent le plateau central de l'Asie; les Indiens de l'Amérique.

NOMARQUE. C'est le titre donné, dans le royaume de Grèce, à un fonctionnaire dont les attribution diffèrent peu de celle des préfets (Voir ce mot) en France.

La portion du territoire qu'administre un nomarque, se nomme *nomarchie*.

Les *nomarchies* correspondent à peu près aux départements français.

NOMINATION. Action de nommer à quelque emploi.

Droit de nommer à un emploi, à une dignité, comme dans cette phrase : „Cette place est à la nomination du roi.“

Effet de la nomination — se dit, dans le sens passif, de celui qui a été nommé à un emploi, ainsi : „il a reçu sa nomination“ — „je l'ai vu depuis sa *nomination au ministère*, c'est-à-dire depuis qu'il a été nommé ministre.

NON-ACTIVITÉ. Position d'un employé qui momentanément n'exerce aucune fonction.

Il y a cette différence avec la *disponibilité* que celle-ci consiste dans une privation provisoire de l'emploi par punition ou autrement; la non-activité est le retrait définitif des fonctions, soit par raison d'âge ou de santé, soit par la mise à la retraite ou à la pension.

NONCE. Les nonces sont les représentants du Pape à l'étranger.

Autrefois c'étaient de véritables ambassadeurs, chargés par le Souverain Pontife de le représenter auprès des chefs d'Etat pour la transaction de toutes affaires de quelque nature que ce soit ; mais depuis que le Pape a été privé de ses possessions territoriales, leur mission est purement ecclésiastique, et ils ne représentent plus le souverain Pontife qu'en sa qualité de chef de l'Eglise catholique romaine.

On pourrait dire qu'ils ont perdu le caractère de ministres publics ou d'envoyés au sens strict du mot, puisqu'ils ne sont plus les représentants d'un Etat; néanmoins leur importance est demeurée indépendante du maintien du pouvoir du Pape, et on continue de leur accorder les privilèges des agents diplomatiques. Ils ont rang d'ambassadeurs et jouissent même de la préséance sur les ambassadeurs des puissances catholiques, qui leur avait été conservée par les règlements de Vienne de 1815 et d'Aix-la-Chapelle de 1818.

Les nonces du Pape sont porteurs de bulles, qui leur servent à la fois de lettres de créance et de pouvoir général. (*Voir* BULLE.) Lorsqu'ils quittent une mission, ils ne remettent pas de lettres de rappel; leur rappel donne lieu seulement à une lettre que le cardinal secrétaire d'Etat du Vatican adresse au ministre des affaires étrangères du pays où le nonce était accrédité.

Comme les nonces ne présentent pas de lettres de rappel, il ne leur est pas remis de lettres de recréance. (*Voir* RECRÉANCE.)

Pour leur réception et la remise de la bulle qui leur tient lieu de lettres de créance, les nonces ont droit à une audience solennelle; mais l'audience peut être privée, suivant la volonté des deux cours ou selon l'usage établi.

Il y a une distinction à établir entre les nonces et les légats pontificaux.

Les nonces ne sont jamais des cardinaux; leur mission est permanente et ils prennent résidence dans les pays où ils sont envoyés.

Les légats, qui sont toujours choisis parmi les cardinaux, sont, à proprement dire, des ambassadeurs extraordinaires chargés de missions spéciales et passagères. (*Voir* LÉGATS.)

Les uns et les autres ne sont généralement envoyés que dans les pays catholiques qui reconnaissent la suprématie spirituelle du Pape.

NONCE (en Pologne). Autrefois, dans le royaume de Pologne, on désignait sous le titre de *nonces* les députés envoyés par la noblesse des petites diètes, ou diètes de district à la grande diète ou diète centrale et générale du royaume, pour y composer la chambre de la noblesse.

NONCIATURE. L'emploi ou les fonctions de nonce du Pape.

Temps pendant lequel le même dignitaire ou titulaire exerce ses fonctions.

Le palais ou l'hôtel que le nonce habite.

On appelait aussi autrefois *nonciature* un pays dépendant du Pape où un nonce exerçait une juridiction.

En Pologne, charge de nonce à la diète du royaume.

NON-COMBATTANT. Se dit d'une personne qui suit une armée en qualité d'employé ou d'auxiliaire passif sans prendre aucune part aux combats.

On comprend dans cette catégorie les agents administratifs, les employés de l'intendance, les médecins, les aumôniers militaires, les domestiques, les cantiniers, etc.

Il va de soi que, pour conserver ce caractère, ces personnes doivent s'abstenir avec soin de tout acte agressif quelconque.

Il est contraire aux usages de la guerre d'attaquer isolément, de blesser ou de tuer les personnes de cette catégorie, cependant ces personnes sont exposées aux dangers généraux que la guerre entraîne pour une armée; alors il est naturellement permis au non-combattant de se défendre; il peut donc être blessé ou tué, comme aussi être fait prisonnier, lorsque le corps auquel il s'est joint se rend ou est pris; mais dans ce dernier cas l'ennemi n'est autorisé à retenir les non-combattants en captivité que quand leur présence auprès de l'adversaire constitue un danger pour celui qui les a capturés.

NON-INTERVENTION. Abstention d'intervenir, de s'immiscer dans une transaction, dans une affaire.

Au point de vue du droit des gens, le système de non-intervention est un système de politique internationale, consistant à ne pas intervenir dans les affaires des autres Etats et par suite à ne pas permettre que les autres y interviennent.

NOTABLE. Se dit des citoyens les plus considérables d'une ville, d'une province, d'un Etat, ceux qui exercent les professions libérales, avocats, notaires, médecins, principaux commerçants et propriétaires.

En France, avant 1789, les notables d'une ville étaient les habitants qui avaient le droit d'élection et d'éligibilité aux fonctions municipales.

C'étaient aussi les principaux membres de la noblesse, de la magistrature et du clergé: le roi convoquait, dans certaines occasions, des réunions, dites assemblées des notables, qui avaient les mêmes attributions que les Etats généraux, si ce n'est que leurs membres n'avaient que voix consultative.

Aujourd'hui on appelle *notables* ou *notables commerçants* les principaux banquiers et négociants d'une place de commerce, inscrits sur les listes destinées à former les assemblées qui élisent les juges des tribunaux de commerce et les membres des chambres de commerce.

Dans les Echelles du Levant, on donne le titre de *notables* aux principaux habitants, qui sont dans certains cas appelés à concourir avec les consuls à l'administration de la justice.

NOTAIRE. Officier ministériel ou fonctionnaire public établi pour rédiger et recevoir tout les actes et les contrats auxquels les parties doivent ou veulent faire donner le caractère d'authenticité attaché aux actes de l'autorité publique. (*Voir* ACTES, CONTRATS, AUTHENTIQUE.)

NOTAIRE APOSTOLIQUE. Fonctionnaire institué autrefois par les papes dans les pays catholiques pour rédiger tout les actes relatifs aux matières d'intérêt temporel ecclésiastique, dont il fallait envoyer des expéditions à Rome. Aujourd'hui il n'y a plus de notaires apostoliques qu'à Rome même, où ils sont chargés de faire toutes les expéditions concernant les affaires ecclésiastiques.

NOTE. Dans un sens général on peut dire q'une *note* est un extrait sommaire d'un acte plus étendu, un expose succinct d'une affaire.

En diplomatie, on donne le nom de note à toute communication écrite, notamment en vue de la conclusion d'une négociation, échangée par les agents diplomatiques entre eux, ou avec le gouvernement auprès duquel ils sont accrédités.

Les notes sont de deux sortes : celles qui sont signées par celui de qui elles émanent, et celles qui ne portent pas de signature et sont appelées *verbales*.

Les premières, à raison même de leur forme, ont un caractère plus directement obligatoire, et sont en général réservées pour les actes ou les déclarations impliquant un engagement. Quant aux secondes, elles ont une portée plus restreinte et servent surtout à élucider des points de détail, à résumer des conversations, à servir de *memento* ou à suggérer des transactions dont on n'entend poser que les bases, les points extrêmes.

Les réponses aux notes sont ordinairement conçues dans la même forme.

Les notes sont rédigées à la troisième personne, qu'on emploie pour désigner aussi bien le fonctionnaire qui les adresse que celui auquel elles sont adressées. Elles commencent généralement par l'énonciation de la qualité de la personne qui écrit et se terminent par la formule de courtoisie attribuée à la personne à laquelle elles sont destinées; généralement aussi la date précède la signature.

On appelle *notes ad referendum* les dépêches qu'un agent diplomatique adresse à son gouvernement pour lui demander des instructions nouvelles, lorsque les négociations auxquelles il prend part dépassent les limites des pouvoirs qui lui ont été donnés dans l'origine. (*Voir* NÉGOCIATION.)

Les notes ne s'échangent pas seulement entre les agents diplomatiques, leurs propres gouvernements et les gouvernements auprès desquels ils sont accrédités; ils est des circonstances où des notes sont adressées par un ministre des affaires étrangères d'un Etat à celui d'un autre; mais ce genre de notes est réservé pour les circonstances où la communication a pour objet une demande directe, une réclamation formelle d'un gouvernement à une autre.

NOTIFICATION. Acte par lequel on donne, dans des formes usitées, connaissance d'une chose, d'un fait, d'un évènement.

La plupart des souverains ont coutume de se notifier réciproquement les évènements importants qui concernent leurs personnes ou leurs familles. (*Voir* CORRESPONDANCE DES SOUVERAINS.)

Les chefs d'Etat font également part, par des lettres officielles, de certains actes qui les concernent directement, eux ou leur gouvernement.

NOTIFICATION DE BLOCUS. (*Voir* BLOCUS.)

NOTORIÉTÉ. Etat de ce qui est notaire, c'est-à-dire connu de tout, public.

On appelle *acte de notoriété* l'acte passé devant notaire, et par lequel des témoins suppléent sur un point de fait à des preuves écrites.

NOVATION. En droit, substitution d'une obligation nouvelle à une ancienne, qui se trouve ainsi supprimée.

La *novation* est un des modes d'extinction des obligations.

Lorsqu'il s'agit de dettes, la novation s'opère de trois manières : par substitution d'une nouvelle dette à l'ancienne, laquelle se trouve ainsi éteinte; par substitution d'un nouveau débiteur au débiteur primitif, qui est alors déchargé par le créancier; et par substitution d'un nouveau créancier à l'ancien, envers lequel le débiteur se trouve dégagé.

La novation éteint tous les accessoires de l'ancienne obligation, à l'égard des parties principales et de leurs cooligés.

NOVELLES. Constitutions impériales promulguées par l'Empereur Théodose et ses successeurs après la rédaction du code théodosien.

Ce nom est plus particulièrement donné aux constitutions de l'Empereur Justinien, formant la quatrième et dernière partie du corps du droit romain (*corpus juris*). Elles comprennent 165 constitutions en 13 édits ; on les appelle *novelles*, par ce qu'elles furent faites sur de nouveaux cas et après la révision du code compilé par les ordres de Justinien, et qu'en résumé elles apportèrent des changements essentiels à l'ancien droit romain.

La plupart ont été publiées en grec, quelques-unes en latin et d'autres dans les deux langues ; la publication en a eu lieu de l'an 535 à l'an 565 de notre ère.

Il existe encore une autre collection de 134 novelles, dans une version latine, faite sur le texte grec ; elle est généralement connue sous la dénomination de *Livre des Authentiques*, ou simplement d'*Authentiques*.

NUE PROPRIÉTÉ. Terme de jurisprudence : se dit de la possession d'un fonds dont une autre personne a la jouissance ou l'usufruit.

Celui qui n'a que cette possession est dit *nu propriétaire ;* il est pendant tout le temps que subsiste l'usufruit, privé du droit de percevoir les fruits ou les revenus produits par la chose, la propriété qui lui appartient.

NULLITÉ. Se dit, en jurisprudence, du vice ou du défaut qui rend un acte ou un jugement nul et sans valeur ; il peut aussi être appliqué aux traités, aux engagements internationaux.

Les nullités peuvent provenir du fond ou de la forme des actes, des jugements, des contrats en général.

C'est aussi l'état de l'acte reconnu nul et non avenu, par suite d'un vice de fond ou de forme qui l'empêche de produire son effet.

O

OBÉDIENCE. Terme de théologie, équivalant à obéissance et exprimant l'état de dépendance d'un fidèle à son supérieur spirituel.

On appelle *pays d'obédience* les Etats dans lesquels le Pape nomme aux bénéfices qui viennent à vaquer.

Dans les temps de schisme où il y avait deux papes à la fois, le mot *obédience* servait à désigner les différents pays qui reconnaissaient l'un ou l'autre pape.

On nomme *ambassade d'obédience* celle qu'un souverain ou un corps de fidèles envoie au Pape pour prêter le serment ou l'hommage d'obédience, l'assurer de son obéissance filiale. L'ambassadeur envoyé à cet effet est dit *ambassadeur d'obédience ;* il est ordinairement reçu par le Souverain Pontife en plein consistoire, avec un cérémonial particulier.

Les *Lettres d'obédience* consistent dans les lettres qu'un supérieur donne à des religieux ou à des religieuses appartenant aux ordres enseignants et que le gouvernement reçoit comme équivalent d'un certificat de capacité.

OBLIGATION. Ce qui oblige ou engage.

En droit, c'est le lien qui astreint une personne envers une autre ou plusieurs autres à faire ou à ne pas faire quelque chose ; il s'applique aussi bien aux nations, aux Etats, aux gouvernements : l'obligation peut résulter de la loi ou d'un contrat.

En droit international, le terme *obligation* peut être considéré comme synonyme de celui de *devoir* (voir ce mot).

OBLIGATOIRE. Qui a la force d'obliger.

Se dit des lois, des contrats en général, des traités internationaux, et plus spécialement de certaines clauses de ces actes dans lesquelles l'obligation d'exécuter le traité est expressément libellée ou formulée.

OBLITÉRATION. Dans l'administration des postes, on oblitère, c'est-à-dire qu'on macule ou efface en partie, en les marquant avec un timbre pointillé à l'encre noire, les *timbres-poste* (voir ce mot) apposés sur les lettres, afin qu'on ne puisse plus s'en servir.

OBREPTICE. Terme de chancellerie. Qui a été obtenu au moyen d'un exposé où est omis quelque chose d'essentiel, une vérité qui aurait dû être exprimée : une grâce obreptice, une concession obreptice, etc.

OBREPTION. Réticence qui rend une lettre, un acte obreptice.

Moyens d'obreption, moyens par lesquels on cherche à prouver que des lettres en chancellerie sont obreptices.

OCCUPATION. Action d'occuper, de s'emparer d'un lieu, d'une terre.

Dans le droit moderne, lorsqu'il s'agit de choses n'appartenant à personne, la prise de possession, avec l'intention de s'en rendre propriétaire, est considérée comme une manière légale d'acquérir la propriété ; mais la simple intention de prendre possession, quoique manifestée par des signes extérieurs, ou même une prise de possession provisoire ne suffisent pas pour constituer la propriété définitive ; l'occupation temporaire ne peut engendrer qu'un droit factice ; il n'y a de vraie occupation que celle qui est effective et durable, elle consiste dans le fait d'organiser administrativement le pays occupé et d'y exercer le pouvoir.

OCCUPATION MILITAIRE. Action de se rendre maître d'un pays, d'une place par la force armée.

La présence de troupes belligérantes sur le territoire ennemi a pour conséquence de plein droit, sans déclaration préalable, de soumettre la partie de ce territoire occupée aux lois martiales de l'armée qui en prend possession.

La sujétion volontaire ou forcée du vaincu et le maintien de son attitude pacifique impliquent en fait de la part du vainqueur l'obligation stricte de protéger les personnes et de respecter les principes du droit naturel, par conséquent de mettre fin à toute acte hostile, à toute mesure violente sur le territoire occupé.

Mais lorsque les habitants du pays ou du lieu occupé se soulèvent contre l'occupation, il est manifeste que ceux qui refusent de déposer les armes et prolongent ainsi les hostilités, déclarent virtuellement vouloir user du droit de guerre ; or, cette situation ayant été librement choisie par eux, ils doivent en accepter les conséquences, sans pouvoir se plaindre de celles que le vainqueur fait peser sur eux.

Le droit international ne reconnaît pas à l'occupant la faculté de changer les lois des territoires sur lesquels se trouvent ses troupes, ni d'y administrer la justice en son nom.

Cependant, si des nécessités militaires l'y contraignent, l'occupant peut empêcher l'application de certaines lois, et substituer le pouvoir militaire à l'autorité légale du pays, mais uniquement dans la mesure où cette autorité constitue une force pour l'ennemi, et par conséquent un danger pour l'armée d'occupation.

Les soldats qui commettent des crimes ou des délits de droit commun dans le pays occupé, sont punissables d'après le code pénal militaire et la loi nationale de l'armée.

Généralement le vainqueur s'arroge le droit de percevoir l'impôt sur les territoires qu'il occupe, de sorte que la créance de l'État sur les contribuables est ainsi forcément à la disposition de l'occupant ; et, une fois perçue par lui, elle ne saurait l'être une seconde fois par l'État envahi, à l'égard duquel se trouve libéré chaque contribuable qui a payé.

Lorsqu'une armée envahit une contrée, il faut qu'elle y subsiste ; or, comme elle ne peut être tenue de payer les frais de la guerre, la loi de nécessité permet d'imposer des contributions ou des réquisitions en nature ou en argent et d'appliquer à l'entretien des troupes le produit d'une portion de l'usufruit des terres, dont la libre jouissance et l'exploitation sont laissées aux habitants du pays. *(Voir* CONTRIBUTIONS DE GUERRE, RÉQUISITIONS.)

L'occupation militaire ne produit d'effet sur la propriété privée que dans les cas exceptionnels qui donnent ouverture au droit de confiscation ; elle laisse dès lors subsister intact le droit de transfert par voie de vente, d'échange, de succession, etc.

(Voir CONTRAT, CRÉANCES ET DETTES DE L'ENNEMI.)

L'occupation n'est souvent qu'un fait accidentel, une opération militaire transitoire.

Quelque courte qu'en soit la durée, cette occupation entraîne en faveur des troupes envahissantes, à l'égard des habitants, l'exercice de quelque autorité, dont les limites sont nécessairement vagues et moins étendues que dans le cas de l'occupation fixe et nettement caractérisée. Cette autorité consiste surtout à prendre les mesures propres à assurer la marche des troupes, à les approvisionner, à prévenir ou à réprimer les soulèvements armés qui pourraient survenir à l'arrière ou sur les flancs de l'armée.

Les effets immédiats de l'occupation, c'est-à-dire ceux découlant directement du fait même de l'exercice des droits de la guerre, de l'usurpation temporaire du gouvernement du pays, cessent du moment que les troupes ennemies se retirent du territoire occupé. Les habitants rentrent sous l'autorité du gouvernement national, qui peut déclarer nuls les actes du gouvernement ennemi intérimaire; il y a toutefois une exception à faire pour les actes administratifs et judiciaires, qui n'ont d'importance qu'en droit privé et demeurent valables.

A la fin de la guerre, si le traité de paix stipule la restitution du territoire occupé pendant la guerre, le territoire doit être rendu dans l'état où il se trouvait lors de la conclusion de la paix. Toutefois les changements causés par la guerre ne peuvent faire l'objet de réclamations; mais toute détérioriation ultérieure est interdite. L'occupant n'est pas tenu non plus à la restitution des fruits qu'il a perçus; par contre les dépenses faites par lui peuvent ne pas lui être remboursées; mais il a en outre la faculté d'enlever les choses à lui appartenant, de détruire ou d'emporter les ouvrages qu'il a construits à ses frais pendant l'occupation, et de rétablir les lieux comme ils étaient avant le commencement des travaux. Le traité peut cependant stipuler des arrangements particuliers à cet égard.

L'occupation ne cesse pas toujours avec la fin des hostilités; quelquefois elle est prolongée après la conclusion de la paix comme une garantie jugée nécessaire pour assurer l'exécution de certaines dispositions du traité qui a mis un terme à la guerre : les territoires alors occupés demeurent en quelque sorte comme un gage entre les mains du vainqueur jusqu'à l'accomplissement de ces conditions.

Dans ces cas cette occupation militaire en temps de paix perd naturellement des rigueurs qu'elle avait en temps de guerre, d'autant plus que l'Etat vaincu a récu-péré intégralement ses droits de propriété et de souveraineté sur le territoire ainsi occupé; aussi intervient-il ordinairement des arrangements spéciaux entre les deux Etats pour régler les rapports des troupes étrangères avec les autorités nationales et les habitants pendant la durée de l'occupation.

OCTROI. Se disait autrefois de toute concession ou de tout privilège accordé par le souverain. Ainsi le roi *octroyait* des lettres de noblesse, des lettre de grâce, etc.

Par contre se disait aussi de subsides accordés par le peuple au souverain.

Aujourd'hui, on appelle *octrois* les contributions que les villes s'imposent pour faire face à leurs dépenses; elles sont ainsi nommées, parce qu'elles ne pouvaient, dans l'origine, être levées qu'en vertu de lettres patentes *octroyées* par le souverain.

Les octrois consistent principalement en droits ou taxes perçus sur certaines denrées à l'entrée des villes et à leur profit, sauf parfois les prélèvements déterminés par la loi au bénéfice du trésor public.

Les ministres publics, à moins de conventions spéciales fondées sur le principe de la réciprocité, restent soumis aux taxes d'octroi. Toutefois en France les consuls étrangers n'en sont pas affranchis même par la loi de réciprocité ou des stipulations expresses.

ŒCUMÉNIQUE. Qui concerne toute la terre habitée, universel.

Se dit plus particulièrement des conciles.

Les conciles *œcuméniques* ou généraux sont ceux qui représentent l'universalité de l'Eglise catholique : ils se composent d'évêques et de docteurs en théologie, convoqués par le Pape, en plus ou moins grand nombre, de toutes les parties du monde chrétien.

Ces conciles diffèrent des autres en ce que ces derniers ne représentent qu'une partie de la Chrétienté.

Les évêques de Constantinople prennent le titre de patriarche œcuménique.

OFFENSIF, OFFENSIVE. Qui attaque, qui sert à attaquer : armes offensives, force offensive.

L'exercice de la force offensive est réglé par le droit des gens. (*Voir* DROIT DE LA GUERRE.)

La guerre *offensive* est celle dans laquelle on attaque l'ennemi. (Voir guerre.)

Traité *offensif*, convention par laquelle

deux ou plusieurs Etats s'engagent mutuellement à entrer conjointement en guerre contre un autre Etat. Un traité peut être à la fois offensif et défensif; dans ce cas l'accord ne se borne pas à l'initiative de l'agression; il embrasse en outre les mesures nécessaires pour se défendre mutuellement contre l'attaque d'autrui.

Lorsque plusieurs Etats participent à la conclusion de pareils traités, on donne à cette sorte d'alliance la dénomination de ligue, à laquelle on ajoute l'épithète d'offensive, d'offensive et défensive, selon la nature des stipulations. *(Voir* LIGUE.)

Pris substantivement, le mot *offensive* signifie une manière de guerre qui consiste à attaquer. *(Voir* AGRESSION, ATTAQUE.)

OFFICE. Se dit quelquefois pour fonctions : office de secrétaire, de conseiller, etc.

Autrefois on nommait offices certaines dignités, certaines charges avec juridiction : office de connétable, de chancelier, de juge, etc.

On appelait grands offices de la couronne certaines fonctions honorifiques qui donnaient aux titulaires le droit d'approcher de la personne du roi, telles que les offices de grand-chambellan, de grand-maître des cérémonies, de grand-aumônier, etc.

L'expression d'*office* s'applique à un acte fait par un fonctionnaire sans qu'il en soit requis et en raison du seul devoir de sa charge : ainsi le juge a informé d'*office*, c'est-à-dire parce que le devoir de sa charge le lui prescrit.

Nommé d'office veut dire nommé par une autorité, un juge, un tribunal : tels des experts; l'avocat d'office est celui que le président d'un tribunal nomme pour défendre un accusé qui ne veut pas de défenseur.

On donnait le titre de Saint-Office à la congrégation de l'Inquisition établie à Rome, le tribunal de l'Inquisition. *(Voir* INQUISITION.)

Le mot *office* signifie aussi bureau, agence : office de publicité, de correspondances, etc.

En Angleterre il est presque synonyme de ministère, de direction, d'administration : le *Foreign office* est, à proprement dire, le ministère des affaires étrangères.

En langage diplomatique, on donne le nom d'*office* à toute communication sur des questions d'intérêt général : *avis, message, lettre, note, dépêche,* etc. (Voir ces mots.) Ces mots s'emploient le plus sou-

vent et indifféremment les uns pour les autres; mais le terme d'*office* paraît s'appliquer plus particulièrement à la *note officielle,* c'est-à-dire à celle où il est spécifié que le ministre public est *chargé* par son gouvernement, a l'*ordre* ou l'*autorisation* de faire la communication que contient sa note.

OFFICIEL. Qui émane du gouvernement, de l'autorité, qui est publié par eux : déclaration, proposition officielle.

OFFICIER. Ce mot désigne en général quiconque possède un office, une charge, un emploi; mais il se dit plus spécialement de celui qui exerce un commandement dans l'armée.

On peut donc distinguer les officiers en deux classes : les *officiers militaires* ou ceux qui ont un grade dans les armées de terre ou de mer; et les officiers *civils,* tels que les maires et les adjoints, dits aussi *officiers de l'état civil;* les notaires, les avoués, les huissiers, les greffiers, désignés, en France, plus spécialement sous la dénomination d'*officiers ministériels,* parce que leur nomination définitive est sujette à la sanction du ministère de la justice.

OFFICIEUX. Se dit, par opposition à *officiel,* de ce qui a le caractère de simple communication, et non d'ordre ou de prescription, de la part du gouvernement ou d'une autorité.

Des renseignements peuvent être *officieux* et non *officiels.*

OLIGARCHIE. Forme de gouvernement politique dans lequel le pouvoir est entre les mains d'un petit nombre d'individus ou de familles.

L'oligarchie est une aristocratie réduite à quelques privilégiés.

OLYMPIADE. Période de quatre ans s'écoulant d'une célébration à l'autre des jeux olympiques, qu'on célébrait près d'Olympie en Péloponèse.

Les Grecs l'avaient prise pour base de la supputation du temps; elle sert encore à déterminer leur chronologie.

Une olympiade est composée de quatre années, dont chacune, commençant à la nouvelle lune après le solstice d'été, correspond à deux années juliennes et comprend les six derniers mois de l'une et les six premiers mois de la suivante.

L'ère des olympiades devrait commencer avec les premiers jeux olympiques; mais comme la célébration de ces jeux fut interrompue dans l'origine, l'ère commune ne date que de la 23e célébration, 23 ans avant la fondation de Rome, 773 ans avant Jésus-Christ, qui naquit la première année de la 195e olympiade.

On a compté par olympiades jusqu'à la 304e, 147 ans après J.-C., époque où l'ère des olympiades a été remplacée par l'ère chrétienne.

OPINION. Avis ou sentiment de celui qui se prononce sur une affaire mise en délibération.

On appelle aussi *opinion* la note écrite dans laquelle est consigné cet avis. *(Voir* NOTE, MÉMOIRE.)

Au pluriel, s'emploie comme synonyme de voix, vote ou *suffrage* (voir ces mots) : d'où les expressions : recueillir ou prendre les opinions, aller aux opinions; — les opinions sont partagées ou divisées; — et, par suite, l'opinion de la majorité ou de la minorité.

L'*opinion publique*, ou simplement l'*opinion*, ce que le public pense sur quelque chose, sur quelqu'un.

On dit : le pouvoir, l'empire de l'opinion — „respecter ou braver l'opinion" — „l'opinion gouverne le monde."

OPPOSITION. Empêchement, obstacle qu'une personne met à quelque chose.

En droit, c'est l'obstacle qu'on met, suivant les formes judiciaires, à une chose ou à l'exécution d'une chose : ainsi on forme opposition à un mariage, à une vente, à un paiement, etc.

Opposition se dit aussi d'une différence d'opinion, d'une manière de voir contraire. Dans le langage parlementaire on appelle le parti de l'opposition, ou simplement l'opposition, la partie d'une assemblée qui parle et vote contre une mesure proposée, qui se trouve en opposition d'idées ou de vues avec la majorité; par extension, le parti attaché aux opinions de la minorité opposante d'une assemblée.

Dans un sens plus restreint, on désigne sous le nom d'*opposition* la partie d'une assemblée délibérante qui parle et vote systématiquement contre un ministère et toutes les mesures qui en émanent, comme étant l'organe et l'expression d'un système particulier.

Se dit aussi de ceux qui en dehors de l'assemblée professent et soutiennent les mêmes opinions que l'opposition — écrivain, journal de l'opposition; et par suite faire de l'opposition, c'est se montrer, par des discours ou des esprits, hostile à la direction donnée aux affaires publiques par le gouvernement.

OPTION. Faculté et action d'opter, de choisir entre deux choses, entre deux partis.

Lorsqu'un territoire passe en la possession d'un autre souverain par la conquête ou par une cession amenée par les nécessités de la guerre, les habitants peuvent être appelés à choisir, à *opter* entre l'ancienne et la nouvelle nationalité, de sorte que quiconque ne déclare pas vouloir conserver son ancienne nationalité est considéré comme ayant accepté la nouvelle.

Par contre les personnes qui font la déclaration requise sont désormais considérées comme des étrangers dans le pays cédé et peuvent être dans certains cas contraintes de le quitter.

ORATEUR. Celui qui prononce un discours devant des personnes assemblées.

On donne le titre d'orateur *(speaker)* en Angleterre au président de chaque Chambre du parlement; aux Etats-Unis, au président de la Chambre des représentants au Congrès fédéral et en général au président de la seconde Chambre des législatures des divers Etats.

Le président ou orateur de la Chambre des Lords d'Angleterre est le lord chancelier en fonctions, lequel doit sa nomination au souverain, tandis que l'orateur de la Chambre des Communes est élu par les membres de cette chambre; seulement ce choix est sujet à l'approbation de la Couronne; il reste en fonctions jusqu'à la dissolution du parlement pour lequel il a été élu. Il ne peut prendre la parole et voter qu'au sein des comités; cependant lorsqu'il y a égalité de votes dans une délibération de la Chambre, l'orateur a le vote prépondérant, qui décide de la majorité.

Aux Etats-Unis l'orateur, soit au Congrès, soit dans les législatures d'Etat, est élu pour toute la durée d'un Congrès ou d'une législature.

ORDONNANCE. Acte, décision émanée de l'autorité supérieure.

Sous l'ancien régime, lois et constitutions des rois de France; on disait au pluriel, en termes de palais, *ordonnances royaux* (autrefois les adjectifs en *al* avaient même forme et par conséquent même désinence au pluriel pour le masculin et le féminin).

Dans les temps plus modernes, le mot *ordonnance* s'applique seulement à des règlements ou actes décrétés par le souverain pour l'exécution des lois ou pour des objets d'administration; ce terme est remplacé souvent par celui de *décret*. (Voir ce mot.)

On donne, en France, aussi le nom d'*ordonnance* aux décisions du conseil d'Etat en matière contentieuse, lorsqu'elles sont revêtues de l'approbation du chef de l'Etat, ainsi qu'à certains actes d'ordre judiciaire.

ORDRE. Ce mot a des acceptions diverses, qui sont respectivement d'une application usuelle dans le langage du droit des gens, savoir:

Disposition des choses selon des rapports apparents et constants, arrangement des parties d'un tout, mises au rang, à la place qui convient à chacune d'elles.

Loi, règle établie par la nature, par l'autorité, par l'usage, etc.

Ordre de choses, l'ensemble des conditions dans lesquelles on vit, — peut se dire d'un système, d'un régime particulier, — notamment de gouvernement ou d'administration.

Ordre d'idées, système, classe, enchaînement d'idées relatives à un objet déterminé.

Nom donné aux différentes classes, subordonnées entre elles, qui composent un Etat, une corporation: l'ordre judiciaire, l'ordre des avocats, etc. Les *ordres* se disait absolument des trois classes dont se composaient les Etats en France avant la Révolution: 1⁰ l'ordre du clergé, 2⁰ l'ordre de la noblesse, 3⁰ l'ordre du tiers-état.

L'ordre hiérarchique, les différents degrés de dignité, de pouvoir, d'autorité subordonnés les uns aux autres et considérés dans leurs rapports mutuels, tant dans le gouvernement politique que dans celui de l'Eglise.

Espèce, catégorie: dans le langage scientifique, le mot *ordre* sert à dénommer certaines divisions, naturelles ou artificielles, établies parmi les choses qu'on considère.

Compagnie ou corporation, dont les membres s'obligent à vivre sous certaines règles, et le plus souvent portent des marques extérieures destinées à les distinguer: ordre religieux, ordre militaire.

Compagnies de chevalerie, distinctions honorifiques, instituées par des chefs d'Etat: en France l'ordre de la Légion d'honneur; en Angleterre, l'ordre de la Jarretière, l'ordre du Bain; en Espagne, l'ordre de la Toison d'or, etc. etc. — se dit aussi du collier, du ruban ou des autres insignes de ces ordres de chevalerie. (*Voir* DÉCORATION.)

Prescription, injonction, commandement émané de l'autorité: ordre verbal, ordre par écrit. — *Par ordre*, signifié par une injonction d'une autorité supérieure. *Jusqu'à nouvel ordre,* jusqu'à ce qu'un ordre nouveau soit donné.

Dans la langue parlementaire on appelle *ordre du jour* le règlement fait pour chaque jour, qui détermine la succession, ou l'ordre des travaux dont l'assemblée doit s'occuper dans la séance. — Passer à l'ordre du jour signifie cesser la discussion de la question sur laquelle on délibère pour passer à celle qui est inscrite immédiatement après dans le programme de la séance. — Demander l'ordre du jour, c'est demander qu'on écarte une proposition pour reprendre la discussion courante.

Le rappel à l'ordre (ordre doit être pris ici dans le sens de discipline, subordination), est une sorte de blâme que le président d'une assemblée inflige à un des membres qui enfreint les convenances ou les règlements parlementaires.

Mot d'ordre, résolution commune que prend un parti, une compagnie, et à laquelle tous les membres obéissent.

L'ordre commun, la loi commune aux choses.

L'ordre de la nature, les lois qui constituent l'ensemble de ce qu'on appelle la nature.

L'ordre social, la société considérée relativement aux règles qui lui servent de fondement.

L'ordre moral, les lois sur laquelle repose la morale.

ORDRE JUDICIAIRE. On appelle l'*ordre judiciaire* l'ensemble des institutions judiciaires qui régissent un pays et sont destinées à assurer l'application des lois, à protéger la personne, les propriétés et la liberté de chacun, même contre les entreprises du pouvoir.

Se dit aussi des magistrats qui appartiennent à l'ordre ou corporation des juges, aux membres des cours et des tribunaux en général. (*Voir* JUGE, JURIDICTION, JUSTICE.)

ORDRE PUBLIC. C'est l'ensemble des lois et des règlements qui garantissent la sûreté de la société.

On entend plus généralement par ces lois les lois de *police* et de *sûreté*, celles qui ont pour but de réprimer les *crimes*, les *délits* et les *contraventions*. (Voir ces mots.)

Ces lois sont en dehors de la théorie

des statuts : pour leur application le principe de la personalité prévaut sur le principe de la réalité ; cette exception est fondée sur le principe de la *souveraineté des Etats* (voir ce terme).

ORGANIQUE. En législation, en politique on appelle lois *organiques* celles qui ont pour objet d'organiser un Etat, une institution quelconque, de régler le mode et l'action des institutions dont le principe a été consacré par la constitution ou les lois constitutionnelles : on peut ranger dans cette catégorie les lois municipales, électorales, etc.

ORIENT. L'ensemble des Etats, des provinces de l'Asie et du nord de l'Afrique. *(Voir* LEVANT.)

On appelle l'*extrême Orient* les parties de l'Asie qui sont le plus à l'Orient, telles que la Chine et le Japon.

Dans ces régions les consuls étrangers jouissent de certaines prérogatives et exercent une juridiction exceptionnelle. *(Voir* CONSULS, JURIDICTION.)

ORIGINAL. Le manuscrit primitif d'un texte, d'un contrat' d'un traité, d'un acte quelconque ; on l'appelle aussi *minute*.

Se dit aussi du texte par opposition à copie, à traduction.

L'original d'un contrat est le titre même qui porte la signature des parties et forme seul la preuve de l'engagement ou de la convention.

ORIGINE (Certificat d'). On appelle *certificat d'origine* un certificat constatant l'origine véritable de certaines marchandises mises à bord des navires, afin de faciliter la perception des droits de douane dans le pays où elles doivent être importées, attendu que la quotité de ces droits varie suivant que ces marchandises sont ou non le produit du sol ou de l'industrie du pays d'où elles proviennent.

Ce certificat doit être délivré par le consul en résidence dans le port d'expédition. *(Voir* MARCHANDISES, NAVIGATION, NAVIRE.)

OSTRACISME. Jugement par lequel, dans plusieurs villes de la Grèce, le peuple assemblé bannissait pour un certain nombre d'années un citoyen que son autorité ou son influence rendait suspect : ce n'était pas une peine qu'on lui infligeait et aucun déshonneur n'y était attaché; mais c'était une mesure de sûreté publique prise contre une personnalité causant de l'ombrage à l'ordre social.

Le peuple pouvait rappeler de l'exil les citoyens ostracisés lorsqu'il croyait avoir besoin de leurs services, avant l'expiration du terme de leur bannissement.

OTAGE. Sûreté qu'on donne à des ennemis ou à des alliés pour l'exécution de quelque engagement d'un traité, en remettant entre leurs mains une ou plusieurs personnes.

Se dit aussi de ces personnes livrées ainsi en otage.

Ces personnes sont des prisonniers d'une espèce particulière, libres sur leur parole dans la ville fixée pour leur résidence. Ils peuvent être retenus jusqu'à l'exécution du traité ou jusqu'à ce que cette exécution soit suffisamment assurée ; mais ils ne peuvent être retenus plus longtemps sous le prétexte que d'autres contestations sont encore pendantes entre les deux Etats. Si le chef d'Etat qui les a fournis, manque à ses engagements, on doit se borner à interdire aux otages le retour dans leur pays ; ils peuvent être dès lors considérés en traités comme prisonniers de guerre.

Lorsqu'un Etat se saisit lui-même de certaines personnes pour s'en servir comme d'otages, il est tenu de pourvoir à leurs besoins et de les traiter selon leur rang.

A notre époque on peut dire que le système d'enlever ou de recevoir des otages est à peu près abandonné; c'est à peine si l'on en trouve encore l'usage chez certains peuples sauvages de l'Amérique et de l'Océanie.

Quant aux nations civilisées, lorsqu'elles se croient fondées à craindre un manque de bonne foi, une inexécution incomplète ou trop lente de telles ou telles obligations internationales, elles préfèrent en général, avec raison, recourir à des nantissements matériels, en se faisant remettre des forteresses pour otages.

OTAGE DE RANÇON. En cas de capture maritime, il est des circonstances où la capture exige des otages pour mieux assurer l'accomplissement des traités de rançon.

D'après les règlements de la marine française, le capitaine d'un corsaire, qui, après l'accomplissement des formalités prescrites, rançonne à la mer un bâtiment ennemi, est tenu de prendre pour otages de la rançon et d'amener dans un port français au moins un des principaux officiers du navire rançonné et en outre cinq hommes de l'équipage, lorsque l'équipage est composé de 30 hommes au plus, trois lorsqu'il n'est que de 20 hommes, et deux pour les autres cas.

Le décès des otages ou leur délivrance par force n'exempte pas du paiement de la dette contractée, attendu que le capteur est supposé n'avoir accepté un garant personnel qu'à titre de sécurité né-cessaire et complémentaire. *(Voir* RAN-ÇON, PRISE, CORSAIRE, COURSE.)

OUVERTURE. Première proposition qu'on fait pour faire connaître qu'on est disposé à négocier, à traiter relativement à quelque affaire, à consentir à quelque chose : ainsi l'on dit faire des ouvertures de paix, d'alliance, etc.

P

PACHA, BACHA. Mot turc qui signifie gouverneur, grand dignitaire. C'est un titre honorifique donné aux grands personnages, soit qu'ils appartiennent à l'administration civile ou militaire, soit qu'ils n'aient aucune charge dans l'Etat.

On porte devant les pachas comme insigne de *leur* dignité des queues de cheval, flottant au bout d'une lance, surmontée d'une boule dorée. On en porte une seule ou deux devant les uns, et jusqu'à trois devant les autres, selon le rang qu'ils occupent dans la hiérarchie. Les pachas à trois queues sont les premiers personnages de l'empire, comme le Khédive ou vice-roi d'Égypte, le grand-vézir, le capitain-pacha ou ministre de la marine, etc.

La plupart des gouverneurs de provinces ont le titre de *pacha* : de là le nom de *pachalik* qu'on donne à leur gouvernement.

Au lieu de *pacha* les Arabes disent Bacha, parce que la lettre *p* manque dans leur langue.

PACTE. En droit ce terme est synonyme de contrat ou de convention.

Dans l'histoire on a donné ce nom à plusieurs conventions politiques conclues entre un prince et ses sujets, ou par plusieurs souverains ou plusieurs Etats entre eux, mais le pacte se dit plus spécialement de l'accord par lequel plusieurs Etats formulent en commun une règle générale et absolue qu'ils s'engagent à observer : ce pacte, rédigé ordinairement en forme de convention, a pour eux force de loi et de traité *(pactum instar legis);* mais il y a cette différence entre le pacte et le traité, que ce dernier crée un *droit purement convention-nel,* tandis que le premier constitue un *droit nécessaire.*

On appelait *pacte* autrefois le tribut que les sujets payaient au prince, à condition qu'il les défendrait et les protégerait.

Pacte de famille, convention réglant les intérêts d'une famille entre ses membres, la position et les droits de chacun, l'ordre de succession. De nombreux accords de ce genre sont intervenus entre les princes et leurs agnats; mais on désigne plus particulièrement sous le nom de *pacte de famille* le traité conclu le 16 août 1761 entre Louis XV, roi de France, et Charles III, roi d'Espagne; par lequel les parties contractantes s'engagaient à traiter comme ennemie toute puissance qui déclarerait la guerre à l'une d'elles.

Pacte fédéral, acte qui lie des Etats confédérés entre eux : se dit notamment de la constitution fédérale de la Suisse.

Pacte colonial, convention entre un pays et ses colonies, par laquelle la métropole s'attribue des droits sur les produits coloniaux en retour de certaines garanties ou de certains avantages particuliers ou réciproques.

PADICHAH, PADISHA. Mot persan qui signifie prince ou roi.

Titre d'honneur que porte le sultan de Turquie.

PAGE. Jeune garçon attaché au service d'un roi, d'un prince, d'un seigneur.

L'institution des pages est tombée en désuétude dans la plupart des cours de l'Europe.

Il y avait autrefois des pages attachés au service des ambassadeurs; on peut considérer comme leurs successeurs les *attachés d'ambassade ou de légation. (Voir* ATTACHÉ.)

PAIR. Sous le régime féodal on appelait *pairs* les principaux vassaux d'un seigneur, qui avaient entre eux également droit de juger avec lui : on les nommait ainsi parce qu'ils étaient égaux (*pares*) entre eux en pouvoir et en dignité ; on leur donnait aussi le titre de *barons* ou seigneurs.

Les anciens rois de France avaient leurs pairs, d'abord au nombre de sept, et plus tard de douze, c'étaient les grand-vassaux de la couronne. Enfin le titre de pair fut étendu à tous ceux qui possédaient des terres érigées en pairies et qui avaient droit de séance au parlement de Paris ; le nombre en devint illimité.

On appelait *duc et pair* le seigneur qui avait à la fois le titre de duc et celui de pair.

La pairie, abolie en France en 1789 avec les parlements, fut rétablie en 1814 par la Restauration et forma avec la Chambre des députés un corps législatif et politique ; il y avait alors des pairs héréditaires et des pairs viagers. La Chambre des pairs a été supprimée en février 1848.

L'Angleterre a aussi des pairs ; cette dignité est héréditaire et inhérente à la haute noblesse. La pairie, reposant sur les seigneuries territoriales, passe quelquefois aux femmes. Les pairs anglais forment un corps politique, qu'on nomme la Chambre des Lords, dite par opposition à la Chambre des communes. C'est la Chambre-haute du parlement du Royaume-Uni.

PAIRIE. Dignité attachée à un grand fief relevant immédiatement de la couronne.

Fief ou domaine auquel cette dignité était attachée.

Duché-pairie, comté-pairie : duché, comté auquel était joint le titre de pair.

Pairie héréditaire, titre de pair transmissible à l'aîné des héritiers mâles.

Pairie personne, titre et dignité de pair à vie seulement.

Pairie femelle, celle qui pouvait passer aux femmes.

Dignité de membre de l'ancienne chambre des Pairs en France, et de membre de la Chambre des Lords en Angleterre.

PAIX. État d'une nation qui n'a pas d'ennemis à combattre,

Se dit aussi des rapports réguliers et tranquilles d'un Etat avec un autre, ainsi que des traités qui ont pour objet d'établir ces rapports, ou de les rétablir, lorsqu'ils ont été troublés ou interrompus.

C'est surtout à la suite d'une guerre que les nations recherchent la paix, c'est-à-dire de rétablir les relations d'amitié et de bonne harmonie que les hostilités avaient rompues.

Réalisation de la paix. Il y a trois moyens principaux de réaliser la paix : 1° la cessation de fait des hostilités de la part des belligérants et la reprise entre eux des relations qui existaient avant la guerre ; 2° la soumission absolue de l'un des Etats belligérants à l'autre par suite de conquête et d'absorption ; 3° la conclusion d'un traité général et formel de paix.

L'usage consacré veut que les belligérants, quand ils entendent mettre fin à la guerre, fassent une déclaration expresse pour constater la cessation des hostilités. Toutefois, comme il n'existe à cet égard aucune obligation impérative, ils peuvent par une espèce de convention tacite suspendre de fait tout acte de guerre et rétablir immédiatement entre eux des relations d'amitié et de bonne intelligence.

Soumission du vaincu. La soumission du vaincu ou vainqueur par suite de conquête ou d'absorption peut être absolue ou conditionnelle.

(*Voir* CONQUÊTE, CESSION DE TERRITOIRE, ANNEXION.)

Traités de paix. Les traités de paix sont des conventions par lesquelles deux ou plusieurs souverains consacrent entre eux d'une manière expresse la fin des hostilités, sans que pour cela l'une des parties tombe pour l'avenir sous la dépendance absolue de l'autre : c'est cette réserve qui distingue le traité de paix de la soumission ou de la conquête proprement dite.

Il ne faut pas confondre la *trève* ou l'*armistice* avec le traité de paix; ce dernier met un terme aux hostilités, tandis que l'armistice ne fait que les suspendre pour un temps déterminé.

En principe on peut établir que l'autorité suprême investie de la faculté de déclarer la guerre possède seule aussi celle de signer la paix.

Cependant, si la personne revêtue du plus haut pouvoir et du droit de représenter l'Etat ne peut d'après la constitution conclure la paix sans le consentement des chambres, cette restriction doit être respectée, et le traité ne sera valable et exécutoire que si la ratification est accordée, ou si, par suite d'un changement de constitution, elle n'est pas requise.

L'autorité générale de conclure les traités de paix implique nécessairement la faculté d'en stipuler les conditions.

Pour les négociations en vue de la conclusion de la paix, on choisit le plus souvent le territoire d'une puissance neutre, de sorte que toute présomption de coërcition quelconque soit écartée.

Préliminaires de paix. Dans la plupart des cas de nombreux pourparlers et travaux préparatoires retardent la signature du traité de paix définitif; alors, afin d'assurer immédiatement le rétablissement de la paix, on a recours aux *préliminaires de paix.*

Dans les traités de paix il y a lieu de distinguer les articles *généraux* et les articles *particuliers.*

Les articles généraux comportent généralement le rétablissement de la paix, la cessation des hostilités et de leurs conséquences immédiates, l'échange ou la restitution des prisonniers, l'amnistie, la reprise du commerce, de la correspondance, etc.

Les articles particuliers renferment plus spécialement les conditions de la paix.

Après l'introduction, qui énonce les motifs du traité et les noms des plénipotentiaires, on commence par ranger les articles généraux, puis on fait suivre les articles particuliers; enfin un dernier article règle le mode des ratifications, le temps et le lieu de leur échange.

Quelquefois, après que le traité a été rédigé, on y ajoute des articles séparés, mais en les déclarant expressément aussi obligatoires que s'ils étaient insérés dans le traité même.

Il peut arriver que plus de deux puissances aient pris une part directe à la guerre, et que toutes ces puissances doivent concourir à la paix. En pareil cas, ou bien on rédige un seul traité auquel toutes les puissances sont parties contractantes principales, ou bien chaque puissance signe avec son ennemi un traité séparé, duquel il ne résulte ni droit ni obligation pour les autres puissances, à moins que ces traités conclus séparément ne soient rendus communs par un accord exprès; ou bien encore une puissance accède à un traité déjà conclu, auquel elle devient dès lors partie principale, en obtenant ainsi tous les droits et en se chargeant de toutes les obligations qu'elle aurait eues si elle eût signé immédiatement le document prinpal. *(Voir* ACCESSION.)

Quand il existe des alliances entre un des belligérants et d'autres nations, il est évident que ces dernières doivent être comprises dans le traité de paix conclu avec le premier. *(Voir* ALLIANCE.)

Chaque nation a le droit d'employer sa langue dans la rédaction des traités du paix.

Quelquefois certaines puissances protestent formellement contre un traité de paix ou contre un ou plusieurs de ses articles; dans ce cas elles adressent un acte de protestation aux principales puissances contractantes. *(Voir* PROTESTATION.)

Effets des traités de paix. Les traités de paix embrassent tous les effets des accords internationaux et des conventions publiques ordinaires; mais en outre ils entraînent avec eux des conséquences qui leur sont propres et particulières.

En règle générale les traités de paix mettent fin à toute espèce de réclamations d'Etat à Etat, sauf sur les points découlant de faits accomplis pendant la guerre et pouvant prêter à des règlements particuliers.

L'état de possession au moment de la conclusion de la paix est considéré comme la base du nouvel ordre public créé par la paix : chacun conserve la souveraineté du territoire qu'il occupe. Le traité peut cependant établir la paix sur d'autres bases que l'état de possession ou rétablir souvent les choses telles qu'elles existaient avant la guerre. Lorsque le vaincu ne peut obtenir la paix qu'au prix d'une portion de son territoire, cette cession fait partie intégrante du traité de paix ou d'un acte spécial y annexé, dans lequel les contrées cédées sont énumérées, les nouvelles frontières entre les Etats contractants délimitées, etc.

Lorsque l'armée se trouve en pays ennemi au moment de la conclusion de la paix, le départ des troupes exige un certain temps; il y a donc des mesures transitoires à prendre pour la sécurité de ces troupes jusqu'à ce que l'évacuation du pays occupé soit définitivement consommée; ces mesures ne doivent en aucun cas conserver le caractère arbitraire de la guerre, et tous les actes d'hostilité commis après la paix doivent être réprimés et punis, et des dédom-

19*

magements doivent être alloués aux personnes qui en sont victimes.

Cependant la conclusion de la paix ne met pas toujours un terme à l'occupation du territoire de l'un des belligérants par l'autre. C'est ce qui a lieu lorsque, par les préliminaires ou le traité de paix, a été stipulé le paiement d'une indemnité de guerre d'une telle importance que ce paiement ne peut s'effectuer intégralement que dans un certain délai et par des acomptes successifs. En garantie de l'exécution de ces arrangements les troupes victorieuses continuent d'occuper une partie du territoire ennemi, qu'elles doient évacuer ou entièrement à la fois lors du paiement intégral, ou progressivement à mesure du versement des acomptes. *(Voir* OCCUPATION.)

Les conventions dont la mise en pratique avait été suspendue pendant la guerre, rentrent en vigueur de plein droit à la conclusion de la paix, à moins qu'elles n'aient été modifiées par le traité de paix ou qu'elles ne se rapportent à des choses que la guerre a anéanties ou matériellement modifiées. Ainsi lorsque, par suite du traité de paix, un Etat est privé d'une existence indépendante, il est évident que les contrats publics passés avec cet Etat cessent avec la cessation de sa personnalité distincte.

Validité des traités de paix. Le traité de paix n'est parfait et définitivement obligatoire qu'après l'échange des ratifications; cependant il peut avoir un effet rétroactif, qui remonte jusqu'à la date de sa signature.

Lors qu'un traité de paix a été régulièrement conclu par les personnes compétentes, il est obligatoire pour la nation entière, et partant pour tous les gouvernements qui se succèdent au pouvoir.

Pour que le traité de paix soit valide, il faut le concours des trois conditions suivantes :

1⁰ Que les parties contractantes soient dûment autorisées à les conclure ;

2⁰ Qu'elles y donnent leur plein assentiment ;

Et 3⁰ que ce consentement soit libre et spontané.

A ces trois conditions on peut en ajouter deux autres, savoir : que l'entente et l'adhésion aux stipulations soient réciproques, et que l'exécution en soit praticable et facile.

La non-observation des articles du traité entraîne la rupture du traité entier.

Garantie des traités de paix. Pour assurer l'exécution des traités de paix, la partie qui y a intérêt recourt parfois à des garanties, puisées le plus souvent soit dans le dépôt à titre de gage de valeurs mobilières, soit dans l'occupation temporaire de forteresses, de villes ou de portions de territoire, soit dans l'intervention d'un souverain tiers, qui fortifie de sa propre parole les engagements pris par l'une des parties contractantes.

Rupture des traités de paix. Le traité de paix peut se rompre de deux manières : soit par une conduite contraire à l'essence de tout pacte pacifique, comme, par exemple, la reprise des hostilités sans motif plausible après le délai convenu pour la fin de la lutte ou en invoquant de nouveau la cause qui a motivé la gerre ; soit par l'infraction à quelqu'une des clauses du traité.

PALAIS. Maison vaste et somptueuse destinée à l'habitation d'un prince, d'un grand personnage. Dans le principe ce nom était réservé à la demeure des souverains. De là sont venues ces expressions: les coutumes du palais, c'est-à-dire l'étiquette qu'on y observe; révolution de palais, révolte qui a lieu dans l'intérieur du palais d'un souverain; *maire du palais,* premier officier de la maison royale (voir ce terme).

Plus tard la dénomination de *palais* a été étendue aux édifices où s'exercent les grandes fonctions de l'administration publique : le *Palais* du sénat, de la chambre des députés, etc.

Le *Palais de justice* ou simplement le *Palais,* en France lieu où siègent les tribunaux. En terme de pratique, on nomme *jours de palais* les jours où l'on plaide au Palais; *style du palais, termes de palais,* les formules et les termes de pratique dont on se sert dans les actes judiciaires et dans les plaidoieries ; *gens de palais,* les juges, les avocats, etc.

PALATIN. Titre de dignité donné à ceux qui avaient quelque office dans le palais d'un prince, et à des seigneurs qui avaient un palais où l'on rendait la justice.

Le comte palatin, sous les rois francs, jugeait les contestations entre les officiers du palais et administrait les domaines royaux.

Ce titre, tombé partout ailleurs en désuétude, a subsisté jusqu'au commencement de notre siècle dans l'Empire Germanique, où les comtes palatins étaient les premiers dignitaires. Le plus puissant parmi eux était le comte palatin ou électeur palatin du Rhin, qui a en 1805 échangé son titre féodal contre celui de roi de Bavière.

Le titre de palatin était aussi usité dans l'ancien royaume de Pologne, où il était donné aux gouverneurs des voivodies ou des provinces. Ces palatins, dont les fonctions n'étaient pas héréditaires, étaient nommés par le roi.

En Hongrie les gouverneurs des comitats sont qualifiés de palatins. Il y avait en outre pour toute la Hongrie un grand palatin, qui était le représentant du roi, général en chef de l'armée, chef suprême de la justice, en un mot remplissait les fonctions de régent ou de vice-roi en l'absence ou pendant la minorité du roi : c'était un magnat que choisissait l'assemblée nationale sur une liste de quatre candidats présentés par le souverain, pour le remplacer dans toutes les affaires importantes.

Depuis l'annexion à l'Autriche, c'était toujours un archiduc qui était palatin de Hongrie.

PALATINAT. Dignité de palatin.

En Pologne, synonyme de province ou voivodie ; en Hongrie, de comitat ou comté.

C'était aussi le nom donné à un pays allemand sous la domination de l'Électeur palatin (Bavière). Aujourd'hui c'est le nom de la Bavière rhénane.

PANDECTES. Recueil de décisions des anciens jurisconsultes romains, formé par ordre de l'Empereur Justinien ; il est divisé en 50 livres.

On lui donne aussi le nom de *Digeste.* Pour parler plus exactement, les *Pandectes* sont la traduction en grec du *Digeste*, qui est le recueil originaire des lois, écrites en latin.

PANGERMANISME. Système politique tendant à réunir sous une seule et même domination tous les peuples d'origine germanique ou allemande.

PANHELLÉNISME. Tendance des peuples de race grecque ou hellénique à fermer un seul corps de nation.

PANISLAMISME. Système à la fois politique et religieux qui tendrait à ramener sous le sceptre du sultan de Turquie toutes les populations qui professent le mohamétisme ou islamisme, quelle que soit leur race ou leur origine primitive, et en quelque pays qu'elles soient fixées.

PANSLAVISME. Système politique ayant pour base l'union de tous les peuples de race slave.

Ce système se présente sous deux formes : dans l'une, il s'agirait de rattacher tous les pays slaves à l'empire des Czars de Russie ; l'autre tend plutôt à une confédération des peuples slaves : cette tendance est identique à celle qui rapproche de plus en plus les peuples allemands les uns des autres.

PAPAUTÉ. Dignité de pape, pouvoir du pape. Temps pendant lequel un pape occupe le Saint-Siège.

PAPE. Le chef de l'Eglise catholique.

Dans les premiers temps du christianisme le Pape n'était que l'évêque de Rome. Cependant ce titre lui donnait une sorte de suprématie sur les autres évêques. Dans le cours du temps, vers le 8e siècle, il devint souverain temporel de Rome et d'un territoire adjacent, qui prit le nom d'Etat de l'Eglise ; mais depuis le mois de septembre 1870, la capitale du royaume d'Italie ayant été transférée à Rome, le pape est réduit à l'exercice d'une autorité spirituelle dans la sphère des affaires religieuses des nations catholiques.

Les Etats qui représentent ces nations, ont continué d'accréditer, comme ils le faisaient précédemment, des agents diplomatiques auprès du pape, qui, de son côté, accrédite auprès d'eux des envoyés spéciaux, auxquels on donne les noms de *légats,* de *nonces,* d'*internonces,* etc., selon la nature des missions dont ils sont chargés et du rang auquel ils sont élevés. (*Voir* LÉGAT, NONCE, INTERNONCE.)

Le Pape est élu par les cardinaux enfermés dans le *conclave* (voir ce mot) et est choisi parmi eux. Il a la souveraine autorité sur l'Eglise catholique romaine, fait observer les règlements ou *canons* (voir ce mot), nomme les cardinaux, préconise les évêques, crée ou supprime les ordres religieux, assemble les conciles, veille au maintien du dogme et des doctrines, accorde des dispenses, des indulgences, prononce ou lève les excommunications, etc.

On donne aussi au Pape les titres de *Souverain Pontife,* de *Saint-Père,* en s'adressant à lui on dit *Votre Sainteté.*

PAPIERS DE BORD. On appelle ainsi les papiers ou documents qu'un capitaine de navire est tenu d'avoir à son bord, pour justifier de sa nationalité, de sa provenance, de sa destination et de la propriété de tout ce qui se trouve dans le navire.

Ces papiers consistent le plus ordinairement dans un acte indiquant le signalement du navire, ses dimensions, son nom, des détails sur sa construction, dans un passeport ou patente de navigation, dans un acte autorisant le navire à porter le pavillon national, dans un rôle de l'équipage mentionnant les noms et la nationalité des matelots, et dans un acte d'achat ou de propriété.

On peut aussi réunir en un seul document tous les actes ou une partie d'entre eux.

Ces papiers donnent lieu à une grande diversité d'usages entre les nations; leur nombre, leur nature et leur libellé varient d'ailleurs à l'infini d'un pays à l'autre et sont réglés par les codes ou les lois intérieures de chaque Etat.

Le capitaine est tenu de produire ses papiers de bord chaque fois qu'il en est légitimement requis. Il se met en cas de suspicion, lorsqu'il n'a pas de papiers, ou lorsqu'il a détruit ceux qu'il avait, ou lorsqu'il a des papiers doubles : ce qui fait naître la présomption qu'ils sont faux ou falsifiés.

On a aussi rangé parmi les motifs de soupçon le fait par des navires arrêtés de jeter leurs papiers à la mer. Les gouvernements ont publié des défenses à cet égard et en ont fait des stipulations expresses dans les traités. En général le jet des papiers de bord à la mer, leur suppression ou leur destruction donne lieu à la prise d'un bâtiment en temps de guerre. (*Voir* JET A LA MER.)

PAPIER-MONNAIE. Papier auquel le gouvernement donne la valeur de l'argent monnayé et cours forcé : c'est une monnaie fictive, sans valeur intrinsèque comme le métal.

Ce papier a généralement pour objet de faciliter les échanges et les transports de fonds.

Les billets de banque dont l'émission et la circulation sont autorisées par le gouvernement, rentrent dans cette catégorie; cependant le cours n'en est en général point forcé, et on est libre de les accepter ou de les refuser en paiement.

PARACHRONISME. Erreur de chronologie consistant à placer un événement à une date postérieure à celle qui marque l'époque réelle où il est arrivé.

PAREATIS. Mot latin qui signifie „Obéissez".

Permission qu'on obtenait autrefois en chancellerie afin de pouvoir exécuter un jugement ou un arrêt hors du ressort du tribunal par lequel il avait été rendu.

Nom des lettres de chancellerie que le roi délivrait à cet effet.

C'est encore la requête qu'on adresse à un juge pour obtenir de lui une ordonnance autorisant à exécuter dans sa juridiction un jugement ou une décision d'un autre juge. (*Voir* EXÉCUTION PAREE.)

PARFAIT. Complet, total, bien défini.

Ainsi on qualifie de *devoirs parfaits* les devoirs qui sont nettement déterminés et dont on peut exiger l'accomplissement. (*Voir* DEVOIR.)

PARLEMENT. Nom donné à diverses assemblées politiques, législatives ou judiciaires.

En France, avant la révolution, on appelait ainsi des cours souveraines, instituées successivement dans les principales villes du royaume, pour administrer la justice en dernier ressort au nom du roi.

Postérieurement la dénomination de parlement a été appliquée aux assemblées qui représentaient la nation; et qui prirent plus généralement celle d'*Etats généraux*. Le nom de parlement n'est resté qu'en Angleterre, où il sert à désigner les deux assemblées — la Chambre des *Lords* et la Chambre des *Communes* (voir ces mots) — qui partagent avec le souverain le pouvoir législatif.

Puis, à l'imitation de ce qui a lieu en Angleterre, dans les autres pays où le gouvernement représentatif est en usage, ce titre a été donné à l'ensemble des deux chambres législatives et parfois à la chambre des députés seule.

Le mot *parlement* signifie aussi la durée de la session d'un parlement depuis son ouverture jusqu'aux vacances.

Autrefois il se disait aussi en France, de l'étendue ou du ressort de la juridiction d'un parlement : ainsi le parlement de Paris s'étendait jusqu'à Lyon etc.

PARLEMENTAIRE (adjectif). Qui appartient au parlement, qui est relatif à l'action du parlement.

Régime, éloquence, usage parlementaire.

PARLEMENTAIRE (substantif). Personne envoyée pour faire ou pour écouter des propositions.

Se dit plus particulièrement, en temps de guerre, des personnes, en général des officiers, envoyées en mission au nom de l'un des belligérants vers une place ou un corps des troupes ennemies dans le but de négocier avec le chef de ces troupes.

Les parlementaires se distinguent par le drapeau ou pavillon parlementaire; ils sont placés sous la protection du droit international. Ils sont considérés comme personnes inviolables et sacrées tant qu'ils n'abusent pas de leur position privilégiée pour espionner ou pour provoquer des trahisons; mais dans ces cas il faut que la culpabilité soit démontrée d'une manière incontestable. Ils sont d'ordinaire accompagnés jusqu'aux avant-postes par un trompette ou un tambour portant un drapeau blanc en signe de reconnaissance. Quiconque blesse ou tue volontairement un parlementaire porteur des insignes de sa mission se rend coupable d'une flagrante violation des lois de la guerre; mais si le porteur d'un drapeau parlementaire est accidentellement blessé ou tué pendant un combat, cet accident ne peut donner lieu à aucune réclamation au nom du droit international : le fait d'arborer un drapeau parlementaire n'entraîne pas nécessairement pour l'ennemi l'obligation de suspendre le feu.

Il est parfois d'usage de bander les yeux aux parlementaires à l'aller comme au retour, et aussi longtemps qu'ils se trouvent en dedans des lignes ennemies : mais, sauf cette précaution, toute facilité doit leur être accordée pour l'entier accomplissement de leur mandat. Ainsi ils ne peuvent être faits prisonniers, et l'on doit leur fournir le moyen de s'en retourner librement et sans danger. Toutefois les chefs militaires ne sont pas tenus de recevoir en tout temps un parlementaire : la simple prudence leur prescrit de prendre les mesures nécessaires pour que sa présence ne porte aucun préjudice à leur cause. On peut notamment lui interdire toute communication avec d'autres personnes que le commandant des troupes.

Souvent même on retient les parlementaires, lorsque des circonstances imprévues les mettent à même de découvrir des faits de nature à nuire aux opérations de l'armée qui les reçoit; mais alors le parlementaire ne doit pas être retenu au delà du temps requis pour l'exécution de ces opérations. Le retenir plus longtemps serait commettre une félonie.

Il peut aussi survenir des nécessités de la guerre qui contraignent momentanément une armée à ne point recevoir de parlementaires; dans ce cas cette armée est tenue d'en avertir l'ennemi, si elle ne veut pas que son refus soit considéré comme le sont les actes de guerre dirigés contre les parlementaires.

On nomme aussi *parlementaire* ou *vaisseau parlementaire* le navire qu'on envoie porter des propositions à une flotte ou dans un port de la nation avec laquelle on est en guerre. (*Voir* CARTEL.)

PARODIE. Écrit, en vers ou en prose, par lequel on tourne en raillerie un autre ouvrage au moyen de quelques changements de son texte, ou en se servant de ses expressions ou de ses idées dans un sens comique ou plaisant.

C'est un genre de critique permis, à moins que sous le titre de *parodie* ne se cache un véritable plagiat; mais si la parodie ne sort pas de certaines limites elle ne peut être confondue avec le plagiat ou la contrefaçon et ne donne lieu, comme l'un et l'autre, à aucune revendication de la part de l'auteur, de l'ouvrage parodié. (*Voir* PROPRIÉTÉ LITTÉRAIRE, ARTISTIQUE; CONTREFAÇON, PLAGIAT.)

PAROISSE. Circonscription territoriale sur laquelle s'étend la juridiction d'un curé ou d'un desservant.

Dans quelques pays la *paroisse* est une division purement administrative : ainsi dans l'Union américaine du Nord, l'État de la Louisiane, d'origine française, est partagé civilement et juridiquement en *paroisses,* au lieu de l'être en comtés (*counties*), comme les autres États de la Confédération d'origine anglaise.

PAROLE. En droit international, on entend par le terme de *parole* l'acte par lequel une personne s'engage sur l'honneur ou sur sa bonne foi à faire ou à ne pas faire certains actes, lorsque l'ennemi, auquel il en donne l'assurance, lui aura rendu une liberté partielle ou complète.

Tel est, par exemple, l'engagement que prend un prisonnier de guerre de ne pas s'évader, ou de ne pas porter les armes contre le belligérant qui l'a pris et le remet en liberté. (*Voir* PRISONNIER.)

PARTAGE. Dans une assemblée délibérante, dans un tribunal, division égale des voix pour et contre la matière ou la proposition en discussion.

PARTAGE DE BIENS. Division de choses, mobilières et immobilières, en plusieurs portions.

Le domaine des Etats, comme celui des particuliers, est susceptible de partage, lorsque les Etats, par une cause quelconque, cessent d'exister et que plusieurs autres sont appelés à les remplacer.

Lorsque le mode de partage de l'Etat n'a pas été stipulé, le partage doit avoir lieu d'après les principes du droit public.

Ainsi le domaine public, déterminé soit par la nature (cours d'eau, routes, places, ports, etc.), soit par sa destination qui le consacre exclusivement à des services publics (édifices et établissements réservés à l'administration, à la justice, etc.), passe à l'Etat sur le territoire duquel il est situé; et dans ce cas l'Etat qui en devient possesseur n'est tenu de dédommager les autres Etats que si les établissements dont il s'agit satisfaisaient aussi aux besoins de la population des autres Etats co-partageants.

Quant à la fortune privée de l'Etat absorbé, laquelle appartient au fisc et peut consister, par exemple, en certaines iudustries, en certaines terres, en numéraire, en provisions de diverses sortes, en un mot les caisses publiques et en général les propriétés privées de l'Etat, ne servant qu'indirectement des intérêts publics, doivent à moins de motif spécial de dérogation, être partagés proportionnellement au chiffre des populations respectives des Etats co-partageants, sauf toutefois cette modification que les immeubles doivent être attribués à l'Etat sur le territoire duquel ils sont situés et que leur valeur seule fasse l'objet du partage. (*Voir* DOMAINE, ACQUISITION DE TERRITOIRE, ANNEXION, CESSION, CONQUÊTE.)

PARTI. Union formée par plusieurs personnes dans un même intérêt ou une même opinion contre d'autres qui ont une opinion, un intérêt différent.

Les partis politiques, lorsqu'ils luttent à main armée dans l'intérieur d'un pays, ne sont pas considérés comme des personnes internationales, dans le vrai sens du mot, tant qu'ils n'ont pas réussi à fonder réellement un Etat.

Les Etats étrangers ne sont pas tenus de les reconnaître comme belligérants; mais ils sont libres de le faire suivant leur convenance ou s'ils ont des motifs particuliers : le seul motif vraiment rationnel et légitime pour qu'un Etat attribue le caractère de belligérant aux factions d'un autre Etat, c'est que la lutte de ces factions compromet les droits et les intérêts du gouvernement étranger,

qui, par la reconnaissance du titre du belligérant, définit la position qu'il entend assurer à l'égard des combattants.

Dès qu'ils sont reconnus belligérants, les deux partis en cause acquièrent au même titre les droits que les règles internationales attachent à ce caractère; ils peuvent placer leurs revendications sous la protection du droit des gens, mais aussi ils ont à respecter les obligations imposées par ce droit.

PARTIBUS (IN). Dans la hiérarchie catholique, comme il n'y a pas d'évêque sans siège, le Pape, lorsqu'il veut conférer le titre d'évêque à un prêtre, crée fictivement un siège épiscopal dans un pays habité par des peuples qui ne sont pas catholiques, mais des païens, des *infidèles*, de sorte que cet évêché est dit *in partibus infidelium* ou simplement *in partibus* : c'est un titre sans fonctions, purement honorifique, ne donnant droit à aucune juridiction extérieure; les prélats qui en sont revêtus sont généralement attachés comme coadjuteurs à des évêques diocésains, employés dans les nonciatures ou dans les bureaux de la curie romaine.

PARTICULE (*nobiliaire*). On appelle *particule nobiliaire* la préposition ou la syllabe que les nobles placent devant leur nom : c'est le plus généralement la préposition *de* ou sa traduction dans les autres langues. (*Voir* NOBILIAIRE.)

PARTIE. En droit, on donne le nom de *partie* à chacune des personnes, qui plaident l'une contre l'autre, ou qui contractent ensemble.

La partie demanderesse, celle qui a intenté l'action; la partie défenderesse celle qui est assignée; la partie adverse, celle qui plaide contre une autre.

Les parties intéressées, celles qui ont un intérêt dans un procès ou dans un contrat.

On donne le nom de *parties belligérantes* aux puissances qui sont en guerre. (*Voir* BELLIGÉRANT, ENNEMI, GUERRE.)

PARTISAN. Celui qui est attaché à un parti, à une personne, qui embrasse le parti de quelqu'un ou de quelque chose et en prend la défense.

En terme militaire, on donne le nom de partisan à l'officier qui commande des troupes légères ou irrégulières pour faire une guerre de surprises ou d'avant-postes.

Se dit aussi des troupes qui font cette espèce de guerre. (*Voir* CORPS FRANCS, GUERRILLA.)

PASSAGE. Action de passer, en parlant tant des personnes qui passent que du lieu par où l'on passe.

Les souverains et les agents revêtus d'un caractère diplomatique, et, dans une mesure plus restreinte, les agents consulaires jouissent du privilège d'exterritorialité lorsqu'ils sont de passage, voyagent ou séjournent temporairement dans un pays étranger. (*Voir* EXTERRITORIALITÉ, SOUVERAIN, AGENT DIPLOMATIQUE, AMBASSADEUR, MINISTRE, ENVOYÉ, CONSUL.)

Les troupes étrangères auxquelles un État accorde la permission de passer ou de séjourner sur son territoire, ont droit également aux prérogatives de l'exterritorialité, tant en corps qu'individuellement, c'est-à-dire pour chacune des personnes qui composent ces troupes. Une permission de ce genre implique, de la part du gouvernement qui l'accorde, l'abandon tacite de ses droits juridictionnels et la concession aux officiers étrangers du privilège exclusif de maintenir la discipline parmi leurs soldats et de rester seuls chargés de réprimer les méfaits qu'ils viendraient à commettre.

Mais pour que dans l'espèce il y ait matière à immunité, le passage ou le séjour des troupes doit avoir été régulièrement sollicité et accordé ; s'il n'en avait pas été ainsi, ce serait un cas de violation de territoire, un acte d'hostilité, qui ne saurait créer aucun droit, aucun privilège en dehors de ceux qu'une guerre ouvertement déclarée confère à l'ennemi.

Lorsque le passage de la frontière est le résultat de circonstances de force majeure et conserve un caractère innocent, l'État offensé rentre aussitôt dans le plein exercice de sa souveraineté et de sa juridiction ; il ne manquerait donc à aucun devoir international en faisant arrêter et désarmer les troupes étrangères qui foulent indûment son sol et en réclamant du chef de cet envahissement une réparation légitime. (*Voir* DÉSARMEMENT.)

Pendant la guerre, les neutres ont le droit de s'opposer, même par la force des armes, à toutes les tentatives qu'un belligérant pourrait faire pour user de leur territoire, et notamment de refuser à l'un des belligérants le passage de ses armées pour aller à la rencontre de l'ennemi, d'autant plus que la nation neutre qui consentirait au passage des troupes de l'une des parties belligérantes manquerait à son caractère et donnerait à l'autre un juste motif de lui déclarer la guerre.

Cependant il peut se faire qu'une servitude d'ordre public ou une convention conclu avant que la guerre fût prévue, imposent à un État neutre l'obligation de tolérer le passage des troupes de l'un des belligérants. En pareil cas l'accomplissement de cette obligation ne doit pas être envisagé comme une assistance donnée à ce belligérant et partant comme une violation des devoirs de la neutralité.

Le droit international ne permet pas non plus qu'on conduise ou fasse passer des prisonniers sur un pays neutre voisin ou limitrophe, ni qu'en pareil cas ce pays accorde le passage.

L'inviolabilité du territoire maritime neutre est également reconnue, dans le sens que nous venons d'exposer ; toutefois le passage ou le transit par une mer neutre subit des modifications que comporte naturellement le caractère distinct de l'élément sur lequel ils reçoivent leur application. Ainsi une escadre, un navire de guerre qui se dirige vers les côtes ennemies peut traverser les eaux neutres sans en violer la neutralité. Cette différence se fonde sur ce que les nations ne peuvent protéger matériellement, c'est-à-dire au moyen de navires et de forts, toute l'étendue de leurs mers juridictionnelles ; que le fait de naviguer ne constitue pas intrinsèquement un acte dommageable, qu'enfin il est difficile d'interdire un simple passage aux vaisseaux belligérants, qu'il est d'usage d'admettre dans l'intérieur des ports et des rades militaires. Il va sans dire toutefois que cette liberté de passage accordée aux bâtiments de guerre implique pour eux la stricte obligation de ne commettre dans les eaux neutres aucun acte hostile de nature à porter atteinte au respect de la souveraineté territoriale.

PASSEPORT. En administration, c'est la permission donnée par l'autorité, qui garantit en même temps la liberté et la sûreté de ceux qui voyagent ; c'est un ordre écrit délivré par l'autorité publique, qui invite les autorités civiles et militaires à laisser circuler librement d'un lieu à un autre la personne qui en est porteur.

Le passeport sert à constater l'identité d'une personne ; il est délivré à un voyageur pour le recommander à la protection des autorités de l'endroit où il se rend, ainsi que des lieux par où il passe, et pour lever les obstacles qui pourraient l'arrêter.

Parmi les attributions des consuls

figure l'autorisation de délivrer des passeports. L'usage veut qu'ils n'en délivrent qu'aux sujets de leur propre pays résidant dans les limites de leur consulat, mais non aux étrangers. Cependant ils sont ordinairement requis de mettre leur visa sur les passeports des étrangers qui s'embarquent dans le lieu de leur résidence consulaire à destination des pays du consul.

Un passeport, pour être valable, doit être délivré par le ministre compétent du pays de la personne qui s'en sert, ou du moins par l'agent diplomatique de ce pays dans l'Etat où l'on doit s'en servir; toutefois l'usage a étendu le même effet aux passeports délivrés par les consuls dans leur juridiction consulaire. (Voir CONSUL.)

Les agents diplomatiques, avant de partir pour le poste qu'ils vont occuper à l'étranger, ont soin de se munir d'un passeport, qui atteste leur caractère. Ces passeports leur sont ordinairement délivrés, ainsi qu'à leur famille et aux personnes de leur suite, par le ministre des affaires étrangères.

En langage diplomatique, on dit qu'un agent ou ministre public *demande ses passeports*, lorsqu'il déclare au gouvernement près lequel il est accrédité, l'intention de se retirer : ce qui a lieu quand il a l'occasion ou croit avoir un motif sérieux de manifester son mécontentement : c'est souvent le commencement d'une rupture entre les puissances.

Il peut advenir, par contre, que ce soit le gouvernement étranger qui ait des raisons de mécontentement contre le ministre accrédité auprès de lui, et dans ce cas le gouvernement envoie à celui-ci ses passeports, c'est-à-dire l'ordre de quitter le pays à bref délai.

En temps de guerre les ministres étrangers, en outre du passeport dont ils sont munis, sont tenus de se procurer un sauf-conduit pour aborder ou traverser le territoire ennemi sans crainte d'y être détenus.

Il en est d'ailleurs de même à l'égard des simples particuliers.

Le voyageur muni d'un passeport ne compromet pas son caractère national quand par suite de maladie il prolonge son séjour sur le territoire ennemi au delà du terme qui lui a été assigné; mais il peut devenir passible des lois ordinaires de la guerre, s'il dépasse volontairement les limites de son passeport sans autre motif valable que le désir

d'achever des opérations commerciales qu'il a pu entamer.

Le droit d'annuler ou de révoquer les passeports et les sauf-conduits appartient aux mêmes autorités qui ont pouvoir de les délivrer, et qui sont seules en mesure d'apprécier quand l'intérêt de l'Etat commande d'en faire cesser l'effet.

Les navires, au nombre des papiers de bord dont ils sont pourvus, doivent avoir un passe-port ou une patente de navigation, émanant du gouvernement du pays auquel appartient le navire, c'est-à-dire un acte autorisant le navire, qu'il soit de guerre ou de commerce, à porter le pavillon national; délivré à des navires marchands étrangers, c'est un permis de mettre en mer, qui fait connaître que le navire sort de tel port et qu'il a acquitté les droits de navigation. (Voir PAPIERS DE BORD.)

En temps de guerre, les Etats neutres ont le droit de délivrer des passe-ports, qui doivent être respectés. (Voir NEUTRALITÉ.)

PATENTE ou PATENTES. Commission, diplôme accordé par un souverain, une autorité publique, une corporation, etc., et portant une déclaration destinée à être rendue publique, ou l'autorisation d'exercer une profession, une industrie ou certaines fonctions.

Dans cette dernière catégorie doit être rangée la patente dont les consuls sont munis pour exercer leurs fonctions.

La patente du consul est l'acte, qui l'investit de son emploi, qui le commissionne; elle consiste dans le document officiel, signé par le chef suprême de l'Etat auquel le consul appartient, et exprimant le titre et les attributions qui lui sont conférés.

L'original de cette patente doit être communiqué par la voie diplomatique au gouvernement du pays sur le territoire duquel le consul est appelé à résider, pour que ce gouvernement le revête de l'*exéquatur* (voir ce mot).

(Voir COMMISSION, DIPLOME, LETTRES PATENTES).

PATENTE DE NATIONALITÉ. Acte qui indique la nationalité d'un navire, et ordinairement le nom du navire, le numéro sous lequel il est inscrit dans le port auquel il appartient, son tonnage et son jaugeage, les noms de ses propriétaires, etc.

(Voir NATIONALITÉ DES NAVIRES, PAPIERS DE BORD.)

PATENTE DE PROTECTION. On appelle ainsi un acte délivré par les consuls aux étrangers autorisés à réclamer, dans la juridiction du consulat, la protection de la nationalité que le consul respectif représente, comme cela a lieu dans la plupart des pays du Levant et de l'extrême Orient.

(Voir PROTECTION, LEVANT, ORIENT.)

Cet acte consiste simplement en un extrait d'un registre spécial tenu à la chancellerie du consulat, et analogue à celui dont il est fait usage pour l'*immatriculation* (voir ce mot) des nationaux.

Cet extrait, sous forme de patente ou lettre de protection, est délivré à chacun des protégés pour lui servir de titre et le faire reconnaître par les autorités territoriales.

Cette patente de protection peut être retirée aux individus pour lesquels la protection n'était que facultative, ou à ceux qui s'en rendent indignes par leur mauvaise conduite : il va sans dire que le retrait de la patente implique, pour celui à qui elle est retirée, l'exclusion de la protection, et entraîne de plein droit la perte des privilèges qui y sont attachés.

PATENTE DE SANTÉ. Les patentes de santé sont des actes délivrés aux navires, au moment de leur mise à la mer, par les consuls ou par les autorités du port d'expédition ou de départ, afin de constater l'état sanitaire de l'équipage et des passagers, ainsi que du pays d'où part le bâtiment. C'est d'après les termes de cet acte qu'on motive la libre admission d'un navire, ou qu'on l'oblige à entrer en *quarantaine* (voir ce mot).

On distingue trois sortes de patentes de santé.

La patente *nette*, qui atteste que le navire est parti d'un pays dont le bon état sanitaire habituel n'a été altéré par aucune maladie épidémique;

La patente *brute*, qui est délivrée dans les pays habituellement malsains, ou dans un pays qu'a envahi une maladie pestilentielle;

La patente *suspecte*, qui se délivre lorsque le navire a relâché dans un port ou communiqué avec d'autres navires dont l'état sanitaire est douteux.

En principe, tout navire qui aborde dans un port doit être porteur d'une patente de santé exposant quel était l'état sanitaire du lieu de sa provenance au moment de son départ.

L'énoncé de la patente ne doit pas faire connaître seulement l'état de la santé publique dans l'endroit d'où le navire a été expédié, mais aussi le nombre des passagers et des gens de l'équipage, de manière à fournir le moyen de s'assurer si, pendant la traversée, il n'est survenu aucun décès à bord, ou s'il n'a été embarqué personne de provenance suspecte.

Les patentes de santé, dans la plupart des pays étrangers, sont délivrées par des administrations chargées spécialement de la police sanitaire. Les consuls ne les délivrent directement que lorsque les règlements ou les usages locaux leur en confèrent le droit; dans les autres circonstances, leur devoir se borne en général à viser les pièces qui émanent de l'autorité locale compétente, et à faire accomplir par les capitaines les obligations que les lois territoriales leur imposent en cette matière.

La patente de santé n'est considérée comme valable que si elle a été délivrée dans les quarante-huit heures qui ont précédé le départ. Si le départ est retardé, la patente doit être visée par l'autorité qui l'a délivrée, avec mention que l'état sanitaire est resté le même ou qu'il a éprouvé quelque changement. Dans les cas de relâche en cours de voyage, le capitaine du navire doit faire viser sa patente par l'agent consulaire de son pays et, à son défaut, par les autorités locales dans tous les lieux où son navire a relâché. Mais s'il s'écoule plus de cinq jours entre la date du visa et le départ du navire, il devient nécessaire pour le capitaine de réclamer un nouveau visa sanitaire et de soumettre une seconde fois la patente à la légalisation du consulat du pays de destination.

(Voir SANTÉ, SANITAIRE, NAVIRE.)

PATERNITÉ. En droit, *paternité* ne signifie pas seulement la qualité de père, mais aussi la relation entre le père et l'enfant. *(Voir* FILIATION.)

On distingue la *paternité légitime*, qui est le résultat du mariage; la *paternité naturelle*, qui a lieu hors du mariage, et la *paternité civile*, créée par l'*adoption*. (Voir ce mot.)

En France, en Italie, la recherche de la paternité est interdite par la loi; elle est, au contraire, admise dans d'autres pays, notamment en Autriche, en Prusse, en Bavière, en Saxe, en Espagne, etc.

Par exemple, si une action en imposition de paternité naturelle est exercée contre un Français en pays étranger, la décision du tribunal local, si elle lui imprime la qualité de père naturel, est regardée comme non avenue en France.

Si une action du même genre est intentée en France, elle doit être repoussée, quand même elle serait exercée par des étrangers ou contre des étrangers dont la loi nationale autorise la recherche.

PATRIARCHE. Père de famille, nom donné dans l'Ecriture sainte aux premiers chefs de famille qui ont précédé Moïse.

Dans la hiérarchie chrétienne, ce titre a été attribué aux évêques des premiers sièges épiscopaux; il a été conservé par quelques évêques catholiques romains, mais uniquement comme titre honorifique.

Dans l'église grecque, on qualifie de patriarche l'évêque de Constantinople, qui est le chef de tous les évêques de l'Empire turc.

Les Arméniens dissidents ont pour chef un patriarche, qui prend le titre de *Catholicos*.

Le *patriarcat* se dit de la dignité des évêques qui ont le titre de patriarche, — ainsi que de l'étendue du territoire soumis à la juridiction d'un patriarche, — et aussi du temps pendant lequel un patriarche a occupé son siège.

PATRICE. Dignité créée dans l'empire romain par l'Empereur Constantin; ceux qui en étaient revêtus tenaient le premier rang dans l'empire; ils n'avaient au-dessus d'eux que les consuls; ils occupaient généralement les plus hauts emplois de l'Etat. Le titre de patrice était une distinction personnelle, non héréditaire.

La dignité de patrice n'était pas réservée exclusivement aux sujets de l'empire, elle était parfois accordée à des princes étrangers.

Plus tard les Papes s'attribuèrent aussi le droit de créer des patrices, et donnèrent même ce titre à des empereurs d'Allemagne; et dans plusieurs pays germaniques les souverains conférèrent aussi la qualification de patrice aux personnages les plus distingués de leur cour.

PATRICIAT. Ordre des patriciens à Rome.

Dignité de patricien — rang des familles patriciennes.

Dignité de patrice.

Par extention se dit de tout système de domination de classe ou de caste.

PATRICIEN, PATRICIENNE. Dans l'ancienne Rome les patriciens formaient le premier ordre des citoyens; composé d'un certain nombre de familles nobles, dont les chefs avaient été choisis par les rois pour former le sénat.

Les patriciens, dans les premiers temps, étaient seuls admissibles aux grandes magistratures.

Le titre de patricien était porté, au moyen-âge, par les nobles et certaines familles de quelques républiques de l'Italie, de quelques grandes villes d'Allemagne et de la Suisse. Ces familles avaient le privilège exclusif des fonctions municipales.

Se dit, par extension, des nobles et des privilégiés de quelque pays que ce soit.

PATRIE. Le pays, et, dans un sens plus restreint, la province, la ville où l'on est né; la nation dont on fait partie, la société politique dont on est membre; l'Etat dans lequel on possède des droits politiques.

Prise dans ces dernières acceptions, la patrie de l'individu ne dépend pas seulement du fait de sa naissance dans un lieu plutôt que dans un autre; elle peut s'acquérir par d'autres faits soit étrangers à sa volonté : guerre, conquête, exil, déportation; soit provenant de son libre arbitre, de son gré personnel : expatriation, émigration, naturalisation étrangère. Toutefois on peut faire observer que, rigoureusement parlant, l'individu dans ces cas ne change pas précisément de patrie, sa naissance et le lieu où elle s'est accomplie étant des choses inconvertibles en soi; mais qu'il change plutôt de *nationalité*, terme dont celui de *patrie* peut être considéré comme à peu près le synonyme ou l'équivalent dans les sens que nous lui attribuons en dernier lieu. (*Voir* NATIONALITÉ, NATURALISATION, CONQUÊTE, EXPATRIATION, ÉMIGRATION.)

La *Mère-patrie* se dit par rapport aux colonies ou à des pays annexés ou dépendants de l'Etat qui a fondé et possède les unes ou a acquis les autres et qui les gouverne; dans ce sens on dit aussi *Métropole* (voir ce mot).

PATRONYMIQUE. Se dit, chez les Anciens, du nom du père ou de l'auteur de la race ou de celui donné à des descendants d'après un des aïeux les plus illustres : ainsi les Atrides était le nom patronymique d'Agamemnon, de Ménélas et de leurs descendants, parce qu'ils avaient Atrée pour ancêtre.

Chez les nations modernes c'est le nom primitif, commun à tous les descendants d'une même race, le nom de famille, par opposition aux noms de fiefs, de seigneuries, de terres ou les surnoms sous lesquels les divers membres d'une famille sont distingués dans les rapports de société.

Le nom patronymique doit figurer le premier, sinon seul, dans les actes authentiques.

PAVILLON. Espèce d'étendard qui se place sur un navire; arboré au mât de l'arrière, le pavillon sert à indiquer la nation à laquelle appartient le bâtiment; hissé à un autre mât, il indique le rang de l'officier qui commande.

Le pavillon est pour la marine ce que le drapeau est pour l'armée.

Le pavillon est le signe apparent du caractère national d'un navire. Chaque État a des couleurs particulières, sous lesquelles naviguent ses nationaux et qui ne peuvent être arborées sans sa permission.

Se servir du pavillon d'un État étranger sans l'autorisation de cet État est un acte qui est considéré comme une infraction au droit international, comme une manœuvre frauduleuse et attentatoire à l'honneur de l'État étranger. L'État dont on a usurpé abusivement le pavillon et celui à l'égard duquel on se sert d'un faux pavillon, ont l'un et l'autre le droit d'exiger la punition des coupables et, suivant les circonstances, de les punir eux-mêmes.

Les États qui ne sont pas situés au bord de la mer ont, comme les États maritimes, le droit d'avoir une marine et un pavillon spécial; car on ne saurait contraindre une nation à se servir de navires étrangers pour les besoins de son commerce.

Les preuves de la nationalité et du caractère d'un navire de guerre résident dans le pavillon et surtout dans la flamme militaire arborée au haut de ses mâts; puis dans l'attestation de son commandant, et dans la commission dont il est muni.

Le pavillon et la flamme sont des indices visibles; mais dans certains cas ils ne font foi que lorsque leur déploiement a été accompagné d'un coup de canon qu'on appelle coup d'assurance, ou d'un salut.

L'attestation du commandant dispense de toute autre preuve: en pleine mer ou ailleurs la puissance étrangère qui ne s'en contenterait pas, manquerait gravement aux égards internationaux ainsi qu'aux principes généraux du droit des gens.

Le droit des gens autorise en temps de guerre, pour se soustraire aux poursuites de l'ennemi, l'emploi d'un pavillon supposé; mais il l'interdit rigoureusement comme moyen d'attaque ou de surprise. Dès que le feu est ouvert, l'usage invariable des peuples civilisés veut que chaque navire combatte sous ses propres couleurs. Le fait de combattre sous pavillon étranger est une violation du droit des gens, qui fait considérer et traiter comme pirates ceux qui s'en rendent coupables.

Les immunités ou les prérogatives accordées à une nation s'étendent aux objets sur lesquels s'étend le pavillon de cette nation : ainsi en temps de guerre le pavillon d'une puissance neutre couvre non seulement le navire neutre, mais même les marchandises embarquées sur son bord, bien qu'elles appartiennent à des ressortissants de l'un des belligérants, à l'exception toutefois de la contrebande de guerre; cependant la nature du pavillon n'entraîne pas la conséquence contraire; car il est de règle que la marchandise neutre, à l'exception de la contrebande de guerre, n'est pas saisissable sous pavillon de guerre, bien que le soit le navire sur lequel elle est embarquée; ce double principe a été consacré par la déclaration du Congrès de Paris du 15 avril 1856.

Il est généralement admis que les consuls étrangers ont le droit d'arborer le pavillon de leur nation sur la maison qu'ils habitent; plusieurs traités entre les États musulmans et les États chrétiens contiennent même formellement cette disposition.

Les agents diplomatiques et autres à l'étranger doivent arborer leur pavillon à l'occasion des fêtes et des cérémonies; ils sont tenus de le faire en cas de guerre, pour faire respecter le siège de l'agence par les belligérants.

Il est d'usage que les navires mouillés dans un port étranger *hissent* leurs pavillons les jours de fêtes et de solennités nationales ou célébrées par le pays où ils séjournent; le cérémonial maritime a établi des règles à cet égard. (*Voir* CÉRÉMONIAL, PAVOIS.)

PAVOIS. Grand bouclier demi-cylindrique ou carré, qui couvrait presque entièrement le combattant.

Quand les seigneurs francs avaient élu un roi, ils l'élevaient sur un grand pavois et lui faisaient faire trois fois le tour du camp, où le peuple, assemblé en armes, confirmait le choix : d'où *élever sur le pavois* est devenu synonyme de nommer roi, élever au pouvoir suprême.

Dans la marine, on appelle *pavois* les tentures et les pavillons, les flammes etc. dont on décore le bord d'un navire les jours de fête ou de solennité. *Pavoiser* un bâtiment, c'est le garnir de ses pavois et de ses pavillons.

Un des points les plus contestés entre les marines des différentes nations, c'est l'ordre dans lequel doivent se placer les pavillons à bord des navires pavoisés. Faute d'une entente commune à cet égard, chaque Etat a réglé la question selon ses convenances particulières Par un arrêté ministériel du 26 avril 1827, le gouvernement français a établi comme règle que, lors des pavois en France même, les bâtiments de la marine militaire doivent donner. la place d'honneur au pavillon des navires de guerre étrangers présents au mouillage, dans l'ordre suivant : à la première place le pavillon de la nation à laquelle appartient l'officier le plus élevé en grade, et à grade égal au pavillon du pays dont le navire est le plus ancien sur rade, et successivement aux pavillons des autres bâtiments étrangers d'après le grade des commandants, ou en cas d'égalité d'après la date de leur arrivée dans le port. Le même arrêté porte qu'à l'étranger les bâtiments de guerre français qui auront à pavoiser arboreront à la première place d'honneur le pavillon de la nation dans les eaux de laquelle ils se trouvent, ensuite le pavillon des autres navires de guerre qui sont au même mouillage selon l'ordre établi pour les ports français, enfin ceux des nations étrangères dont les consuls, présents sur les lieux, arborent simultanément leurs couleurs.

Ces règles ont été modifiées en 1851 par l'ordonnance sur le service à bord des bâtiments de la flotte; l'emploi de pavillons étrangers a été défendu, et celui des couleurs nationales et des pavillons de signaux français a été seul prescrit pour les pavoisements. Le décret du 20 mai 1868, en confirmant l'ensemble des dispositions de celui de 1851, a en outre laissé aux commandants de la marine militaire française une certaine latitude qui leur permet de se conformer aux usages locaux, mais sans jamais placer au même mât des couleurs étrangères et la flamme ou le pavillon national.

PAYEMENT. C'est l'acquittement d'une obligation; ce qu'on donne pour accomplir cet acquittement.

Au point de vue du droit international privé, la loi à suivre, en ce qui concerne l'extinction d'une obligation par voie de *payement*, est celle du lieu où le payement doit être effectué, et ce lieu est celui qui résulte soit d'une désignation formelle faite par les parties, soit de la nature même de l'obligation : Ainsi pour le vendeur d'un immeuble le lieu du payement est le lieu où l'immeuble est situé.

A défaut d'indications spéciales, la loi du lieu du payement est déterminée par le domicile du débiteur, au moment où il a contracté l'obligation.

Quant aux formes du payement, c'est la loi du lieu où le payement doit se faire qui doit être appliquée; c'est d'après cette loi que doivent être réglées les difficultés. Les voies d'exécution sont celles du lieu du payement. En cas de conflit entre les créanciers, c'est également d'après la loi locale qu'il sera jugé.

Si l'objet du payement est une somme d'argent, le payement devra se faire dans une des monnaies qui ont cours dans le pays où il s'effectue. Si les parties ont déterminé la monnaie et que cette monnaie ait une valeur différente de celle de lieu où le payement se fait, c'est la valeur du lieu du gouvernement qui devra être fournie.

Par *jour du payement* on entend le jour fixé pour l'acquittement d'une dette.

PAYS. Région, contrée, territoire, ou seulement une certaine portion de territoire.

Signifie aussi *patrie*, lieu de naissance. (*Voir* PATRIE.)

Se dit encore des habitants d'un pays, et s'emploie alors comme synonyme de *nation*, de *peuple*, d'*Etat*. (Voir ces mots.)

Si nous considérons le mot *pays* par rapport à certaines conditions politiques ou administratives, nous avons:

Pays d'Etats, les provinces de l'ancienne France où la noblesse, le clergé et la bourgeoisie nommaient des Etats provinciaux pour voter et répartir les impôts.

Pays d'élection, où les impôts étaient établis par des assesseurs élus et autres officiers créés à cet effet.

Pays coutumier, pays qui étaient régis par des usages particuliers, par une coutume locale.

Pays de droit écrit, provinces où le droit romain était en vigueur pour décider les affaires.

Pays de concordat, provinces où les matières ecclésiastiques se réglaient selon le concordat fait entre le roi de France François 1er et le Pape Léon X.

Pays d'obédience, provinces non comprises dans le concordat, où le pape nommait à certains bénéfices.

Pays de chrétienté, ceux où est professé le christianisme comme culte prédominant.

PÉAGE. On appelle ainsi un droit ou une taxe perçue pour le passage sur un pont, un chemin, un canal.

Autrefois la navigation maritime était assujettie à certains péages : certains Etats riverains faisaient payer un droit aux navires qui passaient par des détroits, des golfes, des embouchures de fleuves baignant les côtes de leur territoire; mais les nations se sont entendues pour abolir ces privilèges, supprimer cette taxation, qui n'était qu'une entrave à la liberté maritime et commerciale.

PÊCHE. Action de prendre du poisson à la ligne, au filet ou autrement.

Sous le rapport des lieux où elle s'exécute, on distingue la *pêche fluviale,* qui s'exerce dans les fleuves, les rivières, les lacs, les étangs, etc., et la *pêche maritime,* qui a lieu dans la mer.

La *pêche maritime* se subdivise en *grande* et en *petite pêche :* la *grande pêche,* comprenant la pêche de la baleine, de la morue et autres dans des parages lointains, exige un certain nombre de bâtiments et de grandes expéditions maritimes. La *petite pêche* comprend la *pêche côtière,* qui exploite les parages voisins des côtes, et la *pêche à pied,* qui s'exerce de plain pied, sans quitter le rivage, où le pêcheur dispose ses engins soit pour prendre le poisson, soit pour retenir celui que la marée y amène.

La *pêche fluviale* est en quelque sorte la propriété des pays où passent ou sont situés les cours d'eau sur lesquels elle s'exerce; en général les Etats la règlent en faveur des habitants de ces pays.

Il en est de même de la *pêche à pied* et de la *pêche côtière,* tant qu'elles ne dépassent pas la zone des mers territoriales.

Quant à la *grande pêche,* elle est libre et illimitée pour tous : c'est un droit naturel, qui résulte de la liberté des mers (*Voir* LIBERTÉ DES MERS, NAVIGATION) : la pleine mer est ouverte à la pêche de toutes les nations et de tous les individus.

Les bateaux et les barques adonnés exclusivement à la pêche maritime à proximité des côtes ne sont le plus souvent munis d'autres papiers de bord qu'un simple rôle d'équipage : cela suffit pour les mettre, en temps de guerre, à l'abri de toute capture, pourvu qu'ils ne se livrent accessoirement à aucun trafic, à aucune opération, à aucun transport maritime proprement dit.

Par contre ce privilège d'exemption de capture n'est dans aucun pays étendu aux navires qui se livrent en haute mer à ce qu'on appelle la grande pêche, telle que celle de la morue, du cachalot, de la baleine et du veau marin; ces navires sont en effet considérés comme adonnés à des opérations à la fois commerciales et industrielles.

PÊCHERESSE (Trève). On appelle *trève pêcheresse* une convention fait entre des nations belligérantes pour respecter réciproquement les pêcheries et les bateaux pêcheurs pendant la guerre

PÊCHEUR (Anneau du). On donne le nom d'*Anneau du pêcheur* à un anneau qui sert de sceau ou cachet au Pape pour signer les brefs apostoliques.

Cette dénomination provient de ce que cet anneau porte l'image de Saint-Pierre, qui fut pêcheur, assis dans sa barque, et de ce que le Pape est le successeur du premier des apôtres. L'anneau doit être brisé à la mort de chaque pontife.

PEINE. Punition, châtiment ce qu'on fait subir pour quelque chose jugée repréhensible ou coupable.

En droit, la *peine* est la punition d'un crime, d'un délit, d'une contravention aux lois ou aux ordres et aux réglements des autorités : on nomme peines *criminelles* celles qui s'appliquent aux crimes, *correctionnelles* celles qui sont infligées aux délits, et de *simple police* celles qui ont pour objet de punir les contraventions.

Les peines *criminelles* sont *afflictives* ou *infamantes :* les premières frappent directement et, pour ainsi dire, physiquement l'individu, en le privant de sa liberté ou même de la vie; elles consistent dans la détention, la réclusion, la déportation, les travaux forcés à temps ou à perpétuité, la mort; les secondes frappent le condamné moralement, d'une flétrissure, d'infamie : c'est le bannissement et la dégradation civique; les peines sont presque toutes afflictives et infamantes à la fois, mais les unes et les autres privent le condamné de ses droits civils.

La peine *capitale* est le nom donné à la peine de mort.

La détermination des différentes peines affectées à chaque genre d'infraction aux lois fait l'objet du code pénal.

PÊLE-MÊLE (Le). En terme d'étiquette de cour ou diplomatique, confusion, mélange des personnes sans distinction des rangs et des dignités.

Pour prévenir les disputes de préséance dans les rencontres personnelles, dans les audiences, réceptions ou cérémonies officielles, entre ministres publics, hauts dignitaires ou fonctionnaires, on s'abandonne aux hasards du *pêle-mêle*, qui coupe court à toute discussion de rang et d'étiquette.

Pour les signatures d'actes officiels, internationaux, — traités, protocoles, etc. — on peut aussi recourir au *pêle-mêle*, en le combinant avec l'*alternat* (voir ce mot), et en mentionnant expressément qu'on a cru devoir user de cet expédient.

PÉNAL. Qui assujettit à quelque peine : loi pénale, clause pénale.

Dans une convention, dans un contrat, la clause pénale est celle par laquelle une personne, dans le but d'en assurer l'exécution, s'engage à quelque chose, en cas d'inexécution, ou celle qui stipule des dommages et intérêts déterminés à l'avance par les parties pour le cas où l'une d'elles ne remplirait pas ses engagements.

Qui concerne les peines : code pénal, lequel renferme les peines portées contre les crimes et les délits.

PÉNALITÉ. Système des peines établies par les lois : pénalité nationale, territoriale ; pénalité étrangère.

Se dit aussi du caractère de ce qui est pénal, c'est-à-dire susceptible d'une peine ou punition : pénalité criminelle, correctionnelle, etc.

S'emploie souvent comme synonyme de *peine*. (Voir ce mot).

PENSIONNAIRE. Titre qu'on donnait dans les Provinces-Unies de Hollande au premier magistrat d'une province, ou d'une cité, à cause de la pension ou des appointements réglés qu'il recevait. Chaque province et même chaque ville avait son pensionnaire.

On donnait de même le nom de *grand-pensionnaire* au premier ministre de la république, c'est-à-dire au secrétaire d'État des États-Généraux. Ces fonctions consistaient à proposer à l'assemblée les matières sur lesquelles elle devait délibérer, à recueillir les suffrages, à recevoir les notes diplomatiques des puissances étrangères, à traiter avec les ambassadeurs, à surveiller l'administration des finances. Le grand-pensionnaire demeurait en place pendant cinq ans ; il pouvait être réélu.

PERMUTATION. Changement, échange d'une chose pour une autre.

Se dit plus particulièrement de l'échange d'un emploi contre un autre ; ainsi l'on dit : tel fonctionnaire a eu la permission de permuter avec un de ses collègues, c'est-à-dire que l'un et l'autre ont changé mutuellement de résidence ou d'emploi.

PERPÉTUEL. Qui ne cesse pas, qui dure toujours, qui ne doit point finir.

En jurisprudence, par rapport à la pénalité, la *perpétuité* est limitée à la durée de la vie d'un homme.

En diplomatie *perpétuel* signifie simplement : d'une durée indéfinie, dont la durée n'a point été fixée, limitée : ainsi l'alliance *perpétuelle* est celle dont le terme n'a été ni déterminé ni stipulé.

PERQUISITION. Recherche que l'on fait d'une personne ou d'une chose, et surtout d'un objet caché.

En droit, ce terme s'applique aux recherches faites par une autorité judiciaire ou autre au domicile d'un prévenu, pour inspecter ou saisir les papiers ou les objets suspects qui sont en sa possession et peuvent mettre sur la voie de la vérité.

En droit international, on appelle droit de *perquisition* ou de *recherche* la faculté que les États se sont mutuellement accordée d'arrêter les navires les uns des autres au passage pour y pratiquer certaines constatations, notamment celle de la sincérité du pavillon et, pour les navires marchands, celle de la composition du chargement.

Ce droit se confond avec celui de *visite* ou d'*inspection* dont il n'est qu'une phase ou une circonstance.

On a voulu établir une distinction entre la *visite* et la *perquisition*, en ce que la première se pratique plus particulièrement en temps de guerre, et la seconde en temps de paix ; mais, nous le répétons, l'une implique l'autre, car il ne saurait y avoir de perquisition sans visite, et la visite ne saurait avoir d'autre but que des perquisitions. (*Voir* VISITE.)

PERSÉCUTION. Poursuite violente et injuste, vexation.

Se dit en particulier des poursuites pour cause religieuse.

Le droit international réprouve toute persécution de ce genre.

Il considère comme contraire aux droits de l'humanité et par conséquent comme nul tout traité qui prescrirait des poursuites pour opinions religieuses ; et l'Etat qui, dans certaines circonstances, ou sous une pression quelconque, se serait engagé à persécuter telle ou telle confession religieuse, serait admis à ne pas exécuter le traité.

La différence de religion pourrait encore moins justifier de pousser la persécution jusqu'à la guerre.

PERSONNE. Un homme ou une femme.

L'individu, homme ou femme, considéré en lui-même, abstraction faite de toute autre circonstance, l'être personnel considéré par opposition à l'Etat ou à la société.

En droit on oppose *personne* à *chose*, et l'on donne ce nom à tous les individus qui font partie de la société civile et peuvent exercer des droits.

Les lois civiles règlent ce qui est relatif à l'état et à la capacité des personnes.

Tout individu est une *personne*, c'est-à-dire capable d'acquérir et d'exercer des droits.

Toutes les personnes qui résident dans un Etat, même à titre temporaire, sont considérées comme sujet de ce même Etat ; et les lois de chaque Etat régissent les personnes, ainsi que les choses, qui se trouvent dans les limites de son territoire.

L'individu peut être considéré comme sujet à la loi à raison de sa personne, de ses biens et de ses actes : de là autant de séries de lois d'un ordre différent, qui le régissent dans ces différents modes d'être ou d'agir ; ces lois ainsi classées sont désignées plus particulièrement sous la dénomination de *statuts*, et divisées en deux classes : *statuts personnels et statuts réels. (Voir* STATUTS.)

De plus, comme l'individu à la faculté d'exercer son activité en dehors de son propre pays, il peut être considéré comme sujet aux lois de divers pays sous les différents rapports que nous venons d'indiquer. Cette sujétion peut être d'une nature permanente, ou bien n'avoir qu'un caractère temporaire et transitoire : elle est déterminée, suivant l'un ou l'autre cas, par la *nationalité* ou par le *domicile* de la personne. (*Voir* NATIONALITÉ) DOMICILE, ÉTRANGER, JURIDICTION.

L'état de guerre peut nécessairement modifier la situation des personnes chez les nations belligérantes ; cependant on peut établir en principe que pour tout ce qui concerne les droits privés des habitants des pays belligérants ou des pays occupés ou conquis, on continue d'observer les règles admises en temps de paix ; les lois de la guerre n'entrent en vigueur que lorsque le droit public est en cause, (*Voir* GUERRE, OCCUPATION MILITAIRE, CONQUÊTE.)

PERSONNE CIVILE ou MORALE. Se dit d'un être moral, collectif ou impersonnel, auquel la loi reconnaît une partie des droits civils exercés par les citoyens : tels sont les Etats, les communes, certaines corporations ou associations.

Ainsi la personne civile peut acquérir et aliéner des immeubles, ester en justice ; elle peut être engagée ou obligée par la signature de son directeur ou de son représentant régulier ; toutefois aucun des individus ou particuliers qui la composent ou y participent n'est engagé ou obligé personnellement en dehors de ce que prescrivent les actes publics, lois, règlements ou statuts. (*Voir* ÉTAT, COMMUNE, CORPORATION.)

PERSONNE INTERNATIONALE. La *personne internationale* ou *du droit international* est la personne morale ou civile qui est seule reconnue habile à agir et responsable, seule admise dans les rapports de nation à nation.

Les Etats, étant chez eux la personne éminente, et au dehors les détenteurs et les garants du droit international, sont, au point de vue de ce droit, les personnes par excellence. (*Voir* ÉTAT.)

Les souverains et les agents diplomatiques des Etats ne sont des personnes internationales que dans un sens dérivé, parce qu'ils sont les représentants des Etats et entrent comme tels en relation avec d'autres Etats. (*Voir* SOUVERAIN, AGENT DIPLOMATIQUE.)

Les individus pris isolément ne sont pas des personnes dans la véritable acception du mot ; cependant ils ont droit à être protégés par le droit international, lorsque les droits garantis par ce droit à chaque homme sont violés en leur personne.

PERSONNEL. L'ensemble des personnes qui font partie d'une administration publique ou privée.

La partie d'une administration qui

s'occupe de la nomination et de l'avancement des employés.

Nous n'avons à nous occuper ici que du personnel diplomatique.

Ce personnel est organisé et composé à peu près de la même manière dans la plupart des pays : il se compose d'ambassadeurs, de ministres, — ministres plénipotentiaires, ministres résidents, — d'envoyés, qui prennent habituellement la qualification d'extraordinaires, de chargés d'affaires, etc.

Ce n'est pas là à proprement dire le personnel des missions, car il n'y a en jeu qu'une personne, le ministre public, qui est le chef de l'ambassade ou de la légation, selon le cas; le personnel proprement dit consiste dans les personnes attachées à divers titres à la mission ou au service particulier du ministre.

Ce personnel varie en nombre suivant le rang et l'importance du poste auquel il est attaché; il se divise naturellement en deux catégories :

1º Le personnel officiel;

2º Le personnel non officiel;

Le personnel officiel comprend les conseillers et les secrétaires d'ambassade ou de légation, les attachés ou élèves, les secrétaires interprètes ou drogmans, le chancelier, les pages dans les missions d'apparat, les aumôniers, lorsqu'une chapelle est annexée ou à la légation; on pourrait y ajouter les courriers chargés du transport des dépêches diplomatiques.

On range dans le personnel non officiel de la mission les officiers de la maison du ministre, ses domestiques. Son médecin et les secrétaires intimes, qui, dans la règle, ne sont employés qu'aux affaires particulières du ministre, sont également considérés comme n'appartenant point officiellement à la mission. (*Voir* AGENT DIPLOMATIQUE, AMBASSADE, LÉGATION, MISSION, MINISTRE PUBLIC, CONSEILLER, SECRÉTAIRE, ATTACHÉ, COURRIER, CHANCELIERE, etc.)

PERTE. Privation de quelque chose d'avantageux; diminution de bien, de profit, de bénéfice.

Destruction, ruine, dommage.

Perte *indirecte*. (*Voir* INDIRECT, DOMMAGE.)

PÉTITION. Demande par écrit à une autorité.

En France, avant 1789, on se servait plus ordinairement des mots *placet, supplique;* mais depuis cette époque les demandes, au lieu d'être adressées généralement et directement au souverain, le

sont aux ministres ou aux Chambres législatives; chacune de ces chambres a une commission spéciale des *pétitions.*

Ce droit de *pétition* est reconnu dans tous les Etats constitutionnels.

Dans l'histoire d'Angleterre on appelle *pétition des droits* une requête formée par les chefs du Parlement en 1628 et adoptée par le roi Charles Ier : c'est un acte confirmatif des libertés nationales.

En logique, on nomme *pétition de principe* un sophisme ou défaut de raisonnement qui consiste à supposer comme certain ce qui ne l'est pas et a besoin d'être prouvé, à alléguer pour preuve ce qui fait l'objet même de la question.

Le *cercle vicieux* est une double pétition de principe.

PETTO (IN). Expression italienne, qui signifie mot à mot dans l'intérieur du cœur. Par suite : à part soi, intérieurement, en secret.

Se dit particulièrement du Pape lorsqu'il nomme un cardinal sans le proclamer ni l'instituer. Ainsi l'on dit : le Pape a créé plusieurs cardinaux et il en a réservé un in petto.

Cette formalité s'explique de la manière suivante :

Il arrive parfois qu'un prélat ayant droit au cardinalat remplit des fonctions auxquelles il serait obligé de renoncer sur le champ, dès qu'il serait revêtu de la pourpre : telles sont entre autres les fonctions de nonce du Saint-Siège. Or il peut être de l'intérêt de l'Eglise de maintenir le prélat à son poste, sans préjudicier à ses droits au cardinalat. En pareil cas, le Pape, au lieu de le proclamer immédiatement cardinal, réserve sa nomination in petto : ce qui veut dire que le nouveau cardinal prend rang dans le Sacré collège, non à partir du jour où sa nomination deviendra définitive, mais à partir du jour où sa promotion a été réservée in petto.

La réserve in petto a encore une autre conséquence pratique.

Si dans l'intervalle entre la réserve in petto et la nomination définitive le Pape venait à mourir, son successeur serait tenu de consommer la promotion simplement réservée. C'est pourquoi les Papes, le jour du Consistoire où ils annoncent la réserve in petto, consignent le nom du titulaire dans un pli cacheté, qu'ils déposent dans leur archives secrètes. A chaque décès d'un pape, on procède à l'ouverture de ces plis, et le pape nouvellement élu est obligé de respecter les choix de son prédécesseur.

PEUPLADE. Se dit, comme diminutif de peuple, de rassemblement d'hommes, fixes ou errants, dans les pays non encore civilisés.

Se dit aussi d'un nombre d'hommes et de femmes, qui passe ou qu'on envoie d'un pays dans un autre pour le peupler.

PEUPLE. Multitude d'hommes vivant sur le même territoire et sous le même gouvernement : le peuple romain, le peuple français; dans ce sens ce mot est à peu près synonyme de *nation* (voir ce mot; ETAT).

Cependant on appelle aussi *peuple* une multitude d'hommes qui n'habitent pas le même pays, mais qui ont une même origine ou une même religion : les peuples du Nord, les peuples d'Orient, les peuples germaniques, slaves, latins, hispano-américains, etc., les peuples chrétiens, les peuples musulmans; le peuple juif, qui est dispersé par toute la terre, etc.

Au pluriel, *peuples*, se dit, dans un Etat composé de diverses provinces qui n'ont pas été réunies en même temps, des habitants de ces provinces, qui sont parfois de races différentes et ont des lois, des mœurs, des coutumes particulières : par exemple, les peuples qui composent l'empire d'Autriche.

Peuple s'emploie aussi pour *population*, des habitants d'une même ville, d'une même contrée; la multitude, le public considéré dans son ensemble.

La masse de la nation, par opposition à certaines classes élevées ou privilégiées.

Une partie de la nation considérée au point de vue des divisions établies en politique.

La partie de la nation qui ne vit que de son travail, considérée par rapport aux classes plus aisées et plus instruites.

Le bas peuple, le petit peuple, la partie la plus inférieure de la population.

PHANARIOTES. On désigne sous ce nom certaines familles, certaines dynasties princières, la plupart d'origine grecque, et dont les membres ont pendant longtemps rempli auprès des sultans et des pachas les fonctions de secrétaires intimes, de drogmans ou interprètes. Plusieurs d'entre eux ont été, dans le dernier siècle et au commencement de celui-ci, choisis par les sultans de Constantinople comme hospodars des principautés de Valachie et de Moldavie.

Ils tiraient leur nom du quartier de Constantinople, le *Phanar* ou *Fanal,* qui leur avait été assigné pour habitation et où résident encore le patriarche et la plupart des grandes familles grecques.

PHARAON. Titre par lequel on désigne, notamment dans la Bible, les rois de l'ancienne Égypte, qu'on appelle par suite en périphrase „la Terre des Pharaons."

PHARE. Tour construite près du bord de la mer ou sur un point élevé de la côte, et au sommet de laquelle on entretient des feux ou des fanaux allumés pendant la nuit, dans le but de guider les navires, de les avertir de leur position, de leur signaler un danger, de leur indiquer l'entrée d'une passe, d'une rade ou d'un port.

Les gouvernements ont soin de faire connaître l'existence, l'établissement et la situation des phares placés sur leurs côtes maritimes.

Il est naturel et juste que la navigation contribue à l'entretien d'établissements créés dans son intérêt; c'est pourquoi, dans les ports où ils abordent, les navires de commerce sont généralement astreints à payer des droits pour phares ou fanaux.

Ces droits font souvent l'objet de clauses particulières dans les traités de commerce et de navigation.

PHILOSOPHE. Dans l'origine on donnait ce titre à ceux qui se livraient à l'étude de la physique et de la morale ; plus tard il a été réservé à ceux qui s'appliquent plus particulièrement à l'étude de l'homme et de la société.

Les ouvrages des philosophes, tant anciens que modernes, sont une source précieuse de documents pour l'étude et le développement du droit international, dont les principales questions ont été traitées par la plupart d'entre eux, dans leur rapports avec la morale, l'équité, la logique et la législation générale.

PHILOSOPHIE. C'est la science des principes généraux de toute chose, le système des notions générales sur l'ensemble des choses.

Se dit aussi de la doctrine philosophique particulière à chaque école ou à chaque philosophe ayant fait école : la philosophie ancienne, moderne; stoïcienne, scolastique, écossaise, éclectique ; la philosophie de Platon, d'Aristote, d'Epicure, de Bacon, de Descartes, de Kant ; la philosophie chrétienne, païenne.

Quelquefois on distingue un système de philosophie par le caractère particu-

20*

lier qui le distingue : la philosophie sensualiste, spiritualiste, critique.

La *philosophie de la nature* ou *philosophie naturelle* est celle qui a pour objet l'étude des lois et des causes des phénomènes qu'offre l'ensemble de l'univers.

Philosophie naturelle se dit aussi, par opposition à *philosophie morale*, de l'ensemble des sciences astronomique, physique, chimique et biologique.

La *philosophie sociale* comprend l'étude de la société et de la morale.

On appelle aussi *philosophie* l'ensemble des principes fondamentaux sur lesquels repose une science, un art particulier, ou la recherche de ces principes : philosophie des sciences, de la physique, de l'histoire, du droit, et plus spécialement du droit des gens ou international.

PIÈCE. En terme de pratique, toute sorte d'écriture servant à quelque procès, — tout document écrit utile pour constater un fait, — tout ce qu'on produit pour établir un droit.

Pièces justificatives, à l'appui, celles qui servent à prouver ce qu'on avance.

Pièces de comparaison, celles dont l'écriture et la signature sont reconnues certaines, et auxquelles on confronte d'autres pièces douteuses ou arguées de faux.

Pièces diplomatiques, notes ou autres documents relatifs à une négociation.

PILLAGE. Action de piller, de dépouiller avec violence une ville, une maison des objets qu'elle renferme ou qui s'y trouvent : c'est un des tristes accidents de la guerre.

Le pillage, qui était fort en usage dans les temps anciens, constitue désormais une violation du droit des gens. (*Voir* DÉVASTATION.)

Le pillage des prises maritimes et des navires naufragés est également interdit : les capteurs ne doivent maltraiter ni les navires ni les gens capturés, et les habitants des côtes doivent secours aux naufragés. (*Voir* PRISE, NAUFRAGES.)

PILOTE. Marin expérimenté dans la conduite des navires.

On appelle plus généralement *pilotes* les marins qui ont fait une étude particulière des côtes, des ports, des courants, des périls qui avoisinent les abords de la terre, et sont par suite employés pour secourir les navires en danger, et pour diriger ceux qui, à l'embouchure des fleuves, à l'entrée des rades, ont des passes périlleuses à parcourir et ne connaissent pas le chemin qu'ils ont à suivre.

Le pilotage est généralement soumis à un tarif; les frais en font partie des droits dits de navigation.

Dans la plupart des ports, la police de la navigation oblige les navires qui entrent ou qui sortent à employer des pilotes appartenant au port. Ce tarif est le plus souvent réglé par des clauses spéciales des traités de commerce et de navigation.

PIRATERIE. *Définition et caractère.* Dans le langage international, il faut entendre par ce mot tout vol ou pillage d'un navire ami, toute déprédation, tout acte de violence commis à main armée en pleine mer contre la personne ou les biens d'un étranger, soit en temps de paix, soit en temps de guerre. Est dit pirate quiconque commet un de ces actes ou y prend part.

Les pirates, n'ayant ni pavillon ni nationalité et étant ennemis de toutes les nations, peuvent être attaqués, pris et jugés partout et par tous les Etats.

Les objets de toute espèce trouvés en la possession des pirates doivent être restitués à leurs légitimes propriétaires, le vol ne pouvant jamais devenir un titre légitime d'appropriation; mais, en tout cas, la restitution aux propriétaires des objets dont ils ont été dépouillés, ou de leur produit quand ils ont été vendus à des tiers, est subordonnée aux preuves et aux justifications établies par la législation intérieure de chaque État.

Il ne faut pas confondre les corsaires avec les pirates, dont ils diffèrent en ce qu'ils sont commissionnés et autorisés par leur souverain pour courir la mer en temps de guerre, tandis que les pirates courent la mer en tout temps sans commission d'aucun souverain. (*Voir* CORSAIRE, COURSE, LETTRE DE MARQUE.)

Le droit des gens attribue le caractère de pirate à tout navire qui reçoit des lettres de marque de deux ou de plusieurs gouvernements.

PLACARD. En diplomatie, se dit d'une lettre, d'une pièce quelconque, dont le parchemin est dans toute son étendue et non plié.

PLACET. Synonyme de pétition.

Se disait autrefois plus particulièrement des demandes par écrit qu'on adressait aux souverains pour obtenir justice, une grâce ou une faveur.

PLAGIAT. Action de celui qui s'approprie et donne comme siennes les pensées et les inventions d'autrui, qui imite ou copie servilement des passages ou des portions d'un livre sans en citer l'auteur.

Le plagiat donne lieu à des appréciations diverses suivant les différents pays. Ainsi, d'après la jurisprudence anglaise, ce n'est pas commettre un plagiat que de transporter sur la scène un sujet traité par un auteur sous forme de roman, lors même que le romancier a lui même tiré une pièce de son ouvrage.

Le plagiat n'est qu'un larcin, dont la critique littéraire et l'opinion publique sont seules juges; il ne faut donc pas le confondre avec la contrefaçon; toutefois s'il en résulte un préjudice pour l'auteur de l'ouvrage original, celui-ci peut toujours en faire l'objet d'une action en dommages et intérêts.

PLÈBE, PLÉBÉIEN. La plèbe, dans l'ancienne Rome, était la troisième et dernière classe du peuple; elle se composait de tous les citoyens libres qui n'appartenaient ni à l'ordre des patriciens ni à celui des chevaliers.

La *plèbe* diffère du *peuple* en ce que la dénomination de *peuple* désigne tous les citoyens y compris les patriciens, tandis que le mot de *plèbe* désigne les citoyens autres que les patriciens.

Longtemps exclus de toutes les dignités publiques, les plébéiens se firent successivement admettre à toutes les magistratures patriciennes; dès lors la distinction entre plébéiens et patriciens ne fut plus que nominale, du moins au point de vue politique.

Dans les sociétés modernes, on qualifie de plébéien le citoyen qui n'appartient pas à la noblesse.

PLÉBISCITE. Chez les Romains on appelait *plébiscite* une loi décrétée par la *plèbe* ou le peuple convoqué par tribus dans les comices, en opposition aux lois promulguées par le sénat seul, auxquelles on donnait le nom de *sénatusconsultes*. Le plébiscite était proposé au peuple par un *tribun*.

Les *plébiscites* finirent par acquérir la même force obligatoire que les *lois* (286 av. J. C.), et dès ce moment les deux termes devinrent à peu près synonymes.

La dénomination de *plébiscite* fut adoptée en France par la première république pour désigner les résolutions soumises à l'approbation du peuple et acceptées par lui. Dans ce nouveau sens le *plébiscite* s'applique surtout à l'acceptation d'une constitution, à la proclamation du chef de l'Etat.

PLÉNIER, PLÉNIÈRE. Qui est complet, entier.

S'emploie dans ces expressions : *Cour plénière*, assemblée solennelle que les rois ou les princes souverains tenaient le jour de quelque grande fête, ou lorsqu'ils voulaient en donner une.

Se dit en général d'une réunion complète des membres d'une corporation, d'une assemblée politique ou judiciaire : ainsi lorsque les diverses fractions ou les deux chambres d'un parlement ou d'une législature tiennent une assemblée conjointe dans un même local, lorsque toutes les chambres d'une cour d'appel tiennent séance ensemble.

On qualifie de *plénière* l'*indulgence* qui accorde remission pleine et entière de toutes les peines d'une faute.

PLÉNIPOTENTIAIRE. Envoyé d'un chef d'Etat, lequel est pourvu d'un plein pouvoir pour quelque négociation.

En donnant aux mots leur vraie lignification, *plénipotentiaire* serait un agent diplomatique envoyé en mission non permanente et muni de pleins pouvoirs.

Cependant les agents diplomatiques de seconde classe ajoutent ordinairement ce titre à celui de leurs fonctions, ainsi les ministres se disent *ministres plénipotentiaires*.

Mais cette qualification de *plénipotentiaire* n'est le plus généralement conférée que comme un simple titre, sans correspondre à des pouvoirs illimités. (*Voir* AGENT DIPLOMATIQUE, AMBASSADEUR, ENVOYÉ, MINISTRE.)

PLI. Est employé pour *enveloppe* de lettre ou de paquet de papiers; se dit de la lettre ou des papiers mêmes.

Le *pli cacheté* est une lettre secrète que le fonctionnaire à qui elle est remise par l'autorité de laquelle il dépend, ne doit ouvrir qu'en un certain lieu indiqué d'avance, ou dans des circonstances prévues.

PLURALITÉ. Le plus grand nombre.

La pluralité des voix, des votes, ou des suffrages.

On nomme pluralité *absolue*, celle qui se forme de plus de la moitié de la totalité des votes; et pluralité *relative*, celle qui ne se forme que de la supériorité du nombre des voix qu'obtient une chose soumise à la votation, cette supériorité fût-elle d'une seule voix.

On emploie aussi dans le même sens le terme *majorité* (Voir ce mot).

PODESTAT. Ancien titre de diverses magistratures en Italie et dans la Provence.

Les podestats, dans certaines villes, étaient de simples officiers de justice et de police, le plus souvent étrangers à la ville qu'ils gouvernaient; ailleurs, notamment à Gênes, le podestat considéré comme le premier magistrat, avait toute l'autorité; mais il ne restait qu'un an au pouvoir.

POIDS ET MESURES. L'ensemble des mesures et des poids en usage chez une nation, avec les rapports qui existent entre eux, forme le système des *poids et mesures* de cette nation.

On rencontre presque autant de systèmes de poids et mesures qu'il y a de nations différentes.

Plusieurs tentatives ont été faites pour établir l'unité des poids et des mesures, en adoptant dans tous les pays un système uniforme ou équivalent, comme on est parvenu à le faire pour le service des postes et des télégraphes. Des conférences et des congrès ont eu lieu dans ce but; mais on n'a encore obtenu que des résultats incomplets. Quelques Etats seulement ont abandonné leurs anciens poids et mesures pour y substituer le système métrique et décimal, en usage en France; ou tout au moins ont introduit chez eux l'emploi facultatif des poids et mesures métriques simultanément et parallèlement avec celui des anciens poids et mesures, destinés à tomber peu à peu en désuétude.

Dans les chancelleries diplomatiques et consulaires à l'étranger, les agents ou les chanceliers, lorsqu'ils ont à mentionner dans des actes ou des documents des mesures ou des poids étrangers, sont en général tenus d'en faire connaître simultanément la conversion en mesures ou en poids de leurs pays respectifs.

POLÉMARQUE. Commandant d'armée chez les anciens Grecs.

A Athènes, le polémarque, qui était en même temps troisième archonte, n'était pas général, il était plutôt ministre de la guerre et avait l'administration des affaires militaires.

POLICE. Partie de l'administration qui a pour objet d'assurer la tranquillité de l'Etat, la sécurité des citoyens et le respect des propriétés.

Les fonctionnaires qui font partie de cette administration et exercent par conséquent la police.

Les lois et les règlements de police obligent indistinctement tous ceux qui habitent un pays; l'étranger devient le sujet *casuel* de la loi du lieu dans lequel il passe ou séjourne.

Les ministres publics étrangers font exception à cette règle : ils ne sont pas, en principe, soumis aux lois et aux règlements de la police locale. (*Voir* AGENT DIPLOMATIQUE, MINISTRE, CONSUL.)

Tribunal de police ou *de simple police*, tribunal connaissant des infractions aux règlements de police.

Police correctionnelle, tribunal connaissant des délits qui sont plus graves que les contraventions de police, et ne le sont pas assez pour être déférés aux tribunaux jugeant en matière criminelle.

POLITESSE. Manière de vivre, d'agir, de parler civile et honnête, acquise par l'usage.

Action conforme à la politesse.

La politesse épistolaire consiste à ne pas s'écarter des préceptes de la politesse dans la rédaction, la conduite en général de la correspondance; elle est de règle dans les relations diplomatiques ou internationales.

Un principe élémentaire prescrit que toute lettre demande une réponse, et pour cette réponse il faut en mesurer les formes au rang et à la position des personnes auxquelles on écrit.

Pour exprimer la considération dans la forme de la correspondance épistolaire, il faut avoir égard à l'*inscription*, au *traitement*, à la *courtoisie*, à la *souscription*, à la *date*, à la *réclame*, à la *suscription* (Voir ces mots).

POLITIQUE (adjectif). Qui a rapport aux affaires publiques, au gouvernement d'un Etat, aux relations mutuelles des Etats entre eux.

Droit politique, les lois qui règlent les formes du gouvernement. (*Voir* DROIT.)

Droits politiques, droits en vertu desquels un citoyen prend part au gouvernement de son pays, (*Voir* DROITS.)

Domicile politique, le lieu où l'on exerce ses droits politiques. (*Voir* DOMICILE.)

Economie politique, science qui traite de l'art de gouverner, et aussi de la production et de la distribution de richesses d'un pays. (*Voir* ÉCONOMIE.)

Le mot *politique* exprime encore le résultat de l'opinion sur les affaires publiques : d'où parti politique; haines ou sympathies politiques.

Par rapport aux personnes, on appelle un homme *politique*, ou simplement un *politique* celui qui s'occupe des affaires publiques, ou qui y prend part, qui s'applique à la connaissance des affaires ou du gouvernement des Etats.

POLITIQUE (substantif). La science du gouvernement des Etats, l'art de gouverner un Etat et de diriger ses relations avec les autres.

Système particulier qu'adopte un gouvernement.

La politique d'un Etat peut se diviser en deux branches : l'une tout *intérieure*, ayant pour objet la sûreté et la tranquillité des citoyens; l'autre, à proprement dire *extérieure*, concernant les intérêts de la nation au dehors, ses relations avec les autres Etats; cette dernière politique est abandonnée aux règles du droit des gens et fait plus spécialement la matière du droit international. Se dit, dans un sens général, des affaires publiques, des évènements qui s'y rapportent.

POLL. En Angleterre, supputation des votes dans l'élection des membres de la Chambre des Communes.

Signifie aussi la liste de ceux qui ont droit de voter.

Aux Etats-Unis, *poll* est à peu près synonyme d'élection par le suffrage.

POLYGAMIE. Etat d'un homme marié à plusieurs femmes, ou d'une femme mariée à plusieurs hommes à la foi.

Ce dernier cas de *polygamie* est généralement distingué du premier par la dénomination de *polyandrie;* la *polyandrie* n'existe que chez quelques populations encore demi-barbares de l'Asie et de l'Océanie.

Quant à la *polygamie* proprement dite, elles est en vigueur chez les Musulmans et en général dans presque tout l'Orient. Elle est interdite chez les nations chrétiennes, qui la réprouvent et la condamnent même comme une violation des lois; aussi ne consentent-elles pas à ce qu'un étranger pratique sur leur territoire la polygamie, quand même elle est admise par la loi de son pays.

PONTIFE. Ministre d'un culte.

Le titre de *Pontife* était dans l'ancienne Rome le plus élevé de la hiérarchie sacerdotale; les pontifes étaient au nombre de 8, dont 4 étaient choisis parmi les patriciens et 4 parmi les plébéiens.

Chez les Hébreux, on appelait *pontife* ou *grand-pontife,* le grand-prêtre, chef des sacrificateurs.

Dans la liturgie catholique, les évêques sont qualifiés de *pontifes.*

Souverain Pontife est un titre qu'on donne au Pape, chef de l'Église catholique.

PONTIFICAT. Dignité de grand-pontife.

Chez les Chrétiens, dignité du souverain Pontife ou du Pape.

Se dit aussi du temps qu'un Pape est sur le siège de Saint-Pierre.

POPULATION. L'ensemble, le nombre des individus qui habitent une contrée.

On nomme *population absolue* le nombre d'habitants d'un pays, abstraction faite de l'étendue du territoire qu'ils occupent.

La population *relative* est le nombre moyen d'individus vivant sur une étendue donnée.

Ainsi, par exemple, en 1856 la population absolue de la France était d'environ 37,000,000 habitants, et sa population relative de 68 habitants par kilomètre carré.

Se dit aussi d'une réunion d'hommes de même pays, de même condition.

PORT. Lieu sur une côte où la mer, s'enfonçant dans les terres, offre un abri aux navires contre les vents et les tempêtes.

Se dit aussi d'une ville bâtie auprès ou autour d'un port; de l'endroit dans un port même, ou dans une rivière, où l'on embarque et débarque les marchandises.

On distingue les ports en *ports de mer* ou *maritimes,* ceux qui sont situés sur la mer même, et en *ports intérieurs,* ceux qui sont situés à certaine distance dans les terres, sur des fleuves.

On les distingue aussi en *ports de guerre* ou *militaires,* ceux où stationnent ordinairement les bâtiments de guerre d'un Etat; et en *ports marchands* ou *de commerce,* ceux qui reçoivent les bâtiments employés au commerce, au transport des marchandises.

Par rapport aux navires, on nomme *port d'armement* le port où sont inscrits le bâtiment et les hommes, qui composent son équipage; et *port de destination,* le port déterminé comme but du voyage du navire.

Un port est dit *franc* ou *libre,* lorsqu'il n'y est point perçu de droits de douane, ni même d'impôt quelconque; il est dit simplement *ouvert,* quand l'entrée en est libre au commerce de toutes les nations, pourvu que leurs navires paient les droits de douane prescrits par les règlements locaux; le *port fermé* est celui dont l'entrée est prohibée aux navires étrangers, à l'exception des cas de nécessité.

On appelle *port consulaire* le port dans lequel résident des consuls des nations étrangères. (*Voir* ANSE, BAIE, RADE.)

L'Etat territorial exerce la police sur tous les navires de commerce mouillés dans un de ses ports, et ses tribunaux sont compétents pour connaître des procès civils ainsi que des délits des matelots étrangers, lorsque les navires se trouvent dans les eaux dépendantes de son territoire.

Quant aux navires de guerre, bien qu'ils doivent se soumettre aux ordonnances locales sur les ports, ils sont exempts de la juridiction territoriale; les crimes et les délits commis à leur bord tombent sous la compétence des tribunaux de la nation à laquelle ces navires appartiennent, et sont jugés selon ses lois. (*Voir* JURIDICTION.)

En droit l'accès et la sortie d'un port bloqué sont interdits aussi bien aux navires de guerre, qu'aux navires de commerce. ((*Voir* BLOCUS.)

PORTE (la). La Porte ottomane, la Sublime Porte, ou simplement la Porte sont des dénominations par lesquelles, dans les relations diplomatiques et les traités publics, on désigne la cour et le cabinet de Sultan, Empereur de Turquie, ou le gouvernement turc ou ottoman.

PORTEFEUILLE. Carton plié en deux et couvert de peau ou d'étoffe, où l'on renferme des papiers, des dessins, etc.

Il se fait aussi des portefeuilles de cuir, de maroquin, sans carton : tels sont ceux des avocats, des ministres.

Par suite on a fait du mot de *portefeuille* le synonyme de fonctions de ministre, de département ministériel : c'est ainsi qu'on dit le *portefeuille* de l'*intérieur*, etc. pour le ministère ou le département de l'intérieur etc.

On appelle *ministre à portefeuille* celui qui a la direction d'un département, en est le titulaire ; et *ministre sans portefeuille*, celui qui n'a pas de département attitré, qui fait simplement partie d'un ministère ou cabinet sans remplir de fonctions administratives.

POSITIF. Sur quoi l'on peut poser, compter, — qui est constant, certain, — qui s'appuie sur les faits, sur l'expérience, sur les notions *à posteriori*, par opposition à ce qui se déduit des notions *a priori* ; se dit aussi par opposition à ce qui émane de l'imagination et n'est qu'idéal.

En droit, il se dit de ce qui est écrit ou prescrit, par opposition à naturel.

Le *droit positif*, l'ensemble des lois qui régissent un peuple et sont fondées sur des règles constantes, positives, ce qui est établi par les lois et les coutumes des hommes : c'est pourquoi on le nomme aussi *droit positif humain*, par opposition au *droit positif divin*, qu'on applique à tout ce que Dieu a ordonné et qui ne fait pas partie du droit naturel. (*Voir* DROIT.)

POSSESSION. Détention, jouissance d'une chose, d'un bien quelconque; faculté d'en jouir, d'en disposer.

Action ou droit de posséder à titre de propriétaire. Une des principales sources du droit de propriété des nations relativement aux territoires sur lesquels elles sont établies, consiste dans la possession exclusive non contestée, suffisamment prolongée et non interrompue de ces territoires. Ce principe, qui repose sur le consentement tacite des hommes, est obligatoire pour tous les Etats et acquiert par la sanction du temps une force égale à celle qui résulte d'un contrat formel ou d'un droit international positif. Il s'applique à tous les nouveaux territoires qu'un Etat peut acquérir par les moyens reconnus par le droit des gens. (*Voir* ACQUISITION DE TERRITOIRE.)

Prise de possession se dit de l'acte par lequel un souverain, un Etat s'assure la possession d'un territoire.

L'occupation d'un pays, d'une ville par des troupes ennemies entraîne une prise de possession temporaire (*Voir* OCCUPATION MILITAIRE); et souvent, à la cessation de la guerre, à moins de dispositions contraires, l'état de possession au moment de la conclusion du traité est considéré comme la base du nouvel ordre public créé par la paix. (*Voir* PAIX, POSTLIMINIE.)

S'il s'agit de territoires qui ne font partie d'aucun autre Etat, une nation peut en acquérir la souveraineté par la prise de possession ; mais il faut que cette prise de possession soit effective, c'est-à-dire accompagnée ou suivie d'un commencement d'organisation administrative. Le simple fait de planter un drapeau ne suffit pas pour donner ou soutenir un titre exclusif à un pays dont on n'a point fait un usage actuel, quoique la pratique des nations se soit en bien des cas prévalue de mesures semblables.

La prise de possession peut s'opérer par des particuliers ; mais si ceux-ci ont agi sans pouvoirs, leurs actes doivent être ratifiés par l'Etat duquel ils dépendent, pour que leur occupation revête un caractère définitif et valable à l'égard des autres Etats.

Lorsqu'il n'existe pas de titre spécial d'acquisition, quand même on peut prouver que la prise de possession a été dans l'origine accomplie par violence et au mépris du droit, si, par contre, la possession paisible dure depuis assez de temps pour que la stabilité et la nécessité de l'ordre de choses établi soient reconnues par la population, on doit admettre que l'état de fait opéré par la force s'est avec le temps transformé en état légal.

POSSESSIONS. Terres possédées par un Etat, par un particulier.

S'emploie comme synonyme ou équivalent de colonies : les possessions de la France en Afrique et en Amérique.

POST-CONSULAT. Terme de chronologie se rapportant à l'histoire romaine : mention, dans une date postérieure à la durée des fonctions d'un consul, de ce consul sans parler de son successeur.

Cette date est dite *post-consulaire*.

POSTE. Lieu assigné à quelqu'un pour un office quelconque.

Se dit de toute sorte d'emplois et de fonctions.

POSTES. Administration publique chargée du transport des lettres et des dépêches, des valeurs et des colis.

Les échanges de correspondance comprennent les lettres, les imprimés de toute nature et les échantillons de marchandises n'ayant aucune valeur vénale.

La taxe est généralement graduée d'après l'échelle ascendante du poids.

Dans la plupart des cas, le port des lettres ordinaires, quel qu'en soit le poids, peut être acquitté d'avance par l'envoyeur ou laissé à la charge du destinataire; les lettres chargées ou recommandées doivent seules être affranchies au bureau de départ. Il en est de même des journaux, des prospectus, des catalogues, des papiers de musique, des livres, des brochures et des échantillons de marchandises.

En dehors des correspondances proprement dites, les postes se chargent aussi de la transmission de *valeurs papier*, c'est-à-dire de lettres déclarées contenir des titres ou des valeurs payables au porteur. L'envoi de ces sortes de lettres est soumis à des conditions particulières, notamment à un affranchissement obligatoire, à un double port, à un droit de commission de tant pour cent, à l'apposition de plusieurs cachets et à des déclarations écrites certifiant le montant des sommes expédiées. Le destinataire est tenu de donner décharge des valeurs reçues, et en cas de perte la poste rembourse la somme déclarée.

Aujourd'hui presque tous les Etats sont liés entre eux par des conventions postales qui assurent et régularisent l'échange quotidien ou périodique des correspondances.

Les correspondances relatives exclusivement aux différents services publics, qui sont adressées d'un pays dans l'autre, et dont la circulation en franchise est autorisée sur le territoire de l'Etat auquel appartient le fonctionnaire ou l'autorité de qui elles émanent, sont exemptes de tout prix de port.

Les lettres ou les paquets contenant soit de l'or ou de l'argent monnayé, soit des bijoux ou des effets précieux ou tout autre objet passible de droits de douane, sont parfois exclus des transports postaux.

Les lettres, les échantillons et les imprimés mal adressés, mal dirigés ou tombés au rebut pour une cause quelconque, sont renvoyés dans le pays de provenance par l'entremise des bureaux d'échange respectivement établis à cet effet. Le délai fixé pour ces sortes de renvois est ordinairement d'un mois.

Les indemnités pour perte de lettres ou de valeurs sont à la charge de l'Etat par la faute duquel l'objet a été perdu ou égaré.

Pour assurer réciproquement l'intégralité du produit des correspondances les gouvernements s'engagent par une clause générale à empêcher que ces correspondances ne soient transmises par d'autres voies que celles de leurs postes respectives.

Enfin, les conventions de poste établissent un mode particulier de comptabilité, la répartition des dépenses du service et le partage des recettes, par moitié ou proportionnellement à l'étendue des territoires respectifs parcourus.

Dans l'intérêt du commerce, les bureaux de poste ont, depuis quelques années, prêté leur entremise à des envois au moyen de *mandats de poste* ou d'*articles d'argent sur l'étranger*, qui sont tirés par les bureaux d'une des administrations de l'autre pays, et réciproquement.

Les sommes ainsi transmises ne doivent pas excéder certaines limites.

Sur chaque envoi de ce genre il est perçu une taxe spéciale, qui est toujours acquittée par l'envoyeur et dont le produit se partage par moitié entre les administrations respectives.

La délivrance des mandats de poste et les acquits qui en donnent décharge, s'opèrent sans autre frais que cette taxe proportionnelle.

En outre de ces services multiples, certains gouvernements sont convenus d'emprunter aussi l'intermédiaire des postes pour faciliter à leurs habitants l'abonnement aux journaux et aux publications périodiques de toute nature paraissant dans l'un et l'autre pays.

Enfin des arrangements intervenus entre certains gouvernements autorisent les bureaux de poste respectifs à opérer le recouvrement d'un pays dans l'autre des factures et des effets de commerce, moyennant une commission à attribuer par parts égales au facteur et au receveur chargés de l'encaissement.

Depuis plusieurs années les diverses conventions qui réglaient le service des correspondances d'un Etat à l'autre ou de plusieurs Etats entre eux, sont en quelque sorte condensées, englobées dans une convention générale internationale, qui porte le nom de „Convention de Paris" et la date du 1er juin 1878.

Les Etats qui ont conclu cette convention, ainsi que ceux qui y ont donné leur adhésion depuis sa conclusion — et il n'y a guère d'excepté que quelques pays de l'Asie, de l'Afrique ou de l'Océanie en dehors de la civilisation européenne — forment entre eux comme une association solidaire internationale sous la dénomination d'*Union postale universelle,* dont la direction a son siège à Berne.

La convention du 1er juin 1878 a été mise à exécution le 1er avril 1879; elle doit demeurer en vigueur pendant un temps indéterminé; mais chaque partie contractante a le droit de se retirer de l'Union, moyennant un avertissement donné une année à l'avance par son gouvernement au gouvernement de la Confédération suisse.

Les pays qui n'ont pas pris part à la Convention sont admis à y adhérer sur leur demande, notifiée au gouvernement suisse et par ce gouvernement à tous les pays de l'Union.

POSTHUME. Qui ne se fait, ne survient qu'après la mort d'une personne.

Se dit d'un ouvrage publié après la mort de l'auteur.

Les œuvres posthumes jouissent du droit de propriété en faveur des ayant-droit de l'auteur défunt, au même titre que les œuvres publiées de son vivant et sur lesquelles l'auteur possédait de lui-même et directement le droit de propriété exclusive.

D'après la législation française les propriétaires d'ouvrages posthumes ont les mêmes droits que les auteurs. Lorsque la succession est dévolue à l'Etat, le droit exclusif s'éteint, sans préjudice des droits des créanciers et de l'exécution des traités de cession qui ont pu être consentis par les auteurs ou leurs représentants. (*Voir* PROPRIÉTÉ LITTÉRAIRE.)

POSTLIMINIE. Le droit de *postliminie (jus postliminii)* est une fiction juridique en vertu de laquelle les choses ou les personnes qui sont tombées au pouvoir de l'ennemi, recouvrent leur état primitif lorsqu'elles rentrent sous la puissance de la nation à laquelle elles appartenaient avant la guerre, et que dans ce cas elles sont censées n'avoir jamais quittée.

L'étendue de ce droit n'est point absolue; elle se modifie naturellement selon la nature particulière des évènements auxquels il se rapporte.

La règle peut se résumer ainsi : les biens immeubles dont l'ennemi s'était emparé, retournent à leurs propriétaires légitimes d'avant la guerre, si l'ennemi vient à être repoussé; et si celui-ci, pendant qu'il les occupait, les a aliénés, pareille aliénation est considérée comme nulle et n'infirme pas la revendication des propriétaires dépossédés. Cependant le traité de paix peut stipuler des dispositions spéciales, voire même contraires, à cet égard.

Quant aux choses immobilières, le caractère distinct que les législations modernes leur attribuent, ne permet plus de les assujettir à l'exercice du droit de postliminie; on en excepte du moins les objets qui, d'après les usages généraux ou les lois intérieures, sont devenus propriétés ennemies à titre de butin de guerre.

En ce qui concerne les personnes, nous devons rappeler que l'adoucissement des mœurs a fait supprimer l'esclavage auquel les peuples de l'antiquité réduisaient les prisonniers de guerre. Sous l'empire du droit des gens moderne, le *jus postliminii personarum* de la législation romaine n'est plus qu'une formule tombée en désuétude et d'ailleurs inutile ; en effet la captivité ne dépouille pas le prisonnier de ses droits individuels ; elle constitue une simple suspension matérielle de sa liberté ; par conséquent elle n'implique qu'une interruption temporaire des droits civils, dont le fait de la détention empêche l'exercice. Ainsi le prisonnier, pendant la durée de sa captivité, est libre de faire administrer ses biens et soigner ses intérêts par des mandataires ; il peut même y être pourvu d'office par le gouvernement de la nation à laquelle il appartient. La condition légale du prisonnier de guerre est celle d'un absent, et produit les effets que les lois de chaque Etat attachent à cette qualité. Dès qu'il recouvre la liberté, le prisonnier reprend la pleine jouissance de ses droits.

Lorsqu'un territoire occupé par l'ennemi rentre sous l'autorité de son souverain légitime avant ou après la fin de la guerre, soit par la force des circonstances, soit par suite d'un traité de paix, on considère que le droit de ce souverain n'a point été interrompu : l'application du *jus postliminii* n'admet dans ce cas ni doute ni discussion.

Lorsque la restitution est stipulée par le traité de paix, le territoire ou les lieux occupés doivent être rendus dans l'état où ils se trouvaient lors de l'occupation ; toutefois les changements survenus depuis ne peuvent être l'objet d'aucune réclamation ; le détenteur n'est pas tenu non plus à la restitution des fruits perçus par lui ; il jouit en outre de la faculté d'enlever les choses à lui appartenant affectées à l'usage des lieux occupés par lui.

Les nations alliées contre un ennemi commun devant être considérées comme un seul Etat, le principe juridique que nous analysons est applicable aux choses et aux personnes saisies par l'un ou l'autre des alliés.

Le droit de postliminie, tenant essentiellement à l'état de guerre, n'a d'effet que pendant la durée des hostilités et cesse en général avec le rétablissement de la paix.

Le droit de postliminie est également applicable aux reprises maritimes ; mais cette application qui touche à la fois aux intérêts des belligérants et à ceux des neutres, ne comporte pas de règle fixe et invariable, parce que, la question rentrant plutôt dans le domaine du droit public que dans celui du droit international, chaque peuple l'a résolue à son point de vue particulier. (*Voir* REPRISES.)

POTENTAT. Prince puissant.

S'emploie comme synonyme de souverain, empereur, roi, etc.

POURPRE. Matière colorante d'un rouge foncé et éclatant, employé pour la teinture.

Etoffe teinte en pourpre, en usage chez les anciens.

Pendant longtemps la pourpre fut réservée aux rois et aux princes souverains ; par suite ce mot a été employé comme synonyme de dignité souveraine.

Chez les Romains le droit de porter la pourpre n'appartenait qu'aux triomphateurs, aux consuls et plus tard aux empereurs : c'est pourquoi la *pourpre* se dit pour la dignité même de consul, et l'expression *prendre la pourpre* est devenue synonyme de *se faire proclamer empereur*.

Dans les temps modernes la robe de pourpre a été réservée aux plus hauts dignitaires de l'Eglise catholique : d'où l'expression *pourpre romaine* pour désigner la dignité de Cardinal. (*Voir* CARDINAL.)

La pourpre désigne aussi la magistrature dans certaines cours de justice, parce que leurs membres sont revêtus de toges rouges.

POURSUITE. Tout acte qui a pour but immédiat de contraindre à l'accomplissement d'une obligation.

Procédure pour obtenir la réparation d'un grief, le paiement d'une créance, la répression d'un délit, la punition d'un crime.

Les poursuites sont qualifiées selon la juridiction devant laquelle elles sont intentées : poursuites civiles, commerciales, correctionnelles, criminelles.

Elles sont dits publiques, lorsqu'elles sont requises ou exercées par l'autorité, pour la punition d'un délit ou d'un crime.

Il est de règle générale que les tribunaux d'aucun pays n'autorisent des poursuites civiles ou criminelles contre les personnes qui jouissent du privilège de l'exterritorialité. (*Voir* EXTERRITORIALITÉ, AGENT DIPLOMATIQUE, SOUVERAIN.)

POURVOI. Recours contre une décision quelconque, notamment contre celle rendue par une cour souveraine.

Acte par lequel on invoque une autorité ou une juridiction supérieure pour faire réformer ou annuler une décision, ou pour empêcher qu'elle ne soit mise à exécution : pourvoi en cassation, au Conseil d'Etat, etc.

Pourvoi en grâce, acte par lequel un condamné fait appel à la clémence du chef de l'Etat pour obtenir soit une commutation de peine, soit sa libération complète. On dit plus ordinairement *recours en grâce.*

POUVOIR (puissance). Autorité, droit de commander. Particulièrement l'autorité qui gouverne l'Etat, les personnes investies de cette autorité.

En politique on distingue généralement trois pouvoirs : le *législatif,* chargé de faire les lois; l'*exécutif,* qui les fait exécuter, et le *judiciaire,* qui a pour mission de poursuivre les infractions aux lois. (*Voir* ÉTAT.)

Dans les gouvernements constitutionnels on entend par les pouvoirs de l'Etat le pouvoir exécutif ou le chef de l'Etat — roi, empereur, président —, et les chambres qui constituent le pouvoir législatif.

On distingue encore, selon le caractère de l'autorité exercée, le pouvoir *temporel,* gouvernement civil de l'Etat s'exerçant sur les choses de l'ordre séculier; et le pouvoir *spirituel,* ou l'autorité ecclésiastique, puissance qui n'appartient qu'à l'Eglise et consiste en la faculté de décider en matière de religion.

Pouvoir *absolu* se dit de la souveraineté quand elle n'est pas limitée par une constitution, et que le souverain peut faire ou défaire les lois sans avoir à consulter les représentants de la nation.

Le pouvoir *suprême,* c'est l'autorité du monarque.

En jurisprudence on appelle *pouvoir discrétionnaire* la faculté laissée à un juge de décider en certains cas selon son appréciation personnelle, et, notamment dans les cours d'assises, d'ordonner toutes les mesures qu'il croit être utiles pour la découverte de la vérité.

Par extension, *pouvoir illimité* que prend ou reçoit un gouvernement dans certaines circonstances; ainsi la dictature est un pouvoir discrétionnaire. (*Voir* DICTATURE.)

POUVOIR (capacité). Faculté par laquelle on peut faire une chose.

En droit, *pouvoir* est synonyme de *capacité,* capacité légale de faire une chose: ainsi une femme n'a pas *pouvoir* d'agir en justice sans l'autorisation de son mari.

Pouvoir se dit aussi du droit d'agir par une autre personne — acte par lequel on donne pouvoir d'agir; ce sens *pouvoir* est synonyme de *mandat,* de *pro-*

curation (voir ces mots); il s'emploie souvent au pluriel.

On appelle *plein pouvoir* ou *pleins pouvoirs* ceux qui autorisent la personne qui en est munie, ou le mandataire, à représenter entièrement, en tout et pour tout, la personne qui les a délivrés, soit pour toutes les affaires à traiter pendant la durée fixée des pouvoirs, soit pour une affaire spécialement déterminée.

Les ministres publics ou agents diplomatiques, lorsqu'ils se rendent dans le pays où ils sont envoyés, en outre de la lettre de créance destinée à leur servir d'introduction auprès du chef d'Etat près lequel ils sont accrédités, sont munis d'un plein pouvoir, indiquant l'objet et les limites de leur mission.

Les ministres publics en mission permanente ne reçoivent pas habituellement de plein pouvoir dressé séparément; leur plein pouvoir se trouve inséré dans la lettre de créance, ou, pour parler plus exactement, c'est leur lettre de créance qui leur sert de plein pouvoir, à moins toutefois qu'ils ne soient chargés d'une négociation particulière, indépendamment de leur mission permanente.

Pour qu'un agent diplomatique puisse engager une négociation particulière, il faut qu'il soit porteur d'un plein pouvoir *ad hoc* ou plein pouvoir spécial, formulé dans les termes les plus étendus, mais de fait restreint par des instructions qui en circonscrivent les limites.

Les pleins pouvoirs ne peuvent concerner qu'une affaire déterminée, et l'on peut les qualifier alors de pouvoirs *spéciaux;* comme aussi ils peuvent autoriser toute espèce de négociation et dans ce cas ce sont des pouvoirs généraux; les uns et les autres sont limités ou illimités; mais les derniers seuls sont des *pleins pouvoirs* proprement dits.

Un plein pouvoir spécial est nécessaire pour une négociation déterminée, lors même que l'agent diplomatique aurait été antérieurement muni d'un plein pouvoir général.

Les ministres envoyés à un congrès ou à une conférence n'ont pas ordinairement de lettres de créance, mais seulement des pleins pouvoirs, dont ils échangent entre eux des copies collationnées sur leur original, ou qu'ils remettent, s'il y a lieu, au ministre directeur ou médiateur présidant les négociations.

Les pleins pouvoirs sont parfois sous forme de lettres patentes : c'est surtout dans le cas où l'agent diplomatique est accrédité auprès d'un congrès de ministres publics. D'autres fois ils prennent la forme de lettres cachetées, lettres de conseil ou de cabinet, particulièrement dans le cas où l'envoyé doit être accrédité près d'un gouvernement.

Quand le plein pouvoir est écrit séparément, c'est-à-dire qu'il ne fait pas partie de lettres de créance, il porte en tête le nom et les titres du chef d'Etat qui notifie la commission donnée à l'agent diplomatique, dont suivent les noms et les titres; puis sont exposés le but et l'étendue de la mission, et l'acte se termine par la promesse de ratification des engagements qui seront contractés par l'agent muni des pouvoirs. L'écrit est revêtu du sceau de l'Etat et de la signature du souverain et contresigné par le ministre des affaires étrangères.

Les actions faites dans la limite des pouvoirs d'un ministre public, notamment les engagements pris dans des traités conclus, obligent l'Etat que représente le ministre. (*Voir* TRAITÉ.)

Les pouvoirs seuls ne suffisent pas pour conférer la position et les droits de ministre public; pour qu'un envoyé soit ministre public il faut que non seulement il ait des pouvoirs, mais aussi qu'il soit accrédité.

Un agent diplomatique peut avoir besoin de plusieurs pouvoirs; tel est le cas lorsqu'il est accrédité sous plusieurs rapports, comme, par exemple, dans une confédération, auprès du gouvernement central et auprès des gouvernements particuliers des différents Etats.

(*Voir* ACCRÉDITER, CRÉANCE, CONSEIL, CABINET, LETTRES PATENTES.)

Pouvoirs (au pluriel) se dit aussi des titres d'éligibilité et des pièces à l'appui de l'élection d'un membre d'un parlement, d'une Chambre législative, d'une corporation élective. Dans les assemblées de cette nature, à l'ouverture de chaque session, on procède à l'examen de l'élection de chaque membre, afin de reconnaître si elle ne présente aucune irrégularité et si l'élu remplit les conditions et a les qualifications requises : c'est ce qu'on nomme la vérification des pouvoirs.

PRAGMATIQUE. Edit d'un prince, rendu avec le consentement des grands de l'Etat; plus particulièrement disposition d'un souverain concernant ses États et sa famille.

Le plus souvent on ajoute le mot *sanction* à celui de *pragmatique* : la *pragmatique sanction*, qui signifie littéralement loi ou ordonnance sur les affaires, est le nom donné en général aux ordonnances des rois de France et aux résolutions de la diète de l'Empire germanique du onzième au quinzième siècle.

Toutefois ce nom n'a été réservé qu'à certains actes célèbres dans l'histoire, savoir :

La *pragmatique sanction de Saint-Louis,* datée de 1269, laquelle règle les relations du royaume de France avec le Saint-Siège.

La *pragmatique sanction de Charles VII* ou *de Bourges,* de 1438; c'est une extension de la précédente; elle fut supprimée par Louis XI en 1461, et remplacée par le concordat de François 1er en 1516.

La *pragmatique autrichienne,* par laquelle l'Empereur Charles VI déclara sa fille Marie-Thérèse héritière de ses Etats.

La *pragmatique sanction de Charles III,* abolissant, en 1767, l'ordre des Jésuites en Espagne.

PRATIQUE. L'application des principes, des règles d'un art ou d'une science; se dit par opposition à la théorie, qui en est la connaissance raisonnée.

En parlant de projets, de plans, se dit de leur exécution par opposition à la simple conception.

Méthode, procédé, manière de faire quelque chose. Usage, coutume, façon d'agir reçue dans un pays, dans une classe particulière de personnes, ou en certaines circonstances : pratiques licites et illicites de la guerre. (*Voir* GUERRE.)

On appelle *libre pratique,* admission *à la libre pratique* la permission accordée au capitaine d'un navire par l'autorité compétente dans le port où il aborde, de communiquer avec la terre et de décharger des marchandises. Cette liberté s'accorde ordinairement après que le navire a justifié de son état sanitaire ou fait une quarantaine.

PRÉALABLE. Qui doit être dit ou fait, ou examiné avant qu'on passe outre.

En langage parlementaire „la *question préalable,* dans les assemblées délibérantes, se dit d'une décision qui prescrit qu'avant toute discussion on ne délibérera pas sur une proposition qui vient d'être faite : c'est un moyen d'écarter une proposition.

Demander la question préalable équivaut à demander qu'on décide s'il y a lieu ou non de délibérer sur une proposition, et même plus souvent qu'on ne délibère pas sur cette proposition.

PRÉAMBULE. Ce qui se dit ou s'écrit avant de commencer quelque chose, en guise d'introduction ou d'avant-propos pour préparer l'auditeur ou le lecteur à ce qui doit suivre.

L'exorde d'un discours peut être considéré comme le préambule.

Le *préambule* d'une loi, d'une ordonnance, se dit de la partie préliminaire dans laquelle le législateur expose les motifs et l'objet de nouveau règlement.

Le *préambule* d'un traité ou d'une convention est la partie du traité dans laquelle est énoncé le motif de la négociation. Le préambule est placé en tête de l'acte international ; il commence par les noms des Etats ou des souverains contractants, énonce ensuite en termes précis les motifs du traité, les principes et les intentions des parties contractants, et se termine par la mention des noms, des titres et des qualités des plénipotentiaires chargés de suivre les négociations, et qui, après s'être communiqué réciproquement leurs pleins pouvoirs, ont concouru à la rédaction des stipulations du traité.

PRÉCAIRE. Qui ne s'exerce que par permission, par tolérance, et est par conséquent sujet à révocation.

Par analogie, qui est incertain, n'a pas une base solide : pouvoir précaire.

Commerce précaire se dit du commerce que deux nations ennemies font ensemble sous un pavillon neutre.

En jurisprudence, *par précaire, à titre de précaire,* se dit des choses dont on ne jouit que par une concession toujours révocable au gré de celui qui l'a faite.

Posséder par précaire, c'est posséder non comme propriétaire, mais seulement comme usufruitier, comme teneur à bail, comme emprunteur ou comme dépositaire.

PRÉCÉDENT. Usage déjà établi; fait antérieur ou précédent.

Se dit d'un fait, d'un exemple antérieur qu'on invoque, comme autorité. (*Voir* ANTÉCÉDENT.)

PRÉCEPTE. Règle, enseignement; ce qui est simplement recommandé et non absolument ordonné comme les préceptes de la morale, d'un art, d'une science.

PRÉCEPTION. Nom donné autrefois en France à des lettres ou à des édits que le roi écrivait pour permettre certaines choses que la loi défendait, tels que les mariages illicites, des transports d'héritages dans des conditions extra-légales.

PRÉCONISATION. Acte par lequel un cardinal ou le pape lui-même déclare en plein consistoire qu'un ecclésiastique nommé par un souverain à un évêché ou à un bénéfice, et dont la nomination est soumise à l'agrément du pape, a les qualités requises.

C'est à la suite de cette déclaration solennelle que le pape décerne la bulle d'institution canonique.

PRÉDÉCESSEUR. Celui qui a précédé quelqu'un dans un emploi, dans une dignité. Ainsi le prédécesseur d'un roi est le prince qui a occupé le trône avant lui.

Prédécesseur est opposé à *successeur* (Voir ce mot).

Au pluriel, se dit de ceux qui ont vécu avant nous dans le même pays.

PRÉEMPTION. Action d'acheter d'avance ou par préférence à d'autres personnes.

Droit de préemption, droit qui consiste à pouvoir prendre ou revendiquer un objet avant toutes autres personnes : ainsi certains propriétaires peuvent excercer un droit de préemption relativement à des terres d'alluvion contiguës à leur bien-fonds, et qu'ils peuvent obtenir par préférence au prix de l'expertise.

Le droit de préemption, en terme d'administration, est le droit que la douane à d'acheter sur le champ, au prix déclaré par le propriétaire, une marchandise que celui-ci cherche à faire passer en lui attribuant une valeur trop faible. Quand la douane exerce ce droit, elle paie un dixième en sus de la valeur déclarée.

Le *droit de préemption* se dit aussi d'une préférence d'achat qui, en temps de guerre, lorsqu'il s'agit de navires soupçonnés de contrebande, est substituée à la confiscation : dans ce cas les capteurs retiennent par devers eux les articles de commerce illicite en en payant la valeur aux neutres.

Quoique cette pratique constitue une atteinte assez sérieuse à la liberté des transactions commerciales et au respect de la propriété privée, elle est admise par la plupart des nations maritimes, et plusieurs traités en ont consacré le principe.

Toutefois l'exercice n'en est justifié que lorsqu'il se produit dans des cas de force majeure ; et il va sans dire que le belligérant qui y aurait recours sans y être moralemeut contraint ou sans indemniser ceux au préjudice desquels il l'exercerait, engagerait sa responsabilité et devrait en subir les conséquences au même titre que s'il s'emparait indûment de marchandises de commerce licite.

PRÉFACE D'HONNEUR. Mots d'honneur et de respect qu'on prononce avant de nommer quelqu'un ou quelque chose.

Les titres et les qualités des personnes peuvent être compris dans cette catégorie.

PRÉFECTURE. Titre de plusieurs charges importantes dans l'empire romain.

Grande subdivision de l'empire administrée par un préfet.

Division administrative dans plusieurs pays, notamment en France, où chaque département comprend une préfecture et un certain nombre de *sous-préfectures*. (Voir ce mot.)

Préfecture maritime, chef-lieu d'un arrondissement maritime.

Le mot *préfecture* désigne non seulement les fonctions du préfet, mais aussi l'ensemble de son service. Il s'emploie en outre pour exprimer la durée des fonctions d'un préfet, l'étendue de territoire qu'il administre, la ville où il réside, l'hôtel où il habite et se trouvent ses bureaux.

Au Saint-Siège on appelle *préfecture apostolique* la congrégation qui fournit des missionnaires pour les pays idolâtres.

PRÉFÉRENCE. En droit, on nomme *préférence* l'avantage qu'on donne à une personne sur une autre.

Par exemple, les biens d'un débiteur sont le gage commun de ses créanciers, et le prix doit s'en distribuer entre eux par contribution, à moins toutefois qu'il n'existe en faveur de quelques-uns des causes légitimes de *préférence*.

Ces causes légitimes de *préférence* sont le plus ordinairement les *privilèges* et les *hypothèques*. (Voir ces mots.)

L'examen du droit de préférence appartient en grande partie au *statut réel*. (*Voir* STATUTS.)

S'il s'agit de l'exercice du droit de préférence par un étranger, il faut que la cause de préférence soit reconnue par la loi du lieu où est situé le bien qui en est l'objet; que la jouissance de cette cause de préférence soit permise aux étrangers par la même législation; et qu'elle soit accordée à l'étranger par sa loi nationale.

La règle générale pour résoudre les conflits, c'est que les conditions de validité du droit réclamé sur des biens étrangers sont celles que fixe la loi du lieu où les biens sont situés.

PRÉFET. Dans l'ancienne Rome on appelait *préfets* des magistrats préposés au gouvernement de certaines villes, puis, sous l'empire, à de grandes divisions territoriales : ces derniers fonctionnaires ne relevaient directement que de l'Empereur.

Le titre de *préfet* s'appliquait en outre à divers fonctionnaires de l'ordre civil et militaire. Il y avait, entre autres, le préfet de Rome, *præfectus Urbi*, dont les attributions embrassaient la police et la justice ; ce préfet suppléait les rois, les consuls ou les empereurs en leur absence. Intérimaire sous les rois et les consuls, cette charge devint permanente sous les empereurs.

Nous mentionnerons encore le *préfet du prétoire*, dans le principe chef de la légion prétorienne destinée à la garde des empereurs. (*Voir* PRÉTOIRE.)

Dans les pays modernes on nomme préfets les fonctionnaires préposés à l'administration d'une préfecture, là ou le territoire comporte ce genre de divisions.

Dans l'organisation administrative actuelle de la France, le préfet est le magistrat chargé de l'administration générale d'un département; il a sous ses ordres les sous-préfets, qui administrent chacun un arrondissement.

Le préfet maritime est un officier de la marine militaire investi du commandement dans un arrondissement maritime.

Le *préfet de police* est un magistrat chargé spécialement de la police dans le département de la Seine.

Préfet est aussi le titre d'un magistrat dans quelques cantons de la Suisse.

On donne le titre de *préfet apostolique* aux ecclésiastiques placés à la tête du clergé et du service religieux dans certaines colonies.

Dans la curie romaine, on nomme *préfet des brefs* le chef des secrétaires du Pape, qui est chargé d'expédier les *brefs*. (Voir ce mot.)

PRÉJUDICIEL. Qui doit être jugé, examiné en premier lieu.

On appelle *question* ou *exception préjudicielle* une question qui doit être jugée avant la contestation principale; *moyens préjudiciels* les moyens par lesquels on soutient la question préjudicielle.

PRÉLAT. Titre particulier des dignitaires ecclésiastiques supérieurs ayant une juridiction spirituelle, tels que les cardinaux, les archevêques, les évêques, les abbés crossés et mitrés.

A la cour du Pape ce titre est accordé à tout ecclésiastique qui a droit de porter le violet.

PRÉLATURE. Dignité de prélat.
Bénéfice attaché aux fonctions de prélat.

Se dit aussi des prélats considérés collectivement, et, en particulier, de l'ensemble des prélats qui, à la cour de Rome, ont droit de porter le violet.

PRÉLÈVEMENT. Dans son sens absolu, ce mot signifie l'action de prendre ou de recevoir d'avance, préalablement à l'accomplissement de certaines conditions ou de certaines formalités, la portion d'un total, par exemple une somme partielle déterminée sur une somme plus forte, avant la liquidation ou l'apurement des comptes.

En droit international privé, le *prélèvement* s'applique plus particulièrement au partage des successions dont les biens dépendants se trouvent dans des pays différents. Les législations sont en conflit sur ce point, les unes reconnaissant le droit de prélèvement par les héritiers dans des conditions définies, les autres ne l'admettant pas dans les mêmes conditions ou même absolument.

La loi française, dans le cas de partage d'une même succession entre des co-héritiers étrangers et des co-héritiers français, autorise ces derniers à prélever sur les biens dépendant de la succession situés en France une portion égale à la valeur des biens situés en pays étranger dont ils sont exclus, à quelque titre que ce soit, en vertu des lois et des coutumes locales.

Ce droit s'exerce aussi bien sur les meubles que sur les immeubles; et il faut qu'il y ait au moins une partie des biens de la succession en France; car autrement le prélèvement serait illusoire. Il faut aussi que la succession soit régie, au moins en partie, par la loi étrangère; car autrement le prélèvement n'aurait pas de raison d'être. Il faut enfin que les héritiers français soient exclus, en vertu de la loi étrangère, de la succession régie par cette loi; car autrement le prélèvement ne pourrait se justifier, puisque aucun intérêt ne serait lésé.

En tout cas le prélèvement ne peut s'exercer que sur la part des héritiers qui ont profité de l'exclusion; il ne saurait s'effectuer au détriment d'héritiers étrangers qui n'ont sur les biens situés dans leur pays obtenu qu'une part égale à celle qu'un partage fait conformément à la loi française, leur avait attribuée.

Lorsque tous les héritiers d'une succession, dans les circonstances dont il s'agit, sont étrangers, la loi de prélèvement n'est pas applicable; mais elle l'est lorsque tous les héritiers sont Français.

La loi de prélèvement ne s'applique pas non plus par rapport aux pays avec lesquels sont intervenus des traités postérieurs à la loi (1819), par lesquels a été établi un système de réciprocité ou des stipulations spéciales.

PRÉLIMINAIRE. Qui précède le sujet principal, qui sert parfois à l'éclaircir: connaissances, notions préliminaires; observations préliminaires.

Dans un traité, dans un contrat, *articles préliminaires* ou conditions qu'on règle avant d'entrer dans la discussion des détails et dont on convient d'abord pour faciliter la conclusion.

Pris substantivement, le mot *préliminaire* s'emploie pour commencement d'arrangement, essai de conciliation.

Les *préliminaires de paix* consistent dans une convention provisoire à laquelle les belligérants consentent afin d'assurer immédiatement la cessation des hostilités, en attendant la signature du traité de paix définitif, souvent retardée par des travaux préparatoires et de longs pourparlers. (*Voir* PAIX.)

Deux clauses principales se rencontrent généralement dans les préliminaires de paix: l'une concernant l'*armistice*, et l'autre l'*amnistie*. (Voir ces mots.)

Il ne faut pas confondre les *articles préliminaires*, insérés dans le traité définitif, avec les *préliminaires de paix*, qui n'ont rien de commun avec eux, si ce n'est que de tendre au même but.

PREMIER. Qui précède les autres par rapport au temps, au lieu, à l'ordre.

Titre d'honneur attaché à certaines charges: le premier ministre, le premier président.

Monsieur le premier se disait autrefois, en France, en parlant du premier écuyer du roi.

PRÉNOM. Nom qu'on met d'ordinaire avant le nom de famille, afin de distinguer la personne qui le porte.

A la différence de l'usage qui prévalait chez les Romains, où chaque individu ne pouvait porter qu'un prénom, chez les peuples modernes la même personne peut recevoir plusieurs prénoms à la fois.

Chez les peuples chrétiens, les prénoms sont le plus souvent empruntés à la liste des saints inscrits au calendrier; ils se confondent alors avec les *noms de baptême*, c'est-à-dire ceux que l'enfant reçoit lorsqu'il est présenté aux fonts baptismaux.

En France, il n'est permis de donner pour prénoms aux enfants nouveau-nés que des noms indiqués dans les différents calendriers ou ceux de personnages connus dans l'histoire.

Un prénom ne peut être changé ni rectifié sans un arrêt d'une autorité judiciaire. (*Voir* NOM.)

PRÉPONDÉRANT. Qui a plus de poids qu'un autre.

Voix prépondérante. Voix qui l'emporte en cas de partage des suffrages dans une délibération ou un vote au scrutin; dans une élection celle qui, dans le cas d'égalité, détermine les suffrages pour ou contre, en se joignant à l'un ou à l'autre parti.

Dans certaines assemblées, dans certaines corporations, le président a le privilège de la voix prépondérante, c'est-à-dire que son vote donne la majorité au parti ou à l'opinion en faveur de qui il est exprimé.

On dit d'une raison, d'un argument qu'ils sont prépondérants, lorsqu'ils entraînent la conviction.

PRÉPOSÉ. Synoyme de fonctionnaire, d'agent.

En France se dit plus particulièrement des employés des douanes, de la régie, des contributions indirectes.

PRÉPOTENCE. Puissance prépondérante, pouvoir dominant, autorité excessive. — La prépotence des souverains, la prépotence d'une classe de la société sur les autres, etc.

PRÉROGATIVE. Avantage attaché à certaines dignités, à certaines fonctions.

La prérogative confère à celui qui la possède un pouvoir, une autorité que n'ont pas les autres, et qui le distingue de ceux qui ne l'ont pas.

Le mot *prérogative* s'emploie généralement pour désigner les droits politiques ou personnels d'un souverain par rapport à ses sujets et à l'autorité suprême dont il est investi.

On l'applique parfois aussi à certains groupes, à certaines autorités supérieures de la nation, et l'on dit, par exemple, les prérogatives du congrès, du sénat, les prérogatives de la cour, etc.

En politique, on appelle *prérogative royale* les droits, les pouvoirs que la constitution accorde au roi, et *prérogative parlementaire*, ceux qui appartiennent au parlement.

Les souverains, lorsqu'ils voyagent, et les agents diplomatiques ou ministres publics, qui représentent la nation à laquelle ils appartiennent, jouissent de prérogatives internationales inhérentes à leur caractère, parmi lesquelles figurent en première ligne l'*extraterritorialité*, l'*inviolabilité* et l'*immunité* personnelle ou exemption des juridictions ordinaires. (Voir ces mots, et SOUVERAIN, AGENT DIPLOMATIQUE, MINISTRES, etc.)

PRESCRIPTION. Terme de jurisprudence : c'est l'acquisition de la propriété par la possession paisible non interrompue qu'on en a eue pendant un laps de temps réglé par la loi; c'est la *prescription acquisitive*.

La prescription acquisitive confère donc un droit réel, le droit de propriété : à ce titre elle est soumise aux principes de la loi territoriale, et réglée par la loi du lieu où est situé le bien litigieux. On peut dire que la prescription ne s'applique qu'aux biens immobiliers; en fait de meubles, en effet, comme la possession vaut titre, la prescription devient superflue. Toutefois cette règle souffre exception à l'égard des choses perdues ou volées. Dans ce cas il faut qu'il se soit écoulé un certain laps de temps — 3 ans communément — pour que le possesseur soit à l'abri de la revendication.

Du moment qu'il est admis que les Etats acquièrent la propriété par les mêmes moyens et de la même manière que les individus, la prescription doit être considérée comme un mode normal d'acquérir des territoires. (*Voir* ACQUISITION.)

La prescription est aussi le moyen de se libérer d'une obligation par un certain laps de temps, comme celle d'une dette par suite de la non-réclamation du créancier dans un délai déterminé : c'est la *prescription libératoire*.

En matière criminelle, la prescription est un moyen d'obtenir l'impunité.

La prescription s'étend aux peines après qu'elles ont été prononcées.

Pour les différents cas où il y a prescription — acquisitive, libératoire ou autre —, la prescription peut être *interrompue* ou *suspendue*.

L'*interruption* a lieu lorsque la possession cesse définitivement ou seulement pendant un certain temps. Elle est dite *naturelle*, lorsque le possesseur est privé de la jouissance de la chose pendant plus d'un an; elle est *civile*, quand le propriétaire ou le créancier dirige des poursuites légales, et quand il existe une demande judiciaire contre le détenteur.

La *suspension* a lieu en faveur de certains propriétaires, de certains créanciers qui se trouvent dans l'impossibilité d'agir ou sont incapables d'aliéner : tels sont les mineurs, les interdits, les héritiers bénéficiaires à l'égard des créances qu'ils ont contre la succession, etc.

La prescription se compte par jours; elle est acquise lorsque le dernier jour du terme est fini.

Quant à la supputation du terme prescriptif, le temps accompli doit être compté d'après la loi du pays où il a été accompli.

On ne peut renoncer d'avance à la prescription, mais on peut renoncer au bénéfice de la prescription acquise. Cependant les créanciers, ayant généralement la faculté d'exercer les droits de leurs débiteurs, peuvent opposer la prescription du chef de leurs débiteurs, lors même que ceux-ci y renoncent.

La prescription peut être opposée en tout état de cause, même en appel.

PRÉSÉANCE. Droit de prendre place au-dessus de quelqu'un ou de le précéder.

En langage diplomatique, la *préséance* signifie la préférence dans l'ordre, dans le rang à suivre, lorsque plusieurs Etats, dans leurs relations extérieures, viennent à se rencontrer; c'est la primauté de rang, le droit d'occuper la place qui est regardée comme la plus honorable.

En Europe les lois de la courtoisie internationale ont fait accorder à certains Etats ce qu'on désigne sous le nom d'*honneurs royaux* (voir ce mot). Les souverains qui jouissent de ces honneurs ont la préséance sur ceux qui en sont privés; il en est de même pour ceux qui jouissent des honneurs royaux sans avoir été couronnés et ceux qui ont été sacrés : ce sont ces derniers qui ont le droit de préséance.

Il est bon de faire observer que cette règle est basée sur le consentement tacite des parties; mais elle ne s'étend pas aux relations avec les Etats qui n'admettent pas de semblables principes.

D'après les principes généraux du droit international, les républiques occupent, quant à le préséance, le même rang que les monarchies ou tout autre Etat souverain.

Les représentants des Etats monarchiques mi-souverains et dépendants prennent rang à la suite des représentants des Etats souverains et indépendants, bien que logiquement leur place soit à côté des représentants du pays dont ils reçoivent la protection ou dont ils reconnaissent la suzeraineté.

Quant aux ministres publics, le règlement de Vienne du 18 mars 1815 et le protocole d'Aix-la-Chapelle du 21 novembre 1818 ont réglé leur rang entre eux (*voir* RANG, AGENTS DIPLOMATIQUES); mais lorsque des négociations se poursuivent sous la direction d'une ou de plusieurs puissances médiatrices, les ministres publics de celles-ci, quand même il seraient d'un rang inférieur aux ministres des Etats contestants, peuvent prendre le pas sur ces derniers. S'il s'agissait d'établir une préséance entre les ministres prenant part à la négociation, on prendrait pour base les règlements de 1815 et 1818, ou l'on suivrait l'alternat, ou l'on aurait recours à un tirage au sort.

A la table des conférences, la place d'honneur est celle qu'occupe le président de la séance; les deux places immédiatement à sa droite et à sa gauche sont considérées comme places de préséance; les autres descendent en passant de droite à gauche à partir des deux premières.

Lors de la conclusion d'un traité, pour l'ordre des signatures on se conforme au *cérémonial diplomatique*. (*Voir* CÉRÉMONIAL.)

Lorsqu'un navire de guerre est mouillé dans un port étranger et que des cérémonies publique se célèbrent à terre, il est d'usage que le commandant et son état-major débarquent pour prendre parti à ces cérémonies et y figurer selon leur rang. Si les officiers de plusieurs navires se trouvent là ensemble, la préséance entre eux se règle dans ce cas d'après les grades, et à grade égal d'après l'ordre d'arrivée au mouillage. En cas de conflit, ceux qui le soulèvent ont naturellement le droit, sous leur responsabilité personnelle, de ne pas occuper une place relativement inférieure à celle qu'ils considèrent leur être due. (*Voir* CÉRÉMONIAL.)

PRÉSENTATION. Action de présenter, d'introduire en présence de quelqu'un.

Présentation à la cour, cérémonie qui consiste à présenter au souverain et à sa famille ceux qui sont admis à la cour.

Le premier devoir d'un ministre étranger dès qu'il arrive dans le lieu où il doit résider, c'est de solliciter du ministre des affaires étrangères une audience du chef de l'Etat pour lui être présenté et lui remettre ses lettres de créance.

Chaque pays a son cérémonial pour ces formalités. *(Voir* AGENT DIPLOMATIQUE, MINISTRE, LETTRES DE CRÉANCE, AUDIENCE, CÉRÉMONIAL.)

PRÉSIDENCE. Action, droit de présider, c'est-à-dire d'occuper le premier rang dans une assemblée avec le droit d'y maintenir l'ordre et de régler les discussions.

La dignité, la fonction de président.

Le temps pendant lequel une même personne exerce la présidence : la présidence peut être temporaire ou perpétuelle.

Fonction du pouvoir exécutif dans les républiques.

Dans certaines contrées, division administrative, notamment dans l'Inde anglaise : présidence de Madras.

PRÉSIDENT. Celui qui préside une assemblée, un tribunal, une compagnie, et en dirige les délibérations.

C'est le titre donné au premier magistrat, au chef du pouvoir exécutif dans les républiques : le président de la République française, des Etats-Unis.

On appelait autrefois en France *président à mortier* ou *au mortier*, celui qui avait droit de porter le mortier, sorte de bonnet carré, lorsqu'il était dans l'exercice de ses fonctions. *(Voir* MORTIER.)

PRÉSIDIAL. Ancien terme de jurisprudence.

On donnait en France ce nom à des tribunaux inférieurs au parlement, qui avaient une juridiction civile et criminelle et jugeaient en dernier ressort.

On appelait par suite sentence *présidiale* celle qui était rendue sans appel.

Ces tribunaux n'existent plus depuis la révolution de 1789.

PRÉSOMPTIF. Héritier présomptif, celui qui doit naturellement hériter de quelqu'un ; celui qui hériterait d'une personne si elle mourait ab intestat, soit en ligne directe, soit en ligne collatérale.

Se dit particulièrement du prince destiné à régner par l'ordre de la naissance : c'est l'héritier présomptif de la couronne.

Dans les pays où les femmes héritent du trône, on dit l'héritière présomptive.

PRESSE. Se dit, par dérivation, des produits de la typographie, ou de certaines catégories d'imprimés, et plus particulièrement des journaux, qui forment ce qu'on appelle la *presse périodique.*

On nomme *liberté de la presse* le droit qu'on a de publier sa pensée par la voie de l'imprimerie, sans être soumis à une censure préalable ; dans presque tous les pays cette liberté est régie, limitée par des lois ou des règlements qui en restreignent l'exercice ; et l'on a rangé dans une catégorie particulière, sous le nom de *délits de presse,* et soumis à une pénalité spéciale les actes et les écrits qui outre-passent ces limites et enfreignent cette réglementation.

PRESSE MARITIME. Autrefois enrôlement forcé des matelots dans la marine militaire.

Ordinairement, en Angleterre, le recrutement des marins est volontaire ; ce n'est qu'en temps de guerre et en cas d'urgence qu'on avait recours à ce moyen violent, et c'est surtout sur les matelots marchands et pêcheurs qu'il s'exerçait en les enlevant de vive force pour les transporter à bord des bâtiments de l'Etat.

La presse est aujourd'hui abolie dans tous les pays, et les matelots de la marine de guerre se recrutent par la conscription, l'inscription maritime, où les enrôlements volontaires.

PRÉTENDANT. Se dit particulièrement d'un prince qui prétend avoir des droits à un trône occupé par un autre.

Dans l'histoire d'Angleterre on a désigné spécialement sous ce titre les princes de la Maison de Stuart, qui ont pendant longtemps réclamé le trône, et cela plusieurs fois par la voie des armes.

PRÉTEUR. Haut fonctionnaire dans l'Ancienne Rome.

Dans les premiers temps de la république, le préteur était un chef militaire et civil ; puis le préteur ne fut plus qu'un magistrat adjoint aux consuls et chargé de rendre la justice.

Après leur sortie de fonctions, les consuls, sous le nom de préteurs et quelquefois de propréteurs, étaient envoyés dans les provinces pour les gouverner.

Les empereurs créèrent des préteurs *céréals, fiscaux, fidéicommissaires,* pour juger les contestations relatives aux approvisionnements, au trésor de l'empereur et aux fidéicommis.

PRÉTOIRE. Chez les Romains, maison et tribunal du préteur.

On appelait aussi de ce nom la tente du général en chef dans un camp romain ; plus tard le camp qu'occupait la troupe d'élite des *prétoriens,* dont le chef portait le titre de *préfet du prétoire.*

Il y eut d'abord un seul préfet du prétoire, puis deux, puis quatre. D'abord investis d'une autorité purement militaire, ils finirent par acquérir la juridiction et par s'emparer de toute l'autorité. L'empereur Constantin les réduisit au pouvoir civil; mais il leur donna en même temps autorité à chacun sur un quart de l'empire, divisé en quatre grandes préfectures. La charge du préfet du prétoire en occident dura jusqu'à la fin de l'empire.

PRÉTORIENS. On appelait ainsi à Rome, les soldats composant la cohorte, qui veillait autour du général et gardait l'espace de cent pieds carrés autour de sa tente et qu'on appelait le prétoire ; et sous l'empire les soldats des cohortes prétoriennes réunis en un seul corps et préposés à la garde des empereurs.

Ces soldats sont devenus célèbres par leurs dérèglement et leur indiscipline : c'étaient eux qui pendant plusieurs siècles disposèrent de la pourpre impériale.

PREUVE. En droit on qualifie de *preuve* tout ce qui tend à établir la vérité d'un fait ou d'une convention.

Les *preuves* se font par titres ou par témoins.

La preuve par titres, ou *littérale* ou *écrite,* résulte d'un acte écrit qui constate qu'un fait a eu lieu, qu'une obligation a été contractée, subsiste encore ou est éteinte; elle est *authentique,* lorsqu'elle résulte d'un acte dressé par un officier public.

La preuve *testimoniale* ou par *témoins* est surtout usitée en matière criminelle et correctionnelle; elle l'est peu en matière civile, d'où elle est exclue pour les choses qui ont pu faire l'objet d'un contrat. En matière de commerce elle peut s'appliquer à tous les actes. Les livres du commerce, régulièrement tenus, peuvent être admis par le juge pour faire preuve entre commerçants pour faits de commerce.

Lorsqu'une affaire déférée à un tribunal ne peut être appréciée et résolue que conformément à la loi d'un autre pays, c'est aux parties en cause à justifier de l'existence de cette loi et à en fournir un texte authentique Les formes de cette justification, les conditions d'authenticité. la nature et l'étendue des preuves à fournir à l'appui d'un droit, enfin les garanties spéciales requises pour la validité du témoignage verbal dans les pays qui admettent la preuve testimoniale avec ou sans serment en matière civile, varient sans doute suivant les circonstances; mais elles sont exclusivement régies par les lois de procédure ou les usages de l'Etat sur le territoire duquel le différend doit être vidé, et ne rentrent à aucun point de vue dans le domaine du droit international.

Lorsque la justice d'un pays est saisie d'une contestation entre étrangers, la doctrine qui prévaut relativement à la loi qu'il faudra appliquer aux preuves, c'est que quant aux formes on doit suivre la *lex fori* (Voir ce terme), et quant à l'admissibilité des preuves, la loi nationale des parties ou, suivant les cas, la loi du pays où elles ont traité, la loi du lieu de l'acte : un acte doit pouvoir servir de preuve partout où il sera présenté conforme à la loi du pays où il a été dressé; seulement la règle *locus regit actum* (Voir ce terme) ne peut être admise ici qu'avec un caractère facultatif et non impératif.

Pour la preuve par témoins, c'est également l'application de la règle *locus regit actum* qui prévaut.

PRÉVARICATION. Ce mot sert à exprimer en général tout délit commis par un fonctionnaire dans l'exercice de ses fonctions; et, dans un sens plus restreint, l'action de manquer par mauvaise foi aux devoirs de son emploi.

Un déni de justice de la part d'un juge est une prévarication.

PRÉVENTION. Etat de l'individu contre lequel il existe un soupçon ou une accusation de délit ou de crime et qui est envoyé devant un tribunal pour être jugé. Cet état dure jusqu'à la condamnation ou à l'acquittement.

L'inculpé, mis ainsi en prévention, prend alors le nom de *prévenu.*

PRÉVÔT. Nom donné autrefois en France à divers magistrats ou fonctionnaires chargés d'une juridiction ou préposés à une haute surveillance.

Le *prévôt royal* était le premier juge royal; ses appels ressortissaient aux bailliages et aux sénéchaussées.

Le *prévôt de la connétablie* commandait les gardes de la connétablie. (Voir ce mot).

Le *prévôt de l'hôtel,* dit aussi *grand-prévôt de France* ou simplement *grand-prévôt,* était un officier de la maison du roi, lequel était chargé de juger les personnes de la suite de la cour, en quelque lieu que la cour se transportât.

Le *prévôt des marchands* était le premier magistrat de la bourgeoisie de Paris, le chef de l'administration municipale.

On appelait aussi *prévôts* les juges des *cours prévôtales* (Voir ce terme).

PRÉVOTAL. Qui concerne la juridiction du prévôt, qui est de sa compétence; qui a le caractère de la justice prévôtale, c'est-à-dire d'une justice sommaire, sans appel : on dit en France sentence prévôtal, lois prévôtales, juges prévôtaux.

Cours prévôtales, cours judiciaires présidées par les différents prévôts; toutes ces juridictions furent abolies par la révolution française. Néanmoins sous l'Empire et la Restauration on donna de nouveau cette dénomination à des tribunaux exceptionnels, composés des juges civils et présidés par un juge militaire ayant le titre de *prévôt.*

Ces cours prévôtales de l'Empire, établies en 1810, ne connaissaient que des faits de contrebande, leur mission spéciale étant d'empêcher l'introduction de marchandises étrangères et de réprimer les infractions au blocus continental.

Les cours prévôtales de la Restauration jugeaient surtout les délits et les crimes politiques; leurs jugements étaient exécutoires dans les 24 heures : ce qui interdisait tout recours en grâce ou en cassation; elles furent abolies en 1818.

PRIMAT. Nom donné, dans la hiérarchie ecclésiastique, à quelques archevêques qui, en vertu d'anciens droits, ont une sorte de suprématie, supériorité de dignité ou de juridiction, sur les évêques et les autres archevêques d'une région : primat d'Afrique, primat des Gaules.

En France, le titre de primat qui était porté par l'archevêque de Lyon, est purement honorifique.

Dans la Grèce moderne on appelle *primats* les principaux citoyens d'une localité.

PRIMAUTÉ. Prééminence, premier rang.

Se dit de la puissance que le pape tient de droit divin de faire recevoir, observer et exécuter les canons de l'Eglise; et aussi, par extension, de l'autorité spirituelle attribuée à quelqes princes protestants.

PRIME. En terme d'administration publique, on nomme *prime* toute somme accordée, à titre d'encouragement, à l'industrie, aux arts, à l'agriculture, au commerce, à la navigation : ainsi lorsque le gouvernement ouvre des concours entre les agriculteurs ou certaines classes d'industriels, on donne le nom de *primes* aux récompenses qu'il décerne. Cependant on désigne par ce nom plus particulièrement les sommes payées à l'exportation de certains produits fabriqués. Ces sommes sont censées représenter les droits perçus par la douane à l'importation des matières premières qui sont entrées dans la confection de ces produits; *(Voir* DRAWBACK.) Les primes ont pour objet de neutraliser l'inconvénient de ces droits et de mettre le fabricant national dans la possibilité de concourir avec l'étranger dans les pays étrangers, comme s'il s'était servi de matières premières franches d'impôt. Ces primes sont dites *primes de sortie.*

Les traités internationaux, notamment ceux de commerce et de navigation, stipulent quelquefois l'allocation réciproque aux sujets respectifs des deux nations contractantes — des primes qui sont accordées aux sujets propres.

Dans le cas contraire, certains traités renferment une stipulation portant que si l'une des deux nations accorde une prime de sortie à ses sujets, l'autre aura la faculté d'augmenter le droit d'entrée du montant de la prime.

PRINCE. Titre de dignité, de supériorité.

Il est attribué plus spécialement à celui qui possède une souveraineté en titre ou qui est d'une maison souveraine; mais il se dit aussi de celui qui, sans être souverain ni de maison souveraine, possède des terres, qui ont le titre de principautés, ou bien à celui à qui un souverain a conféré le titre de prince.

Enfin le titre de prince n'est quelquefois qu'un titre honorifique, sans territoire ni autorité réelle, porté par des familles de l'ancien régime, ou des nobles de création plus moderne.

Prince royal, impérial, héréditaire sont les titres qu'on donne aux fils aînés des monarques, selon la dénomination que porte la monarchie, royaume ou empire; dans l'un ou l'autre cas le *prince royal* ou *impérial* peut être dit *prince héréditaire;* mais ce dernier titre est le seul auquel ont droit les fils aînés des souverains, qui ne sont ni rois ni empereurs.

On dit absolument *les Princes* pour désigner les enfants, les frères ou les oncles du souverain.

Les *princes du sang* sont ceux qui sont

issus de maison royale ou impériale par la branche masculine.

Monsieur le Prince se disait du premier prince de sang, à la cour de France.

Dans un sens absolu, *le Prince* signifie le souverain du pays dont on parle.

En droit on appelle *prince* le gouverneur quel qu'il soit; par suite un *fait du prince* se dit d'un acte de gouvernement qui fait fonction de force majeure et auquel on ne peut résister. On peut classer dans cette catégorie l'*arrêt de prince*, (Voir ce terme.)

On appelle *Princes de l'Eglise* les cardinaux, même les évêques.

Dans l'histoire le titre de prince a été attaché, selon les pays et les temps, à des dignités différentes.

Chez les Juifs les *Princes du peuple* étaient ceux qui étaient à la tête des tribus; les *Princes de la Synagogue,* ceux qui présidaient les assemblées populaires ou religieuses; le *Prince des prêtres* était le grand-prêtre en exercice.

A Rome on appelait *Prince du Sénat,* le sénateur que le censeur lisait le premier en lisant la liste des sénateurs; — *prince de la jeunesse* ou de l'*ordre équestre,* le chevalier que le censeur nommait le premier en faisant le dénombrement de l'ordre; sous l'empire ce titre resta réservé à l'héritier présomptif du trône.

PRINCE (Le), titre d'un ouvrage, tristement célèbre, du Florentin Machiavel, dans lequel il expose la politique des princes et leur enseigne l'art de réussir dans leurs desseins.

Cet ouvrage a été très diversement jugé : les uns le réprouvent comme un écrit dangereux; les autres n'y voient qu'une sanglante satire contre la conduite des princes contemporains de l'auteur.

PRINCESSE. Femme ou fille de prince.

Ce titre se donne aussi à une femme souveraine d'un Etat.

Princesse royale ou impériale, femme de l'héritier présomptif de la couronne; et dans quelques pays, l'héritière présomptive de la couronne.

PRINCIPAUTÉ. Dignité de prince : dans se sens on dit aussi *principat.*

Terre qui donne le titre de prince.

Petit Etat indépendant dont le chef a la qualité de principe.

PRINCIPE. Dans le sens logique ou philosophique, opinion ou proposition que l'esprit prend pour point de départ;

se dit, relativement aux conséquences qu'on en déduit, de toute proposition, vraie ou fausse, mais qu'on tient pour vraie.

C'est encore le premier précepte, la première règle d'une science ou d'un art.

Maxime, règle de conduite : principe de morale, d'honneur, de justice. — Le droit international a pour fondement les principes de justice qui doivent présider aux relations des Etats.

Principe se dit aussi des vérités premières, des causes naturelles, des faits généraux au delà desquels le raisonnement humain ne peut remonter.

PRINCIPICULE. Prince d'un petit Etat.

Prince encore au berceau, ou sous la conduite d'un gouverneur.

PRISE MARITIME. Action de prendre un navire.

Le navire pris, capturé.

Droit de prise. Les navires de guerre de l'ennemi peuvent être capturés en pleine mer ou dans les eaux des Etats belligérants.

Plusieurs puissances maritimes reconnaissent en outre à la marine de guerre le droit de saisir les navires de commerce qui sont la propriété de nationaux ennemis et de confisquer les marchandises trouvées à bord.

Le droit de prise ne porte pas non plus sur les navires naufragés et leur cargaison, ni sur les bateaux employés à la pêche côtière.

Le droit de prise ne peut être exercé sur mer que par des belligérants, soit par des navires particuliers armés en course et désignés sous le nom générique de *corsaires.* (Voir ce mot.)

Les règles de droit international qui concernent les bâtiments de guerre en cette matière, s'appliquent également aux navires commissionnés en course. Pour les uns comme pour les autres l'exercice du droit de prise n'est légitime que dans l'étendue de leur territoire national et sur la haute mer; il est interdit dans les limites du territoire juridictionnel des Etats neutres, lequel comprend non seulement les ports, les caps et les baies, mais encore une certaine distance en mer à partir de la terre.

L'exercice du droit de prise est également limité au seul temps que dure une guerre; car sans guerre le droit de prise n'existe pas. Aussi généralement les tribunaux de prises n'entrent-ils en fonctions qu'après le commencement d'une guerre et finissent avec elle.

Navires neutres. Dès que la guerre est déclarée, sauf les délais de faveur accordés d'habitude aux navires mouillés dans les ports ou supposés en cours de voyage avant d'avoir pu connaître la rupture de la paix, tous les bâtiments ennemis deviennent passibles de capture. Il sont même les seuls que le belligérant ait le droit d'appréhender; mais certains actes, certains faits impliquant agression, culpabilité ou complicité indirecte avec l'ennemi, font perdre au navire neutre son caractère pacifique et autorisent à procéder contre lui comme s'il était véritablement la propriété de l'une des parties engagées dans la lutte. Au nombre des circonstances qui légitiment la capture des neutres, on peut citer le transport de troupes, de vivres, de munition, d'armes, de correspondances pour compte ennemi, la violation des blocus, la simulation de pavillon, l'irrégularité dans les pièces de bord etc.

L'absence ou l'irrégularité de certaines piéces de bord et la simulation de pavillon sont, en dehors des actes vraiment hostiles, la principale cause des saisies dont les neutres sont victimes en temps de guerre maritime. Mais dans ces circonstances la capture n'entraîne condamnation et confiscation que lorsque les soupçons de fraude et de culpabilité sont juridiquement démontrés.

Titre à la possession des prises. La capture ne se conçoit pas abstraitement sans une prise de possession effective, et le droit de propriété sur la chose saisie ne prend naissance, ne passe définitivement, d'une façon incommutable, du capturé au capteur que lorsque la sentence du tribunal compétent en a dépouillé le premier au profit du second.

Lorsque le capteur d'un navire ennemi abandonne sa prise, il est entendu qu'il renonce aux droits qu'il pouvait avoir sur elle.

Jugement des prises. La prise n'est définitive et le capturé n'est irrévocablement dépouillé de sa propriété que par le jugement qui a statué sur sa validité. Tant que la prise n'a pas été jugée, le capteur ne possède sur elle qu'un droit imparfait qui lui impose des obligations particulières, dont l'oubli engage sa responsabilité, tant à l'égard de son propre gouvernement qu'à l'égard des propriétaires et des chargeurs du navire saisi. Son premier devoir est de rédiger un procès-verbal détaillé des circonstances et des motifs de la prise; il doit ensuite dresser un inventaire sommaire de tous les objets dont il s'est emparé, puis faire fermer et sceller les écoutilles. Il est de règle que le capitaine du bâtiment capturé assiste à l'opération et revête de sa signature les pièces qui en constatent l'accomplissement, ainsi que le procès-verbal dit de capture. Ce n'est qu'après avoir rempli ces diverses formalités que le capteur amarine la prise en plaçant à bord un officier et des matelots empruntés à son propre équipage, qui sont chargés de conduire le navire capturé et sa cargaison en lieu sûr pour y être jugés.

Traitement des prises. En règle générale, il est défendu au capteur de saborder ou d'incendier les prises qu'il fait en pleine mer. Ce n'est que dans des circonstances de force majeure bien constatée, par exemple quand le capteur est menacé de poursuites par l'ennemi, n'a pas le moyen de fournir un équipage de prise, remplit une mission pressée, ou veut cacher sa marche aux croiseurs belligérants, qu'il peut, sous sa propre responsabilité, détruire sa prise, au lieu de l'expédier dans un port du pays dont il porte le pavillon. Mais dans tous les cas le capteur ne peut procéder à la destruction du bâtiment capturé qu'après en avoir fait sortir les personnes qui se trouvent à bord, et, autant que possible, retiré la cargaison en tout ou en partie.

En dehors d'une nécessité impérieuse de guerre, tout capteur est obligé d'expédier et de faire conduire sa prise, dans le plus court délai possible, dans les limites juridictionnelles du pays dont il relève, pour que le tribunal compétent puisse statuer sur sa validité.

Tribunaux des prises. Les captures sont jugées et les prises déterminées par des tribunaux spéciaux appelés cours d'amirauté, tribunaux ou conseils des prises, commissionnés par les autorités souveraines de ces pays pour prendre connaissance de toutes les questions concernant la légitimité des captures, le droit et le mode de disposer des prises et les réclamations qui s'y rattachent.

Chaque Etat organise ses tribunaux des prises et en règle la jurisprudence selon ses intérêts.

Le jugement des prises maritimes appartient aux tribunaux du pays de celui qui a fait la capture.

Le tribunal d'un pays neutre ne peut prononcer la validité ou la condamnation des prises que les belligérants amènent dans les limites juridictionnelles.

Cette doctrine, qui exclut toute autre juridiction que celles des tribunaux du capteur, pour décider de la validité des prises faites en temps de guerre sous l'autorité de son gouvernement, admet toutefois deux exceptions : 1⁰ lorsque la capture a été faite dans les limites d'un territoire neutre ; 2⁰ lorsqu'elle a été opérée par des bâtiments de guerre armés, en pays neutre. Dans ces deux cas, les tribunaux de l'Etat neutre ont qualité et juridiction pour statuer sur la validité des captures et affirmer la neutralité de leur gouvernement en ordonnant, s'il y a lieu, la restitution à qui de droit de la propriété saisie.

Procédure. Pour les règles et les formes de procédure consacrées en matière de prises, il existe aujourd'hui une pratique qui diffère assez peu d'un pays à l'autre. Ainsi l'usage a prévalu partout d'adopter comme base de procédure une instruction sommaire confiée à l'autorité judiciaire ou administrative du port où la prise a été conduite, et dont les résultats écrits sont ensuite adressés au tribunal appelé à statuer sur la prise.

Règles relatives aux prises. Les tribunaux de prises maritimes doivent être guidés dans leurs décisions par les règles et les principes généraux du droit international.

Lorsqu'un navire est déclaré de bonne prise, la propriété de ce navire ainsi que de son chargement, dans le cas où le jugement du tribunal s'applique à l'un et à l'autre, est attribuée soit à l'Etat belligérant dont le capteur ressortit, soit, suivant les circonstances, au capteur lui-même ; toutefois les navires de guerre et la contrebande de guerre sont toujours attribués à l'Etat, et jamais au capteur.

Lorsqu'une prise est déclarée irrégulière, le navire et son chargement doivent être sans retard restitués à leurs propriétaires.

Sauf pour les pays et dans les cas où la loi municipale ouvre le recours en appel, les jugements des prises sont définitifs en ce qui concerne la validité de la capture et l'attribution de la propriété de la prise à celui qui s'en est emparé ; ils mettent fin à toute controverse, à toute procédure judiciaire entre le capteur et le capturé ; mais ils réservent à celui-ci tous ses droits dans son propre pays.

Responsabilité du capteur. Tout capteur est responsable des prises qu'il fait et des préjudices que ces actes ont occasionnés à des tiers. Lors donc que la capture n'est pas déclarée bonne et valable par les tribunaux appelés à la juger et que la restitution aux ayant-droit en est ordonnée, il peut, suivant les circonstances, être condamné soit à des dommages-intérêts, soit au payement des frais de procédure : sous ce rapport les tribunaux sont souverains pour apprécier s'il y a lieu ou non à indemnité.

Lorsqu'un navire est pris par l'ennemi, le capitaine peut proposer le rachat, c'est-à-dire le payement au capteur d'un prix convenu pour la restitution de son navire. (*Voir* RACHAT.)

Le droit de faire des prises cesse avec le rétablissement de la paix ; au moment de la conclusion, un terme est fixé, proportionné à la distance des lieux, après lequel les prises sont rendues à leurs propriétaires.

On conçoit que les navires, avec leurs chargements, dont la capture a été jugée légitime par les tribunaux compétents des pays belligérants avant la paix, ne soient pas rendus ou ne donnent lieu à aucune indemnité ; mais il est d'usage de restituer ceux dont la condamnation n'a pas encore été prononcée au moment de la conclusion de la paix, ou d'engager la valeur.

Prises en commun. Partage des prises. On appelle captures ou prises en commun celles qui sont opérées soit par deux ou plusieurs navires agissant de conserve ou isolément, soit avec le concours ou sous la protection de troupes de terre.

L'usage général est de répartir le produit de la prise entre tous ceux qui ont effectivement et matériellement coopéré à la capture.

Dans les prises opérées par des vaisseaux de guerre, tous ceux qui sont présents au moment de la capture ont droit au partage de leur produit net.

Les navires convoyeurs peuvent être admis aux bénéfices des prises, pourvu qu'ils soient munis de l'autorisation nécessaire et que la capture n'ait pas lieu à une distance telle qu'elle les empêcherait de remplir le devoir spécial qui leur est imposé, celui de protéger le convoi confié à leur garde. En abandonnant le convoi pour chasser une prise, ils perdent tous les droits attachés à leur caractère militaire.

Certaines opérations militaires faites en commun par des forces navales et des forces de terre conduisent parfois à la capture de navires ou de marchandises ennemis ; lorsque les règlements sur les armées en campagne n'établissent pas à ce sujet des prescriptions différentes, on applique dans ce cas les principes généraux que nous venons de résumer. Seulement, pour qu'il y ait lieu à partage égal du produit des prises, il ne suffit pas, comme pour la marine, que les deux forces soient employées d'une manière générale à la poursuite du même but hostile ; il faut encore que les troupes de terre aient directement et effectivement concouru à l'acte même de la capture ; leur présence passive sur le lieu de l'engagement ou dans le voisinage de l'action ne leur ouvre aucun droit au butin.

Les navires alliés ont droit au partage des prises.

Lorsque le gouvernement d'un des capteurs alliés décide qu'il y a lieu de restituer la prise et que le gouvernement de l'autre est d'un avis contraire, les juges se bornent à fixer la part qui revient aux deux groupes des capteurs, en laissant chacun libre de disposer de son lot.

En l'absence de règlements fixant le mode de partage des prises opérées en commun, la répartition se fait par les voies judiciaires. La règle habituelle des tribunaux est dans ce cas de prendre pour base la force relative des navires capteurs, déterminée d'après le chiffre de l'équipage du bâtiment qui a amariné la prise et le nombre des hommes placés à bord des navires qui ont coopéré à la capture.

On appelle *conseil des prises*, la commission extraordinaire établie en temps de guerre pour juger des prises de navires capturés.

La *part de prise* est la somme d'argent qui revient à chaque marin d'un navire qui en a pris un autre, après la vente du navire capturé et de sa cargaison, et après le procès qui a prononcé la validité de la prise.

PRISONNIER. Celui qui est privé de liberté ; en droit celui qui est arrêté, pris pour être mis en prison, celui qui y est enfermé ou détenu.

Prisonnier d'Etat, celui qui est arrêté ou enfermé pour un acte qui pouvait mettre en péril la sûreté de l'Etat.

Prisonnier de guerre, celui qui a été pris à la guerre.

Prisonniers de guerre. Dans la règle tous les ennemis peuvent être faits prisonniers ; mais on considère plus spécialement comme prisonnier de guerre l'ennemi armé ou attaché à l'armée adverse

par un service actif, après qu'il est tombé au pouvoir de l'autre armée soit en combattant, soit blessé, soit en se rendant personnellement, soit à la suite d'une capitulation collective.

Le prisonnier de guerre est un ennemi public ; par conséquent, il est prisonnier du gouvernement et non de la personne qui l'a capturé. Aucune rançon ne peut être payée par un prisonnier soit à l'individu qui l'a arrêté, soit au commandant du corps auquel celui-ci appartient ; le gouvernement seul relâche les captifs, d'après les règles qu'il a prescrites.

Effet de la captivité. Les effets de la captivité commencent à courir pour les prisonniers de guerre dès le moment où, réduits à l'impossibilité d'opposer de la résistance, ils se sont rendus volontairement, conditionnellement ou sans conditions, et ont obtenu la vie sauve.

Les prisonniers de guerre ne sont passibles d'aucune peine en raison de leur caractère d'ennemis. On ne doit leur infliger aucun mauvais traitement, aucun outrage ; ils peuvent être tout au plus emprisonnés ou internés, s'il est jugé nécessaire, pour empêcher leur évasion.

Déserteurs. Les déserteurs et les transfuges nationaux capturés au milieu des rangs ennemis perdent tout droit d'être traités comme prisonniers de guerre et d'invoquer le bénéfice des lois de la guerre. (*Voir* DÉSERTEURS, TRANSFUGES.)

L'entretien des prisonniers de guerre est à la charge du belligérant qui les retient en son pouvoir ; celui-ci doit même leur faire donner les soins que réclame leur santé.

Les prisonniers ne peuvent être contraints à prendre les armes contre leur patrie, ni à donner des renseignements qui pourraient compromettre les intérêts de leur gouvernement. Cependant on peut les employer à construire des fortifications sur quelque point éloigné du théâtre de la lutte, ces travaux ne constituant pas une participation directe et immédiate aux hostilités.

Quelquefois – et c'est ce qui a lieu surtout à l'égard des officiers — on laisse aux prisonniers, sur l'assurance qu'ils donnent de ne pas s'éloigner de l'endroit assigné pour leur résidence, une assez grande liberté de mouvements : alors ils sont dits prisonniers sur parole.

On peut faire feu sur un prisonnier de guerre qui s'évade ou le tuer de toute autre manière dans sa fuite ; s'il est repris, aucune peine ne saurait lui être infligée pour le seul fait de sa tentative d'évasion; il pourra être pris à son égard des mesures plus rigoureuses pour l'empêcher de renouveler sa tentative.

Mais si une conspiration ayant pour but une évasion générale est découverte, les conspirateurs peuvent être punis sévèrement et même mis à mort.

Si les évadés se réfugient sur le territoire d'un Etat neutre, il n'appartient pas aux autorités de cet Etat de les arrêter ou de les interner.

Prisonniers relâchés sur parole. Il arrive parfois que des prisonniers soient relâchés sur l'engagement de ne plus prendre part aux hostilités jusqu'à la conclusion de la paix, ou sous réserve d'être décomptés en cas d'échange ultérieur.

Le prisonnier qui reprend les armes contre l'Etat qui l'a libéré, est considéré comme ayant violé sa parole, et peut, s'il est capturé de nouveau, être puni militairement et même condammné à mort. Mais si la guerre cesse, il ne peut plus être poursuivi et puni.

Echanges de prisonniers. Les belligérants ont presque uniformément adopté l'usage d'échanger réciproquement les militaires et les marins respectivement capturés.

La règle la plus habituellement observée à cet égard consiste à opérer l'échange homme pour homme et grade pour grade.

L'échange des prisonniers pendant le cours des hostilités se règle par des conventions spéciales appelées cartels. Quant aux prisonniers qui n'ont pas encore pu recouvrer leur liberté au moment où la lutte cesse, ils acquièrent le droit de rentrer dans leur patrie en vertu d'un article exprès du traité de paix qui met fin à la guerre.

Libération. Le caractère spécial que revêt le prisonnier de guerre cesse du moment où il recouvre sa liberté, soit par un échange régulier, soit par la fuite, soit par la permission absolue ou conditionnelle de retourner dans son pays, soit par le rachat dans les pays où cet usage existe, soit enfin par la convention qui marque le terme de la guerre.

Dès que la paix est signée, les prisonniers doivent être remis en liberté. Cette libération est de droit; seulement, comme il pourrait y avoir des inconvénients et même des dangers à relâcher les prisonniers, surtout lorsqu'ils sont en grand nombre, sans les astreindre à une certaine discipline, il est d'usage de les reconduire dans leur pays sous la surveillance des autorités militaires. Quant au remboursement des frais occasionnés par l'entretien des prisonniers durant leur captivité et par leur transport jusqu'à la frontière, il peut faire l'objet d'arrangements particuliers entre les Etats contractants; mais, que ce remboursement soit exigé ou non, la discussion de cette question ne saurait entraver le rapatriement des prisonniers.

PRIVÉ. Appliqué aux personnes, désigne celles qui sont de simples particuliers, qui n'ont aucun emploi public : un homme privé.

Appliqué aux choses, se dit par opposition à public.

Autorité privée, se dit par opposition à autorité publique, à autorité légitime.

Acte sous seing privé, acte fait sans l'intervention d'un officier public.

Conseil privé ou Conseil d'Etat privé : autrefois conseil présidé par le chancelier et jugeant les affaires des particuliers dans lesquelles le roi n'avait pas d'intérêt; actuellement conseil particulier qui ne s'assemble que sur une convocation expresse ordonnée par le souverain.

PRIVILÈGE. Avantage accordé à une seule personne ou à plusieurs pour en jouir à l'exécution des autres.

Faculté accordée à un particulier ou à une communauté de faire une chose ou de jouir d'un avantage en dehors du droit commun.

En politique, le privilège s'entend des avantages propres à certaines classes de la société, de droits et d'avantages attachés à certaines conditions, à certains emplois.

Les privilèges concédés par la constitution d'un pays au souverain ou à l'un des grands corps de l'Etat prennent plus particulièrement le nom de *prérogatives*.

Il ne faut cependant pas confondre les deux mots, qui l'un et l'autre expriment l'idée d'une chose qui met en dehors de la loi commune la personne qui en jouit; mais la *prérogative* désigne principalement une distinction honorifique, une préférence particulière accordée au rang; le *privilège*, un avantage réel, positif, qui a plutôt rapport à l'intérêt.

En France, sous l'ancienne monarchie, on appelait *privilège du roi* l'autorisation donnée par le souverain d'imprimer un ouvrage après qu'il avait passé à la censure, avec défense aux autres de le publier.

En matière commerciale, le privilège

est le monopole, faculté ou droit d'exploiter ou de vendre seul une chose déterminée.

En jurisprudence, c'est le droit légal d'un créancier en raison de la qualité de sa créance, d'être préféré aux autres créanciers, de se faire payer préférablement à tous autres sur certains objets.

PRIVILÉGIÉ. Qui a un privilège, qui jouit d'un privilège : une classe privilégiée, la classe des privilégiés.

Créancier privilégié, qui a le droit d'être payé préférablement aux autres.

PROCÉDURE. Manière de procéder en justice ; forme suivant laquelle les affaires sont instruites devant les tribunaux ; règles qui doivent être suivies, quand il s'agit d'obtenir la décision d'un tribunal sur une contestation.

La procédure est dite *civile*, lorsque la contestation concerne l'état des personnes, l'usage ou la disposition des propriétés ; *criminelle*, quand il s'agit de poursuivre des crimes ou des délits, des atteintes contre la sûreté des personnes ou des propriétés ; *commerciale,* lorsque le différend à régler existe entre des négociants pour des questions de commerce.

En matière civile, la procédure se divise en procédure *judiciaire* et en procédure *extra-judiciaire*. La première comprend la série des actes à faire pour obtenir un jugement ; elle règle la compétence du juge, les formes à suivre pour l'instruction de l'affaire, la rédaction et l'exécution des jugements. La seconde contient les règles à observer dans les actes qui n'ont point directement pour objet la solution d'un différend, et qui pourtant peuvent intéresser le ministère du juge ou des officiers de justice.

Les règles de procédure ont un lien intime avec le droit public de chaque pays. Lorsque des personnes ont un procès en dehors de leur pays, c'est la *lex fori* (voir ce terme) qu'il faut suivre quant à la procédure, c'est-à-dire la loi du lieu où siège le tribunal devant lequel l'affaire est portée. Il en est de même en ce qui concerne l'exécution des jugements : la loi du pays où se fait l'exécution est celle qu'il faut suivre.

Les étrangers porteraient atteinte à la souveraineté de l'Etat, s'ils substituaient, dans les procédures qui les intéressent, leur loi nationale à la loi du pays où ils plaident.

PROCÈS. Instance devant un juge ou un tribunal sur un différend entre deux ou plusieurs parties.

Tout procès commence par une demande, se continue et s'explique par l'instruction et se termine par un jugement.

On distingue le *procès civil,* celui dans lequel le demandeur poursuit une réparation purement civile ; et le *procès criminel,* qui a pour but de faire prononcer une peine contre l'auteur d'une infraction à la loi, d'un fait qualifié de crime par la loi.

(*Voir* JURIDICTION, JUSTICE, COMPÉTENCE, INSTRUCTION.)

PROCÈS-VERBAL. Acte par lequel un fait est constaté avec toutes ses circonstances.

C'est le document écrit par lequel un magistrat, un agent de l'autorité, un fonctionnaire public, un expert, etc. rend compte de ce qu'il a fait et de ce qu'il a vu ou entendu dans l'exercice de ses fonctions, ainsi que de ce qui a été fait ou dit en sa présence.

Se dit aussi de la relation par écrit de ce qui s'est passé dans une séance, dans une cérémonie, etc. ; du résumé des travaux et des décisions d'une assemblée délibérante, d'un conseil administratif.

Les résolutions des assemblées délibérantes ne sont définitives que quand le procès-verbal a été adopté.

PROCHRONISME. Erreur de date qui consiste à placer chronologiquement un événement avant sa date exacte, dans un temps antérieur à celui où il est arrivé réellement.

C'est le contraire du *parachronisme.* (Voir ce mot.)

Aujourd'hui on emploie généralement le mot *anachronisme* pour désigner toute espèce d'erreur chronologique.

PROCLAMATION. Action d'annoncer une chose à haute voix, afin de la rendre publique et notoire.

Publication solennelle : proclamation d'une loi, d'un édit.

L'écrit qui contient ce qu'on proclame, qu'on publie : proclamation au peuple, à l'armée.

Nomination solennelle : proclamation d'un empereur, d'un chef.

Pris dans un sens restreint, le terme *proclamation* s'applique à la constatation rendue publique du résultat du scrutin pour l'élection des députés, lorsque la majorité est acquise à l'un des candidats.

PROCONSUL. On appelait ainsi à Rome un magistrat qui remplissait les fonctions de consul, sans en avoir le titre, hors de la ville et de son territoire; c'étaient généralement d'anciens consuls, qui en quittant le consulat, recevaient le commandement d'une province ou d'une armée.

Sous l'empire romain, on donna le titre de *proconsuls* aux gouverneurs des provinces dont l'administration était abandonnée au Sénat, et qu'on appela pour cela *provinces proconsulaires*; des *propréteurs* régissaient les autres provinces, dont l'empereur se réservait le gouvernement.

PROCURATEUR. Dans l'empire romain, titre de magistrats envoyés par l'empereur pour le représenter dans certaines provinces. Ils étaient plus spécialement chargés des affaires concernant le trésor public. Parfois ils remplissaient les fonctions de gouverneurs, c'est-à-dire de préteur ou de proconsul, mais seulement dans des pays peu considérables.

Au moyen-âge, ce fut le titre d'un des principaux magistrats dans quelques républiques d'Italie, notamment à Venise et à Gênes.

PROCURATION. Pouvoir donné par quelqu'un à une autre personne d'agir en son nom.

L'acte par lequel est donné ce pouvoir et qui en fait foi. *(Voir* POUVOIR, MANDAT.)

PROCUREUR. Celui ou celle qui a pouvoir d'agir pour un autre. On dit aussi *procureur fondé,* c'est-à-dire fondé de pouvoirs.

On donne le titre de procureurs à certains magistrats qui exercent les fonctions du ministère public près les cours et les tribunaux : le procureur général auprès d'une cour supérieure; et le procureur du roi, impérial ou de la République (selon le cas) auprès d'un tribunal de première instance.

Le *procureur fiscal,* ou simplement le *fiscal,* exerçait autrefois son ministère auprès des juridictions seigneuriales.

PRODICTATEUR. Titre d'un magistrat qui avait l'autorité dictatoriale, et qui fut créé à Rome parce que l'absence des consuls empêchait de désigner régulièrement un dictateur.

PRODUCTION. Action de produire, de mettre en avant, de faire voir.

Particulièrement, un terme de procédure, action de produire, de déposer des titres, des écritures dans un procès.

PROFESSION. Déclaration publique.

Faire profession d'une religion, l'exercer ouvertement; faire profession d'une doctrine, la pratiquer et la soutenir publiquement, manifestement.

Profession de foi, formule contenant les principes de religion auxquels on est attaché; — par extension, écrit renfermant les opinions d'un candidat à la députation ou autre; — profession de foi monarchique, républicaine, etc.

Dans un autre sens, profession signifie le genre d'état ou de travail auquel on se dévoue, l'emploi qu'on exerce : — embrasser, exercer une profession. — La profession de médecin, d'avocat.

PROGRAMME. Ecrit qu'on affiche ou qu'on distribue pour faire connaître les détails d'une fête, d'un cours, les conditions d'un concours, etc.

Par extension, indication générale d'une doctrine, d'une politique : un ministère, une administration, un parti ont leur programme.

PROGRÈS. Mouvement en avant; avancement, accroissement en bien ou en mal.

En philosophie, le progrès indique la marche du genre humain, envisagé dans sa collectivité, de la société vers la perfection, vers un développement de plus en plus étendu de ses facultés.

Absolument se dit du mouvement progressif de la civilisation, des institutions politiques.

PROGRESSISTE. Qui est ami ou partisan du progrès, et plus particulièrement du progrès politique et social : c'est la qualification prise par certaines groupes politiques.

PROHIBITION. Défense, interdiction. Se dit de la défense de faire entrer dans un pays ou d'en laisser sortir, d'importer ou d'exporter certaines marchandises.

PROJECTILE. Corps de nature quelconque lancé par une arme de jet; s'emploie spécialement pour désigner les corps lancés par les bouches-à-feu, tels que bombes, boulets, balles, etc.

Par une déclaration du 11 décembre 1868, tous les Etats de l'Europe se sont engagés à „renoncer mutuellement, en cas de guerre entre eux, à l'emploi par leurs troupes de terre et de mer de tous projectiles d'un poids inférieur à 400 grammes, qui serait ou explosible ou chargé de matières fulminantes ou inflammables."

Cette restriction paraît tontefois s'appliquer uniquement aux balles de fusil, et non aux projectiles de l'artillerie. (*Voir* ARMES.)

PROJET. Dessein, entreprise, ce qu'on a l'intention de faire dans un temps plus ou moins éloigné.

Première rédaction d'une chose qu'on a dessein d'exécuter ou qu'on propose pour être exécutée :

Projet d'acte, rédaction préparatoire d'un acte.

Projet de loi, la première pensée ou le plan primitif d'une mesure, d'une résolution législative, soumise aux délibérations d'une assemblée, qui par son vote doit lui donner la forme et la force de loi.

PROLÉTAIRE. Le *prolétaire,* chez les Romains, était le citoyen pauvre, appartenant à la dernière classe de peuple et ne pouvant être utile à l'Etat que par le nombre de ses enfants; il était exempt d'impôts.

Se dit aujourd'hui des citoyens dépourvus de fortune, vivant au jour le jour.

La classe prolétaire, la classe la plus indigente.

PROLÉTARIAT. Etat de prolétaire. La classe des prolétaires.

PROMOTION. Acte par lequel on élève à la fois plusieurs personnes à un même grade, à une même dignité.

Se dit aussi, dans le sens passif, de la nomination, de l'élévation d'une ou de plusieurs personnes à un grade, à un emploi supérieur.

PROMULGATION. Publication solennelle des lois, suivant les formes requises.

Les lois sont exécutoires dans le pays qu'elles concernent à partir du jour de leur promulgation.

Les traités que les Etats concluent avec d'autres, étant assimilés à des lois d'ordre public, demandent, comme ces lois, à être rendus publics, c'est-à-dire à être promulgués. Cette promulgation ne peut avoir lieu qu'après que le traité a été ratifié et sanctionné par les divers pouvoirs dont l'intervention est exigée par le droit public interne de chaque Etat.

Les formes et les conditions de la promulgation sont régies dans chaque pays par les règles consacrées pour les lois ordinaires, dont le droit international ne saurait méconnaître ni combattre la stricte application.

Une exception existe forcément pour certains traités ou certaines clauses qui, dans la volonté même des parties contractantes et à cause de leur caractère tout particulièrement politique, doivent demeurer *secrets* temporairement ou à titre perpétuel. La force obligatoire de ces sortes d'engagements découle de la ratification seule; ils lient *ipso facto* les gouvernements qui les ont souscrits; mais faute de promulgation les effets ne s'en étendent pas aux citoyens, à qui ils demeurent inconnus.

PROPAGANDE. Congrégation établie par le Pape pour s'occuper spécialement des affaires relatives à la propagation de la foi catholique.

En général, toute institution qui a pour objet la propagation d'une croyance religieuse.

Par analogie, toute association dont le but est de propager certaines opinions, un système politique, social, etc.

PROPOSITION. Action de proposer, de soumettre à un examen, à une délibération.

La chose ainsi soumise, ou proposée en vue d'arriver à une conclusion, à un accord.

Dans les congrès ou les conférencs où les Etats se font représenter par des plénipotentiaires, chacun des gouvernements représentés a l'initiative des propositions à faire, et le plus souvent l'exercice de cette initiative dépend des circonstances.

Les plénipotentiaires conviennent entre eux si les questions qui doivent être mises en délibération, seront présentées, proposées par le plénipotentiaire qui préside le congrès ou la conférence, ou si ce sera à tour de rôle que chaque plénipotentiaire portera la parole. Il est généralement d'usage que chaque plénipotentiaire propose lui-même ce qui se rapporte aux intérêts particuliers de l'Etat qu'il représente.

Les propositions se font par écrit, afin qu'elles servent de base à la discussion, indépendamment des négociations qui se poursuivent de vive voix en grande partie.

PROPRÉFET. Dans l'histoire romaine, lieutenant d'un préfet. (*Voir* PRÉFET.)

PROPRÉTEUR. C'est le titre que les Romains donnaient aux préteurs désignés dans le principe pour rester à Rome, et qui, après y avoir rempli leurs fonctions, étaient envoyés dans une province pour l'administrer, avec l'autorité de préteurs. *(Voir* PRÉTEUR.)

PROPRIÉTÉ. Le droit par lequel une chose appartient en propre à quelqu'un, qui, en raison de ce droit, a la faculté exclusive d'en jouir et d'en disposer.

La chose même qui fait l'objet du droit de propriété, la chose possédée, qui appartient en propre à quelqu'un.

Il y a plusieurs espèces de propriétés.

Elle est dite propriété *foncière* ou *immobilière* suivant qu'elle a pour objet la terre et tout ce qui par nature ou destination est attaché à la terre, des biens-fonds, des choses immobilières; et propriété *mobilière*, lorsqu'elle s'applique à ce qui n'est pas attaché à la terre. *(Voir* BIEN-FONDS, IMMEUBLE, MEUBLE.)

PROPRIÉTÉ ARTISTIQUE. On entend par *propriété artistique* le droit reconnu à l'auteur (voir ce mot) d'une composition musicale, d'un dessin, d'une peinture, d'une sculpture, d'une gravure, d'un plan d'architecture ou de tout autre travail d'art de disposer privativement de son œuvre.

Celui qui a donné la première idée d'un objet d'art et l'a fait exécuter sous sa direction et à ses frais, doit en être réputé l'auteur.

Les objets d'art peuvent être reproduits à la main, par la gravure, par la lithographie ou par la photographie; le droit de les reproduire ou d'en autoriser la reproduction appartient exclusivement à leurs auteurs; mais le droit d'exhibition appartient au propriétaire de l'objet.

La propriété des œuvres musicales a deux modes d'exercice : l'impression, la représentation ou l'exécution.

Les droits de la propriété artistique sont identiques à ceux de la *propriété littéraire* (voir ce terme).

PROPRIÉTÉ LITTÉRAIRE. On entend par *propriété littéraire* le droit reconnu à l'*auteur* d'un ouvrage de littérature ou de science, de disposer privativement de son œuvre, de la publier, de la vendre, en un mot de profiter des bénéfices de sa publication. *(Voir* AUTEUR.)

La propriété littéraire a pour objet les écrits, les livres imprimés et les pièces de théâtre.

Tout auteur d'une œuvre littéraire a la faculté d'en aliéner la propriété au profit de tiers, éditeurs ou autres, les cessionnaires se trouvent alors substitués à l'exercice de ses droits.

L'éditeur est censé l'auteur d'un ouvrage anonyme ou pseudonyme, et peut seul exercer les droits de propriété littéraire aussi longtemps que l'auteur véritable ne s'est pas fait connaître.

Toute violation des lois et des règlements sur la propriété littéraire, toute atteinte portée aux droits de l'auteur sur son invention, de l'écrivain sur son écrit, constitue une *contrefaçon*, délit contre lequel l'auteur possède un recours légal. *(Voir* CONTREFAÇON.)

La propriété des œuvres dramatiques a deux modes d'exercice : l'impression, et la représentation ou l'exécution : l'usurpation de ce second droit ne constitue pas, à vrai dire, une contrefaçon, mais seulement une atteinte à la propriété intellectuelle, atteinte passible de poursuites.

La *traduction* n'est pas non plus une contrefaçon dans l'acception propre du mot; elle constitue en quelque sorte un droit exceptionnel, subordonné à l'accomplissement de certaines formalités et entouré de certaines garanties par les traités internationaux, dont la violation peut éventuellement donner lieu à une action en justice. *(Voir* TRADUCTION.)

Les notes ajoutées à un ouvrage constituent une propriété particulière. Une convention spéciale peut intervenir entre l'auteur de ces notes et l'éditeur ou le propriétaire du livre ; mais lorsqu'une pareille convention n'a pas été conclue, les travaux d'annotation confèrent un droit exclusif à celui qui les a exécutés. *(Voir* ANNOTATION.)

La plupart des Etats sont liés par de nombreuses conventions internationales qui assurent de larges garanties à la propriété littéraire. En général c'est la réciprocité qui sert de base à ces traités.

Le second principe consacré par le droit conventionnel concerne la durée de la propriété littéraire ; quelques traités n'ont établi à cet égard aucune restriction, mais le plus grand nombre contiennent la réserve „que les avantages stipulés ne sont réciproquement assurés aux auteurs que pendant l'existence de leurs droits dans le pays où la publication originale a été faite, et que la durée de leur jouissance dans l'autre pays ne pourra excéder celle fixée par la loi pour les auteurs nationaux."

En général les traités comprennent non seulement la publication et la reproduction des œuvres d'esprit, mais encore la représentation des œuvres dramatiques.

Il est ordinairement entendu que la protection stipulée en faveur des auteurs d'œuvres dramatiques n'a pas pour objet de prohiber les imitations faites de bonne foi ou les appropriations aux scènes respectives, mais seulement d'empêcher les traductions en contrefaçon.

La généralité des traités accordent aux écrivains le privilège exclusif de faire traduire leurs ouvrages; mais le plus habituellement ce privilège n'est que temporaire et ne subsiste que pendant cinq années.

Les articles extraits de journaux ou de recueils périodiques peuvent être librement reproduits ou traduits, pourvu que l'on spécifie la source à laquelle ils ont été puisés et que les auteurs n'aient pas formellement déclaré, dans le journal ou le recueil où ils ont fait paraître ces articles, qu'ils en interdisent la reproduction.

Un grand nombre de conventions autorisent expressément la publication des *chrestomathies*, c'est-à-dire de fragments, d'extraits ou de choix de morceaux entiers d'ouvrages parus dans l'un ou dans l'autre pays, pourvu que ces recueils soient spécialement appropriés et adaptés à l'enseignement, et qu'ils soient accompagnés de notes explicatives ou de traductions dans la langue du pays où ils sont imprimés.

Pour assurer la protection à tous les ouvrages d'esprit, il suffit que les auteurs ou les éditeurs justifient de leur droit de propriété, en établissant par un certificat de l'autorité publique compétente en chaque pays que l'ouvrage en question est une œuvre originale qui, dans le pays où elle a été publiée, jouit de la protection légale contre la contrefaçon ou la reproduction illicite.

La durée des conventions varie habituellement de six à douze ans; quelques-unes ne vont pas au delà de quatre à cinq ; mais toutes portent la mention que, le terme originel expiré, les engagements souscrits continueront d'être en vigueur d'année en année jusqu'à due dénonciation par l'un ou l'autre des deux Etats.

Souvent le sort des conventions littéraires est lié à celui des traités de commerce, dans le texte desquels elles se trouvent pour ainsi dire enclavées, quoique ces deux genres de conventions aient à régler des intérêts de nature différente.

Comme ces derniers traités, les conventions littéraires et artistiques se terminent d'ordinaire par la clause générale du traitement réciproque de la nation la plus favorisée.

A moins de stipulations expresses en sens contraire, les traités sur la propriété des œuvres d'esprit s'étendent de plein droit aux possessions, aux dépendances, aux territoires ou aux colonies des puissances contractantes.

PROPRIÉTÉ PRIVÉE. Lorsque la chose sur laquelle repose un droit exclusif de possession, appartient à une personne, à un groupe ou à un corps particulier, elle constitue ce qu'on appelle une *propriété privée* ou individuelle, tandis que, quand elle s'agit d'un Etat, il prend le nom de *propriété publique* ou nationale.

Les Etats, en vertu de leur droit de domaine éminent, ont juridiction sur les biens immeubles situés dans les limites de leur territoire. Chaque Etat a la liberté d'édicter, au gré de ses convenances et de ses intérêts, les lois déterminant la forme et les règles de procédure concernant l'acquisition, la perte et le transfert de la propriété immobilière.

Les biens meubles sont régis par d'autres règles que les bien-fonds; dépendant davantage de la personne qui les possède et n'ayant pas le caractère de fixité et d'immuabilité qui distinguant la propriété immobilière, les objets mobiliers sont assujettis aux lois en vigueur dans le lieu où réside la personne à laquelle ils appartiennent. Ainsi, par exemple, c'est la loi du pays où le propriétaire de biens-meubles avait son domicile au moment de sa mort, qui régira la portion mobilière de sa succession, et non la loi de la contrée dans laquelle les biens peuvent se trouver.

En temps de guerre, le belligérant qui occupe le pays ennemi est tenu de respecter la propriété privée. à laquelle il ne peut porter atteinte que lorsque les opérations militaires l'exigent. (*Voir* BELLIGÉRANT, ENNEMI, GUERRE, OCCUPATION MILITAIRE.)

Lorsque la simple occupation fait place à la conquête, c'est-à-dire à la prise de possession par l'un des belligérants du territoire de son adversaire, la propriété privée demeure incommutable entre les mains de ses légitimes possesseurs, dont les droits de propriété subsistent intacts.

Les personnes qui font partie de l'armée n'ont pas le droit de s'emparer d'objets appartenant à des particuliers ou de les endommager volontairement ;

de pareils actes doivent être réprimés sévèrement par les autorités militaires.

Le droit international défend de se livrer au *pillage* et de faire du *butin*. (Voir ces mots.)

En résumé, on peut établir comme règle générale dans les guerres terrestres le respect de la propriété privée, laquelle n'est sujette à capture ou à destruction que dans des cas extraordinaires ou exceptionnels.

Le principe contraire prévaut dans les guerres maritimes : les navires marchands, ainsi que leurs cargaisons, quoique constituant essentiellement une propriété particulière, sont passibles de capture et de confiscation, et leurs équipages en cas de prise sont considérés et traités comme prisonniers de guerre. *(Voir* GUERRE, NAVIRE, MARCHANDISES, PRISE MARITIME.)

PROPRIÉTÉ PUBLIQUE. Elle consiste dans les biens et les choses possédés par l'Etat, ou par le souverain comme chef de la nation. L'ensemble de ces biens sont rangés sous la dénomination générale de *domaine public* ou *national*. *(Voir* DOMAINE.)

En temps de guerre, le belligérant peut s'emparer de la propriété publique mobilière de l'ennemi autant, qu'elle peut servir aux opérations militaires, ainsi que d'occuper provisoirement les édifices publics, les terres appartenant à l'Etat ennemi, de les administrer et d'en percevoir les revenus; il ne peut les détruire que si les opérations le rendent nécessaire. Mais la propriété de ces immeubles ne lui est acquise que si, lors de la paix, la souveraineté du territoire lui est transférée. *(Voir* GUERRE, BELLIGÉRANT, ENNEMI, OCCUPATION, CONQUÊTE.)

PROPRIO MOTU. Locution latine, signifiant *de son propre mouvement*, laquelle s'emploie dans les bulles émanant du Saint-Siège. *(Voir* MOTU PROPRIO.)

PROQUESTEUR. Dans l'histoire romaine, lieutenant du questeur.

Se disait aussi de celui qui, ayant été questeur à Rome, était envoyé dans une province pour y remplir les mêmes fonctions. *(Voir* QUESTEUR.)

PROROGATION. Extension de temps. délai, remise.

En jurisprudence, on appelle *prorogation de terme* le délai de grâce qu'un créancier accorde à son débiteur qui n'a pas pu se libérer à l'échéance; — *prorogation de juridiction* l'action de se soumettre pour le jugement d'une affaire à la juridiction d'un tribunal dont on n'est pas justiciable.

Dans le langage parlementaire acte par lequel le chef de l'Etat *proroge* les chambres législatives, c'est-à-dire en suspend les travaux pendant un délai déterminé et en remet la reprise à un certain jour.

Lorsqu'une assemblée prononce elle-même sa prorogation, on dit qu'elle se proroge.

On appelle aussi *prorogation* l'acte par lequel des Etats qui sont liés par un traité, s'entendent pour en prolonger les effets sans attendre son échéance. La forme et les termes d'un pareil acte varient beaucoup: en tout cas il est d'usage de le consacrer par écrit avant l'expiration normale du traité auquel la prorogation s'applique.

PROSCRIPTION. Dans l'ancienne Rome, condamnation, sans formes judiciaires, à mort ou tout au moins au bannissement; elle était généralement accompagnée de la confiscation des biens.

La proscription pouvait être exécutée par qui que ce soit ; pour faciliter cette exécution, les noms des *proscrits* étaient inscrits sur des tableaux exposés en public, qu'on appelait *tables de proscription*.

Par extension, on taxe de *proscriptions* les mesures violentes prises contre les personnes dans les temps de troubles civils.

Proscription est aussi synonyme d'abolition, de destruction : proscription d'un usage, d'un mot.

PROSCRIT. Celui qui est atteint par la proscription : frappé de proscription ou d'une condamnation comparée à la proscription.

Celui qui ne peut retourner dans son pays à cause de condamnations politiques ou autres.

PROTECTEUR. Celui qui protège, défend, soutient le faible, qui prend soin des intérêts d'une personne.

Celui qui soutient, favorise une chose : protecteur des arts et des sciences.

Le mot protecteur a été aussi employé comme titre pour désigner une dignité une fonction.

En Angleterre, c'était jusqu'en 1660 le titre que prenait le régent pendant la minorité du roi; ce fut aussi celui sous lequel Cromwell gouverna la république.

Au commencement de notre siècle,

l'Empereur Napoléon se faisait appeler protecteur de la Confédération du Rhin.

Au Vatican, on donne le nom de *protecteur* au cardinal chargé du soin des affaires consistoriales de certains royaumes ou de certains ordres religieux : on dit, par exemple, protecteur d'Espagne, protecteur des dominicains.

PROTECTEUR (adjectif), qui protége, qui garantit, qui sert de défense : — lois *protectrices* de la liberté.

En économie politique, droits *protecteurs*, droits de douane imposés sur les produits étrangers pour en élever le prix de manière à permettre aux produits nationaux de ne pas se vendre plus cher et de leur faire ainsi concurrence avec succès.

Système, régime protecteur, ou de protection, système qui consiste à favoriser l'industrie nationale soit en écartant par des droits de douane élevés ou même par une prohibition absolue les marchandises étrangères qui pourraient lui faire concurrence, soit ,en accordant des primes pour encourager certaines industries.

PROTECTION. Action de protéger, de préserver de mal, de prendre soin des intérêts de quelqu'un.

L'Etat a le droit et le devoir de protéger ses nationaux à l'étranger par tous les moyens autorisés par le droit international. (*Voir* ÉTAT, ÉTRANGER.)

Les représentants de l'Etat à l'étranger, ambassadeurs, ministres publics, agents diplomatiques, doivent protéger leurs nationaux contre les procédés arbitraires et les dénis de justice dont ils peuvent avoir à souffrir de la part des autorités locales, surtout s'il s'agit d'atteintes portées aux traités ou aux conventions en vigueur. Toutefois cette protection ne saurait être qu'officieuse et facultative dans les affaires purement privées, sans corrélation avec les intérêts généraux du pays. Encore un semblable appui ne peut-il être prêté que par l'intermédiaire du ministre des affaires étrangères et n'a-t-il aucun effet suspensif quant à l'action des tribunaux. (*Voir* AGENT DIPLOMATIQUE, AMBASSADEUR, MINISTRE.)

Le même devoir de protection incombe aux consuls, qui ont le droit d'élever des réclamations et même d'intenter une action, dans le cas où il est porté atteinte aux intérêts de leurs nationaux et sans qu'ils aient besoin d'y être autorisés spécialement par les personnes pour le bénéfice desquelles ils agissent; mais ils ne peuvent recevoir aucune restitution sans une autorisation expresse des parties intéressées. (*Voir* CONSUL.)

En temps de guerre les Etats neutres ont le droit de protéger leurs nationaux et leurs propriétés hors même de leur territoire, dans la mesure où le droit international autorise cette protection en temps de paix. (*Voir* NEUTRE, NEUTRALITÉ, ÉTRANGER, GUERRE.)

PROTECTION DES ÉTRANGERS. On donne aussi le nom de *protection* à l'application que certaines grandes puissances étendent à d'autres nations étrangères de leurs lois ou de leurs prérogatives, notamment dans les pays musulmans. (*Voir* BARBARIE, LEVANT, JURIDICTION, CONSUL.)

La protection des consuls d'une nation peut en certains cas être accordée aux étrangers qui la réclament, comme, par exemple, lorsque ces étrangers appartiennent à une nation amie ou alliée et sont privés d'un agent de leur pays; lorsque, par suite de la rupture ou de la suspension des relations diplomatiques de leur gouvernement avec celui du pays dans lequel ils résident, ils ne peuvent recourir à leurs protecteurs naturels; enfin dans les cas de troubles, de guerre civile ou même de guerre extérieure.

Mais cette intervention des consuls en faveur des étrangers est purement officieuse; elle ne saurait être nulle part réclamée comme un droit; en tous cas la protection ne doit être accordée qu'autant quelle ne porte pas préjudice à des intérêts nationaux.

Dans aucun cas un consul ne peut accorder sa protection à un étranger qui a dans le pays de sa résidence un représentant de sa nation; ce serait en effet enlever à sa juridiction naturelle un individu qui n'a alors aucun motif fondé pour recourir à une autre qui lui est étrangère, et à laquelle il n'a par conséquent aucun droit.

Par contre, on comprend que la protection soit accordée aux étrangers qui n'ont point d'agent diplomatique ou consulaire de leur nation dans le pays où ils se trouvent; en pareil cas, la protection est isolée et individuelle; elle n'est pas accordée collectivement à un corps de nation comme dans les circonstances que nous avons indiquées plus haut, mais uniquement à ceux des membres de cette nation qui la sollicitent, et à qui elle peut être retirée, s'ils s'en rendent indignes.

Dans le Levant la protection consulaire a un caractère particulier, une étendue plus large; l'exercice en est réglé par des traités ou des pactes internationaux. *(Voir* CAPITULATIONS.)

PROTECTIONNISME. Système de protection commerciale, notamment au moyen de l'imposition de droits élevés sur les marchandises de provenance étrangère.

PROTECTIONNISTE. Partisan du protectionnisme.

PROTECTORAT. Dignité de *Protecteur.* En droit international, situation d'un gouvernement à l'égard d'un autre gouvernement moins puissant auquel il prête son appui.

Le protectorat, par sa nature même, est un fait libre et volontaire, qui ne peut ni ne doit jamais s'imposer par la force.

Le plus souvent le protectorat fait l'objet d'un traité, dit *traité de protection,* par lequel l'Etat le plus puissant prend l'obligation de protéger le plus faible en toute éventualité de le défendre contre tous les ennemis quels qu'ils puissent être.

Dans les temps modernes les traités de protection ne portent plus atteinte à l'indépendance nationale, à l'autonomie de l'Etat protégé, quoique dans la plupart des cas la puissance protectrice exerce le droit de garnison sur le territoire qu'elle a mandat de défendre.

L'Etat qui sollicite ou accepte le protectorat d'une nation étrangère doit veiller soigneusement à conserver et à exercer dans leur intégralité les droits de sa souveraineté, c'est-à-dire qu'il doit avoir soin de les conserver *de jure et de facto;* car ce n'est que dans ces conditions que les effets du protectorat ne changent en rien la valeur et la considération internationales de l'Etat soumis au protectorat.

Pour empêcher que le protectorat ne dégénère en une véritable dépendance, il est nécessaire, d'une part, que l'Etat qui se place sous la protection d'un autre Etat se réserve expressément et dans tous le cas le droit de se gouverner lui-même et d'édicter les lois qu'il juge convenables; d'autre part, que le traité spécial qui établit le protectorat détermine les relations qui doivent exister entre les deux peuples et l'ensemble des droits qu'assume l'Etat protecteur.

Le protectorat est considéré comme dissous de fait par la non-exécution de l'engagement pris, ou par la prétention à l'exercice de droits et de facultés non stipulés dans le traité.

PROTESTANT. Nom donné d'abord aux Luthériens parce qu'ils protestèrent en 1529 contre la seconde diète de Spire, qui apportait des restrictions à la liberté de conscience accordée par la première diète de 1526, puis à toutes les autres Eglises issues de la Réforme.

PROTESTANTISME. Croyance des Eglises protestantes.

L'ensemble des nations protestantes.

PROTESTATION. Acte par lequel on proteste contre quelque chose, c'est-à-dire qu'on déclare qu'on ne laisse faire une chose que parce qu'on ne peut pas l'empêcher, qu'on tient une chose pour illégale et nulle, qu'on ne l'accepte pas et qu'on a l'intention de se pourvoir contre.

L'écrit qui contient la protestation.

En politique, on a recours aux protestations pour prévenir l'établissement d'un principe avancé par un Etat, l'adoption d'une mesure qu'on regarde comme nuisible ou du moins pour prévenir les inductions qu'on pourrait tirer du silence gardé par la partie lésée, pour réserver ses droits ou toute revendication ultérieure, contre les actes de violence qu'on est sur le moment impuissant à repousser.

Les anciens protestaient par des cérémonies religieuses, où étaient prononcées des conjurations contre l'acte qu'on eût voulu, mais qu'on ne pouvait pas empêcher.

Les peuples modernes se contentent d'un document écrit, qui revêt différentes formes, celles de manifeste, de mémoire, ou de déclaration publique ou officielle, suivant les circonstances. Quelquefois même on admet les formes judiciaires et l'intervention des tribunaux.

L'acte de protestation doit exprimer clairement le fait qui y donne lieu et annoncer la réserve qu'on fait de tous ses droits pour l'avenir, ainsi que l'intention qu'on a de les faire valoir en temps et lieu.

Lorsqu'une protestation est faite entre les mains d'un ministre accrédité auprès d'un gouvernement étranger, ce ministre, à moins d'être muni d'instructions préalables, ne peut l'accepter qu'*ad referendum,* et il doit s'abstenir de toute démarche et de toute réponse jusqu'à ce qu'elles lui soient recommandées et prescrites par le gouvernement qu'il représente.

Par contre, les ministres publics se trouvent quelquefois dans le cas de protester contre des mesures prises par le gouvernement auprès duquel ils sont accrédités, et qu'ils jugent contraires aux intérêts de leur pays, ou au caractère public des agents diplomatiques.

Si la puissance à laquelle est adressée une protestation y répond pour en réfuter les allégations, l'acte qu'elle publie à cet effet reçoit le nom de *contre-protestation*.

L'histoire est pleine de protestations de populations, de corporations, de princes se plaignant d'atteintes portées à leurs droits, leurs privilèges, de souverains revendiquant des territoires dont ils avaient été dépossédés.

Mais la plus célèbre des protestations, par le fait surtout qu'elle subsiste toujours, c'est celle des princes et des théologiens allemands assemblés à Augsbourg en 1529, qui protestèrent contre l'interdiction prononcée par la diète de Spire de rien innover en matière de foi : de là la dénomination de *protestants* à tous ceux qui par suite se détachèrent de la communion catholique romaine *(Voir* PROTESTANT.)

PROTOCOLE. En diplomatie, on appelle *protocole* le compte-rendu ou le procès-verbal des conférences, tenues entre les plénipotentiaires de diverses puissances.

Lorsque des négociations sont engagées entre plusieurs plénipotentiaires, les délibérations doivent être constatées par des documents officiels, et le plus en usage est un procès-verbal de chaque séance : c'est ce procès-verbal auquel, depuis le Congrès de Vienne, on donne le nom de *protocole*.

En tête du protocole on met la date de la séance; après quoi on fait suivre un rapport substantiel de la discussion, en rapportant les opinions exposées par chacun des négociateurs et en formulant, s'il y a lieu, les résolutions qui ont été arrêtées.

S'il s'agit d'une première séance, on le commence par la mention de l'échange et de la vérification des pleins pouvoirs des négociateurs.

Dans chacune des séances suivantes, on fait la lecture du protocole de la séance précédente, et l'on ne passe aux délibérations qu'après son adoption par les plénipotentiaires présents.

Le protocole, pour être valable, doit être adopté officiellement par les négociateurs: ce qu'ils font en le revêtant de leurs signatures.

Les engagements constatés par les protocoles ne sont considérés que comme des engagements verbaux, n'ayant ni la force ni le caractère que les traités reçoivent de leurs stipulations contractuelles et des ratifications. La nature et la portée des engagements résultant d'un protocole sont déterminées par les termes mêmes du protocole.

Les travaux des conférences ne se traduisent pas toujours sous la forme solennelle de traités signés entre tous les Etats qui y ont pris part; suivant l'importance des questions débattues, on se contente souvent de consigner par écrit les principes ou les points de détail sur lesquels l'accord s'est établi dans les documents diplomatiques qui prennent tantôt le nom de *protocole,* tantôt celui de *déclaration,* et donnent ensuite lieu à un échange de notes ministérielles.

PROTOCOLE DIPLOMATIQUE. Le *protocole diplomatique* ou de *chancellerie* est la règle du cérémonial à observer dans les écrits de toute nature usités dans les relations officielles entre les Etats ainsi qu'entre les ministres. Il embrasse les qualifications et les titres à donner aux Etats, à leurs ministres, et indique les formes et la courtoisie d'usage dans les divers documents internationaux.

PROTONOTAIRE. Dans le Bas-Empire on nommait ainsi le premier notaire ou grand-chancelier des empereurs d'Orient.

Les rois de France, de la race des Carlovingiens, adoptèrent la même dénomination pour des fonctions analogues.

Aujourd'hui on nomme ainsi, à la cour du Pape, 12 officiers supérieurs aux autres notaires apostoliques, et dont les fonctions consistent à rédiger les procès-verbaux d'intronisation des papes, à écrire toutes les délibérations et les décisions des consistoires publics, en un mot à expédier dans les grandes causes les actes que les simples notaires apostoliques expédient dans les petites.

Les protonotaires ont le rang de prélats; ils portent le violet et le rochet. Le collège des protonotaires est le premier des collèges des prélats qui ne sont pas évêques. *(Voir* NOTAIRE APOSTOLIQUE.)

Dans l'Eglise grecque, le *protonotaire* est un des grands officiers du patriarche, auprès de qui il remplit l'emploi de secrétaire.

22*

PROVÉDITEUR. Nom de certains fonctionnaires publics dans l'ancienne république de Venise.

Il y avait le *provéditeur de terre*, qui était chargé de la surveillance des monuments publics ; et le *provéditeur de mer*, qui commandait la flotte en l'absence de l'amiral.

Les gouverneurs civils dans les Iles Ioniennes, à l'époque où elles appartenaient à la république de Venise, portaient également le titre de *provéditeur*.

PROVINCE. Certaine étendue de pays qui fait partie d'un Etat.

Division territoriale.

Les Romains avaient donné ce nom aux pays conquis hors de l'Italie et administrés par des gouverneurs romains. Anciennement en France, une partie du territoire gouvernée au nom du roi par un gouverneur particulier.

Province ecclésiastique se dit de l'étendue de la juridiction d'un métropolitain.

PROVISIONS. En terme d'ancienne chancellerie on appelait lettre de provision ou simplement *provisions* l'ordre royal par lequel un office était conféré à quelqu'un.

En France, on désigne sous le nom de *provisions consulaires* le brevet ou la commission que reçoit un consul lorsqu'il est envoyé dans un poste à l'étranger.

Les *provisions consulaires* sont signées par le chef de l'Etat et contresignées par le ministre des affaires étrangères. Elles portent en substance que le consul doit jouir de l'autorité et des prérogatives attachées à ses fonctions, et en joignent à tous navigateurs, commerçants et autres ressortissants de l'Etat au nom duquel le consul est institué, de le reconnaître en sa capacité et de lui obéir.

PROVISOIRE. Qui se fait en attendant une autre chose.

Arrangement provisoire, pris préalablement à la conclusion d'une convention *finale*.

Ainsi, par exemple, les préliminaires de paix peuvent être regardés comme un arrangement provisoire par rapport au traité de paix, qu'ils préparent en quelque sorte et suppléent jusqu'à ce qu'il les remplace ou leur donne une consécration définitive.

Gouvernement provisoire, celui qui s'installe au cours d'une révolution, en attendant l'organisation d'un gouvernement définitif.

En jurisprudence, on dit *provisoire* un jugement rendu par provision, c'est-à-dire préalablement à un autre et exécutoire provisoirement, nonobstant le recours qu'on peut diriger contre lui.

Exécution provisoire, celle qui a lieu nonobstant appel du jugement.

Matière provisoire, ce qui requiert célérité, et, en raison de l'urgence, demande un jugement par provision.

PROVOCATION. Excitation à un acte quelconque.

En temps de guerre, le droit international condamne toute provocation à un acte criminel, lors même que cet acte serait utile à la cause pour laquelle on combat.

Provocation est pris aussi dans le sens d'agression : provocation d'un combat.

PROXÈNE. Chez les anciens Grecs, divers Etats, dans les pays fréquentés par leurs nationaux, chargeaient spécialement un ou plusieurs citoyens de ces pays de recevoir et de protéger les marchands et les autres étrangers appartenant à l'Etat qu'ils représentaient, de gérer leurs biens, en cas de décès, etc., comme aussi de veiller, autant que le leur permettaient leurs devoirs envers leur propre pays, aux intérêts politiques que l'autre Etat pouvait y avoir, de sorte que le mandat de ces délégués ou intermédiaires réunissait à la fois quelque chose des agents diplomatiques et des agents consulaires ; mais leur ingérence n'avait aucun caractère officiel, du moins vis-à-vis des autorités de leur résidence. On leur donnait le titre de *proxènes*.

A Sparte et à Athènes les *proxènes* étaient des fonctionnaires, nommés dans la première de ces républiques, par les rois et dans la seconde par le peuple, pour recevoir et introduire les ambassadeurs, et pour juger les contestations entre les marchands étrangers.

PRYTANE. Un des premiers magistrats dans quelques républiques grecques.

A Athènes c'était le titre porté par chacun des 50 membres des 10 sections du sénat, lesquels avaient alternativement la préséance dans ce corps pendant 35 ou 36 jours.

On appelait *prytanée* l'endroit où ils se réunissaient, et qui servait en outre à différents usages civils et religieux ; ainsi les prytanes et les citoyens qui avaient rendu des services, étaient nourris dans le prytanée aux frais de l'Etat.

C'était aussi le nom d'un tribunal auquel on déférait les cas où des objets inanimés avaient causé mort d'homme.

PSEUDONYME. Qui prend un faux nom, un nom supposé.

Auteur pseudonyme celui qui, en publiant ses ouvrages, prend un autre nom que le sien.

Écrit pseudonyme, celui qui est publié sous un nom supposé.

La pseudonymie ne porte pas atteinte au droit de propriété attaché à toute œuvre d'art ou d'esprit; seulement l'éditeur d'un ouvrage *anonyme* (voir ce mot) ou pseudonyme est censé en être l'auteur et peut seul exercer les droits de propriété littéraire aussi longtemps que l'auteur véritable ne s'est pas fait connaître. *(Voir* PROPRIÉTÉ LITTÉRAIRE.)

PUBLIC. Qui appartient à tout un peuple, concerne tout un peuple.

Droit public, droit qui règle les rapports de l'Etat et des citoyens, et aussi les rapports des nations entre elles (voir ce terme) : se dit aussi de la science qui traite des droits des Etats, de leur constitution.

Morale publique, l'ensemble des préceptes que les hommes doivent observer à l'égard de leurs semblables.

Puissance publique, la puissance de la nation.

Autorité publique, l'ensemble des fonctionnaires chargés de l'administration publique, officier public, fonctionnaire public, personne publique, personne investie de l'autorité, qui exerce quelque fonction publique.

La *chose publique,* l'Etat, le gouvernement de l'Etat.

Services publics, les diverses branches de l'administration des affaires de l'Etat.

Ministère public, magistrature instituée auprès des tribunaux pour requérir l'exécution des lois.

Vie publique, les actions d'un homme revêtu d'une autorité, chargé d'un emploi, en tant qu'elles se rapportent à ses fonctions : se dit par opposition à *vie privée.*

Charges publiques, impositions, taxes que chacun est obligé de payer pour subvenir aux dépenses de l'Etat.

Bien public, l'avantage, l'intérêt de tout, l'utilité générale.

Public signifie aussi qui est commun, à l'usage de tous : voie publique, place publique, école publique, etc.

Edifices publics, ceux qui sont employés aux différents services publics.

Qui a lieu en présence de tout le monde : audience publique, séance publique, cours public, débats publics.

Qui est manifeste, connu de tout le monde : bruit public, nouvelle publique.

Le public se dit pour le peuple pris en général, et, dans un sens plus restreint, pour un nombre plus ou moins considérable de personnes réunies pour assister à un spectacle, à une cérémonie, à une réunion.

En public, en présence, à la vue de tout le monde.

PUBLICAIN. Nom donné chez les Juifs aux percepteurs des impôts, et chez les Romains aux collecteurs, aux fermiers des deniers publics.

PUBLICATION. Action de publier, de rendre public et notoire; acte par lequel on rend une chose publique.

En général, les traités et les conventions sont rendus publics après que l'échange des ratifications a été opéré. Le texte en est inséré au journal officiel par les soins du ministre des affaires étrangères.

Dans les cas où le traité a dû être approuvé par les chambres législatives, sa publication dans le journal du gouvernement est précédée de la teneur de la loi qui a donné l'approbation. Cette publication reçoit aussi le nom de *promulgation,* selon la forme dans laquelle elle est faite. *(Voir* PROMULGATION.)

PUBLICISTE. Celui qui écrit sur le droit public, sur l'économie sociale, sur la politique, ou qui est versé dans ces matières.

Les œuvres des publicistes sont une des sources les plus abondantes du droit international. Mais une condition est indispensable, pour qu'un ouvrage soit considéré comme tel, c'est qu'il provienne d'une autorité reconnue.

Pour conserver toute leur autorité, les publicistes n'ont pas besoin d'être unanimes dans l'expression de leurs opinions. Leur divergence offre même un gage certain d'impartialité, et c'est pour cela que, dans les différends internationaux, on cite fréquemment les auteurs qui ont écrit avant la naissance du conflit pour la solution duquel leurs opinions sont invoquées.

Dans beaucoup de circonstances l'autorité accordée aux publicistes est en quelque sorte consacrée par l'appui que les doctrines professées théoriquement reçoivent de la part des hommes politiques, des gouvernements ou des cours de justice.

PUBLICITÉ. Notoriété publique. Qualité de ce qui est rendu public : la publicité d'une audience, des débats parlementaires.

La publicité donnée à un traité est une garantie de son exécution. Cependant certains traités ne sont point portés à la connaissance du public; mais ce manque de publicité ne porte aucune atteinte à leur validité, à leur caractère obligatoire et à leur exécution ultérieure.

PUISSANCE. Pouvoir, autorité. La puissance implique une idée de supériorité.

Puissance législative, la partie des pouvoirs publics qui a le droit de faire des lois; puissance exécutive, celle qui applique ces lois et pourvoit à l'administration.

Puissance maritale, se dit des droits et de l'autorité que la loi confère au mari par rapport au *status* légal de sa femme.

La *puissance paternelle* est le pouvoir que la loi et, en l'absence de la loi, la coutume et les mœurs donnent au père sur ses enfants. *(Voir* PUISSANCE PATERNELLE.)

Domination, empire : c'est dans cette acception qu'on dit : Rome soumit tout l'univers à sa puissance. La puissance de ce prince s'étend loin.

Puissance s'emploie aussi pour synonyme d'Etat souverain, surtout lorsqu'il s'agit d'un grand pays.

C'est dans ce sens que, dans les traités, les conventions, on emploie habituellement la formule : „les hautes puissances contractantes“; c'est le titre que les souverains prennent dans les traités qu'ils concluent entre eux.

Selon que son territoire est situé, en tout ou partie, sur la terre ferme ou est baigné par une mer, on qualifie la puissance de continentale ou de maritime.

Le titre de *grande puissance* est réservé à certains Etats, qui sont en Europe : l'Allemagne, l'Autriche - Hongrie, la Grande-Bretagne, la France, l'Italie, la Russie, et dans l'Amérique les Etats-Unis.

Par rapport à ces *grandes puissances* les autres États sont dits *petites puissances* ou *puissances secondaires.*

PUISSANCE PATERNELLE. Les diverses législations varient sur le caractère et l'étendue de l'autorité qu'un père a sur ses enfants, sur les droits qu'elle confère, sur sa durée, et sur la participation que peut y avoir la mère : ainsi la législation romaine considérait la puissance paternelle comme un pouvoir de domination créé en faveur du père, tandis que la plupart des législations modernes l'envisagent comme une protection établie dans l'intérêt de l'enfant.

En cas de conflit, lorsque cette puissance s'exerce dans un pays étranger, c'est la loi nationale de la famille qu'il faut en principe appliquer. Cependant ce principe ne doit pas être admis dans sa rigueur absolue, surtout en ce qui concerne le droit de correction, lequel doit être limité par les lois de police et d'ordre public du pays où se trouve l'étranger. Ainsi si une question touchant le droit de correction d'un étranger sur son enfant est soulevée en France, c'est la loi française qui doit être appliquée; relativement à un Français dans un autre pays, c'est la loi étrangère qui prévaut comme accessoire de la puissance paternelle.

Certaines législations attribuent un droit d'usufruit aux pères et aux mères sur les biens de leurs enfants mineurs et non émancipés. Cet usufruit légal est généralement considéré comme une institution de statut personnel et régi par la loi nationale. Ainsi un père français aurait la jouissance légale des biens de ses enfants situés en Angleterre, quoique le droit anglais n'admette pas cette jouissance légale au profit du père.

PUNITION. Action de punir, de faire subir à quelqu'un le châtiment d'une faute qu'il a commise.

Le châtiment ou la peine infligée.

(Voir PEINE, PÉNALITÉ.)

PURITAIN. Nom donné en Angleterre à une secte protestante, qui prétend s'en tenir strictement à la lettre de l'Ecriture Sainte et réduire le culte à sa pureté primitive en supprimant la hiérarchie épiscopale et la pompe des cérémonies religieuses.

Se dit, par extension, des personnes qui affectent une grande austérité de principes moraux ou politiques.

Q

QUAKER. Membre d'une secte chrétienne, fondée vers 1650 en Angleterre, et qui compte des prosélytes dans ce pays, en Hollande et aux États-Unis.

Les Quakers n'admettent aucun culte extérieur, aucune hiérarchie ecclésiastique. Ils se refusent à prêter aucun serment, et à entrer au service militaire.

QUALIFICATION. Attribution d'une qualité, d'un titre.

Ainsi des règlements spéciaux attribuent aux agents diplomatiques à l'étranger les qualifications hiérarchiques d'ambassadeur, de ministre plénipotentiaire, d'envoyé extraordinaire, etc.

Qualification honorifique se dit de certains mots qu'on ajoute au titre principal d'un souverain, d'un prince ou d'une personne de haut rang pour rendre honneur à celui qui porte ce titre.

Ainsi l'on ajoute le mot *Majesté* au titre d'empereur ou de roi : Sa Majesté le roi; etc.; le mot *Altesse* à divers titres de noblesse : Son Altesse le Prince, le Duc, le Comte, etc.

QUALITÉ. Le mot *qualité* exprime l'état des personnes dans la société, suivant qu'il en dérive des droits particuliers.

Par suite, la qualité est le titre qu'on porte en raison de cet état, ou de sa position, ou de sa profession, ou même de sa naissance : ainsi l'on dit la qualité de citoyen, d'avocat, de juré, d'électeur, de prince, etc.

Dans une acception plus restreinte, *qualité* est pris pour synonyme de *noblesse*, et l'on dit un *homme* de *qualité* de celui qui est de noble extraction.

En jurisprudence, le terme *qualité* a le sens de *capacité* ou de *faculté;* la qualité est le titre qui rend habile à exercer un droit : avoir qualité c'est-à-dire avoir capacité pour faire un acte : contracter, ester en justice, intervenir dans une affaire.

Dans une action en justice, on appelle *qualités* un acte rédigé par les conseils des parties, lequel contient les noms, les professions et les demeures des parties, les points de fait et de droit qui sont l'objet du litige, et les conclusions des conseils. Cet acte passe dans la rédaction du jugement, dont il précède le dispositif.

QUARANTAINE. Séjour plus ou moins prolongé que doivent faire, dans un isolement rigoureux et dans un lieu destiné à cet effet, avant de pouvoir débarquer leurs passagers et leurs marchandises dans le port où ils veulent entrer, les navires qui arrivent d'un pays où règne une maladie contagieuse.

Les quarantaines ont été nommé ainsi, parce que primitivement la durée en était de 40 jours; depuis on a abrégé considérablement cette période suivant les divers cas de patente de santé du lieu de départ délivrée par les autorités sanitaires.

Il y a obligation pour les marins et les passagers de se soumettre à toutes les précautions et les formalités que les règlements locaux prescrivent dans le but de préserver la salubrité du pays.

Les frais de gardes de la santé mis à bord des navires, et ceux des gardiens qui servent les personnes dans les *lazarets* (bâtiments réservés aux voyageurs pour pratiquer la quarantaine) sont habituellement à la charge des personnes assujetties à la quarantaine.

Les traités de commerce internationaux, à défaut de traités exprès, renferment des clauses relatives aux règlements et aux formalités sanitaires à observer, et notamment à propos des quarantaines dans les ports des parties contractantes.

QUARTIER. Dans les généalogies on appelle *quartier* ou *quartier de noblesse* chaque degré de descendance dans une famille noble, tant dans la ligne paternelle que dans la ligne maternelle.

La supputation des quartiers sert à démontrer la filiation, à prouver la famille à laquelle on prétendait appartenir. Pour opérer cette preuve, on fait suivre aux quartiers, à partir de la personne dont on voulait calculer la noblesse, une progression géométrique croissante, dont la raison était le nombre 2. Cette personne forme le premier degré, qui donne 1 quartier; le second degré produit 2 quartiers, ceux du père et de la mère; le troisième degré en fournit 4, ceux du père et de la mère du père et ceux du père et de la mère de la mère; et ainsi de suite en remontant jusqu'à ce qu'on ne trouve plus de titres suffisants pour établir la généalogie d'une façon positive.

Quand le calcul est terminé, on en consigne le résultat sur un tableau appelé *table* ou *arbre généalogique.*

La preuve de l'ascendance s'établit au moyen de documents authentiques, tels que actes de naissance, certificats de baptême, contrats de mariage, donations, testaments, etc.

Un certain nombre d'emplois ou d'offices n'étaient, avant la révolution, et ne sont encore dans quelques pays, accessibles qu'aux personnes pouvant faire preuve de noblesse et justifier d'un plus ou moins grand nombre de quartiers.

QUESTEUR. Magistrat de l'ancienne Rome.

Il y en avait deux classes distinctes : les *questeurs criminels* et les *questeurs civils.*

Les questeurs criminels avaient pour fonction de rechercher les individus coupables de crimes et de veiller à l'exécution des sentences rendues contre eux. Ils étaient au nombre de deux. Leur institution, qui remonte à l'époque des rois, disparut après le décemvirat.

Les *questeurs civils* étaient chargés du maniement des deniers publics. Il y avait des questeurs spéciaux pour Rome, dits *urbains,* et des questeurs *provinciaux* pour les provinces, où ils remplissaient aussi les fonctions d'intendants militaires, de fournisseurs ou commissaires des guerres; souvent même ils rendaient la justice à la place du préteur. Créés au commencement de la République, ils furent supprimés par les Empereurs, qui les remplacèrent par les préfets.

Aujourd'hui, le titre de *questeur* sert à désigner, dans certains pays, deux ou trois membres de chaque assemblée législative, qui sont chargés par elle des soins de son administration intérieure et de la surveillance de l'emploi de son budget particulier.

QUESTION. Proposition à examiner, à discuter : question de droit, question de fait, question politique, etc.

Tout point soumis à la décision d'un juge.

Le sujet en discussion, *question préalable, question préjudicielle.* (*Voir* PRÉALABLE, PRÉJUDICIEL.)

Autrefois on appelait *question* la torture à laquelle on soumettait les accusés pour leur arracher des aveux. Cette institution barbare est abolie chez tous les peuples civilisés.

QUESTURE. Chez les Romains, dignité ou charge de questeur; durée des fonctions d'un questeur.

Le bureau des questeurs d'une assemblée délibérante.

QUORUM. Terme parlementaire.

Mot latin par lequel en Angleterre et aux Etats-Unis on désigne le nombre des membres d'une assemblée suffisant pour délibérer.

Le *quorum* est de trois pour la Chambre des lords, et de cinquante pour la Chambre des communes.

R

RACHAT. On entend par *rachat* ou *rançon* le prix convenu entre le capteur et le propriétaire des biens saisis pour la restitution de ces biens.

Lorsqu'il s'agit d'un navire pris en rade, dans un port, dans une baie ou en pleine mer, il est d'usage de dresser deux copies du contrat par lequel le capturé s'engage à payer au capteur une somme déterminée de gré à gré dans un délai fixé. L'une de ces copies, appelée *cédule de rachat,* reste entre les mains du capteur; l'autre sert de sauf-conduit au navire.

L'autorisation accordée par le belligérant à un ou à plusieurs de ses navires pour capturer la propriété ennemie implique le droit de faire des contrats de rachat. Du moment qu'un navire a été rançonné et mis en liberté, les compatriotes et les alliés du capteur perdent le droit de le capturer tant qu'il reste dans les conditions de temps, de direction, de destination et de chargement stipulées dans son contrat.

Le contrat de rachat garantit le navire rançonné contre les cas de capture, mais non contre les fortunes de mer. Lors donc que le rachat est suivi de naufrage ou d'échouement avec bris, les propriétaires ou les cautions du navire ne se trouvent pas libérés des engagements qu'ils ont pris et du paiement du prix stipulé.

Lorsque l'exception de perte totale en pleine mer ou sur les côtes a été expressément stipulée dans le contrat de rançon, la rupture de ce contrat est subordonnée à la preuve qu'il y a eu force majeure et non baraterie de patron imputable au capitaine.

Le contrat de rachat perd toute valeur légale pour le capteur lorsqu'il est lui-même capturé par un navire de guerre ou un corsaire appartenant au pays dont le navire rançonné portait le pavillon; en effet il est de principe, d'une part, qu'en dehors des cas de recousse dans le délai de vingt-quatre heures, les sujets d'un même Etat ne peuvent avoir le droit de se rançonner entre eux, et, d'autre part, que les contrats de rachat sont essentiellement personnels.

Dans certaines circonstances on exige des otages pour mieux assurer l'accomplissement des traités de rançon. Le décès de l'otage ou sa délivrance par force n'exempte pas du paiement de la dette contractée, attendu que le capteur est supposé n'avoir accepté un garant personnel qu'à titre de sécurité nécessaire ou complémentaire.

RADE. Etendue de mer, enfermée en partie par des terres et plus ou moins abritée des vents, où les navires peuvent tenir à l'ancre.

Les rades appartiennent de plein droit à la nation qui possède les côtes sur lesquelles elles sont situées. Cette propriété est sanctionnée et reconnue comme incontestable par le droit international. La possession souveraine des rades donne à l'Etat qui en jouit le droit de les déclarer fermées, ouvertes ou franches, et d'y soumettre les navires et les marchandises qui y arrivent du dehors à tels règlements intérieurs qu'il juge conve-

nables. Seulement, pour que ces mesures et ces prescriptions soient conformes aux principes du droit international, il faut qu'elles revêtent un caractère général, c'est-à-dire qu'elles soient appliquées à toutes les nations. Le pays qui, sans juste raison, fermerait ses ports au commerce d'une nation en les laissant ouverts à celui d'une autre, s'exposerait à des mesures de rétorsion. En principe, une rade ouverte au commerce est donc tacitement considérée comme accessible aux navires de toutes les nations, et la libre entrée accordée aux navires marchands s'étend aux bâtiments de guerre des Etats amis. Il y a cependant certaines circonstances spéciales d'ordre public et de sécurité qui autorisent un Etat à refuser l'admission dans ses rades et ses ports des navires de guerre d'un autre Etat.

RADICAL. En politique, on qualifie ainsi l'homme qui pousse les opinions du parti qu'il a adopté jusqu'au point le plus avancé; mais on applique cette qualification plus spécialement à ceux qui proposent des réformes dans le sens démocratique et prétendent réformer les institutions jusque dans leurs racines.

Le parti radical, les radicaux.

Le radicalisme et le système des radicaux, des partisans de la réforme complète de la société politique.

RAÏA ou RAYAH. Nom sous lequel la Porte ottomane désigne ses sujets non mahométans, tels que les chrétiens, les juifs, etc.

Ils sont soumis à un impôt de capitation.

RAISON D'ÉTAT. Considérations d'intérêt public, par lesquelles on se conduit dans le gouvernement d'un Etat. (*Voir* ÉTAT.)

RAISON SOCIALE. C'est la dénomination sous laquelle une maison de commerce est connue dans le commerce et à la Bourse, pour les engagements où elle intervient.

Cette dénomination se forme ordinairement de l'assemblage des noms de tous les associés ou seulement de quelques-uns, rangés et énoncés de la manière que la société a déterminée.

La *raison sociale*, qu'on nomme aussi raison de commerce ou *nom social* (voir ce terme), doit être la signature de la maison de commerce qui l'a adoptée.

C'est elle qu'on inscrit au bas des lettres missives, des billets, des lettres de change, des contrats en général que souscrit la maison de commerce; c'est en son nom que doivent être intentées ou défendues les actions judiciaires, etc.

RAJAH ou RADJA. Titre de princes indous. Ils sont aujourd'hui presque tous tributaires des Anglais.

Un titre supérieur est celui de *Maharajah*, qui signifie *grand prince* et se donne à celui dont dépendent plusieurs autres rajahs. Tel le souverain de Lahore.

RANÇON. Prix qu'on donne pour délivrer un captif, un prisonnier de guerre. Ce mode de délivrance n'est plus en usage chez les nations civilisées, qui y ont substitué l'échange des prisonniers.

Composition en argent, moyennant laquelle un corsaire relâche un bâtiment marchand ennemi qu'il a capturé.

On appelle *billet de rançon* l'acte par lequel on stipule ce mode de rachat. *(Voir* RACHAT.)

RANG. Degré d'honneur attribué à certaines personnes en raison de leur naissance, de leur dignité, de leurs fonctions.

Les Etats, comme personnes morales, sont égaux entre eux; mais de cette égalité il ne résulte pas que tous aient le même rang et puissent s'arroger à volonté un titre élevé. *(Voir* ÉTAT, PRÉSÉANCE); l'égalité du rang des Etats peut être modifiée par les traités et les usages.

Il en est de même pour le rang qu'observent entre eux les chefs d'Etats et les agents diplomatiques qui les représentent. *(Voir* SOUVERAIN, AGENT DIPLOMATIQUE, PRÉSÉANCE, CÉRÉMONIAL, ÉTIQUETTE.)

RAPATRIEMEMT. Rentrée dans leur patrie de troupes qui avaient été envoyées dans une expédition lointaine.

Renvoi dans son pays d'un marin naufragé ou resté dans une contrée étrangère; ce renvoi s'effectue par les soins des agents consulaires, qui sont aussi chargés de rapatrier leurs nationaux nécessiteux, qui n'ont pas les moyens de subvenir aux frais de leur retour dans leur patrie.

RAPPEL. Il se dit particulièrement de ceux qui ont été disgraciés ou exilés : on nomme *lettres de rappel* un ordre du souverain rappelant quelqu'un du bannissement.

Lorsqu'un agent diplomatique est accrédité auprès d'un gouvernement pour un temps indéterminé, sa mission cesse ordinairement à la suite d'un *rappel*.

Le rappel n'a d'effet pour l'Etat auprès duquel l'envoyé était accrédité, que lorsqu'il lui a été officiellement notifié.

Lorsqu'une ambassade extraordinaire a atteint le but ou le terme fixé pour sa mission, elle expire *de plano* sans qu'il soit nécessaire de produire des lettres spéciales de rappel.

On appelle *droit de rappel* le droit qu'a chaque Etat, pour des motifs d'ordre public, dont lui seul est juge, notamment à l'occasion du service militaire, de rappeler ceux de ses ressortissants qui se trouvent à l'étranger.

Néanmoins pour obtenir leur retour il ne peut réclamer l'assistance des autorités étrangères, qui ne sont point tenues de seconder l'exécution de ses ordres, puisqu'il s'agit de rapports entre un citoyen et son gouvernement, et que l'Etat étranger n'a aucun intérêt à porter atteinte à la liberté personnelle des voyageurs ou des autres personnes qui séjournent sur son territoire.

Rappel est pris aussi pour synonyme d'abrogation, de suppression : le *rappel* d'une loi, d'une ordonnance, etc.

RAPPORT. Compte-rendu, exposé sommaire qu'on fait à quelqu'un sur un travail dont on a été chargé : ainsi les ministres font au chef de l'Etat des rapports pour motiver les projets de lois ou de décrets qu'ils leur soumettent; dans les assemblées les commissions adressent par l'organe d'un de leurs membres des rapports sur les matières qui ont été déférées à leur examen spécial.

Le mot *rapport* se dit aussi du commerce que les hommes ont entre eux, de leurs connexions, de leurs relations réciproques. *(Voir* RELATION.)

RAPPORTEUR. Celui qui est chargé par un comité, etc. d'exposer l'opinion de ce comité sur une question : ainsi la commission du budget a nommé son rapporteur.

Le rapporteur est généralement choisi parmi les membres de la commission dont l'opinion a prévalu. Il est chargé de défendre son rapport devant l'assemblée.

En langage judiciaire, on appelle *rapporteur* ou *juge rapporteur* celui qui a été chargé spécialement d'une affaire, d'un règlement de compte et en fait le rapport au tribunal.

Officier rapporteur, l'officier qui fait les fonctions de juge d'instruction et d'accusateur public dans un conseil de guerre ou de discipline.

RATIFICATION. Approbation, confirmation authentique ou officielle de ce qui a été fait ou promis.

La ratification est l'acte qui donne à un traité sa consécration et transporte du négociateur à l'autorité suprême de chaque Etat le devoir d'en assurer l'exécution; c'est, en d'autres termes, l'acte par lequel le chef d'un gouvernement approuve, confirme et déclare accepter ce qui a été convenu et stipulé en son nom par l'agent diplomatique qu'il avait muni à cet effet de pleins pouvoirs spéciaux.

La ratification a lieu suivant les formes propres à la constitution de chaque part; pour être susceptible de ratification, le traité doit donc être conforme aux lois constitutionnelles de l'Etat.

Le droit de ratifier appartient, dans les monarchies, au souverain seul ou assisté de délégués de la représentation nationale; et, dans les républiques, au chef du pouvoir exécutif avec le concours direct ou indirect d'un des grands pouvoirs de l'Etat.

Une ratification doit être donnée pleine et entière, c'est-à-dire qu'elle doit ne contenir aucune réserve, porter sur l'ensemble de l'acte auquel elle s'applique, être dressée en autant d'instruments qu'il y a de parties contractantes, enfin être produite et échangée dans les délais convenus.

Les instruments de ratification une fois revêtus des signatures nécessaires à leur validité, il est procédé à leur échange entre les parties contractantes. Ce n'est qu'à dater de l'accomplissement de cette formalité, dont il doit être dressé procès-verbal, que le traité entre véritablement en vigueur et que courent les délais assignés à la durée.

Le droit de ne pas ratifier un traité est aussi incontestable que celui de le conclure, et il existe virtuellement, même quand il n'a pas été réservé en termes exprès.

Au nombre des causes qui légitiment un refus de ratification, on peut citer : l'impossibilité physique ou morale d'exécuter les conditions stipulées ; une erreur évidente relativement à un fait essentiel ; un changement fortuit survenu au cours des négociations ou même du but que les plénipotentiaires étaient chargés de poursuivre; l'absence de pleins-pouvoirs ; l'insertion de clauses non prévues ou formellement défendues par les instructions données aux négociateurs ; l'oubli de stipulations essentielles posées comme condition *sine qua non;* enfin des engagements contraires à des lois spéciales ou au droit public interne de l'une ou de l'autre nation contractante.

Le refus de ratification par l'une des parties contractantes entraîne de fait l'anéantissement du traité signé par son plénipotentiaire.

RATURE. Effaçure faite par quelques traits de plume qu'on passe sur ce qu'on a écrit.

Dans les actes authentiques, les ratures doivent être faites de telle manière qu'il soit facile de compter le nombre des mots sur lesquels elles s'étendent, et ce nombre des mots ainsi annulés doit être mentionné par un renvoi à la marge ou à la fin de l'acte; chaque mention de ce genre doit être approuvée par les parties, qui y apposent leur paraphe ou leur signature. L'omission de ces formalités peut entraîner la nullité des ratures ou même celle de l'acte.

La ratification des erreurs commises dans la rédaction ou dans la transcription d'un acte ne peut avoir lieu qu'au moyen de ratures, faites de la manière et accompagnées des formalités que nous venons d'indiquer.

RAVITAILLEMENT. Action de pourvoir de vivres la garnison d'une ville en état de siège ou menacée d'être assiégée ; on simplement introduction dans une ville, une place forte, à bord de navires, des munitions dont ils manquaient.

Lorsqu'il s'agit d'une ville assiégée, il est évident que l'assiégeant en empêche le ravitaillement par tous les moyens en son pouvoir; l'introduction de vivres ne peut donc s'y opérer qu'à la faveur d'une suspension des hostilités: encore en pareil cas la position n'est-elle pas bien précise dans le cas d'une place que l'ennemi investit avec l'espoir et parfois même dans l'intention de l'amener à capituler par la famine plutôt que de la prendre d'assaut ou par tout autre moyen militaire.

C'est pourquoi le ravitaillement est le plus ordinairement l'objet de stipulations spéciales, insérées dans les actes diplomatiques portant couvention d'armistice : tantôt il est laissé à la libre disposition de la place assiégée, avec ou sans condition quant à la nature et à la quantité des provisions introduites dans ses murs; tantôt l'assiégeant lui-même est chargé de ravitailler dans des proportions convenues la ville qu'il investit (*Voir* ARMISTICE).

RÉACTION. En politique, se dit de l'ensemble des actes d'un parti opprimé qui devient le plus fort, et plus particulièrement du parti conservateur considéré comme s'opposant à l'action de la révolution; dans cette acception *réaction* serait synonyme de *contre-révolution.*

Dans un sens général, la *réaction* est une tendance dans une direction opposée, provoquée par des excès, aussi bien en religion, en administration, en économie sociale qu'en politique : ainsi l'on peut considérer l'établissement de la république comme une réaction contre les abus de la royauté, les sectes protestantes comme une réaction contre la domination de la papauté, etc. etc.

RÉACTIONNAIRE. Partisan de la réaction, qui prête son appui ou son concours à la réaction contre l'action de la révolution : parti réactionnaire, pouvoir réactionnaire.

Qui est de nature à seconder ou servir la réaction : mesure, loi réactionnaire.

REBELLE. Qui se soulève contre une autorité légitime. Se dit ordinairement de ceux qui se soulèvent en masse dans un but politique.

Cependant on pourrait établir cette distinction que les *rebelles* sont plutôt ceux qui refusent simplement d'obéir au gouvernement; et ils sont dits *insurgés* lorsqu'ils l'attaquent dans l'intention de le renverser. (*Voir* INSURRECTION.)

Il n'est pas d'usage de considérer et de traiter les sujets rebelles ou insurgés comme des belligérants, tant qu'ils ne sont point parvenus à établir un gouvernement nouveau de fait à la place de celui qu'ils avaient, pour but de détruire. (*Voir* BELLIGÉRANT, GUERRE CIVILE.)

RÉBELLION. Acte de rebelle, résistance avec violence aux agents de l'autorité.

En jurisprudence, opposition par voie de fait à l'exécution d'un acte juridique.

Cependant la rébellion peut se produire sans voie de fait, comme dans le cas, par exemple, d'un commandant de la force armée qui refuse de la faire agir, quoiqu'il en soit requis légalement par l'autorité, ou le cas d'un fonctionnaire qui se refuse à appliquer une mesure; l'une et l'autre sont en rébellion contre l'autorité ou contre la loi.

La rébellion peut être le fait d'un individu isolé ou de plusieurs personnes, soit dans une intention privée, soit dans un intérêt général, comme de renverser le gouvernement existant; dans cette circonstance la dénomination d'*insurrection* ou de *révolte* est plus généralement employée pour qualifier le mouvement. (*Voir* INSURRECTION, RÉVOLTE.)

RECEIVER. En Angleterre on nomme *receivers* des employés chargés de prendre les mesures nécessaires pour le sauvetage des navires en détresse et de leurs équipages.

Ils ont le droit de requérir à leur aide tous les habitants de la côte et de faire usage de toutes les embarcations de leur district. (*Voir* SAUVETAGE, NAUFRAGE.)

RECENSEMENT. Mesure administrative qui consiste à faire le dénombrement de la population d'une contrée ou seulement des individus d'une certaine catégorie, dans le but de constater le nombre des habitants ou celui des personnes auxquels sont imposées des obligations particulières, comme, par exemple, le service militaire, l'inscription maritime.

Dans la plupart des pays on procède au recensement de la population à des époques périodiques fixes; soit tous les 5 ans, soit tous les 10 ans, en même temps que les habitants on compte les bestiaux, les maisons, les usines, et l'on profite de l'occasion pour recueillir plusieurs autres renseignements encore.

Ce mot s'applique aussi à l'énumération des suffrages obtenus par un candidat, de la fortune des personnes, de sommes d'argent, de valeurs commerciales, etc.

RÉCEPTION. Lorsqu'un agent diplomatique ou ministre public accrédité auprès d'un gouvernement étranger a informé le ministre des affaires étrangères du pays où il doit résider de son arrivée dans la capitale, le ministre le reçoit dans la journée ou, au plus tard, le lendemain, puis prend les ordres du chef de l'Etat pour la réception par celui-ci, à qui le ministre public doit remettre ses lettres de créance.

Cette réception a lieu au jour qui a été fixé, selon un cérémonial d'usage, qui varie d'après le rang qu'occupe l'agent dans la hiérarchie diplomatique. (*Voir* AGENT DIPLOMATIQUE, AMBASSADEUR, MINISTRE, AUDIENCE, CÉRÉMONIAL, PRÉSENTATION.)

La *réception* se dit aussi de l'action de recevoir des visites avec un certain cérémonial à un jour déterminé : ainsi les chefs d'Etat, les ministres, les agents diplomatiques ont leurs jours de réception. *(Voir* AUDIENCE, CÉRÉMONIAL, ÉTI-QUETTE, AGENTS DIPLOMATIQUÉS, MI-NISTRES, SOUVERAINS.)

RECÈS ou RECEZ. Le *recès* était l'acte par lequel, dans les anciennes diètes de l'Empire germanique, on recueillait et rédigeait, avant de se séparer, les décisions qui avaient été prises : de là le nom de *recès* donné à quelques-unes de ces décisions d'un intérêt général.

Cette dénomination s'est conservée en Allemagne pour désigner des actes passés entre plusieurs cours pour régler à l'amiable des questions de domanialité ou des intérêts locaux ou particuliers, tenant à la possession du sol ou à l'exercice de certains droits réguliers ou juridictionnels.

Dans la diplomatie moderne, *recès* se dit d'un procès-verbal résumant des conventions.

RÉCIDIVE. Action de commettre de nouveau, après une condamnation, un crime ou un délit de même nature.

Etat du condamné traduit de nouveau devant un tribunal à raison d'un second crime ou délit de même nature qu'il a commis depuis sa condamnation. *(Voir* CRIME, DÉLIT.)

RÉCIPROCITÉ. Le principe de la réciprocité sert de base à la plupart des actes internationaux, aux rapports des Etats les uns avec les autres, ainsi qu'aux traités, aux engagements qu'ils concluent entre eux, et notamment des conventions de commerce et de navigation.

Ainsi ces conventions renferment d'ordinaire une clause par laquelle les parties contractantes se confèrent réciproquement le régime de la nation la plus favorisée, c'est-à-dire la participation aux avantages les plus considérables qu'elles ont déjà ou qu'elles viendraient par la suite à accorder à une tierce puissance. La réciprocité du traitement national et des avantages échangés est sans doute le fondement habituel de cette sorte de traités; néanmoins dans beaucoup les avantages respectivement stipulés sont loin de former un équivalent exact. Il faut reconnaître, d'ailleurs, que la réciprocité absolue est assez difficile à obtenir à cause de la différence qui existe forcement entre un Etat et un autre quant au chiffre de la population, à la force productive, à la richesse agricole, commerciale ou industrielle, aux mœurs et à l'esprit de la législation éco-nomique. *(Voir* COMMERCE, NAVIGATION.)

Pour les relations diplomatiques des Etats entre eux, la règle générale, qui comporte très-peu d'exceptions, est que les Etats se traitent sur le pied de la réciprocité, qu'ils envoient à chacun des autres Etats un ministre de la classe à laquelle appartient celui que l'Etat étranger leur a lui-même envoyé.

RÉCLAMATION D'ÉTAT. Action par laquelle un individu réclame un état civil qu'il prétend lui appartenir.

Egalement action judiciaire ayant pour objet de faire statuer sur l'état civil d'une personne à laquelle cet état est contesté. *(Voir* ÉTAT, DROIT, DROIT DE CITÉ, NATIONALITÉ.)

L'action en réclamation d'état est imprescriptible à l'égard de l'*enfant*. (Voir ce mot.)

RÉCLAME. Dans la correspondance diplomatique ou officielle, on nomme *réclame* l'indication placée au bas de la première page, du nom et de la qualité de la personne à laquelle on écrit.

Comme dans les billets sans signature et rédigés à la troisième personne, le nom de celui à qui l'on écrit se trouve placé dans le corps du billet, on n'a pas besoin d'y inscrire la *réclame.*.

La réclame a surtout pour but de faire éviter les erreurs dans les expéditions.

RECONDUCTION. Terme de jurisprudence : renouvellement d'une location ou d'un bail à ferme.

On distingue la *reconduction en presse* qui se fait par écrit ou verbalement entre les parties; et la *tacite reconduction,* qui est la continuation du bail après son expiration, sans qu'il ait été renouvelé, lorsque le preneur est resté en possession sans que le propriétaire s'y soit opposé.

La *tacite reconduction* s'applique également à des engagements d'autres catégories et en particulier aux traités internationaux. Ce cas se produit lorsqu'au moment même de la signature d'un traité conclu pour une période fixe les parties sont expressément convenues par une clause *ad hoc* que si dans l'année ou les six mois qui précèdent l'échéance de ce terme ni l'une ni l'autre n'a déclaré vouloir en faire cesser les effets, la convention continuera d'être obligatoire pour toutes deux pendant un nouveau laps de temps plus ou moins prolongé.

RECONNAISSANCE. En diplomatie action de reconnaître un gouvernement, c'est-à-dire de déclarer qu'on le juge régulièrement établi. Cette déclaration peut être expresse ou tacite.

Ainsi, lorsqu'une province ou une colonie parvient à se séparer d'un Etat et à en former un nouveau, dont l'existence indépendante ne soulève plus de doutes les autres nations ont le droit incontestable de reconnaître cette souveraineté naissante, même de prendre parti en sa faveur et de conclure des traités avec elle.

La reconnaissance du nouvel Etat par les puissances existant précédemment est indispensable pour son admission dans l'association internationale des Etats.

Aucune puissance n'est tenue de reconnaître un Etat nouveau, tant que la lutte se continue pour sa formation et que par conséquent il subsiste encore des doutes sur son existence normale : mais chaque Etat est libre de le reconnaître, quand même il aurait des raisons de douter de sa viabilité.

Lorsque l'Etat dont les droits se trouvent lésés par la formation d'un nouvel Etat, est impuissant à l'empêcher, il perd le droit de refuser de le reconnaître.

L'acte destiné à reconnaître l'indépendance d'une colonie ou d'une province rentre exclusivement dans les attributions du pouvoir exécutif de chaque Etat ; les autorités secondaires sont, comme les particuliers, absolument incompétentes pour consacrer une semblable reconnaissance. Il ne faut pas perdre de vue, en effet, que l'acte en lui-même a pour but d'établir une nouvelle relation de droit international à l'égard d'un nouvel Etat, et que l'établissement de cette relation appartient au pouvoir suprême des nations. Par une conséquence forcée et tant que le nouvel Etat n'a pas été reconnu par le gouvernement du pays dont il faisait précédemment partie, les tribunaux et les sujets des autres Etats sont tenus d'admettre que l'ancien ordre de choses n'a pas cessé de subsister légalement.

La reconnaissance d'un Etat par un autre gouvernement s'accomplit généralement au moyen d'une lettre que le ministre des affaires étrangères adresse, au nom du chef de l'Etat, au ministre des affaires étrangères du nouvel Etat, et dans laquelle il notifie sa disposition à entrer en relations officielles avec l'Etat qu'il s'agit de reconnaître.

Il est cependant d'autres moyens de reconnaître un Etat ; c'est d'y envoyer une mission extraordinaire, en y accréditant une mission diplomatique permanente ; dans l'un et l'autre cas les lettres de créance peuvent mentionner la reconnaissance ; délivrer des pleins pouvoirs autorisant à reconnaître l'Etat à une personne, qui, avec le ministre des affaires étrangères de cet Etat, dresse un procès-verbal de reconnaissance.

La reconnaissance peut aussi n'être qu'implicite, par la notification au chef du nouvel Etat d'un évènement concernant le chef de l'Etat qui reconnaît, par la nomination de consuls.

RECONVENTION. En jurisprudence, c'est une demande opposée à une autre demande, comme celle que le défendeur forme incidemment contre la personne qui a formé la première une demande contre lui et devant le même tribunal. Cette seconde demande est dite *reconventionnelle* : elle a pour but d'anéantir ou tout au moins de restreindre l'effet de l'action intentée contre le défendeur.

La demande reconventionnelle ne peut être admise que lorsqu'elle a de la connexité avec la demande principale.

RECOURS. En droit civil, ce mot désigne l'action en garantie ou en dommages et intérêts qu'on a contre quelqu'un.

Cette action peut s'exercer contre celui qui s'est engagé expressément ou tacitement de garantir l'accomplissement d'un engagement, pour qu'il l'accomplisse lui-même ou indemnise des objets dont il s'est porté garant. Ainsi le porteur d'un billet, d'une lettre de change a recours contre les endosseurs pour le paiement.

Le *recours ou pourvoi en cassation*, est en France le moyen de se pourvoir contre les arrêts des cours d'appel.

Recours en grâce, demande adressée au chef de l'Etat pour obtenir la commutation ou la remise d'une peine.

RECOUSSE ou RESCOUSSE. Reprise d'une personne ou d'une chose enlevée par force.

Ce mot s'emploie plus particulièrement pour désigner la reprise faite sur l'ennemi du navire capturé par lui. (*Voir* REPRISE.)

RECOUSSE-RECOUSSE. Se dit d'un navire pris par un croiseur, repris ensuite par l'ennemi et enfin repris de nouveau par un autre croiseur.(*Voir* REPRISE.)

RECRÉANCE (lettres de). Se dit des lettres remises à un agent diplomatique pour être présentées au chef de l'Etat d'auprès duquel on le rappelle ; ou bien des lettres qu'un chef d'Etat donne à l'agent diplomatique rappelé d'auprès de lui pour qu'il les remette au chef d'Etat qui le rappelle : dans ce cas c'est la réponse que fait un chef d'Etat à la lettre de rappel d'un ministre accrédité auprès de lui. *(Voir* RAPPEL, AGENT DIPLOMATIQUE, MINISTRE.)

RÉCUSATION. Action de décliner la compétence d'un juge, d'un juré, d'un expert, d'un témoin.

Se dit aussi des personnes dont on récuse le témoignage, l'autorité.

On peut se récuser soi-même, c'est-à-dire déclarer qu'on n'est pas compétent pour juger une chose, régler une question.

RÉDACTION. Action de rédiger, de mettre en ordre et par écrit : la rédaction d'un article, d'un acte, d'une loi, d'un traité.

Se dit aussi de la chose rédigée.

REDDITION. Action de rendre une place à ceux qui l'assiègent.

Action de se rendre, c'est-à-dire de se livrer et de se soumettre à l'ennemi.

La reddition, quand même elle a lieu sans conditions, ne donne pas au vainqueur le droit de mettre à mort ceux qui se rendent; il doit se borner à les faire prisonniers.

La reddition fait ordinairement l'objet d'un arrangement, auquel on donne le nom de *capitulation.* (Voir ce mot.)

RÉEL. En jurisprudence signifie : qui a rapport aux biens et se dit par opposition à ce qui a rapport aux personnes.

Droits *réels*, actions *réelles*, droit, actions qui s'exercent sur des immeubles.

On appelle statuts *réels* ceux qui affectent directement les choses, la qualité et la nature des biens, en permettent ou en défendent la disposition, indépendamment de l'état ou de la capacité générale de la personne, ou n'y ayant qu'un rapport incidentel ou accessoire. (*Voir* STATUT.)

RÉFÉRENDAIRE. Ce mot, dans son sens radical, signifie : qui est chargé des choses à rapporter.

Sous les derniers empereurs romains, on appelait ainsi des fonctionnaires chargés de présenter au souverain les requêtes des suppliants et de leur transmettre sa réponse.

En France, du 5e au 8e siècle, on donnait le nom de *référendaires* à une classe de secrétaires, dont le principal portait le titre de *grand-référendaire,* avait la garde de l'anneau ou sceau royal et faisait rapport au roi des placets qui lui étaient présentés.

Plus tard les référendaires étaient des officiers de chancellerie qui faisaient le rapport des *lettres royaux* (Voir ce mot) pour qu'on décidât si elles devaient être signées et scellées.

Dans plusieurs pays, ce titre est encore donné à des fonctionnaires de l'ordre judiciaire ou administratif, chargés de préparer les affaires au sujet desquelles des commissions ou des cours spéciales sont appelées à prendre des commissions.

Tels sont en France, les *référendaires au sceau,* officiers ministériels qui forment auprès du ministre de la justice un conseil chargé exclusivement de l'examen des demandes concernant les titres, les dotations, les remises ou les rédactions des droits de sceau imposés à l'expédition des lettres de naturalisation, de réintégration dans la qualité de Français, de changement de nom, de dispenses pour mariage, etc.

Les *Conseillers référendaires* à la cour des comptes, chargés de faire sur les pièces de comptabilité les rapports, sur lesquels prononcent les conseillers maîtres.

Sous la Restauration et la monarchie de Juillet, on appelait *grand référendaire* un pair de France choisi par le roi et chargé d'apposer le sceau de la chambre des Pairs à tous les actes émanés d'elle, ainsi qu'aux expéditions déposées aux archives; le grand référendaire avait, en outre, la garde du palais et des archives de cette chambre.

A la cour pontificale, les *référendaires de l'une et l'autre signature* sont des prélats, agissant comme officiers de chancellerie et chargés d'examiner les causes de grâce et de justice et d'en faire le rapport au pape.

REFERENDUM. On appelle ainsi la ratification par le peuple des lois votées par les conseils législatifs.

C'est ce qui a lieu particulièrement en Suisse' et aux Etats-Unis; mais dans cette dernière république le *referendum* n'est en usage que pour la ratification des constitutions d'Etat, tandisque dans la première le peuple est appelé à ratifier de simples lois.

RÉFORMATEUR, RÉFORMISTE. Le *réformateur* est celui — prince, législateur, administrateur — qui opère des réformes;

le *réformiste* est le partisan d'une réforme parlementaire.

Dans cette acception on dit agitation *réformiste* des manœuvres employées en faveur des réformes dont on est partisan.

RÉFORMATION ou RÉFORME. Se dit des changements que les réformateurs religieux Luther, Zwingli et Calvin ont, au 16e siècle, introduits dans la doctrine et la discipline catholiques.

Corps de doctrine adopté par les protestants.

La communion formée par les Eglises protestantes.

Au point de vue du droit international, la réforme est un des évènements les plus considérables; elle a inauguré une nouvelle ère non seulement de liberté religieuse, mais même d'indépendance politique; elle a fait prévaloir le principe que les relations de peuple à peuple ne dispendent pas de la volonté du chef de l'Eglise, mais rentrent dans le domaine propre de chaque Etat particulier, et à partir de cette époque le droit international a pris un caractère positif, qui en a agrandi la portée et assuré l'autorité.

RÉFORME. Suppression des abus qui se sont introduits dans un Etat, dans une société, dans une administration.

Réforme parlementaire, changements apportés à la formation, à la composition, aux attributions, à l'organisation, aux règlements d'un parlement, des assemblées législatives, se dit absolument de la réforme de ce genre qui a été accomplie en Angleterre en 1832.

Réforme électorale : changements à apporter dans les lois qui régissent les élections.

RÉFORMÉ. En religion, qui appartient à la réforme.

La religion réformée, l'Eglise réformée, le culte réformé se dit du protestantisme, et plus particulièrement du calvinisme.

Les *réformés* sont les personnes qui suivent la religion réformée.

REFUGE. Lieu où l'on se retire pour être en sûreté. (*Voir* ASILE,)

Il y a cette distinction à établir entre l'*asile* et le *refuge* que le premier n'implique pas l'idée de danger imminent contre lequel on recherche le second. Ainsi un homme poursuivi, un navire menacé par l'orage cherchent un refuge où ils peuvent; tandis qu'un malheureux accepte l'asile qui lui est offert.

Au point de vue du droit international, le refuge n'est au fond qu'un devoir d'humanité, tandis que l'asile est une manifestation de l'indépendance et de la souveraineté nationales.

RÉFUGIÉ, qui a cherché un refuge.

Se dit des personnes qui se sont retirées dans un autre pays pour échapper à la persécution ou à des poursuites.

On appelle *réfugiés politiques* les proscrits qui ont quitté leur patrie par suite de révolutions. Dans les pays qui les accueillent ils sont le plus souvent l'objet d'une législation spéciale, chaque Etat fixe lui-même les conditions auxquelles il accorde l'hospitalité, qu'il est libre également de refuser.

Chaque Etat a le droit de donner asile sur son territoire aux personnes accusées de crimes politiques, sans être tenu de les extrader ou de les expulser (*Voir* EXTRADITION.); mais il a le devoir de les empêcher d'abuser de l'asile pour menacer l'ordre et la sécurité des autres Etats. L'Etat qui seconderait les entreprises dirigées de son territoire contre un Etat voisin par des réfugiés politiques, pourrait être rendu responsable par l'Etat ainsi menacé. En cas d'abus, l'Etat qui a accordé l'asile ou le refuge a le droit de retirer au réfugié la permission de séjourner sur son territoire ou à la limiter de manière à écarter tout danger pour le pays d'origine du réfugié.

RÉGALE, régalies, regalia, droits régaliens. Droits qui sont propres aux rois, aux souverains en général, tels que celui de battre monnaie, de faire des lois, etc.

Si nous remontons à l'origine historique de ces droits, nous voyons qu'à l'époque du démembrement de l'empire romain les villes et les chefs qui se déclarèrent indépendants, s'approprièrent les terres les plus fertiles, les mieux cultivées, auxquelles ils donnèrent le nom de *régalies*.

Dans cette acception, la *régalie* embrasse à la fois le droit et la chose même sur laquelle ce droit repose. Les publicistes anglais en limitent l'application à la couronne, aux terres royales et aux biens de l'Eglise, et se servent alors du nom de *majora regalia* pour désigner ce qui touche au pouvoir ou à la dignité des monarques; ils réservent la dénomination de *regalia minora* à ce qui concerne exclusivement les droits fiscaux ou les avantages pécuniaires.

La *régalie* ne saurait dont se confondre avec la souveraineté ou avec les droits de majesté (*jura majestatis*), puisqu'elle peut aussi bien s'appliquer aux droits et aux prérogatives du roi qu'à ceux de l'Eglise, des cours et du trésor public. Appliqué aux biens de la couronne, le mot *régalie* n'embrasse pas seulement la dotation inaliénable du souverain, mais encore tout ce dont le monarque peut librement disposer en faveur de ses sujets.

En France sous l'ancienne monarchie on donnait le nom de régale au droit qu'avait le roi de jouir des revenus des évêchés vacants et de disposer des bénéfices qui en dépendaient, jusqu'à ce que le nouvel évêque eût pris possession de son siège.

RÉGENCE. Dignité qui confère le pouvoir de gouverner un Etat pendant l'absence, la maladie, la minorité, en un mot, pendant l'état d'incapacité d'un souverain.

Fonction de régent ou de régente; durée de ces fonctions.

Dans l'histoire la *Régence* se dit particulièrement de l'époque pendant laquelle le duc Philippe d'Orléans gouverna la France, de 1715 à 1723, pendant la minorité de Louis XV.

La notification de l'établissement d'une régence dans un Etat se fait par le régent, qui la signe au nom du souverain; mais c'est à celui-ci que la réponse est adressée.

Régence se dit aussi de l'administration municipale de certaines villes, notamment aux Pays-Bas et en Belgique, puis en Prusse des divisions administratives des provinces.

Gouvernement de certains Etats musulmans : les régences barbaresques, Tripoli, Tunis; le territoire qui dépend d'une régence.

RÉGENT, RÉGENTE. Celui ou celle qui exerce la régence, gouverne l'Etat pendant l'absence ou l'empêchement du souverain.

Le prince régent, la reine régente.

RÉGICIDE. Assassinat d'un roi et aussi celui qui s'en rend coupable.

Pris adjectivement se dit des choses qui sont relatives au meurtre d'un roi : ainsi doctrine régicide, qui excite à l'assassinat d'un souverain.

Le crime de *régicide* étant dans la plupart des cas considéré comme un attentat politique ou tout au moins connexe à un attentat politique, il n'y a pas lieu à l'extradition de ceux qui en sont accusés et se sont réfugiés dans un pays étranger.

Toutefois certains traités internationaux renferment une réserve spéciale, qui autorise l'extradition des individus coupables d'attentats contre le chef d'un gouvernement étranger, les princes et les membres de leur famille, surtout lorsque ces crimes ne peuvent pas être regardés comme ayant un caractère politique, mais bien comme constituant des crimes de droit commun. Il importe, en pareilles circonstances, pour prévenir de regrettables confusions, d'examiner mûrement les divers éléments qui ont concouru à la perpétration des faits; car il est aussi contraire à la saine morale de couvrir d'un masque politique des crimes exclusivement communs que de ranger parmi les crimes communs des faits dont une pensée politique a seul dirigé l'exécution.

RÉGIE. Mode de lever les impôts, par lequel l'Etat les perçoit directement pour son compte par ses agents; il se dit par opposition à la levée des impôts par traitants, d'après laquelle les fermiers ne paient à l'Etat qu'une somme convenue et gardent le reste pour eux.

Se dit des administrations chargées de la perception de certaines taxes indirectes, ou de certains services publics : la régie des tabacs, des contributions indirectes, etc.

Mettre des travaux en régie, c'est les faire exécuter sous la surveillance d'agents de l'Etat pour le compte du soumissionnaire qui n'a pas rempli ses engagements.

RÉGIME. Action de régir, de gouverner.

Manière de gouverner, d'administrer un Etat.

Organisation, constitution, forme de gouvernement d'un Etat. On dit dans ce sens *régime despotique*, où le souverain gouverne avec une autorité absolue et arbitraire; — *régime constitutionnel*, où le gouvernement est réglé par une constitution; — *régime parlementaire* ou *représentatif*, où des représentants de la nation participent à la formation des lois; — *régime féodal* ou gouvernement d'un pays partagé en fiefs (voir ce mot).

En France on oppose le *nouveau régime*, la constitution de la société et du gouvernement depuis 1789, à l'*ancien régime* renversé par la Révolution.

Régime se dit aussi de la règle, de l'administration à laquelle sont soumis certains établissements publics et religieux : le régime des hôpitaux, des prisons, le régime pénitentiaire, etc.

Terme de jurisprudence : *régime dotal,* ensemble des dispositions qui régissent la société conjugale quand la dot de la femme reste sa propriété inaliénable ; — *régime de la communauté,* celui qui régit les époux vivant en communauté de biens.

RÉGION. Grande étendue de pays, de territoire.

Quoique souvent le mot *région* soit employé indifféremment pour *pays* ou *contrée,* il y a une distinction à faire entre les diverses termes : *région* par rapport à *pays* indique quelque chose de plus indéterminé : ainsi l'Europe est une région et non un pays, tandis que la France est un pays et non une région ; — par rapport à *contrée,* région se dit de plus grandes étendues et implique une idée de division qui n'est pas dans contrée ; ainsi l'on dira la *région* mais non la *contrée* des neiges ; contrée est aussi moins déterminé que *pays* : ainsi la France est un pays et non une contrée.

Région se dit principalement au point de vue climatologique ; la signification se rapproche alors de celle de *zone :* les diverses régions de la terre ; — région méridionale, région septentrionale ; — région des bois, région des neiges ; — régions brûlantes, régions glacées ; région haute, région basse, région moyenne, par rapport à l'atmosphère ; région botanique, région zoologique, étendue de terrains caractérisés par une végétation ou une faune particulière, ou par la présence d'espèces végétales ou animales prédominantes.

REGISTRE. Tout livre public ou privé dans lequel on consigne certains faits, actes ou affaires dont on veut conserver le souvenir.

Les missions diplomatiques et les consulats sont astreints à avoir un certain nombre de registres, dont la plupart sont destinés à la transcription littérale et suivie d'actes ou de documents originaux, qui ont leurs règles propres ; de ces registres quelques-uns sont obligatoires et d'autres facultatifs.

La tenue et la conservation des registres sont sous la responsabilité des chanceliers, qui doivent les tenir à jour, afin qu'on puisse en tout temps vérifier le texte ou la date des actes passés par eux, ou de ceux rentrant dans la compétence exclusive des ministres ou des consuls.

RÈGLE. Ce qui sert à diriger, à conduire, à régir ; principe, maxime, loi, enseignement.

Prescription, ordonnance en vertu de la loi, des coutumes, des usages : les règles de la morale, de la justice, de la procédure ; les règles établies par la loi, etc.

Ces locutions : „il est de règle que ...“, „cela est de règle“, signifient : „Il est conforme à l'usage.“ — „En règle générale“ ou „règle générale“, c'est-à-dire „généralement, dans tous les cas“ ; „dans la règle“, „en bonne règle“, c'est-à-dire „suivant la loi, l'usage ou la bienséance“.

Règles, en parlant des sciences et des arts, se dit des principes et des préceptes qui servent à les enseigner des méthodes qui en rendent la connaissance plus facile et la pratique plus sûre.

Règle se dit aussi de l'ensemble des statuts que les religieux d'un ordre sont obligés d'observer : la règle de Saint-Benoît, de Saint-Augustin.

RÈGLEMENT. Se dit de ce qui est ordonné ou prescrit pour maintenir une certaine règle, un certain ordre ; statut qui détermine ce qu'on doit faire ; acte fait pour l'exécution des règles, des lois : règles de police, d'administration, etc.

Statuts d'une assemblée délibérante : observer le règlement, rappeler un règlement.

L'action de régler, de déterminer : le règlement d'une affaire, etc.

Il y a cette différence entre la *règle* et le *règlement* que l'une s'applique aux choses qu'on doit faire, et l'autre à la manière dont on doit les faire.

Règlement de compte, approbation définitive d'une dépense par l'autorité compétente.

RÈGLEMENTATION. Action de faire des règlements sur une matière quelconque.

Règlementation de limites, des échanges commerciaux, etc.

RÉGNANT, RÉGNANTE. Qui règne, se dit du souverain qui occupe actuellement le trône.

Le roi, l'empereur régnant ; la reine régnante.

Maison, famille, dynastie régnante, la famille dont le chef règne, ou dont les membres ont droit au trône par ordre de naissance.

Ville régnante se dit de la capitale d'un Etat.

RÈGNE. Gouvernement d'un prince souverain ; la durée de ce gouvernement.

RÉGNER. Dans le sens absolu, gouverner un Etat à titre de souverain : roi, empereur, prince, duc etc.

Dans les Etats parlementaires ou constitutionnels, on fait cette restriction que le souverain exerce ses fonctions en partie du pouvoir exécutif, mais sans prétendre diriger le gouvernement, qui appartient aux ministres, expression directe de la volonté du gouvernement : d'où cet aphorisme politique : „le roi règne et ne gouverne pas.“

RÉGNICOLE. Se dit, par opposition à *étrangers* (voir ce mot), des habitants d'un pays, possédant comme tels certains droits dont les étrangers ne jouissent pas.

Ainsi, par exemple, dans la plupart des pays les étrangers, pour être admis à plaider, sont astreints à fournir une caution, qu'on n'exige pas des régnicoles.

Le titre de *régnicole* s'étend aux étrangers naturalisés à qui ces droits sont accordés.

RÉHABILITATION. Acte qui rétablit une personne dans tous les droits dont elle avait été privée par suite d'un jugement.

En matière criminelle et correctionnelle, tout condamné qui a subi sa peine ou qui a obtenu sa grâce peut être réhabilité.

En matière commerciale, le failli qui a acquitté intégralement ses dettes peut obtenir sa réhabilitation.

La réhabilitation fait cesser pour l'avenir dans la personne du condamné toutes les incapacités qui résultaient de la condamnation; mais elle n'anéantit point la condamnation même, elle ne fait disparaître que les effets futurs de la peine, et non les effets encourus jusque là.

REICHSRATH. Conseil de l'Empire.

C'est le nom du parlement cisleithanien dans l'Empire d'Autriche-Hongrie, auquel sont représentés tous les pays situés en deçà de la Leitha, plus la Dalmatie.

Il se divise en deux chambres, dont l'une est élective.

REICHSTAG. Diète, assemblée des Etats.

C'est la chambre élue du parlement de l'Empire allemand.

REINE. Femme de roi. Princesse qui de son chef gouverne un royaume : telles les reines d'Angleterre Elisabeth, Anne, Victoria; dans ce cas, la reine exerce la souveraineté dans les mêmes conditions et la même latitude que l'eût exercée un roi, dont elle occupe réellement la place.

La reine-mère, la reine qui est mère du roi qui est sur le trône.

La reine douairière, la veuve d'un roi.

Au moyen-âge, les reines veuves étaient désignées sous le nom de *reines blanches*, parce qu'elles portaient le deuil en blanc.

RÉINTÉGRATION. Action de réintégrer, de rétablir une personne dans la possession d'une chose dont on l'avait dépouillée; résultat de cette action; réintégrer quelqu'un dans ses biens, dans ses droits.

Action de rendre un emploi à quelqu'un qui en avait été privé.

REIS ou REISS. Ce mot arabe, qui signifie chef, est le titre de plusieurs dignitaires ou fonctionnaires de l'empire ottoman. Il s'ajoute à une autre qualification.

REISS-EFFENDI. Titre que prend parfois le ministre ou chef du département des affaires étrangères de l'empire ottoman.

Les ministres étrangers envoyés en Turquie, indépendamment de la lettre de créance qu'ils doivent remettre au Sultan, sont habituellement porteurs de deux autres lettres : l'une pour le grand-vizir, l'autre pour le reiss-effendi, à qui elle est transmise par un secrétaire ou un drogman de la mission.

REJET. Action de rejeter, de repousser, de ne pas admettre une proposition, une demande, des conditions, un projet de loi ou de convention.

RELACHE. En terme de marine, entrée d'un bâtiment dans un port autre que celui de sa destination, soit pour déposer une partie de son chargement ou y prendre de nouvelles marchandises, soit pour acheter des vivres, renouveler sa provision d'eau, soit pour déposer un malade, des passagers, soit pour réparer une avarie, soit pour chercher un abri contre le gros temps ou la poursuite d'un ennemi.

Tous les cas de relâche, excepté les trois derniers, sont connus sous la dénomination de *relâche simple;* les autres sont appelés *relâche forcée.*

La *relâche simple* peut généralement avoir lieu dans les ports de tous les Etats; cependant dans les colonies quelques ports seulement sont ouverts aux relâches simples.

Lorsqu'un bâtiment est forcé de relâcher dans un port étranger pour y faire des réparations, ou pour chercher un abri contre la fortune de mer, un danger imminent, ou contre la poursuite de l'ennemi, le capitaine est tenu de faire sa déclaration au consul de sa nation, ou, en l'absence de celui-ci, au magistrat de l'endroit.

Lorsqu'il y a danger pour les bâtiments de tenir la mer, ces bâtiments peuvent chercher un abri même dans les ports qui ne sont pas ouverts au commerce; les repousser serait porter atteinte au droit des gens. Mais le bâtiment n'a pas le droit de séjourner dans le port d'abri plus longtemps que ne l'exige la réparation de ses avaries, la disparition du danger, la cessation du mauvais temps : il doit remettre à la voile dès qu'il lui est possible de tenir la mer.

En temps de guerre, les navires de la marine militaire chassés par la tempête ou autre fortune de mer et courant un danger imminent de naufrage ou d'échouement sont, comme les navires marchands, reçus et secourus dans les ports neutres aussi bien que dans les ports ennemis.

(*Voir* NAVIRE, NAUFRAGE, ASILE, REFUGE.)

Des traités conclus entre presque toutes les nations garantissent en règle le droit de relâche. La plupart des traités de commerce et de navigation renferment des stipulations concernant les *relâches forcées.*

RELATION. Commerce, liaison, correspondance. Relations commerciales, politiques.

Relations extérieures se dit des rapports qu'un Etat a et entretient avec les autres États. Dans la plupart des pays la direction de ces relations constitue un département spécial de l'administration de l'Etat sous le nom de ministère des relations extérieures ou des affaires étrangères ou département d'Etat; le chef en porte le titre de ministre, ou dans quelques pays celui de secrétaire d'Etat. Ces relations extérieures créent généralement les *Relations diplomatiques,* ou celles qu'un Etat entretient avec un autre par l'entremise d'agents spéciaux qualifiés de *diplomatiques : ambassadeurs, ministres, envoyés, plénipotentiaires.* (Voir ces mots.) La cessation ou la rupture des relations diplomatiques entre deux Etats est ordinairement considérée comme un symptôme d'hostilité, et dans certaines circonstances comme équivalant à une déclaration de guerre. *(Voir* GUERRE, DÉCLARATION.)

Les relations diplomatiques, à leur tour, créent les *relations internationales,* c'est-à-dire les rapports que les différentes nations établissent, organisent et cultivent entre elles soit par la représentation diplomatique, soit par la conclusion de traités réciproques, soit par l'échange de correspondances et de communications. (*Voir* INTERNATIONAL.) Tout changement fondamental qu'un Etat éprouve dans sa manière d'être affecte ses relations internationales. *(Voir* CHANGEMENTS SURVENUS DANS LES ÉTATS.)

RELAXATION. Remise en liberté d'un prisonnier.

RELEVANT, RELEVANTE. Se disait, du temps de la féodalité, de fiefs, de terres, qui étaient dans la mouvance ou la dépendance d'une seigneurie.

RELIGIEUX, RELIGIEUSE. Personne engagée par des vœux monastiques, qui appartient à un ordre monastique.

Les traités conclus avec la Porte ottomane et les Etats barbaresques (nord de l'Afrique) stipulent protection et bons traitements en faveur des religieux chrétiens résidant sur le territoire musulman.

RELIGION. Ce terme, dans son sens propre, signifie connaissance des rapports qui existent entre l'homme et la divinité.

Religion naturelle, qu'on suppose fondée sur les seules inspirations du cœur et de la raison, se dit par opposition à *religion révélée,* ou *positive,* qu'on croit émaner d'une révélation divine.

Dans son acception ordinaire, culte qu'on rend à la divinité. (Voir culte.)

Les religions varient suivant les races, les populations, les pays, et même suivant les nationalités et les formes de gouvernement : religion juive, chrétienne, païenne, dont chacune se subdivise en diverses sectes ou communions dissidentes les unes des autres : catholique, protestante, mahométane, etc.

Religion de l'Etat, religion d'Etat, celle que l'État déclare être la sienne, à l'exclusion de toutes les autres, qu'il ne fait que tolérer.

Guerres de religion, guerres occasionnées par la différence de religion, et plus particulièrement celles qui ont eu lieu entre les catholiques et les protestants en France au 16e siècle.

Chez les nations civilisées, chacun a, sinon le droit ou la liberté entière, du moins la tolérance de pratiquer sa religion, en se conformant aux lois et aux règlements administratifs du pays où il se trouve. Plusieurs traités contiennent même des dispositions expresses à ce sujet. *(Voir* AGENT DIPLOMATIQUE.)

REMÉDIABLE. Qualificatif donné à certaines lois aux Etats-Unis.

Dans la jurisprudence anglaise, on donne le nom de *remedy* (remède) à l'action ou au moyen légal de recouvrer un droit : c'est une maxime de droit que dans toute circonstance où la loi donne quelque chose, elle donne un *remède* pour en maintenir ou défendre la possession.

Les lois américaines en question rentrent dans cette catégorie. Lorsque les Etats-Unis s'incorporent des contrées, par conquête ou par annexion, on a recours à un système général de contrôle ou de révision des titres qui constituent la possession du sol dans ces contrées, et ce système a pour base des lois, dites *remédiables,* qui sont votées par le Congrès fédéral et ont pour conséquence de valider définitivement entre les mains de leurs détenteurs les titres de propriété acquis conformément à la législation en vigueur avant la conquête ou l'annexion.

REMISE EN VIGUEUR. S'applique à une loi, à une convention dont des circonstances particulières avaient suspendu ou interrompu l'exécution et les effets, et qui recouvre sa force obligatoire, sa vigueur, lorsque ces circonstances ont disparu.

Ainsi les conventions dont la mise en pratique avait été suspendue pendant la guerre, rentrent en vigueur de plein droit à la conclusion de la paix, à moins qu'elles n'aient été modifiées par le traité de paix même, ou qu'elles ne se rapportent à des choses que la guerre a anéanties ou matériellement modifiées.

Si le traité de paix a modifié les traités antérieurs ou en a consacré expressément le renouvellement, ce sont les dispositions du traité de paix qui doivent dorénavant faire loi.

Mais s'il n'est fait aucune mention particulière à cet égard, les traités antérieurs doivent nécessairement continuer de sortir leur plein et entier effet. Pour qu'ils fussent abrogés définitivement, il faudrait qu'ils n'eussent pas été seulement suspendus, mais invalidés, annulés de fait par la guerre, comme dans le cas des traités d'alliance, qui n'ont plus de raison d'être avec la fin de la guerre; il

faudrait encore que leur contenu fût incompatible avec les stipulations du traité de paix, comme ce qui a lieu, par exemple, relativement à d'anciens traités concernant la délimitation des frontières entre deux Etats. Ces traités demeurent en vigueur, si la paix n'entraîne pas une cession de territoire et partant une modification de la frontière; mais ils cessent de fait, si la frontière ne reste plus la même.

RÉMISSION. Pardon, grâce accordée à un coupable de la peine prononcée contre lui.

Lettre de rémission, lettres patentes, adressées aux juges, par lesquelles le roi accordait à un criminel la rémission de son crime, lorsque ce qu'il avait exposé à sa décharge se trouvait vrai, ou quand les circonstances le rendaient digne d'indulgence.

REMONTRANCE. — Représentations qu'on fait à quelqu'un sur une action en particulier, ou sur ses actions en général; ou pour lui démontrer les inconvénients d'une chose qu'il a faite ou qu'il est sur le point de faire.

Avertissement d'un supérieur à son inférieur.

Autrefois on appelait *remontrances* des actes par lesquels les parlements ou autres cours souveraines exposaient au roi les motifs qui les forçaient de s'opposer à l'enregistrement d'un édit, d'une loi fiscale, à l'exécution de ses volontés.

RENAISSANCE. Dans l'histoire moderne, on donne le nom de *renaissance* à la révolution qui s'accomplit dans les lettres et les arts, principalement en Italie et en France, au 15e et au 16e siècle. On fait commencer cette époque de l'année 1453, date de la prise de Constantinople par les Turcs, qui causa l'émigration d'un grand nombre de savants grecs en Italie.

RÉNÉGAT. Celui qui a renié la religion chrétienne pour embrasser une autre religion.

Rénégat serait donc à peu près le synonyme d'*apostat;* seulement ce dernier mot a une acception plus générale, s'appliquant aux personnes qui abjurent n'importe quelle religion, tandis que *rénégat* se dit de ceux qui abandonnent particulièrement le christianisme et plus particulièrement encore de ceux qui le font pour embrasser le mahométisme. *Apostat* se dit aussi de celui qui renie une religion nouvelle qu'il avait adoptée et retourne à sa première croyance; *rénégat* ne serait pas applicable en pareil cas.

Par extension on appele *rénégat* celui qui abandonne ou trahit un parti politique pour passer dans le parti opposé.

RENONCIATION. Action de renoncer à quelque chose, de s'en désister soit par acte, soit autrement.

En droit, c'est l'acte par lequel une personne renonce au droit quelle avait sur quelque chose, abandonne une possession, des droits acquis ou éventuels.

En diplomatie, c'est l'acte par lequel l'héritier éventuel d'un trône renonce à son droit, ou par lequel le souverain actuel renonce à la succession d'un autre Etat.

La *renonciation* est aussi un moyen d'arriver entre les Etats à une solution amiable de contestation; elle consiste soit à laisser tomber un droit acquis en ne donnant pas suite à une revendication formée précédemment, avec ou sans réserver pour l'avenir; soit à reconnaître, en droit et en fait les prétentions de la partie adverse.

RENOUVELLEMENT. Action de refaire, de réitérer, de remplacer un titre ancien par un nouveau de même nature.

Appliqué aux traités, le renouvellement est la continuation ou la prolongation de leur validité au delà du terme stipulé.

Un traité éteint ou expiré peut être renouvelé, revivre et redevenir obligatoire dans toutes ses parties du commun accord des contractants.

Les traités en général renferment une clause de renouvellement, qui y est insérée sous différentes formes : tantôt il est convenu que le renouvellement fera l'objet d'une déclaration spéciale ; cette déclaration n'est autre que la *prorogation* (Voir ce mot); tantôt le traité se renouvelle par *tacite reconduction* (Voir ce mot), si les parties contractantes ne manifestent pas dans un certain délai le désir qu'il soit abrogé.

Le renouvellement tacite ne se laisse toutefois induire que d'actes formels et réciproques caractérisant nettement l'intention des parties de revalider leurs engagements antérieurs. Le fait d'une observation partielle du traité par les deux parties ou par l'une d'elles ne suffirait pas pour en impliquer le renouvellement tacite.

La rupture de la paix annule *de plano* tous les **engagements** diplomatiques subsistant entre les Etats qui assument l'un à l'égard de l'autre le rôle de belligérant. Il est donc d'usage lors de la conclusion de la paix de renouveler tous les traités antérieurs dont on veut faire revivre les effet.

Lorsque le renouvellement d'un traité a lieu par la signature d'une nouvelle convention destinée à remettre en vigueur le traité ancien, la clause stipulant que tel ancien traité, rappelé dans la convention récente, „est censé faire partie du nouveau traité comme s'il y était inséré mot pour mot“, n'engage les contractants qu'en ce qui les concerne personnellement, si l'ancien traité avait été signé par plusieurs autres puissances; mais s'il ne l'avait été que par les deux Etats contractants, le traité nouveau lui rend sa force obligatoire absolue; si le traité nouveau est conclu sous la garantie d'une ou de plusieurs puissances, les garants ne sont pas obligés en ce qui concerne l'ancien traité.

A défaut de renouvellement exprès ou tacite, les traités expirent de plein droit avec l'échéance du terme pour lequel ils ont été conclus, et alors les relations mutuelles des contractants se trouvent replacées sur le pied où elles étaient avant la signature des engagements qui les ont unis.

RENVOI. Action de renvoyer, d'adresser une proposition, une demande à ceux qui doivent l'examiner, en rendre compte, y faire droit.

Dans une assemblée délibérante, le *renvoi aux bureaux* d'un projet de loi, signifie que ce projet est déféré à l'examen des commissions ou groupes qui forment les bureaux de l'assemblée.

En jurisprudence, c'est l'action de renvoyer une partie, une affaire devant tel ou tel juge: c'est ordonner qu'une partie se pourvoira ou qu'un accusé sera traduit devant un tribunal désigné.

Le *renvoi de la plainte* est la décharge de l'accusé de l'accusation portée contre lui.

Renvoi signifie aussi ajournement, remise, comme dans cette phrase : on a décidé le *renvoi* de la discussion au lendemain.

Enfin *renvoi* se dit de l'action de congédier quelqu'un.

Ainsi un agent diplomatique, dans certaines circonstances, pour certaines causes, peut être renvoyé par le gouvernement auprès duquel il remplit sa mission.

Il faut évidemment des motifs graves pour justifier cette mesure extrême; car le renvoi qui n'aurait pas été provoqué par la conduite de l'agent ou fondé sur des raisons suffisantes, pourrait susciter des mesures de rétorsion et autoriser une demande de réparation.

Quand le gouvernement auprès duquel réside un agent diplomatique, juge à propos de le renvoyer pour cause de conduite jugée inconvenante, il est d'usage de notifier au gouvernement qui l'a accrédité que son représentant n'est plus acceptable et de demander son rappel. Si l'offense commise par l'agent est d'un caractère grave, il peut être renvoyé sans attendre le rappel de son propre gouvernement. Le gouvernement qui demande le rappel, peut faire connaître les raisons sur lesquelles il base sa demande; mais on ne saurait exiger une pareille explication. Il suffit que le représentant ne soit plus acceptable. Dans ce cas la courtoisie internationale prescrit son rappel immédiat; et si cependant l'autre gouvernement ne satisfait pas à la demande, le renvoi de l'agent s'ensuit comme conséquence nécessaire; il s'effectue par une simple notification et l'envoi de ses passeports. Le renvoi d'un agent diplomatique pour conduite inconvenante n'est pas un acte de manque d'égards ou d'hostilité envers le gouvernement qui l'a accrédité et ne saurait par conséquent être un motif de guerre.

Le renvoi d'un ministre peut également avoir lieu lorsque la conduite tenue par l'Etat qu'il représente amène une rupture subite des relations entre les deux pays. Il est d'usage dans ce cas d'adresser à l'agent, avec ses passeports, une note dans laquelle sont exposés les faits qui motivent sa sortie du territoire, et est fixé un délai pour son départ (*Voir* RAPPEL, AGENT DIPLOMATIQUE.)

RENVOI (d'acte). Signe ou marque qui dans un acte, dans un écrit, sert à indiquer qu'une addition est écrite en marge ou au bas de la page, et qu'il faut la joindre au texte.

On donne aussi le nom de renvoi à l'addition elle-même. (*Voir* APOSTILLE.)

Dans les actes officiels ou authentiques les renvois ne peuvent être écrits qu'en marge; ils doivent être approuvés, signés ou parafés par les parties contractantes qui signent l'acte lui-même, les témoins, s'il y en a, et le fonctionnaire public, lorsqu'il en intervient un.

Le *renvoi* est aussi une marque, insérée dans le texte d'un livre, d'un manuscrit, d'un acte, et qui renvoie ou adresse le lecteur à une marque pareille hors du texte, et sous laquelle il doit trouver une citation, une explication.

Se dit aussi des notes, des explications auxquelles on renvoie.

C'est encore l'avertissement qui indique dans un livre qu'on trouvera à une autre page la suite de ce qui est interrompu, ou qui, dans un dictionnaire, indique les rapports des différents articles.

RÉPARATION. Satisfaction pour une offense, pour un tort, pour un préjudice, pour une injustice.

Lorsqu'il est porté atteinte aux droits ou à la dignité d'un Etat, l'Etat lésé ou offensé a le droit d'exiger une réparation du préjudice qui lui est causé, de l'injure qui lui est faite. (*Voir* SATISFACTION, DOMMAGES, RESPONSABILITÉ, REPRÉSAILLES.)

RÉPERTOIRE. Table, recueil, inventaire, où les matières sont rangées dans un ordre qui permet de les trouver facilement.

Registre timbré sur lequel certains fonctionnaires, notamment les consuls, les notaires, etc., sont tenus d'inscrire sommairement et par ordre de date tous les actes qu'ils reçoivent ou qu'ils rédigent.

On appelle encore *répertoire*, particulièrement dans le commerce, un livre qui se tient par ordre alphabétique et qui sert à trouver avec facilité sur un autre livre — le grand-livre par exemple — les diverses choses, les différents comptes, qui y sont portés.

C'est aussi le titre de certains recueils : répertoire de jurisprudence, de théâtre, etc.

REPRÉSAILLES. En droit international, on qualifie de *représaille* toute mesure de rigueur ou de violence exercée contre un Etat ou contre ses nationaux pour obtenir réparation de quelque offense ou de quelque dommage.

Les actes de représailles autorisés sans déclaration de guerre sont:

La mise sous séquestre des biens appartenant à l'Etat offensant et situés sur le territoire de l'Etat réclamant, ou, selon les circonstances, la prise d'hypothèques sur ces biens;

La mise sous séquestre des biens appartenant à des nationaux de l'Etat avec lequel est engagé le conflit, et situés sur le territoire de l'Etat qui se dit offensé, lorsque l'autre Etat a saisi des biens possédés par des nationaux de cet Etat;

L'interruption des relations commerciales, postales, télégraphiques ou autres entre les deux pays;

Le renvoi ou l'expulsion des nationaux de l'Etat étranger;

L'arrestation de fonctionnaires ou même de simples nationaux de l'Etat étranger, lorsque celui-ci a pris l'initiative d'arrêter des nationaux de l'Etat qui recourt aux représailles;

Le refus d'exécuter les traités, ou la dénonciation de traités existants;

Le retrait des droits ou des privilèges accordés aux nationaux de l'autre Etat.

Les cruautés contre les nationaux de l'Etat étranger sont réprouvées comme contraires à l'humanité, lors même qu'on les exercerait par réciprocité. La conduite barbare de l'adversaire n'autorise pas d'agir de la même manière envers lui.

Pour être autorisé en droit à recourir aux représailles et avant de songer à user de ce moyen de contrainte, l'Etat qui a souffert des dommages, essuyé une offense ou un déni de justice, est tenu de prouver en due forme la légitimité de sa cause et le fondement légal de ses prétentions.

Lorsqu'il ne produit pas un règlement pacifique de la question, l'emploi des moyens violents pour obtenir justice aboutit forcément à des actes d'hostilité plus caractérisés encore et engendre les conséquences inhérentes à la guerre proprement dite.

Quant aux représailles, leurs effets varient suivant les circonstances.

En raison de leur caractère et de leurs conséquences, les représailles ne peuvent être décrétées que par l'autorité que la constitution de chaque Etat investit du droit de déclarer la guerre.

REPRÉSENTANT. Celui qui représente une autre personne, qui tient sa place, qui en a reçu des pouvoirs pour agir en son nom.

En droit international, le souverain, celui qui possède de fait le pouvoir et le représentant de l'Etat. (*Voir* SOUVERAIN.)

Les ambassadeurs sont les représentants des souverains qui les envoient. Le ministre public représente son gouvernement de même qu'un mandataire représente son mandant. (*Voir* AMBASSADEUR, MINISTRE, DIPLOMATIE.)

Fonctionnaire nommé par élection à une assemblée législative. C'est le titre donné dans quelques pays aux députés ou membres de la Chambre élective.

En France *représentants du peuple* s'est dit des membres de la Convention de 1792 à 1795, et de ceux de l'Assemblée nationale de 1848 à 1851.

REPRÉSENTATIF. Qui a la vertu de représenter : ainsi les ambassadeurs sont revêtu du caractère *représentatif.*

Se dit du gouvernement dans lequel la nation ou une partie de la nation élit des députés ou représentants chargés de concourir à la formation des lois et à la votation de l'impôt.

Assemblée représentative, assemblée composée des représentants de la nation.

REPRÉSENTATION. Parmi les droits inhérents à la souveraineté d'un Etat figure celui de représentation, c'est-à-dire le droit de désigner et d'accréditer des représentants auprès des autres Etats, de se faire représenter au dehors par des agents diplomatiques et consulaires, chargés de cultiver avec les autres nations des relations d'amitié et de bonne harmonie. (*Voir* AGENT DIPLOMATIQUE, CONSUL, DIPLOMATIE, LÉGATION, MISSION.)

En général c'est le prince ou le chef de l'Etat qui a l'initiative de la représentation à l'extérieur; dans les républiques et les empires fédératifs, elle est remise au pouvoir central; dans les confédérations d'Etats, la représentation diplomatique incombe aux gouvernements des divers Etats de la confédération, cependant le pouvoir central est autorisé à se faire représenter.

Il est admis qu'un même agent, un même ministre public peut être chargé en même temps de plusieurs missions auprès de différents gouvernements; qu'un Etat peut se faire représenter par les agents diplomatiques d'un autre gouvernement, avec l'agrément de celui-ci; et que plusieurs Etats peuvent n'avoir qu'un même agent diplomatique accrédité près le même gouvernement.

Représentation se dit aussi de l'état que tient une personne, un fonctionnaire distingué par son rang et sa dignité.

(*Voir* CÉRÉMONIAL, ÉTIQUETTE).

REPRÉSENTATION NATIONALE. — Corps des représentants d'une nation, des membres des assemblées législatives élus par le peuple.

REPRÉSENTATION THÉATRALE. Action de jouer des pièces de théâtre, des œuvres dramatiques, musicales ou lyriques.

Au point de vue de la propriété littéraire ou artistique, la représentation ou l'exécution des œuvres dramatiques et des œuvres musicales fait partie des droits appartenant aux auteurs de ces œuvres ou à leur ayant-droit.

L'usurpation du droit de représentation ne constitue pas positivement une contrefaçon, mais seulement une atteinte à la propriété intellectuelle, atteinte passible de poursuites.

La plupart des traités internationaux pour la réglementation de la propriété littéraire et artistique consacrent la garantie du droit de représentation.

REPRÉSENTATIONS. Objections, remontrances faites avec égards, avec mesure.

Les représentations sont d'une forme moins rigide que les pures remontrances, qui sont le plus généralement adressées uniquement par le supérieur à son inférieur, tandis que celui-ci peut, en observant les convenances, adresser des représentations à celui-là.

La *représentation* consiste à exposer à quelqu'un des raisons pour l'engager à changer de résolution, de conduite, d'opinion; la *remontrance* rappelle à quelqu'un ses devoirs, ses obligations pour le détourner d'une faute ou d'une erreur.

La *représentation* implique conseil; la *remontrance*, avertissement, blâme, reproche.

REPRISE. Action de reprendre à l'ennemi une chose dont il s'était emparé.

La *reprise maritime* est la reprise d'un navire capturé par l'ennemi; on dit aussi *recousse* ou *rescousse*.

Le mot s'applique aussi au navire qui, après avoir été pris par l'ennemi, est repris par un navire de la nation à laquelle il appartenait.

La reprise a pour effet principal d'annuler la prise. Le recapteur est tenu de respecter la propriété privée qu'il sauve des mains de l'ennemi.

Le droit de reprise des navires capturés subsiste tant que les conseils ou tribunaux de prises n'ont pas encore prononcé la validité de la prise.

Lorsque le navire repris appartient à la nation qui en a opéré la reprise, le droit de reprise et de propriété est régi par les lois intérieures de cette nation, et la restitution du bâtiment et de sa cargaison s'effectue conformément à leurs dispositions.

Une condition essentielle pour qu'il y ait lieu à reprise et par suite à l'exercice du droit de recousse, c'est que la prise soit réellement au pouvoir de l'ennemi, ou qu'elle soit dans une condition tellement précaire que la capture en soit considérée comme inévitable.

Lorsque le capteur d'un navire ennemi abandonne sa prise, il est entendu qu'il renonce aux droits qu'il pouvait avoir sur elle. Celui qui s'empare ultérieurement du navire abandonné ne saurait invoquer le bénéfice du droit de recousse.

Comme il est reconnu généralement que le pirate n'a aucun droit sur la possession des objets dont il s'empare, la propriété reprise sur lui retourne de droit à son propriétaire primitif.

RÉPRODUCTION. Action de reproduire, de publier une seconde fois, par contrefaçon ou autrement, un livre, une œuvre d'art. (*Voir* CONTREFAÇON.)

RÉPUBLICAIN. Pris adjectivement : Qui appartient à la république : gouvernement républicain, constitution républicaine.

L'*ère républicaine*, mode de compter les années à partir du 22 septembre 1792 et de diviser l'année en mois égaux avec jours complémentaires.

Qui affectionne ou favorise le gouvernement républicain : esprit républicain, opinions républicaines.

Pris substantivement : celui qui habite une république, citoyen d'une république.

Partisan de la république, qui aime ce genre de gouvernement.

RÉPUBLIQUE. Dans son acception la plus générale, *république* signifie la chose publique, corps politique, le corps moral et collectif produit par l'association de tous les membres d'une nation — définition qui est par conséquent applicable à tout Etat, quelle que soit la forme de gouvernement, à toute espèce de gouvernement.

Dans un sens plus restreint, le mot *république* désigne une forme particulière de gouvernement de plusieurs, un Etat gouverné par plusieurs : on l'oppose à *monarchie* (voir ce mot).

Dans une république, l'autorité suprême n'est pas dévolue à un seul, elle est collective et temporaire : le gouvernement appartient soit à tous les citoyens agissant par eux-mêmes ou par des délégués, soit à une partie seulement des citoyens.

Dans ce dernier cas la république est dite *oligarchique*, c'est-à-dire lorsque le pouvoir est entre les mains d'un petit nombre de citoyens, et *aristocratique*, lorsque ces quelques citoyens forment la haute classe de la société, qui a le privilège exclusif de la possession et de la transmission de l'autorité suprême.

La *république* est dite *démocratique* lorsque le peuple y commande, c'est-à-dire que la majorité de la nation participe elle-même au gouvernement directement ou indirectement.

Enfin on appelle *républiques fédératives* celles qui sont composées de plusieurs Etats ayant chacun leur constitution particulière.

Le droit des gens positif n'a pas fixé d'une manière précise le rang des républiques dans leurs rapports avec les empires et les royaumes; mais, d'après les principes généraux du droit international, les républiques occupent quant à la préséance le même rang que les monarchies ou tout autre Etat souverain.

RÉPUDIATION. Synonyme de *renonciation* (voir ce mot).

En jurisprudence, *répudier* une succession, un légat, c'est y renoncer.

La *répudiation* se dit plus spécialement de l'action de renvoyer une épouse suivant les formes légales. (*Voir* DIVORCE, SÉPARATION.) La répudiation diffère du divorce ou de la séparation en ce que l'un ou l'autre de ces actes n'a lieu que du consentement des deux époux ou par une décision judiciaire, tandis que pour la répudiation la volonté du mari seul suffit. La répudiation proprement dite n'est plus en usage que chez les peuples qui ne sont pas chrétiens.

Généralement *répudier* signifie repousser, rejeter, abandonner : répudier ses principes est synonyme de les abandonner, de les renier.

REQUÊTE. En jurisprudence demande par écrit présentée à qui de droit et suivant certaines formes établies.

Dans le langage ordinaire, simple prière, demande verbale, *maître des requêtes* : autrefois on appelait ainsi des magistrats qui composaient un tribunal nommé les *Requêtes de l'hôtel*, dont l'office consistait à rapporter les requêtes des particuliers dans le conseil du roi, présidé par le chancelier.

Aujourd'hui on donne ce nom à des magistrats rapporteurs des requêtes au conseil d'Etat : c'est un grade entre auditeur et conseiller.

RÉQUISITION. Demande faite par l'autorité de mettre à sa disposition pour un service public des subsides en vivres, en moyens de transport, en hommes, etc.

En temps de guerre, le droit international reconnaît à l'armée qui occupe un territoire ennemi, le droit d'exiger que les communes ou les habitants fournissent ce qui est nécessaire à son entretien et à ses mouvements; mais le droit international défend que ces réquisitions s'appliquent aux choses qui ne sont pas absolument indispensables.

L'exécution des réquisitions n'affranchit pas les habitants du territoire occupé du paiement des *contributions militaires* (voir ce terme).

Il y a cette différence entre la *contribution* et la *réquisition* que la *contribution* consiste dans ce que les habitants d'un pays occupé par l'ennemi sont contraints de payer ou de donner, soit en nature, soit en argent, sous peine d'exécution militaire, pour se garantir du pillage, tandis que la *réquisition* est la demande faite par l'autorité militaire ennemie de mettre à sa disposition des choses, même des personnes.

La satisfaction aux réquisitions peut être poursuivie par la force, si elle devient nécessaire pour l'obtenir.

Dans tous les cas, les livraisons des objets requis, même lorsqu'elles ont eu lieu par contrainte, ne doivent se faire que contre paiement en argent ou en bons de réquisition. L'Etat qui a ordonné la réquisition, est tenu d'indemniser les particuliers, auxquels il doit remettre un récépissé des objets pris ou reçus.

Les lois de la guerre n'autorisent pas les réquisitions purement pécuniaires. Ces réquisitions ne pourraient se justifier que si elles avaient pour but de substituer le paiement d'une certaine somme aux livraisons en nature ou de garantir l'armée occupante contre le refus de ces livraisons, pourvu que la somme imposée n'excède pas les besoins de la guerre et les ressources du pays occupé. A partir de la conclusion de la paix, le vainqueur perd tout droit d'ordonner des réquisitions sur le territoire ennemi.

RÉQUISITION EN JUSTICE. Action de requérir, de demander quelque chose à une autorité judiciaire, devant un tribunal ou une cour.

Se dit principalement des demandes formées par le ministère public devant la justice.

On donne aussi ce nom aux actes de requêtes faits par une partie auprès d'un juge pour obtenir une décision.

Réquisition de la force publique. Acte par lequel l'autorité administrative, en vertu du droit que la loi lui confère, requiert la force publique pour faire exécuter les lois, les ordonnances etc., pour assurer le repos public.

RÉQUISITOIRE. Acte de réquisition que fait par écrit celui qui remplit dans un tribunal les fonctions du ministère public.

Se dit aussi du discours que l'organe du ministère public prononce à l'appui de ses conclusions.

RESCISION. Action de rescinder, d'annuler un acte, une convention, un engagement, un jugement.

Une convention contractée par erreur, dol ou violence n'est pas nulle de plein droit, elle donne seulement lieu à une action en nullité ou en rescision.

Il y a cette différence entre la *nullité* et la *rescision*, qu'un acte est *nul* lorsqu'il est entaché d'un vice radical qui ne peut être corrigé; tandis qu'un acte est simplement *rescindables*, tant que les parties ne l'ont pas attaqué et qu'il est encore ratifiable par elles.

Après qu'il a été fait droit à l'action du rescision, les effets sont les mêmes que ceux de l'annulation : l'acte sur lequel elle porte est désormais nul, et les choses sont placées dans l'état où elles étaient avant cet acte.

RESCRIT. Dans l'ancienne Rome, pièce officielle adressée à un prince ou à un gouvernement.

En droit romain, réponses juridiques que les empereurs faisaient par écrit aux magistrats, aux corporations, même aux simples citoyens, qui leur soumettaient quelque question à résoudre. Dans ces rescrits les empereurs ne décidaient pas sur le fond d'une affaire comme dans les décrets; cependant ils ne se bornaient pas à interpréter les lois; ils les appliquaient à des cas particuliers, ou indiquaient aux juges le parti qu'ils auraient à prendre dans une hypothèse qu'ils étaient chargés d'examiner.

Aujourdhui on donne le nom de *rescrits* aux décisions du pape sur quelques points de théologie; les *décrétales* (voir ce mot) sont à proprement parler des *rescrits*.

Dans certains pays *rescrit* signifie loi. ordonnance.

RÉSERVE. Dans une discussion exception, opposition faite d'avance aux conséquences qu'on pourrait tirer d'un aveu, d'une déclaration, d'une concession, etc.

En jurisprudence protestation faite par une partie contre les inductions qu'on pourrait tirer d'un acte émané d'elle ; déclaration faite par une personne qu'elle entend que tel acte qu'elle accomplit ne préjudiciera pas à ses droits.

Faire ses réserves, garder une différence d'opinion ou de sentiment, qu'on se réserve d'expliquer ultérieurement.

Sous toutes réserves, en faisant les réserves, toutes les exceptions, les protestations anticipées applicables en la matière.

Ainsi reconnaître une chose, mais sous toutes réserves, c'est l'admettre sauf discussion ou objection ultérieure.

Sans réserve, sans faire de restriction ou d'exception.

En droit international, on nomme *réserves* certaines stipulations que des Etats, parties contractantes à un traité, arrêtent en dehors du traité même destiné à devenir public, et qu'elles conviennent de tenir secrètes. Généralement il est fait mention de ces stipulations dans le procès-verbal de l'échange des ratifications du traité. En tout cas, ces stipulations reservées ou secrètes ont la même valeur que si elles étaient insérées dans le texte même du traité.

On donne aussi le nom de *réserves* à des articles du traité même par lesquels chacune des parties contractantes se réserve le droit de prendre séparément des arrangements particuliers de quelque nature que ce soit sur des points déterminés.

La plupart des traités renferme aussi une clause *réservant* l'approbation du souverain ou du chef de l'Etat et fixant une date pour l'échange des ratifications. Cette réserve est le plus généralement expresse ou formelle, et quand elle n'a pas été stipulée en termes formels, la présomption prévaut que la ratification a été réservée.

RÉSIDENCE. La résidence, dans son sens rigoureaux, est le lieu où on est, la demeure ordinaire dans quelque lieu.

La résidence est un des indices principaux qui servent à reconnaître ou à déterminer le caractère et la réalité du domicile, si même elle n'est pas une condition indispensable pour l'établir.

Toutefois la résidence ne se confond

pas toujours nécessairement avec le domicile.

La résidence s'acquiert par l'habitation et se perd avec elle ; le domicile, au contraire, est indépendant de l'habitation.

Pour que la résidence produise quelque effet pour la détermination du domicile, il faut naturellement qu'elle ait une certaine durée et que sa prolongation autorise à en inférer l'intention d'acquérir un domicile fixe dans le pays.

La résidence dans un pays étranger, quelle qu'en soit la durée, n'efface pas le caractère national acquis par la naissance ; cependant il est généralement admis que la personne qui réside dans un pays étranger, doit se soumettre aux lois de son domicile. (*Voir* NATIONALITÉ.)

L'état de guerre soumet à certaines charges les résidents étrangers.

Autrefois la déclaration de guerre autorisait la détention comme prisonniers des étrangers résidant dans le pays avec lequel leur patrie était en hostilité. Dans les temps modernes, tous les traités de commerce stipulent qu'en cas de guerre entre les contractants, on accordera de part et d'autre un délai pour que leurs nationaux respectifs puissent sortir du territoire ennemi.

Tandis que la propriété d'un citoyen *domicilié* dans le pays du belligérant opposé est passible de confiscation comme propriété ennemie, celle d'un simple *résident* ne peut au moment de son transfert être saisie que pour cause de commerce illicite.

Lorsque la résidence n'est qu'accidentelle, motivée par une affaire ou une opération particulière, le commerçant reste en cas de guerre dans la position d'un étranger de passage.

Résidence désigne aussi le séjour actuel et obligé d'un fonctionnaire dans l'endroit où il exerce ses fonctions. (*Voir* AGENT DIPLOMATIQUE, CONSUL, MINISTRE, etc.)

C'est également le lieu de la résidence ordinaire d'un souverain, d'un prince.

RÉSIDENT, ministre résident. Ministre public de troisième classe, accrédité auprès d'un souverain ou chef d'Etat étranger.

Le ministre résident ne représente pas la personne du prince ou du chef d'Etat qui l'envoie dans sa dignité, mais uniquement dans ses affaires. Au fond sa représentation est la même que celle des autres ministres publics de l'ordre immédiatement supérieur. (*Voir* AGENTS DIPLOMATIQUES, DIPLOMATIE, MINISTRE PUBLIC,)

RÉSIGNATION. Abandon en faveur de quelqu'un, faire cession et résignation de droits à quelqu'un.

Se dit aussi de l'action de quitter ses fonctions, de se démettre d'un emploi ; mais dans ce sens le mot a vieilli. (*Voir* DÉMISSION.)

RÉSILIATION. Annulation d'un acte, d'un contrat.

Convention par laquelle des parties consentent à ce qu'un acte antérieur soit considéré comme nul et non avenu.

La résiliation peut être *volontaire*, c'est-à-dire quand les parties sont d'accord ; ou *forcée*, lorsqu'un jugement l'ordonne en la motivant sur des illégalités ou des vices entachant le contrat à son origine.

Relativement aux traités internationaux, il y a lieu à résiliation amiable et mutuelle dans les mêmes circonstances qui sont de nature à justifier un refus de ratification. (*Voir* RATIFICATION.)

La résiliation surgit encore lorsque l'une des parties a été lésée, que sa bonne foi a été surprise, qu'on a usé à son égard de violences ou de manœuvres illicites pour capter son consentement, enfin dans tous les cas de rescision prévus en matière de droit civil.

La résiliation peut d'ailleurs être invoquée par les deux parties ou seulement par celle dont les droits ont été sacrifiés indûment, qui n'a pas été libre de débattre les charges imposées, qui n'avait pas capacité absolue pour contracter, ou dont la constitution intérieure se trouve avoir été violée.

RÉSOLUTION. Décision d'une question, d'une difficulté.

Projet ou dessein qu'on arrête, parti qu'on prend.

Dans les assemblées, proposition présentée et adoptée, décision après délibération. Projet de loi qui a reçu l'assentiment d'une chambre législative.

La résolution est ordinairement précédée d'un vote ou adoptée par acclamation.

En jurisprudence, cassation, annulation d'un contrat. La *résolution* diffère de la résiliation en ce que celle-ci n'a d'effet que pour l'avenir et laisse subsister pour le passé les effets de l'acte résilié, tandis que la résolution anéantit le contrat rétroactivement, de façon qu'il doit être considéré comme n'ayant jamais existé.

RESPECT MUTUEL DES ÉTATS.

Les nations doivent se respecter mutuellement comme membres de la grande famille humaine, et les Etats, qui les représentent, en raison de leur souveraineté et de leur indépendance.

Le respect dû à un Etat ne peut lui être refusé par un autre que dans le cas où celui-ci conteste la légitimité de son existence et rompt les relations avec lui.

Dans l'Etat il y a à respecter la personnalité physique ou territoriale, de sorte qu'il n'est licite à aucune nation d'entreprendre la destruction d'une autre, tant que son propre salut ne lui en impose pas la nécessité; il faut aussi respecter la personnalité politique, c'est-à-dire tous les droits généraux et spéciaux, sanctionnés par la constitution de chacun, tant que l'exercice de ces droits ne dépasse pas de justes limites : ainsi les Etats dans leurs relations doivent observer entre eux les règles du cérémonial public, s'abstenir d'actes de nature à empiéter sur les droits souverains des autres ou à en entraver l'exercice, et respecter les institutions particulières de chacun d'eux.

Les Etats en outre se doivent mutuellement considération et respect pour tout ce qui touche à leur dignité, à leur pavillon, comme à leurs ministres publics, à leurs représentants et à leur délégués de toute classe, magistrats, fonctionnaires, officiers des armées de terre et de mer, etc.

Le manque de respect envers ces personnes ne doit cependant être considéré comme remontant jusqu'au pays même duquel elles tiennent leurs pouvoirs et leur caractère public qu'autant que l'écart ou l'offense dont elles ont eu à se plaindre, implique l'intention de blesser en elles la dignité de l'Etat et la souveraineté nationale. Autrement on ne saurait y voir qu'un indice regrettable de refroidissement des relations de bonne harmonie, et d'inspirations aussi contraires à la saine politique qu'aux devoirs internationaux. Toutefois les conséquences pratiques qui peuvent en découler, sont en général moins graves que celles qui résultent des insultes faites au pavillon national.

Enfin les Etats ont le devoir de respecter, d'exécuter les traités conclus par eux, les arrangements auxquels ils ont souscrit ou pris part; ils ont aussi celui de veiller à ce que les engagements auxquels ils se sont soumis soient respectés, exécutés également par leurs propres sujets ou ressortissants.

(*Voir* SOUVERAINETÉ, INDÉPENDANCE, ÉGALITÉ DES ÉTATS, CÉRÉMONIAL, COURTOISIE, MINISTRES PUBLICS, RESPONSABILITÉ.)

RESPONSABILITÉ.

Un gouvernement est généralement tenu responsable non seulement des faits publics ou privés, des actes qui lui appartiennent en propre, mais encore de ceux qui émanent soit de ses représentants ou délégués directs, soit des particuliers placés sous son autorité immédiate.

Toutefois un gouvernement peut décliner la responsabilité des actes de ses agents, lorsqu'il les désavoue expressément en prouvant qu'il ne les a pas autorisés. Mais même en pareil cas il est tenu de réparer le tort que ces actes ont causé et de punir celui qui les a commis.

Lorsqu'il s'agit de ses fonctionnaires, un gouvernement peut être tenu responsable des conséquences de leurs actes, dans les circonstances suivantes : si, ayant été, en temps opportun pour l'empêcher, prévenu du fait illicite que son agent avait l'intention de commettre, il ne l'a pas empêché;

Si, ayant eu le temps d'annuler l'acte de son agent, il ne l'a pas fait immédiatement;

Si, informé du fait accompli, il ne s'est pas empressé de blâmer la conduite de son agent et de prendre les précautions nécessaires pour en empêcher le renouvellement.

Quant au fait de particuliers, ses sujets, un gouvernement ne peut en être tenu responsable envers les gouvernements étrangers toutes les fois que ces particuliers accomplissent des actes de nature à compromettre l'ordre et la sûreté des Etat voisins, ou quand ils ont causé un tort à un Etat étranger ou aux citoyens de ces Etats, et que le gouvernement du pays où les actes ont eu lieu n'a pas fait ce qui était en son pouvoir pour les en empêcher.

En général les actes du pouvoir public, les faits de gouvernement proprement dit ou d'administration ne donnent pas lieu à la responsabilité de l'Etat : tels sont les faits de guerre, les mesures prises dans un intérêt d'ordre public, de salubrité, ou au point de vue économique, comme la prohibition d'exporter certaines marchandises, l'établissement et la modification des tarifs de douanes, etc.

Toutes les fois qu'il s'agit de réparer des dommages causés par le fait d'un gouvernement, que cette réparation doive être réglée selon les principes de l'équité ou par l'application des lois intérieures spéciales, aucune différence ne doit être faite entre les étrangers et les nationaux.

La responsabilité des gouvernements envers les étrangers ne peut être plus grande que celle que ces gouvernements ont à l'égard de leurs propres citoyens.

En cas de troubles intérieurs ou de guerres civiles, relativement à la responsabilité qui pourrait incomber aux gouvernements pour les pertes et les préjudices éprouvés par des étrangers, le principe d'indemnité et d'intervention diplomatique n'est admis par aucune nation de l'Europe et de l'Amérique.

Le droit international n'oblige pas seulement les Etats à empêcher que leurs sujets ne portent atteinte à la considération et aux intérêts des peuples et des gouvernements amis; il leur impose encore le devoir strict de s'opposer sur leur territoire à tout complot, à toute machination ou combinaison quelconque de nature à troubler la sécurité des pays avec lesquels ils entretiennent des relations de paix, d'amitié et de bonne harmonie.

Lorsque les citoyens d'un pays s'en vont hors de ce pays prendre part à des expéditions militaires illicites et nullement organisées, ou organisent ou aident à organiser des expéditions de flibustiers contre une autre nation, il est sans aucun doute du devoir de l'Etat d'exercer son droit de prohibition et d'user de ses moyens préventifs. Il ne saurait se soustraire à la responsabilité qu'il encourrait en négligeant d'accomplir ce devoir; il se retrancherait vainement derrière le prétexte de l'émigration volontaire et conséquemment de l'expatriation de ses citoyens.

RESPONSAL. Envoyé que le Pape maintenait auprès des rois de France et des empereurs de Constantinople pour faire connaître à ces princes les réponses ou les décisions du souverain Pontife sur les affaires de l'Eglise.

Ceux qui étaient envoyés à Constantinople étaient plutôt appelés *apocrisiaires*.

RESSORT. Etendue du territoire dans lequel un tribunal exerce sa juridiction, ou un employé public ses fonctions.

Il se dit aussi du degré de juridiction : ainsi un jugement rendu *en dernier ressort* est un jugement qui a passé par tous les degrés de juridiction et qui n'est plus susceptible d'appel.

Ressort se dit en outre de la nature des affaires qui ressortissent à un tribunal, à une juridiction : le ressort civil, le ressort ecclésiastique.

RESSORTISSANT. Qui ressortit à une juridiction, à un gouvernement, qui en dépend.

S'emploie comme synonyme ou équivalent de national, de sujet, de citoyen : ainsi l'on dit dans cette acception les *ressortissants* d'un Etat.

RESTAURATION. En politique, rétablissement d'une dynastie sur le trône d'où elle avait été renversée.

Se dit particulièrement de la restauration des Stuarts en Angleterre au 17e siècle, et de celle des Bourbons en France en 1815.

La restauration peut aussi s'appliquer à une forme de gouvernement, à une administration qui avait été détruite ou expulsée temporairement et que les évènements ramènent au pouvoir.

Cette restauration entraîne des changements particuliers.

Toutes les modifications apportées à la constitution du pays pendant l'interrègne cessent d'être obligatoires. Dans ce cas les relations politiques précédemment établies entre le souverain et le peuple rentreront en vigueur, à moins que le pouvoir constitutionnel ne juge utile d'y faire des changements ou de maintenir certaines parties de la constitution intermédiaire.

Par suite du rétablissement de l'ancien état de choses le souverain restauré peut rétablir les lois, l'administration et les autorités publiques, telles qu'elles existaient avant l'invasion; mais les droits privés nés sous ce régime, ainsi que les jugements rendus à la même époque, sont à l'abri de toute contestation, pourvu qu'ils puissent se concilier avec l'ordre de choses rétabli. Les conventions publiques conclues dans l'intervalle avec des souverains étrangers continuent à subsister, lorsqu'elles sont d'une nature réelle (*in rem*), sauf la faculté de les abroger par suite d'un changement de circonstances ou pour d'autres motifs légitimes.

Le souverain rétabli doit s'abstenir de faire un usage rétroactif de ses droits, soit envers ses propres sujets, soit envers des sujets étrangers, à raison de tout ce qui s'est passé pendant son expulsion conformément aux règles établies par le pouvoir intermédiaire. Ainsi, par exemple, il serait injuste de réclamer des arriérés d'impôts ou de services qui, aux termes des lois précédentes, auraient dû lui être payés pendant le temps de son absence ; car le gouvernement intermédiaire a succédé valablement aux droits et aux engagements de l'ancien Etat. Au contraire, les impôts échus à cette époque, mais non recouvrés, sont dus incontestablement au souverain restauré; il peut en outre réclamer l'exécution des marchés passés avec le gouvernement intermédiaire.

Les aliénations de biens qui font partie du domaine de l'Etat et non du domaine privé du souverain ou de la famille souveraine, opérées par le gouvernement intermédiaire, sont considérées comme valables.

Le gouvernement restauré n'a pas le droit de donner aux lois ou aux règlements qu'il édicte un effet rétroactif, en les déclarant applicables à l'époque pendant laquelle le pouvoir était en d'autres mains. Il est tenu de supporter les conséquences des actes du gouvernement intérimaire auxquels il n'a pu s'opposer.

RESTITUTION. Action de rendre, de restituer ce qui a été détenu ou possédé indûment ou injustement, ou par suite de circonstances exceptionnelles, de force majeure, telles que, par exemple, l'occupation militaire pendant la guerre.

Lorsque la restitution en est stipulée par le traité de paix le territoire et les lieux occupés doivent être rendus dans l'état où ils se trouvaient lors de l'occupation; toutefois les changements et les détériorations survenus depuis ne peuvent être l'objet d'aucune réclamation. Le détenteur n'est pas tenu non plus à la restitution des fruits perçus par lui, et il jouit en outre de la faculté d'enlever les choses à lui appartenant affectées à l'usage des lieux occupés par lui.

Le belligérant qui a occupé un territoire doit aussi restituer les archives, les actes, les documents relatifs à ce territoire, lors même que dans l'intervalle il les a emportés au dehors.

Il y a lieu aussi de restituer les objets d'art conservés dans les musées, les livres pris dans les bibliothèques publiques, lesquels ne sauraient être considérés comme des trophées et dont la capture ne peut se justifier comme étant un résultat nécessaire des opérations militaires.

RESTRICTION. Condition qui restreint, limite, diminue ou modifie : la limitation, la diminution, la modification même.

Il peut être mis des restrictions à l'exercice de droits ou de prérogatives, à l'application de lois, de règlements.

Ainsi les lois étrangères ne peuvent être invoquées dans un autre Etat, si elles portent atteinte au droit de souveraineté de cet Etat ou aux droits de ses nationaux ; si au point de vue moral ou politique elles sont incompatibles avec sa sécurité, son bien-être, l'observation de ses devoirs ou de la justice : ainsi aucune nation chrétienne ne tolère sur son territoire l'exercice de la polygamie, l'inceste, l'esclavage, etc.

De même c'est une coutume générale qu'aucun Etat ne laisse exécuter sur son territoire les lois criminelles d'un autre Etat, sauf les modifications apportées à cette règle par les traités d'extradition.

RETORSION. En droit international, sorte de représaille qui consiste en ce qu'un pays pratique à l'égard d'un autre les mêmes procédés, les mêmes règles de droit dont celui-ci use envers lui; elle consiste à imposer dans un pays aux étrangers le même traitement, les mêmes obligations que le pays étranger impose sur son territoire aux nationaux de l'autre pays qui y résident; elle consiste à opposer à un acte contraire à l'équité un acte de même nature.

Lorsqu'on a fait en vain appel aux moyens de conciliation, et qu'on ne veut cependant pas encore recourir au sort des armes, pour vider le différend, il ne reste aux gouvernements qu'à se placer sur le terrain des voies de fait, parmi lesquelles se présente tout d'abord la *rétorsion*, qui est la moins violente.

Ainsi, quand un Etat cesse de respecter les usages établis, qu'il augmente démesurément les droits d'entrée ou de transit sur les produits d'un autre Etat le recours à la rétorsion se justifie de lui-même. Il en est de même lorsqu'une nation improvise des règlements fiscaux, consacre des mesures onéreuses pour le commerce ou la marine, en leur donnant un effet rétroactif, ou bien encore procède arbitrairement à la réforme de ses lois intérieures, en vue de restreindre les avantages acquis aux sujets étrangers.

Chaque pays est naturellement maître de régler, suivant les circonstances qui les provoquent, les conditions générales, les limites et la durée de la rétorsion. Entre nations qui ne sont pas arrivées au même degré de civilisation la rétorsion poussée à l'extrême cesse d'être justifiable, parce que l'on ne peut espérer lui faire produire les conséquences qui seules en légitiment l'emploi, et qu'au surplus ce serait se dégrader soi-même que de suivre son adversaire dans la voie de barbarie où l'ont entrainé le défaut de lumières et l'oblitération du sens moral. (*Voir* REPRÉSAILLE.)

On établit ordinairement une différence entre la *rétorsion* et les *représailles* proprement dites; elle consiste en ce que la rétorsion a pour objet de faire cesser ou d'empêcher des actes d'iniquité, et que par les représailles on réagit contre l'injustice même en se faisant justice soi-même.

RÉTRACTATION. Désaveu formel de ce qu'on a dit ou écrit.

Annulation d'un acte ou d'un consentement par la personne de laquelle il émane.

RÉTROACTIVITÉ. Qualité de ce qui est rétroactif, de ce qui agit sur le passé.

Un des caractères essentiels des lois consiste dans leur non-rétroactivité.

La loi ne dispose que pour l'avenir; elle n'a point d'effet rétroactif.

Ce principe s'applique surtout d'une manière absolue aux lois pénales : Nulle contravention, nul délit, nul crime ne peuvent être punis de peines qui n'étaient pas prononcées par la loi avant qu'ils fussent commis.

Ce que nous disons des lois est également applicable aux traités, aux engagements internationaux.

RÉTROCESSION. Acte par lequel on remet à une personne un bien, un droit qu'elle avait précédemment cédé.

Un territoire peut être cédé par un Etat, puis rétrocédé par un autre. (*Voir* DOMAINE, ÉTAT.)

RÉUNION. Action de rejoindre une chose démembrée au tout dont elle faisait partie, ou de joindre pour la première fois une chose à une autre : ainsi réunion d'un fief au fief dominant, d'une province à un Etat, d'un territoire à un autre territoire, d'un Etat même à un autre Etat.

Autrefois les princes pouvaient, pour des motifs quelconques, renoncer au gouvernement de leurs Etats et remettre ce gouvernement entre les mains d'autres princes.

Dans une autre acception, *réunion* signifie assemblée de personnes.

Réunion publique, celle où l'on expose et discute quelque question intéressant le public.

Réunion illicite, association de malfaiteurs, attroupement illégal ou séditieux.

Réunion armée, rébellion.

REVALIDATION. Action de revalider, de donner une nouvelle validité à un acte, à un engagement, à un traité.

REVENDICATION. Action par laquelle on réclame une chose qui est dans les mains d'une autre personne et à laquelle on prétend avoir des droits de possession ou autres.

Action de réclamer ce qu'on regarde comme un droit : revendication des droits politiques, de la liberté.

RÉVÉRENCE. Employé au pluriel, se dit d'une sorte d'hommage qu'on rend aux souverains en certaines occasions.

Titre d'honneur qu'on donnait à certains religieux, notamment à ceux qui étaient prêtres. Dans cet emploi *Révérence* prend toujours une majuscule.

RÉVÉREND, RÉVÉRENDE. Digne d'être révéré.

Titre d'honneur qu'on donne aux prélats, aux religieux et aux religieuses : Révérend père, Révérende mère supérieure.

RÉVÉRENDISSIME. Titre d'honneur plus relevé que celui de Très-Révérend, et qui se donne aux archevêques, aux évêques, aux généraux d'ordres, aux supérieurs de certaines abbayes.

RÉVERSALES ou LETTRES RÉVERSALES. Déclaration par laquelle un Etat s'engage à ne pas contrevenir à des arrangements convenus antérieurement, ou à un usage établi; ou acte par lequel un Etat fait une concession en retour d'une autre.

Ordinairement par les *lettres réversales* une cour reconnaît qu'une concession spéciale qui lui est faite par une autre cour, ne devra préjudicier en rien aux droits et aux prérogatives antérieurs de chacune d'elles.

Les *réversales* délivrées par un souverain sont remises sous forme de *lettres patentes* (Voir ce mot); elles conservent le caractère de *déclarations*, quand elles sont rédigées et signées par un plénipotentiaire.

RÉVERSION, réversible, réversibilité. Réversion, droit de retour, en vertu duquel les biens ou les droits ou les privilèges dont une personne a disposé en faveur d'une autre lui reviennent quand cette personne meurt sans enfants.

Les apanages, les majorats étaient constitués avec clause de retour ou de réversion de la branche directe sans descendants mâles.

Les biens, les droits, les privilèges sujets à réversion sont dits *réversibles*.

Réversibilité, qualité de ce qui est réversible.

Clause de réversibilité, clause insérée dans certains contrats, par laquelle on convient que l'avantage stipulé retournera éventuellement soit sur la tête du survivant des contractants, soit même sur la tête d'un tiers.

Ainsi, en vertu de la *réversibilité,* les fiefs faisaient retour au seigneur à la mort des vassaux qui ne laissaient aucun parent mâle.

REVÊTIR. Est parfois synonyme de *donner, conférer, confier,* comme dans ce sens : revêtir une personne d'une fonction, d'une dignité, de titres, d'autorité, de pouvoirs.

Se dit aussi, en parlant d'un acte, d'un traité, pour signifier qu'on y a mis tout ce qui est nécessaire pour le rendre valide.

Revêtir un acte des formes requises, de la signature de telle ou telle personne.

RÉVISION. Action de revoir, d'examiner de nouveau pour corriger ou réformer : révision d'une constitution, d'une loi, d'un traité, etc.

En jurisprudence, c'est l'action de soumettre un jugement à une nouvelle autorité, de soumettre à un tribunal supérieur une affaire après condamnation prononcée et exécutée.

Sous l'empire du droit romain, la révision était admise pour les procès en toutes matières ; généralement le droit moderne n'a conservé la révision qu'en matière criminelle, et même pour certains cas nettement déterminés.

RÉVOCATION. Action de révoquer. En parlant des choses, annulation ; acte par lequel on déclare nul un autre acte, une disposition antérieure dans les limites de la loi ; la révocation entraîne la rétractation ou l'anéantissement de ce qui a été fait antérieurement.

On révoque notamment un mandat, une donation, un testament.

On dit *révocables* les actes que la loi permet de révoquer, et *irrévocables* ceux qui ne peuvent être révoqués.

En politique, c'est un acte par lequel on retire les privilèges accordés à une personne, à une classe de citoyens ; tel a été la *révocation* de l'édit de Nantes, édit par lequel en 1685 le roi de France Louis XIV, révoquant l'édit de Nantes par lequel Henri IV avait accordé aux protestants la liberté de conscience, entreprit de les forcer à se faire catholiques.

En parlant des personnes, *révocation* signifie *rappel, destitution* (voir ces mots).

RÉVOLTE. Soulèvement contre l'autorité établie de sujets contre leur souverain, d'inférieurs contre leur supérieur. La *révolte* se dit plus généralement d'un mouvement auquel prennent part plusieurs individus ; lorsqu'il est le fait d'un seul, on le désigne plutôt sous la dénomination de *rébellion.* (Voir ce mot, INSURRECTION, SÉDITION.)

RÉVOLUTION. Se dit de tout changement considérable qui survient dans les choses du monde, dans les mœurs, dans les opinions, et plus particulièrement d'un changement brusque et violent, souvent fondamental, dans la politique et le gouvernement d'un Etat.

Dans la plupart des cas, les révolutions entraînent des modifications essentielles dans le gouvernement d'un pays ou dans sa constitution ; elles peuvent également affecter ses relations internationales.

On appelle *révolution de palais* celle qui se passe dans l'intérieur d'une cour, d'un palais, sans que le peuple y prenne part.

RÉVOLUTIONNAIRE. Qui a rapport aux révolutions : crise révolutionnaire, gouvernement révolutionnaire.

Mesures révolutionnaires, prises en temps de révolution.

Substantivement, se dit de celui qui est partisan de la révolution.

RHODIENNES (Lois). (*Voir* LOIS RHODIENNES.)

RIGSDAG. C'est le nom que porte l'Assemblée législative en Danemark.

Le *Rigsdag* comprend deux chambres ou *things*.

Le *Landsthing,* composé de membres nommés à vie par le Roi et d'autres élus pour un temps fixe (8 ans) par les districts électoraux du royaume.

Le *Folksthing,* composé de députés élus directement, pour 3 ans par tous les hommes possédants l'indigénat, âgés de plus de 30 ans ; il y a un député par

16,000 habitants. Les élections sont directes.

RIT ou RITE. Ordre prescrit des cérémonies qui se pratiquent dans une religion ; les formes, les usages de la liturgie : le rite romain ou latin, le rite grec.

Au pluriel, se dit des cérémonies mêmes d'un culte : les rites du paganisme, du catholicisme, etc.

L'administration supérieure de l'Eglise catholique au Vatican comprend une *Congrégation des rites,* qui s'occupe de tout ce qui concerne les rites ou les cérémonies de l'Eglise, la célébration des offices divins, l'administration des sacrements, la canonisation des saints, etc.

RIVAGE, RIVE. Partie de la terre attenant à celle qui sert de limite à une masse d'eau, mer, lac, fleuve, rivière, ruisseau.

On fait cette distinction entre le *rivage* et la *rive* que celle-ci suppose une étendue moins considérable ; de là l'emploi qu'on fait de préférence du mot rivage en parlant de la mer, et de rive en parlant des cours d'eau.

Les rivages de la mer, des lacs, des fleuves, des rivières rentrent *de plano* dans le domaine propre de la nation sur le territoire de laquelle ils sont situés. *(Voir* COTE, MER, LAC, FLEUVE, RIVIÈRE.)

RIVERAIN. Qui habite ou a une propriété le long d'une rivière, d'une fleuve, d'un lac ; se dit aussi de celui dont l'habitation ou la propriété est située le long d'un chemin, d'une forêt, d'une frontière.

On dit : propriétaire riverain, propriété riveraine.

RIVIÈRE. Se dit de toute espèce de cours d'eau, mais plus particulièrement de ceux qui se jettent dans un fleuve, par opposition aux fleuves, qui se jettent directement dans la mer.

Les rivières font partie du domaine public. *(Voir* FLEUVES.)

ROBE (gens de). Ce mot désigne en France le vêtement que portent les magistrats, les avocats, les professeurs, et certains autres fonctionnaires publics dans l'exercice de leurs fonctions.

On appelait en France *gens de robe* tous ceux qui portaient la robe : on distinguait les *gens de robe longue,* se disant de la magistrature, du clergé, et aussi de la noblesse et du parlement ; et les *gens de robe courte* ou ceux qui exerçaient la profession militaire. On donnait aussi le nom de *juges de robe courte* aux prévôts, aux maréchaux, à leurs lieutenants et à quelques autres officiers non gradués, qui jugeaient l'épée au côté.

Par extension, la *robe* désigne la profession des gens de judicature : c'est en ce sens qu'on disait les *gens de robe,* la *noblesse de robe.*

La *haute robe* se disait autrefois des premiers magistrats ; l'*ancienne robe,* des familles anciennes de la robe.

ROGATION. Se disait, dans l'ancienne Rome, d'un projet de loi présenté au peuple.

ROGATOIRE, qui concerne une rogation. Terme de procédure dans ce sens : *commission rogatoire* (voir ce terme).

ROI. Chef souverain de certains Etats, mais particulièrement de ceux qui portent le titre de *royaume.*

Quand on dit absolument „le roi", on entend le roi qui règne dans le pays où l'on est.

Le titre de roi a longtemps été regardé comme inférieur à celui d'Empereur ; aujourd'hui toute différence a cessé à cet égard, et les deux titres obtiennent une considération égale.

Quand le titre royal d'un chef d'Etat est reconnu par les autres puissances, ou accorde à ce chef la qualification de *Majesté* (voir ce mot).

Lorsqu'on parle ou qu'on écrit à un roi, on dit „Sire" et „Votre Majesté".

(Voir SOUVERAIN, TITRE, CÉRÉMONIAL, ÉTIQUETTE.)

Les rois qui ont perdu leur trône, soit par renonciation volontaire, soit par le fait de révolutions, conservent généralement le titre de roi, quoiqu'ils n'en aient point conservé l'autorité ; on observe encore à leur égard en certaines occasions le cérémonial attaché à leur titre.

ROI D'ARMES. Le chef des *hérauts d'armes.* (Voir ce terme.)

ROLE. Ce mot, dans son acception primitive, signifie une feuille de papier ou de parchemin, roulée ou non, sur laquelle sont écrits des noms, des états, des expéditions ; il se prend alors pour *liste* ou *catalogue* : c'est en ce sens qu'on dit, en termes de marine, le *rôle d'un équipage ;* en administration financière, le rôle des contributions ; en langage judiciaire, le *rôle* est la liste sur laquelle dans un tribunal on inscrit les causes dans l'ordre où elles doivent se plaider.

On désigne aussi sous le nom de *rôle* un registre entier, ou seulement les feuillets de ce registre qui servent à l'inscription de ces listes de noms, des états, etc.

Anciennement on appelait également *rôle* une ou plusieurs feuilles de parchemin ou de papier, collées bout-à-bout, et sur lesquelles on écrivait les actes, les titres.

En termes de pratique, un rôle est un feuillet écrit comprenant deux pages d'écritures, le recto et le verso : ainsi on dit : une grosse composée de tant de rôles.

En Angleterre, on nomme *rôles (rolls)* les anciens actes du parlement, les registres manuscrits des actes de cette assemblée, les lettres royales, les titres, les chartes etc.

La *Chambre des rôles* est le lieu où sont gardés les archives et les registres de chancellerie.

Le *Maître des rôles* est un magistrat de la cour de chancellerie qui supplée le chancelier dans ses fonctions judiciaires.

ROLE D'ÉQUIPAGE. Liste générale des hommes employés à bord d'un navire; cette liste comprend même les passagers.

Cette liste ou, pour parler plus exactement, cet état, dressé ordinairement par l'autorité compétente, est écrit dans un registre spécial; il indique les noms, les prénoms, la profession, l'âge, le domicile des armateurs et de tous les hommes qui forment l'équipage d'un navire, ainsi que de ceux qui le montent comme passagers; il mentionne en outre l'époque de l'armement du navire, et le port d'attache, les conditions d'engagement du capitaine et des hommes d'équipage.

Le rôle d'équipage est obligatoire pour tous les bâtiments, toutes les embarcations exerçant une navigation maritime. Il est compris au nombre des papiers de bord dont tout navire doit être muni, et qui sont destinés à régulariser sa situation, à faciliter l'exercice de la police maritime et à justifier en due forme sa nationalité, sa provenance, sa destination et la propriété de ce qui se trouve à bord.

(*Voir* ÉQUIPAGE, PAPIERS DE BORD).

RÔLES D'OLÉRON. Recueil de coutumes, d'usages et de règlements maritimes.

Cette compilation sous le nom de *Rôles* ou *Jugements d'Oléron* et qu'une ordonnance française de 1364 nomme *lois de Leyron*, est attribuée, suivant quelques-uns, à la reine d'Eléonore de Guienne, femme du roi de France Louis VII, qui lui donna le nom de son île favorite.

D'autres sont portés à croire qu'elle fut promulguée par Richard Ier d'Angleterre. Plusieurs écrivains français, soutiennent que cette compilation a une origine exclusivement française. Ce qu'il y a de certain, c'est que les lois ou *Rôles d'Oléron* ont pour objet d'établir des règlements concernant la navigation dans les mers de l'ouest, et constituent la base principale sur laquelle a été fondée au moyen-âge la jurisprudence maritime dans les ports de l'Océan. S'il en fallait une preuve, on la trouverait dans ce fait que plus d'une des prescriptions sanctionnées sous le règne de Louis XIV, dans la célèbre ordonnance de 1681, a été empruntée textuellement aux lois ou rôles d'Oléron.

ROMAIN, ROMAINE. Qui appartient à l'ancienne Rome ou aux Romains : les empereurs romains, les lois romaines, etc.

Citoyen romain, homme qui jouissait des droits de cité à Rome, ce titre fut par extension accordé à des rois alliés, même à des villes et à des provinces d'Italie.

Chiffres romains, chiffres composés de lettres numérales : C, D, I, L, M, V, X.

Se dit aussi des personnes et des choses qui appartiennent à la Rome moderne, surtout considérée comme le siège de la religion catholique : c'est ainsi que le catholicisme est désigné sous la dénomination de religion catholique, apostolique et *romaine*, parce que son chef, successeur des apôtres, réside à Rome.

ROMANISME. Nom donné en Angleterre à l'Eglise catholique romaine.

ROMANISTE. Partisan du Pape.

Titre donné aussi aux jurisconsultes qui font une étude spéciale du droit romain.

ROTE. Nom d'un tribunal établi à Rome, vers 1326, par le pape Jean XXII pour juger les causes importantes des Etats de l'Église et quelques autres qui y viennent par appel des Etats catholiques de l'Europe.

Ce tribunal se compose d'un président et de douze docteurs, appelés *Auditeurs de rote*, et pris dans les quatre nations d'Italie, de France, d'Espagne et d'Allemagne, savoir : 8 italiens, 2 espagnols, 1 français et 1 allemand.

Ces douze juges se partagent en trois bureaux : quand une cause a été jugée

24*

par l'un de ces bureaux, on la porte devant le deuxième, puis devant le troisième, et l'affaire n'est jugée définitivement que lorsqu'on a obtenu trois sentiments conformes et que l'affaire a passé par les trois bureaux; c'est ce qui fait que le corps réuni de ces juges, entre lesquels on fait ainsi, en quelque sorte, *rouler* les causes, se nomme en italien la *rota* (roue).

D'autres prétendent que le nom de ce tribunal prévient de la disposition circulaire dans laquelle sont rangés les sièges de ces membres, et qui a pour but d'empêcher toute discussion de préséance.

ROTURE, ROTURIER- Etat d'une personne ou d'un héritage qui n'est pas noble.

Collectivement, la *roture* signifie l'ensemble, la classe des *roturiers*.

Dans l'origine on n'appelait *roturiers* que ceux qui tenaient une terre en roture, c'est-à-dire qui payaient au seigneur une redevance pour les terres qu'ils cultivaient; mais par la suite on étendit cette dénomination à toutes les personnes ne jouissant pas des privilèges de la noblesse.

Toutes les personnes qui habitaient un royaume étaient ou gens d'épée, ou de robe longue ou courte, ou roturiers.

Les roturiers étaient ou des bourgeois vivant de leurs biens et de leurs charges quand ils en ont, ou des marchands, ou des artisans, ou des laboureurs, ou des manœuvriers, ou des gens de journée.

ROULEMENT. Action de se remplacer alternativement dans certaines fonctions, à un certain rang, etc.

Ainsi il se fait chaque année dans quelques cours judiciaires un roulement, par suite duquel les diverses chambres ne sont pas toujours composées des mêmes membres.

ROYAL, ROYALE. Qui appartient, a rapport à un roi.

Maison royale, tous les princes et toutes les princesses du sang royal.

Famille royale, les enfants et les petits-enfants du roi régnant ou du roi dernier défunt.

Prince royal, titre de l'héritier de la couronne, dans quelques pays.

Altesse royale, titre qui se donne à certains princes et à certaines princesses de rang souverain : ainsi Son Altesse royale le Duc ou la duchesse de ... s'écrit par abbréviation S. A. R.

Almanach royal, livre contenant les noms de la famille royale et des autres maisons souveraines, ainsi que ceux des hommes attachés à la cour et de tous les fonctionnaires civils- et militaires du royaume.

Terme d'ancienne chancellerie : *lettres royaux, ordonnances royaux,* lettres, ordonnances émanées de l'autorité royale. (Voir ces mots.)

Dans les Etats monarchiques, on qualifie de *royal* une foule d'établissements, d'institutions qui appartiennent à l'Etat, mais qui sont censés relever du roi lui-même ou être placés d'une manière plus spéciale sous sa surveillance ou sa protection : musée royal, théâtres royaux, collège royal, bibliothèque royale, etc.

En France, on appelait *cours royales* les cours d'appel, les tribunaux supérieurs prononçant sur les appels des tribunaux inférieurs de leur ressort respectif.

ROYALISME. Parti du roi ou attachement au parti du roi; esprit monarchique.

ROYALISTE. Partisan de la royauté; qui soutient les droits et les intérêts du roi.

ROYAUME. Etat gouverné par un roi. (*Voir* ROI, SOUVERAIN.)

ROYAUTÉ. Dignité de roi. (*Voir* ROI, SOUVERAIN.)

RUBAN. Tissu de soie, de fil ou de laine, mince, plat et étroit.

Comme on met à sa boutonnière un morceau de ruban de diverses couleurs pour indiquer qu'on appartient à un ordre de chevalerie, le mot *ruban* est devenu synonyme de décoration : ainsi l'on dit le *ruban* de la Légion d'honneur, qu'on désigne aussi sous le nom de : *le ruban rouge.*

RUBRIQUE. Titres des livres de droit civil et de droit canon ainsi nommés parce qu'autrefois dans les manuscrits les titres des lois étaient écrits en encre rouge.

Après l'invention de l'imprimerie on continua longtemps d'imprimer en rouge, les titres des ouvrages, en entier ou seulement en partie, et par suite on donna le nom de *rubrique* non seulement à ces titres, mais à toutes les lettres rouges contenues dans le volume. De plus, comme le nom de l'endroit où le livre était publié, était d'ordinaire imprimé en rouge, on désignait sous la dénomination de *rubrique* le lieu, vrai ou faux, de la publication d'un ouvrage : ainsi beaucoup de livres imprimés en France pendant les deux derniers siècles

portent la rubrique de Londres, de Genève ou de La Haye.

Par extension, dans les journaux, le
mot *rubrique* sert à désigner le titre, la
date qui indique le lieu d'où une nouvelle est venue; ainsi on dit : „ce fait
est sous la rubrique de Vienne, de Londres, etc."

Enfin *rubrique* sert de titre à une certaine classe ou catégorie de questions ou
de matières traitées : sous la *rubrique*
littérature, variétés, etc.

RUPTURE des relations. Annulation
d'un traité, d'un acte, d'un engagement.

Un traité peut finir avant le terme
fixé pour sa durée, lorsque l'une des
parties refuse de tenir ses engagements
et donne ainsi à l'autre partie implicitement le droit de s'en affranchir également. Et comme un traité forme un ensemble indivisible, un semblable refus,
ne portât-il que sur un seul point, rend
caduc le traité tout entier.

La non-exécution peut d'ailleurs ne
porter que sur une clause relativement
secondaire et ne pas impliquer l'intention
de se soustraire aux autres obligations
qui découlent du traité. Dans ce cas il
n'y a pas nécessairement rupture complète et définitive, mais seulement matière à pourparlers et à négociations, en
d'autres termes un effet suspensif jusqu'à
ce que les motifs de refus aient pu être
appréciés en due forme. Du reste la
plupart des traités politiques prévoient
le cas d'inobservation et de violation
partielle et renferment des réserves expresses pour une entente amiable, directe
ou par l'entremise de médiateurs ou d'arbitres, avant tout recours à des actes
hostiles.

Il y a rupture de la paix lorsque le
traité qui a servi à la cimenter est violé
avant d'avoir été exécuté; et la non-
observation d'une des stipulations du
traité suffit pour entraîner la rupture,
à moins de dispositions contraires dans
le traité.

Le traité de paix peut encore se
rompre par une conduite contraire à
l'essence de tout pacte pacifique, comme,
par exemple, la reprise des hostilités
sans motif plausible après le délai convenu pour la fin de la lutte ou en invoquant de nouveau la cause qui a motivé
la guerre.

Lorsque le traité de paix est violé par
l'une des parties, l'autre partie a le droit
de continuer la guerre, et d'agir comme
si un traité n'était pas intervenu.

L'impossibilité d'exécuter les conditions
de la paix ne constitue pas la rupture
du traité.

La violation des droits accordés par le
traité de paix diffère de la rupture de
la paix : elle doit être traitée comme toutes
les violations de conventions et peut,
suivant les circonstances, provoquer une
nouvelle guerre.

Il n'y a pas rupture de la paix dans
le sens strict du mot, lorsque les dispositions du traité ne sont pas exécutées
et que la guerre ne recommence pas.

En cas de guerre, la rupture des rapports pacifiques n'est généralement regardée comme consommée qu'après la
rupture des relations diplomatiques.

La déclaration de guerre entraîne nécessairement le rappel ou le renvoi des
envoyés que les Etats accréditent les uns
auprès des autres, si les relations diplomatiques permanentes n'ont pas déjà été
rompues entre les Etats ennemis avant
la déclaration de guerre ou l'ouverture
des hostilités. Cependant le rappel des
représentants des deux Etats n'est pas
une obligation juridique; il n'est pas impossible en effet de maintenir, malgré la
guerre, les relations diplomatiques et rien
ne s'oppose en droit à ce qu'elles soient
renouées pendant la guerre. Il est du
reste d'usage de confier au représentant
d'une puissance neutre et amie la protection des nationaux établis en pays
ennemi.

La rupture des relations diplomatiques
entre deux Etats peut avoir lieu par suite
d'autres circonstances que la rupture de
la paix. Un envoyé étranger peut estimer que le gouvernement auprès duquel
il est accrédité ou quelque fonctionnaire
dont ce gouvernement est responsable, a
commis un acte qui porte atteinte à
l'honneur ou aux droits de son propre
pays et dans ce cas, en demandant ses
passeports, rompre les relations diplomatiques entre les deux Etats. (*Voir*
RAPPEL, DIPLOMATIE, AGENTS DIPLO-
MATIQUES.)

RURAL, RURALE. Qui appartient ou
a rapport aux champs à la campagne :
biens ruraux, coutumes rurales.

Le *Droit rural* traite de la législation
relative aux cultivateurs.

Le *Code rural* est l'ensemble des règlements concernant les biens et la police
de la campagne.

Délit rural, infraction à ces règlements, aux lois sur la police rurale.

Dans les territoires d'un Etat contigus

à un autre Etat, où la contiguïté des frontières garantirait l'impunité et où par suite ces délits tendraient à devenir de plus en plus graves et fréquents, les gouvernements limitrophes prennent généralement des mesures spéciales et exceptionnelles pour en assurer la répression, au moyen d'arrangements internationaux, destinés à faciliter la poursuite commune et réciproque : les accords de ce genre sont souvent désignés sous le nom de *cartels*. (Voir ce mot, DÉLIT, FRONTIÈRE.)

RUSE DE GUERRE. Moyen qu'on emploie pour tromper les ennemis sur ses desseins, ses opérations, etc., sur la force et les mouvements d'un corps d'armée.

La ruse est permise en guerre dans de certaines mesures; par exemple, il n'est pas contraire au droit international de tromper l'ennemi en faisant usage des uniformes, du drapeau ou du pavillon de celui-ci pour le faire tomber dans une embuscade; toutefois cette ruse n'est licite qu'avant le combat; dans la bataille la loyauté exige qu'on n'use pas d'un pareil masque pour s'assurer la victoire.

On peut encore simuler une fuite pour attirer l'ennemi, allumer un grand nombre de feux ou envoyer des patrouilles dans beaucoup de directions à la fois pour faire croire à l'approche de troupes nombreuses, etc.

Mais, en tout cas, chaque corps d'armée, et sur mer chaque navire, doit avant d'en venir aux mains arborer ses couleurs réelles et déclarer sa nationalité.

S

S. En abréviation, dans la langue française, S. signifie *sainteté, seigneurie, son, sa, ses*, et l'on écrit S. S. pour Sa Sainteté, ou Sa Seigneurie, S. E. pour Son Eminence ou Son Excellence, S. H. pour Sa Hautesse, S. A. pour Son Altesse, S. M. pour Sa Majesté.

Dans l'ancienne épigraphie latine, S. P. Q. R. représentait la formule *Senatus populusque romanus* (Le Sénat et le peuple romain).

SAC. Pillage entier d'une ville.

Le droit des gens ne tolère plus qu'on mette les villes à sac. *(Voir* PILLAGE.)

SACERDOCE. Dignité et fonctions des ministres du culte.

Dans l'église catholique, prêtrise, dignité de celui qui a le pouvoir de dire la messe et d'administrer les sacrements.

Se dit aussi du clergé considéré comme corps.

SACHEM. Titre donné aux vieillards qui forment le conseil de la nation chez les tribus indigènes de l'Amérique du nord.

Se dit aussi du chef de la tribu indienne.

SACRAMENTAL, SACRAMENTEL. Dans le sens propre, qui a la valeur et la solennité d'un sacrement.

Mots sacramentaux, paroles sacramentelles se dit des mots essentiels pour la conclusion d'une affaire, d'un traité : comme, par exemple, ceux qu'on met en tête des traités de paix, savoir : „il y aura paix perpétuelle entre les puissances contractantes, etc.

SACRE. Cérémonie religieuse qui, dans quelques pays, accompagne le couronnement des souverains. Elle a pour objet de les revêtir d'un caractère sacré aux yeux de leurs sujets.

On désigne aussi sous le nom de *sacre* la cérémonie de l'ordination des évêques.

SACRÉ. Qui est consacré à un emploi religieux : vases sacrés, servant au culte.

Ordres sacrés : la prêtrise, le diaconat et le sous-diaconat.

Les livres sacrés, la Bible, l'Ancien et le Nouveau Testament.

L'histoire sacrée, celle du Peuple de Dieu, des Hébreux, par opposition à l'histoire des autres peuples, les Gentils.

Le Sacré Collège, le collège des cardinaux.

Qui concerne la religion :

Guerre sacrée, entreprise pour des motifs de religion, comme celle des Grecs pour la défense du temple de Delphes, et celles suscitées en Europe par les croisades.

Se dit des personnes que leur qualité rend inviolables : à Rome la personne des tribuns était inviolable.

Sacrée Majesté, titre qu'on donnait à l'Empereur d'Allemagne et qu'on donne encore à l'Empereur d'Autriche.

SACRILÈGE. Action impie par laquelle on profane les choses sacrées, ou par laquelle on attente sur une personne considérée comme sacrée.

Chez les Anciens le sacrilège était puni des peines les plus sévères, même de mort.

Il en était encore de même chez les peuples chrétiens au moyen-âge ; mais dans les temps plus modernes, plusieurs nations ont aboli toute loi rigoureuse contre le sacrilège proprement dit.

SAGE. Se dit en général des personnes qui agissent ou parlent conformément aux règles de la morale et de la raison.

La Grèce eut sept sages ; toutefois on entendait alors par un sage un homme capable de conduire les autres.

Le titre de *sage* était celui de plusieurs dignitaires de l'ancienne république de Venise ; — on le donnait, entre autres, à des magistrats qui présidaient à la marine et qu'on désignait par suite sous la dénomination de *sages de la mer*.

SAINT EMPIRE. Le Saint Empire ou le Saint Empire romain, nom donné à l'Empire d'Occident rétabli par Charlemagne en l'an 800, et en suite à l'Empire d'Allemagne, qui en a été comme la succession.

SAINT-OFFICE. C'est le titre que portait la congrégation de l'Inquisition établie à Rome. (*Voir* INQUISITION.)

SAINT-PÈRE. Le Saint-Père, Notre Saint-Père, Notre Saint-Père le Pape, le Père des Fidèles, titres qu'on donne au Pape, chef de la religion catholique.

SAINT-SÉPULCRE. C'est le sépulcre ou Jésus-Christ fut déposé après sa mort.

C'est aussi le nom d'une Eglise à Jérusalem, que l'on croit renfermer ce sépulcre.

On appelait *Chanoines du Saint-Sépulcre* des prêtres spécialement institués par Godefroy du Bouillon pour desservir cette église ; mais, comme ils ne se limitèrent pas à ce service, leur titre n'est plus devenu qu'honorifique, et ils ont été transformés en un véritable ordre de chevalerie religieuse, les *Chevaliers du Saint-Sépulcre*, qui a été réuni à l'ordre de St.-Jean de Jérusalem au commencement du 17e siècle.

SAINT-SIÈGE. Le Saint-Siège, le Siège apostolique, nom donné à la résidence du Pape.

Il se prend le plus souvent pour l'autorité papale elle-même. (*Voir* PAPE, PAPAUTÉ.)

SAINTE-ALLIANCE. Nom donné à l'alliance signée à Paris le 26 septembre 1815, après la seconde abdication de l'Empereur Napoléon, personnellement et sans le concours d'aucun plénipotentiaire, par les souverains d'Autriche, de Prusse et de Russie. Elle avait pour but de maintenir le pouvoir des monarques et le respect de la religion ; elle tire son nom des sentiments de piété qui animaient les princes qui la concluaient.

Presque tous les autres souverains de l'Europe y accédèrent ; mais le prince régent d'Angleterre refusa d'y donner une adhésion formelle par la raison que la Sainte-Alliance avait été conclue directement entre les souverains et que la constitution anglaise exige que les traités soient contresignés par un ministre responsable.

Cependant cet engagement fut confirmé et porté à la connaissance de toutes les cours de l'Europe par la déclaration signée à Aix-la-Chapelle le 13 novembre 1818 par les plénipotentiaires de l'Angleterre, de l'Autriche, de la France., de la Prusse et de la Russie.

Quoique le traité de la Sainte-Alliance eût un caractère absolument pacifique, il a servi de fondement ou de prétexte à plusieurs interventions armées. (*Voir* INTERVENTION.)

Au point de vue du droit strict, la Sainte-Alliance ne saurait être admise par le droit international moderne ; car elle confondait la religion avec le droit, elle substituait la théocratie au droit des gens ; et de plus, comme elle n'était applicable qu'aux peuples chrétiens et excluait nécessairement les nations non chrétiennes du concert des nations, elle rétrécissait la portée de ce droit, qui doit être le même pour tous et n'avoir en vue que les besoins et les progrès de la civilisation et de l'humanité tout entière, sans exception de mœurs, de législations et de religions particulières.

Au surplus le traité de la Sainte-Alliance n'a jamais été sérieusement tenu pour une *vérité*, si ce n'est par les trois grandes puissances du nord, tant que les a liées une communauté de vues sur la politique générale de l'Europe; mais il fut, bientôt et est demeuré lettre morte pour les autres Etats.

SAINTE-HERMANDAD. Nom que portait en Espagne la milice particulière de l'Inquisition. *(Voir* INQUISITION.)

SAINTETÉ. Titre d'honneur et de respect que les catholiques emploient pour désigner le Pape.

On écrit avec majuscules *Sa Sainteté, Votre Sainteté.*

Autrefois ce titre se donnait aux évêques et même aux prêtres.

Ce titre était aussi donné aux Empereurs de Constantinople.

SAINTS. On appelle spécialement *Saints* des personnes mortes en état de sainteté, des personnes pieuses dont la vie exemplaire a approché de la perfection divine, et qui par suite ont été canonisées.

Les catholiques honorent les Saints comme les serviteurs privilégiés de Dieu; ils leur rendent un culte spécial et invoquent leur intercession auprès de la grâce divine.

Les Protestants refusent toute espèce de culte aux Saints et taxent les catholiques d'idolâtres à cet égard.

Quoi qu'il en soit, dans plusieurs pays, pendant les fêtes consacrées à certains Saints on s'abstient de tout genre d'affaires; et les chancelleries diplomatiques et consulaires, pour se conformer aux usages et aux convenances des pays où elles sont établies, sont tenues de se tenir closes ces jours-là.

SAINTS LIEUX. Les Saints lieux ou, plus ordinairement, les Lieux Saints se dit des lieux où se sont opérés les principaux mystères de la religion chrétienne : la Judée, Jérusalem, les bords du Jourdain, etc.

SAISIE. Action de prendre, de saisir une chose, de s'en emparer.

Nous n'énumérerons pas ici les diverses acceptions que ce mot prend comme terme de procédure ou de jurisprudence; nous nous bornerons à mentionner que le mot *saisie*, dans son sens le plus général, signifie toute mise de biens ou de choses quelconques sous la main de la justice : et plus particulièrement des

choses qui sont l'objet d'une conspiration ou peuvent servir de preuves pour constater un délit ou un crime : saisie d'objets prohibés, de marchandises, de contrebande, de pièces de conviction, etc. (*Voir* CONFISCATION, CONTREBANDE.)

En marine, *saisie* est synoyme de capture ou de prise : saisie d'une prise, d'un navire. *(Voir* PRISE.)

SAISINE. Prise de possession d'une chose, de fait ou de droit.

En matière de succession, c'est la possession, le fait même de l'entrée en possession par l'héritier des biens qui lui sont dévolus par la loi ou par la volonté du testateur.

Les héritiers légitimes sont *saisis*, c'est-à-dire mis en possession, de plein droit des biens, des droits et des actions du défunt, moyennant l'obligation d'acquitter les charges de la succession ; les enfants naturels, l'époux survivant, et l'Etat, en cas de succession vacante, doivent se faire envoyer en possession par justice, dans les formes déterminées par la loi. (*Voir* SUCCESSION, HÉRITIER, HÉRITAGE, HÉRÉDITÉ.)

SALIQUE. On appelait loi salique le corps des lois des Saliens, tribu des Francs; mais plus particulièrement l'article le plus célèbre de ce code — article 6 du titre 62 —, qui dispose que les mâles seuls pourront jouir de la terre, et que lorsqu'un homme laisse des enfants, les mâles succèdent à la terre salique, au préjudice des filles. Ce principe fut transporté du domaine civil dans le domaine politique et appliqué à la succession de la couronne de France, de laquelle les femmes étaient exclues. Cette loi fut consacrée en 1316, à la mort de Louis le Hutin, lorsque la ligne directe des Capétiens manqua et que les Valois furent appelés au trône. Depuis cette époque l'exclusion du trône des filles et de leurs descendants a fait partie des lois fondamentales du royaume de France.

Le même principe de la loi salique est adopté dans plusieurs autres monarchies.

SALUT. Terme qu'on emploie dans le préambule des lois et des ordonnances, dans les bulles des papes. dans les mandements des évêques, dans les lettres patentes des souverains.

Autrefois les rois de France disaient en tête des actes émanant de leur autorité : „A tous ceux qui ces présentes verront, Salut.“

Sous la première République française

on terminait les lettres par cette formule : „Salut et fraternité.“

SALUT DE L'ÉTAT. Le salut du peuple, de l'Etat doit être la suprême loi des gouvernements, sous la réserve de se conformer aux lois immuables de l'humanité, de la justice et de la morale.

Pendant la Révolution française on a donné le nom de Comité de *salut public* à une commission dictatoriale, composée de 9, puis de 12 membres de la Convention nationale, et qui exerça presque toute l'autorité depuis le 6 avril 1793, date de sa création, jusqu'au 27 juillet 1794. (9 thermidor an II.)

SALUT DE MER. Echange de politesses entre navires des nations différentes ou de la même nation, entre navires et places de guerre.

Les saluts de mer se font de diverses manières, soit par le pavillon et les voiles, soit en tirant un certain nombre de coups de canon.

La manière dont les saluts doivent se rendre entre navires de nations différentes a été fixée par des traités internationaux, desquels on peut déduire les règles suivantes :

Les navires marchands ne se doivent aucun salut; les capitaines qui y ont recours, acccomplissent un acte absolument volontaire et gracieux.

Tous les Etats souverains sont égaux en ce qui concerne le cérémonial maritime. Les distinctions extérieures établies à cet égard ont un caractère tout à fait individuel et ne présupposent ni infériorité ni soumission.

A défaut de stipulations conventionnelles expresses, les saluts ne sont pas obligatoires et ne constituent qu'un acte de courtoisie et d'étiquette.

L'acte de ne pas rendre un salut peut bien être considéré comme une impolitesse justifiant une demande d'explications, mais ne saurait autoriser le recours à des actes hostiles.

Lorsque deux navires de guerre ou deux escadres se rencontrent en pleine mer, la courtoisie exige que le commandant qui a le grade le moins élevé salue le premier et que le salut lui soit rendu coup pour coup.

Si un navire de guerre isolé, quelle que soit sa force, rencontre une escadre, il est tenu de saluer le premier.

Les navires de guerre portant à leur bord des souverains, des membres de familles princières, des chefs d'Etat ou des ambassadeurs reçoivent le premier salut.

A l'entrée ou à la sortie des ports étrangers, comme au passage devant des forteresses, des batteries ou des garnisons d'un autre Etat, les navires de guerre doivent saluer les premiers, abstraction faite du rang de leurs commandants. Ces saluts sont toujours rendus coup pour coup aussitôt que le bâtiment qui arrive, a complété le nombre de coups de canons qu'il veut échanger.

Entre les navires et la terre le salut cesse d'être personnel; il revêt un caractère international et doit dès lors être réglé par les principes d'égalité qui président également à l'échange des compliments et des visites officielles avec les autorités territoriales, et dont l'initiative appartient invariablement au navire qui mouille dans des eaux étrangères.

On déroge assez habituellement à cette dernière règle lorsque le bâtiment porte à son bord des princes ou des agents diplomatiques, que les forts, les garnisons ou les batteries de côte reconnaissent en faisant le premier salut; mais ces sortes de distinctions accordées directement au rang de la personne qui aborde sur un autre territoire, ne constituent pas une véritable exception aux principes établis; car, en dehors des lois de la politesse, il n'y a pas obligation stricte de répondre coup pour coup à de pareils saluts.

Chaque pays est maître de régler à sa guise les saluts et le cérémonial à observer dans les cas suivants :

1º Lorsqu'un navire qui touche à un port étranger, débarque ou reçoit à son bord son propre souverain ou des fonctionnaires de son gouvernement;

2º Les saluts et les compliments à faire par les autres navires ancrés dans le ports ou par les établissements militaires situés sur la côte;

3º Les saluts attribués à ses propres fonctionnaires ou officiers de tous grades, et qui servent généralement de mesure pour déterminer les honneurs à rendre aux autorités étrangères, et pour maintenir une parfaite égalité entre elles et celles du pays.

Il peut arriver que des navires de guerre appartenant à des nations différentes se trouvent réunis au même mouillage; dans ce cas, et lorsque les commandants ont le même grade, c'est au dernier arrivé à faire le premier salut, qui lui est rendu coup pour coup, à moins que les lois territoriales n'y mettent obstacle.

Les mêmes commandants, lors de leur rencontre dans les rades étrangères, se doivent aussi certaines visites de politesse. Les règles de la courtoisie exigent que le commandant qui se trouve au mouillage, envoie complimenter le nouvel arrivant, et que celui-ci rende les félicitations qu'il a reçues. Cette première formalité accomplie, l'échange de visites personnelles a lieu suivant le rang des officiers, l'inférieur prenant toujours l'initiative de la visite à l'égard de son supérieur en grade. Les saluts faits au pavillon se rendent coup pour coup; ceux adressés au grade, entre officiers de rang inégal, se proportionnent généralement à la position hiérarchique du commandant qui a tiré le premier.

Depuis le mois de juillet 1877, les puissances maritimes, dans le but de diminuer la fréquence des saluts et le nombre des coups de canon, se sont accordées par mettre en pratique les dispositions suivantes :

Les seuls saluts qui désormais sont rendus coup pour coup, sont ceux adressés au pavillon national lors de son arrivée dans un port étranger, et aux commodores ou aux officiers étrangers ayant droit d'arborer pavillon, lorsqu'ils sont rencontrés en mer ou dans un port.

On ne rend plus le salut aux personnages royaux, aux chefs d'Etat ou aux membres de familles royales, soit à leur arrivée dans un port, soit à leur départ, soit quand ils vont visiter des navires de guerre; aux autorités diplomatiques, maritimes, militaires ou consulaires, ou aux gouverneurs, ou aux fonctionnaires qui administrent un gouvernement; aux étrangers de haute distinction.

On ne répond plus également aux salves tirées à l'occasion de fêtes ou d'anniversaires nationaux. (*Voir* CÉRÉMONIAL.)

SALUTATION. Formule dont on se sert pour terminer les lettres et certains actes, notamment les actes diplomatiques. (*Voir* FORMULE.)

SALVE. Décharge simultanée ou successive d'un grand nombre d'armes à feu, soit en l'honneur de quelqu'un, soit dans des occasions de réjouissance, soit pour la célébration d'une fête. Les salves, comme *salut*, ont lieu par le canon et la mousqueterie. (*Voir* SALUT DE MER.)

Les navires mouillés dans un port étranger, où la courtoisie internationale leur fait un devoir de s'associer aux fêtes locales, aux démonstrations publiques, peuvent le faire en faisant tirer des salves par les canons de leur bord.

SANCTION. Acte par lequel, dans un gouvernement constitutionnel, le souverain ou le chef de l'Etat approuve une loi, un traité, une convention, lesquels sans cette approbation ne seraient point exécutoires; c'est donc l'acte solennel par lequel le chef d'un Etat donne à une chose un caractère d'autorité.

En jurisprudence, la *sanction* est la disposition insérée dans une loi ou dans un acte, qui assure l'accomplissement régulier des conditions, en attachant quelque pénalité à la non-exécution : un engagement manque de sanction lorsqu'il ne présente pas le moyen de contraindre les obligés à l'observer.

La *sanction* se dit aussi des sécurités, des moyens pris pour assurer l'exécution d'un traité, d'une convention; tels sont le *gage*, l'*hypothèque*, la *garantie*, la *caution*, le *serment* (voir ces mots, TRAITÉ, CONVENTION.)

Sanction se dit aussi de constitutions ou d'ordonnances concernant les matières ecclésiastiques, ou même politiques. (*Voir* PRAGMATIQUE, SANCTION.)

SANDJAK, SANGIAC. Chacune des principales subdivisions des provinces ou éyalets de l'Empire ottoman.

Le gouverneur d'un sandjak reçoit lui-même le titre de *sandjak*.

Ce mot en turc signifie *enseigne*; il se rapporte à la *queue de cheval* qu'on porte comme symbole d'autorité devant le gouverneur du sandjak.

SANG. Race, extraction, famille,

La *pureté du sang* se dit d'une famille de haute extraction dans laquelle il n'y a pas eu de mésalliance.

On appelle *Princes du sang* les princes qui sont de la maison royale ou impériale. (*Voir* PRINCE.)

Le *droit du sang* est le droit que donne la naissance.

Le *sang* se dit aussi de races d'hommes par rapport aux croisements ; et l'on nomme *sang mêlé* les populations où il y a eu des croisements de races différentes.

Un *sang mêlé* se dit d'un homme qui provient d'un croisement, notamment d'un mélange de race indienne ou peaurouge, ou de race noire avec une race européenne ou blanche.

SANHÉDRIN. Ancien tribunal ou le conseil suprême des juifs; composé de 70 ou 72 membres choisis parmi les principaux de la nation, qui jugeaient les grandes causes, et délibéraient sur les affaires religieuses ou politiques.

On a donné le même nom à une assemblée de notables israélites, convoquée en 1807 à Paris par l'Empereur Napoléon I, pour délibérer sur les devoirs et les droits civils de leurs coreligionnaires, et dont les décisions, revêtues d'un caractère doctrinal, sont encore aujourd'hui la base de l'enseignement religieux non seulement des israélites français, mais aussi des israélites européens.

SANITAIRE. Qui a rapport à la conservation de la santé publique.

Lois, mesures, précautions sanitaires : dans cette catégorie rentrent les *patentes de santé*, la *pratique*, les *quarantaines* (voir ces mots) ; les *cordons sanitaires*, lignes de troupes placées de manière à empêcher toute communication avec un pays infecté d'une maladie contagieuse ; le *déchargement sanitaire*, ou déchargement des marchandises d'un navire infecté avec toutes les précautions nécessaires pour prévenir la transmission de la maladie : il a pour objet de remplacer ou d'abréger les quarantaines.

Les traités de commerce contiennent généralement des stipulations spéciales relatives aux mesures sanitaires auxquelles les navires sont tenus de se soumettre dans les ports où ils vont mouiller. Les épreuves sanitaires, n'étant que des précautions hygiéniques, sont des conditions parfaitement licites mises à l'admission des navires dans les eaux d'un autre Etat ; elle ne sauraient être considérées comme portant atteinte au droit d'exterritorialité garanti aux bâtiments de guerre.

On appelle *personnel sanitaire* les personnes employées aux hôpitaux et aux ambulances militaires en temps de guerre ; ce personnel comprend l'intendance, les services de santé et de transport des blessés. (*Voir* AMBULANCE, HOPITAL MILITAIRE, BLESSÉS ET MALADES MILITAIRES, MÉDECIN.)

SANS-CULOTTE. Sobriquet qu'en 1793 les hommes du parti contre-révolutionnaire donnèrent aux partisans de la révolution, parce que ces derniers repoussaient la culotte courte de l'ancien régime et portaient le pantalon.

SANTÉ. Etat salubre, en parlant d'une ville, par opposition à maladie épidémique.

Bureau de santé ou simplement *La Santé*, établissement organisé dans les ports pour empêcher l'introduction des maladies contagieuses, et pour inspecter les navires supçonnés de contagion.

Patente de santé, acte délivré à un navire par les autorités du port d'expédition ou de départ, ou par le consul, afin de constater l'état sanitaire de l'équipage et du pays d'où part le navire.

Corps de santé, le corps des médecins et des chirurgiens attachés aux troupes de terre et de mer. (*Voir* AMBULANCE, HOPITAL MILITAIRE.)

Service de santé, se dit des médecins et des chirurgiens attachés à la personne d'un roi, d'un empereur, d'un prince.

SARRASIN. Synonyme de *musulman* chez les historiens chrétiens du moyen-âge.

Dans l'origine ce nom servait à désigner une tribu particulière de l'Arabie déserte, les *Saracènes* (Sarrasins), qui faisaient la force principale des armées arabes ; mais les Chrétiens étendirent ce nom à tous les Musulmans, soit Arabes, soit Maures, et spécialement à ceux qui occupaient la Palestine, et à ceux qui envahirent l'Afrique, la Sicile, l'Espagne et le midi de la France.

C'est contre les Sarrasins que s'armaient les croisés. La puissance des Sarrasins fut renversée par les Turcs, qu'il ne faut pas confondre avec eux. (*Voir* MAHOMÉTAN, MUSULMAN.)

SATELLES, SATELLITE. Le *satelles* était le vassal du dernier degré.

De ce mot est venu celui de *satellite*, qui servait à désigner un homme armé aux gages et à la suite d'un autre. Il ne s'emploie plus que dans une acception défavorable.

SATISFACTION. (*Voir* RÉPARATION.)

Un Etat a le droit d'exiger satisfaction d'un autre Etat, qui par un acte quelconque a porté atteinte à son honneur ou à sa dignité. La satisfaction peut être accordée, mais elle peut aussi être prise.

La satisfaction peut consister dans une réclamation de dédommagements dans la punition des personnes qui ont offensé l'Etat étranger ou porté atteinte au respect qui lui est dû. La nature et l'étendue de la satisfaction ou de la punition se règlent d'après la nature et la gravité de la violation des droits de cet Etat.

L'Etat offensé ne peut exiger rien d'incompatible avec la dignité et l'indépendance de l'Etat auquel il réclame satisfaction.

Lorsque cette violation a été commise par des fonctionnaires on par des particuliers à l'insu de l'Etat ou sans ses ordres, l'autre Etat offensé doit se borner à réclamer la punition des coupables et la réparation de l'offense, et lorsque les lois pénales d'un Etat ne permettent pas de fournir une satisfaction suffisante, l'Etat offensé ne saurait rendre l'autre Etat directement responsable. (*Voir* RESPONSABILITÉ.)

SATRAPE. Titre des gouverneurs de province chez les anciens Perses.

Les Satrapes, dans les provinces éloignées du roi, étaient en quelque sorte des souverains; car l'usage leur avait donné plusieurs prérogatives de la souveraineté. Leur luxe avait passé en proverbe chez les Grecs.

SAUF-CONDUIT. En général c'est la permission donnée par une autorité publique d'aller dans un endroit, d'y séjourner pendant un certain temps et d'en revenir, sans crainte d'être arrêté.

Il se dit aussi de la permission de laisser passer des marchandises.

En diplomatie, on nomme *sauf-conduit* une sorte de passeport remis en temps de guerre aux étrangers qui doivent se retirer d'un pays en hostilité avec le leur.

Un ministre public ou autre agent diplomatique qui en temps de guerre, pour se rendre à sa destination, est obligé de passer par le territoire des Etats belligérants et particulièrement le territoire de l'Etat avec lequel son propre pays se trouve en hostilité, doit être muni de sauf-conduits délivrés par les autorités de ces Etats.

Les sauf-conduits sont aussi en usage entre les Etats belligérants et leurs commandants d'armée pour la libre circulation des paquebots, des courriers, des parlementaires, etc.

Enfin le *sauf-conduit* est simplement la permission qu'un officier donne, en temps de guerre, de passer sur le terrain que ses troupes occupent.

Les sauf-conduits délivrés en temps de guerre peuvent se diviser en deux classes, l'une comprenant ceux qui sont limités à des lieux et à des objets déterminés, l'autre ceux qui sont généraux, c'est-à-dire qui n'impliquent aucune restriction particulière. Ces derniers ne peuvent être délivrés que par l'autorité suprême du pays, tandis que les premiers rentrent dans la compétence des chefs des armées de terre ou de mer

La validité du sauf-conduit ne dépend pas de l'autorisation personnelle de celui qui le délivre, mais de son caractère officiel.

Le sauf-conduit n'est valable que pour la personne qui y est désignée; mais les licences accordées pour les marchandises sont transmissibles, pourvu qu'il n'y ait pas d'objection particulière contre la personne du porteur.

Le sauf-conduit n'a de valeur que sur le territoire occupé par l'armée qui l'a accordé.

S'il est accordé pour un délai déterminé, il perd sa valeur à l'expiration de ce délai.

Le droit d'annuler ou de révoquer les sauf-conduits appartient, dans l'ordre hiérarchique, aux mêmes autorités qui ont pouvoir de les délivrer et qui seules sont en mesure d'apprécier quand l'intérêt de l'Etat commande d'en faire cesser l'effet.

Le sauf-conduit n'est pas strictement l'équivalent du passeport, duquel il se différencie en ce que le passeport est essentiellement personnel et ne peut servir qu'au porteur, à sa suite et à ses bagages, tandis que le sauf-conduit s'applique presque exclusivement à des choses et à des lieux déterminés, n'a rien d'individuel comme, par exemple, lorsqu'il s'agit du transport de marchandises : les porteurs, sans acception particulière de personne, peuvent pour ce service traverser sans encombre les lignes des armées. (*Voir* PASSEPORT.)

SAUVAGES. Se dit, par opposition à *civilisés*, des peuples qui vivent dans l'état de nature, habitant les bois en petites sociétés, la plupart sans demeure fixe, presque sans lois, sans agriculture, et ne subsistant guère que du produit de la chasse.

C'est dans cet état qu'on a trouvé les peuplades qui couvraient la plus grande partie de l'Amérique, de l'intérieur de l'Afrique et des îles de l'Océanie, lors de la découverte de ces contrées.

On ne saurait nier qu'à cette époque les sauvages (généralement désignés sous la dénomination d'*Indiens* en Amérique) étaient légitimes possesseurs du territoire sur lequel ils se mouvaient et devaient être, à ce titre, considérés comme souverains indépendants; mais du moment qu'ils ont laissé envahir ce territoire par la civilisation, leur droit de possession n'est plus devenu qu'un simple droit d'*occupation*, qui dans la plupart des cas s'est éteint soit par l'aliénation volontaire de la propriété, soit par l'expatriation de la tribu sur un autre territoire plus éloigné, soit par la soumission à la nation civilisée, qui contracte alors envers eux des engagements d'entretien, de pacification et de protection, comme aussi par rapport à eux vis-à-vis des autres nations les responsabilités réciproques du droit des gens.

Quand des nations civilisées sont en hostilité ouverte, le droit international leur interdit d'enrôler dans leurs armées des sauvages auxquels les lois de la guerre sont inconnues.

La barbarie, qu'il ne faut pas confondre avec l'état sauvage, est intermédiaire entre celui-ci et l'état de société civilisée. *(Voir* BARBARES.)

SAUVEGARDE. Protection accordée par une autorité quelconque à une personne qui autrement serait menacée.

Lorsqu'un général investi d'un commandement veut protéger des personnes ou des propriétés placées dans une situation exceptionnelle, il délivre un ordre spécial de protection connu sous le nom de *sauvegarde*. Ce document s'applique le plus souvent à des archives, à des bibliothèques ou à d'autres édifices publics, à des propriétés amies ou neutres, et quelquefois à des biens ennemis.

Les *sauvegardes* sont surtout usitées au moment de l'assaut d'une place ou après une bataille, afin de prévenir les excès de la soldatesque.

On distingue deux sortes de sauvegardes :

1º L'une effective ou en nature, lorsqu'un ou plusieurs soldats sont accordés pour mettre l'endroit à couvert d'hostilités : ces gardes sont payés, nourris et récompensés; ils sont inviolables, et l'ennemi, lors même qu'il chasse son adversaire de ces contrées, doit les lui renvoyer en sûreté.

2º L'autre sauvegarde, qui s'accorde par *écrit*, n'est qu'une défense faite par un chef de corps de commettre des hostilités dans un certain endroit, auquel cette prérogative est accordée; parfois la sauvegarde est indiquée par l'érection de poteaux dits de sauvegarde ou de neutralité.

Quelquefois même les puissances conviennent de la neutralité d'une ou de plusieurs de leurs provinces en continuant à faire la guerre à l'égard des autres.

La sauvegarde, n'étant au fond qu'une espèce particulière de passeport ou de sauf-conduit, est soumise aux mêmes règles que ceux-ci pour l'interprétation des droits et des prérogatives qui y sont attachés. *(Voir* SAUF-CONDUIT, PASSEPORT.)

SAUVETAGE. Action de retirer des flots et de recueillir les débris d'un naufrage; surveillance et soins donnés au recouvrement des débris d'un navire naufragé et de son chargement.

Se dit aussi de l'action de sauver les personnes tombées à la mer.

L'obligation du sauvetage est un devoir sacré, qui a remplacé le droit que dans les temps barbares on croyait avoir de s'emparer des objets naufragés : de nos jours nul ne peut s'emparer de la personne ou des biens des naufragés. *(Voir* NAUFRAGE.) Les Etats situés au bord de la mer sont même tenus d'employer tous les moyens à leur portée pour secourir les navires en détresse.

Les objets naufragés ou de jet à la mer qui ont été sauvés sont restitués à leurs propriétaires sur leur réclamation, à charge par eux de payer les frais occasionnés par le sauvetage; en effet les habitants qui ont aidé au sauvetage ont droit à une rémunération équitable, et chaque Etat a le droit de réclamer le remboursement des dépenses qu'il a faites pour le sauvetage au gouvernement duquel le navire naufragé dépend, si ses propriétaires ne sont pas en mesure de rembourser eux-mêmes ces frais; d'ailleurs les objets sauvés et les débris peuvent être affectés à ce paiement. Toutefois chaque Etat doit supporter les frais d'organisation du sauvetage sans être justifié à en demander le remboursement aux autres Etats.

Généralement les autorités locales doivent concourir au sauvetage.

Lorsqu'un naufrage survient dans leur circonscription consulaire ou dans le voisinage, il est du devoir des consuls de prendre les mesures nécessaires pour le sauvetage ou la conservation du navire et de son chargement. Ils peuvent ensuite procéder, s'il y a lieu, à la vente des objets sauvés, prendre soin de la liquidation sous leur responsabilité, et en rendre compte aux parties intéressées par l'entremise de leur gouvernement. *(Voir* CONSUL.)

SCANDINAVISME. Sous ce nom on désigne l'aspiration attribuée aux populations de race scandinave — Suède, Norwége et Danemark — de former un seul Etat ou du moins une confédération.

SCEAU. Grand cachet, sur lequel sont gravées en creux l'effigie, les armoiries, la devise d'un Etat, d'un souverain, d'un corps, d'une communauté, d'un officier public, desquels on fait des empreintes sur des actes, des lettres, des diplômes, etc., pour les rendre authentiques.

Les sceaux anciens qui n'étaient, à proprement dire, que des cachets, étaient ordinairement gravées sur le chaton de bagues, ou d'anneaux, ou sur des pierres précieuses.

On applique les sceaux sur de la cire, sur une pâte de carton, ou sur quelque autre matière, soit sec sur l'acte même par une forte pression mécanique, afin d'y laisser leur empreinte. On donne aussi le nom de sceaux aux empreintes mêmes du sceau ainsi obtenues. On appelle *contre-sceau* un sceau apposé au revers de la première empreinte.

Autrefois les sceaux servaient de signature; on les appliquait sur le document même. Plus tard on les a attachés ou suspendus, par un ruban de soie ou autrement, aux actes auxquels on veut donner un caractère d'authenticité. Les *instruments* diplomatiques, c'est-à-dire les originaux des traités publics, sont encore accompagnés de sceaux pendants.

Dans les expéditions manuscrites ou dans la reproduction par la presse des documents sur lesquels des sceaux ont été apposés, on indique par les initiales L. S. la place du sceau.

Le *sceau* ou les *sceaux de l'Etat*, ou simplement *les sceaux*, sont ceux, qu'on appose à tous les actes émanant directement de l'autorité souveraine.

Dans l'ancienne monarchie française il y avait le *grand sceau*, qui représentait le roi dans ses habits royaux et assis sur son trône : il s'apposait sur de la cire jaune ouverte, et servait à sceller les édits, les privilèges, les grâces, les patentes; et le *petit sceau*, qui portait seulement les armes du roi et servait à expédier les actes de justice : c'était celui des chancelleries, des parlements.

Le soin de garder et d'apposer le sceau de l'Etat a été de tout temps confié à un haut fonctionnaire, appelé, selon les époques, *grand référendaire, chancelier* ou *garde des sceaux* (Voir ces termes).

En France actuellement le titre de *Garde des sceaux* est attribué au ministre de la justice, assisté pour cette partie de ses fonctions par douze *référendaires au sceau. (Voir* RÉFÉRENDAIRE.)

De plus il y a auprès de chaque ambassade, de chaque légation et de chaque consulat, un fonctionnaire chargé de sceller les pièces authentiques, et qu'on nomme *Chancelier* (voir ce mot).

La contrefaçon du sceau de l'Etat et l'usage d'un sceau contre-fait sont punis de peines les plus sévères et donnent lieu à extradition.

Le Pape a deux sceaux : l'anneau du pêcheur, qui consiste en un gros anneau, sur le chaton duquel est gravée la figure de Saint-Pierre tirant ses filets remplis de poissons; il s'applique sur les brefs apostoliques et les lettres secrètes; l'empreinte s'en fait sur la cire rouge; l'autre sceau pontifical porte d'un côté la tête de Saint-Pierre à droite et celle de Saint-Paul à gauche, avec une croix entre les deux, et de l'autre côté le nom du Pape avec ses armes; il sert pour les bulles, et s'imprime sur du plomb.

SCELLÉ. Cire molle qu'on appose, par autorité de justice, en y empreignant un cachet officiel, sur les ouvertures d'un appartement ou d'un meuble, afin d'assurer la conservation intégrale de ce qu'il renferme.

Le *bris de scellé* est le délit qu'on commet en brisant un scellé; il est puni de peines plus ou moins sévères selon le cas. Se dit aussi de l'acte même par lequel un magistrat appose le sceau de l'autorité publique sur des objets quelconques, afin d'éviter tout détournement jusqu'à ce qu'on ait pu faire l'inventaire.

Les scellés peuvent être mis dans un grand nombre de cas, mais principalement ceux d'absence, de décès, de faillite.

Généralement les consuls à l'étranger, lorsqu'un de leurs nationaux meurt dans le pays de leur résidence, et qu'il n'y a ni testament ni héritier sur les lieux, font apposer les scellés sur les objets laissés par le décédé, comme s'il s'agissait d'une succession vacante. En cas d'intervention de l'autorité du pays, le consul croise ou les sceaux, si les traités ou les usages ne s'y opposent pas, ceux des officiers de la localité. (*Voir* CONSUL, SUCCESSION.)

Lorsqu'un ministre étranger meurt dans l'exercice de ses fonctions, le secrétaire de l'ambassade ou de la légation doit avant tout apposer les scellés sur les papiers officiels et aussi s'il en est besoin, sur les effets personnels du défunt. A défaut d'un secrétaire de la légation, le représentant de quelque puissance alliée ou amie peut faire procéder à cette formalité, et lorsqu'aucun envoyé étranger ne peut s'aquitter de cette tâche, l'apposition des scellés a lieu par les soins des autorités du pays où le ministre décédé était en mission; mais ces autorités doivent s'abstenir d'examiner ses papiers et se borner à les mettre en sûreté.

. SCEPTRE. Bâton de commandement, qui était un des insignes du pouvoir impérial ou royal.

Se prend au figuré pour le pouvoir souverain, pour la royauté même.

SCHAH. Titre que le souverain de la Perse joint à son nom. C'est un mot persan équivalent à roi ou à empereur.

C'est sous ce titre que les Européens désignent ce monarque.

SCHEIK (Voir CHEIK).

SCHISMATIQUE. Qui fait schisme, qui est dans le schisme, qui se sépare de la communion d'une Eglise.

Les Grecs qui ne suivent plus le rite catholique, sont qualifiés de schismatiques.

Dans le mahométanisme, les Persans sont schismatiques aux yeux des Turcs.

SCHISME. Nom donné en général à toute séparation ou désunion d'hommes unis précédemment dans une même communion religieuse.

Se dit particulièrement de toute division religieuse provenant du refus d'un certain nombre d'églises ou d'individus de demeurer en communion avec l'Eglise catholique et l'autorité du Saint-Siège.

Il ne faut pas confondre le schisme avec l'hérésie : le schisme a pour résultat principal de rompre l'unité de ministère ecclésiastique, tandis que l'hérésie rompt l'unité de doctrine ; au surplus le schisme implique nécessairement l'hérésie, car c'est l'erreur ou la dissidence dans la doctrine qui l'engendre le plus souvent : ainsi les orthodoxes grecs sont schismatiques et les protestants sont hérétiques.

Les schismes les plus célèbres, dont les conséquences subsistent encore, sont le schisme d'Orient, qui sépare l'Eglise grecque de la communion avec l'Eglise romaine depuis l'an 1053; et le schisme d'Angleterre qui a séparé les Anglais de la Papauté sous le règne de Henri VIII en 1534 et a eu pour conséquence la constitution de l'Eglise anglicane.

SCIENCE. Ensemble de connaissances sur une matière, mais plus particulièrement de notions liées entre elles par la nature même des choses, systématisées par l'application du raisonnement et de la méthode, et devenues l'objet d'une étude spéciale.

Ainsi la science du droit international, est l'ensemble des faits qui se rapportent aux relations des divers peuples entre eux et l'étude des principes et des règles qui s'en déduisent pour régir leur conduite réciproque et pour décider les conflits entre leurs lois et leurs usages divers. (Voir DROIT DES GENS, INTERNATIONAL.)

SCISSION. Division dans une assemblée politique, un parti, un Etat.

Partage des opinions ou des voix dans les votes.

SCRIBE. Nom donné chez les Juifs aux docteurs qui enseignaient et interprétaient la loi de Moïse.

Chez les Grecs et chez les Romains, les scribes étaient des employés chargés de transcrire les lois, les édits, les jugements, les actes publics.

Au moyen-âge, on désignait par scribes des fonctionnaires qui étaient chargés de certaines rédactions et soumis au chancelier, et qui résidaient dans certaines villes.

Le titre de scribe était aussi employé comme synonyme de celui de greffier.

Aujourd'hui on nomme scribe un homme qui fait des copies.

SCRUTATEUR. Celui qui, dans les assemblées délibérantes où l'on vote par suffrages secrets, est chargé de vérifier et de dépouiller le scrutin.

Dans les conciles, les scrutateurs recueillent les suffrages, les mettent par écrit, puis les portent au bureau des consulteurs pour y être comptés.

SCRUTIN. Opération qui consiste à recueillir les votes d'une assemblée, exprimés au moyen d'une boule blanche ou noire, ou d'un bulletin ou billet plié : ce qui empêche que ceux qui donnent leur voix pour ou contre ne soient connus.

Ces bulletins ou ces boules, jetés dans une boîte ou dans une urne, sont examinés et comptés par les personnes désignées comme scrutateurs, lesquelles proclament le résultat du scrutin, c'est-à-dire ou les candidats qui ont obtenu le plus grand nombre de suffrages, ou le nombre des boules blanches et des boules noires en faveur d'une mesure ou d'une loi proposée ou contre elle.

Quand il s'agit de nominations ou d'élections, on distingue le scrutin individuel, où les votants inscrivent le nom d'une seule personne sur leur bulletin, et le *scrutin de liste*, où l'on écrit sur le bulletin autant de noms qu'il y a de nominations à faire.

On nomme *scrutin secret* le scrutin dans lequel le bulletin de vote est déposé dans l'urne plié et fermé.

Le *scrutin découvert* est celui dans lequel chacun fait connaître son vote.

Le *scrutin de ballottage* est un second tour de scrutin, auquel on procède lorsque dans une élection, au premier tour, deux concurrents ont obtenu le même nombre de voix ou qu'aucun n'a eu la majorité voulue.

SÉANCE. Le temps pendant lequel une assemblée, un corps politique, un conseil, un tribunal est réuni pour s'occuper de ses travaux; la réunion même des membres de cette assemblée.

Il y a des *séances ordinaires* — celles qui sont fixées par les règlements; et des *séances extraordinaires* — celles dont la convocation, n'étant pas prescrite par ces règlements, a lieu par une résolution exceptionnelle et expresse de l'assemblée ou de l'autorité qui a le droit de la convoquer.

„*La séance est ouverte*", „*la séance est levée*" : formules par lesquelles le président d'une assemblée annonce que la séance commence, ou qu'elle est terminée.

Tenir séance, être assemblé pour délibérer.

Séance tenante, dans le cours de la séance, avant que la séance soit terminée.

Séance signifie aussi le droit de siéger, de prendre place dans une assemblée, dans une compagnie réglée.

Certaines fonctions, certains titres donnent *séance* dans certains corps ou assemblées.

SÉCESSION. En politique, se dit de la séparation d'un ou de plusieurs Etats confédérés d'avec la fédération dont ils font partie : ainsi la séparation des Etats du sud dans l'Union américaine du nord.

SECOURS. Aide, assistance dans le besoin, dans le danger; dans un sens particulier, troupes envoyées au secours d'une armée, dont les troupes sont trop faibles pour résister à l'ennemi.

Les Etats se doivent mutuellement protection et assistance. L'étendue et la portée de leurs devoirs sous ce rapport dépendent à la fois des circonstances et de la situation particulière dans laquelle chaque nation se trouve placée.

Ainsi lorsqu'un peuple est affligé par la famine ou par toute autre calamité publique, incendies, inondations, tremblements de terre, etc., l'humanité fait aux autres peuples un devoir de lui venir en aide.

C'est encore un devoir reconnu par toutes les nations civilisées de porter secours aux naufragés, et les puissances maritimes se sont même engagées par des traités à fournir les moyens nécessaires pour opérer ou faciliter leur sauvetage.

Cependant, à part toutefois les cas auxquels nous venons de faire allusion, le devoir de secours et de protection mutuelle cesse de faire sentir son action, lorsque la guerre a éclaté entre deux Etats, parce qu'il se heurte contre le droit souverain des belligérants et contre un devoir plus impératif encore, celui de la neutralité. Ainsi, tant qu'une ville est assiégée ou qu'un port est bloqué, les autres peuples doivent s'interdire de venir à leur aide, si ce n'est les alliés du belligérant ainsi en détresse, qui du reste sont exposés, comme lui, à tous les risques et à toutes les responsabilités de la lutte.

Mais dès que la guerre cesse ou s'est portée sur un autre point du territoire, les Etats neutres sont libres et même moralement obligés de n'écouter que la voix de l'humanité pour soulager par tous les moyens en leur pouvoir les souffrances qu'ils ont été impuissants à prévenir.

Toutefois dans ces derniers temps il a été fait une sorte d'exception, autorisée par le concours presqu'unanime des Etats, à la rigueur des lois de la neutralité : des sociétés, composées de personnes de nationalités diverses, se sont formées pour porter des secours aux blessés sur les champs de bataille ou dans les hôpitaux militaires, qu'ils appartiennent à l'un ou l'autre des belligérants. (*Voir* BLESSÉS MILITAIRES, CONVENTION DE GENÈVE.)

SECOURS MILITAIRES. Ces secours peuvent consister en un certain nombre de troupes ou de bâtiments de guerre, une certaine quantité de matériel de guerre mis à la disposition d'un belligérant. (*Voir* ARMES, NAVIRES, MATÉRIEL DE GUERRE.)

Lorsqu'il y a alliance entre deux Etats, celui qui vient à faire la guerre est en droit de réclamer de son allié des secours dans la mesure des stipulations du traité ou du pacte d'alliance. (*Voir* ALLIANCE.)

Souvent l'envoi de troupes ou de navires résulte d'un traité antérieur conclu entre deux Etats, par lequel l'un, sans prendre directement part à une guerre comme partie principale, s'engage à y concourir indirectement en fournissant à l'autre le secours stipulé, soit moyennant une indemnité, soit sous d'autres conditions. Les engagements de ce genre, lorsqu'il ne s'y rattache pas d'autres obligations plus précises, ne transforment pas nécessairement en allié l'Etat qui fournit le secours; mais l'envoi du secours constitue par lui-même un acte hostile qui détruit la neutralité et implique virtuellement toutes les conséquences de l'état de guerre.

En envoyant à un belligérant des hommes ou du matériel de guerre, l'Etat neutre enfreint les devoirs que lui impose la neutralité. Mais si des citoyens d'un Etat neutre s'enrôlent au service de l'un des belligérants sans l'autorisation du gouvernement neutre, ce gouvernement ne peut être tenu responsable d'un acte dont il n'a pas pris l'initiative; toutefois il encourrait le reproche fondé de violer la neutralité, s'il tolérait sciemment sur son territoire la formation de corps francs ou de volontaires destinés à seconder l'un des belligérants au détriment de l'autre. En tout cas ses ressortissants ainsi compromis perdent tout droit à sa protection directe et sont traités en ennemis.

Lorsqu'un Etat s'est engagé par des traités antérieurs, à une époque où l'on ne pouvait prévoir la déclaration de guerre, à fournir des secours en hommes à un Etat devenu belligérant, la participation de ces troupes aux hostilités ne peut être considérée comme contraire à la neutralité de l'Etat qui les a fournies, pourvu que cet Etat manifeste sa résolution de demeurer neutre et d'observer strictement les conditions du traité qui l'oblige. Quoi qu'il en soit, les troupes fournies au belligérant sont considérées comme troupes ennemies.

Quant aux navires de guerre, l'Etat neutre doit non seulement s'abstenir d'en livrer à l'un des belligérants; mais il doit en outre empêcher que des particuliers n'en arment sur son territoire pour les livrer à l'une des parties en guerre. (*Voir* NEUTRE, NEUTRALITÉ.)

SECRET, SECRÈTE. Se dit des assemblées quand elles se ferment au public.

Comité secret, séance où une assemblée délibère à huis-clos.

Conseil secret du roi, conseil où l'on examinait les affaires les plus importantes et où quelques membres du Conseil d'Etat avaient seuls droit de siéger.

Fonds secrets, fonds dont un gouvernement use sans être obligé d'en rendre compte; le plus généralement ils sont destinés à un service de police ou de diplomatie.

SECRET de la correspondance diplomatique.

Dans la plupart des cas la correspondance qu'un gouvernement entretient avec ses représentants ou ses agents à l'étranger est de nature à ne pas être divulguée, soit qu'elle renferme des instructions particulières pour celui qui les reçoit, soit que la publicité donnée intempestivement à certains faits, à certaines communications puisse entraver la marche de négociations pendantes.

C'est pour obtenir le secret nécessaire en pareilles circonstances que les gouvernements ont recours aux *chiffres*, dont eux et leurs agents connaissent seuls la clef. (*Voir* CHIFFRE.)

Quant à l'envoi des lettres et des dépêches, il s'opère par la poste commune, ou par des messagers, des courriers et des voyageurs sûrs et de confiance. Mais partout aujourd'hui le secret de la poste est respecté en temps de paix, et l'on regarderait comme une violation du droit des gens l'ouverture des lettres de quelque manière qu'elle s'exécutât, et à plus forte raison s'il s'agissait de la correspondance des ministres publics avec leur gouvernement.

SECRÉTAIRE. Celui qui est chargé d'écrire des lettres ou des dépêches pour une personne par laquelle il est employé: tel est, par exemple, le secrétaire des commandements d'un prince.

Autrefois on appelait en France secrétaires du roi, des officiers chargés de rédiger les lettres expédiées en chancellerie.

Employé qui rédige par écrit les délibérations d'une assemblée: par exemple, les secrétaires du sénat, de la Chambre des députés.

Fonctionnaire chargé de garder les archives, d'expédier et de contresigner les actes, d'entretenir la correspondance d'une administration, d'une corporation: secrétaire général du Conseil d'Etat, d'un ministère, d'une préfecture, d'une mairie.

SECRÉTAIRE d'ambassade ou de légation.

Celui qui est nommé par le gouvernement pour rédiger et pour écrire les dépêches d'une ambassade ou d'une légation.

La carrière diplomatique compte dans presque tous les pays trois classes de secrétaires.

Quelquefois les secrétaires d'ambassade ou de légation sont en même temps revêtus du caractère de conseillers; en effet certains gouvernements donnent aux premiers secrétaires de leurs missions le titre de *conseillers d'ambassade ou de légation. (Voir* CONSEILLER.)

Dans les ambassades ou les légations importantes il y a ordinairement plusieurs secrétaires de classes différentes.

Les attributions des secrétaires varient d'après les règlements intérieurs de chaque pays. Le plus habituellement elles consistent à seconder en tout le ministre sous les ordres duquel ils sont placés, à rédiger et à expédier les notes et les dépêches officielles, à s'acquitter de missions verbales auprès des administrations publiques du pays où ils résident ou auprès des autres représentants étrangers; à classer et à surveiller les archives de la mission; à chiffrer ou à déchiffrer les dépêches, à minuter les notes ou les lettres que le ministre peut avoir à écrire sur des réclamations ou des affaires particulières; enfin, en l'absence de chancellerie régulièrement organisée, à dresser les protocoles et les procès-verbaux, à recevoir et à légaliser les actes de l'état-civil, les certificats de vie et les autres pièces intéressant leurs nationaux, à délivrer et à viser les passeports, etc.

A moins d'ordres formels contraires, il est de règle que le conseiller d'ambassade ou de légation, ou, à son défaut, le premier secrétaire supplée le chef de mission empêché ou absent, et qu'il soit présenté au ministre des affaires étrangères du pays comme *chargé par intérim des affaires* de l'ambassade ou de la légation.

Ces secrétaires d'ambassade et de légation ont droit à certains privilèges, à certaines immunités.

Le secrétaire particulier n'est attaché qu'à la personne de l'ambassadeur ou du ministre, et ne relève que de celui qui l'emploie; il n'en est pas de même des secrétaires d'une ambassade ou d'une légation, qui sont nommés par le gouvernement lui-même, et dont la nomination est notifiée au ministre des affaires étrangères du pays où ils doivent résider; ils sont ordinairement présentés au souverain de ce pays par le chef du poste auquel ils sont attachés; ils appartiennent à la fois au poste et à la carrière diplomatique, et sont à ce titre revêtus d'un certain caractère de représentation; aussi jouissent-ils d'immunités propres, indépendantes de celles de l'ambassadeur ou du chef de légation, aux ordres duquel ils ne sont soumis que dans la mesure prévue par les instructions du gouvernement qui les a nommés. Les secrétaires d'ambassade ou de légation jouissent spécialement, comme personnes officielles, des privilèges des agents diplomatiques en ce qui touche l'exemption de la juridiction locale; mais ils n'ont droit à aucun cérémonial. (*Voir* AGENT DIPLOMATIQUE, MINISTRE, AMBASSADE, LÉGATION.)

Il faut distinguer les secrétaires d'ambassade et de légation, des secrétaires privés du ministre, qui, dans la règle, ne sont employés qu'aux affaires privées de celui-ci, à sa correspondance particulière, aux détails qui ne l'intéressent que comme individu.

Toutefois on admet que, faisant partie de la maison du ministre, les secrétaires privés, sans avoir aucun droit aux immunités diplomatiques, comme par un reflet de l'indépendance dont le ministre est revêtu, sont comme lui exempts de la juridiction civile, quoiqu'ils n'aient aucun caractère public.

SECRÉTAIRE D'ÉTAT. Titre de chacun des ministres qui dirigent un département administratif et contresignent les ordonnances du chef de l'Etat. (*Voir* MINISTRE.)

Dans plusieurs pays le titre de secrétaire d'État est particulier au ministre ou chef du département des affaires étrangères. (*Voir* ÉTAT.)

SECRÉTAIRERIE. Lieu où les secrétaires d'un gouverneur, d'un ambassadeur, etc., font et délivrent leurs expéditions et gardent les minutes.

Se dit aussi de l'ensemble des employés de la secrétairerie.

SECRÉTAIRES INTERPRÈTES. C'est le titre qu'on donne à des fonctionnaires attachés aux ambassades ou aux légations établies auprès de la Porte ottomane et des gouvernements asiatiques ou africains, et par réciprocité, dans celles de ces gouvernements auprès des Etats européens.

Leur mission consiste à traduire les

documents dans la langue du pays où réside l'ambassadeur ou le ministre public, et à lui servir d'interprète dans ses relations avec le gouvernement local. (*Voir* DROGMAN, INTERPRÈTE.)

En France, on donne spécialement le titre de *secrétaires interprètes* à des fonctionnaires attachés au ministère des affaires étrangères pour remplir l'office de drogmans. Ils sont au nombre de trois, et l'un d'eux a le titre de premier secrétaire.

SECRÉTARIAT. Fonction de secrétaire.

Lieu où le secrétaire d'une administration, d'une compagnie, d'une ambassade ou légation, etc., fait et délivre ses expéditions, et où sont déposés les archives, les registres dont la garde lui est confiée.

SECTAIRE. En général membre d'une secte, et particulièrement celui qui appartient à une secte religieuse condamnée par la communion principale de laquelle elle s'est détachée; il se dit surtout d'une secte nouvelle qui s'efforce de faire prévaloir sa doctrine.

SECTE. Parti composé de personnes qui font profession d'une même doctrine : secte politique, secte de philosophes; la secte des épicuriens, des stoïciens, etc.

En religion, c'est le nom que les dissidents se donnent les uns aux autres en y attachant une idée d'erreur ou d'hérésie : ainsi les protestants sont divisés en plusieurs sectes : luthériens, calvinistes, anglicans, etc.

SECTION. Division ou subdivision d'un livre, d'un acte public, d'une loi, d'un traité : dans ce sens *section* peut être pris comme le synonyme ou l'équivalent de chapitre ou d'article.

Le plus ordinairement les chapitres forment la division principale; ils se subdivisent en articles et les articles en sections; mais dans plusieurs Etats, la division par sections est seule en usage pour le libellé des lois, des actes publics et des traités internationaux.

Dans une autre acception, *section* se dit de la division d'un corps administratif, d'un tribunal : les sections du conseil d'Etat, la section du contentieux, etc.

SÉCULARISATION. Acte par lequel on rend à la vie séculière ou laïque un prêtre, un moine, une communauté religieuse.

Acte en vertu duquel un bénéfice cesse d'appartenir au clergé, un endroit, un édifice cesse d'être considéré comme sacré.

SÉCULIER. Qui n'est pas engagé par des vœux dans une communauté religieuse.

Le clergé *séculier* est celui qui vit dans le monde, tandis que le clergé *régulier* comprend tous les *clercs* astreints à une règle monastique.

Se dit de laïques par opposition aux ecclésiastiques.

La *juridiction séculière*, le *bras séculier*, puissance de la justice temporelle ou justice civile.

SÉDENTAIRE. Se dit d'un emploi qui s'exerce sans sortir d'un même lieu.

Signifie aussi fixe, permanent, attaché à un lieu, par opposition à ambulatoire : ainsi une cour d'appel est sédentaire, parce qu'elle demeure d'une façon permanente dans la ville où elle a son siège; mais une cour d'assises est ambulatoire, puisqu'elle est composée de juges détachés d'autres cours ou tribunaux de justice.

En administration militaire, on nomme *sédentaires* des troupes qui ne changent point de garnison et ne se mettent jamais en campagne.

SÉDITIEUX. Qui prend part à une sédition, qui pousse à la sédition. (*Voir* REBELLE.)

SÉDITION. Trouble contre l'ordre public, soulèvement contre l'autorité légale, contre le pouvoir établi.

On reconnaît cette différence entre l'*émeute* et la *sédition*, que l'émeute est le plus souvent le fait d'un attroupement fortuit, sans chef, sans dessein prémédité, tandis que la sédition est concertée par des meneurs et obéit à un mot d'ordre. (*Voir* INSURRECTION, RÉBELLION, RÉVOLTE, SOULÈVEMENT.)

SEIGNEUR. Celui qui possédait un fief et avait une autorité et des droits particuliers sur les propriétés et les personnes comprises dans ce fief.

Par extension, maître, possesseur d'un pays, d'un Etat. — On appelait *seigneur temporel* celui qui exerçait la justice temporelle sur un certain territoire; et *seigneur spirituel* le prélat qui avait la puissance publique ecclésiastique dans un certain district.

Titre honorifique qu'on donne à quelques personnes distinguées par leur dignité ou par leur rang : un seigneur de la cour, un grand seigneur ou d'un très haut rang.

25*

Le *Grand Seigneur* se dit du Sultan, Empereur des Turcs.

Dans plusieurs villes d'Italie, *Seigneur* est le titre du chef de la cité.

Titre qu'on donnait collectivement aux membres des Etats-Généraux et des Cours souveraines.

Seigneur se disait autrefois comme terme de civilité à peu près comme on dit aujourd'hui Monsieur.

Pris absolument, le *Seigneur* (toujours avec une S majuscule) signifie Dieu.

Le *jour du Seigneur*, c'est le samedi chez les Juifs, le dimanche pour les Chrétiens.

Notre Seigneur (avec une N et une S majuscules), se dit de Jésus-Christ.

La date de la plupart des traités se marque en indiquant le millésime par l'année de Notre Seigneur (en abrégé N. S.), c'est-à-dire l'année de l'ère chrétienne supputée depuis la venue de Jésus-Christ.

SEIGNEURIE. Droit, autorité qu'un homme a sur la terre dont il est le seigneur et sur tout ce qui en relève.

La terre seigneuriale.

Mouvances, droits féodaux d'une terre, indépendamment de la terre elle-même,

Titre d'honneur donné aux pairs d'Angleterre. (Le mot anglais *lord* signifiant *seigneur,* et *lordship,* Seigneurie.)

Ce titre se donnait aussi aux anciens pairs de France, et se donne aux membres de la Chambre des Seigneurs de Prusse.

SEING. La marque ou le signe qu'une personne met à un écrit pour garantir qu'il émane d'elle.

Autrefois, quand un noble ne savait pas écrire, il suppléait à la signature de son nom par le seing et le sceau.

Signature d'une personne apposée par elle-même au bas d'une lettre, d'un acte pour le confirmer, le rendre valable.

Seing privé, signature qui n'a pas été faite en présence d'un officier public : on oppose les actes *sous seing privé* aux actes *authentiques, notariés.*

Blanc seing, papier signé d'avance qu'on confie à quelqu'un pour qu'il le remplisse à sa volonté.

SÉJOUR. Résidence plus ou moins longue dans un endroit, dans un pays. En principe, le souverain qui voyage ou séjourne hors de son territoire, est exempt de la juridiction criminelle du pays où il se trouve. Cependant il peut se présenter des cas où cette règle devient inapplicable.

Ainsi, lorsqu'il y a rupture des relations d'amitié et de bonne intelligence entre deux pays, il n'est pas défendu à l'un des souverains de s'opposer à l'arrivée ou au séjour de l'autre sur son territoire. On peut également supposer qu'un prince abuse de l'hospitalité qu'il a reçue pour fomenter des troubles, nouer des intrigues ; il est évident que dans de pareilles conditions, le droit des gens autorise pleinement le gouvernement territorial à faire sentir l'empire de ses lois au souverain étranger qui aurait le premier méconnu le devoir de sa haute position et les obligations internationales. (*Voir* EXTERRITORIALITÉ, SOUVERAIN.)

Les étrangers qui séjournent temporairement dans un pays ne doivent pas être astreints à payer les impôts ordinaires. Cependant on peut prélever sur eux, comme sur les nationaux, des droits à l'occasion de certains services publics ; il est même des pays qui n'accordent de permis de séjour que moyennant le paiement d'une certaine taxe.

SELFGOVERNMENT. Mot anglais qui signifie *gouvernement par soi-même,* ou gouvernement direct par les citoyens.

C'est, à proprement dire, le principe constitutionnel appliqué aux affaires locales.

SEMONCE. Terme de marine. Ordre donné, au moyen du porte-voix, par un navire à un autre de se faire connaître pour ami ou ennemi, ou pour neutre.

Lorsque les navires ne sont pas assez proches pour se faire entendre, cet ordre est accompagné d'un coup de canon, dit de *semonce* ou d'assurance.

La *semonce* est aussi le coup de canon par lequel un navire de guerre ou un corsaire manifeste l'intention de visiter un navire marchand.

Aussitôt qu'un bâtiment belligérant a fait le signal convenu pour annoncer à un navire neutre son dessein d'exercer le droit de visite, aussitôt qu'il a tiré son coup de canon de semonce, le navire neutre doit s'arrêter et attendre que le croiseur soit arrivé à une distance assez rapprochée pour mettre son embarcation à la mer et procéder aux formalités de la visite.

Le navire neutre ainsi semoncé ne peut se soustraire à la visite par la fuite et encore moins par la résistance de force ; en cas de résistance ou de combat, il serait de bonne prise.

(*Voir* VISITE, NEUTRALITÉ).

SÉNAT. Nom porté par certaines assemblées législatives chez plusieurs peuples à diverses époques.

Dans l'ancienne Rome et dans les républiques de la Grèce, c'était le conseil suprême de la nation.

Dans quelques Etats modernes on applique la dénomination de *sénat* à des corps délibérants, politiques ou non.

En Prusse, les cours de justice se divisaient en *sénat civil* et en *sénat criminel*.

Les universités de l'Allemagne sont régies par un *sénat académique*, composé des professeurs ordinaires et sur lequel les gouvernements exercent un contrôle par l'entremise de commissaires spéciaux.

Il existe en Russie un *sénat dirigeant*, qui est le tribunal suprême de l'empire, juge en dernier ressort les affaires concernant l'administration inférieure, publie les lois et les ukases, en surveille l'exécution, décide les questions de législation controversées et pourvoit à la garde des archives de l'Etat.

SÉNATEUR. Celui qui est membre d'un Sénat.

Dans la Rome moderne on appelle *sénateur* le magistrat qui est à la tête du corps municipal.

SÉNATUS-CONSULTE. Décision de l'ancien sénat de Rome, relative aux affaires publiques.

Cette dénomination avait été adoptée en France pour désigner les décisions rendues par le sénat sous le premier et le second Empire. Les sénatus-consultes étaient soumis à la sanction de l'Empereur.

SÉNÉCHAL. En France autrefois le sénéchal était un grand-officier de la couronne, qui avait la surintendance de la maison du roi et des finances, rendait la justice au nom du roi, commandait la noblesse lorsqu'elle était convoquée pour l'arrière-ban, et portait à l'armée la bannière royale.

Le grand-sénéchal, qui remplaça, sous la seconde race des rois de France, le maire du palais, était la première dignité du royaume; il avait sous ses ordres plusieurs sénéchaux d'un ordre inférieur; ses fonctions, supprimées en 1191, passèrent au connétable et au grand-maître de la maison du roi.

Depuis les sénéchaux n'ont plus été que des fonctionnaires subalternes, rendant la justice, soit au nom du roi, soit au nom des Seigneurs.

Il y a eu aussi en Angleterre un grand-sénéchal (*Lord high stewart),* qui occupait également le premier rang dans le royaume. Cette dignité a été abolie vers la fin du 14e siècle. Cependant le roi crée parfois un grand-sénéchal pour des circonstances particulières, telles que le couronnement, le jugement d'un pair du royaume accusé d'un crime capital.

Le titre de grand-sénéchal existe encore dans certaines Cours de l'Allemagne.

SÉNÉCHAUSSÉE. On appelait ainsi le pays compris dans le ressort de la juridiction d'un sénéchal.

C'était aussi le tribunal dont le sénéchal était le chef, et le lieu où se tenait ce tribunal.

SENTENCE. Jugement rendu par des juges, par des arbitres, par une assemblée.

Se dit particulièrement des jugements rendus par les tribunaux inférieurs et par les cours d'assises.

Sentence judiciaire, rendue par des juges, par un tribunal, une cour de justice.

Sentence capitale, qui prononce la peine de mort.

Sentence contradictoire, rendue après débat, par opposition à décision rendue par défaut ou par contumace.

Sentence arbitrale, prononcée par des arbitres. Les sentences arbitrales ont pour les parties les effets de transactions régulières. (*Voir* ARBITRAGE.)

SÉPARATION D'ÉTATS. Lorsqu'un Etat se divise en deux ou plusieurs Etats séparés, cet Etat cesse d'être ce qu'il était auparavant; sa souveraineté se fractionne; mais cette séparation n'entraîne pas l'annulation des obligations qu'il avait antérieurement contractées; les obligations, qui pesaient sur l'ancien Etat sont, à moins de conventions contraires, transférées *de plano* aux Etats nouveaux. Lorsque l'Etat se divise en deux sans régler par des dispositions spéciales le partage des obligations qui pèsent sur lui, la charge doit en être supportée par portions égales. (*Voir* ETAT, DIVISION, PARTAGE.)

SÉPARATION MATRIMONIALE. En jurisprudence on distingue la *séparation de biens* et la *séparation de corps.* (*Voir* MARIAGE.)

La *séparation de biens* est le régime qui conserve à chacun des époux la propriété et l'administration de ses biens; elle peut être soit *volontaire* ou *contractuelle*, c'est-à-dire stipulée dans le contrat de mariage ; soit *judiciaire*, c'est-à-dire prononcée par une cour de justice.

La *séparation de corps*, jugement qui autorise les époux à vivre séparément. Elle entraîne la séparation de biens; mais elle ne rompt pas le mariage; elle se borne à en relâcher les liens civils. (*Voir* DIVORCE.)

SEPTANTE (les). Les *Septante* ou les *Septante interprètes*, les 70 interprètes qui traduisirent d'hébreu en grec les livres de l'Ancien Testament sous les auspices, dit-on, du roi d'Egypte Ptolémée Philadelphe.

C'est cette traduction, traduite plus tard en latin, à laquelle on a donné le nom de *Vulgate*.

La chronologie adoptée par les Septante donne au monde 1466 ans de plus que le texte biblique.

SEPTEMVIR. Magistrats de l'ancienne Rome, qui étaient en même temps revêtus d'un caractère sacerdotal, et qui étaient au nombre de sept.

SÉQUESTRATION, SÉQUESTRE. — Etat d'une chose en litige remise en main tierce par ordre de la justice ou par convention des parties jusqu'à ce qu'il soit décidé à qu'elle appartiendra. Se dit aussi des personnes, confiées temporairement à la garde d'autres, renfermées, par exemple, dans un monastère.

En droit international, le séquestre est l'acte par lequel un gouvernement en guerre avec un autre s'empare des biens situés sur son territoire, et appartenant au gouvernement ennemi ou à ses nationaux. (*Voir* SAISIE, CONFISCATION.)

Autrefois on admettait qu'un Etat avait le droit de confisquer toutes les propriétés ennemies trouvées sur son territoire au moment de l'ouverture des hostilités; mais de nos jours l'exercice d'un pareil droit serait considéré comme un acte de barbarie : les propriétés ennemies qui se trouvent sur le territoire d'un Etat belligérant au moment où la guerre éclate sont exemptées de séquestration, ou de confiscation et regardées comme devant échapper à l'application des lois de la guerre.

C'est tout au plus si la mise sous séquestre de biens situés sur le territoire d'un Etat en conflit avec un autre et appartenant à ce dernier ou à quelques-uns de ses nationaux pour être justifiée comme mesure de représailles par réciprocité d'actes commis au préjudice de l'Etat qui réclame une réparation. (*Voir* REPRÉSAILLES, RÉTORSION.)

En tout état de cause, il ne faut pas confondre le séquestre avec la confiscation.

La confiscation est une véritable saisie ou capture, qui a des conséquences définitives, comme dans le cas de prise d'objets de contrebande ou d'un commerce prohibé.

Le séquestre n'est qu'une main mise temporaire ; les biens ou les objets mis sous séquestre doivent être restitués après la conclusion de la paix, et, comme nous l'avons déjà dit, il ne peut être admis que pour les propriétés publiques des Etats belligérants.

SÉRAIL. Palais qu'habite le sultan ou empereur des Turcs.

Se dit aussi de l'habitation de quelques grands en Turquie.

C'est improprement qu'on se sert de ce mot pour désigner le lieu où sont réunies les femmes du sultan: la partie qu'elles habitant est nommée *harem*.

SÉRASKIER ou SÉRASQUIER. Titre que porte en Turquie le chef suprême des forces militaires de l'empire, et actuellement le ministre de la guerre.

On donne aussi ce titre aux pachas qui commandent les troupes d'une province, ainsi qu'aux gouverneurs de certaines contrées.

SERDAR. Chef militaire en Turquie et dans quelques contrées de l'Asie, notamment dans l'Indostan.

SÉRÉNISSIME. Titre d'honneur qu'on donne à quelques princes.

Ce titre joint à celui d'Altesse, *Altesse sérénissime*, est réservé, dans quelques monarchies, aux souverains du rang de duc et de prince et aux princes du sang.

Autrefois le titre de sérénissime se donnait aux évêques, au doge de Venise, aux électeurs d'Allemagne, ainsi qu'à certains Etats, particulièrement aux républiques de Gênes et de Venise.

SÉRÉNITÉ. Titre d'honneur porté autrefois par les empereurs et les rois.

On le donne encore aux évêques.

SERF. Celui qui ne jouit pas de la liberté personnelle.

Se disait, au moyen-âge sous la féodalité, des hommes qui sans être complètement en état d'esclavage, sont attachés à la glèbe, astreints à cultiver une terre déterminée sans pouvoir la quitter et sous condition d'une redevance.

Il y avait cette différence essentielle entre l'esclave et le serf, que le premier était réellement la chose, la propriété d'un maître qui pouvait en disposer, la vendre à son gré, tandis que le second ne pouvait être vendu qu'avec la terre et que la terre ne pouvait non plus être vendue sans lui.

SERGENT D'ARMES. Officier qui servait autrefois dans les cérémonies et les tournois.

Les sergents d'armes étaient aussi des officiers de police attachés à la personne du roi et des grands dignitaires.

De notre temps ce sont, en Angleterre, des fonctionnaires au service des chambres du parlement, chargés d'exécuter les ordres de leurs présidents, d'arrêter les personnes qui ne respectent pas les privilèges parlementaires et de maintenir l'ordre.

Aux Etats-Unis des officiers investis de fonctions analogues sont attachés au congrès fédéral et aux assemblées législatives des Etats.

SERMENT. Affirmation ou promesse faite en prenant à témoin Dieu ou ce qu'on prend comme saint, comme divin.

Le *serment judiciaire* est celui qui est déféré par un juge aux parties qui comparaissent devant un tribunal soit comme plaidants soit comme témoins.

Dans les affaires criminelles ou correctionnelles, les témoins cités doivent prêter serment de dire la vérité, rien que la vérité.

La personne à qui le serment a été déféré et qui est convaincue d'avoir fait un faux serment, encourt des peines sévères.

Le *serment politique* est celui par lequel on s'engage à obéir aux lois de l'Etat.

Les fonctionnaires publics, avant d'entrer en charge, prêtent un serment analogue, en y ajoutant la promesse de servir fidèlement le gouvernement.

En temps de guerre, lorsqu'un pays vient à être occupé par l'ennemi, celui-ci peut exiger que les fonctionnaires lui prêtent serment d'obéissance; mais ce ne peut être qu'un serment provisoire, car on ne peut exiger un serment définitif que lorsque la conquête est achevée et confirmée par le traité de paix. Ils peuvent être destitués ou expulsés, s'ils refusent de prêter ce serment, dont les obligations cessent en même temps que l'occupation militaire.

Autrefois on employait le serment, qu'on entourait alors de formes solennelles, comme un moyen d'assurer l'exécution des traités que les peuples concluaient entre eux; mais cet usage est tombé en désuétude : on a reconnu que si le serment pouvait être une garantie au point de vue religieux, il n'en était pas une au point de vue du droit; le serment en effet ne lie que la conscience de la personne qui le prête et ne peut conférer à la personne qui le reçoit d'autres droits que ceux qui résultent de l'engagement souscrit envers elle.

D'ailleurs l'histoire montre que, même à l'époque où il était en vigueur, ce serment n'avait pas toujours une force strictement obligatoire et indélébile, puisque souvent les princes catholiques se faisaient délier par les Papes des engagements auxquels il s'appliquait. Le scandale de ces violations indirectes de la parole donnée, de ces manques de bonne foi, avait même, à une certaine époque, pris de telles proportions que, pour en prévenir le retour, on dut songer à insérer dans les traités une clause par laquelle la partie obligée s'engageait à ne point chercher à se faire délier de son serment, personnellement ou par l'entremise d'une tierce personne, et déclarait même d'avance renoncer au bénéfice de toute dispense de ce genre qui pourrait lui être offerte.

SERVAGE. Etat du serf, condition intermédiaire entre l'esclavage proprement dit et la liberté personnelle.

Le servage a disparu entièrement de l'Europe.

SERVICE. Emploi, fonction de ceux qui servent l'Etat dans un des grands corps, l'armée, la magistrature, dans l'administration, etc. Le service militaire, le service de l'Etat.

Au pluriel, manière dont un fonctionnaire a servi, temps pendant lequel il a servi.

Ensemble de travaux, d'opérations, etc., pour lesquels sont nécessaires différentes personnes et différentes choses dans certaines administrations, dans certains établissements publics : le service diplomatique, le service de la poste, le service de la marine, en général les services publics.

SERVICE MILITAIRE. Action de servir dans l'armée. Temps pendant lequel on est astreint à ce service.

Dans l'antiquité la charge du service militaire était inhérente au droit de cité : tout homme valide entrait *de plano* dans les cadres de l'armée dès que la patrie était proclamée en danger ou déclarait la guerre à ses voisins.

Dans la plupart des Etats modernes, les armées se forment et se recrutent au moyen de l'enrôlement d'un certain nombre de citoyens ou d'autres individus pour un temps limité et dans des conditions, qui varient selon la constitution des divers pays. (*Voir* ARMÉE, MILICE, MILITAIRE, ENROLEMENT MILITAIRE.)

Quelque rigoureux et absolu que soit le devoir de défendre le sol de la patrie, il existe nécessairement un certain nombre d'exceptions. Ainsi les femmes, les enfants et les vieillards sont frappés d'incapacité quant au service militaire.

Le clergé est aussi affranchi du service militaire, parce qu'on considère son ministère sacré comme incompatible avec les exigences de la guerre. Dans certains pays un privilège analogue a été créé en faveur des membres du corps enseignant.

Les étrangers établis dans un pays ne peuvent être astreints au service militaire. Cependant ils pourraient y être appelés en présence d'un danger imminent comme, par exemple, s'il devenait nécessaire de défendre une localité contre des brigands ou des sauvages.

En temps de guerre, lorsqu'un pays est occupé par l'un des belligérants, celui-ci n'a pas le droit de contraindre les habitants à entrer à son service tant que la conquête n'est pas consommée; mais lorsque le pays est devenu la propriété définitive du vainqueur, les habitants du territoire nouvellement acquis doivent le service militaire au nouveau gouvernement, sans qu'il y ait lieu de tenir compte de citoyens d'un autre pays.

Quelques puissances ont établi des restrictions à l'expatriation et à la naturalisation étrangère pour ceux de leurs sujets qui n'ont pas encore satisfait au service militaire ou qui quittent le territoire national dans l'intention de s'y soustraire. (*Voir* EXPATRIATION, NATIONALITÉ, NATURALISATION.) C'est pourquoi un Etat est autorisé, à l'occasion du service militaire, à rappeler ceux de ses nationaux qui se trouvent à l'étranger; mais l'Etat étranger n'est pas tenu de prêter la main à l'exécution de ce rappel, et encore moins d'expulser les récalcitrants de son territoire. Même, en temps de guerre, un Etat belligérant serait justifié à empêcher de sortir de son territoire les étrangers qui y résident et que leur gouvernement rappelle du dehors dans l'intention de les faire entrer dans les rangs de son armée active.

SERVITEUR. Celui qui est au service, aux gages d'une autre personne, domestique.

Les serviteurs d'un ministre public font partie du personnel officiel de l'ambassade ou de la légation, et, comme tels, ils jouissent des immunités que le droit des gens et l'usage étendent sur tout ce qui compose la suite du ministre.

Se dit de ceux qui rendent des services à l'Etat, au souverain.

Serviteur de l'Etat, fonctionnaire au service de l'Etat, employé dans ce qui regarde le service de l'Etat.

Serviteur des serviteurs de Dieu, qualification que le Pape se donne dans ses bulles.

Serviteur, terme de civilité : *Votre serviteur, votre très-humble et très-obéissant serviteur,* formule de politesse pour finir les lettres.

SERVITUDE. En droit ce mot *servitude* désigne toute restriction à la liberté.

La restriction peut être établie contre les personnes, et alors elles sont dites *personnelles,* ou contre les choses, et elles sont dites *réelles.*

L'esclavage tel qu'il se pratiquait chez les peuples anciens, l'esclavage des noirs dans les temps modernes, le servage au moyen-âge, la captivité, la domesticité et même le service militaire, quoique restreignant la liberté des personnes à des degrés et pour des motifs différents, sont des *servitudes personnelles.*

Les *servitudes réelles* comprennent toutes les charges imposées sur un immeuble pour l'utilité d'un autre immeuble appartenant à un autre propriétaire : on les nomme aussi *services fonciers.* Ces servitudes sont ou *naturelles,* c'est-à-dire qu'elles dérivent de la nature même des lieux, ou *légales,* lorsqu'elles résultent d'obligations imposées par la loi, ou *conventionnelles* quand elles sont établies par conventions entre les propriétaires.

Dans son sens propre le mot *servitude* signifie l'état de celui qui est esclave et peut être pris comme synonyme d'*esclave* (voir ce mot); il s'applique aux peuples, aux nations aussi bien qu'aux individus; on dit qu'un peuple est réduit en *servitude* lorsqu'il perd son indépendance nationale.

SERVITUDES INTERNATIONALES. On nomme *servitude internationale* toute restriction apportée à la souveraineté territoriale d'un Etat en faveur d'un autre Etat, comme aussi en faveur d'une corporation ou d'une famille placée sous la protection spéciale du droit international.

Il est toute une catégorie de servitudes créées par la nature même des choses, par les rapports naturels des Etats appelés à se développer les uns à côté des autres. Ainsi le milieu d'une rivière peut constituer la limite territoriale entre deux Etats; mais la direction du courant ou la force habituelle du vent peuvent être telles que l'un des Etats contigus n'aborde à ses propres ports qu'en empruntant les portions de la rivière appartenant à l'autre; ou bien encore le territoire d'une nation peut être entouré par celui d'une autre de manière qu'il lui soit impossible de gagner la mer sans traverser le territoire du voisin; enfin il arrive qu'un Etat possède au delà de sa frontière politique, et plus ou moins englobées dans le territoire de ses voisins des portions de terre ou des domaines formant enclaves.

Dans toutes ces circonstances la nécessité crée des servitudes de passage.

A ces servitudes on a donné le nom de *servitudes publiques naturelles*.

Mais à côté des servitudes naturelles existent aussi des servitudes positives consenties librement par les Etats, lesquelles consistent soit à faire jouir un Etat étranger de certains droits souverains sur un autre territoire, soit à lui interdire sur son propre territoire l'exercice d'un droit semblable; d'où la distinction des servitudes en *affirmatives* ou *positives* et en *négatives*.

Parmi les servitudes affirmatives on peut ranger les droits suivants, savoir : user des routes d'un autre Etat pour y faire passer ses troupes; occuper militairement dans certains cas une partie du territoire étranger; y exercer la justice et la police, y prélever les impôts; y entretenir des douanes, y faire les perquisitions nécessaires à la découverte des fraudes, y organiser et diriger des services postaux.

Les principales servitudes négatives sont les obligations pour un Etat de s'abstenir de tout acte de juridiction envers les nationaux d'un autre Etat, de n'avoir pas plus d'un certain nombre de soldats, de n'avoir qu'un certain nombre de places fortes, de navires de guerre, ou de ne construire que des navires de guerre d'une espèce déterminée; l'exemption d'impôts accordée à certaines personnes, à certaines classes de personnes, à certaines corporations; les restrictions apportées en faveur d'un Etat étranger aux lois du pays sur l'exercice du culte religieux.

Les servitudes, comme on en peut juger par les exemples que nous venons de mentionner, ont bien pour effet de restreindre la souveraineté pleine et entière d'un Etat; mais elles ne peuvent jamais avoir pour effet de rendre une nation absolument dépendante d'une autre; elles ont pour limite extrême le respect mutuel que les nations doivent à leur indépendance.

Les servitudes peuvent reposer sur une longue possession, sur un usage immémorial, ou résulter de traités spéciaux en consacrant le droit et en réglant l'usage.

Toute servitude, quelles qu'en soient l'origine et la nature, est regardée comme un droit réel permanent, aussi bien par rapport à l'Etat obligé que par rapport à l'Etat auquel elle est accordée. Elle se transmet activement et passivement aux successeurs du pouvoir souverain. Les servitudes de droit public demeurent les mêmes, malgré les révolutions intérieures que subissent les Etats, les changements de forme de gouvernement ou de constitution qu'ils opèrent chez eux.

La guerre peut bien suspendre l'exercice de certains servitudes; mais elles revivent de plein droit avec le rétablissement de la paix, à moins que la modification des circonscriptions territoriales n'en ait altéré les conditions essentielles.

Il est même des servitudes de droit public, par exemple, celles des eaux, du libre parcours des bestiaux, des relations quotidiennes entre habitants des frontières, que des raisons d'humanité ou des avantages réciproques laissent subsister intactes pendant la durée des hostilités. Aussi fait-on généralement rentrer les traités de servitude dans la catégorie des arrangements perpétuels par la nature même des stipulations sur lesquelles ils portent.

Les servitudes prennent fin d'après les règles ordinaires de nullité ou de résolution des traités internationaux. Elles cessent en outre par l'intervention entre les Etats obligés de nouveaux traités modifiant ou supprimant les servitudes; par l'abandon pur et simple; par la renonciation expresse ou tacite de la part de l'Etat qui a droit à la servitude. Le non-exercice de la servitude pendant temps déterminé, pendant lequel l'occasion d'en faire usage s'est plusieurs fois présentée, est considéré comme équivalent à la renonciation.

SESSION. Temps pendant lequel un corps délibérant est assemblé.

Se dit plus spécialement du temps qui s'écoule depuis l'ouverture des chambres législatives jusqu'à leur clôture.

S'applique également au temps pendant lequel un tribunal non permanent est assemblé, ainsi la session d'une cour d'assises.

Il y a cette différence entre *session* et *séance*, que ce dernier mot sert à désigner chaque portion non interrompue de journée pendant laquelle une assemblée — corps politique, tribunal, compagnie ou société — est réunie pour s'occuper à ses travaux, tandis que la session se compose d'une série de séances formant une certaine durée déterminée, commençant et finissant à des dates fixées d'avance ou non.

Cependant, relativement aux conciles, le mot *session* s'emploie pour celui de *séance*, et, par suite, pour indiquer l'article qui renferme les décisions prises dans la séance du concile.

SHÉRIF. Haut fonctionnaire en Angleterre et aux Etats-Unis.

En Angleterre, le shérif, dans l'origine, était comme le gouverneur d'une circonscription territoriale nommée *shire* (comté) (*shire-reeve*). Aujourd'hui c'est le premier magistrat du comté, il y représente la couronne, dont il administre les biens qui y sont situés.

Placé à la tête de l'administration civile du comté, il a de nombreuses attributions, parmi lesquelles figurent la police du comté, le maintien de la paix publique, la garde des prisons, l'exécution des jugements civils et criminels, la rentrée des amendes, la formation des listes du jury, la présidence des élections parlementaires, etc. Il préside en outre deux sortes de tribunaux : l'un civil (*county court*), qui juge les affaires au dessous de 40 *shillings* (100 fr.), et l'autre criminel (*sheriff's turn*), espèce de cour d'assises, qui deux fois par an juge les délits et les crimes.

Les shérifs sont nommés par la Couronne, sur une liste de six candidats dressée par les juges du comté. Leurs fonctions sont annuelles et gratuites.

Aux Etats-Unis, les shérifs sont investis en grande partie des mêmes attributions qu'en Angleterre, en ce qui regarde l'exécution des lois, le maintien de l'ordre et de la tranquillité publics; mais ils n'ont point, à proprement dire, d'attributions judiciaires. Leurs fonctions se bornent à faire exécuter les jugements des Cours de justice.

En général les shérifs sont élus par le peuple, pour un certain nombre d'années.

La nature et la sphère de leurs attributions, leur mode d'élection et de la durée de leurs fonctions sont d'ailleurs réglées par la constitution des Etats, et varient par conséquent selon chacune d'elles.

SHIRE. Circonscription territoriale en Angleterre. Ce mot sert à désigner la comté (*county*) ; alors on le met après le nom du comté : ainsi *Yorkshire* signifie le comté d'*York*.

SIC. Adverbe latin signifiant *ainsi*. On le met quelquefois à la marge d'un écrit, ou dans le cours du texte entre parenthèses, ou à la fin d'une citation, dans le but d'indiquer que l'original est exactement tel qu'on le donne avec la faute ou l'étrangeté qu'on peut remarquer et qui, sans cette précaution, pourrait être prise pour une faute de copie ou d'impression.

SIÈGE. Lieu où résident certaines autorités. Le siège d'un tribunal, d'un gouvernement, c'est-à-dire le lieu où fonctionne une cour de justice, où le chef ou les autorités supérieures du gouvernement ont leur résidence.

En parlant d'une société commerciale ou autre, *siège* se dit quelquefois pour *domicile légal*.

SIÈGE (MILITAIRE). Le siège est l'ensemble des opérations que fait une armée dans le but d'attaquer une place et de la prendre à l'aide de travaux de terrassement combinés avec l'usage de ses armes : ainsi dit par ce que l'armée assiégeante établit pour ainsi dire son *siège*, sa demeure autour de la place assiégée.

Le siège diffère du blocus en ce que cette dernière opération se limite à entourer la place de manière à couper entièrement les relations et la correspondance au dehors, afin que l'ennemi qui y est renfermé ne puisse recevoir de secours d'aucune sorte.

Le siège a généralement pour objectif les villes, les places fortes dont la position rend praticable l'investissement de toutes parts, tandis que le blocus s'applique surtout aux ports, qui ne sont alors investis que du côté de la mer ou du fleuve qui y donne accès.

On conçoit aussi qu'une même place soit en même temps assiégée par terre et bloquée par mer.

En tout cas le siège et le blocus ont un objet commun, celui d'amener l'ennemi à se rendre, en cédant, dans le premier cas, à la force ; dans l'autre, aux privations, sinon à la famine.

Le siège et le blocus se confondent jusqu'à un certain point, et sont régis par les mêmes lois et les mêmes principes ; en réalité pourtant ils ont par leur tendance une signification distincte.

Ainsi le blocus a surtout pour objet d'entraver le commerce ennemi sans s'attaquer à la ville qui en est le centre, tandis que le siège tend à amener la reddition d'une place forte en associant plus ou moins à la lutte ceux qui l'habitent.

En général le blocus n'a pas pour but la reddition ou la destructiou du port bloqué ; il n'implique pas non plus des actes d'hostilité contre les habitants de la place ; l'objet du siège est, au contraire, de contraindre la place à capituler.

Quoi qu'il en soit, ainsi que nous l'avons déjà fait observer, le blocus n'exclut pas le siège et réciproquement ; il peut arriver en effet qu'une ville soit en même temps bloquée et assiégée, ou bien que ses communications soient interceptées par mer et demeurent ouvertes du côté de la terre, et *vice versa*.

Bien qu'en règle générale les neutres aient la faculté de continuer leur commerce et leurs autres relations avec les belligérants, il existe à cette règle certaines exceptions, au nombre desquelles figure en première ligne l'interdiction aux neutres d'entretenir des communications ou de faire du commerce avec une place assiégée ou bloquée.

Le transport de provisions à une ville assiégée est considéré comme une offense grave à l'égard du belligérant assiégeant et met celui-ci en droit de punir comme ennemi le neutre qui s'en rend coupable.

La déclaration d'un siège ou d'un blocus étant un acte du pouvoir souverain, il est clair qu'elle doit émaner du gouvernement lui-même. Le commandant d'une escadre ou le chef supérieur d'une armée n'ont pas, généralement parlant, le pouvoir d'établir un siège ou un blocus, ni d'étendre à une place voisine celui qui existe déjà contre une autre et a été régulièrement déclaré ; mais s'il s'agit d'un général ou d'un chef d'escadre opérant dans des régions lointaines, il faut admettre qu'ils sont investis virtuellement de tous les pouvoirs nécessaires pour la réussite de l'entreprise

militaire dont ils sont chargés. (*Voir* BLOCUS, NEUTRE.)

SIÈGE (ÉTAT DE). C'est l'état des places fortes dans lequel les pouvoirs sont transférés des autorités civiles aux autorités militaires ; il résulte nécessairement de l'investissement, ou d'une attaque de l'ennemi contre la place.

Mais l'état de siège peut être aussi établi en temps de paix. Dans ce cas c'est une mesure exceptionnelle de sûreté publique, qui suspend temporairement l'action des lois ordinaires dans une ou plusieures villes, dans une province, dans un pays tout entier, qu'on considère dès lors comme soumis aux lois de la guerre.

L'état de siège peut être déclaré par le pouvoir exécutif en cas de péril imminent pour la sécurité intérieure ou extérieure ; tous les pouvoirs de l'autorité civile passent alors à l'autorité militaire, qui délègue aux magistrats civils les attributions qu'elle ne veut pas exercer. Toutes les personnes qui se rendent coupables de délits contre la sûreté de l'Etat et la paix publique deviennent justiciables des conseils de guerre.

L'état de siège ne peut être levé que par l'autorité qui a le droit de l'établir, c'est-à-dire le chef de l'Etat, et dans les colonies, le gouverneur. La levée de l'état de siège retire à l'autorité militaire ses pouvoirs exceptionnels ; mais les conseils de guerre continuent de connaître des crimes et des délits dont la poursuite leur avait été déférée.

SIGNAL MARITIME. Signe donné par un navire pour indiquer certains ordres ou certains avertissements.

Il existe des signaux de détresse, de danger, de combat, de chasse, de ralliement, de reconnaissance, etc.

On les distingue en signaux de *jour*, de *nuit* et de *brume*.

Les *signaux de jour* se font au moyen de pavillons de diverses couleurs, isolés ou disposés selon les combinaisons les plus variées, soit par un certain arrangement des voiles, soit avec des télégraphes nautiques.

Les *signaux de nuit* se font par des coups de canon, des fusées lancées à une certaine hauteur, des feux de couleur, des fanaux allumés et hissés suivant divers arrangements.

Les *signaux de brume* se font par des coups de canon, des amorces brûlées, des bruits de tambour, de sifflets, de cloche.

Les signaux à employer dans chaque

circonstance sont tous décrits avec leur signification dans un *livre des signaux*, qui se trouve à bord de chaque bâtiment.

Les puissances maritimes se sont entendues entre elles pour déterminer d'une manière uniforme ces question de signaux maritimes, qui ont été l'objet d'un règlement international auquel l'adhésion unanime est acquise.

SIGNALEMENT. Description d'une personne, faite par sa figure, ses caractères extérieurs et les signes pouvant servir à constater son identité, à la faire reconnaître.

Les passeports et certaines catégories de documents contiennent le signalement des personnes, auxquels ils sont délivrés.

On remet le signalement des accusés, des criminels, des déserteurs, etc., aux autorités, aux agents de la force publique chargés de les arrêter.

On donne le nom de signalement d'un navire à l'acte qui indique le nom du bâtiment, sa nationalité, ses dimensions, des détails sur sa construction et les matériaux qui y ont été employés. Cet acte est destiné à constater l'identité du navire; l'exhibition peut être exigée dans certaines circonstances. (*Voir* NAVIRE, NATIONALITÉ, NEUTRE, VISITÉ.)

SIGNATAIRE. Se dit de toute personne qui a signé un acte.

Les signataires d'un traité, d'un document.

SIGNATURE. Le seing, le nom d'une personne écrit de sa main au bas d'un acte, d'un titre, d'un billet, pour faire connaître que c'est elle qui l'a écrit ou fait écrire en son nom, ou pour le certifier, le confirmer, le rendre valable.

Action de signer.

La signature des traités, des conventions est la formalité qui en termine la conclusion.

Il est rare que les souverains ou les chefs d'Eat signent personnellement les accords internationaux par lesquels ils entendent se lier; ce soin en est laissé à leurs *plénipotentiaires* (Voir ce mot) ou délégués spéciaux qu'ils ont munis de pleins pouvoirs pour négocier le traité dont il s'agit.

Quant à l'ordre des signatures sur l'instrument final, dans les traités conclus entre deux puissances seulement, on observe l'*alternat* (Voir ce mot), c'est-à-dire que chacune des puissances est nommée et signe avant l'autre sur l'original de l'instrument qui doit demeurer en sa possession et être conservé dans ses archives.

Pour les traités entre plusieurs puissances, les Etats modernes, dans le but de prévenir les difficultés que pourraient faire surgir les questions de préséance, ont, par un règlement fait au Congrès de Vienne de 1814—1815, stipulé que les signatures se suivraient par ordre alphabétique d'après la lettre initiale de chaque puissance.

Le cas peut se présenter où un traité entre deux ou entre plusieurs puissances ait été conclu par l'arbitrage ou par les bons offices d'une puissance neutre; alors chacune des parties contractantes délivre à l'autre ou aux autres une expédition du traité signée par son plénipotentiaire seul, ou sur laquelle, si les signatures de tous les plénipotentiaires y sont apposées, celle du plénipotentiaire de la puissance médiatrice occupe ordinairement la première place; le sort décide relativement aux autres.

SIGNIFICATION. Dans la pratique acte qui a pour but de donner légalement à une partie connaissance ou copie d'une pièce, d'un titre, d'un jugement. Acte par lequel on constate l'accomplissement de cette formalité.

La signification se fait par l'organe d'un *officier ministériel* (Voir ce terme).

SINCÈRE. En diplomatie, ce mot est employé comme équivalant à *authentique* (Voir ce mot).

Actes, diplômes sincères.

SINOLOGUE. Celui qui connaît la langue, la littérature et l'histoire chinoises ou s'applique à leur étude.

SIR. En Angleterre le mot *Sir*, équivalent de *Sire*, a la même signification que le mot de *Monsieur*, en s'adressant à quelqu'un. Toutefois, placé devant le nom de la personne, il devient un titre honorifique et indique un chevalier ou un *baronet* (voir ce mot).

Le titre de *Sir* ne doit jamais précéder le nom patronymique, mais le prénom.

La femme de celui qui a le droit de porter le titre de *Sir* est nommée *Lady*. (Voir ce mot.)

SIRE. Au moyen âge le titre de *sire*, synonyme de *seigneur* (voir ce mot), était donné indistinctement aux rois, aux barons, aux gentilshommes; toutefois c'était plus particulièrement le titre de certains seigneurs dont les terres portaient le nom de *sireries*, tels que les *sires* de

Beaujeu, de Créqui, de Coucy, de Joinville, etc.

La qualification de *sire* à certains fonctionnaires, comme les juges consulaires des marchands, en la faisant suivre du nom de la personne.

Depuis le 16e siècle, *sire* est un titre d'honneur réservé au rois et aux empereurs régnants. On s'en sert d'une manière absolue, sans autre dénomination, en parlant au souverain ou en lui écrivant.

SKOUPCHTINA. Nom du parlement serbe.

Il y a deux sortes de *skoupchtinas* : la *skoupchtina* ordinaire, qui se réunit tous les ans; et la *skoupchtina extraordinaire* ou *grande skoupchtina*, qui est convoquée seulement dans des cas exceptionnels et déterminés.

La *skoupchtina ordinaire* se compose de membres nommés pour un tiers par le gouvernement, et le reste élus, dans la proportion d'un député pour 2000 habitants, par tous les Serbes âgés de plus de 21 ans et soumis à l'impôt.

SOCIAL, SOCIALE. Qui concerne la société : l'ordre *social* , les institutions *sociales*, la vie *sociale*, les rapports *sociaux*.

Economie sociale, l'ensemble des conditions morales et matérielles des sociétés.

L'*être social*, l'être vivant en société.

Science sociale, science de la constitution et du développement des sociétés.

La *vie sociale*, c'est l'existence de l'homme considérée dans les relations que l'homme a avec les autres membres de la société.

Social se dit, par opposition à politique, des conditions, qui en dehors de la forme des gouvernements, se rapportent au développement intellectuel, moral et matériel des masses populaires : la question sociale; école sociale; république démocratique et sociale, celle qui se propose des réformes sociales.

Social, qui concerne les sociétés de commerce : signature sociale, engagements sociaux; la raison sociale d'une maison de commerce, nom sous lequel une maison ou une société est connue dans le commerce et à la Bourse.

SOCIALISME. Système qui subordonne les réformes politiques aux réformes sociales, et en offre un plan.

Le communisme, le Saint - Simonisme, le fouriérisme, le mutualisme, le collectivisme sont des socialismes.

Se dit aussi de l'ensemble des systèmes qui ont pour objet de réformer ou même de refaire à neuf la société.

SOCIALISTE. Qui a rapport au socialisme : système, école socialiste.

Celui qui est partisan d'un système de réformes sociales.

SOCIÉTÉ. Assemblage d'hommes unis par la nature, l'origine, les usages, les lois.

Commerce que les hommes réunis ont naturellement les uns avec les autres.

Union de plusieurs personnes jointes pour quelques intérêts, pour quelque affaire; contrat d'association formé entre plusieurs personnes : société de commerce, etc. association de plusieurs personnes dans un but religieux, charitable, politique etc.

Association de plusieurs personnes qui se réunissent dans le but de cultiver et de faire avancer les sciences, les lettres ou les arts.

Dans ces différents cas une société est une personne morale qui dans un grand nombre de circonstances peut par des contrats s'engager ou engager à son égard. On considère comme le domicile d'une société le lieu où est le siège de son établissement; ce domicile est parfaitement distinct de celui des personnes qui la composent.

Société secrète, association, politique le plus souvent, qui se tient cachée et ne divulgue 'pas ses actes; association de conspirateurs.

SOFI ou SOPHI. Nom qu'on donnait autrefois au Shah de Perse.

C'était le surnom des souverains de la dynastie qui a précédé la dynastie actuelle.

SOLENNEL, SOLENNELLE. Authentique, accompagné des formalités requises : une déclaration solennelle, un traité solennel, un arrêt rendu en fòrme solennelle.

Contrat *solennel*, contrat assujetti à certaines formes, dont l'omission emporte nullité.

SOLENNITÉ. Se dit des formalités qui rendent un acte authentique : la solennité d'un traité, d'un serment, d'un testament.

Cérémonie publique qui rend une chose solennelle. Chez les anciens, la conclusion des traités, surtout des traités de paix, donnait lieu à la célébration de solennités religieuses spéciales.

SOLIDARITÉ. Engagement par lequel deux ou plusieurs personnes s'obligent les unes pour les autres, et chacune pour toutes.

La solidarité ne se présume pas; il faut qu'elle soit expressément stipulée.

Certains traités internationaux, particulièrement ceux d'alliance, d'association, impliquent le plus souvent la solidarité des parties contractantes, laquelle peut s'étendre également aux tiers qui donnent leur adhésion ou leur accession à ces traités.

SOLUTION. Dénoûment d'une difficulté, moyen de terminer, de régler une affaire. (*Voir* RÈGLEMENT.)

Solution amiable, celle qui s'opère par la conciliation, par les voies pacifiques, de gré à gré entre les parties. (*Voir* AMIABLE.)

Dans l'état actuel des sociétés et du droit, les nations n'ont que deux moyens de résoudre leurs différends, savoir : les négociations amiables, et des actes plus ou moins violents.

Mais, avant de confier la solution d'une question internationale au sort des armes, les Etats sont moralement tenus d'épuiser toutes les voies possibles et honorables pour arriver à un arrangement amiable et pacifique.

Les principaux moyens d'arriver à une solution amiable sont les *négociations* diplomatiques et les *transactions* (voir ces mots). La solution peut être amenée aussi par l'intervention d'un autre Etat, qui offre ses *bons offices* ou sa *médiation* (voir ces mots). Enfin les parties contestantes peuvent soumettre à un tribunal arbitral la question qui les divise. (*Voir* ARBITRAGE.)

SOLVIT. Mot latin qui signifie *a payé*.

C'est le nom qu'on donne à une mention que se met au bas de tous les actes ou papiers délivrés par les chancelleries ou les agences consulaires.

Les règlements consulaires exigent qu'en outre de la quittance à souche délivrée aux parties, les chanceliers mentionnent sur les minutes et sur chaque expédition de leurs actes le numéro d'ordre et la date de la quittance qui s'y rapporte, l'article du tarif qui autorise la perception et le montant du droit perçu.

Le chancelier ou l'agent consulaire doit mettre son paraphe au-dessous du *solvit*.

Le *solvit* tient lieu de quittance; il doit être marqué *gratis* pour les indigents, et *sans frais* pour les personnes attachées aux missions diplomatiques ou aux agences consulaires, ainsi qu'aux autorités du pays.

SOMMATION. Action de signifier à quelqu'un, d'après certaines formes établies, qu'il ait à faire telle ou telle chose.

En jurisprudence, acte extrajudiciaire par lequel on enjoint à une personne de déclarer ou de faire certaine chose, ou on lui défend de faire telle ou telle chose.

SORT. Tirage au sort, manière de décider quelque chose par le hasard.

Pour les protocoles de négociations, pour la conclusion des traités entre plusieurs puissances, lorsque l'*alternat* (voir ce mot) est admis, on s'en remet au sort pour décider de l'ordre qui sera suivi relativement aux signatures.

Quelquefois aussi on a recours à ce moyen pour fixer d'une façon définitive entre des Etats certains rapports qui, bien qu'établis d'une manière générale, laissent encore des points douteux, comme, par exemple, lorsqu'il s'agit de la délimitation de terres restées dans l'indivision.

SOUDAN. Altération du nom de *sultan* (voir ce mot).

C'était à l'origine le titre porté par les lieutenants-généraux des *califes* (voir ce mot). Les croisés l'appliquèrent indistinctement aux princes musulmans qui possédaient l'Asie Mineure, la Syrie et l'Egypte; il a fini par être employé exclusivement pour désigner le souverain de ce dernier pays.

SOULÈVEMENT. Commencement de révolte dans un Etat, dans un pays. (*Voir* INSURRECTION, RÉBELLION, RÉVOLTE, SÉDITION.)

SOULIGNER. Tirer une ligne sous un ou plusieurs mots.

Dans une copie manuscrite on souligne ce qui doit être imprimé en italique; on souligne aussi les mots, les passages sur lesquels on veut attirer l'attention.

SOUMISSION. Action, déclaration par laquelle on se soumet, on reconnaît l'autorité, on se range à l'obéissance, sous la puissance. On dit :

Cette ville a fait sa soumission.

Soumission à un nouveau gouvernement.

(*Voir* REDDITION, CAPITULATION.)

La soumission complète du vaincu au

vainqueur met ordinairement fin à la guerre. ((*Voir* PAIX, CONQUÊTE.)

La soumission peut être absolue ou conditionnelle ; dans le premier cas elle peut entraîner l'incorporation du territoire du vaincu à celui du vainqueur et l'anéantissement de la nation qui se soumet en tant qu'Etat souverain et indépendant ; dans le second cas, la soumission peut avoir pour conséquence seulement une modification des rapports précédents des Etats qui se sont fait la guerre, un changement dans la situation du vaincu, ou même simplement l'imposition au vaincu de conditions qui l'obligent à l'égard du vainqueur, sans altérer essentiellement leur position réciproque d'avant la guerre.

SOUPÇONNÉ (navire). On considère comme *soupçonnés* les navires, aussi bien les ennemis que les neutres, dans les circonstances suivantes :

Lorsqu'ils ont des papiers doubles : ce qui fait naître la présomption que ces papiers sont faux ou falsifiés ;

Lorsqu'ils n'ont pas de papiers, ou lorsqu'ils ont détruit ceux qu'ils avaient, surtout si la destruction a eu lieu quand le navire de guerre qui s'approche pour la visite était déjà en vue ;

Lorsqu'ils ne mettent pas en panne ou ne s'arrêtent pas après en avoir reçu l'invitation, ou bien lorsqu'ils résistent aux recherches faites à leur bord pour s'enquérir de la contrebande de guerre ou des papiers ;

Lorsqu'il existe contre eux des soupçons justifiés de transport de contrebande de guerre ou de tentative de rupture de blocus.

On a aussi rangé parmi les motifs de soupçon le fait par les navires arrêtés de jeter leurs papiers à la mer. Les gouvernements ont publié des défenses à cet égard et en ont fait des stipulations expresses dans les traités.

Dans tous les cas pour justifier la saisie des navires, on doit spécifier exactement les motifs de soupçon.

(*Voir* NAVIRE, NEUTRE, PAPIERS DE BORD, JET A LA MER, PRISE MARITIME, BLOCUS, CONTREBANDE.)

SOURCES DU DROIT INTERNATIONAL. Se dit des documents, des doctrines, des faits, desquels le droit international, comme science et comme pratique, tire son origine, sur lesquels se basent ses principes, ses règles et ses préceptes.

Parmi les sources les plus accréditées du droit international, on range les œuvres et les opinions des *publicistes ;* les *traités* et les *conventions*, que les Etats concluent entre eux, pour déterminer leurs relations en temps de paix comme en temps de guerre ; les *négociations* internationales, les *papiers d'Etat*, la *correspondance diplomatique ;* les sentences des tribunaux locaux en matière de droit public extérieur ; les lois et les règlements commerciaux des divers Etats ; les lois ou les ordonnances des Etats souverains sur les questions relatives aux prises maritimes en temps de guerre, et, dans une certaine mesure, les décisions des tribunaux de prises institués dans les différents pays ; les sentences des tribunaux d'arbitrage internationaux ; enfin l'histoire, notamment l'histoire des guerres, des traités de paix et de commerce, des négociations de toute nature entre les Etats.

(*Voir* DROIT INTERNATIONAL, COMMERCE, DIPLOMATIE, CORRESPONDANCE DIPLOMATIQUE, JURISPRUDENCE, LÉGISLATION, PUBLICISTE, TRAITÉS, CONVENTION, NÉGOCIATION, PRISE MARITIME, HISTOIRE.)

SOUS-CHEF. Fonctionnaire qui vient immédiatement après le chef.

Dans un bureau il y a un chef et des sous-chefs.

SOUS-MARIN (Câble). On appelle câble sous-marin un cordage enduit de caoutchouc, qu'on plonge au fond de la mer afin de porter et de transmettre les fils d'un télégraphe électrique destiné à mettre en correspondance des pays séparés par la mer.

La pose et l'exploitation des câbles sous-marins sont généralement l'objet de conventions internationales, qui en déterminent la concession, les points d'atterrissement, et garantissent la sécurité des correspondances, la protection, l'entretien et la conservation des câbles. (*Voir* TÉLÉGRAPHE.)

SOUS-PRÉFECTURE. En France, arrondissement ou partie d'un département administrée par un sous-préfet. Il y a une sous-préfecture dans chacun des arrondissements, excepté dans celui où réside le préfet.

Se dit aussi des fonctions du sous-préfet, du temps que durent ces fonctions ; de la demeure, des bureaux du sous-préfet.

Ville où est établie une sous-préfecture, où réside un sous-préfet.

SOUS-PRÉFET. Fonctionnaire chargé d'administrer un arrondissement communal sous la direction immédiate d'un *préfet* (voir ce mot).

SOUS-SECRÉTAIRE. Celui qui aide un secrétaire.

Sous-secrétaire d'Etat, haut fonctionnaire, placé dans l'orde hiérarchique immédiatement après le ministre, et qui a pour attributions de seconder, même de suppléer le ministre dans la partie purement administrative de ses travaux.

En Angleterre des sous-secrétaires d'Etat avec la qualification de parlementaires sont attachés à chaque département ministériel, avec mission spéciale de répondre aux interpellations et aux demandes adressées au gouvernement dans l'une ou l'autre des deux chambres du Parlement sur les affaires ressortissant à la branche de l'administration respective.

SOUSCRIPTION. La souscription d'un acte, d'une lettre, se dit de la signature qu'appose au bas celui qui l'a écrit.

Dans la correspondance diplomatique, lorsque la *souscription* est placée au-dessous de la formule : „Votre très humble et très obéissant serviteur", on dit qu'on a écrit *en dépêche.* (Voir ce mot.)

Lorsque la souscription est placée au-dessous d'une formule analogue à celle-ci : „Veuillez agréer l'assurance de ma considération . . .", on dit qu'on a écrit *en billet.*

La *souscription en dépêche* est employée pour écrire à des personnages auxquels des convenances hiérarchiques ou sociales ne permettent pas de s'adresser autrement.

La *souscription en billet* est d'usage dans la correspondance courante.

On dit aussi qu'on écrit *en billet,* lorsqu'on adresse un simple avis sans signature, en employant la troisième personne au lieu de la première.

SOUVERAIN, SOUVERAINE. Se dit de l'autorité suprême et de ceux qui en sont revêtus.

Dignité souveraine; souverain maître.

Prince souverain, prince qui, maître d'un territoire et chef d'une nation, ne relève d'aucun autre prince.

Cour souveraine, tribunal qui juge en dernier ressort. Jugement souverain, jugement sans appel.

SOUVERAIN. Le souverain est la personne à laquelle une nation confie ou délègue l'autorité suprême pour commander sur la société civile, ordonner et diriger ce que chaque membre particulier doit faire pour contribuer au but commun de cette société. En d'autres termes, le souverain réunit en sa personne le pouvoir collectif de l'Etat, dont il est le gouverneur à la fois de fait et de droit.

Le souverain représente l'Etat d'une manière absolue, autant du moins que la constitution particulière n'y apporte pas certaines restrictions. L'Etat est obligé par les engagements que le souverain prend au nom de la nation.

Un souverain est considéré comme *légitime,* s'il a pris possession de l'autorité suprême conformément à l'ordre des choses légalement établi et sans opposition de la part des parties intéressées; il est tenu pour *illégitime,* si son occupation du pouvoir repose sur une violation de droits antérieurs; toutefois d'illégitime il peut devenir légitime par suite du consentement des parties intéressées, de leur renonciation, ou de leur décès.

La souveraineté peut être conférée soit à une seule personne, monarque, président, etc., soit à plusieurs personnes. comme les consuls de l'ancienne Rome ou de la première république en France, soit à une réunion de personnes exerçant la régence pendant la minorité du souverain. (*Voir* RÉGENCE.)

Lorsque la souveraineté est déléguée à plusieurs personnes, celles-ci l'exercent ordinairement en commun.

Le souverain, en tant que chef de l'Etat, est inviolable : on ne peut en aucun cas porter atteinte à sa vie, à sa sûreté, à sa liberté. Cependant, dans les Etats modernes, il existe entre le souverain et la nation comme un pacte synallagmatique, qui impose à l'un et à l'autre des devoirs et des obligations réciproques; or si le souverain vient à violer ces devoirs, en se mettant au-dessus des lois du pays, en compromettant l'indépendance et la dignité nationales, il s'expose à une insurrection contre ses actes et à une déposition ou à une expulsion ; et alors il perd *ipso facto* la souveraineté.

Les fonctions du souverain ont un double caractère : interne ou civil, et externe ou international, selon que l'action s'en fait sentir au dedans ou en dehors du territoire national.

A l'extérieur le souverain représente la nation dans toutes les affaires que celle-ci peut avoir à traiter avec d'autres pays dans l'exercice de sa souveraineté et de son indépendance; à ce titre le souverain est soumis à certaines obligations; par contre il possède certains droits internationaux. (*Voir* SOUVERAINETÉ DES ETATS, INDÉPENDANCE.)

La souveraineté du chef de l'Etat, ou de la personne qui représente l'Etat souverain, cesse, quand le souverain est temporaire, par l'expiration du mandat qu'il avait reçu de la nation pour la gouverner et la représenter dans ses relations avec les autres pays; et quand le souverain gouverne à titre héréditaire, par l'abdication volontaire, par la déposition prononcée par la nation, ou par le détrônement par suite d'une guerre malheureuse et la contrainte d'obéir au vainqueur.

L'honneur et l'indépendance des nations sont affectés par la manière dont on traite leurs souverains. Aussi le souverain a-t-il droit aux prérogatives internationales inhérentes à son caractère public, soit qu'il réside dans ses Etats, soit qu'il se transporte à l'étranger. (*Voir* PRÉROGATIVE.)

Dans l'intérieur de ses Etats il a droit d'être désigné par les autres nations sous son titre propre et habituel; d'être traité invariablement dans toutes les communications qui lui sont adressées, à moins d'usages ou de stipulations conventionnelles expresses en sens contraire, sur un pied de parfaite égalité avec les souverains des autres nations. (*Voir* DIGNITÉ, TITRE.)

Hors de son territoire le souverain jouit des droits de l'hospitalité dans le pays où il se rend : ainsi, au moment d'en franchir la frontière, il est l'objet d'une réception solennelle et d'un traitement conforme à son rang, à moins qu'il n'ait préféré y renoncer en adoptant l'*incognito* (Voir ce mot); mais, même quand il voyage incognito, le souverain jouit du droit d'*exterritorialité* (Voir ce mot), qui est lié au caractère même de la souveraineté.

Il est admis que le privilège d'exterritorialité couvre le souverain étranger, pendant son séjour sur un territoire autre que le sien, contre toute action des lois territoriales; mais il ne s'étend nulle part jusqu'à l'exercice par le souverain d'une juridiction quelconque, civile ou criminelle, sur les personnes de sa suite et sur ceux de ses sujets qu'il rencontre dans le pays où il réside momentanément.

Le souverain étranger perd son droit aux immunités internationales lorsqu'il se soumet lui-même à la juridiction d'un autre pays, soit en entrant au service militaire de l'Etat, soit en accomplissant quelque acte équivalent de soumission implicite à l'autorité territoriale.

À plus forte raison le souverain doit-il être privé des prérogatives attachées au privilège d'exterritorialité, lorsqu'il est dépouillé de la souveraineté; alors il n'est plus exempt de la juridiction civile, s'il fait des actes de nature à léser les droits des particuliers.

L'épouse, les enfants, les parents d'un souverain, y compris l'époux de la reine, s'il n'est pas roi, n'étant pas représentants de l'Etat, ne personnifient pas la souveraineté et n'ont par conséquent aucun des droits qui y sont inhérents.

Le droit public de chaque Etat fixe le rang et les titres auxquels ces personnes ont droit. (*Voir* RANG, TITRE.)

SOUVERAINETÉ. Autorité suprême; exercice de cette autorité.

Souveraineté absolue, qui n'est restreinte par aucun pacte, par aucune loi, que le prince peut exercer sans consulter les représentants de la nation.

Souveraineté limitée, qui ne peut s'exercer que dans certaines bornes fixées par une constitution ou des statuts spéciaux; elle est dite aussi *constitutionnelle*.

Souveraineté héréditaire, qui vient et se transmet par droit d'hérédité.

Souveraineté élective, qui se donne à l'élection, par les suffrages du peuple ou de ses représentants, ou d'un corps national. Qualité, autorité d'un prince. L'étendue de pays où un prince exerce l'autorité souveraine.

Souveraineté nationale ou *souveraineté du peuple*, doctrine politique, d'après laquelle la souveraineté réside dans la nation ou le peuple, duquel tous les pouvoirs doivent émaner directement ou indirectement.

Souveraineté de droit divin, doctrine qui fait découler tous les pouvoirs du souverain de fait, qui est censé tenir de Dieu la puissance souveraine.

SOUVERAINETÉ DES ÉTATS. Le pouvoir qui appartient à toute nation de déterminer sa manière d'être, de formuler ses conditions de droit, en un mot de constituer l'Etat et le gouvernement selon l'idée qu'elle représente ou le but humain qu'elle poursuit, forme ce qu'on a désigné par le terme de *souveraineté de la nation* ou de *l'Etat*.

Il n'appartient pas aux autres Etats de s'immiscer dans l'exercice de ces droits, si ce n'est dans les cas où le droit international serait violé. Ainsi la souveraineté a une signification double : souveraineté *extérieure*, par rapport aux puissances étrangères; souveraineté *intérieure*, par rapport au régime intérieur de l'Etat.

La souveraineté commence dès qu'une société s'est constituée avec un organe suprême de droit, c'est-à-dire avec un gouvernement, et s'est séparée d'une autre société dans laquelle elle se trouvait comme englobée ou confondue. Ce principe s'applique à la fois à la souveraineté intérieure et à la souveraineté extérieure des Etats, avec cette seule différence que la souveraineté intérieure existe *de plano* et n'a pas besoin d'être sanctionnée par la reconnaissance des autres Etats.

Mais si l'Etat exerce la souveraineté intérieure à partir du moment de sa constitution, il n'en est pas de même à l'égard de sa souveraineté extérieure; celle-ci doit être sanctionnée par les autres Etats, et jusque là l'Etat nouveau ne fait pas partie de la grande société légale des nations.

La dépendance d'un Etat à l'égard d'un autre est donc une limite imposée à la souveraineté; cependant elle n'en est pas la négation absolue. Pour que cette dépendance assujettisse complètement l'Etat subordonné et le prive de tous droits souverains, il faut nécessairement que les traités desquels découle cette dépendance, déterminent directement la nature et l'étendue des relations internationales que cet Etat peut continuer à entretenir.

On ne considère pas comme incompatible avec la souveraineté d'un Etat l'obéissance transitoire qu'il doit aux ordres d'un autre gouvernement, ou l'influence extérieure à laquelle il peut éventuellement se soumettre.

La souveraineté d'un Etat dans ses relations internationales n'est pas modifiée non plus pas le paiement d'un tribut, ou par une dépendance féodale nominale

Le fait de l'union de deux ou de plusieurs Etats par suite ou d'un pacte ou d'une convention exerce nécessairement une influence, plus ou moins étendue selon les conditions de l'union, sur la souveraineté individuelle de chacun d'eux. (*Voir* UNION D'ÉTATS.)

Si les Etats qui s'associent créent un nouveau pouvoir national, un Etat nouveau dont chacun d'eux n'est qu'un élément constitutif, il est indubitable que ces Etats auront perdu leur souveraineté extérieure individuelle, bien qu'ils aient conservé réciproquement la plupart de leurs droits essentiels. (*Voir* CONFÉDÉRATION, FÉDÉRATION.)

Si les Etats, tout en s'associant, ne constituent pas un nouveau pouvoir central, une nouvelle nationalité, ils conservent forcément leur ancienne considération internationale.

Lorsque des Etats différents s'unissent par une union personnelle ou réelle sous un même souverain, cette union n'entraîne pas l'extinction de la souveraineté individuelle des Etats qui l'ont formées, pourvu que ces Etats l'aient réalisée selon les principes de l'égalité complète de droits.

L'union personnelle sous un même souverain peut quelquefois entraîner la perte de l'individualité d'un Etat; seulement si l'union vient à se rompre, cette individualité renaît *ipso facto*. Par l'union réelle des Etats sous un même chef suprême la souveraineté individuelle de chaque Etat se perd, se fusionne, en quelque sorte, dans la souveraineté générale qui résulte de l'union.

Lorsque l'union des Etats s'opère par incorporation, elle produit à l'égard de la souveraineté extérieure les mêmes résultats que l'union réelle.

SPARTIATE. Ce mot ne sert pas seulement à désigner un habitant ou citoyen de Sparte ou de Lacédémone, mais particulièrement un homme appartenant à la classe aristocratique de la république lacédémonienne, dont les Lacédémoniens formaient la plèbe.

SPIRITUEL. Qui concerne la religion, l'Eglise, par opposition à *temporel* (voir ce mot).

Le pouvoir spirituel et le pouvoir temporel.

SPOLIATION. Action par laquelle on dépossède quelqu'un par violence ou par fraude.

Se dit des monuments qu'on dépouille des objets qu'ils renferment.

Le droit international réprouve, même en temps de guerre, la spoliation par l'ennemi des musées et des bibliothèques des villes qu'il envahit ou occupe.

SPONSIO. Dans le droit des gens ce mot latin, qui signifie absolument *garantie, assurance*, et était dérivativement pris pour *convention ou traité public*, s'emploie pour indiquer plus particulièrement un traité conclu au nom d'un Etat, par une personne dont les pouvoirs ne sont pas en règle, *sub spe rati*, c'est-à-dire dans l'espoir qu'une ratification interviendra ultérieurement.

La *sponsio* pourrait à la rigueur n'être considérée que comme une promesse; dans tous les cas elle ne saurait devenir obligatoire pour l'Etat au nom duquel elle a lieu que si cet Etat consent à la ratifier; lorsque l'Etat ne la ratifie pas, ce traité, quoique conclu en son nom, mais par une personne qui n'avait pas reçu de lui les pouvoirs nécessaires, doit être considéré comme n'ayant jamais existé.

STAGE. Temps d'épreuve dont les aspirants à certaines fonctions doivent justifier pour être admis à les remplir.

Eu général, les aspirants aux fonctions diplomatiques et consulaires sont astreints à un stage d'un certain nombre d'années avant d'obtenir leur nomination effective à des postes fixes et salariés.

Les jeunes gens qui font ce noviciat reçoivent le titre d'élèves, d'attachés, etc.

STARIE. Retard apporté au départ d'un navire, notamment par le fait d'un *embargo* (voir ce mot).

Séjour forcé d'un navire dans un port, soit par crainte de l'ennemi, soit par suite de vents ou de tempête, soit pour réparation d'avaries.

STAROSTE, STAROSTIE. Autrefois, en Pologne, dignitaire investi d'un fief dépendant de la couronne, dit *starostie*.

Les rois cédaient cés fiefs à des gentilshommes, notamment pour les aider à soutenir les frais de la guerre, et à la charge de payer une redevance au souverain.

Dans certaines starosties les titulaires exerçaient les droits de justice; dans d'autres ils jouissent seulement des revenus.

Les starosties étaient héréditaires. Quand une starostie venait à vaquer, le roi en investissait un nouveau dignitaire.

STATHOUDER, STATHOUDÉRAT. Titre donné à un haut fonctionnaire dans l'ancienne république des Provinces-Unies (Pays-Bas).

Dans l'origine il ne désignait que des lieutenants ou gouverneurs nommés par les princes suzerains de la maison de Bourgogne et d'Autriche. Lorsque les Pays-Bas eurent reconquis leur indépendance, chacun des sept Etats qui composaient la République des Provinces-Unis mit à la tête de son gouvernement un stathouder, dont le pouvoir était plus ou moins étendu. Cependant le même stathouder pouvait être élu dans plusieurs provinces à la fois. Enfin le *stathoudérat*, après avoir été aboli pendant près d'un siècle, fut rétabli, étendu à toutes les provinces ensemble, et déclaré héréditaire dans la famille de Nassau-Orange : ce fut dès lors une véritable royauté. En 1815 le stathouder a changé son titre contre celui de roi, que le congrès de Vienne l'a autorisé à porter.

STATU QUO. Mots latins qui signifient : „dans l'état où les choses sont actuellement".

C'est l'abréviation de *in eodem statu quo ante* (dans le même état qu'auparavant).

Statu quo ante bellum, position, état de choses existant entre les belligérants, de part et d'autre, avant le commencement des hostilités.

STATUT. Loi, règlement, ordonnance.

En Angleterre, on appelle statuts les lois votées par le Parlement, par opposition à la *coutume* (voir ce mot) ou aux lois non-écrites.

Dans quelques pays le *statut* est la loi constitutionnelle de l'Etat : on l'écrit alors avec une lettre majuscule.

Statut se dit aussi des règles établies pour la conduite d'une corporation, d'une compagnie, d'une communauté, etc. Les sociétés littéraires, les compagnies de chemins de fer, etc., sont régies par des statuts particuliers.

STATUTS. En matière de conflit des lois le terme *statut* est employé comme synonyme du mot *loi*. Chaque disposition d'une loi est un statut qui permet, ordonne ou défend quelque chose; mais on désigne plus particulièrement sous la dénomination de *statuts* les lois municipales ou locales, les coutumes des diverses contrées; or ces coutumes varient d'un pays à l'autre et diffèrent entre elles à l'infini.

Comme l'homme est sujet à la loi sous le double rapport de sa personne et de ses biens, on a en conséquence distingué les statuts en *statuts personnels* et en *statuts réels*.

Les *statuts personnels* sont ceux qui affectent directement la personne, forment ce qu'on appelle *son état*, la rendent capable ou incapable de contracter, de faire tels ou tels actes sans aucun rapport avec les choses si ce n'est accessoirement. Ainsi sont des statuts personnels : la loi qui détermine si l'individu est citoyen d'un Etat ou étranger; la loi qui établit la légitimité; celle qui fixe

26*

l'âge de la majorité; celle qui prescrit les formalités du mariage ou indique les causes de sa dissolution; celles qui soumettent la femme à la puissance du mari, le fils à la puissance du père, le mineur à la puissance du tuteur; celle qui établit la capacité de tester, de s'obliger, etc. (*Voir* PERSONNE.)

On appelle *statuts réels* ceux qui affectent directement les choses, la qualité et la nature des biens, en permettent ou en défendent la disposition, indépendamment de l'état ou de la capacité générale de la personne, ou en n'y ayant qu'un rapport incidentel ou accessoire. Il faut ranger dans cette catégorie toutes les lois relatives au droit de disposer des biens, au droit de succession, etc. (*Voir* BIENS, SUCCESSION.)

Lorsqu'il s'agit de savoir si un acte de l'homme est conforme aux règles de son état civil, s'il émane d'une personne ayant capacité suffisante pour le faire, c'est le statut personnel qu'il faut consulter; et s'il s'agit d'apprécier la validité de l'acte dans ses relations avec les biens, il faut consulter le statut réel.

Pour l'application des statuts aux cas particuliers, les règles à suivre peuvent se résumer ainsi :

Les statuts personnels s'attachent à toutes les personnes domiciliées sur le territoire de l'autorité qui les a édictés; ils doivent être reconnus et appliqués par les jugements des tribunaux étrangers.

Il en est de même pour les statuts réels, lesquels s'attachent à tous les biens immeubles.

Le droit de législation des nations comprend tout ce qui a rapport à l'état et à la capacité de leurs sujets quant à l'étendue et à l'exercice de leurs droits civils; le statut personnel de chaque individu est donc celui du pays auquel il appartient.

Le caractère distinctif des lois qui composent le statut personnel, consiste en ce qu'elles accompagnent la personne partout où elle va, qu'elles ne s'appliquent qu'aux nationaux et qu'elles n'exercent aucune influence sur les étrangers qui se trouvent accidentellement sur le territoire qu'elles régissent.

Le statut réel régit toutes les dispositions de l'homme relatives aux immeubles, et tous les actes qui ont des immeubles pour objet sont soumis aux lois du lieu de la situation. Ainsi en cas de vente d'un immeuble avec indication de la contenance à raison de tant la mesure, c'est la mesure du lieu

de la situation qu'il faut appliquer. (*Voir* BIENS-FONDS, IMMEUBLES.)

Les biens meubles sont régis par d'autres règles que les biens-fonds; les actes ou les contrats qui les concernent sont régis par la loi du domicile de la personne à laquelle les biens appartiennent.

Quant à l'application des statuts en ce qui regarde les actes, les contrats que les personnes peuvent accomplir entre elles, relativement soit à leurs rapports réciproques, soit à la disposition des choses ou des biens, les contrats, en droit strict, doivent être régis, quant à la valeur légale de leur forme et aux effets découlant de leurs stipulations, par la loi du lieu où ils sont conclus.

STELLIONAT. Terme de jurisprudence.

C'est un crime équivalent à la *fraude* (voir ce mot).

D'après le droit romain, il y a stellionat quand on vend la même chose à deux personnes, quand on paie avec des choses qu'on sait ne pas nous appartenir, quand un débiteur détourne ou enlève une chose affectée à un paiement; quand on substitue une marchandise à une autre, quand on fait une fausse déclaration dans un acte, quand il y a *collusion* (voir ce mot) entre deux personnes au bénéfice d'un tiers.

Le droit français n'applique le nom de *stellionat* qu'à deux sortes de fraudes : lorsqu'on vend ou qu'on hypothèque un immeuble dont on sait qu'on n'est pas propriétaire, et lorsqu'on présente comme libres des biens hypothéqués ou qu'on déclare des hypothèques moindres que celles dont ces biens sont grevés.

Le stellionat est reconnu crime par presque toutes les législations modernes; l'application en varie, dans les termes du droit romain ou du droit français, selon les divers pays.

STÉNOGRAPHE. Celui qui connaît et exerce l'art de la sténographie.

Aujourd'hui dans plusieurs pays un service de sténographes est attaché aux chambres des parlements pour en recueillir les débats et les discours aussi complets que possible.

Voici comment le travail est généralement organisé.

Les sténographes sont divisés en deux catégories : les *rouleurs*, qui sténographient successivement pendant quelques minutes chacun, puis transcrivent leurs notes en écriture usuelle; les *réviseurs*, qui sténographient pendant un quart-d'heure et ne traduisent pas, mais collationnent leur propre texte avec la transcription des *rouleurs* et s'appliquent particulièrement à donner à l'improvisation des orateurs une correction grammaticale et littéraire suffisante.

Ainsi chaque discours est recueilli à la fois par deux sténographes qui se contrôlent; et peu de temps après qu'il a été prononcé, il peut être livré à l'impression. Les épreuves imprimées sont enfin revues par les *réviseurs* et le chef de service.

STÉNOGRAPHIE. Art de se servir de signes abrégés et conventionnels pour écrire rapidement et recueillir plus exactement, plus complètement la parole.

Les systèmes de sténographie sont très nombreux; on pourrait même dire qu'il y en a autant que de sténographes, parce que chaque sténographe modifie à son gré celui qu'il adopte, en se faisant en quelque sorte une écriture individuelle, imaginant des signes particuliers, des abréviations pour représenter certains mots, certaines désinences, etc., au point qu'un sténographe ne peut guère lire ce qu'un autre a écrit.

La sténographie est utilisée surtout pour la reproduction des débats parlementaires, des plaidoieries d'avocats, des leçons de professeurs, etc.

STIPULATION. Clause, convention, condition énoncée dans un contrat, dans un traité, etc.

Les stipulations qui constituent un traité sont habituellement formulées en articles numérotés.

On distingue les stipulations en *permissoires*, *impératives* et *prohibitives*, selon qu'elles accordent une autorisation ou une permission, prescrivent un ordre, ou imposent une défense ou prohibition.

Lorsque deux stipulations se trouvent en conflit, la raison et la logique veulent que la simple permission s'efface et cède devant la prescription ou la défense.

Mais lorsque l'on se trouve en présence de plusieurs stipulations de même nature, la préférence appartient forcément à celle qui, par un libellé plus explicite, par sa date ou par quelque autre circonstance particulière, peut être considérée comme traduisant le mieux la pensée véritable de ceux qui l'ont adoptée.

Lorsque deux stipulations d'égale valeur sous certains rapports sont en conflit l'une avec l'autre. celle qui est précisée le plus nettement, qui a un caractère plus spécial, doit l'emporter sur celle qui ne particularise pas et qui conserve une portée plus générale.

STORTHING. On nomme ainsi le parlement norvégien.

Le Storthing se compose de représentants des villes et des campagnes, élus pour trois ans. Les élections se font à deux degrés; tous les habitants demeurant depuis 5 ans au moins en Norvége et âgés de 25 ans peuvent y prendre part.

Le *Storthing* se divise, pour les matières législatives proprement dites, en deux chambres, qui se forment de la façon suivante :

Aussitôt après la réunion du Storthing, cette assemblée élit le quart de ses membres pour composer une chambre haute, dite *Lagthing;* les autres se constituent en chambre basse, *Odelsthing.*

Chaque chambre siège séparément. Les projets de loi doivent être d'abord présentés à l'*Odelsthing,* qui renvoie ceux qu'il a votés au *Lagthing,* lequel les accepte ou les rejette. Dans ce dernier cas, le projet retourne à l'*Odelsthing,* qui l'examine de nouveau.

Si chaque chambre persiste dans sa première opinion, les deux chambres se réunissent, et le *storthing* vote en une seule assemblée.

Les lois sont soumises à la sanction du Roi, qui peut la refuser deux fois, à un intervalle de trois ans, mais après un troisième vote du Storthing, la loi n'a plus besoins de la sanction royale; elle a quand même force exécutoire.

STRATAGÈME. Ruse de guerre (voir ce terme).

On range sous cette dénomination les pièges tendus à l'ennemi, les tromperies qu'on lui fait, telles que les démarches simulées, les fausses attaques, etc.

Les stratagèmes ne constituent pas réellement par eux-mêmes un acte de perfidie; toutefois les circonstauces qui les accompagnent peuvent les rendre blâmables et leur imprimer un caractère délictueux.

Les soldats qui, à l'aide d'un stratagème quelconque, réussissent à pénétrer dans le camp ennemi et à s'emparer de la personne du général en chef, ont le droit, en cas de résistance, de faire usage de leurs armes et même de donner la mort sans pouvoir être accusés de crime.

STRATOCRATIE. Gouvernement militaire, dont les chefs sont guerriers de profession.

STYLE. Ce mot, en chronologie, se dit de la supputation des années.

Vieux style, ancien style, manière dont on comptait les jours de l'année avant la réforme du calendrier par le Pape Grégoire XIII : cette manière est encore suivie en Grèce et en Russie, dont le calendrier retarde de 12 jours sur le calendrier grégorien.

On dit, par opposition, *nouveau style* pour la méthode dont on compte depuis cette réforme.

Vieux style s'est dit aussi de l'ère chrétienne, par opposition à l'ère républicaine en France commencée le 22 septembre 1792.

(*Voir* AN, ANNÉE.)

STYLE DIPLOMATIQUE. Les communications écrites qui touchent aux relations internationales, bien qu'elles soient susceptibles d'une grande variété de formes, sont soumises à certaines règles de diction déterminées par l'usage ou par les convenances et dont l'ensemble forme ce qu'on nomme le *style diplomatique, style de cour, style de chancellerie*.

L'infraction à ces règles peut avoir de graves inconvénients et motiver, quand elle n'est pas spontanément reconnue et réparée, soit une demande formelle de redressement, soit une protestation, soit un renvoi de pièces, soit des réserves en vue de l'avenir.

Quant aux qualités intrinsèques du style diplomatique, c'est avant tout la clarté, la simplicité, la précision des idées, l'ordre dans l'exposé des faits, la logique dans la déduction des arguments, la propriété des termes, la concision et la correction du langage.

Des erreurs, les fautes les plus légères donnent souvent lieu à des malentendus; on a vu plus d'une fois le sens d'un article important dépendre de la place d'une virgule, et de fâcheuses contestations surgir d'une circonstance puérile en apparence.

Il faut avec un soin extrême éviter toute expression qui pourrait froisser les justes susceptibilités de l'Etat ou du fonctionnaire auquel le document est destiné.

(*Voir* CORRESPONDANCE, NÉGOCIATION, ÉCRITS DIPLOMATIQUES.)

Clause de style se dit d'une clause qui se met habituellement dans les documents, traités, conventions, etc. sans que cela tire à conséquence spéciale.

SUB SPE RATI. Expression latine, qui signifie littéralement sous l'espoir ou la réserve de ratification.

Lorsqu'un agent diplomatique reçoit des propositions, qui ne sont pas dans le sens de ses instructions, mais qu'il juge utile d'accueillir, il les accepte provisoirement, sous la réserve de la ratification par son gouvernement.

Il en est de même lorsqu'en cas d'urgence et en raison de la distance du lieu, il doit se décider sans retard, s'il accepte ou s'il rejette les propositions qui lui sont faites, c'est sous la réserve que sa détermination sera ratifiée.

SUBLIME PORTE (la). Titre donné à la Porte Ottomane, Cour de l'Empereur des Turcs. (*Voir* PORTE.)

SUBREPTICE. En chancellerie et en jurisprudence, ce mot signifie obtenu par surprise, sur un faux exposé, à la différence d'*obreptice*, qui signifie obtenu sur un exposé où l'on a omis d'exprimer quelque chose d'essentiel : lettres, grâces, concessions, provisions subreptrices.

Il se dit, par extension, de toutes choses qui se font furtivement et illicitement.

SUBREPTION. Surprise faite à un supérieur en obtenant de lui des grâces à l'aide d'un exposé faux; la grâce ainsi obtenue.

Moyens de subreption, moyens par lesquels on tâche de prouver que des lettres accordées en chancelleries sont subreptives, ont été obtenues par subreption.

SUBROGATION. Terme de jurisprudence.

Dans le sens le plus étendu, c'est la substitution d'une chose à une autre chose, d'une personne à une autre personne.

La subrogation est dite *conventionnelle*, si elle résulte d'une convention entre les parties; elle est dite *légale*, lorsqu'elle existe de plein droit en vertu de la loi.

SUBSIDE. Secours en argent, en munitions, et même en hommes, qu'un Etat donne à une puissance alliée en conséquence de traités antérieurs.

Par ces traités, dits *traités de subsides*, une puissance, sans prendre directement part à une guerre comme partie principale, s'engage à y concourir indirectement en fournissant à l'un des belligérants soit un subside pécuniaire, soit un secours limité en troupes ou en bâtiments de guerre, moyennant une indemnité en espèces.

Les engagements de ce genre, quand il ne s'y rattache pas d'autres obligations plus précises, ne transforment pas nécessairement en allié l'Etat qui fournit le subside; mais le subside constitue par lui-même un acte hostile, qui détruit la neutralité et implique virtuellement toutes les conséquences de l'état de guerre. *(Voir* ALLIANCE, SECOURS.)

Comme il est du devoir des Etats neutres, en temps de guerre, de ne fournir à aucun des belligérants aucun secours propre à accroître ses forces ou ses moyens d'action, le fait de procurer des armes, du matériel de guerre à l'un des adversaires en présence est considéré comme une infraction aux devoirs de la neutralité, toutes les fois que le gouvernement ou le souverain de l'Etat neutre a concouru à la fourniture. Il en est de même de la fourniture de subsides pécuniaires. Or, bien qu'ils rentrent dans la catégorie des actes licites comme ayant un caractère intrinsèquement pacifique, les emprunts publics doivent être assimilés à des subsides et considérés à ce titre comme prohibés toutes les fois qu'ils sont évidemment contractés pour faire la guerre; dans ce cas en effet ils constituent une participation indirecte aux hostilités, en d'autres termes une véritable violation de la neutralité. Toutefois un gouvernement, étant hors d'état de contrôler certains actes individuels et de mettre matériellement obstacle à certaines spéculations commerciales, ne saurait être rendu responsable ni se trouver compromis parce que quelques-uns de ses ressortissants feraient pour leur compte privé des prêts ou expédieraient des valeurs à l'un des belligérants. *(Voir* NEUTRALITÉ, RESPONSABILITÉ.)

SUBSIDIAIRE. Qui vient en aide à quelque chose de principal, qui sert, par exemple, à fortifier un argument, un moyen principal dans une discussion, dans une contestation.

Raison subsidiaire, raison qui est alléguée à la suite de raisons déjà employées et qui a pour objets de les fortifier.

Moyens subsidiaires, moyens qu'on fait valoir lorsque les premiers qu'on a proposés ne réussissent pas.

En jurisprudence, *Conclusions subsidiaires*, conclusions conditionnelles qu'on prend en second lieu et pour le cas seulement où les conclusions principales ne seraient pas adjugées.

SUBSTANCE. Ce qu'il y a d'essentiel, de plus important dans un écrit, un acte, une affaire, etc.

En substance, en abrégé, en gros, sommairement.

SUBSTITUT. Se dit en général de celui qui tient la place ou exerce les fonctions d'un autre, en cas d'absence ou d'empêchement.

En France, se dit particulièrement d'un magistrat chargé de seconder, ou même, au besoin, de remplacer au parquet le procureur général ou le procureur de la République.

SUBVENTION. Secours d'argent accordé ou exigé pour subvenir à une dépense imprévue de l'Etat dans un cas pressant. *(Voir* CONTRIBUTION, IMPOTS, SUBSIDE.)

Subvention s'entend plus généralement des fonds que l'Etat accorde pour soutenir une entreprise.

SUCCESSEUR. Celui qui succède à un autre dans une dignité, dans des fonctions, dans ses biens, dans sa profession.

Les successeurs d'un souverain sont les princes qui ont occupé le trône après lui.

Les successeurs d'un ministre sont les ministres au même titre qui ont postérieurement dirigé le même département administratif.

SUCCESSIBILITÉ. Terme de jurisprudence et de droit politique.

Droit de succéder.

L'ordre de *successibilité* au trône.

La successibilité au pouvoir souverain n'est nullement une qualité inhérente à son principe; elle dépend de la loi constitutive, et, à son défaut, de la volonté générale, ou en l'absence de cette dernière, de la volonté du possesseur actuel du pouvoir.

SUCCESSION. Ce mot a deux acceptions différentes : il signifie le plus souvent la transmission des biens d'une personne morte à une personne vivante, et quelquefois la réunion, ou l'ensemble même de ces biens; c'est-à-dire la totalité des biens, des droits, des raisons et des actions dont une personne est activement ou passivement investie au moment de son décès.

La succession s'ouvre soit par la mort naturelle de l'individu, soit aussi par la *mort civile* (Voir ce terme), soit même par l'*absence* (Voir ce mot), prolongée au delà de certaines limites prévues par la loi.

Le droit naturel et la loi de tous les Etats civilisés reconnaissent à toutes les personnes le droit d'étendre leur volonté au delà des limites de leur existence et de transmettre après leur mort leurs biens à des survivants.

Cette volonté peut être expresse, c'est-à-dire énoncée dans un testament, en vertu duquel l'héritier désigné dans le testament succède au défunt; ou bien la volonté peut être tacite, c'est-à-dire qu'elle n'est constatée par aucun document authentique; dans ce cas la loi présume quelles ont pu être les intentions du défunt, et il y a lieu à une succession *ab intestat. (Voir* TESTAMENT, INTESTAT.)

Dans le premier cas la succession est dite *contractuelle* ou *testamentaire*, et *légitime* dans le second.

La *succession* est dite *régulière*, lorsqu'elle passe à des parents du défunt; et *irrégulière*, si, par diverses considérations, elle est attribuée à des parents ou à d'autres personnes qui n'avaient pas un titre régulier pour en exiger l'attribution.

On nomme *succession vacante* celle qui est abandonnée par ceux qui auraient droit de la recueillir, et de laquelle le fisc ne veut pas se charger.

Les lois des divers Etats diffèrent sur beaucoup de points fondamentaux relatifs aux successions, notamment la détermination de l'ordre de succession; la mesure des droits successoraux et la validité intrinsèque des dispositions testamentaires.

Quant aux lois généralement applicables aux successions testamentaires et aux successions *ab intestat*, la jurisprudence admet une triple division.

1º La jurisprudence qui soumet l'*universitas juris* (les biens mobiliers et les biens immobiliers) de la succession à la loi du dernier domicile du défunt.

2º La jurisprudence directement contraire, qui soumet les biens à la loi de l'endroit où ils se trouvent.

3º La jurisprudence intermédiaire, qui soumet les personnes à la loi du domicile du défunt et les biens à la loi de l'endroit où ils sont situés, *lex situs*.

En principe les successions sont régies par la loi du lieu où elles s'ouvrent. Ce lieu est déterminé par le domicile. Il suit de là que c'est le domicile du défunt qui détermine la législation applicable à la dévolution de la succession mobilière, et non la nationalité.

Quant aux biens immobiliers, la loi de la situation de ces biens doit seule être suivie pour la dévolution successorale.

La forme des preuves que l'héritier étranger doit fournir à l'appui de ses droits à la succession doit être celle prescrite par la loi du lieu où ces droits ont pris naissance. C'est donc la loi domiciliaire qu'il faut consulter pour décider quelles sont ces preuves.

Il résulte de différentes décisions des cours de justice que les consuls ont le droit d'intervenir dans les successions d'étrangers, dans l'intérêt de leurs nationaux qui pourraient y avoir des droits, surtout lorsqu'ils sont absents ou inconnus

Les consuls sont généralement chargés de procéder aux inventaires des biens et des effets laissés par les nationaux qui décèdent dans la résidence consulaire; d'administrer et de liquider les successions conformément aux stipulations conventionnelles ou dans la mesure plus restreinte déterminée par les lois territoriales. En tout cas ils doivent recueillir et faire parvenir au ministère des affaires étrangères de leur pays tous les renseignements nécessaires concernant les successions de leurs nationaux décédés dans les limites de leur arrondissement consulaire.

SUCCESSION AU TRONE. Succession au trône ou à la couronne, prise de possession de l'autorité souveraine par droit héréditaire.

Dans les Etats modernes, le droit de succession au pouvoir souverain n'est qu'une partie de la constitution, par conséquent il est sujet aux mêmes modifications, aux mêmes variations que cette constitution.

L'ordre de succession, dans les familles souveraines, ne peut avoir pour conséquence l'acquisition de la souveraineté, qu'autant qu'il est sanctionné par la constitution de l'Etat et reconnu par les populations intéressées.

SUFFÈTE. Nom des magistrats suprêmes de Carthage. Ils étaient au nombre de deux, élus parmi les citoyens des plus nobles familles. Leurs fonctions équivalaient à celles des consuls à Rome; elles étaient également annuelles.

Il y avait aussi des suffètes dans les principales colonies carthaginoises; mais ils y remplissaient de simples fonctions municipales.

SUFFRAGANT. Titre donné à un évêque relativement à l'archevêque métropolitain duquel il dépend, c'est-à-dire à l'officialité duquel on peut appeler des sentences rendues par leur officialité.

Ce titre vient aux évêques de ce qu'ils ont droit de suffrage dans le synode métropolitain, ou bien de ce que dans l'origine c'étaient eux qui élisaient l'archevêque.

Se dit aussi pour *coadjuteur*. (Voir ce mot.)

Autrefois on donnait également ce titre à un juge qui en assistait un autre.

SUFFRAGE. Voix ou avis qu'on donne dans une. assemblée où l'on délibère, ou bien dans une élection.

Le suffrage universel, droit de voter accordé à tous les citoyens.

Suffrage restreint, celui auquel tous les citoyens ne sont pas appelés.

Par extension, *suffrage* s'emploie comme équivalent d'adhésion, d'approbation.

SUITE. Se dit de l'ensemble des personnes qui accompagnent quelqu'un par honneur, mais aussi des gens qui appartiennent à sa maison, qui sont à son service.

En diplomatie on entend par *suite* du ministre public les personnes employées pour le service de l'ambassade ou de la légation, et les personnes qui sont attachées au ministre, soit comme membres de sa famille, soit pour son service personnel.

Les personnes employées pour le service de la légation forment le *personnel officiel* de la mission. *(Voir* PERSONNEL, CONSEILLER, SECRÉTAIRE, ATTACHÉ, CHANCELIER.)

Les secrétaires particuliers, les domestiques de l'agent diplomatique forment sa *suite non officielle* : ils font partie de sa maison, sans appartenir à l'ambassade ou à la légation. On peut y joindre la femme et les enfants du ministre.

Les personnes qui composent le personnel officiel ont droit à certains privilèges, à certaines immunités: tandis que le personnel non officiel n'a aucun droit aux prérogatives diplomatiques; cependant il jouit en fait des immunités que l'usage étend sur tout ce qui compose la suite du ministre. (*Voir* IMMUNITÉ, EXTERRITORIALITÉ, AGENT DIPLOMATIQUE.)

SUJET. Celui qui est sous la dépendance d'une personne, à laquelle il est obligé d'obéir ; celui qui est soumis à une autorité souveraine, qu'il s'agisse

d'un roi, d'une république ou de tout autre souverain.

D'après le droit international sont considérés comme sujets. d'un Etat tous les individus qui sont établis sur son territoire à demeure permanente, soit qu'ils y aient fixé leur domicile; ceux qui d'une façon définitive sont entrés au service de l'Etat dans les armées de terre ou de mer, ou dans l'administration civile, les femmes et les enfants mineurs de ces personnes. *(Voir* ÉTAT.)

Ceux-là sont dits les *sujets propres* d'un Etat; on peut y adjoindre une autre catégorie qu'on qualifie de *sujets mixtes*, et qui se compose d'étrangers possédant des immeubles sur un territoire ou y exerçant certains droits qui les font sous certains rapports assimiler aux sujets propres; mais un individu ne peut être *sujet mixte* qu'en ce qui concerne ses propriétés.

Le *sujet* proprement dit ne peut appartenir réellement qu'à un seul Etat, n'être le sujet que d'un seul souverain.

Sujets respectifs, expression usitée dans les traités pour désigner les sujets de chacun des Etats contractants.

SUJÉTION. Etat de celui qui est sujet d'un chef, d'un prince, d'un souverain quelconque.

La *sujétion* ou qualité de sujet d'un Etat implique une soumission entière sous le gouvernement de l'Etat; toutefois elle ne constitue pas un lien indissoluble au point de vue international; elle peut notamment cesser de fait par l'émigration, car il n'y a pas lieu à revendication des sujets émigrés dans d'autres pays.

Mais, tant que les rapports de sujétion n'ont pas été dissous entre l'individu et l'Etat, la loi internationale leur accorde à l'un et à l'autre certains droits et leur impose certaines obligations. (*Voir* ETAT, DROIT, DEVOIR.)

En tout état de cause, le sujet d'un Etat ne peut invoquer l'intervention d'un Etat étranger et le rendre juge des démêlés avec son propre gouvernement; tout au plus l'Etat étranger peut-il intervenir en sa faveur par des voies amiables.

SULTAN. Ce mot arabe, qui signifie puissant, est dans l'Orient le titre de divers souverains mahométans et tartares; mais lorsqu'on parle simplement du *Sultan*, on entend par ce titre l'Empereur des Turcs ou le *padishah* (voir ce mot).

Le Sultan est souvent qalifié de *Hautesse*; mais l'usage a prévalu de le qualifier de *Majesté Impériale*. (*Voir* HAUTESSE, MAJESTÉ.)

SULTANE. Titre des femmes, des filles et des sœurs du Sultan.

Le Sultan ne se marie pas; il n'a que des concubines : on appelle *sultane favorite*, celle qui est de la part du Sultan l'objet d'une faveur particulière; *sultane aseki*, celle qui a donné un fils au Sultan, et *sultane validé*, la mère du Sultan régnant.

SUPÉRIEUR. Qui est au-dessus d'un autre en rang, en dignité, en mérite, en force; ou qui a le droit de commander à un autre.

Puissance, autorité supérieure.

Les classes supérieures de la société.

Les grades supérieurs.

Officier supérieur, officier d'un grade élevé.

Cours, tribunaux supérieurs, tribunaux qui jugent en dernier ressort.

En particulier, le supérieur, la supérieure : celui ou celle qui a la principale autorité dans une communauté, qui gouverne un couvent, un monastère.

SUPPLÉANT, SUPPLÉANTE. Celui ou celle qui est chargé de remplacer quelqu'un, de remplir les fonctions à son défaut.

Juge suppléant.

Professeur suppléant.

SUPPRESSION. Abolition, annulation, suppression d'un impôt, suppression d'un emploi.

Edit de suppression, édit qui supprime ou éteint un impôt, une charge, un emploi.

Il advient parfois que les Etats, par voie d'économie ou après que le peu d'utilité en a été constaté, suppriment leurs missions diplomatiques dans certains pays ou des postes consulaires dans certaines localités. (*Voir* LÉGATION, MISSION DIPLOMATIQUE, CONSULAT.)

La suppression d'une mission met fin aux relations diplomatiques entre l'Etat sur le territoire duquel la mission existait, et l'Etat qui cesse ainsi d'être représenté directement ou d'une façon permanente auprès de ce gouvernement.

La suppression d'un consulat, d'un vice-consulat ou d'une agence consulaire n'a souvent pour conséquence que la cessation d'un emploi superflu; car les attributions de l'agent dont les fonctions sont ainsi supprimées, vont d'ordinaire s'ajouter à celles du consul d'un rang supérieur à la juridiction duquel ressortissait le poste supprimé, ou d'un autre consul dont la juridiction est ainsi étendue d'autant.

Suppression se dit aussi de l'empêchement ou de l'interdiction de publier un livre, un écrit : suppression par la censure.

Suppression d'un acte, d'un contrat dont on veut dérober la connaissance.

SUPRÉMATIE. Supériorité de puissance, de rang.

En Angleterre, ce mot se dit particulièrement du droit qu'ont les rois ou les reines d'être chefs de la religion anglicane, et, partant, de la souveraineté qu'ils exercent en cette qualité dans toute l'étendue de la juridiction spirituelle.

Tout fonctionnaire qui appartient à l'église anglicane doit prêter un serment par lequel il reconnaît ce pouvoir.

SUPRÊME. Qui est au-dessus de tout.

Le chef suprême de l'Etat.

Le pouvoir suprême, l'autorité du souverain, du chef de l'Etat, du roi, de l'Empereur, etc.

L'Être suprême, Dieu.

Suprême signifie aussi final, qui termine tout.

Le moment suprême, l'heure suprême, la mort.

Les volontés *suprêmes* ou derniers d'un mourant.

Les honneurs suprêmes, les funérailles

SUR-ARBITRE. Le *sur-arbitre*, ou *tiers-arbitre*, est l'arbitre choisi en dernier lieu pour la décision d'une contestation sur laquelle les arbitres nommés en premier lieu sont partagés et ne peuvent s'accorder.

La nomination du sur-arbitre peut se faire directement par les parties intéressées à l'arbitrage, ou bien ces parties en remettent le choix à un tiers ou à des tiers.

En tout cas le sur-arbitre a le vote prépondérant.

La nomination d'un sur-arbitre n'a pas toujours pour unique objet d'obtenir une majorité dans le cas où les arbitres viendraient à se diviser en deux camps égaux; elle peut avoir pour but de donner au tribunal arbitral un président chargé de diriger les discussions et d'imprimer plus d'unité à la procédure. (*Voir* ARBITRE.)

SURANNATION. Cessation des effets d'un acte qui n'est valable que pour un temps déterminé.

Autrefois le sceau royal perdait sa force au bout d'un an pour ce qui n'avait pas été exécuté dans cet espace de temps.

On appelait *lettres de surannation* des lettres qu'on obtenait du roi pour rendre la validité à d'autres lettres qu'on avait laissé trop vieillir sans exécution. (*Voir* PRESCRIPTION,)

SURANNÉ. Se dit d'actes publics qui ne peuvent plus avoir d'effet parce que l'année, ou le temps pour lequel ils étaient valables, est expiré — s'applique surtout aux lettres de chancellerie, aux passe-ports, aux procurations.

Concessions surannées, concessions devenues nulles faute d'avoir été enregistrées dans le temps prescrit.

SURCHARGE. Se dit d'un mot écrit sur un autre mot.

Les *surcharges* sont absolument inter-dites dans les actes, dans les pièces de comptabilité, dans les registres.

Si un mot doit être remplacé par un autre, il faut tirer un trait sur le mot qui doit être annulé, puis, par un renvoi à la marge ou au bas de l'acte, on ap-prouve le mot rayé et celui qui le rem-place, et est indiqué dans le renvoi même; enfin on signe au paraphe le renvoi. (*Voir* RENVOI, RATURE,)

SURÉNA. Ce n'était point le nom propre d'un général parthe, comme on l'avait cru d'abord, sur la fois des histo-riens romains; c'était chez les Parthes un titre d'honneur, un nom de dignité, porté par la plupart des généraux.

Le Suréna était ce qu'est le grand-vizir chez les Turcs.

SURESTARIE. Terme de droit com-mercial. Excès de séjour d'un navire dans un lieu de chargement; retard apporté dans son chargement.

Le chargement doit être fait dans un délai convenu ou déterminé par l'usage des lieux; ce délai passé, le fréteur, qui a mis l'affréteur en demeure de tenir son engagement, a droit à des dommages-in-térêts appelés *fruit de surestarie.* (*Voir* STARIE.)

SURETÉ. Etat de ce qui est à l'abri de tout danger.

Le devoir des gouvernements est d'as-surer, de maintenir et de défendre la sûreté de l'Etat, de la nation. (*Voir* SALUT.)

Un Etat riverain de la mer peut, dans la partie de cette mer qui constitue ses eaux territoriales, prendre toutes les mesures qu'il juge nécessaires pour la sûreté de son littoral, notamment inter-dire l'approche du rivage aux navires de guerre. (*Voir* COTE, NAVIRE.)

Le mot *sûreté* a aussi l'acception de caution, de garantie qu'on donne pour l'exécution d'un traité (*Voir* CAUTION, GARANTIE, GAGE) :

C'est dans ce sens qu'on qualifie de *places de sûreté* les villes ou les forts qu'un Etat donne ou retient pour la sû-reté de l'exécution d'un traité.

SURINTENDANCE. Charge, commis-sion de surintendant. La demeure du surintendant dans un sens plus étendu, inspection ou direction générale au-des-sus des autres : surintendance de finances, de la maison du Roi ou de la Reine.

SURINTENDANT. Celui qui a l'*inten-dance* d'une chose au-dessus des autres. (*Voir* INTENDANT, INTENDANCE.)

En France, sous la monarchie, c'était le titre que portaient les administrateurs en chef des finances, de la marine et des bâtiments de l'Etat.

SURINTENDANTE. Femme d'un sur-intendant.

Dame qui avait la première charge de la maison de la Reine.

En France, titre de la principale direc-trice des maisons d'éducation établies pour les filles des membres de la Légion d'honneur.

SURNOM. Mot ajouté au nom d'une personne pour la distinguer de celles qui s'appellent comme elle, ou pour la dé-signer par un indice remarquable, rap-peler quelqu'une de ses notions, signaler quelqu'une de ses qualités bonnes ou mauvaises : ainsi Charlemagne, Guillaume le Conquérant, Louis le Gros, Guise le Balafré, Pierre l'Ermite.

Le surnom existait chez les anciens.

Chez les Romains, il servait à dis-tinguer les individus d'une même famille : ainsi dans la famille des Scipions il y avait Scipion l'Africain, Scipion Nasica. Le surnom était personnel et se trans-mettait rarement.

Dans les premiers temps du Christia-nisme, où le nom de baptême était le seul porté par chacun, les surnoms étaient d'un usage commun : ils in-diquaient soit la filiation, comme Pierre fils de Jean; soit le lieu de la naissance ou de résidence, comme Grégoire de Nazanze; soit un emploi, Paul le Silen-ciaire; soit une qualité personnelle,

Denys le petit, Guillaume le Bâtard; soit un nom de terre ou de seigneurie.

Ce dernier usage a fini par devenir général parmi les nobles, dont les surnoms sont devenus par la suite des noms de famille.

SURNUMÉRAIRE. Qui est au-dessus de nombre déterminé : employé, officier sur-numéraire.

Se dit particulièrement dans les administrations des employés qui travaillent sans appointements jusqu'à ce qu'on les admette au nombre des employés en titre.

Le plus souvent on n'est admis au surnumérariat qu'après avoir subi un examen ou un concours, ou en justifiant, au moyen de diplômes, de certaines connaissances acquises.

SURPRISE DE GUERRE. Action par laquelle on attaque à l'improviste; attaque de l'adversaire qui n'est pas sur ses gardes, pris au dépourvu; une ville, une place forte peut être capturée par surprise.

Les surprises sont au nombre des ruses ou stratagèmes de guerre dont la pratique des nations sanctionne l'emploi. (*Voir* RUSE DE GUERRE, STRATAGÈME.)

SUSCRIPTION. Adresse écrite sur le pli extérieur d'une lettre.

Dans la correspondance diplomatique, la *suscription* consiste dans la reproduction de la *réclame* sur l'enveloppe de la lettre; elle doit être, pour l'indication des titres et des qualités de la personne à qui l'on écrit, conforme à l'indication exprimée dans la *réclame*. (Voir ce mot.)

SUSPECT. Qui est soupçonné, qui inspire des soupçons, bien ou mal fondés.

Un suspect, individu soupçonné d'être hostile au gouvernement établi.

Se disait, en France sous la Terreur, des citoyens qu'on soupçonnait avoir des opinions contraires à la Révolution.

Loi des Suspects, loi ordonnant d'arrêter les personnes suspectes au gouvernement : telle était celle qui fut rendue le 17 septembre 1793 par le tribunal révolutionnaire.

SUSPENSION. Action d'interdire temporairement à un fonctionnaire la faculté d'exercer ses fonctions; — ou simplement cessation temporaire, interruption des fonctions, sans qu'il y ait interdiction, soit pour des raisons personnelles, soit pour des causes indépendantes de la volonté du fonctionnaire.

Les fonctions diplomatiques peuvent être suspendues par la déclaration qu'en fait lui-même le ministre pour cause de violation du droit des gens de la part de l'Etat où il réside; par la démission ou par le renvoi du ministre public, par la mort physique ou morale du souverain qui l'a constitué ou par celui auprès duquel il est accrédité, jusqu'à remise de nouvelles lettres de créance; par suite de mésintelligence entre les deux Etats, n'entraînant pas rupture complète des relations internationales; par des événements pouvant rendre probable la modification ultérieure des relations entre les deux Etats.

Quand la suspension est motivée par d'autres causes que des raisons personnelles à l'agent diplomatique, il est d'usage qu'elle soit dénoncée par l'une ou l'autre partie.

La suspension de la mission et des fonctions de l'agent diplomatique n'entraîne pas pour lui la perte des prérogatives inhérentes à son caractère public; dans aucun cas son inviolabilité ni son exterritorialité ne sont interrompues jusqu'à ce qu'il ait quitté le pays de la résidence. La suspension a pour effet uniquement d'interrompre les rapports d'Etat à Etat; la validité des lettres de créance du ministre est seulement considérée comme suspendue dans l'intervalle. (*Voir* AGENT DIPLOMATIQUE, MINISTRE.)

Les fonctions consulaires sont suspendues par l'absence ou l'empêchement du consul en cas de congé ou de maladie.

Le consul ne peut dans aucun cas et sous aucun prétexte s'absenter de son poste ou suspendre l'exercice de ses fonctions avant d'en avoir obtenu la permission de son gouvernement.

En cas d'absence du titulaire, le consulat est géré à titre intérimaire par le vice-consul et, à défaut de celui-ci, soit par le chancelier, soit par l'agent spécialement désigné à cet effet. (*Voir* CONSUL.)

SUSPENSION D'ARMES. On désigne sous le nom de *suspension d'armes* la cessation des hostilités pendant un espace de temps limité sur des points déterminés et pour un objet spécial, par exemple pour relever les blessés, enterrer les morts après une bataille, ou avoir le temps de recevoir des ordres afin d'évacuer une place assiégée.

La conclusion de ces sortes d'arrangements appartient soit aux chefs d'armée, soit aux officiers commandant un ou plusieurs détachements de troupes ; mais ils ne sont obligatoires que pour les forces placées immédiatement sous l'autorité de ceux qui les ont conclus. Ils sont ordinairement demandés et accordés par parlementaires.

Les chefs d'armée qui concluent une suspension d'armes le font sous leur responsabilité et en garantissent l'observation sur leur parole.

L'autorité militaire supérieure ne peut révoquer un tel engagement, quand même elle le trouve désavantageux, elle peut infliger des peines disciplinaires à l'officier qui a conclu la suspension d'armes ; mais elle ne peut altérer ou rompre l'engagement ainsi pris au nom de l'armée ou seulement d'un corps de troupes.

Lorsque l'un des belligérants n'observe pas les conditions de la suspension d'armes, l'autre n'est plus tenu de se considérer comme lié par la convention ; mais si la rupture de la suspension est le fait d'un particulier sans ordre de l'Etat ou des autorités militaires, il y a lieu simplement de punir les coupables et non de reprendre immédiatement les hostilités.

Lorsque la suspension d'armes a un caractère plus étendu et doit avoir une durée plus prolongée, elle reçoit le nom de *trève* ou d'*armistice*. (Voir ces mots).

C'est surtout par la durée que la *suspension d'armes* se distingue de l'*armistice* : elle est limitée à des heures, à des jours, tandis que l'armistice s'étend à des semaines, à des mois.

Une autre différence encore entre l'*armistice* et la *suspension d'armes* consiste en ce que dans le premier cas la trève est dénoncée quelque temps à l'avance, et dans le second les hostilités recommencent aussitôt après l'expiration du terme convenu.

Enfin la *suspension d'armes* est limitée à une localité indiquée, à un but spécial, et laisse subsister l'Etat de guerre.

La suspension générale des hostilités ne peut être ordonnée que par le souverain de l'Etat, soit directement, soit par l'entremise d'un délégué choisi *ad hoc*.

SUZERAIN. Terme de féodalité.

Se disait, au moyen-âge, du seigneur qui possédait un fief duquel relevait d'autres fiefs, qui étaient dits ses *vassaux*. (*Voir* VASSAL.)

Le suzerain devait justice et protection à ses vassaux ; en retour, ceux-ci lui rendaient foi et hommage, le suivaient à la guerre, lui payaient des redevances de diverses sortes.

Il y a cette distinction entre le *souverain* et le *suzerain,* que le premier exerce le pouvoir suprême dans son intégralité, avec toutes les attributions, sans en rien aliéner, le second, aux contraire après avoir cédé son droit de souveraineté positive sur un pays, conserve néanmoins une certaine suprématie sur le pays cédé. C'est ainsi que le Sultan ou empereur de Turquie est le suzerain du khédive d'E-gypte, du bey de Tripoli, des imans de l'Arabie, du prince de Bulgarie. *(Voir* SOUVERAIN, MI-SOUVERAIN.)

SUZERAINETÉ. Qualité de suzerain. (*Voir*, SOUVERAINETÉ, MI-SOUVERAI-NETÉ.)

SYLLABUS. Terme employé par le Pape pour désigner une collection d'erreurs ou ce qu'il considère comme telles.

Acte par lequel l'Eglise romaine affirme sa suprématie et lance l'anathème contre ceux qui ne s'y soumettent pas et persistent dans les erreurs signalées dans le *syllabus*.

Les principales erreurs, entraînant ainsi l'anathème, sont consignées dans le *syllabus* publié en février 1870.

SYMPATHIE. En temps de guerre, la manifestation par un Etat neutre de sympathie pour l'un des belligérants n'est pas une infraction aux devoirs de la neutralité, tant que cette manifestation ne se traduit pas par des actes impliquant un concours matériel, une participation indirecte ou déguisée à la guerre. Elle ne suspend pas les relations pacifiques entre les Etats ; seulement lorsqu'un neutre exprime son mécontentement ou sa désapprobation des actes de l'un des belligérants, il a à éviter de le faire dans des termes ou sous une forme qui pourrait constituer une offense, et par suite engendrer un conflit avec l'Etat qui se considérerait comme offensé.

SYNALLAGMATIQUE. Se dit des contrats par lesquels les contractants s'obligent réciproquement les uns envers les autres.

Si l'un viole le contrat, l'autre n'est plus tenu de l'observer.

Lorsque les parties contractantes ne sont qu'au nombre de deux, le contrat synallagmatique peut être dit également *bilatéral*.

Les contrats synallagmatiques, lorsqu'ils sont conclus sous signature privée, ne sont valables qu'autant qu'ils ont été faits en autant d'originaux qu'il y a de parties ayant un intérêt distinct.

La nullité en pareil cas ne peut être couverte que par l'exécution volontaire donnée au contrat.

SYNARCHIE. Règne de plusieurs princes qui gouvernent en même temps les différentes provinces d'un même empire, comme cela eut lieu dans l'ancienne Égypte.

SYNDIC. Dans le sens général, se dit de l'individu chargé de la gestion d'une affaire ou d'une administration, intéressant des particuliers ou des communautés : Syndic de la chambre des avoués, des agents de change, des notaires, etc.

Autrefois dans le midi de la France on donnait le titre de *syndic* au premier magistrat de la plupart des villes ; c'est encore le nom que portent les maires dans la Suisse romane.

SYNDIC DE FAILLITE. On nomme ainsi la personne commise à la vérification du bilan d'un négociant déclaré en faillite, ainsi que des pièces qui l'accompagnent.

Le syndic *provisoire* est celui qui est nommé par le tribunal de commerce sur la présentation des créanciers de la faillite dans leur première assemblée.

Le syndic *définitif* est celui qui est nommé par les créanciers, après vérification des créances, ou refus de *concordat* (voir ce mot).

Un des premiers effets du jugement déclaratif de faillite est de dessaisir le failli de l'administration personnelle de ses biens et de lui substituer un mandataire légal chargé de le représenter dans toutes les actions actives et passives qui peuvent l'intéresser : ce mandataire, c'est le *syndic*. Par suite toute action doit, à partir du jugement déclarant la faillite, être intentée non contre le failli, mais contre celui qui le représente légalement.

Si nous examinons la situation des syndics de faillite au point de vue international, nous voyons qu'en principe le jugement étranger qui nomme un syndic à une faillite produit ses effets dans les autres pays sans y avoir été préalablement rendu exécutoire ; mais l'*exequatur* est exigé, s'il y a contestation sur le fait de la déclaration de faillite et sur la nomination du syndic, ou bien encore sur les conditions de report ou fixation de l'ouverture de la faillite. (*Voir* FALLITE.)

SYNDICAT. Charge ou fonction de syndic. Durée de cette fonction.

Réunion des syndics d'une corporation.

Dans quelques villes de l'*Allemagne* on donne le nom de *syndicat commercial* au conseil de la corporation des négociants ; ses attributions correspondent à peu près à celles des chambres de commerce en France et en Angleterre.

On appelle aussi *syndicat* une réunion de capitalistes intéressés dans une même entreprise, et mettant leurs titres en commun pour en opérer la vente sans que le prix en soit altéré.

SYNODE. Assemblée du clergé d'une église.

C'est le terme grec synonyme du latin *concilium*, concile (voir ce mot) ; cependant il a été aussi adopté dans les églises de l'Europe occidentale.

Dans l'église catholique, il s'applique seulement aux assemblées du clergé d'un diocèse, convoqué par l'évêque pour arrêter quelques règlements concernant la discipline ou la morale religieuse.

Les protestants n'ont point de *conciles* ; leurs ministres se réunissent en synodes pour délibérer sur les points litigieux du dogme. Ces synodes sont dits *nationaux*, lorsqu'ils réunissent le clergé de tout un même pays ; et *provinciaux*, lorsque n'y sont convoqués que les ministres d'une province ou d'une partie du pays.

En Russie, on appelle le *Saint-Synode* un conseil composé à la fois d'ecclésiastiques et de laïques, qui préside à toutes les affaires religieuses sous l'inspection d'un grand-procureur représentant l'Empereur.

SYSTÈME. Constitution politique ou sociale des Etats : système *féodal, monarchique, représentatif, fédératif*. (Voir ces mots.)

Ensemble de choses qui se tiennent, se coordonnent, se lient les unes aux autres.

Système décimal, système de numération qui a pour base le nombre dix.

Système métrique, système des poids et des mesures qui a le mètre pour base, et dans lequel on suit la numération décimale.

SYSTÈME CONTINENTAL. Système de politique prohibitive, au moyen duquel Napoléon I voulait empêcher le continent européen de faire du commerce avec l'Angleterre.

(*Voir* BLOCUS CONTINENTAL.)

SYSTÈME D'ÉTATS. On appelle *système d'Etats* ou *Etat composé* la réunion

TABLE — 415 — TABLEAU

de plusieurs Etats souverains sous un gouvernement commun, tels que les Etats unis ensemble par un lien fédéral.

On donne aussi cette qualification à l'Etat mi-souverain, c'est-à-dire l'Etat soumis à la suzeraineté d'un autre Etat complètement souverain, en tant qu'il s'agit des liens qui le rattachent à ce dernier.

(*Voir* ÉTAT, FÉDÉRATION, CONFÉDÉRATION, SOUVERAIN, SOUVERAINETÉ, MI-SOUVERAIN, MI-SOUVERAINETÉ, UNION.)

T

TABLE. Lame ou plaque de métal; morceau de marbre ou de pierre; plat uni, sur lequel on peut écrire, graver, peindre, etc.

C'est dans ce sens qu'on dit les *tables de la loi* ou les *tables de Moïse*, tables de pierre sur lesquelles étaient gravées les lois que Dieu donna à Moïse sur le Sinaï;

La loi des Douze tables, recueil de lois publiées à Rome par les *décemvirs* (voir ce mot);

Tables de proscription, listes sur lesquelles étaient portés les noms des personnes que Sylla et, après lui, les triumvirs proscrivirent. (*Voir* PROSCRIPTION, TRIUMVIR.)

Au figuré, *table* s'emploie pour signifier un relevé, un index, qui est fait ordinairement par ordre alphabétique, pour faciliter le moyen de trouver les matières ou les mots qui sont dans un livre, et qui renvoie aux pages : *table des matières, table des chapitres*, table où l'on indique les matières traitées dans chaque chapitre.

Table *alphabétique*, celle faite dans l'ordre des lettres de l'alphabet;

Table *méthodique*, celle faite d'après une certaine méthode, un ordre systématique;

Table *analytique*, celle qui a pour base l'analyse des matières traitées dans le livre.

Table signifie aussi un tableau dans lequel certaines matières sont disposées méthodiquement ou résumées, de manière à pouvoir être embrassées d'un seul coup d'œil ou trouvées facilement : table généalogique, chronologique; table de multiplication, etc.

TABLE (législative). On donne le nom de *tables* aux deux chambres qui forment le parlement hongrois.

La Table des *magnats* (voir ce mot), composée des Archiducs royaux propriétaires dans le royaume de Hongrie, des évêques catholiques et grecs, des chefs des *comitats* (voir ce mot), de tous les princes comtes et barons hongrois, de deux représentants de la Croatie et de cinq de la Transylvanie;

La Table des députés comprenant les députés des comitats, des districts et des villes de la Hongrie, de la Transylvanie; de la Croatie et de l'Esclavonie.

TABLE AMALFITAINE. Nom donné à un recueil de lois et de règlements maritimes, attribués à la ville d'Amalfi, port de mer du royaume de Naples.

Cette législation qui remonte aux temps les plus anciens, est tombée complètement en désuétude, et n'est plus qu'un souvenir intéressant, mais sans application ni portée pratique.

TABLE DE MARBRE, nom donné à une ancienne juridiction du royaume de France, qui siégeait au Palais de justice de Paris et qui était ainsi nommée parce que la grande salle où les juges d'assemblaient était occupée par une grande table de marbre, autour de laquelle ils se plaçaient. Cette juridiction était partagée en trois tribunaux : celui du connétable, qui fut plus tard celui des maréchaux de France; celui de l'amiral; et celui du grand-forestier, représenté plus tard par le grand-maître des eaux et forêts.

TABLEAU. Feuille ou planche sur laquelle les matières d'un sujet sont rangées méthodiquement pour être vues d'un coup d'œil : tableau synoptique, tableau statistique, etc.

Carte ou feuille sur laquelle sont inscrits par ordre les noms des personnes qui composent une compagnie, ou qui se

TABLEAU — 416 — TAUX

trouvent dans une situation déterminée : tableau des juges, tableau des avocats.

TABLEAU (peinture). Ouvrage de peinture sur une table de bois, de cuivre, etc. ou sur la toile.

En droit, les tableaux sont considérés comme *immeubles* quand ils sont placés à demeure perpétuelle; et comme *meubles meublants,* quand ils font partie du mobilier d'un appartement.

Au point de vue de la propriété, le tableau appartient au peintre qui l'a conçu et exécuté, et qui a le droit de le céder, de l'aliéner au profit de tiers. Le droit de le reproduire ou d'en autoriser la reproduction appartient exclusivement à son auteur; mais le droit d'exhibition, tenant non au droit de l'auteur, mais au droit de propriété mobilière du corps matériel de l'œuvre, appartient au propriétaire de l'objet. (*Voir* PROPRIÉTÉ ARTISTIQUE.)

TACITE. Qui n'est pas formellement exprimé, qui est sous-entendu ou peut se sous-entendre.

Condition tacite, convention tacite, approbation tacite.

Tacite reconduction. (*Voir* RECONDUCTION).

TALION. Punition qui consiste à traiter un coupable de la même manière qu'il a traité les autres : ainsi la loi du talion autorise, par exemple, à mettre à mort celui qui a tué son semblable.

Cette loi, qui est encore en usage chez les peuples orientaux, a disparu depuis longtemps du code pénal des nations civilisées; cependant ou peut regarder les *représailles* comme en étant encore une application. (*Voir* REPRÉSAILLES.)

TALMUD. Ancien recueil des lois, des coutumes, des traditions et des opinions des Juifs, compilées par leurs docteurs.

Le Talmud est, à proprement dire, le code civil et religieux des Juifs; c'est pour eux la suite et le complément de la Bible.

Le Talmud comprend les lois traditionnelles des Hébreux, par opposition aux lois écrites données par Moïse; ou, pour parler plus exactement, c'est l'interprétation faite de ces dernières lois par les rabbins en ce qui concerne la doctrine, la politique et les cérémonies.

TANZIMAT. On appelle ainsi l'ensemble des lois organiques basées sur le hatti-chérif du sultan Abdul-Medjid, en date à Gulhane du 3 novembre 1839, et ayant pour objet d'opérer dans l'organisation générale de la Turquie des réformes qui la mettent en harmonie avec l'esprit européen.

Le tanzimat se divise en quatre branches principales : le gouvernement; l'administration et les finances; les offices judiciaires, comprenant la justice et l'instruction publique; et les emplois du sabre, concernant l'armée et la marine.

L'application de ces différentes lois forme le régime politique et l'administratif qui régit actuellement l'empire ottoman.

TARIF. Tableau d'indication temporaire ou permanente des droits à payer pour la navigation, le passage ou le parcours des rivières, l'exportation ou l'importation des denrées, des marchandises, etc. Dans ce dernier cas le tarif est dit plus spécialement *tarif des douanes* : il fixe particulièrement les droits d'entrée, de sortie, de transit, etc., que chaque sorte de marchandises doit payer.

C'est aussi le rôle, le tableau du prix de certaines denrées, le taux de certains droits.

Le *tarif des monnaies* indique la valeur courante des monnaies, le taux du change relativement aux monnaies étrangères.

Le tarif est aussi l'état des droits ou des émoluments alloués aux fonctionnaires·publics, aux officiers ministériels pour les différents actes de leur ministère.

Tarif des chancelleries, droits que les chancelleries diplomatiques et consulaires sont autorisées à percevoir pour les actes et les formalités de leur ressort.

Tarif des frais et dépens, règlement qui établit le coût des divers actes et les droits de vacation en matière de procédure civile, criminelle et de police.

TAUX. Dans le sens propre, se dit de la somme à laquelle une personne est taxée pour ses impositions.

Dans une acception analogue, se dit aussi du prix établi pour la vente des denrées; des fonds publics, des frais de justice, des honoraires des officiers ministériels, etc.

C'est encore le prix auquel se négocient en bourse les rentes sur l'État, les actions industrielles; et le denier auquel les intérêts de l'argent prêté sont réglés, établis ou stipulés, prêter de l'argent au taux légal, au taux de cinq, de six pour cent.

Le *taux légal* est celui qui est établi par la loi du pays, et qu'il n'est pas permis de dépasser sans encourir l'accusation d'usure.

En France, le taux légal de l'intérêt est de cinq pour cent dans les transactions d'ordre civil, et de six pour les négociations de commerce.

Il y a cette distinction à observer entre le *taux* et la *taxe* que le *taux* est la valeur même, déterminée, et la *taxe* le règlement de la valeur.

On n'emploie *taux* que lorsqu'on parle de l'intérêt de l'argent, et *taxe* quand il s'agit d'une imposition en argent sur des personnes ou des choses en certains cas; mais on se sert indifféremment de l'un ou de l'autre mot et parlant du prix établi pour la vente de denrées, ou de la somme fixée à payer par un contribuable.

TAXE. Règlement fait par l'autorité pour le prix de certaines denrées.

Imposition en argent mise dans certaines circonstances sur les personnes.

Somme que cette imposition force à payer.

Se dit pour impôt en général.

Règlement fait par autorité de justice pour frais occasionnés par un procès : la taxe des dépens.

TE DEUM. Cantique d'actions de grâces en usage dans l'Eglise catholique, qui commence par ces mots latins : *Te Deum laudamus.* (Nous te louons, Dieu.)

Il se chante extraordinairement et avec solennité pour rendre publiquement grâces à Dieu d'une victoire ou de quelque autre événement heureux.

Se dit aussi de la cérémonie qui accompagne cette action de grâces.

Dans la plupart des cas, où les autorités d'un gouvernement font célébrer un *Te Deum*, elles ont soin d'inviter à y assister les ministres étrangers résidant dans la ville où a lieu la cérémonie; et ceux-ci s'y rendent en uniforme.

Il arrive aussi qu'un ministre public à l'étranger fasse chanter dans la ville où il réside un *Te Deum* à l'occasion d'un événement heureux pour son propre pays, et notamment à la suite d'un attentat commis sur la personne de son souverain et auquel celui-ci a échappé. D'ordinaire le ministre invite à assister à la cérémonie ses collègues du corps diplomatique auxquels la courtoisie fait un devoir de s'y rendre ou de s'y faire représenter par quelqu'un du personnel de l'ambassade ou de la légation. (*Voir* CÉRÉMONIAL. CÉRÉMONIES. AGENT DIPLOMATIQUE, MINISTRE.)

TÉLÉGRAPHES. Depuis que la télégraphie électrique a fourni à la pensée humaine les moyens de se transmettre d'une extrémité du globe à l'autre avec la rapidité de l'éclair, les divers Etats ont compris que toute tentative pour en comprimer ou gêner l'essor nuirait au mouvement général des affaires et aux relations internationales. Ils ont donc devant les fils électriques abaissé les barrières naturelles qui les séparent, et établi un échange régulier et non interrompu de communications télégraphiques.

De nombreux arrangements ont été conclus entre les principaux Etats pour régler cette matière; les uns ont pour objet la jonction des lignes, la transmission et la distribution réciproques des dépêches et la fixation des taxes à percevoir de part et d'autre.

D'autres règlent plus spécialement la création de lignes internationales, la taxe des télégrammes échangés dans la zone frontière, ou les tarifs pour le transit réciproque des dépêches à transmettre au delà du territoire respectif des parties contractantes.

Il existe enfin un certain nombre de conventions pour la pose des câbles sous-marins, la concession du privilège de leur exploitation et la détermination des points d'atterrissement.

Un nouveau règlement est entré en vigueur le 1er avril 1880, de sorte qu'il existe aujourd'hui une *Union télégraphique*, qui comprend tous les Etats européens, la Perse, l'Egypte, l'Algérie, l'empire anglo-indien, les possessions turques et russes en Asie, et qui peut s'augmenter par l'adhésion de nouveaux Etats.

Ainsi l'échange et le transit des correspondances télégraphiques entre les divers Etats contractants sont désormais réglés sur le continent européen et sur une partie de l'Asie et de l'Afrique par une organisation uniforme, régulière et constante, placée sous la garantie et l'assentiment communs des gouvernements intéressés.

Les dispositions essentielles du contrat synallagmatique qui régit aujourd'hui cette matière au point de vue international peuvent se résumer comme suit :

1º Des fils spéciaux en nombre suffisant son affectés à la transmission des dépêches internationales.

2º Le service est, autant que possible, permanent le jour et la nuit.

3º Les appareils Morse et Hughes sont adoptés concurremment, jusqu'à une nouvelle entente sur l'introduction d'autres appareils.

4º Le secret des correspondances est garanti.

5⁰ Les télégrammes sont divisés en trois catégories, rigoureusement observées pour l'ordre de transmission : 1⁰ *télégrammes d'Etat*, c'est-à-dire ceux qui émanent du chef de l'Etat, des ministres, des commandants en chef des forces de terre ou de mer, et des agents diplomatiques ou consulaires; 2⁰ *télégrammes de service*, c'est-à-dire ceux qui émanent des administrations télégraphiques respectives; 3⁰ *télégrammes privés*.

6⁰ La taxe est établie par mot sur tout le parcours.

La taxe applicable à toutes les correspondances échangées par la même voie entre les bureaux de deux Etats est uniforme.

7⁰ Le franc est l'unité monétaire servant à la composition des tarifs internationaux.

8⁰ Les Etats contractants n'acceptent à raison du service de la télégraphie internationale aucune responsabilité. Ainsi les retards ou les inexactitudes dans les transmissions ne peuvent fonder une action en dommages et intérêts contre l'administration qui en est coupable; elle peut tout au plus donner lieu au remboursement de la taxe perçue.

9⁰ Dans l'intérêt commun il est créé un „bureau international des administrations télégraphiques", chargé de centraliser les renseignements de toute nature relatifs à la télégraphie, de rédiger les tarifs, de dresser une statistique générale, de procéder aux études utilité commune, de rédiger un journal télégraphique en français, de distribuer ces documents aux bureaux des divers Etats, d'instruire les demandes de modification au règlement de service, et de promulguer en temps utile les changements adoptés avec l'assentiment unanime des administrations. Le *Bureau international* a son siège à Berne; il fonctionne depuis le 1ᵉʳ janvier 1869.

10⁰ Les Etats contractants se sont respectivement réservé de prendre séparément entre eux des arrangements particuliers sur les points de service qui n'intéressent pas la généralité des Etats.

TÉMOIGNAGE, TÉMOIN. Déclaration qu'une personne fait en justice, et sous serment, d'une chose qui est à sa connaissance.

Le témoin est la personne qui a vu ou entendu quelque fait et qui peut en faire un rapport ou en déposer en justice.

Quelques Etats, lorsque leurs tribunaux ont besoin, pour se prononcer dans certaines affaires, des témoignages de personnes qui se trouvent à l'étranger, ont adopté l'usage de charger leur consul résidant dans la localité respective de ces personnes de recueillir ces témoignages. *(Voir* CONSUL.)

Les témoins qui déposent en justice sont dits témoins *judiciaires;* mais il est une autre catégorie de témoins, dits *instrumentaires,* dont l'assistance est nécessaire pour la validité de certains actes. Ils sont appelés notamment près de l'autorité municipale, et en pays étrangers devant les consuls, lorsqu'il s'agit de délivrer des passeports, de recevoir des actes de l'état civil, etc.

TEMPOREL. Se dit d'un bien, d'un acte, d'un pouvoir qui ne s'étend pas au-delà de la vie terrestre et participe à la mobilité des sociétés humaines ; on l'oppose à *spirituel.* (Voir ce mot.)

Ainsi le *pouvoir temporel* du Pape. C'était l'autorité royale du souverain pontife, considéré comme prince d'un peuple, comme souverain d'un Etat particulier ; tandis que son pouvoir *spirituel* consiste dans l'autorité suprême dont il est revêtu comme chef de l'Eglise catholique, et qu'il exerce dans toute ce qui regarde les questions dogmatiques et les affaires purement ecclésiastiques ou religieuses.

Temporel est pris aussi pour *séculier* par opposition à *ecclésiastique* (*voir* EGLISE); puissance, juridiction temporelle.

TENANCIER. Terme de féodalité : celui qui *tenait* ou possédait en *roture* (voir ce mot) des terres dépendantes d'un fief, auquel il était dû des cens ou d'autres droits.

On appelait *franc tenancier* celui qui *tenait* une terre en roture, mais qui en avait racheté les droits.

Tenancier se dit aujourd'hui du fermier d'une petite métairie dépendant d'une ferme plus considérable.

TENDANCE. Direction, plus ou moins sensible ou apparente, vers une fin, vers un but ; intention de produire un effet, d'établir une doctrine.

Loi de tendance, loi qui frappe les opinions plutôt que les actes d'une personne, l'intention avant que l'effet s'en soit produit, les doctrines avant que les conséquences en aient été déduites et se soient manifestées par des faits ; qui recherche et poursuit dans un écrit l'esprit plutôt que le fond.

Procès de tendance, procès intenté à un écrivain, à un auteur non pour ce qui est dit expressément dans ce qu'il a écrit, mais pour la direction qui y est sensible ou qu'on croit y saisir.

TENEUR. Ce qui est contenu mot à mot dans un écrit ; le texte littéral d'un acte, d'un document, d'un jugement, d'un arrêt; d'un traité, d'une convention, etc.

Se dit surtout en terme de pratique : ainsi l'arrêt sera exécuté selon *sa forme et teneur,* c'est-à-dire dans toutes ses parties, ses détails dans toute son intégralité.

TENURE. Terme de féodalité : mouvance, dépendance, étendue d'un fief.

Mode suivant lequel on tenait une terre.

Condition de la possession d'un fief, d'un bénéfice.

Tenure féodale, fief noble en général.

Tenure de chevalier, fief qui imposait la condition de suivre son seigneur à la guerre.

Tenure de roture, mode de possession selon lequel le tenancier doit un service déterminé.

TERME. Façon de parler, expression particulière à un art, à une science — terme technique, terme scientifique ; termes de droit, de médecine, etc.

Le *terme* est l'un des deux éléments essentiels de la proposition, de la phrase : le *sujet* et l'*attribut.*

Terme de comparaison, de relation, chacun des deux objets qu'on compare, qui ont des rapports entre eux.

Terme signifie aussi condition, position dans laquelle une personne se trouve à l'égard d'une autre ou de plusieurs autres. (*Voir* CONDITION, STIPULATION.)

Terme moyen ou *moyen terme,* parti moyen ou intermédiaire, concession qu'on fait, qu'on prend pour terminer une affaire embarrassante.

TERME (fin). Fin dans le temps ou dans l'espace, borne des actions et des choses qui ont quelque étendue de lieu ou de temps.

En droit, le terme est la limitation d'un temps donné pour faire une chose; le délai fixé pour l'exécution d'une condition, d'un engagement; le temps préfixe d'un paiement.

On appelle *terme de rigueur* celui passé lequel il n'y a plus de délai à obtenir.

Se dit pour limite, fin en général.

TERRE SAINTE (La). Nom donné à la Judée. (*Voir* LIEUX SAINTS.)

TERREUR (La). On nomme ainsi l'époque de la Révolution française pendant laquelle le tribunal révolutionnaire siégea en permanence, — depuis le 31 mai 1793 jusqu'au 9 thermidor (27 juillet 1794).

TERRITOIRE. Étendue de terre qui dépend d'un empire, d'un royaume, d'une province, d'une ville, d'une juridiction, etc.

Se dit dans certains pays d'une division juridictionnelle, administrative.

Aux Etats-Unis et dans la République argentine, contrée peuplée suffisamment pour avoir besoin d'être administrée au nom du Congrès fédéral, mais n'ayant pas encore atteint le chiffre de population nécessaire pour avoir droit de faire sa constitution d'Etat et pour être admise, avec l'assentiment du Congrès, au même titre que les autres Etats dans la Confédération ou la République.

Territoire national. On entend par *territoire* d'une nation tous les lieux sur lesquels le souverain ou l'autorité suprême de cette nation exerce sa juridiction, et dont les habitants obéissent à ses lois. Le territoire national comprend non seulement le sol sur lequel habitent les sujets, les possessions que la nation a outre mer sous le nom de colonies, de comptoirs de commerce, ou sous toute autre dénomination, mais encore leurs dépendances, telles que la partie de la mer qui les baigne, les lacs, les rivières, les plages, les golfes, etc.

On ne saurait concevoir l'*Etat* (Voir ce mot) sans territoire. Le territoire d'une nation constitue sa propriété, le *domaine* public (*Voir* DOMAINE, PROPRIÉTÉ), sur lequel l'Etat exerce les droits de domaine éminent : cette propriété est absolument inviolable, et personne ne peut y pénétrer sans le consentement tacite ou exprès de son propriétaire légitime. (*Voir* INVIOLABILITE).

En temps de guerre, l'*occupation* (voir ce mot) du territoire d'un belligérant donne certains droits à l'ennemi occupant, mais seulement des droits imparfaits : car l'occupant ne détient qu'à titre précaire le territoire envahi : n'étant pas encore devenu souverain incommutable du territoire dont il s'est emparé, il ne peut disposer du sol en faveur de tiers par don, cession ou autrement. L'unique droit que l'occupation lui confère, consiste à se substituer provisoirement au souverain dépossédé et à disposer aussi à titre de provisoire, des fruits et des revenus qu'il a fait saisir.

Il en est autrement de la *conquête* (voir ce mot) : elle fait passer définitivement aux mains du vainqueur le territoire occupé, sa prise de possession n'est que provisoire tant que dure la guerre: la paix seul donne la sanction du droit à la conquête ou à l'annexion violente. (*Voir* ANNEXION.)

Lorsque d'autres Etats sont en guerre, le territoire des nations neutres doit être à l'abri de toutes les entreprises des belligérants, de quelque nature qu'elles soient.

Les neutres ont le droit incontestable de s'opposer par tous les moyens en leur pouvoir, même par la force des armes, à toutes les tentatives qu'un belligérant pourrait faire pour user de leur territoire. (*Voir* NEUTRALITÉ, NEUTRE, INVIOLABILITÉ.)

TERRITORIALITÉ. Ce qui appartient en propre à un territoire considéré au point de vue politique.

En matière de droit international, on se sert de ce mot pour exprimer l'autorité qu'ont les lois locales ou territoriales dans toute l'étendue d'un pays; on l'oppose au mot *exterritorialité* (voir ce mot), qui signifie une immunité ou exemption de l'assujettissement à ces lois : c'est ainsi qu'on dit que dans certains cas le principe de la *territorialité* doit l'emporter sur celui de la *nationalité* (voir ce mot).

En droit international privé, les termes de *territorialité* et d'*exterritorialité* ont respectivement un sens plus restreint : dans un procès, en cas de conflit entre deux coutumes ou législations d'un même pays, le premier signifie la loi ou la coutume du tribunal saisi; et le second, la loi ou la coutume du domicile du plaideur.

TESTAMENT. Acte par lequel on déclare ses dernières volontés.

L'institution du testament est généralement admise; seulement les formalités ou les conditions requises pour la validité du testament présentent quelques variations selon les différents pays.

La loi française reconnaît trois formes de testament. Il peut être : 1º olographe, c'est-à-dire écrit, daté et signé de la main du testateur; ou 2º fait par acte public, c'est-à-dire reçu par notaire en présence de témoins; ou 3º fait dans la forme mystique, c'est-à-dire secret, écrit ou au moins signé par le testateur et remis par lui clos et scellé à un notaire en présence de témoins.

Pour le testament fait à l'étranger le principe *locus regit actum* est généralement admis. Plusieurs législations proclament en outre le principe que leurs ressortissants peuvent tester à l'étranger dans la forme requise dans le canton, notamment dans la forme olographe.

Selon les prescriptions du code civil français (article 999) le Français qui se trouve en pays étranger, peut faire des dispositions testamentaires par acte sous signature privée, ou par acte *authentique* avec les formes usitées dans le lieu où cet acte est passé.

Par l'acte authentique, que la loi exige à défaut du testament olographe, on n'entend pas un acte passé en la présence d'un officier public, puisque certaines législations étrangères ne comportent pas le concours d'un officier spécialement chargé de recevoir les déclarations de dernière volonté; mais le testateur doit au moins recourir aux formes solennelles qui peuvent être usitées dans le pays où il réside : ainsi ce n'est pas l'authenticité française, telle qu'elle est organisée par le code civil, qui est exigée en matière de testaments faits à l'étranger, mais l'authenticité telle qu'elle est organisée par les lois de la nation étrangère.

Dans tous les cas les testaments faits en pays étranger ne peuvent être exécutés sur les biens situés en France qu'après avoir été enregistrés au bureau du domicile du testateur s'il en a conservé un, sinon au bureau de son dernier domicile connu en France; et dans le cas où le testament contient des dispositions concernant des immeubles qui y sont situés, il doit être en outre enregistré au bureau de la situation de ces immeubles.

Du moment que le testament est régulier quant à sa forme extrinsèque, d'après la loi du lieu où il a été fait, il doit être reconnu partout comme valable, même dans les lieux régis par une souveraineté et une législation différentes.

Ce principe de jurisprudence internationale a été accepté par tous les Etats civilisés dans le but de ne pas exposer un acte d'une telle importance au péril des nullités pour défaut de forme.

D'ailleurs, indépendamment des difficultés graves qui peuvent se rencontrer d'accomplir strictement les formalités requises par une loi étrangère, il serait même impossible dans certains cas de s'y conformer.

La loi du domicile du testateur régit la substance et l'interprétation des dispositions contenues dans le testament. Le testateur est supposé avoir eu l'intention de s'en rapporter à ses usages ordinaires, à ses habitudes et aux lois de son domicile, comme étant celles qui lui sont connues et présentes à la mémoire. Une autre raison, c'est que les meubles et les créances dont se compose une succession sont régis par la loi du domicile de leur propriétaire. (*Voir* SUCCESSION, NATIONALITÉ, DOMICILE, MEUBLES, IMMEUBLES.)

TESTAMENT POLITIQUE. Se dit d'écrits politiques posthumes attribués à certains hommes d'Etat et contenant leurs vues, leurs opinions, leurs projets, les motifs qui ont dirigé leur politique.

Ainsi l'on a dit le Testament de Pierre le Grand, le testament du cardinal de Richelieu, le testament du cardinal Alberoni.

TESTAMENTS (LES DEUX). Les livres saints, la Bible.

L'Ancien Testament, les livres saints qui ont précédé la naissance du Christ.

Le Nouveau Testament, les livres saints postérieurs à sa naissance.

TÉTRARCHIE. Partie d'un Etat divisé entre quatre chefs : ainsi l'ancienne Thessalie était partagée en quatre tétrarchies.

Forme de gouvernement dans laquelle le pouvoir est partagé entre quatre personnes : ainsi le fut l'empire romain à partir de Dioclétien : deux Augustes et deux Césars se partagèrent le pouvoir.

TÉTRARQUE. Chef ou gouverneur d'une tétrarchie.

Prince dépendant d'une puissance supérieure, et dont les Etats étaient censés faire la quatrième partie d'un royaume démembré.

Cependant le titre de tétrarque n'impliquait pas toujours que le pays fût divisé en quatre gouvernements; c'était simplement un titre inférieur, comme celui d'*ethnarques* (voir ce mot) par exemple, que les Romains donnaient à certains princes tributaires trop peu puissants pour être qualifiés de rois : ainsi furent les princes de la famille d'Hérode qui régnèrent en Judée.

TEXTE. Les propes paroles d'un auteur, d'un livre, d'un acte, d'une loi, considérées par rapport aux notes et aux commentaires qu'on a faits dessus.

Restituer au rétablir un texte rétablir les mots, l'ordre ou la ponctuation dont on suppose que l'auteur s'est servi.

TEXTUEL. Qui est dans un texte, d'un écrit, d'un livre, d'une loi. Qui est conforme au texte. Citation textuelle, conforme au texte.

TEXTUELLEMENT. D'une manière entièrement conforme au texte. Cité *textuellement*. Ainsi qu'il est dit ou écrit *textuellement*.

THALWEG. Mot allemand qui signifie *chemin d'aval*. Le milieu du courant d'un fleuve, d'une rivière.

Le *Thalweg* n'est pas, à proprement dire, rigoureusement, le milieu exact, absolu d'un cours d'eau; mais plutôt le milieu du courant du plus gros volume d'eau; la position du filet d'eau qui se meut avec le plus de rapidité; mais le *Thalweg* des fleuves ou des rivières navigables en est généralement regardé comme le milieu.

Lorsqu'un fleuve, traversant plusieurs Etats, sert à marquer entre eux la frontière politique ou de souveraineté c'est le *Thalweg* de ce fleuve qui sert à marquer la limite de la juridiction de chaque Etat; car la ligne de partage indiquant cette limite est supposée fictivement passer par la partie la plus profonde du courant.

Si par sa situation topographique la limite de démarcation ne permet pas à l'un des riverains d'utiliser pour la navigation la portion du fleuve qui lui est réservée, il est de principe que le *Thalweg* doit être pratiquement reporté à une distance égale des deux bords.

La limite ainsi marquée par le *Thalweg* peut varier, lorque le *Thalweg* vient à changer.

Si ce changement provient de travaux hydrauliques de nature à modifier le cours du fleuve ou de la rivière, on doit nécessairement admettre comme frontière le *Thalweg* artificiel qu'ils ont créé.

Aussi de pareils travaux ne peuvent-ils être entrepris sans une entente préalable entre les Etats intéressés.

THÉOCRATIE. Gouvernement où les chefs de la nation sont regardés comme des dieux ou des ministres de Dieu.

Ainsi le Thibet où gouverne le *Lama* (Voir ce mot), est une *théocratie*. On a appliqué cette dénomination au gouvernement du Pape pendant le moyen-âge.

Aujourd'hui le mormonisme, tel qu'il est organisé dans l'Utah, aux Etats-Unis, est une véritable théocratie.

Se dit aussi du gouvernement dont les chefs appartiennent à une caste sacerdotale : tel fut l'Etat des Juifs avant les Rois.

THÉORIE. Ce mot tantôt se dit de toute connaissance qui s'arrête à la simple spéculation sans passer à l'action, et alors on oppose la *théorie* à la *pratique* (Voir ce mot), tantôt il sert à désigner un ensemble de connaissances liées entre elles, ou simplement une hypothèse, propres à donner l'explication d'un ordre de faits : théorie d'une science, théorie de l'électricité, etc.

Dans le langage ordinaire, toute notion générale, par comparaison avec une théorie scientifique; opinion aventureuse: théories politiques, sociales, etc.

TIARE. Ornement de tête en usage chez les anciens peuples orientaux, les Mèdes, les Perses, les Arméniens, et qui était un des symboles du pouvoir.

Le grand prêtre des Juifs portait aussi la tiare.

Aujourd'hui on appelle *tiare* une sorte de bonnet pyramidal ou de mitre que le Pape porte dans les grandes cérémonies, et autour duquel sont trois couronnes d'or ornées de pierreries, avec un globe surmonté d'une croix.

Le mot *tiare* s'emploie figurément pour désigner la dignité ou la puissance papale, le souverain pontificat.

TIERS, TIERCE. En droit, on nomme *tiers* quiconque n'est point partie dans un acte.

C'est celui qui n'a été ni partie ni représenté par les parties à un acte, à un jugement, à une convention. Cette définition s'applique à deux classes de personnes : le tiers tout à fait étranger aux parties et à la convention, et le tiers qui, bien qu'étranger à la convention ou au jugement qu'on lui oppose, est sous d'autres rapports l'ayant cause de l'une des parties.

Puissance tierce se dit d'un Etat qui peut être compris comme partie contractante dans un traité conclu par deux ou plusieurs autres Etats; son adhésion ultérieure au traité qui a stipulé en sa faveur est nécessaire.

La *puissance tierce* est aussi celle qui sans être formellement comprise au traité comme partie principale ou accessoire, peut être engagée à y accéder.

Se dit encore de la puissance qui se porte garante de l'exécution d'un traité.

Tiers arbitre, arbitre appelé à départager des arbitres volontaires. (*Voir* ARBITRE, SUR ARBITRE.)

Tiers parti, parti qui se forme entre deux partis extrêmes.

TIERS-ÉTAT. La partie de la nation qui n'appartient ni à la noblesse ni au clergé.

En France, avant la révolution, c'était le nom donné à la classe bourgeoise, par opposition à la noblesse et au clergé, qui formaient les deux premières classes. Ces distinctions ont cessé depuis 1789.

Elles subsistent encore dans d'autres contrées de l'Europe.

TIMBRE. Marque imprimée par l'Etat sur le papier dont la loi oblige à se servir pour certaines écritures, et certaines impressions, telles que les actes authentiques, les actes judiciaires, les titres de propriété, les contrats, les livres de commerce, etc.

On appelle *papier timbre* ou *marqué* le papier marqué d'un timbre.

Timbre à l'extraordinaire, timbre apposé après coup sur des actes qui auraient dû être écrits sur du papier timbré.

Timbre sec, celui qui n'est marqué que par la pression du coin sur lequel il est gravé.

Timbre de dimension, celui dont le prix est en raison de la grandeur du papier employé.

Timbre proportionnel, celui dont le prix est calculé d'après les sommes ou les valeurs auxquelles il est destiné.

Droit de timbre ou simplement *timbre* se prend aussi pour le prix, la taxe perçue à l'occasion de l'opposition du timbre obligatoire.

S'emploie aussi pour synonyme de sceau, de cachet : c'est dans ce sens qu'un arrêté ministériel du 30 avil 1880 porte que „les timbres des ambassades des légations et des consulats français à l'étranger seront gravés à l'effigie de la République.“

TIMBRE-POSTE, timbre-dépêche. Cachet volant qui indique l'affranchissement d'une lettre ou d'une dépêche télégraphique et que celui qui envoie la lettre ou la dépêche colle sur l'enveloppe.

Pour les correspondances étrangères, aux termes des règlements de l'*Union Postale Universelle*, l'affranchissement de tout envoi postal ou télégraphique ne peut être opéré qu'au moyen de timbres-poste valables dans le pays d'origine pour la correspondance des particuliers.

TITRE. Inscription mise au commencement d'un livre pour faire connaître le sujet de l'ouvrage, et ordinairement aussi le nom de l'auteur, celui de l'éditeur, l'année de la publication.

Se dit aussi des inscriptions placées au commencement des divisions d'un livre pour indiquer la matière traitée dans chacun d'elles.

Se dit encore de la page ou du feuillet qui contient les inscriptions.

Nom de certaines subdivisions usitées dans les codes de lois, dans les recueils de jurisprudence, etc. Dans ces ouvrages les *livres* se subdivisent en *titres* et les *titres* en *chapitres*.

TITRE. (droit, qualité). Acte écrit, pièce authentique qui établit ou confère un droit, une qualité : titre de propriété, titre de rente, titre de noblesse. (*Voir* ACTE.)

Droit sur lequel on s'appuie pour posséder, pour demander ou pour faire une chose. (*Voir* DROIT.)

Titre onéreux, celui par lequel on acquiert une chose à prix d'argent ou sous la condition d'acquitter certaines charges.

Titre gratuit, celui par lequel on acquiert une chose sans qu'il en coûte rien, par exemple comme héritier ou comme donataire.

Titre est aussi synonyme de *qualité*, qualification qu'on donne aux personnes pour exprimer certaines relations d'époux, d'acquéreur etc.

TITRE (honorifique). Dignité fonction, qualification honorable.

Se dit de la propriété, d'une charge, d'un office; de certaines qualifications qu'on ne peut prendre, de certaines professions qu'on ne peut exercer qu'en vertu d'un diplôme, d'un brevet, etc. : titre de docteur, d'avocat, etc. professeur *en titre* par opposition à professeur *suppléant*.

Qualification donnée par honneur: nom de distinction, de prééminence.

Le *titre* n'est pas la *dignité* même, il n'en est que la dénomination.

Appliqués aux Etats, le titre et la dignité désignent le rang qu'un Etat occupe parmi les autres.

Les Etats souverains étant absolument égaux, chacun d'eux peut s'attribuer le titre ou la dignité qui lui convient, et même exiger de ses sujets toutes les marques d'honneur qui correspondent au titre qu'il a adopté. Cette faculté ne va cependant pas jusqu'à obliger les autres à reconnaître ce nouveau titre ou cette nouvelle dignité, parce que ce n'est pas là une question de droit strict.

En principe, tout Etat indépendant peut conférer le titre qu'il lui convient à son souverain; mais les autres Etats peuvent se refuser à l'admettre.

Les titres des souverains sont de diverses sortes : ils indiquent la dignité, la possession réelle ou fictive; ils sont aussi une qualification de parenté, une qualification religieuse, ou simplement une qualification de courtoisie.

Voici les principaux titres consacrés par l'usage et les pratiques internationales :

Pour désigner le chef de l'Eglise romaine on emploie les titres de *Votre Sainteté*, *Très-Saint Père,* auxquels ont été ajoutés celui de *Souverain Pontife* à partir du IIIe siècle, et celui de *Pape* depuis le Ve siècle.

Le titre de Majesté, qui appartenait jadis exclusivement à l'empereur d'Allemagne, a été étendu à tous les rois à dater du XVe siècle seulement; encore n'a-t-il été universellement consacré en leur faveur que trois cents ans plus tard.

Les sultans de Constantinople, longtemps désignés par le seul titre de *Hautesse,* ont de nos jours pris la double qualification d'Empereur et de Majesté.

Les ducs et les princes portent le titre d'*Altesses Sérénissimes;* les ducs d'Allemagne sont désignés généralement sous le titre unique de *Hautesse,* à moins que leur relations de parenté avec d'autres familles souveraines ou des stipulations conventionnelles ne leur aient attribué une qualification royale.

Les Etats fédéraux et les républiques n'ont aucun titre constant ni bien défini. L'ancienne Confédération Germanique, comme les anciennes républiques de Pologne, de Venise et de Gênes, recevait dans ses relations diplomatiques le titre de Sérénissime. Quant aux républiques américaines, elles ne se distinguent entre elles que par des qualifications purement géographiques.

Faisons encore remarquer ici que certains monarques européens ajoutent à leurs titres des appellations religieuses qui se rattachent aux relations que leurs ancêtres ont entretenues avec les chefs de l'Eglise catholique. C'est ainsi que les souverains d'Angleterre s'appellent *Défenseurs de la foi;* ceux d'Autriche, en tant que rois de Hongrie, *Majesté Apostolique;* ceux d'Espagne (depuis 1496), *Rois Catholiques;* ceux de Portugal, *Rois Très-Fidèles;* les anciens rois de Pologne se faisaient appeler *Rois Orthodoxes,* et ceux de France *Majesté Très-Chrétienne*. (*Voir* ALTESSE, ÉMINENCE, EXCELLENCE, GRANDEUR, HAUTESSE, HONORABLE, MAJESTÉ, SAINTETÉ, SÉRÉNITÉ, SIRE, ARCHIDUC, BARON, BARONET, CHAH, COMTE, CZAR, DUC, EMPEREUR, GRAND-DUC, HOSPODAR, INFANT, MARGRAVE, MARQUIS, PAPE, PRINCE, ROI, SULTAN.)

Dans les chancelleries les titres des souverains sont divisés en *grand titre*, *titre moyen* et *petit titre*.

Le *grand titre* embrasse tous les titres de possessions réelles et ceux de possessions fictives : à propos de ces derniers, comme la plupart ont souvent été contestés par l'une ou l'autre des puissances amenées à contracter, la négociateurs lorsqu'il s'agit de les inscrire dans un protocole ou un traité, dans le but d'éviter des difficultés, ont adopté l'usage d'insérer dans l'acte une clause *de non præjudicando,* par laquelle on se prémunit réciproquement contre toutes les conséquences à tirer des titres revendiqués de part et d'autre et figurant dans le préambule des conventions des pleins-pouvoirs ou des ratifications.

Le *titre moyen* comprend quelques titres de possession réelle ; il est adopté pour faciliter l'expédition des pièces de chancellerie.

Le *petit titre* est le titre même de la dignité suprême sous lequel chaque souverain est désigné habituellement.

Il y a encore les *titres de prétention* ou *de mémoire,* qui ont pour objet de maintenir des droits contestés ou de conserver des possessions perdues auxquelles on ne prétend plus. L'usage de ces titres a presque entièrement cessé.

Les titres des souverains sont formulés dans leur correspondance. (*Voir* CORRESPONDANCE DES SOUVERAINS.)

Nous ajouterons qu'il est d'usage que les têtes couronnées se donnent réciproquement le titre de *frères* ou de *sœurs* dans leurs correspondance entre elles ou avec les princes qui ont droit aux honneurs royaux : les épouses des souverains jouissent des mêmes prérogatives.

Les têtes couronnées peuvent seules exiger qu'on emploie à leur égard le titre de *Sire.*

Un titre spécial caractérise la correspondance entre le Pape et les souverains catholiques, qui donnent au Pape le titre de *Très-Saint Père* ou de *Sainteté* et reçoivent de lui celui de *fils très-aimé* (*carissime in Christo fili, dilectissime fili);* les princes protestants se conforment également à cet usage par déférence.

Les agents diplomatiques, les ministres, les hauts dignitaires et certains fonctionnaires ont droit à des titres particuliers respectifs, inhérents au rang à la supériorité des dignités dont ils sont revêtus, des fonctions qu'ils remplissent. (*Voir* AGENT DIPLOMATIQUE, MINISTRE, DIGNITAIRE, FONCTIONNAIRE.)

(*Voir* DIGNITÉ, DISTINCTION, RANG, HONNEURS, HONORIFIQUE, PRÉSÉANCE, CÉRÉMONIAL, ÉTIQUETTE, NOBLESSE.)

TITRE NOBILIAIRE. Les titres nobiliaires ou de noblesse sont ceux qui s'adressent aux personnes ayant droit à la noblesse ; ils varient suivant le rang que ces personnes occupent dans l'ordre nobiliaire. (*Voir* NOBLESSE.)

Voici l'ordre dans lequel les titres nobiliaires se classent dans les principaux pays, où ils sont reconnus ou subsistent encore :

France : *Duc, prince, marquis, comte, vicomte, baron, chevalier.*

Angleterre : *Duc, marquis, comte (earl* et *count), vicomte, baron, baronet, chevalier.*

Allemagne : *Duc, prince (Fürst), landgrave, margrave, comte, baron, chevalier.* (Voir ces mots.)

Dans les autres pays, les titres sont à peu près les mêmes et suivent la même gradation.

TITULAIRE. Celui qui est revêtu d'un titre, soit qu'il en remplisse, soit qu'il n'en remplisse pas la fonction.

Ainsi un vice-consul, un chancelier peut être le gérant d'un consulat pendant que le titulaire, c'est-à-dire le consul, est absent ou en congé.

Plus absolument, celui qui n'a que le titre et le droit d'une dignité, sans la possession ou l'exercice.

TOPARCHIE. Petite souveraineté ou principauté.

TOPARQUE. Chef d'une toparchie.

TORY. Nom d'un parti politique en Angleterre. Il soutient avant tout la prérogative royale et les principes conservateurs.

Les *tories* sont opposés aux *whigs* (voir ce mot).

TORYSME. Système politique des *tories.*

TRADITION. Se dit de la voie par laquelle la connaissance des faits, des doctrines, des idées se transmet d'âge en âge.

La tradition *orale* est celle qui se transmet de bouche en bouche, par les conversations ou les confidences sans aucune preuve authentique.

La tradition *écrite* se dit du témoignage que les livres publiés successivement de siècle en siècle rendent sur quelque point important en se confirmant les uns les autres.

La *tradition* désigne les doctrines, les faits transmis ; suivant l'ordre des faits ou des matières auxquels elle s'applique, la tradition peut être qualifiée d'historique, de philosophique, de religieuse, de politique, de judiciaire, etc.

Se dit aussi des opinions, des procédés, des usages qui se transmettent de génération en génération au moyen de l'exemple ou de la parole.

TRADITIONNEL, fondé sur la tradition. Lois, opinions, coutumes, traditionnelles.

TRADUCTEUR. Celui qui traduit d'une langue dans une autre.

Dans les agences diplomatiques et consulaires, le travail de traducteur incombe ordinairement aux *drogmans* ou *interprètes* (voir ces mots).

On nomme *traducteur juré* ou *assermenté*, celui qui auprès d'un tribunal, d'une cour de justice fait les traductions requises.

TRADUCTION. Version d'un ouvrage dans une langue différente de celle dans laquelle il a été écrite.

Au point de vue de la propriété littéraire, la *traduction* constitue un droit exceptionnel, subordonné à l'accomplissement de certains formalités et entouré de certaines garanties par les traités internationaux, dont la violation peut éventuellement donner lieu à une action en justice. *(Voir* PROPRIÉTÉ LITTÉRAIRE.)

La traduction n'est pas une contrefaçon dans l'acception propre du mot. (*Voir* CONTREFAÇON.)

La traduction des documents dans la langue comprise par les personnes qu'ils intéressent est de règle dans les chancelleries diplomatiques et consulaires.

Les agents du service extérieur sont tenus d'accompagner d'une traduction le texte des documents officiels en langue étrangère, tels que lois, décrets, tarifs, décisions nouvelles, circulaires de douanes, etc., qu'il leur est recommandé d'adresser au ministère des affaires étrangères.

Toute pièce en langue étrangère, fournie comme pièce justificative par les agents, doit être accompagnée de sa traduction, certifiée sincère et véritable.

Lorsqu'il s'agit de la conclusion et de la rédaction d'un traité, si ce traité n'est pas écrit dans une langue commune aux États contractants, on en fait ordinairement une traduction dans la langue de chacun, et chaque plénipotentiaire signe les expéditions originales de ces traductions.

TRAHISON. Acte de perfidie ; acte de livrer quelque chose ou quelque personne par des moyens détournés, criminels ; de faire le contraire d'un engagement pris, de la parole donnée, de tromper la confiance de quelqu'un.

Se dit particulièrement de l'homme politique qui passe d'un parti dans le parti contraire ; d'un soldat qui abandonne le drapeau de son pays pour se ranger sous le drapeau ennemi.

Haute trahison, crime d'un citoyen, d'un sujet qui attente à la sûreté de l'Etat, porte les armes contre son propre pays, entretient des intelligences avec ses ennemis pour les exciter à commettre des hostilités contre lui, pour leur livrer des villes ou des forts, pour seconder leurs machinations de quelque nature qu'elles soient et par quelques moyens que ce soit.

Généralement la trahison est punie de mort.

TRAITE. La traite des noirs, la traite des nègres et, absolument, la traite, consistait dans l'achat et la vente des nègres qu'on faisait autrefois sur les côtes d'Afrique pour les transporter aux colonies ou dans les pays du nouveau monde où l'esclavage existait, et les y vendre comme esclaves.

La traite est aujourd'hui entièrement abolie ; toutes les nations civilisées ont pris isolément et collectivement des mesures pour en assurer la répression.

Par des traités internationaux les gouvernements se sont engagés à adopter les moyens nécessaires pour empêcher les armateurs de leurs pays de se livrer à la traite ; que dans certaines zones les bâtiments de guerre des divers contractants sont autorisés à visiter réciproquement les navires de commerce qui se rendent suspectes de faire la traite (*Voir* VISITE) ; que les navires convaincus d'avoir fait la traite peuvent être confisqués, détruits ou vendus ; que la traite est assimilée à la *piraterie* (voir ce mot).

Cependant cette assimilation n'entraîne pas pour la traite exactement les mêmes responsabilités que pour le crime de *piraterie* proprement dit ; du fait même que les navires qui se livrent à la traite, naviguent sous le pavillon d'une puissance connue tandis que les pirates ne reconnaissent l'autorité d'aucun Etat, la répression de la traite ne saurait avoir le même caractère international et partant les mêmes conséquences que la poursuite de la piraterie ; aussi les tribunaux de tous les Etats ne sont pas compétents pour prononcer sur la capture d'un navire qui s'est livré à la traite ; c'est l'Etat dont ce navire portait le pavillon qui est compétent pour le juger.

TRAITÉ. *Définition et classification.* Les traités, en droit international, sont des actes écrits qui lient entre elles deux ou plusieurs nations.

Dans la pratique on emploie indistinctement le terme de *traité* ou de *convention* (voir ce dernier mot). On donne aussi aux *traités*, suivant la nature des objets sur lesquels ils portent ou selon leur importance, différentes dénominations, notamment celles d'*accord*, de *déclaration*, de *cartel*, de *recès*, de *concordat.* (Voir ces mots.)

Considérés dans leur forme, leur nature et leurs effets, les traités peuvent se diviser en *transitoires* et *permanents*, en *personnels* et *réels,* en *égaux* et *inégaux.*

Les traités *transitoires* ont pour objet des affaires déterminées s'accomplissant par un acte unique et une fois pour toutes.

Le traité *permanent* implique une exécution continue et successive pendant un certain laps de temps, dont la limite extrême n'a pas forcément besoin d'être déterminée à l'avance et peut aboutir à la perpétuité.

Les traités *personnels* se rapportent à la personne même des souverains qui les contractent et expirent à leur mort ou à la fin de leur règne.

Les traités *réels* embrassent la matière qui en fait l'objet, abstraction faite des personnes appelées à concourir à leur négociation ; liant l'Etat tout entier, ils conservent leur force obligatoire malgré les changements qui peuvent survenir dans la forme du gouvernement, et ils subsistent aussi longtemps que le fait qui leur a donné naissance, à moins que la durée n'en ait été expressément limitée.

Pour qu'un traité soit considéré comme *égal*, il faut que les engagements pris et les avantages stipulés soient équivalents de part et d'autre, ou absolument, ou proportionnellement à la puissance de chacun des contractants ; l'égalité disparaît, si l'une des parties s'engage à faire plus que l'autre, ou si l'une des parties, par les obligations qu'elle contracte, est mise d'une façon quelconque sous la dépendance de l'autre.

Les traités peuvent encore être *purs* et *simples* ou *conditionnels*; les conditions sont tantôt suspensives ou résolutoires, tantôt expresses ou tacites.

Un traité est dit *secret* lorsque la publication ou l'exécution doit en être retardée pendant quelque temps. Les traités *secrets* sont à proprement dire des traités *non publics*; aussi leurs effets ne s'étendent pas aux citoyens pour qui ils sont inconnus ; ils se bornent aux gouvernements qui les ont signés, et doivent les exécuter comme s'ils étaient publics.

Objets des traités. Au point de vue des objets qu'ils embrassent, les traités offrent une diversité infinie.

Ils peuvent être divisés en traités *généraux* lorsqu'ils embrassent l'ensemble des relations entre les Etats, et en traités *spéciaux*, lorsqu'ils n'affectent qu'une partie déterminée de ces relations.

On peut encore qualifier de *politiques* ceux qui règlent les rapports de gouvernement entre les Etats, et d'*économiques* ceux qui règlent les rapports de production et d'échange.

On range généralement sous le titre de traités *internationaux* tous ceux qui sont conclus entre deux ou plusieurs Etats relativement à des questions de droit public, ou bien entre les autorités ou les services administratifs de deux ou de plusieurs Etats relativement à des matières concernant l'exercice de leurs fonctions.

Parmi les sortes de traité les plus usitées, nous mentionnerons les traités de *garantie*, de *sûreté*, de *protection*, de *neutralité*, d'*alliance*, d'*amitié*, de *subsides*, d'*association* ou d'*alliance pacifique*, de *confédération*, de *limites*, de *cession*, d'*échange*, de *juridiction*, de *navigation*, de *commerce*, d'*extradition*, de *paix*; les conventions *consulaires*, celles relatives à la propriété *littéraire*, *artistique* et *industrielle*, les conventions *postales* et *télégraphiques*, celles concernant les *chemins de fer*, les *concordats* avec les Papes. (Voir ces différents termes.)

Droit de négocier les traités. Les traités se préparent au moyen de *négociations* (voir ce mot), qui ont pour issue la con-

clusion et la *signature* du traités. (Voir ces mots.)

Le droit de négocier et de conclure des traités est un des attributs essentiels de la souveraineté nationale; l'exercice n'en peut être régi que par le droit public interne de chaque pays.

Dans les monarchies l'exercice en est concentré entre les mains du souverain, sauf des restrictions plus ou moins grandes; dans les républiques il appartient au chef du pouvoir exécutif, assisté de ses ministres ou des grands corps de l'Etat.

Rédaction des traités. Au point de vue de la forme il y a lieu de distinguer dans les traités le *préambule* (Voir ce mot); la désignation des *plénipotentiaires* et la justification de leur qualité pour négocier *(Voir* PLÉNIPOTENTIAIRE); les *stipulations (Voir* CLAUSE, STIPULATION) qui forment le corps du traité et en fixent la durée; la *finale* (Voir ce mot), constatant le concours des volontés des plénipotentiaires sur l'ensemble des dispositions arrêtées; l'indication de la date et du lieu où le traité est conclu, ainsi que du nombre d'expéditions originales qui en ont été dressées, la signature et le sceau des négociateurs. *(Voir* SIGNATURE, ALRERNAT.)

La rédaction habituellement adoptée est celle des stipulations ou des clauses par articles numérotés.

Lorsqu'un traité est composé de plusieurs articles, il y a lieu de distinguer les articles *principaux* de ceux qui ne sont qu'*accessoires;* les articles *connexes,* c'est-à-dire qui se trouvent liés entre eux par leur contenu, de ceux *non-connexes,* qui ne se lient ensemble par aucun rapport.

Un traité renferme aussi des articles dits *généraux,* c'est-à-dire qu'on retrouve dans tous les traités, et des articles *particuliers*, c'est-à-dire ceux qui sont propres au traité qu'on conclut.

On qualifie de *séparés* ou de *supplémentaires* certains articles ajoutés ou annexés, comme supplément ou appendices, aux articles formant le corps du traité : ces articles ont ordinairement pour objet les conditions mêmes du traité ou son exécution; quelquefois ils renferment une clause de salvation ou de *réserve* (Voir ce mot) concernant les titres que les parties contractantes ou l'une d'elles ont pris, ou la langue dont on s'est servi, afin d'empêcher que ce qui a été accordé cette fois ne tire à conséquence pour l'avenir.

Quelquefois les articles supplémentaires prennent la forme d'*articles additionnels,* de *conventions additionnelles,* ou de *protocoles de clôture.*

Le *protocole de clôture* se compose généralement de déclarations; il est ainsi conçu : „Au moment de procéder à la signature du traité (ou de la convention) arrêté entre eux à la date de . . . les plénipotentiaires soussignés ont fait les déclarations suivantes . . .“

Les articles séparés sont ou *publics* ou *secrets;* car il peut être quelquefois nécessaire de garder secrètes certaines dispositions d'un traité, c'est-à-dire de convenir que la publication ou l'exécution de ces traités devront être différées pendant un délai déterminé, au terme duquel elles deviennent *patentes.* Ces articles secrets portent aussi la dénomination de *réserves* (Voir ce mot).

Quelle que soit la forme que reçoivent ces articles séparés ou supplémentaires, on les fait suivre habituellement d'une déclaration aux termes de laquelle ils doivent être tenus pour obligatoires, comme s'ils étaient insérés dans le traité même et en faisaient partie.

En un mot, l'ensemble des articles d'un traité forme un tout indivisible, qui perdrait sa consistance et sa valeur, si l'on altérait une de ses parties : on ne saurait séparer les clauses ni en envisager une en particulier, intrinsèquement, sans tenir compte de sa corrélation avec celles qui la suivent ou la précèdent.

Lorsque le traité n'est pas rédigé dans une langue commune aux négociateurs ou aux États qu'ils représentent, on en fait une traduction dans la langue de chacune des parties contractantes, qui a signé l'expédition originale.

Ratification des traités. Pour devenir exécutoire le traité doit subir la formalité de la *ratification* (voir ce mot).

Promulgation des traités. Une fois ratifiés et sanctionnés par les divers pouvoirs dont l'intervention est exigée par le droit public interne de chaque Etat, les traités sont parfaits et définitivement obligatoires pour les parties contractantes. Toutefois, étant assimilés à des lois d'ordre public, ils demandent comme celles-ci à être rendus publics, en d'autres termes à être *promulgués.* (*Voir* PROMULGATION.)

Lorsque pour une raison ou une autre des doutes s'élèvent sur la validité ou la durée du traité, il est d'usage de le *con-*

firmer par une nouvelle déclaration. *(Voir* CONFIRMATION)

Garanties des traités. On a recours à divers moyens pour assurer l'observation des traités; les plus usités sont le *serment*, le *gage*, l'*hypothèque* (voir ces mots).

Interprétation des traités. Le texte des traités doit avant tout s'*interpréter* dans le sens de l'équité et du droit strict; il y a certaines règles à observer, lorsque les mots ou les clauses présentent de l'ambiguïté. *(Voir* INTERPRÉTATION.)

Expiration des traités. Les traités prennent fin, soit naturellement, quand ils arrivent à leur terme ou quand leur but est atteint; soit violemment, quand ils sont rompus ou dénoncés avant leur échéance.

Les traités s'éteignent naturellement : 1⁰ lorsque, ne comportant pas des engagements permanents, toutes les obligations instantanées ou successives qu'ils renferment ont été intégralement remplies; 2⁰ par l'expiration du terme pour lequel ils ont été conclus; 3⁰ par l'accomplissement de la condition résolutoire qu'ils ont prévue *(voir* RESOLUTION); 4⁰ par une renonciation expresse de la partie intéressée à leur maintien *(voir* RENONCIATION); 5⁰ par l'anéantissement complet, fortuit et non prémédité de la chose qui forme l'objet de la convention; 6⁰ par résiliation mutuelle et de commun accord entre les contractants, pourvu qu'un tiers n'ait pas acquis le droit de s'y opposer *(voir* RESILIATION); 7⁰ enfin, à moins de stipulation formellement contraire, par une déclaration de guerre, qui en suspend, quand elle n'en détruit pas entièrement les effets. *(Voir* DÉCLARATION DE GUERRE).

Annulation des traités. Un traité est annulé de plein droit et perd jusqu'à son existence légale : 1⁰ lorsqu'il est reconnu reposer sur une erreur matérielle quant à la substance même de l'affaire ou de l'objet en vue duquel il a été conclu; 2⁰ lorsque son maintien ou sa mise à exécution rencontre une impossibilité, absolue ou relative, que les parties devaient ou pouvaient prévoir au moment où elles ont souscrit leurs engagements. *(Voir* ANNULATION.)

On considère aussi comme nuls les traités qui portent atteinte aux droits généraux de l'humanité, ou aux principes nécessaires du droit international.

Un traité peut finir avant le terme fixé pour sa durée, lorsqu'en dehors des motifs de modification et d'annulation que nous venons d'indiquer, l'une des parties refuse de tenir ses engagements et donne ainsi implicitement à l'autre partie le droit de s'en affranchir également. *(Voir* RUPTURE, DÉNONCIATION).

Le contraire peut aussi avoir lieu; les Etats contractants peuvent considérer le traité comme subsistant et obligatoire au delà du terme fixé primitivement pour sa durée; dans ce cas le traité est *prorogé* ou *renouvelé* soit par un acte exprès, soit par assentiment implicite ou tacite. *(Voir* PROROGATION, RENOUVELLEMENT, TACITE, RECONDUCTION.)

TRAITEMENT NATIONAL. Se dit des avantages que s'accordent réciproquement deux Etats qui signent un traité de commerce et de navigation, et qui consistent notamment à faire jouir dans les ports et les places de commerce respectifs les navires et les nationaux de la puissance amie, des mêmes privilèges et des mêmes immunités qui sont assurés par les lois et les règlements du pays aux navires et aux nationaux de ce pays. *(Voir* COMMERCE, NAVIGATION, NATION LA PLUS FAVORISÉE.)

TRAITRE. Celui qui trahit, se rend coupable d'un acte de *trahison*. (Voir ce mot.)

En temps de guerre, on considère particulièrement comme *traître* la personne qui, dans une ville ou une contrée placée sous la loi *martiale* (Voir ce mot.) ou l'état de siège, donne à l'ennemi, sans l'autorisation du commandant militaire, des informations de quelque nature qu'elles soient, lui communique des renseignements qu'il a reçus par des moyens licites sur les opérations militaires ou la position de l'armée.

Celui qui s'offre librement comme guide à l'armée ennemie et lui montre les chemins, est regardé comme *traître* et puni comme tel.

On incrimine pareillement le citoyen ou l'habitant d'une place ou d'une contrée envahie ou conquise qui envoie d'un lieu occupé par l'ennemi à l'armée ou au gouvernement de son propre pays des informations ou des avis de nature à nuire à l'armée occupante.

Toute correspondance non autorisée ou secrète avec l'ennemi, toute intelligence avec lui sont du reste regardées comme trahison.

TRANSACTION. En jurisprudence, la *transaction* est un acte par lequel les parties terminent une contestation existante ou préviennent une contestation à naître.

La transaction intervient entre les Etats indépendants comme entre les particuliers. Elle a lieu par les négociations et les traités publics.

La *transaction* implique toujours une renonciation simultanée et réciproque à tout ou partie des prétentions mises en avant de part et d'autre : c'est une entente sur un terme moyen qui résout la difficulté pendante, tandis que dans l'arrangement amiable (*Voir* AMIABLE) c'est en général l'un des contractants qui facilite l'accord en abandonnant isolément le droit ou l'objet dont la revendication formait la matière du débat.

Il ne faut pas confondre la *transaction* avec le *compromis*; la *transaction* met fin à la contestation, le *compromis* ne fait qu'en susprendre la solution, puisqu'il la soumet à des arbitres, dont les parties doivent respecter la décision, tandis que dans la *transaction* les parties sont leurs propres arbitres et décident elles-mêmes d'une façon définitive.

TRANSFERT. Terme de finance et de commerce.

Acte par lequel on déclare transporter à un autre la propriété d'une rente sur l'Etat, d'une action financière, de marchandises en entrepôt, etc.

Le *transfert* diffère du *transport* (Voir ce mot) en ce que de sa nature il n'est sous aucune autre garantie que celle de l'existence de la chose cédée au moment de la cession.

TRANSFUGE. Celui qui, à la guerre, abandonne son drapeau pour passer dans les rangs ennemis. (*Voir* DÉSERTEUR, TRAITRE.)

Les transfuges nationaux capturés au milieu des rangs ennemis, s'étant rendus coupables du crime de porter les armes contre leur patrie, perdent tout droit d'être traités comme prisonniers et d'invoquer le bénéfice des lois de la guerre.

Un usage universellement consacré les exclut de tout échange et les rend passibles des pénalités dont la législation de leur pays frappe le crime odieux qu'ils ont commis.

Ce qui précède se rapporte exclusivement aux relations des déserteurs ou des transfuges avec le pays auquel ils appartiennent; mais l'ennemi a à tenir une conduite différente à leur égard. L'armée qui les reçoit ne saurait les rendre à l'Etat dont ils sont sujets. Ces hommes, en se livrant à l'ennemi, ne lui font

aucun mal; ils cessent de faire acte de combattants et doivent donc être traités comme des étrangers inoffensifs. Si le pays dont ils sont sujets, les considère comme des traîtres et les punit en conséquence, lorsqu'il parvient à s'emparer de leurs personnes, celui où ils se réfugient n'a pas à les punir d'un acte qui lui est même favorable, puisque leur départ affaiblit l'armée ennemie.

Il est facile de concevoir qu'on ne les comprenne pas dans les échanges de prisonniers; l'échange aurait en effet pour résultat de les livrer à la vindicte de l'Etat qu'ils ont trahi ou abandonné; d'ailleurs il faudrait sans doute employer la contrainte pour obtenir leur consentement.

TRANSIT MARITIME. Le transit maritime, c'est-à-dire le passage sur la mer, est assujetti à peu près aux mêmes règles que le transit sur terre; et la principale réside dans l'inviolabilité du territoire national, et particulièrement, en temps de guerre, du territoire neutre de la part des belligérants.

Cependant le transit maritime subit certaines modifications que comporte naturellement le caractère distinctif de l'élément sur lequel s'appliquent les principes qui le régissent.

Ainsi une escadre, un navire de guerre qui se dirige vers les côtes ennemies, peut traverser les eaux neutres sans en violer la neutralité. Cette différence se fonde sur ce que les nations ne peuvent protéger matériellement, c'est-à-dire au moyen de navires et de forts, toute l'étendue de leurs mers juridictionnelles; que le fait de naviguer ne constitue pas intrinsèquement un acte dommageable; qu'enfin il est difficile d'interdire un simple passage aux vaisseaux belligérants, qu'il est d'usage d'admettre dans l'intérieur des ports et des rades militaires. Il va sans dire toutefois que cette liberté de passage accordée aux bâtiments de guerre implique pour eux la stricte obligation de ne commettre dans les eaux neutres aucun acte hostile de nature à porter atteinte au respect de la souveraineté territoriale.

L'inviolabilité du territoire maritime neutre, dans le sens que nous venons d'exposer, a été consacrée par un grand nombre de traités, qui en ont sanctionné le respect en autorisant un recours formel aux armes contre ceux qui pourraient être entraînés à y porter atteinte. (*Voir* TERRITOIRE, NEUTRE, NEUTRALITÉ.)

TRANSLATION. Action de porter une juridiction, une puissance, une personne constituée en dignité d'un lieu à un autre.

La translation d'un tribunal, d'une préfecture.

La translation du Saint-Siège de Rome à Avignon.

Action de transférer une dignité d'une personne à une autre : la translation de la couronne à une autre dynastie.

TRANSPORT. En jurisprudence, ce mot, dans son sens absolu, signifie la cession d'un droit qu'on a sur quelque chose ; dans un sens plus restreint et le plus usité, c'est l'acte par lequel se réalise la cession des créances et des droits incorporels. *(Voir* CRÉANCE, INCORPOREL.)

Le transport peut se faire par acte authentique, par acte sous seing privé, et même verbalement.

La cession opérée par le transport n'a d'effet à l'égard du débiteur qu'après qu'elle lui a été signifiée ou qu'elle a été acceptée par lui.

Le *transport* a dans une certaine mesure la portée légale et les conséquences de la *vente* (Voir ce mot) ; il n'en diffère qu'en ce que la vente s'applique plutôt aux choses matérielles, saisissables, telles que des meubles et des immeubles, tandisque le transport s'applique ordinairement à des choses immatérielles, telles que des droits résultant d'un titre, d'une invention, etc. *(Voir* TRANSFERT.)

TRANSPORT MARITIME. En temps de guerre le transport de matériel de guerre par un neutre au profit de l'un des belligérants est considéré comme illicite, et le navire qui le fait s'expose à être capturé et, en tout cas, à voir saisir comme *contrebande de guerre* (Voir ce mot) les marchandises qu'il transporte.

Le transport sur des navires neutres de militaires ou de marins engagés au service d'un belligérant est assimilé au transport de matériel de guerre et considéré aussi comme contrebande.

La défense faite aux neutres de se livrer à un pareil transport a été l'objet de nombreuses stipulations conventionnelles. Il est de règle générale que le navire qui y est employé, est passible de saisie et de confiscation, et que les hommes qu'il transporte sont exposés à être faits prisonniers ; mais il est aussi généralement admis que le navire redevient neutre aussitôt que le transport

a été effectué, et qu'il ne peut plus être capturé après que le débarquement a eu lieu. *(Voir* NEUTRE.)

On range aussi parmi les objets de contrebande de guerre les dépêches adressées aux belligérants et relatives à la guerre. Le transport de plis officiels pour le compte de l'ennemi peut avoir les conséquences les plus funestes. Une seule dépêche en effet ne suffit-elle pas pour développer tout un plan de campagne ou pour donner un avis de nature à neutraliser et à renverser les projets de l'adversaire ? Mais pour que la confiscation puisse équitablement être prononcée, il ne suffit pas que les dépêches ennemies soient trouvées à bord ; il faut encore que leur transport constitue réellement un acte hostile, et pour cela 1º que la dépêche soit relative à la guerre ; 2º que le navire ait été expressément affrété dans ce but.

Les dépêches qui n'ont pas trait à la guerre, les dépêches et les lettres privées peuvent être expédiées par les navires neutres. L'usage a établi une exception particulière en faveur des correspondances ayant un caractère purement diplomatique, des dépêches des agents d'une puissance belligérante au gouvernement de cette puissance : les intérêts et les droits des neutres exigent que leurs relations diplomatiques et consulaires avec les belligérants ne soient ni interrompues ni altérées par la guerre.

Une exception est établie également en faveur des paquebots-poste, auxquels des conventions internationales confient spécialement l'échange des correspondances officielles et privées. Le capitaine ignore naturellement le contenu des lettres et des paquets dont il est chargé ; on ne peut par conséquent lui supposer des intentions frauduleuses.

La même exception s'étend aux navires marchands ordinaires qui dans certains pays sont tenus de se prêter aux transports de la poste.

On ne saurait non plus assimiler au transport de contrebande le cas d'un navire neutre ayant à son bord des citoyens paisibles ou des envoyés diplomatiques de l'État ennemi.

Les États neutres ont le droit d'entretenir des relations diplomatiques avec l'un comme avec l'autre des belligérants ; mais ceux-ci ont le droit d'empêcher qu'un envoyé de leur adversaire traverse leur territoire ; ils peuvent donc l'arrêter, s'il entreprend ce voyage sans leur autorisation, en raison de l'importance de sa mission; cependant ils n'ont pas le droit d'attaquer en pleine mer ou dans les eaux neutres le navire qui le porterait à son bord.

TRAVAUX PUBLICS. Ouvrages faits aux frais de l'Etat pour l'utilité publique.

Dans plusieurs Etats la direction, le contrôle et la surveillance de ces ouvrages sont confiés à une administration spéciale, qui a titre de ministère, sous la dénomination de ministère ou département des travaux publics. *(Voir* MINISTÈRE.)

TRÉSOR. Le Trésor, le Trésor public, trésor de l'Etat, les revenus de l'Etat, le lieu où les revenus de l'Etat sont déposés et administrés.

En France, le trésor public est déposé au ministère de finances.

Dans plusieurs pays la dénomination de trésor sert à désigner le ministère des finances.

TRÉSORERIE. Lieu où le Trésor public est déposé et administré.

Les bureaux du trésor public.

En Angleterre, département des finances : les lords de la Trésorerie. *(Voir* ECHIQUIER.)

Banc de la trésorerie, banc des ministres dans la Chambre des Communes.

C'est dans quelques pays la dénomination du ministère des finances.

TRÉSORIER. Fonctionnaire chargé de recevoir, de garder et de distribuer les revenus d'un prince, d'un Etat, d'une communauté, d'une administration, d'un établissement quelconque.

TRÈVE. Cessation temporaire de tout acte d'hostilité.

(Voir SUSPENSION D'ARMES, ARMISTICE.)

Trève marchande, trève durant laquelle le commerce est permis entre deux pays qui sont en guerre.

Trève de pêche ou *trève pêchière*, convention de respecter les pêcheurs des deux pays belligérants.

TRÈVE DE DIEU. La Trève de Dieu ou du Seigneur était un répit interposé par l'Eglise aux combats entre seigneurs féodaux.

Elle durait depuis l'Avent jusqu'à l'Epiphanie, et depuis le dimanche de la Quinquagésime jusqu'à la Pentecôte; elle avait lieu aussi pendant les Quatre-temps et les principaux jours de fête, et enfin, chaque semaine, depuis le mercredi soir jusqu'au lundi matin suivant.

TRIBU. Certaine division du peuple chez quelques nations anciennes, notamment chez les Juifs, les Grecs et les Romains.

Peuplade, petit peuple faisant partie d'une grande nation. Le plus généralement la *tribu* répond à une civilisation à peine naissante; on la trouve ainsi chez les Indiens de l'Amérique, les Arabes nomades, les noirs de l'Afrique.

TRIBUN. Magistrat de l'ancienne Rome.

Il y avait les *tribuns du peuple,* chargés de défendre les intérêts des *plébéiens* contre les *patriciens.* (Voir ces mots.) Ils furent institués l'an 493 avant J.-C.; il n'y en eut d'abord que deux; ensuite leur nombre fut porté à dix.

A diverses époques on créa temporairement de 444 à 306 avant J.-C. les *tribuns militaires* en place des consuls, dont ils avaient les attributions; mais ils étaient plus nombreux.

Enfin des *tribuns des légions*, officiers supérieurs placés immédiatement au-dessous du préfet de la légion, le remplaçaient alternativement dans le commandement. Chaque légion en avait six.

En France, le titre de *tribun* a été donné aux membres d'une assemblée législative, qui dura de 1799 à 1807.

TRIBUNAL. Juridiction d'un ou de plusieurs magistrats qui jugent ensemble; réunion des juges appartenant à la même juridiction; le lieu où ils se réunissent.

Sous la dénomination de *tribunaux* on désigne l'ensemble de l'organisation judiciaire d'un pays; toutefois on donne plus spécialement le nom de *tribunal* aux juridictions inférieures ou de premier degré; les tribunaux supérieurs reçoivent la qualification de *cour.* (Voir ce mot.)

En France, selon les matières qu'ils ont à juger, on distingue des tribunaux de *simple police,* de *police correctionnelle, civils,* de *commerce, administratifs, maritimes,* etc.: selon le degré de juridiction, des tribunaux de *première instance,* des *cours d'appel,* et une *cour de cassation,* chargée de réviser les jugements et les arrêts des autres cours et tribunaux au point de vue de la forme.

On peut aussi classer les tribunaux : en *ordinaires,* et en *extraordinaires* ou *exceptionnels.*

Les tribunaux ordinaires sont ceux que nous venons de nommer; parmi les tribunaux *extraordinaires* ou *exceptionnels* on doit ranger les conseils de guerre, les tribunaux maritimes, les hautes cours de justice. Il ne faut pas confondre ces derniers avec les *tribunaux d'exception*, tels que les tribunaux révolutionnaires, les commissions militaires, etc., qui sont des juridictions en dehors de la juridiction générale de droit commun.

TRIBUNAL CONSULAIRE. Ce sont des tribunaux spéciaux que président les consuls dans les Echelles du Levant, de Barbarie, en Chine et dans d'autres pays de l'Orient, et qui connaissent en première instance des contestations en matière civile ou commerciale qui surgissent entre leurs nationaux dans les limites de leur arrondissement juridictionnel.

Le tribunal consulaire est ordinairement composé du consul ou de celui qui en remplit les fonctions et de deux ou plusieurs de ses nationaux choisis parmi les *notables* résidant dans le ressort du consulat. (*Voir* CONSUL, JURIDICTION, LEVANT, ECHELLES DU LEVANT, NOTABLE.)

On appelle *tribunaux mixtes* ceux qui, dans les pays que nous venons de mentionner, jugent entre étrangers de nationalité différente; tels que les tribunaux musulmans, qui connaissent exclusivement en toutes matières des actions entre les sujets du Sultan et les étrangers de passage ou résidant en Turquie; les tribunaux de légation ou de consulat, seuls compétents en matière civile, commerciale, criminelle et correctionnelle, pour statuer sur les contestations entre étrangers de même nation, enfin les tribunaux et les commissions judiciaires mixtes qui, à l'exception des affaires criminelles, décident des procès civils ou commerciaux entre étrangers de différentes nationalités sur le territoire ottoman.

TRIBUNAL DE PRISES. On appelle ainsi des tribunaux spéciaux institués dans les pays civilisés et commissionnés par les autorités souveraines de ces pays pour prendre connaissance de la plupart des affaires maritimes, notamment de toutes les questions concernant la légitimité des captures, le mode de disposer des prises, et les réclamations qui s'y rattachent. (*Voir* PRISE MARITIME.)

TRIBUNAL ÉTRANGER. Un tribunal d'un pays ne saurait avoir et encore moins exercer juridiction ni compétence sur le territoire d'un autre pays; ce serait une violation de l'indépendance des Etats.

Cependant les convenances internationales ont fait admettre comme règle générale que les jugements définitifs des tribunaux étrangers compétents, qui statuent en matière de contrats et d'obligations, sont acceptés et respectés, sous certaines conditions, avec plus ou moins de restrictions, par les tribunaux des autres Etats comme ayant force de chose jugée. Toutefois aucun Etat ne permet l'exécution sur son territoire d'un jugement étranger que sous l'autorité et d'après l'ordre d'un de ses tribunaux; en d'autres termes les jugements étrangers, pour être exécutés, doivent être présentés aux tribunaux du pays, qui doivent les revêtir de la forme exécutoire. (*Voir* JURIDICTION, JUGEMENT.)

Voici les principales conditions généralement requises pour admettre un jugement étranger comme exécutoire dans un autre pays et lui donner force de chose jugée même sans révision :

Il faut que le jugement ait été rendu par un tribunal compétent, d'après les lois de l'Etat auquel il appartenait, pour juger le litige soumis à sa décision.

Il faut que le tribunal ait été dûment saisi de la cause et que la juridiction ait été fondée en droit. Ainsi un tribunal n'est pas compétent pour citer devant lui une personne ne dépendant ni par sa naissance, ni par son domicile, ni par une résidence temporaire, de l'Etat duquel le tribunal tient sa juridiction, à moins que cette personne ne possède des propriétés dans les limites de l'Etat ou n'y ait contracté des obligations au sujet desquelles il y a procès devant ce tribunal.

Il faut que l'étranger qui est partie au procès, ait été entendu devant le tribunal conformément aux lois de l'Etat et traité sous tout les rapports, y compris le droit d'appel, sur le même pied d'égalité que les régnicoles.

Il faut que le tribunal se soit prononcé sur le fond de l'affaire qui lui a été soumise d'une façon définitive et en dernier ressort, ou, ce qui est la même chose, sans qu'il y ait appel de sa décision devant une cour supérieure de l'Etat où le jugement a été rendu.

TRIBUNAT. Assemblée établie en France par la constitution de l'an VIII (1799), pour discuter les lois ; composée d'abord de 100 membres élus par le Sénat, elle fut réduite à 50 membres en 1802, et supprimée le 19 août 1807.

Le tribunat, après avoir délibéré sur les projets de loi qui lui étaient présentés, nommait des orateurs pour les discuter contradictoirement avec les orateurs du gouvernement devant le corps législatif, qui seul avait le droit de voter.

Tribunat signifie aussi charge de tribun, et le temps de l'exercice de cette charge.

TRIBUNE. Le lieu élevé, l'estrade, d'où les orateurs grecs et romains haranguaient le peuple.

Aujourd'hui, dans les assemblées délibérantes, c'est un endroit un peu plus élevé que le reste de la salle, et où l'orateur se place. La tribune ressemble beaucoup à une chaire; elle est généralement placée devant le bureau du président.

On appelle l'*éloquence de la tribune* le genre d'éloquence propre aux débats des assemblées politiques.

TRIBUT. En droit international, se dit particulièrement d'une redevance qu'un Etat paie à un autre plus puissant comme marque de dépendance.

L'assujettissement au paiement d'un tribut permanent entame la souveraineté et l'indépendance de l'Etat qui y est astreint, et le met dans une condition de *vasselage* à l'égard de l'Etat qui lui impose le tribut et s'attribue en conséquence le titre de son *suzerain*. Toutefois le simple paiement d'un tribut, bien qu'il porte une certaine atteinte à l'indépendance absolue d'un Etat, n'est pas en général, à moins de stipulations contraires, considéré comme détruisant sa souveraineté et lui interdisant notamment l'exercice du droit de négociation. (*Voir* SOUVERAINETÉ, INDÉPENDANCE, VASSELAGE, SUZERAINETÉ.)

TRIBUTAIRE. Se dit d'un Etat qui paie tribut à un autre Etat, à un prince, sous la domination ou la protection duquel il est placé.

Ainsi l'Egypte est tributaire de la Turquie.

TRICOLORE. Formé de trois couleurs. Se dit particulièrement du drapeau français, qui comporte trois couleurs : le bleu, le blanc et le rouge.

Adoptées en 1789, ces couleurs étaient censées représenter les trois ordres de la nation : le rouge, le peuple; le bleu, le clergé; et le blanc, la noblesse.

TRIOMPHE. Terme d'antiquité romaine : honneur accordé à un général qui avait remporté une grande victoire. Il consistait dans une entrée solennelle et pompeuse du vainqueur, monté sur un char, et escorté de l'armée victorieuse, des captifs et des dépouilles.

TRIUMVIR. Terme d'histoire romaine : Magistrat chargé, conjointement avec deux collègues, d'une partie de l'administration.

Ce titre s'appliquait à diverses catégories de fonctionnaires, lorsqu'ils étaient au nombre de trois pour remplir une même fonction : tels les *triumvirs agraires,* chargés de diriger l'établissement d'une colonie nouvelle; les *triumvirs criminels* ou *capitaux,* juges connaissant des crimes et faisant exécuter à mort les criminels.

Mais on désigne spécialement sous le nom de *triumvirs* plusieurs personnages qui, à Rome, s'associèrent pour s'emparer de l'autorité suprême de la république, tels que Pompée, César et Crassus, puis Octave, Antoine et Lépide.

TRIUMVIRAT. Fonction de triumvir. Association de trois citoyens qui s'unissent pour usurper toute l'autorité. Se dit des deux associations de ce genre qui à Rome précédèrent l'établissement de l'Empire.

TRONE. Siège où les souverains, empereurs et rois, les Papes et mêmes les évêques, s'asseyent dans certaines cérémonies solennelles.

Au figuré la puissance souveraine des empereurs, des rois : monter sur le trône, prendre possession de la royauté; être sur le trône, règner, gouverner.

Se dit aussi de la personne du souverain, de son gouvernement.

Discours du trône ou de la *couronne,* discours que, dans les Etats constitutionnels, le souverain prononce à l'ouverture et à la clôture des chambres législatives.

TROUBLES INTÉRIEURS, LOCAUX. Soulèvements, émeutes, agitations populaires; guerre civile.

Les gouvernements ne sont pas responsables des pertes et des préjudices éprouvés par les particuliers en temps de troubles intérieurs ou de guerres civiles; et par conséquent ils ne sont pas tenus d'accorder des indemnités de ce chef, que les dommages aient été subis par des nationaux ou par des étrangers.

Les consuls, lorsqu'une insurrection ou la guerre civile éclate dans le pays où ils résident, sont souvent dans la nécessité de faire certaines démonstrations politiques, comme par exemple d'arborer le pavillon de leur nation afin d'indiquer leur demeure et d'en écarter la violence et l'outrage, ou de transmettre aux autorités supérieures de leur résidence les protestations de leur nationaux contre les pertes ou les dommages que leur fait éprouver la prolongation des troubles, etc.

Mais l'intervention consulaire doit se borner à ces mesures préventives; elle ne saurait aller jusqu'à une menace adressée aux autorités locales de les rendre responsables des suites que pourraient avoir les événements. En agissant ainsi les consuls empièteraient sur les attributions de l'agent diplomatique sous les ordres duquel ils sont placés; en tout cas une telle intervention constituerait une véritable ingérence dans les affaires intérieures du pays, et partant une atteinte au principe de l'indépendance des nations. Le consul qui, hors le cas de force majeure, comme par exemple lorsque son gouvernement n'entretient pas de légation permanente dans le pays, se rendrait coupable d'un semblable écart encourrait la responsabilité de sa conduite et s'exposerait à se voir dépouillé de son *exéquatur*.

TROUPES. Se dit des divers corps de gens de guerre qui composent une *armée.* (Voir ce mot.)

L'enrôlement des troupes est un attribut essentiel de la souveraineté.

Troupes nationales, les troupes levées dans l'Etat même qu'elles servent, par opposition à *troupes étrangères,* celles qu'un Etat tire d'un pays étranger. (*Voir* ENROLEMENT MILITAIRE.)

Chaque Etat a le droit de prendre à sa solde des troupes étrangères, et celles-ci sont complètement assimilées aux troupes nationales. (*Voir* MERCENAIRE.)

Aucun Etat, et, à plus forte raison, aucun belligérant n'a le droit de lever de force des troupes sur le territoire d'un Etat étranger et surtout d'un Etat neutre; il y aurait là atteinte manifeste portée à la souveraineté nationale. Ces levées ne sauraient donc se faire sans le consentement de l'Etat sur le territoire duquel elles ont lieu. Si l'Etat neutre autorise les deux belligérants à lever des troupes sur son territoire sans favoriser aucun d'eux, il ne manque point aux devoirs des neutres; mais s'il autorise seulement l'un des belligérants à recruter des troupes chez lui, il prend indirectement part à la guerre et viole les devoirs de la neutralité.

L'Etat neutre doit encore moins envoyer des troupes à un belligérant.

Le passage à travers le territoire neutre doit être refusé au troupes belligérantes.

Cependant, si une servitude d'ordre public ou une convention conclue avant que la guerre pût être prévue, impose à l'Etat neutre l'obligation de tolérer le passage des troupes de l'un des belligérants, l'accomplissement de cette obligation ne doit pas être envisagé comme une assistance donnée à ce belligérant et partant comme une violation des devoirs de la neutralité.

Un des principes constants du droit international est qu'une nation neutre ne saurait permettre à un corps de troupes belligérantes de trouver chez elle une base d'attaque qui lui facilite la poursuite de ses opérations militaires; mais à côté de ce devoir général l'humanité conserve ses droits, et les soldats qui pénètrent en pays neutre, s'ils sont dès ce moment obligés de renoncer à la continuation des mouvements stratégiques qu'ils opéraient, doivent être accueillis et traités individuellement avec bienveillance et charité. L'Etat neutre ne compromet pas sa situation en leur donnant les vivres, les secours et les soins dont ils peuvent avoir besoin. La première précaution qu'il ait à prendre à l'égard de ces réfugiés, c'est de les désarmer. Il doit ensuite, par prudence, les interner, c'est-à-dire les éloigner le plus possible du théâtre des hostilités.

La même raison d'humanité s'impose d'elle-même pour l'admission et le transport sur le territoire neutre de blessés et de malades appartenant aux armées belligérantes.

TRUCHEMAN ou TRUCHEMENT. Celui qui explique à des personnes parlant des langues différentes ce qu'elles se disent l'une à l'autre.

On l'emploie comme synonyme d'*interprète,* de *drogman* (voir ces mots). Cependant il y a cette différence entre le *drogman* et le *trucheman,* que ce dernier est un simple interprète sans caractère officiel, tandis que les drogmans tiennent leur titre et leur position d'un gouvernement ou d'une autorité compétente.

Dans les ports de mer, les courtiers interprètes et les conducteurs de nations, pour le service des douanes et pour les affaires contentieuses, servent de truchement aux étrangers, aux capitaines et aux équipages de navires marchands, ainsi qu'aux autres personnes de mer.

TUERIE. En guerre, carnage, massacre.

Le droit international, aussi bien que l'humanité, interdit de tuer inutilement même l'ennemi armé; à plus forte raison, arracher la vie à un ennemi vaincu est un crime qu'aucune loi divine ou humaine ne peut expliquer, dont rien ne saurait atténuer l'odieux.

Si un ennemi a manqué aux lois de la guerre, si, au milieu de la lutte, il a commis un acte qualifié crime par le droit commun, cet ennemi, et lui seul, tombe sous l'application des lois pénales; mais même dans ce cas ce n'est pas une mesure générale de vengeance ou de représaille sanglante qui doit l'atteindre; il faut lui faire subir un jugement individuel et ne faire peser sur lui, s'il est reconnu coupable, que la responsabilité des crimes qui peuvent lui être imputés personnellement.

L'ordre de ne pas faire quartier, s'il était justifiable ne pourrait être donné qu'à titre de représailles, ou par suite de nécessité absolue, en admettant que pareil nécessité puisse se présenter. En tout cas, il est interdit de mettre à mort les ennemis qui sont devenus incapables de résister ou qui sont déjà prisonniers.

Les ennemis qui mettent bas les armes et se rendent, doivent être désarmés et faits prisonniers; mais on ne peut ni les tuer ni les blesser. (*Voir* REPRÉSAILLES, PRISONNIERS.)

TUTELLE. Autorité donnée, d'après la loi, sur la personne et les biens d'un mineur ou d'un interdit.

Tantôt la loi désigne directement la personne à laquelle incombe l'obligation d'accepter la tutelle : c'est ce qu'on appelle *tutelle légale* ou *légitime*; par rapport aux mineurs elle appartient de plein droit au père, à la mère, et à leur défaut, aux ascendants.

Tantôt la loi permet à certaines personnes de déférer la tutelle à une autre personne de leur choix; c'est la tutelle dative; comme cela a lieu notamment par testament du père ou de la mère, ou par décision d'un conseil de famille.

Enfin on appelle *tutelle officieuse* une sorte de protection légale accordée à un enfant mineur par une personne qui se propose de l'adopter quand il sera majeur.

Au point de vue du droit international privé, la tutelle est un droit civil et, à ce titre, fait partie du droit personnel des individus. Cependant certaines législations refusent aux étrangers le droit de l'exercer sur le territorial national; d'autres ne le leur accordent que moyennant la réciprocité entre les deux pays.

Quoi qu'il en soit, là où le principe est admis que les étrangers peuvent être tuteurs, subrogés-tuteurs, conseils judiciaires, etc. de mineurs, d'interdits, etc., si un conflit surgit entre diverses lois, ce n'est pas la loi territoriale, mais bien la loi personnelle qu'il faut suivre; et si le tuteur et celui qu'il est chargé de protéger sont de nationalité différente, la loi qu'il faut appliquer est celle de la personne au profit de laquelle la tutelle doit s'exercer.

(*Voir* ÉTRANGER, MINEUR, STATUTS.)

TUTEUR. Celui qui est chargé d'une *tutelle* (voir ce mot).

Tuteur ad hoc celui qui est nommé tuteur pour un objet déterminé.

Subrogé-tuteur, celui qui est nommé pour empêcher que le tuteur ou la tutrice ne fassent rien contre les intérêts de la personne en tutelle.

Co-tuteur, celui qui est chargé d'une tutelle avec un autre.

TUTRICE. Dans plusieurs pays la tutelle peut être confiée à une femme.

Celle qui est chargée d'une tutelle.

TYRAN. Chez les anciens, celui qui s'emparait de l'autorité souveraine, ou qui en était revêtu par l'étranger, soit qu'il l'exerçât avec modération, soit qu'il en abusât.

Les *trente-tyrans*, trente personnages que les Lacédémoniens, vainqueurs d'Athènes, mirent à la tête de l'administration de cette ville et qui gouvernèrent tyranniquement, c'est-à-dire avec violence et iniquité.

Chez les modernes le mot *tyran* n'est pris qu'en mauvaise part; il se dit du prince, usurpateur ou non, qui gouverne avec injustice et inhumanité.

TYRANNIE. Domination usurpée et illégale.

Gouvernement injuste et cruel, légitime ou non.

U

UKASE. Mot russe qui signifie édit, et s'emploie pour désigner toute ordonnance émanée de l'empereur de Russie.

En Russie le sénat dirigeant publie également des ukases.

Ceux de l'Empereur ne peuvent être contredits par le sénat, qui a seulement le droit de les expliquer.

ULÉMA. Mot arabe, qui signifie *savant*. C'est le titre qu'en Turquie on donne aux docteurs de la loi, chargés d'expliquer le Coran et de présider aux exercices de la religion, ou de rendre la justice au peuple.

Le corps des *ulémas* comprend trois rangs distincts : les *imans*, qui sont théologiens et prédicateurs; les *muftis*, qui sont jurisconsultes; les *cadis* et les *mollahs*, qui sont juges. (Voir ces mots.)

ULTIMATUM. Ce mot, appliqué à une négociation pendante, exprime la *dernière* concession posée par l'une des parties en présence pour poursuivre les débats engagés, et prévenir une rupture définitive.

Dans le domaine des relations de peuple à peuple, en cas de désaccord assez sérieux pour n'avoir pu amener une entente amiable, ni provoquer les légitimes réparations que l'un des Etats en cause se croit en droit d'exiger de l'autre, l'ultimatum, revêtant la forme d'une note ou d'un mémoire, résume clairement les points en litige et énonce d'une manière peremptoire la condition *sine qua non* à laquelle on entend subordonner le maintien de la bonne intelligence ou l'ouverture d'actes d'hostilité.

L'ultimatum se signifie au gouvernement intéressé tantôt par l'entremise des agents diplomatiques accrédités auprès de lui, tantôt par celle d'agents spéciaux de l'ordre civil ou militaire, suivant la nature et la portée extrême des exigences sur lesquelles il repose.

L'ultimatum une fois formulé, la limite *maxima* des exigences pacifiques est posée, et ce serait violer tous les principes que de se croire autorisé, en dehors de complications ou d'injures nouvelles, à dépasser le cercle tracé autour du *dernier mot.*

La forme à donner aux ultimatunm, les développements que comporte un acte de ce genre varient naturellement suivant les circonstances et les affaires spéciales qui en provoquent l'emploi.

L'*ultimatum* prend généralement la forme d'une note ou d'un mémoire, présenté ou signifié à un souverain par le ministre ou l'agent diplomatique d'un autre souverain. Ce document doit énoncer nettement et clairement les propositions extrêmes auxquelles on demande une réponse également nette et sans équivoque. Dans la plupart des cas il fixe le délai dans lequel cette réponse devra être faite, en signifiant qu'un retard ou l'absence de réponse sera considéré comme une preuve que l'Etat auquel l'ultimatum est adressé désire la guerre. Souvent aussi l'ultimatum n'indique point de délai, ou l'Etat qui l'envoie se borne à déclarer qu'en cas de réponse négative il prendra les mesures qu'il jugera opportunes. Alors l'ultimatum ne saurait être regardé comme une déclaration formelle de guerre; il a besoin d'être suivi d'un autre acte pour déterminer l'état de guerre entre les parties en désaccord, comme par exemple la rupture définitive de relations diplomatiques.

(Voir DÉCLARATION DE GUERRE).

ULTRA POSSE NEMO TENETUR. „Personne n'est tenu de faire plus qu'il ne peut, ou qu'il n'est possible."

C'est un principe du droit des gens qui s'applique particulièrement aux engagements contractés par les Etats.

Ainsi l'on ne peut exiger d'un Etat l'exécution d'un traité devenu absolument inexécutable, ou dont l'exécution exigerait des sacrifices au-dessus de ses moyens, ou entraînerait une violation du droit.

ULTRAMONTAIN. Nom d'un parti qui veut étendre le plus possible le pouvoir spirituel et temporel du Pape, qui soutient le pouvoir absolu, l'infaillibilité du Pape en toute matière.

On l'a ainsi nommé en France, parce que Rome, où siège le Pape, est, par rapport à ce pays, située au-delà des monts (*ultra montes*).

ULTRAMONTANISME. Doctrine des ultramontains, admettant le pouvoir illimité et l'infaillibilité du Saint-Siège.

UNANIMITÉ. Accord des suffrages entre toutes les personnes composant une assemblée ou un corps délibérant.

Il est des cas où la majorité seule est insuffisante pour valider une décision. Ainsi, dans les congrès ou les conférences entre des Etats souverains, l'unanimité est regardée comme indispensable, c'est-à-dire qu'un Etat ne se considère comme obligé que lorsqu'il a donné son consentement.

UNIFICATION. En droit international se dit de la tendance qui se manifeste, du travail qui s'opère pour unir un pays à un autre de manière que les deux n'en fassent plus qu'un.

Ainsi l'unification de l'Italie, de la Roumanie.

(*Voir* UNION.)

UNIFORME. On entend par *uniforme* ou *costume* l'habillement ou les insignes qui servent à distinguer les fonctionnaires et les officiers publics, soit les uns des autres, soit des simples citoyens.

Les agents diplomatiques et consulaires ont respectivement des costumes particuliers, qui varient selon leur rang et leur grade hiérarchique et qu'ils sont astreints de porter dans des circonstances déterminées, ou fixées par le cérémonial et l'usage.

Le mot *uniforme* s'emploie plus particulièrement pour désigner l'habit militaire.

Parmi les ruses, les stratagèmes permis pour tromper l'ennemi en guerre, figure l'emploi d'uniformes semblables à ceux des troupes qu'on a à combattre; mais à la condition que celui qui recourt à cette ruse arbore ses couleurs réelles au moment du combat.

UNIFORMITÉ MONÉTAIRE. C'est le nom qu'on a donné à des tentatives qui ont eu lieu entre diverses nations en vue d'établir entre elles un système uniforme de monnaies. Ces tentatives, qui n'ont réussi que partiellement, ont eu pour résultat la formation d'une union monétaire entre quelques pays seulement, dite *Union monétaire latine*. (Voir ce terme).

UNILATÉRAL. Se dit d'un contrat, d'un traité, dans lequel une ou plusieurs personnes sont obligées envers une ou plusieurs autres sans qu'il y ait engagement de la part de ces dernières.

UNION D'ÉTATS. Il arrive fréquemment que deux ou plusieurs Etat s'unissent ensemble, par suite d'un pacte ou d'une convention, dans un but quelconque, soit, par exemple, pour la défense et la garantie commune de leurs droits, soit pour l'exercice commun de certains droits.

Ce pacte d'union peut naturellement, nécessairement apporter certaines modifications à la situation respective, au statut personnel, en quelque sorte, de chacun des Etats qui y prend part, altérer dans une plus ou moins large mesure sa *souveraineté* et son *indépendance*. (Voir ces mots.)

Pour déterminer si les Etats qui s'unissent conservent ou non leur souveraineté individuelle et les relations internationales qui s'y rattachent, il est nécessaire d'examiner les conditions générales qui servent de base à l'union contractée. Si les Etat qui s'associent créent un nouveau pouvoir national, un Etat nouveau dont chacun d'eux n'est qu'un élément constitutif, il est indubitable que ces Etats auront perdu leur souveraineté extérieure individuelle, bien qu'ils aient conservé réciproquement la plupart de leurs droits essentiels. Si ces Etats ne constituent pas un nouveau pouvoir central, une nouvelle nationalité, ils conservent forcément leur ancienne considération internationale.

L'union des Etats peut être amenée dans des circonstances, par des causes et sous des conditions diverses.

Ainsi ils peuvent s'unir soit par une union personnelle ou réelle sous un même souverain, soit par incorporation ou par pacte fédéral; il peuvent encore constituer une confédération ou un Etat composé. Dans ces différentes hypothèses, leurs conditions internationales éprouvent de graves changements.

L'union personnelle d'Etats différents sous un même souverain n'entraîne pas l'extinction de la souveraineté individuelle des Etats qui l'ont formée, pourvu que ces Etats l'aient réalisée selon les principes de l'égalité complète de droits.

L'union sous un même souverain, *unio personalis*, peut quelquefois entraîner la perte de l'individualité d'un Etat; seulement, l'union une fois rompue, cette individualité renaît *ipso facto*. D'un autre côté, on conçoit que l'union crée entre les Etats ainsi reliés l'un à l'autre, quoiqu'ils se regardent respectivement comme étrangers, certains liens indissolubles qui les mettent dans la presque impossibilité de se faire la guerre.

Lorsque deux ou plusieurs Etats sont réunis passagèrement en la personne d'un même souverain, ils sont en droit international considérés comme des Etats différents; ils ont en conséquence deux ou plusieurs voix dans les congrès ou les conférences et peuvent être représentés par des agents diplomatiques différents.

Lorsque la réunion sous un même souverain prend un caractère de permanence et d'union politique, le droit international les considère comme un seul Etat et n'accorde qu'une seule voix à leur représentation commune.

L'union des Etats, *unio civitatum*, sous un même chef suprême est *réelle*, lorsque la souveraineté individuelle de chacun se perd dans la souveraineté générale qui résulte de l'union. Cette seconde espèce d'union s'accomplit quand les destinées des peuples unis se fusionnent complètement. L'union réelle produit dans la plupart des cas des conséquences identiques à celles de l'union personnelle.

L'union des Etats opérée par incorporation produit, à l'égard de la souveraineté extérieure, les mêmes résultats que l'union réelle. Dans les deux cas, la souveraineté particulière de chacun demeure confondue dans la souveraineté générale ou dans celle de l'Etat incorporant : aussi, une nation qui s'incorpore à une autre abdique-t-elle le droit qu'elle possédait de régler ses relations extérieures, de déclarer la guerre, de conclure des traités ; en un mot, cette nation perd sa nationalité. Si l'incorporation se réalise avec le consentement de la nation incorporée par vote populaire ou au moyen du suffrage universel, le citoyen qui refuse de s'y conformer est libre d'abandonner le pays et de disposer à sa guise des biens qu'il y possède.

Lorsque divers Etats souverains s'unissent au moyen d'un pacte, ces Etats peuvent former soit un *système d'Etats confédérés* proprement dits, soit un *gouvernement fédéral suprême*.

Si les conditions de ce pacte sont telles que chacun des Etats associés conserve le principe de sa souveraineté, le droit de se gouverner par ses lois particulières, en s'obligeant seulement à faire exécuter dans l'intérieur de ses limites propres les résolutions générales délibérées et adoptées en commun sur certaines questions et concernant certains intérêts

spéciaux, il y a formation d'un système d'Etats confédérés. Si, au contraire, le gouvernemeet établi par le pacte d'union des Etats est souverain et suprême dans la sphère de ses attributions pour agir directement non seulement sur les Etats qui s'associent, mais encore sur les citoyens de chacun d'eux, cette union devient un gouvernement fédéral.

UNION DOUANIÈRE. Association entre plusieurs pays pour la suppression réciproque des douanes à leurs frontières respectives.

Le *Zollverein* ou union douanière allemande en est le type le plus saillant. (*Voir* ZOLLVEREIN.)

UNION internationale pour la protection de la propriété industrielle.

En date du 20 mars 1883, la Belgique, le Brésil, l'Espagne, la France, le Guatémala, l'Italie, les Pays-Bas, le Portugal, le Salvador, la Serbie et la Suisse ont conclu pour la protection de la propriété industrielle, une convention, à laquelle ont accédé, le 6 juin 1884, l'Equateur, la Grande-Bretagne et la Tunisie. En voici les dispositions principales :

Les ressortissants de chacun des Etats contractants jouissent dans les autres Etats des avantages accordés aux nationaux pour ce qui concerne les brevets d'invention, les dessins ou modèles, les marques de fabrique ou de commerce et le nom commercial. Sont assimilés à ces ressortissants les ressortissants des Etats ne faisant pas partie de l'Union qui sont domiciliés dans l'un des Etats de l'Union.

Le dépot d'un brevet, etc. dans l'un des Etats confère un droit de priorité dans les autres, et cela pour six mois pour les brevets, pour trois mois pour les dessins, etc. Un mois de plus pour les pays d'outre-mer.

L'importation d'objets brevetés n'entraîne pas la déchéance. Les produits portant illicitement une marque de fabrique pourront être saisis à l'importation. Protection temporaire est accordée aux inventions, etc. qui figurent aux expositions.

Chacun des contractants établira un service spécial de la propriété industrielle et un dépôt central, accessible au public, des brevets, dessins et marques de fabrique. Il sera organisé en outre un office international sous le titre de Bureau international pour la protection de la propriété industrielle. Ce bureau, dont les frais sont supportés par les contractants, a son siège à Berne et est placé sous la surveillance du Conseil fédéral suisse. Il publie, sous le titre de *La propriété industrielle*, un journal qui centralise les renseignements fournis par les Etats de l'Union, ainsi que la législation sur la propriété industrielle.

La langue officielle de l'Union est le français.

Les Etats qui n'ont point encore adhéré à l'Union, y seront admis sur leur demande.

UNION MONÉTAIRE. Association entre plusieurs nations pour l'adoption d'un système uniforme de monnaies pour leurs transactions mutuelles et leurs échanges financiers et commerciaux. (*Voir* MONNAIE, UNIFORMITÉ MONÉTAIRE.)

On peut en citer comme exemple l'Union monétaire latine, créée en 1865 par la France, la Belgique, l'Italie et la Suisse, et à laquelle la Grèce a donné son adhésion en 1868.

UNION POSTALE. Association de plusieurs Etats pour réglementer le mode de transport et de remise des correspondances postales entre eux. (*Voir* POSTES.)

Tel est le pacte international conclu entre presque toutes les nations à Paris le 1er juin 1878.

UNIVERSITÉ. Ecole de l'ordre le plus élevé, dont l'enseignement embrasse les diverses branches de l'instruction supérieure.

En France l'Université est un corps enseignant unique, soumis à un régime uniforme et sous la dépendance du gouvernement; elle confère directement, ou par l'entremise des Académies ou des Facultés, qui en forment les branches, des grades dits *universitaires*, prescrits comme indispensables pour exercer certaines professions.

USAGE. Action de se servir d'une chose, d'un acte, etc.

Le droit de se servir personnellement d'une chose dont la propriété est à un autre, de participer à certains produits de la propriété d'autrui. Ce droit s'étend aussi bien aux choses mobilières qu'aux immeubles.

USAGES. Pratique admise généralement, coutume.

Pratique, ou connaissance acquise par l'expérience.

Les rapports internationaux ont amené l'établissement, à l'égard de certaines matières, de coutumes d'usages, qui sont reçus aujourd'hui par la presque unanimité des peuples.

Ces usages n'ont jamais fait l'objet de conventions spéciales et positives, n'ont jamais été consignés dans aucun traité ; mais, fortifiée par la suite des temps et par la fréquence d'actes uniformes, l'observation en est devenue presque aussi régulière que celle des traités et des conventions, et lie les nations entre elles, au point que si l'une a l'intention de s'écarter d'un de ces usages ou de l'abolir, elle doit en avertir les autres à temps. Toutefois le simple usage ne renferme qu'un devoir imparfait; il ne peut donc être imposé par la force, et chaque nation a le droit de s'en affranchir; il n'a pas force de loi, mais simplement force de nécessité morale

La plupart des usages sont fondés sur la loi naturelle, sur des convenances réciproques ou particulières, sur des raisons de courtoisie, sur des conformités de sentiments ou d'intérêts; aussi, sauf ceux qui proviennent de la première de ces sources, les usages sont-ils susceptibles de changements, selon le temps et les circonstances.

D'autre part, ce qui n'était dans le principe qu'un simple usage peut quelquefois être changé en obligation parfaite par des conventions expresses ou tacites, du bien aboli par elles ; de même il peut advenir que ce qui a été réglé par un traité soit ultérieurement changé ou aboli par l'usage.

La partie du droit des gens qui est fondée sur les usages ou les coutumes s'appelle droit des gens *coutumier* (voir ce mot).

USUCAPION. Manière d'acquérir par la possession, par l'usage : on devient propriétaire, quand on a possédé pendant un certain temps paisiblement et sans opposition.

Si l'on admet que cette forme d'acquisition est fondée et légitime en droit naturel, on est logiquement conduit à soutenir qu'elle est également conforme aux principes du droit des gens et que dès lors elle doit aussi s'appliquer aux nations.

L'usucapion est même, jusqu'à un certain point, plus nécessaire entre Etats souverains qu'entre particuliers. En effet les démêlés qui s'élèvent de nation à nation ont une tout autre importance que les querelles individuelles : ces dernières peuvent se régler devant les tribunaux, tandis que les conflits internationaux aboutissent trop souvent à la guerre; il faut donc, dans l'intérêt de la paix comme dans celui de la bonne harmonie entre les nations et des progrès du genre humain, écarter tout ce qui pourrait jeter le trouble dans le droit de possession des souverains, lequel, lorsqu'il a reçu sans conteste la consécration du temps, doit être regardé comme imprescriptible et légitime. S'il était permis, pour établir la possession primordiale d'un Etat, de remonter indéfiniment le cours des années et de se perdre dans la nuit des temps les plus reculés, peu de souverains seraient sûrs de leurs droits, et la paix ici-bas deviendrait impossible.

USUFRUIT. Droit de jouir d'une chose dont un autre a la propriété, comme le ferait le propriétaire, mais à la charge d'en conserver la substance.

Dans le droit français, l'usufruit est établi par la loi : c'est l'usufruit *légal;* ou par la volonté de l'homme : c'est l'usufruit *conventionnel.*

L'usufruit *légal* est celui que la loi accorde aux pères et aux mères sur les biens de leurs enfants, tant que ceux-ci sont sous leur puissance; aux maris, sur les biens de la communauté et sur les biens dotaux de la femme.

L'usufruit *conventionnel* est susceptible de toute stipulation à titre gratuit ou onéreux; il peut être établi sur toute expèce de meubles ou d'immeubles.

USURPATEUR. Celui qui par ruse ou violence s'empare des possessions, du pouvoir d'un autre.

Les actes de l'usurpateur ont, par rapport aux nouveaux sujets soumis de fait à son autorité, la même force que ceux d'un souverain légitime. (*Voir* CONQUÉRANT, CHANGEMENTS DANS LES ÉTATS, SOUVERAINETÉ, INDÉPENDANCE, ÉTAT.)

USURPATION. Action d'usurper, de s'emparer par violence ou par ruse des biens, d'une dignité, d'un titre qui appartient à un autre.

L'usurpation de la souveraineté d'un Etat par un autre souverain, soit par suite de son incorporation dans le territoire du vainqueur, soit par suite d'un démembrement, met quelquefois un terme à l'existence de l'Etat usurpé; d'autrefois il en résulte simplement un changement dans la personne de son souverain et la perte de son indépendance. (*Voir* CONQUÊTE, INCORPORATION, DÉMEMBREMENT, INDÉPENDANCE, SOUVERAINETÉ, CHANGEMENTS, SURVENUS DANS LES ÉTATS.)

UTI POSSIDETIS. Terme latin qui signifie : *comme chacun possède.*

S'emploie, dans un traité, une convention, une déclaration, un acte international ou diplomatique, pour exprimer que „chaque puissance conservera ce dont elle était antérieurement ou est actuellement en possession," comme, par exemple, lorsque l'état respectif de possession de chacune des puissances contractantes au moment de la conclusion d'un traité de paix est, à moins de dispositions contraires, considéré comme la base du nouvel ordre de choses établi par la paix : chacune conserve la souveraineté du territoire qu'elle occupe.

UTOPIE. Nom d'un pays fabuleux, où tout est réglé au mieux, décrit dans un livre de Thomas Morus, publié en 1516, qui porte ce titre.

Au figuré, plan de gouvernement imaginaire, dans lequel tout est parfaitement réglé pour le bonheur de chacun, comme au pays d'*Utopie,* mais qui dans la pratique ne donne pas les résultats qu'on en espérait.

UTOPISTE. Celui qui crée une *utopie,* qui croit à une *utopie,* qui prend ses rêves pour des réalités, notamment en politique.

V

VACANCE. Temps pendant lequel une fonction, une dignité *vacante*, n'est pas remplie.

Lorsqu'une vacance se produit dans un poste diplomatique ou consulaire, comme, par exemple, dans le cas de décès du titulaire de la fonction, c'est l'agent de la résidence le plus élevé en grade qui prend le service, en attendant les ordres ministériels, qu'il a dû demander sans retard.

VACANCES. Temps pendant lequel un tribunal, une assemblée délibérante interrompt ses travaux.

VACANT. Se dit des emplois, des dignités, dont le titulaire vient à faire défaut.

En jurisprudence, *succession vacante*, succession que personne ne réclame, pour laquelle il n'y a pas d'héritier connu, ou à laquelle les héritiers connus ont renoncé. (*Voir* SUCCESSION.)

VAISSEAU. Grand bâtiment de bois ou de fer construit de façon à pouvoir naviguer sur mer et transporter des hommes et des marchandises. (*Voir* NAVIRE, NAVIGATION.)

Dans le langage ordinaire ce nom s'applique à toutes les grandes constructions flottantes propres à la navigation; mais il est particulièrement réservé aux bâtiments de la marine de l'Etat, et plus particulièrement encore aux bâtiments de guerre du premier ordre, qu'on nomme aussi *vaisseaux de ligne*.

VALI, VALY. Haut fonctionnaire de l'Empire turc, gouverneur-général d'un *vilayet* (voir ce mot).

Le *valy* est assisté d'un grand conseil, composé du receveur des finances, du métropolitain et des délégués des municipalités.

Il a sous ses ordres les *mutessarifs*, gouverneurs des *sandjaks;* les *kaïmakans*, lieutenants-gouverneurs des *kasas;* et les *mudirs*, maires des *nahiés.*

VALIDÉ. Titre que les Turcs donnent à la mère du Sultan régnant : la Sultane Validé. (*Voir* SULTANE.)

VALIDITÉ. Qualité de ce qui est valide, de ce qui a les conditions requises par les lois pour produire son effet; — la force que certains actes reçoivent de l'accomplissement de conditions et de formalités qui leur sont nécessaires : la validité d'un acte, la validité des preuves, la validité d'un traité.

Au point de vue du droit international, il est généralement admis qu'un acte considéré comme authentique et par conséquent valable par les lois du lieu de sa rédaction l'est aussi dans les pays étrangers et qu'il y fait également preuve complète.

La validité d'un mariage se détermine d'après la loi du pays où il a été célébré, de sorte que quand une personne se marie dans un autre pays que le sien en accomplissant les formalités locales, la légitimité de son mariage ne peut être contestée qu'en cas d'inobservation de la loi étrangère, sans autre exception que celle résultant de l'intention évidente de se soustraire aux règles de son statut personnel ou de faire fraude à la loi de son pays d'origine. (*Voir* MARIAGE.)

Quant aux *testaments*, c'est un principe de jurisprudence internationale accepté par tous les Etats civilisés que du moment que le testament est régulier quant à sa forme extrinsèque d'après la loi du lieu où il a été fait, il doit être reconnu partout comme valable, même dans les lieux régis par une souveraineté et une législation différentes. (*Voir* TESTAMENT.)

La validité des traités a pour base essentielle le consentement mutuel des parties contractantes, duement autorisées par chacun des Etats intéressés à la conclusion, après toutefois que ce consentement a été consacré par la formalité de la *ratification* (voir ce mot, TRAITÉ, SOUVERAINETÉ.)

Une guerre survenant entre des nations engagées par des traités ne suffit pas pour faire cesser la validité des traités. (*Voir* GUERRE, DÉCLARATION.)

VARIETUR (NE). *Ne varietur*, expression latine qui signifie *pour qu'il ne soit pas changé.*

Se dit, dans la pratique, des précautions qu'on prend pour constater l'état actuel d'une pièce et pour prévenir les changements qu'on pourrait y faire.

Ainsi on ordonne qu'une pièce soit signée et paraphée *ne varietur.*

VASSAL. Celui qui relève d'un seigneur à cause d'un fief. (*Voir* FÉODALITÉ, FIEF, SEIGNEUR, SUZERAIN.)

Vassal direct, celui qui tenait son fief immédiatement du seigneur de la terre.

Arrière-vassal, celui qui tenait un fief d'un seigneur vassal lui-même.

Grand vassal, celui qui relevait du roi.

On étendait aussi le nom de *vassaux* à tous ceux qui tenaient des terres de quelques seigneurs ou habitaient sur leurs domaines.

Les vassaux tenaient leur fief à charge de certaines rentes ou redevances.

Un Etat peut être vassal d'un autre (*Voir* MI-SOUVERAIN, INDÉPENDANCE), lorsque, par exemple, sa souveraineté dérive de celle d'un autre Etat, à l'égard duquel il demeure dans un certain rapport de subordination.

VASSALITÉ, VASSELAGE. Etat, condition du vassal.

Vasselage actif, droits féodaux sur l'héritage en fief.

Vasselage passif, devoirs auxquels le vassal était soumis.

Droit de vasselage, ce que le seigneur avait droit d'exiger de son vassal.

VATICAN. Nom d'une des anciennes collines de Rome, et d'un palais bâti sur cette colline, et qui est la demeure habituelle du Pape.

Par extension on dit le *Vatican* pour signifier le gouvernement du Pape, dans le même sens qu'on dit la *Porte* pour le gouvernement du Sultan.

Les foudres du Vatican, les excommunications et les interdits lancés par le Pape.

VAVASSEUR. Vassal d'un vassal, vassal d'arrière-fief; gentilhomme dont le fief était en quelque sorte inclus dans le domaine d'un seigneur. (*Voir* VASSAL.)

VÉDAS. Livres sacrés des Hindous.

Ils sont au nombre de quatre, et passent pour avoir été inspirés par Brahma.

VEHME. La *Vehme* ou cour vehmique était dans l'origine un tribunal secret établi par Charlemagne pour retenir les Saxons dans l'obéissance et le christianisme.

Plus tard le tribunal se continua en Allemagne, mais avec un caractère privé, sous le titre de la *Sainte Vehme*, dans le but de suppléer à l'impuissance de la justice régulière, de maintenir la paix publique ou la religion. Les membres de cette association, dits *francs-juges*, s'enveloppaient du plus profond mystère et avaient dans toute l'Allemagne des initiés qui leur livraient les coupables. Le tribunal de la Sainte Vehme jugeait sans témoin, sans procédure, par des juges masqués, et ses sentences étaient exécutées par des mains inconnues. Cette juridiction clandestine, aveugle et arbitraire finit par donner lieu aux plus grands abus; les Empereurs travaillèrent à les détruire, et elle disparut vers le milieu du 16e siècle. Jusque là elle avait eu son siège principal à Dortmund en Westphalie.

VENEUR (GRAND). Le grand-veneur est, chez la plupart des souverains, un grand-officier de la couronne, mais sans aucun caractère politique. Il a sous ses ordres immédiats tout ce qui concerne le service des chasses du souverain.

VENTE. Contrat par lequel on transfère ou s'engage à transférer à autrui la propriété d'une chose moyennant un prix que s'engage à payer la personne à qui est fait le transfert.

Pour les objets mobiliers la vente peut être purement verbale, ou sous seing privé; mais celles des immeubles, d'un navire exige un acte authentique.

La vente est dite *judiciaire* lorsqu'elle est faite par autorité de justice; et *forcée,* quand elle a lieu par suite d'une saisie ou d'un jugement d'expropriation forcée.

La vente est un des moyens d'aliénation du territoire national; elle peut être totale ou partielle. (*Voir* ALIÉNATION, DOMAINE, PROPRIÉTÉ PUBLIQUE, TERRITOIRE NATIONAL.)

Si nous considérons la *vente* au point de vue du droit international privé, la *vente* rentrant dans la catégorie des *contrats* (voir ce terme), on doit lui appliquer les principes qui régissent les actes de ce caractère.

Or, si les parties prenant part à un contrat de vente sont de même nationalité, on devra suivre leur loi nationale; mais si elles sont de nationalités différentes, c'est la loi du lieu où la vente a été conclue qui devra être observée, sauf preuve de volonté contraire de la part des contractants.

Dans tous les cas la question de capacité doit être réservée; il y a donc lieu de tenir compte du statut personnel des paties.

VERBAL. Qui n'est que de vive voix et non par écrit.

Cependant on applique dans bien des cas cette qualification à des actes dont il reste des traces écrites, mais qui ne sont pas signés et par conséquent n'ont aucun caractère concluant et n'entraînent aucune responsabilité. Ainsi on appelle rapport *verbal*, dans les sociétés savantes, un rapport écrit qui n'est fait et reçu qu'à titre de renseignement et ne doit pas être suivi d'une décision.

En diplomatie on nomme note *verbale* une note remise à un agent diplomatique, à un cabinet étranger, par écrit il est vrai, mais non signée et sans un caractère pleinement officiel.

Ces notes doivent porter le titre de *note verbale* ou *ad statum legendi* (pour être lues); elles sont souvent adressées à la suite d'une conversation qu'on se propose de résumer ou de présumer; elles sont censées données pour soulager la mémoire, ou pour rappeler une affaire à laquelle on n'a pas donné suite, ou à propos de laquelle on désire une solution quelconque.

VERBAL D'OPINIONS. Vote à haute voix, opposé à scrutin secret.

VERDICT. Dans le sens absolu, décision, sentence; mais se dit plus particulièrement de décisions rendues par un jury, ou des arbitres.

En procédure criminelle c'est le résultat de la délibération du jury, ce qu'on appelle proprement la *déclaration du jury* sur la culpabilité ou la nonculpabilité des accusés. (*Voir* JURÉ. JURY.)

VÉRIFICATION. Dans l'ancienne législation, *vérification d'un édit,* enregistrement de l'édit par le parlement.

Vérification des pouvoirs, dans un assemblée élective, examen que cette assemblée fait des titres d'un député pour son admission, afin de décider de la validité du mandat donné par les électeurs à chacun de ses membres.

Quand une assemblée nouvelle entre en session, cette opération est nécessairement la première à laquelle elle doive procéder; car il faut, avant d'accomplir aucun acte collectif, qu'il soit constaté que les élus ont droit d'y prendre part.

VÉTO. Mot latin qui signifie: „Je défends, j'empêche, je m'oppose“.

C'était la formule que les tribuns du peuple à Rome employaient pour s'opposer aux décrets du sénat, aux actes des magistrats et en empêcher l'exécution.

Dans les gouvernements constitutionnels on désigne sous le nom de *véto* le droit qu'a le chef de l'Etat de refuser la sanction aux lois votées par le parlement.

Le véto est dit *absolu,* lorsque, comme dans la plupart des monarchies, il a pour résultat de frapper de nullité et définitivement une loi adoptée par les chambres; il est *suspensif,* quand il ne fait qu'en suspendre ou différer l'exécution. Dans ce dernier cas le projet de loi, présenté et voté de nouveau par la législature ou par une législature suivante, prend force de loi sans le consentement du chef de l'Etat.

Dans les gouvernements parlementaires où existent deux chambres, comme chacune des chambres a le droit de repousser une loi adoptée par l'autre, on dit que chaque chambre a le *véto* sur l'autre.

VICAIRE. Celui qui est adjoint à un supérieur pour le remplacer dans certaines fonctions.

Sous l'empire romain, on nommait vicaires, les gouverneurs des diocèses, qu'on considérait comme les lieutenants des préfets du prétoire.

Vicaire de l'empire, c'était le titre qu'on donnait à l'électeur, ou aux électeurs chargés de l'administration de l'empire d'Allemagne pendant l'interrègne entre la mort d'un empereur et l'élection de son successeur.

L'Empereur déléguait aussi parfois son autorité à des *vicaires impériaux* dans les pays où il ne résidait pas.

Plus généralement, aujourd'hui, le titre de vicaire est un titre ecclésiastique, qui se donne à un prêtre qui assiste un évêque ou un curé dans ses fonctions.

Vicaire apostolique, titre que le pape confère à des ecclésiastiques envoyés dans les pays hérétiques ou infidèles pour veiller sur la religion.

Le *cardinal vicaire* est celui à qui le pape confie l'administration ecclésiastique de la ville de Rome.

Enfin le Pape prend lui-même le titre de *vicaire de Jésus-Christ*.

VICE-CHANCELIER. Employé qui remplit les fonctions du chancelier en l'absence de celui-ci. (*Voir* CHANCELIER.)

VICE-CONSUL. Fonctionnaire qui supplée le consul en son absence, ou qui remplit les fonctions de consul dans une résidence où il n'y a pas de consul.

Dans la hiérarchie consulaire, le vice-consul occupe le rang immédiat après le consul.

Le vice-consul est préposé à un arrondissement; il est subordonné au consul, chef du département duquel dépend son arrondissement, comme le consul l'est au consul-général. Il peut être suspendu de ses fonctions par le consul; mais la révocation et son remplacement ne peuvent avoir lieu qu'avec l'autorisation du ministre des affaires étrangères.

Les vice-consuls ne correspondent avec le ministre que quand il les y a spécialement autorisés. Ils n'ont point de chancellerie, n'exercent aucune juridiction, et, ne peuvent nommer des agents ni déléguer leurs pouvoirs sous quelque titre que ce soit. (*Voir* CONSUL.)

VICE-LÉGAT. Prélat établi par le Pape pour exercer les fonctions de légat en l'absence d'un légat. (*Voir* LÉGAT.)

VICE-PRÉSIDENT. Celui qui exerce la fonction du président en son absence.

VICE-REINE. La femme d'un vice-roi. Princesse qui gouverne avec l'autorité d'un vice-roi.

VICE-ROI. Gouverneur d'un Etat qui a ou qui a eu le titre de royaume.

Gouverneur de certaines provinces, quoiqu'elles n'aient pas ou n'aient pas eu le titre de royaume.

D'ordinaire le vice-roi n'est pas investi de la souveraineté, même temporairement; il représente seulement le souverain, particulièrement dans les pays lointains.

Le droit d'ambassade ne leur appartient pas, à moins qu'il ne leur ait été expressément accordé, et dans ce cas ils ne l'exercent que par suite de la délégation qui leur en a été faite.

Dans le langage diplomatique la qualification de *vice-roi* est donné aujourd'hui au pacha ou khédive d'Egypte. (*Voir* KHÉDIVE.)

Elle est aussi attribuée en Angleterre au *lord lieutenant d'Irlande*, chargé du gouvernement de ce royaume, et au gouverneur-général des Indes.

VICE-ROYAUTÉ. Dignité, fonctions de vice-roi.

Pays gouverné par un vice-roi.

VICOMTE. A la fin de l'empire romain, lieutenant d'un *comte* (voir ce mot); sous le régime féodal, seigneur d'une terre qui avait le titre de vicomté.

Dans les temps modernes, titre de noblesse au dessous de comte et au dessus de baron.

Le fils d'un comte et le frère puîné d'un comte portent le titre de vicomte.

VICOMTESSE. La femme d'un vicomte ou celle qui possédait de son chef une vicomté.

VIDAME. Celui qui tenait les terres d'un évêché à condition d'en défendre le temporel, et qui en commandait les troupes. Il était nommé par l'évêque ou par le roi.

Celui qui possédait quelqu'une de ces terres érigées en fief héréditaire.

Ce titre a fini, comme les autres, par n'être plus qu'honorifique et nobiliaire.

VIGUERIE. Charge, fonction de viguier.

Territoire soumis à la juridiction du viguier.

VIGUIER. Dans l'origine, officier à qui un comte déléguait une partie de son autorité pour administrer un portion du comté.

Plus tard, dans les provinces du midi de la France, juge faisant les fonctions de prévôt royal. (*Voir* PRÉVOT.)

Les *viguiers* ont été supprimés lors de la Révolution; cependant le magistrat qui représente la France dans l'administration du Val d'Andorre porte encore le titre de *viguier*.

VILAIN. On comprenait autrefois sous cette dénomination les paysans et les roturiers, les gens de condition servile, et particulièrement ceux attachés à la glèbe — par opposition à *nobles* et à *bourgeois*. (Voir ces mots.)

VILAYET. Nom d'une division politique et administrative de l'empire ottoman. (*Voir* EYALET.)

Le *vilayet* équivaut à la province ou au département : il est subdivisé en *sandjaks* ou arrondissements; le *sandjak* est divisé en *kasas* ou cantons, subdivisés en *nahiés* ou communes.

VILLE OUVERTE. On appelle ainsi toute ville qui n'est pas fortifiée.

Les villes ouvertes, qui ne sont pas militairement défendues, peuvent être occupées; mais dans aucun cas, sous aucun prétexte il n'est permis de les bombarder; agir contre elles comme les nécessités de la guerre autorisent à le faire contre des forteresses, c'est violer tous les principes du droit des gens.

On pourrait cependant admettre une exception à cette règle pour le cas où l'armée que l'on combat se renferme dans une ville ouverte, et pour celui où à l'approche de l'ennemi les habitants d'un endroit se rassemblent en armes et se retranchent au moyen d'ouvrages ou de barricades. L'ennemi, qui les considère comme combattants, cesse de regarder la place comme une ville ouverte et prend les mesures militaires qui lui semblent nécessaires pour vaincre la résistance qu'on lui oppose.

Lorsqu'une ville est reliée à des travaux de fortification, le bombardement, s'il devient nécessaire pour des motifs d'ordre militaire, doit être dirigé essentiellement sur les ouvrages détachés, et leurs abords; l'intérieur de la ville et les parties habitées par la population civile doivent être épargnés autant que possible.

VILLES LIBRES. Se dit des villes qui jouissent de l'indépendance politique, se gouvernent par leurs propres lois et leurs propres magistrats : telles sont les villes de l'Allemagne Hambourg, Brême et Lubeck.

On nomme aussi ces dernières *villes hanséatiques,* parce qu'elles formaient autrefois entre elles une *hanse* ou ligue dans un but de protection mutuelle.

VINDICTE PUBLIQUE. Terme de jurisprudence, la poursuite d'un crime au nom de la société.

VIOLATION. Action d'enfreindre une loi, un règlement, de manquer à un engagement, de porter atteinte à un droit, de profaner une chose sacrée.

En droit international, se dit de toute atteinte portée aux droits d'autrui, aux stipulations des traités; de toute usurpation de droits étrangers ou de pouvoir; de tout infraction aux engagements contractés, aux règles établies, aux principes généralement admis; de tout manquement à ses devoirs de mutualité et d'impartialité. (*Voir* DROITS, DEVOIRS, NEUTRE, TRAITÉ.)

VIOLENCE. Force dont on use contre quelqu'un, contre les lois, contre la liberté publique. (*Voir* RÉVOLUTION, INSUR-RECTION, SEDITION, SOULÈVEMENT, RÉBELLION, RÉVOLTE.)

Contrainte, physique ou morale, exercée contre une personne pour la forcer à contracter une obligation. Lorsque la violence est constatée, elle entraîne la nullité de l'acte qui en a été la suite.

Le droit des gens admet qu'un Etat a le droit de se défendre par des actes de violence proportionnée contre des lésions existantes ou imminentes. Ces violences peuvent être exercées contre l'Etat lui-même duquel provient l'offense, ou contre ses sujets. Pour justifier de semblables mesures, il faut non seulement qu'il y ait eu lésion réelle d'un droit naturel ou acquis, mais aussi qu'il n'y ait point de moyen de réparation plus facile et moins violent, que les représentations et les menaces soient restées sans effet. Le but pour lequel la violence est employée en prescrit les bornes; elle doit cesser aussitôt que la réparation est obtenue. (*Voir* RÉPRÉSAILLES, GUERRE.)

VISA. Formule qui se met sur un acte et doit être signée par celui dont la signature est nécessaire pour que l'acte soit authentique ou valable.

Formule par laquelle un magistrat ou un officier de justice, un fonctionnaire d'administration, certifie qu'un acte lui a été présenté ou remis, ou qu'il en a reçu copie.

Visa pour timbre, équivalent du timbre, formalité qui a pour objet et résultat de suppléer à l'empreinte du timbre; s'applique sur des papiers soumis à cette formalité et qu'on avait omis de faire timbrer.

VISITE D'ÉTIQUETTE. Les agents diplomatiques, lorsqu'ils vont prendre possession de leur poste dans le pays où ils viennent d'être accrédités, sont astreints, à la suite de la présentation de leurs lettres de créance, à certaines visites de cérémonie ou d'étiquette, qu'ils font aux autres membres du corps diplomatique, dans le but de se faire reconnaître dans leur qualité officielle.

Ces visites se font et se rendent selon le rang du ministre.

D'après le cérémonial de la plupart des cours, l'ambassadeur, après la remise de ses lettres de créance, fait notifier à ses collègues par un secrétaire d'ambassade ou toute autre personne de sa suite qu'il a été reconnu en sa qualité officielle. Puis il attend la première visite de leur part, qu'il rend en personne et solennellement aux autres ambassadeurs, et par cartes aux ministres de rang inférieur.

Les ministres de seconde et de troisième classe font des visites indistinctement à tous les ministres accrédités avant eux. Le cérémonial à observer dans les visites d'étiquette que se font mutuellement les ministres étrangers et les hauts fonctionnaires de l'Etat dépend des usages particuliers établis dans chaque pays.

(*Voir* CÉRÉMONIAL, ÉTIQUETTE, MINISTRE, AGENT DIPLOMATIQUE, CONSUL.)

VISITE EN MER. Droit qu'ont certains officiers de l'Etat de monter à bord d'un navire pour s'assurer qu'il ne fait ni un commerce illicite, ni la contrebande, et qu'il a son équipage composé selon les lois, les ordonnances et les traités.

La visite se limite le plus souvent à l'examen des papiers de bord. On ne procède à des perquisitions qu'en cas de soupçons de fraude, particulièrement quand on constate que les papiers de bord sont faux ou que le pavillon sous lequel le bâtiment navigue n'est pas celui de l'Etat duquel il dépend. On peut donc, en résumé, considérer la visite comme vérification de la nationalité et de la neutralité des navires.

Généralement le droit de visite ne peut être exercé que par les belligérants, non par des navires de commerce, mais exclusivement par des bâtiments de guerre, ou par des corsaires ou des navires commissionnés par l'autorité de l'Etat auquel ils appartiennent.

Quant aux lieux où doit s'exercer le droit de visite, quelques auteurs le circonscrivent dans les plus étroites limites et soutiennent qu'il ne peut s'exercer que sur les côtes appartenant aux nations belligérantes; mais la plupart admettent que le belligérant peut visiter les navires portant pavillon neutre sur son propre territoire, sur le territoire de l'ennemi, c'est-à-dire dans les rades, les ports et les mers ennemis, sans exception même des fleuves, sur la haute mer: en un mot, dans les lieux où il y a intérêt à connaître le navire rencontré et où il est permis d'exercer des actes d'hostilité. Mais la visite ne peut se faire dans les lieux où les hostilités sont interdites, dans les eaux territoriales, les ports, les hâvres des neutres, ni dans ceux des puissances alliées ou amies sans leur consentement exprès ou tacite.

En ce qui concerne le temps où le belligérant a le droit de visite, il est borné à la durée de l'état de guerre par rapport aux nations neutres, depuis le moment où cet état est régulièrement notifié jusqu'à la cessation des hostilités.

Relativement aux règles et aux formalités à suivre pour l'exercice du droit de visite, comme il n'existe pas de règlement international positif à ce sujet, il faut nécessairement s'en tenir aux usages que la pratique des temps anciens a sanctionnés; ils peuvent se résumer ainsi :

Le belligérant doit manifester son intention de procéder à la visite en hissant son pavillon et en tirant un coup de canon à poudre, ou en se servant du porte-voix. Aussitôt après que l'un ou l'autre signal a été fait, le navire neutre est tenu de s'arrêter, s'il ne veut s'exposer à être semoncé à boulets. Dès que le neutre a mis en travers, le croiseur détache un de ses canots armés, placé sous le commandement d'un officier, pour procéder à la visite. On procède quelquefois dans le sens inverse, c'est-à-dire que le capitaine visité est tenu de se rendre lui-même, avec ses papiers, à bord du croiseur qui l'a semoncé.

Si les papiers présentés par les navires marchands, tels que l'usage les prescrit, constatent l'innocence du chargement, la visite devient superflue.

Le jet à la mer des papiers de bord, leur soustraction, leur détournement, ou leur destruction sont autant de circonstances aggravantes de nature à légitimer les soupçons et même à entraîner la prise du navire. (*Voir* PAPIERS DE BORD, JET A LA MER.)

L'Etat dont les navires sont chargés de procéder à la visite est responsable envers l'Etat neutre des actes de violence commis pendant la visite ou les recherches.

Les égards que les gouvernements se doivent entre eux, ainsi que le respect qui entoure partout le pavillon militaire, ont naturellement soustrait les bâtiments de guerre à l'application du droit de visite. C'est pourquoi dans la pratique, lorsque deux navires de la marine militaire se rencontrent en pleine mer, celui qui désire savoir à quelle nation l'autre appartient, arbore son pavillon en l'assurant par un coup de canon à poudre. Le navire interrogé en répondant par la même manœuvre affirme ses couleurs et les met à l'abri de tout doute.

Par suite sont également exempts de

visite les navires qui voyagent sous *convoi* (voir ce mot), c'est-à-dire qui, en temps de guerre, voyagent sous l'escorte et la protection d'un ou de plusieurs navires de la marine militaire, neutres ou amis.

A moins de vouloir rendre illusoires dans la pratique les garanties que le belligérant recherche par l'exercice du droit de visite, il faut admettre qu'en cas de refus ou de résistance opposés par le neutre le visiteur est pleinement autorisé à faire usage de la force pour atteindre le but qu'il poursuit.

Les circonstances exceptionnelles qui peuvent justifier le droit de visite de la part des belligérants, n'existant plus après la cessation des hostilités, il s'ensuit que ce droit ne doit plus s'exercer en temps de paix.

Cependant nous voyons que plusieurs États se sont accordé réciproquement, le droit de visite en temps de paix, et que ce droit a été exercé en vue de sauvegarder certains intérêts spéciaux, notamment pour empêcher la traite des noirs; mais en définitive l'exercice n'en a pas été maintenu.

On peut donc considérer l'exercice du droit de visite en temps de paix comme tombé généralement en désuétude.

VIVANDIER, VIVANDIÈRE. Marchand qui suit l'armée pour y vendre des vivres et des boissons. Ils sont soumis à certains règlements.

En temps de guerre, les vivandiers sont rangés parmi les militaires non-combattants et partant considérés comme passifs ou innocents. Il va de soi que pour conserver ce caractère ils doivent s'abstenir avec soin de tout acte agressif quelconque.

Il est contraire aux usages de la guerre d'attaquer, de blesser ou de tuer les personnes attachées à ce service. Cependant dans la chaleur du combat ou dans une poursuite on ne peut pas toujours les distinguer; alors il est naturellement permis au non-combattant de se défendre; il peut donc être tué ou tuer son adversaire.

(*Voir* COMBAT, NON-COMBATTANT).

VIVRES. Dans le langage militaire on comprend sous ce nom tout ce qui sert à la subsistance du soldat.

Les vivres ne sont pas considérés comme *contrebande* de guerre (*voir* CONTREBANDE); le commerce en reste donc essentiellement libre en temps de guerre; il est contraire aux usages de saisir les vivres comme contrebande, même lorsqu'ils sont destinés à l'armée ennemie. Toutefois une armée assiégeante, une escadre de blocus a le droit d'empêcher l'entrée de vivres dans la place ou le port, et de forcer par ce moyen cette place ou ce port à se rendre.

La fourniture de vivres aux belligérants ou l'autorisation d'en acheter sur le territoire neutre pour leur approvisionnement n'est pas regardée comme un acte illicite, pourvu qu'elle s'étende aux deux adversaires indistinctement; mais elle pourrait revêtir le caractère d'une participation indirecte à la guerre, si elle se transformait en faveur accordée à l'un des belligérants seulement.

VIZIR ou VÉZIR. Titre d'honneur attribué en Turquie aux pachas à trois-queues, mais plus particulièrement aux membres du divan ou conseil du Sultan.

Le premier d'entre eux est qualifié de *grand vizir* ou *sadrazam*, qui réunit dans ses mains tous les pouvoirs de l'État : c'est le *premier ministre* de l'Empire ; ce dernier titre a été souvent substitué à celui de *grand vizir*, temporairement supprimé.

Il existe toutefois une différence entre les deux titres : elle pourrait être comparée à celle qu'on établit en droit international entre un ambassadeur et un ministre plénipotentiaire, le premier représentant le souverain à un degré de personnalité plus accentué que le second.

Si le premier ministre était tenu à une certaine solidarité avec son collègue des affaires étrangères et à un semblant d'homogénéité avec les autres ministres, le *grand vizir*, lieutenant de l'Empereur, peut s'en dispenser.

VIZIRAT ou VIZIRIAT. Dignité de vizir ; durée de cette fonction.

VLADIKA. Ancien titre du prince de Monténégro.

VOCAL, VOCALE, VOCAUX. Dans certaines assemblées ou associations, celle ou ceux qui ont droit de suffrage, qui sont admis à donner leur voix dans quelque élection.

VŒU. Suffrage en certains lieux, dans certaines délibérations.

Synonyme de *souhait, désir*, exprimé par le suffrage.

Certains corps délibérants ont le droit d'exprimer des vœux, c'est-à-dire de faire parvenir à l'autorité supérieure leurs désirs ou leurs observations; en France, les conseils municipaux, d'arrondissement et généraux jouissent d'un pareil droit.

VOIE DE DROIT. Moyen indiqué par la loi pour l'exercice d'un droit ou pour la révision ou l'exécution d'un acte.

Lorsqu'il s'agit d'attaquer un jugement, on emploie plus particulièrement le mot *voie de recours*.

Au pluriel, *voies de droit*, recours à la justice dans les formes légales.

VOIE DE FAIT. Tout acte par lequel on s'empare violemment d'une chose.

Au pluriel, *voies de fait*, actes de violence, mauvais traitements, coups donnés à quelqu'un.

Les *voies de fait* contre les personnes sont réputées crimes ou délits, selon la gravité de l'offense.

Lorsqu'un Etat se trouve lésé dans l'exercice de ses droits par un autre Etat, et que les représentations qu'il lui a adressées à ce sujet ou les bons offices qu'il a employés pour obtenir réparation, n'ont pas eu le résultat désiré, l'Etat lésé peut recourir à des voies de fait. L'usage qu'il est autorisé à faire de ces voies de fait dépend non seulement de l'étendue du but qu'on se propose et des moyens nécessaires pour l'atteindre, mais aussi de la nature, de l'importance du grief dont on se plaint. (*Voir* VIOLENCE, GUERRE, RÉTORSION, REPRÉSAILLES.)

VOIE PARÉE. Se dit de la force exécutoire qui appartient à certaines actes en raison de la qualité du fonctionnaire duquel ils émanent, et en vertu de laquelle ils peuvent être exécutés tels qu'ils sont sans avoir besoin de recourir aux tribunaux ou à aucune autre formalité. On dit aussi *exécution parée*.

Par *voie parée*, en forme exécutoire.

VOIES ET MOYENS. En matière de finances, on entend par cette expression l'énumération des ressources mises à la disposition de l'Etat par le budget pour couvrir les dépenses publiques.

Les *voies et moyens* se distinguent en *ordinaires*, composés des différents impôts et revenus publics, et *extraordinaires*, formés des emprunts remboursables à terme fixe au moyen de la dette flottante et des emprunts à rente perpétuelle.

VOISINAGE. Rapport que les personnes ont entre elles à raison de la proximité de leurs habitations ou de leurs propriétés.

Ces rapports existent aussi bien entre les Etats limitrophes.

La première règle à observer entre des Etats voisins, c'est que l'un n'empiète pas sur le territoire de l'autre; il importe donc qu'ils déterminent clairement les limites qui les séparent. (*Voir* FRONTIÈRE, DÉLIMITATION.)

Cependant les Etats voisins admettent ou tolèrent réciproquement certaines mesures exceptionnelles, de police ou autres dont l'exécution peut avoir lieu instinctivement sur l'un ou l'autre territoire, sans l'intervention des autorités locales respectives : telles sont, par exemple, les mesures prises pour la répression des délits ruraux, forestiers, de chasse ou de pêche dans la zone frontière, des contraventions aux règlements de douane. (Voir ces divers termes.)

VOITURE. L'immunité des souverains en voyage et des envoyés diplomatiques s'étend à leurs voitures et à leurs chevaux.

Entre autres privilèges, les voitures des ministres publics ont celui de ne pas garder la file dans les cérémonies publiques, ou lorsque les ministres se rendent à la cour.

VOIX. Suffrage, vote, avis; on dit dans ce sens : aller aux voix, recueillir les voix; à la pluralité, à l'unanimité des voix.

Droit de suffrage.

Voix délibérative équivaut au droit de voter; se dit par opposition à *voix consultative*, ou simple droit d'opiner, c'est-à-dire d'exprimer son opinion, mais sans voter : dans les assemblées on entend l'opinion de celui qui a voix consultative, mais on ne la compte pas.

Voix active, pouvoir d'élire.

Voix passive, capacité d'être élu.

Voix virile, droit de séance, de représentation et de vote dans l'ancienne diète germanique.

Sentiment, jugement, opinion.

La *voix publique*, l'opinion générale. Absolument, se dit quelque fois pour *approbation*.

VOLONTAIRE. Celui qui sert dans une armée sans y être obligé par la loi.

Les Etats ont la faculté de provoquer et de décréter des enrôlements volontaires; ce droit appartient au souverain, ou au pouvoir qui a le droit de déclarer la guerre; l'exercice en est régi par la constitution de chaque Etat. (*Voir* ENROLEMENT, NEUTRE.)

VOLONTÉ DES ÉTATS. La volonté des Etats s'exprime par le chef de l'Etat, par le souverain ou les organes chargés de le représenter. (*Voir* SOUVERAIN.)

VOTATION. Action de voter, de donner sa voix, son suffrage.

L'énoncé même du vote.

VOTE. Vœu exprimé dans un corps politique, dans une assemblée délibérante; suffrage donné; acte par lequel on exprime ce vœu, on donne ce suffrage.

Acte par lequel un citoyen exerce le droit de suffrage, vœu ou sentiment exprimé par cet acte.

Le droit de vote s'exerce dans un grand nombre de circonstances, qui peuvent se résumer en trois principales : les élections, les délibérations d'assemblées, les décisions en matières judiciaires; d'où le vote *électoral* ou *électif* et le vote *délibératif*, qui ne s'appliquent pas seulement aux fonctions politiques et publiques, mais auxquels on a recours dans certaines assemblées civiles ou privées, associations scientifiques ou littéraires, sociétés commerciales, etc.; et le vote *juridique*, qui s'applique plus particulièrement aux verdicts des jurés, au mode employé par les juges pour former la décision du tribunal ou de la cour.

Dans l'ordre politique, on dit que le vote électoral est *universel* lorsque tous les citoyens de l'Etat, sauf cependant ceux qu'une disposition expresse de la loi en déclare incapables, sont appelés à y concourir; il est dit *restreint*, lorsqu'il est le privilège d'un catégorie ou d'un nombre limité de citoyens, comme ceux, par exemple, qui paient une certaine quotité d'impôts.

Qu'il soit *universel* ou *restreint*, le vote est *direct,* quand l'élection est la conséquence immédiate du suffrage donné par les électeurs; il est *indirect* ou *à deux degrés*, quand les électeurs sont divisés en deux catégories, dont la première nomme la seconde, qui seule a le droit d'élection définitive.

Quant aux procédés usités pour exprimer le vote, donner le suffrage, ils varient selon les temps et les lieux.

Ainsi, lorsque tous les citoyens ayant le droit de voter sont réunis, ils peuvent exprimer leur vote en *levant la main,* et des membres choisis dans l'assemblée calculent le nombre des mains levées pour ou contre un candidat ou une mesure en délibération.

Le vote peut aussi avoir lieu par *assis et levé,* lorsque les membres de l'assemblée qui votent pour une mesure se lèvent, tandis que ceux qui votent contre restent assis : on fait alors le compte des assis et des levés.

Ou bien encore une partie des votants vont se ranger dans un côté de la salle des délibérations, et ceux qui votent dans le sens contraire vont dans un autre : c'est ce qu'on appelle le *vote par division*.

Mais le mode qui est le plus généralement adopté, celui d'ailleurs qui offre le plus de garantie contre les erreurs, c'est le *vote au scrutin (Voir* SCRUTIN), qui consiste à exprimer son vote secrètement au moyen d'une boule blanche (en faveur d'une mesure) ou noire (contre la mesure) ou d'un bulletin écrit : l'emploi des boules n'est guère applicable qu'aux résultats des délibérations, tandis que le bulletin s'emploie également pour les élections et les décisions.

Le vote prend aussi certaines dénominations, suivant les matières sur lesquelles il porte et les milieux dans lesquels il est exprimé. Nous avons indiqué déjà le vote *juridique*, qui appartient exclusivement aux tribunaux et s'applique aux décisions en matières civiles et en matières criminelles. Il y a de même le vote *législatif* ou *parlementaire*, qui s'exprime dans les parlements ou les chambres législatives.

Ici nous trouvons le vote *par appel nominal*, où chaque membre d'une chambre est obligé de répondre à l'appel de son nom et d'exprimer son suffrage à haute voix.

Enfin dans certains pays il est encore un mode de suffrage, qui consiste à inscrire sur un registre le nom et le vote des électeurs : c'est le vote *par inscription*.

En diplomatie on appelle *vote* ou *opinion* un écrit en forme de mémoire ou de note, de peu d'étendue, par lequel un plénipotentiaire dans une négociation formule et motive son suffrage, ou celui de son commettant ; dans ce dernier cas le plénipotentiaire ne fait aucune mention de son opinion personnelle.

Cette note, après avoir été signée par le plénipotentiaire qui l'a écrite, est remisée aux autres plénipotentiaires et jointe au procès-verbal de la séance.

VOYAGE DES SOUVERAINS. Le souverain hors de son territoire jouit des droits de l'hospitalité dans le pays où il se rend; ainsi, au moment d'en franchir la frontière, il est l'objet d'une réception solennelle et d'un traitement conforme à son rang, à moins qu'il n'ait préféré y renoncer en adoptant l'*incognito* (voir ce mot, CÉRÉMONIAL).

En tout cas, le souverain jouit du droit d'*exterritorialité*, qui est lié au caractère même de la souveraineté (*Voir* EXTERRI-TORIALITÉ).

VOYVODE, VOIVODE. Titre qu'on donnait autrefois aux princes de la Moldavie, de la Valachie et de la Transylvanie, et aux gouverneurs de province en Pologne.

Il est encore en usage en Turquie, où il désigne les fermiers de contributions dans un district.

VOYVODIE, VOVVODAT. Gouvernement d'un voyvode; pays qui lui. est soumis.

VULGAIRE. *Ere vulgaire*, se dit de l'ère chrétienne, mode de chronologie d'après lequel les nations modernes, excepté les musulmans, supputent les années avant et après la venue du Christ.

Langues vulgaires se dit des langues vivantes et modernes par opposition aux langues savants ou langues mortes.

L'*idiome vulgaire,* la langue en usage dans un pays.

VULGATE. Version latine de la Bible, qu'on croit avoir été faite sur le texte hébreu vers la fin du quatrième siècle et le commencement du cinquième; c'est la seule reconnue comme canonique par le concile de Trente. (*Voir* SEPTANTE.)

VU. Formule équivalente au *visa* (voir ce mot).

S'emploie, sont forme invariable, dans certaines formules de pratique, de chancellerie, d'administration.

Ainsi : *Vu* par la cour les pièces mentionnées, c'est-à-dire les pièces ayant été vues par la cour.

C'est aussi un rappel de lois, d'ordonnances, etc. : *Vu* les ordonnances précitées, c'est-à-dire en vertu des ordonnances.

Ou bien une déduction de conséquences : *Vu* les raisons, les allégations de part et d'autre.

En terme de pratique, *vu* s'emploie aussi substantivement : le *vu* d'un arrêt, d'une sentence, ce qui est exposé dans une sentence, les pièces et les raisons énoncées avant le dispositif.

Sur le *vu* des pièces, c'est-à-dire après leur examen.

W

WARRANT. Terme de pratique anglais. Il signifie *garantie* et désigne un ordre écrit en vertu duquel le porteur agit par autorité — assignation, mandat d'amener.

En commerce, le *warrant* est un recépissé délivré à un commerçant qui dépose des marchandises dans un dock ou un entrepôt; le *warrant* constate la valeur des marchandises déposées; il peut être négocié comme une lettre de change, la valeur en étant garantie par celle des marchandises qu'il représente.

WHIG. Nom d'un parti politique en Angleterre, opposé aux *tories :* il est considéré comme le parti libéral et ayant des tendances démocratiques, tandis que le parti tory est conservateur et aristocratique.

WRIT. Terme anglais de droit : ordre par écrit, se dit notamment d'une ordonnance de cour de justice, d'une assignation.

X

XÉNIE. Contrat d'hospitalité usité entre les chefs de la Grèce, aux temps heroïques.

Les contractants inscriviaient leurs noms sur une tablette de métal ou d'ivoire, qu'ils brisaient ensuite et dont chacun conservaient la moitié, afin de se la présenter réciproquement à l'occasion.

Les citoyens des républiques firent plus tard des alliances semblables.

On nommait *xénies* les présents que les hôtes se faisaient mutuellement pour renouveler l'amitié et le droit d'hospitalité.

XÉNILOSIE. Chez les Grecs, interdiction faite aux étrangers de séjourner dans une ville.

XÉNOGRAPHIE. Science des langues étrangères.

Y

YANKEE. En Amérique c'est le nom sous lequel on désigne les habitants de la *Nouvelle Angleterre*, ou plusieurs Etats du Nord de l'Union américaine ou Etats-Unis (Maine, New-Hampshire, Vermont, Connecticut, Rhode Island, Massachusetts).

En Europe on étend cette dénomination aux habitants des Etats-Unis en général.

YEOMANRY. En Angleterre, corps de propriétaires venant après la *gentry* (bourgeoisie).

La masse des propriétaires considérés comme formant une sorte de garde civique ou nationale.

Z

ZAMORIN. Titre que les Portugais donnaient au souverain de Calicut (ville de l'Inde sur la côte de Malabar).

ZEND-AVESTA. Livre sacré des Perses, écrit dans la langue *zend,* idiome très ancien de l'Asie, mort depuis longtemps, mais dans lequel sont écrites des prières, que les Guèbres récitent sans en comprendre le sens.

ZOLLVEREIN. Association formée entre les divers Etats de l'Allemagne dans le but de supprimer les douanes à leurs frontières respectives et d'établir une seule ligne de douanes, avec des tarifs uniformes, à la limite de leurs territoires compris dans l'association.

Créé en 1833, le *zollverein* a cessé, depuis la création de l'Empire d'Allemagne, d'exister comme institution séparée; on peut dire cependant qu'il continue de subsister, mais sous la direction du gouvernement impérial, et en ce sens que le grand-duché de Luxembourg, bien que ne faisant pas partie de l'Empire d'Allemagne, a conservé son union douanière avec ce pays.

ZONE. Se dit, en administration, d'une certaine étendue de pays soumise à des droits de douane plus ou moins élevés que dans une autre partie du même Etat.

On s'en sert dans un sens analogue pour l'administration des postes, ou la délimitation des juridictions en général.

TABLE GÉNÉRALE DES MATIÈRES

A

J

N

O

S

U

www.ingramcontent.com/pod-product-compliance
Lightning Source LLC
Chambersburg PA
CBHW080042280326
41935CB00014B/1757